中华人民共和国

现行审计法规
与审计准则及政策解读

2025年版

《中华人民共和国现行审计法规与
审计准则及政策解读》编委会 编

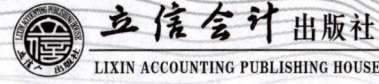

立信会计出版社
LIXIN ACCOUNTING PUBLISHING HOUSE

图书在版编目（CIP）数据

中华人民共和国现行审计法规与审计准则及政策解读：2025年版/《中华人民共和国现行审计法规与审计准则及政策解读》编委会编. -- 上海：立信会计出版社，2025.3. -- ISBN 978-7-5429-7882-0

Ⅰ. D922.279；F239.221

中国国家版本馆 CIP 数据核字第 2025RE1745 号

责任编辑　蔡伟莉

中华人民共和国现行审计法规与审计准则及政策解读（2025 年版）
ZHONGHUA RENMIN GONGHEGUO XIANXING SHENJI FAGUI YU SHENJI ZHUNZE JI ZHENGCE JIEDU

出版发行	立信会计出版社	
地　　址	上海市中山西路 2230 号	邮政编码　200235
电　　话	（021）64411389	传　　真　（021）64411325
网　　址	www.lixinaph.com	电子邮箱　lixinaph2019@126.com
网上书店	http://lixin.jd.com	http://lxkjcbs.tmall.com
经　　销	各地新华书店	

印　　刷	三河市中晟雅豪印务有限公司
开　　本	787 毫米 ×1092 毫米　1/16
印　　张	65.5
字　　数	1802 千字
版　　次	2025 年 3 月第 1 版
印　　次	2025 年 3 月第 1 次
书　　号	ISBN 978-7-5429-7882-0/D
定　　价	399.00 元

如有印订差错，请与本社联系调换

编写说明

　　本书是由权威审计法规与审计准则专家组织具有丰富实践经验的专业人员编写而成的，是由国家权威部门组织审定的审计法律法规专业工具书。该书收集了截至 2025 年 1 月 31 日国家出台的最新、最权威的审计法规、审计准则与政策解读。

　　本书分为六个部分，共收录现行有效的审计法规、审计准则与政策解读 170 余部。第一部分为审计基本法律法规，收录规范审计事项的基本法律法规以及审计相关事项的法律法规；第二部分为国家审计准则与政策解读，收录审计署发布的国家审计准则与相关政策解读；第三部分为经济责任及自然资源资产离任审计法律法规与政策解读，收录审计署及其他部门、地方政府发布的经济责任及自然资源资产离任审计法律法规与相关政策解读；第四部分为内部审计规定与政策解读，收录内部审计相关规定与政策解读；第五部分为外部审计准则与政策解读，收录中国注册会计师审计准则与相关政策解读；第六部分为其他审计制度与政策解读，收录其他审计制度与相关政策解读。此外，由于篇幅所限，部分法律、法规、规范性文件未被收录在本书中，编者将此部分法律、法规、规范性文件制作成电子附录，读者可通过扫描书后二维码阅读。

　　本书既适合审计机关、企事业单位审计部门开展审计工作使用，也适合广大企事业单位相关工作人员学习和参考审计法律法规和相关政策使用，还可以作为广大高等院校审计专业学生学习审计制度以及审计教学科研人员研究审计制度的参考书。

　　本书由陕西省审计厅何英法以及罗胜强博士（注册会计师、国际特许会计师、北京国家会计学院校外硕士生导师）统筹、定稿。由于编写时间仓促和编者水平所限，本书难免有不足之处，恳请读者不吝指正。如有相关意见或建议，请与我们联系，邮箱为 wengao6@126.com。

本书编委会

2025 年 3 月

目 录

第一部分　审计基本法律法规

第二部分　国家审计准则与政策解读

第三部分　经济责任及自然资源资产离任审计法律法规与政策解读

第四部分　内部审计规定与政策解读

第五部分　外部审计准则与政策解读

第六部分　其他审计制度与政策解读

审计基本法律法规　第一部分

中华人民共和国审计法

（1994年8月31日第八届全国人民代表大会常务委员会第九次会议通过　根据2006年2月28日第十届全国人民代表大会常务委员会第二十次会议《关于修改〈中华人民共和国审计法〉的决定》第一次修正　根据2021年10月23日第十三届全国人民代表大会常务委员会第三十一次会议通过《关于修改〈中华人民共和国审计法〉的决定》第二次修正）

目　　录

第一章　总　　则

第一条　为了加强国家的审计监督，维护国家财政经济秩序，提高财政资金使用效益，促进廉政建设，保障国民经济和社会健康发展，根据宪法，制定本法。

第二条　国家实行审计监督制度。坚持中国共产党对审计工作的领导，构建集中统一、全面覆盖、权威高效的审计监督体系。

国务院和县级以上地方人民政府设立审计机关。

国务院各部门和地方各级人民政府及其各部门的财政收支，国有的金融机构和企业事业组织的财务收支，以及其他依照本法规定应当接受审计的财政收支、财务收支，依照本法规定接受审计监督。

审计机关对前款所列财政收支或者财务收支的真实、合法和效益，依法进行审计监督。

第三条　审计机关依照法律规定的职权和程序，进行审计监督。

审计机关依据有关财政收支、财务收支的法律、法规和国家其他有关规定进行审计评价，在法定职权范围内作出审计决定。

第四条　国务院和县级以上地方人民政府应当每年向本级人民代表大会常务委员会提出审计工作报告。审计工作报告应当报告审计机关对预算执行、决算草案以及其他财政收支的审计情况，重点报告对预算执行及其绩效的审计情况，按照有关法律、行政法规的规定报告对国有资源、国有资产的审计情况。必要时，人民代表大会常务委员会可以对审计工作报告作出决议。

国务院和县级以上地方人民政府应当将审计工作报告中指出的问题的整改情况和处理结果向本级人民代表大会常务委员会报告。

第五条　审计机关依照法律规定独立行使审计监督权，不受其他行政机关、社会团体和个人的干涉。

第六条 审计机关和审计人员办理审计事项，应当客观公正，实事求是，廉洁奉公，保守秘密。

第二章 审计机关和审计人员

第七条 国务院设立审计署，在国务院总理领导下，主管全国的审计工作。审计长是审计署的行政首长。

第八条 省、自治区、直辖市、设区的市、自治州、县、自治县、不设区的市、市辖区的人民政府的审计机关，分别在省长、自治区主席、市长、州长、县长、区长和上一级审计机关的领导下，负责本行政区域内的审计工作。

第九条 地方各级审计机关对本级人民政府和上一级审计机关负责并报告工作，审计业务以上级审计机关领导为主。

第十条 审计机关根据工作需要，经本级人民政府批准，可以在其审计管辖范围内设立派出机构。

派出机构根据审计机关的授权，依法进行审计工作。

第十一条 审计机关履行职责所必需的经费，应当列入预算予以保证。

第十二条 审计机关应当建设信念坚定、为民服务、业务精通、作风务实、敢于担当、清正廉洁的高素质专业化审计队伍。

审计机关应当加强对审计人员遵守法律和执行职务情况的监督，督促审计人员依法履职尽责。

审计机关和审计人员应当依法接受监督。

第十三条 审计人员应当具备与其从事的审计工作相适应的专业知识和业务能力。

审计机关根据工作需要，可以聘请具有与审计事项相关专业知识的人员参加审计工作。

第十四条 审计机关和审计人员不得参加可能影响其依法独立履行审计监督职责的活动，不得干预、插手被审计单位及其相关单位的正常生产经营和管理活动。

第十五条 审计人员办理审计事项，与被审计单位或者审计事项有利害关系的，应当回避。

第十六条 审计机关和审计人员对在执行职务中知悉的国家秘密、工作秘密、商业秘密、个人隐私和个人信息，应当予以保密，不得泄露或者向他人非法提供。

第十七条 审计人员依法执行职务，受法律保护。

任何组织和个人不得拒绝、阻碍审计人员依法执行职务，不得打击报复审计人员。

审计机关负责人依照法定程序任免。审计机关负责人没有违法失职或者其他不符合任职条件的情况的，不得随意撤换。

地方各级审计机关负责人的任免，应当事先征求上一级审计机关的意见。

第三章 审计机关职责

第十八条 审计机关对本级各部门（含直属单位）和下级政府预算的执行情况和决算以及其他财政收支情况，进行审计监督。

第十九条 审计署在国务院总理领导下，对中央预算执行情况、决算草案以及其他财政收支情况进行审计监督，向国务院总理提出审计结果报告。

地方各级审计机关分别在省长、自治区主席、市长、州长、县长、区长和上一级审计机关的领导下，对本级预算执行情况、决算草案以及其他财政收支情况进行审计监督，向本级人民政府和上一级审计机关提出审计结果报告。

第二十条 审计署对中央银行的财务收支，进行审计监督。

第二十一条 审计机关对国家的事业组织和使用财政资金的其他事业组织的财务收支，

进行审计监督。

第二十二条　审计机关对国有企业、国有金融机构和国有资本占控股地位或者主导地位的企业、金融机构的资产、负债、损益以及其他财务收支情况，进行审计监督。

遇有涉及国家财政金融重大利益情形，为维护国家经济安全，经国务院批准，审计署可以对前款规定以外的金融机构进行专项审计调查或者审计。

第二十三条　审计机关对政府投资和以政府投资为主的建设项目的预算执行情况和决算，对其他关系国家利益和公共利益的重大公共工程项目的资金管理使用和建设运营情况，进行审计监督。

第二十四条　审计机关对国有资源、国有资产，进行审计监督。

审计机关对政府部门管理的和其他单位受政府委托管理的社会保险基金、全国社会保障基金、社会捐赠资金以及其他公共资金的财务收支，进行审计监督。

第二十五条　审计机关对国际组织和外国政府援助、贷款项目的财务收支，进行审计监督。

第二十六条　根据经批准的审计项目计划安排，审计机关可以对被审计单位贯彻落实国家重大经济社会政策措施情况进行审计监督。

第二十七条　除本法规定的审计事项外，审计机关对其他法律、行政法规规定应当由审计机关进行审计的事项，依照本法和有关法律、行政法规的规定进行审计监督。

第二十八条　审计机关可以对被审计单位依法应当接受审计的事项进行全面审计，也可以对其中的特定事项进行专项审计。

第二十九条　审计机关有权对与国家财政收支有关的特定事项，向有关地方、部门、单位进行专项审计调查，并向本级人民政府和上一级审计机关报告审计调查结果。

第三十条　审计机关履行审计监督职责，发现经济社会运行中存在风险隐患的，应当及时向本级人民政府报告或者向有关主管机关、单位通报。

第三十一条　审计机关根据被审计单位的财政、财务隶属关系或者国有资源、国有资产监督管理关系，确定审计管辖范围。

审计机关之间对审计管辖范围有争议的，由其共同的上级审计机关确定。

上级审计机关对其审计管辖范围内的审计事项，可以授权下级审计机关进行审计，但本法第十八条至第二十条规定的审计事项不得进行授权；上级审计机关对下级审计机关审计管辖范围内的重大审计事项，可以直接进行审计，但是应当防止不必要的重复审计。

第三十二条　被审计单位应当加强对内部审计工作的领导，按照国家有关规定建立健全内部审计制度。

审计机关应当对被审计单位的内部审计工作进行业务指导和监督。

第三十三条　社会审计机构审计的单位依法属于被审计单位的，审计机关按照国务院的规定，有权对该社会审计机构出具的相关审计报告进行核查。

第四章　审计机关权限

第三十四条　审计机关有权要求被审计单位按照审计机关的规定提供财务、会计资料以及与财政收支、财务收支有关的业务、管理等资料，包括电子数据和有关文档。被审计单位不得拒绝、拖延、谎报。

被审计单位负责人应当对本单位提供资料的及时性、真实性和完整性负责。

审计机关对取得的电子数据等资料进行综合分析，需要向被审计单位核实有关情况的，被审计单位应当予以配合。

第三十五条　国家政务信息系统和数据共享平台应当按照规定向审计机关开放。

审计机关通过政务信息系统和数据共享平台取得的电子数据等资料能够满足需要的，

不得要求被审计单位重复提供。

第三十六条 审计机关进行审计时，有权检查被审计单位的财务、会计资料以及与财政收支、财务收支有关的业务、管理等资料和资产，有权检查被审计单位信息系统的安全性、可靠性、经济性，被审计单位不得拒绝。

第三十七条 审计机关进行审计时，有权就审计事项的有关问题向有关单位和个人进行调查，并取得有关证明材料。有关单位和个人应当支持、协助审计机关工作，如实向审计机关反映情况，提供有关证明材料。

审计机关经县级以上人民政府审计机关负责人批准，有权查询被审计单位在金融机构的账户。

审计机关有证据证明被审计单位违反国家规定将公款转入其他单位、个人在金融机构账户的，经县级以上人民政府审计机关主要负责人批准，有权查询有关单位、个人在金融机构与审计事项相关的存款。

第三十八条 审计机关进行审计时，被审计单位不得转移、隐匿、篡改、毁弃财务、会计资料以及与财政收支、财务收支有关的业务、管理等资料，不得转移、隐匿、故意毁损所持有的违反国家规定取得的资产。

审计机关对被审计单位违反前款规定的行为，有权予以制止；必要时，经县级以上人民政府审计机关负责人批准，有权封存有关资料和违反国家规定取得的资产；对其中在金融机构的有关存款需要予以冻结的，应当向人民法院提出申请。

审计机关对被审计单位正在进行的违反国家规定的财政收支、财务收支行为，有权予以制止；制止无效的，经县级以上人民政府审计机关负责人批准，通知财政部门和有关主管机关、单位暂停拨付与违反国家规定的财政收支、财务收支行为直接有关的款项，已经拨付的，暂停使用。

审计机关采取前两款规定的措施不得影响被审计单位合法的业务活动和生产经营活动。

第三十九条 审计机关认为被审计单位所执行的上级主管机关、单位有关财政收支、财务收支的规定与法律、行政法规相抵触的，应当建议有关主管机关、单位纠正；有关主管机关、单位不予纠正的，审计机关应当提请有权处理的机关、单位依法处理。

第四十条 审计机关可以向政府有关部门通报或者向社会公布审计结果。

审计机关通报或者公布审计结果，应当保守国家秘密、工作秘密、商业秘密、个人隐私和个人信息，遵守法律、行政法规和国务院的有关规定。

第四十一条 审计机关履行审计监督职责，可以提请公安、财政、自然资源、生态环境、海关、税务、市场监督管理等机关予以协助。有关机关应当依法予以配合。

第五章　审计程序

第四十二条 审计机关根据经批准的审计项目计划确定的审计事项组成审计组，并应当在实施审计三日前，向被审计单位送达审计通知书；遇有特殊情况，经县级以上人民政府审计机关负责人批准，可以直接持审计通知书实施审计。

被审计单位应当配合审计机关的工作，并提供必要的工作条件。

审计机关应当提高审计工作效率。

第四十三条 审计人员通过审查财务、会计资料，查阅与审计事项有关的文件、资料，检查现金、实物、有价证券和信息系统，向有关单位和个人调查等方式进行审计，并取得证明材料。

向有关单位和个人进行调查时，审计人员应当不少于二人，并出示其工作证件和审计通知书副本。

第四十四条 审计组对审计事项实施审计后，应当向审计机关提出审计组的审计报告。

审计组的审计报告报送审计机关前，应当征求被审计单位的意见。被审计单位应当自接到审计组的审计报告之日起十日内，将其书面意见送交审计组。审计组应当将被审计单位的书面意见一并报送审计机关。

第四十五条　审计机关按照审计署规定的程序对审计组的审计报告进行审议，并对被审计单位对审计组的审计报告提出的意见一并研究后，出具审计机关的审计报告。对违反国家规定的财政收支、财务收支行为，依法应当给予处理、处罚的，审计机关在法定职权范围内作出审计决定；需要移送有关主管机关、单位处理、处罚的，审计机关应当依法移送。

审计机关应当将审计机关的审计报告和审计决定送达被审计单位和有关主管机关、单位，并报上一级审计机关。审计决定自送达之日起生效。

第四十六条　上级审计机关认为下级审计机关作出的审计决定违反国家有关规定的，可以责成下级审计机关予以变更或者撤销，必要时也可以直接作出变更或者撤销的决定。

第六章　法律责任

第四十七条　被审计单位违反本法规定，拒绝、拖延提供与审计事项有关的资料的，或者提供的资料不真实、不完整的，或者拒绝、阻碍检查、调查、核实有关情况的，由审计机关责令改正，可以通报批评，给予警告；拒不改正的，依法追究法律责任。

第四十八条　被审计单位违反本法规定，转移、隐匿、篡改、毁弃财务、会计资料以及与财政收支、财务收支有关的业务、管理等资料，或者转移、隐匿、故意毁损所持有的违反国家规定取得的资产，审计机关认为对直接负责的主管人员和其他直接责任人员依法应当给予处分的，应当向被审计单位提出处理建议，或者移送监察机关和有关主管机关、单位处理，有关机关、单位应当将处理结果书面告知审计机关；构成犯罪的，依法追究刑事责任。

第四十九条　对本级各部门（含直属单位）和下级政府违反预算的行为或者其他违反国家规定的财政收支行为，审计机关、人民政府或者有关主管机关、单位在法定职权范围内，依照法律、行政法规的规定，区别情况采取下列处理措施：

（一）责令限期缴纳应当上缴的款项；

（二）责令限期退还被侵占的国有资产；

（三）责令限期退还违法所得；

（四）责令按照国家统一的财务、会计制度的有关规定进行处理；

（五）其他处理措施。

第五十条　对被审计单位违反国家规定的财务收支行为，审计机关、人民政府或者有关主管机关、单位在法定职权范围内，依照法律、行政法规的规定，区别情况采取前条规定的处理措施，并可以依法给予处罚。

第五十一条　审计机关在法定职权范围内作出的审计决定，被审计单位应当执行。

审计机关依法责令被审计单位缴纳应当上缴的款项，被审计单位拒不执行的，审计机关应当通报有关主管机关、单位，有关主管机关、单位应当依照有关法律、行政法规的规定予以扣缴或者采取其他处理措施，并将处理结果书面告知审计机关。

第五十二条　被审计单位应当按照规定时间整改审计查出的问题，将整改情况报告审计机关，同时向本级人民政府或者有关主管机关、单位报告，并按照规定向社会公布。

各级人民政府和有关主管机关、单位应当督促被审计单位整改审计查出的问题。审计机关应当对被审计单位整改情况进行跟踪检查。

审计结果以及整改情况应当作为考核、任免、奖惩领导干部和制定政策、完善制度的重要参考；拒不整改或者整改时弄虚作假的，依法追究法律责任。

第五十三条　被审计单位对审计机关作出的有关财务收支的审计决定不服的，可以依法申请行政复议或者提起行政诉讼。

被审计单位对审计机关作出的有关财政收支的审计决定不服的，可以提请审计机关的本级人民政府裁决，本级人民政府的裁决为最终决定。

第五十四条 被审计单位的财政收支、财务收支违反国家规定，审计机关认为对直接负责的主管人员和其他直接责任人员依法应当给予处分的，应当向被审计单位提出处理建议，或者移送监察机关和有关主管机关、单位处理，有关机关、单位应当将处理结果书面告知审计机关。

第五十五条 被审计单位的财政收支、财务收支违反法律、行政法规的规定，构成犯罪的，依法追究刑事责任。

第五十六条 报复陷害审计人员的，依法给予处分；构成犯罪的，依法追究刑事责任。

第五十七条 审计人员滥用职权、徇私舞弊、玩忽职守或者泄露、向他人非法提供所知悉的国家秘密、工作秘密、商业秘密、个人隐私和个人信息的，依法给予处分；构成犯罪的，依法追究刑事责任。

第七章 附 则

第五十八条 领导干部经济责任审计和自然资源资产离任审计，依照本法和国家有关规定执行。

第五十九条 中国人民解放军和中国人民武装警察部队审计工作的规定，由中央军事委员会根据本法制定。

审计机关和军队审计机构应当建立健全协作配合机制，按照国家有关规定对涉及军地经济事项实施联合审计。

第六十条 本法自 1995 年 1 月 1 日起施行。1988 年 11 月 30 日国务院发布的《中华人民共和国审计条例》同时废止。

中华人民共和国审计法实施条例

（1997 年 10 月 21 日中华人民共和国国务院令第 231 号公布　2010 年 2 月 2 日国务院第 100 次常务会议修订通过　2010 年 2 月 11 日中华人民共和国国务院令第 571 号公布）

第一章 总 则

第一条 根据《中华人民共和国审计法》（以下简称审计法）的规定，制定本条例。

第二条 审计法所称审计，是指审计机关依法独立检查被审计单位的会计凭证、会计账簿、财务会计报告以及其他与财政收支、财务收支有关的资料和资产，监督财政收支、财务收支真实、合法和效益的行为。

第三条 审计法所称财政收支，是指依照《中华人民共和国预算法》和国家其他有关规定，纳入预算管理的收入和支出，以及下列财政资金中未纳入预算管理的收入和支出：

（一）行政事业性收费；

（二）国有资源、国有资产收入；

（三）应当上缴的国有资本经营收益；

（四）政府举借债务筹措的资金；

（五）其他未纳入预算管理的财政资金。

第四条　审计法所称财务收支，是指国有的金融机构、企业事业组织以及依法应当接受审计机关审计监督的其他单位，按照国家财务会计制度的规定，实行会计核算的各项收入和支出。

第五条　审计机关依照审计法和本条例以及其他有关法律、法规规定的职责、权限和程序进行审计监督。

审计机关依照有关财政收支、财务收支的法律、法规，以及国家有关政策、标准、项目目标等方面的规定进行审计评价，对被审计单位违反国家规定的财政收支、财务收支行为，在法定职权范围内作出处理、处罚的决定。

第六条　任何单位和个人对依法应当接受审计机关审计监督的单位违反国家规定的财政收支、财务收支行为，有权向审计机关举报。审计机关接到举报，应当依法及时处理。

第二章　审计机关和审计人员

第七条　审计署在国务院总理领导下，主管全国的审计工作，履行审计法和国务院规定的职责。

地方各级审计机关在本级人民政府行政首长和上一级审计机关的领导下，负责本行政区域的审计工作，履行法律、法规和本级人民政府规定的职责。

第八条　省、自治区人民政府设有派出机关的，派出机关的审计机关对派出机关和省、自治区人民政府审计机关负责并报告工作，审计业务以省、自治区人民政府审计机关领导为主。

第九条　审计机关派出机构依照法律、法规和审计机关的规定，在审计机关的授权范围内开展审计工作，不受其他行政机关、社会团体和个人的干涉。

第十条　审计机关编制年度经费预算草案的依据主要包括：

（一）法律、法规；

（二）本级人民政府的决定和要求；

（三）审计机关的年度审计工作计划；

（四）定员定额标准；

（五）上一年度经费预算执行情况和本年度的变化因素。

第十一条　审计人员实行审计专业技术资格制度，具体按照国家有关规定执行。

审计机关根据工作需要，可以聘请具有与审计事项相关专业知识的人员参加审计工作。

第十二条　审计人员办理审计事项，有下列情形之一的，应当申请回避，被审计单位也有权申请审计人员回避：

（一）与被审计单位负责人或者有关主管人员有夫妻关系、直系血亲关系、三代以内旁系血亲或者近姻亲关系的；

（二）与被审计单位或者审计事项有经济利益关系的；

（三）与被审计单位、审计事项、被审计单位负责人或者有关主管人员有其他利害关系，可能影响公正执行公务的。

审计人员的回避，由审计机关负责人决定；审计机关负责人办理审计事项时的回避，由本级人民政府或者上一级审计机关负责人决定。

第十三条　地方各级审计机关正职和副职负责人的任免，应当事先征求上一级审计机关的意见。

第十四条　审计机关负责人在任职期间没有下列情形之一的，不得随意撤换：

（一）因犯罪被追究刑事责任的；

（二）因严重违法、失职受到处分，不适宜继续担任审计机关负责人的；

（三）因健康原因不能履行职责1年以上的；

（四）不符合国家规定的其他任职条件的。

第三章 审计机关职责

第十五条 审计机关对本级人民政府财政部门具体组织本级预算执行的情况，本级预算收入征收部门征收预算收入的情况，与本级人民政府财政部门直接发生预算缴款、拨款关系的部门、单位的预算执行情况和决算，下级人民政府的预算执行情况和决算，以及其他财政收支情况，依法进行审计监督。经本级人民政府批准，审计机关对其他取得财政资金的单位和项目接受、运用财政资金的真实、合法和效益情况，依法进行审计监督。

第十六条 审计机关对本级预算收入和支出的执行情况进行审计监督的内容包括：

（一）财政部门按照本级人民代表大会批准的本级预算向本级各部门（含直属单位）批复预算的情况、本级预算执行中调整情况和预算收支变化情况；

（二）预算收入征收部门依照法律、行政法规的规定和国家其他有关规定征收预算收入情况；

（三）财政部门按照批准的年度预算、用款计划，以及规定的预算级次和程序，拨付本级预算支出资金情况；

（四）财政部门依照法律、行政法规的规定和财政管理体制，拨付和管理政府间财政转移支付资金情况以及办理结算、结转情况；

（五）国库按照国家有关规定办理预算收入的收纳、划分、留解情况和预算支出资金的拨付情况；

（六）本级各部门（含直属单位）执行年度预算情况；

（七）依照国家有关规定实行专项管理的预算资金收支情况；

（八）法律、法规规定的其他预算执行情况。

第十七条 审计法第十七条所称审计结果报告，应当包括下列内容：

（一）本级预算执行和其他财政收支的基本情况；

（二）审计机关对本级预算执行和其他财政收支情况作出的审计评价；

（三）本级预算执行和其他财政收支中存在的问题以及审计机关依法采取的措施；

（四）审计机关提出的改进本级预算执行和其他财政收支管理工作的建议；

（五）本级人民政府要求报告的其他情况。

第十八条 审计署对中央银行及其分支机构履行职责所发生的各项财务收支，依法进行审计监督。

审计署向国务院总理提出的中央预算执行和其他财政收支情况审计结果报告，应当包括对中央银行的财务收支的审计情况。

第十九条 审计法第二十一条所称国有资本占控股地位或者主导地位的企业、金融机构，包括：

（一）国有资本占企业、金融机构资本（股本）总额的比例超过50%的；

（二）国有资本占企业、金融机构资本（股本）总额的比例在50%以下，但国有资本投资主体拥有实际控制权的。

审计机关对前款规定的企业、金融机构，除国务院另有规定外，比照审计法第十八条第二款、第二十条规定进行审计监督。

第二十条 审计法第二十二条所称政府投资和以政府投资为主的建设项目，包括：

（一）全部使用预算内投资资金、专项建设基金、政府举借债务筹措的资金等财政资金的；

（二）未全部使用财政资金，财政资金占项目总投资的比例超过50%，或者占项目总投资的比例在50%以下，但政府拥有项目建设、运营实际控制权的。

审计机关对前款规定的建设项目的总预算或者概算的执行情况、年度预算的执行情况和年度决算、单项工程结算、项目竣工决算，依法进行审计监督；对前款规定的建设项目进行审计时，可以对直接有关的设计、施工、供货等单位取得建设项目资金的真实性、合法性进行调查。

第二十一条 审计法第二十三条所称社会保障基金，包括社会保险、社会救助、社会福利基金以及发展社会保障事业的其他专项基金；所称社会捐赠资金，包括来源于境内外的货币、有价证券和实物等各种形式的捐赠。

第二十二条 审计法第二十四条所称国际组织和外国政府援助、贷款项目，包括：

（一）国际组织、外国政府及其机构向中国政府及其机构提供的贷款项目；

（二）国际组织、外国政府及其机构向中国企业事业组织以及其他组织提供的由中国政府及其机构担保的贷款项目；

（三）国际组织、外国政府及其机构向中国政府及其机构提供的援助和赠款项目；

（四）国际组织、外国政府及其机构向受中国政府委托管理有关基金、资金的单位提供的援助和赠款项目；

（五）国际组织、外国政府及其机构提供援助、贷款的其他项目。

第二十三条 审计机关可以依照审计法和本条例规定的审计程序、方法以及国家其他有关规定，对预算管理或者国有资产管理使用等与国家财政收支有关的特定事项，向有关地方、部门、单位进行专项审计调查。

第二十四条 审计机关根据被审计单位的财政、财务隶属关系，确定审计管辖范围；不能根据财政、财务隶属关系确定审计管辖范围的，根据国有资产监督管理关系，确定审计管辖范围。

两个以上国有资本投资主体投资的金融机构、企业事业组织和建设项目，由对主要投资主体有审计管辖权的审计机关进行审计监督。

第二十五条 各级审计机关应当按照确定的审计管辖范围进行审计监督。

第二十六条 依法属于审计机关审计监督对象的单位的内部审计工作，应当接受审计机关的业务指导和监督。

依法属于审计机关审计监督对象的单位，可以根据内部审计工作的需要，参加依法成立的内部审计自律组织。审计机关可以通过内部审计自律组织，加强对内部审计工作的业务指导和监督。

第二十七条 审计机关进行审计或者专项审计调查时，有权对社会审计机构出具的相关审计报告进行核查。

审计机关核查社会审计机构出具的相关审计报告时，发现社会审计机构存在违反法律、法规或者执业准则等情况的，应当移送有关主管机关依法追究责任。

第四章 审计机关权限

第二十八条 审计机关依法进行审计监督时，被审计单位应当依照审计法第三十一条规定，向审计机关提供与财政收支、财务收支有关的资料。被审计单位负责人应当对本单位提供资料的真实性和完整性作出书面承诺。

第二十九条 各级人民政府财政、税务以及其他部门（含直属单位）应当向本级审计机关报送下列资料：

（一）本级人民代表大会批准的本级预算和本级人民政府财政部门向本级各部门（含直属单位）批复的预算，预算收入征收部门的年度收入计划，以及本级各部门（含直属单位）

向所属各单位批复的预算；

（二）本级预算收支执行和预算收入征收部门的收入计划完成情况月报、年报，以及决算情况；

（三）综合性财政税务工作统计年报、情况简报，财政、预算、税务、财务和会计等规章制度；

（四）本级各部门（含直属单位）汇总编制的本部门决算草案。

第三十条　审计机关依照审计法第三十三条规定查询被审计单位在金融机构的账户的，应当持县级以上人民政府审计机关负责人签发的协助查询单位账户通知书；查询被审计单位以个人名义在金融机构的存款的，应当持县级以上人民政府审计机关主要负责人签发的协助查询个人存款通知书。有关金融机构应当予以协助，并提供证明材料，审计机关和审计人员负有保密义务。

第三十一条　审计法第三十四条所称违反国家规定取得的资产，包括：

（一）弄虚作假骗取的财政拨款、实物以及金融机构贷款；

（二）违反国家规定享受国家补贴、补助、贴息、免息、减税、免税、退税等优惠政策取得的资产；

（三）违反国家规定向他人收取的款项、有价证券、实物；

（四）违反国家规定处分国有资产取得的收益；

（五）违反国家规定取得的其他资产。

第三十二条　审计机关依照审计法第三十四条规定封存被审计单位有关资料和违反国家规定取得的资产的，应当持县级以上人民政府审计机关负责人签发的封存通知书，并在依法收集与审计事项相关的证明材料或者采取其他措施后解除封存。封存的期限为 7 日以内；有特殊情况需要延长的，经县级以上人民政府审计机关负责人批准，可以适当延长，但延长的期限不得超过 7 日。

对封存的资料、资产，审计机关可以指定被审计单位负责保管，被审计单位不得损毁或者擅自转移。

第三十三条　审计机关依照审计法第三十六条规定，可以就有关审计事项向政府有关部门通报或者向社会公布对被审计单位的审计、专项审计调查结果。

审计机关经与有关主管机关协商，可以在向社会公布的审计、专项审计调查结果中，一并公布对社会审计机构相关审计报告核查的结果。

审计机关拟向社会公布对上市公司的审计、专项审计调查结果的，应当在 5 日前将拟公布的内容告知上市公司。

第五章　审　计　程　序

第三十四条　审计机关应当根据法律、法规和国家其他有关规定，按照本级人民政府和上级审计机关的要求，确定年度审计工作重点，编制年度审计项目计划。

审计机关在年度审计项目计划中确定对国有资本占控股地位或者主导地位的企业、金融机构进行审计的，应当自确定之日起 7 日内告知列入年度审计项目计划的企业、金融机构。

第三十五条　审计机关应当根据年度审计项目计划，组成审计组，调查了解被审计单位的有关情况，编制审计方案，并在实施审计 3 日前，向被审计单位送达审计通知书。

第三十六条　审计法第三十八条所称特殊情况，包括：

（一）办理紧急事项的；

（二）被审计单位涉嫌严重违法违规的；

（三）其他特殊情况。

第三十七条　审计人员实施审计时，应当按照下列规定办理：

　　（一）通过检查、查询、监督盘点、发函询证等方法实施审计；

　　（二）通过收集原件、原物或者复制、拍照等方法取得证明材料；

　　（三）对与审计事项有关的会议和谈话内容作出记录，或者要求被审计单位提供会议记录材料；

　　（四）记录审计实施过程和查证结果。

　　第三十八条　审计人员向有关单位和个人调查取得的证明材料，应当有提供者的签名或者盖章；不能取得提供者签名或者盖章的，审计人员应当注明原因。

　　第三十九条　审计组向审计机关提出审计报告前，应当书面征求被审计单位意见。被审计单位应当自接到审计组的审计报告之日起 10 日内，提出书面意见；10 日内未提出书面意见的，视同无异议。

　　审计组应当针对被审计单位提出的书面意见，进一步核实情况，对审计组的审计报告作必要修改，连同被审计单位的书面意见一并报送审计机关。

　　第四十条　审计机关有关业务机构和专门机构或者人员对审计组的审计报告以及相关审计事项进行复核、审理后，由审计机关按照下列规定办理：

　　（一）提出审计机关的审计报告，内容包括：对审计事项的审计评价，对违反国家规定的财政收支、财务收支行为提出的处理、处罚意见，移送有关主管机关、单位的意见，改进财政收支、财务收支管理工作的意见；

　　（二）对违反国家规定的财政收支、财务收支行为，依法应当给予处理、处罚的，在法定职权范围内作出处理、处罚的审计决定；

　　（三）对依法应当追究有关人员责任的，向有关主管机关、单位提出给予处分的建议；对依法应当由有关主管机关处理、处罚的，移送有关主管机关；涉嫌犯罪的，移送司法机关。

　　第四十一条　审计机关在审计中发现损害国家利益和社会公共利益的事项，但处理、处罚依据又不明确的，应当向本级人民政府和上一级审计机关报告。

　　第四十二条　被审计单位应当按照审计机关规定的期限和要求执行审计决定。对应当上缴的款项，被审计单位应当按照财政管理体制和国家有关规定缴入国库或者财政专户。审计决定需要有关主管机关、单位协助执行的，审计机关应当书面提请协助执行。

　　第四十三条　上级审计机关应当对下级审计机关的审计业务依法进行监督。

　　下级审计机关作出的审计决定违反国家有关规定的，上级审计机关可以责成下级审计机关予以变更或者撤销，也可以直接作出变更或者撤销的决定；审计决定被撤销后需要重新作出审计决定的，上级审计机关可以责成下级审计机关在规定的期限内重新作出审计决定，也可以直接作出审计决定。

　　下级审计机关应当作出而没有作出审计决定的，上级审计机关可以责成下级审计机关在规定的期限内作出审计决定，也可以直接作出审计决定。

　　第四十四条　审计机关进行专项审计调查时，应当向被调查的地方、部门、单位出示专项审计调查的书面通知，并说明有关情况；有关地方、部门、单位应当接受调查，如实反映情况，提供有关资料。

　　在专项审计调查中，依法属于审计机关审计监督对象的部门、单位有违反国家规定的财政收支、财务收支行为或者其他违法违规行为的，专项审计调查人员和审计机关可以依照审计法和本条例的规定提出审计报告，作出审计决定，或者移送有关主管机关、单位依法追究责任。

　　第四十五条　审计机关应当按照国家有关规定建立、健全审计档案制度。

　　第四十六条　审计机关送达审计文书，可以直接送达，也可以邮寄送达或者以其他方式送达。直接送达的，以被审计单位在送达回证上注明的签收日期或者见证人证明的收件日期为送达日期；邮寄送达的，以邮政回执上注明的收件日期为送达日期；以其他方式送达的，以签收或者收件日期为送达日期。

审计机关的审计文书的种类、内容和格式，由审计署规定。

第六章 法律责任

第四十七条 被审计单位违反审计法和本条例的规定，拒绝、拖延提供与审计事项有关的资料，或者提供的资料不真实、不完整，或者拒绝、阻碍检查的，由审计机关责令改正，可以通报批评，给予警告；拒不改正的，对被审计单位可以处 5 万元以下的罚款，对直接负责的主管人员和其他直接责任人员，可以处 2 万元以下的罚款，审计机关认为应当给予处分的，向有关主管机关、单位提出给予处分的建议；构成犯罪的，依法追究刑事责任。

第四十八条 对本级各部门（含直属单位）和下级人民政府违反预算的行为或者其他违反国家规定的财政收支行为，审计机关在法定职权范围内，依照法律、行政法规的规定，区别情况采取审计法第四十五条规定的处理措施。

第四十九条 对被审计单位违反国家规定的财务收支行为，审计机关在法定职权范围内，区别情况采取审计法第四十五条规定的处理措施，可以通报批评，给予警告；有违法所得的，没收违法所得，并处违法所得 1 倍以上 5 倍以下的罚款；没有违法所得的，可以处 5 万元以下的罚款；对直接负责的主管人员和其他直接责任人员，可以处 2 万元以下的罚款，审计机关认为应当给予处分的，向有关主管机关、单位提出给予处分的建议；构成犯罪的，依法追究刑事责任。

法律、行政法规对被审计单位违反国家规定的财务收支行为处理、处罚另有规定的，从其规定。

第五十条 审计机关在作出较大数额罚款的处罚决定前，应当告知被审计单位和有关人员有要求举行听证的权利。较大数额罚款的具体标准由审计署规定。

第五十一条 审计机关提出的对被审计单位给予处理、处罚的建议以及对直接负责的主管人员和其他直接责任人员给予处分的建议，有关主管机关、单位应当依法及时作出决定，并将结果书面通知审计机关。

第五十二条 被审计单位对审计机关依照审计法第十六条、第十七条和本条例第十五条规定进行审计监督作出的审计决定不服的，可以自审计决定送达之日起 60 日内，提请审计机关的本级人民政府裁决，本级人民政府的裁决为最终决定。

审计机关应当在审计决定中告知被审计单位提请裁决的途径和期限。

裁决期间，审计决定不停止执行。但是，有下列情形之一的，可以停止执行：

（一）审计机关认为需要停止执行的；

（二）受理裁决的人民政府认为需要停止执行的；

（三）被审计单位申请停止执行，受理裁决的人民政府认为其要求合理，决定停止执行的。

裁决由本级人民政府法制机构办理。裁决决定应当自接到提请之日起 60 日内作出；有特殊情况需要延长的，经法制机构负责人批准，可以适当延长，并告知审计机关和提请裁决的被审计单位，但延长的期限不得超过 30 日。

第五十三条 除本条例第五十二条规定的可以提请裁决的审计决定外，被审计单位对审计机关作出的其他审计决定不服的，可以依法申请行政复议或者提起行政诉讼。

审计机关应当在审计决定中告知被审计单位申请行政复议或者提起行政诉讼的途径和期限。

第五十四条 被审计单位应当将审计决定执行情况书面报告审计机关。审计机关应当检查审计决定的执行情况。

被审计单位不执行审计决定的，审计机关应当责令限期执行；逾期仍不执行的，审计机关可以申请人民法院强制执行，建议有关主管机关、单位对直接负责的主管人员和其他直接责任人员给予处分。

第五十五条　审计人员滥用职权、徇私舞弊、玩忽职守，或者泄露所知悉的国家秘密、商业秘密的，依法给予处分；构成犯罪的，依法追究刑事责任。

审计人员违法违纪取得的财物，依法予以追缴、没收或者责令退赔。

第七章　附　　则

第五十六条　本条例所称以上、以下，包括本数。

本条例第五十二条规定的期间的最后一日是法定节假日的，以节假日后的第一个工作日为期间届满日。审计法和本条例规定的其他期间以工作日计算，不含法定节假日。

第五十七条　实施经济责任审计的规定，另行制定。

第五十八条　本条例自 2010 年 5 月 1 日起施行。

中华人民共和国注册会计师法

（1993 年 10 月 31 日第八届全国人民代表大会常务委员会第四次会议通过　根据 2014 年 8 月 31 日第十二届全国人民代表大会常务委员会第十次会议《关于修改〈中华人民共和国保险法〉等五部法律的决定》修正）

目　　录

第一章　总　　则

第一条　为了发挥注册会计师在社会经济活动中的鉴证和服务作用，加强对注册会计师的管理，维护社会公共利益和投资者的合法权益，促进社会主义市场经济的健康发展，制定本法。

第二条　注册会计师是依法取得注册会计师证书并接受委托从事审计和会计咨询、会计服务业务的执业人员。

第三条　会计师事务所是依法设立并承办注册会计师业务的机构。

注册会计师执行业务，应当加入会计师事务所。

第四条　注册会计师协会是由注册会计师组成的社会团体。中国注册会计师协会是注册会计师的全国组织，省、自治区、直辖市注册会计师协会是注册会计师的地方组织。

第五条　国务院财政部门和省、自治区、直辖市人民政府财政部门，依法对注册会计师、会计师事务所和注册会计师协会进行监督、指导。

第六条 注册会计师和会计师事务所执行业务，必须遵守法律、行政法规。

注册会计师和会计师事务所依法独立、公正执行业务，受法律保护。

第二章 考试和注册

第七条 国家实行注册会计师全国统一考试制度。注册会计师全国统一考试办法，由国务院财政部门制定，由中国注册会计师协会组织实施。

第八条 具有高等专科以上学校毕业的学历，或者具有会计或者相关专业中级以上技术职称的中国公民，可以申请参加注册会计师全国统一考试；具有会计或者相关专业高级技术职称的人员，可以免予部分科目的考试。

第九条 参加注册会计师全国统一考试成绩合格，并从事审计业务工作二年以上的，可以向省、自治区、直辖市注册会计师协会申请注册。

除有本法第十条所列情形外，受理申请的注册会计师协会应当准予注册。

第十条 有下列情形之一的，受理申请的注册会计师协会不予注册：

（一）不具有完全民事行为能力的；

（二）因受刑事处罚，自刑罚执行完毕之日起至申请注册之日止不满五年的；

（三）因在财务、会计、审计、企业管理或者其他经济管理工作中犯有严重错误受行政处罚、撤职以上处分，自处罚、处分决定之日起至申请注册之日止不满二年的；

（四）受吊销注册会计师证书的处罚，自处罚决定之日起至申请注册之日止不满五年的；

（五）国务院财政部门规定的其他不予注册的情形的。

第十一条 注册会计师协会应当将准予注册的人员名单报国务院财政部门备案。国务院财政部门发现注册会计师协会的注册不符合本法规定的，应当通知有关的注册会计师协会撤销注册。

注册会计师协会依照本法第十条的规定不予注册的，应当自决定之日起十五日内书面通知申请人。申请人有异议的，可以自收到通知之日起十五日内向国务院财政部门或者省、自治区、直辖市人民政府财政部门申请复议。

第十二条 准予注册的申请人，由注册会计师协会发给国务院财政部门统一制定的注册会计师证书。

第十三条 已取得注册会计师证书的人员，除本法第十一条第一款规定的情形外，注册后有下列情形之一的，由准予注册的注册会计师协会撤销注册，收回注册会计师证书：

（一）完全丧失民事行为能力的；

（二）受刑事处罚的；

（三）因在财务、会计、审计、企业管理或者其他经济管理工作中犯有严重错误受行政处罚、撤职以上的处分的；

（四）自行停止执行注册会计师业务满一年的。

被撤销注册的当事人有异议的，可以自接到撤销注册、收回注册会计师证书的通知之日起十五日内向国务院财政部门或者省、自治区、直辖市人民政府财政部门申请复议。

依照第一款规定被撤销注册的人员可以重新申请注册，但必须符合本法第九条、第十条的规定。

第三章 业务范围和规则

第十四条 注册会计师承办下列审计业务：

（一）审查企业会计报表，出具审计报告；

（二）验证企业资本，出具验资报告；

（三）办理企业合并、分立、清算事宜中的审计业务，出具有关的报告；

（四）法律、行政法规规定的其他审计业务。

注册会计师依法执行审计业务出具的报告，具有证明效力。

第十五条　注册会计师可以承办会计咨询、会计服务业务。

第十六条　注册会计师承办业务，由其所在的会计师事务所统一受理并与委托人签订委托合同。

会计师事务所对本所注册会计师依照前款规定承办的业务，承担民事责任。

第十七条　注册会计师执行业务，可以根据需要查阅委托人的有关会计资料和文件，查看委托人的业务现场和设施，要求委托人提供其他必要的协助。

第十八条　注册会计师与委托人有利害关系的，应当回避；委托人有权要求其回避。

第十九条　注册会计师对在执行业务中知悉的商业秘密，负有保密义务。

第二十条　注册会计师执行审计业务，遇有下列情形之一的，应当拒绝出具有关报告：

（一）委托人示意其作不实或者不当证明的；

（二）委托人故意不提供有关会计资料和文件的；

（三）因委托人有其他不合理要求，致使注册会计师出具的报告不能对财务会计的重要事项作出正确表述的。

第二十一条　注册会计师执行审计业务，必须按照执业准则、规则确定的工作程序出具报告。

注册会计师执行审计业务出具报告时，不得有下列行为：

（一）明知委托人对重要事项的财务会计处理与国家有关规定相抵触，而不予指明；

（二）明知委托人的财务会计处理会直接损害报告使用人或者其他利害关系人的利益，而予以隐瞒或者作不实的报告；

（三）明知委托人的财务会计处理会导致报告使用人或者其他利害关系人产生重大误解，而不予指明；

（四）明知委托人的会计报表的重要事项有其他不实的内容，而不予指明。

对委托人有前款所列行为，注册会计师按照执业准则、规则应当知道的，适用前款规定。

第二十二条　注册会计师不得有下列行为：

（一）在执行审计业务期间，在法律、行政法规规定不得买卖被审计单位的股票、债券或者不得购买被审计单位或者个人的其他财产的期限内，买卖被审计的单位的股票、债券或者购买被审计单位或者个人所拥有的其他财产；

（二）索取、收受委托合同约定以外的酬金或者其他财物，或者利用执行业务之便，谋取其他不正当的利益；

（三）接受委托催收债款；

（四）允许他人以本人名义执行业务；

（五）同时在两个或者两个以上的会计师事务所执行业务；

（六）对其能力进行广告宣传以招揽业务；

（七）违反法律、行政法规的其他行为。

第四章　会计师事务所

第二十三条　会计师事务所可以由注册会计师合伙设立。

合伙设立的会计师事务所的债务，由合伙人按照出资比例或者协议的约定，以各自的财产承担责任。合伙人对会计师事务所的债务承担连带责任。

第二十四条　会计师事务所符合下列条件的，可以是负有限责任的法人：

（一）不少于三十万元的注册资本；

（二）有一定数量的专职从业人员，其中至少有五名注册会计师；

（三）国务院财政部门规定的业务范围和其他条件。

负有限责任的会计师事务所以其全部资产对其债务承担责任。

第二十五条 设立会计师事务所，由省、自治区、直辖市人民政府财政部门批准。

申请设立会计师事务所，申请者应当向审批机关报送下列文件：

（一）申请书；

（二）会计师事务所的名称、组织机构和业务场所；

（三）会计师事务所章程，有合伙协议的并应报送合伙协议；

（四）注册会计师名单、简历及有关证明文件；

（五）会计师事务所主要负责人、合伙人的姓名、简历及有关证明文件；

（六）负有限责任的会计师事务所的出资证明；

（七）审批机关要求的其他文件。

第二十六条 审批机关应当自收到申请文件之日起三十日内决定批准或不批准。

省、自治区、直辖市人民政府财政部门批准的会计师事务所，应当报国务院财政部门备案。国务院财政部门发现批准不当的，应当自收到备案报告之日起三十日内通知原审批机关重新审查。

第二十七条 会计师事务所设立分支机构，须经分支机构所在地的省、自治区、直辖市人民政府部门批准。

第二十八条 会计师事务所依法纳税。

会计师事务所按照国务院财政部门的规定建立职业风险基金，办理职业保险。

第二十九条 会计师事务所受理业务，不受行政区域，行业的限制；但是，法律、行政法规另有规定的除外。

第三十条 委托人委托会计师事务所办理业务，任何单位和个人不得干预。

第三十一条 本法第十八条至第二十一条的规定，适用于会计师事务所。

第三十二条 会计师事务所不得有本法第二十二条第（一）项至第（四）项、第（六）项、第（七）项所列的行为。

第五章　注册会计师协会

第三十三条 注册会计师应当加入注册会计师协会。

第三十四条 中国注册会计师协会的章程由全国会员代表大会制定，并报国务院财政部门备案；省、自治区、直辖市注册会计师协会的章程由省、自治区、直辖市会员代表大会制定，并报省、自治区、直辖市人民政府财政部门备案。

第三十五条 中国注册会计师协会依法拟订注册会计师执业准则、规则，报国务院财政部门批准后施行。

第三十六条 注册会计师协会应当支持注册会计师依法执行业务，维护其合法权益，向有关方面反映其意见和建议。

第三十七条 注册会计师协会应当对注册会计师的任职资格和执业情况进行年度检查。

第三十八条 注册会计师协会依法取得社会团体法人资格。

第六章　法　律　责　任

第三十九条 会计师事务所违反本法第二十条、第二十一条规定的，由省级以上人民政府财政部门给予警告，没收违法所得，可以并处违法所得一倍以上五倍以下的罚款；情节严重的，并可以由省级以上人民政府财政部门暂停其经营业务或者予以撤销。

注册会计师违反本法第二十条、第二十一条规定的，由省级以上人民政府财政部门给予警告；情节严重的，可以由省级以上人民政府财政部门暂停其执行业务或者吊销注册会计师证书。

会计师事务所、注册会计师违反本法第二十条、第二十一条的规定，故意出具虚假的审计报告、验资报告，构成犯罪的，依法追究刑事责任。

第四十条　对未经批准承办本法第十四条规定的注册会计师业务的单位，由省级以上人民政府财政部门责令其停止违法活动，没收违法所得，可以并处违法所得一倍以上五倍以下的罚款。

第四十一条　当事人对行政处罚决定不服的，可以在接到处罚通知之日起十五日内向作出处罚决定的机关的上一级机关申请复议；当事人也可以在接到处罚决定通知之日起十五日内直接向人民法院起诉。

复议机关应当在接到复议申请之日起六十日内作出复议决定。当事人对复议决定不服的，可以在接到复议决定之日起十五日内向人民法院起诉。复议机关逾期不作出复议决定的，当事人可以在复议期满之日起十五日内向人民法院起诉。

当事人逾期不申请复议，也不向人民法院起诉，又不履行处罚决定的，作出处罚决定的机关可以申请人民法院强制执行。

第四十二条　会计师事务所违反本法规定，给委托人、其他利害关系人造成损失的，应当依法承担赔偿责任。

第七章　附　则

第四十三条　在审计事务所工作的注册审计师，经认定为具有注册会计师资格的，可以执行本法规定的业务，其资格认定和对其监督、指导、管理的办法由国务院另行规定。

第四十四条　外国人申请参加中国注册会计师全国统一考试和注册，按照互惠原则办理。外国会计师事务所需要在中国境内临时办理有关业务的，须经有关的省、自治区、直辖市人民政府财政部门批准。外国会计师事务所与中国的会计师事务所共同举办中外合作会计师事务所，须经国务院对外经济贸易主管部门或者国务院授权的部门和省级人民政府审查同意后报国务院财政部门批准。

除前款规定的情形外，外国会计师事务所需要在中国境内临时办理有关业务的，须经有关的省、自治区、直辖市人民政府财政部门批准。

第四十五条　国务院可以根据本法制定实施条例。

第四十六条　本法自 1994 年 1 月 1 日起施行。1986 年 7 月 3 日国务院发布的《中华人民共和国注册会计师条例》同时废止。

中华人民共和国预算法

（1994 年 3 月 22 日第八届全国人民代表大会第二次会议通过　根据 2014 年 8 月 31 日第十二届全国人民代表大会常务委员会第十次会议《关于修改〈中华人民共和国预算法〉的决定》第一次修正　根据 2018 年 12 月 29 日第十三届全国人民代表大会常务委员会第七次会议《关于修改〈中华人民共和国产品质量法〉等五部法律的决定》第二次修正）

目　录

第一章　总　　则

第一条　为了规范政府收支行为，强化预算约束，加强对预算的管理和监督，建立健全全面规范、公开透明的预算制度，保障经济社会的健康发展，根据宪法，制定本法。

第二条　预算、决算的编制、审查、批准、监督，以及预算的执行和调整，依照本法规定执行。

第三条　国家实行一级政府一级预算，设立中央，省、自治区、直辖市，设区的市、自治州，县、自治县、不设区的市、市辖区，乡、民族乡、镇五级预算。

全国预算由中央预算和地方预算组成。地方预算由各省、自治区、直辖市总预算组成。

地方各级总预算由本级预算和汇总的下一级总预算组成；下一级只有本级预算的，下一级总预算即指下一级的本级预算。没有下一级预算的，总预算即指本级预算。

第四条　预算由预算收入和预算支出组成。

政府的全部收入和支出都应当纳入预算。

第五条　预算包括一般公共预算、政府性基金预算、国有资本经营预算、社会保险基金预算。

一般公共预算、政府性基金预算、国有资本经营预算、社会保险基金预算应当保持完整、独立。政府性基金预算、国有资本经营预算、社会保险基金预算应当与一般公共预算相衔接。

第六条　一般公共预算是对以税收为主体的财政收入，安排用于保障和改善民生、推动经济社会发展、维护国家安全、维持国家机构正常运转等方面的收支预算。

中央一般公共预算包括中央各部门（含直属单位，下同）的预算和中央对地方的税收返还、转移支付预算。

中央一般公共预算收入包括中央本级收入和地方向中央的上解收入。中央一般公共预算支出包括中央本级支出、中央对地方的税收返还和转移支付。

第七条　地方各级一般公共预算包括本级各部门（含直属单位，下同）的预算和税收返还、转移支付预算。

地方各级一般公共预算收入包括地方本级收入、上级政府对本级政府的税收返还和转移支付、下级政府的上解收入。地方各级一般公共预算支出包括地方本级支出、对上级政府的上解支出、对下级政府的税收返还和转移支付。

第八条　各部门预算由本部门及其所属各单位预算组成。

第九条　政府性基金预算是对依照法律、行政法规的规定在一定期限内向特定对象征收、收取或者以其他方式筹集的资金，专项用于特定公共事业发展的收支预算。

政府性基金预算应当根据基金项目收入情况和实际支出需要，按基金项目编制，做到以收定支。

第十条　国有资本经营预算是对国有资本收益作出支出安排的收支预算。

国有资本经营预算应当按照收支平衡的原则编制，不列赤字，并安排资金调入一般公共预算。

第十一条　社会保险基金预算是对社会保险缴款、一般公共预算安排和其他方式筹集的资金，专项用于社会保险的收支预算。

社会保险基金预算应当按照统筹层次和社会保险项目分别编制，做到收支平衡。

第十二条　各级预算应当遵循统筹兼顾、勤俭节约、量力而行、讲求绩效和收支平衡的原则。

各级政府应当建立跨年度预算平衡机制。

第十三条　经人民代表大会批准的预算，非经法定程序，不得调整。各级政府、各部门、各单位的支出必须以经批准的预算为依据，未列入预算的不得支出。

第十四条　经本级人民代表大会或者本级人民代表大会常务委员会批准的预算、预算调整、决算、预算执行情况的报告及报表，应当在批准后二十日内由本级政府财政部门向社会公开，并对本级政府财政转移支付安排、执行的情况以及举借债务的情况等重要事项作出说明。

经本级政府财政部门批复的部门预算、决算及报表，应当在批复后二十日内由各部门向社会公开，并对部门预算、决算中机关运行经费的安排、使用情况等重要事项作出说明。

各级政府、各部门、各单位应当将政府采购的情况及时向社会公开。

本条前三款规定的公开事项，涉及国家秘密的除外。

第十五条　国家实行中央和地方分税制。

第十六条　国家实行财政转移支付制度。财政转移支付应当规范、公平、公开，以推进地区间基本公共服务均等化为主要目标。

财政转移支付包括中央对地方的转移支付和地方上级政府对下级政府的转移支付，以为均衡地区间基本财力、由下级政府统筹安排使用的一般性转移支付为主体。

按照法律、行政法规和国务院的规定可以设立专项转移支付，用于办理特定事项。建立健全专项转移支付定期评估和退出机制。市场竞争机制能够有效调节的事项不得设立专项转移支付。

上级政府在安排专项转移支付时，不得要求下级政府承担配套资金。但是，按照国务院的规定应当由上下级政府共同承担的事项除外。

第十七条　各级预算的编制、执行应当建立健全相互制约、相互协调的机制。

第十八条　预算年度自公历 1 月 1 日起，至 12 月 31 日止。

第十九条　预算收入和预算支出以人民币元为计算单位。

第二章　预算管理职权

第二十条　全国人民代表大会审查中央和地方预算草案及中央和地方预算执行情况的报告；批准中央预算和中央预算执行情况的报告；改变或者撤销全国人民代表大会常务委员会关于预算、决算的不适当的决议。

全国人民代表大会常务委员会监督中央和地方预算的执行；审查和批准中央预算的调整方案；审查和批准中央决算；撤销国务院制定的同宪法、法律相抵触的关于预算、决算的行政法规、决定和命令；撤销省、自治区、直辖市人民代表大会及其常务委员会制定的同宪法、法律和行政法规相抵触的关于预算、决算的地方性法规和决议。

第二十一条　县级以上地方各级人民代表大会审查本级总预算草案及本级总预算执行情况的报告；批准本级预算和本级预算执行情况的报告；改变或者撤销本级人民代表大会常务委员会关于预算、决算的不适当的决议；撤销本级政府关于预算、决算的不适当的决定和命令。

县级以上地方各级人民代表大会常务委员会监督本级总预算的执行；审查和批准本级预算的调整方案；审查和批准本级决算；撤销本级政府和下一级人民代表大会及其常务委员会关于预算、决算的不适当的决定、命令和决议。

乡、民族乡、镇的人民代表大会审查和批准本级预算和本级预算执行情况的报告；监督本级预算的执行；审查和批准本级预算的调整方案；审查和批准本级决算；撤销本级政府关于预算、决算的不适当的决定和命令。

第二十二条 全国人民代表大会财政经济委员会对中央预算草案初步方案及上一年预算执行情况、中央预算调整初步方案和中央决算草案进行初步审查，提出初步审查意见。

省、自治区、直辖市人民代表大会有关专门委员会对本级预算草案初步方案及上一年预算执行情况、本级预算调整初步方案和本级决算草案进行初步审查，提出初步审查意见。

设区的市、自治州人民代表大会有关专门委员会对本级预算草案初步方案及上一年预算执行情况、本级预算调整初步方案和本级决算草案进行初步审查，提出初步审查意见，未设立专门委员会的，由本级人民代表大会常务委员会有关工作机构研究提出意见。

县、自治县、不设区的市、市辖区人民代表大会常务委员会对本级预算草案初步方案及上一年预算执行情况进行初步审查，提出初步审查意见。县、自治县、不设区的市、市辖区人民代表大会常务委员会有关工作机构对本级预算调整初步方案和本级决算草案研究提出意见。

设区的市、自治州以上各级人民代表大会有关专门委员会进行初步审查、常务委员会有关工作机构研究提出意见时，应当邀请本级人民代表大会代表参加。

对依照本条第一款至第四款规定提出的意见，本级政府财政部门应当将处理情况及时反馈。

依照本条第一款至第四款规定提出的意见以及本级政府财政部门反馈的处理情况报告，应当印发本级人民代表大会代表。

全国人民代表大会常务委员会和省、自治区、直辖市、设区的市、自治州人民代表大会常务委员会有关工作机构，依照本级人民代表大会常务委员会的决定，协助本级人民代表大会财政经济委员会或者有关专门委员会承担审查预算草案、预算调整方案、决算草案和监督预算执行等方面的具体工作。

第二十三条 国务院编制中央预算、决算草案；向全国人民代表大会作关于中央和地方预算草案的报告；将省、自治区、直辖市政府报送备案的预算汇总后报全国人民代表大会常务委员会备案；组织中央和地方预算的执行；决定中央预算预备费的动用；编制中央预算调整方案；监督中央各部门和地方政府的预算执行；改变或者撤销中央各部门和地方政府关于预算、决算的不适当的决定、命令；向全国人民代表大会、全国人民代表大会常务委员会报告中央和地方预算的执行情况。

第二十四条 县级以上地方各级政府编制本级预算、决算草案；向本级人民代表大会作关于本级总预算草案的报告；将下一级政府报送备案的预算汇总后报本级人民代表大会常务委员会备案；组织本级总预算的执行；决定本级预算预备费的动用；编制本级预算的调整方案；监督本级各部门和下级政府的预算执行；改变或者撤销本级各部门和下级政府关于预算、决算的不适当的决定、命令；向本级人民代表大会、本级人民代表大会常务委员会报告本级总预算的执行情况。

乡、民族乡、镇政府编制本级预算、决算草案；向本级人民代表大会作关于本级预算草案的报告；组织本级预算的执行；决定本级预算预备费的动用；编制本级预算的调整方案；向本级人民代表大会报告本级预算的执行情况。

经省、自治区、直辖市政府批准，乡、民族乡、镇本级预算草案、预算调整方案、决算草案，可以由上一级政府代编，并依照本法第二十一条的规定报乡、民族乡、镇的人民代表大会审查和批准。

第二十五条　国务院财政部门具体编制中央预算、决算草案；具体组织中央和地方预算的执行；提出中央预算预备费动用方案；具体编制中央预算的调整方案；定期向国务院报告中央和地方预算的执行情况。

地方各级政府财政部门具体编制本级预算、决算草案；具体组织本级总预算的执行；提出本级预算预备费动用方案；具体编制本级预算的调整方案；定期向本级政府和上一级政府财政部门报告本级总预算的执行情况。

第二十六条　各部门编制本部门预算、决算草案；组织和监督本部门预算的执行；定期向本级政府财政部门报告预算的执行情况。

各单位编制本单位预算、决算草案；按照国家规定上缴预算收入，安排预算支出，并接受国家有关部门的监督。

第三章　预算收支范围

第二十七条　一般公共预算收入包括各项税收收入、行政事业性收费收入、国有资源（资产）有偿使用收入、转移性收入和其他收入。

一般公共预算支出按照其功能分类，包括一般公共服务支出，外交、公共安全、国防支出，农业、环境保护支出，教育、科技、文化、卫生、体育支出，社会保障及就业支出和其他支出。

一般公共预算支出按照其经济性质分类，包括工资福利支出、商品和服务支出、资本性支出和其他支出。

第二十八条　政府性基金预算、国有资本经营预算和社会保险基金预算的收支范围，按照法律、行政法规和国务院的规定执行。

第二十九条　中央预算与地方预算有关收入和支出项目的划分、地方向中央上解收入、中央对地方税收返还或者转移支付的具体办法，由国务院规定，报全国人民代表大会常务委员会备案。

第三十条　上级政府不得在预算之外调用下级政府预算的资金。下级政府不得挤占或者截留属于上级政府预算的资金。

第四章　预 算 编 制

第三十一条　国务院应当及时下达关于编制下一年预算草案的通知。编制预算草案的具体事项由国务院财政部门部署。

各级政府、各部门、各单位应当按照国务院规定的时间编制预算草案。

第三十二条　各级预算应当根据年度经济社会发展目标、国家宏观调控总体要求和跨年度预算平衡的需要，参考上一年预算执行情况、有关支出绩效评价结果和本年度收支预测，按照规定程序征求各方面意见后，进行编制。

各级政府依据法定权限作出决定或者制定行政措施，凡涉及增加或者减少财政收入或者支出的，应当在预算批准前提出并在预算草案中作出相应安排。

各部门、各单位应当按照国务院财政部门制定的政府收支分类科目、预算支出标准和要求，以及绩效目标管理等预算编制规定，根据其依法履行职能和事业发展的需要以及存量资产情况，编制本部门、本单位预算草案。

前款所称政府收支分类科目，收入分为类、款、项、目；支出按其功能分类分为类、款、项，按其经济性质分类分为类、款。

第三十三条　省、自治区、直辖市政府应当按照国务院规定的时间，将本级总预算草案报国务院审核汇总。

第三十四条　中央一般公共预算中必需的部分资金，可以通过举借国内和国外债务等方式筹措，举借债务应当控制适当的规模，保持合理的结构。

对中央一般公共预算中举借的债务实行余额管理，余额的规模不得超过全国人民代表大会批准的限额。

国务院财政部门具体负责对中央政府债务的统一管理。

第三十五条　地方各级预算按照量入为出、收支平衡的原则编制，除本法另有规定外，不列赤字。

经国务院批准的省、自治区、直辖市的预算中必需的建设投资的部分资金，可以在国务院确定的限额内，通过发行地方政府债券举借债务的方式筹措。举借债务的规模，由国务院报全国人民代表大会或者全国人民代表大会常务委员会批准。省、自治区、直辖市依照国务院下达的限额举借的债务，列入本级预算调整方案，报本级人民代表大会常务委员会批准。举借的债务应当有偿还计划和稳定的偿还资金来源，只能用于公益性资本支出，不得用于经常性支出。

除前款规定外，地方政府及其所属部门不得以任何方式举借债务。

除法律另有规定外，地方政府及其所属部门不得为任何单位和个人的债务以任何方式提供担保。

国务院建立地方政府债务风险评估和预警机制、应急处置机制以及责任追究制度。国务院财政部门对地方政府债务实施监督。

第三十六条　各级预算收入的编制，应当与经济社会发展水平相适应，与财政政策相衔接。

各级政府、各部门、各单位应当依照本法规定，将所有政府收入全部列入预算，不得隐瞒、少列。

第三十七条　各级预算支出应当依照本法规定，按其功能和经济性质分类编制。

各级预算支出的编制，应当贯彻勤俭节约的原则，严格控制各部门、各单位的机关运行经费和楼堂馆所等基本建设支出。

各级一般公共预算支出的编制，应当统筹兼顾，在保证基本公共服务合理需要的前提下，优先安排国家确定的重点支出。

第三十八条　一般性转移支付应当按照国务院规定的基本标准和计算方法编制。专项转移支付应当分地区、分项目编制。

县级以上各级政府应当将对下级政府的转移支付预计数提前下达下级政府。

地方各级政府应当将上级政府提前下达的转移支付预计数编入本级预算。

第三十九条　中央预算和有关地方预算中应当安排必要的资金，用于扶助革命老区、民族地区、边疆地区、贫困地区发展经济社会建设事业。

第四十条　各级一般公共预算应当按照本级一般公共预算支出额的百分之一至百分之三设置预备费，用于当年预算执行中的自然灾害等突发事件处理增加的支出及其他难以预见的开支。

第四十一条　各级一般公共预算按照国务院的规定可以设置预算周转金，用于本级政府调剂预算年度内季节性收支差额。

各级一般公共预算按照国务院的规定可以设置预算稳定调节基金，用于弥补以后年度预算资金的不足。

第四十二条　各级政府上一年预算的结转资金，应当在下一年用于结转项目的支出；连续两年未用完的结转资金，应当作为结余资金管理。

各部门、各单位上一年预算的结转、结余资金按照国务院财政部门的规定办理。

第五章　预算审查和批准

第四十三条　中央预算由全国人民代表大会审查和批准。

地方各级预算由本级人民代表大会审查和批准。

第四十四条　国务院财政部门应当在每年全国人民代表大会会议举行的四十五日前，将中央预算草案的初步方案提交全国人民代表大会财政经济委员会进行初步审查。

省、自治区、直辖市政府财政部门应当在本级人民代表大会会议举行的三十日前，将本级预算草案的初步方案提交本级人民代表大会有关专门委员会进行初步审查。

设区的市、自治州政府财政部门应当在本级人民代表大会会议举行的三十日前，将本级预算草案的初步方案提交本级人民代表大会有关专门委员会进行初步审查，或者送交本级人民代表大会常务委员会有关工作机构征求意见。

县、自治县、不设区的市、市辖区政府应当在本级人民代表大会会议举行的三十日前，将本级预算草案的初步方案提交本级人民代表大会常务委员会进行初步审查。

第四十五条　县、自治县、不设区的市、市辖区、乡、民族乡、镇的人民代表大会举行会议审查预算草案前，应当采用多种形式，组织本级人民代表大会代表，听取选民和社会各界的意见。

第四十六条　报送各级人民代表大会审查和批准的预算草案应当细化。本级一般公共预算支出，按其功能分类应当编列到项；按其经济性质分类，基本支出应当编列到款。本级政府性基金预算、国有资本经营预算、社会保险基金预算支出，按其功能分类应当编列到项。

第四十七条　国务院在全国人民代表大会举行会议时，向大会作关于中央和地方预算草案以及中央和地方预算执行情况的报告。

地方各级政府在本级人民代表大会举行会议时，向大会作关于总预算草案和总预算执行情况的报告。

第四十八条　全国人民代表大会和地方各级人民代表大会对预算草案及其报告、预算执行情况的报告重点审查下列内容：

（一）上一年预算执行情况是否符合本级人民代表大会预算决议的要求；

（二）预算安排是否符合本法的规定；

（三）预算安排是否贯彻国民经济和社会发展的方针政策，收支政策是否切实可行；

（四）重点支出和重大投资项目的预算安排是否适当；

（五）预算的编制是否完整，是否符合本法第四十六条的规定；

（六）对下级政府的转移性支出预算是否规范、适当；

（七）预算安排举借的债务是否合法、合理，是否有偿还计划和稳定的偿还资金来源；

（八）与预算有关重要事项的说明是否清晰。

第四十九条　全国人民代表大会财政经济委员会向全国人民代表大会主席团提出关于中央和地方预算草案及中央和地方预算执行情况的审查结果报告。

省、自治区、直辖市、设区的市、自治州人民代表大会有关专门委员会，县、自治县、不设区的市、市辖区人民代表大会常务委员会，向本级人民代表大会主席团提出关于总预算草案及上一年总预算执行情况的审查结果报告。

审查结果报告应当包括下列内容：

（一）对上一年预算执行和落实本级人民代表大会预算决议的情况作出评价；

（二）对本年度预算草案是否符合本法的规定，是否可行作出评价；

（三）对本级人民代表大会批准预算草案和预算报告提出建议；

（四）对执行年度预算、改进预算管理、提高预算绩效、加强预算监督等提出意见和建议。

第五十条　乡、民族乡、镇政府应当及时将经本级人民代表大会批准的本级预算报上一级政府备案。县级以上地方各级政府应当及时将经本级人民代表大会批准的本级预算及下一级政府报送备案的预算汇总，报上一级政府备案。

县级以上地方各级政府将下一级政府依照前款规定报送备案的预算汇总后，报本级人民代表大会常务委员会备案。国务院将省、自治区、直辖市政府依照前款规定报送备案的预算汇总后，报全国人民代表大会常务委员会备案。

第五十一条 国务院和县级以上地方各级政府对下一级政府依照本法第五十条规定报送备案的预算，认为有同法律、行政法规相抵触或者有其他不适当之处，需要撤销批准预算的决议的，应当提请本级人民代表大会常务委员会审议决定。

第五十二条 各级预算经本级人民代表大会批准后，本级政府财政部门应当在二十日内向本级各部门批复预算。各部门应当在接到本级政府财政部门批复的本部门预算后十五日内向所属各单位批复预算。

中央对地方的一般性转移支付应当在全国人民代表大会批准预算后三十日内正式下达。中央对地方的专项转移支付应当在全国人民代表大会批准预算后九十日内正式下达。

省、自治区、直辖市政府接到中央一般性转移支付和专项转移支付后，应当在三十日内正式下达到本行政区域县级以上各级政府。

县级以上地方各级预算安排对下级政府的一般性转移支付和专项转移支付，应当分别在本级人民代表大会批准预算后的三十日和六十日内正式下达。

对自然灾害等突发事件处理的转移支付，应当及时下达预算；对据实结算等特殊项目的转移支付，可以分期下达预算，或者先预付后结算。

县级以上各级政府财政部门应当将批复本级各部门的预算和批复下级政府的转移支付预算，抄送本级人民代表大会财政经济委员会、有关专门委员会和常务委员会有关工作机构。

第六章 预 算 执 行

第五十三条 各级预算由本级政府组织执行，具体工作由本级政府财政部门负责。

各部门、各单位是本部门、本单位的预算执行主体，负责本部门、本单位的预算执行，并对执行结果负责。

第五十四条 预算年度开始后，各级预算草案在本级人民代表大会批准前，可以安排下列支出：

（一）上一年度结转的支出；

（二）参照上一年同期的预算支出数额安排必须支付的本年度部门基本支出、项目支出，以及对下级政府的转移性支出；

（三）法律规定必须履行支付义务的支出，以及用于自然灾害等突发事件处理的支出。

根据前款规定安排支出的情况，应当在预算草案的报告中作出说明。

预算经本级人民代表大会批准后，按照批准的预算执行。

第五十五条 预算收入征收部门和单位，必须依照法律、行政法规的规定，及时、足额征收应征的预算收入。不得违反法律、行政法规规定，多征、提前征收或者减征、免征、缓征应征的预算收入，不得截留、占用或者挪用预算收入。

各级政府不得向预算收入征收部门和单位下达收入指标。

第五十六条 政府的全部收入应当上缴国家金库（以下简称国库），任何部门、单位和个人不得截留、占用、挪用或者拖欠。

对于法律有明确规定或者经国务院批准的特定专用资金，可以依照国务院的规定设立财政专户。

第五十七条 各级政府财政部门必须依照法律、行政法规和国务院财政部门的规定，及时、足额地拨付预算支出资金，加强对预算支出的管理和监督。

各级政府、各部门、各单位的支出必须按照预算执行，不得虚假列支。

各级政府、各部门、各单位应当对预算支出情况开展绩效评价。

第五十八条　各级预算的收入和支出实行收付实现制。

特定事项按照国务院的规定实行权责发生制的有关情况，应当向本级人民代表大会常务委员会报告。

第五十九条　县级以上各级预算必须设立国库；具备条件的乡、民族乡、镇也应当设立国库。

中央国库业务由中国人民银行经理，地方国库业务依照国务院的有关规定办理。

各级国库应当按照国家有关规定，及时准确地办理预算收入的收纳、划分、留解、退付和预算支出的拨付。

各级国库库款的支配权属于本级政府财政部门。除法律、行政法规另有规定外，未经本级政府财政部门同意，任何部门、单位和个人都无权冻结、动用国库库款或者以其他方式支配已入国库的库款。

各级政府应当加强对本级国库的管理和监督，按照国务院的规定完善国库现金管理，合理调节国库资金余额。

第六十条　已经缴入国库的资金，依照法律、行政法规的规定或者国务院的决定需要退付的，各级政府财政部门或者其授权的机构应当及时办理退付。按照规定应当由财政支出安排的事项，不得用退库处理。

第六十一条　国家实行国库集中收缴和集中支付制度，对政府全部收入和支出实行国库集中收付管理。

第六十二条　各级政府应当加强对预算执行的领导，支持政府财政、税务、海关等预算收入的征收部门依法组织预算收入，支持政府财政部门严格管理预算支出。

财政、税务、海关等部门在预算执行中，应当加强对预算执行的分析；发现问题时应当及时建议本级政府采取措施予以解决。

第六十三条　各部门、各单位应当加强对预算收入和支出的管理，不得截留或者动用应当上缴的预算收入，不得擅自改变预算支出的用途。

第六十四条　各级预算预备费的动用方案，由本级政府财政部门提出，报本级政府决定。

第六十五条　各级预算周转金由本级政府财政部门管理，不得挪作他用。

第六十六条　各级一般公共预算年度执行中有超收收入的，只能用于冲减赤字或者补充预算稳定调节基金。

各级一般公共预算的结余资金，应当补充预算稳定调节基金。

省、自治区、直辖市一般公共预算年度执行中出现短收，通过调入预算稳定调节基金、减少支出等方式仍不能实现收支平衡的，省、自治区、直辖市政府报本级人民代表大会或者其常务委员会批准，可以增列赤字，报国务院财政部门备案，并应当在下一年度预算中予以弥补。

第七章　预算调整

第六十七条　经全国人民代表大会批准的中央预算和经地方各级人民代表大会批准的地方各级预算，在执行中出现下列情况之一的，应当进行预算调整：

（一）需要增加或者减少预算总支出的；

（二）需要调入预算稳定调节基金的；

（三）需要调减预算安排的重点支出数额的；

（四）需要增加举借债务数额的。

第六十八条　在预算执行中，各级政府一般不制定新的增加财政收入或者支出的政策和措施，也不制定减少财政收入的政策和措施；必须作出并需要进行预算调整的，应当在预算调整方案中作出安排。

第六十九条 在预算执行中，各级政府对于必须进行的预算调整，应当编制预算调整方案。预算调整方案应当说明预算调整的理由、项目和数额。

在预算执行中，由于发生自然灾害等突发事件，必须及时增加预算支出的，应当先动支预备费；预备费不足支出的，各级政府可以先安排支出，属于预算调整的，列入预算调整方案。

国务院财政部门应当在全国人民代表大会常务委员会举行会议审查和批准预算调整方案的三十日前，将预算调整初步方案送交全国人民代表大会财政经济委员会进行初步审查。

省、自治区、直辖市政府财政部门应当在本级人民代表大会常务委员会举行会议审查和批准预算调整方案的三十日前，将预算调整初步方案送交本级人民代表大会有关专门委员会进行初步审查。

设区的市、自治州政府财政部门应当在本级人民代表大会常务委员会举行会议审查和批准预算调整方案的三十日前，将预算调整初步方案送交本级人民代表大会有关专门委员会进行初步审查，或者送交本级人民代表大会常务委员会有关工作机构征求意见。

县、自治县、不设区的市、市辖区政府财政部门应当在本级人民代表大会常务委员会举行会议审查和批准预算调整方案的三十日前，将预算调整初步方案送交本级人民代表大会常务委员会有关工作机构征求意见。

中央预算的调整方案应当提请全国人民代表大会常务委员会审查和批准。县级以上地方各级预算的调整方案应当提请本级人民代表大会常务委员会审查和批准；乡、民族乡、镇预算的调整方案应当提请本级人民代表大会审查和批准。未经批准，不得调整预算。

第七十条 经批准的预算调整方案，各级政府应当严格执行。未经本法第六十九条规定的程序，各级政府不得作出预算调整的决定。

对违反前款规定作出的决定，本级人民代表大会、本级人民代表大会常务委员会或者上级政府应当责令其改变或者撤销。

第七十一条 在预算执行中，地方各级政府因上级政府增加不需要本级政府提供配套资金的专项转移支付而引起的预算支出变化，不属于预算调整。

接受增加专项转移支付的县级以上地方各级政府应当向本级人民代表大会常务委员会报告有关情况；接受增加专项转移支付的乡、民族乡、镇政府应当向本级人民代表大会报告有关情况。

第七十二条 各部门、各单位的预算支出应当按照预算科目执行。严格控制不同预算科目、预算级次或者项目间的预算资金的调剂，确需调剂使用的，按照国务院财政部门的规定办理。

第七十三条 地方各级预算的调整方案经批准后，由本级政府报上一级政府备案。

第八章 决 算

第七十四条 决算草案由各级政府、各部门、各单位，在每一预算年度终了后按照国务院规定的时间编制。

编制决算草案的具体事项，由国务院财政部门部署。

第七十五条 编制决算草案，必须符合法律、行政法规，做到收支真实、数额准确、内容完整、报送及时。

决算草案应当与预算相对应，按预算数、调整预算数、决算数分别列出。一般公共预算支出应当按其功能分类编列到项，按其经济性质分类编列到款。

第七十六条 各部门对所属各单位的决算草案，应当审核并汇总编制本部门的决算草案，在规定的期限内报本级政府财政部门审核。

各级政府财政部门对本级各部门决算草案审核后发现有不符合法律、行政法规规定的，有权予以纠正。

第七十七条　国务院财政部门编制中央决算草案，经国务院审计部门审计后，报国务院审定，由国务院提请全国人民代表大会常务委员会审查和批准。

县级以上地方各级政府财政部门编制本级决算草案，经本级政府审计部门审计后，报本级政府审定，由本级政府提请本级人民代表大会常务委员会审查和批准。

乡、民族乡、镇政府编制本级决算草案，提请本级人民代表大会审查和批准。

第七十八条　国务院财政部门应当在全国人民代表大会常务委员会举行会议审查和批准中央决算草案的三十日前，将上一年度中央决算草案提交全国人民代表大会财政经济委员会进行初步审查。

省、自治区、直辖市政府财政部门应当在本级人民代表大会常务委员会举行会议审查和批准本级决算草案的三十日前，将上一年度本级决算草案提交本级人民代表大会有关专门委员会进行初步审查。

设区的市、自治州政府财政部门应当在本级人民代表大会常务委员会举行会议审查和批准本级决算草案的三十日前，将上一年度本级决算草案提交本级人民代表大会有关专门委员会进行初步审查，或者送交本级人民代表大会常务委员会有关工作机构征求意见。

县、自治县、不设区的市、市辖区政府财政部门应当在本级人民代表大会常务委员会举行会议审查和批准本级决算草案的三十日前，将上一年度本级决算草案送交本级人民代表大会常务委员会有关工作机构征求意见。

全国人民代表大会财政经济委员会和省、自治区、直辖市、设区的市、自治州人民代表大会有关专门委员会，向本级人民代表大会常务委员会提出关于本级决算草案的审查结果报告。

第七十九条　县级以上各级人民代表大会常务委员会和乡、民族乡、镇人民代表大会对本级决算草案，重点审查下列内容：

（一）预算收入情况；

（二）支出政策实施情况和重点支出、重大投资项目资金的使用及绩效情况；

（三）结转资金的使用情况；

（四）资金结余情况；

（五）本级预算调整及执行情况；

（六）财政转移支付安排执行情况；

（七）经批准举借债务的规模、结构、使用、偿还等情况；

（八）本级预算周转金规模和使用情况；

（九）本级预备费使用情况；

（十）超收收入安排情况，预算稳定调节基金的规模和使用情况；

（十一）本级人民代表大会批准的预算决议落实情况；

（十二）其他与决算有关的重要情况。

县级以上各级人民代表大会常务委员会应当结合本级政府提出的上一年度预算执行和其他财政收支的审计工作报告，对本级决算草案进行审查。

第八十条　各级决算经批准后，财政部门应当在二十日内向本级各部门批复决算。各部门应当在接到本级政府财政部门批复的本部门决算后十五日内向所属单位批复决算。

第八十一条　地方各级政府应当将经批准的决算及下一级政府上报备案的决算汇总，报上一级政府备案。

县级以上各级政府应当将下一级政府报送备案的决算汇总后，报本级人民代表大会常务委员会备案。

第八十二条 国务院和县级以上地方各级政府对下一级政府依照本法第八十一条规定报送备案的决算，认为有同法律、行政法规相抵触或者有其他不适当之处，需要撤销批准该项决算的决议的，应当提请本级人民代表大会常务委员会审议决定；经审议决定撤销的，该下级人民代表大会常务委员会应当责成本级政府依照本法规定重新编制决算草案，提请本级人民代表大会常务委员会审查和批准。

第九章 监 督

第八十三条 全国人民代表大会及其常务委员会对中央和地方预算、决算进行监督。

县级以上地方各级人民代表大会及其常务委员会对本级和下级预算、决算进行监督。

乡、民族乡、镇人民代表大会对本级预算、决算进行监督。

第八十四条 各级人民代表大会和县级以上各级人民代表大会常务委员会有权就预算、决算中的重大事项或者特定问题组织调查，有关的政府、部门、单位和个人应当如实反映情况和提供必要的材料。

第八十五条 各级人民代表大会和县级以上各级人民代表大会常务委员会举行会议时，人民代表大会代表或者常务委员会组成人员，依照法律规定程序就预算、决算中的有关问题提出询问或者质询，受询问或者受质询的有关的政府或者财政部门必须及时给予答复。

第八十六条 国务院和县级以上地方各级政府应当在每年六月至九月期间向本级人民代表大会常务委员会报告预算执行情况。

第八十七条 各级政府监督下级政府的预算执行；下级政府应当定期向上一级政府报告预算执行情况。

第八十八条 各级政府财政部门负责监督本级各部门及其所属各单位预算管理有关工作，并向本级政府和上一级政府财政部门报告预算执行情况。

第八十九条 县级以上政府审计部门依法对预算执行、决算实行审计监督。

对预算执行和其他财政收支的审计工作报告应当向社会公开。

第九十条 政府各部门负责监督检查所属各单位的预算执行，及时向本级政府财政部门反映本部门预算执行情况，依法纠正违反预算的行为。

第九十一条 公民、法人或者其他组织发现有违反本法的行为，可以依法向有关国家机关进行检举、控告。

接受检举、控告的国家机关应当依法进行处理，并为检举人、控告人保密。任何单位或者个人不得压制和打击报复检举人、控告人。

第十章 法律责任

第九十二条 各级政府及有关部门有下列行为之一的，责令改正，对负有直接责任的主管人员和其他直接责任人员追究行政责任：

（一）未依照本法规定，编制、报送预算草案、预算调整方案、决算草案和部门预算、决算以及批复预算、决算的；

（二）违反本法规定，进行预算调整的；

（三）未依照本法规定对有关预算事项进行公开和说明的；

（四）违反规定设立政府性基金项目和其他财政收入项目的；

（五）违反法律、法规规定使用预算预备费、预算周转金、预算稳定调节基金、超收收入的；

（六）违反本法规定开设财政专户的。

第九十三条 各级政府及有关部门、单位有下列行为之一的，责令改正，对负有直接责任的主管人员和其他直接责任人员依法给予降级、撤职、开除的处分：

（一）未将所有政府收入和支出列入预算或者虚列收入和支出的；

（二）违反法律、行政法规的规定，多征、提前征收或者减征、免征、缓征应征预算收入的；

（三）截留、占用、挪用或者拖欠应当上缴国库的预算收入的；

（四）违反本法规定，改变预算支出用途的；

（五）擅自改变上级政府专项转移支付资金用途的；

（六）违反本法规定拨付预算支出资金，办理预算收入收纳、划分、留解、退付，或者违反本法规定冻结、动用国库库款或者以其他方式支配已入国库库款的。

第九十四条　各级政府、各部门、各单位违反本法规定举借债务或者为他人债务提供担保，或者挪用重点支出资金，或者在预算之外及超预算标准建设楼堂馆所的，责令改正，对负有直接责任的主管人员和其他直接责任人员给予撤职、开除的处分。

第九十五条　各级政府有关部门、单位及其工作人员有下列行为之一的，责令改正，追回骗取、使用的资金，有违法所得的没收违法所得，对单位给予警告或者通报批评；对负有直接责任的主管人员和其他直接责任人员依法给予处分：

（一）违反法律、法规的规定，改变预算收入上缴方式的；

（二）以虚报、冒领等手段骗取预算资金的；

（三）违反规定扩大开支范围、提高开支标准的；

（四）其他违反财政管理规定的行为。

第九十六条　本法第九十二条、第九十三条、第九十四条、第九十五条所列违法行为，其他法律对其处理、处罚另有规定的，依照其规定。

违反本法规定，构成犯罪的，依法追究刑事责任。

第十一章　附　　则

第九十七条　各级政府财政部门应当按年度编制以权责发生制为基础的政府综合财务报告，报告政府整体财务状况、运行情况和财政中长期可持续性，报本级人民代表大会常务委员会备案。

第九十八条　国务院根据本法制定实施条例。

第九十九条　民族自治地方的预算管理，依照民族区域自治法的有关规定执行；民族区域自治法没有规定的，依照本法和国务院的有关规定执行。

第一百条　省、自治区、直辖市人民代表大会或者其常务委员会根据本法，可以制定有关预算审查监督的决定或者地方性法规。

第一百零一条　本法自 1995 年 1 月 1 日起施行。1991 年 10 月 21 日国务院发布的《国家预算管理条例》同时废止。

中华人民共和国预算法实施条例

（1995 年 11 月 22 日中华人民共和国国务院令第 186 号发布　根据 2020 年 8 月 3 日中华人民共和国国务院令第 729 号修订）

第一章　总　　则

第一条　根据《中华人民共和国预算法》（以下简称预算法），制定本条例。

第二条　县级以上地方政府的派出机关根据本级政府授权进行预算管理活动，不作为一级预算，其收支纳入本级预算。

第三条　社会保险基金预算应当在精算平衡的基础上实现可持续运行，一般公共预算可以根据需要和财力适当安排资金补充社会保险基金预算。

第四条　预算法第六条第二款所称各部门，是指与本级政府财政部门直接发生预算缴拨款关系的国家机关、军队、政党组织、事业单位、社会团体和其他单位。

第五条　各部门预算应当反映一般公共预算、政府性基金预算、国有资本经营预算安排给本部门及其所属各单位的所有预算资金。

各部门预算收入包括本级财政安排给本部门及其所属各单位的预算拨款收入和其他收入。各部门预算支出为与部门预算收入相对应的支出，包括基本支出和项目支出。

本条第二款所称基本支出，是指各部门、各单位为保障其机构正常运转、完成日常工作任务所发生的支出，包括人员经费和公用经费；所称项目支出，是指各部门、各单位为完成其特定的工作任务和事业发展目标所发生的支出。

各部门及其所属各单位的本级预算拨款收入和其相对应的支出，应当在部门预算中单独反映。

部门预算编制、执行的具体办法，由本级政府财政部门依法作出规定。

第六条　一般性转移支付向社会公开应当细化到地区。专项转移支付向社会公开应当细化到地区和项目。

政府债务、机关运行经费、政府采购、财政专户资金等情况，按照有关规定向社会公开。

部门预算、决算应当公开基本支出和项目支出。部门预算、决算支出按其功能分类应当公开到项；按其经济性质分类，基本支出应当公开到款。

各部门所属单位的预算、决算及报表，应当在部门批复后20日内由单位向社会公开。单位预算、决算应当公开基本支出和项目支出。单位预算、决算支出按其功能分类应当公开到项；按其经济性质分类，基本支出应当公开到款。

第七条　预算法第十五条所称中央和地方分税制，是指在划分中央与地方事权的基础上，确定中央与地方财政支出范围，并按税种划分中央与地方预算收入的财政管理体制。

分税制财政管理体制的具体内容和实施办法，按照国务院的有关规定执行。

第八条　县级以上地方各级政府应当根据中央和地方分税制的原则和上级政府的有关规定，确定本级政府对下级政府的财政管理体制。

第九条　预算法第十六条第二款所称一般性转移支付，包括：

（一）均衡性转移支付；

（二）对革命老区、民族地区、边疆地区、贫困地区的财力补助；

（三）其他一般性转移支付。

第十条　预算法第十六条第三款所称专项转移支付，是指上级政府为了实现特定的经济和社会发展目标给予下级政府，并由下级政府按照上级政府规定的用途安排使用的预算资金。

县级以上各级政府财政部门应当会同有关部门建立健全专项转移支付定期评估和退出机制。对评估后的专项转移支付，按照下列情形分别予以处理：

（一）符合法律、行政法规和国务院规定，有必要继续执行的，可以继续执行；

（二）设立的有关要求变更，或者实际绩效与目标差距较大、管理不够完善的，应当予以调整；

（三）设立依据失效或者废止的，应当予以取消。

第十一条　预算收入和预算支出以人民币元为计算单位。预算收支以人民币以外的货币收纳和支付的，应当折合成人民币计算。

第二章 预算收支范围

第十二条 预算法第二十七条第一款所称行政事业性收费收入，是指国家机关、事业单位等依照法律法规规定，按照国务院规定的程序批准，在实施社会公共管理以及在向公民、法人和其他组织提供特定公共服务过程中，按照规定标准向特定对象收取费用形成的收入。

预算法第二十七条第一款所称国有资源（资产）有偿使用收入，是指矿藏、水流、海域、无居民海岛以及法律规定属于国家所有的森林、草原等国有资源有偿使用收入，按照规定纳入一般公共预算管理的国有资产收入等。

预算法第二十七条第一款所称转移性收入，是指上级税收返还和转移支付、下级上解收入、调入资金以及按照财政部规定列入转移性收入的无隶属关系政府的无偿援助。

第十三条 转移性支出包括上解上级支出、对下级的税收返还和转移支付、调出资金以及按照财政部规定列入转移性支出的给予无隶属关系政府的无偿援助。

第十四条 政府性基金预算收入包括政府性基金各项目收入和转移性收入。

政府性基金预算支出包括与政府性基金预算收入相对应的各项目支出和转移性支出。

第十五条 国有资本经营预算收入包括依照法律、行政法规和国务院规定应当纳入国有资本经营预算的国有独资企业和国有独资公司按照规定上缴国家的利润收入、从国有资本控股和参股公司获得的股息红利收入、国有产权转让收入、清算收入和其他收入。

国有资本经营预算支出包括资本性支出、费用性支出、向一般公共预算调出资金等转移性支出和其他支出。

第十六条 社会保险基金预算收入包括各项社会保险费收入、利息收入、投资收益、一般公共预算补助收入、集体补助收入、转移收入、上级补助收入、下级上解收入和其他收入。

社会保险基金预算支出包括各项社会保险待遇支出、转移支出、补助下级支出、上解上级支出和其他支出。

第十七条 地方各级预算上下级之间有关收入和支出项目的划分以及上解、返还或者转移支付的具体办法，由上级地方政府规定，报本级人民代表大会常务委员会备案。

第十八条 地方各级社会保险基金预算上下级之间有关收入和支出项目的划分以及上解、补助的具体办法，按照统筹层次由上级地方政府规定，报本级人民代表大会常务委员会备案。

第三章 预算编制

第十九条 预算法第三十一条所称预算草案，是指各级政府、各部门、各单位编制的未经法定程序审查和批准的预算。

第二十条 预算法第三十二条第一款所称绩效评价，是指根据设定的绩效目标，依据规范的程序，对预算资金的投入、使用过程、产出与效果进行系统和客观的评价。

绩效评价结果应当按照规定作为改进管理和编制以后年度预算的依据。

第二十一条 预算法第三十二条第三款所称预算支出标准，是指对预算事项合理分类并分别规定的支出预算编制标准，包括基本支出标准和项目支出标准。

地方各级政府财政部门应当根据财政部制定的预算支出标准，结合本地区经济社会发展水平、财力状况等，制定本地区或者本级的预算支出标准。

第二十二条 财政部于每年6月15日前部署编制下一年度预算草案的具体事项，规定报表格式、编报方法、报送期限等。

第二十三条 中央各部门应当按照国务院的要求和财政部的部署，结合本部门的具体情况，组织编制本部门及其所属各单位的预算草案。

中央各部门负责本部门所属各单位预算草案的审核，并汇总编制本部门的预算草案，按照规定报财政部审核。

第二十四条 财政部审核中央各部门的预算草案，具体编制中央预算草案；汇总地方预算草案或者地方预算，汇编中央和地方预算草案。

第二十五条 省、自治区、直辖市政府按照国务院的要求和财政部的部署，结合本地区的具体情况，提出本行政区域编制预算草案的要求。

县级以上地方各级政府财政部门应当于每年 6 月 30 日前部署本行政区域编制下一年度预算草案的具体事项，规定有关报表格式、编报方法、报送期限等。

第二十六条 县级以上地方各级政府各部门应当根据本级政府的要求和本级政府财政部门的部署，结合本部门的具体情况，组织编制本部门及其所属各单位的预算草案，按照规定报本级政府财政部门审核。

第二十七条 县级以上地方各级政府财政部门审核本级各部门的预算草案，具体编制本级预算草案，汇编本级总预算草案，经本级政府审定后，按照规定期限报上一级政府财政部门。

省、自治区、直辖市政府财政部门汇总的本级总预算草案或者本级总预算，应当于下一年度 1 月 10 日前报财政部。

第二十八条 县级以上各级政府财政部门审核本级各部门的预算草案时，发现不符合编制预算要求的，应当予以纠正；汇编本级总预算草案时，发现下级预算草案不符合上级政府或者本级政府编制预算要求的，应当及时向本级政府报告，由本级政府予以纠正。

第二十九条 各级政府财政部门编制收入预算草案时，应当征求税务、海关等预算收入征收部门和单位的意见。

预算收入征收部门和单位应当按照财政部门的要求提供下一年度预算收入征收预测情况。

第三十条 财政部门会同社会保险行政部门部署编制下一年度社会保险基金预算草案的具体事项。

社会保险经办机构具体编制下一年度社会保险基金预算草案，报本级社会保险行政部门审核汇总。社会保险基金收入预算草案由社会保险经办机构会同社会保险费征收机构具体编制。财政部门负责审核并汇总编制社会保险基金预算草案。

第三十一条 各级政府财政部门应当依照预算法和本条例规定，制定本级预算草案编制规程。

第三十二条 各部门、各单位在编制预算草案时，应当根据资产配置标准，结合存量资产情况编制相关支出预算。

第三十三条 中央一般公共预算收入编制内容包括本级一般公共预算收入、从国有资本经营预算调入资金、地方上解收入、从预算稳定调节基金调入资金、其他调入资金。

中央一般公共预算支出编制内容包括本级一般公共预算支出、对地方的税收返还和转移支付、补充预算稳定调节基金。

中央政府债务余额的限额应当在本级预算中单独列示。

第三十四条 地方各级一般公共预算收入编制内容包括本级一般公共预算收入、从国有资本经营预算调入资金、上级税收返还和转移支付、下级上解收入、从预算稳定调节基金调入资金、其他调入资金。

地方各级一般公共预算支出编制内容包括本级一般公共预算支出、上解上级支出、对下级的税收返还和转移支付、补充预算稳定调节基金。

第三十五条 中央政府性基金预算收入编制内容包括本级政府性基金各项目收入、上一年度结余、地方上解收入。

中央政府性基金预算支出编制内容包括本级政府性基金各项目支出、对地方的转移支付、调出资金。

第三十六条　地方政府性基金预算收入编制内容包括本级政府性基金各项目收入、上一年度结余、下级上解收入、上级转移支付。

地方政府性基金预算支出编制内容包括本级政府性基金各项目支出、上解上级支出、对下级的转移支付、调出资金。

第三十七条　中央国有资本经营预算收入编制内容包括本级收入、上一年度结余、地方上解收入。

中央国有资本经营预算支出编制内容包括本级支出、向一般公共预算调出资金、对地方特定事项的转移支付。

第三十八条　地方国有资本经营预算收入编制内容包括本级收入、上一年度结余、上级对特定事项的转移支付、下级上解收入。

地方国有资本经营预算支出编制内容包括本级支出、向一般公共预算调出资金、对下级特定事项的转移支付、上解上级支出。

第三十九条　中央和地方社会保险基金预算收入、支出编制内容包括本条例第十六条规定的各项收入和支出。

第四十条　各部门、各单位预算收入编制内容包括本级预算拨款收入、预算拨款结转和其他收入。

各部门、各单位预算支出编制内容包括基本支出和项目支出。

各部门、各单位的预算支出，按其功能分类应当编列到项，按其经济性质分类应当编列到款。

第四十一条　各级政府应当加强项目支出管理。各级政府财政部门应当建立和完善项目支出预算评审制度。各部门、各单位应当按照本级政府财政部门的规定开展预算评审。

项目支出实行项目库管理，并建立健全项目入库评审机制和项目滚动管理机制。

第四十二条　预算法第三十四条第二款所称余额管理，是指国务院在全国人民代表大会批准的中央一般公共预算债务的余额限额内，决定发债规模、品种、期限和时点的管理方式；所称余额，是指中央一般公共预算中举借债务未偿还的本金。

第四十三条　地方政府债务余额实行限额管理。各省、自治区、直辖市的政府债务限额，由财政部在全国人民代表大会或者其常务委员会批准的总限额内，根据各地区债务风险、财力状况等因素，并考虑国家宏观调控政策等需要，提出方案报国务院批准。

各省、自治区、直辖市的政府债务余额不得突破国务院批准的限额。

第四十四条　预算法第三十五条第二款所称举借债务的规模，是指各地方政府债务余额限额的总和，包括一般债务限额和专项债务限额。一般债务是指列入一般公共预算用于公益性事业发展的一般债券、地方政府负有偿还责任的外国政府和国际经济组织贷款转贷债务；专项债务是指列入政府性基金预算用于有收益的公益性事业发展的专项债券。

第四十五条　省、自治区、直辖市政府财政部门依照国务院下达的本地区地方政府债务限额，提出本级和转贷给下级政府的债务限额安排方案，报本级政府批准后，将增加举借的债务列入本级预算调整方案，报本级人民代表大会常务委员会批准。

接受转贷并向下级政府转贷的政府应当将转贷债务纳入本级预算管理。使用转贷并负有直接偿还责任的政府，应当将转贷债务列入本级预算调整方案，报本级人民代表大会常务委员会批准。

地方各级政府财政部门负责统一管理本地区政府债务。

第四十六条　国务院可以将举借的外国政府和国际经济组织贷款转贷给省、自治区、直辖市政府。

国务院向省、自治区、直辖市政府转贷的外国政府和国际经济组织贷款，省、自治区、直辖市政府负有直接偿还责任的，应当纳入本级预算管理。省、自治区、直辖市政府未能按时履行还款义务的，国务院可以相应抵扣对该地区的税收返还等资金。

省、自治区、直辖市政府可以将国务院转贷的外国政府和国际经济组织贷款再转贷给下级政府。

第四十七条 财政部和省、自治区、直辖市政府财政部门应当建立健全地方政府债务风险评估指标体系，组织评估地方政府债务风险状况，对债务高风险地区提出预警，并监督化解债务风险。

第四十八条 县级以上各级政府应当按照本年度转移支付预计执行数的一定比例将下一年度转移支付预计数提前下达至下一级政府，具体下达事宜由本级政府财政部门办理。

除据实结算等特殊项目的转移支付外，提前下达的一般性转移支付预计数的比例一般不低于90%；提前下达的专项转移支付预计数的比例一般不低于70%。其中，按照项目法管理分配的专项转移支付，应当一并明确下一年度组织实施的项目。

第四十九条 经本级政府批准，各级政府财政部门可以设置预算周转金，额度不得超过本级一般公共预算支出总额的1%。年度终了时，各级政府财政部门可以将预算周转金收回并用于补充预算稳定调节基金。

第五十条 预算法第四十二条第一款所称结转资金，是指预算安排项目的支出年度终了时尚未执行完毕，或者因故未执行但下一年度需要按原用途继续使用的资金；连续两年未用完的结转资金，是指预算安排项目的支出在下一年度终了时仍未用完的资金。

预算法第四十二条第一款所称结余资金，是指年度预算执行终了时，预算收入实际完成数扣除预算支出实际完成数和结转资金后剩余的资金。

第四章　预算执行

第五十一条 预算执行中，政府财政部门的主要职责：

（一）研究和落实财政税收政策措施，支持经济社会健康发展；

（二）制定组织预算收入、管理预算支出以及相关财务、会计、内部控制、监督等制度和办法；

（三）督促各预算收入征收部门和单位依法履行职责，征缴预算收入；

（四）根据年度支出预算和用款计划，合理调度、拨付预算资金，监督各部门、各单位预算资金使用管理情况；

（五）统一管理政府债务的举借、支出与偿还，监督债务资金使用情况；

（六）指导和监督各部门、各单位建立健全财务制度和会计核算体系，规范账户管理，健全内部控制机制，按照规定使用预算资金；

（七）汇总、编报分期的预算执行数据，分析预算执行情况，按照本级人民代表大会常务委员会、本级政府和上一级政府财政部门的要求定期报告预算执行情况，并提出相关政策建议；

（八）组织和指导预算资金绩效监控、绩效评价；

（九）协调预算收入征收部门和单位、国库以及其他有关部门的业务工作。

第五十二条 预算法第五十六条第二款所称财政专户，是指财政部门为履行财政管理职能，根据法律规定或者经国务院批准开设的用于管理核算特定专用资金的银行结算账户；所称特定专用资金，包括法律规定可以设立财政专户的资金，外国政府和国际经济组织的贷款、赠款，按照规定存储的人民币以外的货币，财政部会同有关部门报国务院批准的其他特定专用资金。

开设、变更财政专户应当经财政部核准，撤销财政专户应当报财政部备案，中国人民银行应当加强对银行业金融机构开户的核准、管理和监督工作。

财政专户资金由本级政府财政部门管理。除法律另有规定外，未经本级政府财政部门同意，任何部门、单位和个人都无权冻结、动用财政专户资金。

财政专户资金应当由本级政府财政部门纳入统一的会计核算，并在预算执行情况、决算和政府综合财务报告中单独反映。

第五十三条 预算执行中，各部门、各单位的主要职责：

（一）制定本部门、本单位预算执行制度，建立健全内部控制机制；

（二）依法组织收入，严格支出管理，实施绩效监控，开展绩效评价，提高资金使用效益；

（三）对单位的各项经济业务进行会计核算；

（四）汇总本部门、本单位的预算执行情况，定期向本级政府财政部门报送预算执行情况报告和绩效评价报告。

第五十四条 财政部门会同社会保险行政部门、社会保险费征收机构制定社会保险基金预算的收入、支出以及财务管理的具体办法。

社会保险基金预算由社会保险费征收机构和社会保险经办机构具体执行，并按照规定向本级政府财政部门和社会保险行政部门报告执行情况。

第五十五条 各级政府财政部门和税务、海关等预算收入征收部门和单位必须依法组织预算收入，按照财政管理体制、征收管理制度和国库集中收缴制度的规定征收预算收入，除依法缴入财政专户的社会保险基金等预算收入外，应当及时将预算收入缴入国库。

第五十六条 除依法缴入财政专户的社会保险基金等预算收入外，一切有预算收入上缴义务的部门和单位，必须将应当上缴的预算收入，按照规定的预算级次、政府收支分类科目、缴库方式和期限缴入国库，任何部门、单位和个人不得截留、占用、挪用或者拖欠。

第五十七条 各级政府财政部门应当加强对预算资金拨付的管理，并遵循下列原则：

（一）按照预算拨付，即按照批准的年度预算和用款计划拨付资金。除预算法第五十四条规定的在预算草案批准前可以安排支出的情形外，不得办理无预算、无用款计划、超预算或者超计划的资金拨付，不得擅自改变支出用途；

（二）按照规定的预算级次和程序拨付，即根据用款单位的申请，按照用款单位的预算级次、审定的用款计划和财政部门规定的预算资金拨付程序拨付资金；

（三）按照进度拨付，即根据用款单位的实际用款进度拨付资金。

第五十八条 财政部应当根据全国人民代表大会批准的中央政府债务余额限额，合理安排发行国债的品种、结构、期限和时点。

省、自治区、直辖市政府财政部门应当根据国务院批准的本地区政府债务限额，合理安排发行本地区政府债券的结构、期限和时点。

第五十九条 转移支付预算下达和资金拨付应当由财政部门办理，其他部门和单位不得对下级政府部门和单位下达转移支付预算或者拨付转移支付资金。

第六十条 各级政府、各部门、各单位应当加强对预算支出的管理，严格执行预算，遵守财政制度，强化预算约束，不得擅自扩大支出范围、提高开支标准；严格按照预算规定的支出用途使用资金，合理安排支出进度。

第六十一条 财政部负责制定与预算执行有关的财务规则、会计准则和会计制度。各部门、各单位应当按照本级政府财政部门的要求建立健全财务制度，加强会计核算。

第六十二条 国库是办理预算收入的收纳、划分、留解、退付和库款支拨的专门机构。国库分为中央国库和地方国库。

中央国库业务由中国人民银行经理。未设中国人民银行分支机构的地区，由中国人民银行商财政部后，委托有关银行业金融机构办理。

地方国库业务由中国人民银行分支机构经理。未设中国人民银行分支机构的地区，由上级中国人民银行分支机构商有关地方政府财政部门后，委托有关银行业金融机构办理。

具备条件的乡、民族乡、镇，应当设立国库。具体条件和标准由省、自治区、直辖市政府财政部门确定。

第六十三条 中央国库业务应当接受财政部的指导和监督，对中央财政负责。

地方国库业务应当接受本级政府财政部门的指导和监督，对地方财政负责。

省、自治区、直辖市制定的地方国库业务规程应当报财政部和中国人民银行备案。

第六十四条 各级国库应当及时向本级政府财政部门编报预算收入入库、解库、库款拨付以及库款余额情况的日报、旬报、月报和年报。

第六十五条 各级国库应当依照有关法律、行政法规、国务院以及财政部、中国人民银行的有关规定，加强对国库业务的管理，及时准确地办理预算收入的收纳、划分、留解、退付和预算支出的拨付。

各级国库和有关银行业金融机构必须遵守国家有关预算收入缴库的规定，不得延解、占压应当缴入国库的预算收入和国库库款。

第六十六条 各级国库必须凭本级政府财政部门签发的拨款凭证或者支付清算指令于当日办理资金拨付，并及时将款项转入收款单位的账户或者清算资金。

各级国库和有关银行业金融机构不得占压财政部门拨付的预算资金。

第六十七条 各级政府财政部门、预算收入征收部门和单位、国库应当建立健全相互之间的预算收入对账制度，在预算执行中按月、按年核对预算收入的收纳以及库款拨付情况，保证预算收入的征收入库、库款拨付和库存金额准确无误。

第六十八条 中央预算收入、中央和地方预算共享收入退库的办法，由财政部制定。地方预算收入退库的办法，由省、自治区、直辖市政府财政部门制定。

各级预算收入退库的审批权属于本级政府财政部门。中央预算收入、中央和地方预算共享收入的退库，由财政部或者财政部授权的机构批准。地方预算收入的退库，由地方政府财政部门或者其授权的机构批准。具体退库程序按照财政部的有关规定办理。

办理预算收入退库，应当直接退给申请单位或者申请个人，按照国家规定用途使用。任何部门、单位和个人不得截留、挪用退库款项。

第六十九条 各级政府应当加强对本级国库的管理和监督，各级政府财政部门负责协调本级预算收入征收部门和单位与国库的业务工作。

第七十条 国务院各部门制定的规章、文件，凡涉及减免应缴预算收入、设立和改变收入项目和标准、罚没财物处理、经费开支标准和范围、国有资产处置和收益分配以及会计核算等事项的，应当符合国家统一的规定；凡涉及增加或者减少财政收入或者支出的，应当征求财政部意见。

第七十一条 地方政府依据法定权限制定的规章和规定的行政措施，不得涉及减免中央预算收入、中央和地方预算共享收入，不得影响中央预算收入、中央和地方预算共享收入的征收；违反规定的，有关预算收入征收部门和单位有权拒绝执行，并应当向上级预算收入征收部门和单位以及财政部报告。

第七十二条 各级政府应当加强对预算执行工作的领导，定期听取财政部门有关预算执行情况的汇报，研究解决预算执行中出现的问题。

第七十三条 各级政府财政部门有权监督本级各部门及其所属各单位的预算管理有关工作，对各部门的预算执行情况和绩效进行评价、考核。

各级政府财政部门有权对与本级各预算收入相关的征收部门和单位征收本级预算收入的情况进行监督，对违反法律、行政法规规定多征、提前征收、减征、免征、缓征或者退还预算收入的，责令改正。

第七十四条　各级政府财政部门应当每月向本级政府报告预算执行情况，具体报告内容、方式和期限由本级政府规定。

第七十五条　地方各级政府财政部门应当定期向上一级政府财政部门报送本行政区域预算执行情况，包括预算执行旬报、月报、季报，政府债务余额统计报告，国库库款报告以及相关文字说明材料。具体报送内容、方式和期限由上一级政府财政部门规定。

第七十六条　各级税务、海关等预算收入征收部门和单位应当按照财政部门规定的期限和要求，向财政部门和上级主管部门报送有关预算收入征收情况，并附文字说明材料。

各级税务、海关等预算收入征收部门和单位应当与相关财政部门建立收入征管信息共享机制。

第七十七条　各部门应当按照本级政府财政部门规定的期限和要求，向本级政府财政部门报送本部门及其所属各单位的预算收支情况等报表和文字说明材料。

第七十八条　预算法第六十六条第一款所称超收收入，是指年度本级一般公共预算收入的实际完成数超过经本级人民代表大会或者其常务委员会批准的预算收入数的部分。

预算法第六十六条第三款所称短收，是指年度本级一般公共预算收入的实际完成数小于经本级人民代表大会或者其常务委员会批准的预算收入数的情形。

前两款所称实际完成数和预算收入数，不包括转移性收入和政府债务收入。

省、自治区、直辖市政府依照预算法第六十六条第三款规定增列的赤字，可以通过在国务院下达的本地区政府债务限额内发行地方政府一般债券予以平衡。

设区的市、自治州以下各级一般公共预算年度执行中出现短收的，应当通过调入预算稳定调节基金或者其他预算资金、减少支出等方式实现收支平衡；采取上述措施仍不能实现收支平衡的，可以通过申请上级政府临时救助平衡当年预算，并在下一年度预算中安排资金归还。

各级一般公共预算年度执行中厉行节约、节约开支，造成本级预算支出实际执行数小于预算总支出的，不属于预算调整的情形。

各级政府性基金预算年度执行中有超收收入的，应当在下一年度安排使用并优先用于偿还相应的专项债务；出现短收的，应当通过减少支出实现收支平衡。国务院另有规定的除外。

各级国有资本经营预算年度执行中有超收收入的，应当在下一年度安排使用；出现短收的，应当通过减少支出实现收支平衡。国务院另有规定的除外。

第七十九条　年度预算确定后，部门、单位改变隶属关系引起预算级次或者预算关系变化的，应当在改变财务关系的同时，相应办理预算、资产划转。

第五章　决　算

第八十条　预算法第七十四条所称决算草案，是指各级政府、各部门、各单位编制的未经法定程序审查和批准的预算收支和结余的年度执行结果。

第八十一条　财政部应当在每年第四季度部署编制决算草案的原则、要求、方法和报送期限，制发中央各部门决算、地方决算以及其他有关决算的报表格式。

省、自治区、直辖市政府按照国务院的要求和财政部的部署，结合本地区的具体情况，提出本行政区域编制决算草案的要求。

县级以上地方政府财政部门根据财政部的部署和省、自治区、直辖市政府的要求，部署编制本级政府各部门和下级政府决算草案的原则、要求、方法和报送期限，制发本级政府各部门决算、下级政府决算以及其他有关决算的报表格式。

第八十二条　地方政府财政部门根据上级政府财政部门的部署，制定本行政区域决算草案和本级各部门决算草案的具体编制办法。

各部门根据本级政府财政部门的部署，制定所属各单位决算草案的具体编制办法。

第八十三条　各级政府财政部门、各部门、各单位在每一预算年度终了时，应当清理核实全年预算收入、支出数据和往来款项，做好决算数据对账工作。

决算各项数据应当以经核实的各级政府、各部门、各单位会计数据为准，不得以估计数据替代，不得弄虚作假。

各部门、各单位决算应当列示结转、结余资金。

第八十四条　各单位应当按照主管部门的布置，认真编制本单位决算草案，在规定期限内上报。

各部门在审核汇总所属各单位决算草案基础上，连同本部门自身的决算收入和支出数据，汇编成本部门决算草案并附详细说明，经部门负责人签章后，在规定期限内报本级政府财政部门审核。

第八十五条　各级预算收入征收部门和单位应当按照财政部门的要求，及时编制收入年报以及有关资料并报送财政部门。

第八十六条　各级政府财政部门应当根据本级预算、预算会计核算数据等相关资料编制本级决算草案。

第八十七条　年度预算执行终了，对于上下级财政之间按照规定需要清算的事项，应当在决算时办理结算。

县级以上各级政府财政部门编制的决算草案应当及时报送本级政府审计部门审计。

第八十八条　县级以上地方各级政府应当自本级决算经批准之日起 30 日内，将本级决算以及下一级政府上报备案的决算汇总，报上一级政府备案；将下一级政府报送备案的决算汇总，报本级人民代表大会常务委员会备案。

乡、民族乡、镇政府应当自本级决算经批准之日起 30 日内，将本级决算报上一级政府备案。

第六章　监　督

第八十九条　县级以上各级政府应当接受本级和上级人民代表大会及其常务委员会对预算执行情况和决算的监督，乡、民族乡、镇政府应当接受本级人民代表大会和上级人民代表大会及其常务委员会对预算执行情况和决算的监督；按照本级人民代表大会或者其常务委员会的要求，报告预算执行情况；认真研究处理本级人民代表大会代表或者其常务委员会组成人员有关改进预算管理的建议、批评和意见，并及时答复。

第九十条　各级政府应当加强对下级政府预算执行情况的监督，对下级政府在预算执行中违反预算法、本条例和国家方针政策的行为，依法予以制止和纠正；对本级预算执行中出现的问题，及时采取处理措施。

下级政府应当接受上级政府对预算执行情况的监督；根据上级政府的要求，及时提供资料，如实反映情况，不得隐瞒、虚报；严格执行上级政府作出的有关决定，并将执行结果及时上报。

第九十一条　各部门及其所属各单位应当接受本级政府财政部门对预算管理有关工作的监督。

财政部派出机构根据职责和财政部的授权，依法开展工作。

第九十二条　各级政府审计部门应当依法对本级预算执行情况和决算草案，本级各部门、各单位和下级政府的预算执行情况和决算，进行审计监督。

第七章　法律责任

第九十三条　预算法第九十三条第六项所称违反本法规定冻结、动用国库库款或者以其他方式支配已入国库库款，是指：

（一）未经有关政府财政部门同意，冻结、动用国库库款；

（二）预算收入征收部门和单位违反规定将所收税款和其他预算收入存入国库之外的其他账户；

（三）未经有关政府财政部门或者财政部门授权的机构同意，办理资金拨付和退付；

（四）将国库库款挪作他用；

（五）延解、占压国库库款；

（六）占压政府财政部门拨付的预算资金。

第九十四条　各级政府、有关部门和单位有下列行为之一的，责令改正；对负有直接责任的主管人员和其他直接责任人员，依法给予处分：

（一）突破一般债务限额或者专项债务限额举借债务；

（二）违反本条例规定下达转移支付预算或者拨付转移支付资金；

（三）擅自开设、变更账户。

第八章　附　　则

第九十五条　预算法第九十七条所称政府综合财务报告，是指以权责发生制为基础编制的反映各级政府整体财务状况、运行情况和财政中长期可持续性的报告。政府综合财务报告包括政府资产负债表、收入费用表等财务报表和报表附注，以及以此为基础进行的综合分析等。

第九十六条　政府投资年度计划应当和本级预算相衔接。政府投资决策、项目实施和监督管理按照政府投资有关行政法规执行。

第九十七条　本条例自 2020 年 10 月 1 日起施行。

中华人民共和国会计法

（1985 年 1 月 21 日第六届全国人民代表大会常务委员会第九次会议通过　根据 1993 年 12 月 29 日第八届全国人民代表大会常务委员会第五次会议《关于修改〈中华人民共和国会计法〉的决定》第一次修正　1999 年 10 月 31 日第九届全国人民代表大会常务委员会第十二次会议修订　根据 2017 年 11 月 4 日第十二届全国人民代表大会常务委员会第三十次会议《关于修改〈中华人民共和国会计法〉等十一部法律的决定》第二次修正　根据 2024 年 6 月 28 日第十四届全国人民代表大会常务委员会第十次会议《关于修改〈中华人民共和国会计法〉的决定》第三次修正）

目　　录

第一章 总 则

第一条 为了规范会计行为，保证会计资料真实、完整，加强经济管理和财务管理，提高经济效益，维护社会主义市场经济秩序，制定本法。

第二条 会计工作应当贯彻落实党和国家路线方针政策、决策部署，维护社会公共利益，为国民经济和社会发展服务。

国家机关、社会团体、公司、企业、事业单位和其他组织（以下统称单位）必须依照本法办理会计事务。

第三条 各单位必须依法设置会计账簿，并保证其真实、完整。

第四条 单位负责人对本单位的会计工作和会计资料的真实性、完整性负责。

第五条 会计机构、会计人员依照本法规定进行会计核算，实行会计监督。

任何单位或者个人不得以任何方式授意、指使、强令会计机构、会计人员伪造、变造会计凭证、会计账簿和其他会计资料，提供虚假财务会计报告。

任何单位或者个人不得对依法履行职责、抵制违反本法规定行为的会计人员实行打击报复。

第六条 对认真执行本法，忠于职守，坚持原则，做出显著成绩的会计人员，给予精神的或者物质的奖励。

第七条 国务院财政部门主管全国的会计工作。

县级以上地方各级人民政府财政部门管理本行政区域内的会计工作。

第八条 国家实行统一的会计制度。国家统一的会计制度由国务院财政部门根据本法制定并公布。

国务院有关部门可以依照本法和国家统一的会计制度制定对会计核算和会计监督有特殊要求的行业实施国家统一的会计制度的具体办法或者补充规定，报国务院财政部门审核批准。

国家加强会计信息化建设，鼓励依法采用现代信息技术开展会计工作，具体办法由国务院财政部门会同有关部门制定。

第二章 会 计 核 算

第九条 各单位必须根据实际发生的经济业务事项进行会计核算，填制会计凭证，登记会计账簿，编制财务会计报告。

任何单位不得以虚假的经济业务事项或者资料进行会计核算。

第十条 各单位应当对下列经济业务事项办理会计手续，进行会计核算：

（一）资产的增减和使用；

（二）负债的增减；

（三）净资产（所有者权益）的增减；

（四）收入、支出、费用、成本的增减；

（五）财务成果的计算和处理；

（六）需要办理会计手续、进行会计核算的其他事项。

第十一条 会计年度自公历1月1日起至12月31日止。

第十二条 会计核算以人民币为记账本位币。

业务收支以人民币以外的货币为主的单位，可以选定其中一种货币作为记账本位币，但是编报的财务会计报告应当折算为人民币。

第十三条 会计凭证、会计账簿、财务会计报告和其他会计资料，必须符合国家统一的会计制度的规定。

使用电子计算机进行会计核算的，其软件及其生成的会计凭证、会计账簿、财务会计报告和其他会计资料，也必须符合国家统一的会计制度的规定。

任何单位和个人不得伪造、变造会计凭证、会计账簿及其他会计资料，不得提供虚假的财务会计报告。

第十四条 会计凭证包括原始凭证和记账凭证。

办理本法第十条所列的经济业务事项，必须填制或者取得原始凭证并及时送交会计机构。

会计机构、会计人员必须按照国家统一的会计制度的规定对原始凭证进行审核，对不真实、不合法的原始凭证有权不予接受，并向单位负责人报告；对记载不准确、不完整的原始凭证予以退回，并要求按照国家统一的会计制度的规定更正、补充。

原始凭证记载的各项内容均不得涂改；原始凭证有错误的，应当由出具单位重开或者更正，更正处应当加盖出具单位印章。原始凭证金额有错误的，应当由出具单位重开，不得在原始凭证上更正。

记账凭证应当根据经过审核的原始凭证及有关资料编制。

第十五条 会计账簿登记，必须以经过审核的会计凭证为依据，并符合有关法律、行政法规和国家统一的会计制度的规定。会计账簿包括总账、明细账、日记账和其他辅助性账簿。

会计账簿应当按照连续编号的页码顺序登记。会计账簿记录发生错误或者隔页、缺号、跳行的，应当按照国家统一的会计制度规定的方法更正，并由会计人员和会计机构负责人（会计主管人员）在更正处盖章。

使用电子计算机进行会计核算的，其会计账簿的登记、更正，应当符合国家统一的会计制度的规定。

第十六条 各单位发生的各项经济业务事项应当在依法设置的会计账簿上统一登记、核算，不得违反本法和国家统一的会计制度的规定私设会计账簿登记、核算。

第十七条 各单位应当定期将会计账簿记录与实物、款项及有关资料相互核对，保证会计账簿记录与实物及款项的实有数额相符、会计账簿记录与会计凭证的有关内容相符、会计账簿之间相对应的记录相符、会计账簿记录与会计报表的有关内容相符。

第十八条 各单位采用的会计处理方法，前后各期应当一致，不得随意变更；确有必要变更的，应当按照国家统一的会计制度的规定变更，并将变更的原因、情况及影响在财务会计报告中说明。

第十九条 单位提供的担保、未决诉讼等或有事项，应当按照国家统一的会计制度的规定，在财务会计报告中予以说明。

第二十条 财务会计报告应当根据经过审核的会计账簿记录和有关资料编制，并符合本法和国家统一的会计制度关于财务会计报告的编制要求、提供对象和提供期限的规定；其他法律、行政法规另有规定的，从其规定。

向不同的会计资料使用者提供的财务会计报告，其编制依据应当一致。有关法律、行政法规规定财务会计报告须经注册会计师审计的，注册会计师及其所在的会计师事务所出具的审计报告应当随同财务会计报告一并提供。

第二十一条 财务会计报告应当由单位负责人和主管会计工作的负责人、会计机构负责人（会计主管人员）签名并盖章；设置总会计师的单位，还须由总会计师签名并盖章。

单位负责人应当保证财务会计报告真实、完整。

第二十二条 会计记录的文字应当使用中文。在民族自治地方，会计记录可以同时使用当地通用的一种民族文字。在中华人民共和国境内的外商投资企业、外国企业和其他外国组织的会计记录可以同时使用一种外国文字。

第二十三条　各单位对会计凭证、会计账簿、财务会计报告和其他会计资料应当建立档案，妥善保管。会计档案的保管期限、销毁、安全保护等具体管理办法，由国务院财政部门会同有关部门制定。

第二十四条　各单位进行会计核算不得有下列行为：

（一）随意改变资产、负债、净资产（所有者权益）的确认标准或者计量方法，虚列、多列、不列或者少列资产、负债、净资产（所有者权益）；

（二）虚列或者隐瞒收入，推迟或者提前确认收入；

（三）随意改变费用、成本的确认标准或者计量方法，虚列、多列、不列或者少列费用、成本；

（四）随意调整利润的计算、分配方法，编造虚假利润或者隐瞒利润；

（五）违反国家统一的会计制度规定的其他行为。

第三章　会　计　监　督

第二十五条　各单位应当建立、健全本单位内部会计监督制度，并将其纳入本单位内部控制制度。单位内部会计监督制度应当符合下列要求：

（一）记账人员与经济业务事项和会计事项的审批人员、经办人员、财物保管人员的职责权限应当明确，并相互分离、相互制约；

（二）重大对外投资、资产处置、资金调度和其他重要经济业务事项的决策和执行的相互监督、相互制约程序应当明确；

（三）财产清查的范围、期限和组织程序应当明确；

（四）对会计资料定期进行内部审计的办法和程序应当明确；

（五）国务院财政部门规定的其他要求。

第二十六条　单位负责人应当保证会计机构、会计人员依法履行职责，不得授意、指使、强令会计机构、会计人员违法办理会计事项。

会计机构、会计人员对违反本法和国家统一的会计制度规定的会计事项，有权拒绝办理或者按照职权予以纠正。

第二十七条　会计机构、会计人员发现会计账簿记录与实物、款项及有关资料不相符的，按照国家统一的会计制度的规定有权自行处理的，应当及时处理；无权处理的，应当立即向单位负责人报告，请求查明原因，作出处理。

第二十八条　任何单位和个人对违反本法和国家统一的会计制度规定的行为，有权检举。收到检举的部门有权处理的，应当依法按照职责分工及时处理；无权处理的，应当及时移送有权处理的部门处理。收到检举的部门、负责处理的部门应当为检举人保密，不得将检举人姓名和检举材料转给被检举单位和被检举人个人。

第二十九条　有关法律、行政法规规定，须经注册会计师进行审计的单位，应当向受委托的会计师事务所如实提供会计凭证、会计账簿、财务会计报告和其他会计资料以及有关情况。

任何单位或者个人不得以任何方式要求或者示意注册会计师及其所在的会计师事务所出具不实或者不当的审计报告。

财政部门有权对会计师事务所出具审计报告的程序和内容进行监督。

第三十条　财政部门对各单位的下列情况实施监督：

（一）是否依法设置会计账簿；

（二）会计凭证、会计账簿、财务会计报告和其他会计资料是否真实、完整；

（三）会计核算是否符合本法和国家统一的会计制度的规定；

（四）从事会计工作的人员是否具备专业能力、遵守职业道德。

在对前款第（二）项所列事项实施监督，发现重大违法嫌疑时，国务院财政部门及其派出机构可以向与被监督单位有经济业务往来的单位和被监督单位开立账户的金融机构查询有关情况，有关单位和金融机构应当给予支持。

第三十一条 财政、审计、税务、金融管理等部门应当依照有关法律、行政法规规定的职责，对有关单位的会计资料实施监督检查，并出具检查结论。

财政、审计、税务、金融管理等部门应当加强监督检查协作，有关监督检查部门已经作出的检查结论能够满足其他监督检查部门履行本部门职责需要的，其他监督检查部门应当加以利用，避免重复查账。

第三十二条 依法对有关单位的会计资料实施监督检查的部门及其工作人员对在监督检查中知悉的国家秘密、工作秘密、商业秘密、个人隐私、个人信息负有保密义务。

第三十三条 各单位必须依照有关法律、行政法规的规定，接受有关监督检查部门依法实施的监督检查，如实提供会计凭证、会计账簿、财务会计报告和其他会计资料以及有关情况，不得拒绝、隐匿、谎报。

第四章 会计机构和会计人员

第三十四条 各单位应当根据会计业务的需要，依法采取下列一种方式组织本单位的会计工作：

（一）设置会计机构；

（二）在有关机构中设置会计岗位并指定会计主管人员；

（三）委托经批准设立从事会计代理记账业务的中介机构代理记账；

（四）国务院财政部门规定的其他方式。

国有的和国有资本占控股地位或者主导地位的大、中型企业必须设置总会计师。总会计师的任职资格、任免程序、职责权限由国务院规定。

第三十五条 会计机构内部应当建立稽核制度。

出纳人员不得兼任稽核、会计档案保管和收入、支出、费用、债权债务账目的登记工作。

第三十六条 会计人员应当具备从事会计工作所需要的专业能力。

担任单位会计机构负责人（会计主管人员）的，应当具备会计师以上专业技术职务资格或者从事会计工作三年以上经历。

本法所称会计人员的范围由国务院财政部门规定。

第三十七条 会计人员应当遵守职业道德，提高业务素质，严格遵守国家有关保密规定。对会计人员的教育和培训工作应当加强。

第三十八条 因有提供虚假财务会计报告，做假账，隐匿或者故意销毁会计凭证、会计账簿、财务会计报告，贪污，挪用公款，职务侵占等与会计职务有关的违法行为被依法追究刑事责任的人员，不得再从事会计工作。

第三十九条 会计人员调动工作或者离职，必须与接管人员办清交接手续。

一般会计人员办理交接手续，由会计机构负责人（会计主管人员）监交；会计机构负责人（会计主管人员）办理交接手续，由单位负责人监交，必要时主管单位可以派人会同监交。

第五章 法 律 责 任

第四十条 违反本法规定，有下列行为之一的，由县级以上人民政府财政部门责令限期改正，给予警告、通报批评，对单位可以并处二十万元以下的罚款，对其直接负责的主管人员和其他直接责任人员可以处五万元以下的罚款；情节严重的，对单位可以并处二十万元以上一百万元以下的罚款，对其直接负责的主管人员和其他直接责任人员可以处五万元以上五十万元以下的罚款；属于公职人员的，还应当依法给予处分：

（一）不依法设置会计账簿的；

（二）私设会计账簿的；

（三）未按照规定填制、取得原始凭证或者填制、取得的原始凭证不符合规定的；

（四）以未经审核的会计凭证为依据登记会计账簿或者登记会计账簿不符合规定的；

（五）随意变更会计处理方法的；

（六）向不同的会计资料使用者提供的财务会计报告编制依据不一致的；

（七）未按照规定使用会计记录文字或者记账本位币的；

（八）未按照规定保管会计资料，致使会计资料毁损、灭失的；

（九）未按照规定建立并实施单位内部会计监督制度或者拒绝依法实施的监督或者不如实提供有关会计资料及有关情况的；

（十）任用会计人员不符合本法规定的。

有前款所列行为之一，构成犯罪的，依法追究刑事责任。

会计人员有第一款所列行为之一，情节严重的，五年内不得从事会计工作。

有关法律对第一款所列行为的处罚另有规定的，依照有关法律的规定办理。

第四十一条 伪造、变造会计凭证、会计账簿，编制虚假财务会计报告，隐匿或者故意销毁依法应当保存的会计凭证、会计账簿、财务会计报告的，由县级以上人民政府财政部门责令限期改正，给予警告、通报批评，没收违法所得，违法所得二十万元以上的，对单位可以并处违法所得一倍以上十倍以下的罚款，没有违法所得或者违法所得不足二十万元的，可以并处二十万元以上二百万元以下的罚款；对其直接负责的主管人员和其他直接责任人员可以处十万元以上五十万元以下的罚款，情节严重的，可以处五十万元以上二百万元以下的罚款；属于公职人员的，还应当依法给予处分；其中的会计人员，五年内不得从事会计工作；构成犯罪的，依法追究刑事责任。

第四十二条 授意、指使、强令会计机构、会计人员及其他人员伪造、变造会计凭证、会计账簿，编制虚假财务会计报告或者隐匿、故意销毁依法应当保存的会计凭证、会计账簿、财务会计报告的，由县级以上人民政府财政部门给予警告、通报批评，可以并处二十万元以上一百万元以下的罚款；情节严重的，可以并处一百万元以上五百万元以下的罚款；属于公职人员的，还应当依法给予处分；构成犯罪的，依法追究刑事责任。

第四十三条 单位负责人对依法履行职责、抵制违反本法规定行为的会计人员以降级、撤职、调离工作岗位、解聘或者开除等方式实行打击报复的，依法给予处分；构成犯罪的，依法追究刑事责任。对受打击报复的会计人员，应当恢复其名誉和原有职务、级别。

第四十四条 财政部门及有关行政部门的工作人员在实施监督管理中滥用职权、玩忽职守、徇私舞弊或者泄露国家秘密、工作秘密、商业秘密、个人隐私、个人信息的，依法给予处分；构成犯罪的，依法追究刑事责任。

第四十五条 违反本法规定，将检举人姓名和检举材料转给被检举单位和被检举人个人的，依法给予处分。

第四十六条 违反本法规定，但具有《中华人民共和国行政处罚法》规定的从轻、减轻或者不予处罚情形的，依照其规定从轻、减轻或者不予处罚。

第四十七条 因违反本法规定受到处罚的，按照国家有关规定记入信用记录。

违反本法规定，同时违反其他法律规定的，由有关部门在各自职权范围内依法进行处罚。

第六章　附　　则

第四十八条　本法下列用语的含义：

单位负责人，是指单位法定代表人或者法律、行政法规规定代表单位行使职权的主要负责人。

国家统一的会计制度，是指国务院财政部门根据本法制定的关于会计核算、会计监督、会计机构和会计人员以及会计工作管理的制度。

第四十九条　中央军事委员会有关部门可以依照本法和国家统一的会计制度制定军队实施国家统一的会计制度的具体办法，抄送国务院财政部门。

第五十条　个体工商户会计管理的具体办法，由国务院财政部门根据本法的原则另行规定。

第五十一条　本法自 2000 年 7 月 1 日起施行。

中华人民共和国行政复议法

（1999 年 4 月 29 日第九届全国人民代表大会常务委员会第九次会议通过　根据 2009 年 8 月 27 日第十一届全国人民代表大会常务委员会第十次会议《关于修改部分法律的决定》第一次修正　根据 2017 年 9 月 1 日第十二届全国人民代表大会常务委员会第二十九次会议《关于修改〈中华人民共和国法官法〉等八部法律的决定》第二次修正　2023 年 9 月 1 日第十四届全国人民代表大会常务委员会第五次会议修订）

目　　录

第一章　总　　则

第一条　为了防止和纠正违法的或者不当的行政行为，保护公民、法人和其他组织的合法权益，监督和保障行政机关依法行使职权，发挥行政复议化解行政争议的主渠道作用，推进法治政府建设，根据宪法，制定本法。

第二条　公民、法人或者其他组织认为行政机关的行政行为侵犯其合法权益，向行政复议机关提出行政复议申请，行政复议机关办理行政复议案件，适用本法。

前款所称行政行为，包括法律、法规、规章授权的组织的行政行为。

第三条　行政复议工作坚持中国共产党的领导。

行政复议机关履行行政复议职责，应当遵循合法、公正、公开、高效、便民、为民的原则，坚持有错必纠，保障法律、法规的正确实施。

第四条　县级以上各级人民政府以及其他依照本法履行行政复议职责的行政机关是行政复议机关。

行政复议机关办理行政复议事项的机构是行政复议机构。行政复议机构同时组织办理行政复议机关的行政应诉事项。

行政复议机关应当加强行政复议工作，支持和保障行政复议机构依法履行职责。上级行政复议机构对下级行政复议机构的行政复议工作进行指导、监督。

国务院行政复议机构可以发布行政复议指导性案例。

第五条　行政复议机关办理行政复议案件，可以进行调解。

调解应当遵循合法、自愿的原则，不得损害国家利益、社会公共利益和他人合法权益，不得违反法律、法规的强制性规定。

第六条　国家建立专业化、职业化行政复议人员队伍。

行政复议机构中初次从事行政复议工作的人员，应当通过国家统一法律职业资格考试取得法律职业资格，并参加统一职前培训。

国务院行政复议机构应当会同有关部门制定行政复议人员工作规范，加强对行政复议人员的业务考核和管理。

第七条　行政复议机关应当确保行政复议机构的人员配备与所承担的工作任务相适应，提高行政复议人员专业素质，根据工作需要保障办案场所、装备等设施。县级以上各级人民政府应当将行政复议工作经费列入本级预算。

第八条　行政复议机关应当加强信息化建设，运用现代信息技术，方便公民、法人或者其他组织申请、参加行政复议，提高工作质量和效率。

第九条　对在行政复议工作中做出显著成绩的单位和个人，按照国家有关规定给予表彰和奖励。

第十条　公民、法人或者其他组织对行政复议决定不服的，可以依照《中华人民共和国行政诉讼法》的规定向人民法院提起行政诉讼，但是法律规定行政复议决定为最终裁决的除外。

第二章　行政复议申请

第一节　行政复议范围

第十一条　有下列情形之一的，公民、法人或者其他组织可以依照本法申请行政复议：

（一）对行政机关作出的行政处罚决定不服；

（二）对行政机关作出的行政强制措施、行政强制执行决定不服；

（三）申请行政许可，行政机关拒绝或者在法定期限内不予答复，或者对行政机关作出的有关行政许可的其他决定不服；

（四）对行政机关作出的确认自然资源的所有权或者使用权的决定不服；

（五）对行政机关作出的征收征用决定及其补偿决定不服；

（六）对行政机关作出的赔偿决定或者不予赔偿决定不服；

（七）对行政机关作出的不予受理工伤认定申请的决定或者工伤认定结论不服；

（八）认为行政机关侵犯其经营自主权或者农村土地承包经营权、农村土地经营权；

（九）认为行政机关滥用行政权力排除或者限制竞争；

（十）认为行政机关违法集资、摊派费用或者违法要求履行其他义务；

（十一）申请行政机关履行保护人身权利、财产权利、受教育权利等合法权益的法定职责，行政机关拒绝履行、未依法履行或者不予答复；

（十二）申请行政机关依法给付抚恤金、社会保险待遇或者最低生活保障等社会保障，行政机关没有依法给付；

（十三）认为行政机关不依法订立、不依法履行、未按照约定履行或者违法变更、解除政府特许经营协议、土地房屋征收补偿协议等行政协议；

（十四）认为行政机关在政府信息公开工作中侵犯其合法权益；

（十五）认为行政机关的其他行政行为侵犯其合法权益。

第十二条 下列事项不属于行政复议范围：

（一）国防、外交等国家行为；

（二）行政法规、规章或者行政机关制定、发布的具有普遍约束力的决定、命令等规范性文件；

（三）行政机关对行政机关工作人员的奖惩、任免等决定；

（四）行政机关对民事纠纷作出的调解。

第十三条 公民、法人或者其他组织认为行政机关的行政行为所依据的下列规范性文件不合法，在对行政行为申请行政复议时，可以一并向行政复议机关提出对该规范性文件的附带审查申请：

（一）国务院部门的规范性文件；

（二）县级以上地方各级人民政府及其工作部门的规范性文件；

（三）乡、镇人民政府的规范性文件；

（四）法律、法规、规章授权的组织的规范性文件。

前款所列规范性文件不含规章。规章的审查依照法律、行政法规办理。

第二节 行政复议参加人

第十四条 依照本法申请行政复议的公民、法人或者其他组织是申请人。

有权申请行政复议的公民死亡的，其近亲属可以申请行政复议。有权申请行政复议的法人或者其他组织终止的，其权利义务承受人可以申请行政复议。

有权申请行政复议的公民为无民事行为能力人或者限制民事行为能力人的，其法定代理人可以代为申请行政复议。

第十五条 同一行政复议案件申请人人数众多的，可以由申请人推选代表人参加行政复议。

代表人参加行政复议的行为对其所代表的申请人发生效力，但是代表人变更行政复议请求、撤回行政复议申请、承认第三人请求的，应当经被代表的申请人同意。

第十六条 申请人以外的同被申请行政复议的行政行为或者行政复议案件处理结果有利害关系的公民、法人或者其他组织，可以作为第三人申请参加行政复议，或者由行政复议机构通知其作为第三人参加行政复议。

第三人不参加行政复议，不影响行政复议案件的审理。

第十七条 申请人、第三人可以委托一至二名律师、基层法律服务工作者或者其他代理人代为参加行政复议。

申请人、第三人委托代理人的，应当向行政复议机构提交授权委托书、委托人及被委托人的身份证明文件。授权委托书应当载明委托事项、权限和期限。申请人、第三人变更或者解除代理人权限的，应当书面告知行政复议机构。

第十八条 符合法律援助条件的行政复议申请人申请法律援助的，法律援助机构应当依法为其提供法律援助。

第十九条 公民、法人或者其他组织对行政行为不服申请行政复议的，作出行政行为的行政机关或者法律、法规、规章授权的组织是被申请人。

两个以上行政机关以共同的名义作出同一行政行为的，共同作出行政行为的行政机关是被申请人。

行政机关委托的组织作出行政行为的，委托的行政机关是被申请人。

作出行政行为的行政机关被撤销或者职权变更的，继续行使其职权的行政机关是被申请人。

第三节 申请的提出

第二十条 公民、法人或者其他组织认为行政行为侵犯其合法权益的，可以自知道或者应当知道该行政行为之日起六十日内提出行政复议申请；但是法律规定的申请期限超过六十日的除外。

因不可抗力或者其他正当理由耽误法定申请期限的，申请期限自障碍消除之日起继续计算。

行政机关作出行政行为时，未告知公民、法人或者其他组织申请行政复议的权利、行政复议机关和申请期限的，申请期限自公民、法人或者其他组织知道或者应当知道申请行政复议的权利、行政复议机关和申请期限之日起计算，但是自知道或者应当知道行政行为内容之日起最长不得超过一年。

第二十一条 因不动产提出的行政复议申请自行政行为作出之日起超过二十年，其他行政复议申请自行政行为作出之日起超过五年的，行政复议机关不予受理。

第二十二条 申请人申请行政复议，可以书面申请；书面申请有困难的，也可以口头申请。

书面申请的，可以通过邮寄或者行政复议机关指定的互联网渠道等方式提交行政复议申请书，也可以当面提交行政复议申请书。行政机关通过互联网渠道送达行政行为决定书的，应当同时提供提交行政复议申请书的互联网渠道。

口头申请的，行政复议机关应当当场记录申请人的基本情况、行政复议请求、申请行政复议的主要事实、理由和时间。

申请人对两个以上行政行为不服的，应当分别申请行政复议。

第二十三条 有下列情形之一的，申请人应当先向行政复议机关申请行政复议，对行政复议决定不服的，可以再依法向人民法院提起行政诉讼：

（一）对当场作出的行政处罚决定不服；

（二）对行政机关作出的侵犯其已经依法取得的自然资源的所有权或者使用权的决定不服；

（三）认为行政机关存在本法第十一条规定的未履行法定职责情形；

（四）申请政府信息公开，行政机关不予公开；

（五）法律、行政法规规定应当先向行政复议机关申请行政复议的其他情形。

对前款规定的情形，行政机关在作出行政行为时应当告知公民、法人或者其他组织先向行政复议机关申请行政复议。

第四节　行政复议管辖

第二十四条　县级以上地方各级人民政府管辖下列行政复议案件：

（一）对本级人民政府工作部门作出的行政行为不服的；

（二）对下一级人民政府作出的行政行为不服的；

（三）对本级人民政府依法设立的派出机关作出的行政行为不服的；

（四）对本级人民政府或者其工作部门管理的法律、法规、规章授权的组织作出的行政行为不服的。

除前款规定外，省、自治区、直辖市人民政府同时管辖对本机关作出的行政行为不服的行政复议案件。

省、自治区人民政府依法设立的派出机关参照设区的市级人民政府的职责权限，管辖相关行政复议案件。

对县级以上地方各级人民政府工作部门依法设立的派出机构依照法律、法规、规章规定，以派出机构的名义作出的行政行为不服的行政复议案件，由本级人民政府管辖；其中，对直辖市、设区的市人民政府工作部门按照行政区划设立的派出机构作出的行政行为不服的，也可以由其所在地的人民政府管辖。

第二十五条　国务院部门管辖下列行政复议案件：

（一）对本部门作出的行政行为不服的；

（二）对本部门依法设立的派出机构依照法律、行政法规、部门规章规定，以派出机构的名义作出的行政行为不服的；

（三）对本部门管理的法律、行政法规、部门规章授权的组织作出的行政行为不服的。

第二十六条　对省、自治区、直辖市人民政府依照本法第二十四条第二款的规定、国务院部门依照本法第二十五条第一项的规定作出的行政复议决定不服的，可以向人民法院提起行政诉讼；也可以向国务院申请裁决，国务院依照本法的规定作出最终裁决。

第二十七条　对海关、金融、外汇管理等实行垂直领导的行政机关、税务和国家安全机关的行政行为不服的，向上一级主管部门申请行政复议。

第二十八条　对履行行政复议机构职责的地方人民政府司法行政部门的行政行为不服的，可以向本级人民政府申请行政复议，也可以向上一级司法行政部门申请行政复议。

第二十九条　公民、法人或者其他组织申请行政复议，行政复议机关已经依法受理的，在行政复议期间不得向人民法院提起行政诉讼。

公民、法人或者其他组织向人民法院提起行政诉讼，人民法院已经依法受理的，不得申请行政复议。

第三章　行政复议受理

第三十条　行政复议机关收到行政复议申请后，应当在五日内进行审查。对符合下列规定的，行政复议机关应当予以受理：

（一）有明确的申请人和符合本法规定的被申请人；

（二）申请人与被申请行政复议的行政行为有利害关系；

（三）有具体的行政复议请求和理由；

（四）在法定申请期限内提出；

（五）属于本法规定的行政复议范围；

（六）属于本机关的管辖范围；

（七）行政复议机关未受理过该申请人就同一行政行为提出的行政复议申请，并且人民法院未受理过该申请人就同一行政行为提起的行政诉讼。

对不符合前款规定的行政复议申请，行政复议机关应当在审查期限内决定不予受理并说明理由；不属于本机关管辖的，还应当在不予受理决定中告知申请人有管辖权的行政复议机关。

行政复议申请的审查期限届满，行政复议机关未作出不予受理决定的，审查期限届满之日起视为受理。

第三十一条 行政复议申请材料不齐全或者表述不清楚，无法判断行政复议申请是否符合本法第三十条第一款规定的，行政复议机关应当自收到申请之日起五日内书面通知申请人补正。补正通知应当一次性载明需要补正的事项。

申请人应当自收到补正通知之日起十日内提交补正材料。有正当理由不能按期补正的，行政复议机关可以延长合理的补正期限。无正当理由逾期不补正的，视为申请人放弃行政复议申请，并记录在案。

行政复议机关收到补正材料后，依照本法第三十条的规定处理。

第三十二条 对当场作出或者依据电子技术监控设备记录的违法事实作出的行政处罚决定不服申请行政复议的，可以通过作出行政处罚决定的行政机关提交行政复议申请。

行政机关收到行政复议申请后，应当及时处理；认为需要维持行政处罚决定的，应当自收到行政复议申请之日起五日内转送行政复议机关。

第三十三条 行政复议机关受理行政复议申请后，发现该行政复议申请不符合本法第三十条第一款规定的，应当决定驳回申请并说明理由。

第三十四条 法律、行政法规规定应当先向行政复议机关申请行政复议、对行政复议决定不服再向人民法院提起行政诉讼的，行政复议机关决定不予受理、驳回申请或者受理后超过行政复议期限不作答复的，公民、法人或者其他组织可以自收到决定书之日起或者行政复议期限届满之日起十五日内，依法向人民法院提起行政诉讼。

第三十五条 公民、法人或者其他组织依法提出行政复议申请，行政复议机关无正当理由不予受理、驳回申请或者受理后超过行政复议期限不作答复的，申请人有权向上级行政机关反映，上级行政机关应当责令其纠正；必要时，上级行政复议机关可以直接受理。

第四章　行政复议审理

第一节　一般规定

第三十六条 行政复议机关受理行政复议申请后，依照本法适用普通程序或者简易程序进行审理。行政复议机构应当指定行政复议人员负责办理行政复议案件。

行政复议人员对办理行政复议案件过程中知悉的国家秘密、商业秘密和个人隐私，应当予以保密。

第三十七条　行政复议机关依照法律、法规、规章审理行政复议案件。

行政复议机关审理民族自治地方的行政复议案件，同时依照该民族自治地方的自治条例和单行条例。

第三十八条　上级行政复议机关根据需要，可以审理下级行政复议机关管辖的行政复议案件。

下级行政复议机关对其管辖的行政复议案件，认为需要由上级行政复议机关审理的，可以报请上级行政复议机关决定。

第三十九条　行政复议期间有下列情形之一的，行政复议中止：

（一）作为申请人的公民死亡，其近亲属尚未确定是否参加行政复议；

（二）作为申请人的公民丧失参加行政复议的行为能力，尚未确定法定代理人参加行政复议；

（三）作为申请人的公民下落不明；

（四）作为申请人的法人或者其他组织终止，尚未确定权利义务承受人；

（五）申请人、被申请人因不可抗力或者其他正当理由，不能参加行政复议；

（六）依照本法规定进行调解、和解，申请人和被申请人同意中止；

（七）行政复议案件涉及的法律适用问题需要有权机关作出解释或者确认；

（八）行政复议案件审理需要以其他案件的审理结果为依据，而其他案件尚未审结；

（九）有本法第五十六条或者第五十七条规定的情形；

（十）需要中止行政复议的其他情形。

行政复议中止的原因消除后，应当及时恢复行政复议案件的审理。

行政复议机关中止、恢复行政复议案件的审理，应当书面告知当事人。

第四十条　行政复议期间，行政复议机关无正当理由中止行政复议的，上级行政机关应当责令其恢复审理。

第四十一条　行政复议期间有下列情形之一的，行政复议机关决定终止行政复议：

（一）申请人撤回行政复议申请，行政复议机构准予撤回；

（二）作为申请人的公民死亡，没有近亲属或者其近亲属放弃行政复议权利；

（三）作为申请人的法人或者其他组织终止，没有权利义务承受人或者其权利义务承受人放弃行政复议权利；

（四）申请人对行政拘留或者限制人身自由的行政强制措施不服申请行政复议后，因同一违法行为涉嫌犯罪，被采取刑事强制措施；

（五）依照本法第三十九条第一款第一项、第二项、第四项的规定中止行政复议满六十日，行政复议中止的原因仍未消除。

第四十二条　行政复议期间行政行为不停止执行；但是有下列情形之一的，应当停止执行：

（一）被申请人认为需要停止执行；

（二）行政复议机关认为需要停止执行；

（三）申请人、第三人申请停止执行，行政复议机关认为其要求合理，决定停止执行；

（四）法律、法规、规章规定停止执行的其他情形。

第二节　行政复议证据

第四十三条　行政复议证据包括：

（一）书证；

（二）物证；

（三）视听资料；

（四）电子数据；

（五）证人证言；

（六）当事人的陈述；

（七）鉴定意见；

（八）勘验笔录、现场笔录。

以上证据经行政复议机构审查属实，才能作为认定行政复议案件事实的根据。

第四十四条 被申请人对其作出的行政行为的合法性、适当性负有举证责任。

有下列情形之一的，申请人应当提供证据：

（一）认为被申请人不履行法定职责的，提供曾经要求被申请人履行法定职责的证据，但是被申请人应当依职权主动履行法定职责或者申请人因正当理由不能提供的除外；

（二）提出行政赔偿请求的，提供受行政行为侵害而造成损害的证据，但是因被申请人原因导致申请人无法举证的，由被申请人承担举证责任；

（三）法律、法规规定需要申请人提供证据的其他情形。

第四十五条 行政复议机关有权向有关单位和个人调查取证，查阅、复制、调取有关文件和资料，向有关人员进行询问。

调查取证时，行政复议人员不得少于两人，并应当出示行政复议工作证件。

被调查取证的单位和个人应当积极配合行政复议人员的工作，不得拒绝或者阻挠。

第四十六条 行政复议期间，被申请人不得自行向申请人和其他有关单位或者个人收集证据；自行收集的证据不作为认定行政行为合法性、适当性的依据。

行政复议期间，申请人或者第三人提出被申请行政复议的行政行为作出时没有提出的理由或者证据的，经行政复议机构同意，被申请人可以补充证据。

第四十七条 行政复议期间，申请人、第三人及其委托代理人可以按照规定查阅、复制被申请人提出的书面答复、作出行政行为的证据、依据和其他有关材料，除涉及国家秘密、商业秘密、个人隐私或者可能危及国家安全、公共安全、社会稳定的情形外，行政复议机构应当同意。

第三节　普通程序

第四十八条 行政复议机构应当自行政复议申请受理之日起七日内，将行政复议申请书副本或者行政复议申请笔录复印件发送被申请人。被申请人应当自收到行政复议申请书副本或者行政复议申请笔录复印件之日起十日内，提出书面答复，并提交作出行政行为的证据、依据和其他有关材料。

第四十九条 适用普通程序审理的行政复议案件，行政复议机构应当当面或者通过互联网、电话等方式听取当事人的意见，并将听取的意见记录在案。因当事人原因不能听取意见的，可以书面审理。

第五十条 审理重大、疑难、复杂的行政复议案件，行政复议机构应当组织听证。

行政复议机构认为有必要听证，或者申请人请求听证的，行政复议机构可以组织听证。

听证由一名行政复议人员任主持人，两名以上行政复议人员任听证员，一名记录员制作听证笔录。

第五十一条 行政复议机构组织听证的，应当于举行听证的五日前将听证的时间、地点和拟听证事项书面通知当事人。

申请人无正当理由拒不参加听证的，视为放弃听证权利。

被申请人的负责人应当参加听证。不能参加的，应当说明理由并委托相应的工作人员参加听证。

第五十二条　县级以上各级人民政府应当建立相关政府部门、专家、学者等参与的行政复议委员会，为办理行政复议案件提供咨询意见，并就行政复议工作中的重大事项和共性问题研究提出意见。行政复议委员会的组成和开展工作的具体办法，由国务院行政复议机构制定。

审理行政复议案件涉及下列情形之一的，行政复议机构应当提请行政复议委员会提出咨询意见：

（一）案情重大、疑难、复杂；

（二）专业性、技术性较强；

（三）本法第二十四条第二款规定的行政复议案件；

（四）行政复议机构认为有必要。

行政复议机构应当记录行政复议委员会的咨询意见。

第四节　简易程序

第五十三条　行政复议机关审理下列行政复议案件，认为事实清楚、权利义务关系明确、争议不大的，可以适用简易程序：

（一）被申请行政复议的行政行为是当场作出；

（二）被申请行政复议的行政行为是警告或者通报批评；

（三）案件涉及款额三千元以下；

（四）属于政府信息公开案件。

除前款规定以外的行政复议案件，当事人各方同意适用简易程序的，可以适用简易程序。

第五十四条　适用简易程序审理的行政复议案件，行政复议机构应当自受理行政复议申请之日起三日内，将行政复议申请书副本或者行政复议申请笔录复印件发送被申请人。被申请人应当自收到行政复议申请书副本或者行政复议申请笔录复印件之日起五日内，提出书面答复，并提交作出行政行为的证据、依据和其他有关材料。

适用简易程序审理的行政复议案件，可以书面审理。

第五十五条　适用简易程序审理的行政复议案件，行政复议机构认为不宜适用简易程序的，经行政复议机构的负责人批准，可以转为普通程序审理。

第五节　行政复议附带审查

第五十六条　申请人依照本法第十三条的规定提出对有关规范性文件的附带审查申请，行政复议机关有权处理的，应当在三十日内依法处理；无权处理的，应当在七日内转送有权处理的行政机关依法处理。

第五十七条　行政复议机关在对被申请人作出的行政行为进行审查时，认为其依据不合法，本机关有权处理的，应当在三十日内依法处理；无权处理的，应当在七日内转送有权处理的国家机关依法处理。

第五十八条　行政复议机关依照本法第五十六条、第五十七条的规定有权处理有关规范性文件或者依据的，行政复议机构应当自行政复议中止之日起三日内，书面通知规范性文件或者依据的制定机关就相关条款的合法性提出书面答复。制定机关应当自收到书面通知之日起十日内提交书面答复及相关材料。

行政复议机构认为必要时，可以要求规范性文件或者依据的制定机关当面说明理由，制定机关应当配合。

第五十九条　行政复议机关依照本法第五十六条、第五十七条的规定有权处理有关规范性文件或者依据，认为相关条款合法的，在行政复议决定书中一并告知；认为相关条款超越权限或者违反上位法的，决定停止该条款的执行，并责令制定机关予以纠正。

第六十条　依照本法第五十六条、第五十七条的规定接受转送的行政机关、国家机关应当自收到转送之日起六十日内，将处理意见回复转送的行政复议机关。

第五章　行政复议决定

第六十一条　行政复议机关依照本法审理行政复议案件，由行政复议机构对行政行为进行审查，提出意见，经行政复议机关的负责人同意或者集体讨论通过后，以行政复议机关的名义作出行政复议决定。

经过听证的行政复议案件，行政复议机关应当根据听证笔录、审查认定的事实和证据，依照本法作出行政复议决定。

提请行政复议委员会提出咨询意见的行政复议案件，行政复议机关应当将咨询意见作为作出行政复议决定的重要参考依据。

第六十二条　适用普通程序审理的行政复议案件，行政复议机关应当自受理申请之日起六十日内作出行政复议决定；但是法律规定的行政复议期限少于六十日的除外。情况复杂，不能在规定期限内作出行政复议决定的，经行政复议机构的负责人批准，可以适当延长，并书面告知当事人；但是延长期限最多不得超过三十日。

适用简易程序审理的行政复议案件，行政复议机关应当自受理申请之日起三十日内作出行政复议决定。

第六十三条　行政行为有下列情形之一的，行政复议机关决定变更该行政行为：

（一）事实清楚，证据确凿，适用依据正确，程序合法，但是内容不适当；

（二）事实清楚，证据确凿，程序合法，但是未正确适用依据；

（三）事实不清、证据不足，经行政复议机关查清事实和证据。

行政复议机关不得作出对申请人更为不利的变更决定，但是第三人提出相反请求的除外。

第六十四条　行政行为有下列情形之一的，行政复议机关决定撤销或者部分撤销该行政行为，并可以责令被申请人在一定期限内重新作出行政行为：

（一）主要事实不清、证据不足；

（二）违反法定程序；

（三）适用的依据不合法；

（四）超越职权或者滥用职权。

行政复议机关责令被申请人重新作出行政行为的，被申请人不得以同一事实和理由作出与被申请行政复议的行政行为相同或者基本相同的行政行为，但是行政复议机关以违反法定程序为由决定撤销或者部分撤销的除外。

第六十五条　行政行为有下列情形之一的，行政复议机关不撤销该行政行为，但是确认该行政行为违法：

（一）依法应予撤销，但是撤销会给国家利益、社会公共利益造成重大损害；

（二）程序轻微违法，但是对申请人权利不产生实际影响。

行政行为有下列情形之一，不需要撤销或者责令履行的，行政复议机关确认该行政行

为违法:

（一）行政行为违法，但是不具有可撤销内容；

（二）被申请人改变原违法行政行为，申请人仍要求撤销或者确认该行政行为违法；

（三）被申请人不履行或者拖延履行法定职责，责令履行没有意义。

第六十六条 被申请人不履行法定职责的，行政复议机关决定被申请人在一定期限内履行。

第六十七条 行政行为有实施主体不具有行政主体资格或者没有依据等重大且明显违法情形，申请人申请确认行政行为无效的，行政复议机关确认该行政行为无效。

第六十八条 行政行为认定事实清楚，证据确凿，适用依据正确，程序合法，内容适当的，行政复议机关决定维持该行政行为。

第六十九条 行政复议机关受理申请人认为被申请人不履行法定职责的行政复议申请后，发现被申请人没有相应法定职责或者在受理前已经履行法定职责的，决定驳回申请人的行政复议请求。

第七十条 被申请人不按照本法第四十八条、第五十四条的规定提出书面答复、提交作出行政行为的证据、依据和其他有关材料的，视为该行政行为没有证据、依据，行政复议机关决定撤销、部分撤销该行政行为，确认该行政行为违法、无效或者决定被申请人在一定期限内履行，但是行政行为涉及第三人合法权益，第三人提供证据的除外。

第七十一条 被申请人不依法订立、不依法履行、未按照约定履行或者违法变更、解除行政协议的，行政复议机关决定被申请人承担依法订立、继续履行、采取补救措施或者赔偿损失等责任。

被申请人变更、解除行政协议合法，但是未依法给予补偿或者补偿不合理的，行政复议机关决定被申请人依法给予合理补偿。

第七十二条 申请人在申请行政复议时一并提出行政赔偿请求，行政复议机关对依照《中华人民共和国国家赔偿法》的有关规定应当不予赔偿的，在作出行政复议决定时，应当同时决定驳回行政赔偿请求；对符合《中华人民共和国国家赔偿法》的有关规定应当给予赔偿的，在决定撤销或者部分撤销、变更行政行为或者确认行政行为违法、无效时，应当同时决定被申请人依法给予赔偿；确认行政行为违法的，还可以同时责令被申请人采取补救措施。

申请人在申请行政复议时没有提出行政赔偿请求的，行政复议机关在依法决定撤销或者部分撤销、变更罚款，撤销或者部分撤销违法集资、没收财物、征收征用、摊派费用以及对财产的查封、扣押、冻结等行政行为时，应当同时责令被申请人返还财产，解除对财产的查封、扣押、冻结措施，或者赔偿相应的价款。

第七十三条 当事人经调解达成协议的，行政复议机关应当制作行政复议调解书，经各方当事人签字或者签章，并加盖行政复议机关印章，即具有法律效力。

调解未达成协议或者调解书生效前一方反悔的，行政复议机关应当依法审查或者及时作出行政复议决定。

第七十四条 当事人在行政复议决定作出前可以自愿达成和解，和解内容不得损害国家利益、社会公共利益和他人合法权益，不得违反法律、法规的强制性规定。

当事人达成和解后，由申请人向行政复议机构撤回行政复议申请。行政复议机构准予撤回行政复议申请、行政复议机关决定终止行政复议的，申请人不得再以同一事实和理由提出行政复议申请。但是，申请人能够证明撤回行政复议申请违背其真实意愿的除外。

第七十五条 行政复议机关作出行政复议决定，应当制作行政复议决定书，并加盖行政复议机关印章。

行政复议决定书一经送达，即发生法律效力。

第七十六条 行政复议机关在办理行政复议案件过程中，发现被申请人或者其他下级行政机关的有关行政行为违法或者不当的，可以向其制发行政复议意见书。有关机关应当自收到行政复议意见书之日起六十日内，将纠正相关违法或者不当行政行为的情况报送行政复议机关。

第七十七条 被申请人应当履行行政复议决定书、调解书、意见书。

被申请人不履行或者无正当理由拖延履行行政复议决定书、调解书、意见书的，行政复议机关或者有关上级行政机关应当责令其限期履行，并可以约谈被申请人的有关负责人或者予以通报批评。

第七十八条 申请人、第三人逾期不起诉又不履行行政复议决定书、调解书的，或者不履行最终裁决的行政复议决定的，按照下列规定分别处理：

（一）维持行政行为的行政复议决定书，由作出行政行为的行政机关依法强制执行，或者申请人民法院强制执行；

（二）变更行政行为的行政复议决定书，由行政复议机关依法强制执行，或者申请人民法院强制执行；

（三）行政复议调解书，由行政复议机关依法强制执行，或者申请人民法院强制执行。

第七十九条 行政复议机关根据被申请行政复议的行政行为的公开情况，按照国家有关规定将行政复议决定书向社会公开。

县级以上地方各级人民政府办理以本级人民政府工作部门为被申请人的行政复议案件，应当将发生法律效力的行政复议决定书、意见书同时抄告被申请人的上一级主管部门。

第六章　法律责任

第八十条 行政复议机关不依照本法规定履行行政复议职责，对负有责任的领导人员和直接责任人员依法给予警告、记过、记大过的处分；经有权监督的机关督促仍不改正或者造成严重后果的，依法给予降级、撤职、开除的处分。

第八十一条 行政复议机关工作人员在行政复议活动中，徇私舞弊或者有其他渎职、失职行为的，依法给予警告、记过、记大过的处分；情节严重的，依法给予降级、撤职、开除的处分；构成犯罪的，依法追究刑事责任。

第八十二条 被申请人违反本法规定，不提出书面答复或者不提交作出行政行为的证据、依据和其他有关材料，或者阻挠、变相阻挠公民、法人或者其他组织依法申请行政复议的，对负有责任的领导人员和直接责任人员依法给予警告、记过、记大过的处分；进行报复陷害的，依法给予降级、撤职、开除的处分；构成犯罪的，依法追究刑事责任。

第八十三条 被申请人不履行或者无正当理由拖延履行行政复议决定书、调解书、意见书的，对负有责任的领导人员和直接责任人员依法给予警告、记过、记大过的处分；经责令履行仍拒不履行的，依法给予降级、撤职、开除的处分。

第八十四条 拒绝、阻挠行政复议人员调查取证，故意扰乱行政复议工作秩序的，依法给予处分、治安管理处罚；构成犯罪的，依法追究刑事责任。

第八十五条 行政机关及其工作人员违反本法规定的，行政复议机关可以向监察机关或者公职人员任免机关、单位移送有关人员违法的事实材料，接受移送的监察机关或者公职人员任免机关、单位应当依法处理。

第八十六条 行政复议机关在办理行政复议案件过程中，发现公职人员涉嫌贪污贿赂、失职渎职等职务违法或者职务犯罪的问题线索，应当依照有关规定移送监察机关，由监察机关依法调查处置。

第七章 附 则

第八十七条 行政复议机关受理行政复议申请，不得向申请人收取任何费用。

第八十八条 行政复议期间的计算和行政复议文书的送达，本法没有规定的，依照《中华人民共和国民事诉讼法》关于期间、送达的规定执行。

本法关于行政复议期间有关"三日""五日""七日""十日"的规定是指工作日，不含法定休假日。

第八十九条 外国人、无国籍人、外国组织在中华人民共和国境内申请行政复议，适用本法。

第九十条 本法自 2024 年 1 月 1 日起施行。

中华人民共和国行政复议法实施条例

（2007 年 5 月 23 日国务院第 177 次常务会议通过 2007 年 5 月 29 日中华人民共和国国务院令第 499 号公布）

第一章 总 则

第一条 为了进一步发挥行政复议制度在解决行政争议、建设法治政府、构建社会主义和谐社会中的作用，根据《中华人民共和国行政复议法》（以下简称行政复议法），制定本条例。

第二条 各级行政复议机关应当认真履行行政复议职责，领导并支持本机关负责法制工作的机构（以下简称行政复议机构）依法办理行政复议事项，并依照有关规定配备、充实、调剂专职行政复议人员，保证行政复议机构的办案能力与工作任务相适应。

第三条 行政复议机构除应当依照行政复议法第三条的规定履行职责外，还应当履行下列职责：

（一）依照行政复议法第十八条的规定转送有关行政复议申请；

（二）办理行政复议法第二十九条规定的行政赔偿等事项；

（三）按照职责权限，督促行政复议申请的受理和行政复议决定的履行；

（四）办理行政复议、行政应诉案件统计和重大行政复议决定备案事项；

（五）办理或者组织办理未经行政复议直接提起行政诉讼的行政应诉事项；

（六）研究行政复议工作中发现的问题，及时向有关机关提出改进建议，重大问题及时向行政复议机关报告。

第四条 专职行政复议人员应当具备与履行行政复议职责相适应的品行、专业知识和业务能力，并取得相应资格。具体办法由国务院法制机构会同国务院有关部门规定。

第二章 行政复议申请

第一节 申 请 人

第五条 依照行政复议法和本条例的规定申请行政复议的公民、法人或者其他组织为申请人。

第六条 合伙企业申请行政复议的，应当以核准登记的企业为申请人，由执行合伙事务的合伙人代表该企业参加行政复议；其他合伙组织申请行政复议的，由合伙人共同申请行政复议。

前款规定以外的不具备法人资格的其他组织申请行政复议的，由该组织的主要负责人代表该组织参加行政复议；没有主要负责人的，由共同推选的其他成员代表该组织参加行政复议。

第七条 股份制企业的股东大会、股东代表大会、董事会认为行政机关作出的具体行政行为侵犯企业合法权益的，可以以企业的名义申请行政复议。

第八条 同一行政复议案件申请人超过5人的，推选1至5名代表参加行政复议。

第九条 行政复议期间，行政复议机构认为申请人以外的公民、法人或者其他组织与被审查的具体行政行为有利害关系的，可以通知其作为第三人参加行政复议。

行政复议期间，申请人以外的公民、法人或者其他组织与被审查的具体行政行为有利害关系的，可以向行政复议机构申请作为第三人参加行政复议。

第三人不参加行政复议，不影响行政复议案件的审理。

第十条 申请人、第三人可以委托1至2名代理人参加行政复议。申请人、第三人委托代理人的，应当向行政复议机构提交授权委托书。授权委托书应当载明委托事项、权限和期限。公民在特殊情况下无法书面委托的，可以口头委托。口头委托的，行政复议机构应当核实并记录在卷。申请人、第三人解除或者变更委托的，应当书面报告行政复议机构。

第二节 被申请人

第十一条 公民、法人或者其他组织对行政机关的具体行政行为不服，依照行政复议法和本条例的规定申请行政复议的，作出该具体行政行为的行政机关为被申请人。

第十二条 行政机关与法律、法规授权的组织以共同的名义作出具体行政行为的，行政机关和法律、法规授权的组织为共同被申请人。

行政机关与其他组织以共同名义作出具体行政行为的，行政机关为被申请人。

第十三条 下级行政机关依照法律、法规、规章规定，经上级行政机关批准作出具体行政行为的，批准机关为被申请人。

第十四条 行政机关设立的派出机构、内设机构或者其他组织，未经法律、法规授权，对外以自己名义作出具体行政行为的，该行政机关为被申请人。

第三节 行政复议申请期限

第十五条 行政复议法第九条第一款规定的行政复议申请期限的计算，依照下列规定办理：

（一）当场作出具体行政行为的，自具体行政行为作出之日起计算；

（二）载明具体行政行为的法律文书直接送达的，自受送达人签收之日起计算；

（三）载明具体行政行为的法律文书邮寄送达的，自受送达人在邮件签收单上签收之日起计算；没有邮件签收单的，自受送达人在送达回执上签名之日起计算；

（四）具体行政行为依法通过公告形式告知受送达人的，自公告规定的期限届满之日起计算；

（五）行政机关作出具体行政行为时未告知公民、法人或者其他组织，事后补充告知的，自该公民、法人或者其他组织收到行政机关补充告知的通知之日起计算；

（六）被申请人能够证明公民、法人或者其他组织知道具体行政行为的，自证据材料证明其知道具体行政行为之日起计算。

行政机关作出具体行政行为，依法应当向有关公民、法人或者其他组织送达法律文书而未送达的，视为该公民、法人或者其他组织不知道该具体行政行为。

第十六条　公民、法人或者其他组织依照行政复议法第六条第（八）项、第（九）项、第（十）项的规定申请行政机关履行法定职责，行政机关未履行的，行政复议申请期限依照下列规定计算：

（一）有履行期限规定的，自履行期限届满之日起计算；

（二）没有履行期限规定的，自行政机关收到申请满 60 日起计算。

公民、法人或者其他组织在紧急情况下请求行政机关履行保护人身权、财产权的法定职责，行政机关不履行的，行政复议申请期限不受前款规定的限制。

第十七条　行政机关作出的具体行政行为对公民、法人或者其他组织的权利、义务可能产生不利影响的，应当告知其申请行政复议的权利、行政复议机关和行政复议申请期限。

第四节　行政复议申请的提出

第十八条　申请人书面申请行政复议的，可以采取当面递交、邮寄或者传真等方式提出行政复议申请。

有条件的行政复议机构可以接受以电子邮件形式提出的行政复议申请。

第十九条　申请人书面申请行政复议的，应当在行政复议申请书中载明下列事项：

（一）申请人的基本情况，包括：公民的姓名、性别、年龄、身份证号码、工作单位、住所、邮政编码；法人或者其他组织的名称、住所、邮政编码和法定代表人或者主要负责人的姓名、职务；

（二）被申请人的名称；

（三）行政复议请求、申请行政复议的主要事实和理由；

（四）申请人的签名或者盖章；

（五）申请行政复议的日期。

第二十条　申请人口头申请行政复议的，行政复议机构应当依照本条例第十九条规定的事项，当场制作行政复议申请笔录交申请人核对或者向申请人宣读，并由申请人签字确认。

第二十一条　有下列情形之一的，申请人应当提供证明材料：

（一）认为被申请人不履行法定职责的，提供曾经要求被申请人履行法定职责而被申请人未履行的证明材料；

（二）申请行政复议时一并提出行政赔偿请求的，提供受具体行政行为侵害而造成损害的证明材料；

（三）法律、法规规定需要申请人提供证据材料的其他情形。

第二十二条　申请人提出行政复议申请时错列被申请人的，行政复议机构应当告知申请人变更被申请人。

第二十三条　申请人对两个以上国务院部门共同作出的具体行政行为不服的，依照行政复议法第十四条的规定，可以向其中任何一个国务院部门提出行政复议申请，由作出具体行政行为的国务院部门共同作出行政复议决定。

第二十四条　申请人对经国务院批准实行省以下垂直领导的部门作出的具体行政行为不服的，可以选择向该部门的本级人民政府或者上一级主管部门申请行政复议；省、自治区、直辖市另有规定的，依照省、自治区、直辖市的规定办理。

第二十五条 申请人依照行政复议法第三十条第二款的规定申请行政复议的，应当向省、自治区、直辖市人民政府提出行政复议申请。

第二十六条 依照行政复议法第七条的规定，申请人认为具体行政行为所依据的规定不合法的，可以在对具体行政行为申请行政复议的同时一并提出对该规定的审查申请；申请人在对具体行政行为提出行政复议申请时尚不知道该具体行政行为所依据的规定的，可以在行政复议机关作出行政复议决定前向行政复议机关提出对该规定的审查申请。

第三章　行政复议受理

第二十七条 公民、法人或者其他组织认为行政机关的具体行政行为侵犯其合法权益提出行政复议申请，除不符合行政复议法和本条例规定的申请条件的，行政复议机关必须受理。

第二十八条 行政复议申请符合下列规定的，应当予以受理：

（一）有明确的申请人和符合规定的被申请人；

（二）申请人与具体行政行为有利害关系；

（三）有具体的行政复议请求和理由；

（四）在法定申请期限内提出；

（五）属于行政复议法规定的行政复议范围；

（六）属于收到行政复议申请的行政复议机构的职责范围；

（七）其他行政复议机关尚未受理同一行政复议申请，人民法院尚未受理同一主体就同一事实提起的行政诉讼。

第二十九条 行政复议申请材料不齐全或者表述不清楚的，行政复议机构可以自收到该行政复议申请之日起 5 日内书面通知申请人补正。补正通知应当载明需要补正的事项和合理的补正期限。无正当理由逾期不补正的，视为申请人放弃行政复议申请。补正申请材料所用时间不计入行政复议审理期限。

第三十条 申请人就同一事项向两个或者两个以上有权受理的行政机关申请行政复议的，由最先收到行政复议申请的行政机关受理；同时收到行政复议申请的，由收到行政复议申请的行政机关在 10 日内协商确定；协商不成的，由其共同上一级行政机关在 10 日内指定受理机关。协商确定或者指定受理机关所用时间不计入行政复议审理期限。

第三十一条 依照行政复议法第二十条的规定，上级行政机关认为行政复议机关不予受理行政复议申请的理由不成立的，可以先行督促其受理；经督促仍不受理的，应当责令其限期受理，必要时也可以直接受理；认为行政复议申请不符合法定受理条件的，应当告知申请人。

第四章　行政复议决定

第三十二条 行政复议机构审理行政复议案件，应当由 2 名以上行政复议人员参加。

第三十三条 行政复议机构认为必要时，可以实地调查核实证据；对重大、复杂的案件，申请人提出要求或者行政复议机构认为必要时，可以采取听证的方式审理。

第三十四条 行政复议人员向有关组织和人员调查取证时，可以查阅、复制、调取有关文件和资料，向有关人员进行询问。

调查取证时，行政复议人员不得少于 2 人，并应当向当事人或者有关人员出示证件。被调查单位和人员应当配合行政复议人员的工作，不得拒绝或者阻挠。

需要现场勘验的，现场勘验所用时间不计入行政复议审理期限。

第三十五条 行政复议机关应当为申请人、第三人查阅有关材料提供必要条件。

第三十六条 依照行政复议法第十四条的规定申请原级行政复议的案件，由原承办具体行政行为有关事项的部门或者机构提出书面答复，并提交作出具体行政行为的证据、依据和其他有关材料。

第三十七条 行政复议期间涉及专门事项需要鉴定的，当事人可以自行委托鉴定机构进行鉴定，也可以申请行政复议机构委托鉴定机构进行鉴定。鉴定费用由当事人承担。鉴定所用时间不计入行政复议审理期限。

第三十八条 申请人在行政复议决定作出前自愿撤回行政复议申请的，经行政复议机构同意，可以撤回。

申请人撤回行政复议申请的，不得再以同一事实和理由提出行政复议申请。但是，申请人能够证明撤回行政复议申请违背其真实意思表示的除外。

第三十九条 行政复议期间被申请人改变原具体行政行为的，不影响行政复议案件的审理。但是，申请人依法撤回行政复议申请的除外。

第四十条 公民、法人或者其他组织对行政机关行使法律、法规规定的自由裁量权作出的具体行政行为不服申请行政复议，申请人与被申请人在行政复议决定作出前自愿达成和解的，应当向行政复议机构提交书面和解协议；和解内容不损害社会公共利益和他人合法权益的，行政复议机构应当准许。

第四十一条 行政复议期间有下列情形之一，影响行政复议案件审理的，行政复议中止：

（一）作为申请人的自然人死亡，其近亲属尚未确定是否参加行政复议的；

（二）作为申请人的自然人丧失参加行政复议的能力，尚未确定法定代理人参加行政复议的；

（三）作为申请人的法人或者其他组织终止，尚未确定权利义务承受人的；

（四）作为申请人的自然人下落不明或者被宣告失踪的；

（五）申请人、被申请人因不可抗力，不能参加行政复议的；

（六）案件涉及法律适用问题，需要有权机关作出解释或者确认的；

（七）案件审理需要以其他案件的审理结果为依据，而其他案件尚未审结的；

（八）其他需要中止行政复议的情形。

行政复议中止的原因消除后，应当及时恢复行政复议案件的审理。

行政复议机构中止、恢复行政复议案件的审理，应当告知有关当事人。

第四十二条 行政复议期间有下列情形之一的，行政复议终止：

（一）申请人要求撤回行政复议申请，行政复议机构准予撤回的；

（二）作为申请人的自然人死亡，没有近亲属或者其近亲属放弃行政复议权利的；

（三）作为申请人的法人或者其他组织终止，其权利义务的承受人放弃行政复议权利的；

（四）申请人与被申请人依照本条例第四十条的规定，经行政复议机构准许达成和解的；

（五）申请人对行政拘留或者限制人身自由的行政强制措施不服申请行政复议后，因申请人同一违法行为涉嫌犯罪，该行政拘留或者限制人身自由的行政强制措施变更为刑事拘留的。

依照本条例第四十一条第一款第（一）项、第（二）项、第（三）项规定中止行政复议，满 60 日行政复议中止的原因仍未消除的，行政复议终止。

第四十三条 依照行政复议法第二十八条第一款第（一）项规定，具体行政行为认定事实清楚，证据确凿，适用依据正确，程序合法，内容适当的，行政复议机关应当决定维持。

第四十四条 依照行政复议法第二十八条第一款第（二）项规定，被申请人不履行法定职责的，行政复议机关应当决定其在一定期限内履行法定职责。

第四十五条 具体行政行为有行政复议法第二十八条第一款第（三）项规定情形之一的，行政复议机关应当决定撤销、变更该具体行政行为或者确认该具体行政行为违法；决定撤销该具体行政行为或者确认该具体行政行为违法的，可以责令被申请人在一定期限内重新作出具体行政行为。

第四十六条 被申请人未依照行政复议法第二十三条的规定提出书面答复、提交当初作出具体行政行为的证据、依据和其他有关材料的，视为该具体行政行为没有证据、依据，行政复议机关应当决定撤销该具体行政行为。

第四十七条 具体行政行为有下列情形之一，行政复议机关可以决定变更：

（一）认定事实清楚，证据确凿，程序合法，但是明显不当或者适用依据错误的；

（二）认定事实不清，证据不足，但是经行政复议机关审理查明事实清楚，证据确凿的。

第四十八条 有下列情形之一的，行政复议机关应当决定驳回行政复议申请：

（一）申请人认为行政机关不履行法定职责申请行政复议，行政复议机关受理后发现该行政机关没有相应法定职责或者在受理前已经履行法定职责的；

（二）受理行政复议申请后，发现该行政复议申请不符合行政复议法和本条例规定的受理条件的。

上级行政机关认为行政复议机关驳回行政复议申请的理由不成立的，应当责令其恢复审理。

第四十九条 行政复议机关依照行政复议法第二十八条的规定责令被申请人重新作出具体行政行为的，被申请人应当在法律、法规、规章规定的期限内重新作出具体行政行为；法律、法规、规章未规定期限的，重新作出具体行政行为的期限为 60 日。

公民、法人或者其他组织对被申请人重新作出的具体行政行为不服，可以依法申请行政复议或者提起行政诉讼。

第五十条 有下列情形之一的，行政复议机关可以按照自愿、合法的原则进行调解：

（一）公民、法人或者其他组织对行政机关行使法律、法规规定的自由裁量权作出的具体行政行为不服申请行政复议的；

（二）当事人之间的行政赔偿或者行政补偿纠纷。

当事人经调解达成协议的，行政复议机关应当制作行政复议调解书。调解书应当载明行政复议请求、事实、理由和调解结果，并加盖行政复议机关印章。行政复议调解书经双方当事人签字，即具有法律效力。

调解未达成协议或者调解书生效前一方反悔的，行政复议机关应当及时作出行政复议决定。

第五十一条 行政复议机关在申请人的行政复议请求范围内，不得作出对申请人更为不利的行政复议决定。

第五十二条 第三人逾期不起诉又不履行行政复议决定的，依照行政复议法第三十三条的规定处理。

第五章　行政复议指导和监督

第五十三条　行政复议机关应当加强对行政复议工作的领导。

行政复议机构在本级行政复议机关的领导下，按照职责权限对行政复议工作进行督促、指导。

第五十四条　县级以上各级人民政府应当加强对所属工作部门和下级人民政府履行行政复议职责的监督。

行政复议机关应当加强对其行政复议机构履行行政复议职责的监督。

第五十五条　县级以上地方各级人民政府应当建立健全行政复议工作责任制，将行政复议工作纳入本级政府目标责任制。

第五十六条　县级以上地方各级人民政府应当按照职责权限，通过定期组织检查、抽查等方式，对所属工作部门和下级人民政府行政复议工作进行检查，并及时向有关方面反馈检查结果。

第五十七条　行政复议期间行政复议机关发现被申请人或者其他下级行政机关的相关行政行为违法或者需要做好善后工作的，可以制作行政复议意见书。有关机关应当自收到行政复议意见书之日起 60 日内将纠正相关行政违法行为或者做好善后工作的情况通报行政复议机构。

行政复议期间行政复议机构发现法律、法规、规章实施中带有普遍性的问题，可以制作行政复议建议书，向有关机关提出完善制度和改进行政执法的建议。

第五十八条　县级以上各级人民政府行政复议机构应当定期向本级人民政府提交行政复议工作状况分析报告。

第五十九条　下级行政复议机关应当及时将重大行政复议决定报上级行政复议机关备案。

第六十条　各级行政复议机构应当定期组织对行政复议人员进行业务培训，提高行政复议人员的专业素质。

第六十一条　各级行政复议机关应当定期总结行政复议工作，对在行政复议工作中做出显著成绩的单位和个人，依照有关规定给予表彰和奖励。

第六章　法　律　责　任

第六十二条　被申请人在规定期限内未按照行政复议决定的要求重新作出具体行政行为，或者违反规定重新作出具体行政行为的，依照行政复议法第三十七条的规定追究法律责任。

第六十三条　拒绝或者阻挠行政复议人员调查取证、查阅、复制、调取有关文件和资料的，对有关责任人员依法给予处分或者治安处罚；构成犯罪的，依法追究刑事责任。

第六十四条　行政复议机关或者行政复议机构不履行行政复议法和本条例规定的行政复议职责，经有权监督的行政机关督促仍不改正的，对直接负责的主管人员和其他直接责任人员依法给予警告、记过、记大过的处分；造成严重后果的，依法给予降级、撤职、开除的处分。

第六十五条　行政机关及其工作人员违反行政复议法和本条例规定的，行政复议机构可以向人事、监察部门提出对有关责任人员的处分建议，也可以将有关人员违法的事实材料直接转送人事、监察部门处理；接受转送的人事、监察部门应当依法处理，并将处理结果通报转送的行政复议机构。

第七章　附　　则

第六十六条　本条例自 2007 年 8 月 1 日起施行。

中华人民共和国行政诉讼法

（1989 年 4 月 4 日第七届全国人民代表大会第二次会议通过　根据 2014 年 11 月 1 日第十二届全国人民代表大会常务委员会第十一次会议《关于修改〈中华人民共和国行政诉讼法〉的决定》第一次修正　根据 2017 年 6 月 27 日第十二届全国人民代表大会常务委员会第二十八次会议《关于修改〈中华人民共和国民事诉讼法〉和〈中华人民共和国行政诉讼法〉的决定》第二次修正）

目　　录

第一章　总　　则

第一条　为保证人民法院公正、及时审理行政案件，解决行政争议，保护公民、法人和其他组织的合法权益，监督行政机关依法行使职权，根据宪法，制定本法。

第二条　公民、法人或者其他组织认为行政机关和行政机关工作人员的行政行为侵犯其合法权益，有权依照本法向人民法院提起诉讼。

前款所称行政行为，包括法律、法规、规章授权的组织作出的行政行为。

第三条　人民法院应当保障公民、法人和其他组织的起诉权利，对应当受理的行政案件依法受理。

行政机关及其工作人员不得干预、阻碍人民法院受理行政案件。

被诉行政机关负责人应当出庭应诉。不能出庭的，应当委托行政机关相应的工作人员出庭。

第四条　人民法院依法对行政案件独立行使审判权，不受行政机关、社会团体和个人的干涉。

人民法院设行政审判庭，审理行政案件。

第五条 人民法院审理行政案件，以事实为根据，以法律为准绳。

第六条 人民法院审理行政案件，对行政行为是否合法进行审查。

第七条 人民法院审理行政案件，依法实行合议、回避、公开审判和两审终审制度。

第八条 当事人在行政诉讼中的法律地位平等。

第九条 各民族公民都有用本民族语言、文字进行行政诉讼的权利。

在少数民族聚居或者多民族共同居住的地区，人民法院应当用当地民族通用的语言、文字进行审理和发布法律文书。

人民法院应当对不通晓当地民族通用的语言、文字的诉讼参与人提供翻译。

第十条 当事人在行政诉讼中有权进行辩论。

第十一条 人民检察院有权对行政诉讼实行法律监督。

第二章 受案范围

第十二条 人民法院受理公民、法人或者其他组织提起的下列诉讼：

（一）对行政拘留、暂扣或者吊销许可证和执照、责令停产停业、没收违法所得、没收非法财物、罚款、警告等行政处罚不服的；

（二）对限制人身自由或者对财产的查封、扣押、冻结等行政强制措施和行政强制执行不服的；

（三）申请行政许可，行政机关拒绝或者在法定期限内不予答复，或者对行政机关作出的有关行政许可的其他决定不服的；

（四）对行政机关作出的关于确认土地、矿藏、水流、森林、山岭、草原、荒地、滩涂、海域等自然资源的所有权或者使用权的决定不服的；

（五）对征收、征用决定及其补偿决定不服的；

（六）申请行政机关履行保护人身权、财产权等合法权益的法定职责，行政机关拒绝履行或者不予答复的；

（七）认为行政机关侵犯其经营自主权或者农村土地承包经营权、农村土地经营权的；

（八）认为行政机关滥用行政权力排除或者限制竞争的；

（九）认为行政机关违法集资、摊派费用或者违法要求履行其他义务的；

（十）认为行政机关没有依法支付抚恤金、最低生活保障待遇或者社会保险待遇的；

（十一）认为行政机关不依法履行、未按照约定履行或者违法变更、解除政府特许经营协议、土地房屋征收补偿协议等协议的；

（十二）认为行政机关侵犯其他人身权、财产权等合法权益的。

除前款规定外，人民法院受理法律、法规规定可以提起诉讼的其他行政案件。

第十三条 人民法院不受理公民、法人或者其他组织对下列事项提起的诉讼：

（一）国防、外交等国家行为；

（二）行政法规、规章或者行政机关制定、发布的具有普遍约束力的决定、命令；

（三）行政机关对行政机关工作人员的奖惩、任免等决定；

（四）法律规定由行政机关最终裁决的行政行为。

第三章 管 辖

第十四条 基层人民法院管辖第一审行政案件。

第十五条 中级人民法院管辖下列第一审行政案件：

（一）对国务院部门或者县级以上地方人民政府所作的行政行为提起诉讼的案件；

（二）海关处理的案件；

（三）本辖区内重大、复杂的案件；

（四）其他法律规定由中级人民法院管辖的案件。

第十六条 高级人民法院管辖本辖区内重大、复杂的第一审行政案件。

第十七条 最高人民法院管辖全国范围内重大、复杂的第一审行政案件。

第十八条 行政案件由最初作出行政行为的行政机关所在地人民法院管辖。经复议的案件，也可以由复议机关所在地人民法院管辖。

经最高人民法院批准，高级人民法院可以根据审判工作的实际情况，确定若干人民法院跨行政区域管辖行政案件。

第十九条 对限制人身自由的行政强制措施不服提起的诉讼，由被告所在地或者原告所在地人民法院管辖。

第二十条 因不动产提起的行政诉讼，由不动产所在地人民法院管辖。

第二十一条 两个以上人民法院都有管辖权的案件，原告可以选择其中一个人民法院提起诉讼。原告向两个以上有管辖权的人民法院提起诉讼的，由最先立案的人民法院管辖。

第二十二条 人民法院发现受理的案件不属于本院管辖的，应当移送有管辖权的人民法院，受移送的人民法院应当受理。受移送的人民法院认为受移送的案件按照规定不属于本院管辖的，应当报请上级人民法院指定管辖，不得再自行移送。

第二十三条 有管辖权的人民法院由于特殊原因不能行使管辖权的，由上级人民法院指定管辖。

人民法院对管辖权发生争议，由争议双方协商解决。协商不成的，报它们的共同上级人民法院指定管辖。

第二十四条 上级人民法院有权审理下级人民法院管辖的第一审行政案件。

下级人民法院对其管辖的第一审行政案件，认为需要由上级人民法院审理或者指定管辖的，可以报请上级人民法院决定。

第四章　诉讼参加人

第二十五条 行政行为的相对人以及其他与行政行为有利害关系的公民、法人或者其他组织，有权提起诉讼。

有权提起诉讼的公民死亡，其近亲属可以提起诉讼。

有权提起诉讼的法人或者其他组织终止，承受其权利的法人或者其他组织可以提起诉讼。

人民检察院在履行职责中发现生态环境和资源保护、食品药品安全、国有财产保护、国有土地使用权出让等领域负有监督管理职责的行政机关违法行使职权或者不作为，致使国家利益或者社会公共利益受到侵害的，应当向行政机关提出检察建议，督促其依法履行职责。行政机关不依法履行职责的，人民检察院依法向人民法院提起诉讼。

第二十六条 公民、法人或者其他组织直接向人民法院提起诉讼的，作出行政行为的行政机关是被告。

经复议的案件，复议机关决定维持原行政行为的，作出原行政行为的行政机关和复议机关是共同被告；复议机关改变原行政行为的，复议机关是被告。

复议机关在法定期限内未作出复议决定，公民、法人或者其他组织起诉原行政行为的，作出原行政行为的行政机关是被告；起诉复议机关不作为的，复议机关是被告。

两个以上行政机关作出同一行政行为的，共同作出行政行为的行政机关是共同被告。

行政机关委托的组织所作的行政行为，委托的行政机关是被告。

行政机关被撤销或者职权变更的，继续行使其职权的行政机关是被告。

　　第二十七条　当事人一方或者双方为二人以上，因同一行政行为发生的行政案件，或者因同类行政行为发生的行政案件、人民法院认为可以合并审理并经当事人同意的，为共同诉讼。

　　第二十八条　当事人一方人数众多的共同诉讼，可以由当事人推选代表人进行诉讼。代表人的诉讼行为对其所代表的当事人发生效力，但代表人变更、放弃诉讼请求或者承认对方当事人的诉讼请求，应当经被代表的当事人同意。

　　第二十九条　公民、法人或者其他组织同被诉行政行为有利害关系但没有提起诉讼，或者同案件处理结果有利害关系的，可以作为第三人申请参加诉讼，或者由人民法院通知参加诉讼。

　　人民法院判决第三人承担义务或者减损第三人权益的，第三人有权依法提起上诉。

　　第三十条　没有诉讼行为能力的公民，由其法定代理人代为诉讼。法定代理人互相推诿代理责任的，由人民法院指定其中一人代为诉讼。

　　第三十一条　当事人、法定代理人，可以委托一至二人作为诉讼代理人。

　　下列人员可以被委托为诉讼代理人：

　　（一）律师、基层法律服务工作者；

　　（二）当事人的近亲属或者工作人员；

　　（三）当事人所在社区、单位以及有关社会团体推荐的公民。

　　第三十二条　代理诉讼的律师，有权按照规定查阅、复制本案有关材料，有权向有关组织和公民调查，收集与本案有关的证据。对涉及国家秘密、商业秘密和个人隐私的材料，应当依照法律规定保密。

　　当事人和其他诉讼代理人有权按照规定查阅、复制本案庭审材料，但涉及国家秘密、商业秘密和个人隐私的内容除外。

第五章　证　据

　　第三十三条　证据包括：

　　（一）书证；

　　（二）物证；

　　（三）视听资料；

　　（四）电子数据；

　　（五）证人证言；

　　（六）当事人的陈述；

　　（七）鉴定意见；

　　（八）勘验笔录、现场笔录。

　　以上证据经法庭审查属实，才能作为认定案件事实的根据。

　　第三十四条　被告对作出的行政行为负有举证责任，应当提供作出该行政行为的证据和所依据的规范性文件。

　　被告不提供或者无正当理由逾期提供证据，视为没有相应证据。但是，被诉行政行为涉及第三人合法权益，第三人提供证据的除外。

　　第三十五条　在诉讼过程中，被告及其诉讼代理人不得自行向原告、第三人和证人收集证据。

　　第三十六条　被告在作出行政行为时已经收集了证据，但因不可抗力等正当事由不能提供的，经人民法院准许，可以延期提供。

原告或者第三人提出了其在行政处理程序中没有提出的理由或者证据的，经人民法院准许，被告可以补充证据。

第三十七条 原告可以提供证明行政行为违法的证据。原告提供的证据不成立的，不免除被告的举证责任。

第三十八条 在起诉被告不履行法定职责的案件中，原告应当提供其向被告提出申请的证据。但有下列情形之一的除外：

（一）被告应当依职权主动履行法定职责的；

（二）原告因正当理由不能提供证据的。

在行政赔偿、补偿的案件中，原告应当对行政行为造成的损害提供证据。因被告的原因导致原告无法举证的，由被告承担举证责任。

第三十九条 人民法院有权要求当事人提供或者补充证据。

第四十条 人民法院有权向有关行政机关以及其他组织、公民调取证据。但是，不得为证明行政行为的合法性调取被告作出行政行为时未收集的证据。

第四十一条 与本案有关的下列证据，原告或者第三人不能自行收集的，可以申请人民法院调取：

（一）由国家机关保存而须由人民法院调取的证据；

（二）涉及国家秘密、商业秘密和个人隐私的证据；

（三）确因客观原因不能自行收集的其他证据。

第四十二条 在证据可能灭失或者以后难以取得的情况下，诉讼参加人可以向人民法院申请保全证据，人民法院也可以主动采取保全措施。

第四十三条 证据应当在法庭上出示，并由当事人互相质证。对涉及国家秘密、商业秘密和个人隐私的证据，不得在公开开庭时出示。

人民法院应当按照法定程序，全面、客观地审查核实证据。对未采纳的证据应当在裁判文书中说明理由。

以非法手段取得的证据，不得作为认定案件事实的根据。

第六章 起诉和受理

第四十四条 对属于人民法院受案范围的行政案件，公民、法人或者其他组织可以先向行政机关申请复议，对复议决定不服的，再向人民法院提起诉讼；也可以直接向人民法院提起诉讼。

法律、法规规定应当先向行政机关申请复议，对复议决定不服再向人民法院提起诉讼的，依照法律、法规的规定。

第四十五条 公民、法人或者其他组织不服复议决定的，可以在收到复议决定书之日起十五日内向人民法院提起诉讼。复议机关逾期不作决定的，申请人可以在复议期满之日起十五日内向人民法院提起诉讼。法律另有规定的除外。

第四十六条 公民、法人或者其他组织直接向人民法院提起诉讼的，应当自知道或者应当知道作出行政行为之日起六个月内提出。法律另有规定的除外。

因不动产提起诉讼的案件自行政行为作出之日起超过二十年，其他案件自行政行为作出之日起超过五年提起诉讼的，人民法院不予受理。

第四十七条 公民、法人或者其他组织申请行政机关履行保护其人身权、财产权等合法权益的法定职责，行政机关在接到申请之日起两个月内不履行的，公民、法人或者其他组织可以向人民法院提起诉讼。法律、法规对行政机关履行职责的期限另有规定的，从其规定。

公民、法人或者其他组织在紧急情况下请求行政机关履行保护其人身权、财产权等合法权益的法定职责，行政机关不履行的，提起诉讼不受前款规定期限的限制。

第四十八条　公民、法人或者其他组织因不可抗力或者其他不属于其自身的原因耽误起诉期限的，被耽误的时间不计算在起诉期限内。

公民、法人或者其他组织因前款规定以外的其他特殊情况耽误起诉期限的，在障碍消除后十日内，可以申请延长期限，是否准许由人民法院决定。

第四十九条　提起诉讼应当符合下列条件：

（一）原告是符合本法第二十五条规定的公民、法人或者其他组织；

（二）有明确的被告；

（三）有具体的诉讼请求和事实根据；

（四）属于人民法院受案范围和受诉人民法院管辖。

第五十条　起诉应当向人民法院递交起诉状，并按照被告人数提出副本。

书写起诉状确有困难的，可以口头起诉，由人民法院记入笔录，出具注明日期的书面凭证，并告知对方当事人。

第五十一条　人民法院在接到起诉状时对符合本法规定的起诉条件的，应当登记立案。

对当场不能判定是否符合本法规定的起诉条件的，应当接收起诉状，出具注明收到日期的书面凭证，并在七日内决定是否立案。不符合起诉条件的，作出不予立案的裁定。裁定书应当载明不予立案的理由。原告对裁定不服的，可以提起上诉。

起诉状内容欠缺或者有其他错误的，应当给予指导和释明，并一次性告知当事人需要补正的内容。不得未经指导和释明即以起诉不符合条件为由不接收起诉状。

对于不接收起诉状、接收起诉状后不出具书面凭证，以及不一次性告知当事人需要补正的起诉状内容的，当事人可以向上级人民法院投诉，上级人民法院应当责令改正，并对直接负责的主管人员和其他直接责任人员依法给予处分。

第五十二条　人民法院既不立案，又不作出不予立案裁定的，当事人可以向上一级人民法院起诉。上一级人民法院认为符合起诉条件的，应当立案、审理，也可以指定其他下级人民法院立案、审理。

第五十三条　公民、法人或者其他组织认为行政行为所依据的国务院部门和地方人民政府及其部门制定的规范性文件不合法，在对行政行为提起诉讼时，可以一并请求对该规范性文件进行审查。

前款规定的规范性文件不含规章。

第七章　审理和判决

第一节　一般规定

第五十四条　人民法院公开审理行政案件，但涉及国家秘密、个人隐私和法律另有规定的除外。

涉及商业秘密的案件，当事人申请不公开审理的，可以不公开审理。

第五十五条　当事人认为审判人员与本案有利害关系或者有其他关系可能影响公正审判，有权申请审判人员回避。

审判人员认为自己与本案有利害关系或者有其他关系，应当申请回避。

前两款规定，适用于书记员、翻译人员、鉴定人、勘验人。

院长担任审判长时的回避，由审判委员会决定；审判人员的回避，由院长决定；其他人员的回避，由审判长决定。当事人对决定不服的，可以申请复议一次。

第五十六条 诉讼期间，不停止行政行为的执行。但有下列情形之一的，裁定停止执行：

（一）被告认为需要停止执行的；

（二）原告或者利害关系人申请停止执行，人民法院认为该行政行为的执行会造成难以弥补的损失，并且停止执行不损害国家利益、社会公共利益的；

（三）人民法院认为该行政行为的执行会给国家利益、社会公共利益造成重大损害的；

（四）法律、法规规定停止执行的。

当事人对停止执行或者不停止执行的裁定不服的，可以申请复议一次。

第五十七条 人民法院对起诉行政机关没有依法支付抚恤金、最低生活保障金和工伤、医疗社会保险金的案件，权利义务关系明确、不先予执行将严重影响原告生活的，可以根据原告的申请，裁定先予执行。

当事人对先予执行裁定不服的，可以申请复议一次。复议期间不停止裁定的执行。

第五十八条 经人民法院传票传唤，原告无正当理由拒不到庭，或者未经法庭许可中途退庭的，可以按照撤诉处理；被告无正当理由拒不到庭，或者未经法庭许可中途退庭的，可以缺席判决。

第五十九条 诉讼参与人或者其他人有下列行为之一的，人民法院可以根据情节轻重，予以训诫、责令具结悔过或者处一万元以下的罚款、十五日以下的拘留；构成犯罪的，依法追究刑事责任：

（一）有义务协助调查、执行的人，对人民法院的协助调查决定、协助执行通知书，无故推拖、拒绝或者妨碍调查、执行的；

（二）伪造、隐藏、毁灭证据或者提供虚假证明材料，妨碍人民法院审理案件的；

（三）指使、贿买、胁迫他人伪证或者威胁、阻止证人作证的；

（四）隐藏、转移、变卖、毁损已被查封、扣押、冻结的财产的；

（五）以欺骗、胁迫等非法手段使原告撤诉的；

（六）以暴力、威胁或者其他方法阻碍人民法院工作人员执行职务，或者以哄闹、冲击法庭等方法扰乱人民法院工作秩序的；

（七）对人民法院审判人员或者其他工作人员、诉讼参与人、协助调查和执行的人员恐吓、侮辱、诽谤、诬陷、殴打、围攻或者打击报复的。

人民法院对有前款规定的行为之一的单位，可以对其主要负责人或者直接责任人员依照前款规定予以罚款、拘留；构成犯罪的，依法追究刑事责任。

罚款、拘留须经人民法院院长批准。当事人不服的，可以向上一级人民法院申请复议一次。复议期间不停止执行。

第六十条 人民法院审理行政案件，不适用调解。但是，行政赔偿、补偿以及行政机关行使法律、法规规定的自由裁量权的案件可以调解。

调解应当遵循自愿、合法原则，不得损害国家利益、社会公共利益和他人合法权益。

第六十一条 在涉及行政许可、登记、征收、征用和行政机关对民事争议所作的裁决的行政诉讼中，当事人申请一并解决相关民事争议的，人民法院可以一并审理。

在行政诉讼中，人民法院认为行政案件的审理需以民事诉讼的裁判为依据的，可以裁定中止行政诉讼。

第六十二条 人民法院对行政案件宣告判决或者裁定前，原告申请撤诉的，或者被告改变其所作的行政行为，原告同意并申请撤诉的，是否准许，由人民法院裁定。

第六十三条 人民法院审理行政案件，以法律和行政法规、地方性法规为依据。地方性法规适用于本行政区域内发生的行政案件。

人民法院审理民族自治地方的行政案件，并以该民族自治地方的自治条例和单行条例为依据。

人民法院审理行政案件，参照规章。

第六十四条 人民法院在审理行政案件中，经审查认为本法第五十三条规定的规范性文件不合法的，不作为认定行政行为合法的依据，并向制定机关提出处理建议。

第六十五条 人民法院应当公开发生法律效力的判决书、裁定书，供公众查阅，但涉及国家秘密、商业秘密和个人隐私的内容除外。

第六十六条 人民法院在审理行政案件中，认为行政机关的主管人员、直接责任人员违法违纪的，应当将有关材料移送监察机关、该行政机关或者其上一级行政机关；认为有犯罪行为的，应当将有关材料移送公安、检察机关。

人民法院对被告经传票传唤无正当理由拒不到庭，或者未经法庭许可中途退庭的，可以将被告拒不到庭或者中途退庭的情况予以公告，并可以向监察机关或者被告的上一级行政机关提出依法给予其主要负责人或者直接责任人员处分的司法建议。

第二节 第一审普通程序

第六十七条 人民法院应当在立案之日起五日内，将起诉状副本发送被告。被告应当在收到起诉状副本之日起十五日内向人民法院提交作出行政行为的证据和所依据的规范性文件，并提出答辩状。人民法院应当在收到答辩状之日起五日内，将答辩状副本发送原告。

被告不提出答辩状的，不影响人民法院审理。

第六十八条 人民法院审理行政案件，由审判员组成合议庭，或者由审判员、陪审员组成合议庭。合议庭的成员，应当是三人以上的单数。

第六十九条 行政行为证据确凿，适用法律、法规正确，符合法定程序的，或者原告申请被告履行法定职责或者给付义务理由不成立的，人民法院判决驳回原告的诉讼请求。

第七十条 行政行为有下列情形之一的，人民法院判决撤销或者部分撤销，并可以判决被告重新作出行政行为：

（一）主要证据不足的；

（二）适用法律、法规错误的；

（三）违反法定程序的；

（四）超越职权的；

（五）滥用职权的；

（六）明显不当的。

第七十一条 人民法院判决被告重新作出行政行为的，被告不得以同一的事实和理由作出与原行政行为基本相同的行政行为。

第七十二条 人民法院经过审理，查明被告不履行法定职责的，判决被告在一定期限内履行。

第七十三条 人民法院经过审理，查明被告依法负有给付义务的，判决被告履行给付义务。

第七十四条 行政行为有下列情形之一的，人民法院判决确认违法，但不撤销行政行为：

（一）行政行为依法应当撤销，但撤销会给国家利益、社会公共利益造成重大损害的；

（二）行政行为程序轻微违法，但对原告权利不产生实际影响的。

行政行为有下列情形之一，不需要撤销或者判决履行的，人民法院判决确认违法：

（一）行政行为违法，但不具有可撤销内容的；

（二）被告改变原违法行政行为，原告仍要求确认原行政行为违法的；

（三）被告不履行或者拖延履行法定职责，判决履行没有意义的。

第七十五条 行政行为有实施主体不具有行政主体资格或者没有依据等重大且明显违法情形，原告申请确认行政行为无效的，人民法院判决确认无效。

第七十六条 人民法院判决确认违法或者无效的，可以同时判决责令被告采取补救措施；给原告造成损失的，依法判决被告承担赔偿责任。

第七十七条 行政处罚明显不当，或者其他行政行为涉及对款额的确定、认定确有错误的，人民法院可以判决变更。

人民法院判决变更，不得加重原告的义务或者减损原告的权益。但利害关系人同为原告，且诉讼请求相反的除外。

第七十八条 被告不依法履行、未按照约定履行或者违法变更、解除本法第十二条第一款第十一项规定的协议的，人民法院判决被告承担继续履行、采取补救措施或者赔偿损失等责任。

被告变更、解除本法第十二条第一款第十一项规定的协议合法，但未依法给予补偿的，人民法院判决给予补偿。

第七十九条 复议机关与作出原行政行为的行政机关为共同被告的案件，人民法院应当对复议决定和原行政行为一并作出裁判。

第八十条 人民法院对公开审理和不公开审理的案件，一律公开宣告判决。

当庭宣判的，应当在十日内发送判决书；定期宣判的，宣判后立即发给判决书。

宣告判决时，必须告知当事人上诉权利、上诉期限和上诉的人民法院。

第八十一条 人民法院应当在立案之日起六个月内作出第一审判决。有特殊情况需要延长的，由高级人民法院批准，高级人民法院审理第一审案件需要延长的，由最高人民法院批准。

第三节　简易程序

第八十二条 人民法院审理下列第一审行政案件，认为事实清楚、权利义务关系明确、争议不大的，可以适用简易程序：

（一）被诉行政行为是依法当场作出的；

（二）案件涉及款额二千元以下的；

（三）属于政府信息公开案件的。

除前款规定以外的第一审行政案件，当事人各方同意适用简易程序的，可以适用简易程序。

发回重审、按照审判监督程序再审的案件不适用简易程序。

第八十三条 适用简易程序审理的行政案件，由审判员一人独任审理，并应当在立案之日起四十五日内审结。

第八十四条 人民法院在审理过程中，发现案件不宜适用简易程序的，裁定转为普通程序。

第四节　第二审程序

第八十五条 当事人不服人民法院第一审判决的，有权在判决书送达之日起十五日内向上一级人民法院提起上诉。当事人不服人民法院第一审裁定的，有权在裁定书送达之日起十日内向上一级人民法院提起上诉。逾期不提起上诉的，人民法院的第一审判决或者裁定发生法律效力。

第八十六条　人民法院对上诉案件，应当组成合议庭，开庭审理。经过阅卷、调查和询问当事人，对没有提出新的事实、证据或者理由，合议庭认为不需要开庭审理的，也可以不开庭审理。

第八十七条　人民法院审理上诉案件，应当对原审人民法院的判决、裁定和被诉行政行为进行全面审查。

第八十八条　人民法院审理上诉案件，应当在收到上诉状之日起三个月内作出终审判决。有特殊情况需要延长的，由高级人民法院批准，高级人民法院审理上诉案件需要延长的，由最高人民法院批准。

第八十九条　人民法院审理上诉案件，按照下列情形，分别处理：

（一）原判决、裁定认定事实清楚，适用法律、法规正确的，判决或者裁定驳回上诉，维持原判决、裁定；

（二）原判决、裁定认定事实错误或者适用法律、法规错误的，依法改判、撤销或者变更；

（三）原判决认定基本事实不清、证据不足的，发回原审人民法院重审，或者查清事实后改判；

（四）原判决遗漏当事人或者违法缺席判决等严重违反法定程序的，裁定撤销原判决，发回原审人民法院重审。

原审人民法院对发回重审的案件作出判决后，当事人提起上诉的，第二审人民法院不得再次发回重审。

人民法院审理上诉案件，需要改变原审判决的，应当同时对被诉行政行为作出判决。

第五节　审判监督程序

第九十条　当事人对已经发生法律效力的判决、裁定，认为确有错误的，可以向上一级人民法院申请再审，但判决、裁定不停止执行。

第九十一条　当事人的申请符合下列情形之一的，人民法院应当再审：

（一）不予立案或者驳回起诉确有错误的；

（二）有新的证据，足以推翻原判决、裁定的；

（三）原判决、裁定认定事实的主要证据不足、未经质证或者系伪造的；

（四）原判决、裁定适用法律、法规确有错误的；

（五）违反法律规定的诉讼程序，可能影响公正审判的；

（六）原判决、裁定遗漏诉讼请求的；

（七）据以作出原判决、裁定的法律文书被撤销或者变更的；

（八）审判人员在审理该案件时有贪污受贿、徇私舞弊、枉法裁判行为的。

第九十二条　各级人民法院院长对本院已经发生法律效力的判决、裁定，发现有本法第九十一条规定情形之一，或者发现调解违反自愿原则或者调解书内容违法，认为需要再审的，应当提交审判委员会讨论决定。

最高人民法院对地方各级人民法院已经发生法律效力的判决、裁定，上级人民法院对下级人民法院已经发生法律效力的判决、裁定，发现有本法第九十一条规定情形之一，或者发现调解违反自愿原则或者调解书内容违法的，有权提审或者指令下级人民法院再审。

第九十三条　最高人民检察院对各级人民法院已经发生法律效力的判决、裁定，上级人民检察院对下级人民法院已经发生法律效力的判决、裁定，发现有本法第九十一条规定情形之一，或者发现调解书损害国家利益、社会公共利益的，应当提出抗诉。

地方各级人民检察院对同级人民法院已经发生法律效力的判决、裁定，发现有本法第九十一条规定情形之一，或者发现调解书损害国家利益、社会公共利益的，可以向同级人民法院提出检察建议，并报上级人民检察院备案；也可以提请上级人民检察院向同级人民法院提出抗诉。

各级人民检察院对审判监督程序以外的其他审判程序中审判人员的违法行为，有权向同级人民法院提出检察建议。

第八章　执　　行

第九十四条　当事人必须履行人民法院发生法律效力的判决、裁定、调解书。

第九十五条　公民、法人或者其他组织拒绝履行判决、裁定、调解书的，行政机关或者第三人可以向第一审人民法院申请强制执行，或者由行政机关依法强制执行。

第九十六条　行政机关拒绝履行判决、裁定、调解书的，第一审人民法院可以采取下列措施：

（一）对应当归还的罚款或者应当给付的款额，通知银行从该行政机关的账户内划拨；

（二）在规定期限内不履行的，从期满之日起，对该行政机关负责人按日处五十元至一百元的罚款；

（三）将行政机关拒绝履行的情况予以公告；

（四）向监察机关或者该行政机关的上一级行政机关提出司法建议。接受司法建议的机关，根据有关规定进行处理，并将处理情况告知人民法院；

（五）拒不履行判决、裁定、调解书，社会影响恶劣的，可以对该行政机关直接负责的主管人员和其他直接责任人员予以拘留；情节严重，构成犯罪的，依法追究刑事责任。

第九十七条　公民、法人或者其他组织对行政行为在法定期限内不提起诉讼又不履行的，行政机关可以申请人民法院强制执行，或者依法强制执行。

第九章　涉外行政诉讼

第九十八条　外国人、无国籍人、外国组织在中华人民共和国进行行政诉讼，适用本法。法律另有规定的除外。

第九十九条　外国人、无国籍人、外国组织在中华人民共和国进行行政诉讼，同中华人民共和国公民、组织有同等的诉讼权利和义务。

外国法院对中华人民共和国公民、组织的行政诉讼权利加以限制，人民法院对该国公民、组织的行政诉讼权利，实行对等原则。

第一百条　外国人、无国籍人、外国组织在中华人民共和国进行行政诉讼，委托律师代理诉讼的，应当委托中华人民共和国律师机构的律师。

第十章　附　　则

第一百零一条　人民法院审理行政案件，关于期间、送达、财产保全、开庭审理、调解、中止诉讼、终结诉讼、简易程序、执行等，以及人民检察院对行政案件受理、审理、裁判、执行的监督，本法没有规定的，适用《中华人民共和国民事诉讼法》的相关规定。

第一百零二条　人民法院审理行政案件，应当收取诉讼费用。诉讼费用由败诉方承担，双方都有责任的由双方分担。收取诉讼费用的具体办法另行规定。

第一百零三条　本法自 1990 年 10 月 1 日起施行。

最高人民法院关于适用《中华人民共和国行政诉讼法》的解释

（2017 年 11 月 13 日最高人民法院审判委员会第 1726 次会议通过）

为正确适用《中华人民共和国行政诉讼法》（以下简称行政诉讼法），结合人民法院行政审判工作实际，制定本解释。

一、受案范围

第一条　公民、法人或者其他组织对行政机关及其工作人员的行政行为不服，依法提起诉讼的，属于人民法院行政诉讼的受案范围。

下列行为不属于人民法院行政诉讼的受案范围：

（一）公安、国家安全等机关依照刑事诉讼法的明确授权实施的行为；

（二）调解行为以及法律规定的仲裁行为；

（三）行政指导行为；

（四）驳回当事人对行政行为提起申诉的重复处理行为；

（五）行政机关作出的不产生外部法律效力的行为；

（六）行政机关为作出行政行为而实施的准备、论证、研究、层报、咨询等过程性行为；

（七）行政机关根据人民法院的生效裁判、协助执行通知书作出的执行行为，但行政机关扩大执行范围或者采取违法方式实施的除外；

（八）上级行政机关基于内部层级监督关系对下级行政机关作出的听取报告、执法检查、督促履责等行为；

（九）行政机关针对信访事项作出的登记、受理、交办、转送、复查、复核意见等行为；

（十）对公民、法人或者其他组织权利义务不产生实际影响的行为。

第二条　行政诉讼法第十三条第一项规定的"国家行为"，是指国务院、中央军事委员会、国防部、外交部等根据宪法和法律的授权，以国家的名义实施的有关国防和外交事务的行为，以及经宪法和法律授权的国家机关宣布紧急状态等行为。

行政诉讼法第十三条第二项规定的"具有普遍约束力的决定、命令"，是指行政机关针对不特定对象发布的能反复适用的规范性文件。

行政诉讼法第十三条第三项规定的"对行政机关工作人员的奖惩、任免等决定"，是指行政机关作出的涉及行政机关工作人员公务员权利义务的决定。

行政诉讼法第十三条第四项规定的"法律规定由行政机关最终裁决的行政行为"中的"法律"，是指全国人民代表大会及其常务委员会制定、通过的规范性文件。

二、管辖

第三条　各级人民法院行政审判庭审理行政案件和审查行政机关申请执行其行政行为的案件。

专门人民法院、人民法庭不审理行政案件，也不审查和执行行政机关申请执行其行政行为的案件。铁路运输法院等专门人民法院审理行政案件，应当执行行政诉讼法第十八条第二款的规定。

第四条　立案后，受诉人民法院的管辖权不受当事人住所地改变、追加被告等事实和法律状态变更的影响。

第五条　有下列情形之一的，属于行政诉讼法第十五条第三项规定的"本辖区内重大、复杂的案件"：

（一）社会影响重大的共同诉讼案件；

（二）涉外或者涉及香港特别行政区、澳门特别行政区、台湾地区的案件；

（三）其他重大、复杂案件。

第六条　当事人以案件重大复杂为由，认为有管辖权的基层人民法院不宜行使管辖权或者根据行政诉讼法第五十二条的规定，向中级人民法院起诉，中级人民法院应当根据不同情况在七日内分别作出以下处理：

（一）决定自行审理；

（二）指定本辖区其他基层人民法院管辖；

（三）书面告知当事人向有管辖权的基层人民法院起诉。

第七条　基层人民法院对其管辖的第一审行政案件，认为需要由中级人民法院审理或者指定管辖的，可以报请中级人民法院决定。中级人民法院应当根据不同情况在七日内分别作出以下处理：

（一）决定自行审理；

（二）指定本辖区其他基层人民法院管辖；

（三）决定由报请的人民法院审理。

第八条　行政诉讼法第十九条规定的"原告所在地"，包括原告的户籍所在地、经常居住地和被限制人身自由地。

对行政机关基于同一事实，既采取限制公民人身自由的行政强制措施，又采取其他行政强制措施或者行政处罚不服的，由被告所在地或者原告所在地的人民法院管辖。

第九条　行政诉讼法第二十条规定的"因不动产提起的行政诉讼"是指因行政行为导致不动产物权变动而提起的诉讼。

不动产已登记的，以不动产登记簿记载的所在地为不动产所在地；不动产未登记的，以不动产实际所在地为不动产所在地。

第十条　人民法院受理案件后，被告提出管辖异议的，应当在收到起诉状副本之日起十五日内提出。

对当事人提出的管辖异议，人民法院应当进行审查。异议成立的，裁定将案件移送有管辖权的人民法院；异议不成立的，裁定驳回。

人民法院对管辖异议审查后确定有管辖权的，不因当事人增加或者变更诉讼请求等改变管辖，但违反级别管辖、专属管辖规定的除外。

第十一条　有下列情形之一的，人民法院不予审查：

（一）人民法院发回重审或者按第一审程序再审的案件，当事人提出管辖异议的；

（二）当事人在第一审程序中未按照法律规定的期限和形式提出管辖异议，在第二审程序中提出的。

三、诉讼参加人

第十二条　有下列情形之一的，属于行政诉讼法第二十五条第一款规定的"与行政行为有利害关系"：

（一）被诉的行政行为涉及其相邻权或者公平竞争权的；

（二）在行政复议等行政程序中被追加为第三人的；

（三）要求行政机关依法追究加害人法律责任的；

（四）撤销或者变更行政行为涉及其合法权益的；

（五）为维护自身合法权益向行政机关投诉，具有处理投诉职责的行政机关作出或者未作出处理的；

（六）其他与行政行为有利害关系的情形。

第十三条　债权人以行政机关对债务人所作的行政行为损害债权实现为由提起行政诉讼的，人民法院应当告知其就民事争议提起民事诉讼，但行政机关作出行政行为时依法应予保护或者应予考虑的除外。

第十四条　行政诉讼法第二十五条第二款规定的"近亲属"，包括配偶、父母、子女、兄弟姐妹、祖父母、外祖父母、孙子女、外孙子女和其他具有扶养、赡养关系的亲属。

公民因被限制人身自由而不能提起诉讼的，其近亲属可以依其口头或者书面委托以该公民的名义提起诉讼。近亲属起诉时无法与被限制人身自由的公民取得联系，近亲属可以先行起诉，并在诉讼中补充提交委托证明。

第十五条　合伙企业向人民法院提起诉讼的，应当以核准登记的字号为原告。未依法登记领取营业执照的个人合伙的全体合伙人为共同原告；全体合伙人可以推选代表人，被推选的代表人，应当由全体合伙人出具推选书。

个体工商户向人民法院提起诉讼的，以营业执照上登记的经营者为原告。有字号的，以营业执照上登记的字号为原告，并应当注明该字号经营者的基本信息。

第十六条　股份制企业的股东大会、股东会、董事会等认为行政机关作出的行政行为侵犯企业经营自主权的，可以企业名义提起诉讼。

联营企业、中外合资或者合作企业的联营、合资、合作各方，认为联营、合资、合作企业权益或者自己一方合法权益受行政行为侵害的，可以自己的名义提起诉讼。

非国有企业被行政机关注销、撤销、合并、强令兼并、出售、分立或者改变企业隶属关系的，该企业或者其法定代表人可以提起诉讼。

第十七条　事业单位、社会团体、基金会、社会服务机构等非营利法人的出资人、设立人认为行政行为损害法人合法权益的，可以自己的名义提起诉讼。

第十八条　业主委员会对于行政机关作出的涉及业主共有利益的行政行为，可以自己的名义提起诉讼。

业主委员会不起诉的，专有部分占建筑物总面积过半数或者占总户数过半数的业主可以提起诉讼。

第十九条　当事人不服经上级行政机关批准的行政行为，向人民法院提起诉讼的，以在对外发生法律效力的文书上署名的机关为被告。

第二十条　行政机关组建并赋予行政管理职能但不具有独立承担法律责任能力的机构，以自己的名义作出行政行为，当事人不服提起诉讼的，应当以组建该机构的行政机关为被告。

法律、法规或者规章授权行使行政职权的行政机关内设机构、派出机构或者其他组织，超出法定授权范围实施行政行为，当事人不服提起诉讼的，应当以实施该行为的机构或者组织为被告。

没有法律、法规或者规章规定，行政机关授权其内设机构、派出机构或者其他组织行使行政职权的，属于行政诉讼法第二十六条规定的委托。当事人不服提起诉讼的，应当以该行政机关为被告。

第二十一条 当事人对由国务院、省级人民政府批准设立的开发区管理机构作出的行政行为不服提起诉讼的，以该开发区管理机构为被告；对由国务院、省级人民政府批准设立的开发区管理机构所属职能部门作出的行政行为不服提起诉讼的，以其职能部门为被告；对其他开发区管理机构所属职能部门作出的行政行为不服提起诉讼的，以开发区管理机构为被告；开发区管理机构没有行政主体资格的，以设立该机构的地方人民政府为被告。

第二十二条 行政诉讼法第二十六条第二款规定的"复议机关改变原行政行为"，是指复议机关改变原行政行为的处理结果。复议机关改变原行政行为所认定的主要事实和证据、改变原行政行为所适用的规范依据，但未改变原行政行为处理结果的，视为复议机关维持原行政行为。

复议机关确认原行政行为无效，属于改变原行政行为。

复议机关确认原行政行为违法，属于改变原行政行为，但复议机关以违反法定程序为由确认原行政行为违法的除外。

第二十三条 行政机关被撤销或者职权变更，没有继续行使其职权的行政机关的，以其所属的人民政府为被告；实行垂直领导的，以垂直领导的上一级行政机关为被告。

第二十四条 当事人对村民委员会或者居民委员会依据法律、法规、规章的授权履行行政管理职责的行为不服提起诉讼的，以村民委员会或者居民委员会为被告。

当事人对村民委员会、居民委员会受行政机关委托作出的行为不服提起诉讼的，以委托的行政机关为被告。

当事人对高等学校等事业单位以及律师协会、注册会计师协会等行业协会依据法律、法规、规章的授权实施的行政行为不服提起诉讼的，以该事业单位、行业协会为被告。

当事人对高等学校等事业单位以及律师协会、注册会计师协会等行业协会受行政机关委托作出的行为不服提起诉讼的，以委托的行政机关为被告。

第二十五条 市、县级人民政府确定的房屋征收部门组织实施房屋征收与补偿工作过程中作出行政行为，被征收人不服提起诉讼的，以房屋征收部门为被告。

征收实施单位受房屋征收部门委托，在委托范围内从事的行为，被征收人不服提起诉讼的，应当以房屋征收部门为被告。

第二十六条 原告所起诉的被告不适格，人民法院应当告知原告变更被告；原告不同意变更的，裁定驳回起诉。

应当追加被告而原告不同意追加的，人民法院应当通知其以第三人的身份参加诉讼，但行政复议机关作共同被告的除外。

第二十七条 必须共同进行诉讼的当事人没有参加诉讼的，人民法院应当依法通知其参加；当事人也可以向人民法院申请参加。

人民法院应当对当事人提出的申请进行审查，申请理由不成立的，裁定驳回；申请理由成立的，书面通知其参加诉讼。

前款所称的必须共同进行诉讼，是指按照行政诉讼法第二十七条的规定，当事人一方或者双方为两人以上，因同一行政行为发生行政争议，人民法院必须合并审理的诉讼。

第二十八条 人民法院追加共同诉讼的当事人时，应当通知其他当事人。应当追加的原告，已明确表示放弃实体权利的，可不予追加；既不愿意参加诉讼，又不放弃实体权利的，应追加为第三人，其不参加诉讼，不能阻碍人民法院对案件的审理和裁判。

第二十九条　行政诉讼法第二十八条规定的"人数众多"，一般指十人以上。

根据行政诉讼法第二十八条的规定，当事人一方人数众多的，由当事人推选代表人。当事人推选不出的，可以由人民法院在起诉的当事人中指定代表人。

行政诉讼法第二十八条规定的代表人为二至五人。代表人可以委托一至二人作为诉讼代理人。

第三十条　行政机关的同一行政行为涉及两个以上利害关系人，其中一部分利害关系人对行政行为不服提起诉讼，人民法院应当通知没有起诉的其他利害关系人作为第三人参加诉讼。

与行政案件处理结果有利害关系的第三人，可以申请参加诉讼，或者由人民法院通知其参加诉讼。人民法院判决其承担义务或者减损其权益的第三人，有权提出上诉或者申请再审。

行政诉讼法第二十九条规定的第三人，因不能归责于本人的事由未参加诉讼，但有证据证明发生法律效力的判决、裁定、调解书损害其合法权益的，可以依照行政诉讼法第九十条的规定，自知道或者应当知道其合法权益受到损害之日起六个月内，向上一级人民法院申请再审。

第三十一条　当事人委托诉讼代理人，应当向人民法院提交由委托人签名或者盖章的授权委托书。委托书应当载明委托事项和具体权限。公民在特殊情况下无法书面委托的，也可以由他人代书，并由自己捺印等方式确认，人民法院应当核实并记录在卷；被诉行政机关或者其他有义务协助的机关拒绝人民法院向被限制人身自由的公民核实的，视为委托成立。当事人解除或者变更委托的，应当书面报告人民法院。

第三十二条　依照行政诉讼法第三十一条第二款第二项规定，与当事人有合法劳动人事关系的职工，可以当事人工作人员的名义作为诉讼代理人。以当事人的工作人员身份参加诉讼活动，应当提交以下证据之一加以证明：

（一）缴纳社会保险记录凭证；

（二）领取工资凭证；

（三）其他能够证明其为当事人工作人员身份的证据。

第三十三条　根据行政诉讼法第三十一条第二款第三项规定，有关社会团体推荐公民担任诉讼代理人的，应当符合下列条件：

（一）社会团体属于依法登记设立或者依法免予登记设立的非营利性法人组织；

（二）被代理人属于该社会团体的成员，或者当事人一方住所地位于该社会团体的活动地域；

（三）代理事务属于该社会团体章程载明的业务范围；

（四）被推荐的公民是该社会团体的负责人或者与该社会团体有合法劳动人事关系的工作人员。

专利代理人经中华全国专利代理人协会推荐，可以在专利行政案件中担任诉讼代理人。

四、证据

第三十四条　根据行政诉讼法第三十六条第一款的规定，被告申请延期提供证据的，应当在收到起诉状副本之日起十五日内以书面方式向人民法院提出。人民法院准许延期提供的，被告应当在正当事由消除后十五日内提供证据。逾期提供的，视为被诉行政行为没有相应的证据。

第三十五条　原告或者第三人应当在开庭审理前或者人民法院指定的交换证据清单之

日提供证据。因正当事由申请延期提供证据的，经人民法院准许，可以在法庭调查中提供。逾期提供证据的，人民法院应当责令其说明理由；拒不说明理由或者理由不成立的，视为放弃举证权利。

原告或者第三人在第一审程序中无正当事由未提供而在第二审程序中提供的证据，人民法院不予接纳。

第三十六条 当事人申请延长举证期限，应当在举证期限届满前向人民法院提出书面申请。

申请理由成立的，人民法院应当准许，适当延长举证期限，并通知其他当事人。申请理由不成立的，人民法院不予准许，并通知申请人。

第三十七条 根据行政诉讼法第三十九条的规定，对当事人无争议，但涉及国家利益、公共利益或者他人合法权益的事实，人民法院可以责令当事人提供或者补充有关证据。

第三十八条 对于案情比较复杂或者证据数量较多的案件，人民法院可以组织当事人在开庭前向对方出示或者交换证据，并将交换证据清单的情况记录在卷。

当事人在庭前证据交换过程中没有争议并记录在卷的证据，经审判人员在庭审中说明后，可以作为认定案件事实的依据。

第三十九条 当事人申请调查收集证据，但该证据与待证事实无关联、对证明待证事实无意义或者其他无调查收集必要的，人民法院不予准许。

第四十条 人民法院在证人出庭作证前应当告知其如实作证的义务以及作伪证的法律后果。

证人因履行出庭作证义务而支出的交通、住宿、就餐等必要费用以及误工损失，由败诉一方当事人承担。

第四十一条 有下列情形之一，原告或者第三人要求相关行政执法人员出庭说明的，人民法院可以准许：

（一）对现场笔录的合法性或者真实性有异议的；

（二）对扣押财产的品种或者数量有异议的；

（三）对检验的物品取样或者保管有异议的；

（四）对行政执法人员身份的合法性有异议的；

（五）需要出庭说明的其他情形。

第四十二条 能够反映案件真实情况、与待证事实相关联、来源和形式符合法律规定的证据，应当作为认定案件事实的根据。

第四十三条 有下列情形之一的，属于行政诉讼法第四十三条第三款规定的"以非法手段取得的证据"：

（一）严重违反法定程序收集的证据材料；

（二）以违反法律强制性规定的手段获取且侵害他人合法权益的证据材料；

（三）以利诱、欺诈、胁迫、暴力等手段获取的证据材料。

第四十四条 人民法院认为有必要的，可以要求当事人本人或者行政机关执法人员到庭，就案件有关事实接受询问。在询问之前，可以要求其签署保证书。

保证书应当载明据实陈述、如有虚假陈述愿意接受处罚等内容。当事人或者行政机关执法人员应当在保证书上签名或者捺印。

负有举证责任的当事人拒绝到庭、拒绝接受询问或者拒绝签署保证书，待证事实又欠缺其他证据加以佐证的，人民法院对其主张的事实不予认定。

第四十五条　被告有证据证明其在行政程序中依照法定程序要求原告或者第三人提供证据，原告或者第三人依法应当提供而没有提供，在诉讼程序中提供的证据，人民法院一般不予采纳。

第四十六条　原告或者第三人确有证据证明被告持有的证据对原告或者第三人有利的，可以在开庭审理前书面申请人民法院责令行政机关提交。

申请理由成立的，人民法院应当责令行政机关提交，因提交证据所产生的费用，由申请人预付。行政机关无正当理由拒不提交的，人民法院可以推定原告或者第三人基于该证据主张的事实成立。

持有证据的当事人以妨碍对方当事人使用为目的，毁灭有关证据或者实施其他致使证据不能使用行为的，人民法院可以推定对方当事人基于该证据主张的事实成立，并可依照行政诉讼法第五十九条规定处理。

第四十七条　根据行政诉讼法第三十八条第二款的规定，在行政赔偿、补偿案件中，因被告的原因导致原告无法就损害情况举证的，应当由被告就该损害情况承担举证责任。

对于各方主张损失的价值无法认定的，应当由负有举证责任的一方当事人申请鉴定，但法律、法规、规章规定行政机关在作出行政行为时依法应当评估或者鉴定的除外；负有举证责任的当事人拒绝申请鉴定的，由其承担不利的法律后果。

当事人的损失因客观原因无法鉴定的，人民法院应当结合当事人的主张和在案证据，遵循法官职业道德，运用逻辑推理和生活经验、生活常识等，酌情确定赔偿数额。

五、期间、送达

第四十八条　期间包括法定期间和人民法院指定的期间。

期间以时、日、月、年计算。期间开始的时和日，不计算在期间内。

期间届满的最后一日是节假日的，以节假日后的第一日为期间届满的日期。

期间不包括在途时间，诉讼文书在期满前交邮的，视为在期限内发送。

第四十九条　行政诉讼法第五十一条第二款规定的立案期限，因起诉状内容欠缺或者有其他错误通知原告限期补正的，从补正后递交人民法院的次日起算。由上级人民法院转交下级人民法院立案的案件，从受诉人民法院收到起诉状的次日起算。

第五十条　行政诉讼法第八十一条、第八十三条、第八十八条规定的审理期限，是指从立案之日起至裁判宣告、调解书送达之日止的期间，但公告期间、鉴定期间、调解期间、中止诉讼期间、审理当事人提出的管辖异议以及处理人民法院之间的管辖争议期间不应计算在内。

再审案件按照第一审程序或者第二审程序审理的，适用行政诉讼法第八十一条、第八十八条规定的审理期限。审理期限自再审立案的次日起算。

基层人民法院申请延长审理期限，应当直接报请高级人民法院批准，同时报中级人民法院备案。

第五十一条　人民法院可以要求当事人签署送达地址确认书，当事人确认的送达地址为人民法院法律文书的送达地址。

当事人同意电子送达的，应当提供并确认传真号、电子信箱等电子送达地址。

当事人送达地址发生变更的，应当及时书面告知受理案件的人民法院；未及时告知的，人民法院按原地址送达，视为依法送达。

人民法院可以通过国家邮政机构以法院专递方式进行送达。

第五十二条　人民法院可以在当事人住所地以外向当事人直接送达诉讼文书。当事人拒绝签署送达回证的，采用拍照、录像等方式记录送达过程即视为送达。审判人员、书记员应当在送达回证上注明送达情况并签名。

六、起诉与受理

第五十三条 人民法院对符合起诉条件的案件应当立案，依法保障当事人行使诉讼权利。

对当事人依法提起的诉讼，人民法院应当根据行政诉讼法第五十一条的规定接收起诉状。能够判断符合起诉条件的，应当当场登记立案；当场不能判断是否符合起诉条件的，应当在接收起诉状后七日内决定是否立案；七日内仍不能作出判断的，应当先予立案。

第五十四条 依照行政诉讼法第四十九条的规定，公民、法人或者其他组织提起诉讼时应当提交以下起诉材料：

（一）原告的身份证明材料以及有效联系方式；

（二）被诉行政行为或者不作为存在的材料；

（三）原告与被诉行政行为具有利害关系的材料；

（四）人民法院认为需要提交的其他材料。

由法定代理人或者委托代理人代为起诉的，还应当在起诉状中写明或者在口头起诉时向人民法院说明法定代理人或者委托代理人的基本情况，并提交法定代理人或者委托代理人的身份证明和代理权限证明等材料。

第五十五条 依照行政诉讼法第五十一条的规定，人民法院应当就起诉状内容和材料是否完备以及是否符合行政诉讼法规定的起诉条件进行审查。

起诉状内容或者材料欠缺的，人民法院应当给予指导和释明，并一次性全面告知当事人需要补正的内容、补充的材料及期限。在指定期限内补正并符合起诉条件的，应当登记立案。当事人拒绝补正或者经补正仍不符合起诉条件的，退回诉状并记录在册；坚持起诉的，裁定不予立案，并载明不予立案的理由。

第五十六条 法律、法规规定应当先申请复议，公民、法人或者其他组织未申请复议直接提起诉讼的，人民法院裁定不予立案。

依照行政诉讼法第四十五条的规定，复议机关不受理复议申请或者在法定期限内不作出复议决定，公民、法人或者其他组织不服，依法向人民法院提起诉讼的，人民法院应当依法立案。

第五十七条 法律、法规未规定行政复议为提起行政诉讼必经程序，公民、法人或者其他组织既提起诉讼又申请行政复议的，由先立案的机关管辖；同时立案的，由公民、法人或者其他组织选择。公民、法人或者其他组织已经申请行政复议，在法定复议期间内又向人民法院提起诉讼的，人民法院裁定不予立案。

第五十八条 法律、法规未规定行政复议为提起行政诉讼必经程序，公民、法人或者其他组织向复议机关申请行政复议后，又经复议机关同意撤回复议申请，在法定起诉期限内对原行政行为提起诉讼的，人民法院应当依法立案。

第五十九条 公民、法人或者其他组织向复议机关申请行政复议后，复议机关作出维持决定的，应当以复议机关和原行为机关为共同被告，并以复议决定送达时间确定起诉期限。

第六十条 人民法院裁定准许原告撤诉后，原告以同一事实和理由重新起诉的，人民法院不予立案。

准予撤诉的裁定确有错误，原告申请再审的，人民法院应当通过审判监督程序撤销原准予撤诉的裁定，重新对案件进行审理。

第六十一条 原告或者上诉人未按规定的期限预交案件受理费，又不提出缓交、减交、免交申请，或者提出申请未获批准的，按自动撤诉处理。在按撤诉处理后，原告或者上诉人在法定期限内再次起诉或者上诉，并依法解决诉讼费预交问题的，人民法院应予立案。

第六十二条 人民法院判决撤销行政机关的行政行为后，公民、法人或者其他组织对行政机关重新作出的行政行为不服向人民法院起诉的，人民法院应当依法立案。

第六十三条 行政机关作出行政行为时，没有制作或者没有送达法律文书，公民、法人或者其他组织只要能证明行政行为存在，并在法定期限内起诉的，人民法院应当依法立案。

第六十四条 行政机关作出行政行为时，未告知公民、法人或者其他组织起诉期限的，起诉期限从公民、法人或者其他组织知道或者应当知道起诉期限之日起计算，但从知道或者应当知道行政行为内容之日起最长不得超过一年。

复议决定未告知公民、法人或者其他组织起诉期限的，适用前款规定。

第六十五条 公民、法人或者其他组织不知道行政机关作出的行政行为内容的，其起诉期限从知道或者应当知道该行政行为内容之日起计算，但最长不得超过行政诉讼法第四十六条第二款规定的起诉期限。

第六十六条 公民、法人或者其他组织依照行政诉讼法第四十七条第一款的规定，对行政机关不履行法定职责提起诉讼的，应当在行政机关履行法定职责期限届满之日起六个月内提出。

第六十七条 原告提供被告的名称等信息足以使被告与其他行政机关相区别的，可以认定为行政诉讼法第四十九条第二项规定的"有明确的被告"。

起诉状列写被告信息不足以认定明确的被告的，人民法院可以告知原告补正；原告补正后仍不能确定明确的被告的，人民法院裁定不予立案。

第六十八条 行政诉讼法第四十九条第三项规定的"有具体的诉讼请求"是指：

（一）请求判决撤销或者变更行政行为；

（二）请求判决行政机关履行特定法定职责或者给付义务；

（三）请求判决确认行政行为违法；

（四）请求判决确认行政行为无效；

（五）请求判决行政机关予以赔偿或者补偿；

（六）请求解决行政协议争议；

（七）请求一并审查规章以下规范性文件；

（八）请求一并解决相关民事争议；

（九）其他诉讼请求。

当事人单独或者一并提起行政赔偿、补偿诉讼的，应当有具体的赔偿、补偿事项以及数额；请求一并审查规章以下规范性文件的，应当提供明确的文件名称或者审查对象；请求一并解决相关民事争议的，应当有具体的民事诉讼请求。

当事人未能正确表达诉讼请求的，人民法院应当要求其明确诉讼请求。

第六十九条 有下列情形之一，已经立案的，应当裁定驳回起诉：

（一）不符合行政诉讼法第四十九条规定的；

（二）超过法定起诉期限且无行政诉讼法第四十八条规定情形的；

（三）错列被告且拒绝变更的；

（四）未按照法律规定由法定代理人、指定代理人、代表人为诉讼行为的；

（五）未按照法律、法规规定先向行政机关申请复议的；

（六）重复起诉的；

（七）撤回起诉后无正当理由再行起诉的；

（八）行政行为对其合法权益明显不产生实际影响的；

（九）诉讼标的已为生效裁判或者调解书所羁束的；

（十）其他不符合法定起诉条件的情形。

前款所列情形可以补正或者更正的，人民法院应当指定期间责令补正或者更正；在指定期间已经补正或者更正的，应当依法审理。

人民法院经过阅卷、调查或者询问当事人，认为不需要开庭审理的，可以迳行裁定驳回起诉。

第七十条 起诉状副本送达被告后，原告提出新的诉讼请求的，人民法院不予准许，但有正当理由的除外。

七、审理与判决

第七十一条 人民法院适用普通程序审理案件，应当在开庭三日前用传票传唤当事人。对证人、鉴定人、勘验人、翻译人员，应当用通知书通知其到庭。当事人或者其他诉讼参与人在外地的，应当留有必要的在途时间。

第七十二条 有下列情形之一的，可以延期开庭审理：

（一）应当到庭的当事人和其他诉讼参与人有正当理由没有到庭的；

（二）当事人临时提出回避申请且无法及时作出决定的；

（三）需要通知新的证人到庭，调取新的证据，重新鉴定、勘验，或者需要补充调查的；

（四）其他应当延期的情形。

第七十三条 根据行政诉讼法第二十七条的规定，有下列情形之一的，人民法院可以决定合并审理：

（一）两个以上行政机关分别对同一事实作出行政行为，公民、法人或者其他组织不服向同一人民法院起诉的；

（二）行政机关就同一事实对若干公民、法人或者其他组织分别作出行政行为，公民、法人或者其他组织不服分别向同一人民法院起诉的；

（三）在诉讼过程中，被告对原告作出新的行政行为，原告不服向同一人民法院起诉的；

（四）人民法院认为可以合并审理的其他情形。

第七十四条 当事人申请回避，应当说明理由，在案件开始审理时提出；回避事由在案件开始审理后知道的，应当在法庭辩论终结前提出。

被申请回避的人员，在人民法院作出是否回避的决定前，应当暂停参与本案的工作，但案件需要采取紧急措施的除外。

对当事人提出的回避申请，人民法院应当在三日内以口头或者书面形式作出决定。对当事人提出的明显不属于法定回避事由的申请，法庭可以依法当庭驳回。

申请人对驳回回避申请决定不服的，可以向作出决定的人民法院申请复议一次。复议期间，被申请回避的人员不停止参与本案的工作。对申请人的复议申请，人民法院应当在三日内作出复议决定，并通知复议申请人。

第七十五条 在一个审判程序中参与过本案审判工作的审判人员，不得再参与该案其他程序的审判。

发回重审的案件，在一审法院作出裁判后又进入第二审程序的，原第二审程序中合议庭组成人员不受前款规定的限制。

第七十六条 人民法院对于因一方当事人的行为或者其他原因，可能使行政行为或者人民法院生效裁判不能或者难以执行的案件，根据对方当事人的申请，可以裁定对其财产进行保全、责令其作出一定行为或者禁止其作出一定行为；当事人没有提出申请的，人民法院在必要时也可以裁定采取上述保全措施。

人民法院采取保全措施，可以责令申请人提供担保；申请人不提供担保的，裁定驳回申请。

人民法院接受申请后，对情况紧急的，必须在四十八小时内作出裁定；裁定采取保全措施的，应当立即开始执行。

当事人对保全的裁定不服的，可以申请复议；复议期间不停止裁定的执行。

第七十七条 利害关系人因情况紧急，不立即申请保全将会使其合法权益受到难以弥补的损害的，可以在提起诉讼前向被保全财产所在地、被申请人住所地或者对案件有管辖权的人民法院申请采取保全措施。申请人应当提供担保，不提供担保的，裁定驳回申请。

人民法院接受申请后，必须在四十八小时内作出裁定；裁定采取保全措施的，应当立即开始执行。

申请人在人民法院采取保全措施后三十日内不依法提起诉讼的，人民法院应当解除保全。

当事人对保全的裁定不服的，可以申请复议；复议期间不停止裁定的执行。

第七十八条 保全限于请求的范围，或者与本案有关的财物。

财产保全采取查封、扣押、冻结或者法律规定的其他方法。人民法院保全财产后，应当立即通知被保全人。

财产已被查封、冻结的，不得重复查封、冻结。

涉及财产的案件，被申请人提供担保的，人民法院应当裁定解除保全。

申请有错误的，申请人应当赔偿被申请人因保全所遭受的损失。

第七十九条 原告或者上诉人申请撤诉，人民法院裁定不予准许的，原告或者上诉人经传票传唤无正当理由拒不到庭，或者未经法庭许可中途退庭的，人民法院可以缺席判决。

第三人经传票传唤无正当理由拒不到庭，或者未经法庭许可中途退庭的，不发生阻止案件审理的效果。

根据行政诉讼法第五十八条的规定，被告经传票传唤无正当理由拒不到庭，或者未经法庭许可中途退庭的，人民法院可以按期开庭或者继续开庭审理，对到庭的当事人诉讼请求、双方的诉辩理由以及已经提交的证据及其他诉讼材料进行审理后，依法缺席判决。

第八十条 原告或者上诉人在庭审中明确拒绝陈述或者以其他方式拒绝陈述，导致庭审无法进行，经法庭释明法律后果后仍不陈述意见的，视为放弃陈述权利，由其承担不利的法律后果。

当事人申请撤诉或者依法可以按撤诉处理的案件，当事人有违反法律的行为需要依法处理的，人民法院可以不准许撤诉或者不按撤诉处理。

法庭辩论终结后原告申请撤诉，人民法院可以准许，但涉及到国家利益和社会公共利益的除外。

第八十一条 被告在一审期间改变被诉行政行为的，应当书面告知人民法院。

原告或者第三人对改变后的行政行为不服提起诉讼的，人民法院应当就改变后的行政行为进行审理。

被告改变原违法行政行为，原告仍要求确认原行政行为违法的，人民法院应当依法作出确认判决。

原告起诉被告不作为，在诉讼中被告作出行政行为，原告不撤诉的，人民法院应当就不作为依法作出确认判决。

第八十二条 当事人之间恶意串通，企图通过诉讼等方式侵害国家利益、社会公共利益或者他人合法权益的，人民法院应当裁定驳回起诉或者判决驳回其请求，并根据情节轻重予以罚款、拘留；构成犯罪的，依法追究刑事责任。

第八十三条 行政诉讼法第五十九条规定的罚款、拘留可以单独适用，也可以合并适用。

对同一妨害行政诉讼行为的罚款、拘留不得连续适用。发生新的妨害行政诉讼行为的，人民法院可以重新予以罚款、拘留。

第八十四条 人民法院审理行政诉讼法第六十条第一款规定的行政案件，认为法律关系明确、事实清楚，在征得当事人双方同意后，可以进行调解。

第八十五条 调解达成协议，人民法院应当制作调解书。调解书应当写明诉讼请求、案件的事实和调解结果。

调解书由审判人员、书记员署名，加盖人民法院印章，送达双方当事人。

调解书经双方当事人签收后，即具有法律效力。调解书生效日期根据最后收到调解书的当事人签收的日期确定。

第八十六条 人民法院审理行政案件，调解过程不公开，但当事人同意公开的除外。

经人民法院准许，第三人可以参加调解。人民法院认为有必要的，可以通知第三人参加调解。

调解协议内容不公开，但为保护国家利益、社会公共利益、他人合法权益，人民法院认为确有必要公开的除外。

当事人一方或者双方不愿调解、调解未达成协议的，人民法院应当及时判决。

当事人自行和解或者调解达成协议后，请求人民法院按照和解协议或者调解协议的内容制作判决书的，人民法院不予准许。

第八十七条 在诉讼过程中，有下列情形之一的，中止诉讼：

（一）原告死亡，须等待其近亲属表明是否参加诉讼的；

（二）原告丧失诉讼行为能力，尚未确定法定代理人的；

（三）作为一方当事人的行政机关、法人或者其他组织终止，尚未确定权利义务承受人的；

（四）一方当事人因不可抗力的事由不能参加诉讼的；

（五）案件涉及法律适用问题，需要送请有权机关作出解释或者确认的；

（六）案件的审判须以相关民事、刑事或者其他行政案件的审理结果为依据，而相关案件尚未审结的；

（七）其他应当中止诉讼的情形。

中止诉讼的原因消除后，恢复诉讼。

第八十八条 在诉讼过程中，有下列情形之一的，终结诉讼：

（一）原告死亡，没有近亲属或者近亲属放弃诉讼权利的；

（二）作为原告的法人或者其他组织终止后，其权利义务的承受人放弃诉讼权利的。

因本解释第八十七条第一款第一、二、三项原因中止诉讼满九十日仍无人继续诉讼的，裁定终结诉讼，但有特殊情况的除外。

第八十九条　复议决定改变原行政行为错误，人民法院判决撤销复议决定时，可以一并责令复议机关重新作出复议决定或者判决恢复原行政行为的法律效力。

第九十条　人民法院判决被告重新作出行政行为，被告重新作出的行政行为与原行政行为的结果相同，但主要事实或者主要理由有改变的，不属于行政诉讼法第七十一条规定的情形。

人民法院以违反法定程序为由，判决撤销被诉行政行为的，行政机关重新作出行政行为不受行政诉讼法第七十一条规定的限制。

行政机关以同一事实和理由重新作出与原行政行为基本相同的行政行为，人民法院应当根据行政诉讼法第七十条、第七十一条的规定判决撤销或者部分撤销，并根据行政诉讼法第九十六条的规定处理。

第九十一条　原告请求被告履行法定职责的理由成立，被告违法拒绝履行或者无正当理由逾期不予答复的，人民法院可以根据行政诉讼法第七十二条的规定，判决被告在一定期限内依法履行原告请求的法定职责；尚需被告调查或者裁量的，应当判决被告针对原告的请求重新作出处理。

第九十二条　原告申请被告依法履行支付抚恤金、最低生活保障待遇或者社会保险待遇等给付义务的理由成立，被告依法负有给付义务而拒绝或者拖延履行义务的，人民法院可以根据行政诉讼法第七十三条的规定，判决被告在一定期限内履行相应的给付义务。

第九十三条　原告请求被告履行法定职责或者依法履行支付抚恤金、最低生活保障待遇或者社会保险待遇等给付义务，原告未先向行政机关提出申请的，人民法院裁定驳回起诉。

人民法院经审理认为原告所请求履行的法定职责或者给付义务明显不属于行政机关权限范围的，可以裁定驳回起诉。

第九十四条　公民、法人或者其他组织起诉请求撤销行政行为，人民法院经审查认为行政行为无效的，应当作出确认无效的判决。

公民、法人或者其他组织起诉请求确认行政行为无效，人民法院审查认为行政行为不属于无效情形，经释明，原告请求撤销行政行为的，应当继续审理并依法作出相应判决；原告请求撤销行政行为但超过法定起诉期限的，裁定驳回起诉；原告拒绝变更诉讼请求的，判决驳回其诉讼请求。

第九十五条　人民法院经审理认为被诉行政行为违法或者无效，可能给原告造成损失，经释明，原告请求一并解决行政赔偿争议的，人民法院可以就赔偿事项进行调解；调解不成的，应当一并判决。人民法院也可以告知其就赔偿事项另行提起诉讼。

第九十六条　有下列情形之一，且对原告依法享有的听证、陈述、申辩等重要程序性权利不产生实质损害的，属于行政诉讼法第七十四条第一款第二项规定的"程序轻微违法"：

（一）处理期限轻微违法；

（二）通知、送达等程序轻微违法；

（三）其他程序轻微违法的情形。

第九十七条　原告或者第三人的损失系由其自身过错和行政机关的违法行政行为共同造成的，人民法院应当依据各方行为与损害结果之间有无因果关系以及在损害发生和结果中作用力的大小，确定行政机关相应的赔偿责任。

第九十八条 因行政机关不履行、拖延履行法定职责，致使公民、法人或者其他组织的合法权益遭受损害的，人民法院应当判决行政机关承担行政赔偿责任。在确定赔偿数额时，应当考虑该不履行、拖延履行法定职责的行为在损害发生过程和结果中所起的作用等因素。

第九十九条 有下列情形之一的，属于行政诉讼法第七十五条规定的"重大且明显违法"：

（一）行政行为实施主体不具有行政主体资格；

（二）减损权利或者增加义务的行政行为没有法律规范依据；

（三）行政行为的内容客观上不可能实施；

（四）其他重大且明显违法的情形。

第一百条 人民法院审理行政案件，适用最高人民法院司法解释的，应当在裁判文书中援引。

人民法院审理行政案件，可以在裁判文书中引用合法有效的规章及其他规范性文件。

第一百零一条 裁定适用于下列范围：

（一）不予立案；

（二）驳回起诉；

（三）管辖异议；

（四）终结诉讼；

（五）中止诉讼；

（六）移送或者指定管辖；

（七）诉讼期间停止行政行为的执行或者驳回停止执行的申请；

（八）财产保全；

（九）先予执行；

（十）准许或者不准许撤诉；

（十一）补正裁判文书中的笔误；

（十二）中止或者终结执行；

（十三）提审、指令再审或者发回重审；

（十四）准许或者不准许执行行政机关的行政行为；

（十五）其他需要裁定的事项。

对第一、二、三项裁定，当事人可以上诉。

裁定书应当写明裁定结果和作出该裁定的理由。裁定书由审判人员、书记员署名，加盖人民法院印章。口头裁定的，记入笔录。

第一百零二条 行政诉讼法第八十二条规定的行政案件中的"事实清楚"，是指当事人对争议的事实陈述基本一致，并能提供相应的证据，无须人民法院调查收集证据即可查明事实；"权利义务关系明确"，是指行政法律关系中权利和义务能够明确区分；"争议不大"，是指当事人对行政行为的合法性、责任承担等没有实质分歧。

第一百零三条 适用简易程序审理的行政案件，人民法院可以用口头通知、电话、短信、传真、电子邮件等简便方式传唤当事人、通知证人、送达裁判文书以外的诉讼文书。

以简便方式送达的开庭通知，未经当事人确认或者没有其他证据证明当事人已经收到的，人民法院不得缺席判决。

第一百零四条 适用简易程序案件的举证期限由人民法院确定，也可以由当事人协商一致并经人民法院准许，但不得超过十五日。被告要求书面答辩的，人民法院可以确定合理的答辩期间。

人民法院应当将举证期限和开庭日期告知双方当事人，并向当事人说明逾期举证以及拒不到庭的法律后果，由双方当事人在笔录和开庭传票的送达回证上签名或者捺印。

当事人双方均表示同意立即开庭或者缩短举证期限、答辩期间的，人民法院可以立即开庭审理或者确定近期开庭。

第一百零五条　人民法院发现案情复杂，需要转为普通程序审理的，应当在审理期限届满前作出裁定并将合议庭组成人员及相关事项书面通知双方当事人。

案件转为普通程序审理的，审理期限自人民法院立案之日起计算。

第一百零六条　当事人就已经提起诉讼的事项在诉讼过程中或者裁判生效后再次起诉，同时具有下列情形的，构成重复起诉：

（一）后诉与前诉的当事人相同；

（二）后诉与前诉的诉讼标的相同；

（三）后诉与前诉的诉讼请求相同，或者后诉的诉讼请求被前诉裁判所包含。

第一百零七条　第一审人民法院作出判决和裁定后，当事人均提起上诉的，上诉各方均为上诉人。

诉讼当事人中的一部分人提出上诉，没有提出上诉的对方当事人为被上诉人，其他当事人依原审诉讼地位列明。

第一百零八条　当事人提出上诉，应当按照其他当事人或者诉讼代表人的人数提出上诉状副本。

原审人民法院收到上诉状，应当在五日内将上诉状副本发送其他当事人，对方当事人应当在收到上诉状副本之日起十五日内提出答辩状。

原审人民法院应当在收到答辩状之日起五日内将副本发送上诉人。对方当事人不提出答辩状的，不影响人民法院审理。

原审人民法院收到上诉状、答辩状，应当在五日内连同全部案卷和证据，报送第二审人民法院；已经预收的诉讼费用，一并报送。

第一百零九条　第二审人民法院经审理认为原审人民法院不予立案或者驳回起诉的裁定确有错误且当事人的起诉符合起诉条件的，应当裁定撤销原审人民法院的裁定，指令原审人民法院依法立案或者继续审理。

第二审人民法院裁定发回原审人民法院重新审理的行政案件，原审人民法院应当另行组成合议庭进行审理。

原审判决遗漏了必须参加诉讼的当事人或者诉讼请求的，第二审人民法院应当裁定撤销原审判决，发回重审。

原审判决遗漏行政赔偿请求，第二审人民法院经审查认为依法不应当予以赔偿的，应当判决驳回行政赔偿请求。

原审判决遗漏行政赔偿请求，第二审人民法院经审理认为依法应当予以赔偿的，在确认被诉行政行为违法的同时，可以就行政赔偿问题进行调解；调解不成的，应当就行政赔偿部分发回重审。

当事人在第二审期间提出行政赔偿请求的，第二审人民法院可以进行调解；调解不成的，应当告知当事人另行起诉。

第一百一十条　当事人向上一级人民法院申请再审，应当在判决、裁定或者调解书发生法律效力后六个月内提出。有下列情形之一的，自知道或者应当知道之日起六个月内提出：

（一）有新的证据，足以推翻原判决、裁定的；

（二）原判决、裁定认定事实的主要证据是伪造的；

（三）据以作出原判决、裁定的法律文书被撤销或者变更的；

（四）审判人员审理该案件时有贪污受贿、徇私舞弊、枉法裁判行为的。

第一百一十一条 当事人申请再审的，应当提交再审申请书等材料。人民法院认为有必要的，可以自收到再审申请书之日起五日内将再审申请书副本发送对方当事人。对方当事人应当自收到再审申请书副本之日起十五日内提交书面意见。人民法院可以要求申请人和对方当事人补充有关材料，询问有关事项。

第一百一十二条 人民法院应当自再审申请案件立案之日起六个月内审查，有特殊情况需要延长的，由本院院长批准。

第一百一十三条 人民法院根据审查再审申请案件的需要决定是否询问当事人；新的证据可能推翻原判决、裁定的，人民法院应当询问当事人。

第一百一十四条 审查再审申请期间，被申请人及原审其他当事人依法提出再审申请的，人民法院应当将其列为再审申请人，对其再审事由一并审查，审查期限重新计算。经审查，其中一方再审申请人主张的再审事由成立的，应当裁定再审。各方再审申请人主张的再审事由均不成立的，一并裁定驳回再审申请。

第一百一十五条 审查再审申请期间，再审申请人申请人民法院委托鉴定、勘验的，人民法院不予准许。

审查再审申请期间，再审申请人撤回再审申请的，是否准许，由人民法院裁定。

再审申请人经传票传唤，无正当理由拒不接受询问的，按撤回再审申请处理。

人民法院准许撤回再审申请或者按撤回再审申请处理后，再审申请人再次申请再审的，不予立案，但有行政诉讼法第九十一条第二项、第三项、第七项、第八项规定情形，自知道或者应当知道之日起六个月内提出的除外。

第一百一十六条 当事人主张的再审事由成立，且符合行政诉讼法和本解释规定的申请再审条件的，人民法院应当裁定再审。

当事人主张的再审事由不成立，或者当事人申请再审超过法定申请再审期限、超出法定再审事由范围等不符合行政诉讼法和本解释规定的申请再审条件的，人民法院应当裁定驳回再审申请。

第一百一十七条 有下列情形之一的，当事人可以向人民检察院申请抗诉或者检察建议：

（一）人民法院驳回再审申请的；

（二）人民法院逾期未对再审申请作出裁定的；

（三）再审判决、裁定有明显错误的。

人民法院基于抗诉或者检察建议作出再审判决、裁定后，当事人申请再审的，人民法院不予立案。

第一百一十八条 按照审判监督程序决定再审的案件，裁定中止原判决、裁定、调解书的执行，但支付抚恤金、最低生活保障费或者社会保险待遇的案件，可以不中止执行。

上级人民法院决定提审或者指令下级人民法院再审的，应当作出裁定，裁定应当写明中止原判决的执行；情况紧急的，可以将中止执行的裁定口头通知负责执行的人民法院或者作出生效判决、裁定的人民法院，但应当在口头通知后十日内发出裁定书。

第一百一十九条 人民法院按照审判监督程序再审的案件，发生法律效力的判决、裁定是由第一审法院作出的，按照第一审程序审理，所作的判决、裁定，当事人可以上诉；发生法律效力的判决、裁定是由第二审法院作出的，按照第二审程序审理，所作的判决、裁定，是发生法律效力的判决、裁定；上级人民法院按照审判监督程序提审的，按照第二审程序审理，所作的判决、裁定是发生法律效力的判决、裁定。

人民法院审理再审案件，应当另行组成合议庭。

第一百二十条 人民法院审理再审案件应当围绕再审请求和被诉行政行为合法性进行。当事人的再审请求超出原审诉讼请求，符合另案诉讼条件的，告知当事人可以另行起诉。

被申请人及原审其他当事人在庭审辩论结束前提出的再审请求，符合本解释规定的申请期限的，人民法院应当一并审理。

人民法院经再审，发现已经发生法律效力的判决、裁定损害国家利益、社会公共利益、他人合法权益的，应当一并审理。

第一百二十一条 再审审理期间，有下列情形之一的，裁定终结再审程序：

（一）再审申请人在再审期间撤回再审请求，人民法院准许的；

（二）再审申请人经传票传唤，无正当理由拒不到庭的，或者未经法庭许可中途退庭，按撤回再审请求处理的；

（三）人民检察院撤回抗诉的；

（四）其他应当终结再审程序的情形。

因人民检察院提出抗诉裁定再审的案件，申请抗诉的当事人有前款规定的情形，且不损害国家利益、社会公共利益或者他人合法权益的，人民法院裁定终结再审程序。

再审程序终结后，人民法院裁定中止执行的原生效判决自动恢复执行。

第一百二十二条 人民法院审理再审案件，认为原生效判决、裁定确有错误，在撤销原生效判决或者裁定的同时，可以对生效判决、裁定的内容作出相应裁判，也可以裁定撤销生效判决或者裁定，发回作出生效判决、裁定的人民法院重新审理。

第一百二十三条 人民法院审理二审案件和再审案件，对原审法院立案、不予立案或者驳回起诉错误的，应当分别情况作如下处理：

（一）第一审人民法院作出实体判决后，第二审人民法院认为不应当立案的，在撤销第一审人民法院判决的同时，可以迳行驳回起诉；

（二）第二审人民法院维持第一审人民法院不予立案裁定错误的，再审法院应当撤销第一审、第二审人民法院裁定，指令第一审人民法院受理；

（三）第二审人民法院维持第一审人民法院驳回起诉裁定错误的，再审法院应当撤销第一审、第二审人民法院裁定，指令第一审人民法院审理。

第一百二十四条 人民检察院提出抗诉的案件，接受抗诉的人民法院应当自收到抗诉书之日起三十日内作出再审的裁定；有行政诉讼法第九十一条第二、三项规定情形之一的，可以指令下一级人民法院再审，但经该下一级人民法院再审过的除外。

人民法院在审查抗诉材料期间，当事人之间已经达成和解协议的，人民法院可以建议人民检察院撤回抗诉。

第一百二十五条 人民检察院提出抗诉的案件，人民法院再审开庭时，应当在开庭三日前通知人民检察院派员出庭。

第一百二十六条 人民法院收到再审检察建议后，应当组成合议庭，在三个月内进行审查，发现原判决、裁定、调解书确有错误，需要再审的，依照行政诉讼法第九十二条规定裁定再审，并通知当事人；经审查，决定不予再审的，应当书面回复人民检察院。

第一百二十七条 人民法院审理因人民检察院抗诉或者检察建议裁定再审的案件，不受此前已经作出的驳回当事人再审申请裁定的限制。

八、行政机关负责人出庭应诉

第一百二十八条 行政诉讼法第三条第三款规定的行政机关负责人，包括行政机关的正职、副职负责人以及其他参与分管的负责人。

行政机关负责人出庭应诉的，可以另行委托一至二名诉讼代理人。行政机关负责人不能出庭的，应当委托行政机关相应的工作人员出庭，不得仅委托律师出庭。

第一百二十九条 涉及重大公共利益、社会高度关注或者可能引发群体性事件等案件以及人民法院书面建议行政机关负责人出庭的案件，被诉行政机关负责人应当出庭。

被诉行政机关负责人出庭应诉的，应当在当事人及其诉讼代理人基本情况、案件由来部分予以列明。

行政机关负责人有正当理由不能出庭应诉的，应当向人民法院提交情况说明，并加盖行政机关印章或者由该机关主要负责人签字认可。

行政机关拒绝说明理由的，不发生阻止案件审理的效果，人民法院可以向监察机关、上一级行政机关提出司法建议。

第一百三十条 行政诉讼法第三条第三款规定的"行政机关相应的工作人员"，包括该行政机关具有国家行政编制身份的工作人员以及其他依法履行公职的人员。

被诉行政行为是地方人民政府作出的，地方人民政府法制工作机构的工作人员，以及被诉行政行为具体承办机关工作人员，可以视为被诉人民政府相应的工作人员。

第一百三十一条 行政机关负责人出庭应诉的，应当向人民法院提交能够证明该行政机关负责人职务的材料。

行政机关委托相应的工作人员出庭应诉的，应当向人民法院提交加盖行政机关印章的授权委托书，并载明工作人员的姓名、职务和代理权限。

第一百三十二条 行政机关负责人和行政机关相应的工作人员均不出庭，仅委托律师出庭的或者人民法院书面建议行政机关负责人出庭应诉，行政机关负责人不出庭应诉的，人民法院应当记录在案和在裁判文书中载明，并可以建议有关机关依法作出处理。

九、复议机关作共同被告

第一百三十三条 行政诉讼法第二十六条第二款规定的"复议机关决定维持原行政行为"，包括复议机关驳回复议申请或者复议请求的情形，但以复议申请不符合受理条件为由驳回的除外。

第一百三十四条 复议机关决定维持原行政行为的，作出原行政行为的行政机关和复议机关是共同被告。原告只起诉作出原行政行为的行政机关或者复议机关的，人民法院应当告知原告追加被告。原告不同意追加的，人民法院应当将另一机关列为共同被告。

行政复议决定既有维持原行政行为内容，又有改变原行政行为内容或者不予受理申请内容的，作出原行政行为的行政机关和复议机关为共同被告。

复议机关作共同被告的案件，以作出原行政行为的行政机关确定案件的级别管辖。

第一百三十五条 复议机关决定维持原行政行为的，人民法院应当在审查原行政行为合法性的同时，一并审查复议决定的合法性。

作出原行政行为的行政机关和复议机关对原行政行为合法性共同承担举证责任，可以由其中一个机关实施举证行为。复议机关对复议决定的合法性承担举证责任。

复议机关作共同被告的案件，复议机关在复议程序中依法收集和补充的证据，可以作为人民法院认定复议决定和原行政行为合法的依据。

第一百三十六条　人民法院对原行政行为作出判决的同时，应当对复议决定一并作出相应判决。

人民法院依职权追加作出原行政行为的行政机关或者复议机关为共同被告的，对原行政行为或者复议决定可以作出相应判决。

人民法院判决撤销原行政行为和复议决定的，可以判决作出原行政行为的行政机关重新作出行政行为。

人民法院判决作出原行政行为的行政机关履行法定职责或者给付义务的，应当同时判决撤销复议决定。

原行政行为合法、复议决定违法的，人民法院可以判决撤销复议决定或者确认复议决定违法，同时判决驳回原告针对原行政行为的诉讼请求。

原行政行为被撤销、确认违法或者无效，给原告造成损失的，应当由作出原行政行为的行政机关承担赔偿责任；因复议决定加重损害的，由复议机关对加重部分承担赔偿责任。

原行政行为不符合复议或者诉讼受案范围等受理条件，复议机关作出维持决定的，人民法院应当裁定一并驳回对原行政行为和复议决定的起诉。

十、相关民事争议的一并审理

第一百三十七条　公民、法人或者其他组织请求一并审理行政诉讼法第六十一条规定的相关民事争议，应当在第一审开庭审理前提出；有正当理由的，也可以在法庭调查中提出。

第一百三十八条　人民法院决定在行政诉讼中一并审理相关民事争议，或者案件当事人一致同意相关民事争议在行政诉讼中一并解决，人民法院准许的，由受理行政案件的人民法院管辖。

公民、法人或者其他组织请求一并审理相关民事争议，人民法院经审查发现行政案件已经超过起诉期限，民事案件尚未立案的，告知当事人另行提起民事诉讼；民事案件已经立案的，由原审判组织继续审理。

人民法院在审理行政案件中发现民事争议为解决行政争议的基础，当事人没有请求人民法院一并审理相关民事争议的，人民法院应当告知当事人依法申请一并解决民事争议。当事人就民事争议另行提起民事诉讼并已立案的，人民法院应当中止行政诉讼的审理。民事争议处理期间不计算在行政诉讼审理期限内。

第一百三十九条　有下列情形之一的，人民法院应当作出不予准许一并审理民事争议的决定，并告知当事人可以依法通过其他渠道主张权利：

（一）法律规定应当由行政机关先行处理的；

（二）违反民事诉讼法专属管辖规定或者协议管辖约定的；

（三）约定仲裁或者已经提起民事诉讼的；

（四）其他不宜一并审理民事争议的情形。

对不予准许的决定可以申请复议一次。

第一百四十条　人民法院在行政诉讼中一并审理相关民事争议的，民事争议应当单独立案，由同一审判组织审理。

人民法院审理行政机关对民事争议所作裁决的案件，一并审理民事争议的，不另行立案。

第一百四十一条 人民法院一并审理相关民事争议，适用民事法律规范的相关规定，法律另有规定的除外。

当事人在调解中对民事权益的处分，不能作为审查被诉行政行为合法性的根据。

第一百四十二条 对行政争议和民事争议应当分别裁判。

当事人仅对行政裁判或者民事裁判提出上诉的，未上诉的裁判在上诉期满后即发生法律效力。第一审人民法院应当将全部案卷一并移送第二审人民法院，由行政审判庭审理。第二审人民法院发现未上诉的生效裁判确有错误的，应当按照审判监督程序再审。

第一百四十三条 行政诉讼原告在宣判前申请撤诉的，是否准许由人民法院裁定。人民法院裁定准许行政诉讼原告撤诉，但其对已经提起的一并审理相关民事争议不撤诉的，人民法院应当继续审理。

第一百四十四条 人民法院一并审理相关民事争议，应当按行政案件、民事案件的标准分别收取诉讼费用。

十一、规范性文件的一并审查

第一百四十五条 公民、法人或者其他组织在对行政行为提起诉讼时一并请求对所依据的规范性文件审查的，由行政行为案件管辖法院一并审查。

第一百四十六条 公民、法人或者其他组织请求人民法院一并审查行政诉讼法第五十三条规定的规范性文件，应当在第一审开庭审理前提出；有正当理由的，也可以在法庭调查中提出。

第一百四十七条 人民法院在对规范性文件审查过程中，发现规范性文件可能不合法的，应当听取规范性文件制定机关的意见。

制定机关申请出庭陈述意见的，人民法院应当准许。

行政机关未陈述意见或者未提供相关证明材料的，不能阻止人民法院对规范性文件进行审查。

第一百四十八条 人民法院对规范性文件进行一并审查时，可以从规范性文件制定机关是否超越权限或者违反法定程序、作出行政行为所依据的条款以及相关条款等方面进行。

有下列情形之一的，属于行政诉讼法第六十四条规定的"规范性文件不合法"：

（一）超越制定机关的法定职权或者超越法律、法规、规章的授权范围的；

（二）与法律、法规、规章等上位法的规定相抵触的；

（三）没有法律、法规、规章依据，违法增加公民、法人和其他组织义务或者减损公民、法人和其他组织合法权益的；

（四）未履行法定批准程序、公开发布程序，严重违反制定程序的；

（五）其他违反法律、法规以及规章规定的情形。

第一百四十九条 人民法院经审查认为行政行为所依据的规范性文件合法的，应当作为认定行政行为合法的依据；经审查认为规范性文件不合法的，不作为人民法院认定行政行为合法的依据，并在裁判理由中予以阐明。作出生效裁判的人民法院应当向规范性文件的制定机关提出处理建议，并可以抄送制定机关的同级人民政府、上一级行政机关、监察机关以及规范性文件的备案机关。

规范性文件不合法的，人民法院可以在裁判生效之日起三个月内，向规范性文件制定机关提出修改或者废止该规范性文件的司法建议。

规范性文件由多个部门联合制定的，人民法院可以向该规范性文件的主办机关或者共同上一级行政机关发送司法建议。

接收司法建议的行政机关应当在收到司法建议之日起六十日内予以书面答复。情况紧急的，人民法院可以建议制定机关或者其上一级行政机关立即停止执行该规范性文件。

第一百五十条 人民法院认为规范性文件不合法的，应当在裁判生效后报送上一级人民法院进行备案。涉及国务院部门、省级行政机关制定的规范性文件，司法建议还应当分别层报最高人民法院、高级人民法院备案。

第一百五十一条 各级人民法院院长对本院已经发生法律效力的判决、裁定，发现规范性文件合法性认定错误，认为需要再审的，应当提交审判委员会讨论。

最高人民法院对地方各级人民法院已经发生法律效力的判决、裁定，上级人民法院对下级人民法院已经发生法律效力的判决、裁定，发现规范性文件合法性认定错误的，有权提审或者指令下级人民法院再审。

十二、执行

第一百五十二条 对发生法律效力的行政判决书、行政裁定书、行政赔偿判决书和行政调解书，负有义务的一方当事人拒绝履行的，对方当事人可以依法申请人民法院强制执行。

人民法院判决行政机关履行行政赔偿、行政补偿或者其他行政给付义务，行政机关拒不履行的，对方当事人可以依法向法院申请强制执行。

第一百五十三条 申请执行的期限为二年。申请执行时效的中止、中断，适用法律有关规定。

申请执行的期限从法律文书规定的履行期间最后一日起计算；法律文书规定分期履行的，从规定的每次履行期间的最后一日起计算；法律文书中没有规定履行期限的，从该法律文书送达当事人之日起计算。

逾期申请的，除有正当理由外，人民法院不予受理。

第一百五十四条 发生法律效力的行政判决书、行政裁定书、行政赔偿判决书和行政调解书，由第一审人民法院执行。

第一审人民法院认为情况特殊，需要由第二审人民法院执行的，可以报请第二审人民法院执行；第二审人民法院可以决定由其执行，也可以决定由第一审人民法院执行。

第一百五十五条 行政机关根据行政诉讼法第九十七条的规定申请执行其行政行为，应当具备以下条件：

（一）行政行为依法可以由人民法院执行；

（二）行政行为已经生效并具有可执行内容；

（三）申请人是作出该行政行为的行政机关或者法律、法规、规章授权的组织；

（四）被申请人是该行政行为所确定的义务人；

（五）被申请人在行政行为确定的期限内或者行政机关催告期限内未履行义务；

（六）申请人在法定期限内提出申请；

（七）被申请执行的行政案件属于受理执行申请的人民法院管辖。

行政机关申请人民法院执行，应当提交行政强制法第五十五条规定的相关材料。

人民法院对符合条件的申请，应当在五日内立案受理，并通知申请人；对不符合条件的申请，应当裁定不予受理。行政机关对不予受理裁定有异议，在十五日内向上一级人民法院申请复议的，上一级人民法院应当在收到复议申请之日起十五日内作出裁定。

第一百五十六条 没有强制执行权的行政机关申请人民法院强制执行其行政行为，应当自被执行人的法定起诉期限届满之日起三个月内提出。逾期申请的，除有正当理由外，人民法院不予受理。

第一百五十七条 行政机关申请人民法院强制执行其行政行为的，由申请人所在地的基层人民法院受理；执行对象为不动产的，由不动产所在地的基层人民法院受理。

基层人民法院认为执行确有困难的，可以报请上级人民法院执行；上级人民法院可以决定由其执行，也可以决定由下级人民法院执行。

第一百五十八条 行政机关根据法律的授权对平等主体之间民事争议作出裁决后，当事人在法定期限内不起诉又不履行，作出裁决的行政机关在申请执行的期限内未申请人民法院强制执行的，生效行政裁决确定的权利人或者其继承人、权利承受人在六个月内可以申请人民法院强制执行。

享有权利的公民、法人或者其他组织申请人民法院强制执行生效行政裁决，参照行政机关申请人民法院强制执行行政行为的规定。

第一百五十九条 行政机关或者行政行为确定的权利人申请人民法院强制执行前，有充分理由认为被执行人可能逃避执行的，可以申请人民法院采取财产保全措施。后者申请强制执行的，应当提供相应的财产担保。

第一百六十条 人民法院受理行政机关申请执行其行政行为的案件后，应当在七日内由行政审判庭对行政行为的合法性进行审查，并作出是否准予执行的裁定。

人民法院在作出裁定前发现行政行为明显违法并损害被执行人合法权益的，应当听取被执行人和行政机关的意见，并自受理之日起三十日内作出是否准予执行的裁定。

需要采取强制执行措施的，由本院负责强制执行非诉行政行为的机构执行。

第一百六十一条 被申请执行的行政行为有下列情形之一的，人民法院应当裁定不准予执行：

（一）实施主体不具有行政主体资格的；

（二）明显缺乏事实根据的；

（三）明显缺乏法律、法规依据的；

（四）其他明显违法并损害被执行人合法权益的情形。

行政机关对不准予执行的裁定有异议，在十五日内向上一级人民法院申请复议的，上一级人民法院应当在收到复议申请之日起三十日内作出裁定。

十三、附则

第一百六十二条 公民、法人或者其他组织对 2015 年 5 月 1 日之前作出的行政行为提起诉讼，请求确认行政行为无效的，人民法院不予立案。

第一百六十三条 本解释自 2018 年 2 月 8 日起施行。

本解释施行后，《最高人民法院关于执行〈中华人民共和国行政诉讼法〉若干问题的解释》（法释〔2000〕8 号）、《最高人民法院关于适用〈中华人民共和国行政诉讼法〉若干问题的解释》（法释〔2015〕9 号）同时废止。最高人民法院以前发布的司法解释与本解释不一致的，不再适用。

中华人民共和国行政处罚法

（1996 年 3 月 17 日第八届全国人民代表大会第四次会议通过　根据 2009 年 8 月 27 日第十一届全国人民代表大会常务委员会第十次会议《关于修改部分法律的决定》第一次修正　根据 2017 年 9 月 1 日第十二届全国人民代表大会常务委员会第二十九次会议《关于修改〈中华人民共和国法官法〉等八部法律的决定》第二次修正　2021 年 1 月 22 日第十三届全国人民代表大会常务委员会第二十五次会议修订）

目　　录

第一章　总　　则

第一条　为了规范行政处罚的设定和实施，保障和监督行政机关有效实施行政管理，维护公共利益和社会秩序，保护公民、法人或者其他组织的合法权益，根据宪法，制定本法。

第二条　行政处罚是指行政机关依法对违反行政管理秩序的公民、法人或者其他组织，以减损权益或者增加义务的方式予以惩戒的行为。

第三条　行政处罚的设定和实施，适用本法。

第四条　公民、法人或者其他组织违反行政管理秩序的行为，应当给予行政处罚的，依照本法由法律、法规、规章规定，并由行政机关依照本法规定的程序实施。

第五条　行政处罚遵循公正、公开的原则。

设定和实施行政处罚必须以事实为依据，与违法行为的事实、性质、情节以及社会危害程度相当。

对违法行为给予行政处罚的规定必须公布；未经公布的，不得作为行政处罚的依据。

第六条 实施行政处罚,纠正违法行为,应当坚持处罚与教育相结合,教育公民、法人或者其他组织自觉守法。

第七条 公民、法人或者其他组织对行政机关所给予的行政处罚,享有陈述权、申辩权;对行政处罚不服的,有权依法申请行政复议或者提起行政诉讼。

公民、法人或者其他组织因行政机关违法给予行政处罚受到损害的,有权依法提出赔偿要求。

第八条 公民、法人或者其他组织因违法行为受到行政处罚,其违法行为对他人造成损害的,应当依法承担民事责任。

违法行为构成犯罪,应当依法追究刑事责任的,不得以行政处罚代替刑事处罚。

第二章　行政处罚的种类和设定

第九条 行政处罚的种类:

(一)警告、通报批评;

(二)罚款、没收违法所得、没收非法财物;

(三)暂扣许可证件、降低资质等级、吊销许可证件;

(四)限制开展生产经营活动、责令停产停业、责令关闭、限制从业;

(五)行政拘留;

(六)法律、行政法规规定的其他行政处罚。

第十条 法律可以设定各种行政处罚。

限制人身自由的行政处罚,只能由法律设定。

第十一条 行政法规可以设定除限制人身自由以外的行政处罚。

法律对违法行为已经作出行政处罚规定,行政法规需要作出具体规定的,必须在法律规定的给予行政处罚的行为、种类和幅度的范围内规定。

法律对违法行为未作出行政处罚规定,行政法规为实施法律,可以补充设定行政处罚。拟补充设定行政处罚的,应当通过听证会、论证会等形式广泛听取意见,并向制定机关作出书面说明。行政法规报送备案时,应当说明补充设定行政处罚的情况。

第十二条 地方性法规可以设定除限制人身自由、吊销营业执照以外的行政处罚。

法律、行政法规对违法行为已经作出行政处罚规定,地方性法规需要作出具体规定的,必须在法律、行政法规规定的给予行政处罚的行为、种类和幅度的范围内规定。

法律、行政法规对违法行为未作出行政处罚规定,地方性法规为实施法律、行政法规,可以补充设定行政处罚。拟补充设定行政处罚的,应当通过听证会、论证会等形式广泛听取意见,并向制定机关作出书面说明。地方性法规报送备案时,应当说明补充设定行政处罚的情况。

第十三条 国务院部门规章可以在法律、行政法规规定的给予行政处罚的行为、种类和幅度的范围内作出具体规定。

尚未制定法律、行政法规的,国务院部门规章对违反行政管理秩序的行为,可以设定警告、通报批评或者一定数额罚款的行政处罚。罚款的限额由国务院规定。

第十四条 地方政府规章可以在法律、法规规定的给予行政处罚的行为、种类和幅度的范围内作出具体规定。

尚未制定法律、法规的,地方政府规章对违反行政管理秩序的行为,可以设定警告、通报批评或者一定数额罚款的行政处罚。罚款的限额由省、自治区、直辖市人民代表大会常务委员会规定。

第十五条 国务院部门和省、自治区、直辖市人民政府及其有关部门应当定期组织评估行政处罚的实施情况和必要性，对不适当的行政处罚事项及种类、罚款数额等，应当提出修改或者废止的建议。

第十六条　除法律、法规、规章外，其他规范性文件不得设定行政处罚。

第三章　行政处罚的实施机关

第十七条　行政处罚由具有行政处罚权的行政机关在法定职权范围内实施。

第十八条　国家在城市管理、市场监管、生态环境、文化市场、交通运输、应急管理、农业等领域推行建立综合行政执法制度，相对集中行政处罚权。

国务院或者省、自治区、直辖市人民政府可以决定一个行政机关行使有关行政机关的行政处罚权。

限制人身自由的行政处罚权只能由公安机关和法律规定的其他机关行使。

第十九条　法律、法规授权的具有管理公共事务职能的组织可以在法定授权范围内实施行政处罚。

第二十条　行政机关依照法律、法规、规章的规定，可以在其法定权限内书面委托符合本法第二十一条规定条件的组织实施行政处罚。行政机关不得委托其他组织或者个人实施行政处罚。

委托书应当载明委托的具体事项、权限、期限等内容。委托行政机关和受委托组织应当将委托书向社会公布。

委托行政机关对受委托组织实施行政处罚的行为应当负责监督，并对该行为的后果承担法律责任。

受委托组织在委托范围内，以委托行政机关名义实施行政处罚；不得再委托其他组织或者个人实施行政处罚。

第二十一条　受委托组织必须符合以下条件：

（一）依法成立并具有管理公共事务职能；

（二）有熟悉有关法律、法规、规章和业务并取得行政执法资格的工作人员；

（三）需要进行技术检查或者技术鉴定的，应当有条件组织进行相应的技术检查或者技术鉴定。

第四章　行政处罚的管辖和适用

第二十二条　行政处罚由违法行为发生地的行政机关管辖。法律、行政法规、部门规章另有规定的，从其规定。

第二十三条　行政处罚由县级以上地方人民政府具有行政处罚权的行政机关管辖。法律、行政法规另有规定的，从其规定。

第二十四条　省、自治区、直辖市根据当地实际情况，可以决定将基层管理迫切需要的县级人民政府部门的行政处罚权交由能够有效承接的乡镇人民政府、街道办事处行使，并定期组织评估。决定应当公布。

承接行政处罚权的乡镇人民政府、街道办事处应当加强执法能力建设，按照规定范围、依照法定程序实施行政处罚。

有关地方人民政府及其部门应当加强组织协调、业务指导、执法监督，建立健全行政处罚协调配合机制，完善评议、考核制度。

第二十五条　两个以上行政机关都有管辖权的，由最先立案的行政机关管辖。

对管辖发生争议的，应当协商解决，协商不成的，报请共同的上一级行政机关指定管辖；也可以直接由共同的上一级行政机关指定管辖。

第二十六条 行政机关因实施行政处罚的需要，可以向有关机关提出协助请求。协助事项属于被请求机关职权范围内的，应当依法予以协助。

第二十七条 违法行为涉嫌犯罪的，行政机关应当及时将案件移送司法机关，依法追究刑事责任。对依法不需要追究刑事责任或者免予刑事处罚，但应当给予行政处罚的，司法机关应当及时将案件移送有关行政机关。

行政处罚实施机关与司法机关之间应当加强协调配合，建立健全案件移送制度，加强证据材料移交、接收衔接，完善案件处理信息通报机制。

第二十八条 行政机关实施行政处罚时，应当责令当事人改正或者限期改正违法行为。

当事人有违法所得，除依法应当退赔的外，应当予以没收。违法所得是指实施违法行为所取得的款项。法律、行政法规、部门规章对违法所得的计算另有规定的，从其规定。

第二十九条 对当事人的同一个违法行为，不得给予两次以上罚款的行政处罚。同一个违法行为违反多个法律规范应当给予罚款处罚的，按照罚款数额高的规定处罚。

第三十条 不满十四周岁的未成年人有违法行为的，不予行政处罚，责令监护人加以管教；已满十四周岁不满十八周岁的未成年人有违法行为的，应当从轻或者减轻行政处罚。

第三十一条 精神病人、智力残疾人在不能辨认或者不能控制自己行为时有违法行为的，不予行政处罚，但应当责令其监护人严加看管和治疗。间歇性精神病人在精神正常时有违法行为的，应当给予行政处罚。尚未完全丧失辨认或者控制自己行为能力的精神病人、智力残疾人有违法行为的，可以从轻或者减轻行政处罚。

第三十二条 当事人有下列情形之一，应当从轻或者减轻行政处罚：

（一）主动消除或者减轻违法行为危害后果的；

（二）受他人胁迫或者诱骗实施违法行为的；

（三）主动供述行政机关尚未掌握的违法行为的；

（四）配合行政机关查处违法行为有立功表现的；

（五）法律、法规、规章规定其他应当从轻或者减轻行政处罚的。

第三十三条 违法行为轻微并及时改正，没有造成危害后果的，不予行政处罚。初次违法且危害后果轻微并及时改正的，可以不予行政处罚。

当事人有证据足以证明没有主观过错的，不予行政处罚。法律、行政法规另有规定的，从其规定。

对当事人的违法行为依法不予行政处罚的，行政机关应当对当事人进行教育。

第三十四条 行政机关可以依法制定行政处罚裁量基准，规范行使行政处罚裁量权。行政处罚裁量基准应当向社会公布。

第三十五条 违法行为构成犯罪，人民法院判处拘役或者有期徒刑时，行政机关已经给予当事人行政拘留的，应当依法折抵相应刑期。

违法行为构成犯罪，人民法院判处罚金时，行政机关已经给予当事人罚款的，应当折抵相应罚金；行政机关尚未给予当事人罚款的，不再给予罚款。

第三十六条 违法行为在二年内未被发现的，不再给予行政处罚；涉及公民生命健康安全、金融安全且有危害后果的，上述期限延长至五年。法律另有规定的除外。

前款规定的期限，从违法行为发生之日起计算；违法行为有连续或者继续状态的，从行为终了之日起计算。

第三十七条 实施行政处罚，适用违法行为发生时的法律、法规、规章的规定。但是，作出行政处罚决定时，法律、法规、规章已被修改或者废止，且新的规定处罚较轻或者不认为是违法的，适用新的规定。

第三十八条 行政处罚没有依据或者实施主体不具有行政主体资格的，行政处罚无效。

违反法定程序构成重大且明显违法的，行政处罚无效。

第五章　行政处罚的决定

第一节　一般规定

第三十九条　行政处罚的实施机关、立案依据、实施程序和救济渠道等信息应当公示。

第四十条　公民、法人或者其他组织违反行政管理秩序的行为，依法应当给予行政处罚的，行政机关必须查明事实；违法事实不清、证据不足的，不得给予行政处罚。

第四十一条　行政机关依照法律、行政法规规定利用电子技术监控设备收集、固定违法事实的，应当经过法制和技术审核，确保电子技术监控设备符合标准、设置合理、标志明显，设置地点应当向社会公布。

电子技术监控设备记录违法事实应当真实、清晰、完整、准确。行政机关应当审核记录内容是否符合要求；未经审核或者经审核不符合要求的，不得作为行政处罚的证据。

行政机关应当及时告知当事人违法事实，并采取信息化手段或者其他措施，为当事人查询、陈述和申辩提供便利。不得限制或者变相限制当事人享有的陈述权、申辩权。

第四十二条　行政处罚应当由具有行政执法资格的执法人员实施。执法人员不得少于两人，法律另有规定的除外。

执法人员应当文明执法，尊重和保护当事人合法权益。

第四十三条　执法人员与案件有直接利害关系或者有其他关系可能影响公正执法的，应当回避。

当事人认为执法人员与案件有直接利害关系或者有其他关系可能影响公正执法的，有权申请回避。

当事人提出回避申请的，行政机关应当依法审查，由行政机关负责人决定。决定作出之前，不停止调查。

第四十四条　行政机关在作出行政处罚决定之前，应当告知当事人拟作出的行政处罚内容及事实、理由、依据，并告知当事人依法享有的陈述、申辩、要求听证等权利。

第四十五条　当事人有权进行陈述和申辩。行政机关必须充分听取当事人的意见，对当事人提出的事实、理由和证据，应当进行复核；当事人提出的事实、理由或者证据成立的，行政机关应当采纳。

行政机关不得因当事人陈述、申辩而给予更重的处罚。

第四十六条　证据包括：

（一）书证；

（二）物证；

（三）视听资料；

（四）电子数据；

（五）证人证言；

（六）当事人的陈述；

（七）鉴定意见；

（八）勘验笔录、现场笔录。

证据必须经查证属实，方可作为认定案件事实的根据。

以非法手段取得的证据，不得作为认定案件事实的根据。

第四十七条　行政机关应当依法以文字、音像等形式，对行政处罚的启动、调查取证、审核、决定、送达、执行等进行全过程记录，归档保存。

第四十八条　具有一定社会影响的行政处罚决定应当依法公开。

公开的行政处罚决定被依法变更、撤销、确认违法或者确认无效的，行政机关应当在三日内撤回行政处罚决定信息并公开说明理由。

第四十九条 发生重大传染病疫情等突发事件，为了控制、减轻和消除突发事件引起的社会危害，行政机关对违反突发事件应对措施的行为，依法快速、从重处罚。

第五十条 行政机关及其工作人员对实施行政处罚过程中知悉的国家秘密、商业秘密或者个人隐私，应当依法予以保密。

第二节 简易程序

第五十一条 违法事实确凿并有法定依据，对公民处以二百元以下、对法人或者其他组织处以三千元以下罚款或者警告的行政处罚的，可以当场作出行政处罚决定。法律另有规定的，从其规定。

第五十二条 执法人员当场作出行政处罚决定的，应当向当事人出示执法证件，填写预定格式、编有号码的行政处罚决定书，并当场交付当事人。当事人拒绝签收的，应当在行政处罚决定书上注明。

前款规定的行政处罚决定书应当载明当事人的违法行为，行政处罚的种类和依据、罚款数额、时间、地点，申请行政复议、提起行政诉讼的途径和期限以及行政机关名称，并由执法人员签名或者盖章。

执法人员当场作出的行政处罚决定，应当报所属行政机关备案。

第五十三条 对当场作出的行政处罚决定，当事人应当依照本法第六十七条至第六十九条的规定履行。

第三节 普通程序

第五十四条 除本法第五十一条规定的可以当场作出的行政处罚外，行政机关发现公民、法人或者其他组织有依法应当给予行政处罚的行为的，必须全面、客观、公正地调查，收集有关证据；必要时，依照法律、法规的规定，可以进行检查。

符合立案标准的，行政机关应当及时立案。

第五十五条 执法人员在调查或者进行检查时，应当主动向当事人或者有关人员出示执法证件。当事人或者有关人员有权要求执法人员出示执法证件。执法人员不出示执法证件的，当事人或者有关人员有权拒绝接受调查或者检查。

当事人或者有关人员应当如实回答询问，并协助调查或者检查，不得拒绝或者阻挠。询问或者检查应当制作笔录。

第五十六条 行政机关在收集证据时，可以采取抽样取证的方法；在证据可能灭失或者以后难以取得的情况下，经行政机关负责人批准，可以先行登记保存，并应当在七日内及时作出处理决定，在此期间，当事人或者有关人员不得销毁或者转移证据。

第五十七条 调查终结，行政机关负责人应当对调查结果进行审查，根据不同情况，分别作出如下决定：

（一）确有应受行政处罚的违法行为的，根据情节轻重及具体情况，作出行政处罚决定；

（二）违法行为轻微，依法可以不予行政处罚的，不予行政处罚；

（三）违法事实不能成立的，不予行政处罚；

（四）违法行为涉嫌犯罪的，移送司法机关。

对情节复杂或者重大违法行为给予行政处罚，行政机关负责人应当集体讨论决定。

第五十八条 有下列情形之一，在行政机关负责人作出行政处罚的决定之前，应当由从事行政处罚决定法制审核的人员进行法制审核；未经法制审核或者审核未通过的，不得作出决定：

（一）涉及重大公共利益的；

（二）直接关系当事人或者第三人重大权益，经过听证程序的；

（三）案件情况疑难复杂、涉及多个法律关系的；

（四）法律、法规规定应当进行法制审核的其他情形。

行政机关中初次从事行政处罚决定法制审核的人员，应当通过国家统一法律职业资格考试取得法律职业资格。

第五十九条　行政机关依照本法第五十七条的规定给予行政处罚，应当制作行政处罚决定书。行政处罚决定书应当载明下列事项：

（一）当事人的姓名或者名称、地址；

（二）违反法律、法规、规章的事实和证据；

（三）行政处罚的种类和依据；

（四）行政处罚的履行方式和期限；

（五）申请行政复议、提起行政诉讼的途径和期限；

（六）作出行政处罚决定的行政机关名称和作出决定的日期。

行政处罚决定书必须盖有作出行政处罚决定的行政机关的印章。

第六十条　行政机关应当自行政处罚案件立案之日起九十日内作出行政处罚决定。法律、法规、规章另有规定的，从其规定。

第六十一条　行政处罚决定书应当在宣告后当场交付当事人；当事人不在场的，行政机关应当在七日内依照《中华人民共和国民事诉讼法》的有关规定，将行政处罚决定书送达当事人。

当事人同意并签订确认书的，行政机关可以采用传真、电子邮件等方式，将行政处罚决定书等送达当事人。

第六十二条　行政机关及其执法人员在作出行政处罚决定之前，未依照本法第四十四条、第四十五条的规定向当事人告知拟作出的行政处罚内容及事实、理由、依据，或者拒绝听取当事人的陈述、申辩，不得作出行政处罚决定；当事人明确放弃陈述或者申辩权利的除外。

第四节　听证程序

第六十三条　行政机关拟作出下列行政处罚决定，应当告知当事人有要求听证的权利，当事人要求听证的，行政机关应当组织听证：

（一）较大数额罚款；

（二）没收较大数额违法所得、没收较大价值非法财物；

（三）降低资质等级、吊销许可证件；

（四）责令停产停业、责令关闭、限制从业；

（五）其他较重的行政处罚；

（六）法律、法规、规章规定的其他情形。

当事人不承担行政机关组织听证的费用。

第六十四条　听证应当依照以下程序组织：

（一）当事人要求听证的，应当在行政机关告知后五日内提出；

（二）行政机关应当在举行听证的七日前，通知当事人及有关人员听证的时间、地点；

（三）除涉及国家秘密、商业秘密或者个人隐私依法予以保密外，听证公开举行；

（四）听证由行政机关指定的非本案调查人员主持；当事人认为主持人与本案有直接利害关系的，有权申请回避；

（五）当事人可以亲自参加听证，也可以委托一至二人代理；

（六）当事人及其代理人无正当理由拒不出席听证或者未经许可中途退出听证的，视为放弃听证权利，行政机关终止听证；

（七）举行听证时，调查人员提出当事人违法的事实、证据和行政处罚建议，当事人进行申辩和质证；

（八）听证应当制作笔录。笔录应当交当事人或者其代理人核对无误后签字或者盖章。当事人或者其代理人拒绝签字或者盖章的，由听证主持人在笔录中注明。

第六十五条 听证结束后，行政机关应当根据听证笔录，依照本法第五十七条的规定，作出决定。

第六章　行政处罚的执行

第六十六条 行政处罚决定依法作出后，当事人应当在行政处罚决定书载明的期限内，予以履行。

当事人确有经济困难，需要延期或者分期缴纳罚款的，经当事人申请和行政机关批准，可以暂缓或者分期缴纳。

第六十七条 作出罚款决定的行政机关应当与收缴罚款的机构分离。

除依照本法第六十八条、第六十九条的规定当场收缴的罚款外，作出行政处罚决定的行政机关及其执法人员不得自行收缴罚款。

当事人应当自收到行政处罚决定书之日起十五日内，到指定的银行或者通过电子支付系统缴纳罚款。银行应当收受罚款，并将罚款直接上缴国库。

第六十八条 依照本法第五十一条的规定当场作出行政处罚决定，有下列情形之一，执法人员可以当场收缴罚款：

（一）依法给予一百元以下罚款的；

（二）不当场收缴事后难以执行的。

第六十九条 在边远、水上、交通不便地区，行政机关及其执法人员依照本法第五十一条、第五十七条的规定作出罚款决定后，当事人到指定的银行或者通过电子支付系统缴纳罚款确有困难，经当事人提出，行政机关及其执法人员可以当场收缴罚款。

第七十条 行政机关及其执法人员当场收缴罚款的，必须向当事人出具国务院财政部门或者省、自治区、直辖市人民政府财政部门统一制发的专用票据；不出具财政部门统一制发的专用票据的，当事人有权拒绝缴纳罚款。

第七十一条 执法人员当场收缴的罚款，应当自收缴罚款之日起二日内，交至行政机关；在水上当场收缴的罚款，应当自抵岸之日起二日内交至行政机关；行政机关应当在二日内将罚款缴付指定的银行。

第七十二条 当事人逾期不履行行政处罚决定的，作出行政处罚决定的行政机关可以采取下列措施：

（一）到期不缴纳罚款的，每日按罚款数额的百分之三加处罚款，加处罚款的数额不得超出罚款的数额；

（二）根据法律规定，将查封、扣押的财物拍卖、依法处理或者将冻结的存款、汇款划拨抵缴罚款；

（三）根据法律规定，采取其他行政强制执行方式；

（四）依照《中华人民共和国行政强制法》的规定申请人民法院强制执行。

行政机关批准延期、分期缴纳罚款的，申请人民法院强制执行的期限，自暂缓或者分期缴纳罚款期限结束之日起计算。

第七十三条 当事人对行政处罚决定不服，申请行政复议或者提起行政诉讼的，行政处罚不停止执行，法律另有规定的除外。

当事人对限制人身自由的行政处罚决定不服，申请行政复议或者提起行政诉讼的，可以向作出决定的机关提出暂缓执行申请。符合法律规定情形的，应当暂缓执行。

当事人申请行政复议或者提起行政诉讼的，加处罚款的数额在行政复议或者行政诉讼期间不予计算。

第七十四条　除依法应当予以销毁的物品外，依法没收的非法财物必须按照国家规定公开拍卖或者按照国家有关规定处理。

罚款、没收的违法所得或者没收非法财物拍卖的款项，必须全部上缴国库，任何行政机关或者个人不得以任何形式截留、私分或者变相私分。

罚款、没收的违法所得或者没收非法财物拍卖的款项，不得同作出行政处罚决定的行政机关及其工作人员的考核、考评直接或者变相挂钩。除依法应当退还、退赔的外，财政部门不得以任何形式向作出行政处罚决定的行政机关返还罚款、没收的违法所得或者没收非法财物拍卖的款项。

第七十五条　行政机关应当建立健全对行政处罚的监督制度。县级以上人民政府应当定期组织开展行政执法评议、考核，加强对行政处罚的监督检查，规范和保障行政处罚的实施。

行政机关实施行政处罚应当接受社会监督。公民、法人或者其他组织对行政机关实施行政处罚的行为，有权申诉或者检举；行政机关应当认真审查，发现有错误的，应当主动改正。

第七章　法律责任

第七十六条　行政机关实施行政处罚，有下列情形之一，由上级行政机关或者有关机关责令改正，对直接负责的主管人员和其他直接责任人员依法给予处分：

（一）没有法定的行政处罚依据的；

（二）擅自改变行政处罚种类、幅度的；

（三）违反法定的行政处罚程序的；

（四）违反本法第二十条关于委托处罚的规定的；

（五）执法人员未取得执法证件的。

行政机关对符合立案标准的案件不及时立案的，依照前款规定予以处理。

第七十七条　行政机关对当事人进行处罚不使用罚款、没收财物单据或者使用非法定部门制发的罚款、没收财物单据的，当事人有权拒绝，并有权予以检举，由上级行政机关或者有关机关对使用的非法单据予以收缴销毁，对直接负责的主管人员和其他直接责任人员依法给予处分。

第七十八条　行政机关违反本法第六十七条的规定自行收缴罚款的，财政部门违反本法第七十四条的规定向行政机关返还罚款、没收的违法所得或者拍卖款项的，由上级行政机关或者有关机关责令改正，对直接负责的主管人员和其他直接责任人员依法给予处分。

第七十九条　行政机关截留、私分或者变相私分罚款、没收的违法所得或者财物的，由财政部门或者有关机关予以追缴，对直接负责的主管人员和其他直接责任人员依法给予处分；情节严重构成犯罪的，依法追究刑事责任。

执法人员利用职务上的便利，索取或者收受他人财物、将收缴罚款据为己有，构成犯罪的，依法追究刑事责任；情节轻微不构成犯罪的，依法给予处分。

第八十条　行政机关使用或者损毁查封、扣押的财物，对当事人造成损失的，应当依法予以赔偿，对直接负责的主管人员和其他直接责任人员依法给予处分。

第八十一条　行政机关违法实施检查措施或者执行措施，给公民人身或者财产造成损害、给法人或者其他组织造成损失的，应当依法予以赔偿，对直接负责的主管人员和其他直接责任人员依法给予处分；情节严重构成犯罪的，依法追究刑事责任。

第八十二条　行政机关对应当依法移交司法机关追究刑事责任的案件不移交，以行政处罚代替刑事处罚，由上级行政机关或者有关机关责令改正，对直接负责的主管人员和其他直接责任人员依法给予处分；情节严重构成犯罪的，依法追究刑事责任。

第八十三条　行政机关对应当予以制止和处罚的违法行为不予制止、处罚，致使公民、法人或者其他组织的合法权益、公共利益和社会秩序遭受损害的，对直接负责的主管人员和其他直接责任人员依法给予处分；情节严重构成犯罪的，依法追究刑事责任。

第八章　附　　则

第八十四条　外国人、无国籍人、外国组织在中华人民共和国领域内有违法行为，应当给予行政处罚的，适用本法，法律另有规定的除外。

第八十五条　本法中"二日""三日""五日""七日"的规定是指工作日，不含法定节假日。

第八十六条　本法自 2021 年 7 月 15 日起施行。

中共中央关于全面推进依法治国若干重大问题的决定

（2014 年 10 月 23 日中国共产党第十八届中央委员会第四次全体会议通过）

为贯彻落实党的十八大作出的战略部署，加快建设社会主义法治国家，十八届中央委员会第四次全体会议研究了全面推进依法治国若干重大问题，作出如下决定。

一、坚持走中国特色社会主义法治道路，建设中国特色社会主义法治体系

依法治国，是坚持和发展中国特色社会主义的本质要求和重要保障，是实现国家治理体系和治理能力现代化的必然要求，事关我们党执政兴国，事关人民幸福安康，事关党和国家长治久安。

全面建成小康社会、实现中华民族伟大复兴的中国梦，全面深化改革、完善和发展中国特色社会主义制度，提高党的执政能力和执政水平，必须全面推进依法治国。

我国正处于社会主义初级阶段，全面建成小康社会进入决定性阶段，改革进入攻坚期和深水区，国际形势复杂多变，我们党面对的改革发展稳定任务之重前所未有、矛盾风险挑战之多前所未有，依法治国在党和国家工作全局中的地位更加突出、作用更加重大。面对新形势新任务，我们党要更好统筹国内国际两个大局，更好维护和运用我国发展的重要战略机遇期，更好统筹社会力量、平衡社会利益、调节社会关系、规范社会行为，使我国社会在深刻变革中既生机勃勃又井然有序，实现经济发展、政治清明、文化昌盛、社会公正、生态良好，实现我国和平发展的战略目标，必须更好发挥法治的引领和规范作用。

我们党高度重视法治建设。长期以来，特别是党的十一届三中全会以来，我们党深刻总结我国社会主义法治建设的成功经验和深刻教训，提出为了保障人民民主，必须加强法治，必须使民主制度化、法律化，把依法治国确定为党领导人民治理国家的基本方略，把依法执政确定为党治国理政的基本方式，积极建设社会主义法治，取得历史性成就。目前，中国特色社会主义法律体系已经形成，法治政府建设稳步推进，司法体制不断完善，全社会法治观念明显增强。

同时，必须清醒看到，同党和国家事业发展要求相比，同人民群众期待相比，同推进国家治理体系和治理能力现代化目标相比，法治建设还存在许多不适应、不符合的问题，主要表现为：有的法律法规未能全面反映客观规律和人民意愿，针对性、可操作性不强，立法工作中部门化倾向、争权诿责现象较为突出；有法不依、执法不严、违法不究现象比较严重，执法体制权责脱节、多头执法、选择性执法现象仍然存在，执法司法不规范、不严格、不透明、不文明现象较为突出，群众对执法司法不公和腐败问题反映强烈；部分社会成员尊法信法守法用法、依法维权意识不强，一些国家工作人员特别是领导干部依法办事观念不强、能力不足，知法犯法、以言代法、以权压法、徇私枉法现象依然存在。这些问题，违背社会主义法治原则，损害人民群众利益，妨碍党和国家事业发展，必须下大气力加以解决。

全面推进依法治国，必须贯彻落实党的十八大和十八届三中全会精神，高举中国特色社会主义伟大旗帜，以马克思列宁主义、毛泽东思想、邓小平理论、"三个代表"重要思想、科学发展观为指导，深入贯彻习近平总书记系列重要讲话精神，坚持党的领导、人民当家作主、依法治国有机统一，坚定不移走中国特色社会主义法治道路，坚决维护宪法法律权威，依法维护人民权益、维护社会公平正义、维护国家安全稳定，为实现"两个一百年"奋斗目标、实现中华民族伟大复兴的中国梦提供有力法治保障。

全面推进依法治国，总目标是建设中国特色社会主义法治体系，建设社会主义法治国家。这就是，在中国共产党领导下，坚持中国特色社会主义制度，贯彻中国特色社会主义法治理论，形成完备的法律规范体系、高效的法治实施体系、严密的法治监督体系、有力的法治保障体系，形成完善的党内法规体系，坚持依法治国、依法执政、依法行政共同推进，坚持法治国家、法治政府、法治社会一体建设，实现科学立法、严格执法、公正司法、全民守法，促进国家治理体系和治理能力现代化。

实现这个总目标，必须坚持以下原则。

——坚持中国共产党的领导。党的领导是中国特色社会主义最本质的特征，是社会主义法治最根本的保证。把党的领导贯彻到依法治国全过程和各方面，是我国社会主义法治建设的一条　基本经验。我国宪法确立了中国共产党的领导地位。坚持党的领导，是社会主义法治的根本要求，是党和国家的根本所在、命脉所在，是全国各族人民的利益所系、幸福所系，是全面推进依法治国的题中应有之义。党的领导和社会主义法治是一致的，社会主义法治必须坚持党的领导，党的领导必须依靠社会主义法治。只有在党的领导下依法治国、厉行法治，人民当家作主才能充分实现，国家和社会生活法治化才能有序推进。依法执政，既要求党依据宪法法律治国理政，也要求党依据党内法规管党治党。必须坚持党领导立法、保证执法、支持司法、带头守法，把依法治国基本方略同依法执政基本方式统一起来，把党总揽全局、协调各方同人大、政府、政协、审判机关、检察机关依法依章程履行职能、开展工作统一起来，把党领导人民制定和实施宪法法律同党坚持在宪法法律范围内活动统一起来，善于使党的主张通过法定程序成为国家意志，善于使党组织推荐的人选通过法定程序成为国家政权机关的领导人员，善于通过国家政权机关实施党对国家和社会的领导，善于运用民主集中制原则维护中央权威、维护全党全国团结统一。

——坚持人民主体地位。人民是依法治国的主体和力量源泉，人民代表大会制度是保证人民当家作主的根本政治制度。必须坚持法治建设为了人民、依靠人民、造福人民、保护人民，以保障人民根本权益为出发点和落脚点，保证人民依法享有广泛的权利和自由、承担应尽的义务，维护社会公平正义，促进共同富裕。必须保证人民在党的领导下，依照法律规定，通过各种途径和形式管理国家事务，管理经济文化事业，管理社会事务。必须使人民认识到法律既是保障自身权利的有力武器，也是必须遵守的行为规范，增强全社会学法遵法守法用法意识，使法律为人民所掌握、所遵守、所运用。

——坚持法律面前人人平等。平等是社会主义法律的基本属性。任何组织和个人都必须尊重宪法法律权威，都必须在宪法法律范围内活动，都必须依照宪法法律行使权力或权利、履行职责或义务，都不得有超越宪法法律的特权。必须维护国家法制统一、尊严、权威，切实保证宪法法律有效实施，绝不允许任何人以任何借口任何形式以言代法、以权压法、徇私枉法。必须以规范和约束公权力为重点，加大监督力度，做到有权必有责、用权受监督、违法必追究，坚决纠正有法不依、执法不严、违法不究行为。

——坚持依法治国和以德治国相结合。国家和社会治理需要法律和道德共同发挥作用。必须坚持一手抓法治、一手抓德治，大力弘扬社会主义核心价值观，弘扬中华传统美德，培育社会公德、职业道德、家庭美德、个人品德，既重视发挥法律的规范作用，又重视发挥道德的教化作用，以法治体现道德理念、强化法律对道德建设的促进作用，以道德滋养法治精神、强化道德对法治文化的支撑作用，实现法律和道德相辅相成、法治和德治相得益彰。

——坚持从中国实际出发。中国特色社会主义道路、理论体系、制度是全面推进依法治国的根本遵循。必须从我国基本国情出发，同改革开放不断深化相适应，总结和运用党领导人民实行法治的成功经验，围绕社会主义法治建设重大理论和实践问题，推进法治理论创新，发展符合中国实际、具有中国特色、体现社会发展规律的社会主义法治理论，为依法治国提供理论指导和学理支撑。汲取中华法律文化精华，借鉴国外法治有益经验，但决不照搬外国法治理念和模式。

全面推进依法治国是一个系统工程，是国家治理领域一场广泛而深刻的革命，需要付出长期艰苦努力。全党同志必须更加自觉地坚持依法治国、更加扎实地推进依法治国，努力实现国家各项工作法治化，向着建设法治中国不断前进。

二、完善以宪法为核心的中国特色社会主义法律体系，加强宪法实施

法律是治国之重器，良法是善治之前提。建设中国特色社会主义法治体系，必须坚持立法先行，发挥立法的引领和推动作用，抓住提高立法质量这个关键。要恪守以民为本、立法为民理念，贯彻社会主义核心价值观，使每一项立法都符合宪法精神、反映人民意志、得到人民拥护。要把公正、公平、公开原则贯穿立法全过程，完善立法体制机制，坚持立改废释并举，增强法律法规的及时性、系统性、针对性、有效性。

（一）健全宪法实施和监督制度。宪法是党和人民意志的集中体现，是通过科学民主程序形成的根本法。坚持依法治国首先要坚持依宪治国，坚持依法执政首先要坚持依宪执政。全国各族人民、一切国家机关和武装力量、各政党和各社会团体、各企业事业组织，都必须以宪法为根本的活动准则，并且负有维护宪法尊严、保证宪法实施的职责。一切违反宪法的行为都必须予以追究和纠正。

完善全国人大及其常委会宪法监督制度，健全宪法解释程序机制。加强备案审查制度和能力建设，把所有规范性文件纳入备案审查范围，依法撤销和纠正违宪违法的规范性文件，禁止地方制发带有立法性质的文件。

将每年十二月四日定为国家宪法日。在全社会普遍开展宪法教育，弘扬宪法精神。建立宪法宣誓制度，凡经人大及其常委会选举或者决定任命的国家工作人员正式就职时公开向宪法宣誓。

（二）完善立法体制。加强党对立法工作的领导，完善党对立法工作中重大问题决策的程序。凡立法涉及重大体制和重大政策调整的，必须报党中央讨论决定。党中央向全国人大提出宪法修改建议，依照宪法规定的程序进行宪法修改。法律制定和修改的重大问题由全国人大常委会党组向党中央报告。

健全有立法权的人大主导立法工作的体制机制，发挥人大及其常委会在立法工作中的主导作用。建立由全国人大相关专门委员会、全国人大常委会法制工作委员会组织有关部门参与起草综合性、全局性、基础性等重要法律草案制度。增加有法治实践经验的专职常委比例。依法建立健全专门委员会、工作委员会立法专家顾问制度。

加强和改进政府立法制度建设，完善行政法规、规章制定程序，完善公众参与政府立法机制。重要行政管理法律法规由政府法制机构组织起草。

明确立法权力边界，从体制机制和工作程序上有效防止部门利益和地方保护主义法律化。对部门间争议较大的重要立法事项，由决策机关引入第三方评估，充分听取各方意见，协调决定，不能久拖不决。加强法律解释工作，及时明确法律规定含义和适用法律依据。明确地方立法权限和范围，依法赋予设区的市地方立法权。

（三）深入推进科学立法、民主立法。加强人大对立法工作的组织协调，健全立法起草、论证、协调、审议机制，健全向下级人大征询立法意见机制，建立基层立法联系点制度，推进立法精细化。健全法律法规规章起草征求人大代表意见制度，增加人大代表列席人大常委会会议人数，更多发挥人大代表参与起草和修改法律作用。完善立法项目征集和论证制度。健全立法机关主导、社会各方有序参与立法的途径和方式。探索委托第三方起草法律法规草案。

健全立法机关和社会公众沟通机制，开展立法协商，充分发挥政协委员、民主党派、工商联、无党派人士、人民团体、社会组织在立法协商中的作用，探索建立有关国家机关、社会团体、专家学者等对立法中涉及的重大利益调整论证咨询机制。拓宽公民有序参与立法途径，健全法律法规规章草案公开征求意见和公众意见采纳情况反馈机制，广泛凝聚社会共识。

完善法律草案表决程序，对重要条款可以单独表决。

（四）加强重点领域立法。依法保障公民权利，加快完善体现权利公平、机会公平、规则公平的法律制度，保障公民人身权、财产权、基本政治权利等各项权利不受侵犯，保障公民经济、文化、社会等各方面权利得到落实，实现公民权利保障法治化。增强全社会尊重和保障人权意识，健全公民权利救济渠道和方式。

社会主义市场经济本质上是法治经济。使市场在资源配置中起决定性作用和更好发挥政府作用，必须以保护产权、维护契约、统一市场、平等交换、公平竞争、有效监管为基本导向，完善社会主义市场经济法律制度。健全以公平为核心原则的产权保护制度，加强对各种所有制经济组织和自然人财产权的保护，清理有违公平的法律法规条款。创新适应公有制多种实现形式的产权保护制度，加强对国有、集体资产所有权、经营权和各类企业法人财产权的保护。国家保护企业以法人财产权依法自主经营、自负盈亏，企业有权拒绝任何组织和个人无法律依据的要求。加强企业社会责任立法。完善激励创新的产权制度、知识产权保护制度和促进科技成果转化的体制机制。加强市场法律制度建设，编纂民法典，制定和完善发展规划、投资管理、土地管理、能源和矿产资源、农业、财政税收、金融等方面法律法规，促进商品和要素自由流动、公平交易、平等使用。依法加强和改善宏观调控、市场监管，反对垄断，促进合理竞争，维护公平竞争的市场秩序。加强军民融合深度发展法治保障。

制度化、规范化、程序化是社会主义民主政治的根本保障。以保障人民当家作主为核心，坚持和完善人民代表大会制度，坚持和完善中国共产党领导的多党合作和政治协商制度、民族区域自治制度以及基层群众自治制度，推进社会主义民主政治法治化。加强社会主义协商民主制度建设，推进协商民主广泛多层制度化发展，构建程序合理、环节完整的协商民主体系。完善和发展基层民主制度，依法推进基层民主和行业自律，实行自我管理、自我服务、自我教育、自我监督。完善国家机构组织法，完善选举制度和工作机制。加快推进反腐败国家立法，完善惩治和预防腐败体系，形成不敢腐、不能腐、不想腐的有效机制，坚决遏制和预防腐败现象。完善惩治贪污贿赂犯罪法律制度，把贿赂犯罪对象由财物扩大为财物和其他财产性利益。

建立健全坚持社会主义先进文化前进方向、遵循文化发展规律、有利于激发文化创造活力、保障人民基本文化权益的文化法律制度。制定公共文化服务保障法，促进基本公共文化服务标准化、均等化。制定文化产业促进法，把行之有效的文化经济政策法定化，健全促进社会效益和经济效益有机统一的制度规范。制定国家勋章和国家荣誉称号法，表彰有突出贡献的杰出人士。加强互联网领域立法，完善网络信息服务、网络安全保护、网络社会管理等方面的法律法规，依法规范网络行为。

加快保障和改善民生、推进社会治理体制创新法律制度建设。依法加强和规范公共服务，完善教育、就业、收入分配、社会保障、医疗卫生、食品安全、扶贫、慈善、社会救助和妇女儿童、老年人、残疾人合法权益保护等方面的法律法规。加强社会组织立法，规范和引导各类社会组织健康发展。制定社区矫正法。

贯彻落实总体国家安全观，加快国家安全法治建设，抓紧出台反恐怖等一批急需法律，推进公共安全法治化，构建国家安全法律制度体系。

用严格的法律制度保护生态环境，加快建立有效约束开发行为和促进绿色发展、循环发展、低碳发展的生态文明法律制度，强化生产者环境保护的法律责任，大幅度提高违法成本。建立健全自然资源产权法律制度，完善国土空间开发保护方面的法律制度，制定完善生态补偿和土壤、水、大气污染防治及海洋生态环境保护等法律法规，促进生态文明建设。

实现立法和改革决策相衔接，做到重大改革于法有据、立法主动适应改革和经济社会发展需要。实践证明行之有效的，要及时上升为法律。实践条件还不成熟、需要先行先试的，要按照法定程序作出授权。对不适应改革要求的法律法规，要及时修改和废止。

三、深入推进依法行政，加快建设法治政府

法律的生命力在于实施，法律的权威也在于实施。各级政府必须坚持在党的领导下、在法治轨道上开展工作，创新执法体制，完善执法程序，推进综合执法，严格执法责任，建立权责统一、权威高效的依法行政体制，加快建设职能科学、权责法定、执法严明、公开公正、廉洁高效、守法诚信的法治政府。

（一）依法全面履行政府职能。完善行政组织和行政程序法律制度，推进机构、职能、权限、程序、责任法定化。行政机关要坚持法定职责必须为、法无授权不可为，勇于负责、敢于担当，坚决纠正不作为、乱作为，坚决克服懒政、怠政，坚决惩处失职、渎职。行政机关不得法外设定权力，没有法律法规依据不得作出减损公民、法人和其他组织合法权益或者增加其义务的决定。推行政府权力清单制度，坚决消除权力设租寻租空间。

推进各级政府事权规范化、法律化，完善不同层级政府特别是中央和地方政府事权法律制度，强化中央政府宏观管理、制度设定职责和必要的执法权，强化省级政府统筹推进区域内基本公共服务均等化职责，强化市县政府执行职责。

（二）健全依法决策机制。把公众参与、专家论证、风险评估、合法性审查、集体讨论决定确定为重大行政决策法定程序，确保决策制度科学、程序正当、过程公开、责任明确。建立行政机关内部重大决策合法性审查机制，未经合法性审查或经审查不合法的，不得提交讨论。

积极推行政府法律顾问制度，建立政府法制机构人员为主体、吸收专家和律师参加的法律顾问队伍，保证法律顾问在制定重大行政决策、推进依法行政中发挥积极作用。

建立重大决策终身责任追究制度及责任倒查机制，对决策严重失误或者依法应该及时作出决策但久拖不决造成重大损失、恶劣影响的，严格追究行政首长、负有责任的其他领导人员和相关责任人员的法律责任。

（三）深化行政执法体制改革。根据不同层级政府的事权和职能，按照减少层次、整合队伍、提高效率的原则，合理配置执法力量。

推进综合执法，大幅减少市县两级政府执法队伍种类，重点在食品药品安全、工商质检、公共卫生、安全生产、文化旅游、资源环境、农林水利、交通运输、城乡建设、海洋渔业等领域内推行综合执法，有条件的领域可以推行跨部门综合执法。

完善市县两级政府行政执法管理，加强统一领导和协调。理顺行政强制执行体制。理顺城管执法体制，加强城市管理综合执法机构建设，提高执法和服务水平。

严格实行行政执法人员持证上岗和资格管理制度，未经执法资格考试合格，不得授予执法资格，不得从事执法活动。严格执行罚缴分离和收支两条　线管理制度，严禁收费罚没收入同部门利益直接或者变相挂钩。

健全行政执法和刑事司法衔接机制，完善案件移送标准和程序，建立行政执法机关、公安机关、检察机关、审判机关信息共享、案情通报、案件移送制度，坚决克服有案不移、有案难移、以罚代刑现象，实现行政处罚和刑事处罚无缝对接。

（四）坚持严格规范公正文明执法。依法惩处各类违法行为，加大关系群众切身利益的重点领域执法力度。完善执法程序，建立执法全过程记录制度。明确具体操作流程，重点规范行政许可、行政处罚、行政强制、行政征收、行政收费、行政检查等执法行为。严格执行重大执法决定法制审核制度。

建立健全行政裁量权基准制度，细化、量化行政裁量标准，规范裁量范围、种类、幅度。加强行政执法信息化建设和信息共享，提高执法效率和规范化水平。

全面落实行政执法责任制，严格确定不同部门及机构、岗位执法人员执法责任和责任追究机制，加强执法监督，坚决排除对执法活动的干预，防止和克服地方和部门保护主义，惩治执法腐败现象。

（五）强化对行政权力的制约和监督。加强党内监督、人大监督、民主监督、行政监督、司法监督、审计监督、社会监督、舆论监督制度建设，努力形成科学有效的权力运行制约和监督体系，增强监督合力和实效。

加强对政府内部权力的制约，是强化对行政权力制约的重点。对财政资金分配使用、国有资产监管、政府投资、政府采购、公共资源转让、公共工程建设等权力集中的部门和岗位实行分事行权、分岗设权、分级授权，定期轮岗，强化内部流程控制，防止权力滥用。完善政府内部层级监督和专门监督，改进上级机关对下级机关的监督，建立常态化监督制度。完善纠错问责机制，健全责令公开道歉、停职检查、引咎辞职、责令辞职、罢免等问责方式和程序。

完善审计制度，保障依法独立行使审计监督权。对公共资金、国有资产、国有资源和领导干部履行经济责任情况实行审计全覆盖。强化上级审计机关对下级审计机关的领导。探索省以下地方审计机关人财物统一管理。推进审计职业化建设。

（六）全面推进政务公开。坚持以公开为常态、不公开为例外原则，推进决策公开、执行公开、管理公开、服务公开、结果公开。各级政府及其工作部门依据权力清单，向社会全面公开政府职能、法律依据、实施主体、职责权限、管理流程、监督方式等事项。重点推进财政预算、公共资源配置、重大建设项目批准和实施、社会公益事业建设等领域的政府信息公开。

涉及公民、法人或其他组织权利和义务的规范性文件，按照政府信息公开要求和程序予以公布。推行行政执法公示制度。推进政务公开信息化，加强互联网政务信息数据服务平台和便民服务平台建设。

四、保证公正司法，提高司法公信力

公正是法治的生命线。司法公正对社会公正具有重要引领作用，司法不公对社会公正具有致命破坏作用。必须完善司法管理体制和司法权力运行机制，规范司法行为，加强对司法活动的监督，努力让人民群众在每一个司法案件中感受到公平正义。

（一）完善确保依法独立公正行使审判权和检察权的制度。各级党政机关和领导干部要支持法院、检察院依法独立公正行使职权。建立领导干部干预司法活动、插手具体案件处理的记录、通报和责任追究制度。任何党政机关和领导干部都不得让司法机关做违反法定职责、有碍司法公正的事情，任何司法机关都不得执行党政机关和领导干部违法干预司法活动的要求。对干预司法机关办案的，给予党纪政纪处分；造成冤假错案或者其他严重后果的，依法追究刑事责任。

健全行政机关依法出庭应诉、支持法院受理行政案件、尊重并执行法院生效裁判的制度。完善惩戒妨碍司法机关依法行使职权、拒不执行生效裁判和决定、藐视法庭权威等违法犯罪行为的法律规定。

建立健全司法人员履行法定职责保护机制。非因法定事由，非经法定程序，不得将法官、检察官调离、辞退或者作出免职、降级等处分。

（二）优化司法职权配置。健全公安机关、检察机关、审判机关、司法行政机关各司其职，侦查权、检察权、审判权、执行权相互配合、相互制约的体制机制。

完善司法体制，推动实行审判权和执行权相分离的体制改革试点。完善刑罚执行制度，统一刑罚执行体制。改革司法机关人财物管理体制，探索实行法院、检察院司法行政事务管理权和审判权、检察权相分离。

最高人民法院设立巡回法庭，审理跨行政区域重大行政和民商事案件。探索设立跨行政区划的人民法院和人民检察院，办理跨地区案件。完善行政诉讼体制机制，合理调整行政诉讼案件管辖制度，切实解决行政诉讼立案难、审理难、执行难等突出问题。

改革法院案件受理制度，变立案审查制为立案登记制，对人民法院依法应该受理的案件，做到有案必立、有诉必理，保障当事人诉权。加大对虚假诉讼、恶意诉讼、无理缠诉行为的惩治力度。完善刑事诉讼中认罪认罚从宽制度。

完善审级制度，一审重在解决事实认定和法律适用，二审重在解决事实法律争议、实现二审终审，再审重在解决依法纠错、维护裁判权威。完善对涉及公民人身、财产权益的行政强制措施实行司法监督制度。检察机关在履行职责中发现行政机关违法行使职权或者不行使职权的行为，应该督促其纠正。探索建立检察机关提起公益诉讼制度。

明确司法机关内部各层级权限，健全内部监督制约机制。司法机关内部人员不得违反

规定干预其他人员正在办理的案件，建立司法机关内部人员过问案件的记录制度和责任追究制度。完善主审法官、合议庭、主任检察官、主办侦查员办案责任制，落实谁办案谁负责。

加强职务犯罪线索管理，健全受理、分流、查办、信息反馈制度，明确纪检监察和刑事司法办案标准和程序衔接，依法严格查办职务犯罪案件。

（三）推进严格司法。坚持以事实为根据、以法律为准绳，健全事实认定符合客观真相、办案结果符合实体公正、办案过程符合程序公正的法律制度。加强和规范司法解释和案例指导，统一法律适用标准。

推进以审判为中心的诉讼制度改革，确保侦查、审查起诉的案件事实证据经得起法律的检验。全面贯彻证据裁判规则，严格依法收集、固定、保存、审查、运用证据，完善证人、鉴定人出庭制度，保证庭审在查明事实、认定证据、保护诉权、公正裁判中发挥决定性作用。

明确各类司法人员工作职责、工作流程、工作标准，实行办案质量终身负责制和错案责任倒查问责制，确保案件处理经得起法律和历史检验。

（四）保障人民群众参与司法。坚持人民司法为人民，依靠人民推进公正司法，通过公正司法维护人民权益。在司法调解、司法听证、涉诉信访等司法活动中保障人民群众参与。完善人民陪审员制度，保障公民陪审权利，扩大参审范围，完善随机抽选方式，提高人民陪审制度公信度。逐步实行人民陪审员不再审理法律适用问题，只参与审理事实认定问题。

构建开放、动态、透明、便民的阳光司法机制，推进审判公开、检务公开、警务公开、狱务公开，依法及时公开执法司法依据、程序、流程、结果和生效法律文书，杜绝暗箱操作。加强法律文书释法说理，建立生效法律文书统一上网和公开查询制度。

（五）加强人权司法保障。强化诉讼过程中当事人和其他诉讼参与人的知情权、陈述权、辩护辩论权、申请权、申诉权的制度保障。健全落实罪刑法定、疑罪从无、非法证据排除等法律原则的法律制度。完善对限制人身自由司法措施和侦查手段的司法监督，加强对刑讯逼供和非法取证的源头预防，健全冤假错案有效防范、及时纠正机制。

切实解决执行难，制定强制执行法，规范查封、扣押、冻结、处理涉案财物的司法程序。加快建立失信被执行人信用监督、威慑和惩戒法律制度。依法保障胜诉当事人及时实现权益。

落实终审和诉讼终结制度，实行诉访分离，保障当事人依法行使申诉权利。对不服司法机关生效裁判、决定的申诉，逐步实行由律师代理制度。对聘不起律师的申诉人，纳入法律援助范围。

（六）加强对司法活动的监督。完善检察机关行使监督权的法律制度，加强对刑事诉讼、民事诉讼、行政诉讼的法律监督。完善人民监督员制度，重点监督检察机关查办职务犯罪的立案、羁押、扣押冻结财物、起诉等环节的执法活动。司法机关要及时回应社会关切。规范媒体对案件的报道，防止舆论影响司法公正。

依法规范司法人员与当事人、律师、特殊关系人、中介组织的接触、交往行为。严禁司法人员私下接触当事人及律师、泄露或者为其打探案情、接受吃请或者收受其财物、为律师介绍代理和辩护业务等违法违纪行为，坚决惩治司法掮客行为，防止利益输送。

对因违法违纪被开除公职的司法人员、吊销执业证书的律师和公证员，终身禁止从事法律职业，构成犯罪的要依法追究刑事责任。

坚决破除各种潜规则，绝不允许法外开恩，绝不允许办关系案、人情案、金钱案。坚决反对和克服特权思想、衙门作风、霸道作风，坚决反对和惩治粗暴执法、野蛮执法行为。对司法领域的腐败零容忍，坚决清除害群之马。

五、增强全民法治观念，推进法治社会建设

法律的权威源自人民的内心拥护和真诚信仰。人民权益要靠法律保障，法律权威要靠人民维护。必须弘扬社会主义法治精神，建设社会主义法治文化，增强全社会厉行法治的积极性和主动性，形成守法光荣、违法可耻的社会氛围，使全体人民都成为社会主义法治的忠实崇尚者、自觉遵守者、坚定捍卫者。

（一）推动全社会树立法治意识。坚持把全民普法和守法作为依法治国的长期基础性工作，深入开展法治宣传教育，引导全民自觉守法、遇事找法、解决问题靠法。坚持把领导干部带头学法、模范守法作为树立法治意识的关键，完善国家工作人员学法用法制度，把宪法法律列入党委（党组）中心组学习内容，列为党校、行政学院、干部学院、社会主义学院必修课。把法治教育纳入国民教育体系，从青少年抓起，在中小学设立法治知识课程。

健全普法宣传教育机制，各级党委和政府要加强对普法工作的领导，宣传、文化、教育部门和人民团体要在普法教育中发挥职能作用。实行国家机关"谁执法谁普法"的普法责任制，建立法官、检察官、行政执法人员、律师等以案释法制度，加强普法讲师团、普法志愿者队伍建设。把法治教育纳入精神文明创建内容，开展群众性法治文化活动，健全媒体公益普法制度，加强新媒体新技术在普法中的运用，提高普法实效。

牢固树立有权力就有责任、有权利就有义务观念。加强社会诚信建设，健全公民和组织守法信用记录，完善守法诚信褒奖机制和违法失信行为惩戒机制，使遵法守法成为全体人民共同追求和自觉行动。

加强公民道德建设，弘扬中华优秀传统文化，增强法治的道德底蕴，强化规则意识，倡导契约精神，弘扬公序良俗。发挥法治在解决道德领域突出问题中的作用，引导人们自觉履行法定义务、社会责任、家庭责任。

（二）推进多层次多领域依法治理。坚持系统治理、依法治理、综合治理、源头治理，提高社会治理法治化水平。深入开展多层次多形式法治创建活动，深化基层组织和部门、行业依法治理，支持各类社会主体自我约束、自我管理。发挥市民公约、乡规民约、行业规章、团体章程等社会规范在社会治理中的积极作用。

发挥人民团体和社会组织在法治社会建设中的积极作用。建立健全社会组织参与社会事务、维护公共利益、救助困难群众、帮教特殊人群、预防违法犯罪的机制和制度化渠道。支持行业协会商会类社会组织发挥行业自律和专业服务功能。发挥社会组织对其成员的行为导引、规则约束、权益维护作用。加强在华境外非政府组织管理，引导和监督其依法开展活动。

高举民族大团结旗帜，依法妥善处置涉及民族、宗教等因素的社会问题，促进民族关系、宗教关系和谐。

（三）建设完备的法律服务体系。推进覆盖城乡居民的公共法律服务体系建设，加强民生领域法律服务。完善法律援助制度，扩大援助范围，健全司法救助体系，保证人民群众在遇到法律问题或者权利受到侵害时获得及时有效法律帮助。

发展律师、公证等法律服务业，统筹城乡、区域法律服务资源，发展涉外法律服务业。健全统一司法鉴定管理体制。

（四）健全依法维权和化解纠纷机制。强化法律在维护群众权益、化解社会矛盾中的权威地位，引导和支持人们理性表达诉求、依法维护权益，解决好群众最关心最直接最现实的利益问题。

构建对维护群众利益具有重大作用的制度体系，建立健全社会矛盾预警机制、利益表达机制、协商沟通机制、救济救助机制，畅通群众利益协调、权益保障法律渠道。把信访纳

入法治化轨道，保障合理合法诉求依照法律规定和程序就能得到合理合法的结果。

健全社会矛盾纠纷预防化解机制，完善调解、仲裁、行政裁决、行政复议、诉讼等有机衔接、相互协调的多元化纠纷解决机制。加强行业性、专业性人民调解组织建设，完善人民调解、行政调解、司法调解联动工作体系。完善仲裁制度，提高仲裁公信力。健全行政裁决制度，强化行政机关解决同行政管理活动密切相关的民事纠纷功能。

深入推进社会治安综合治理，健全落实领导责任制。完善立体化社会治安防控体系，有效防范化解管控影响社会安定的问题，保障人民生命财产安全。依法严厉打击暴力恐怖、涉黑犯罪、邪教和黄赌毒等违法犯罪活动，绝不允许其形成气候。依法强化危害食品药品安全、影响安全生产、损害生态环境、破坏网络安全等重点问题治理。

六、加强法治工作队伍建设

全面推进依法治国，必须大力提高法治工作队伍思想政治素质、业务工作能力、职业道德水准，着力建设一支忠于党、忠于国家、忠于人民、忠于法律的社会主义法治工作队伍，为加快建设社会主义法治国家提供强有力的组织和人才保障。

（一）建设高素质法治专门队伍。把思想政治建设摆在首位，加强理想信念教育，深入开展社会主义核心价值观和社会主义法治理念教育，坚持党的事业、人民利益、宪法法律至上，加强立法队伍、行政执法队伍、司法队伍建设。抓住立法、执法、司法机关各级领导班子建设这个关键，突出政治标准，把善于运用法治思维和法治方式推动工作的人选拔到领导岗位上来。畅通立法、执法、司法部门干部和人才相互之间以及与其他部门具备条件的干部和人才交流渠道。

推进法治专门队伍正规化、专业化、职业化，提高职业素养和专业水平。完善法律职业准入制度，健全国家统一法律职业资格考试制度，建立法律职业人员统一职前培训制度。建立从符合条件的律师、法学专家中招录立法工作者、法官、检察官制度，畅通具备条件的军队转业干部进入法治专门队伍的通道，健全从政法专业毕业生中招录人才的规范便捷机制。加强边疆地区、民族地区法治专门队伍建设。加快建立符合职业特点的法治工作人员管理制度，完善职业保障体系，建立法官、检察官、人民警察专业职务序列及工资制度。

建立法官、检察官逐级遴选制度。初任法官、检察官由高级人民法院、省级人民检察院统一招录，一律在基层法院、检察院任职。上级人民法院、人民检察院的法官、检察官一般从下一级人民法院、人民检察院的优秀法官、检察官中遴选。

（二）加强法律服务队伍建设。加强律师队伍思想政治建设，把拥护中国共产党领导、拥护社会主义法治作为律师从业的基本要求，增强广大律师走中国特色社会主义法治道路的自觉性和坚定性。构建社会律师、公职律师、公司律师等优势互补、结构合理的律师队伍。提高律师队伍业务素质，完善执业保障机制。加强律师事务所管理，发挥律师协会自律作用，规范律师执业行为，监督律师严格遵守职业道德和职业操守，强化准入、退出管理，严格执行违法违规执业惩戒制度。加强律师行业党的建设，扩大党的工作覆盖面，切实发挥律师事务所党组织的政治核心作用。

各级党政机关和人民团体普遍设立公职律师，企业可设立公司律师，参与决策论证，提供法律意见，促进依法办事，防范法律风险。明确公职律师、公司律师法律地位及权利义务，理顺公职律师、公司律师管理体制机制。

发展公证员、基层法律服务工作者、人民调解员队伍。推动法律服务志愿者队伍建设。建立激励法律服务人才跨区域流动机制，逐步解决基层和欠发达地区法律服务资源不足和高端人才匮乏问题。

（三）创新法治人才培养机制。坚持用马克思主义法学思想和中国特色社会主义法治理论全方位占领高校、科研机构法学教育和法学研究阵地，加强法学基础理论研究，形成完善的中国特色社会主义法学理论体系、学科体系、课程体系，组织编写和全面采用国家统一的法律类专业核心教材，纳入司法考试必考范围。坚持立德树人、德育为先导向，推动中国特色社会主义法治理论进教材进课堂进头脑，培养造就熟悉和坚持中国特色社会主义法治体系的法治人才及后备力量。建设通晓国际法律规则、善于处理涉外法律事务的涉外法治人才队伍。

健全政法部门和法学院校、法学研究机构人员双向交流机制，实施高校和法治工作部门人员互聘计划，重点打造一支政治立场坚定、理论功底深厚、熟悉中国国情的高水平法学家和专家团队，建设高素质学术带头人、骨干教师、专兼职教师队伍。

七、加强和改进党对全面推进依法治国的领导

党的领导是全面推进依法治国、加快建设社会主义法治国家最根本的保证。必须加强和改进党对法治工作的领导，把党的领导贯彻到全面推进依法治国全过程。

（一）坚持依法执政。依法执政是依法治国的关键。各级党组织和领导干部要深刻认识到，维护宪法法律权威就是维护党和人民共同意志的权威，捍卫宪法法律尊严就是捍卫党和人民共同意志的尊严，保证宪法法律实施就是保证党和人民共同意志的实现。各级领导干部要对法律怀有敬畏之心，牢记法律红线不可逾越、法律底线不可触碰，带头遵守法律，带头依法办事，不得违法行使权力，更不能以言代法、以权压法、徇私枉法。

健全党领导依法治国的制度和工作机制，完善保证党确定依法治国方针政策和决策部署的工作机制和程序。加强对全面推进依法治国统一领导、统一部署、统筹协调。完善党委依法决策机制，发挥政策和法律的各自优势，促进党的政策和国家法律互联互动。党委要定期听取政法机关工作汇报，做促进公正司法、维护法律权威的表率。党政主要负责人要履行推进法治建设第一责任人职责。各级党委要领导和支持工会、共青团、妇联等人民团体和社会组织在依法治国中积极发挥作用。

人大、政府、政协、审判机关、检察机关的党组织和党员干部要坚决贯彻党的理论和路线方针政策，贯彻党委决策部署。各级人大、政府、政协、审判机关、检察机关的党组织要领导和监督本单位模范遵守宪法法律，坚决查处执法犯法、违法用权等行为。

政法委员会是党委领导政法工作的组织形式，必须长期坚持。各级党委政法委员会要把工作着力点放在把握政治方向、协调各方职能、统筹政法工作、建设政法队伍、督促依法履职、创造公正司法环境上，带头依法办事，保障宪法法律正确统一实施。政法机关党组织要建立健全重大事项向党委报告制度。加强政法机关党的建设，在法治建设中充分发挥党组织政治保障作用和党员先锋模范作用。

（二）加强党内法规制度建设。党内法规既是管党治党的重要依据，也是建设社会主义法治国家的有力保障。党章是最根本的党内法规，全党必须一体严格遵行。完善党内法规制定体制机制，加大党内法规备案审查和解释力度，形成配套完备的党内法规制度体系。注重党内法规同国家法律的衔接和协调，提高党内法规执行力，运用党内法规把党要管党、从严治党落到实处，促进党员、干部带头遵守国家法律法规。

党的纪律是党内规矩。党规党纪严于国家法律，党的各级组织和广大党员干部不仅要模范遵守国家法律，而且要按照党规党纪以更高标准严格要求自己，坚定理想信念，践行党的宗旨，坚决同违法乱纪行为作斗争。对违反党规党纪的行为必须严肃处理，对苗头性倾向性问题必须抓早抓小，防止小错酿成大错、违纪走向违法。

依纪依法反对和克服形式主义、官僚主义、享乐主义和奢靡之风，形成严密的长效机制。完善和严格执行领导干部政治、工作、生活待遇方面各项制度规定，着力整治各种特权行为。深入开展党风廉政建设和反腐败斗争，严格落实党风廉政建设党委主体责任和纪委监督责任，对任何腐败行为和腐败分子，必须依纪依法予以坚决惩处，决不手软。

（三）提高党员干部法治思维和依法办事能力。党员干部是全面推进依法治国的重要组织者、推动者、实践者，要自觉提高运用法治思维和法治方式深化改革、推动发展、化解矛盾、维护稳定能力，高级干部尤其要以身作则、以上率下。把法治建设成效作为衡量各级领导班子和领导干部工作实绩重要内容，纳入政绩考核指标体系。把能不能遵守法律、依法办事作为考察干部重要内容，在相同条件下，优先提拔使用法治素养好、依法办事能力强的干部。对特权思想严重、法治观念淡薄的干部要批评教育，不改正的要调离领导岗位。

（四）推进基层治理法治化。全面推进依法治国，基础在基层，工作重点在基层。发挥基层党组织在全面推进依法治国中的战斗堡垒作用，增强基层干部法治观念、法治为民的意识，提高依法办事能力。加强基层法治机构建设，强化基层法治队伍，建立重心下移、力量下沉的法治工作机制，改善基层基础设施和装备条件，推进法治干部下基层活动。

（五）深入推进依法治军从严治军。党对军队绝对领导是依法治军的核心和根本要求。紧紧围绕党在新形势下的强军目标，着眼全面加强军队革命化现代化正规化建设，创新发展依法治军理论和实践，构建完善的中国特色军事法治体系，提高国防和军队建设法治化水平。

坚持在法治轨道上积极稳妥推进国防和军队改革，深化军队领导指挥体制、力量结构、政策制度等方面改革，加快完善和发展中国特色社会主义军事制度。

健全适应现代军队建设和作战要求的军事法规制度体系，严格规范军事法规制度的制定权限和程序，将所有军事规范性文件纳入审查范围，完善审查制度，增强军事法规制度科学性、针对性、适用性。

坚持从严治军铁律，加大军事法规执行力度，明确执法责任，完善执法制度，健全执法监督机制，严格责任追究，推动依法治军落到实处。

健全军事法制工作体制，建立完善领导机关法制工作机构。改革军事司法体制机制，完善统一领导的军事审判、检察制度，维护国防利益，保障军人合法权益，防范打击违法犯罪。建立军事法律顾问制度，在各级领导机关设立军事法律顾问，完善重大决策和军事行动法律咨询保障制度。改革军队纪检监察体制。

强化官兵法治理念和法治素养，把法律知识学习纳入军队院校教育体系、干部理论学习和部队教育训练体系，列为军队院校学员必修课和部队官兵必学必训内容。完善军事法律人才培养机制。加强军事法治理论研究。

（六）依法保障"一国两制"实践和推进祖国统一。坚持宪法的最高法律地位和最高法律效力，全面准确贯彻"一国两制"、"港人治港"、"澳人治澳"、高度自治的方针，严格依照宪法和基本法办事，完善与基本法实施相关的制度和机制，依法行使中央权力，依法保障高度自治，支持特别行政区行政长官和政府依法施政，保障内地与香港、澳门经贸关系发展和各领域交流合作，防范和反对外部势力干预港澳事务，保持香港、澳门长期繁荣稳定。

运用法治方式巩固和深化两岸关系和平发展，完善涉台法律法规，依法规范和保障两岸人民关系、推进两岸交流合作。运用法律手段捍卫一个中国原则、反对"台独"，增进维护一个中国框架的共同认知，推进祖国和平统一。

依法保护港澳同胞、台湾同胞权益。加强内地同香港和澳门、祖国大陆同台湾的执法司法协作，共同打击跨境违法犯罪活动。

（七）加强涉外法律工作。适应对外开放不断深化，完善涉外法律法规体系，促进构建开放型经济新体制。积极参与国际规则制定，推动依法处理涉外经济、社会事务，增强我国在国际法律事务中的话语权和影响力，运用法律手段维护我国主权、安全、发展利益。强化涉外法律服务，维护我国公民、法人在海外及外国公民、法人在我国的正当权益，依法维护海外侨胞权益。深化司法领域国际合作，完善我国司法协助体制，扩大国际司法协助覆盖面。加强反腐败国际合作，加大海外追赃追逃、遣返引渡力度。积极参与执法安全国际合作，共同打击暴力恐怖势力、民族分裂势力、宗教极端势力和贩毒走私、跨国有组织犯罪。

各级党委要全面准确贯彻本决定精神，健全党委统一领导和各方分工负责、齐抓共管的责任落实机制，制定实施方案，确保各项部署落到实处。

全党同志和全国各族人民要紧密团结在以习近平同志为核心的党中央周围，高举中国特色社会主义伟大旗帜，积极投身全面推进依法治国伟大实践，开拓进取，扎实工作，为建设法治中国而奋斗！

国务院关于加强审计工作的意见

（国发〔2014〕48号）

各省、自治区、直辖市人民政府，国务院各部委、各直属机构：

为切实加强审计工作，推动国家重大决策部署和有关政策措施的贯彻落实，更好地服务改革发展，维护经济秩序，促进经济社会持续健康发展，现提出以下意见：

一、总体要求

（一）指导思想。坚持以邓小平理论、"三个代表"重要思想、科学发展观为指导，深入贯彻落实党的十八大和十八届二中、三中全会精神，依法履行审计职责，加大审计力度，创新审计方式，提高审计效率，对稳增长、促改革、调结构、惠民生、防风险等政策措施落实情况，以及公共资金、国有资产、国有资源、领导干部经济责任履行情况进行审计，实现审计监督全覆盖，促进国家治理现代化和国民经济健康发展。

（二）基本原则。

——围绕中心，服务大局。紧紧围绕国家中心工作，服务改革发展，服务改善民生，促进社会公正，为建设廉洁政府、俭朴政府、法治政府提供有力支持。

——发现问题，完善机制。发现国家政策措施执行中存在的主要问题和重大违法违纪案件线索，维护财经法纪，促进廉政建设；发现经济社会运行中的突出矛盾和风险隐患，维护国家经济安全；发现经济运行中好的做法、经验和问题，注重从体制机制制度层面分析原因和提出建议，促进深化改革和创新体制机制。

——依法审计，秉公用权。依法履行宪法和法律赋予的职责，敢于碰硬，勇于担当，严格遵守审计工作纪律和各项廉政、保密规定，注意工作方法，切实做到依法审计、文明审计、廉洁审计。

二、发挥审计促进国家重大决策部署落实的保障作用

（三）推动政策措施贯彻落实。持续组织对国家重大政策措施和宏观调控部署落实情况的跟踪审计，着力监督检查各地区、各部门落实稳增长、促改革、调结构、惠民生、防风险等政策措施的具体部署、执行进度、实际效果等情况，特别是重大项目落地、重点资金保障，以及简政放权推进情况，及时发现和纠正有令不行、有禁不止行为，反映好的做法、经验和新情况、新问题，促进政策落地生根和不断完善。

（四）促进公共资金安全高效使用。要看好公共资金，严防贪污、浪费等违法违规行为，确保公共资金安全。把绩效理念贯穿审计工作始终，加强预算执行和其他财政收支审计，密切关注财政资金的存量和增量，促进减少财政资金沉淀，盘活存量资金，推动财政资金合理配置、高效使用，把钱用在刀刃上。围绕中央八项规定精神和国务院"约法三章"要求，加强"三公"经费、会议费使用和楼堂馆所建设等方面审计，促进厉行节约和规范管理，推动俭朴政府建设。

（五）维护国家经济安全。要加大对经济运行中风险隐患的审计力度，密切关注财政、金融、民生、国有资产、能源、资源和环境保护等方面存在的薄弱环节和风险隐患，以及可能引发的社会不稳定因素，特别是地方政府性债务、区域性金融稳定等情况，注意发现和反映苗头性、倾向性问题，积极提出解决问题和化解风险的建议。

（六）促进改善民生和生态文明建设。加强对"三农"、社会保障、教育、文化、医疗、扶贫、救灾、保障性安居工程等重点民生资金和项目的审计，加强对土地、矿产等自然资源，以及大气、水、固体废物等污染治理和环境保护情况的审计，探索实行自然资源资产离任审计，深入分析财政投入与项目进展、事业发展等情况，推动惠民和资源、环保政策落实到位。

（七）推动深化改革。密切关注各项改革措施的协调配合情况，促进增强改革的系统性、整体性和协调性。正确把握改革和发展中出现的新情况，对不合时宜、制约发展、阻碍改革的制度规定，及时予以反映，推动改进和完善。

三、强化审计的监督作用

（八）促进依法行政、依法办事。要加大对依法行政情况的审计力度，注意发现有法不依、执法不严等问题，促进法治政府建设，切实维护法律尊严。要着力反映严重损害群众利益、妨害公平竞争等问题，维护市场经济秩序和社会公平正义。

（九）推进廉政建设。对审计发现的重大违法违纪问题，要查深查透查实。重点关注财政资金分配、重大投资决策和项目审批、重大物资采购和招标投标、贷款发放和证券交易、国有资产和股权转让、土地和矿产资源交易等重点领域和关键环节，揭露以权谋私、失职渎职、贪污受贿、内幕交易等问题，促进廉洁政府建设。

（十）推动履职尽责。深化领导干部经济责任审计，着力检查领导干部守法守纪守规尽责情况，促进各级领导干部主动作为、有效作为，切实履职尽责。依法依纪反映不作为、慢作为、乱作为问题，促进健全责任追究和问责机制。

四、完善审计工作机制

（十一）依法接受审计监督。凡是涉及管理、分配、使用公共资金、国有资产、国有资源的部门、单位和个人，都要自觉接受审计、配合审计，不得设置障碍。有关部门和单位要依法、及时、全面提供审计所需的财务会计、业务和管理等资料，不得制定限制向审计机关提供资料和开放计算机信息系统查询权限的规定，已经制定的应予修订或废止。对获取的资料，审计机关要严格保密。

（十二）提供完整准确真实的电子数据。有关部门、金融机构和国有企事业单位应根据审计工作需要，依法向审计机关提供与本单位、本系统履行职责相关的电子数据信息和必要的技术文档；在确保数据信息安全的前提下，协助审计机关开展联网审计。在现场审计阶段，被审计单位要为审计机关进行电子数据分析提供必要的工作环境。

（十三）积极协助审计工作。审计机关履行职责需要协助时，有关部门、单位要积极予以协助和支持，并对有关审计情况严格保密。要建立健全审计与纪检监察、公安、检察以及其他有关主管单位的工作协调机制，对审计移送的违法违纪问题线索，有关部门要认真查处，及时向审计机关反馈查处结果。审计机关要跟踪审计移送事项的查处结果，适时向社会公告。

五、狠抓审计发现问题的整改落实

（十四）健全整改责任制。被审计单位的主要负责人作为整改第一责任人，要切实抓好审计发现问题的整改工作，对重大问题要亲自管、亲自抓。对审计发现的问题和提出的审计建议，被审计单位要及时整改和认真研究，整改结果在书面告知审计机关的同时，要向同级政府或主管部门报告，并向社会公告。

（十五）加强整改督促检查。各级政府每年要专题研究国家重大决策部署和有关政策措施落实情况审计，以及本级预算执行和其他财政收支审计查出问题的整改工作，将整改纳入督查督办事项。对审计反映的问题，被审计单位主管部门要及时督促整改。审计机关要建立整改检查跟踪机制，必要时可提请有关部门协助落实整改意见。

（十六）严肃整改问责。各地区、各部门要把审计结果及其整改情况作为考核、奖惩的重要依据。对审计发现的重大问题，要依法依纪作出处理，严肃追究有关人员责任。对审计反映的典型性、普遍性、倾向性问题，要及时研究，完善制度规定。对整改不到位的，要与被审计单位主要负责人进行约谈。对整改不力、屡审屡犯的，要严格追责问责。

六、提升审计能力

（十七）强化审计队伍建设。着力提高审计队伍的专业化水平，推进审计职业化建设，建立审计人员职业保障制度，实行审计专业技术资格制度，完善审计职业教育培训体系，努力建设一支具有较高政治素质和业务素质、作风过硬的审计队伍。审计机关负责人原则上应具备经济、法律、管理等工作背景。招录审计人员可加试审计工作必需的专业知识和技能，部分专业性强的职位可实行聘任制。

（十八）推动审计方式创新。加强审计机关审计计划的统筹协调，优化审计资源配置，开展好涉及全局的重大项目审计，探索预算执行项目分阶段组织实施审计的办法，对重大政策措施、重大投资项目、重点专项资金和重大突发事件等可以开展全过程跟踪审计。根据审计项目实施需要，探索向社会购买审计服务。加强上级审计机关对下级审计机关的领导，建立健全工作报告等制度，地方各级审计机关将审计结果和重大案件线索向同级政府报告的同时，必须向上一级审计机关报告。

（十九）加快推进审计信息化。推进有关部门、金融机构和国有企事业单位等与审计机关实现信息共享，加大数据集中力度，构建国家审计数据系统。探索在审计实践中运用大数据技术的途径，加大数据综合利用力度，提高运用信息化技术查核问题、评价判断、宏观分析的能力。创新电子审计技术，提高审计工作能力、质量和效率。推进对各部门、单位计算机信息系统安全性、可靠性和经济性的审计。

（二十）保证履行审计职责必需的力量和经费。根据审计任务日益增加的实际，合理配置审计力量。按照科学核算、确保必需的原则，在年度财政预算中切实保障本级审计机关履行职责所需经费，为审计机关提供相应的工作条件。加强内部审计工作，充分发挥内部审计作用。

七、加强组织领导

（二十一）健全审计工作领导机制。地方各级政府主要负责人要依法直接领导本级审计机关，支持审计机关工作，定期听取审计工作汇报，及时研究解决审计工作中遇到的突出问题，把审计结果作为相关决策的重要依据。要加强政府监督检查机关间的沟通交流，充分利用已有的检查结果等信息，避免重复检查。

（二十二）维护审计的独立性。地方各级政府要保障审计机关依法审计、依法查处问题、依法向社会公告审计结果，不受其他行政机关、社会团体和个人的干涉，定期组织开展对审计法律法规执行情况的监督检查。对拒不接受审计监督，阻挠、干扰和不配合审计工作，或威胁、恐吓、报复审计人员的，要依法依纪查处。

中共中央办公厅　国务院办公厅关于完善审计制度若干重大问题的框架意见

（中办发〔2015〕58 号印发）

根据《中共中央关于全面推进依法治国若干重大问题的决定》和《国务院关于加强审计工作的意见》要求，为保障审计机关依法独立行使审计监督权，更好发挥审计在党和国家监督体系中的重要作用，现就完善审计制度有关重大问题提出如下框架意见。

一、总体要求

（一）指导思想。全面贯彻党的十八大和十八届二中、三中、四中、五中全会精神，以邓小平理论、"三个代表"重要思想、科学发展观为指导，深入学习贯彻习近平总书记系列重要讲话精神，紧紧围绕协调推进"四个全面"战略布局，按照党中央、国务院决策部署，认真贯彻落实宪法、审计法等法律法规，紧密结合审计工作的职责任务和履职特点，着眼依法独立行使审计监督权，创新体制机制，加强和改进新形势下的审计工作，强化审计队伍建设，不断提升审计能力和水平，更好地服务于经济社会持续健康发展。

（二）总体目标。加大改革创新力度，完善审计制度，健全有利于依法独立行使审计监督权的审计管理体制，建立具有审计职业特点的审计人员管理制度，对公共资金、国有资产、国有资源和领导干部履行经济责任情况实行审计全覆盖，做到应审尽审、凡审必严、严肃问责。到 2020 年，基本形成与国家治理体系和治理能力现代化相适应的审计监督机制，更好发挥审计在保障国家重大决策部署贯彻落实、维护国家经济安全、推动深化改革、促进依法治国、推进廉政建设中的重要作用。

（三）基本原则

——坚持党的领导。加强党对审计工作的领导，围绕党委和政府的中心任务，研究提出审计工作的目标、任务和重点，严格执行重要审计情况报告制度，支持审计机关依法独立开展工作。坚持党管干部原则，加强审计机关领导班子和队伍建设，健全审计干部培养和管理机制，合理配置审计力量。

——坚持依法有序。运用法治思维和法治方式推动审计工作制度创新，充分发挥法治的引领和规范作用，破解改革难题，依法有序推进。重大改革措施需要取得法律授权的，按法律程序实施。

——坚持问题导向。针对制约审计监督作用发挥的体制机制障碍、影响审计事业长远发展的重点难点问题，积极探索创新，推进审计制度完善。

——坚持统筹推进。充分考虑改革的复杂性和艰巨性，做到整体谋划、分类设计、分步实施，及时总结工作经验，确保各项措施相互衔接、协调推进。

二、主要任务

（一）实行审计全覆盖。按照协调推进"四个全面"战略布局的要求，依法全面履行审计监督职责，坚持党政同责、同责同审，对公共资金、国有资产、国有资源和领导干部履行经济责任情况实行审计全覆盖。摸清审计对象底数，充分考虑审计资源状况，明确审计重点，科学规划、统筹安排、分类实施，有重点、有步骤、有深度、有成效地推进。建立健全与审计全覆盖相适应的工作机制，统筹整合审计资源，创新审计组织方式和技术方法，提高审计能力和效率。

（二）强化上级审计机关对下级审计机关的领导。围绕增强审计监督的整体合力和独立性，强化全国审计工作统筹。加强审计机关干部管理，任免省级审计机关正职，须事先征得审计署党组同意；任免省级审计机关副职，须事先征求审计署党组的意见。上级审计机关要加强审计项目计划的统筹和管理，合理配置审计资源，省级审计机关年度审计项目计划要报审计署备案。上级审计机关要根据本地区经济社会发展实际需要，统筹组织本地区审计机关力量，开展好涉及全局的重大项目审计。健全重大事项报告制度，审计机关的重大事项和审计结果必须向上级审计机关报告，同时抄报同级党委和政府。上级审计机关要加强对下级审计机关的考核。

（三）探索省以下地方审计机关人财物管理改革。2015年选择江苏、浙江、山东、广东、重庆、贵州、云南等7省市开展省以下地方审计机关人财物管理改革试点，试点地区省级党委和政府要按照党管干部、统一管理的要求，加强对本地区审计试点工作的领导。市地级审计机关正职由省级党委（党委组织部）管理，其他领导班子成员和县级审计机关领导班子成员可以委托市地级党委管理。完善机构编制和人员管理制度，省级机构编制管理部门统一管理本地区审计机关的机构编制，省级审计机关协助开展相关工作，地方审计人员由省级统一招录。改进经费和资产管理制度，地方审计机关的经费预算、资产由省级有关部门统一管理，也可以根据实际情况委托市地、县有关部门管理。地方审计机关的各项经费标准由各地在现有法律法规框架内结合实际确定，确保不低于现有水平。建立健全审计业务管理制度，试点地区审计机关审计项目计划由省级审计机关统一管理，统筹组织本地区审计机关力量，开展好涉及全局的重大项目审计。

（四）推进审计职业化建设。根据审计职业特点，建立分类科学、权责一致的审计人员管理制度和职业保障机制，确保审计队伍的专业化水平。根据公务员法和审计职业特点，建立适应审计工作需要的审计人员分类管理制度，建立审计专业技术类公务员职务序列。完善审计人员选任机制，审计专业技术类公务员和综合管理类公务员分类招录，对专业性较强的职位可以实行聘任制。健全审计职业岗位责任追究机制。完善审计职业保障机制和职业教育培训体系。

（五）加强审计队伍思想和作风建设。要加强思想政治建设，强化理论武装，坚定理想信念，严守政治纪律和政治规矩，不断提高审计队伍的政治素质。切实践行社会主义核心价值观，加强审计职业道德建设，培育和弘扬审计精神，恪守审计职业操守，做到依法审计、文明审计。加强党风廉政建设，从严管理审计队伍，严格执行廉政纪律和审计工作纪律，坚持原则、无私无畏、敢于碰硬，做到忠诚、干净、担当。

（六）建立健全履行法定审计职责保障机制。各级党委和政府要定期听取审计工作情况汇报，帮助解决实际困难和问题，支持审计机关依法履行职责，保障审计机关依法独立行使审计监督权，不受其他行政机关、社会团体和个人的干涉。审计机关不得超越职责权限、超越自身能力、违反法定程序开展审计，不参与各类与审计法定职责无关的、可能影响依法独立进行审计监督的议事协调机构或工作。健全干预审计工作行为登记报告制度。凡是涉及管理、分配、使用公共资金、国有资产、国有资源的部门、单位和个人，都要自觉接受审计、配合审计，及时、全面提供审计所需的财务会计、业务和管理等资料，不得制定限制向审计机关提供资料和开放计算机信息系统查询权限的规定，已经制定的应予修订或废止。对拒不接受审计监督，阻挠、干扰和不配合审计工作，或威胁恐吓、打击报复审计人员的，要依纪依法查处。审计机关要进一步优化审计工作机制，充分听取有关主管部门和审计对象的意见，客观公正地作出审计结论，维护审计对象的合法权益。

（七）完善审计结果运用机制。建立健全审计与组织人事、纪检监察、公安、检察以及其他有关主管单位的工作协调机制，把审计监督与党管干部、纪律检查、追责问责结合起来，把审计结果及整改情况作为考核、任免、奖惩领导干部的重要依据。对审计发现的违纪违法问题线索或其他事项，审计机关要依法及时移送有关部门和单位，有关部门和单位要认真核实查处，并及时向审计机关反馈查处结果，不得推诿、塞责。对审计发现的典型性、普遍性、倾向性问题和提出的审计建议，有关部门和单位要认真研究，及时清理不合理的制度和规则，建立健全有关制度规定。领导干部经济责任审计结果和审计发现问题的整改情况，要纳入所在单位领导班子民主生活会及党风廉政建设责任制检查考核的内容，作为领导班子成员述职述廉、年度考核、任职考核的重要依据。有关部门和单位要加强督促和检查，推动抓好审计发现问题的整改。对整改不力、屡审屡犯的，要与被审计单位主要负责人进行约谈，严格追责问责。各级人大常委会要把督促审计查出突出问题整改工作与审查监督政府、部门预算决算工作结合起来，建立听取和审议审计查出突出问题整改情况报告机制。审计机关要依法依规公告审计结果，被审计单位要公告整改结果。

（八）加强对审计机关的监督。各级党委、人大、政府要加强对审计机关的监督，定期组织开展审计法律法规执行情况检查，督促审计机关切实加强党风廉政建设、严格依法审计、依法查处问题、依法向社会公告审计结果。探索建立对审计机关的外部审计制度，加强对审计机关主要领导干部的经济责任审计，外部审计由同级党委和政府及上级审计机关负责组织。完善聘请民主党派和无党派人士担任特约审计员制度。审计机关要坚持阳光法则，加大公开透明度，自觉接受人民监督。

三、加强组织领导

（一）加强组织实施。完善审计制度，保障依法独立行使审计监督权，是党中央、国务院作出的重大决策部署。有关部门和地方各级党委、政府要从党和国家事业发展全局出发，充分认识完善审计制度的重大意义，加强工作统筹，形成合力，推动各项改革措施贯彻落实。

（二）有序部署推进。审计署要会同有关部门按照本框架意见和《关于实行审计全覆盖的实施意见》《关于省以下地方审计机关人财物管理改革试点方案》《关于推进国家审计职业化建设的指导意见》确定的目标要求和任务，加强组织协调，密切配合，有重点、有步骤地抓好落实。省级党委和政府要加强对本地区有关工作的领导，抓紧研究制定本地区的落实意见和方案，明确具体措施和时间表。实施过程中遇到的重大问题，要及时报告。

（三）推动完善相关法律制度。根据完善审计制度的需要，在充分总结试点及实施经验的基础上，及时推动修订完善审计法及其实施条例，健全相关配套规章制度，使各项工作于法有据，确保各项任务顺利实施。根据我国国情，进一步研究完善有关制度设计，切实解决重点难点问题。

附件1

关于实行审计全覆盖的实施意见

为全面履行审计监督职责，对公共资金、国有资产、国有资源和领导干部履行经济责任情况实行审计全覆盖，根据《关于完善审计制度若干重大问题的框架意见》，制定本实施意见。

一、实行审计全覆盖的目标要求

对公共资金、国有资产、国有资源和领导干部履行经济责任情况实行审计全覆盖，是党中央、国务院对审计工作提出的明确要求。审计机关要建立健全与审计全覆盖相适应的工作机制，科学规划，统筹安排，分类实施，注重实效，坚持党政同责、同责同审，通过在一定周期内对依法属于审计监督范围的所有管理、分配、使用公共资金、国有资产、国有资源的部门和单位，以及党政主要领导干部和国有企事业领导人员履行经济责任情况进行全面审计，实现审计全覆盖，做到应审尽审、凡审必严、严肃问责。对重点部门、单位要每年审计，其他审计对象1个周期内至少审计1次，对重点地区、部门、单位以及关键岗位的领导干部任期内至少审计1次，对重大政策措施、重大投资项目、重点专项资金和重大突发事件开展跟踪审计，坚持问题导向，对问题多、反映大的单位及领导干部要加大审计频次，实现有重点、有步骤、有深度、有成效的全覆盖。充分发挥审计监督作用，通过审计全覆盖发现国家重大决策部署执行中存在的突出问题和重大违纪违法问题线索，维护财经法纪，促进廉政建设；反映经济运行中的突出矛盾和风险隐患，维护国家经济安全；总结经济运行中好的做法和经验，注重从体制机制层面分析原因和提出建议，促进深化改革和体制机制创新。

二、对公共资金实行审计全覆盖

审计机关要依法对政府的全部收入和支出、政府部门管理或其他单位受政府委托管理的资金，以及相关经济活动进行审计。主要检查公共资金筹集、管理、分配、使用过程中遵守国家法律法规情况，贯彻执行国家重大政策措施和宏观调控部署情况，公共资金管理使用的真实性、合法性、效益性以及公共资金沉淀等情况，公共资金投入与项目进展、事业发展等情况，公共资金管理、使用部门和单位的财政财务收支、预算执行和决算情况，以及职责履行情况，以促进公共资金安全高效使用。根据公共资金的重要性、规模和管理分配权限等因素，确定重点审计对象。坚持以公共资金运行和重大政策落实情况为主线，将预算执行审计与决算草案审计、专项资金审计、重大投资项目跟踪审计等相结合，对涉及的重点部门和单位进行重点监督，加大对资金管理分配使用关键环节的审计力度。

三、对国有资产实行审计全覆盖

审计机关要依法对行政事业单位、国有和国有资本占控股或主导地位的企业（含金融企业，以下简称国有企业）等管理、使用和运营的境内外国有资产进行审计。主要检查国有资产管理、使用和运营过程中遵守国家法律法规情况，贯彻执行国家重大政策措施和宏观调控部署情况，国有资产真实完整和保值增值情况，国有资产重大投资决策及投资绩效情况，资产质量和经营风险管理情况，国有资产管理部门职责履行情况，以维护国有资产安全，促进提高国有资产运营绩效。根据国有资产的规模、管理状况以及管理主体的战略地位等因素，确定重点审计对象。对国有企业资产负债损益情况进行审计，将国有资产管理使用情况作为行政事业单位年度预算执行审计或其他专项审计的内容。

四、对国有资源实行审计全覆盖

审计机关要依法对土地、矿藏、水域、森林、草原、海域等国有自然资源，特许经营权、排污权等国有无形资产，以及法律法规规定属于国家所有的其他资源进行审计。主要检查国有资源管理和开发利用过程中遵守国家法律法规情况，贯彻执行国家重大政策措施和宏观调控部署情况，国有资源开发利用和生态环境保护情况，相关资金的征收、管理、分配和使用情况，资源环境保护项目的建设情况和运营效果、国有资源管理部门的职责履行情况，以促进资源节约集约利用和生态文明建设。根据国有资源的稀缺性、战略性和分布情况等因素，确定重点审计对象。加大对资源富集和毁损严重地区的审计力度，对重点国有资源进行专项审计，将国有资源开发利用和生态环境保护等情况作为领导干部经济责任审计的重要内容，对领导干部实行自然资源资产离任审计。

五、对领导干部履行经济责任情况实行审计全覆盖

审计机关要依法对地方各级党委、政府、审判机关、检察机关，中央和地方各级党政工作部门、事业单位、人民团体等单位的党委（党组、党工委）和行政正职领导干部（包括主持工作1年以上的副职领导干部），国有企业法定代表人，以及实际行使相应职权的企业领导人员履行经济责任情况进行审计。主要检查领导干部贯彻执行党和国家经济方针政策、决策部署情况，遵守有关法律法规和财经纪律情况，本地区本部门本单位发展规划和政策措施制定、执行情况及效果，重大决策和内部控制制度的执行情况及效果，本人遵守党风廉政建设有关规定情况等，以促进领导干部守法、守纪、守规、尽责。根据领导干部的岗位性质、履行经济责任的重要程度、管理资金资产资源规模等因素，确定重点审计对象和审计周期。坚持任中审计和离任审计相结合，经济责任审计与财政审计、金融审计、企业审计、资源环境审计、涉外审计等相结合，实现项目统筹安排、协同实施。

六、加强审计资源统筹整合

适应审计全覆盖的要求，加大审计资源统筹整合力度，避免重复审计，增强审计监督整体效能。加强审计项目计划统筹，在摸清审计对象底数的基础上，建立分行业、分领域审计对象数据库，分类确定审计重点和审计频次，编制中长期审计项目规划和年度计划时，既要突出年度审计重点，又要保证在一定周期内实现全覆盖。整合各层级审计资源，开展涉及全局或行业性的重点资金和重大项目全面审计，发挥审计监督的整体性和宏观性作用。在充分总结经验的基础上，完善国家审计准则和审计指南体系，明确各项审计应遵循的具体标准和程序，提高审计的规范性。集中力量、重点突破，对热点难点问题进行专项审计，揭示普遍性、典型性问题，深入分析原因，提出对策建议，推动建立健全体制机制、堵塞制度漏洞，达到以点促面的效果。建立审计成果和信息共享机制，加强各级审计机关、不同审计项目之间的沟通交流，实现审计成果和信息及时共享，提高审计监督成效。加强内部审计工作，充分发挥内部审计作用。有效利用社会审计力量，除涉密项目外，根据审计项目实施需要，可以向社会购买审计服务。

七、创新审计技术方法

构建大数据审计工作模式，提高审计能力、质量和效率，扩大审计监督的广度和深度。有关部门、金融机构和国有企事业单位应根据审计工作需要，依法向审计机关提供与本单位本系统履行职责相关的电子数据信息和必要的技术文档，不得制定限制向审计机关提供资料和开放计算机信息系统查询权限的规定，已经制定的应予修订或废止。审计机关要建立健全数据定期报送制度，加大数据集中力度，对获取的数据资料严格保密。适应大数据审计需要，构建国家审计数据系统和数字化审计平台，积极运用大数据技术，加大业务数据与财务数据、单位数据与行业数据以及跨行业、跨领域数据的综合比对和关联分析力度，提高运用信息化技术查核问题、评价判断、宏观分析的能力。探索建立审计实时监督系统，实施联网审计。

附件 2

关于省以下地方审计机关人财物管理改革试点方案

为强化上级审计机关对下级审计机关的领导，保障依法独立行使审计监督权，根据《关于完善审计制度若干重大问题的框架意见》，在部分省市开展省以下地方审计机关人财物管理改革试点，现就试点地区有关工作提出如下方案。

一、改进领导干部管理制度

按照党管干部、统一管理的要求，改进地方审计机关领导干部管理制度。任免省级审计机关正职，须事先征得审计署党组同意；任免省级审计机关副职，须事先征求审计署党组的意见。市地级审计机关正职由省级党委（党委组织部）管理，其他领导班子成员和县级审计机关领导班子成员可以委托市地级党委管理，直辖市所属区、县审计机关其他领导班子成员也可以委托区、县党委管理。任免市地级审计机关领导班子成员和县级审计机关正职，须事先征得省级审计机关党组同意，再按有关规定程序办理；任免县级审计机关副职，须事先征求省级审计机关党组（或市地级审计机关党组）的意见。地方党委、政府和上级审计机关要强化对下级审计机关领导干部的任职资格管理，选拔政治坚定、坚持原则、忠诚干净、尽责担当、能力过硬的干部充实审计机关领导班子，审计机关负责人原则上应具备经济、法律、管理等工作经历。审计署要建立健全对省级审计机关的考核制度，省级审计机关要建立健全对市地、县级审计机关的考核制度，强化考核结果运用，考核结果抄送同级地方党委和政府。

二、完善机构编制和人员管理制度

按照科学高效、因地制宜的原则，优化地方审计机关机构设置，合理配置审计力量。省级机构编制管理部门统一管理本地区审计机关的机构编制，省级审计机关协助开展相关工作。根据实际需要，建立健全内设机构，强化省级审计机关干部管理、业务管理、财务管理等职能，充实市地、县级审计机关业务力量，根据需要设置审计机关派出机构。地方审计人员由省级统一招录。地方党委和政府对审计机关中从事审计业务工作的事业人员身份问题，要进行统筹研究，以保证其履行审计监督职责的需要。

三、改进经费和资产管理制度

省以下地方审计机关经费预算和资产由省级有关部门统一管理，也可以根据实际情况委托市地、县有关部门管理。有关主管部门在地方审计机关预算编制、经费安排、资产配置等方面，要考虑审计机关经费和资产管理的特点，充分听取省级审计机关意见。地方审计机关的各项经费标准由各地在现有法律法规框架内结合实际确定，确保不低于现有水平。按照规定做好清产核资和资产划转工作。

四、建立审计项目计划统筹管理机制

地方审计机关的审计项目计划由省级审计机关统一管理。省级审计机关要根据本地区经济社会发展实际，围绕当地中心工作，统筹组织本地区审计机关力量，开展好涉及全局的重大项目审计。除上级统一组织审计项目外，市地、县级审计机关每年结合当地中心工作，提出本级年度审计项目计划，经当地政府审核后报省级审计机关批准后执行。年度审计项目计划需要调整的，原则上要按原程序报批。根据实际需要，上级审计机关可组织下级审计机关开展异地交叉审计。

五、完善审计结果报告和公告制度

地方审计机关的审计结果和发现的重大违纪违法问题线索，要及时向上级审计机关和本级党委、政府报告。市地、县级审计机关对本级预算执行情况和其他财政收支情况的审计工作报告，在听取本级政府行政首长意见并报经上级审计机关审定后，按规定程序向本级人民代表大会常务委员会报告。市地、县级审计机关完成的上级审计机关安排在本地的审计任务，审计结果经部署任务的审计机关同意后，可纳入向本级人民代表大会常务委员会所作的审计工作报告。加大审计结果公告力度，除涉密内容外原则上都要公开，接受社会监督。

六、建立健全审计执法责任制

上级审计机关要加强对下级审计机关审计质量的监督检查，定期通报情况，研究提出加强审计质量控制的制度措施，督促下级审计机关严格依法审计、依法报告、依法公告。建立健全审计业务质量控制机制，明确岗位职责权限，对发现的重大审计质量问题，要按照权责一致的原则，严格实行审计执法过错责任追究制度。

七、统筹推进审计信息化建设

着眼建立健全全国统一的审计信息系统，构建省级审计数据系统。地方审计机关收集的审计相关电子数据信息，按审计署规定的标准、方式、要求统一集中管理。加强审计数据的综合利用。创新计算机审计技术，推进联网审计。省级审计机关要加强对本地区审计信息化建设的统筹规划，加大对基层审计机关信息化建设的支持力度。

八、加强组织领导

省以下地方审计机关人财物管理改革，要坚持整体设计、试点先行。审计署、中央组织部、人力资源社会保障部要会同中央编办、财政部、国家公务员局等部门和单位，按照试点任务要求和各自职能，明确分工，落实责任，密切配合，切实加强对改革的指导和推进。2015年，在江苏、浙江、山东、广东、重庆、贵州、云南等7省市启动改革试点工作。各试点地区党委和政府要加强对试点工作的领导，根据本方案抓紧研究制定本地区实施方案，按程序报批后实施，重大问题及时报告。要努力营造良好改革环境，确保审计队伍思想稳定、审计业务及其他各项工作有序进行。

中央审计委员会办公室 审计署关于印发《"十四五"国家审计工作发展规划》的通知

（中央审计委员会办公室 审计署 2021 年 6 月 28 日发布）

各省、自治区、直辖市和计划单列市、新疆生产建设兵团党委审计委员会办公室、审计厅（局），署机关各单位、各派出审计局、各特派员办事处、各直属单位：

《"十四五"国家审计工作发展规划》已经中央审计委员会同意，现印发给你们，请结合实际认真贯彻执行。

中央审计委员会办公室 审计署

2021 年 6 月 22 日

"十四五"国家审计工作发展规划

《中华人民共和国国民经济和社会发展第十四个五年规划和 2035 年远景目标纲要》（以下简称国家"十四五"规划纲要）是我国开启全面建设社会主义现代化国家新征程的宏伟蓝图，是全国各族人民共同的行动纲领。为深入贯彻落实习近平总书记关于审计工作的重要讲话和重要指示批示精神，更好发挥审计在党和国家监督体系中的重要作用，根据国家"十四五"规划纲要，结合审计工作实际，制定"十四五"国家审计工作发展规划。

第一部分 发展环境和指导方针

做好"十四五"时期的审计工作，必须深刻认识审计工作面临的发展环境，牢牢把握审计工作的指导方针。

一、发展环境

党的十八大以来，党中央将审计作为党和国家监督体系的重要组成部分，作出一系列重大决策部署。习近平总书记亲自谋划、亲自部署、亲自推动审计领域重大工作，为审计事业发展指明了前进方向、提供了根本遵循。"十三五"时期，全国审计机关坚持以习近平新时代中国特色社会主义思想为指导，围绕《中华人民共和国国民经济和社会发展第十三个五年规划纲要》的主要目标、任务和重大举措，认真贯彻党中央、国务院重大决策部署，扎实推进审计管理体制改革，稳步推进审计全覆盖，做好常态化"经济体检"工作，累计审计50 多万个单位，促进增收节支和挽回损失 2.2 万多亿元，推动建立健全规章制度 3.7 万多项，移送重大问题线索 3.9 万多件，为促进中央令行禁止、维护国家经济安全、推动全面深化改革、促进全面依法治国、推进廉政建设等作出了积极贡献。

"十四五"时期是我国全面建成小康社会、实现第一个百年奋斗目标之后，乘势而上开启全面建设社会主义现代化国家新征程、向第二个百年奋斗目标进军的第一个五年，审计工作面临新的形势、任务和机遇。

——国际国内环境对审计工作提出新挑战。当今世界正经历百年未有之大变局，国际环境的不稳定性不确定性明显增加，经济全球化遭遇逆流。我国已转向高质量发展阶段，同时发展不平衡不充分问题仍然突出，重点领域关键环节改革任务仍然艰巨。审计机关要深刻认识我国社会主要矛盾变化带来的新特征新要求，深刻认识错综复杂的国际环境带来的新矛盾新挑战，增强机遇意识和风险意识，认识和把握发展规律，发扬斗争精神，增强斗争本领，树立底线思维，准确识变、科学应变、主动求变，不断开创审计工作新局面。

——新时代赋予审计工作新职责新使命。审计工作涉及党和国家事业全局，必须在党中央集中统一领导下开展。党的十九大作出改革审计管理体制的决定，党的十九届三中全会决定组建中央审计委员会，要求构建集中统一、全面覆盖、权威高效的审计监督体系，更好发挥审计监督作用。审计机关要深刻认识和准确把握新时代的新特点、新使命、新部署、新要求，自觉在思想上政治上行动上同以习近平同志为核心的党中央保持高度一致，认真落实党中央对审计工作的部署要求，在审计理念、审计手段、审计管理的改革创新上下功夫，不断完善审计制度，使中国特色社会主义审计制度更加成熟、更加定型。

——审计工作还存在一些短板。审计运行体制机制与党中央对审计工作集中统一领导的要求还不完全适应；审计作用发挥与党中央部署要求仍有差距，全国审计工作发展还不平衡；审计全覆盖的质量和水平需要提高，审计成果的质量、层次和水平有待提升；主责主业聚焦不够，审计工作任务重与力量不足的矛盾较突出，干部队伍能力素质不能完全适应审计事业发展需要，审计信息化建设需进一步加强，审计组织方式需进一步优化。审计机关要坚持问题导向，精准施策，力补短板，推动审计工作高质量发展。

二、指导思想

审计作为党和国家监督体系的重要组成部分，要坚持以习近平新时代中国特色社会主义思想为指导，深入贯彻党的十九大和十九届二中、三中、四中、五中全会精神，增强"四个意识"、坚定"四个自信"、做到"两个维护"，坚持党中央对审计工作的集中统一领导，坚持稳中求进工作总基调，立足新发展阶段，贯彻新发展理念，构建新发展格局，以推动高质量发展为主题，围绕统筹推进"五位一体"总体布局和协调推进"四个全面"战略布局，依法全面履行审计监督职责，深化审计制度改革，加强全国审计工作统筹，加快构建集中统一、全面覆盖、权威高效的审计监督体系，更好发挥审计在推进国家治理体系和治理能力现代化中的作用，为全面建设社会主义现代化国家开好局、起好步提供监督保障。

三、基本原则

——坚持党的全面领导。深入学习贯彻习近平总书记关于审计工作的重要讲话和重要指示批示精神，坚持和完善党领导审计工作的制度机制，坚持和完善中国特色社会主义审计制度，全面落实党中央对审计工作集中统一领导的各项要求，不断提高贯彻新发展理念的能力和水平，为构建新发展格局、实现高质量发展发挥好监督保障作用。

——坚持依法审计、客观公正。依法全面履行审计监督职责，始终做到法定职责必须为、法无授权不可为，聚焦主责主业，依照法定职责、权限和程序行使审计监督权。坚持原则、恪尽职守、勤勉尽责，始终做到查真相、说真话、报实情。全面辩证地看待审计发现的问题，按照"三个区分开来"要求，客观审慎作出评价和结论。

——坚持以人民为中心。坚持人民主体地位，站稳人民立场，坚持把促进实现好、维护好、发展好最广大人民根本利益作为审计工作的出发点和落脚点，紧扣我国社会主要矛盾变化，把改善人民生活品质、推动共同富裕作为审计工作的切入点和着力点，推动党中央、国务院各项惠民富民政策落到实处。

——坚持改革创新。与时俱进，推进审计理念、思路、方法、制度、机制创新，及时揭示和反映经济社会各领域的新情况、新问题、新趋势。坚持用改革的视角发现问题，以改革的思路推动解决问题，做到揭示问题与推动解决问题相统一，揭示问题、规范管理、促进改革一体推进。

——坚持系统观念。立足审计工作全国一盘棋，强化党委审计委员会对本地区审计工作的统筹协调、整体推进、督促落实，强化上级审计机关对下级审计机关的领导，强化审计工作的前瞻性、整体性和协同性。增强政治意识，围绕"国之大者"谋划和开展审计工作，善于从政治上看问题，善于把握政治大局，不断提高政治判断力、政治领悟力、政治执行力。

四、主要目标

按照国家"十四五"规划纲要确定的经济社会发展目标，结合审计工作实际，确定以下主要目标。

——健全集中统一的审计工作体制机制。把加强党对审计工作的领导落实到审计工作全过程各环节，构建完成覆盖全国、上下贯通、执行有力的组织体系，健全党中央关于审计工作的重大决策部署落实机制、军地联合审计工作机制；健全各级党委审计委员会关于审计领域重大事项请示报告制度，形成审计工作全国一盘棋。

——着力构建全面覆盖的审计工作格局。统筹各级审计力量，拓展审计监督的广度和深度，消除监督盲区，形成多层次、全方位的审计监督体系，确保党中央重大政策措施部署到哪里、国家利益延伸到哪里、公共资金运用到哪里、公权力行使到哪里，审计监督就跟进到哪里。实现审计全覆盖纵向与横向相统一、有形与有效相统一、数量与质量相统一。

——推动形成权威高效的审计工作运行机制。坚持依法审计，用事实和数据说话，维护审计监督的权威性和公信力。坚持党政同责、同责同审，促进权力规范运行。建立健全审计查出问题整改长效机制。着力构建审计计划、组织实施、复核审理、督促整改等既相互分离又相互制约的审计工作机制，不断提升审计管理的制度化、规范化、信息化水平。

第二部分　依法全面履行审计监督职责

做好"十四五"时期的审计工作，必须围绕国家经济社会发展主要目标，把党的领导落实到审计工作全过程各环节，依法全面履行审计监督职责，治已病、防未病，发挥好审计机关对推进国家"十四五"规划纲要实施的监督作用。

五、政策落实跟踪审计

以贯彻落实党中央、国务院重大决策部署，促进政令畅通为目标，明确政策落实跟踪审计定位，加大对经济社会运行中各类风险隐患揭示力度，及时发出预警；加大对重点民生资金和项目审计力度，维护人民利益。改进项目组织实施方式，做实政策落实跟踪审计项目，按照中央重大决策部署安排审计，一个方面政策落实跟踪审计内容原则上列为一个项目。强化审计成果运用，拓展审计监督的广度和深度。

——构建覆盖中央部门、省本级、市县基层全链条跟踪审计机制。对党中央、国务院确定的重大决策部署，要顺着政策落实的全链条、各环节开展跟踪审计，全面掌握政策落实中各利益攸关方的意见建议，对市县基层落实情况要有一定的抽审面，客观反映政策落实的实际效果。

——建立各专业审计与国家重大政策措施有效对接机制。审计机关各专业审计职能部门应将自身职责与党中央、国务院和地方各级党委、政府制定的重大政策措施有效对接，每年选择若干项关系经济社会发展大局的政策措施，集中力量开展专项审计，发挥专业优势，确保审深审透。

——明确各级审计机关的职责定位。审计署及省级审计机关重在加强政策分析研究，提出政策落实跟踪审计项目库意见建议，研究审计重点事项和审计思路，完成项目组织和自身承担的实施工作，综合汇总政策落实情况的审计结果，反映重要审计情况。审计机关的派出机构和市县审计机关重在抓好审计实施，掌握被审计地区相关政策措施落实情况，揭示政策落实中的突出问题，提出需要上级部门完善政策措施的意见建议。

六、财政审计

以增强预算执行和财政收支的真实性、合法性和效益性，推进预算规范管理、建立现代财税体制、优化投资结构为目标，加强对预算执行、重点专项资金和重大公共工程投资等的审计。

——财政预算执行及决算草案审计。围绕财政预算执行过程和结果，每年对各级政府预算执行及决算草案进行审计，重点关注预算收入统筹、预算支出管理和财政支出标准化推进、预算编制的合规性和完整性、预算执行和绩效管理、政府财务报告体系建设及实施等情况，促进加强财政资源统筹，优化财政支出结构，增强国家重大战略任务财力保障。

——部门预算执行及决算草案审计。围绕部门预算的完整性、规范性、真实性，重点关注预算执行、中央八项规定精神落实以及财经法纪执行等情况，对各级党政工作部门、事业单位、人民团体等部门预算执行和决算草案 5 年内至少审计 1 次，重点部门和单位每年安排审计，深入揭示预算执行中各类违规和管理不规范问题，促进各预算单位规范管理，增强预算约束。

——重点专项资金审计。围绕重点领域预算绩效管理，重点关注科技、文化、网络安全和信息化等专项资金分配、管理和使用情况，以及相关的政策目标实现情况，推动中央与地方政府事权和支出责任划分改革，促进完善转移支付制度和重点专项资金提质增效。

——政府债务审计。围绕党中央、国务院关于防范化解地方政府债务风险的部署，重点关注地方政府债务风险防控、隐性债务化解和地方政府债券资金使用绩效等情况，推动健全政府债务管理制度，遏制地方政府隐性债务增量、稳妥化解存量，提高政府债券资金使用绩效。

——税收、非税收入和社会保险费征管审计。围绕税务、海关等部门职责履行和权力运行，重点关注税费征管真实性完整性、税费优惠政策落实、口岸通关便利化、进出境货物监管、征管风险防范，以及收入征管制度改革推进等情况，推动健全收入征管制度，提升收入征管质效，完善税务海关执法制度和机制，规范执法行为。

——重大公共工程投资审计。围绕重大公共工程项目预算执行、决算和建设运营，重点关注交通、能源、水利等行业专项规划落实，项目建设管理、资金筹集及管理使用、生态环境保护、建设用地和征地拆迁等情况，持续开展北京冬奥会、川藏铁路等基础设施建设跟踪审计，促进国家"十四五"规划纲要确定的重大工程项目及相关政策落实，提高投资绩效，推动投融资体制改革。

——国外贷援款项目审计。围绕我国政府与国际金融组织和外国政府签定协议约定的职责，在项目执行期内每年开展 1 次审计，重点关注国外贷援款项目财务收支、项目执行和绩效情况，以及债务管理情况，促进提高项目质量和外资使用效益，推动实现高水平对外开放。

认真履行联合国审计委员会委员工作职责，切实做好联合国审计。

七、国有企业审计

以推动深化国资国企改革、加快国有经济布局优化和结构调整、健全管资本为主的国有资产监管体制为目标，加强对国有及国有资本占控股或主导地位的国有企业以及国有资本监管部门的审计。

——国有企业资产负债损益审计。围绕国有企业资产负债损益的真实性、合法性、效益性，重点关注国有企业重大投资项目、资产处置以及风险防控等情况，促进企业提升财务管理水平和会计信息质量，提高经营管理绩效和国有资产（资本）保值增值。

——国有企业改革审计。围绕国企改革"1+N"制度体系和三年行动方案决策部署，重点关注混合所有制改革和自然垄断行业改革、国有企业法人治理结构和健全市场化经营机制，国有企业科研投入、科技成果转化和核心技术创新攻关等情况，促进完善中国特色现代企业制度，推动提升企业技术创新能力。

——国有资本投资、运营和监管审计。围绕"管企业"向"管资本"转变，重点关注国资监管部门履行监管职责、国有资本投资运营情况，推动监管部门职能转变、优化管资本方式，提升国有资本经营预算执行绩效，促进优化国有资本布局、规范国有资本运作、提高国有资本配置和运行效率。

——境外投资和境外国有资产审计。围绕境外投资和境外国有资产安全、规范、高效运营，重点关注国有企业贯彻落实党中央、国务院关于"走出去"和"一带一路"建设决策部署、境外重大投资风险防范和重大项目建设管理、境外国有资产经营绩效和安全完整等情况，促进提升企业国际化经营和抗风险能力，实现安全、规范、高效走出去，更好服务国家发展大局。

八、金融审计

以防范化解重大风险、促进金融服务实体经济，推动深化金融供给侧结构性改革、建立安全高效的现代金融体系为目标，加强对金融监管部门、金融机构和金融市场运行的审计。

——防范化解金融风险情况审计。围绕统筹发展与安全、守住不发生系统性风险底线，持续关注重点地区、重点领域、金融机构、金融市场以及跨机构、跨市场的风险状况，促进健全金融风险防控、预警、处置、问责的制度体系，维护金融市场健康平稳运行。

——金融监管部门职能履行情况审计。围绕金融监管部门职能履行，重点关注利率市场化改革和货币政策执行效果，多层次资本市场体系建设，宏观及微观审慎监管的框架、措施和规则的制定和执行，金融基础设施建设完善等情况，促进健全金融监管制度，提升金融监管效能，推动建设现代中央银行制度和完善现代金融监管体系。

——金融机构经营管理情况审计。围绕金融机构资产负债损益的真实性、合法性、效益性，重点关注金融机构资产质量、经营管理、风险防控、公司治理及内部管控等情况，促进金融机构完善公司治理，依法合规经营，增强竞争能力。

——金融服务实体经济情况审计。围绕深化金融供给侧结构性改革和扩大开放，重点关注金融服务实体经济重点领域和薄弱环节的情况，促进信贷结构优化、提高直接融资比重、降低实体经济融资成本、服务创新驱动发展战略、增强金融普惠性，推动构建金融有效支持实体经济的体制机制。

九、农业农村审计

以促进提高农业质量效益和竞争力，保障国家粮食安全，推动巩固拓展脱贫攻坚成果和全面推进乡村振兴为目标，聚焦惠农政策落实和涉农资金安全绩效，加强对农业农村相关专项资金、项目和政策落实情况的审计。

——粮食和重要农产品稳产保供相关政策落实情况审计。围绕藏粮于地、藏粮于技任务落实、种质资源和耕地保护，重点关注高标准农田建设、黑土地保护、农业水利设施建设、农业科技和现代种业发展、农业结构调整等情况，推动强化耕地数量保护和质量提升，保护种粮积极性，促进增强农业综合生产能力和深化农业供给侧结构性改革。

——乡村建设行动实施情况审计。围绕乡村建设规划提出的目标任务、重要项目和措施等，重点关注乡村产业发展、农村人居环境整治和农业废弃物综合利用、乡村基础设施建设，以及改善乡村公共服务情况，推动健全城乡融合发展体制机制和建设美丽宜居宜业乡村，促进农民增收。

——农业农村改革任务推进情况审计。围绕深化农业农村改革、加强农业农村发展要素保障等，重点关注农村集体产权制度改革以及完善农业补贴、农业保险等政策落实情况，促进巩固完善农村基本经营制度、健全农业农村投入保障制度。

——巩固拓展脱贫攻坚成果同乡村振兴有效衔接情况审计。围绕扶贫项目资金资产管理使用、农村社会保障和救助、易地扶贫搬迁后续帮扶、脱贫地区特色种养业提升等，重点关注脱贫地区产业可持续发展、农村低收入人口和欠发达地区帮扶政策落实等情况，促进健全防止返贫动态监测和精准帮扶机制，推动巩固拓展脱贫攻坚成果与乡村振兴有效衔接，提升脱贫地区整体发展水平。

十、资源环境审计

以加快推动绿色低碳发展，改善生态环境质量，提高资源利用效率，助力美丽中国建设为目标，全面深化领导干部自然资源资产离任审计，加强对生态文明建设领域资金、项目和相关政策落实情况的审计。

——领导干部自然资源资产离任审计。围绕中央关于加强领导干部自然资源资产离任审计的决策部署，重点关注自然资源资产管理、国土空间规划、碳达峰碳中和、污染防治攻坚战等重大任务落实情况，加快建立健全审计评价标准和指标体系，促进领导干部落实生态文明建设责任制。

——资源环境专项资金审计。围绕节能减排、污染防治、生态保护修复、资源开发利用等财政专项资金投入、分配、管理和使用情况，重点关注生态环境保护修复重大工程、环境基础设施、资源循环利用等重点项目的实施效果，保障资金安全，促进政策目标实现。

——生态文明建设政策落实情况审计。围绕国家"十四五"规划纲要中生态文明建设目标任务，重点关注碳排放碳达峰行动推进、绿色发展政策体系构建、"绿色生态"约束性指标完成、生态保护补偿机制建设、生态安全和环境风险防控等情况，促进经济社会发展全面绿色转型。

十一、民生审计

以提高保障和改善民生水平，确保兜牢基本民生底线，推动民生领域相关改革任务落实落地，促进健全多层次社会保障体系，维护好最广大人民根本利益为目标，加强对就业、社会保障、住房、教育和卫生健康等重点民生资金、项目和相关政策落实情况的审计。

——就业优先政策落实情况审计。围绕减负、稳岗、扩就业等资金管理使用情况，重点关注职业技能提升行动、创业带动就业、就业帮扶等就业保障政策落实情况，推动落实高校毕业生、退役军人、农民工、灵活就业人员、新业态就业人员等重点群体就业保障，促进提高就业补助资金使用效益，健全就业公共服务体系。

——社会保险基金审计。围绕养老、医疗等社会保险基金和积极应对人口老龄化相关资金管理使用情况，重点关注社会保险基金筹集使用和运行风险，推动实现基本养老保险全国统筹和基本医疗、失业、工伤保险省级统筹等改革任务目标，完善养老服务体系，促进社会保险制度公平和可持续发展。

——社会救助、社会福利等兜底保障政策落实和资金使用情况审计。围绕最低生活保障、特困人员供养、医疗救助、残疾人补贴、优抚安置、彩票公益金等专项资金管理使用情况，重点关注资金申请、审核、分配、使用等环节存在的突出问题，推动特殊困难群体基本生活保障到位，促进完善优化分层分类、城乡统筹的社会救助体系。

——住房保障体系建设和改革推进情况审计。围绕保障性安居工程、住房公积金、住宅专项维修资金等住房保障资金管理情况，重点关注城镇老旧小区改造、保障性租赁住房和共有产权住房建设、住房制度改革等政策落实情况，促进完善住房市场体系和住房保障体系，提高住房保障有效供给，推动城市更新建设，有效解决困难群众和大城市新市民、青年人等重点群体住房困难问题。

——高质量教育体系建设和改革推进情况审计。围绕基础教育、职业教育、普通高等教育等领域专项资金管理使用情况，重点关注学前教育普及普惠优质发展、义务教育均衡发展和城乡一体化、职业教育改革、高校"双一流"建设等政策落实情况，推动教育经费保障机制、教师队伍建设、人才培养等方面深化改革，落实"立德树人"的根本任务，推进一流人才培养和创新能力提升，更好服务经济社会发展。

——卫生健康体系建设和改革推进情况审计。围绕公共卫生体系建设、医疗服务与保障能力提升、国家基本药物制度等资金投入和管理使用情况，重点关注重大疫情防控救治体系、基层公共卫生体系、应对突发公共卫生事件能力和分级诊疗体系等建设，以及医药卫生体制改革推进情况，促进提升公共卫生服务水平和医疗资源有效配置，推动健康中国战略贯彻落实。

十二、经济责任审计

以强化干部管理监督，促进干部履职尽责、担当作为为目标，加强对各级党政主要领导干部和国有企事业单位主要领导人员经济责任审计。

——科学确定经济责任审计计划和审计重点。科学制定经济责任审计计划，以任中审计为主，坚持党政同责、同责同审。围绕领导干部权力运行和责任落实，根据不同类别、不同级次、不同地区（部门、单位）领导干部的履职特点，进一步规范经济责任审计重点内容，重点关注贯彻落实党和国家重大经济方针政策和决策部署，地区（部门、单位）重要发展规划制定、执行和效果，重大经济决策，财政财务收支和经济运行风险防范，以及在经济活动中落实党风廉政建设责任和遵守廉洁从政（从业）规定等情况。

——规范经济责任审计评价。以查清的事实为依据，以法律法规和政策制度为准绳，在审计范围内，对被审计领导干部履行经济责任情况进行评价，认真贯彻落实"三个区分开来"要求，考虑历史情况，着眼长远发展，准确界定责任，力求审计结论客观公正、问题处理实事求是，鼓励探索创新，支持担当作为。

——推动深化经济责任审计结果运用。加强与经济责任审计工作联席会议成员单位及有关部门协作配合，发挥监督合力，健全完善联合反馈审计结果、联合督查审计整改等工作机制，及时向被审计领导干部及其所在单位反馈审计情况、提出整改要求、开展整改督查，推动将经济责任审计结果以及整改情况作为考核、任免、奖惩被审计领导干部的重要参考。

十三、督促审计查出问题全面整改落实

深入贯彻落实习近平总书记关于审计整改工作的重要指示批示精神，坚持以推动审计查出问题有效整改、巩固和拓展审计整改效果为目标，坚持揭示问题与推动解决问题相统一，推动建立健全审计查出问题整改长效机制，做实审计监督后半篇文章。

——强化审计整改责任落实。各级党委审计委员会要及时研究审计查出重大问题的处

理意见，统筹协调并督促落实。审计机关要推动被审计单位压实整改主体责任，强化主管部门对其管辖行业领域的监督管理责任。及时组织对审计整改情况进行跟踪督促检查，以后年度审计中也要重点关注以前年度审计整改情况，重点核实整改结果的真实性和完整性，防止敷衍整改、虚假整改。推进审计监督与人大预算决算审查监督、国有资产管理情况监督有机结合，形成监督合力。

——健全审计整改工作机制。对审计查出的问题，形成问题清单，逐项分解到有关地区、部门和单位，明确整改责任主体，整改要求要科学合理、分类施策：对于能够立行立改的，提出明确、具体、可操作、标准统一的整改要求；涉及体制机制或相关法规政策不完善的，提出深化改革、完善制度的意见建议，督促有关部门单位研究改进。加强审计整改信息化建设，采取网上追踪和现场检查相结合、对账销号等方式，推动提升整改效果，实现审计整改由治标多治本少向标本兼治转变。

——推动审计整改结果运用。加强与有关部门的沟通联动，推动把审计监督与党管干部、纪律检查、追责问责结合起来，将审计整改情况作为考核、任免、奖惩领导干部的重要参考。推动健全审计整改约谈和责任追究机制，对拒不整改、推诿整改、敷衍整改、虚假整改的，审计机关可提出处理意见建议，按照干部管理权限提请纪检监察机关、组织人事部门或主管部门研究处理。

第三部分　落实各项保障措施

做好"十四五"时期的审计工作，必须把坚持党中央对审计工作的集中统一领导细化、实化、制度化，加强审计业务管理、干部队伍建设和信息化建设，不断彰显中国特色社会主义审计的政治优势和制度优势。

十四、坚持党中央对审计工作的集中统一领导

进一步巩固和深化审计管理体制改革成果，认真落实党中央对审计工作集中统一领导的各项要求，确保审计工作有序高效，党中央关于审计工作的决策部署及时传导、不折不扣得到落实，切实做到"两个维护"。

——健全各级党委审计委员会工作运行机制。地方各级党委审计委员会要加强对本地区审计工作的领导，立足区域发展战略和本地区实际，增强审计工作的针对性和有效性。上级党委审计委员会要加强对下级党委审计委员会工作的领导。各级党委审计委员会办公室要认真履职尽责，加强研究谋划、沟通协调、服务保障、督察督办，确保各项部署要求落到实处。

——完善推动党中央关于审计工作的重大决策部署落实机制。各级党委审计委员会要及时传达学习党中央关于审计工作的重大决策部署、习近平总书记关于审计工作的重要讲话和重要指示批示精神、中央审计委员会的议定事项，结合实际研究制定贯彻落实的具体措施。各级党委审计委员会办公室要建立健全审计监督重大事项督察督办制度，建立定期"回头看"和报告、通报、问责制度，加大督察督办力度，确保党中央决策部署有效落实。

——严格执行审计领域重大事项请示报告制度。对重要审计情况、重要审计报告、重大违纪违法问题线索及其处理意见等，审计机关要首先向本级党委审计委员会请示报告，经批准后再按法定程序办理。下级党委审计委员会重大事项要向上级党委审计委员会请示报告，委员会主要负责同志为第一责任人，对请示报告工作负总责。制定审计领域重大事项请示报告清单，实行重大事项请示报告责任追究制度。

——加强对全国审计工作的领导。坚持审计工作全国一盘棋，强化上级审计机关对下级审计机关的领导，上级审计机关要加强审计项目计划的统筹和管理，优化审计组织方式，合理配置审计资源，加强对下级审计机关的考核和干部管理。优化审计机关内部机构设置，增强派出审计机构力量。健全完善军地联合审计工作机制，积极稳妥推进军地联合审计工作。加强对内部审计工作的指导和监督，依法核查社会审计机构出具的审计报告，增强审计监督合力。

十五、全面加强审计业务管理

加大审计创新力度，在盘活用好审计资源上下功夫、挖潜力，向统筹要效率、靠创新提效能。

——创新审计理念思路。积极开展研究型审计，系统深入研究和把握党中央、国务院重大经济决策部署的出台背景、战略意图、改革目标等根本性、方向性问题，不断提升审计工作政治性和前瞻性。转变审计思路，既要善于发现问题，更要注重解决问题，发挥审计的建设性作用。根据审计实践需要，强化审计理论研究，推动审计理论、审计实践和审计制度创新。

——创新审计组织方式。根据审计项目性质，综合运用上审下、交叉审、同级审等审计组织方式，对涉及全国的大项目，统一调度兵力打好决战；对急难险重的任务，集中优势兵力打好歼灭战；对党中央临时交办、时效性强的任务，快速集合兵力打好闪击战；对历史遗留问题和体制机制问题，善于坚守阵地，打好持久战，不断提高审计工作质量和效率。

——优化审计流程管理。坚持严谨务实，所有内部流程以保障审计业务顺利开展为前提。加强审计项目计划管理，实现年度计划和五年规划有机衔接，建立中长期审计项目库，原则上每年确定的审计项目应在中长期审计项目库中筛选确定。在开展试审或审前调查的基础上，科学制定审计工作方案、实施方案。厘清各环节质量控制责任，提高复核审理效率，更好服务审计业务开展。加强审计项目过程控制，规范延伸调查行为。

——健全审计质量控制体系。推动审计法及其实施条例修订工作。加强全流程审计质量管控，建立与信息化相适应的审计质量控制体系，切实防范审计风险。编写、修订各专业领域的审计指南、法规向导，加强对审计工作的实务指引，加强对审计法律法规执行情况的检查，严格落实分级质量控制责任。发挥优秀审计项目对审计质量的示范引领作用。

——加强审计结果运用。建立健全各级审计机关之间审计结果和信息共享机制，加强审计结果跨年度、跨地域、跨行业、跨领域的综合分析，提炼普遍性、规律性、倾向性、苗头性问题，提出有针对性的意见建议。加大审计结果公开和审计整改情况公告力度。强化与其他监督部门和主管部门的沟通协调，健全完善重大问题线索移送和重要问题转送机制。

十六、加强审计干部队伍建设

全面落实"以审计精神立身、以创新规范立业、以自身建设立信"的总要求，加强审计干部思想淬炼、政治历练、实践锻炼、专业训练，锻造信念坚定、业务精通、作风务实、清正廉洁的高素质专业化审计干部队伍。

——大力弘扬和践行审计精神。深入贯彻习近平总书记关于审计精神的重要论述，教育引导审计干部树立对法律的信仰和对法治的崇尚，保持客观公正的工作立场；践行脚踏实地、扎实苦干、与时俱进、开拓创新的精神，始终保持对审计事业的忠诚和对审计职业的操守，当好国家财产的"看门人"、经济安全的"守护者"。

——加强专业能力建设。建立健全审计职业教育培训体系，针对审计干部特点开展分级分类培训。改进审计实务导师制，通过以审代训等途径强化培训效果。坚持在审计一线锤炼干部过硬本领，提高能查、能说、能写能力。推进干部轮岗交流，完善交流学习机制，提高综合素质。

——健全完善选人用人机制。认真贯彻落实新时代党的组织路线，严格按照新时期好干部标准选人用人，按规定条件、程序开展干部考录、调任、聘任、遴选、选调等工作，严把干部入口关，树立重实干重实绩的用人导向，推动落实能上能下的用人机制。注重在工作一线考察识别干部，落实和完善精准考核、奖惩分明的激励约束机制，保护干部干事创业的积极性。

——持续加强政治机关建设。健全不忘初心、牢记使命长效机制，深入开展党史学习教育，落实意识形态工作责任制，认真履行全面从严治党主体责任和监督责任，推动机关党建与审计业务融合发展。严格落实中央八项规定及其实施细则精神，严格执行审计"四严禁"工作要求和审计"八不准"工作纪律，准确运用监督执纪"四种形态"。加强审计机关内部审计和领导干部经济责任审计，自觉接受纪检监察、人大监督、民主监督、社会监督、舆论监督等各方面监督。

十七、坚持科技强审

全面贯彻落实习近平总书记关于科技强审的要求，加强审计技术方法创新，充分运用现代信息技术开展审计，提高审计质量和效率。

——提升信息化支撑业务能力。推动金审工程三期项目建设应用和持续优化，完成国产化技术改造和部署。完善审计业务网络，实现与副省级以上地方审计机关数据分析网联通。建设完善电子数据备份中心。完善网络安全管理制度，建立健全网络安全责任、统一的网络安全防护标准、协调联动的网络安全协作等体系，开展网络安全常态化检查，持续提升网络安全防御和应急处置能力。

——提升数据管理水平。健全数据采集和定期报送机制，推动被审计单位统一数据接口，认真履行国内外标准化组织技术机构秘书处职责，持续推进数据标准化。健全数据集中管理制度规范，保障数据安全。推动提高省级审计数据分中心的数据存储、处理和分析能力，实现署、省两级审计机关集中管理审计业务数据。

——加强数据资源分析利用。坚持以用为本，完善数据管理制度规范。充分利用地方政府数据平台，扎实开展业务数据与财务数据、单位数据与行业数据以及跨行业、跨领域数据的综合比对和关联分析，促进审计工作从现场审计为主向后台数据分析和现场审计并重转变。加强数据和分析模型共享共用。

十八、抓好规划实施

各地区各部门要加强对审计工作的领导，积极主动支持配合审计工作。凡是管理分配使用公共资金、公共资产、公共资源的部门和单位，凡是行使公共权力、履行经济责任的领导干部，都要依法自觉接受审计监督，认真做好审计查出问题整改工作，建立健全解决问题的长效机制。

各级审计机关要根据本规划要求，研究制定具体落实措施，加强组织领导，落实规划实施责任，抓好规划实施，确保目标任务顺利完成。审计署要组织开展规划实施情况的监督检查和效果评估，确保各项任务落实到位。

全国人民代表大会常务委员会关于
加强中央预算审查监督的决定

（1999 年 12 月 25 日第九届全国人民代表大会常务委员会第十三次会议通过　2021 年 4 月 29 日第十三届全国人民代表大会常务委员会第二十八次会议修订）

为履行宪法法律赋予全国人民代表大会及其常务委员会的预算审查监督职责，贯彻落实党中央关于加强人大预算决算审查监督职能的部署要求，推进全面依法治国，健全完善中国特色社会主义预算审查监督制度，规范预算行为，提高预算绩效，厉行节约，更好地发挥中央预算在推进国家治理体系和治理能力现代化、推动高质量发展、促进社会进步、改善人民生活和全面深化改革开放中的重要作用，必须进一步加强对中央预算的审查监督。为此，特作如下决定：

一、加强全口径审查和全过程监管。全国人民代表大会及其常务委员会对政府预算决算开展全口径审查和全过程监管，坚持党中央集中统一领导，坚持围绕服务党和国家工作大局，坚持以人民为中心，坚持依法审查监督，聚焦重点，注重实效，保障宪法和法律贯彻实施，保障国家方针政策和决策部署贯彻落实。

（一）加强财政政策审查监督。审查监督重点包括：财政政策贯彻落实国家方针政策和决策部署的情况；与经济社会发展目标和宏观调控总体要求相衔接的情况；加强中期财政规划管理工作，对国家重大战略任务保障的情况；财政政策制定过程中充分听取人大代表与社会各界意见建议的情况；财政政策的合理性、可行性、可持续性等情况。

（二）加强一般公共预算审查监督。审查监督一般公共预算支出总量和结构的重点包括：支出总量和结构贯彻落实国家方针政策和决策部署的情况；支出总量及其增减的情况，财政赤字规模及其占年度预计国内生产总值比重的情况；调整优化支出结构，严格控制一般性支出，提高财政资金配置效率和使用绩效等情况。

审查监督重点支出与重大投资项目的重点包括：重点支出预算和支出政策相衔接的情况；重点支出规模变化和结构优化的情况；重点支出决策论证、政策目标和绩效的情况。重大投资项目与国民经济和社会发展规划相衔接的情况；重大投资项目决策论证、投资安排和实施效果的情况。

审查监督部门预算的重点包括：部门各项收支全部纳入预算的情况；部门预算与支出政策、部门职责衔接匹配的情况；项目库建设情况；部门重点项目预算安排和绩效的情况；新增资产配置情况；结转资金使用情况；审计查出问题整改落实等情况。

审查监督中央对地方转移支付的重点包括：各类转移支付保障中央财政承担的财政事权和支出责任的情况；促进地区间财力均衡及增强基层公共服务保障能力的情况；健全规范转移支付制度、优化转移支付结构的情况；专项转移支付定期评估和退出的情况；转移支付预算下达和使用的情况；转移支付绩效的情况。

审查监督一般公共预算收入的重点包括：预算收入安排与经济社会发展目标、国家宏观调控总体要求相适应的情况；各项税收收入与对应税基相协调的情况；预算收入依法依规征收、真实完整的情况；预算收入结构优化、质量提高的情况；依法规范非税收入管理等情况。

（三）加强政府债务审查监督。审查监督中央政府债务重点包括：根据中央财政赤字规模和上年末国债余额限额，科学确定当年国债余额限额，合理控制国债余额与限额之间的差额；评估政府债务风险水平情况，推进实现稳增长和防风险的长期均衡。审查监督地方政府债务重点包括：地方政府债务纳入预算管理的情况；根据债务率、利息支出率等指标评估地方政府债务风险水平，审查地方政府新增一般债务限额和专项债务限额的合理性情况；地方政府专项债务偿还的情况；积极稳妥化解地方政府债务风险等情况。

（四）加强政府性基金预算审查监督。审查监督重点包括：基金项目设立、征收、使用和期限符合法律法规规定的情况；收支政策和预算安排的合理性、可行性、可持续性的情况；政府性基金支出使用情况；政府性基金项目绩效和评估调整等情况。

（五）加强国有资本经营预算审查监督。审查监督重点包括：预算范围完整、制度规范的情况；国有资本足额上缴收益和产权转让等收入的情况；支出使用方向和项目符合法律法规规定和政策的情况；国有资本经营预算调入一般公共预算的情况；政府投资基金管理的情况；发挥优化国有资本布局、与国资国企改革相衔接等情况。

（六）加强社会保险基金预算审查监督。审查监督重点包括：各项基金收支安排、财政补助和预算平衡的情况；预算安排贯彻落实社会保障政策的情况；推进基本养老保险全国统筹的情况；基金绩效和运营投资的情况；中长期收支预测及可持续运行等情况。

（七）进一步推进预算决算公开，提高预算决算透明度。以公开为常态、不公开为例外，监督中央政府及其部门依法及时公开预算决算信息，主动回应社会普遍关注的问题，接受社会监督。

二、加强中央预算编制的监督工作。坚持先有预算、后有支出、严格按预算支出的原则，细化预算和提前编制预算。按预算法规定的时间将中央预算草案全部编制完毕。中央预算应当按照宪法和法律规定，贯彻落实国家方针政策和决策部署，做到政策明确、标准科学、安排合理，增强可读性和可审性。

中央一般公共预算草案，应当列示预算收支情况表、转移支付预算表、基本建设支出表、政府债务情况表等，说明收支预算安排及转移支付绩效目标情况。中央政府性基金预算草案应当按基金项目分别编列、分别说明。政府性基金支出编列到资金使用的具体项目，说明结转结余和绩效目标情况。中央国有资本经营预算草案收入编列到行业或企业，说明纳入预算的企业单位的上年总体经营财务状况；支出编列到使用方向和用途，说明项目安排的依据和绩效目标。中央社会保险基金预算草案应当按保险项目编制，反映基本养老保险全国统筹推进情况，说明社会保险基金可持续运行情况。

三、加强和改善中央预算的初步审查工作。国务院财政部门应当及时向全国人民代表大会财政经济委员会和全国人民代表大会常务委员会预算工作委员会通报有关中央预算编制的情况。预算工作委员会应当结合听取全国人大代表和社会各界意见建议情况，与国务院财政等部门密切沟通，研究提出关于年度预算的分析报告。在全国人民代表大会会议举行的四十五日前，国务院财政部门应当将中央预算草案初步方案提交财政经济委员会，由财政经济委员会对中央预算草案初步方案进行初步审查，并就有关重点问题开展专题审议，提出初步审查意见。

财政经济委员会开展初步审查阶段，全国人民代表大会有关专门委员会围绕国家方针政策和决策部署，对相关领域部门预算初步方案、转移支付资金和政策开展专项审查，提出专项审查意见。专项审查意见中增加相关支出预算的建议，应当与减少其他支出预算的建议同时提出，以保持预算的平衡性、完整性和统一性。有关专门委员会的专项审查意见，送财政经济委员会、预算工作委员会研究处理，必要时作为初步审查意见的附件印发全国人民代表大会会议。

四、加强中央预算执行情况的监督工作。在全国人民代表大会及其常务委员会领导下，财政经济委员会和预算工作委员会应当做好有关工作。国务院有关部门应当及时向财政经济委员会、预算工作委员会提交落实全国人民代表大会关于预算决议的情况。国务院财政部门应当定期提供全国、中央和地方的预算执行报表，反映预算收支、政府债务等相关情况。国务院有关部门应当通过国家电子政务网等平台，定期提供部门预算执行、宏观经济、金融、审计、税务、海关、社会保障、国有资产等方面政策制度和数据信息。

全国人民代表大会常务委员会通过听取和审议专项工作报告、执法检查、专题调研等监督方式，加强对重点收支政策贯彻实施、重点领域财政资金分配和使用、重大财税改革和政策调整、重大投资项目落实情况的监督。国务院在每年八月向全国人民代表大会常务委员会报告当年预算执行情况。国务院财政部门及相关主管部门每季度提供预算执行、有关政策实施和重点项目进展情况。

全国人民代表大会常务委员会利用现代信息技术开展预算联网监督，提高预算审查监督效能，实现预算审查监督的网络化、智能化。对预算联网监督发现的问题，适时向国务院有关部门通报，有关部门应当核实处理并反馈处理情况。

五、加强中央预算调整方案的审查工作。中央预算执行中，农业、教育、科技、社会保障等重点领域支出的调减，新增发行特别国债，增加地方政府举借债务规模，须经全国人民代表大会常务委员会审查和批准。中央预算执行中必须作出预算调整的，国务院应当编制中央预算调整方案，一般于当年六月至十月期间提交全国人民代表大会常务委员会。严格控制预算调剂，各部门、各单位的预算支出应当按照预算执行，因重大事项确需调剂的，严格按照规定程序办理。中央预算执行中出台重要的增加财政收入或者支出的政策措施，调入全国社会保障基金，或者预算收支结构发生重要变化的情况，国务院财政部门应当及时向预算工作委员会通报。预算工作委员会及时将有关情况向财政经济委员会通报，必要时向全国人民代表大会常务委员会报告。

六、加强中央决算的审查工作。中央决算草案应当按照全国人民代表大会批准的预算所列科目编制，按预算数、调整预算数以及决算数分别列出，对重要变化应当作出说明。一般公共预算支出应当按功能分类编列到项，按经济性质分类编列到款。政府性基金预算支出、国有资本经营预算支出、社会保险基金预算支出，应当按功能分类编列到项。按照国务院规定实行权责发生制的特定事项，在审查中央决算草案前向全国人民代表大会常务委员会报告。中央决算草案应当在全国人民代表大会常务委员会举行会议审查和批准的三十日前，提交财政经济委员会，由财政经济委员会结合审计工作报告进行初步审查。

七、加强预算绩效的审查监督工作。各部门、各单位应当实施全面预算绩效管理，强化事前绩效评估，严格绩效目标管理，完善预算绩效指标体系，提升绩效评价质量。加强绩效评价结果运用，促进绩效评价结果与完善政策、安排预算和改进管理相结合，推进预算绩效信息公开，将重要绩效评价结果与决算草案同步报送全国人民代表大会常务委员会审查。

全国人民代表大会常务委员会加强对重点支出和重大项目绩效目标、绩效评价结果的审查监督。必要时，召开预算绩效听证会。

八、加强对中央预算执行和决算的审计监督。审计机关应当按照真实、合法和效益的要求，对中央预算执行和其他财政收支情况以及决算草案进行审计监督，为全国人民代表大会常务委员会开展预算执行、决算审查监督提供支持服务。国务院应当在每年六月向全国人民代表大会常务委员会提出对上一年度中央预算执行和其他财政收支的审计工作报告。审计工作报告应当重点报告上一年度中央预算执行和决算草案、重要政策实施、财政资金绩效的审计情况，全面客观反映审计查出的问题，揭示问题产生的原因，提出改进工作的建议。审计查出的问题要依法纠正、处理，加强审计结果运用，强化责任追究，完善审计查出问题整改工作机制，健全整改情况公开机制。必要时，全国人民代表大会常务委员会可以对审计工作报告作出决议。

九、加强审计查出问题整改情况的监督工作。全国人民代表大会常务委员会对审计查出突出问题整改情况开展跟踪监督。综合运用听取和审议专项工作报告、专题询问等方式开展跟踪监督，加大监督力度，增强监督效果，推动建立健全整改长效机制，完善预算管理制度。健全人大预算审查监督与纪检监察监督、审计监督的贯通协调机制，加强信息共享，形成监督合力。

全国人民代表大会常务委员会在每年十二月听取和审议国务院关于审计查出问题整改情况的报告，根据需要可以听取审计查出突出问题相关责任部门单位的单项整改情况报告。有关责任部门单位负责人应当到会听取意见，回答询问。国务院提交的整改情况报告，应当与审计工作报告揭示的问题和提出的建议相对应，重点反映审计查出突出问题的整改情况，并提供审计查出突出问题的单项整改结果和中央部门预算执行审计查出问题整改情况清单。必要时，全国人民代表大会常务委员会可以对审计查出问题整改情况报告作出决议。

十、依法执行备案制度、强化预算法律责任。国务院应当将有关预算的法规及规范性文件，中央预算与地方预算有关收入和支出项目的划分、地方向中央上解收入、中央对地方税收返还或者转移支付的具体办法，省、自治区、直辖市政府报送国务院备案的预算决算的汇总，中央政府综合财务报告，以及其他应当报送的事项，及时报送全国人民代表大会常务委员会备案。

全国人民代表大会常务委员会开展预算决算审查监督工作发现的问题，相关机关、部门单位和地方应当及时研究处理，对违反预算法等法律规定的，依法追究法律责任；需要给予政务处分的，全国人民代表大会常务委员会有关工作机构及时通报监察机关。

十一、更好发挥全国人大代表作用。国务院财政等部门应当通过座谈会、通报会、专题调研、办理议案建议和邀请全国人大代表视察等方式，在编制预算、制定政策、推进改革过程中，认真听取全国人大代表意见建议，主动回应全国人大代表关切。全国人民代表大会有关专门委员会、常务委员会有关工作机构应当加强与全国人大代表的沟通联系，更好发挥代表作用。健全预算审查联系代表工作机制。

十二、预算工作委员会职责。预算工作委员会是全国人民代表大会常务委员会的工作机构，协助财政经济委员会承担全国人民代表大会及其常务委员会审查预算决算、审查预算调整方案和监督预算执行方面的具体工作；承担国有资产管理情况监督、审计查出突出问题整改情况跟踪监督方面的具体工作；承担预算、国有资产联网监督方面的具体工作；受委员长会议委托，承担有关法律草案的起草工作，协助财政经济委员会承担有关法律草案审议方面的具体工作；以及承办本决定规定的和常务委员会、委员长会议交办以及财政经济委员会需要协助办理的其他有关财政预算的具体事项。经委员长会议同意，预算工作委员会可以要求政府有关部门和单位提供预算情况，并获取相关信息资料及说明。经委员长会议批准，可以对各部门、各预算单位、重大建设项目的预算资金使用和专项资金的使用进行调查，政府有关部门和单位应积极协助、配合。

本决定自公布之日起施行。

国务院关于贯彻落实《全国人民代表大会常务委员会关于加强中央预算审查监督的决定》的通知

（国发〔2000〕39号）

《全国人民代表大会常务委员会关于加强中央预算审查监督的决定》（以下简称《决定》）已经1999年12月25日第九届全国人民代表大会常务委员会第十三次会议通过。认真贯彻实施《决定》，对促进中央预算管理体制改革，加强依法理财、从严治财，具有十分重要的意义。各部门要高度重视，采取有效措施，认真贯彻落实。为此，特作如下通知：

一、提高思想认识，严格依法行政

《决定》的发布，对于贯彻依法治国方针，规范预算行为，进一步改进和规范预算管理工作，更好地发挥中央预算在发展国民经济、促进社会进步、改善人民生活和深化改革、扩大开放中的作用具有重要的意义。各部门要认真学习，深刻领会，全面贯彻《决定》精神，进一步加强中央预算管理，依法理财，从严治财，开创中央预算管理工作的新局面。

二、改进预算编制工作，加强预算资金管理

《决定》在中央预算的编制、审查和批准、执行、调整、决算以及监督等方面，将《宪法》和《预算法》中有关预算审查监督的规定具体化，对改进和加强中央预算管理提出了新的更高的要求。财政部要严格按照《决定》精神，进一步改进工作作风，加强和改善中央预算管理工作。各部门要严格按照《预算法》和《决定》的要求，认真履行职责，积极做好各项工作。

（一）各部门要进一步改进和加强中央预算的编制工作，积极创造条件提前编制和细化预算；要严格按照国务院关于编制中央预算的指示和财政部的具体规定，统一由财务机构编制包含本部门所有财务收支的预算草案，并在规定的时间内报送财政部审核汇总。国家计委、国家经贸委、科技部、国务院机关事务管理局等具有预算分配权的部分，要按照财政部统一规定的时间表，及时审核和落实各部门预算指标，在年初预算中确需预留的待分配支出，不得超过国务院规定的比例。各部门要根据法律和政策规定，认真分析本部门上一年度实际收支情况和下一年度收支变动因素，按照类别逐项测算预算收入和预算支出，实事求是地编制本部门预算草案；财政部在审核汇总各部门预算草案的基础上编制中央预算草案，并在规定的时间内报送国务院。中央预算草案经全国人民代表大会批准后，财政部和各部门要及时批复下达。

（二）各部门财务收支要严格按照财政部和上级预算主管部门批复的预算执行；预算执行中不得随意调剂使用不同预算科目的资金，因特殊情况确需调剂使用的，应于每年第三季度，由有关部门统一提出调剂使用方案，报财政部审核同意后执行。中央预算安排的农业、教育、科技、社会保障等预算资金如有调减，有关部门要列明调减的原因、项目、数额，经财政部报国务院审核，确需调减的，提请全国人民代表大会常务委员会审查批准。

（三）各部门要按照国务院有关规定，加强和是预算外资金管理，逐步将预算外资金纳入预算；对暂时不能纳入预算的，要根据收入情况和支出需要编制预算外资金收支计划。对预算外资金要加强财政专户管理，全面落实"收支两　线"的规定。

（四）进一步改进和加强对中央预算执行情况和部门决算的审计。审计署要认真履行宪法赋予审计机关的职责，按照真实、合法和效益的要求，严格依照审计法律、行政法规的规定，对中央预算执行情况和部门决算进行审计，促进各部门严格执行《预算法》，规范预算行为，加强预算管理。同时，要积极探索新的审计形式，不断提高审计质量。

三、自觉接受全国人大及其常委会对中央预算的审查和监督

各部门要严格按照《决定》的要求，自觉接受全国人大及其常委会对中央预算的审查和监督，积极协助、配合全国人大财政经济委员会（简称财政经济委员会）和全国人大常委会预算工作委员会（简称预算工作委员会）依法开展工作。

（一）在各部门预算草案和中央预算草案编制过程中，由财政部统一向财政经济委员会和预算工作委员会通报预算编制的有关情况。中央预算草案编制完成后，在报送国务院批准之前，财政部应当及时向财政经济委员会和预算工作委员会通报编制情况。中央预算草案经国务院审定后，财政部应当在规定的时间内将中央预算草案提交财政经济委员会进行初步审查。

（二）在中央预算执行过程中，有关部门应当按照《决定》的要求，及时向财政经济委员会、预算工作委员会提交有关情况和资料。其中，落实全国人大关于预算决议的情况，对部门批复的预算，预算收支执行情况，政府债务、社会保障基金等重点资金和预算外资金收支执行情况，由财政部负责提交；直接要求有关部门提供的，由有关部门与财政部核实后负责提交；各部门对所属单位批复的预算，由各部门按照财政经济委员会和预算工作委员会的要求负责提交；有关经济、财政、金融、审计、税务、海关等综合性统计报告、规章制度及有关资料，由有关部门负责提交。

（三）对预算工作委员会经全国人大常委会委员长会议专项同意，要求有关部门提供的预算情况、相关信息资料和说明，有关部门在接到预算工作委员会的通知后，应当及时报告国务院并通报财政部，在与财政部进行核实后，及时予以提供。对预算工作委员会经委员长会议专项批准，对各部门、各预算单位预算资金使用情况进行的调查，有关部门应当积极予以协助和配合，并及时通报财政部。

国务院关于加强预算外资金管理的决定

（国发〔1996〕29号）

各省、自治区、直辖市人民政府，国务院各部委、各直属机构：

改革开放以来，预算外资金增长较快，对经济建设和社会事业发展起到了一定的积极作用。但是，近几年来有的地方违反《中华人民共和国预算法》和国务院的有关规定，擅自将财政预算资金通过各种非法手段转为预算外资金，有些部门和单位擅自设立基金或收费项目，导致国家财政收入流失，预算外资金不断膨胀。同时，由于管理制度不健全，预算外资金的使用脱离财政管理和各级人大监督，乱支滥用现象十分严重。这些问题不仅造成了国家财政资金分散和政府公共分配秩序混乱，而且加剧了固定资产和消费基金膨胀，助长了不正之风和腐败现象的发生。根据中共中央十四届五中全会精神，现就进一步加强预算外资金管理作出如下决定：

一、严格执行《中华人民共和国预算法》，禁止将预算资金转移到预算外

各级人民政府要严格按照《中华人民共和国预算法》和财政法规的要求，切实加强对财政预算资金和预算外资金的管理，完善对财政资金的监督检查制度。任何地区、部门和单位都不得隐瞒财政收入，将财政预算资金转为预算外资金。财政部门要严格按照"控制规模、限定投向、健全制度、加强监督"的原则，加强财政周转金管理。各部门、各单位未经财政部门批准，不得擅自将财政拨款转为有偿使用，更不得设置账外账和"小金库"。财政部门尤其不能设置"小金库"。

二、将部分预算外资金纳入财政预算管理

各地区、各部门要认真贯彻《中共中央办公厅、国务院办公厅关于转发财政部〈关于对行政性收费、罚没收入实行预算管理的规定〉的通知》（中办发〔1993〕19号）精神，将财政部已经规定的83项行政性收费项目纳入财政预算。

从1996年起将养路费、车辆购置附加费、铁路建设基金、电力建设基金、三峡工程建设基金、新菜地开发基金、公路建设基金、民航基础设施建设基金、农村教育事业附加费、邮电附加、港口建设费、市话初装基金、民航机场管理建设费等13项数额较大的政府性基金（收费）纳入财政预算管理。基金（收费）收入要按现行体制及时上缴中央金库或地方金库，使用由主管部门提出计划，财政部门按规定拨付，属于基本建设用途的，由财政部门按计划批准的项目计划安排支出，实行收支两条线管理，加强财政、审计监督。基金（收费）收支在预算上单独编列反映，按规定专款专用，不得挪作他用，也不能平衡预算。具体管理办法由财政部会同有关部门制定。

地方财政部门按国家规定收取的各项税费附加，从1996年起统一纳入地方财政预算，作为地方财政的固定收入，不再作为预算外资金管理。

今后要积极创造条件，将应当纳入财政预算管理的预算外资金逐步纳入财政预算管理。

三、预算外资金管理范围

预算外资金，是指国家机关、事业单位和社会团体为履行或代行政府职能，依据国家法律、法规和具有法律效力的规章而收取、提取和安排使用的未纳入国家预算管理的各种财政性资金。其范围主要包括：法律、法规规定的行政事业性收费、基金和附加收入等；国务院或省级人民政府及其财政、计划（物价）部门审批的行政事业性收费；国务院以及财政部审批建立的基金、附加收入等；主管部门从所属单位集中的上缴资金；用于乡镇政府开支的乡自筹和乡统筹资金；其他未纳入预算管理的财政性资金。

社会保障基金在国家财政建立社会保障预算制度以前，先按预算外资金管理制度进行管理，专款专用，加强财政、审计监督。

按照《企业财务通则》和《企业会计准则》的规定，国有企业税后留用资金不再作为预算外资金管理。事业单位和社会团体通过市场取得的不体现政府职能的经营、服务性收入，不作为预算外资金管理，收入可不上缴财政专户，但必须依法纳税，并纳入单位财务收支计

划，实行收支统一核算。

四、加强收费、基金管理，严格控制预算外资金规模

收取或提取预算外资金必须依照法律、法规和有关法律效力的规章制度所规定的项目、范围、标准和程序执行。

行政事业性收费要严格执行中央、省两级审批的管理制度。收费项目按隶属关系分别报国务院和省、自治区、直辖市人民政府的财政部门会同计划（物价）部门批准；确定和调整收费标准，按隶属关系分别报国务院和省、自治区、直辖市人民政府的计划（物价）部门会同财政部门批准；重要的收费项目和标准制定及调整应报请国务院或省级人民政府批准。省、自治区、直辖市人民政府批准的行政事业性收费项目和收费标准报财政部、国家计委备案。省、自治区、直辖市以下各级人民政府（包括计划单列市）及其部门无权审批设立行政事业性收费项目或调整收费标准。行政性收费中的管理性收费、资源性收费、全国性的证照收费和公共事业收费，以及涉及中央和其他地区的地方性收费，具体征收管理办法的制定和修改由财政部、国家计委会同有关部门负责。地方性法规中已明确的收费，具体征收管理办法的制定和修改由省级财政、计划（物价）部门会同有关部门负责。未按规定报经批准的或不符合审批规定的各种行政事业性收费，都属乱收费行为，必须停止执行。财政部、国家计委要会同有关部门抓紧起草《行政性收费管理条例》，报国务院审批发布。

征收政府性基金必须严格按国务院规定统一财政部审批，重要的报国务院审批。基金立项的申请和批准要以国家法律、法规和中共中央、国务院有关文件规定为依据，否则一律不予立项。地方无权批准设立基金项目，也不得以行政事业性收费的名义变相批准设立基金项目。对地方已经设立的基金项目，必须按照《国务院办公厅转发财政部、审计署、监察部对各种基金进行清理登记意见的通知》（国办发〔1995〕25号）的规定进行清理登记，由财政部负责审查处理，重要的报国务院审批。

财政部门要建立健全行政事业性收费和政府性基金的票据管理与监督制度。各部门和各单位在执收时，必须按隶属关系使用中央或省级财政部门统一印制或监制的票据。

五、预算外资金要上缴财政专户，实收收支两条线管理

预算外资金是国家财政性资金，不是部门和单位自有资金，必须纳入财政管理。财政部门要在银行开设统一的专户，用于预算外资金收入和支出管理。部门和单位的预算外收入必须上缴同级财政专户，支出由同级财政按预算外资金收支计划和单位财务收支计划统筹安排，从财政专户中拨付，实行收支两条线管理。

对部门和单位的预算外资金收支按不同性质实行分类管理。国家机关和受政府委托的部门、单位统一收取和使用的专项用于公共工程和社会公共事业的基金、收费，以及以政府信誉强制建立的社会保障基金等，收入金额缴入同级财政专户，支出按计划和规定和用途专款专用，不得挪作他用，收支结余可结转下年度专项使用；各部门和各单位的其他预算外资金，收入缴入同级财政专户，支出由财政结合预算内资金统筹安排，其中少数费用开支有特殊需要的预算外资金，经财政部门核定收支计划后，可按确定的比例或按收支结余的数额定期缴入同级财政专户。

预算外资金结余，除专项资金按规定结转下年度专项使用以外，财政部门经同级政府批准可按隶属关系统筹调剂使用。

有预算外收支活动的部门和单位经财政部门批准可在指定银行开设预算外资金支出账户，确有必要的，也可再开设一个收入过渡性账户。未经财政部门审核同意，银行不得为部门和单位开设预算外资金账户。

部门和单位上缴财政专户的预算外资金，必须按财政部门规定的时间及时缴入财政部

门在银行开设的预算外资金专户，不得拖欠、截留和坐收坐支。逾期未缴的，由银行从单位资金账户中直接划入财政专户。

六、加强预算外资金收支计划管理

财政部门要建立预算外资金预决算管理制度。各部门、各单位要按规定编制预算外资金收支计划和单位财务收支计划，并及时报送同级财政部门，对预算内拨款和预算外收入统一核算，统一管理。财政部门要在认真审核单位预算外资金收支计划和单位财务收支计划的基础上，编制本级预算外资金收支计划，报经同级人民政府批准后组织实施。年度终了，财政部门要审批单位的预算外资金收支决算，编制本级预算资金收支决算，并报同级政府审批，在此基础上，编制包括预算内、外收支的综合财政计划。

七、严格预算外资金支出管理，严禁违反规定乱支挪用

各部门、各单位要严格按国家规定和经财政部门核定的预算外资金收支计划和单位财务收支计划使用预算外资金。专项用于公共工程、公共事业的基金和收费，以及其他专项资金，要按计划和规定用途专款专用，由财政部门审核后分期拨付资金；用于工资、奖金、补贴、津贴和福利等方面的支出，必须严格执行财政部门核定的项目、范围和标准；用于固定资产投资的支出，要按国家规定立项，纳入国家固定资产投资计划，并按计划部门确定的国家投资计划和工程进度分期拨付；用于购买专项控制商品方面的支出，要报财政部门审查同意后，按国家有关规定办理控购审批手续。严禁将预算外资金转交非财务机构管理、账外设账、私设"小金库"和公款私存；严禁用预算外资金搞房地产等计划外投资，从事股票、期货等交易活动以及各种形式的高消费。

财政部门要认真履行职责，建立健全各项管理制度，积极做好各项服务工作，有时拨付预算外资金，切实加强对预算外资金的管理。

八、建立健全监督检查与处罚制度

各级人民政府要接受同级人民代表大会对预算外资金使用情况的监督。各级财政部门要加强对预算外资金收入和支出的管理，建立健全各项收费、基金的稽查制度，并会同人民银行共同做好预算外资金账户的开设和管理工作。

各级计划（物价）部门要按照收费管理的职责分工，认真做好收费标准的审核工作，严肃查处各种乱收费行为。各级审计、监察等部门要根据国家政策和宏观管理的要求，与财政部门协调配合，对同级各部门和下级政府预算外资金的财务管理进行监督检查，促进资金的合理使用。

对违反预算外资金管理规定者，要依照国家法律、法规予以处罚：

对隐瞒财政预算收入，将预算资金转为预算外的，要将违反规定的收入全部上缴上一级财政。同时，要追究有关部门和本级政府领导人的责任，依据情节轻重予处分直至撤销其职务。

对违反国家规定擅自设立行政事业性收费、基金项目或扩大范围、提高标准的，违法金额一律没收上缴财政。同时追究有关领导的责任，依据情节轻重给予处分直至撤销其职务。

对用预算外资金私设"小金库"、搞房地产等计划外投资、从事股票、期货交易和不按规定要求开设预算外资金账户等违反规定的活动，以及滥发奖金和实物的，除责令追回资金上缴同级财政外，还要依照有关规定予以处罚，并依据情节轻重给予当事人和有关领导处分。

对擅自将财政预算拨款挪作他用或转为有偿使用的，其资金一律追回上缴上一级财政，

并相应核减以后年度的财政预算拨款，同时给予有关责任人相应的处分。

财政、计划（物价）、银行等部门工作人员在预算外资金管理工作中要忠于职守、秉公办事。对玩忽职守的，由所在单位或上级主管部门给予行政处分。

以上违反规定者，情节严重构成犯罪的，要移送司法机关依法追究刑事责任。

九、各级政府必须重视和加强预算外资金的管理

加强预算外资金管理是当前和今后一个时期各级人民政府的一项重要任务。各级人民政府要根据本决定精神，按照《国务院批转财政部等部门关于清理检查预算外资金意见的通知》（国发〔1996〕12号）要求，立即组织力量对预算外资金认真进行清理整顿，属于国家规定应纳入预算管理的资金，要坚决按规定执行。对不符合国家规定设立的收费和基金项目一律取消。今后国家原则上不再出台新的基金。各级人民政府要把预算外资金管理工作列入重要的议事日程，定期听取有关预算外资金管理情况的汇报，及时解决管理中出现的问题，协调好政府有关部门之间的工作关系，统一认识，密切配合，共同做好预算外资金的管理工作。各级人民政府要按本决定的要求，认真部署，尽快落实。各地区、各部门要在1996年底前将加强预算外资金管理的情况上报国务院，同时抄送财政部。

本决定自发布之日起实行。凡与本决定不一致的政策和规定，一律以本决定为准。

审计署审计结果公告办法

（审法发〔2006〕37号，2006年6月20日）

第一条 为了规范审计署公告审计结果工作，提高审计结果公告质量，根据《中华人民共和国审计法》第三十六条和国务院《全面推进依法行政实施纲要》，制定本办法。

第二条 本办法所称公告审计结果，是指审计署依法向社会公布审计报告所反映内容及相关情况的行为。

第三条 凡审计署统一组织审计项目的审计结果，除受委托的经济责任审计项目和涉及国家秘密、被审计单位商业秘密的内容外，原则上都要向社会公告。

第四条 审计署公告审计结果，应保证质量，做到事实清楚，证据确凿，定性准确，评价客观公正。

第五条 审计署需要公告下列审计结果的，应当事先报经国务院同意：

（一）中央预算执行和其他财政收支的审计工作报告以及审计查出问题纠正情况报告；

（二）向国务院报送的综合性专题报告；

（三）其他认为需要报经国务院同意的审计结果。

其他审计事项的审计结果需要公告的，由审计署决定。

第六条 审计署公告审计结果需要报经国务院同意的，应当在向国务院呈送的相关报告中加以说明，并形成公告稿报国务院审批。

第七条 审计署公告审计结果，应在审计报告和审计决定书生效90日（提请裁决、申请行政复议或者提起行政诉讼期满）后的适当时机进行。

被审计单位对审计结果提请裁决、申请行政复议或者提起行政诉讼的，审计署公告审计结果，应在裁决、行政复议、行政诉讼结束后进行。

第八条　审计署公告审计结果，由审计署办公厅统一组织办理，履行规定的审批手续。审计署机关各单位、派出审计局、驻地方特派员办事处不得向社会公告审计结果。

第九条　审计署公告审计结果一般应包括以下内容：

（一）被审计单位基本情况及审计评价意见；

（二）审计发现的主要问题；

（三）审计处理处罚及建议；

（四）审计整改情况；

（五）其他认为需要公告的内容。

第十条　审计署通过公开出版《中华人民共和国审计署审计结果公告》向社会公告审计结果，同时在审计署网站发布。

第十一条　审计署公告审计结果，应按照审计法的有关规定，在审计报告出具前将其送被审计单位和有关部门征求意见，并注明审计署将以适当方式公告审计结果。公告时一般不再征求意见，但被审计单位对审计报告有重大分歧意见的，必须再次征求意见，在事实和定性等主要问题上取得一致。

需公告涉嫌违法违纪或者犯罪案件移送事项情况的，应当与受理移送部门协商一致。

第十二条　审计署出具审计报告、审计决定书后，审计署有关部门应及时跟踪了解审计整改情况。审计署在公告审计结果时，应如实反映审计整改情况。

第十三条　公告涉及的有关单位对公告的有关内容提出异议的，由审计署办公厅商有关司局负责解释。

第十四条　违反本办法规定，有下列行为之一的，依法追究有关单位和个人的责任：

（一）未经批准擅自公告审计结果的；

（二）审计结果公告后发现有重大事实差错并造成不良后果的；

（三）泄露国家秘密或者被审计单位及相关单位的商业秘密的。

第十五条　审计署公告专项审计调查结果，遵照本办法执行。

第十六条　本办法由审计署办公厅负责解释。

第十七条　本办法自发布之日起施行。审计署于 2002 年 3 月 19 日印发的《审计署审计结果公告试行办法》（审法发〔2002〕49 号）同时废止。

国务院办公厅关于印发审计署主要职责内设机构和人员编制规定的通知

（国办发〔2008〕84 号，2008 年 7 月 10 日）

根据《国务院办公厅关于印发审计署主要职责内设机构和人员编制规定的通知》（国办发〔2008〕84 号）以及《国务院关于加强审计工作的意见》（国发〔2014〕48 号）、《中共中央办公厅、国务院办公厅关于完善审计制度若干重大问题的框架意见》及相关配套文件，审计署的主要职责是：

（一）主管全国审计工作。依法独立对国务院各部门、地方各级人民政府及其各部门、国有金融机构和企业事业组织的财政财务收支及相关经济活动的真实、合法和效益情况，中央相关政策措施落实情况，以及领导干部经济责任履行情况进行审计监督，维护国家财政经济秩序，提高财政资金使用效益，促进廉政建设，保障国民经济和社会健康发展。

（二）起草审计法律法规草案，拟订审计政策，制定审计规章、审计准则和指南并监督执行。制定并组织实施审计工作发展规划和专业领域审计工作规划，制定并组织实施年度审计计划。参与起草财政经济及其相关的法律法规草案。对直接审计、调查和核查的事项依法进行审计评价，做出审计决定或提出审计建议。

（三）向国务院总理提出年度中央预算执行和其他财政收支情况的审计结果报告。受国务院委托向全国人大常委会提出中央预算执行和其他财政收支情况的审计工作报告、审计发现问题的整改情况报告。向国务院报告对其他事项的审计和专项审计调查情况及结果。依法向社会公布审计结果。向国务院有关部门和省级人民政府通报审计情况和审计结果。

（四）直接审计下列事项，出具审计报告，在法定职权范围内做出审计决定或向有关主管机关提出处理处罚的建议：

1.中央预算执行情况和其他财政收支，中央决算草案编制，中央各部门（含直属单位）预算的执行情况、决算和其他财政收支。

2.省级人民政府预算的执行情况、决算和其他财政收支，中央财政转移支付资金。

3.使用中央财政资金的事业单位和社会团体的财务收支。

4.中央投资和以中央投资为主的建设项目的预算执行情况和决算。

5.中国人民银行、国家外汇管理局的财务收支，中央国有企业和金融机构、国有资本占控股或主导地位的企业和金融机构的资产、负债和损益。

6.国务院部门、省级人民政府管理和其他单位受国务院及其部门委托管理的社会保障基金、社会捐赠资金及其他有关基金、资金的财务收支。

7.组织审计国家驻外非经营性机构的财务收支，依法通过适当方式组织审计中央国有企业和金融机构的境外资产、负债和损益。

8.国际组织和外国政府援助、贷款项目的财务收支。

9.法律、行政法规规定应由审计署审计的其他事项。

（五）按规定和程序，组织实施对省部级党政主要领导干部、国有企业领导人员以及依法属于审计署审计监督对象的其他单位主要负责人的经济责任审计。

（六）组织实施对国家重大政策措施和宏观调控部署落实情况进行跟踪审计。

（七）组织实施领导干部自然资源资产离任审计。

（八）依法检查审计决定执行情况，督促纠正和处理审计发现的问题，依法办理被审计单位对审计决定提请行政复议、行政诉讼或国务院裁决中的有关事项。协助配合有关部门查处相关重大案件。

（九）指导和监督内部审计工作，核查社会审计机构对依法属于审计监督对象的单位出具的相关审计报告。

（十）与省级人民政府共同领导省级审计机关。依法领导和监督地方审计机关的业务，组织地方审计机关实施特定项目的专项审计或审计调查，纠正或责成纠正地方审计机关违反国家规定做出的审计决定。按照规定组织做好对省级审计机关的考核。按照干部管理权限做好省级审计机关领导干部工作。负责管理派驻地方的审计特派员办事处。

（十一）组织开展审计领域的国际交流与合作，指导和推广信息技术在审计领域的应用，组织建设国家审计信息系统。

（十二）承办国务院交办的其他事项。

为履行职责，审计署设置了下列机构：

21 个内设机构：办公厅、政策研究室、法规司、电子数据审计司、财政审计司、税收征管审计司、行政政法审计司、教科文卫审计司、农业审计司、固定资产投资审计司、社会保障审计司、资源环境审计司、金融审计司、企业审计司、外资运用审计司、境外审计司、经济责任审计司、国际合作司、人事教育司、机关党委、离退休干部办公室。

9 个直属单位：计算机技术中心、机关服务局、审计科研所、审计干部培训中心（审计署审计宣传中心）、中国时代经济出版社、中国审计报社、国外贷款项目审计服务中心、审计博物馆、审计干部教育学院（中共审计署党校）。

20 个派出审计局：外交外事审计局、发展统计审计局、教育审计局、科学技术审计局、工业审计局、民族宗教审计局、政法审计局、民政社保审计局、资源环保审计局、建设审计局、交通运输审计局、农林水利审计局、贸易审计局、文化体育审计局、卫生药品审计局、国资监管审计局、经济执法审计局、广电通讯审计局、旅游侨务审计局、地震气象审计局。

18 个驻地方特派员办事处：京津冀特派员办事处、太原特派员办事处、沈阳特派员办事处、哈尔滨特派员办事处、上海特派员办事处、南京特派员办事处、武汉特派员办事处、广州特派员办事处、郑州特派员办事处、济南特派员办事处、西安特派员办事处、兰州特派员办事处、昆明特派员办事处、成都特派员办事处、长沙特派员办事处、深圳特派员办事处、长春特派员办事处、重庆特派员办事处。

审计署管理 1 个社会团体：中国审计学会。

审计署主管审计署门户网站、审计署政务微信以及《中国审计报》《中国审计》等报刊的发布。

审计署历任审计长于明涛、吕培俭、郭振乾、李金华、刘家义，现任审计长胡泽君。

2025 年全国审计工作会议在北京召开

在进一步全面深化改革、推进中国式现代化的关键时期，2025 年 1 月 10 日至 11 日，全国审计工作会议暨全国审计机关先进集体和先进工作者表彰大会在北京召开。

党中央、国务院高度重视这次会议。会前，习近平总书记对审计工作作出重要指示指出，审计是党和国家监督体系的重要组成部分。近年来，审计机关围绕党和国家工作大局，立足经济监督定位，在促进经济健康发展、维护国家经济安全、揭示风险隐患、推动反腐治乱等方面发挥了积极作用。强调，新征程上，要以新时代中国特色社会主义思想为指导，坚持党中央对审计工作的集中统一领导，聚焦主责主业，深化改革创新，加强自身建设，着力构建集中统一、全面覆盖、权威高效的审计监督体系，不断提高审计监督质效，以高质量审计监督护航经济社会高质量发展，为以中国式现代化全面推进强国建设、民族复兴伟业作出新的贡献。国务委员兼国务院秘书长吴政隆到会传达习近平总书记重要指示。习近平总书记的重要指示，充分体现了党中央对审计工作的坚强领导、充分肯定和有力支持，饱含习近平总书记对审计的深切关怀和殷切期望，为新时代新征程审计事业高质量发展指明了前进方向、提供了根本遵循。学深悟透方能勇毅前行。各级审计机关要把深入学习贯彻习近平总书记重要指示精神作为当前和今后一个时期的首要政治任务，与学习贯彻党的二十大和二十届二中、三中全会精神结合起来，与学习贯彻习近平总书记关于审计工作的重要论述结合起来，不断深化和自觉运用党对中国特色社会主义审计事业的规律性认识指导实践，切实担负起以中国式现代化全面推进强国建设、民族复兴伟业新征程上的重要历史使命。

学习贯彻习近平总书记重要指示精神，落实此次会议部署，要深刻认识审计工作在党中央集中统一领导下取得的历史性成就、发生的历史性变革。党的十九届三中全会作出改革审计管理体制的重大决策部署，组建中央审计委员会，习近平总书记亲自谋划、亲自部署、亲自推动审计领域重大改革，从根本上重构了审计上层建筑，彻底理顺了审计生产关系，极大解放了审计生产力，对审计工作产生了重大而深远的影响，具有里程碑意义。5 年来，全国共审计 39 万多个单位，促进增收节支和挽回损失 2.14 万亿元，健全完善规章制度 9.6 万多项，向纪检监察、司法等部门移送重大问题线索 4.4 万多件。严肃查处了一批有重大影响的典型问题线索，揭示了一些影响经济安全的重大风险隐患，惩治了一批侵害人民群众切身利益的"蝇贪蚁腐"。多篇高质量审计报告和信息得到习近平总书记和李强、李希同志的重要批示，推动解决了一些长期想解决而没有解决的阻碍改革发展的"顽瘴痼疾"。这些成绩的取得，是习近平新时代中国特色社会主义思想在审计领域的生动实践，是党中央新时代治国理政在审计领域取得的重要制度成果，充分彰显和印证了党的创新理论的真理力量和实践伟力。

学习贯彻习近平总书记重要指示精神，落实此次会议部署，要不断深化和自觉运用党对中国特色社会主义审计事业的规律性认识指导实践。认识规律、尊重规律、运用规律，是我们党治国理政、做好经济工作的宝贵经验，也是我们党驾驭各种复杂局面、领航中国经济巨轮行稳致远的制胜法宝。新时代以来，党对中国特色社会主义审计事业的规律性认识不断深化。习近平总书记在二十届中央审计委员会第一次会议上明确指出，我们坚持围绕党和国家中心工作开展审计，坚持围绕总体国家安全观开展审计，坚持围绕以人民为中心的发展思想开展审计，坚持围绕促进党的自我革命开展审计。这是引领新时代审计工作的根本宗旨，为审计工作指明了前进方向、提供了根本遵循。实践中，积极探索形成以党中央集中统一领导为政治统领、立足经济监督定位聚焦主责主业为看家本领、开展研究型审计为必由之路、审计职业精神和专业能力为重要保障的审计工作格局。这些规律性认识来之不易、行之有效、弥足珍贵，审计机关要倍加珍惜、长期坚持、不断深化、自觉运用，确保审计事业始终沿着正确方向阔步前行。

学习贯彻习近平总书记重要指示精神，落实此次会议部署，要以全力保障党中央、国务院宏观调控决策部署落实见效为审计主线，当好改革促进派。改革争在朝夕，落实难在方寸。党的二十届三中全会擘画了进一步全面深化改革、推进中国式现代化的时代蓝图，中央经济工作会议部署了 2025 年要抓好的 9 项重点任务，明确了关键领域改革的总体要求和政策取向。新中国审计诞生靠的是改革、发展靠的是改革，取得历史性成就、发生历史性变革，靠的依然是改革。审计是改革的受益者，更要当好改革的促进派，为进一步全面深化改革保驾护航。当前，推进中国式现代化面临一系列积累和新出现的突出矛盾和问题，风险挑战世所罕见、矛盾问题尖锐复杂、改革任务极其艰巨。审计机关要始终发扬斗争精神、增强斗争本领，知难而进、迎难而上，主动变革求新，充分发挥主观能动性。要对关键领域和环节的改革要求做到心中有数，认真研究改革的战略重点、优先顺序、主攻方向，构建审计的"理想王国"，在各项审计中都要着力揭示违背改革精神、背离改革方向、偏离改革目标的问题。特别是对一些合理不合规、合规不合理的复杂交织问题，不能对照老黄历和旧规定简单机械地进行评判、作出认定，要更好落实"三个区分开来"要求，多从改革的思维和角度提出审计建议，推动各项改革措施系统集成、协同高效，防止出现叠加后的"合成谬误"。

学习贯彻习近平总书记重要指示精神，落实此次会议部署，要更好发挥审计反腐治乱"尖兵"作用和在推进党的自我革命中的独特作用。党的十八大以来，以习近平同志为核心的党中央以伟大的历史主动精神、巨大的政治勇气、强烈的责任担当，在推进全面从严治党的实践中，形成了习近平总书记关于党的自我革命的重要思想，找到了跳出治乱兴衰历史周期率的第二个答案。审计专司经济监督，没有许可审批、项目管理、资金分配等职能，这种独立性决定了审计在推进党的自我革命中的独特作用。5年来，审计机关始终立足经济监督定位，聚焦财政财务收支真实合法效益主责主业，做实研究型审计，加大对重点区域、重点领域、重点单位、重点人员审计监督，揭示重大问题、关键问题、典型问题，做到应审尽审、凡审必严、严肃问责。下一步，要更好发挥审计反腐治乱"尖兵"作用和在推进党的自我革命中的独特作用，沿着资金、项目流向监督公权力运行，看好"钱袋子""账本子"，推动党政机关习惯过"紧日子"，保障党和国家大政方针在财经领域的贯彻落实。要以零容忍的态度，紧盯权力集中、资金密集、资源富集的重点领域，坚持查处重大违纪违法问题不动摇，坚决查处政治问题和经济问题交织的腐败，坚决查处群众身边的"蝇贪蚁腐"。同时要深入分析重大违纪违法问题和腐败现象的规律和趋势，积极提出治本建议，推动深化标本兼治、一体推进不敢腐不能腐不想腐。

学习贯彻习近平总书记重要指示精神，落实此次会议部署，要以铁的纪律打造审计铁军。打铁必须自身硬。越是党中央、国务院高度肯定、充分信任，越要谦虚谨慎、戒骄戒躁，越要保持如临深渊、如履薄冰的警醒，越要增强"一失万无"的忧患意识和底线思维。审计是经济监督部门，必须用高于监督别人的标准、严于监督别人的要求来加强审计队伍建设。要重新研判审计机关党风廉政建设形势。深刻汲取教训，坚决摒弃盲目乐观情绪、看客心态和侥幸心理，用好审计系统违纪违法案例"活教材"，注重剖析典型案例，以身边案警醒身边人。要把廉洁审计作为推动科学规范开展工作的重要内容。把自己摆进去、把工作摆进去、把职责摆进去，全面梳理排查审计职责履行中的廉政风险隐患。要加强审计作风建设。随着审计的地位和影响力不断提升，各方面对审计人员的言行举止越来越关注，要高度警觉"由风及腐"问题，教育引导审计人员时刻坚守文明审计，保持谦虚审慎，充分听取被审计单位意见，严格依据事实和法规定论，做到以理服人。要永葆党的自我革命精神。严格遵守政治纪律和政治规矩，把严的基调、严的措施、严的氛围长期坚持下去，真正做到刀刃向内，以零容忍态度坚决清除审计"害群之马"，切实维护审计队伍先进性、纯洁性。要不断提升能查能说能写本领。把审计实践作为第一跑道，把财政财务收支审计基本功练得更加扎实，着力锻造堪当时代重任的高素质专业化审计干部队伍。要更加科学规范开展审计工作。为深入贯彻落实习近平总书记的重要指示精神，署党组研究决定在2025年深入开展"科学规范提升年"行动，全面查摆和推动解决审计立项、实施、成果利用、督促整改等环节存在的"审计作为与审计地位不相适应"问题。上下同欲者胜。各级审计机关一定要统一思想，主动对号入座，按照署党组的部署要求，全面查摆、彻底整改。

在强国建设、民族复兴新征程上，党中央对审计寄予厚望、满怀期待，审计工作使命光荣、责任重大。各级审计机关要更加紧密团结在以习近平同志为核心的党中央周围，深刻领悟"两个确立"的决定性意义，增强"四个意识"、坚定"四个自信"、做到"两个维护"，科学规范开展工作，全力保障党中央、国务院宏观调控决策部署落实见效，以高质量审计监督护航经济社会高质量发展，为以中国式现代化全面推进强国建设、民族复兴伟业作出新的贡献！

国家审计准则与政策解读

第二部分

中华人民共和国国家审计准则

（2010 年 9 月 1 日审计署令第 8 号公布　自 2011 年 1 月 1 日起施行）

目　　录

第一章　总　　则

第一条　为了规范和指导审计机关和审计人员执行审计业务的行为，保证审计质量，防范审计风险，发挥审计保障国家经济和社会健康运行的"免疫系统"功能，根据《中华人民共和国审计法》《中华人民共和国审计法实施条例》和其他有关法律法规，制定本准则。

第二条　本准则是审计机关和审计人员履行法定审计职责的行为规范，是执行审计业务的职业标准，是评价审计质量的基本尺度。

第三条　本准则中使用"应当""不得"词汇的条款为约束性条款，是审计机关和审计人员执行审计业务必须遵守的职业要求。

本准则中使用"可以"词汇的条款为指导性条款，是对良好审计实务的推介。

第四条　审计机关和审计人员执行审计业务，应当适用本准则。其他组织或者人员接受审计机关的委托、聘用，承办或者参加审计业务，也应当适用本准则。

第五条　审计机关和审计人员执行审计业务，应当区分被审计单位的责任和审计机关的责任。

在财政收支、财务收支以及有关经济活动中，履行法定职责、遵守相关法律法规、建立并实施内部控制、按照有关会计准则和会计制度编报财务会计报告、保持财务会计资料的真实性和完整性，是被审计单位的责任。

依据法律法规和本准则的规定，对被审计单位财政收支、财务收支以及有关经济活动独立实施审计并作出审计结论，是审计机关的责任。

第六条 审计机关的主要工作目标是通过监督被审计单位财政收支、财务收支以及有关经济活动的真实性、合法性、效益性，维护国家经济安全，推进民主法治，促进廉政建设，保障国家经济和社会健康发展。

真实性是指反映财政收支、财务收支以及有关经济活动的信息与实际情况相符合的程度。

合法性是指财政收支、财务收支以及有关经济活动遵守法律、法规或者规章的情况。

效益性是指财政收支、财务收支以及有关经济活动实现的经济效益、社会效益和环境效益。

第七条 审计机关对依法属于审计机关审计监督对象的单位、项目、资金进行审计。

审计机关按照国家有关规定，对依法属于审计机关审计监督对象的单位的主要负责人经济责任进行审计。

第八条 审计机关依法对预算管理或者国有资产管理使用等与国家财政收支有关的特定事项向有关地方、部门、单位进行专项审计调查。

审计机关进行专项审计调查时，也应当适用本准则。

第九条 审计机关和审计人员执行审计业务，应当依据年度审计项目计划，编制审计实施方案，获取审计证据，作出审计结论。

审计机关应当委派具备相应资格和能力的审计人员承办审计业务，并建立和执行审计质量控制制度。

第十条 审计机关依据法律法规规定，公开履行职责的情况及其结果，接受社会公众的监督。

第十一条 审计机关和审计人员未遵守本准则约束性条款的，应当说明原因。

第二章　审计机关和审计人员

第十二条 审计机关和审计人员执行审计业务，应当具备本准则规定的资格条件和职业要求。

第十三条 审计机关执行审计业务，应当具备下列资格条件：

（一）符合法定的审计职责和权限；

（二）有职业胜任能力的审计人员；

（三）建立适当的审计质量控制制度；

（四）必需的经费和其他工作条件。

第十四条 审计人员执行审计业务，应当具备下列职业要求：

（一）遵守法律法规和本准则；

（二）恪守审计职业道德；

（三）保持应有的审计独立性；

（四）具备必需的职业胜任能力；

（五）其他职业要求。

第十五条 审计人员应当恪守严格依法、正直坦诚、客观公正、勤勉尽责、保守秘密的基本审计职业道德。

严格依法就是审计人员应当严格依照法定的审计职责、权限和程序进行审计监督，规范审计行为。

正直坦诚就是审计人员应当坚持原则，不屈从于外部压力；不歪曲事实，不隐瞒审计发现的问题；廉洁自律，不利用职权谋取私利；维护国家利益和公共利益。

客观公正就是审计人员应当保持客观公正的立场和态度，以适当、充分的审计证据支持审计结论，实事求是地作出审计评价和处理审计发现的问题。

勤勉尽责就是审计人员应当爱岗敬业，勤勉高效，严谨细致，认真履行审计职责，保证审计工作质量。

保守秘密就是审计人员应当保守其在执行审计业务中知悉的国家秘密、商业秘密；对于执行审计业务取得的资料、形成的审计记录和掌握的相关情况，未经批准不得对外提供和披露，不得用于与审计工作无关的目的。

第十六条　审计人员执行审计业务时，应当保持应有的审计独立性，遇有下列可能损害审计独立性情形的，应当向审计机关报告：

（一）与被审计单位负责人或者有关主管人员有夫妻关系、直系血亲关系、三代以内旁系血亲以及近姻亲关系；

（二）与被审计单位或者审计事项有直接经济利益关系；

（三）对曾经管理或者直接办理过的相关业务进行审计；

（四）可能损害审计独立性的其他情形。

第十七条　审计人员不得参加影响审计独立性的活动，不得参与被审计单位的管理活动。

第十八条　审计机关组成审计组时，应当了解审计组成员可能损害审计独立性的情形，并根据具体情况采取下列措施，避免损害审计独立性：

（一）依法要求相关审计人员回避；

（二）对相关审计人员执行具体审计业务的范围作出限制；

（三）对相关审计人员的工作追加必要的复核程序；

（四）其他措施。

第十九条　审计机关应当建立审计人员交流等制度，避免审计人员因执行审计业务长期与同一被审计单位接触可能对审计独立性造成的损害。

第二十条　审计机关可以聘请外部人员参加审计业务或者提供技术支持、专业咨询、专业鉴定。

审计机关聘请的外部人员应当具备本准则第十四条规定的职业要求。

第二十一条　有下列情形之一的外部人员，审计机关不得聘请：

（一）被刑事处罚的；

（二）被劳动教养的；

（三）被行政拘留的；

（四）审计独立性可能受到损害的；

（五）法律规定不得从事公务的其他情形。

第二十二条　审计人员应当具备与其从事审计业务相适应的专业知识、职业能力和工作经验。

审计机关应当建立和实施审计人员录用、继续教育、培训、业绩评价考核和奖惩激励制度，确保审计人员具有与其从事业务相适应的职业胜任能力。

第二十三条　审计机关应当合理配备审计人员，组成审计组，确保其在整体上具备与审计项目相适应的职业胜任能力。

被审计单位的信息技术对实现审计目标有重大影响的，审计组的整体胜任能力应当包括信息技术方面的胜任能力。

第二十四条　审计人员执行审计业务时，应当合理运用职业判断，保持职业谨慎，对被审计单位可能存在的重要问题保持警觉，并审慎评价所获取审计证据的适当性和充分性，得出恰当的审计结论。

第二十五条　审计人员执行审计业务时，应当从下列方面保持与被审计单位的工作关系：

（一）与被审计单位沟通并听取其意见；

（二）客观公正地作出审计结论，尊重并维护被审计单位的合法权益；

（三）严格执行审计纪律；

（四）坚持文明审计，保持良好的职业形象。

第三章　审计计划

第二十六条　审计机关应当根据法定的审计职责和审计管辖范围，编制年度审计项目计划。

编制年度审计项目计划应当服务大局，围绕政府工作中心，突出审计工作重点，合理安排审计资源，防止不必要的重复审计。

第二十七条　审计机关按照下列步骤编制年度审计项目计划：

（一）调查审计需求，初步选择审计项目；

（二）对初选审计项目进行可行性研究，确定备选审计项目及其优先顺序；

（三）评估审计机关可用审计资源，确定审计项目，编制年度审计项目计划。

第二十八条　审计机关从下列方面调查审计需求，初步选择审计项目：

（一）国家和地区财政收支、财务收支以及有关经济活动情况；

（二）政府工作中心；

（三）本级政府行政首长和相关领导机关对审计工作的要求；

（四）上级审计机关安排或者授权审计的事项；

（五）有关部门委托或者提请审计机关审计的事项；

（六）群众举报、公众关注的事项；

（七）经分析相关数据认为应当列入审计的事项；

（八）其他方面的需求。

第二十九条　审计机关对初选审计项目进行可行性研究，确定初选审计项目的审计目标、审计范围、审计重点和其他重要事项。

进行可行性研究重点调查研究下列内容：

（一）与确定和实施审计项目相关的法律法规和政策；

（二）管理体制、组织结构、主要业务及其开展情况；

（三）财政收支、财务收支状况及结果；

（四）相关的信息系统及其电子数据情况；

（五）管理和监督机构的监督检查情况及结果；

（六）以前年度审计情况；

（七）其他相关内容。

第三十条　审计机关在调查审计需求和可行性研究过程中，从下列方面对初选审计项目进行评估，以确定备选审计项目及其优先顺序：

（一）项目重要程度，评估在国家经济和社会发展中的重要性、政府行政首长和相关领导机关及公众关注程度、资金和资产规模等；

（二）项目风险水平，评估项目规模、管理和控制状况等；

（三）审计预期效果；

（四）审计频率和覆盖面；

（五）项目对审计资源的要求。

第三十一条　年度审计项目计划应当按照审计机关规定的程序审定。

审计机关在审定年度审计项目计划前，根据需要，可以组织专家进行论证。

第三十二条 下列审计项目应当作为必选审计项目：

（一）法律法规规定每年应当审计的项目；

（二）本级政府行政首长和相关领导机关要求审计的项目；

（三）上级审计机关安排或者授权的审计项目。

审计机关对必选审计项目，可以不进行可行性研究。

第三十三条 上级审计机关直接审计下级审计机关审计管辖范围内的重大审计事项，应当列入上级审计机关年度审计项目计划，并及时通知下级审计机关。

第三十四条 上级审计机关可以依法将其审计管辖范围内的审计事项，授权下级审计机关进行审计。对于上级审计机关审计管辖范围内的审计事项，下级审计机关也可以提出授权申请，报有管辖权的上级审计机关审批。

获得授权的审计机关应当将授权的审计事项列入年度审计项目计划。

第三十五条 根据中国政府及其机构与国际组织、外国政府及其机构签订的协议和上级审计机关的要求，审计机关确定对国际组织、外国政府及其机构援助、贷款项目进行审计的，应当纳入年度审计项目计划。

第三十六条 对于预算管理或者国有资产管理使用等与国家财政收支有关的特定事项，符合下列情形的，可以进行专项审计调查：

（一）涉及宏观性、普遍性、政策性或者体制、机制问题的；

（二）事项跨行业、跨地区、跨单位的；

（三）事项涉及大量非财务数据的；

（四）其他适宜进行专项审计调查的。

第三十七条 审计机关年度审计项目计划的内容主要包括：

（一）审计项目名称；

（二）审计目标，即实施审计项目预期要完成的任务和结果；

（三）审计范围，即审计项目涉及的具体单位、事项和所属期间；

（四）审计重点；

（五）审计项目组织和实施单位；

（六）审计资源。

采取跟踪审计方式实施的审计项目，年度审计项目计划应当列明跟踪的具体方式和要求。

专项审计调查项目的年度审计项目计划应当列明专项审计调查的要求。

第三十八条 审计机关编制年度审计项目计划可以采取文字、表格或者两者相结合的形式。

第三十九条 审计机关计划管理部门与业务部门或者派出机构，应当建立经常性的沟通和协调机制。

调查审计需求、进行可行性研究和确定备选审计项目，以业务部门或者派出机构为主实施；备选审计项目排序、配置审计资源和编制年度审计项目计划草案，以计划管理部门为主实施。

第四十条 审计机关根据项目评估结果，确定年度审计项目计划。

第四十一条 审计机关应当将年度审计项目计划报经本级政府行政首长批准并向上一级审计机关报告。

第四十二条 审计机关应当对确定的审计项目配置必要的审计人力资源、审计时间、审计技术装备、审计经费等审计资源。

第四十三条 审计机关同一年度内对同一被审计单位实施不同的审计项目，应当在人员和时间安排上进行协调，尽量避免给被审计单位工作带来不必要的影响。

第四十四条 审计机关应当将年度审计项目计划下达审计项目组织和实施单位执行。

年度审计项目计划一经下达，审计项目组织和实施单位应当确保完成，不得擅自变更。

第四十五条 年度审计项目计划执行过程中，遇有下列情形之一的，应当按照原审批程序调整：

（一）本级政府行政首长和相关领导机关临时交办审计项目的；

（二）上级审计机关临时安排或者授权审计项目的；

（三）突发重大公共事件需要进行审计的；

（四）原定审计项目的被审计单位发生重大变化，导致原计划无法实施的；

（五）需要更换审计项目实施单位的；

（六）审计目标、审计范围等发生重大变化需要调整的；

（七）需要调整的其他情形。

第四十六条 上级审计机关应当指导下级审计机关编制年度审计项目计划，提出下级审计机关重点审计领域或者审计项目安排的指导意见。

第四十七条 年度审计项目计划确定审计机关统一组织多个审计组共同实施一个审计项目或者分别实施同一类审计项目的，审计机关业务部门应当编制审计工作方案。

第四十八条 审计机关业务部门编制审计工作方案，应当根据年度审计项目计划形成过程中调查审计需求、进行可行性研究的情况，开展进一步调查，对审计目标、范围、重点和项目组织实施等进行确定。

第四十九条 审计工作方案的内容主要包括：

（一）审计目标；

（二）审计范围；

（三）审计内容和重点；

（四）审计工作组织安排；

（五）审计工作要求。

第五十条 审计机关业务部门编制的审计工作方案应当按照审计机关规定的程序审批。在年度审计项目计划确定的实施审计起始时间之前，下达到审计项目实施单位。

审计机关批准审计工作方案前，根据需要，可以组织专家进行论证。

第五十一条 审计机关业务部门根据审计实施过程中情况的变化，可以申请对审计工作方案的内容进行调整，并按审计机关规定的程序报批。

第五十二条 审计机关应当定期检查年度审计项目计划执行情况，评估执行效果。

审计项目实施单位应当向下达审计项目计划的审计机关报告计划执行情况。

第五十三条 审计机关应当按照国家有关规定，建立和实施审计项目计划执行情况及其结果的统计制度。

第四章 审计实施

第一节 审计实施方案

第五十四条 审计机关应当在实施项目审计前组成审计组。

审计组由审计组组长和其他成员组成。审计组实行审计组组长负责制。审计组组长由审计机关确定，审计组组长可以根据需要在审计组成员中确定主审，主审应当履行其规定职责和审计组组长委托履行的其他职责。

第五十五条 审计机关应当依照法律法规的规定，向被审计单位送达审计通知书。

第五十六条 审计通知书的内容主要包括被审计单位名称、审计依据、审计范围、审计起始时间、审计组组长及其他成员名单和被审计单位配合审计工作的要求。同时，还应当向被审计单位告知审计组的审计纪律要求。

采取跟踪审计方式实施审计的，审计通知书应当列明跟踪审计的具体方式和要求。

专项审计调查项目的审计通知书应当列明专项审计调查的要求。

第五十七条　审计组应当调查了解被审计单位及其相关情况，评估被审计单位存在重要问题的可能性，确定审计应对措施，编制审计实施方案。

对于审计机关已经下达审计工作方案的，审计组应当按照审计工作方案的要求编制审计实施方案。

第五十八条　审计实施方案的内容主要包括：

（一）审计目标；

（二）审计范围；

（三）审计内容、重点及审计措施，包括审计事项和根据本准则第七十三条确定的审计应对措施；

（四）审计工作要求，包括项目审计进度安排、审计组内部重要管理事项及职责分工等。

采取跟踪审计方式实施审计的，审计实施方案应当对整个跟踪审计工作作出统筹安排。

专项审计调查项目的审计实施方案应当列明专项审计调查的要求。

第五十九条　审计组调查了解被审计单位及其相关情况，为作出下列职业判断提供基础：

（一）确定职业判断适用的标准；

（二）判断可能存在的问题；

（三）判断问题的重要性；

（四）确定审计应对措施。

第六十条　审计人员可以从下列方面调查了解被审计单位及其相关情况：

（一）单位性质、组织结构；

（二）职责范围或者经营范围、业务活动及其目标；

（三）相关法律法规、政策及其执行情况；

（四）财政财务管理体制和业务管理体制；

（五）适用的业绩指标体系以及业绩评价情况；

（六）相关内部控制及其执行情况；

（七）相关信息系统及其电子数据情况；

（八）经济环境、行业状况及其他外部因素；

（九）以往接受审计和监管及其整改情况；

（十）需要了解的其他情况。

第六十一条　审计人员可以从下列方面调查了解被审计单位相关内部控制及其执行情况：

（一）控制环境，即管理模式、组织结构、责权配置、人力资源制度等；

（二）风险评估，即被审计单位确定、分析与实现内部控制目标相关的风险，以及采取的应对措施；

（三）控制活动，即根据风险评估结果采取的控制措施，包括不相容职务分离控制、授权审批控制、资产保护控制、预算控制、业绩分析和绩效考评控制等；

（四）信息与沟通，即收集、处理、传递与内部控制相关的信息，并能有效沟通的情况；

（五）对控制的监督，即对各项内部控制设计、职责及其履行情况的监督检查。

第六十二条　审计人员可以从下列方面调查了解被审计单位信息系统控制情况：

（一）一般控制，即保障信息系统正常运行的稳定性、有效性、安全性等方面的控制；

（二）应用控制，即保障信息系统产生的数据的真实性、完整性、可靠性等方面的控制。

第六十三条　审计人员可以采取下列方法调查了解被审计单位及其相关情况：

（一）书面或者口头询问被审计单位内部和外部相关人员；

（二）检查有关文件、报告、内部管理手册、信息系统的技术文档和操作手册；

（三）观察有关业务活动及其场所、设施和有关内部控制的执行情况；

（四）追踪有关业务的处理过程；

（五）分析相关数据。

第六十四条　审计人员根据审计目标和被审计单位的实际情况，运用职业判断确定调查了解的范围和程度。

对于定期审计项目，审计人员可以利用以往审计中获得的信息，重点调查了解已经发生变化的情况。

第六十五条　审计人员在调查了解被审计单位及其相关情况的过程中，可以选择下列标准作为职业判断的依据：

（一）法律、法规、规章和其他规范性文件；

（二）国家有关方针和政策；

（三）会计准则和会计制度；

（四）国家和行业的技术标准；

（五）预算、计划和合同；

（六）被审计单位的管理制度和绩效目标；

（七）被审计单位的历史数据和历史业绩；

（八）公认的业务惯例或者良好实务；

（九）专业机构或者专家的意见；

（十）其他标准。

审计人员在审计实施过程中需要持续关注标准的适用性。

第六十六条　职业判断所选择的标准应当具有客观性、适用性、相关性、公认性。

标准不一致时，审计人员应当采用权威的和公认程度高的标准。

第六十七条　审计人员应当结合适用的标准，分析调查了解的被审计单位及其相关情况，判断被审计单位可能存在的问题。

第六十八条　审计人员应当运用职业判断，根据可能存在问题的性质、数额及其发生的具体环境，判断其重要性。

第六十九条　审计人员判断重要性时，可以关注下列因素：

（一）是否属于涉嫌犯罪的问题；

（二）是否属于法律法规和政策禁止的问题；

（三）是否属于故意行为所产生的问题；

（四）可能存在问题涉及的数量或者金额；

（五）是否涉及政策、体制或者机制的严重缺陷；

（六）是否属于信息系统设计缺陷；

（七）政府行政首长和相关领导机关及公众的关注程度；

（八）需要关注的其他因素。

第七十条　审计人员实施审计时，应当根据重要性判断的结果，重点关注被审计单位可能存在的重要问题。

第七十一条　需要对财务报表发表审计意见的，审计人员可以参照中国注册会计师执业准则的有关规定确定和运用重要性。

第七十二条 审计组应当评估被审计单位存在重要问题的可能性，以确定审计事项和审计应对措施。

第七十三条 审计组针对审计事项确定的审计应对措施包括：

（一）评估对内部控制的依赖程度，确定是否及如何测试相关内部控制的有效性；

（二）评估对信息系统的依赖程度，确定是否及如何检查相关信息系统的有效性、安全性；

（三）确定主要审计步骤和方法；

（四）确定审计时间；

（五）确定执行的审计人员；

（六）其他必要措施。

第七十四条 审计组在分配审计资源时，应当为重要审计事项分派有经验的审计人员和安排充足的审计时间，并评估特定审计事项是否需要利用外部专家的工作。

第七十五条 审计人员认为存在下列情形之一的，应当测试相关内部控制的有效性：

（一）某项内部控制设计合理且预期运行有效，能够防止重要问题的发生；

（二）仅实施实质性审查不足以为发现重要问题提供适当、充分的审计证据。

审计人员决定不依赖某项内部控制的，可以对审计事项直接进行实质性审查。

被审计单位规模较小、业务比较简单的，审计人员可以对审计事项直接进行实质性审查。

第七十六条 审计人员认为存在下列情形之一的，应当检查相关信息系统的有效性、安全性：

（一）仅审计电子数据不足以为发现重要问题提供适当、充分的审计证据；

（二）电子数据中频繁出现某类差异。

审计人员在检查被审计单位相关信息系统时，可以利用被审计单位信息系统的现有功能或者采用其他计算机技术和工具，检查中应当避免对被审计单位相关信息系统及其电子数据造成不良影响。

第七十七条 审计人员实施审计时，应当持续关注已作出的重要性判断和对存在重要问题可能性的评估是否恰当，及时作出修正，并调整审计应对措施。

第七十八条 遇有下列情形之一的，审计组应当及时调整审计实施方案：

（一）年度审计项目计划、审计工作方案发生变化的；

（二）审计目标发生重大变化的；

（三）重要审计事项发生变化的；

（四）被审计单位及其相关情况发生重大变化的；

（五）审计组人员及其分工发生重大变化的；

（六）需要调整的其他情形。

第七十九条 一般审计项目的审计实施方案应当经审计组组长审定，并及时报审计机关业务部门备案。

重要审计项目的审计实施方案应当报经审计机关负责人审定。

第八十条 审计组调整审计实施方案中的下列事项，应当报经审计机关主要负责人批准：

（一）审计目标；

（二）审计组组长；

（三）审计重点；

（四）现场审计结束时间。

第八十一条 编制和调整审计实施方案可以采取文字、表格或者两者相结合的形式。

第二节 审计证据

第八十二条 审计证据是指审计人员获取的能够为审计结论提供合理基础的全部事实，包括审计人员调查了解被审计单位及其相关情况和对确定的审计事项进行审查所获取的证据。

第八十三条 审计人员应当依照法定权限和程序获取审计证据。

第八十四条 审计人员获取的审计证据，应当具有适当性和充分性。

适当性是对审计证据质量的衡量，即审计证据在支持审计结论方面具有的相关性和可靠性。相关性是指审计证据与审计事项及其具体审计目标之间具有实质性联系。可靠性是指审计证据真实、可信。

充分性是对审计证据数量的衡量。审计人员在评估存在重要问题的可能性和审计证据质量的基础上，决定应当获取审计证据的数量。

第八十五条 审计人员对审计证据的相关性分析时，应当关注下列方面：

（一）一种取证方法获取的审计证据可能只与某些具体审计目标相关，而与其他具体审计目标无关；

（二）针对一项具体审计目标可以从不同来源获取审计证据或者获取不同形式的审计证据。

第八十六条 审计人员可以从下列方面分析审计证据的可靠性：

（一）从被审计单位外部获取的审计证据比从内部获取的审计证据更可靠；

（二）内部控制健全有效情况下形成的审计证据比内部控制缺失或者无效情况下形成的审计证据更可靠；

（三）直接获取的审计证据比间接获取的审计证据更可靠；

（四）从被审计单位财务会计资料中直接采集的审计证据比经被审计单位加工处理后提交的审计证据更可靠；

（五）原件形式的审计证据比复制件形式的审计证据更可靠。

不同来源和不同形式的审计证据存在不一致或者不能相互印证时，审计人员应当追加必要的审计措施，确定审计证据的可靠性。

第八十七条 审计人员获取的电子审计证据包括与信息系统控制相关的配置参数、反映交易记录的电子数据等。

采集被审计单位电子数据作为审计证据的，审计人员应当记录电子数据的采集和处理过程。

第八十八条 审计人员根据实际情况，可以在审计事项中选取全部项目或者部分特定项目进行审查，也可以进行审计抽样，以获取审计证据。

第八十九条 存在下列情形之一的，审计人员可以对审计事项中的全部项目进行审查：

（一）审计事项由少量大额项目构成的；

（二）审计事项可能存在重要问题，而选取其中部分项目进行审查无法提供适当、充分的审计证据的；

（三）对审计事项中的全部项目进行审查符合成本效益原则的。

第九十条 审计人员可以在审计事项中选取下列特定项目进行审查：

（一）大额或者重要项目；

（二）数量或者金额符合设定标准的项目；

（三）其他特定项目。

选取部分特定项目进行审查的结果，不能用于推断整个审计事项。

第九十一条 在审计事项包含的项目数量较多，需要对审计事项某一方面的总体特征作出结论时，审计人员可以进行审计抽样。

审计人员进行审计抽样时，可以参照中国注册会计师执业准则的有关规定。

第九十二条　审计人员可以采取下列方法向有关单位和个人获取审计证据：

（一）检查，是指对纸质、电子或者其他介质形式存在的文件、资料进行审查，或者对有形资产进行审查；

（二）观察，是指查看相关人员正在从事的活动或者执行的程序；

（三）询问，是指以书面或者口头方式向有关人员了解关于审计事项的信息；

（四）外部调查，是指向与审计事项有关的第三方进行调查；

（五）重新计算，是指以手工方式或者使用信息技术对有关数据计算的正确性进行核对；

（六）重新操作，是指对有关业务程序或者控制活动独立进行重新操作验证；

（七）分析，是指研究财务数据之间、财务数据与非财务数据之间可能存在的合理关系，对相关信息作出评价，并关注异常波动和差异。

审计人员进行专项审计调查，可以使用上述方法及其以外的其他方法。

第九十三条　审计人员应当依照法律法规规定，取得被审计单位负责人对本单位提供资料真实性和完整性的书面承诺。

第九十四条　审计人员取得证明被审计单位存在违反国家规定的财政收支、财务收支行为以及其他重要审计事项的审计证据材料，应当由提供证据的有关人员、单位签名或者盖章；不能取得签名或者盖章不影响事实存在的，该审计证据仍然有效，但审计人员应当注明原因。

审计事项比较复杂或者取得的审计证据数量较大的，可以对审计证据进行汇总分析，编制审计取证单，由证据提供者签名或者盖章。

第九十五条　被审计单位的相关资料、资产可能被转移、隐匿、篡改、毁弃并影响获取审计证据的，审计机关应当依照法律法规的规定采取相应的证据保全措施。

第九十六条　审计机关执行审计业务过程中，因行使职权受到限制而无法获取适当、充分的审计证据，或者无法制止违法行为对国家利益的侵害时，根据需要，可以按照有关规定提请有权处理的机关或者相关单位予以协助和配合。

第九十七条　审计人员需要利用所聘请外部人员的专业咨询和专业鉴定作为审计证据的，应当对下列方面作出判断：

（一）依据的样本是否符合审计项目的具体情况；

（二）使用的方法是否适当和合理；

（三）专业咨询、专业鉴定是否与其他审计证据相符。

第九十八条　审计人员需要使用有关监管机构、中介机构、内部审计机构等已经形成的工作结果作为审计证据的，应当对该工作结果的下列方面作出判断：

（一）是否与审计目标相关；

（二）是否可靠；

（三）是否与其他审计证据相符。

第九十九条　审计人员对于重要问题，可以围绕下列方面获取审计证据：

（一）标准，即判断被审计单位是否存在问题的依据；

（二）事实，即客观存在和发生的情况。事实与标准之间的差异构成审计发现的问题；

（三）影响，即问题产生的后果；

（四）原因，即问题产生的条件。

第一百条　审计人员在审计实施过程中，应当持续评价审计证据的适当性和充分性。

已采取的审计措施难以获取适当、充分审计证据的，审计人员应当采取替代审计措施；仍无法获取审计证据的，由审计组报请审计机关采取其他必要的措施或者不作出审计结论。

第三节 审计记录

第一百零一条 审计人员应当真实、完整地记录实施审计的过程、得出的结论和与审计项目有关的重要管理事项，以实现下列目标：

（一）支持审计人员编制审计实施方案和审计报告；

（二）证明审计人员遵循相关法律法规和本准则；

（三）便于对审计人员的工作实施指导、监督和检查。

第一百零二条 审计人员作出的记录，应当使未参与该项业务的有经验的其他审计人员能够理解其执行的审计措施、获取的审计证据、作出的职业判断和得出的审计结论。

第一百零三条 审计记录包括调查了解记录、审计工作底稿和重要管理事项记录。

第一百零四条 审计组在编制审计实施方案前，应当对调查了解被审计单位及其相关情况作出记录。调查了解记录的内容主要包括：

（一）对被审计单位及其相关情况的调查了解情况；

（二）对被审计单位存在重要问题可能性的评估情况；

（三）确定的审计事项及其审计应对措施。

第一百零五条 审计工作底稿主要记录审计人员依据审计实施方案执行审计措施的活动。

审计人员对审计实施方案确定的每一审计事项，均应当编制审计工作底稿。一个审计事项可以根据需要编制多份审计工作底稿。

第一百零六条 审计工作底稿的内容主要包括：

（一）审计项目名称；

（二）审计事项名称；

（三）审计过程和结论；

（四）审计人员姓名及审计工作底稿编制日期并签名；

（五）审核人员姓名、审核意见及审核日期并签名；

（六）索引号及页码；

（七）附件数量。

第一百零七条 审计工作底稿记录的审计过程和结论主要包括：

（一）实施审计的主要步骤和方法；

（二）取得的审计证据的名称和来源；

（三）审计认定的事实摘要；

（四）得出的审计结论及其相关标准。

第一百零八条 审计证据材料应当作为调查了解记录和审计工作底稿的附件。一份审计证据材料对应多个审计记录时，审计人员可以将审计证据材料附在与其关系最密切的审计记录后面，并在其他审计记录中予以注明。

第一百零九条 审计组起草审计报告前，审计组组长应当对审计工作底稿的下列事项进行审核：

（一）具体审计目标是否实现；

（二）审计措施是否有效执行；

（三）事实是否清楚；

（四）审计证据是否适当、充分；

（五）得出的审计结论及其相关标准是否适当；

（六）其他有关重要事项。

第一百一十条　审计组组长审核审计工作底稿，应当根据不同情况分别提出下列意见：

（一）予以认可；

（二）责成采取进一步审计措施，获取适当、充分的审计证据；

（三）纠正或者责成纠正不恰当的审计结论。

第一百一十一条　重要管理事项记录应当记载与审计项目相关并对审计结论有重要影响的下列管理事项：

（一）可能损害审计独立性的情形及采取的措施；

（二）所聘请外部人员的相关情况；

（三）被审计单位承诺情况；

（四）征求被审计对象或者相关单位及人员意见的情况、被审计对象或者相关单位及人员反馈的意见及审计组的采纳情况；

（五）审计组对审计发现的重大问题和审计报告讨论的过程及结论；

（六）审计机关业务部门对审计报告、审计决定书等审计项目材料的复核情况和意见；

（七）审理机构对审计项目的审理情况和意见；

（八）审计机关对审计报告的审定过程和结论；

（九）审计人员未能遵守本准则规定的约束性条款及其原因；

（十）因外部因素使审计任务无法完成的原因及影响；

（十一）其他重要管理事项。

重要管理事项记录可以使用被审计单位承诺书、审计机关内部审批文稿、会议记录、会议纪要、审理意见书或者其他书面形式。

第四节　重大违法行为检查

第一百一十二条　审计人员执行审计业务时，应当保持职业谨慎，充分关注可能存在的重大违法行为。

第一百一十三条　本准则所称重大违法行为是指被审计单位和相关人员违反法律法规、涉及金额比较大、造成国家重大经济损失或者对社会造成重大不良影响的行为。

第一百一十四条　审计人员检查重大违法行为，应当评估被审计单位和相关人员实施重大违法行为的动机、性质、后果和违法构成。

第一百一十五条　审计人员调查了解被审计单位及其相关情况时，可以重点了解可能与重大违法行为有关的下列事项：

（一）被审计单位所在行业发生重大违法行为的状况；

（二）有关的法律法规及其执行情况；

（三）监管部门已经发现和了解的与被审计单位有关的重大违法行为的事实或者线索；

（四）可能形成重大违法行为的动机和原因；

（五）相关的内部控制及其执行情况；

（六）其他情况。

第一百一十六条　审计人员可以通过关注下列情况，判断可能存在的重大违法行为：

（一）具体经济活动中存在的异常事项；

（二）财务和非财务数据中反映出的异常变化；

（三）有关部门提供的线索和群众举报；

（四）公众、媒体的反映和报道；

（五）其他情况。

第一百一十七条　审计人员根据被审计单位实际情况、工作经验和审计发现的异常现象，判断可能存在重大违法行为的性质，并确定检查重点。

审计人员在检查重大违法行为时，应当关注重大违法行为的高发领域和环节。

第一百一十八条 发现重大违法行为的线索，审计组或者审计机关可以采取下列应对措施：

（一）增派具有相关经验和能力的人员；

（二）避免让有关单位和人员事先知晓检查的时间、事项、范围和方式；

（三）扩大检查范围，使其能够覆盖重大违法行为可能涉及的领域；

（四）获取必要的外部证据；

（五）依法采取保全措施；

（六）提请有关机关予以协助和配合；

（七）向政府和有关部门报告；

（八）其他必要的应对措施。

第五章 审 计 报 告

第一节 审计报告的形式和内容

第一百一十九条 审计报告包括审计机关进行审计后出具的审计报告以及专项审计调查后出具的专项审计调查报告。

第一百二十条 审计组实施审计或者专项审计调查后，应当向派出审计组的审计机关提交审计报告。审计机关审定审计组的审计报告后，应当出具审计机关的审计报告。遇有特殊情况，审计机关可以不向被调查单位出具专项审计调查报告。

第一百二十一条 审计报告应当内容完整、事实清楚、结论正确、用词恰当、格式规范。

第一百二十二条 审计机关的审计报告（审计组的审计报告）包括下列基本要素：

（一）标题；

（二）文号（审计组的审计报告不含此项）；

（三）被审计单位名称；

（四）审计项目名称；

（五）内容；

（六）审计机关名称（审计组名称及审计组组长签名）；

（七）签发日期（审计组向审计机关提交报告的日期）。

经济责任审计报告还包括被审计人员姓名及所担任职务。

第一百二十三条 审计报告的内容主要包括：

（一）审计依据，即实施审计所依据的法律法规规定；

（二）实施审计的基本情况，一般包括审计范围、内容、方式和实施的起止时间；

（三）被审计单位基本情况；

（四）审计评价意见，即根据不同的审计目标，以适当、充分的审计证据为基础发表的评价意见；

（五）以往审计决定执行情况和审计建议采纳情况；

（六）审计发现的被审计单位违反国家规定的财政收支、财务收支行为和其他重要问题的事实、定性、处理处罚意见以及依据的法律法规和标准；

（七）审计发现的移送处理事项的事实和移送处理意见，但是涉嫌犯罪等不宜让被审计单位知悉的事项除外；

（八）针对审计发现的问题，根据需要提出的改进建议。

审计期间被审计单位对审计发现的问题已经整改的，审计报告还应当包括有关整改情况。

经济责任审计报告还应当包括被审计人员履行经济责任的基本情况，以及被审计人员对审计发现问题承担的责任。

核查社会审计机构相关审计报告发现的问题，应当在审计报告中一并反映。

第一百二十四条　采取跟踪审计方式实施审计的，审计组在跟踪审计过程中发现的问题，应当以审计机关的名义及时向被审计单位通报，并要求其整改。

跟踪审计实施工作全部结束后，应当以审计机关的名义出具审计报告。审计报告应当反映审计发现但尚未整改的问题，以及已经整改的重要问题及其整改情况。

第一百二十五条　专项审计调查报告除符合审计报告的要素和内容要求外，还应当根据专项审计调查目标重点分析宏观性、普遍性、政策性或者体制、机制问题并提出改进建议。

第一百二十六条　对审计或者专项审计调查中发现被审计单位违反国家规定的财政收支、财务收支行为，依法应当由审计机关在法定职权范围内作出处理处罚决定的，审计机关应当出具审计决定书。

第一百二十七条　审计决定书的内容主要包括：

（一）审计的依据、内容和时间；

（二）违反国家规定的财政收支、财务收支行为的事实、定性、处理处罚决定以及法律法规依据；

（三）处理处罚决定执行的期限和被审计单位书面报告审计决定执行结果等要求；

（四）依法提请政府裁决或者申请行政复议、提起行政诉讼的途径和期限。

第一百二十八条　审计或者专项审计调查发现的依法需要移送其他有关主管机关或者单位纠正、处理处罚或者追究有关人员责任的事项，审计机关应当出具审计移送处理书。

第一百二十九条　审计移送处理书的内容主要包括：

（一）审计的时间和内容；

（二）依法需要移送有关主管机关或者单位纠正、处理处罚或者追究有关人员责任事项的事实、定性及其依据和审计机关的意见；

（三）移送的依据和移送处理说明，包括将处理结果书面告知审计机关的说明；

（四）所附的审计证据材料。

第一百三十条　出具对国际组织、外国政府及其机构援助、贷款项目的审计报告，按照审计机关的相关规定执行。

第二节　审计报告的编审

第一百三十一条　审计组在起草审计报告前，应当讨论确定下列事项：

（一）评价审计目标的实现情况；

（二）审计实施方案确定的审计事项完成情况；

（三）评价审计证据的适当性和充分性；

（四）提出审计评价意见；

（五）评估审计发现问题的重要性；

（六）提出对审计发现问题的处理处罚意见；

（七）其他有关事项。

审计组应当对讨论前款事项的情况及其结果作出记录。

第一百三十二条　审计组组长应当确认审计工作底稿和审计证据已经审核，并从总体上评价审计证据的适当性和充分性。

第一百三十三条　审计组根据不同的审计目标，以审计认定的事实为基础，在防范审计风险的情况下，按照重要性原则，从真实性、合法性、效益性方面提出审计评价意见。

审计组应当只对所审计的事项发表审计评价意见。对审计过程中未涉及、审计证据不适当或者不充分、评价依据或者标准不明确以及超越审计职责范围的事项，不得发表审计评价意见。

第一百三十四条 审计组应当根据审计发现问题的性质、数额及其发生的原因和审计报告的使用对象，评估审计发现问题的重要性，如实在审计报告中予以反映。

第一百三十五条 审计组对审计发现的问题提出处理处罚意见时，应当关注下列因素：

（一）法律法规的规定；

（二）审计职权范围：属于审计职权范围的，直接提出处理处罚意见，不属于审计职权范围的，提出移送处理意见；

（三）问题的性质、金额、情节、原因和后果；

（四）对同类问题处理处罚的一致性；

（五）需要关注的其他因素。

审计发现被审计单位信息系统存在重大漏洞或者不符合国家规定的，应当责成被审计单位在规定期限内整改。

第一百三十六条 审计组应当针对经济责任审计发现的问题，根据被审计人员履行职责情况，界定其应当承担的责任。

第一百三十七条 审计组实施审计或者专项审计调查后，应当提出审计报告，按照审计机关规定的程序审批后，以审计机关的名义征求被审计单位、被调查单位和拟处罚的有关责任人员的意见。

经济责任审计报告还应当征求被审计人员的意见；必要时，征求有关干部监督管理部门的意见。

审计报告中涉及的重大经济案件调查等特殊事项，经审计机关主要负责人批准，可以不征求被审计单位或者被审计人员的意见。

第一百三十八条 被审计单位、被调查单位、被审计人员或者有关责任人员对征求意见的审计报告有异议的，审计组应当进一步核实，并根据核实情况对审计报告作出必要的修改。

审计组应当对采纳被审计单位、被调查单位、被审计人员、有关责任人员意见的情况和原因，或者上述单位或人员未在法定时间内提出书面意见的情况作出书面说明。

第一百三十九条 对被审计单位或者被调查单位违反国家规定的财政收支、财务收支行为，依法应当由审计机关进行处理处罚的，审计组应当起草审计决定书。

对依法应当由其他有关部门纠正、处理处罚或者追究有关责任人员责任的事项，审计组应当起草审计移送处理书。

第一百四十条 审计组应当将下列材料报送审计机关业务部门复核：

（一）审计报告；

（二）审计决定书；

（三）被审计单位、被调查单位、被审计人员或者有关责任人员对审计报告的书面意见及审计组采纳情况的书面说明；

（四）审计实施方案；

（五）调查了解记录、审计工作底稿、重要管理事项记录、审计证据材料；

（六）其他有关材料。

第一百四十一条 审计机关业务部门应当对下列事项进行复核，并提出书面复核意见：

（一）审计目标是否实现；

（二）审计实施方案确定的审计事项是否完成；

（三）审计发现的重要问题是否在审计报告中反映；

（四）事实是否清楚、数据是否正确；

（五）审计证据是否适当、充分；

（六）审计评价、定性、处理处罚和移送处理意见是否恰当，适用法律法规和标准是否适当；

（七）被审计单位、被调查单位、被审计人员或者有关责任人员提出的合理意见是否采纳；

（八）需要复核的其他事项。

第一百四十二条 审计机关业务部门应当将复核修改后的审计报告、审计决定书等审计项目材料连同书面复核意见，报送审理机构审理。

第一百四十三条 审理机构以审计实施方案为基础，重点关注审计实施的过程及结果，主要审理下列内容：

（一）审计实施方案确定的审计事项是否完成；

（二）审计发现的重要问题是否在审计报告中反映；

（三）主要事实是否清楚、相关证据是否适当、充分；

（四）适用法律法规和标准是否适当；

（五）评价、定性、处理处罚意见是否恰当；

（六）审计程序是否符合规定。

第一百四十四条 审理机构审理时，应当就有关事项与审计组及相关业务部门进行沟通。

必要时，审理机构可以参加审计组与被审计单位交换意见的会议，或者向被审计单位和有关人员了解相关情况。

第一百四十五条 审理机构审理后，可以根据情况采取下列措施：

（一）要求审计组补充重要审计证据；

（二）对审计报告、审计决定书进行修改。

审理过程中遇有复杂问题的，经审计机关负责人同意后，审理机构可以组织专家进行论证。

审理机构审理后，应当出具审理意见书。

第一百四十六条 审理机构将审理后的审计报告、审计决定书连同审理意见书报送审计机关负责人。

第一百四十七条 审计报告、审计决定书原则上应当由审计机关审计业务会议审定；特殊情况下，经审计机关主要负责人授权，可以由审计机关其他负责人审定。

第一百四十八条 审计决定书经审定，处罚的事实、理由、依据、决定与审计组征求意见的审计报告不一致并且加重处罚的，审计机关应当依照有关法律法规的规定及时告知被审计单位、被调查单位和有关责任人员，并听取其陈述和申辩。

第一百四十九条 对于拟作出罚款的处罚决定，符合法律法规规定的听证条件的，审计机关应当依照有关法律法规的规定履行听证程序。

第一百五十条 审计报告、审计决定书经审计机关负责人签发后，按照下列要求办理：

（一）审计报告送达被审计单位、被调查单位；

（二）经济责任审计报告送达被审计单位和被审计人员；

（三）审计决定书送达被审计单位、被调查单位、被处罚的有关责任人员。

第三节 专题报告与综合报告

第一百五十一条 审计机关在审计中发现的下列事项，可以采用专题报告、审计信息等方式向本级政府、上一级审计机关报告：

（一）涉嫌重大违法犯罪的问题；

（二）与国家财政收支、财务收支有关政策及其执行中存在的重大问题；

（三）关系国家经济安全的重大问题；

（四）关系国家信息安全的重大问题；

（五）影响人民群众经济利益的重大问题；

（六）其他重大事项。

第一百五十二条 专题报告应当主题突出、事实清楚、定性准确、建议适当。

审计信息应当事实清楚、定性准确、内容精炼、格式规范、反映及时。

第一百五十三条 审计机关统一组织审计项目的，可以根据需要汇总审计情况和结果，编制审计综合报告。必要时，审计综合报告应当征求有关主管机关的意见。

审计综合报告按照审计机关规定的程序审定后，向本级政府和上一级审计机关报送，或者向有关部门通报。

第一百五十四条 审计机关实施经济责任审计项目后，应当按照相关规定，向本级政府行政首长和有关干部监督管理部门报告经济责任审计结果。

第一百五十五条 审计机关依照法律法规的规定，每年汇总对本级预算执行情况和其他财政收支情况的审计报告，形成审计结果报告，报送本级政府和上一级审计机关。

第一百五十六条 审计机关依照法律法规的规定，代本级政府起草本级预算执行情况和其他财政收支情况的审计工作报告（稿），经本级政府行政首长审定后，受本级政府委托向本级人民代表大会常务委员会报告。

第四节　审计结果公布

第一百五十七条 审计机关依法实行公告制度。审计机关的审计结果、审计调查结果依法向社会公布。

第一百五十八条 审计机关公布的审计和审计调查结果主要包括下列信息：

（一）被审计（调查）单位基本情况；

（二）审计（调查）评价意见；

（三）审计（调查）发现的主要问题；

（四）处理处罚决定及审计（调查）建议；

（五）被审计（调查）单位的整改情况。

第一百五十九条 在公布审计和审计调查结果时，审计机关不得公布下列信息：

（一）涉及国家秘密、商业秘密的信息；

（二）正在调查、处理过程中的事项；

（三）依照法律法规的规定不予公开的其他信息。

涉及商业秘密的信息，经权利人同意或者审计机关认为不公布可能对公共利益造成重大影响的，可以予以公布。

审计机关公布审计和审计调查结果应当客观公正。

第一百六十条 审计机关公布审计和审计调查结果，应当指定专门机构统一办理，履行规定的保密审查和审核手续，报经审计机关主要负责人批准。

审计机关内设机构、派出机构和个人，未经授权不得向社会公布审计和审计调查结果。

第一百六十一条 审计机关统一组织不同级次审计机关参加的审计项目，其审计和审计调查结果原则上由负责该项目组织工作的审计机关统一对外公布。

第一百六十二条 审计机关公布审计和审计调查结果按照国家有关规定需要报批的，未经批准不得公布。

第五节　审计整改检查

第一百六十三条　审计机关应当建立审计整改检查机制，督促被审计单位和其他有关单位根据审计结果进行整改。

第一百六十四条　审计机关主要检查或者了解下列事项：

（一）执行审计机关作出的处理处罚决定情况；

（二）对审计机关要求自行纠正事项采取措施的情况；

（三）根据审计机关的审计建议采取措施的情况；

（四）对审计机关移送处理事项采取措施的情况。

第一百六十五条　审计组在审计实施过程中，应当及时督促被审计单位整改审计发现的问题。

审计机关在出具审计报告、作出审计决定后，应当在规定的时间内检查或者了解被审计单位和其他有关单位的整改情况。

第一百六十六条　审计机关可以采取下列方式检查或者了解被审计单位和其他有关单位的整改情况：

（一）实地检查或者了解；

（二）取得并审阅相关书面材料；

（三）其他方式。

对于定期审计项目，审计机关可以结合下一次审计，检查或者了解被审计单位的整改情况。

检查或者了解被审计单位和其他有关单位的整改情况应当取得相关证明材料。

第一百六十七条　审计机关指定的部门负责检查或者了解被审计单位和其他有关单位整改情况，并向审计机关提出检查报告。

第一百六十八条　检查报告的内容主要包括：

（一）检查工作开展情况，主要包括检查时间、范围、对象和方式等；

（二）被审计单位和其他有关单位的整改情况；

（三）没有整改或者没有完全整改事项的原因和建议。

第一百六十九条　审计机关对被审计单位没有整改或者没有完全整改的事项，依法采取必要措施。

第一百七十条　审计机关对审计决定书中存在的重要错误事项，应当予以纠正。

第一百七十一条　审计机关汇总审计整改情况，向本级政府报送关于审计工作报告中指出问题的整改情况的报告。

第六章　审计质量控制和责任

第一百七十二条　审计机关应当建立审计质量控制制度，以保证实现下列目标：

（一）遵守法律法规和本准则；

（二）作出恰当的审计结论；

（三）依法进行处理处罚。

第一百七十三条　审计机关应当针对下列要素建立审计质量控制制度：

（一）审计质量责任；

（二）审计职业道德；

（三）审计人力资源；

（四）审计业务执行；

（五）审计质量监控。

对前款第二、三、四项应当按照本准则第二至五章的有关要求建立审计质量控制制度。

第一百七十四条 审计机关实行审计组成员、审计组主审、审计组组长、审计机关业务部门、审理机构、总审计师和审计机关负责人对审计业务的分级质量控制。

第一百七十五条 审计组成员的工作职责包括：

（一）遵守本准则，保持审计独立性；

（二）按照分工完成审计任务，获取审计证据；

（三）如实记录实施的审计工作并报告工作结果；

（四）完成分配的其他工作。

第一百七十六条 审计组成员应当对下列事项承担责任：

（一）未按审计实施方案实施审计导致重大问题未被发现的；

（二）未按照本准则的要求获取审计证据导致审计证据不适当、不充分的；

（三）审计记录不真实、不完整的；

（四）对发现的重要问题隐瞒不报或者不如实报告的。

第一百七十七条 审计组组长的工作职责包括：

（一）编制或者审定审计实施方案；

（二）组织实施审计工作；

（三）督导审计组成员的工作；

（四）审核审计工作底稿和审计证据；

（五）组织编制并审核审计组起草的审计报告、审计决定书、审计移送处理书、专题报告、审计信息；

（六）配置和管理审计组的资源；

（七）审计机关规定的其他职责。

第一百七十八条 审计组组长应当从下列方面督导审计组成员的工作：

（一）将具体审计事项和审计措施等信息告知审计组成员，并与其讨论；

（二）检查审计组成员的工作进展，评估审计组成员的工作质量，并解决工作中存在的问题；

（三）给予审计组成员必要的培训和指导。

第一百七十九条 审计组组长应当对审计项目的总体质量负责，并对下列事项承担责任：

（一）审计实施方案编制或者组织实施不当，造成审计目标未实现或者重要问题未被发现的；

（二）审核未发现或者未纠正审计证据不适当、不充分问题的；

（三）审核未发现或者未纠正审计工作底稿不真实、不完整问题的；

（四）得出的审计结论不正确的；

（五）审计组起草的审计文书和审计信息反映的问题严重失实的；

（六）提出的审计处理处罚意见或者移送处理意见不正确的；

（七）对审计组发现的重要问题隐瞒不报或者不如实报告的；

（八）违反法定审计程序的。

第一百八十条 根据工作需要，审计组可以设立主审。主审根据审计分工和审计组组长的委托，主要履行下列职责：

（一）起草审计实施方案、审计文书和审计信息；

（二）对主要审计事项进行审计查证；

（三）协助组织实施审计；

（四）督导审计组成员的工作；

（五）审核审计工作底稿和审计证据；

（六）组织审计项目归档工作；

（七）完成审计组组长委托的其他工作。

第一百八十一条 审计组组长将其工作职责委托给主审或者审计组其他成员的，仍应当对委托事项承担责任。受委托的成员在受托范围内承担相应责任。

第一百八十二条 审计机关业务部门的工作职责包括：

（一）提出审计组组长人选；

（二）确定聘请外部人员事宜；

（三）指导、监督审计组的审计工作；

（四）复核审计报告、审计决定书等审计项目材料；

（五）审计机关规定的其他职责。

业务部门统一组织审计项目的，应当承担编制审计工作方案，组织、协调审计实施和汇总审计结果的职责。

第一百八十三条 审计机关业务部门应当及时发现和纠正审计组工作中存在的重要问题，并对下列事项承担责任：

（一）对审计组请示的问题未及时采取适当措施导致严重后果的；

（二）复核未发现审计报告、审计决定书等审计项目材料中存在的重要问题的；

（三）复核意见不正确的；

（四）要求审计组不在审计文书和审计信息中反映重要问题的。

业务部门对统一组织审计项目的汇总审计结果出现重大错误、造成严重不良影响的事项承担责任。

第一百八十四条 审计机关审理机构的工作职责包括：

（一）审查修改审计报告、审计决定书；

（二）提出审理意见；

（三）审计机关规定的其他职责。

第一百八十五条 审计机关审理机构对下列事项承担责任：

（一）审理意见不正确的；

（二）对审计报告、审计决定书作出的修改不正确的；

（三）审理时应当发现而未发现重要问题的。

第一百八十六条 审计机关负责人的工作职责包括：

（一）审定审计项目目标、范围和审计资源的配置；

（二）指导和监督检查审计工作；

（三）审定审计文书和审计信息；

（四）审计管理中的其他重要事项。

审计机关负责人对审计项目实施结果承担最终责任。

第一百八十七条 审计机关对审计人员违反法律法规和本准则的行为，应当按照相关规定追究其责任。

第一百八十八条 审计机关应当按照国家有关规定，建立健全审计项目档案管理制度，明确审计项目归档要求、保存期限、保存措施、档案利用审批程序等。

第一百八十九条 审计项目归档工作实行审计组组长负责制，审计组组长应当确定立卷责任人。

立卷责任人应当收集审计项目的文件材料，并在审计项目终结后及时立卷归档，由审计组组长审查验收。

第一百九十条 审计机关实行审计业务质量检查制度，对其业务部门、派出机构和下级审计机关的审计业务质量进行检查。

第一百九十一条 审计机关可以通过查阅有关文件和审计档案、询问相关人员等方式、方法，检查下列事项：

（一）建立和执行审计质量控制制度的情况；

（二）审计工作中遵守法律法规和本准则的情况；

（三）与审计业务质量有关的其他事项。

审计业务质量检查应当重点关注审计结论的恰当性、审计处理处罚意见的合法性和适当性。

第一百九十二条 审计机关开展审计业务质量检查，应当向被检查单位通报检查结果。

第一百九十三条 审计机关在审计业务质量检查中，发现被检查的派出机构或者下级审计机关应当作出审计决定而未作出的，可以依法直接或者责成其在规定期限内作出审计决定；发现其作出的审计决定违反国家有关规定的，可以依法直接或者责成其在规定期限内变更、撤销审计决定。

第一百九十四条 审计机关应当对其业务部门、派出机构实行审计业务年度考核制度，考核审计质量控制目标的实现情况。

第一百九十五条 审计机关可以定期组织优秀审计项目评选，对被评为优秀审计项目的予以表彰。

第一百九十六条 审计机关应当对审计质量控制制度及其执行情况进行持续评估，及时发现审计质量控制制度及其执行中存在的问题，并采取措施加以纠正或者改进。

审计机关可以结合日常管理工作或者通过开展审计业务质量检查、考核和优秀审计项目评选等方式，对审计质量控制制度及其执行情况进行持续评估。

第七章 附 则

第一百九十七条 审计机关和审计人员开展下列工作，不适用本准则的规定：

（一）配合有关部门查处案件；

（二）与有关部门共同办理检查事项；

（三）接受交办或者接受委托办理不属于法定审计职责范围的事项。

第一百九十八条 地方审计机关可以根据本地实际情况，在遵循本准则规定的基础上制定实施细则。

第一百九十九条 本准则由审计署负责解释。

第二百条 本准则自 2011 年 1 月 1 日起施行。附件所列的审计署以前发布的审计准则和规定同时废止。

附件：废止的审计准则和规定目录

附件

废止的审计准则和规定目录

1. 中华人民共和国国家审计基本准则（2000 年审计署第 1 号令）

2. 审计机关审计处理处罚的规定（2000 年审计署第 1 号令）

3. 审计机关审计方案准则（2000 年审计署第 2 号令）

4. 审计机关审计证据准则（2000 年审计署第 2 号令）

5. 审计机关审计工作底稿准则（试行）（2000 年审计署第 2 号令）

6. 审计机关审计报告编审准则（2000 年审计署第 2 号令）

7. 审计机关审计复核准则（2000 年审计署第 2 号令）

8. 审计机关专项审计调查准则（2001 年审计署第 3 号令）

9. 审计机关公布审计结果准则（2001 年审计署第 3 号令）

10. 审计机关审计人员职业道德准则（2001 年审计署第 3 号令）

11. 审计机关国家建设项目审计准则（2001 年审计署第 3 号令）

12. 审计机关审计重要性与审计风险评价准则（2003 年审计署第 5 号令）

13. 审计机关分析性复核准则（2003 年审计署第 5 号令）

14. 审计机关内部控制测评准则（2003 年审计署第 5 号令）

15. 审计机关审计抽样准则（2003 年审计署第 5 号令）

16. 审计机关审计事项评价准则（2003 年审计署第 5 号令）

17. 国有企业财务审计准则（试行）（审法发〔1999〕10 号）

18. 审计机关审计项目质量控制办法（试行）（2004 年审计署第 6 号令）

19. 审计署关于国有金融机构财务审计实施办法（审金发〔1996〕331 号）

20. 审计署关于中央银行财务审计实施办法（审金发〔1996〕332 号）

21. 审计机关对社会保障基金审计实施办法（审行发〔1996〕350 号）

22. 审计机关对社会捐赠资金审计实施办法（审行发〔1996〕351 号）

23. 审计机关对国外贷援款项目审计实施办法（审外资发〔1996〕353 号）

24. 审计机关审计行政强制性措施的规定（审法发〔1996〕359 号）

25. 审计机关指导监督内部审计业务的规定（审管发〔1996〕367 号）

26. 审计署关于派出审计局开展审计工作的暂行办法（审发〔1998〕314 号）

27. 中央预算执行审计工作程序实施细则（审财发〔1999〕32 号）

28. 审计机关审计项目计划管理办法（审办发〔2002〕104 号）

解读《中华人民共和国国家审计准则》

　　《中华人民共和国国家审计准则》（以下简称《审计准则》）于 2010 年 7 月 8 日经审计长会议审议通过，2010 年 9 月 1 日刘家义审计长签署审计署第 8 号令予以公布，自 2011 年 1 月 1 日起施行。为了更好地指导学习、宣传和贯彻落实修订后的国家审计准则，特作如下解读：

一、修订的意义

　　《审计准则》的修订和颁布，是继审计法和审计法实施条例修订后我国审计法制建设的又一件大事，是完善我国审计法律制度的重大举措，是国家审计准则体系建设史上一个重要的里程碑，对规范审计机关和审计人员执行审计业务的行为，保证审计质量，防范审计风险，发挥审计保障国家经济和社会健康运行的"免疫系统"功能有十分重大的意义。《审计准则》适用于审计机关开展的各项审计业务，对执行审计业务基本程序作了系统规范，体现了很强的综合性；《审计准则》以贯彻落实科学发展观为指针，坚持运用科学的审计理念和先进的审计技术方法，体现了很强的科学性；《审计准则》系统总结了我国国家审计二十多年来的实践经验，将行之有效的做法确定下来，体现了很强的实用性；《审计准则》充分借鉴国际政府审计准则的内容和外国审计机关有益做法，体现了很强的国际性。

二、修订的必要性

近些年来，我国社会经济形势发生了深刻变化，审计工作也得到了深入发展。一是审计法和审计法实施条例修订后，原有准则需做相应修订，以便与审计法律法规保持一致。二是近年来，各级审计机关深入贯彻落实科学发展观，树立科学审计理念，不断加大审计监督力度，创新审计监督方式方法，积累了许多经验，需要加以总结并通过准则予以规定。三是审计实践也证明，原有准则中的一些规定不能完全适应新形势下审计工作发展要求，同时原有准则体系比较庞杂，有些准则间部分内容存在交叉重复。原有的准则和规定不能适应审计工作要求，需要加以修订。

三、修订遵循的原则

（一）依照审计法和审计法实施条例的规定，与原有准则保持一定连续性。2006年全国人大常委会修改的审计法和2010年国务院修订的审计法实施条例对审计机关的审计职责、审计权限和审计程序等都作出了一些新的规定。此次修订的《审计准则》，作为部门规章，严格依照了审计法和审计法实施条例的规定，并明确了执行的具体要求，确保审计法律法规全面贯彻落实。同时，对于原有准则，特别是《审计机关审计项目质量控制办法（试行）》中一些经过实践证明比较成熟的规定，均吸收到修订后的《审计准则》中，保持审计规范的连续性和稳定性。

（二）总结多年来审计实践经验，体现中国国家审计特色。近年来，在各级党委、政府的正确领导下，各级审计机关坚持"依法审计、服务大局、围绕中心、突出重点、求真务实"的审计工作方针，认真履行法定审计职责，创新审计工作方式方法，在监督财政财务收支真实、合法基础上，全面推进绩效审计，深入开展经济责任审计，加强专项审计调查和跟踪审计，严肃查处重大违法行为，注重从体制、机制、制度和政策层面发现和分析问题并提出审计建议，加大公布审计结果力度，促进被审计单位整改，较好地发挥了审计监督的建设性作用。实践证明，这些基本做法和经验是符合我国国情和审计工作发展要求的。修订的《审计准则》主要从我国实际出发，立足于总结审计实践经验，体现中国国家审计的特色。

（三）借鉴外国政府审计准则的有益内容，努力与国际通行做法相衔接。国际审计组织和有的外国审计机关相继颁布了审计准则，其中有些基本审计理念和技术方法对我国审计机关也有借鉴意义。此次修订准则，重点借鉴了外国政府审计准则的有益内容，并适当参考了社会审计和内部审计准则的相关要求。一方面，有利于完善我国审计规范，推动审计事业发展；另一方面，借鉴外国政府审计的一些好的内容，努力使修订的《审计准则》与国际通行做法相衔接，便于加强国际审计交流与合作。

（四）坚持约束与指导相结合，增强《审计准则》的指导作用。修订的《审计准则》适用于中央到县的各级审计机关，适用于审计机关开展的各项审计业务。考虑到各地实际情况和审计项目的不同特点，修订的《审计准则》坚持约束与指导相结合的原则，将一些条款设定为约束性条款、一些条款设定为指导性条款，注重对执行审计业务过程中相关实质性环节的管理和指导，增强《审计准则》的适用性和指导作用，便于各级审计机关和广大审计人员贯彻执行。

四、《审计准则》的体系结构

修订前的国家审计准则体系由一个国家审计基本准则、若干个通用审计准则和专业审计准则构成。这种体系结构比较零散，相关准则间的内容存在交叉，不便于审计人员系统学习和掌握。此次修订，参考《审计机关审计项目质量控制办法（试行）》的体系结构，将原有国家审计基本准则和通用审计准则规范的内容统一纳入《审计准则》，形成一个完整单一的国家审计准则。在审计准则的下一层次研究开发审计指南，进一步细化相关审计业务操作的具体要求。

据此构建起由宪法、审计法和审计法实施条例、审计准则和审计指南等不同级次规定组成的审计法律规范体系。

按照上述体系结构,《审计准则》正文分为七章,即总则、审计机关和审计人员、审计计划、审计实施、审计报告、审计质量控制和责任、附则。共 200 条。同时,《审计准则》在吸收原有审计准则和相关规定中能够继续适用的内容后,废止了审计署以前发布的 28 项审计准则和相关规定,并在《审计准则》附件中列明了废止的规定名称。

五、修订的主要内容

（一）关于《审计准则》的适用。

1.《审计准则》的适用范围。《审计准则》是审计机关和审计人员履行法定审计职责的行为规范,是执行审计业务的职业标准,是评价审计质量的基本尺度,适用于各级审计机关和审计人员执行的各项审计业务和专项审计调查业务。同时,其他组织或者人员接受审计机关的委托、聘用,承办或者参加审计业务,也应当适用《审计准则》。但审计机关和审计人员配合有关部门查处案件、与有关部门共同办理检查事项、接受交办或者接受委托办理不属于法定审计职责范围的事项,不适用《审计准则》,应当按照其他有关规定和要求办理。《审计准则》第二条、第四条、第八条和第一百九十七条对此作了规定。

2.《审计准则》条款的具体应用。考虑到我国各级审计机关的实际情况和具体审计项目之间的差异,为增强《审计准则》的适用性,将使用"应当""不得"词汇的条款规定为约束性条款,即各级审计机关和审计人员执行审计业务都必须遵守的职业要求;而使用"可以"词汇的条款为指导性条款,是对良好审计实务的推介。审计机关和审计人员未遵守约束性条款的,应当说明原因,并在审计记录中加以记载。《审计准则》第三条、第十一条和第一百一十一条对此作了规定。

（二）关于审计人员的独立性和职业道德要求。

1. 审计人员的独立性。依法独立行使审计监督权是审计工作的基本要求。宪法、审计法和审计法实施条例从审计机关组织和领导体制、审计职责和权限、审计经费和审计人员履行职务的保护等方面,对审计机关和审计人员依法独立行使审计监督权作出了规定。《审计准则》第十六条至二十三条主要明确了审计人员保持独立性的要求,规定了审计机关针对可能损害审计独立性的情形应当采取的措施,并对审计机关聘请外部人员的相关要求作了规定。

2. 审计职业道德要求。各级审计机关十分重视加强审计职业道德建设,在长期审计实践中形成了具有审计职业特色的道德规范和要求。国际审计组织和许多外国审计机关也制定了审计职业道德规范和守则。在立足我国审计工作实际情况,借鉴国际政府审计职业道德规范内容的基础上,《审计准则》第十五条明确了严格依法、正直坦诚、客观公正、勤勉尽责、保守秘密五项基本审计职业道德,并规定了审计人员遵守各项基本职业道德的要求。

（三）关于审计计划。

1. 年度审计项目计划的编制程序和要求。年度审计项目计划是审计机关对年度审计工作做出的统筹部署和安排,对依法履行审计监督职责,保障审计工作科学和有序运行有着十分重要的作用。为了加强对编制年度审计项目计划工作的指导,确保计划的科学性和可行性,在总结我国年度审计项目计划管理经验的基础上,《审计准则》第三章从调查审计需求、对初选审计项目进行可行性研究和评估、配置审计项目资源,以及年度审计项目计划审定、调整和执行情况检查等方面,明确了年度审计项目计划编制和执行的要求。同时,为更好地指导审计机关确定专项审计调查项目计划,《审计准则》第三十六条对开展专项审计调查的项目提出了指导性原则,即对于预算管理或者国有资产管理使用中涉及宏观性、普遍性、政策性或者体制、机制问题的事项,跨行业、跨地区、跨单位的事项,涉及大量非财务数据的事项等，可以作为专项审计调查项目予以安排。

2.审计工作方案的编制。根据审计实践，审计机关统一组织多个审计组共同实施一个审计项目或者分别实施同一类项目，一般需要编制审计工作方案，以加强对这些项目组织实施工作的管理，便于审计结果的汇总和综合利用，确保年度审计项目计划的执行。审计机关业务部门应当根据年度审计项目计划形成过程中调查审计需求、进行可行性研究的情况，开展进一步调查，对审计目标、范围、重点和项目组织实施等进行确定，编制审计工作方案，按照审计机关规定的程序审批后，在实施审计起始时间之前下达项目实施单位。《审计准则》第四十七条至第五十一条对此作了规定。

（四）关于审计实施。

1.审计实施方案的编制要求。为增强审计实施方案的科学性和可操作性，发挥其指导作用，在总结我国审计实践经验并借鉴外国政府审计有益做法的基础上，《审计准则》第四章第一节将编制审计实施方案作为项目审计实施的第一个环节加以了规定。

一是明确了编制审计实施方案的实质性要求。根据全面审计、突出重点的审计工作基本要求，运用审计风险理论和重要性原则，首先要求审计组调查了解被审计单位及其相关情况，包括相关内部控制及其执行情况和信息系统控制情况。其次，审计组根据调查了解的情况，结合适用的标准，判断被审计单位可能存在的问题，即风险领域或者风险点。第三，审计人员运用职业判断，根据可能存在问题的性质、数额及其发生的具体环境，判断其重要性，评估可能存在的重要问题，即重要风险领域或者重要风险点。在判断重要性时，对财政收支、财务收支合法性和效益性进行审计的项目一般不需确定量化的重要性水平（金额标准），可只对重要性作出定性判断。第四，在评估被审计单位存在重要问题可能性的基础上，确定审计事项和审计应对措施，包括对各审计事项的审计步骤和方法、审计时间、执行审计的人员等，形成审计实施方案。《审计准则》第五十七条至第七十三条对此作了规定。

二是强调及时调整审计实施方案。对大中型或者业务比较复杂的审计项目，审计组调查了解被审计单位及其各项业务情况往往不能通过一次调查了解就全部完成，实践中需要将调查了解工作贯穿审计实施过程的始终。随着调查了解的不断深入和审计工作的展开，审计人员应当持续关注已作出的重要性判断和对存在重要问题可能性的评估是否恰当；对原先作出的不恰当判断和评估结果及时修正，并考虑其他相关情况的变化，调整审计事项和审计应对措施，即及时调整审计实施方案。《审计准则》第七十七条和第七十八条对此作了规定。同时，考虑到调查了解工作的持续性和调查了解已属于项目审计实施工作的组成部分，《审计准则》不再将审前调查作为项目审计工作的一个单独阶段。

三是调整了审计实施方案的审批权限。为了使审计组能够根据实际情况及时采取审计应对措施，提高审计工作效率，《审计准则》第七十九条和第八十条规定，一般审计项目的审计实施方案应当经审计组组长审定，并及时报审计机关业务部门备案；重要审计项目的审计实施方案应当报经审计机关负责人审定。审计组调整审计实施方案中的审计目标、审计组组长、审计重点和现场审计结束时间，应当报经审计机关主要负责人批准。

2.获取审计证据的要求。获取审计证据是审计实施阶段的核心工作，也是审计机关和审计人员作出正确审计结论的基础。《审计准则》第四章第二节规定了获取审计证据的要求。

一是明确了审计证据应当具有的基本特性。《审计准则》第八十四条至第八十六条从质量和数量两个方面，明确了审计证据应当具有适当性和充分性。适当性是对审计证据质量的衡量，包括审计证据的相关性和可靠性；充分性是对审计证据数量的衡量。

二是对采取不同审查方法获取审计证据提出了指导意见。《审计准则》第八十八条至第九十一条规定，审计人员可以在审计事项中选取全部项目进行审查（详查）或者选取部分特定项目进行审查（抽查），也可以进行审计抽样，以获取审计证据。同时，明确了各种审查方法适用的情形以及审查结果是否可用于推断审计事项总体特征。

三是规定了审计人员获取审计证据的具体方法和要求。《审计准则》第九十二条规定了审计人员可以采取检查、观察、询问、外部调查、重新计算、重新操作和分析等7种基本方法获取审计证据。同时，为了确保审计人员对重要问题查深查透，《审计准则》第九十九条规定审计人员应当围绕认定问题所依据的标准、事实、影响和原因4个方面获取审计证据。

3. 审计记录的类型和内容。为了支持审计人员编制审计实施方案和审计报告，证明审计人员遵循相关法律法规和《审计准则》，便于对审计人员的工作实施指导、监督和检查，《审计准则》第四章第三节对审计记录作了规定。

一是调整了审计记录的类型。在总结我国项目审计中需要记录的事项和原有做法的基础上，《审计准则》第一百零一条和第一百零三条规定，审计人员应当对审计实施过程、得出的审计结论和与审计项目有关的重要管理事项作出记录，并将审计记录划分为3种类型，即调查了解记录、审计工作底稿和重要管理事项记录，取消了审计日记的做法。

二是规范了各类记录的内容和要求。调查了解记录的主要内容包括对被审计单位及其相关情况的调查了解情况、对被审计单位存在重要问题可能性的评估情况和据此确定的审计事项及其应对措施，是编制审计实施方案的重要基础。审计工作底稿主要记录实施审计的步骤和方法、取得的审计证据的名称和来源、审计认定的主要事实和得出的审计结论及其相关标准，并经审计组组长审核，以支持审计人员编制审计报告；审计人员对审计实施方案确定的每一审计事项均应当编制审计工作底稿，而不是仅对审计发现的问题编制审计工作底稿。重要管理事项记录用于记载与审计项目相关并对审计结论有重要影响的管理事项。《审计准则》第一百零四条至第一百一十一条对此作了规定。

4. 检查重大违法行为的特别规定。在总结我国审计机关多年来查处重大违法行为和经济犯罪案件线索实践经验的基础上，《审计准则》第四章第四节对检查重大违法行为作出了特别规定，包括检查重大违法行为过程中应当评估的因素、调查了解的重点内容、需关注的异常情况以及采取的应对措施等。审计机关和审计人员在检查重大违法行为时，除遵守《审计准则》第四章第一节至第三节的规定外，还应当遵守上述这些特别规定，以便有效检查重大违法行为，打击经济犯罪，维护国家财政经济秩序和经济安全，促进廉政建设。

（五）关于审计报告。

1. 专项审计调查报告及其编审。依照审计法和审计法实施条例关于专项审计调查的规定，为督促被调查单位整改专项审计调查发现的问题，公布专项审计调查结果，更好地发挥专项审计调查的作用，《审计准则》将专项审计调查报告作为向被调查单位出具的一种审计文书。专项审计调查报告除符合审计报告要素和内容要求外，还应当根据专项审计调查目标重点分析宏观性、普遍性、政策性或者体制、机制问题并提出改进建议。一般情况下，审计组实施专项审计调查后，应当提出专项审计调查报告，以审计机关名义征求被调查单位意见后，向审计机关提交专项审计调查报告。审计机关按照审定审计报告的程序对专项审计调查报告进行审定后，送达被调查单位。专项审计调查中发现属于审计监督对象的单位违反国家规定的财政收支、财务收支行为，依法应当由审计机关在法定职权范围内作出处理处罚决定的，审计机关应当出具审计决定书；依法需要移送其他有关主管机关或者单位纠正、处理处罚或者追究有关人员责任的，审计机关应当出具审计移送处理书。《审计准则》第五章第一节和第二节相关条款对此作了规定。

2. 审理机构对审计项目的审理。为了贯彻审计法实施条例关于审计机关专门机构对审计报告以及相关审计事项进行审理的新规定，《审计准则》将审计机关法制工作机构原来对审计结论性文书的复核调整为审理机构对审计项目的审理。审理机构以审计实施方案为基础，重点关注审计实施的过程及结果，审理的主要内容包括：审计实施方案确定的审计事项是否完成，审计发现的重要问题是否在审计报告中反映，主要事实是否清楚，相关证据是否适当、充分，适用法律法规和标准是否适当，审计评价、定性、处理处罚意见是否恰当，以及审计程序是否符合规定。审理过程中，审理机构应当与审计组及相关业务部门进行沟通；必要时，可以参加与被审计单位交换意见的会议或者向被审计单位和有关人员了解相关情况。审理机构审理后应当出具审理意见书，并根据情况，可以要求审计组补充重要审计证据，对审计报告、审计决定书进行修改。《审计准则》第一百四十二条至第一百四十六条对此作了规定。

3. 专题报告与综合报告。为了加强审计成果的开发利用，提升审计成果的质量和水平，《审计准则》第五章第三节对专题报告和综合报告进行了规范，规定了可以采用专题报告、审计信息等方式向本级政府和上一级审计机关报告的事项范围，明确了可以编制审计综合报告的情形和审计综合报告、经济责任审计结果的报送对象，以及审计机关在起草、报送审计结果报告和审计工作报告等方面的要求。

4. 审计整改检查。为了贯彻落实审计法和审计法实施条例的规定，促进被审计单位整改，确保审计效果，充分发挥审计监督作用，《审计准则》第五章第五节对审计整改检查作出具体规范，明确要求审计机关建立审计整改检查机制，督促被审计单位和其他有关单位根据审计结果进行整改，并对审计机关检查的主要内容、检查的方式和时间、检查报告以及检查后应采取的措施等作出了规定。

（六）关于审计质量控制和责任。

为了加强全员全过程审计质量控制，明确审计责任，《审计准则》第六章要求审计机关应当针对审计质量责任、审计职业道德、审计人力资源、审计业务执行、审计质量监控5个要素建立审计质量控制制度，并通过审计业务质量检查等方式对审计质量控制制度的建立和执行情况进行检查和评估。同时，从审计项目质量控制的角度，规定审计机关实行审计组成员、审计组主审、审计组组长、审计机关业务部门、审理机构、总审计师和审计机关负责人对审计业务的分级质量控制，并分别明确了审计组成员、审计组主审、审计组组长、审计机关业务部门、审理机构和审计机关负责人的工作职责和应承担的责任。

（七）关于信息技术环境下审计的特别规定。

考虑到信息技术环境下开展审计工作的特殊性，《审计准则》作出了一些特别规定。如审计组信息技术方面胜任能力的要求；调查了解相关的信息系统控制、评估对信息系统的依赖程度，检查相关信息系统的有效性、安全性等要求；审计人员在检查中应当避免对被审计单位相关信息系统及其电子数据造成不良影响的要求；电子审计证据的特殊取证要求；审计发现被审计单位信息系统存在重大漏洞或者不符合国家规定的处理措施等。

此外，根据各级审计机关开展跟踪审计的实际需要，总结近年来的实践经验，《审计准则》对采取跟踪审计方式实施的审计项目，从编制年度审计项目计划、制发审计通知书、编制审计实施方案、出具审计报告等方面作了一些特殊规定。

审计署办公厅关于印发《审计署审计现场管理办法》的通知

（审办法发〔2021〕86号）

署机关各单位、各派出审计局、各特派员办事处、各直属单位：

《审计署审计现场管理办法》已经审计长会议审议通过，现印发给你们，请认真贯彻执行。各单位在执行过程中的有关意见建议请及时反馈署法规司。

审计署办公厅

2021 年 9 月 23 日

审计署审计现场管理办法

第一条　为了规范审计现场管理，落实工作责任，提高审计工作质量和效率，防范审计风险，根据《中华人民共和国审计法》及其实施条例、国家审计准则和其他规定，制定本办法。

第二条　审计署及其派出机构（以下简称审计署）的审计现场管理工作，适用本办法。地方审计机关参加审计署统一组织的审计项目，参照本办法执行。

第三条　本办法所称审计现场管理，是指审计人员进入被审计单位开始工作至审计组提交审计结果文书期间，审计机关为执行审计业务及相关事项而进行的组织、协调、实施和控制等一系列活动。

第四条　开展现场审计，应当依照审计法的规定组成审计组。审计组实行审计组组长负责制。审计组组长是审计现场业务、廉政、保密、安全等工作的第一责任人。

审计组副组长根据审计实施方案的分工协助审计组组长履行审计现场管理、审计查证等职责。

审计署领导或者派出机构主要负责同志担任审计组组长的，根据工作需要，可以在审计实施方案中指定审计现场负责人。审计现场负责人根据审计组组长的授权，履行国家审计准则相关条款中审计组组长的工作职责并承担相应责任。依据审计组组长的授权，审计现场负责人可以在相关审计文书上签字。

审计组主审根据审计组组长（或审计现场负责人，以下统称审计组组长）的委托和审计分工，履行起草审计文书、组织对主要审计事项进行审计查证、协助组织实施审计现场管理、督促审计组成员工作、组织审计项目归档工作等职责。

审计组设审计小组的，审计小组的审计现场管理应当遵守本办法。审计小组组长根据审计组组长的要求，负责本小组现场业务、廉政、保密、安全等工作。

审计组成员根据审计分工，履行相应职责并承担相应责任。

审计组组长、副组长、审计现场负责人、主审以及审计组其他成员的具体职责，应当在审计实施方案中予以明确。

第五条　符合设立临时党组织的审计组，应当按照审计署关于临时党组织建设的规定执行。

第六条　审计组应当按照审计署党风廉政建设工作的规定，设立兼职廉政监督员，协助审计组组长抓好审计现场各项廉政风险防控工作，监督审计人员严格执行审计"四严禁"工作要求和审计"八不准"工作纪律、登记报告干预审计工作行为等规定，监督审计组就餐、住宿等费用的结算，组织填报和归集相关登记和报告材料，发现违反廉政纪律的情况应当及时向审计组组长报告和反映。兼职廉政监督员一般应当由处级以上（含处级）干部担任。

第七条　审计组组成后，审计组组长应当围绕审计工作任务，组织必要的审计业务学习和培训，同时开展有针对性的廉政、保密、安全等教育工作。

审计组进驻被审计单位时，应当组织被审计单位相关人员召开审计进点会议，宣读审计通知书，告知审计工作纪律相关规定，提出配合审计工作的要求等。

审计组进驻被审计单位后，应当及时在被审计单位公示审计通知书、审计组联系方式等内容。

第八条 审计组组长应当按要求及时组织编制审计实施方案。审计组应当围绕落实审计工作方案，充分调查了解被审计单位相关情况，根据被审计单位的信息化条件充分运用电子数据实现对被审计单位相关事项的总体分析，聚焦重点、发现疑点，在此基础上编制审计实施方案，明确审计项目涉及的具体单位、事项和所属期间，抽查资金比例，审计思路和方法，优化分工、明确责任、规定时限，提高方案的科学性、针对性和可操作性。成立临时党组织的审计组，应当在审计实施方案中明确临时党组织的书记和委员。

各业务司、各派出机构组织实施各类审计，都要坚持数据先行，积极开展数据综合分析，确定审计重点，锁定疑点线索，为编制审计工作方案和审计实施方案，开展现场审计提供引领支撑。

审计组应当根据审计进展及相关情况变化，按规定权限和程序及时调整审计实施方案。

第九条 审计组组长根据审计实施方案确定的审计事项，一般应当组织编制审计任务清单（参考格式见附件1），将审计任务落实到具体审计人员，对审计事项的执行、调整和完成情况进行严格管理，确保审计实施方案落实。审计人员应当对相关审计事项的完成情况进行确认，对未按要求完成的审计事项作出书面说明。

审计人员应当严格执行审计实施方案，按照方案确定的审计事项、分工和时间要求，依照法定职责、权限和程序实施审计，不得擅自减少或增加审计事项、重点审计单位和审计范围。

业务司应规范对审计现场的工作部署和指导，在审计工作方案之外不得擅自追加任务和变更要求，确需增加和变更的，须报经分管署领导批准。

第十条 审计组应当充分运用审计管理软件等信息化手段，对审计现场的信息进行收集、分析、处理和共享，与审计机关实现信息的实时传递，加强对审计现场的动态管理，提高审计现场信息化管理水平。

第十一条 审计组实施审计前，可以对被审计单位提出资料需求清单（明确资料提供时间），作为审计通知书附件一并送达被审计单位。审计过程中，审计组应当提出资料需求清单，经审计组组长或审计组组长指定人员审核同意后，依法要求被审计单位、相关单位和个人按要求提供其他与审计事项有关的资料。

被审计单位、相关单位和个人提供的资料主要包括财务、会计资料以及与财政收支、财务收支有关的业务、管理等资料，包括电子数据和有关文档。对于投资、运营、管理和使用境外国有资产的被审计单位、相关单位和个人，审计组应当要求其提供与境外国有资产有关的资料。

在获取审计资料的过程中，审计人员应当与被审计单位、相关单位和个人做好交接手续，认真清点、核对，及时、准确、完整地填写资料交接清单，由双方签字确认。对于被审计单位未按要求提供资料的，审计人员应当编制未提供资料清单（或记录）。

审计人员获取审计资料时，不得超越法定审计权限索取与审计事项无关的资料，不得影响被审计单位合法的业务活动和生产经营活动。

第十二条 审计组应当加强对审计现场资料（含电子数据存储介质）的管理，采取必要的保存和保密等措施，严格履行资料借阅交接手续，妥善保管和使用，防止资料的丢失和损毁。对涉密资料和电子数据应当指定专人负责管理。禁止无关人员接触审计现场资料和计算机等设备。

审计组获取的电子数据资料的管理，应当按照审计署关于审计业务电子数据管理的规定执行。电子数据的采集、生成、分析、利用，应当按照审计署关于电子数据审计证据的规定执行。

第十三条　遇有被审计单位和相关单位违反法律规定，拒绝、拖延提供与审计事项有关的资料，或者提供的资料不真实、不完整，或者拒绝、阻碍检查等不配合审计工作，或者制定限制向审计机关提供资料和开放计算机信息系统查询权限的情形的，审计组应当要求被审计单位或相关人员改正，并收集其不配合审计工作的相关证据。经协调沟通仍无法解决的，审计组应当及时将有关情况上报派出审计组的审计机关。

需要约谈被审计单位主要负责人的，应当严格按照审计署关于约谈被审计单位主要负责人的规定办理。

第十四条　审计人员应当按照审计实施方案确定的单位或者事项开展外部调查。对审计实施方案中没有明确但属于审计项目范围的单位或者事项开展外部调查，应当经审计组组长审核同意后进行，必要时，应当按规定权限和程序及时调整审计实施方案。审计组应当建立外部调查台账（参考格式见附件2），全面完整记录被调查单位、调查理由、调查内容、调查人员、调查时间、调查结果和取得的证明材料等情况，经审计组组长审定签字后归入审计项目档案。审计机关开展审计廉政回访时，应当抽查一定比例的外部调查事项。

外部调查应当持有介绍信、审计通知书复印件以及审计人员工作证，介绍信应当注明外部调查的事项。外部调查不得偏离审计目标；不得借外部调查的名义，调查了解与审计项目无关的事项。

异地审计时，审计组经派出审计组的审计机关负责人批准，可领取一定数量的介绍信。介绍信应当由审计机关统一编号，加盖审计机关印章，并由审计组派专人按机要件管理。使用介绍信时须经审计组组长或审计组组长指定人员批准，未经批准不得使用。待审计项目结束后，审计组须将未使用的介绍信缴回开具机关登记造册，经派出审计组的审计机关负责人批准后进行销毁。已使用的介绍信存根联应当做好登记管理。

审计人员需要到中央国家机关、中央企业总部和中央金融机构总部等单位开展外部调查的，应当事先报审计署，由该审计项目的主管业务司审核、报分管署领导批准后，一般通过对口联系的业务司或者派出机构统一协调办理。

第十五条　审计人员应当依照法定权限和程序获取审计证据，获取的审计证据应当符合适当性和充分性的要求，不得片面收集证据，不得涂改、伪造、隐匿和销毁审计证据。

审计人员在收集证据过程中，对已有明确定性的问题，除涉及重大违纪违法问题等特殊事项外，均应当在审计取证单（参考格式见附件3）上写明事实、定性和法律法规依据，经审计组组长或者指定人员审核后，交被审计单位及相关单位，经充分沟通后，由相关单位予以确认。审计取证单应当注明要求被审计单位及相关单位反馈确认的合理期限，并告知对方逾期未反馈确认的视为无异议。被审计单位未按时反馈意见的，审计人员应当在审计取证单上予以注明。对方提出异议的，审计组应当认真研究，必要时应当补充取证或修改审计结论。无法达成一致意见的，应当在审计工作底稿（参考格式见附件4）上予以说明或另行说明。

对署统一组织的审计项目进行集中数据分析的数据分析结果涉及的重大问题和有关事项需要组织核实的，主管业务司应明确提出有关核查内容、方式、时限、分工、核查结果的上报等具体要求，经分管署领导批准后及时组织核查。

第十六条 审计人员查询有关单位、个人在金融机构账户、存款，或房屋权属登记信息的，应当严格按照审计法及其实施条例和审计署有关规定办理。

审计机关封存资料和资产的，应当严格按照审计法及其实施条例和审计署有关规定办理。

第十七条 审计人员执行现场审计任务，遇有以下情形，应当至少有两名审计人员参加：

（一）向被审计单位及相关人员了解重要审计事项或者交接重要资料；

（二）外部调查取证；

（三）查勘现场；

（四）监督盘点资产；

（五）采取审计证据保全措施；

（六）接待信访举报来访人员；

（七）结算就餐、住宿等费用；

（八）审计组组长认为需要至少两人参加的其他情形。

第十八条 审计组组长应当加强审计现场管理督导，跟踪检查审计实施方案的执行情况，督促落实审计事项，对审计人员给予必要的指导，解决审计现场出现的问题。对不能胜任的审计人员，应当及时调整分工。

审计组组长应当按照审计机关的有关规定严格控制审计现场时间。在组织编写审计实施方案时，一般应当明确现场审计关键时间点，统筹安排各审计事项，实行现场审计工作全过程进度控制，提高现场审计工作质量和效率。如需延期，应当按照有关规定报批。

第十九条 审计组应当适时召开会议，研究审计实施过程中的情况和问题，以及廉政、保密等事项。会议召开形式和参加人员由审计组组长视具体情况确定。

以下事项，审计组应当及时召开会议研究：

（一）编制和调整审计实施方案；

（二）研究审计中发现的重大违纪违法问题线索；

（三）讨论审计工作底稿及证据材料，研究起草审计报告；

（四）研究被审计单位或者被审计人员的反馈意见；

（五）研究信访举报材料；

（六）审计组组长认为需要召开会议研究的其他事项。

审计组应当指定专人做好会议记录，经会议主持人签字确认。重大事项存在分歧的，其讨论过程和结果必须在记录中如实反映，并由参会人员签字确认。

第二十条 审计人员对审计实施方案确定的每一审计事项均应当及时编制审计工作底稿，真实、完整记录实施审计的主要步骤和方法、获取的相关证据，以及得出的审计结论等。审计人员对审计工作底稿的质量负责。

审计组组长、主审或者受审计组组长委托的人员，应当及时审核审计工作底稿，确认具体审计目标的完成情况、审计证据的充分性和适当性、审计结论及标准的适当性等有关重要事项。对经审核需补充审计证据或者修改审计结论的底稿，审计人员应当及时补充修改。经审核后修改审计结论的，原底稿应当附于审定的底稿之后一并留存归档。审计工作底稿的编制人员与审核人员不得为同一人。

审计小组组长应当对本小组的审计工作底稿和相关证据材料严格把关，在现场审计结束前及时移交给审计组主审或审计组组长指定的相关人员审核。

第二十一条 审计组内应当遵循逐级请示汇报原则。对请示事项，被请示人应当明确答复。审计人员应当主动、如实汇报审计工作进展情况、发现的问题和被审计单位意见，不得拖延、瞒报。遇有重大事项或不同意见，审计人员可直接向审计组组长汇报，也可直接向派出审计组的审计机关负责人直至审计长报告。

审计组必须依法、如实、客观地向派出审计组的审计机关报告审计工作情况和结果。如隐瞒不报，一经发现，将依法追究责任。

审计期间，审计人员遇有国家审计准则规定的可能损害审计独立性的情形，应当主动提出回避。

第二十二条 以下情形，审计组组长应当及时向派出审计组的审计机关请示汇报：

（一）发现重大违纪违法问题线索；

（二）收到重要信访举报材料；

（三）出现重大廉政、保密、安全等问题；

（四）出现可能损害审计独立性的重要情形；

（五）需提请有关机关协助或者配合审计工作；

（六）出现严重影响审计工作开展的情形；

（七）其他需要请示汇报的情形。

第二十三条 审计组应当对审计现场各类信访举报反映的问题线索及核查结果设立台账，指定专人进行登记和管理。审计组收到信访举报后，应当及时向审计组组长报告，由审计组组长召开会议研究是否核查，对不予核查的说明原因，予以核查的及时组织人员调查核实并上报核查结果。台账资料、会议记录、相关说明等资料归入审计档案备查。

第二十四条 经特派办的主要负责人批准，特派办的审理人员可以在审计现场结束前，对审计实施方案和任务清单的落实情况，以及审计工作底稿和相关证据材料进行审核。审计组应当根据审核意见，及时补充完善取证。

第二十五条 审计组需要上报审计信息或办理审计事项移送的，应当指定专人负责起草、办理，审计组组长或其委托人员应当严格审核相关证据材料。反映的事实和结论，除涉及重大违纪违法问题等特殊事项外，原则上应当征求被审计单位及相关单位的意见。已有整改、处理情况的，应当一并反映。

涉及重大违纪违法问题等特殊事项的审计信息和审计事项移送，应当经审计机关审理机构审理，并严格限制知悉范围，经办人员应当妥善保管相关资料，不得泄露办理过程与结果信息。

第二十六条 审计期间，除涉及重大违纪违法问题等特殊事项外，审计组对每个审计事项、发现的每个问题，必须就事实、数据、定性、法律法规依据等，与被审计单位不同层级充分交换意见。

审计组起草和提交审计报告前，应当确认审计实施方案中的审计事项是否完成，审计工作底稿是否经过审核，审计发现的重要问题是否如实反映，问题定性、处理处罚意见和审计评价是否恰当等。审计组组长对审计报告的质量负责。

审计现场工作结束前，审计组一般应当召开会议，就审计发现的主要问题与被审计单位交换意见。审计组可商被审计单位确定其参加人员，必要时可提请审计机关审理机构等派人参加。对存在分歧的事项，审计组应当进一步研究核实有关情况。

审计发现的问题经审计组会议研究后决定不在审计报告中反映的，审计组应当编制未在审计报告中反映的问题清单（参考格式见附件5），与相关审计工作底稿、证据材料一并提交审计机关业务部门复核、审理机构审理。

审计现场结束后，审计组应当及时撤离审计现场。审计项目实施单位应当按照审计工作方案的要求，及时向审计署上报审计报告。审计发现的尚未核查或尚未核查完毕的事项，应当严格按照审计署关于重大违纪违法问题线索库管理的规定办理。

第二十七条　现场审计结束前，审计组应当对以下事项进行检查和确认：

（一）审计任务清单确定的审计任务完成情况；

（二）补充完善审计证据情况；

（三）完整记录审计现场重要管理事项情况；

（四）与被审计单位结清相关费用情况；

（五）按规定收回外聘人员和抽调人员使用的审计资料及处理电子数据情况；

（六）将应当归还的资料和借用的设备如数归还被审计单位、有关单位和个人，清点、核对，做好交接手续以及双方签字确认情况；

（七）按规定完整保存不需归还的审计资料，处理涉密资料和数据情况；

（八）经审计组组长批准后销毁需要销毁的审计资料，及编制审计资料销毁清单情况；

（九）按规定完成审计数据的归集和验收入库情况；

（十）其他根据规定应当检查和确认的事项。

第二十八条　审计组获取的审计现场资料（含电子数据）应当按照审计署档案管理规定进行归档，原则上应在正式审计报告出具后5个月内完成审计项目档案归档工作并移交档案部门。

归档资料应当包括被审计单位提供资料承诺书、审计实施方案及调整方案相关材料、审计任务清单、资料需求清单、资料交接和归还清单、审计资料销毁清单、审计组会议记录、未在审计报告中反映的问题清单、审计工作底稿及证据材料（含非问题类事项以及未在审计报告中反映的其他事项）、审计信息及证据材料、信访举报材料及台账、外部调查台账以及其他重要管理事项记录。

第二十九条　审计组应当严格遵守国家保密法律法规和审计署保密规定，严格保守国家秘密、工作秘密、商业秘密、个人隐私和个人信息（以下统称涉密信息），加强对涉密信息资料和涉密电子设备的安全保密管理，严格按规定控制知悉和使用范围。在审计现场应当采取有效措施，防止被审计单位有关人员未经允许接触审计工作资料。

审计人员不得打听不宜知悉的审计涉密信息，不得向被审计单位人员泄露审计涉密信息，不得在网络、报刊等公共媒体上泄露审计涉密信息，不得擅自向新闻媒体披露审计情况，不得违反审计组提出的其他保密工作要求。

对起草阶段尚未明确是否需要定密，之后确定为国家秘密的审计文书草稿等过程稿，应当及时将相关文件转移至审计内网或涉密计算机中处理，并对非涉密计算机中的涉密信息彻底删除；对起草阶段明确需要定密的资料（含过程稿等），不得在审计专网计算机等非涉密计算机中存储和处理。

第三十条　审计组应当加强对"八小时以外"的审计现场人员管理，严格执行考勤制度、请销假制度。审计人员集中住宿的，在非工作期间外出应当事先向审计组组长或审计小组组长报告。对无正当理由，拒不服从工作安排，严重影响审计工作的审计人员，审计组组长报经审计机关主要负责人批准，可以停止其现场审计工作。

第三十一条　审计组需要外聘人员和抽调人员的，应当经派出审计组的审计机关批准。外聘人员和抽调人员一般应当具有中级以上专业技术职称或相关执业资格，并单独签订廉政、保密等承诺书。外聘人员和抽调人员应当接受审计组的管理，在现场审计结束前或完成指定任务后，应当及时将使用的审计资料、设备交回审计组，并按规定处理电子数据。

外聘人员不得担任审计组（含审计小组）组长、主审，不得承担现场廉政监督、经费管理、涉密资料保管等工作，不得参与重大违纪违法问题线索核查。开展外部调查工作时，至少应当有一名审计机关工作人员参加，不得全部为外聘人员。不得将审计项目整体委托其他组织独立实施。

审计组要加强对外聘人员管理，对其工作严格审核把关，强化审计质量控制，防范审计风险。外聘人员对其工作结果负责，审计机关对利用其工作结果所形成的审计结论负责并做好相关事项的归档工作。

审计组应当加强对外聘人员和抽调人员的考核。审计机关应当在其完成指定任务后根据考核情况，及时向派出单位出具工作鉴定。

第三十二条　审计人员应当坚持文明审计，严格执行审计署有关精神文明建设工作的相关规定。与被审计单位及相关人员沟通时，应当态度诚恳，以理服人。应当注重文明礼仪，着装得体，保持审计现场整洁有序，遵守被审计单位工作秩序。严格贯彻中央八项规定及其实施细则精神，厉行勤俭节约，防止铺张浪费。

第三十三条　审计组应当加强审计外勤经费管理，及时报账。审计组外勤经费支出明细、考勤记录和经费报销情况应当在审计组范围内以适当形式公布，接受审计人员监督。

第三十四条　审计组应当加强审计现场安全管理，发生可能严重影响审计工作开展和审计人员人身、资料、设备和财产安全等突发事件时，应当严格按照审计署关于审计现场突发事件处置的规定办理。

第三十五条　审计组应当加强人文关怀，尽可能为审计人员排忧解难，并适时组织开展符合规定的健康有益的文体活动，保障审计人员的身心健康。审计人员异地出差时间超过一个月的，原则上三周安排一次短暂回家休整。

第三十六条　派出审计组的审计机关应当指导和监督审计组的现场审计工作。

第三十七条　违反本办法规定，造成严重后果的，依纪依法追究有关责任人员的责任。

第三十八条　本办法由法规司负责解释。

第三十九条　本办法自发布之日起施行。《审计署制度（2018年版专网部分）》（审党发〔2018〕74号）中的《审计业务综合管理规定》第二章"审计现场管理"同时废止。

附件：1. 审计任务清单（参考格式）

　　　2. 外部调查台账（参考格式）

　　　3. 审计取证单（参考格式）

　　　4. 审计工作底稿（参考格式）

　　　5. 未在审计报告中反映的问题清单（参考格式）

附件 1

审计任务清单

（参考格式）

项目名称：　　　　　　　　　　　审计组：

编号	审计实施方案确定的具体审计事项	计划时间安排	负责审计人员	执行情况	调整情况	是否完成（是 / 否）
1						
2						
3						
4						
5						
6						
7						
8						
9						

　　注：审计人员应当对相关审计事项的完成情况进行确认，对未按要求完成的审计事项作出书面说明。

附件 2

外部调查台账

（参考格式）

单位：

编号	调查时间	审计人员	被调查单位	调查理由	调查内容	取得的证明材料	调查结果

审计组组长（签字）：

年　月　日

附件 3

审计取证单

（参考格式）

第　页（共　页）

项目名称	
被审计（调查）单位或个人	（按照审计实施方案确定的事项名称填写）
审计（调查）事项	
审计（调查）事项摘要	（对已有明确定性的问题，除涉及重大违纪违法问题等特殊事项外，应当在审计取证单上写明事实、定性和法律法规依据。）

审计人员		编制日期	
证据提供单位或个人意见			
证据提供单位盖章、负责人或者其确定的人员签名		日期	

附件：　页

说明：1. 请你单位在　　年　月　日前反馈意见，逾期未反馈的视为无异议；

2. 证据提供单位意见栏填写不下的，可另附说明。

附件4

审计工作底稿

（参考格式）

索引号：   第 页（共 页）

项目名称	
审计（调查）事项	（按照审计实施方案确定的事项名称填写）
审计人员		编制日期	

审计过程：

（说明实施审计的步骤和方法、所取得的审计证据的名称和来源。多个底稿间共用审计证据，且审计证据附在其他底稿后的,应当在上述内容表述完毕后,注明"其中,**审计证据附在**底稿后"）

审计认定的事实摘要及审计结论：

（审计结论包括未发现问题的结论和已发现问题的结论。对已发现问题的结论，应说明得出结论所依据的规定和标准。审计组与相关单位就审计取证单记载事实、定性和法律法规依据无法达成一致意见的，应当在审计工作底稿上予以说明或另行说明。）

审核意见：

（审核意见种类包括：1.予以认可；2.责成采取进一步审计措施，获取适当、充分的审计证据；3.纠正或者责成纠正不恰当的审计结论）

审核人员		审核日期	

附件： 页

说明：审核人员提出2、3项审核意见的，审计人员应当将落实情况和结果作出书面说明，经审核人员认可并签字后，附于本底稿后。

附件 5

未在审计报告中反映的问题清单

（参考格式）

审计组：

编号	未在审计报告中反映的问题	不予反映的理由

审计机关审计档案管理规定

（2012 年 11 月 28 日审计署　国家档案局令第 10 号公布）

第一条　为了规范审计档案管理，维护审计档案的完整与安全，保证审计档案的质量，发挥审计档案的作用，根据《中华人民共和国档案法》《中华人民共和国审计法》和其他有关法律法规，制定本规定。

第二条　本规定所称审计档案，是指审计机关进行审计（含专项审计调查）活动中直接形成的对国家和社会具有保存价值的各种文字、图表等不同形式的历史记录。

审计档案是国家档案的组成部分。

第三条　审计机关的审计档案管理工作接受同级档案行政管理部门的监督和指导；审计机关和档案行政管理部门在各自的职责范围内开展审计档案工作。

第四条　审计机关审计档案应当实行集中统一管理。

第五条　审计机关应当设立档案机构或者配备专职（兼职）档案人员，负责本单位的审计档案工作。

第六条　审计档案案卷质量的基本要求是：审计项目文件材料应当真实、完整、有效、规范，并做到遵循文件材料的形成规律和特点，保持文件材料之间的有机联系，区别不同价值，便于保管和利用。

第七条　审计文件材料应当按照结论类、证明类、立项类、备查类 4 个单元进行排列。

第八条　审计文件材料归档范围：

（一）结论类文件材料：上级机关（领导）对该审计项目形成的《审计要情》《重要信息要目》等审计信息批示的情况说明、审计报告、审计决定书、审计移送处理书等结论类报告，及相关的审理意见书、审计业务会议记录、纪要、被审计对象对审计报告的书面意见、审计组的书面说明等。

（二）证明类文件材料：被审计单位承诺书、审计工作底稿汇总表、审计工作底稿及相应的审计取证单、审计证据等。

（三）立项类文件材料：上级审计机关或者本级政府的指令性文件、与审计事项有关的举报材料及领导批示、调查了解记录、审计实施方案及相关材料、审计通知书和授权审计通知书等。

（四）备查类文件材料：被审计单位整改情况、该审计项目审计过程中产生的信息等不属于前三类的其他文件材料。

第九条 审计文件材料按审计项目立卷，不同审计项目不得合并立卷。

第十条 审计文件材料归档工作实行审计组组长负责制。

审计组组长确定的立卷人应当及时收集审计项目的文件材料，在审计项目终结后按立卷方法和规则进行归类整理，经业务部门负责人审核、档案人员检查后，按照有关规定进行编目和装订，由审计业务部门向本机关档案机构或者专职（兼职）档案人员办理移交手续。

第十一条 审计机关统一组织多个下级审计机关的审计组共同实施一个审计项目，由审计机关负责组织的业务部门确定文件材料归档工作。

第十二条 审计复议案件的文件材料由复议机构逐案单独立卷归档。

为了便于查找和利用，档案机构（人员）应当将审计复议案件归档情况在被复议的审计项目案卷备考表中加以说明。

第十三条 审计档案的保管期限应当根据审计项目涉及的金额、性质、社会影响等因素划定为永久、定期两种，定期分为 30 年、10 年。

（一）永久保管的档案，是指特别重大的审计事项、列入审计工作报告、审计结果报告或第一次涉及的审计领域等具有突出代表意义的审计事项档案。

（二）保管 30 年的档案，是指重要审计事项、查考价值较大的档案。

（三）保管 10 年的档案，是指一般性审计事项的档案。

审计机关业务部门应当负责划定审计档案的保管期限。

执行同一审计工作方案的审计项目档案，由审计机关负责组织的业务部门确定相同保管期限。

审计档案的保管期限自归档年度开始计算。

第十四条 审计文件材料的归档时间应当在该审计项目终结后的 5 个月内，不得迟于次年 4 月底。

跟踪审计项目，按年度分别立卷归档。

第十五条 审计机关应当根据审计工作保密事项范围和有关主管部门保密事项范围的规定确定密级和保密期限。凡未标明保密期限的，按照绝密级 30 年、机密级 20 年、秘密级 10 年认定。

审计档案的密级及其保密期限，按卷内文件的最高密级及其保密期限确定，由审计业务部门按有关规定作出标识。

审计档案保密期限届满，即自行解密。因工作需要提前或者推迟解密的，由审计业务部门向本机关保密工作部门按解密程序申请办理。

第十六条 审计档案应当采用"年度—组织机构—保管期限"的方法排列、编目和存放。审计案卷排列方法应当统一，前后保持一致，不可任意变动。

第十七条 审计机关应当按照国家有关规定配置具有防盗、防光、防高温、防火、防潮、防尘、防鼠、防虫功能的专用、坚固的审计档案库房，配备必要的设施和设备。

第十八条　审计机关应当加强审计档案信息化管理，采用计算机等现代化管理技术编制适用的检索工具和参考材料，积极开展审计档案的利用工作。

第十九条　审计机关应当建立健全审计档案利用制度。借阅审计档案，仅限定在审计机关内部。审计机关以外的单位有特殊情况需要查阅、复制审计档案或者要求出具审计档案证明的，须经审计档案所属审计机关分管领导审批，重大审计事项的档案须经审计机关主要领导审批。

第二十条　省级以上（含省级）审计机关应当将永久保管的、省级以下审计机关应当将永久和30年保管的审计档案在本机关保管20年后，定期向同级国家综合档案馆移交。

第二十一条　审计机关应当按照有关规定成立鉴定小组，在审计机关办公厅（室）主要负责人的主持下定期对已超过保管期限的审计档案进行鉴定，准确地判定档案的存毁。

第二十二条　审计机关应当对确无保存价值的审计档案进行登记造册，经分管负责人批准后销毁。销毁审计档案，应当指定两人负责监销。

第二十三条　对审计机关工作人员损毁、丢失、涂改、伪造、出卖、转卖、擅自提供审计档案的，由任免机关或者监察机关依法对直接责任人员和负有责任的领导人员给予行政处分；涉嫌犯罪的，移送司法机关依法追究刑事责任。档案行政管理部门可以对相关责任单位依法给予行政处罚。

第二十四条　电子审计档案的管理办法另行规定。

第二十五条　审计机关和档案行政管理部门可以根据本地实际情况，在遵循本规定的基础上联合制定实施办法。

第二十六条　本规定由审计署和国家档案局负责解释。

第二十七条　本规定自2013年1月1日起施行。此前审计署发布的《审计机关审计档案工作准则》（2001年审计署第3号令）同时废止。

审计机关封存资料资产规定

（2010年12月28日审计署令第9号公布）

第一条　为了规范审计机关封存被审计单位有关资料和违反国家规定取得的资产的行为，保障审计机关和审计人员严格依法行使审计监督职权，提高依法审计水平，维护国家利益和被审计单位的合法权益，根据审计法、审计法实施条例和其他有关法律法规，制定本规定。

第二条　审计机关对被审计单位有关资料和违反国家规定取得的资产采取封存措施适用本规定。

审计机关在审计证据可能灭失或者以后难以取得的情况下，采取的先行登记保存措施，依照行政处罚法和有关行政法规的规定执行。

第三条　审计机关采取封存措施，应当遵循合法、谨慎的原则。

审计机关应当严格依照审计法、审计法实施条例和本规定确定的条件、程序采取封存措施，不得滥用封存权。

审计机关通过制止被审计单位违法行为、及时取证或者采取先行登记保存措施可以达到审计目的的，不必采取封存措施。

第四条　有下列情形之一的，审计机关可以采取封存措施：

（一）被审计单位正在或者可能转移、隐匿、篡改、毁弃会计凭证、会计账簿、财务会计报告以及其他与财政收支或者财务收支有关的资料的；

（二）被审计单位正在或者可能转移、隐匿违反国家规定取得的资产的。

第五条 审计机关依法对被审计单位的下列资料进行封存：

（一）会计凭证、会计账簿、财务会计报告等会计资料；

（二）合同、文件、会议记录等与被审计单位财政收支或者财务收支有关的其他资料。

上述资料存储在磁、光、电等介质上的，审计机关可以依法封存相关存储介质。

第六条 审计机关依法对被审计单位违反国家规定取得的现金、实物等资产或者有价证券、权属证明等资产凭证进行封存。

第七条 审计机关采取封存措施，应当经县级以上人民政府审计机关（含县级人民政府审计机关和省级以上人民政府审计机关派出机构，下同）负责人批准，由两名审计人员实施。

第八条 审计机关采取封存措施，应当向被审计单位送达封存通知书。

封存通知书包括下列内容：

（一）被审计单位名称；

（二）封存依据；

（三）封存资料或者资产的名称、数量等；

（四）封存期限；

（五）被审计单位申请行政复议或者提起行政诉讼的途径和期限；

（六）审计机关的名称、印章和日期。

在被审计单位正在转移、隐匿、篡改、毁弃有关资料或者正在转移、隐匿违反国家规定取得的资产等紧急情况下，审计人员报经县级以上人民政府审计机关负责人口头批准，可以采取必要措施，当场予以封存，再补送封存通知书。

第九条 审计机关采取封存措施时，审计人员应当会同被审计单位相关人员对有关资料或者资产进行清点，开列封存清单。

封存清单一般登记封存资料的名称、数量，封存资产的名称、规格、型号、数量等。封存资料存储在磁、光、电等介质上的，还应当列明存储介质的名称、规格等。

封存清单一式两份，由审计人员和被审计单位相关人员核对后签名或者盖章，双方各执一份。

第十条 审计机关应当对存放封存资料或者资产的文件柜、保险柜、档案室、库房等加贴封条。

封条上应当注明审计机关名称、封存日期并加盖审计机关印章。

第十一条 审计机关具备保管条件的，可以自行保管封存的资料或者资产；不具备保管条件的，可以指定被审计单位对存放封存资料、资产的设备或者设施进行保管或者看管；特殊情况下，也可以委托与被审计单位无利害关系的第三人保管。

审计机关指定被审计单位保管或者看管存放封存资料、资产的设备或者设施的，应当在封存通知书中一并载明被审计单位的保管责任。

第十二条 被审计单位或者受托保管的第三人应当履行保管责任，除本规定第十三条规定的情形外，不得擅自启封，不得损毁或者转移存放封存资料、资产的设备或者设施。

第十三条 遇有自然灾害等突发事件，可能导致封存的资料或者资产损毁的，负有保管责任的被审计单位或者第三人，应当将封存的资料或者资产转移到安全的地方，并将情况及时报告采取封存措施的审计机关。

第十四条 封存的期限一般不得超过7个工作日；有特殊情况需要延长的，经县级以上人民政府审计机关负责人批准，可以适当延长，但延长的期限不得超过7个工作日。

第十五条　审计机关封存资料或者资产后，审计人员应当及时进行审查，获取审计证据，或者提请有关主管部门对被审计单位违反国家规定取得的资产进行处理。

第十六条　审计机关在封存期限届满或者在封存期限内完成对有关资料或者资产处理的，审计人员应当与被审计单位相关人员共同清点封存的资料或者资产后予以退还，并在双方持有的封存清单上注明解除封存日期和退还的资料或者资产，由双方签名或者盖章。

第十七条　审计机关违反规定采取封存措施，给国家利益或者被审计单位的合法权益造成重大损害的，依照有关法律法规的规定追究相关人员的责任。

第十八条　被审计单位或者负有保管责任的第三人有下列行为之一的，依照有关法律法规的规定追究相关人员的责任：

（一）除本规定第十三条规定的情形外，擅自启封的；

（二）故意或者未尽保管责任，导致封存的资料被转移、隐匿、篡改、毁弃的；

（三）故意或者未尽保管责任，导致封存的资产被转移、隐匿、损毁的。

第十九条　本规定由审计署负责解释。

第二十条　本规定自 2011 年 2 月 1 日起施行。

国务院办公厅关于利用计算机信息系统开展审计工作有关问题的通知

（国办发〔2001〕88 号）

各省、自治区、直辖市人民政府，国务院各部委、各直属机构：

为了适应我国国民经济信息化的发展，并将高新技术运用于审计工作之中，更有效地对财政收支、财务收支进行审计监督，根据《中华人民共和国审计法》《中华人民共和国审计法实施条例》的有关规定，现就利用计算机信息系统开展审计工作的有关问题通知如下：

一、审计机关有权检查被审计单位运用计算机管理财政收支、财务收支的信息系统（以下简称计算机信息系统）。被审计单位应当按照审计机关的要求，提供与财政收支、财务收支有关的电子数据和必要的计算机技术文档等资料。审计机关在对计算机信息系统实施审计时，被审计单位应当配合审计机关的工作，并提供必要的工作条件。

被审计单位拒绝、拖延提供与审计事项有关的电子数据资料，或者拒绝、阻碍检查的，由审计机关按照《中华人民共和国审计法实施条例》第四十九条的规定处理。

二、被审计单位的计算机信息系统应当具备符合国家标准或者行业标准的数据接口；已投入使用的计算机信息系统没有设置符合标准的数据接口的，被审计单位应将审计机关要求的数据转换成能够读取的格式输出。

审计机关发现被审计单位的计算机信息系统不符合法律、法规和政府有关主管部门的规定、标准的，可以责令限期改正或者更换。在规定期限内不予改正或者更换的，应当通报批评并建议有关主管部门予以处理。审计机关在审计过程中发现开发、故意使用有舞弊功能的计算机信息系统的，要依法追究有关单位和人员的责任。

三、被审计单位应当按照关于纸质会计凭证、会计账簿、会计报表和其他会计资料以及有关经济活动资料保存期限的规定，保存计算机信息系统处理的电子数据，在规定期限内不得覆盖、删除或者销毁。

四、审计机关对被审计单位电子数据真实性产生疑问时，可以对计算机信息系统进行测试。测试计算机信息系统时，审计人员应当提出测试方案，监督被审计单位操作人员按照方案的要求进行测试。

审计机关应积极稳妥地探索网络远程审计。

五、审计人员应当严格执行审计准则，在审计过程中，不得对被审计单位计算机信息系统造成损害，对知悉的国家秘密和商业秘密负有保密的义务，不得用于与审计工作无关的目的。审计人员泄露知悉的国家秘密和被审计单位的商业秘密，由审计机关给予相应的行政处分；构成犯罪的，移送司法机关依法处理。

各地区、各有关部门要高度重视利用计算机信息系统开展审计工作，对审计机关的工作给予支持和配合。审计机关要加强业务和技术培训，培养熟悉利用计算机信息系统开展审计工作的专业人员，保障审计工作顺利进行。

国务院办公厅关于印发《关于稳增长促改革调结构惠民生政策措施落实情况跟踪审计工作方案》的通知

（国办发明电〔2014〕16号）

各省、自治区、直辖市人民政府，国务院各部委、各直属机构：

为进一步推动稳增长、促改革、调结构、惠民生政策措施的贯彻落实，国务院决定，从今年8月中旬起，由审计署组织全国审计机关对上述政策措施贯彻落实情况进行跟踪审计。

《关于稳增长促改革调结构惠民生政策措施落实情况的跟踪审计工作方案》已经国务院同意，现印发给你们，请认真贯彻执行。

关于稳增长促改革调结构惠民生政策措施落实情况的跟踪审计工作方案

为做好稳增长、促改革、调结构、惠民生政策措施落实情况的跟踪审计工作，根据《中华人民共和国审计法》等相关规定，制定本工作方案。

一、审计目标

推动国务院出台的稳增长、促改革、调结构、惠民生政策措施落实到位，促进经济平稳运行、健康发展。

二、审计对象和范围

地方各级人民政府、国务院相关部门贯彻落实稳增长、促改革、调结构、惠民生政策措施情况（详见附件），必要时延伸审计相关企业和建设项目。

三、审计重点

围绕国务院出台的稳增长、促改革、调结构、惠民生一系列政策措施，重点审计以下方面：

（一）总体情况。各相关部门按照职责范围和分工制定具体落实措施、任务分解、工作进展和完善制度保障等情况；各地区因地制宜制定具体措施、承接并制定目标任务细化方案、明确责任主体、建立健全保障机制等情况；各地区、各相关部门落实措施的具体内容、时间表、路线图和执行进度，以及取得的实际效果。

（二）存在的主要问题和出现的新情况。项目建设进度是否符合时间要求，财政和信贷等资金保障是否到位，各类资金是否及时投入使用，简政放权等相关改革措施是否落地，各项政策措施是否充分发挥作用，以及经济发展过程中可能出现的财政、金融、产业、外贸等方面的风险隐患。

（三）问题产生的主要原因及各地区、各相关部门下一步将采取的措施。针对跟踪审计发现的问题，深入分析问题产生的原因，落实各环节的责任主体，提出意见和建议；各地区、各相关部门针对跟踪审计指出的问题，下一步将采取的措施。

四、工作要求

（一）依法开展跟踪审计。对各地区、各相关部门贯彻落实国务院出台的稳增长、促改革、调结构、惠民生政策措施情况的跟踪审计，是审计法赋予审计机关的法定职责，各级审计机关要认真部署、周密安排，持续跟踪政策措施落实情况。各地区、各相关部门要全力支持配合审计工作，及时完整地提供相关资料、情况和电子数据。

（二）切实突出审计重点。各级审计机关在跟踪审计过程中，要将国务院政策措施与各地区的经济发展特点、各相关部门的工作职责范围紧密结合，因地制宜，抓住政策措施落实的重点环节、重点项目、重点内容等，揭示和反映影响经济发展的重大问题。

（三）坚持揭示问题和督促整改相结合。对跟踪审计发现的问题，要及时向被审计的地方、部门通报情况，提出具体可行的整改意见，督促各地区、各相关部门及时整改落实，促进各项政策措施落实到位。

（四）上下协调，抓好衔接。贯彻落实国务院稳增长、促改革、调结构、惠民生政策措施，需要部门和地方联动。要做好对国务院相关部门的跟踪审计和对各地区跟踪审计的衔接，分清政策措施落实不到位的各环节责任，推动各项政策措施不打折扣地落实。

（五）抓好组织实施，建立定期报告制度。各级审计机关在跟踪审计过程中，既要审查相关资料，也要深入到地方、部门、企业和项目，采取召开座谈会等方式深入了解情况，分析原因、研究提出解决问题的对策。审计署每季度向国务院报告跟踪审计情况，地方各级审计机关每季度向本级政府和上级审计机关报告跟踪审计情况，重大事项随时报告。

（六）严格纪律，文明审计。各级审计机关和审计人员要遵守各项廉政纪律、审计纪律、保密纪律，坚持文明审计，客观公正、实事求是地反映情况。

附件

稳增长促改革调结构惠民生相关政策措施
落实情况跟踪审计主要内容

一、取消和下放行政审批事项、推进简政放权政策措施落实情况

根据《国务院关于严格控制新设行政许可的通知》（国发〔2013〕39号）、《国务院关于清理国务院部门非行政许可审批事项的通知》（国发〔2014〕16号）以及2013年以来国务院取消和下放一系列行政审批事项的相关文件，主要审计：

（一）取消和下放行政审批事项进展情况和地方承接情况，以及加强事中事后监管和服务情况。

（二）全面清理非行政许可审批事项、严格规范和控制新增行政审批事项落实情况，以及地方自行设立的审批、核准、备案、登记、注册、收费等清理情况。

（三）注册资本金登记制度改革和工商登记前置审批改为后置审批推进情况。

（四）现有行政审批事项向社会公开情况，以及优化审批流程、规范审批程序、提高审批效率等情况。

二、加快棚户区改造、加大保障性安居工程建设力度政策措施落实情况

根据《国务院关于加快棚户区改造工作的意见》（国发〔2013〕25号）、《国务院办公厅关于进一步加强棚户区改造工作的通知》（国办发〔2014〕36号）等文件，主要审计：

（一）2014年棚户区改造工程进展情况，包括改造规划、项目落实、开工数量、基本建成数量、完成投资以及配套设施建设等情况。

（二）金融支持棚户区改造情况和中央财政资金下达、地方财政资金配套、土地供应、税费政策等落实情况。

（三）棚户区改造安置住房分配入住情况。

三、深化铁路投融资体制改革、加快铁路建设政策措施落实情况

根据《国务院关于改革铁路投融资体制加快推进铁路建设的意见》（国发〔2013〕33号）等文件，主要审计：

（一）铁路建设项目前期工作情况，包括铁路总公司组织项目立项、可研、设计、报送情况，地方政府相关手续办理情况，有关部门审批完成情况等。

（二）铁路建设投资完成情况，包括铁路总公司、地方政府铁路投资完成情况，地方政府负责的征收拆迁、配套资金落实情况等。

（三）铁路投融资体制改革重大事项完成情况，包括铁路发展基金设立、铁路土地综合开发利用、铁路企业改革和引导社会资本进入铁路建设等情况。

四、加快城市基础设施建设政策措施落实情况

根据《国务院关于加强城市基础设施建设的意见》（国发〔2013〕36号）、《国务院办公厅关于加强城市地下管线建设管理的指导意见》（国办发〔2014〕27号）等文件，主要审计：

（一）城市道路交通、城市管网建设和改造、污水和垃圾处理设施、供水和排水防涝、生态园林建设等任务完成情况，开展城市地下综合管廊试点工程情况。

（二）落实污水处理、生活垃圾处理、城镇供水、城镇燃气、供热管网改造等"十二五"规划，加快在建项目建设、推进新项目开工、做好后续项目储备情况。

（三）推进投融资体制和运营机制改革，特别是吸收民间资金参与城市基础设施建设，研究出台配套财政扶持政策，落实税收优惠政策情况。

五、促进节能环保产业发展政策措施落实情况

根据《国务院关于加快发展节能环保产业的意见》（国发〔2013〕30号）等文件，主要审计：

（一）加快污染治理重点工程实施，采用先进环保工艺、技术和装备，落实脱硫脱硝电价政策，推进相关设施改造情况。

（二）加快节能技术装备升级换代，包括推广高效锅炉、加快新能源汽车技术攻关和示范推广情况，重点用能装备节能改造进展情况。

（三）节能产品惠民政策、政府采购节能环保产品政策等推进情况；壮大节能环保服务业，合同能源管理、环境治理财税政策落实和建立市场化融资模式情况。

六、加快发展养老、健康服务业政策措施落实情况

根据《国务院关于加快发展养老服务业的若干意见》（国发〔2013〕35号）、《国务院

关于促进健康服务业发展的若干意见》（国发〔2013〕40号）、《国务院办公厅关于印发深化医药卫生体制改革2014年重点工作任务的通知》（国办发〔2014〕24号）、《国务院办公厅印发关于县级公立医院综合改革试点意见的通知》（国办发〔2012〕33号）等文件，主要审计：

（一）加快养老服务设施和机构、居家养老服务网络建设，促进医疗卫生和养老服务相结合等任务进展情况。

（二）发展医疗服务、健康管理与促进、健康保险以及相关服务等任务进展情况。

（三）完善养老、健康服务业市场准入、财税价格、投融资、土地规划、人才政策等保障措施落实情况。

（四）加快推进公立医院改革，启动实施第二批县级公立医院综合改革试点，新增县级公立医院改革试点县（市）700个，使试点县（市）的数量覆盖50%以上的县（市），覆盖农村5亿人口等工作任务推进情况。

七、促进信息消费政策措施落实情况

根据《国务院关于促进信息消费扩大内需的若干意见》（国发〔2013〕32号）和《国务院关于印发"宽带中国"战略及实施方案的通知》（国发〔2013〕31号）等文件，主要审计：

（一）加快信息基础设施升级，特别是实施"宽带中国"工程、加快第四代移动通信（4G）基础设施建设、全面推进三网融合进展情况。

（二）鼓励智能终端产品发展，增强电子基础产业创新能力，大力推动集成电路产业发展，设立国家集成电路产业投资基金进展情况。

（三）培育信息消费需求，构建安全可信的信息消费环境基础，提升信息安全保障能力情况。

八、推进文化创意和设计服务与相关产业融合发展政策措施落实情况

根据《国务院关于推进文化创意和设计服务与相关产业融合发展的若干意见》（国发〔2014〕10号）等文件，主要审计：

（一）文化创意和设计服务在促进制造业、数字内容产业、人居环境、旅游、特色农业、体育产业、文化产业发展方面的进展情况。

（二）增强创新动力、强化人才培养、壮大市场主体、培育市场需求、引导集约发展、加大财税支持、加强金融服务、优化发展环境等政策措施落实情况。

（三）编制专项规划或行动计划、建立工作机制、加强宣传、加强统计核算和分析等组织实施要求落实情况。

九、落实企业投资自主权，向非国有资本推出一批投资项目政策措施落实情况

根据《国务院关于发布政府核准的投资项目目录（2013年本）的通知》（国发〔2013〕47号）等文件，主要审计：

（一）《政府核准的投资项目目录（2013年本）》实施情况，尤其是进一步缩减投资核准范围、下放核准权限，建立完善纵横联动协同管理机制、加快建设和用好全国联网的项目审批、核准和备案信息系统等情况。

（二）根据《国家发展改革委关于发布首批基础设施等领域鼓励社会投资项目的通知》（发改基础〔2014〕981号），首批80个鼓励社会资本以合资、独资、特许经营等方式参与建设营运的基础设施等领域示范项目进展情况。

（三）改进和规范核准行为，尽快发布企业投资核准办法、外商投资核准备案办法等工作进展情况。

十、金融支持实体经济特别是小微企业和"三农"政策措施落实情况

根据《国务院办公厅关于金融支持经济结构调整和转型升级的指导意见》（国办发〔2013〕67号）、《国务院办公厅关于金融支持小微企业发展的实施意见》（国办发

〔2013〕87号）和《国务院办公厅关于多措并举着力缓解企业融资成本高问题的指导意见》（国办发〔2014〕39号）等文件，主要审计：

（一）加大"定向降准"措施力度，对支持"三农"、小微企业达到一定标准的银行业金融机构适当降低准备金率情况。

（二）扩大支小再贷款和专项金融债规模、支持小微企业贷款增速和增量"两个不低于"落实情况；大力发展农村普惠金融，推动农村基础金融服务全覆盖进展情况；扩大民间资本进入金融业，鼓励民间资本投资入股金融机构和参与金融机构重组改造情况。

（三）采取保持货币信贷总量合理适度增长、抑制金融机构筹资成本不合理上升、缩短企业融资链条 等综合措施，着力缓解企业融资成本高问题，促进金融与实体经济良性互动等工作任务进展情况。

（四）加快推进信贷资产证券化和加大呆账核销力度，改进宏观审慎管理指标和存贷比管理办法的进展情况。

十一、促进对外贸易稳定增长政策措施落实情况

根据《国务院办公厅关于支持外贸稳定增长的若干意见》（国办发〔2014〕19号）和《国务院办公厅关于促进进出口稳增长、调结构的若干意见》（国办发〔2013〕83号）等文件，主要审计：

（一）提高贸易便利化水平，特别是整顿和规范进出口环节经营性服务和收费，免收2014年度出口商品法检费用、减少出口法检商品种类情况。

（二）加大对有订单、有效益外贸企业特别是中小企业的金融支持，加大出口信用保险支持，鼓励保险公司扩大短期出口信用保险业务进展情况。

（三）创新和完善多种贸易平台，尽快将市场采购贸易的相关政策落实到位并扩大试点范围，出台跨境电子商务贸易便利化措施进展情况。

（四）完善出口退税政策，进一步加快出口退税进度，确保及时足额退税进展情况。

十二、以创新支撑引领经济结构优化升级政策措施落实情况

根据《国务院关于印发"十二五"国家自主创新能力建设规划的通知》（国发〔2013〕4号）和政府工作报告等文件，主要审计：

（一）强化企业技术创新主体地位，鼓励和支持企业提高创新能力情况。

（二）完善和落实调动科技人员积极性创造性政策措施情况。

（三）加大政府科技投入，健全公共科技服务平台等情况；科技重大专项实施进展情况。

（四）促进信息化与工业化深度融合、推动企业加快技术改造等政策实施情况，设立新兴产业创业新平台等进展情况。

十三、夯实农业基础、推进现代农业发展政策措施落实情况

根据《中共中央 国务院关于加快发展现代农业进一步增强农村发展活力的若干意见》（中发〔2013〕1号）、《国务院办公厅关于落实中共中央 国务院关于加快发展现代农业进一步增强农村发展活力若干意见有关政策措施分工的通知》（国办函〔2013〕34号）和《国务院关于黑龙江省"两大平原"现代农业综合配套改革试验总体方案的批复》（国函〔2013〕70号）等文件，主要审计：

（一）以黑龙江"两大平原"现代农业综合配套改革试验区为试点，统筹整合涉农资金情况。

（二）贯彻落实《国务院关于全国高标准农田建设总体规划的批复》（国函〔2013〕111号），"十二五"期间建成4亿亩旱涝保收高标准农田进展情况。

（三）农村土地承包经营权确权登记颁证整省、整县试点工作推进情况。

（四）深化种业体制改革，强化企业技术创新主体地位，调动科研人员积极性，构建商业化育种体系，促进现代种业健康发展情况。

十四、加快重大水利工程建设，2014 年再解决 6 000 万农村人口饮水安全问题政策措施落实情况

根据政府工作报告等文件，主要审计：

（一）在建重大水利工程建设和 2014 年、2015 年拟开工重大水利工程的前期工作情况，"十三五"拟开工重大水利工程前期论证情况。

（二）2014 年农村饮水安全投资安排和工程实施情况。

（三）统筹使用税费、价格等改革措施促进节水增效，加强终端配套服务设施建设，解决好"最后一公里"问题等进展情况。

十五、实行精准扶贫，2014 年再减少农村贫困人口 1 000 万人以上政策措施落实情况

根据《中共中央办公厅国务院办公厅印发〈关于创新机制扎实推进农村扶贫开发工作的意见〉的通知》（中办发〔2013〕25 号）等文件，主要审计：

（一）进一步加强扶贫资金管理，增强扶贫资金使用的针对性，整合扶贫资金和各类相关涉农资金情况。

（二）2014 年各地落实减少农村贫困人口计划的主要措施，310 个中央国家机关等单位定点扶贫 592 个县，18 个东部发达省市对口帮扶西部 10 个省（区、市）落实情况。

（三）贫困县考核机制改革推进情况；每个贫困村、贫困户建档立卡和全国扶贫信息网络系统建设情况。

十六、加强生态环境保护政策措施落实情况

根据《国务院关于印发节能减排"十二五"规划的通知》（国发〔2012〕40 号）、《国务院关于印发大气污染防治行动计划的通知》（国发〔2013〕37 号）、《国务院关于印发"十二五"节能减排综合性工作方案的通知》（国发〔2011〕26 号）等文件，主要审计：

（一）实施大气污染防治行动计划情况，淘汰燃煤小锅炉 5 万台，推进燃煤电厂脱硫改造 1 500 万千瓦、脱硝改造 1.3 亿千瓦、除尘改造 1.8 亿千瓦，促进低速汽车（三轮汽车、低速货车）升级换代情况，淘汰黄标车和老旧车 600 万辆情况，在全国供应符合国家第四阶段标准的车用柴油进展情况。

（二）京津冀、长三角、珠三角区域大气污染治理联防联控情况；研究制定水污染防治行动计划，加强饮用水源保护，推进重点流域污染治理情况；研究制定土壤污染防治行动计划，实施土壤修复工程，整治农业面源污染情况。

（三）提前一年完成钢铁、水泥、电解铝、平板玻璃等 21 个重点行业的"十二五"淘汰落后产能任务进展情况；对未按期完成淘汰任务的地区，暂停对该地区重点行业建设项目办理审批、核准和备案手续情况；严格控制"两高"行业新增产能，新建、改建、扩建项目实行产能等量或减量置换情况。

十七、扩大"营改增"试点、减轻和公平企业税负政策措施落实情况

根据经国务院同意的《营业税改征增值税试点方案》（财税〔2011〕110 号）和《财政部国家税务总局关于在全国开展交通运输业和部分现代服务业营业税改征增值税试点税收政策的通知》（财税〔2013〕37 号），以及《国务院办公厅关于进一步加强涉企收费管理减轻企业负担的通知》（国办发〔2014〕30 号）等文件，主要审计：

（一）交通运输业、部分现代服务业、邮政业和电信业营改增试点运行情况；营改增应税服务出口适用零税率政策和免税政策的执行情况。

（二）暂免征收部分小微企业增值税和营业税有关工作落实情况，小型微利企业减半征收企业所得税优惠政策实施情况。

（三）清理取消不合理、不合法的行政事业性收费，建立健全非税收入管理制度情况。

十八、促进高校毕业生就业创业政策措施落实情况

根据《国务院办公厅关于做好 2014 年全国普通高等学校毕业生就业创业工作的通知》（国办发〔2014〕22 号）等文件，主要审计：

（一）2014 届高校毕业生就业创业情况。

（二）落实引导高校毕业生到城乡基层就业、鼓励小微企业吸纳就业、激励高校毕业生自主创业、就业服务和就业援助等政策措施，拓宽就业领域，开发更多就业岗位情况。

（三）深化高等教育综合改革，推动创新高校人才培养机制情况。

十九、加强社会救助、保障困难群众基本生活政策措施落实情况

根据《社会救助暂行办法》（国务院令第 649 号）和《国务院关于进一步加强和改进最低生活保障工作的意见》（国发〔2012〕45 号）等文件，主要审计：

（一）建立健全社会救助体系，加强最低生活保障、特困人员供养、受灾人员救助、医疗救助、教育救助、住房救助、就业救助、临时救助和引导社会力量参与等工作情况。

（二）中央及地方各级财政低保、医疗救助、临时救助、特困人员供养等社会救助资金投入和工作经费落实情况。

（三）社会救助统筹协调机制、一门受理机制、居民家庭经济状况核对机制、社会救助绩效评价机制、完善社会救助和保障标准与物价上涨挂钩联动机制的实施情况。

审计署办公厅关于印发《国家重大政策措施和宏观调控部署落实情况跟踪审计实施意见（试行）》的通知

（审办财发〔2015〕30 号）

各省、自治区、直辖市和计划单列市、新疆生产建设兵团审计厅（局），署机关各单位、各特派员办事处、各派出审计局：

现将《国家重大政策措施和宏观调控部署落实情况跟踪审计实施意见（试行）》印发给你们，请认真贯彻执行。执行过程中如有问题或者建议，请与审计署财政审计工作领导小组办公室联系。

国家重大政策措施和宏观调控部署落实情况跟踪审计实施意见（试行）

第一条 为做好对国家重大政策措施和宏观调控部署落实情况的跟踪审计（以下简称跟踪审计），根据《中华人民共和国审计法》和《国务院关于加强审计工作的意见》（国发〔2014〕48 号），制定本实施意见。

第二条 本实施意见适用于审计署组织开展的国家重大政策措施和宏观调控部署落实情况跟踪审计项目。

第三条 国家重大政策措施和宏观调控部署，是指党中央、国务院在一定时期制定、实施的经济社会领域重大改革措施、国民经济与社会发展规划、年度计划和工作任务，以及对国家经济运行进行调节和控制所运用的各种政策安排。

第四条 在跟踪审计中，通过揭示重大政策措施和宏观调控部署贯彻落实中存在的问

题，反映好的经验和做法，推动国家重大决策部署和政策措施落实到位，促进政策落地生根和不断完善，确保中央政令畅通、令行禁止；同时关注经济社会发展过程中出现的新情况、新问题，深入分析原因，提出对策建议，保障经济社会平稳健康运行。

第五条　跟踪审计的对象，包括中央各有关部门和各级地方政府，必要时延伸审计相关企事业单位、社会组织和项目建设单位等。

第六条　跟踪审计以一个自然年度为一个审计周期，每个审计周期按季度划分为4个工作阶段。审计机关应当在全面审计基础上，把握每个工作阶段的工作重点，其中，第一季度着重关注当年工作的计划部署情况，以及上年未如期完成事项的推进情况；第二、第三季度着重关注已到达规定时间节点的各项工作任务完成情况，国家重大建设项目、重点工程的进展情况，财政资金、信贷资金到位与使用情况，以及各项政策措施持续落实情况；第四季度全面反映全年工作任务的完成情况，各项政策措施的贯彻落实情况及取得的实际效果。

第七条　跟踪审计的内容。

围绕党中央、国务院经济工作重心，全面审计国家重大政策措施和宏观调控部署落实情况。同时，根据不同时期经济社会发展的要求和国家宏观调控的主要方向，突出不同时期、不同地域的审计重点。主要包括：

（一）贯彻落实的总体情况。

——中央各有关部门按照职责范围和任务分工，制定具体落实措施、进行任务分解、推动工作进展和完善制度保障等情况。

——各地区因地制宜制定具体措施、承接并制定目标任务细化方案、明确责任主体、建立健全保障机制、保障政策落地等情况，以及各项目标任务分解到市县后的推进情况。

——相关落实措施的具体内容、时间表、路线图、执行进度和实际效果。

（二）政策落实过程中具体审计内容。

各类规划制定和修订工作是否按期完成；国家的各项改革措施是否落实；国家规划的重点建设项目在实施过程中遇到的主要困难和问题、建设进度是否符合要求；与政策落实直接相关的各类财政资金、信贷资金是否及时到位并投入使用；国家产业政策是否执行到位，财政资金、信贷资金和土地等要素投向是否符合国家产业政策和宏观调控部署；政府简政放权的各项措施是否落实到位等。其中，重点关注：

——重大项目完成情况。对水利、铁路、城市基础设施、棚户区改造等重大项目进行全过程跟踪审计，关注规划、立项、审批、建设、竣工验收、运营等各环节任务分解和落实情况，促进项目科学规划，严格管理，有效推进。

——重点资金保障情况。对落实政策所需的财政资金、信贷资金管理使用情况进行审计，关注资金是否保障到位、是否及时投入使用并发挥效益，是否存在一方面承担信贷资金财务成本，而另一方面形成新的沉淀资金等情况，确保资金安全运行。

——重大政策落实情况。对重大政策落实情况进行审计，关注促进培育新的经济增长点、增强经济发展内生动力、减轻企业负担、支持小微企业发展、淘汰落后产能、推动产业转型升级、保障和改善民生等重大政策是否落实到位。

——简政放权推进情况。对政府职能转变和简政放权情况进行审计，关注取消和下放行政审批事项、转变政府职能、转变监管方式、规范中介服务、释放市场活力等改革措施落实情况，审查是否存在懒政庸政怠政、不作为、乱作为以及权力寻租、贪污腐败等问题。

（三）遇到的制度瓶颈和出现的新情况。

反映相关政策措施落实过程中的体制机制障碍和制度瓶颈，包括与其他正在执行的制度法规的不衔接、不配套问题；揭示相关调控部署实施过程中出现的新情况、新问题以及经济运行中可能出现的风险隐患。

（四）揭示问题产生的原因、提出审计建议并及时督促整改。

针对跟踪审计发现的问题，深入解剖问题所涉及的各个环节并分析原因，落实各环节的责任主体；针对审计发现的问题，要按照审慎的原则，提出审计意见和建议，并在审计实施过程中和下一阶段跟踪审计中督促有关单位加强问题整改、落实责任追究。

（五）注意总结反映各地区、各部门在贯彻落实国家重大政策措施和宏观调控部署中，取得的好经验和做法。

第八条 跟踪审计的组织和分工。

跟踪审计纳入审计署年度审计项目计划管理，审计署财政审计工作领导小组办公室具体负责跟踪审计的组织协调工作。

——对中央部门的跟踪审计，由财政司按照审计计划确定的部门组织相关业务司局和派出审计局实施。

——对地方政府的跟踪审计，分别由特派办和省级审计机关实施。其中，特派办负责审计署年度审计计划和审计方案确定的地区和单位；省级审计机关按照审计署年度工作安排和审计方案的要求，组织对所在地区的跟踪审计工作。各特派办延伸审计相关市、县、部门、单位和建设项目时，要与省级审计机关做好工作衔接，尽量避免不必要的重复和交叉。

——除单独立项的跟踪审计项目之外，各级审计机关在组织开展财政、金融、企业、资源环保、投资、民生、经济责任等各审计项目时，都要关注国家重大政策措施和宏观调控部署落实情况，并将审计发现的问题形成专题材料，纳入跟踪审计报告。

第九条 跟踪审计工作的职责界定。

（一）审计署财政审计工作领导小组办公室的职责。

1. 加强对国家重大政策措施和宏观调控部署的研究，组织梳理国家重大政策措施和宏观调控部署具体工作任务情况。

2. 根据已确定的审计项目计划，制定跟踪审计工作方案。

3. 审核中央各部门和各省审计组制定的跟踪审计实施方案。

4. 建立跟踪审计项目平台，加强对各审计组现场审计的业务指导和过程控制；组织各中央部门审计组与各省审计组之间开展上下联动，及时掌握各单位工作开展情况，汇总编发审计信息。

5. 复核审计署直接派出的跟踪审计组起草的审计报告，重要事项送法规司审理。

6. 汇总各单位报送的审计结果，形成综合报告上报国务院。

（二）各参审特派办、派出审计局和相关业务司职责。

1. 根据审计署制定的跟踪审计工作方案，制定审计实施方案。

2. 根据审计实施方案开展现场审计。

3. 及时审计署财政审计工作领导小组办公室报送跟踪审计过程中发现的重大情况。

4. 按时向审计署上报跟踪审计报告。

5. 督促落实整改。

（三）各省级审计机关职责。

1. 根据审计署制定的跟踪审计工作方案，制定审计实施方案。

2. 根据审计实施方案组织开展现场审计。

3. 及时向审计署财政审计工作领导小组办公室报送跟踪审计过程中发现的重大情况。

4. 按时向审计署和地方党委、政府上报跟踪审计报告。

5. 督促落实整改。

第十条 建立跟踪审计结果定期报告制度，跟踪审计报告分为季度报告和年度报告。

审计署派出机构和省级审计机关应当在每个季度结束后的 15 日内，将跟踪审计季度报告报审计署，报告反映的数据应当截止到该季度末，每年 1 月 15 日上报的跟踪审计年度报告应当包括相关部门和地区上年全年的数据和情况。审计组完成每个季度的跟踪审计后要向有关部门和地方政府反馈审计发现问题并督促整改。审计署向被审计单位出具年度审计报告。

审计署各业务司局组织实施的其他审计项目，发现国家重大政策措施和宏观调控部署落实方面问题汇总形成的专题材料，于每个季度结束后的 15 日内提交审计署财政审计工作领导小组办公室。

审计署于每个季度结束后的 20 日内将跟踪审计综合报告上报国务院；重大情况随时向国务院报告。

第十一条　各审计项目实施单位和各审计组应当严格执行《中华人民共和国国家审计准则》《审计署审计现场管理办法（试行）》等规定，加强过程管理和质量控制，落实审计方案确定的各项审计内容。审计组实行组长负责制，实施全过程质量控制，明确各环节质量管理的分工和责任。对因组织实施不力造成重大问题未被发现、审计结论不恰当、审计文书失实以及瞒报重大问题的，区分不同情况予以处理，并追究有关人员责任。

审计署财政审计工作领导小组办公室要及时向各审计组传达审计署的相关部署和要求，掌握审计组的工作进展情况，加强现场审计过程控制，确保跟踪审计工作按照审计署制定的跟踪审计工作方案有序开展。

第十二条　实施意见由审计署财政审计工作领导小组办公室负责解释。

第十三条　本实施意见自发布之日起施行。

审计署关于印发《关于切实发挥审计监督作用促进经济平稳健康运行若干意见》的通知

（审办发〔2014〕73 号）

各省、自治区、直辖市和计划单列市、新疆生产建设兵团审计厅（局），署机关各单位、各特派员办事处、各派出审计局：

《关于切实发挥审计监督作用　促进经济平稳健康运行的若干意见》已经署党组会议研究通过，现印发给你们，请结合本地区、本单位实际抓好贯彻落实。

关于切实发挥审计监督作用　促进经济平稳健康运行的若干意见

当前，我国经济运行的基本面是好的。但是也要看到，经济发展正处于增长速度换挡期、结构调整阵痛期、前期刺激政策消化期三重叠加阶段，各种深层次矛盾和问题逐步显现，经济面临较大下行压力。面对新形势，各级审计机关要切实做到依法审计、实事求是，紧紧围绕党中央、国务院和地方各级党委、政府工作中心，坚持一手抓促进经济平稳健康运行，一手抓反腐倡廉和推动深化改革，结合改革发展的新要求，实事求是地揭示、分析和反映问题，客观审慎地做出审计处理和提出审计建议，更好地促进经济平稳健康发展。

一、切实增强责任意识和使命感。各级审计机关要深刻领会中央关于全面深化改革、促进经济发展的总体部署，牢牢把握党中央、国务院关于切实保障国家粮食安全、大力调整产业结构、着力防控债务风险、积极促进区域协调发展、着力做好保障和改善民生工作、不断提高对外开放水平的任务要求。深刻理解关于加强财政、货币和产业、投资等政策协同配合，做好政策储备，适度适时预调微调的重要指示，了解政策背景，掌握政策目标，提高对宏观经济形势的总体把握水平和分析研判能力，增强责任意识和使命感，努力提高审计的针对性、建设性、时效性，充分发挥审计对经济平稳健康运行的推动和促进作用。

二、促进中央重大政策措施贯彻落实。围绕中央关于稳增长、调结构、惠民生、促改革的政策目标，监督检查财政、金融、产业、投资、惠民等政策措施执行和完成情况，及时查处上有政策、下有对策，有令不行、有禁不止行为，促进各项政策及时落实和政令畅通。结合国家政策的着力点和资金投向要求，加强对农业、重大水利、铁路、节能环保、城市基础设施、社会事业等重点项目的审计，监督好社会保障、保障性安居工程、棚户区改造、扶贫开发、生态环境保护等民生资金的使用，着力发挥投资拉动经济增长的积极作用。针对国务院下发的金融服务"三农"、支持文化企业发展、保护中小企业等相关意见决定，高度关注财政投入、企业投资、银行贷款投向，促进各类资金向"三农"、文化、民生、中小企业等领域倾斜。

三、正确把握改革和发展中出现的新情况新问题。一方面坚持依法审计，对严重违法违纪、以权谋私和腐败问题，要严肃查处；另一方面坚持实事求是，既不能以现在的规定制度去查处以前的老问题，也不能用过时的制度规定来衡量当前的创新事项。对突破原有制度或规定，但符合中央精神和改革方向，有利于科学发展、有利于深化改革、有利于中央政策措施落实的创新举措，要予以支持，促进规范和完善，消除经济发展的制度障碍。对改革和发展中出现的工作失误，不能一味简单地套用现成的标准和规定，要认真研究分析，历史地、辩证地、客观地看待，慎重稳妥地反映和处理。

四、促进各级领导干部切实履职尽责。通过开展党政领导干部和国有企业领导人员经济责任审计，强化对权力运行的监督制约，着力监督检查各级各部门各单位领导干部守法守规守纪尽责情况，特别是领导干部贯彻落实中央政策措施情况，促进各级领导干部结合本地实际，落实中央关于改革、发展和稳定的各项任务要求，领导经济发展，主动作为、有效作为，切实履职尽责。对不作为、假作为、乱作为的领导干部，依法依纪揭示和反映，促进有关方面追责和问责。

五、积极推动政府职能转变。围绕转变政府职能、简政放权的要求，监督检查行政审批权和行政事业性收费项目的清理工作，着力关注行政审批权力下放后，政府职能是否转变到位，转变过程中存在哪些突出问题，提出改进建议，推动创新行政管理方式。密切关注市场运行情况和政府监管职责履行情况，注重分析法律法规、发展规划、政策标准的约束和引导作用，促进厘清政府和市场的关系，充分释放发展活力和动力，为经济发展创造良好的市场环境。

六、积极促进各类资金整合。围绕优化财政支出结构，加强对民生改善、结构调整等重要领域专项资金的审计监督，揭示专项资金多头管理、多头分配、交叉重复、拨付链条长等问题，推动同类别专项资金整合优化，推进完善专项资金管理办法和制度。注重揭示财政资金分配使用过程中的虚报冒领、骗取套取、截留侵占等问题，促进专项资金规范使用，保障相关政策目标的实现。

七、促进提高财政资金使用绩效。在关注财政、财务收支真实性、合法性的基础上，更加突出效益性，把财政资金投入与项目进展、事业发展以及政策目标实现统筹考虑，把规范支出与促进投入有机结合，把问效、问绩、问责贯穿始终，推动财政资金合理配置、高效使用。加强重大政府投资项目审计，监督检查政府投资的规划布局和投向结构、分配依据和计划下达、资金使用和建设管理情况，综合分析经济效益、社会效益和环境效益，促进发挥政府投资对结构调整的引导作用。加强政府性债务审计，促进债务资金更多地用于棚户区改造、保障性住房、城市地下管网改造等民生工程，发挥债务资金更大作用。

八、促进激活财政存量资金。加强对各级财政存量资金的审计，关注该投未投、该用未用以及财政资金使用效益低下问题，促进存量资金尽快落实到项目和发挥效益。研究分析存量资金的成因和结构，提出改进财政资金分配、管理和使用办法，推动各类存量资金重点投向民生领域，保障重点民生项目的资金需求，避免大量资金闲置或低效运转。

九、促进厉行勤俭节约。围绕中央八项规定精神、国务院"约法三章"要求和厉行节约反对浪费条例等规定的贯彻落实，在各级预算执行审计中，加大对各地方、各部门"三公"经费、会议费使用和楼堂馆所建设的检查力度，努力降低行政运转支出，促进建设俭朴政府。

十、注重揭示经济运行中的风险隐患。关注政府性债务风险，跟踪检查存量债务化解情况，密切关注新增债务的举借、管理和使用情况，防止形成浪费和新的风险隐患。关注金融风险，跟踪检查信贷资金投向、互联网金融的发展、跨境资本流动，严肃查处债券市场和资本市场中的利益输送、非法集资、网络赌博和诈骗等重大违法违规问题，守住不发生系统性区域性金融风险的底线。关注资源环境风险，加强对水、矿产、土地等资源以及环境保护情况的审计，揭露和查处破坏浪费资源、造成国有资源流失和危害资源环境安全等问题。

十一、推动深化改革和制度创新。积极关注体制机制制度性问题，对不合时宜、制约发展、阻碍政策落实的制度规定，要切实予以反映和提出修改完善建议。要推动财政体制改革，促进各级政府预算和决算公开，建立财权与事权相匹配的财政体制。要推动金融改革，保障利率汇率市场化改革的有序推进和存款保险制度的建立，促进加强金融监管协调，加强新增贷款流向监控，规范互联网金融的发展和民间借贷管理。要推动国有企业改革，引导社会资本投资入股国有企业，强化内部管控，促进建立健全现代企业制度和完善公司法人治理结构。

十二、严肃揭露和查处重大违法违纪案件。坚持推动发展改革和惩治腐败"两手抓"，对审计中发现的重大违法违纪问题，要查深查透查实。要重点关注财政、金融、企业、投资和资源环境等领域，关注重大项目审批、土地交易、非法集资、项目招标投标、重大物资采购、重大项目投资决策、银行贷款发放、债券交易、国有股权转让、专项资金分配等环节，严肃查处公职人员特别是领导干部以权谋私、权钱交易、失职渎职、贪污受贿及侵吞国有资产等问题，严厉打击职务犯罪，惩治权力运行中的贪腐行为。

审计署关于提升社会保障审计监督效能的指导意见

（审社发〔2021〕21号）

各省、自治区、直辖市和计划单列市、新疆生产建设兵团审计厅（局），署机关各单位、各派出审计局、各特派员办事处、各直属单位：

为深入贯彻习近平总书记关于审计工作的重要讲话和重要指示批示精神，落实党中央社会保障决策部署，提升社会保障审计（以下简称社保审计）监督效能，推动社会保障事业高质量发展，根据《"十四五"国家审计工作发展规划》，制定本意见。

一、总体要求

（一）指导思想。

坚持以习近平新时代中国特色社会主义思想为指导，深入贯彻党的十九大和十九届二中、三中、四中、五中全会精神，立足新发展阶段，贯彻新发展理念，构建新发展格局，以增进民生福祉、促进社会公平正义为目标，以保障资金运行"精准、安全、高效"为主线，把实现好、维护好、发展好最广大人民根本利益作为出发点和落脚点，更加关注困难群众的基本生活保障，更加关注民生政策的普惠性、基础性和兜底性，依法全面履行审计监督职责，一体推进揭示问题、规范管理、促进改革，促进健全覆盖全民、统筹城乡、公平统一、可持续的多层次社会保障体系，推进社会保障治理法治化、精细化，推动社会保障事业高质量发展、可持续发展。

（二）基本原则和主要目标。

牢牢把握审计机关首先是政治机关的定位，坚持党的全面领导，坚持以人民为中心，坚持依法审计、实事求是，坚持科技引领、改革创新，坚持系统观念，树立战略眼光，增强风险意识，推动党中央决策部署和各项改革任务贯彻落实。

——推动党中央社会保障有关决策部署落地生效。维护社会保障制度统一性、规范性，促进解决社会保障发展不平衡不充分问题和人民群众急难愁盼问题，保障改革发展成果更多更公平惠及全体人民。

——有效维护社会保障资金安全。守护好人民群众的每一分"养老钱""保命钱"和每一笔"救助款""慈善款"，及时揭示、防范和化解影响社会保障制度和资金可持续运行的重大风险隐患。

——促进不断提升社会保障治理效能。坚持问题导向、精准发力，做到应审尽审、凡审必严、严肃问责，形成常态化监督震慑，推动主管部门健全治理体系，健全社会保障权力运行制约机制，扣牢管理和控制责任链条，提高治理能力。

——有序推进社会保障领域审计全覆盖。健全社保审计工作组织领导制度，明确各类资金和项目的审计频率和覆盖周期，分级负责、突出重点，统筹审计资源，优化组织方式，消除监督盲区，推进纵向统筹和横向衔接，做到上下穿透、有机贯通，加快实现社保审计工作全国一盘棋。

——系统构建社会保障大数据审计工作模式。完善社保审计数据规划和采集机制，在署、省两级部署搭建社保审计大数据分析平台，开展常态化集中分析，充分运用大数据审计技术方法，不断提高社保审计能力、质量和效率。

二、聚焦主责主业，严守资金安全和风险底线

（三）进一步加大社会保障领域重大政策措施贯彻落实情况跟踪审计力度。

——就业优先政策落实方面。围绕更加充分更高质量就业目标，关注职业技能提升行动、创业带动就业、减税降费、普惠金融、稳岗扩岗、就业困难人员帮扶、新就业形态劳动者权益保障等保就业、保基本民生、保市场主体举措实施效果，推进落实高校毕业生、退役军人、农民工等重点群体就业保障政策，促进健全就业公共服务体系，提高就业资金使用效益。

——社会保险制度改革方面。围绕制度改革系统集成、协同高效目标，着力揭示制度整合不到位、转移接续不通畅等不衔接、不配套问题，推进基本养老保险全国统筹和基本医疗保险、失业保险、工伤保险省级统筹，促进发展完善多层次、多支柱养老保险体系，促进协同推进"三医联动"、药品耗材集中带量采购、门诊共济保障、重大疾病医疗保险和救助、医保支付方式改革等部署落实到位，促进社会保险制度公平和可持续发展。

——住房保障体系建设和改革推进方面。围绕让全体人民住有所居目标，聚焦城镇老

旧小区改造、保障性租赁住房和共有产权住房建设、住房租赁市场发展等重大民生工程、重要政策措施推进情况，促进保障性安居工程、住房公积金、住宅专项维修资金等资金资产的公平善用，促进完善住房保障体系，提高保障性住房有效供给，推动城市更新建设，促进解决困难群众和大城市新市民、青年人等重点群体住房问题。

——社会救助、社会福利等社会保障兜底机制方面。围绕应保尽保、应助尽助、应享尽享目标，推动完善优化分层分类、城乡统筹的社会救助体系，健全退役军人保障制度，健全老年人关爱服务体系，完善帮扶残疾人、困境儿童等社会福利制度，促进将特殊困难群体基本生活保障到位，兜牢基本民生保障底线。

——社会保障公共服务和经办管理方面。围绕完善全国统一的社会保险公共服务平台目标，关注社会保险信息系统管理运行情况，推动数据整合和信息共享，深入推进社保经办数字化转型。促进健全社会保障对象精准认定机制，提高运用大数据主动发现困难群众的能力，加快社会保障"一卡通"管理，加强社会保险、住房、税务、民政、金融等信息的互联互通，提高社会保障公共服务的精准化、便捷化、智慧化水平。

（四）进一步加大对重点民生资金和项目审计力度。

——加强社会保险基金审计。全面掌握基金收入、支出、结余规模，摸清基本养老、基本医疗、失业、工伤等社会保险底数，以及职业年金、企业年金等补充养老、补充医疗保险情况，结合各项社会保险制度改革进程，揭示基金征缴、发放、管理和投资运营中的问题，维护基金安全和可持续运行。

——开展社会救助、社会福利和优抚安置资金审计。加大对最低生活保障、特困人员供养、医疗救助、残疾人补贴、优抚安置、彩票公益金等资金的审计，掌握政策覆盖面，摸清资金规模、保障对象和保障水平增长变化情况，重点关注资金申请、审核、分配、使用等环节存在的突出问题，查处套取骗取、挤占挪用、截留滞拨等违法违规问题，促进提高资金使用效益。

——积极开展应对人口老龄化、慈善捐赠等公共资金审计。审查普惠托育、养老服务、长期护理保险、殡葬、慈善捐赠等资金投入和使用绩效情况，摸清资金收支规模和结构情况，揭示资金管理使用和行业发展运营中存在的突出问题，促进发展普惠托育服务体系，构建居家社区机构相协调、医养康养相结合的养老服务体系，保障社会公益和慈善事业健康发展，落实积极应对人口老龄化国家战略。

（五）进一步加大对社会保障领域违纪违法问题和重大风险隐患的揭示力度。

——以零容忍态度严肃查处群众身边的微腐败和违纪违法问题。研究和把握社会保障领域欺诈骗保、与中介机构内外勾结非法牟利等违纪违法行为新手法、新动向，紧盯资金分配、项目审批、拆迁补偿、待遇发放、补贴申领、资格鉴定等重点环节，着力揭示骗取侵占、克扣截留、贪污受贿、失职渎职、优亲厚友等违纪违法问题。及时移送审计发现的违纪违法问题线索，协同有关部门和单位及时查处，推动对社会保障领域违纪违法行为早发现、早查处，坚决纠治损害群众切身利益的突出问题和不正之风，及时曝光重大典型案件情况，督促主管部门严肃查处就业、参保、安居工程等目标任务考核中的数据造假行为，及时补齐治理体系和治理能力短板。

——揭示影响社会保险基金可持续运行的重大风险。以社会保险基金预算执行和决算草案审计为抓手，分析社会保险基金收入、支出、结余变化趋势，检查各级财政对社会保险基金缺口分担、优先保障民生支出投入等保障机制落实情况，及时揭示一些地方社会保险基金"穿底"、划转国有资本充实社会保险基金不到位、自行增加待遇项目或提高待遇标准、城乡区域或群体之间保障待遇差异过大、基金投资运营损失等风险隐患，促进建立民生支出清单管理制度，完善社会保险基金支出预算管理，纠正和防范"过度保障"和"泛福利化"倾向，实现民生改善与经济发展良性循环。

——揭示影响公共安全和社会稳定的风险隐患。关注相关部门和地方突发公共事件预防、应急准备、监测和预警等情况，及时开展应对重大突发公共事件专项资金和捐赠款物审计，跟踪突发公共事件应对和困难群众基本生活保障情况，揭示应急物资储备和保障供应不足、困难群众应保未保等问题，推动健全自然灾害等重大突发公共事件应急处置和物资保障体系，促进完善社会保障应对突发重大风险的应急响应机制。

三、加强统筹谋划，加快推进社保审计工作全国一盘棋

（六）完善社保审计规划计划，高质量推进审计全覆盖。各级审计机关要摸清社保审计对象底数，聚焦重大战略、重大举措、重大项目、重大资金和重点人群保障，分析掌握政策实施和资金运行的周期性变化特征，建立本地区"十四五"社保审计工作发展规划，科学编制年度审计项目计划，做好与中长期审计项目库的有机衔接。上级审计机关要着力聚合审计目标，抓好统筹管理和监督检查，避免重复审计和相互割裂，推动计划落实落地。社保审计部门要根据社会保障资金的重要性、规模和管理分配权限等因素，确定重点审计对象，合理安排社保审计项目的时机、节奏、重点和方式，通过专项审计、政策措施落实情况跟踪审计、预算执行与决算草案审计等相结合，对涉及的重点部门和单位进行重点监督，对医保、养老等群众关切、问题多发的重点资金进行常态化审计监督。

（七）健全分级负责、协同联动的组织实施机制。审计署主要通过规划计划、工作调度、请示报告、监督考核、督查督办、规范指引、项目评优、总结培训等方式，做好对地方审计机关社保审计工作的组织领导和业务指导；每年常态化组织开展社会保障领域重大政策措施落实情况跟踪审计，适时统一组织对涉及全局的重点专项资金、重大民生项目、重大突发公共事件开展专项审计。地方审计机关按照审计管理权限抓好以地方财政事权和支出责任为主、管辖范围内的社会保障资金和项目审计。各级审计机关要坚决贯彻落实署党组关于社保审计工作以地方审计机关为主实施的要求，加强协调联动，组织做好不同审计项目中涉及社会保障相关内容的衔接，形成覆盖中央和地方，贯穿社会保障资金筹集、分配、使用、管理及投资运营等各环节的全链条穿透式审计。要充分利用内部审计资源，发挥内部审计作用，根据审计项目实施需要，可以按规定向社会购买审计服务。

（八）坚持严查实报，完善审计结果报告和共享机制。各级审计机关社保审计项目综合情况报告、审计重要信息等审计结果应向上级审计机关报告。社保审计项目综合情况报告要反映审计对象总体情况、存在的主要问题，从体制性障碍、机制性缺陷、制度性漏洞等方面深入分析原因，提出可操作的、有针对性的审计建议，便于主管部门、被审计单位研究落实。对于上级审计机关统一组织的社保审计项目，必须严格执行重要审计情况、重大违纪违法问题及处理情况等重大事项请示报告制度，并及时向上级审计机关报告本地区社保审计项目工作总结。上级审计机关要加强对社保审计报告、审计信息等审计结果的汇总分析和综合利用，审计机关之间要建立顺畅高效的沟通协调机制，在符合保密要求、遵循规定程序的前提下实现信息共享、一果多用。

（九）加强整改督促，切实推动解决问题和标本兼治。审计中要坚持边审边促、边审边改、边审边建，及时开展对审计查出问题整改情况的督促检查，推动被审计单位压实整改主体责任，强化主管部门监督管理责任，确保审计查出问题整改落实到位。对审计查出的问题，要明确整改责任主体，科学合理、分类施策提出整改要求。对决策层面问

题重在治本，着力促进主管部门健全完善政策、制度；对执行层面问题坚持标本兼治，既要监督问责，又要促进完善制度，形成长效机制，实现源头治理。完善情况通报、资料提供、线索移送等相关工作机制，做好与纪检监察、巡视巡察、人大监督、司法监督、党委和政府督查等有机贯通和协调配合，推动审计整改取得实效。深化审计结果和整改情况公开，推动系统性解决问题。

四、以大数据审计为支撑，提高社保审计能力、质量和效率

（十）完善社保审计数据采集和定期报送机制。审计署加强社保审计数据标准、采集和应用的顶层设计，建立常态化数据采集机制。地方审计机关按照分工负责辖区内的数据采集工作，定期采集社会保障相关财务业务数据并逐级上报，保证数据的完整性、连续性、时效性。以金审工程三期项目建设为依托，在署、省两级集中部署数据归集和分析环境，实现社会保障数据跨层级、跨地域、跨系统集中分析；在省级建立特派办与地方审计机关之间的数据分析及结果共享机制，提高数据运用效率。

（十一）扎实推进社会保障大数据审计。各级审计机关要在社保审计工作中积极推广"总体分析、发现疑点、分散核实、系统研究"的数字化审计模式，综合运用关联比对、多维分析、聚类分类等方法，对社会保障相关数据开展常态化集中分析。突出对违纪违法违规问题的分析核查，根据问题特征研究审计思路、构建数据分析模型，提高发现问题能力；围绕改革发展方向和重点关注领域开展专题分析，揭示苗头性、倾向性问题，提高风险感知能力；从宏观层面进行结构和趋势分析，对社会保障政策运行总体情况和存在的问题进行系统评价，提高研判宏观趋势能力；将经过审计实践验证的技术方法数据化、标准化、体系化，开发建设社会保障大数据审计模型库，探索建立社保审计实时监督系统和联网审计模式，提高智能审计能力。

五、加强组织领导，为提升社保审计效能提供有力保障

（十二）提高政治站位，切实加强组织领导。各级审计机关和全体审计人员要深刻认识和把握社会保障"民生保障安全网、收入分配调节器、经济运行减震器"的重要地位和作用，坚定不移把讲政治贯穿审计工作始终，树立正确的民生审计政绩观，提高政治判断力、政治领悟力、政治执行力，将人民群众获得感、安全感、幸福感提升作为衡量社保审计成效的重要考量，善于用政治眼光观察和分析审计发现的经济社会问题，以改革的办法和创新的思维解决发展中的问题，确保经得起历史和人民检验。地方各级审计机关要扛起社保审计项目实施主体责任，强化规划计划引领和约束，统筹整合审计资源，加大审计力量投入，抓好各项计划任务的落实落地，切实履行本地区社保审计监督职责，真正做到守土有责、守土担责、守土尽责。

（十三）走实群众路线，深入开展研究型审计。社保审计工作要全面贯彻党的群众路线，遵循社会保障与经济发展之间"水涨船高"的客观规律，吃透党中央有关决策部署的政治意图、战略规划和实践要求，系统把握我国社会保障事业的历史沿革、发展现状和改革方向，深入研究社会保障资金、政策、项目和业务特点及问题特征，吸收借鉴专家学者等各方面的观点意见，提高精准揭示和有力有效解决问题的能力。开展全国性、区域性和新领域的审计项目前，要通过试点审计把握总体情况、明确审计思路、找准审计重点，探索因地制宜、分片分主题的协同组织方式，加强统筹谋划，做到科学布局、有的放矢。审计工作方案和实施方案要坚持问题导向、突出重点，明确抽查资金比例和抽查面，增强方案的操作性、指导性。

（十四）严格质量控制，不断提高专业水平。审计实施中要顺着资金流向深入到基层、延伸到保障对象，核查要见人、见账、见物，盯紧盯住政策落实的"最后一公里"、资金

运行最末端，做到以点带面、审深审透。牢固树立"有问题没发现是失职、发现问题不报告是渎职"的意识，敢于较真碰硬，查真相、说真话、报实情。严守政治纪律、工作纪律、廉政纪律和保密纪律，自觉运用法治思维分析和处理问题，做到程序合规、边界清晰，确保审计权力在法治轨道上运行。进一步健全社保审计制度规范体系，优化审计运行机制和工作流程，开展分层次、分类型的专业培训和专题研究，加强社保审计专业化队伍培养和专业能力建设，为社保审计高质量发展夯实基础。

审计署

2021 年 7 月 26 日

审计署办公厅关于印发《审计机关统计工作管理规定》的通知

（审办办发〔2018〕8 号）

各省、自治区、直辖市和计划单列市、新疆生产建设兵团审计厅（局），署机关各单位、各派出审计局、各特派员办事处、各直属单位：

为进一步提高审计机关统计工作的规范性与可操作性，我署对《审计署制度（2015 年版）》（审党发〔2015〕80 号）中的《审计机关统计工作管理规定》进行了修订，现予印发，请认真贯彻执行。原规定同时废止。

审计署办公厅

2018 年 1 月 12 日

审计机关统计工作管理规定

第一章　总　则

第一条　为了规范审计机关统计工作，保证审计统计资料的真实性、准确性、完整性和及时性，根据《中华人民共和国审计法》及其实施条例、《中华人民共和国统计法》及其实施条例和《部门统计调查项目管理办法》制定本规定。

第二条　本规定适用于各级审计机关及其派出机构为满足审计管理工作需要组织实施的各项统计活动。

第三条　审计机关统计工作的基本任务是对审计工作开展情况和审计成果进行统计，提供统计数据和资料，开展统计数据分析，为加强和改进审计工作服务。

第四条　审计机关统计工作实行统一领导，分级负责，归口管理。

审计署在国家统计局的业务指导下，主管全国审计机关的统计工作；审计署派出机构负责组织本单位的统计工作；地方各级审计机关负责组织本地区审计机关的统计工作。

第五条　审计机关应当设置统计专职机构或专职岗位，具体承担本单位的统计工作。

第六条　审计机关应当严格执行统计法律法规和规章制度，依法组织实施统计工作。

审计机关主要负责人及班子成员要坚持以身作则、以上率下，带头尊法学法用法。

审计机关应当加强对统计工作的组织领导，为统计工作提供必要的工作条件和技术保障。

审计机关应当健全审计统计指标体系，改进审计统计方法，提高审计统计的科学性。

审计机关应当大力推进统计信息化建设，提升统计信息搜集、处理、传输、共享、存储和分析能力。

第二章　统 计 制 度

第七条　审计署负责制定全国性审计情况统计报表制度，规范统计指标、统计标准和统计方法，保证统计指标口径、计算方法、分类目录、调查表式、统计编码等的统一性和标准化，并按规定报国家统计局备案。

第八条　审计机关应当建立健全统计数据质量控制体系。

审计组负责填报审计统计台账，审计业务部门负责审核审计统计台账，审计统计管理部门负责依据审计统计台账，汇总审计情况统计报表。

统计数据填报实行分级负责制。审计机关发现统计数据的填报或者来源有错误的，应当责成相关部门和人员核实、更正。

第九条　审计机关应当规范统计工作程序。

审计机关出具审计报告后，审计组主审会同审计业务部门统计人员，根据审计通知书、审计报告或专项审计调查报告、审计决定书、审计事项移送处理书、审计信息及审计项目开展过程中的其他结论性资料，利用审计计划统计管理系统及时填报审计统计台账，并根据被审计单位的整改落实结果等反馈材料及时补填台账，提交审计组和审计业务部门审核。

审计统计管理部门依据审计组填报的审计统计台账，利用审计计划统计管理系统定期汇总审计情况统计报表。

省级审计机关和审计署各派出机构、相关直属单位应当于每月 5 日前向审计署报送经审核的上月的审计项目台账、统计报表和计划执行情况，其中每年 10 月至 12 月应在当月 30 日前报送经审核的审计项目台账和统计报表。省以下审计机关（含计划单列市）和省级审计机关派出机构的统计数据报送时间由各省级审计机关确定。

第十条　审计情况统计报表实行年度报表备案制度。每年 3 月底前，审计机关将经单位负责人签字并加盖公章后的上年度审计情况统计报表（年报）报送上级审计机关备案。

第十一条　审计机关实行审计情况统计报表通报制度，按月和年度通报审计情况统计数据和信息。

第十二条　审计署应当对审计统计实施情况、实施效果和存在问题等情况进行评估。评估后如认为应当修改审计统计情况制度的，按规定报请国家统计局备案。

第三章　统 计 资 料

第十三条　审计机关应当建立健全统计档案，实现统计数据有据可查。

审计统计台账按照审计机关审计档案管理要求，归入审计项目档案其他备查类文件材料卷内。

审计机关年度审计情况统计报表连同下级审计机关报送备案的年度审计情况统计报表要归档保存。

第十四条　审计机关应当加强对统计电子数据信息的保管，保证统计电子数据的安全完整。

第十五条 审计机关应当认真落实涉密载体保密管理制度，加强统计资料各环节的保密管理。在符合保密要求的前提下，采取适当方式逐步推进审计统计资料公开。

任何单位和个人公开使用或对外提供尚未公布的统计资料，属全国性的，须经审计署核准；属地区性的，须经当地审计机关核准。

第十六条 审计机关应当积极开展统计数据分析和研究，全面、客观、及时地反映审计工作开展情况和成果，揭示审计工作和宏观经济运行中带有普遍性、倾向性的问题，发挥统计工作信息监督和咨询服务作用。

下级审计机关要主动向上级审计机关报送本地区审计工作情况统计分析报告，并按上级审计机关要求，上报专项审计工作情况统计数据和分析报告。

第四章　统计机构和人员

第十七条 审计统计管理部门应当配备专职或兼职统计人员，审计机关各业务部门应当配备兼职统计人员。

第十八条 统计人员应当具备与其从事的工作相适应的审计、统计、计算机等方面的专业知识和业务能力。

审计机关应当加强统计宣传教育培训，及时组织传达学习统计法律法规，增强审计机关领导干部、统计人员的统计法律意识，并对统计人员有计划地进行专业培训。

第十九条 审计机关应当保持统计人员的相对稳定和统计工作的连续性，统计人员因工作需要调离统计岗位时，须办理工作交接，同时将接替人员报上一级审计机关统计管理部门备案。

第五章　监　督　管　理

第二十条 审计机关主要负责人是本单位统计工作第一责任人。审计机关主要负责人要及时组织传达学习贯彻关于依法统计的部署和要求，带头遵守执行统计法律法规和国家统计调查制度。

第二十一条 审计机关分管统计工作的领导对本单位的统计工作负主管责任。审计机关分管统计工作的领导要督促指导统计管理部门切实履行职责，防范和惩治统计造假、弄虚作假，依法组织实施统计调查。

第二十二条 审计机关分管业务工作的领导对职责范围内的统计工作负主管责任。审计机关分管业务工作的领导应督促所分管的业务部门严格遵守统计法律法规、认真落实统计工作的相关部署和要求。各业务部门负责人对本部门的统计工作负直接责任。各业务部门负责人应进一步提高统计责任意识，确保本部门数据填报真实准确、数据使用依法合规。

第二十三条 审计统计管理部门及其统计人员对本单位的统计工作负监督管理责任。统计管理部门要认真组织学习贯彻有关统计法律法规，健全审计统计调查制度设计、统计任务布置和统计数据质量控制制度，对统计数据质量进行监督检查，加强统计工作的指导和培训。支持配合对违纪违法行为的检查和责任追究。

第二十四条 审计机关和有关责任人员应当依照统计法律法规和本规定，及时提供真实、准确、完整的统计数据和资料，不得迟报、拒报、隐瞒和造假，不得拒绝、阻碍上级审计机关和县级以上人民政府统计机构的监督检查。

第二十五条 审计机关对统计工作质量采取集中检查、抽查、交叉检查等方式进行检查，并适时通报检查结果。

统计检查的内容包括：统计法律法规的执行情况，统计管理机构和统计人员的配置情况，统计资料的真实、准确、完整程度等情况，统计工作程序遵守情况，统计资料保管利用情况，统计信息化建设情况，以及其他与统计工作相关的事项。

第六章　责任追究

第二十六条　有关责任人员违反本规定，情节轻微的，给予批评教育并责令改正；情节较重的，按照有关规定问责和处理；应当追究纪律责任的，按照有关规定由纪检监察等部门处理；涉嫌犯罪的，移送司法机关依法追究刑事责任：

（一）虚报、瞒报、伪造、篡改及拒报统计资料的；

（二）未按本规定履行审计统计工作职责的；

（三）在接受统计检查时，拒绝提供情况或提供虚假情况以及转移、隐匿、篡改、毁弃原始统计记录、统计报表和与统计有关的其他资料的；

（四）未及时、准确、完整上报统计数据和资料的；

（五）违规公布统计数据和资料的；

（六）其他违反统计法和相关法律法规的行为。

第二十七条　除第二十六条所述情形外，审计机关统计管理部门及其统计人员存在以下行为之一，情节轻微的，给予批评教育并责令改正；情节较重的，按照有关规定问责和处理：

（一）未贯彻落实审计统计工作法律法规等规定的；

（二）未督促及时填报统计数据和资料的；

（三）拒绝、阻碍统计检查和对违法行为查处的；

（四）其他未按规定履行统计工作职责的。

第七章　附　　则

第二十八条　地方审计机关可结合本地方的统计工作实际，依据本规定制定实施细则。

第二十九条　本办法由审计署办公厅负责解释。

第三十条　本办法自印发之日起施行。

审计署关于印发《审计署聘请外部人员参与审计工作管理办法》的通知

（审办发〔2010〕68号）

署机关各单位、各特派员办事处、各派出审计局：

《审计署聘请外部人员参与审计工作管理办法》已经审计长会议修订通过，现予印发。请署机关各单位、各特派员办事处和各派出审计局遵照执行。地方各级审计机关应当参照本办法的有关规定，结合当地实际，严格规范审计机关聘请外部人员参与审计工作。

二〇一〇年五月十九日

审计署聘请外部人员参与审计工作管理办法

第一章 总 则

第一条 为了充分履行审计职责，规范聘请外部人员参与审计工作的行为，根据《中华人民共和国审计法》和《中华人民共和国审计法实施条例》，制定本办法。

第二条 审计署遇有审计力量不足、相关专业知识不能满足审计工作需要时，可以从外部聘请相关专业人员参与审计（含专项审计调查，下同）工作，主要包括：

（一）从地方审计机关、社会中介机构和其他专业机构聘请外部人员参与审计；

（二）聘请外部专家对与其专业相关的特定事项提供咨询意见或者专业鉴定意见。

第三条 审计署可以聘请外部人员参与下列审计：

（一）固定资产投资审计；

（二）企业和金融机构资产、负债、损益及其主要负责人任期经济责任审计；

（三）事业单位、社会团体和其他社会组织财务收支及其主要负责人任期经济责任审计；

（四）资源环境项目审计；

（五）社会保障项目审计；

（六）国外贷援款项目审计；

（七）其他需要聘请外部人员参与的审计。

第二章 外部人员的聘请

第四条 聘请外部人员实行计划管理。署机关和特派办（以下简称各单位）每年制定审计项目计划时，应"尽力而为，量力而行，留有余地"，确因工作需要或特殊事项必需外聘相关专业人员的，应向审计署提出包括聘请人员的数量、专业、资质和聘请时间等内容的外聘工作计划（草案）。

署机关外聘工作计划（草案）由办公厅审核并报经审计长会议审定；特派办外聘工作计划（草案）由办公厅会同业务司审核并报分管特派办和财务工作的署领导审定。形成审计署年度外聘工作计划（草案），作为申请分配外聘经费的重要依据。

第五条 从社会中介机构和其他专业机构聘请外部人员的，拟聘请人员所在机构一般应当符合下列条件：

（一）依法设立，能够独立享有民事法律权利、承担民事法律责任；

（二）具备与审计事项相适应的资质、等级；

（三）社会信誉好，近3年未因业务质量问题和违法违规行为受到有关部门处理处罚；

（四）聘请审计机关退休人员的，应符合退休人员从业的有关规定。

第六条 拟聘请的外部人员应当符合下列条件：

（一）具有与审计事项相适应的专业技能和资格；

（二）从事相关专业工作3年以上；

（三）职业道德良好，近3年未受到有关部门处理处罚，未受到纪律处分或者行政处分；

（四）身体健康。

如有特定审计事项，可以向拟聘请人员提出除上述条件之外的其他特殊聘请要求。

第七条 从社会中介机构和其他专业机构聘请外部人员的，一般应从财政部、国资委、证监会和审计署确立的社会中介机构或其他专业机构名单中选择。在办理聘请外部人员参与审计的相关工作时，各单位与拟聘用的社会中介机构和其他专业机构或个人有利害关系的人员应回避。

第八条　协议签订。从社会中介机构和其他专业机构聘请外部人员的，应当由各单位与拟聘请人员所在机构签订聘请协议。聘请协议应当明确以下内容：

（一）审计目标、内容和职责范围；

（二）工作时限和要求；

（三）受聘人员姓名、资质条件及其权利；

（四）费用及支付方式；

（五）廉政、回避和保密承诺；

（六）违约责任；

（七）其他应当约定的事项。

第九条　凡与被审计单位或者审计事项有利害关系的外部单位和外部人员，应当要求其回避。

第三章　外聘人员的工作管理

第十条　各单位应当对外聘人员进行国家审计法律、法规、规章和相关审计业务培训，并对其进行审计工作纪律、审计职业道德教育。

第十一条　各单位应当将外聘人员编入相关审计项目的审计组，但不得担任审计组组长、副组长和主审。

审计组组长在审计实施中应当加强对外聘人员的督导和业务复核，审计组所在部门和审计署相关部门应当加强对外聘人员工作的监督检查，有效保证其审计质量。

第十二条　外聘人员在审计实施中享有审计法第三十一条、第三十二条和第三十三条规定的要求被审计单位提供资料、检查和调查取证等相关权限。

外聘人员有权如实向审计机关反映审计中发现的问题和处理建议，对审计机关有关人员阻止受聘人员如实反映情况的，外聘人员可越级直至向审计署领导反映有关情况，提出相应意见和建议。审计署和各单位对于反映真实情况的外聘人员应予保护和奖励。

第十三条　外聘人员应当在审计项目完成后，及时移交审计实施过程中所形成的全部纸质资料和电子资料。外聘人员不得将其参与审计工作获取的相关信息用于与所审计事项无关的目的。

第十四条　外聘人员应当对其工作结果负责，各单位应当对利用其结果所形成的审计结论负责。

第十五条　审计项目完成后，各单位应当组织对外聘人员参与审计工作的业务质量和履行聘请协议情况进行考评。各单位应当逐步建立外聘人员备选库，根据考评结果，将业务能力强和职业道德水平高的外聘人员列入外聘人员备选库，并实行动态管理。

第四章　纪律管理

第十六条　外聘人员参与审计工作，必须遵守《审计署关于加强审计纪律的八项规定》和各项审计纪律、廉政纪律、保密规定等法律法规和纪律。

第十七条　外聘人员有下列情形之一的，应当依法依纪作出处理处罚：

（一）隐瞒审计发现的问题或者与被审计单位串通舞弊的；

（二）利用受聘工作从被审计单位获取不正当利益的；

（三）将参与审计工作获取的信息用于与审计事项无关目的的；

（四）违反保密纪律或回避规定的；

（五）拒绝接受聘请单位和审计组统一领导和监督的；

（六）不履行聘请协议规定的其他义务的。

第十八条 审计人员有下列情形之一，造成严重后果的，应当依法依纪作出处理处罚：

（一）未按本办法规定履行聘请外部人员相关职责的；

（二）通过聘请外部人员工作获取不正当利益的；

（三）要求外聘人员或者与其串通实施违反审计工作有关规定的活动的；

（四）有其他违法违纪行为的。

第五章　外聘经费的管理

第十九条 外聘经费应纳入各单位年度财政预算，按照下列程序申请、审批和使用。

（一）办公厅依据财政部下达的年度预算控制数、署年度外聘工作计划和各单位人力资源状况，提出外聘经费分配草案，并报审计长会议批准后，列入各单位年度预算。

办公厅根据外聘经费预算执行情况，可在每年第四季度进行一次预算调整。

（二）各单位在年度预算确定的外聘经费控制数内，依据年度外聘工作计划开展外部人员聘请工作。执行中需要调整外聘经费预算的，应当履行相应的审批程序。

（三）署本级需要支付外聘经费的，由相关业务司局提出费用支付申请和依据，按经费审批权限报经批准后，在署本级年度预算控制数内按聘请协议支付。

第二十条 外聘费用标准。各单位统一按审计外勤经费标准报销外聘人员相关费用，并在下述标准内支付外聘费用，除此之外不再承担其他任何费用。

从社会中介机构和其他专业机构聘请外部人员参与审计的，向外聘人员所在机构按下述标准支付外聘费用：

高级职称人员 500 元 / 人·天（税前，下同）。

中级职称人员（含注册会计师等执业资格人员）300 元 / 人·天。

一般人员 200 元 / 人·天。

聘请相关特殊专业专家的，按相关规定标准支付费用。

第二十一条 审计过程中，聘请外部专家对与其专业相关的特定事项提供咨询意见或者专业鉴定意见，需要支付咨询费、检测费等其他费用时，必须提供相应的收费依据和收费标准，无依据的不得支付外聘费用。

第二十二条 外聘经费的结算。

（一）审计组应安排专人做好考勤记录，由记录人、外聘人员、审计组组长和有关单位负责人签字认可，报销时须附考勤表。

（二）外聘人员的城市间交通费、住宿发票等报销票据应与本单位职工分开填列，单独报销。

第二十三条 各单位应按照规定的程序和范围管理使用外聘经费，严禁违规使用外聘经费。

第二十四条 办公厅及各特派办办公室负责对外聘经费使用进行监督检查。年度预算执行结束后，办公厅将抽查外聘经费使用情况。

第二十五条 同等条件下，聘请外部人员参与审计应优先聘请地方审计机关人员。从地方审计机关聘请人员参与审计的，可经双方协商，向参审人员派出单位适当支付外聘费用。

第六章　附　　则

第二十六条　本办法由审计署办公厅负责解释。

第二十七条　本办法自发布之日起施行，原《审计署关于印发〈审计署聘请外部人员参与审计工作管理办法〉的通知》（审法发〔2006〕39号）和《审计署办公厅关于加强聘请外部人员参与审计工作经费预算管理和支付管理的通知》（审办办发〔2007〕63号）同时作废。

审计机关审计听证规定

（2021年11月19日审计署令第14号公布）

第一条　为规范审计机关的审计处罚程序，保证审计质量，维护公民、法人或者其他组织的合法权益，根据《中华人民共和国行政处罚法》和《中华人民共和国审计法》及其实施条例，制定本规定。

第二条　审计机关进行审计听证应当遵循公正、公平、公开的原则。

第三条　审计机关对被审计单位和有关责任人员（以下统称当事人）拟作出下列审计处罚的，应当向当事人送达审计听证告知书，告知当事人有要求听证的权利，当事人要求听证的，审计机关应当举行审计听证会：

（一）对被审计单位处以十万元以上或者对个人处以一万元以上罚款的；

（二）对被审计单位处以没收十万元以上违法所得的；

（三）法律、法规、规章规定的其他情形。

第四条　审计听证告知书主要包括以下内容：

（一）当事人的名称或者姓名；

（二）当事人违法的事实和证据；

（三）审计处罚的法律依据；

（四）审计处罚建议；

（五）当事人有要求审计听证的权利；

（六）当事人申请审计听证的期限；

（七）审计机关的名称（印章）和日期。

第五条　当事人要求举行审计听证会的，应当自收到审计听证告知书之日起五个工作日内，向审计机关提出书面申请，列明听证要求，并由当事人签名或者盖章。逾期不提出书面申请的，视为放弃审计听证权利。

第六条　审计机关应当在举行审计听证会七个工作日前向当事人及有关人员送达审计听证会通知书，通知当事人举行审计听证会的时间、地点，审计听证主持人、书记员姓名，并告知当事人有申请主持人、书记员回避的权利。

第七条　除涉及国家秘密、商业秘密或者个人隐私依法予以保密外，审计听证会应当公开举行。

第八条　审计听证会的主持人由审计机关负责人指定的非本案审计人员担任，负责审计听证会的组织、主持工作。

书记员可以由一至二人组成，由主持人指定，负责审计听证的记录工作，制作审计听证笔录。

第九条　当事人认为主持人或者书记员与本案有直接利害关系的，有权申请其回避并说明理由。

当事人申请主持人回避应当在审计听证会举行之前提出；申请书记员回避可以在审计听证会举行时提出。

当事人申请回避可以以书面形式提出，也可以以口头形式提出。以口头形式提出的，由书记员记录在案。

第十条　主持人的回避，由审计机关负责人决定；书记员的回避，由主持人决定。

相关回避情况应当记入审计听证笔录。

第十一条　当事人可以亲自参加审计听证，也可以委托一至二人代理参加审计听证。委托他人代理参加审计听证会的，代理人应当出具当事人的授权委托书。

当事人的授权委托书应当载明代理人的代理权限。

第十二条　当事人接到审计听证通知书后，本人或者其代理人不能按时参加审计听证会的，应当及时告知审计机关并说明理由。

当事人及其代理人无正当理由拒不出席听证或者未经许可中途退出听证的，视为放弃听证权利，审计机关终止听证。终止听证的情况应当记入审计听证笔录。

第十三条　书记员应当将审计听证的全部活动记入审计听证笔录。审计机关认为有必要的，可以对审计听证会情况进行录音、录像。

审计听证笔录应当交听证双方确认无误后签字或者盖章。当事人或者其代理人如认为笔录有差错，可以要求补正。当事人或者其代理人拒绝签字或者盖章的，由听证主持人在笔录中注明。

第十四条　审计听证会参加人和旁听人员应当遵守以下听证纪律：

（一）审计听证会参加人应当在主持人的主持下发言、提问、辩论；

（二）未经主持人允许，审计听证会参加人不得提前退席；

（三）未经主持人允许，任何人不得录音、录像或摄影；

（四）旁听人员要保持肃静，不得发言、提问或者议论。

第十五条　主持人在审计听证会主持过程中，有以下权利：

（一）对审计听证会参加人的不当辩论或者其他违反审计听证会纪律的行为予以制止、警告；

（二）对违反审计听证会纪律的旁听人员予以制止、警告、责令退席；

（三）对违反审计听证纪律的人员制止无效的，提请公安机关依法处置。

第十六条　审计听证会应当按照下列程序进行：

（一）主持人宣读审计听证会的纪律和应注意的事项；

（二）主持人宣布审计听证会开始；

（三）主持人宣布案由并宣读参加审计听证会的主持人、书记员、听证参加人的姓名、工作单位和职务；

（四）主持人告知当事人或者其代理人有申请书记员回避的权利，并询问当事人或者其代理人是否申请回避；

（五）本案审计人员提出当事人违法的事实、证据和审计处罚的法律依据以及审计处罚建议；

（六）当事人进行陈述、申辩；

（七）在主持人允许下，双方进行质证、辩论；

（八）双方作最后陈述；

（九）书记员将所作的笔录交听证双方当场确认并签字或者盖章；

（十）主持人宣布审计听证会结束。

第十七条　有下列情形之一的，可以延期举行审计听证会：

（一）当事人或者其代理人有正当理由未到场的；

（二）需要通知新的证人到场，或者有新的事实需要重新调查核实的；

（三）主持人应当回避，需要重新确定主持人的；

（四）其他需要延期的情形。

第十八条　审计听证会结束后，主持人应当将审计听证笔录、案卷材料等一并报送审计机关。

审计机关根据审计听证笔录以及有关审理意见，区别以下情形作出决定：

（一）确有应受审计处罚的违法行为的，根据情节轻重及具体情况，作出审计处罚；

（二）违法事实不能成立的，不予审计处罚；

（三）违法行为轻微，依法依规可以不予审计处罚的，不予审计处罚。

违法行为涉嫌犯罪的，审计机关应当依法依规移送监察机关或者司法机关处理。

第十九条　审计机关不得因当事人要求审计听证、在审计听证中进行申辩和质证而加重处罚。

第二十条　审计听证文书和有关资料应当归入相应的审计项目档案。

第二十一条　审计听证文书送达适用《中华人民共和国民事诉讼法》的有关规定。

第二十二条　本规定由审计署负责解释。

第二十三条　本规定自发布之日起施行。审计署于 2000 年 1 月 28 日发布的《审计机关审计听证的规定》（2000 年审计署第 1 号令）同时废止。

附件：1. 审计听证告知书（参考格式）

2. 审计听证会通知书（参考格式）

3. 审计听证笔录（参考格式）

附件 1

××××（审计机关全称）

审计听证告知书

审 × 听告〔××××〕×× 号

××× 关于 ××××× 的审计听证告知书

_____ :

经审计，发现你 / 你单位 ××××× 行为违反了国家有关规定，拟依法对你 / 你单

位处以 ×××× 元的罚款 / 没收 ×××× 元违法所得 /××××（法律、法规、规章规定的其他情形）。现根据《中华人民共和国行政处罚法》第六十三条的规定和《审计机关审计听证规定》第三条、第五条的规定，告知你 / 你单位有权要求举行听证，你 / 你单位可以自收到本告知书之日起 5 个工作日内，向本机关提出书面申请，列明审计听证要求，并签名或者盖章。逾期不提出书面申请的，视为放弃审计听证权利。

附件：审计处罚依据的事实、证据和适用的法律法规

（审计机关署名及印章）

××××年×月×日

附件 2

××××（审计机关全称）

审计听证会通知书

审 × 听通〔××××〕×× 号

××× 关于 ××××× 的审计听证会通知书

_____：

你 / 你单位于 ×× 年 ×× 月 ×× 日提出的听证要求收悉。经研究，决定于××××（时间）在 ×××（地点）举行审计听证会，请届时参加。

审计听证会的主持人为 ×××，书记员为 ×××。如果你 / 你单位认为主持人、书记员与本案有直接利害关系，有权申请其回避并说明理由。

你 / 你单位法定代表人可以亲自参加听证，也可以委托一至二人代理参加审计听证，代理人应当出具载明代理人的代理权限的授权委托书。

（审计机关署名及印章）

××××年×月×日

附件 3

审计听证笔录

案由：

听证时间：　　年　月　日

听证地点：

听证主持人：　　　　　　　　　工作单位及职务：

书记员：　　　　　　　　　　　工作单位及职务：

当事人：　　　　　　　　　　　工作单位及职务：

法定代表人：

住址：

委托代理人：　　　　　　　　　工作单位及职务：

本案审计人员：　　　　　　　　工作单位及职务：

其他听证参加人：　　　　　　　工作单位及职务：

主持人：现在宣读审计听证会的纪律和应注意的事项（略）。听证会参与各方是否听清楚了上述内容？

当事人：

审计人员：

其他听证参加人：

主持人：我宣布×××关于×××××的审计听证会正式开始。现在宣读参加审计听证会的主持人、书记员和听证参加人的姓名、工作单位和职务（略）。当事人，你有申请书记员回避的权利，是否申请回避？

当事人：

主持人：请本案审计人员提出当事人违法的事实、证据和审计处罚的法律依据以及审计处罚建议。

审计人员：

主持人：请当事人进行陈述、申辩。

当事人：

主持人：审计人员、当事人现在可以进行质证、辩论。

审计人员：

当事人：

主持人：审计人员，请作最后陈述。

审计人员：

主持人：当事人，请作最后陈述。

当事人：

主持人：我宣布审计听证会结束。请听证双方与书记员核对、确认审计听证笔录，确认无误后，在笔录每一页下方签名或者盖章。

审计署关于严禁通过社会审计组织获取非法收入的通知

（审纪监发〔2001〕99 号）

各省、自治区、直辖市和计划单列市审计厅（局），署机关各单位、各特派员办事处、各派出审计局：

按照《中共中央办公厅、国务院办公厅关于中央党政机关与所办经济实体和管理的直属企业脱钩有关问题的通知》（中办发〔1998〕27 号）关于"各类审计、会计师事务所一律与各部门脱钩"的要求，各级审计机关对过去兴办的社会审计组织进行了脱钩改制，目前已基本完成。社会审计组织真正成了自主经营、自担风险、自我约束、自我发展的社会中介机构。但是，仍有一些审计机关和审计人员利用审计职权或影响，为社会审计组织介绍审计业务，从中获取非法收入，直接影响了审计机关的形象和声誉。从群众来信反映的情况看，主要问题：一是有的审计机关与社会审计组织脱钩后，仍然存在明脱暗不脱的现象；二是有的审计机关利用审计职权，将一些审计项目交给社会审计组织预审或审计，从中收取协作费或参与收费分成；三是有的审计人员利用工作便利条件，为社会审计组织介绍审计业务，从中收取介绍费、回扣；四是个别审计人员甚至参与社会审计组织审计，从中收取劳务费。

为保证中央关于社会审计组织与各部门彻底脱钩的要求落到实处，促进审计机关和审计人员为政清廉，现将有关事项通知如下：

一、尚未与社会审计组织在人、财、物和业务等方面彻底脱钩的审计机关，必须于2002 年 3 月 31 日前彻底脱钩。

二、审计机关不准将审计工作计划内的审计项目，交给社会审计组织预审或审计，不得通过社会审计组织取得非法收入。

三、审计机关和审计人员不准利用职权为社会审计组织介绍审计业务或直接参与其审计，从中收取业务介绍费、劳务费或参与收费分成。

四、违反上述规定的，要严肃查处，并追究所在单位主管领导及直接责任人的责任。情节轻微的，要作出检查，进行批评教育；情节严重、性质恶劣、影响较大的，要依照《国家公务员暂行条例》，给予行政处分。

国务院法制办公室关于审计机关是否有权要求
国有商业银行提供存款电子数据的意见

（国法函〔2003〕42 号）

审计署：

你署送来的《关于请明确审计机关是否有权要求国有商业银行提供存款电子数据的函》（审函〔2003〕37 号）收悉。经研究，现提出以下意见，供参考：

一、按照审计法和审计法实施条例的有关规定，审计机关对被审计单位进行审计监督时，有权要求被审计单位报送与其财务收支有关的资料，有权检查被审计单位与其财务收支有关的资料和资产，包括检查被审计单位运用电子计算机管理财务收支的财务会计核算系统；被审计单位应当向审计机关提供与其财务收支有关的情况和资料，包括运用电子计算机存储、处理的财务收支电子数据以及有关资料。

二、审计机关对被审计单位进行审计监督时，应当严格遵循审计法和国家其他有关法律的规定。审计机关要求提供和检查的资料，应当以履行审计监督职责所必需为限，并且应当用于审计监督目的；审计机关要求提供和检查的材料，不应当超出履行审计监督职责所必需的范围，也不应当用于审计监督以外的目的。

三、审计机关在履行审计监督职责中，对所知悉的国家秘密、商业秘密和其他受法律保护的秘密，应当依法承担保密责任。

财政违法行为处罚处分条例

（2004 年 11 月 30 日中华人民共和国国务院令第 427 号公布　根据 2011 年 1 月 8 日《国务院关于废止和修改部分行政法规的决定》修订）

第一条　为了纠正财政违法行为，维护国家财政经济秩序，制定本条例。

第二条　县级以上人民政府财政部门及审计机关在各自职权范围内，依法对财政违法行为作出处理、处罚决定。

省级以上人民政府财政部门的派出机构，应当在规定职权范围内，依法对财政违法行为作出处理、处罚决定；审计机关的派出机构，应当根据审计机关的授权，依法对财政违法行为作出处理、处罚决定。

根据需要，国务院可以依法调整财政部门及其派出机构（以下统称财政部门）、审计机关及其派出机构（以下统称审计机关）的职权范围。

有财政违法行为的单位，其直接负责的主管人员和其他直接责任人员，以及有财政违法行为的个人，属于国家公务员的，由监察机关及其派出机构（以下统称监察机关）或者任免机关依照人事管理权限，依法给予行政处分。

第三条　财政收入执收单位及其工作人员有下列违反国家财政收入管理规定的行为之一的，责令改正，补收应当收取的财政收入，限期退还违法所得。对单位给予警告或者通报批评。对直接负责的主管人员和其他直接责任人员给予警告、记过或者记大过处分；情节严重的，给予降级或者撤职处分：

（一）违反规定设立财政收入项目；

（二）违反规定擅自改变财政收入项目的范围、标准、对象和期限；

（三）对已明令取消、暂停执行或者降低标准的财政收入项目，仍然依照原定项目、标准征收或者变换名称征收；

（四）缓收、不收财政收入；

（五）擅自将预算收入转为预算外收入；

（六）其他违反国家财政收入管理规定的行为。

《中华人民共和国税收征收管理法》等法律、行政法规另有规定的，依照其规定给予行政处分。

第四条 财政收入执收单位及其工作人员有下列违反国家财政收入上缴规定的行为之一的，责令改正，调整有关会计账目，收缴应当上缴的财政收入，限期退还违法所得。对单位给予警告或者通报批评。对直接负责的主管人员和其他直接责任人员给予记大过处分；情节较重的，给予降级或者撤职处分；情节严重的，给予开除处分：

（一）隐瞒应当上缴的财政收入；

（二）滞留、截留、挪用应当上缴的财政收入；

（三）坐支应当上缴的财政收入；

（四）不依照规定的财政收入预算级次、预算科目入库；

（五）违反规定退付国库库款或者财政专户资金；

（六）其他违反国家财政收入上缴规定的行为。

《中华人民共和国税收征收管理法》《中华人民共和国预算法》等法律、行政法规另有规定的，依照其规定给予行政处分。

第五条 财政部门、国库机构及其工作人员有下列违反国家有关上解、下拨财政资金规定的行为之一的，责令改正，限期退还违法所得。对单位给予警告或者通报批评。对直接负责的主管人员和其他直接责任人员给予记过或者记大过处分；情节较重的，给予降级或者撤职处分；情节严重的，给予开除处分：

（一）延解、占压应当上解的财政收入；

（二）不依照预算或者用款计划核拨财政资金；

（三）违反规定收纳、划分、留解、退付国库库款或者财政专户资金；

（四）将应当纳入国库核算的财政收入放在财政专户核算；

（五）擅自动用国库库款或者财政专户资金；

（六）其他违反国家有关上解、下拨财政资金规定的行为。

第六条 国家机关及其工作人员有下列违反规定使用、骗取财政资金的行为之一的，责令改正，调整有关会计账目，追回有关财政资金，限期退还违法所得。对单位给予警告或者通报批评。对直接负责的主管人员和其他直接责任人员给予记大过处分；情节较重的，给予降级或者撤职处分；情节严重的，给予开除处分：

（一）以虚报、冒领等手段骗取财政资金；

（二）截留、挪用财政资金；

（三）滞留应当下拨的财政资金；

（四）违反规定扩大开支范围，提高开支标准；

（五）其他违反规定使用、骗取财政资金的行为。

第七条 财政预决算的编制部门和预算执行部门及其工作人员有下列违反国家有关预算管理规定的行为之一的，责令改正，追回有关款项，限期调整有关预算科目和预算级次。对单位给予警告或者通报批评。对直接负责的主管人员和其他直接责任人员给予警告、记过或者记大过处分；情节较重的，给予降级处分；情节严重的，给予撤职处分：

（一）虚增、虚减财政收入或者财政支出；

（二）违反规定编制、批复预算或者决算；

（三）违反规定调整预算；

（四）违反规定调整预算级次或者预算收支种类；

（五）违反规定动用预算预备费或者挪用预算周转金；

（六）违反国家关于转移支付管理规定的行为；

（七）其他违反国家有关预算管理规定的行为。

第八条　国家机关及其工作人员违反国有资产管理的规定，擅自占有、使用、处置国有资产的，责令改正，调整有关会计账目，限期退还违法所得和被侵占的国有资产。对单位给予警告或者通报批评。对直接负责的主管人员和其他直接责任人员给予记大过处分；情节较重的，给予降级或者撤职处分；情节严重的，给予开除处分。

第九条　单位和个人有下列违反国家有关投资建设项目规定的行为之一的，责令改正，调整有关会计账目，追回被截留、挪用、骗取的国家建设资金，没收违法所得，核减或者停止拨付工程投资。对单位给予警告或者通报批评，其直接负责的主管人员和其他直接责任人员属于国家公务员的，给予记大过处分；情节较重的，给予降级或者撤职处分；情节严重的，给予开除处分：

（一）截留、挪用国家建设资金；

（二）以虚报、冒领、关联交易等手段骗取国家建设资金；

（三）违反规定超概算投资；

（四）虚列投资完成额；

（五）其他违反国家投资建设项目有关规定的行为。

《中华人民共和国政府采购法》《中华人民共和国招标投标法》《国家重点建设项目管理办法》等法律、行政法规另有规定的，依照其规定处理、处罚。

第十条　国家机关及其工作人员违反《中华人民共和国担保法》及国家有关规定，擅自提供担保的，责令改正，没收违法所得。对单位给予警告或者通报批评。对直接负责的主管人员和其他直接责任人员给予警告、记过或者记大过处分；造成损失的，给予降级或者撤职处分；造成重大损失的，给予开除处分。

第十一条　国家机关及其工作人员违反国家有关账户管理规定，擅自在金融机构开立、使用账户的，责令改正，调整有关会计账目，追回有关财政资金，没收违法所得，依法撤销擅自开立的账户。对单位给予警告或者通报批评。对直接负责的主管人员和其他直接责任人员给予降级处分；情节严重的，给予撤职或者开除处分。

第十二条　国家机关及其工作人员有下列行为之一的，责令改正，调整有关会计账目，追回被挪用、骗取的有关资金，没收违法所得。对单位给予警告或者通报批评。对直接负责的主管人员和其他直接责任人员给予降级处分；情节较重的，给予撤职处分；情节严重的，给予开除处分：

（一）以虚报、冒领等手段骗取政府承贷或者担保的外国政府贷款、国际金融组织贷款；

（二）滞留政府承贷或者担保的外国政府贷款、国际金融组织贷款；

（三）截留、挪用政府承贷或者担保的外国政府贷款、国际金融组织贷款；

（四）其他违反规定使用、骗取政府承贷或者担保的外国政府贷款、国际金融组织贷款的行为。

第十三条　企业和个人有下列不缴或者少缴财政收入行为之一的，责令改正，调整有关会计账目，收缴应当上缴的财政收入，给予警告，没收违法所得，并处不缴或者少缴财政收入 10% 以上 30% 以下的罚款；对直接负责的主管人员和其他直接责任人员处 3 000 元以上 5 万元以下的罚款：

（一）隐瞒应当上缴的财政收入；

（二）截留代收的财政收入；

（三）其他不缴或者少缴财政收入的行为。

属于税收方面的违法行为，依照有关税收法律、行政法规的规定处理、处罚。

第十四条 企业和个人有下列行为之一的，责令改正，调整有关会计账目，追回违反规定使用、骗取的有关资金，给予警告，没收违法所得，并处被骗取有关资金 10% 以上 50% 以下的罚款或者被违规使用有关资金 10% 以上 30% 以下的罚款；对直接负责的主管人员和其他直接责任人员处 3 000 元以上 5 万元以下的罚款：

（一）以虚报、冒领等手段骗取财政资金以及政府承贷或者担保的外国政府贷款、国际金融组织贷款；

（二）挪用财政资金以及政府承贷或者担保的外国政府贷款、国际金融组织贷款；

（三）从无偿使用的财政资金以及政府承贷或者担保的外国政府贷款、国际金融组织贷款中非法获益；

（四）其他违反规定使用、骗取财政资金以及政府承贷或者担保的外国政府贷款、国际金融组织贷款的行为。

属于政府采购方面的违法行为，依照《中华人民共和国政府采购法》及有关法律、行政法规的规定处理、处罚。

第十五条 事业单位、社会团体、其他社会组织及其工作人员有财政违法行为的，依照本条例有关国家机关的规定执行；但其在经营活动中的财政违法行为，依照本条例第十三条、第十四条的规定执行。

第十六条 单位和个人有下列违反财政收入票据管理规定的行为之一的，销毁非法印制的票据，没收违法所得和作案工具。对单位处 5 000 元以上 10 万元以下的罚款；对直接负责的主管人员和其他直接责任人员处 3 000 元以上 5 万元以下的罚款。属于国家公务员的，还应当给予降级或者撤职处分；情节严重的，给予开除处分：

（一）违反规定印制财政收入票据；

（二）转借、串用、代开财政收入票据；

（三）伪造、变造、买卖、擅自销毁财政收入票据；

（四）伪造、使用伪造的财政收入票据监（印）制章；

（五）其他违反财政收入票据管理规定的行为。

属于税收收入票据管理方面的违法行为，依照有关税收法律、行政法规的规定处理、处罚。

第十七条 单位和个人违反财务管理的规定，私存私放财政资金或者其他公款的，责令改正，调整有关会计账目，追回私存私放的资金，没收违法所得。对单位处 3 000 元以上 5 万元以下的罚款；对直接负责的主管人员和其他直接责任人员处 2 000 元以上 2 万元以下的罚款。属于国家公务员的，还应当给予记大过处分；情节严重的，给予降级或者撤职处分。

第十八条 属于会计方面的违法行为，依照会计方面的法律、行政法规的规定处理、处罚。对其直接负责的主管人员和其他直接责任人员，属于国家公务员的，还应当给予警告、记过或者记大过处分；情节较重的，给予降级或者撤职处分；情节严重的，给予开除处分。

第十九条 属于行政性收费方面的违法行为，《中华人民共和国行政许可法》《违反行政事业性收费和罚没收入收支两条　线管理规定行政处分暂行规定》等法律、行政法规及国务院另有规定的，有关部门依照其规定处理、处罚、处分。

第二十条 单位和个人有本条例规定的财政违法行为，构成犯罪的，依法追究刑事责任。

第二十一条 财政部门、审计机关、监察机关依法进行调查或者检查时，被调查、检查的单位和个人应当予以配合，如实反映情况，不得拒绝、阻挠、拖延。

违反前款规定的，责令限期改正。逾期不改正的，对属于国家公务员的直接负责的主管人员和其他直接责任人员，给予警告、记过或者记大过处分；情节严重的，给予降级或者撤职处分。

第二十二条 财政部门、审计机关、监察机关依法进行调查或者检查时，经县级以上人民政府财政部门、审计机关、监察机关的负责人批准，可以向与被调查、检查单位有经济业务往来的单位查询有关情况，可以向金融机构查询被调查、检查单位的存款，有关单位和金融机构应当配合。

财政部门、审计机关、监察机关在依法进行调查或者检查时，执法人员不得少于2人，并应当向当事人或者有关人员出示证件；查询存款时，还应当持有县级以上人民政府财政部门、审计机关、监察机关签发的查询存款通知书，并负有保密义务。

第二十三条 财政部门、审计机关、监察机关依法进行调查或者检查时，在有关证据可能灭失或者以后难以取得的情况下，经县级以上人民政府财政部门、审计机关、监察机关的负责人批准，可以先行登记保存，并应当在7日内及时作出处理决定。在此期间，当事人或者有关人员不得销毁或者转移证据。

第二十四条 对被调查、检查单位或者个人正在进行的财政违法行为，财政部门、审计机关应当责令停止。拒不执行的，财政部门可以暂停财政拨款或者停止拨付与财政违法行为直接有关的款项，已经拨付的，责令其暂停使用；审计机关可以通知财政部门或者其他有关主管部门暂停财政拨款或者停止拨付与财政违法行为直接有关的款项，已经拨付的，责令其暂停使用，财政部门和其他有关主管部门应当将结果书面告知审计机关。

第二十五条 依照本条例规定限期退还的违法所得，到期无法退还的，应当收缴国库。

第二十六条 单位和个人有本条例所列财政违法行为，财政部门、审计机关、监察机关可以公告其财政违法行为及处理、处罚、处分决定。

第二十七条 单位和个人有本条例所列财政违法行为，弄虚作假骗取荣誉称号及其他有关奖励的，应当撤销其荣誉称号并收回有关奖励。

第二十八条 财政部门、审计机关、监察机关的工作人员滥用职权、玩忽职守、徇私舞弊的，给予警告、记过或者记大过处分；情节较重的，给予降级或者撤职处分；情节严重的，给予开除处分。构成犯罪的，依法追究刑事责任。

第二十九条 财政部门、审计机关、监察机关及其他有关监督检查机关对有关单位或者个人依法进行调查、检查后，应当出具调查、检查结论。有关监督检查机关已经作出的调查、检查结论能够满足其他监督检查机关履行本机关职责需要的，其他监督检查机关应当加以利用。

第三十条 财政部门、审计机关、监察机关及其他有关机关应当加强配合，对不属于其职权范围的事项，应当依法移送。受移送机关应当及时处理，并将结果书面告知移送机关。

第三十一条 对财政违法行为作出处理、处罚和处分决定的程序，依照本条例和《中华人民共和国行政处罚法》《中华人民共和国行政监察法》等有关法律、行政法规的规定执行。

第三十二条　单位和个人对处理、处罚不服的，依照《中华人民共和国行政复议法》《中华人民共和国行政诉讼法》的规定申请复议或者提起诉讼。

国家公务员对行政处分不服的，依照《中华人民共和国行政监察法》《中华人民共和国公务员法》等法律、行政法规的规定提出申诉。

第三十三条　本条例所称"财政收入执收单位"，是指负责收取税收收入和各种非税收入的单位。

第三十四条　对法律、法规授权的具有管理公共事务职能的组织以及国家行政机关依法委托的组织及其工勤人员以外的工作人员，企业、事业单位、社会团体中由国家行政机关以委任、派遣等形式任命的人员以及其他人员有本条例规定的财政违法行为，需要给予处分的，参照本条例有关规定执行。

第三十五条　本条例自 2005 年 2 月 1 日起施行。1987 年 6 月 16 日国务院发布的《国务院关于违反财政法规处罚的暂行规定》同时废止。

国外贷援款项目公证审计工作管理办法（暂行）

（审外资发〔2005〕13 号印发）

根据《审计署 2003 至 2007 年审计工作发展规划》要求，审计署外资司（简称外资司）承担的国外贷援款项目公证审计业务将逐步由审计署国外贷援款项目审计服务中心（简称署外资审计中心）承担。为明确和规范署外资司、各省级审计机关、各特派员办事处和署外资审计中心各自的职责，保证国外贷援款项目公证审计工作的顺利进行，特制定如下办法：

一、外资司是审计署对全国国外贷援款项目公证审计工作进行管理的职能部门，负责国外贷援款项目公证审计的业务指导、制订审计规范、审计质量监督，负责办理国外贷援款项目公证审计的授权和委托，负责与国家主管部门沟通并达成国外贷援款项目公证审计框架协议，负责与国外贷援款机构的官方往来。

二、署外资审计中心是审计署从事国外贷援款项目公证审计业务的事业单位。接受审计署外资司的委托，具体实施国外贷援款项目的公证审计，独立对国外贷援款机构出具项目公证审计报告，就公证审计事项与国家主管部门和国外贷援款机构进行沟通。

三、外资司除每年保留少量与本司年度审计工作重点有关的国外贷援款项目公证审计外，从 2005 年起，将其执行的国外贷援款项目公证审计业务在 3 年内逐步移交给署外资审计中心。

四、从 2005 审计年度起，外资司和各特派员办事处出具的国外贷援款项目公证审计报告，将统一以署外资审计中心名义对外出具，外资司将有关国外贷援款项目的公证审计任务委托给各特派员办事处和署外资审计中心。审计署对各省级审计机关的国外贷援款项目审计授权方式和各省级审计机关出具公证审计报告的程序不变。

五、外资司和各特派员办事处出具的项目公证审计报告（中英文），经本单位负责人签发后（不需在公证审计报告审计师意见栏内签字或加盖公章），以书面和电子形式在规定时间内送署外资审计中心。署外资审计中心对公证审计报告进行复核、印制并盖章后提交给国外贷援款机构。外资司和各特派员办事处对各自审计项目和公证审计报告（中英文）的质量负责，署外资审计中心对公证审计报告格式和文字表述的规范性负复核责任。

六、为保证公证审计报告及时提交给国外贷援款机构，外资司和各特派员办事处应在国外贷援款机构规定的提交公证审计报告截止期前 15 日，将公证审计报告（中英文）送署外资审计中心，待署外资审计中心对外出具公证审计报告后，在该审计报告副本上盖本单位公章送被审计单位。

七、各审计机构对拟出具有保留意见、拒绝发表意见和反对意见的公证审计报告应向外资司通报，对重大问题应按规定程序与外资司协商处理。

八、外资司将不定期地对授权或委托审计的国外贷援款项目公证审计质量进行检查，对违反审计规范和其他存在审计风险的问题进行纠正。

审计署审计报告审核审定暂行办法

（审法发〔2005〕27 号印发）

第一条　为了规范审计署审计报告审核审定程序，明确审核审定责任，提高审计质量，防范审计风险，根据《审计机关审计项目质量控制办法（试行）》的有关规定，制定本办法。

第二条　审计署业务司、派出审计局直接实施的所有审计项目的审计报告，审计署业务司负责汇总特派办提交的审计报告，以及特派办直接实施需由审计署出具（但不需要经过业务司审核）的审计报告，均应按本办法规定进行审核审定。

第三条　审计署审计报告的审核审定，实行审计报告代拟部门和复核机构各司其职、总审计师统一把关、署领导分工负责、审计业务会议集体研究审定相结合的原则。

第四条　审计报告审核审定的程序：

（一）审计报告代拟部门在研究审核审计组或特派办提交的审计报告后，代拟审计署审计报告（含审计决定书、审计移送处理书，下同），一并送复核机构进行复核；

（二）复核机构进行复核后，提出复核意见，由审计报告代拟部门作出相应的修改并附采纳复核意见情况说明，送总审计师审核；

（三）总审计师审核后，经分管副审计长审核并提交审计业务会议审议。不需要召开审计业务会议的，直接送分管副审计长审定、签发。

第五条　总审计师在审核审计报告过程中，可视需要召集有关人员，聘请有关专家，召开专题会议。

第六条　自审计报告代拟部门收到审计组或特派办审计报告至审计署正式出具审计报告的时间，一般应控制在 30 个工作日以内。其中：审计报告代拟部门代拟审计报告、复核机构复核审计报告、总审计师审核审计报告的时间，分别控制在 7 个工作日以内；提交审计业务会议审议的时间控制在 6 个工作日以内，分管副审计长审定、签发时间控制在 3 个工作日以内。如遇特殊情况可适当延长控制时间，但每个环节延长时间一般不超过 3 个工作日。

第七条　凡列入审计署统一组织项目计划且符合本办法第二条规定的审计项目的审计报告，均应提交审计业务会议进行审议。

审计署业务司、派出审计局实施的非统一组织项目计划的其他项目的审计报告，有下列情况的也提交审计业务会议进行审议：

（一）审计查出金额巨大或情节严重的；

（二）涉及国家秘密或被审计单位商业秘密的；

（三）被审计单位与审计组对问题认定存在较大分歧的；

（四）审计问题定性、处理、处罚涉及的法律、法规等规定不明确，较难作出审计结论的；

（五）审计处理处罚决定执行后以及审计结果向社会公告后，可能引起社会关注或产生较大影响的。

第八条 确定召开审计业务会议后，由署办公厅负责安排会议时间、地点，通知参加会议人员，并于会前至少1个工作日分送会议材料。

第九条 审计报告代拟部门应为审计业务会议准备并经办公厅提交下列材料：

（一）审计署审计报告代拟稿，或审计署业务司汇总特派办的审计报告代拟稿，特派办直接实施需由审计署出具的审计报告代拟稿；

（二）审计组审计报告征求意见稿及被审计单位反馈意见；

（三）审计组审计报告修订稿及被审计单位反馈意见采纳情况说明；

（四）复核机构复核意见、总审计师审核意见及审计报告代拟部门采纳复核、审核意见情况的说明；

（五）其他相关材料，如重要问题的审计取证材料、相关的法律法规等。

第十条 审计业务会议由审计长主持，或者由其委托的副审计长主持。

第十一条 审计业务会议参加人员包括：审计长、副审计长、总审计师，办公厅、复核机构、审计报告代拟部门和相关业务部门负责人等。审计组、复核机构及办公厅有关人员，可以视具体情况列席会议。

第十二条 审计业务会议后，由审计报告代拟部门根据会议决定，修改审计报告代拟稿，送分管副审计长审定、签发。

第十三条 复核机构负责审计业务会议的记录工作。审计报告代拟部门应当将审计业务会议记录归入相应的审计项目档案。

第十四条 审计报告审核审定及相关的责任划分是：

（一）审计人员主要对审计报告列示问题所需审计证据的相关性、客观性、充分性和合法性负责；

（二）审计组组长主要对审计报告所列审计发现问题的真实性和完整性负责；

（三）审计报告代拟部门主要对审计署审计报告代拟稿中审计评价的恰当性，审计事实的准确性，审计定性和处理处罚及引用法规的正确性，审计建议的针对性、可行性，以及整个审计报告的规范性负直接责任；

（四）复核机构对本条第三项所列事项负间接责任；

（五）总审计师、分管副审计长、审计长对审核和审定、签发的审计报告负领导责任；

（六）审计业务会议对审计报告负集体决策责任。

第十五条 复核机构复核和总审计师审核时，发现未充分履行第十四条第三项职责，存在多处不当或差错的，可将审计报告退回审计报告代拟部门进行修改。

第十六条 发现违反本办法的行为，情况严重的，应予以通报批评，并追究有关人员的责任。相关审计项目不得参加优秀审计项目评选。

第十七条 对专项审计调查报告，应当参照本办法有关规定进行审核、审定。

第十八条 本办法自发布之日起施行。以前发布的有关规定同时废止。

审计署　中国人民银行　银保监会　证监会关于审计机关查询单位和个人在金融机构账户和存款有关问题的通知

（审法发〔2022〕7号）

2021年10月23日，国家主席习近平签署第100号主席令，公布《全国人民代表大会常务委员会关于修改〈中华人民共和国审计法〉的决定》，自2022年1月1日起施行。修订后的审计法第三十七条第二款、第三款规定："审计机关经县级以上人民政府审计机关负责人批准，有权查询被审计单位在金融机构的账户。""审计机关有证据证明被审计单位违反国家规定将公款转入其他单位、个人在金融机构账户的，经县级以上人民政府审计机关主要负责人批准，有权查询有关单位、个人在金融机构与审计事项相关的存款。"为进一步落实上述规定，规范审计机关查询被审计单位在金融机构的账户和有关单位、个人在金融机构的存款（以下统称单位、个人账户和存款）工作，现就有关事项通知如下：

一、审计机关在审计（含专项审计调查，下同）过程中，有权依法向金融机构查询单位、个人账户和存款，并取得证明材料，金融机构应当予以协助。审计机关查询的账户和存款，包括单位、个人在政策性银行、商业银行、城市信用合作社、农村信用合作社、保险公司、信托投资公司、财务公司、金融租赁公司、中央国债登记结算公司、中国证券登记结算有限责任公司、证券公司、证券投资基金管理公司、期货公司以及经国务院金融监督管理机构批准设立的其他金融机构（以下统称金融机构）开立的银行、资金、证券、基金、信托、保险等各类账户，以及在金融机构办理的储蓄账户、结算账户以及买卖证券、基金等的资金账户的资金。

二、审计机关查询单位、个人账户和存款应当严格依法履行审批程序。查询被审计单位账户应当经县级以上人民政府审计机关（含省级以上人民政府审计机关派出机构，下同）负责人批准，制发协助查询通知书；查询其他单位、个人存款应当取得相关的证明材料（主要涉及其他单位、个人与被审计单位之间的关系、款项的来源、款项使用情况、相关当事人确认的被审计单位违反国家规定将公款转入其他单位、个人在金融机构账户的调查记录等），以此认定被审计单位违反国家规定将公款转入其他单位、个人在金融机构账户，并经县级以上人民政府审计机关主要负责人批准，制发协助查询通知书。

三、审计机关查询单位、个人账户和存款时，应当向有关金融机构送达协助查询通知书。审计人员具体执行查询任务时，应当由两名以上审计人员参加，并出示审计人员的工作证件和审计通知书。

四、审计机关查询单位、个人账户和存款时，应当向金融机构提供账户名称、账号或者有关身份信息。对因群众举报等原因，审计机关无法提供上述信息的，审计机关应当向金融机构说明原因，由金融机构协助查询。

五、审计机关查询单位、个人账户和存款的内容，主要包括开户销户情况、交易日期、内容、金额和账户余额情况，以及交易资金流向、交易设备和网络信息、第三方支付信息等记录。

六、审计机关查询单位、个人账户和存款时，可以对相关资料进行抄录、复印、照相，或拷贝电子数据，但不得带走原件。金融机构应当在其提供的证明材料上注明来源并盖章。

七、金融机构应当依法协助审计机关办理查询工作，如实提供相关资料，不得隐匿。金融机构协助复制存款资料等支付了成本费用的，可以按照相关规定向审计机关收取工本费。

八、审计机关需要到异地查询单位、个人账户和存款的，可以直接到异地金融机构进行查询，也可以委托当地审计机关查询。

九、对金融机构提供的有关资料以及在查询工作中知悉的国家秘密、工作秘密、商业秘密、个人隐私和个人信息，审计机关和审计人员应当依法予以保密。对审计机关查询单位、个人账户和存款的情况和内容，金融机构及其工作人员应当保密，不得告知有关单位或者个人。

十、审计机关和审计人员违反本通知的规定进行查询，由上级审计机关依法追究有关人员的责任；金融机构和有关工作人员未按本通知的规定协助查询，由有关金融监管机构依法追究有关人员的责任。

十一、以上各项规定请各级审计机关、各金融机构认真贯彻执行。对执行中遇到的问题，请及时报告上级审计机关和相应的金融监管机构。

十二、本通知自印发之日起执行。《审计署 人民银行 银监会证监会关于审计机关查询被审计单位在金融机构账户和存款有关问题的通知》（审法发〔2006〕67号）同时废止。

附件：

1. 协助查询单位账户通知书（略）
2. 协助查询单位、个人存款通知书（略）

审计署 人民银行

银保监会 证监会

2022年1月24日

审计署关于进一步规范审计移送工作的意见

（审法发〔2006〕66号）

署机关各业务司、各特派员办事处，各派出审计局：

为进一步规范审计移送行为，提高审计移送工作的质量和水平，更好地履行审计监督职责，根据《中华人民共和国审计法》和《行政执法机关移送涉嫌犯罪案件的规定》（国务院令第310号）等有关规定，现就规范审计署及其派出机构的审计移送工作提出以下意见：

一、审计发现的超越审计机关职权范围需要移送的事项，应区分不同情况办理移送：有关单位或个人涉嫌经济犯罪的案件，应移送公安机关或检察机关查处；没有涉嫌经济犯罪，但有关人员违反党纪政纪规定需要追究责任的，应移送纪检监察机关或相关干部管理部门查处；应由主管部门（单位）、监管部门或各级政府进行处理的其他问题，应移送有关部门（单位）或政府。审计署以《审计要情》形式上报有关案件线索和问题需要有关部门查处的，也应比照上述不同情况，在《审计要情》中提出具体的审计建议。

审计发现的有关移送处理事项，一般应通过《审计移送处理书》（格式见附件1、2、3）向有管辖权的部门（单位）、机关或政府进行移送，或通过《审计要情》等形式向上级反映。同一事项不得同时向多个部门（单位）、机关或政府移送，也不得既通过《审计要情》等形式反映，又通过《审计移送处理书》进行移送。

二、审计发现的涉嫌经济犯罪案件，应依照国家有关规定分别移送相关司法机关查处，其中涉嫌贪污贿赂、渎职以及国家机关工作人员利用职权实施的其他重大犯罪等职务犯罪案件，移送检察机关查处；涉嫌其他经济犯罪案件，移送公安机关查处。涉嫌经济犯罪案件只向一个机关移送。同一案件既涉嫌职务犯罪又涉嫌其他犯罪，检察和公安机关分别具有管辖权的，应向对主要涉嫌的犯罪有管辖权的机关移送，不得向两个或两个以上机关同时移送。

三、审计署各业务司、各派出审计局审计发现的涉嫌经济犯罪案件，全部以审计署名义移送给有管辖权的厅（局）级及以上的公安机关或检察机关，原则上不向市（地）级及以下的公安机关或检察机关移送案件。

各特派员办事处审计发现的涉嫌经济犯罪案件，应区别以下情况进行移送：涉案金额在1 000万元以上的案件，涉及副厅（局）级以上领导干部且涉案金额在100万元以上的案件，其他性质特别恶劣或具有一定社会影响的案件，统一交由审计署移送；其他涉嫌经济犯罪的案件，由相关特派员办事处直接向有管辖权的公安机关或检察机关移送。

四、审计发现有关人员违反党纪政纪规定需要追究责任的，应向涉及的被反映人其担任职务的同级纪检监察机关移送，同时担任两个以上职务的，一般应向与其担任最高职务同级的纪检监察机关移送。根据党政机关行文的规定以及纪检与监察部门合署办公的实际情况，审计发现需要向纪检监察机关移送的事项，一般应向监察机关移送。

五、审计发现需要由有关主管部门（单位）、监管部门或各级政府移送进行处理的，根据被审计单位级别或问题的性质向直接具有管辖权的主管部门（单位）、监管部门或各级政府移送。

各特派员办事处审计发现需要向部级监察机关、主管部门（单位）或监管部门以及省级政府移送的事项，统一交由审计署移送；其他需要移送的事项，由相关特派员办事处直接办理移送。

六、各单位在办理移送事项或通过《审计要情》等形式反映有关问题之前，对已经与有关部门、机关建立会商机制的，可以根据实际需要或经领导同意，经法制机构与相关部门、机关进行会商。

七、署机关各业务司、各派出审计局审计发现的所有应移送事项，由署法制司进行复核。各特派员办事处审计发现应交由审计署移送的事项，经特派员办事处复核机构复核和特派员办事处主要负责人审定后，将审计移送处理书代拟稿正式函送署主管业务司，抄送分管署领导。署主管业务司对审计移送处理书代拟稿审核修改，并作为发文主办单位办理发文，经法制司复核、分管署领导审核后，由审计长签发。署主管业务司发文办理的特派员办事处移送事项，审计移送处理书要抄送该特派员办事处。

八、各单位办理移送事项应明确责任，分工负责。审计人员、审计组组长及审计组所在部门负责人对审计移送处理书涉及有关事实的真实性和适用法律的准确性负责；复核人员、复核机构负责人对出具复核意见的恰当性负责；审计机关负责人对审计机关出具的审计移送处理书应严格审核把关。

九、署法制司和各特派员办事处法制机构分别负责定期对署机关及派出审计局、各特派员办事处移送事项的有关落实情况进行了解、跟踪和统计。署法制司负责对全署审计移送事项及落实情况进行统计汇总分析，并及时向署领导报告移送处理进展情况和结果。各特派员办事处应在向有关机关、部门送达审计移送处理书同时抄报审计署，并按要求向法制司报送《审计移送处理情况统计表》和《审计移送处理落实情况统计表》（见附件4，第4季度报表为全年累计数，即为年报）。

附件：1. 审计移送处理书格式（适用公安、检察机关）（略）
2. 审计移送处理书格式（适用纪检监察机关）（略）
3. 审计移送处理书格式（适用主管、监管部门或政府）（略）
4. 审计移送处理和落实情况统计表（略）

行政执法机关移送涉嫌犯罪案件的规定

（2001年7月9日中华人民共和国国务院令第310号公布　根据2020年8月7日《国务院关于修改〈行政执法机关移送涉嫌犯罪案件的规定〉的决定》修订）

第一条　为了保证行政执法机关向公安机关及时移送涉嫌犯罪案件，依法惩罚破坏社会主义市场经济秩序罪、妨害社会管理秩序罪以及其他罪，保障社会主义建设事业顺利进行，制定本规定。

第二条　本规定所称行政执法机关，是指依照法律、法规或者规章的规定，对破坏社会主义市场经济秩序、妨害社会管理秩序以及其他违法行为具有行政处罚权的行政机关，以及法律、法规授权的具有管理公共事务职能、在法定授权范围内实施行政处罚的组织。

第三条　行政执法机关在依法查处违法行为过程中，发现违法事实涉及的金额、违法事实的情节、违法事实造成的后果等，根据刑法关于破坏社会主义市场经济秩序罪、妨害社会管理秩序罪等罪的规定和最高人民法院、最高人民检察院关于破坏社会主义市场经济秩序罪、妨害社会管理秩序罪等罪的司法解释以及最高人民检察院、公安部关于经济犯罪案件的追诉标准等规定，涉嫌构成犯罪，依法需要追究刑事责任的，必须依照本规定向公安机关移送。

知识产权领域的违法案件，行政执法机关根据调查收集的证据和查明的案件事实，认为存在犯罪的合理嫌疑，需要公安机关采取措施进一步获取证据以判断是否达到刑事案件立案追诉标准的，应当向公安机关移送。

第四条　行政执法机关在查处违法行为过程中，必须妥善保存所收集的与违法行为有关的证据。

行政执法机关对查获的涉案物品，应当如实填写涉案物品清单，并按照国家有关规定予以处理。对易腐烂、变质等不宜或者不易保管的涉案物品，应当采取必要措施，留取证据；对需要进行检验、鉴定的涉案物品，应当由法定检验、鉴定机构进行检验、鉴定，并出具检验报告或者鉴定结论。

第五条　行政执法机关对应当向公安机关移送的涉嫌犯罪案件，应当立即指定2名或者2名以上行政执法人员组成专案组专门负责，核实情况后提出移送涉嫌犯罪案件的书面报告，报经本机关正职负责人或者主持工作的负责人审批。

行政执法机关正职负责人或者主持工作的负责人应当自接到报告之日起3日内作出批准移送或者不批准移送的决定。决定批准的，应当在24小时内向同级公安机关移送；决定不批准的，应当将不予批准的理由记录在案。

第六条 行政执法机关向公安机关移送涉嫌犯罪案件，应当附有下列材料：

（一）涉嫌犯罪案件移送书；

（二）涉嫌犯罪案件情况的调查报告；

（三）涉案物品清单；

（四）有关检验报告或者鉴定结论；

（五）其他有关涉嫌犯罪的材料。

第七条 公安机关对行政执法机关移送的涉嫌犯罪案件，应当在涉嫌犯罪案件移送书的回执上签字；其中，不属于本机关管辖的，应当在 24 小时内转送有管辖权的机关，并书面告知移送案件的行政执法机关。

第八条 公安机关应当自接受行政执法机关移送的涉嫌犯罪案件之日起 3 日内，依照刑法、刑事诉讼法以及最高人民法院、最高人民检察院关于立案标准和公安部关于公安机关办理刑事案件程序的规定，对所移送的案件进行审查。认为有犯罪事实，需要追究刑事责任，依法决定立案的，应当书面通知移送案件的行政执法机关；认为没有犯罪事实，或者犯罪事实显著轻微，不需要追究刑事责任，依法不予立案的，应当说明理由，并书面通知移送案件的行政执法机关，相应退回案卷材料。

第九条 行政执法机关接到公安机关不予立案的通知书后，认为依法应当由公安机关决定立案的，可以自接到不予立案通知书之日起 3 日内，提请作出不予立案决定的公安机关复议，也可以建议人民检察院依法进行立案监督。

作出不予立案决定的公安机关应当自收到行政执法机关提请复议的文件之日起 3 日内作出立案或者不予立案的决定，并书面通知移送案件的行政执法机关。移送案件的行政执法机关对公安机关不予立案的复议决定仍有异议的，应当自收到复议决定通知书之日起 3 日内建议人民检察院依法进行立案监督。

公安机关应当接受人民检察院依法进行的立案监督。

第十条 行政执法机关对公安机关决定不予立案的案件，应当依法作出处理；其中，依照有关法律、法规或者规章的规定应当给予行政处罚的，应当依法实施行政处罚。

第十一条 行政执法机关对应当向公安机关移送的涉嫌犯罪案件，不得以行政处罚代替移送。

行政执法机关向公安机关移送涉嫌犯罪案件前已经作出的警告，责令停产停业，暂扣或者吊销许可证、暂扣或者吊销执照的行政处罚决定，不停止执行。

依照行政处罚法的规定，行政执法机关向公安机关移送涉嫌犯罪案件前，已经依法给予当事人罚款的，人民法院判处罚金时，依法折抵相应罚金。

第十二条 行政执法机关对公安机关决定立案的案件，应当自接到立案通知书之日起 3 日内将涉案物品以及与案件有关的其他材料移交公安机关，并办结交接手续；法律、行政法规另有规定的，依照其规定。

第十三条 公安机关对发现的违法行为，经审查，没有犯罪事实，或者立案侦查后认为犯罪事实显著轻微，不需要追究刑事责任，但依法应当追究行政责任的，应当及时将案件移送同级行政执法机关，有关行政执法机关应当依法作出处理。

第十四条 行政执法机关移送涉嫌犯罪案件，应当接受人民检察院和监察机关依法实施的监督。

任何单位和个人对行政执法机关违反本规定，应当向公安机关移送涉嫌犯罪案件而不移送的，有权向人民检察院、监察机关或者上级行政执法机关举报。

第十五条 行政执法机关违反本规定，隐匿、私分、销毁涉案物品的，由本级或者上级人民政府，或者实行垂直管理的上级行政执法机关，对其正职负责人根据情节轻重，给予降级以上的处分；构成犯罪的，依法追究刑事责任。

对前款所列行为直接负责的主管人员和其他直接责任人员，比照前款的规定给予处分；构成犯罪的，依法追究刑事责任。

第十六条 行政执法机关违反本规定，逾期不将案件移送公安机关的，由本级或者上级人民政府，或者实行垂直管理的上级行政执法机关，责令限期移送，并对其正职负责人或者主持工作的负责人根据情节轻重，给予记过以上的处分；构成犯罪的，依法追究刑事责任。

行政执法机关违反本规定，对应当向公安机关移送的案件不移送，或者以行政处罚代替移送的，由本级或者上级人民政府，或者实行垂直管理的上级行政执法机关，责令改正，给予通报；拒不改正的，对其正职负责人或者主持工作的负责人给予记过以上的处分；构成犯罪的，依法追究刑事责任。

对本条第一款、第二款所列行为直接负责的主管人员和其他直接责任人员，分别比照前两款的规定给予处分；构成犯罪的，依法追究刑事责任。

第十七条 公安机关违反本规定，不接受行政执法机关移送的涉嫌犯罪案件，或者逾期不作出立案或者不予立案的决定的，除由人民检察院依法实施立案监督外，由本级或者上级人民政府责令改正，对其正职负责人根据情节轻重，给予记过以上的处分；构成犯罪的，依法追究刑事责任。

对前款所列行为直接负责的主管人员和其他直接责任人员，比照前款的规定给予处分；构成犯罪的，依法追究刑事责任。

第十八条 有关机关存在本规定第十五条、第十六条、第十七条所列违法行为，需要由监察机关依法给予违法的公职人员政务处分的，该机关及其上级主管机关或者有关人民政府应当依照有关规定将相关案件线索移送监察机关处理。

第十九条 行政执法机关在依法查处违法行为过程中，发现公职人员有贪污贿赂、失职渎职或者利用职权侵犯公民人身权利和民主权利等违法行为，涉嫌构成职务犯罪的，应当依照刑法、刑事诉讼法、监察法等法律规定及时将案件线索移送监察机关或者人民检察院处理。

第二十条 本规定自公布之日起施行。

审计署　公安部关于建立案件移送制度和加强工作协作配合的通知

（审法发〔2000〕42 号）

各省、自治区、直辖市审计厅（局）、公安厅（局），新疆生产建设兵团公安局，审计署各派出机构：

近年来，各级审计机关严格执行《中华人民共和国审计法》和其他有关法律、法规，按照国务院领导关于审计机关要突出重点，注重查处大案要案的指示精神，在审计过程中发现了大量犯罪线索，并根据有关法律关于案件管辖分工的规定，及时移送公安机关查处，取得了显著的成效。特别是 1997 年 10 月 1 日修订后的刑法施行之后，各级审计机关和公安机关密切配合，加大了查处和打击破坏社会主义市场经济秩序、侵犯财产和其他违法犯罪活动的力度。为进一步规范案件移送工作，加强协作配合，认真贯彻落实《中华人民共和国刑法》《中华人民共和国刑事诉讼法》《中华人民共和国审计法》及其他法律的有关规定，充分发挥审计机关和公安机关在维护财经秩序，打击经济犯罪方面的作用，现将有关事项通知如下：

一、建立健全案件移送制度。审计机关在审计过程中，发现被审计单位或者有关责任人员有犯罪嫌疑，属于公安机关管辖刑事案件范围（见附件1）的，应当填写《审计机关移送处理书》（见附件2），连同案件有关证据材料一并及时移送同级公安机关。公安机关对于审计机关移送的犯罪案件线索，应当填写《审计机关移送处理书送达回执》（见附件3），予以接受，并迅速进行审查。审查后，及时将立案的决定或者不立案的理由通知移送犯罪案件线索的审计机关，并将不立案的案件有关材料退还审计机关。经审查，对于属于其他公安机关管辖范围的犯罪案件，应当在24小时内，转送有关公安机关，并告知移送犯罪案件线索的审计机关。接受转送的公安机关经过审查后，应当将是否立案的决定及时通知移送犯罪案件线索的审计机关。审计机关对公安机关不立案的决定有异议的，可以提请公安机关进行复查；公安机关应当复查，并将复查结果通知审计机关。公安机关对接受的犯罪案件线索立案侦查终结，移送检察机关审查起诉后，应当及时通知移送犯罪案件线索的审计机关。公安机关在侦查活动中，发现有关单位有违反国家规定的财政、财务收支行为，属于审计机关的审计监督范围（见附件4）的，应当将违法行为线索移送审计机关处理。审计机关应当及时向公安机关通报处理结果。

二、加强办案协调与配合。审计机关和公安机关在查处经济违法犯罪案件工作中，要本着各司其职、通力合作的原则，互相支持，互相配合。为加强联系，有利工作，各级审计机关和公安机关要经常交流、通报情况，也可以根据需要建立联席会议制度，研究解决工作中存在的问题。审计机关在审计过程中，发现被审计单位或者有关责任人员有犯罪的重大嫌疑，并且有毁灭、伪造证据或者串供可能，或者企图自杀、逃跑或者在逃等情况，需要采取紧急措施的，应当立即报告公安机关，公安机关应当及时予以处置。公安机关在查处经济犯罪案件过程中，需要审计机关协助查证的，审计机关应当予以配合。

三、突出重点，加强对大案要案的查处。各级审计机关和公安机关应当充分发挥各自的优势，加强协作配合，加大打击力度，重点揭露走私，妨害对公司、企业的管理秩序，破坏金融管理秩序，金融诈骗，危害税收征管，扰乱市场秩序和侵犯财产等类案件，并依法进行严肃处理。审计机关对涉嫌犯罪的，要及时移送有管辖权的公安机关处理。各级公安机关对审计机关移送的犯罪案件线索，要集中优势警力，运用多种侦查手段，快侦快破，及时查处。

四、严格依法办案。在查处经济违法犯罪案件过程中，各级审计机关和公安机关应当严格依照法定的职责、权限和程，严格区分罪与非罪，既要防止以罚代刑，降格处理，又要防止扩大打击面。

五、各级审计机关和公安机关应当严格按照本通知的规定执行。在执行过程中遇到的问题，请分别报审计署、公安部。

附件：1. 审计机关在审计工作中常见的依法应移送公安机关管辖的刑事案件范围（略）
2. 审计机关移送处理书格式（略）
3. 审计机关移送处理书送达回执格式（略）
4. 审计机关的审计监督范围（略）

审计署 公安部
二○○○年四月二十七日

审计署　公安部关于进一步加强协作配合的通知

（审法发〔2006〕16 号）

各省、自治区、直辖市审计厅（局）、公安厅（局），各计划单列市审计局，新疆生产建设兵团审计局、公安局，审计署各特派员办事处、各派出审计局：

近年来，各级审计机关、公安机关按照《审计署、公安部关于建立案件移送制度和加强工作协作配合的通知》（审法发〔2000〕42 号）的要求，相互支持配合，在打击经济犯罪中发挥了积极作用。为认真贯彻落实 2005 年 10 月 21 日国务院召开的建立打击经济犯罪协调会商机制会议精神，进一步加大查处和打击经济犯罪的力度，密切审计机关与公安机关之间的协作配合，充分发挥审计机关和公安机关在维护国家经济安全、打击经济犯罪中的作用，根据《中华人民共和国审计法》《行政执法机关移送涉嫌犯罪案件的规定》等法律法规的规定，现就审计机关、公安机关在打击经济犯罪工作中进一步加强协作配合的有关事项通知如下：

一、建立审计署和公安部打击经济犯罪工作联席会议制度

审计署和公安部建立打击经济犯罪工作联席会议（以下简称联席会议）制度，联席会议成员由审计署分管法制工作的副审计长、总审计师和公安部分管经济犯罪侦查工作的部领导，以及审计署法制司和公安部经济犯罪侦查局等相关部门的负责人组成。根据工作需要，邀请最高人民法院、最高人民检察院等相关单位参加。联席会议主要负责研究提出打击经济犯罪协作配合工作的方针和总体要求；沟通交流查处和打击经济犯罪的工作情况；研究部署协作配合的重大事项和重要工作；协商解决协作配合中遇到的政策性、技术性问题；研究向国务院报告和向社会公告中涉及双方工作的重大问题。

联席会议原则上每年度召开一至两次，遇有重大、紧急事项可随时召开。

二、设立联席会议办事机构

审计署和公安部打击经济犯罪工作联席会议办公室设在审计署法制司，负责承担联席会议的日常工作。联席会议办公室由审计署办公厅、法制司和公安部经济犯罪侦查局的相关人员组成。联席会议办公室的主要任务是分析经济犯罪的形势和特点，通报涉嫌经济犯罪案件的移送、查处等办理情况；共同研判涉嫌重大经济犯罪案件和线索的性质和移送、查处工作；统一协调审计署与公安部之间涉嫌经济犯罪案件的移送工作和双方有关协作事宜；交流打击经济犯罪的工作经验，剖析典型案例，商讨预防和打击经济犯罪的对策、措施；负责联系公安部派驻审计署联络员；组织筹备联席会议等工作。

三、公安部向审计署派驻联络员

为及时沟通信息，加强对重大案件的协调会商，公安部向审计署派驻联络员，与联席会议办公室进行对口联系。公安部派驻审计署联络员的主要职责：一是负责与审计署的日常业务联络，了解审计署相关工作计划、进度和重点，做好相应的协作和配合工作；二是对审计署拟移送公安部查处的涉嫌经济犯罪案件进行研究，提供参考意见；三是及时研究和协调解决公安机关、审计机关办案协作中遇到的重大问题，协调开展对涉嫌重大经济犯罪案件的查处工作和依法采取必要的控制措施；四是掌握、反馈审计移送涉嫌经济犯罪案件的查处进展情况。

四、改进案件移送，强化管理工作

为加强和规范涉嫌经济犯罪案件的移送、查处工作，确保移送案件质量，加大督办力度，今后审计署各特派员办事处向公安机关移送的案件实行分类管理，重大案件统一由审计署向公安部移送，一般案件由各特派员办事处向省级公安机关移送。地方各级审计机关、公安机关应当严格按照《行政执法机关移送涉嫌犯罪案件的规定》的要求，规范案件移送受理行为，做好涉嫌经济犯罪案件的移送、查处工作。

审计署和公安部对移送查处的涉嫌经济犯罪案件应当建立规范、有效的管理制度，确定专人负责统计工作，定期汇总掌握总体情况，跟踪督办案件查处工作，注意总结经验和发现问题，不断改进和完善案件管理工作。各特派员办事处、省级公安机关应当及时沟通涉嫌经济犯罪案件的移送、查处情况，并将有关情况分别上报审计署和公安部。地方各级审计机关、公安机关也应当做好情况上报、移送处理、受理查处等环节的密切联系和协作衔接。

五、加强日常办案协作配合

各级审计机关、公安机关要通力合作，相互支持，积极开展和有力推动经济犯罪案件的查处工作。一方面，对审计移送涉嫌经济犯罪案件的定性、处理等咨询问题，公安机关应当及时提出意见。在审计工作中，需要对涉嫌经济犯罪情况进行调查的，需要对涉案嫌疑人员、可疑资金、证据资料采取紧急措施的，公安机关应当依法提供必要的协助。另一方面，对审计移送的涉嫌经济犯罪案件，公安机关认为需要进行补充审计、延伸审计的，对公安机关发现属于审计监督范围的案件、线索，以及对公安机关查办不属于审计监督范围的涉嫌重大经济犯罪案件，需要审计查证支持的，审计机关应当提供必要的协助。

六、加强培训、宣传工作

各级审计机关、公安机关应当加强查办经济犯罪业务培训工作，采取举办培训、专题研讨、联合办案等多种形式，增进彼此了解，提高执法办案的整体水平。加强对外宣传工作的协调沟通，适时曝光典型案件，揭露犯罪手法，以案释法，扩大打击经济犯罪的社会影响。

审计署　公安部

二〇〇〇年二月十七日

审计署办公厅关于加强聘请外部人员参与审计工作经费预算管理和支付管理的通知

（审办发〔2007〕63号）

署机关各单位、各特派员办事处、各派出审计局：

根据《审计署关于印发〈审计署聘请外部人员参与审计工作管理办法〉的通知》（审法发〔2006〕39号），经署领导同意，现就加强聘请外部人员参与审计工作经费（以下简称外聘经费）预算管理和支付管理通知如下：

一、每年7月底前，有关业务司应在测算聘请外部人员参与审计工作量的基础上，单独编

制下一年度外聘人员工作方案和经费预算,送办公厅统筹平衡、报署领导审定后,纳入审计署向财政部上报的部门"一上"预算。外聘经费应按照使用单位的不同区分为业务司外聘经费和特派办外聘经费,按照聘请外部人员类别的不同区分为聘请社会中介机构与其他机构人员经费和聘请专家经费。

二、财政部"一下"预算控制指标下达后,办公厅依据署统一组织审计划(或草案)进行统筹平衡后,提出有关业务司下年度外聘经费预算控制指标,报署领导审定后,纳入审计署向财政部上报的部门"二上"预算。有关业务司应依据办公厅下达的预算控制指标进一步细化外聘工作方案,明确外聘人员工作的目标、任务进度安排、质量要求和检查保障措施,统筹管理业务司和特派办外聘人员及相关事务。

三、聘请社会中介机构与其他机构人员一般应采取招标的方式确定人选,并与拟聘请人员所在机构签订协议。从外部聘请专家的,可不采取招标方式,只签订协议即可。外聘协议应符合合同法的有关规定,应明确双方的权利和义务,包括审计目标、内容和职责范围,工作时限和要求,外聘经费的付款方式和办法以及违约责任等。

四、有关业务司应加强对外聘工作的考核和管控。要在外聘协议中明确考核和管控的具体要求。使用外聘人员的单位应依据外聘人员工作质量和进度及时出具外聘人员(单位)工作质量和进度确认书(格式附后)。

五、外聘人员经费由审计署统一对外支付。有关业务司应依据外聘协议、外聘人员(单位)工作质量和进度确认书,提出外聘经费付款申请,经办公厅审核会签后,由相关业务司报分管审计长审批。分管审计长同意后,有关业务司应将领导签批件的原件及复印件送办公厅,由办公厅通知其他机构、专家所在单位或专家本人。有外聘人员参与的年度项目计划执行完毕后,有关业务应向办公厅提交外聘工作情况报告,包括外聘工作方面执行情况、取得的主要成效、存在的不足和改进的建议等。

六、由其他资金支付的外聘经费,其预算管理和支付管理参照以上要求办理。

以上通知要求,请各单位遵照和、执行。执行中如遇有问题,请与办公厅财务处联系。

附件:外聘人员(单位)工作质量和进度确认书(格式)(略)

审计署办公厅
二〇〇七年三月二十八日

审计署关于进一步完善和规范投资审计工作的意见

(审投发〔2017〕30号)

各省、自治区、直辖市和计划单列市、新疆生产建设兵团审计厅(局),署机关各单位、各派出审计局、各特派员办事处、各直属单位:

近年来,全国审计机关在各级党委、政府的领导下,积极开展投资审计监督,在推动深化改革、促进社会经济发展、加强反腐倡廉建设、提高政府投资绩效等方面发挥了重要作用。但也存在相关制度机制不够完善、部分投资审计工作质量不高和审计结果运用不规范等问题。为进一步完善和规范投资审计工作,现提出如下意见:

一、坚持依法审计,认真履行审计监督职责。各级审计机关要牢固树立依法审计意识,坚持在法定职责权限范围内开展审计工作,依法确定审计对象和范围,严格规范审计取证、资料获取、账户查询、延伸审计、审计处理等行为。审计机关和审计人员要依法独立行使审计监督权，不得参与工程项目建设决策和审批、征地拆迁、工程招标、物资采购、质量评价、工程结算等管理活动。

二、坚持突出重点，切实提高投资审计工作质量和效果。各级审计机关要根据本地区公共投资项目情况，按照围绕中心、服务大局、突出重点、量力而行、确保质量的原则，统筹制定年度投资审计项目计划。要按照国家审计准则要求，严格执行审计项目计划，履行规定流程和审批复核程序，严格审计报告和公告制度。加强对政府投资为主，关系全局性、战略性、基础性的重大公共基础设施工程的审计监督，紧紧围绕重大项目审批、征地拆迁、环境保护、工程招投标、物资采购、工程结算、资金管理等关键环节，合理确定审计重点，运用先进技术方法，提高审计工作质量和效率。各省级审计机关要加强对本地区投资审计工作的领导和指导，加强审计质量监督检查。

三、健全完善制度机制，有效运用投资审计结果。各级审计机关要严格遵守审计法等法律法规，进一步健全和完善投资审计制度，认真履行工程结算审计法定职责，促进相关单位履职尽责，提高投资绩效。对平等民事主体在合同中约定采用审计结果作为竣工结算依据的，审计机关应依照合同法等有关规定，尊重双方意愿。审计项目结束后，审计机关应依法独立出具投资项目审计报告，对审计发现的结算不实等问题，应作出审计决定，责令建设单位整改；对审计发现的违纪违法、损失浪费等问题线索，应依法移送有关部门处理。要健全审计查出问题整改督查机制，促进整改落实和追责问责。

四、严格遵守审计纪律，加强廉政风险防控。各级审计机关和审计人员要严格遵守审计"八不准"等廉政纪律、保密纪律、工作纪律，坚守审计职业道德，不得利用审计职权、个人影响谋取私利。坚持公开透明，加强对审计权力运行监督。加强审计项目廉政回访等监督检查，抓好廉政制度贯彻落实工作，切实防控廉政风险和审计风险。各级审计机关在投资审计工作中确有必要购买社会服务的，应严格把关，依法审慎进行，要加强全过程监管，对弄虚作假、恶意串通等严重失信和违反职业道德的社会中介机构、执业人员要加大通报和责任追究力度。

审计署

二〇一七年九月六日

审计署办公厅关于印发《政府财务报告审计办法（试行）》的通知

（审办财发〔2020〕74号）

各省、自治区、直辖市和计划单列市、新疆生产建设兵团审计厅（局），署机关各单位、各派出审计局、各特派员办事处、各直属单位：

为贯彻落实党的十八届三中全会有关"建立权责发生制政府综合财务报告制度"的决策部署，根据《国务院关于批转财政部权责发生制政府综合财务报告制度改革方案的通知》（国发〔2014〕63号）对审计工作的有关要求，审计署研究制定了《政府财务报告审计办法（试行）》，已经审计长会议审议通过，现印发给你们，请遵照执行。执行中如有问题或建议，请及时向审计署反馈。

联系人及电话：审计署财政审计司种金睿 010–50991293

审计署办公厅

2020 年 9 月 24 日

政府财务报告审计办法（试行）

第一条 为加强对各级政府及其部门财务状况和运行情况的审计监督，根据《中华人民共和国审计法》《中华人民共和国预算法》《国务院关于批转财政部权责发生制政府综合财务报告制度改革方案的通知》（国发〔2014〕63 号）和相关法律法规，制定本办法。

第二条 审计机关依照法定的职责、权限和程序对政府财务报告进行审计监督，依据政府会计准则、政府财务报告编制办法等作出审计评价。

政府财务报告审计，包括政府综合财务报告审计和政府部门财务报告审计。

第三条 各级审计机关实施政府财务报告审计，适用本办法。

第四条 政府财务报告审计工作聚焦政府财务状况和运行情况的真实、合法、效益，着力揭示问题和风险，促进提高政府财务报告可信性和透明度，推动完善权责发生制政府综合财务报告制度，助力防范财政风险，促进提升政府运行绩效，为财政与经济决策提供有用信息，推进国家治理体系和治理能力现代化。

第五条 政府财务报告审计管辖范围按照《中华人民共和国审计法》和《中华人民共和国审计法实施条例》的规定确定。

审计署负责对全国政府综合财务报告、中央政府综合财务报告、中央政府部门财务报告进行审计；负责加强对下级政府财务报告的审计监督；负责指导下级审计机关的政府财务报告审计工作。

地方各级审计机关负责对本行政区政府综合财务报告、本级政府综合财务报告和本级政府部门财务报告进行审计。省、市级审计机关负责加强对下级政府财务报告的审计监督；负责指导本行政区内下级审计机关的政府财务报告审计工作。

第六条 政府财务报告审计应当纳入年度审计项目计划管理，既可以单独实施，也可以结合预算执行情况审计、决算草案审计等项目统筹安排实施。

第七条 政府财务报告审计应关注政府及其部门的资产、负债、收入、费用等情况的真实、合法、效益。

政府综合财务报告审计的内容包括：政府财务状况和运行情况，政府综合财务报告编报披露情况，政府财政财务管理情况，相关电子数据及信息系统设计运行情况，以及其他需要审计的内容。

政府部门财务报告审计的内容包括：部门财务状况和运行情况，政府部门财务报告编报披露情况，部门财政财务管理情况，相关电子数据及信息系统设计运行情况，以及其他需要审计的内容。

第八条 审计机关派出审计组实施审计。审计组向派出审计组的审计机关提交审计报告。审计报告的内容一般应包括：

（一）审计依据和实施审计的基本情况，包括审计范围、内容、方式等；

（二）被审计单位基本情况；

（三）审计评价意见，基于充分适当的审计证据，对于审计范围内被审计单位财务状况和运行情况的真实、合法、效益等做出客观评价；

（四）审计发现主要问题的事实、定性以及依据的法律法规标准等；

（五）根据审计发现问题提出的审计处理、处罚意见或审计建议；

（六）其他需要反映和说明的情况。

第九条　审计组的审计报告提交审计机关前，应当按规定征求被审计单位的意见。审计机关按照规定的程序对审计组的审计报告进行审议，并对被审计单位的意见一并研究后，向被审计单位出具审计报告。

第十条　中央政府财务报告审计结果，应当报中央审计委员会和国务院，同时报全国人民代表大会常务委员会备案。

地方政府财务报告审计结果，应当报本级党委审计委员会、本级人民政府和上一级审计机关，同时报本级人民代表大会常务委员会备案。

第十一条　审计机关应当向社会公布政府财务报告审计结果，但法律、行政法规规定不予公布的内容除外。

第十二条　审计机关可以根据工作需要，聘请具有政府财务报告审计相关专业知识的人员参加政府财务报告审计。

参加审计工作人员，应当遵循《中华人民共和国审计法》《中华人民共和国审计法实施条例》《中华人民共和国国家审计准则》以及审计机关的有关规定，做到依法审计、文明审计。

第十三条　审计机关和参加审计工作人员对政府财务报告审计工作中知悉的国家秘密、商业秘密、工作秘密、个人隐私等，负有保密义务。

第十四条　对审计机关职责和权限、审计程序、审计质量控制，以及审计机关和被审计单位的法律责任等，本办法未作规定的，依照《中华人民共和国审计法》《中华人民共和国审计法实施条例》《中华人民共和国国家审计准则》和其他有关法律法规执行。

第十五条　地方各级审计机关可以根据本办法制定具体办法。

第十六条　本办法由审计署负责解释。

第十七条　本办法自发布之日起施行。

教育部　国家发展改革委　审计署关于印发《治理义务教育阶段择校乱收费的八条措施》的通知

（教基一〔2012〕1号）

各省、自治区、直辖市教育厅（教委）、发展改革委、物价局、审计厅（局），新疆生产建设兵团教育局、发展改革委、物价局、审计局：

2010年印发的《教育部关于治理义务教育阶段择校乱收费问题的指导意见》（教基一〔2010〕6号），提出了治理工作的目标、原则和要求。各地相继出台了实施办法，经过努力，不同程度上缓解和遏制了择校乱收费。但是，从近期开展监督检查的情况看，一些地方治理目标不明确,政策执行不到位,效果不明显,群众对择校乱收费问题反映依然强烈。为实现"力争经过 3 到 5 年的努力,使义务教育阶段择校乱收费得到明显缓解,使义务教育阶段择校乱收费不再成为群众反映强烈的问题"的工作目标,教育部、国家发展改革委、审计署共同制定了《治理义务教育阶段择校乱收费的八条措施》(以下简称《八条措施》),现印发给你们,请遵照执行,并就有关事项通知如下:

一、加强组织领导,落实治理工作责任。《八条措施》是教育系统贯彻落实科学发展观,着力解决人民群众反映强烈突出问题,确保教育事业科学发展的重要举措。地方各级教育行政部门要高度重视,把治理择校乱收费工作列入重要议事日程,摆在重中之重位置,在省委、省政府领导下,加强对实施《八条措施》的组织领导和部署实施;按照"谁主管谁负责"和"管行业必须管行风"的原则,建立完善治理教育乱收费工作责任制,把治理择校乱收费作为对教育行政部门和学校政绩考核、行风评议的重要内容,完善考核机制和问责制度;各级教育纪检监察部门要切实履行法定职责,加强对治理工作的组织协调和检查指导,强化责任分工和责任考核。

二、狠抓落实,务求取得治理成效。本通知下发后,各地要立即组织相关部门认真落实《八条措施》,切实掌握政策要求;要因地制宜,结合本地区实际,深入研究贯彻意见,制订切实可行的治理工作实施方案,完善配套政策,制定落实措施,对于八条措施中相关指标加以量化明晰。做好任务分解,明确职责分工。要突出重点,分析难点,抓住主要矛盾,解决突出问题。对问题严重地区要加强个别指导,单独制订工作方案,重点督办,力求突破工作瓶颈,推动治理工作取得成效。

三、创新机制,提升治理工作科学化水平。各地、各学校要配合治理工作,完善公开承诺和收费公示制度,完善信访举报反馈机制、教育行风评议机制、行风问题督查督办机制、校务公开工作机制、典型乱收费案件通报机制,不断提升治理工作规范化、制度化、科学化水平。要进一步完善部门联席会议制度,充分发挥纪检监察、物价、审计、财政和教育部门在治理义务教育择校乱收费中的职能作用,形成统一部署、各司其职、齐抓共管、协作联动的工作格局,形成治理择校乱收费的工作合力,共同抓好《八条措施》的贯彻落实。

四、加强宣传,营造良好治理氛围。各级主管部门要加强《八条措施》和治理乱收费相关政策的宣传,向社会和群众做好政策内容宣讲;要加强与新闻媒体的联系,对媒体反映的社会关切的特别是治理义务教育阶段择校乱收费问题,要快查快办,及时反馈,主动公布结果;要加大治理义务教育择校乱收费先进典型的宣传力度,推广先进经验,广泛动员各级主管部门、各学校和师生员工积极开展治理教育乱收费工作,引导社会各界和家长加强监督,自觉抵制义务教育择校乱收费行为。

省级教育行政部门要将本地区以及所辖计划单列市和省会城市的实施方案于 2012 年 3 月底前报教育部备案。实施中的重大问题要及时报告教育部。

附件:治理义务教育阶段择校乱收费的八条措施

中华人民共和国教育部

中华人民共和国国家发展和改革委员会

中华人民共和国审计署

二〇一二年一月二十日

附件

治理义务教育阶段择校乱收费的八条措施

为全面贯彻落实教育规划纲要，依法推进义务教育均衡发展，推行政务公开、校务公开，纠正损害群众利益的不正之风，着力解决人民群众反映强烈的突出问题，维护教育公平公正，办好人民满意的教育，根据《中华人民共和国义务教育法》等法律法规，特提出治理义务教育阶段择校乱收费的八条措施：

一、制止通过办升学培训班方式招生和收费的行为。坚决禁止学校单独或和社会培训机构联合或委托举办以选拔生源为目的的各类培训班（以下简称"占坑班"）。严禁公办学校教师参与各类"占坑班"活动。严厉查处学校和教师在举办"占坑班"过程中的收费行为，对于违反规定的学校和教师要依照有关规定追究责任。

二、制止跨区域招生和收费的行为。按照区域内适龄儿童少年数量和学校分布情况合理划定每所公办学校的招生范围，并根据学校招生规模、生源数量等变化情况，及时动态地进行调整并向社会公布，确保就近入学的新生占绝大多数。非正常跨区域招生比例高于10%的要制订专项计划，3年内减少到10%以下；低于10%的要巩固并努力继续减少。要将优质普通高中的招生名额按不低于30%的比例合理分配到区域内各初中，现在已经高于30%的要巩固提高并逐步扩大分配比例。在此过程中不得以跨区域为名收取学生择校费。

三、制止通过任何考试方式招生和收费的行为。小学生入学和小学升初中招生工作要公开透明，主动接受社会监督。城市和有条件的农村义务学校招生工作要在教育部门设定的招生网上进行，禁止组织任何形式的考试。坚决禁止要求家长到学校或到学校指定单位缴纳各种名目的择校费行为。

四、规范特长生招生，制止通过招收特长生方式收费的行为。除省级教育行政部门批准的可招收体育和艺术特长生的学校以外，义务教育学校一律不得以特长生的名义招收学生。坚决禁止学校以招收特长生的名义收取任何费用。

五、严禁收取与入学挂钩的捐资助学款。规范学校或教育行政部门接受社会组织和个人捐赠行为，收取捐赠款时必须依法为其出具凭证。地方政府、有关部门和学校违规收取与入学升学挂钩的各种费用，一经查实，要坚决予以清退，无法清退的要收缴国库，对相关责任人要严肃问责。

六、制止公办学校以民办名义招生和收费的行为。禁止公办学校以与民办学校联合办学或举办民办校中校等方式，按照民办学校的收费政策，向学生收费。凡未做到"四独立"的义务教育改制学校和未取得民办学校资格的学校一律执行当地同类公办学校收费政策。

七、加强招生信息和学籍管理。坚持公平、公正、便民的原则，向社会公开学校性质、办学规模、经费来源、招生计划、招生条件、招生范围、招生时间、录取办法，主动接受社会监督。招生结果要报当地教育行政部门备案。要进一步完善学籍管理办法，积极推行中小学学籍管理电子化。建立学生信息库，特别要加强招生指定区域外转入学生的学籍管理，接受检查与监督。

八、加大查处力度。加强对治理择校乱收费措施执行情况的监督检查，对于违规收费的行为，要坚决予以查处，严肃追究校长和相关责任人的责任。要畅通监督渠道，设立举报电话、信箱，接受群众监督，做到有诉必查，有错必纠。对设立"小金库"行为要发现一起、查处一起、通报一起。教育部等有关部门组成联合工作组，对重点城市部分学校的整个招生过程进行专项督导检查。同时，吸收媒体参与监督，对典型案件及时曝光。

审计署关于努力建设高素质专业化审计干部队伍的意见

（审秘发〔2020〕27号）

各省、自治区、直辖市和计划单列市、新疆生产建设兵团审计厅（局），署机关各单位、各派出审计局、各特派员办事处、各直属单位：

为深入贯彻习近平新时代中国特色社会主义思想和党的十九大精神，全面落实习近平总书记关于建设信念坚定、业务精通、作风务实、清正廉洁的高素质专业化审计干部队伍的重要指示要求，结合审计工作实际，提出如下意见。

一、指导思想

坚持以习近平新时代中国特色社会主义思想为指导，全面贯彻落实新时代党的组织路线和干部工作方针政策，坚持党中央对审计工作的集中统一领导，坚持以审计精神立身、以创新规范立业、以自身建设立信，坚持依法审计、文明审计、廉洁从审，坚持既要政治过硬又要本领高强、作风优良，针对审计工作政治性、政策性、专业性强的特点，突出政治标准，强化专业素养，加强审计干部思想淬炼、政治历练、实践锻炼、专业训练，提升审计干部政治能力、专业能力、宏观政策研究能力、审计信息化能力，努力建设信念坚定、业务精通、作风务实、清正廉洁的高素质专业化审计干部队伍，为新时代审计事业发展提供坚强组织保证和人才支撑，更好发挥审计在党和国家监督体系中的重要作用。

二、基本原则

（一）坚持党管干部。加强党对审计干部队伍建设工作的领导，强化各级审计机关党组（党委）的领导和把关作用，落实好统筹规划、教育培养、选拔使用、监督管理等各项职责，确保审计干部队伍建设的正确方向。

（二）突出政治标准。把政治标准和政治要求贯穿审计干部队伍建设始终，强化对审计干部政治忠诚、政治定力、政治担当、政治能力、政治自律等方面的考察考核，提高审计干部政治能力，增强制度执行力和治理能力，确保对党绝对忠诚、绝对负责。

（三）强化专业素养。立足审计工作特点和审计实践需要，以专业化为导向，建立健全审计干部专业能力标准评价体系，不断提升和完善审计干部队伍的知识体系和能力结构，保证审计干部具备充分胜任审计工作和岗位要求的良好专业素养。

（四）统筹分类推进。在不断夯实基础性、通用性建设的基础上，进一步加强长远规划，积极推进不同地区、不同领域、不同岗位、不同层级审计干部队伍的分类建设，加强针对性培养，注重精细化管理，促进优秀人才不断涌现。

三、主要任务

（一）坚持政治引领。

1.强化理论武装。把不忘初心、牢记使命作为加强党的建设的永恒课题和全体党员、干部的终身课题，持续推动学习贯彻习近平新时代中国特色社会主义思想往深里走、往心里走、往实里走，教育引导党员、干部坚定共产主义远大理想和中国特色社会主义共同理想。

认真落实党组（党委）理论学习中心组学习制度，每季度至少开展1次集体学习研讨，深化党史、新中国史、改革开放史、社会主义发展史学习教育。落实落细党支部学习制度，突出"三会一课"政治学习和教育功能，党支部书记每年至少在所在支部讲1次党课，开展好每月主题党日活动。积极推进青年理论学习提升工程，统筹安排机关单位学习和审计现场学习、线上学习和线下学习，推动党员、干部学在日常、用在日常，切实以理论清醒促进政治坚定，以思想自觉引领行动自觉。

2. 做到"两个维护"。牢牢把握审计机关首先是政治机关、党的工作部门的属性和定位，增强"四个意识"，坚定"四个自信"，做到"两个维护"，始终在思想上政治上行动上同以习近平同志为核心的党中央保持高度一致。坚持党中央对审计工作的集中统一领导，认真学习贯彻习近平总书记关于审计工作的重要讲话和重要指示批示精神，切实转化为提高审计工作质效的思路和举措，把"两个维护"贯彻到审计工作全过程各方面，落实到广大审计干部的实际行动上，体现在做好审计工作的实效上，推动党中央决策部署落实落地，促进政令畅通、令行禁止。

3. 提高政治能力。强化审计机关各级党组织政治属性与政治功能，增强党员党的意识与组织观念。提高政治站位，把准政治方向，注重政治效果，考虑政治影响，确保党的政治建设和审计业务工作深度融合、相互促进。善于从政治上研判形势、分析问题、推动工作，自觉在党和国家工作大局下想问题、做工作，做到一切服从大局、一切服务大局。严格遵守党的政治纪律和政治规矩，始终在重大政治原则问题上、大是大非问题上态度鲜明、立场坚定、对党忠诚，在依法全面履行审计监督职责中提高政治本领、体现政治担当。建立健全下级审计机关主要负责同志向上级审计机关党组（党委）述职制度，3年内至少完成一轮现场述职。

（二）提升专业能力。

4. 严把干部入口关。坚持事业为上、以事择人，严格按条件、程序开展干部考录、调任、聘任、公开遴选、公开选调等工作，发挥审计干部队伍入口的源头性、基础性作用，不断优化审计干部队伍年龄、学历、专业、来源、经历等结构。严把资格条件审核关，招录审计人员时可加试审计工作必需的专业知识和技能。遴选和调入审计机关的人员，一般应当具备经济、财政、金融、审计、会计、法律、计算机等专业大学本科以上学历，西部地区基层审计机关可根据实际情况适当放宽。注重从其他党政机关、事业单位、国有企业、科研机构等引进相关领域的优秀专业人才。

5. 建立健全审计干部专业能力标准评价体系。聚焦审计干部队伍专业化要求，立足新时代开展审计工作必需的知识和能力体系，建立健全审计干部专业能力标准评价体系。把专业素养作为培养锻炼干部的重要内容和选拔任用干部的重要标准，加强专业能力考察。审计机关内设机构审计业务岗位领导干部一般应当能够胜任本级审计项目主审，独立撰写审计报告，或者担任审计组组长；倡导市级以上审计机关内设机构审计业务岗位领导干部取得审计师资格或者通过相关中级以上专业技术资格考试。鼓励45岁以下领导干部考取计算机审计中级资格。审计机关内设机构综合管理岗位领导干部一般应当能够准确理解和把握相关专业领域政策，具备较强的组织管理能力，能够独立撰写本职工作相关的重要文稿或者汇总重要信息材料。

6. 加强学习培训。积极建设学习型机关，每年选择2至3个主题开展为期半个月的干部集中教育培训，通过视频方式等举办"审计大讲堂"。各级审计机关应当采取符合自身特点的有效方式，开展形式多样的干部培训。对接专业能力标准评价体系，积极构建源头培养、跟踪培养、全程培养的素质培养体系，引导审计干部树立终身学习理念，自觉加强专业学习，持续提升专业素养。创新学习培训方式方法，充分利用"金审工程"三期等网络学习渠道，积极开发完善各专业审计领域有关知识库、案例库，推动优质课程、案例资源在审计系统共享。加强需求分析，统筹培训资源，优化培训班次安排，完善培训内容和形式，增强干部培训的针对性和实效性。

7. 强化实践锻炼。坚持把审计实践作为锻炼提升干部队伍专业能力的"第一跑道"，以审计项目为主要平台，促进干部成长成才、干事创业。积极发挥审计组的作用，加强审前培训、审中交流、审后总结，在实践中提高业务能力。加大年轻干部培养力度，改进实务导师制，把传帮带做细做实，帮助年轻干部夯实基本功。积极选派优秀年轻干部到艰苦的一线锻炼。推进干部轮岗交流，完善干部在审计系统内外交流机制，促进提高综合素质。

（三）弘扬务实作风。

8. 恪尽职守、勤勉尽责。切实增强政治责任感、历史使命感和职业荣誉感，主动适应审计工作新形势新任务新要求，履职尽责、担当作为，做好常态化"经济体检"工作，当好国家财产的"看门人"、经济安全的"守护者"。着眼经济社会发展全局和运行实际，加强政策研究，强化分析研判，提高审计监督精准度和时效性。聚焦重点，加大对重大违纪违法问题、重大风险隐患、重大损失浪费、重大体制机制障碍等的揭示和反映力度。认真落实督促整改责任，善于推动解决问题，以有力有效的审计整改促进完善制度、提高制度执行力。

9. 坚持依法审计、文明审计。牢固树立法治观念，强化法治思维，尊法学法守法用法，依照法定职责、权限和程序履行审计监督权。严谨细致、谦虚谨慎，严格审计现场管理，落实审计质量分级负责制，切实规范资料获取、审计取证、账户查询等行为，坚持用事实和数据说话，防范审计风险。坚持原则、敢于斗争，攻坚克难、动真碰硬，始终做到查真相、说真话、报实情。贯彻"三个区分开来"重要要求，全面、辩证、历史地看待审计发现问题，充分听取被审计单位和有关方面意见，审慎作出评价和结论，维护审计监督的公信力。

10. 力戒形式主义、官僚主义。从思想源头抓起，教育引导审计干部强化党的宗旨意识，坚持实事求是的思想路线，坚决反对形式主义和官僚主义。切实为基层和一线减负，让审计干部把更多精力用在推进审计项目、抓好工作落实上。大力精文减会，坚持少开会、开短会、讲短话，优先采用网络视频方式开会，发扬"短实新"文风，精简文件数量、压减文字篇幅，审计署印发规范性文件原则上不超过 10 页。加强工作统筹，优化工作流程，规范整合与被审计单位联系沟通、交接资料等工作，严格控制现场审计时间，提高审计效率。

11. 领导干部以身作则。各级领导干部立身要正、作风要实、本领要强，要带头守初心、担使命，当标杆、作表率。要坚持民主集中制原则，充分发扬民主，自觉维护团结，严格按程序决策、按规矩办事。要深入基层、深入审计一线加强调查研究，及时掌握基层和一线实际情况，协调推进重要审计事项，审核把关重要信息报告。要带头加强学习，提升专业素养，增强宏观思维、辩证思维、法治思维能力，成为审计工作行家里手。要严于律己，坚持高标准严要求，在敬业奉献、求真务实、严谨细致上身体力行、以上率下。要善于做深入细致的思想工作，落实好基层联系点、谈心谈话等制度。

（四）强化廉洁自律。

12. 加强廉政教育。深刻把握党风廉政建设规律，围绕一体推进不敢腐、不能腐、不想腐，始终把"严"的主基调贯穿审计干部队伍建设全过程。清醒认识审计廉政风险防控形势，紧扣审计工作性质、特点和规律，教育引导审计干部始终绷紧廉政这根弦，慎独慎微慎初，时刻警惕不法分子"公关""围猎"的风险，警惕因工作环境变化而自我放松要求的风险，警惕不以为然而不慎失误违纪违规的风险，随时净化社交圈、生活圈、朋友圈。加强经常性警示教育，教育引导审计干部知敬畏、存戒惧、守底线，自觉接受各方面监督。加强职业道德、社会公德和家庭美德教育，促进明大德、守公德、严私德。

13. 严格制度执行。严格落实中央八项规定及其实施细则精神，严格执行审计"四严禁"工作要求和审计"八不准"工作纪律，强化纪律刚性约束。认真梳理审计工作廉政风险点，建立健全机关内部和审计现场管理规章制度，切实强化制度意识，维护制度权威，靠制度管事管人。突出审计现场管理，细化压实审计组长、廉政监督员的廉政监督责任，严格延伸审计、外聘人员等重要事项审批管理，建立健全审计项目廉政回访和重大项目廉政巡查制度。严格执行领导干部个人有关事项报告制度。健全完善新任职领导干部、新录用人员等廉政谈话制度，抓好重大节假日和重要时间节点的廉政提醒。用好监督执纪"四种形态"，加强执纪问责，严肃查处利用审计监督权和审计影响力谋取私利等违纪违法行为。

14. 坚持严管和厚爱结合。坚持严格管理和关心信任相统一，做到政治上激励、工作上支持、待遇上保障、心理上关怀，增强审计干部的荣誉感、归属感、获得感，激励审计干部满怀激情投入审计工作。旗帜鲜明为敢于担当、踏实做事、不谋私利的审计干部撑腰鼓劲，保护审计干部担当作为的积极性、主动性、创造性。对报复陷害审计干部的，依纪依法追究责任。有效落实年度带薪休假、体检等制度，合理安排现场审计期间休整频次和时间。健全心理服务和危机干预机制，提高审计人员身心健康水平。做好平时激励、专项表彰奖励等工作，注重选树先进典型，发挥示范引领作用。有效发挥群团组织的桥梁纽带作用，加强人文关怀，营造良好氛围和环境。要采取切实举措关心爱护基层审计干部，主动为他们排忧解难。

建设高素质专业化干部队伍是推动审计事业长远发展的重要保障。各级审计机关要始终把干部队伍建设作为新时代审计工作的基础和战略工程来抓，主要负责同志要履行好第一责任人责任。要及时向本级党委、政府汇报相关情况，主动与组织人事、机构编制、人力资源社会保障、财政等部门沟通协调，积极争取对人员和经费的必要保障。要结合本地区本单位实际，研究贯彻落实本意见的具体措施，加快建立健全审计干部专业能力标准评价体系，不断健全完善干部招录、日常管理、教育培训、选拔使用、关心激励等制度机制，有效提升工作水平。上级审计机关要加强对下级审计机关干部队伍建设的关心指导、督促检查，及时了解情况，研究协调解决问题，推动高素质专业化审计干部队伍建设不断取得实效。

审计署

2020 年 9 月 8 日

审计署关于印发《审计署管辖范围内审计事项授权地方审计机关审计的管理办法》的通知

（审办发〔2009〕11 号）

各省、自治区、直辖市和计划单列市、新疆生产建设兵团审计厅（局），署机关各单位、各特派员办事处、各派出审计局：

《审计署管辖范围内审计事项授权地方审计机关审计的管理办法》已经审计长会议讨论通过，现印发给你们，请遵照执行。

审计署

二〇〇九年一月十六日

审计署管辖范围内审计事项授权地方审计机关审计的管理办法

第一条 为了规范审计署审计管辖范围内的审计事项授权地方审计机关审计的管理工作，保证审计质量和成效，更好地发挥授权审计作用，根据《中华人民共和国审计法》第二十八条的有关规定，制定本办法。

第二条 审计署审计管辖范围内的审计事项授权地方审计机关审计的工作，实行统一管理、一年一定的办法。

第三条 安排授权审计项目（国外贷援款公证审计项目按已有规定执行，下同）计划，应当以整合审计资源、发挥审计机关的整体效能为目标，注重与审计署统一组织审计项目计划的配合和协调，逐步扩大审计监督覆盖面，加强对中央部门和企事业单位在基层的分支机构的审计监督。

第四条 审计署原则上只安排行业性授权审计项目，一般不对个别审计事项单独安排授权。

第五条 审计署审计管辖范围内的审计事项只授权省级审计机关（含新疆生产建设兵团、计划单列市审计局，下同），由省级审计机关直接实施或统一组织下级审计机关实施。省级审计机关对审计署负责并报告审计结果。

第六条 审计署在调查研究的基础上，于每年年底前提出次年授权审计项目安排意见，包括明确授权审计项目安排的指导思想、授权范围或行业、选定被审计单位的原则和要求等。省级审计机关根据授权审计项目安排意见，本着自愿原则，选定审计项目，向审计署提交授权审计项目立项申请书（格式见附件），说明选定的审计项目基本情况，立项理由，审计目标，审计内容、范围和重点，以及审计的组织分工等事项。

第七条 审计署收到省级审计机关申请授权的文件后，由办公厅统一汇总，进行综合平衡，并征求相关业务司、派出机构意见，形成授权审计项目计划草案，报审计长会议研究审定后，正式下达给省级审计机关执行。

第八条 授权审计项目计划一经下达，地方审计机关必须确保在当年完成，并在计划规定的期限向审计署报告审计结果。因特殊原因当年无法完成的，应当及时向审计署申请调减计划。

第九条 省级审计机关统一组织下级审计机关实施授权审计项目时，应当由省级审计机关制发审计工作方案，签发审计通知书，提出审计报告，出具审计移送处理书，作出审计决定。省级审计机关的法制工作机构应当对相关审计文书进行复核，提出复核意见。审计工作方案应当抄报审计署。

第十条 地方审计机关在实施授权审计项目过程中，应当严格执行审计法、相关审计准则和审计署关于审计质量控制的规定，规范审计行为，确保审计质量。审计查出被审计单位违反国家规定的财政收支、财务收支行为，应当严格依法进行处理处罚。在对违反国家规定的财政收支、财务收支行为的定性和处理处罚上，遇有政策界限不清，或与被审计单位有重大意见分歧的，省级审计机关应当报告审计署，由审计署有关职能机构研究提出意见。

　　第十一条　在实施授权审计项目过程中，发现有下列问题之一的，省级审计机关应当以《重要审计情况》及时向审计署报告，由审计署转送有关部门查处，或由审计署以《审计要情》《重要信息要目》等形式上报：

　　（一）因决策失误、失职渎职、管理不善造成国有资金、资产损失金额较大；

　　（二）厅（局）级以上领导干部涉嫌严重违法犯罪，涉案金额较大；

　　（三）影响国家重要宏观政策执行的重大问题，涉及金额较大；

　　（四）其他性质特别恶劣，金额巨大的严重违法违规问题或案件。

　　第十二条　省级审计机关制发授权审计项目的审计报告、审计决定书及审计移送处理书时，应当抄报审计署并抄送审计署有审计管辖权的派出机构。审计终结后，对涉及多个被审计单位的行业性授权审计项目，省级审计机关应当及时汇总审计成果，编制授权审计综合报告报送审计署。

　　第十三条　对于未按上述要求报送包括不报送审计文书的审计机关，审计署将视情况作出处理，直至取消其承办授权事项的资格。

　　第十四条　授权审计项目的审计档案由省级审计机关统一保存并归档。

　　第十五条　授权审计项目可以参加审计署组织的地方优秀审计项目评选。

　　第十六条　审计署每年组织对授权审计项目计划执行、项目实施质量、审计成果等情况进行考核和抽查，并通报考核和抽查结果。

　　第十七条　在实施授权审计项目过程中，地方审计机关应当严格遵守审计工作纪律和各项廉政规定。发生以审计权力谋取单位和个人私利问题的，审计署暂停对其授权、限期整改并依法依纪作出相应处理。因审计人员失职、渎职等行为造成审计项目重大质量问题的，依法追究有关领导和直接责任人员的责任。

　　第十八条　本办法由审计署负责解释。

　　第十九条　本办法自发布之日起执行。《中央审计项目授权地方审计机关审计管理办法》（审办发〔2005〕34号）同时废止。

　　附件：授权审计项目立项申请书（略）

国务院办公厅关于加强和改进企业国有资产监督防止国有资产流失的意见

（国办发〔2015〕79号）

各省、自治区、直辖市人民政府，国务院各部委、各直属机构：

　　我国企业国有资产是全体人民的共同财富，保障国有资产安全、防止国有资产流失，是全面建成小康社会、实现全体人民共同富裕的必然要求。改革开放以来，我国国有经济不断发展壮大，国有企业市场活力普遍增强、效率显著提高，企业国有资产监管工作取得积极进展和明显成效。但与此同时，一些国有企业逐渐暴露出管理不规范、内部人控制严重、企业领导人员权力缺乏制约、腐败案件多有发生等问题，企业国有资产监督工作中多头监督、重复监督和监督不到位的现象也日益突出。为贯彻落实中央关于深化国有企业改革的有关部署，切实加强和改进企业国有资产监督、防止国有资产流失，经国务院同意，现提出以下意见。

一、总体要求

（一）指导思想。认真贯彻落实党的十八大和十八届二中、三中、四中、五中全会精神，按照党中央、国务院有关决策部署，以国有资产保值增值、防止流失为目标，坚持问题导向，立足体制机制制度创新，加强和改进党对国有企业的领导，切实强化国有企业内部监督、出资人监督和审计、纪检监察、巡视监督以及社会监督，严格责任追究，加快形成全面覆盖、分工明确、协同配合、制约有力的国有资产监督体系，充分体现监督的严肃性、权威性、时效性，促进国有企业持续健康发展。

（二）基本原则。坚持全面覆盖，突出重点。实现企业国有资产监督全覆盖，加强对国有企业权力集中、资金密集、资源富集、资产聚集等重点部门、重点岗位和重点决策环节的监督，切实维护国有资产安全。

坚持权责分明，协同联合。清晰界定各类监督主体的监督职责，有效整合监督资源，增强监督工作合力，形成内外衔接、上下贯通的国有资产监督格局。

坚持放管结合，提高效率。正确处理好依法加强监督和增强企业活力的关系，改进监督方式，创新监督方法，尊重和维护企业经营自主权，增强监督的针对性和有效性。

坚持完善制度，严肃问责。建立健全企业国有资产监督法律法规体系，依法依规开展监督工作，完善责任追究制度，对违法违规造成国有资产损失以及监督工作中失职渎职的责任主体，严格追究责任。

二、着力强化企业内部监督

（三）完善企业内部监督机制。企业集团应当建立涵盖各治理主体及审计、纪检监察、巡视、法律、财务等部门的监督工作体系，强化对子企业的纵向监督和各业务板块的专业监督。健全涉及财务、采购、营销、投资等方面的内部监督制度和内控机制，进一步发挥总会计师、总法律顾问作用，加强对企业重大决策和重要经营活动的财务、法律审核把关。加强企业内部监督工作的联动配合，提升信息化水平，强化流程管控的刚性约束，确保内部监督及时、有效。

（四）强化董事会规范运作和对经理层的监督。深入推进外部董事占多数的董事会建设，加强董事会内部的制衡约束，依法规范董事会决策程序和董事长履职行为，落实董事对董事会决议承担的法定责任。切实加强董事会对经理层落实董事会决议情况的监督。设置由外部董事组成的审计委员会，建立审计部门向董事会负责的工作机制，董事会依法审议批准企业年度审计计划和重要审计报告，增强董事会运用内部审计规范运营、管控风险的能力。

（五）加强企业内设监事会建设。建立监事会主席由上级母公司依法提名、委派制度，提高专职监事比例，增强监事会的独立性和权威性。加大监事会对董事、高级管理人员履职行为的监督力度，进一步落实监事会检查公司财务、纠正董事及高级管理人员损害公司利益行为等职权，保障监事会依法行权履职，强化监事会及监事的监督责任。

（六）重视企业职工民主监督。健全以职工代表大会为基本形式的企业民主管理制度，规范职工董事、职工监事的产生程序，切实发挥其在参与公司决策和治理中的作用。大力推进厂务公开，建立公开事项清单制度，保障职工知情权、参与权和监督权。

（七）发挥企业党组织保证监督作用。把加强党的领导和完善公司治理统一起来，落实党组织在企业党风廉政建设和反腐败工作中的主体责任和纪检机构的监督责任，健全党组织参与重大决策机制，强化党组织对企业领导人员履职行为的监督，确保企业决策部署及其执行过程符合党和国家方针政策、法律法规。

三、切实加强企业外部监督

（八）完善国有资产监管机构监督。国有资产监管机构要坚持出资人管理和监督的有机统一，进一步加强出资人监督。健全国有企业规划投资、改制重组、产权管理、财务评价、业绩考核、选人用人、薪酬分配等规范国有资本运作、防止流失的制度。加大对国有资产监管制度执行情况的监督力度，定期开展对各业务领域制度执行情况的检查，针对不同时期的重点任务和突出问题不定期开展专项抽查。国有资产监管机构设立稽查办公室，负责分类处置和督办监督工作中发现的需要企业整改的问题，组织开展国有资产重大损失调查，提出有关责任追究的意见建议。开展国有资产监管机构向所出资企业依法委派总会计师试点工作，强化出资人对企业重大财务事项的监督。加强企业境外国有资产监督，重视在法人治理结构中运用出资人监督手段，强化对企业境外投资、运营和产权状况的监督，严格规范境外大额资金使用、集中采购和佣金管理，确保企业境外国有资产安全可控、有效运营。

（九）加强和改进外派监事会监督。对国有资产监管机构所出资企业依法实行外派监事会制度。外派监事会由政府派出，作为出资人监督的专门力量，围绕企业财务、重大决策、运营过程中涉及国有资产流失的事项和关键环节、董事会和经理层依法依规履职情况等重点，着力强化对企业的当期和事中监督。进一步完善履职报告制度，外派监事会要逐户向政府报告年度监督检查情况，对重大事项、重要情况、重大风险和违法违纪违规行为"一事一报告"。按照规定的程序和内容，对监事会监督检查情况实行"一企一公开"，也可以按照类别和事项公开。切实保障监事会主席依法行权履职，落实外派监事会的纠正建议权、罢免或者调整建议权，监事会主席根据授权督促企业整改落实有关问题或者约谈企业领导人员。建立外派监事会可追溯、可量化、可考核、可问责的履职记录制度，切实强化责任意识，健全责任倒查机制。

（十）健全国有企业审计监督体系。完善国有企业审计制度，进一步厘清政府部门公共审计、出资人审计和企业内部审计之间的职责分工，实现企业国有资产审计监督全覆盖。加大对国有企业领导人员履行经济责任情况的审计力度，坚持离任必审，完善任中审计，探索任期轮审，实现任期内至少审计一次。探索建立国有企业经常性审计制度，对国有企业重大财务异常、重大资产损失及风险隐患、国有企业境外资产等开展专项审计，对重大决策部署和投资项目、重要专项资金等开展跟踪审计。完善国有企业购买审计服务办法，扩大购买服务范围，推动审计监督职业化。

（十一）进一步增强纪检监察和巡视的监督作用。督促国有企业落实"两个责任"，实行"一案双查"，强化责任追究。加强对国有企业执行党的纪律情况的监督检查，重点审查国有企业执行党的政治纪律、政治规矩、组织纪律、廉洁纪律情况，严肃查处违反党中央八项规定精神的行为和"四风"问题。查办腐败案件以上级纪委领导为主，线索处置和案件查办在向同级党委报告的同时，必须向上级纪委报告。严肃查办发生在国有企业改制重组、产权交易、投资并购、物资采购、招标投标以及国际化经营等重点领域和关键环节的腐败案件。贯彻中央巡视工作方针，聚焦党风廉政建设和反腐败斗争，围绕"四个着力"，加强和改进国有企业巡视工作，发现问题，形成震慑，倒逼改革，促进发展。

（十二）建立高效顺畅的外部监督协同机制。整合出资人监管、外派监事会监督和审计、纪检监察、巡视等监督力量，建立监督工作会商机制，加强统筹，减少重复检查，提高监督效能。创新监督工作机制和方式方法，运用信息化手段查核问题，实现监督信息共享。完善重大违法违纪违规问题线索向纪检监察机关、司法机关移送机制，健全监督主体依法提请有关机关配合调查案件的制度措施。

四、实施信息公开加强社会监督

（十三）推动国有资产和国有企业重大信息公开。建立健全企业国有资产监管重大信息公开制度，依法依规设立信息公开平台，对国有资本整体运营情况、企业国有资产保值增值及经营业绩考核总体情况、国有资产监管制度和监督检查情况等依法依规、及时准确披露。国有企业要严格执行《企业信息公示暂行条例》，在依法保护国家秘密和企业商业秘密的前提下，主动公开公司治理以及管理架构、经营情况、财务状况、关联交易、企业负责人薪酬等信息。

（十四）切实加强社会监督。重视各类媒体的监督，及时回应社会舆论对企业国有资产运营的重大关切。畅通社会公众的监督渠道，认真处理人民群众有关来信、来访和举报，切实保障单位和个人对造成国有资产损失行为进行检举和控告的权利。推动社会中介机构规范执业，发挥其第三方独立监督作用。

五、强化国有资产损失和监督工作责任追究

（十五）加大对国有企业违规经营责任追究力度。明确企业作为维护国有资产安全、防止流失的责任主体，健全并严格执行国有企业违规经营责任追究制度。综合运用组织处理、经济处罚、禁入限制、纪律处分和追究刑事责任等手段，依法查办违规经营导致国有资产重大损失的案件，严厉惩处侵吞、贪污、输送、挥霍国有资产和逃废金融债务的行为。对国有企业违法违纪违规问题突出、造成重大国有资产损失的，严肃追究企业党组织的主体责任和企业纪检机构的监督责任。建立完善国有企业违规经营责任追究典型问题通报制度，加强对企业领导人员的警示教育。

（十六）严格监督工作责任追究。落实企业外部监督主体维护国有资产安全、防止流失的监督责任。健全国有资产监管机构、外派监事会、审计机关和纪检监察、巡视部门在监督工作中的问责机制，对企业重大违法违纪违规问题应当发现而未发现或敷衍不追、隐匿不报、查处不力的，严格追究有关人员失职渎职责任，视不同情形分别给予纪律处分或行政处分，构成犯罪的，依法追究刑事责任。完善监督工作中的自我监督机制，健全内控措施，严肃查处监督工作人员在问题线索清理、处置和案件查办过程中违反政治纪律、组织纪律、廉洁纪律、工作纪律的行为。

六、加强监督制度和能力建设

（十七）完善企业国有资产监督法律制度。做好国有资产监督法律法规的立改废释工作，按照法定程序修订完善企业国有资产法等法律法规中有关企业国有资产监督的规定，制定出台防止企业国有资产流失条例，将加强企业国有资产监督的职责、程序和有关要求法定化、规范化。

（十八）加强监督队伍建设。选派政治坚定、业务扎实、作风过硬、清正廉洁的优秀人才，进一步充实监督力量。优化监督队伍知识结构，重视提升监督队伍的综合素质和专业素养。加强对监督队伍的日常管理和考核评价，健全与监督工作成效挂钩的激励约束机制，强化监督队伍履职保障。

本意见适用于全国企业国有资产监督工作。金融、文化等企业国有资产监督工作，中央另有规定的依其规定执行。

国务院办公厅

二〇一五年十月三十一日

国务院关于2023年度中央预算执行和其他财政收支的审计工作报告

——2024年6月25日在第十四届全国人民代表大会常务委员会第十次会议上

审计署审计长　侯凯

全国人民代表大会常务委员会：

我受国务院委托，报告2023年度中央预算执行和其他财政收支的审计情况，请予审议。

2023年是全面贯彻党的二十大精神的开局之年，也是三年新冠疫情防控转段后经济恢复发展的一年。在以习近平同志为核心的党中央坚强领导下，各地区各部门①坚持以习近平新时代中国特色社会主义思想为指导，全面贯彻党的二十大和二十届二中全会精神，坚持稳中求进工作总基调，严格执行十四届全国人大一次会议有关决议，全面深化改革开放，加大宏观调控力度，我国经济总体回升向好，高质量发展扎实推进，全面建设社会主义现代化国家迈出坚实步伐。

——加力提效实施积极的财政政策，经济总体回升向好。延续和优化实施部分阶段性税费优惠政策，全年新增税费优惠超过2.2万亿元。新增地方政府专项债券额度3.8万亿元。第四季度增发国债1万亿元。中央一般公共预算支出同比增长6.4%，对地方转移支付同比增长6.1%，保持财政支出强度和对经济恢复的支持力度。引导金融机构增加信贷投放，推动社会综合融资成本下降，延长普惠小微贷款支持工具期限。

——坚持保障和改善民生，持续治理生态环境。加大对地方"三保"支持力度。农村义务教育学生营养改善计划覆盖28省1 567县，累计受益学生3.86亿人次。持续巩固拓展脱贫攻坚成果，拓宽农民增收致富渠道，大力建设农产品供应链体系，做好重要农产品保供稳价。持续打好蓝天、碧水、净土保卫战。

——深入贯彻总体国家安全观，有效防范和化解重点领域风险。支持地方调整优化房地产市场调控措施，支持金融机构满足房企合理融资需求，扎实推进保交楼工作。制定实施一揽子化解地方债务方案，压实地方主体责任，健全跨部门协同监管机制，严肃查处违规举债。

——审计整改总体格局日益成熟定型，"下半篇文章"进一步彰显权威高效要求。把审计整改"下半篇文章"与揭示问题"上半篇文章"摆在同等重要位置一体推进，全面整改、专项整改、重点督办相结合的审计整改总体格局更加成熟定型。制定关于完善纪检监察监督与审计监督贯通协同机制的工作流程。至2024年4月，针对2022年度审计查出问题已整改1.07万亿元，制定完善规章制度2 840多项，追责问责2 820多人。

一、中央财政管理审计情况

2023年，中央一般公共预算收入总量107 416.7亿元、支出总量149 016.7亿元，

---

① 本报告对省级行政区统称为省，副省和地市级行政区统称为市，县区级行政区统称为县，省市县统称为地区；中央一级预算单位统称为部门。

赤字 41 600 亿元，与调整后的预算持平；中央政府性基金预算收入 4 417.54 亿元、支出 5 744.42 亿元；中央国有资本经营预算收入 2 263.59 亿元、支出 1 495.16 亿元；中央社会保险基金预算收入 3 054.26 亿元、支出 3 106.73 亿元，年末滚存结余 39.71 亿元。国家发展改革委管理分配中央财政投资 6 800 亿元，其中安排中央本级支出 1 800 亿元、对地方转移支付 5 000 亿元，主要投向重大基础设施建设，重大战略、区域协调和生态文明建设，产业链供应链稳定安全等 7 个领域。

重点审计了税务和海关部门组织财政收入、转移支付和投资专项管理、积极的财政政策落实、中央决算草案编制、地方债务管理等 5 方面情况，发现的主要问题：

（一）税务和海关部门组织财政收入不到位。审计税务和海关部门税费征管、进口监管等履职情况发现：一是征管不够严格和制度漏洞造成税款流失。税务部门应征未征个人所得税、消费税、房产税、增值税等 449.42 亿元；海关单位少征关税、反倾销税、进口环节增值税等 58.9 亿元。二是未全面落实减税降费政策。2.75 万户符合条件企业应享未享留抵退税、支持科技创新、小微企业等税费优惠 1 273.77 亿元；2 568 户条件不符企业违规享受留抵退税、小微企业等税费优惠 24.03 亿元；海关总署等 23 个海关单位对 1 078 户企业未及时退还或多征收保证金、消费税、增值税等 65.47 亿元。三是人为调节征收进度影响财政收入真实性。有的税务部门为完成当年任务，多征收或提前征收企业所得税、消费税、土地增值税等 542.9 亿元；有的税务部门完成当年任务后，延压企业所得税、消费税、增值税等入库 947.9 亿元。

（二）转移支付体系仍不够健全完备。涉及财政部管理的 38 项转移支付和国家发展改革委管理的 25 项投资专项，发现的主要问题：

1. "体制结算补助"转移支付执行偏离设立初衷。该项转移支付本用于中央和地方机构划转、年终财政结算等事项；国务院 2019 年同意可用于解决一般性、共同财政事权和专项转移支付难以覆盖的特殊问题，并严控规模。2019 年至 2023 年，该项转移支付规模由 1 305.33 亿元增加至 3 742.71 亿元。目前包含的 69 个明细事项中，仅有 7 个（占 10.14%）与机构划转、年终财政结算等事项相关；有 16 个（占 23.19%）实际属于一般性、共同财政事权或专项转移支付。

2. 部分转移支付分配下达管理薄弱。主要表现在 2 个方面：一是分配不协同不合理，涉及 13 项转移支付和 15 项投资专项。如"造林补助"等 2 项资金与"重点区域生态保护和修复"投资专项，均用于支持地方营造森林资源。由于有关部门对任务量审核不协同，7 省 17 县获得资金支持的造林任务比这些地区造林绿化空间的总面积还多 23.51 万亩。二是下达不及时不科学，涉及 8 项转移支付和 17 项投资专项。如"重大品种推广补助"等 2 项转移支付，直至 2023 年 9 月才明确要求提供大豆等农作物的单产目标、种植记录，并以实际单产作为主要分配依据。但各地此时大豆等农作物已经收割，无法补录种植过程等并核实单产情况，资金分配缺乏依据，8 省收到的 16.25 亿元只得结转。

3. 绩效管理存在短板弱项。共涉及 8 项转移支付。一是目标设置不完整不合理。1 项转移支付未按规定设置绩效目标；7 项转移支付的 15 个绩效目标设置不合理，其中 13 个应量化未量化、2 个设置过低，未能有效发挥引导作用，如"大气污染防治资金"转移支付的绩效目标仅为各省 PM2.5 浓度应完成年度目标的 90%。二是对自评结果审核不严格。在"水污染防治资金"转移支付绩效评价中，23 省在明确上报项目均尚未完工的情况下，仍将"产出数量"、"项目验收合规率"2 项指标自评满分，财政部在审核中未予纠正。

（三）积极的财政政策落实中出现偏差。突出表现在 2 个方面：

1. 促进稳外贸政策落实不够精准和严格。国家发展改革委、财政部、商务部未完整落实国务院 2023 年 4 月关于加快修订《鼓励进口技术和产品目录》的要求，7 类产品已无需鼓励进口，未从目录中剔除；40 类产品需鼓励进口却未纳入目录。资金分配小而散，14 个地区的 496 户企业和 2 475 个项目获得资金不超 1 万元。

2.扩投资相关举措未有效落实。中央财政投资项目推进不力，国家发展改革委安排的 721 个项目因进展缓慢等闲置资金 413.5 亿元，其中 18 个项目获得的中央财政投资和专项债资金，竟超出项目总投资 2.71 亿元。专项债项目安排不科学，国家发展改革委将 283 个未完成可研报告审批或不符合资本金比例要求的项目纳入准备项目清单，财政部将 522 个缺乏要素保障甚至已停工的项目纳入项目库。截至 2023 年底，其中 522 个项目 279.24 亿元债券募集资金当年即闲置或被挪用。部分专项债项目未发挥政府投资带动放大效应，52 个地区 597 个获得 2023 年专项债资金的项目，至 2023 年底政府累计投资 6 006.34 亿元，很少吸引民营资本。

（四）中央决算草案编制个别事项不准确不细化。一是基本建设支出决算列报不完整不细化。财政部编制的《2023 年中央基本建设支出决算表》中，未列报财政部等部门分配的基本建设支出 588.51 亿元；列报的 12 个科目也未按规定细化列示重大投资项目。二是错列支出 11.84 亿元。财政部将应列入"资本性支出"的"国家科技成果转化引导基金"注资 11.84 亿元，错列入"商品和服务支出"。

（五）地方债务管理不够严格。按照党中央、国务院关于防范化解地方债务风险的决策部署，各地区全面摸查截至 2023 年 3 月底政府债务底数，认真制定化债举措并积极有序推进落实，取得阶段性进展。审计 19 省市发现，债务风险总体可控，但仍有 2 方面隐患：一是违规举借债务尚未全面停止。24 个地区所属国企通过在金融资产交易所违规发行融资产品、集资借款等方式向社会公众融资，至 2023 年底余额 373.42 亿元，主要用于支付到期债务、发放人员工资等，形成政府隐性债务 112.58 亿元。二是拖欠账款有所新增。10 省市 56 个地区在按要求建立拖欠台账锁定存量后，2023 年 3 月以来又新增拖欠 76.31 亿元，其中 5 个地区在无预算安排、未落实资金来源的情况下安排车站等项目建设，新增拖欠 69.5 亿元。此外，还有 7 省 30 个地区通过直接销账、将无分歧欠款改为有分歧欠款等方式，虚报 2023 年完成存量清偿 53.28 亿元。

二、中央部门预算执行审计情况

重点审计的 41 个部门及所属 346 家单位 2023 年收到财政预算拨款 5 824.04 亿元，此次发现各类问题金额 226.26 亿元。其中部门本级 36.29 亿元（占 16%），所属单位 189.97 亿元（占 84%），进一步印证了审计去年关于中央部门预算执行问题向所属单位转移下沉的判断。

（一）节庆论坛展会加重基层负担。按照党中央关于整治形式主义为基层减负的工作部署，持续加大对部门及所属单位违规举办节庆论坛展会（本段统称活动）的审计力度，同步关注了 19 省市活动管理举办情况，发现 24 个部门的 283 个活动和 217 个地区的 377 个活动存在下述问题，共涉及金额 25.32 亿元。从审批程序看，有的未经上级批准自行越权审批，有的报小开大规避审批。从活动安排看，有的违规发放高档礼品或支付高昂出场费。从经费来源看，3 个部门及 43 家所属单位、社会团体以给予发言机会、安排媒体采访等作为条件，在 222 个活动中向参会单位收费或摊派 1.67 亿元；22 个地区的 21 个活动要求国企垫资建设会馆或拉赞助等 16.23 亿元。从实际成效看，一些活动效果不佳，部分达成投资额的框架协议，有的已作废、有的尚未正式签约。

（二）违规培训和评比表彰等活动屡禁不绝。13 家所属单位借助部门或行业影响力，以国家职业资格目录外的技术、技能为内容，与社会机构合作开展培训，有的还发放与目录内职业资格证书样式、字体极易混淆的"山寨证书"，共取得收入 3.47 亿元。10 家所属单位和社会团体等未经批准，借助部门行政影响力违规开展评比表彰等活动，并收费 1 236.53 万元。

（三）利用政务数据牟利成为新苗头。按要求，部门应有序开放所掌握的全国性政务和公共数据，降低社会公众获取成本。但一些部门监管不严，所属系统运维单位利用政务数据违规经营收费。4 个部门所属 7 家运维单位未经审批自定数据内容、服务形式和收费标准，依托 13 个系统数据对外收费 2.48 亿元。

（四）违反中央八项规定精神和过紧日子要求。一是超需求申领预算长期闲置。7 个部门的 11 个项目超实际需求申领预算 6.92 亿元，其中 2.49 亿元连年结转。二是一些单位存在三公经费胡支乱花等情况。1 个部门和 9 家所属单位违规列支三公经费、修建楼堂馆所等 7.49 亿元。有的投资 5.45 亿元建设脱离实际需求的酒店，运营 9 年来累计亏损 1.97 亿元；有的违规公务接待，并将接待费用 202.37 万元转嫁给关联企业。

（五）一些部属企业存在经营乱象。审计 239 户部属企业发现：9 户违规开展高风险业务，从事融资性贸易、向亏损企业出借资金等，形成损失风险 13.69 亿元。1 户盲目投资，在自有资金不足的情况下，对下属企业认缴注册资本 8 亿元，面临连带偿还巨额债务风险。2 户通过股权代持、虚假合资等方式，帮助 870 户民企挂靠为假国企。

三、重大项目和重点民生资金审计情况

重点审计了重大引调水工程项目实施情况和教育、就业、乡村振兴重点帮扶县、乡村建设、畜牧水产品稳产保供等 5 项民生资金管理使用情况。

（一）重大引调水工程审计情况。重点审计了《国家水网建设规划纲要》中的 8 个重大引调水工程建设运营情况，发现的主要问题：一是部分工程立项脱离实际规模偏大。4 个工程立项时对人口增长预测过大或虚增供水需求等，如贵州夹岩工程 2014 年立项时，将已有充足水源的城区纳入供水范围、重复计算，虚增 34.7% 供水需求规模，有 7 条支渠因无受水需求成为"半拉子"工程，1.32 亿元前期投入形成损失。工程规模越大，地方需配套资金越多。8 个工程涉及地方配套工程资金 2 347.3 亿元，但至 2023 年 6 月底资金到位率不足20%，造成大量水网"断点"。如引江济淮工程安徽段主体工程已于 2022 年建成，但应同步建成的配套工程尚未完工。二是节水与运营维护管理不到位，影响工程良性运行。8 省受水区的 347 家用水单位 2020 年以来超许可或无证取水 2.87 亿立方米；4 省部分受水区城镇供水管网漏损率超过 10% 的国家标准。鄂北水资源配置工程近 3 年运维经费缺口达 6.13 亿元，36 座调蓄水库中仅有 1 座参与调度，影响工程安全运行和效益发挥。

（二）重点民生资金审计情况

1. 农村义务教育学生营养改善计划专项资金审计情况。重点审计了 13 省 159 县 2021 年至 2023 年 8 月补助资金 231.37 亿元，占抽审县同期补助总金额的 91%。发现的主要问题：一是部分补助资金管理使用较为混乱。有的被直接挪用，66 县将 19.51 亿元用于偿还政府债务、基层"三保"等支出。有的被变相挤占，41 县和 1 533 所学校等通过压低供餐标准、虚构采购业务等变相截留挤占 2.7 亿元。有的被串通套取，5 县教育部门与中标供应商合谋，通过供应商分红、捐赠等方式套取 4 216.02 万元，用于发放福利等。二是部分供餐单位违规经营。147 家供应商和部分学校食堂等供餐单位违规经营，偷工减料、以次充好供餐。三是餐食采购招标和供餐监管等不够规范严格。25 县通过违规直接指定、设置不合理条款等方式，确定 52 家供应商向 2 605 所学校供餐。78 户企业或个人通过违规借用资质、伪造资料、围标串标等方式，中标 35 县的 101 个营养餐项目。监管权力寻租，相关监管部门和 77 所学校的工作人员，在供餐监管等过程中涉嫌徇私枉法，谋取个人利益。

2. 就业补助资金和失业保险基金审计情况。重点审计了 193 个地区的就业补助资金350 亿元、失业保险基金 613 亿元。发现的主要问题：一是补贴资金发放不精准。9 省对10.9 万人应发未发社会保险补贴等，24 省 386 家单位通过虚构劳动关系等骗取套取各类补贴 1.3 亿元。二是部分劳务派遣企业侵害劳动者权益。2 省 6 户劳务派遣企业 2020 年以来，

利用劳动者难以知晓用工单位支付的实际报酬,截留克扣劳动者报酬和社保费等 7 558 万元。如贵州 1 家人力资源公司 2022 年至 2023 年 9 月从 1.95 万名劳动者报酬中抽成 4 038 万元,占用工单位实际支付的 25%,高出其他劳务派遣企业收费标准 4 倍多。一些劳务派遣企业偏离补充用工定位,串通用工单位非法经营。有的表面抬高中介费、暗中将用工单位多付部分予以返还,被用工单位用于设立"小金库";有的在未提供劳务派遣的情况下,为用工单位虚开增值税发票并收受好处费,如黑龙江 4 户劳务派遣企业在实际未提供劳务派遣服务的情况下,为 2 家信息科技公司虚开发票 1.5 亿元并从中收取好处费。

3. 乡村振兴重点帮扶县审计情况。围绕巩固拓展脱贫攻坚成果底线任务和增加农民收入中心任务,重点审计了 11 省 73 个乡村振兴重点帮扶县,抽审帮扶项目 4 232 个、资金 479.21 亿元,走访 4 187 户。发现的主要问题:一是防止返贫监测和农村低收入人口常态化帮扶未兜实兜牢。16 县未按要求将 2.36 万名群众纳入排查范围;52 县主要监测收入,却未按规定监测大额刚性支出及负债等,影响监测准确性,有的在帮扶中还违规设置限制条件等,应帮扶未帮扶 1.83 万人;50 县 9 473 人帮扶措施脱离实际或成效不实,其中 1 137 人帮扶措施与致贫原因不匹配,649 人被虚报完成帮扶但实际未采取任何措施。二是促进农民增收致富相关举措未落实或效果不佳。乡村公益性岗位、以工代赈、职业技能提升是促进农民就业增收的 3 项重要举措,但 25 县将部分公益性岗位异化为发福利,向 1 893 名未实际在岗履职的企事业单位人员等发放补贴 280.89 万元;18 县以工代赈覆盖面偏窄,实施的 1 806 个基础设施项目中仅 48 个采用该方式;21 县为完成任务凑人数,违规以 2 167 名公务员、在校生等抵顶农户培训,浪费补贴 153.39 万元。引入社会资本下乡在一些地方跑偏。相关社会资本方拖欠 11.11 万户农户土地流转费等 2.13 亿元,将农民所投资金等 1 843.65 万元卷款"跑路",收购农产品时恶意压价等 560.64 万元。农民财产权益保障不到位。10 县 8 598 户农户、62 个村集体的土地承包权未得到及时确认,影响正常耕种。3 县违规以行政手段强行流转土地等,侵害 292 户农户 941.25 亩承包地的自主经营权。69 县村集体资产 69.68 亿元管理运营不善,其中 26 县 5 000.25 万元资产被村干部等侵占或无偿使用;27 县强行归集 1 245 个村集体的财政补助 14.66 亿元,主要挪用于偿还债务或对外出借。

4. 乡村建设行动实施审计情况。重点审计了 16 省 46 县的乡村建设行动实施情况,涉及项目 1.81 万个,资金 1 439.02 亿元,发现各类问题金额 135.85 亿元(占 9.44%)。发现的主要问题:一是一些村庄规划与实际不符。有 1 783 个村庄规划偏离实际或流于形式,其中:11 县 358 个村庄规划的部分内容不符合当地实际和农民需求,如广东阳春市统一要求 29 个村庄各自新建 3 750 平方米幼儿园和小学,而有的村仅 37 名村民;6 县 297 个村庄规划存在缺项漏项、文不对题等低级错误,有的盲目照搬照抄,如吉林大安市 36 个村庄的规划由辽宁 1 家设计公司编制,其中 24 个规划出现辽宁、内蒙古等地名称及特色旅游、风格建筑等,与当地风貌明显不相符。二是农村基础设施建设和基本公共服务还存在薄弱环节。基础设施方面,投入 69.29 亿元建设的 2 761 个项目因配套缺失、重建轻管等闲置,2 460 户危房和 4 190 个危桥危路未纳入摸排范围或整治不彻底;27 县 415 个项目烂尾或建成后即拆除,造成 6.31 亿元损失浪费;24 县投入 11.23 亿元给公路沿线民房刷墙加顶搞形象工程。基本公共服务方面,6 595 个村卫生室违规诊疗,销售使用过期药品、超权限超剂量用药 33.83 万瓶(支),或未严格执行医保结算等制度,农户无法正常报销药费;7 县违规出售 1 404 个农村公墓或收取 95 名低保特困户殡葬费,获利 263.89 万元。三是未全面落实财政投入保障政策。土地出让收入和专项债券是乡村建设资金的 2 个主要来源,但 29 县在土地出让收入中少安排支农资金 172.54 亿元;17 县 30 个项目专项债券资金 20.9 亿元中,有 10.45 亿元被挪用于平衡财政预算等;46 县 71 个项目的 77.23 亿元债券资金长期闲置或收入难以覆盖利息等。

5. 畜牧水产品稳产保供相关资金审计情况。重点审计了农业农村部和 14 省 50 个地区生猪和水产品稳产保供情况，涉及项目 2 052 个、资金 362.26 亿元，走访 1 910 户。发现的主要问题：一是部分地方生猪产供存在风险。疫病防控方面，国家要求生猪强制免疫，由养殖户先行采打疫苗再由财政补贴，但 7 省仅有 7.7% 的规模养殖场获得"先打后补"补贴，影响养殖户防控成本和积极性；5 省 7 个地区所购 571.38 万毫升（占 66%）口蹄疫疫苗储存运输不当，失效风险较大。储备猪肉方面，5 省 17 个地区 3 年来少收储 2.11 万吨，约占收储任务的 70%，当地肉价大幅上涨时无力投放调控。二是部分地方水产品稳产保供基础薄弱。2 省 3 个地区对 334.35 万亩（占 43%）养殖用海占而不用，测算年均减少养殖量 190 多万吨；中央财政投入 11.42 亿元支持建设的 35 个国家级海洋牧场、1 261 个深远海养殖网箱，未建好管好甚至闲置毁弃；7 省 21 个地区 3 年来 8.32 万亩（占 34%）淡水养殖池塘改造任务未完成，1.19 亿元补助资金闲置。

四、国有资产管理审计情况

按照中共中央《关于建立国务院向全国人大常委会报告国有资产管理情况制度的意见》和全国人大常委会《关于加强国有资产管理情况监督的决定》，在部门预算执行、国企国资、金融、经济责任等审计项目中，持续关注 4 类国有资产管理使用情况。

（一）企业国有资产审计情况。至 2022 年底，审计的 22 户央企账面资产总额 11.67 万亿元，负债总额 7.6 万亿元，国有资本权益 2.06 万亿元，平均资产负债率 65.12%。发现的主要问题：

1. 会计信息不实。22 户央企共计收入不实 1 182.07 亿元、成本费用不实 1 549.88 亿元、利润不实 526.72 亿元。主要是：9 户央企内部关联交易抵销不准确等，造成多计收入 477.02 亿元、成本费用 475.54 亿元；20 户央企违规跨年度调节利润等，造成多计或少计收入 250.64 亿元、成本费用 230.44 亿元；15 户央企未足额计提减值准备或在资产无明显减值迹象的情况下多计提减值等，造成多计或少计利润 165.2 亿元。

2. 国有资产资金管理薄弱。主要表现为 3 个方面：资产不实，18 户央企因对财务报表"应并未并"、重复记账、清理核销不及时等导致资产不实 3 406.32 亿元；5 户央企未将部分房产等资产纳入账内核算，涉及资产金额 109.77 亿元、房产等 7 770.91 万平方米。运营效益不高，8 户央企的 158.87 亿元资金资产和 175.26 万平方米房屋、土地长期闲置，最长达 18 年；3 户央企套取或挪用信贷等资金 154.15 亿元。违规处理处置，10 户央企违规对外出租出借资产资质或提供品牌商标、字号、版权等；14 户央企违规对外出借资金或提供担保 1 001.63 亿元，形成损失风险 50.99 亿元；13 户央企在资产存储、安全检查、权属办理等方面管控不力。

（二）金融企业国有资产审计情况。重点审计的 12 家国有金融机构资产总额 60.43 万亿元、负债总额 47.48 万亿元，净资产收益率 0.78% 到 18.57%。还审计了 4 家重点金融机构政策落实情况。发现的主要问题：

1. 信贷数据不实，偏离服务实体经济定位。6 家金融机构的信贷投放含金量不高，有的将其他类贷款违规变造为科技、绿色、涉农等重点领域贷款。同时部分信贷投放虚增空转，其中 5 167 亿元即贷即收，在考核前发放、考核后收回；还有的等额存贷，企业在贷款前存入等额存款或贷款后再以定期存款形式存回银行。

2. 金融资源供给结构不够优化。主要表现为 2 个方面：重点领域"加"的成色不足。4 家银行 680.59 亿元名义上投向科技创新领域的贷款被挪作他用或空转套利。限制领域"减"的力度不够。至 2023 年底，4 家银行未完成 2020 年底前出清任务，仍为 461 户"僵尸企业"等保有贷款余额 314.41 亿元，其中 34.84 亿元为 2023 年新发放；306.09 亿元风险资产通过"无效重组"、违规展期等方式虚假盘活，长期以"仍未不良"的虚假形态占用信贷资源。

（三）行政事业性国有资产审计情况。结合部门预算执行、政务信息化建设等审计，重点关注了此类资产管理使用情况。发现的主要问题：

1. 基础性管理工作薄弱。主要表现为资产底数不清、闲置浪费和划转缓慢等，共涉及33 个部门。17 个部门少计漏记 13.46 万平方米房产、151.54 亩土地、31.88 亿元设备物资或无形资产等；12 个部门的 2.59 亿元资产出租和处置收入未按规定上缴财政；4 个部门的 1.65 亿元房产租金等应收未收。8 个部门的 19.46 万平方米房产、874.14 亩土地、405 辆公务用车、1.04 亿元办公家具及仪器设备等资产使用效率低下或闲置，最长达 21 年。1 个部门自 2018 年机构改革以来涉及的 336.33 万元资产仍未划转。

2. 违规使用和处置资产。主要表现为未经审批、无偿或低价出租出借等，共涉及 16 个部门，房产 16.18 万平方米，设备等资产 9 724.34 万元，其中 2 个部门因低价出租国有资产，造成国有资产收益损失 5 056.57 万元。如 1 个部门 1 132 平方米底商房产长期未收回管理，由外部单位及个人转租获利，造成国有资产收益损失。

3. 政务信息化建设管理存在短板。一是新型建管模式不规范。抽查 5 省 196 个"银政合作"项目发现，筹资中银行提供的 41.31 亿元建设资金均未纳入政府预算管理，2 170.62 万元因随意支取形成损失；建设中 156 个项目借机规避立项、采购等程序要求，61 个项目被直接或变相指定承建单位；建成后除个别项目资产明确归属政府外，其余均权属不清，存在国有资产流失和公共信息泄露风险。二是部分系统建管成效不佳。抽查的 224 个政务信息系统中，有 85 个因功能缺陷等未达预期甚至成为摆设，涉及投资 27.92 亿元。

（四）国有自然资源资产审计情况。对 9 名领导干部开展自然资源资产离任（任中）审计，对黄河流域 8 省生态保护、15 省林业相关资金进行了审计。发现的主要问题：

1. 部分地区耕地保护不力，任务落实出现偏差。抽查 5 省市粮食主产区发现，有 795.17 万亩耕地用于非粮食作物种植等，甚至搭车搞商业开发。如山西晋中市太谷区 2021 年在承建国家农业高新技术产业示范区时，违规以 1.2 亿元出让土地 160.89 亩（其中耕地 81.91 亩）用于房地产开发。

2. 森林管护效果不佳，林木营造弄虚作假。科学绿化要求未落实，15 省未全面贯彻山水林田湖草沙系统治理的要求，近 3 年在耕地、河道等不符合规定的地块造林 142.15 万亩。造林成果底数不清，"三北"防护林部分造林成果的实际保有量、具体位置和存活状态底数不清；1 871 万亩已变更为耕地、草地、建设用地等；13 省近 3 年虚报造林面积 161.67 万亩。审计的 188 个造林项目，涉及面积 208.08 万亩、资金 38.95 亿元，发现均存在弄虚作假：23 个在招标时直接内定实施单位；81 个在设计时将之前已有林地包装为新造林成果；107 个在施工时私自调减种植苗木的数量、品种；98 个在验收时主管部门走过场甚至伪造验收报告。部分林业资金管理不严，7 省 56 个地区通过虚报任务、面积等骗取 8.12 亿元；13 省 50 个地区挤占挪用 23.51 亿元，另有 153 个储备林项目的 226.88 亿元（占贷款总额的 46.8%）专项贷款被挪用于投资经营、平衡财力等；10 省 22 个地区的 7.22 亿元长期闲置。

3. 传统能源管理不规范，新能源开发利用缺乏统筹。一方面，2 省 114 家煤矿 2022 年超核定能力开采原煤 1.2 亿吨。另一方面，5 省部分地区不顾自身消纳、外送和配套保障能力上马新能源项目，个别已投产项目 2021 年以来已累计弃电 50.13 亿千瓦时。50 个"沙戈荒"大型风电光伏基地项目"碎片化"。401 个子项目中，有 385 个单体规模小于要求的 100 万千瓦，增加配套电网建设与并网难度。

五、重大违纪违法问题查处情况

2023 年 5 月以来，审计共发现并移送重大违纪违法问题线索 310 多件，涉及 1 200 多人。

主要有以下特点：

（一）政商勾连结成利益集团造成区域性腐败。有的地方干部通过特定关系人充当"白手套"，向民企输送巨额利益，再经利益回流谋取政治资本，经济问题与政治问题相互交织。如辽宁某市一原区委书记2019年以来，经政治骗子牵线搭桥，帮助1户民企仅出资1亿多元就获得价值8亿多元的土地。其间，政治骗子以帮助该书记职务晋升等名义，向民企索要巨额好处费。

（二）套取政策红利妨碍政策措施落实。一些企业利用国家生态保护、高新产业等支持政策，勾结公职人员违规取得经营权，或弄虚作假骗取财政补贴，严重蚕食国家政策红利。如全国首台套首批次应用保险，由中央财政按保费的80%给予投保单位补贴，但有3家保险公司2019年至2022年伙同多户企业，通过投保、理赔等环节造假，或扩大保险责任等方式，骗取瓜分中央财政补贴3亿多元。

（三）腐败手段更加隐形翻新。随着反腐力度加大，借助信息技术、监管漏洞等腐败行为更趋隐蔽，新型腐败和隐性腐败开始显现。如金融监管部门某司级干部利用职务影响力，长期扶持特定民企提升行业竞争力，收取巨额钱款及股权，并通过同一网点先取后存、借用亲属银行账户、虚拟货币交易等"技术处理"，隐藏民企转款来源，呈现典型技术特征。

（四）基层一些单位腐败问题性质严重。一些基层工作人员在专项工作中严重违规操作，通过拉拢腐蚀等广泛构织关系网，弄虚作假大肆侵占财政资金。如黑龙江某县林草局局长等人2019年以来，通过虚报人工造林面积等方式骗取套取财政资金6 000多万元形成"小金库"，并以钱开道，腐蚀国家至乡镇5级林草、纪检、财政等单位100多名公职人员，打通造林申报验收、资金拨付、外部监督等各个环节。

六、审计建议

今年以来，面对极为复杂多变的国内外环境，各地区各部门在以习近平同志为核心的党中央坚强领导下，巩固和增强经济回升向好态势，经济运行整体实现"开门红"，但经济回升向好的可持续性有待增强。从审计掌握的情况看，经济社会发展中存在的一些问题，有体制机制制度还不够健全和完善的原因，也与一些地方财经法纪意识淡薄、缺乏担当实干精神、本领不够能力不足、落实改革发展举措不到位等相关。按照党中央、国务院部署要求，结合审计发现，建议：

（一）强化宏观政策统筹兼顾，更好发挥制度优势。一是推动积极的财政政策适度加力、提质增效。财政收入方面要加大税费征管力度，完善部门数据共享，堵塞制度漏洞，做到应收尽收、颗粒归仓，巩固好财政收入恢复性增长态势。财政支出方面要着力优化支出结构，合理确定各类转移支付功能定位，避免不同渠道交叉重复安排；严格绩效评价及结果运用，更好体现奖优罚劣和激励相容导向；更好发挥中央投资的带动作用，专项债券额度分配向项目准备充分、投资效率较高的地区倾斜；全面落实结构性减税降费政策。二是推动稳健的货币政策灵活适度、精准有效。提高重点领域"加"的成色，引导金融资源更多投向科技创新、绿色转型、普惠小微等领域。加大限制领域"减"的力度，督促商业银行尽快出清"僵尸企业"等保有贷款余额，避免信贷资金空转。督促国有大型商业银行发挥好"主力军"作用，畅通货币政策传导机制，更好满足实体经济有效融资需求。三是加强各项政策之间协调配合。把非经济性政策纳入宏观政策取向一致性评估，建立健全评估制度，防止出现相互掣肘、效应对冲或合成谬误。制定宏观政策要注重与市场沟通，打好提前量、留出冗余度，预计对经济发展有收缩性、抑制性效应的要缓出或不出。

（二）深化重点领域改革，健全完善相关体制机制。全面梳理近年来经济运行中反复出现、经常发生的问题，坚持用改革的眼光审视、用改革的办法解决。谋划新一轮财税体制改革，完善中央与地方财政事权和支出责任划分，加大均衡性转移支付力度，健全转移支付定期评估和动态调整、退出机制。对地方税费优惠政策进行评估和清理。完善中国特色现代企业制度，深入实施国有企业改革深化提升行动，探索建立国有经济布局优化和结构调整指引制度，推动国企做强做优主业，提高核心竞争力。加快全国统一大市场建设，制定全国统一大市场建设标准指引，对地方保护、市场分割、招商引资不当竞争等突出问题开展专项治理。全面落实促进民营经济发展壮大的意见及配套举措，更好解决市场准入、要素获取、权益保护等方面问题。

（三）持续加力化解重大经济风险，为推动高质量发展提供坚实保障。完善重大风险处置统筹协调机制，压实企业主体责任、部门监管责任、地方属地责任。对地方债务风险，要建立同高质量发展相适应的政府债务管理机制，完善专项债券项目穿透式监测。对金融领域风险，要健全地方主要领导负责的风险处置机制，完善金融风险监测预警和早期纠正机制，依法将各类金融活动全部纳入监管。督促国有大型商业银行合法稳健经营，完善公司治理和风险内控机制。对国有资产损失流失风险，要督促健全细化"三重一大"决策和执行机制，对违规决策造成重大损失的典型问题提级追责、穿透治理。

（四）切实践行以人民为中心的发展思想，保障和改善民生。一是更加突出就业优先导向。人力资源社会保障等部门要加大对毕业生、农民工等重点群体就业的帮扶力度；深化劳务派遣行业整治，督促地方严格落实日常监管等责任。二是坚持不懈抓好"三农"工作。锚定建设农业强国目标，学习运用"千万工程"经验，结合当地实情科学规划村庄建设，落实好财政投入责任，尽快补齐农村基础设施和基本公共服务短板。用心用情用力落实好暖民心行动，督促地方压实农村义务教育学生营养改善计划工作的主体责任，确保每一分钱都吃到学生嘴里；兜实兜牢低收入人口常态化帮扶，严格落实促进农民增收致富各项举措，切实保障农民土地承包、集体资产收益等财产权益。牢固树立大农业观、大食物观，构建多元化食物供给体系，确保食品安全。

（五）加强对权力运行的制约和监督，进一步严肃财经纪律。一是加强对"关键少数"的监督。充分发挥审计在推进党的自我革命中的独特作用和反腐治乱方面的"尖兵"作用，深化经济责任审计，督促领导干部牢固树立正确政绩观，完整准确全面落实党中央对经济工作的重大决策部署，确保最终效果符合党中央决策意图；督促严格执行民主集中制，细化重大经济事项决策和审批权力运行流程。二是推动党政机关习惯过紧日子。各地区各部门都要专门制定相关办法，把落实过紧日子要求作为财政长期方针，继续严格精简节庆论坛展会，实行总量控制、备案管理。从紧安排非刚性、非重点项目支出，腾出更多财政资源用于推动高质量发展、增进民生福祉。三是严肃查处各类违反财经纪律问题。纠正把违反财经纪律问题视为单位行为而忽视追究个人责任的倾向，对财经纪律严重松弛、问题相对多发的地区和单位开展专项整治，依法依规查处曝光一批，形成强大震慑，避免破窗效应。

本报告反映的是此次中央预算执行和其他财政收支审计发现的主要问题。对这些问题，审计署依法征求了被审计单位意见，出具了审计报告、下达了审计决定；对重大违纪违法问题，依纪依法移交有关部门进一步查处。有关地方、部门和单位正在积极整改。审计署将持续跟踪督促，年底前报告全面整改情况。

委员长、各位副委员长、秘书长、各位委员，今年是新中国成立75周年，是实现"十四五"规划目标任务的关键一年。审计机关将更加紧密团结在以习近平同志为核心的党中央周围，坚持以习近平新时代中国特色社会主义思想为指导，深刻领悟"两个确立"的决定性意义，增强"四个意识"、坚定"四个自信"、做到"两个维护"，自觉接受全国人大监督，更好运用规律性认识推动新时代审计工作高质量发展，在以中国式现代化全面推进强国建设、民族复兴伟业中贡献审计力量！

国务院关于 2023 年度中央预算执行和其他财政收支审计查出问题整改情况的报告

——2024 年 12 月 22 日在第十四届全国人民代表大会常务委员会第十三次会议上

审计署审计长　侯凯

委员长、各位副委员长、秘书长、各位委员：

我受国务院委托，向全国人大常委会报告 2023 年度中央预算执行和其他财政收支审计查出问题的整改情况，请审议。

党中央、国务院高度重视审计查出问题的整改工作。习近平总书记多次作出重要指示批示，强调要高度重视审计揭示的问题，严肃处理、彻底整改，决不能"高高举起、轻轻放下"；要加强贯通协同，纪检、组织、政法、国资、金融监管等部门协同发力，打好审计整改组合拳。李强总理主持召开国务院常务会议部署审计整改工作，要求不折不扣整改到位，真刀真枪解决问题，及时完善制度规则、堵塞漏洞、加强监管，从源头上防止问题再次发生。根据党中央、国务院决策部署，审计署进一步巩固和完善全面整改、专项整改、重点督办相结合的审计整改总体格局，将《国务院关于 2023 年度中央预算执行和其他财政收支的审计工作报告》（以下简称《审计工作报告》）反映的所有问题及建议全部纳入整改范围，向 122 个地方、部门和单位[①]印发整改通知和问题清单，由其全面落实审计整改责任；有关部门按照工作职责认真落实专项整改任务；审计署将重大问题移送有关地方、部门和单位重点查办或督办，开展整改情况专项审计调查，合力推动审计整改取得扎实成效。

一、2023 年度审计整改工作部署和成效

各地区各部门各单位坚持以习近平新时代中国特色社会主义思想为指导，深入贯彻习近平总书记关于审计整改工作的重要指示批示精神，严格执行十四届全国人大常委会第十次会议相关审议意见，抓紧抓实国务院各项工作部署，审计整改成效更加彰显。

（一）坚决扛起审计整改重大政治责任。各地区各部门各单位深刻领悟"两个确立"的决定性意义，从坚决做到"两个维护"的政治高度来认识和部署审计整改，与党纪学习教育、中央巡视紧密结合，一体对照检查、抓好落实。被审计单位认真落实整改主体责任，通过纳入业绩和干部考核、列入巡视巡察重点等硬招，逐项限时推进整改。主管部门切实履行监督管理责任，针对反复出现、经常发生的问题开展专项治理，从全局研究倾向性、普遍性问题的特点和规律，做到举一反三。

（二）审计整改总体格局进一步巩固和深化。全面整改中，形成分送转办、跟踪督促、汇总报告的工作闭环，及时将重大问题查办情况通报有关方面。专项整改中，进一步拓展责任部门覆盖面，与有关部门研究建立贯通协作机制，各司其职、协同发力，打好审计整改组合拳。重点督办中，根据督办查办权限等，进一步细化精准审计移送重大问题的牵头承办部

[①] 本报告对省级行政区统称为省，副省和地市级行政区统称为市，县区级行政区统称为县，省市县统称为地区；中央一级预算单位统称为部门。

门，查办力度和反馈时效明显提升。

（三）审计整改成效更加彰显权威高效要求。截至2024年9月底，《审计工作报告》中要求立行立改的1 786个、分阶段整改的817个问题中，分别有1 691个、513个（占94%、62%）已完成整改；要求持续整改的问题制定了时间表和路线图，明确了具体责任单位和年度措施。有关地方、部门和单位共整改问题金额5380多亿元，制定完善规章制度1 300多项，追责问责2 800多人。

重大问题整改总体进展顺利，解决了一些不利于高质量发展和经济社会稳定的体制机制问题。

二、审计查出问题的整改情况

有关地方、部门和单位采取多种方式加强审计整改：财政部、税务总局等部门和有关地方通过调整决算草案、补征税款、化解政府债务等整改中央财政管理问题涉及资金2 851.48亿元，中央部门及所属单位通过清理节庆展会论坛、取消违规培训和示范评比等整改问题涉及资金74.3亿元，各地通过追回或归还资金、落实重大政策等整改问题涉及资金178.64亿元，中央企业通过调整账表、加强国有资产管理等整改问题涉及资金1 466.9亿元，金融机构通过清理违规业务、优化信贷投向等整改问题涉及资金755.56亿元。

（一）中央财政管理审计查出问题的整改情况。

财政部、国家发展改革委（以下统称2部委）、税务总局、海关总署等部门和有关地方已整改问题涉及资金2851.48亿元，完善制度134项，处理处分241人。

1.关于税务和海关部门组织财政收入不到位问题。

一是对征管不够严格和制度漏洞造成税款流失问题。36省市税务部门通过追缴税费入库、将暂时难以征收的纳入欠税管理台账等整改问题涉及资金296.02亿元；21个海关单位已补征关税等1.2亿元。二是对未全面落实减税降费政策问题。税务总局会同财政部、科技部等部门研究完善留抵退税、支持科技创新等税费政策，36省市已通过为1.69万户企业办理退抵税费、补充享受支持科技创新税费政策等整改问题涉及资金818.71亿元；34省市已从2 561户企业追回违规享受的税费优惠或补征税款等22.85亿元；23个海关单位已退还1 078户企业保证金等64.95亿元。三是对人为调节征收进度问题。36省市税务部门已将多征收或提前征收的税费542.9亿元办理退税或抵减税款等；33省市税务部门将延压的税费947.9亿元办理入库等。

2.关于转移支付体系仍不够健全完备的问题。

（1）对"体制结算补助"转移支付执行偏离设立初衷问题。财政部将结合中央与地方财政事权和支出责任划分改革，研究优化"体制结算补助"转移支付项目设置，在以后年度预算编制中严格控制此项转移支付规模。

（2）对部分转移支付分配下达管理薄弱问题。一是对分配不协同不合理问题。2部委研究修订资金分配机制或管理办法，要求地方不得多头超额申报中央预算内投资和其他中央财政补助资金，对以前年度分配不合理的通过核减预算、收回资金等进行调整。如对"造林补助"等2项转移支付与"重点区域生态保护和修复"投资专项任务量审核不协同问题，2部委和国家林草局协同审查项目任务、投资标准等关键事项，推动资金分配与规划任务相衔接。二是对下达不及时不科学问题。财政部会同有关部门进一步优化转移支付下达流程，加强央地间、年度间工作衔接，如在下达"重大品种推广补助"等2项转移支付时，同步组织政策培训，推动地方抓紧制定资金使用方案，并会同农业农村部督促加快上年结转资金拨付进度。国家发展改革委将中央预算内投资计划编制周期提前，2024年预算下达进度较上年明显加快，对建设周期长、所需资金量大的项目分年度下达投资计划。

（3）对绩效管理存在短板弱项问题。一是对目标设置不完整不合理问题。财政部在2024年预算中已补充设置1项转移支付的绩效指标；7项转移支付设置不合理的15个绩效指标中，已有 12 个按规定调整量化或提高指标值，如"大气污染防治资金"转移支付的绩效目标已由各省 PM2.5 浓度年度目标的 90%，调整为 100%。二是对自评结果审核不严格问题。财政部会同生态环境部修改"水污染防治资金"2023 年绩效自评相关指标取值规则，提升地方自评精准度，并完善了 2024 年绩效目标设置。

3. 关于积极的财政政策落实中出现偏差的问题。

（1）对促进稳外贸政策落实不够精准和严格问题。财政部督促商务部正在修订《鼓励进口技术和产品目录》。针对资金分配小而散问题，涉及的 14 个地区中，有 8 个明确要求"单个项目支持金额不得少于 5 万元"，有 6 个整合或取消受惠企业少、单个金额小等支出方向。

（2）对扩投资相关举措有效落实问题。针对中央财政投资项目推进不力问题，国家发展改革委现场督导项目建设情况、约谈有关单位，暂缓下达进展过慢项目的后续中央预算内投资；对中央预算内投资和地方政府专项债合计支持金额超出项目总投资的 18 个项目，正在收回超出总投资额的财政资金并调整至其他项目，通报批评有关地区。针对专项债项目安排不科学问题，2 部委从 2024 年第二批专项债项目开始，要求各地进一步加强审核把关，避免将不合规项目纳入准备项目清单；财政部开展专项债资金使用管理情况专项核查，推动按规定用途使用或盘活闲置资金。

针对部分专项债项目未发挥政府投资带动放大效应问题，2 部委正在研究扩大专项债支持范围的改革举措，资金分配更多向项目准备充分、使用效益好的地区倾斜，增强对民营资本吸引力。

4. 关于中央决算草案编制个别事项不准确不细化的问题。

一是对基本建设支出决算列报不完整不细化问题。财政部已调整《2023 年中央基本建设支出决算表》，细化列示了中央本级 1 亿元以上的非涉密投资项目。二是对错列支出 11.84 亿元问题。财政部已将错列入"商品和服务支出"的"国家科技成果转化引导基金"注资 11.84 亿元，调整列入"资本性支出"，已同步调整 2023 年中央决算草案并报全国人大常委会审议通过。

5. 关于地方债务管理不够严格的问题。

一是对违规举借债务尚未全面停止问题。24 个地区通过安排预算资金偿还、地方政府债券置换等整改问题涉及资金 89.41 亿元，对其他债务正在筹措偿还资金或录入隐性债务统计监测系统等。二是对拖欠企业账款有所新增问题。10 省市 56 个地区通过盘活政府资产、加大土地出让力度等已偿还新增拖欠账款本息 37.96 亿元；7 省 30 个地区通过直接偿还或以资产抵偿等整改虚假清偿问题涉及资金 17.74 亿元。

（二）中央部门预算执行审计查出问题的整改情况。

有关部门和地方已整改问题涉及资金 34.5 亿元，完善制度 130 项，处理处分 12 人。

1. 关于节庆展会论坛（本段统称活动）加重基层负担的问题。

有关部门公开通报相关典型问题，要求聚焦"表现在基层、根子在上面"的问题，加强上下联动、同题共答、源头治理。21 个部门和 17 省市已整改问题涉及资金 22.7 亿元；针对审批程序问题，已停止或取缔相关活动，规范活动审批办法；针对活动安排问题，加强对承办方监督，从严控制活动规模和财政资金支出口子；针对经费来源问题，已停止违规收费摊派，退回赞助费或归还国企垫资等 2 579.19 万元；针对实际成效问题，做好与投资意向单位的回访对接，推动达成投资额的框架协议正式签约。

2. 关于违规培训和评比表彰等活动屡禁不绝的问题。

12 家所属单位终止与社会机构合作开展国家职业资格目录外的培训，将"山寨证书"中极易与目录内职业资格证书相混淆的样式、字体等元素删除。10 家所属单位和社会团体已停止举办借助部门行政影响力违规开展的评比表彰等活动。

3. 关于利用政务数据牟利成为新苗头的问题。

3 个部门已停止利用 5 个系统数据违规对外收费行为，涉及金额 8 101.29 万元；

2 个部门修订 3 项数据管理制度，完善数据业务审批流程。

4. 关于违反中央八项规定精神和过紧日子要求的问题。

一是对超需求申领预算长期闲置问题。4 个部门已将 8 个项目超实际需求申领的预算 5 665.29 万元退回财政或调减 2024 年预算，修订相关资金管理办法。二是对一些单位三公经费胡支乱花等问题。1 个部门和 9 家所属单位已通过停止违规发放补助、收回资金等整改问题涉及资金 9 172.65 万元。有的修订重大投资项目管理办法，严禁夹带建设豪华酒店等违规内容；有的规范公务接待，已将转嫁关联企业的接待费用 202.37 万元全部退回企业，并处理处分 7 名责任人。

5. 关于一些部属企业存在经营乱象的问题。

针对违规开展高风险业务问题，9 户企业修订投资管理制度，明确禁止开展融资性贸易等高风险业务，已追回全部出借资金 6 889.43 万元，调减虚增收入 6 507.31 万元。针对盲目投资、民企挂靠为假国企等问题，1 户企业正按程序退出下属企业股权，降低连带偿还债务风险；1 户企业已清理挂靠的假国企。

（三）重大项目和重点民生资金审计查出问题的整改情况。

有关部门和地方已整改问题涉及资金 178.64 亿元，完善制度 820 多项，处理处分 2 230 多人。

1. 关于重大引调水工程审计查出的问题。

已整改问题涉及资金 1.52 亿元，完善制度 5 项，处理处分 50 人。一是对部分工程立项脱离实际规模偏大问题。水利部、国家发展改革委要求 8 省对新立项的工程科学论证建设方案，优化工程规模、布局和分期实施安排；对在建工程规模重新评估并提出调整建议，审慎复核提出工程规模处理意见，着力解决工程规模越大、地方需配套资金越多的问题，有效推进连通水网“断点”。如引江济淮工程安徽段配套输水线路 11 个标段已开工、2 个分水口已通水。二是对节水与运营维护管理不到位影响工程良性运行问题。水利部组织建立违规用水整改台账，8 省受水区 245 家违规用水单位已被给予罚款、吊销取水许可等处理处罚或重新申办取水许可；4 省强化节水考核，引导相关受水区加快供水管网改造，力争把漏损率降至 10% 的国家标准。对鄂北水资源配置工程运维经费缺口等问题，湖北通过完善水价政策、加强水费收缴等落实经费保障，编制应急供水调度预案，提高调蓄水库联调联供水平。

2. 关于重点民生资金审计查出的问题。

（1）农村义务教育学生营养改善计划专项资金审计方面。

已整改问题涉及资金 40.39 亿元，完善制度 248 项，处理处分 1 200 人。6 部委印发指导意见，加强中小学校园食品安全和膳食经费管理监督。一是对部分补助资金管理使用较为混乱问题。针对直接挪用问题，66 县已原渠道归还、支付拖欠补助等 19.51 亿元。

针对变相挤占问题，41 县和 1 533 所学校已通过原渠道归还或上缴财政等重新安排等整改问题涉及资金 2.7 亿元。针对串通套取问题，4 县终止与原供应商的供货协议或重新招标；1 县补拨资金 72.96 万元提高供餐标准，弥补学生受损利益。二是对部分供餐单位违规经营问题。121 县已处理处罚相关学校负责人 237 名，解除与 147 家违规食材供应商的合同等，追回资金或罚款等 4.2 亿元，并完善供应商准入和退出机制，强化食材出入库检查。三是对餐食采购招标和供餐监管等不够规范严格问题。25 县终止通过直接指定等方式违规确定的供应商合同并重新招标，追回涉事企业不当获利等 8.96 亿元。35 县取消串标供餐企业投标资格、招标代理公司代理资质等，已追回资金等 4.53 亿元。针对监管权力寻租问题，8 省已追责问责徇私枉法的供餐监管部门和学校工作人员等 384 人。

（2）就业补助资金和失业保险基金审计方面。

已整改问题涉及资金 3.58 亿元，完善制度 80 余项，处理处分 170 多人。一是对补贴资金发放不精准问题。9 省已补发社会保险补贴等 1.9 亿元，24 省已追回被套取骗取的各类补贴 1.3 亿元。二是对部分劳务派遣企业侵害劳动者权益问题。

2 省严肃查处欠薪欠保等违法行为，已督促劳务派遣企业补发截留克扣的劳动者报酬、补缴社保费等 3 201 万元。对贵州 1 家人力资源公司从劳动者报酬中高额抽成问题，2024 年 3 月起该公司已暂停劳务派遣业务，清偿派遣员工工资、补缴税款滞纳金等 298.66 万元。针对一些劳务派遣企业串通用工单位非法经营问题，有的用工单位已将劳务派遣企业返还、设立"小金库"的资金收回并上缴财政；有关地方加大涉税违法打击力度，严格代开发票监管，如黑龙江已注销虚开发票的 4 户劳务派遣企业人力资源等业务资质。

（3）乡村振兴重点帮扶县审计方面。

已整改问题涉及资金 59.92 亿元，完善制度 175 项，处理处分 370 人。一是对防止返贫监测和农村低收入人口常态化帮扶未兜实兜牢问题。16 县逐一排查 2.36 万名群众返贫致贫风险，已将存在风险的 5 806 人识别为防止返贫监测对象。52 县将因病因学、产业失败形成负债等因素纳入防止返贫致贫监测指标，把应帮扶未帮扶的 1.83 万人纳入帮扶范围，并补发补助资金 2 093.5 万元；50 县对 1 137 名脱贫户根据返贫致贫风险重新调整帮扶措施，对被虚报为完成帮扶的 649 人落实帮扶措施。二是对促进农民增收致富相关举措未落实或效果不佳问题。25 县已将 1 467 名不符合条件人员从公益性岗位清退，追回补贴 62.76 万元；18 县建立以工代赈工作协调机制等，新申报以工代赈产业项目 374 个以吸纳更多农村劳动力；21 县清理凑人数等违规培训人员 933 名，追回补贴或挽回损失 67.2 万元。

针对引入社会资本下乡在一些地方跑偏问题，58 县着眼"引管并重"，推动社会资本下乡后守农利农，已督促社会资本方兑现拖欠农户的土地流转费及分红等 1.11 亿元。针对农民财产权益保障不到位问题，农业农村部开展农村集体资金资产资源监管突出问题专项整治。10 县为 28 个村集体和 2 833 户农户的承包土地确权发证；3 县兑现 139 户农户承包土地流转费 124.91 万元。69 县村集体资产已确权登记或加强管护 42.7 亿元，其中 26 县已收回被村干部等侵占或无偿使用的资产 5 000.25 万元，27 县已归还挪用或出借的村集体资金等 4.62 亿元。

（4）乡村建设行动实施审计方面。已整改问题涉及资金 67.57 亿元，完善制度 229 项，处理处分 348 人。一是对一些村庄规划与实际不符问题。自然资源部会同有关部门印发通知，要求村庄规划编制不搞"齐步走"、"一刀切"，逐一核实 39 县偏离实际或流于形式的 1 783 个村庄规划整改情况。11 县依据村庄发展模式、村民实际需求等修正或重新编制 358 个村庄规划。广东阳春市修改 29 个村庄规划，不再统一要求各自新建幼儿园和小学。6 县督促编制单位修正 297 个村庄规划中缺项漏项、文不对题等低级错误。吉林大安市将存在照抄照搬问题的村庄规划编制单位列入黑名单并扣除委托服务费，重新研究编制 36 个村庄规划。二是对农村基础设施建设和基本公共服务还存在薄弱环节问题。基础设施方面，46 县通过调整建设规模、补齐配套设施等盘活长期闲置的垃圾中转站、村卫生室等项目 1 456 个；39 县已对之前未纳入摸排范围或整治不彻底的 1 558 户农房、1 701 个危桥危路，采取维修加固、增设交通警示等措施；27 县优化规划管控和项目论证，加强部门间工作协调，从规划源头防止项目烂尾，推动盘活烂尾项目和拆除物资再利用；24 县建立形象工程问题负面清单，集中资源解决交通、供水等群众反映强烈的问题。基本公共服务方面，37 县完善村卫生室药物采购制度，加强医务人员诊疗、用药等培训，确保农户正常报销药费；7 县已全部追回违规出售公墓所得或退回向低保特困户收取的殡葬费 263.89 万元。三是对未全面落实财政投入保障政策问题。财政部印发通知，部署各地做好乡村建设领域地方政府专项债券相关问题整改工作；16 县已追回被挪用的专项债券资金 8.9 亿元，46 县拓宽项目收益渠道或盘活闲置债券资金等 38.65 亿元。29 县规范土地出让收入成本核算和列支渠道，逐步提高土地出让收入用于农业农村的比例。

（5）畜牧水产品稳产保供相关资金审计方面。

已整改问题涉及资金 5.66 亿元，完善制度 91 项，处理处分 94 人。一是对部分地方生猪产供存在风险问题。疫病防控方面，农业农村部印发动物疫病强制免疫补助实施方案，指导各地简化资金申领程序；7 省已向 6 031 个养殖户发放补助 5 979.99 万元。5 省 7 个地区开展动物疫病疫苗管理情况专项检查，修订疫苗管理制度 10 项，维修更新损坏的疫苗冷藏设备，确保疫苗安全。储备猪肉方面，5 省完成猪肉常规储备 1.25 万吨，增强应急调控能力。二是对部分地方水产品稳产保供基础薄弱问题。2 省 3 个地区正采取招商引资、引进养殖技术等措施，推动占而未用的养殖用海盘活投用；6 省 14 个地区完成 2 个海洋牧场建设，34 个深远海养殖网箱找回、维修后已重新下水使用，收缴或盘活闲置资金 1.46 亿元；6 省 11 个地区完成淡水养殖池塘改造任务 2.24 万亩。

（四）国有资产管理审计查出问题的整改情况

1. 关于企业国有资产审计查出的问题。

已整改问题涉及资金 1 466.9 亿元，完善制度 161 项，处理处分 165 人。

一是对会计信息不实问题。22 户中央企业通过调整账表等整改问题涉及资金 886.03 亿元，追责问责 41 人。其中：9 户通过抵销内部关联交易等调减多计的收入 436.07 亿元；20 户通过还原跨年度调节的利润等整改多计或少计收入问题涉及资金 203.55 亿元；15 户通过按规定足额计提减值准备或冲回多计提减值等整改多计或少计利润问题涉及资金 55.68 亿元。

二是对国有资产资金管理薄弱问题。针对资产不实问题，18 户中央企业通过规范财务报表合并范围、及时清理核销不实资产等整改问题涉及资金 185.46 亿元；5 户将账外房产、藏品等纳入账内核算 11.16 亿元。针对运营效益不高问题，8 户通过加快项目建设、对外租赁等盘活闲置资金资产 65.65 亿元；3 户追缴套取或挪用的信贷和专项资金等，处理处分 42 人。针对违规处理处置问题，10 户停止违规出借品牌商标、字号、版权等资产；14 户已通过追回违规对外出借资金或签订补充协议免除担保责任等整改问题涉及资金 108.37 亿元；13 户加强重要资产安全管理，加快办理资产权属。

2. 关于金融企业国有资产审计查出的问题。

已整改问题涉及资金 755.56 亿元。

一是对偏离服务实体经济定位问题。中国人民银行、金融监管总局制定专项工作方案，督促有关金融机构加强信贷业务管理，切实治理和防范资金空转。对违规改变贷款投向问题，6 家金融机构对信贷数据进行二次检验，不断提升统计质量；对信贷投放虚增空转问题，有关银行完善存贷款考核指标体系，停止即贷即收；等额存贷余额较审计时下降 66%。

二是对金融资源供给结构不够优化问题。针对重点领域"加"的成色不足问题，4 家银行督促挪用科技创新贷款的企业提前结清 465.62 亿元，并严格贷后管理减少空转套利空间。针对限制领域"减"的力度不够问题，4 家银行印发加强经营状态异常企业融资管理的通知，推进"僵尸企业"债务和风险资产处置，已通过重组、诉讼等收回贷款 91.01 亿元，如实下调风险资产分类。

3. 关于行政事业性国有资产审计查出的问题。

已整改问题涉及资金 38.8 亿元，完善制度 31 项，处理处分 77 人。

一是对基础性管理工作薄弱问题。27 个部门已整改问题涉及资金 32.86 亿元。其中：13 个部门将少计漏记的 9.81 万平方米房产、151.5 亩土地、31.12 亿元设备物资或无形资产等登记入账；10 个部门将 5 569.06 万元资产出租和处置收入上缴财政；3 个部门已收回房产租金等 1 697.55 万元。6 个部门通过内部调剂使用、加快安装投用等盘活 9.99 万平方米房产、10.2 亩土地、114 辆公务用车、9 735.02 万元办公家具及仪器设备等。1 个部门已清理划转机构改革涉及的资产 336.33 万元。

二是对违规使用和处置资产问题。16 个部门通过停止违规出租出借、履行资产出租报批程序等整改房产 6.12 万平方米、设备等资产 9 724.34 万元，其中 2 个部门已终止无偿出借或通过修改国有资产出租协议等保障国有收益。如 1 个部门对长期低价承租该部底商房产的租户，拟提起诉讼收回房产。

三是对政务信息化建设管理存在短板问题。针对新型建管模式不规范问题，5 省规范银政合作模式管理，其中 1 省在协议到期后已终止与银行合作，其他 4 省正在完善制度或与银行协商，将筹资中银行提供的资金纳入政府预算管理；建设中严格执行招投标程序，不再指定承建单位；建成后及时明确资产权属，确保国有资产和公共信息安全。针对部分系统建管成效不佳问题，4 部门和 6 省加快 32 个系统建设进度，不断完善系统功能，系统使用率明显提升。

4. 关于国有自然资源资产审计查出的问题。

已整改问题涉及资金 60.45 亿元，完善制度 56 项，处理处分 88 人。

一是对部分地区耕地保护不力问题。5 省市积极引导农户将用于非粮食种植的基本农田改回粮食种植，严肃查处违规占地搞商业开发等行为，将无法复耕的耕地依法变更土地性质或异地调整补划。如山西晋中市太谷区已暂停违规用于房地产开发的 160.89 亩农业高新示范区土地施工，并健全建设用地部门联动审批机制。

二是对森林管护效果不佳、林木营造弄虚作假问题。针对科学绿化要求未落实问题，自然资源部、国家林草局以国土空间规划"一张图"为底版，优化国土绿化落地上图管理方式，绿化成果检查合格后再上图；15 省严肃查处违规占地造林等问题，调查问责相关责任人。针对造林成果底数不清问题，国家林草局分析"三北"防护林工程区 775 个县的林草资源数据，确定"三北"防护林工程六期基础底数，开展全国森林草原湿地荒漠化普查，着力解决林地实情与账面数据不一致问题；13 省从相应年度造林成果数据库中剔除虚报部分，已处理处罚虚报造林面积问题责任人 13 名。有关地方逐一梳理 188 个弄虚作假的造林项目，其中：对 23 个招标时直接内定实施单位的项目，加强招投标监管，已将组织围标的招标代理公司列入黑名单；对 81 个设计时将已有林地包装为新造林地的项目，按造林技术规程变更设计方案并计划重新择址；对 107 个施工时私自调减种植数量、品种的项目，按规定数量补植补种或调整品种；对 98 个验收时走过场的项目，规范项目档案台账管理，重新组织验收。针对部分林业资金管理不严问题，国家林草局会同 2 部委修订林草资金管理办法，暂停向骗取套取、挤占挪用等问题严重的地方安排 2024 年资金；3 省已追回被骗取的资金 3 056.99 万元；7 省原渠道归还挤占挪用的资金 1.58 亿元，13 省已偿还储备林项目专项贷款 56.91 亿元；3 省已使用或上交财政 9 553.21 万元闲置资金。

三是对传统能源管理不规范、新能源开发利用缺乏统筹问题。一方面，2 省对超核定能力开采原煤的 114 座煤矿依法给予警告、罚款等处理处罚。另一方面，5 省围绕加强对新能源项目的支撑，加快推进外送电网配套工程建设，提高储能能力。对"沙戈荒"大型风电光伏基地项目"碎片化"问题，第二批单体项目规模均在规定的 100 万千瓦标准以上。

（五）重大违纪违法问题的办理情况。

对审计移送的 310 多件违纪违法问题，有关部门和地方正在组织查处，对涉案款物加紧追赃挽损，依规依纪依法处理处分有关责任人。

1. 关于政商勾连结成利益集团形成区域性腐败的问题。

有关部门严厉打击以权力为依托的资本逐利行为，强化受贿行贿一起查，完善对重点行贿人的联合惩戒机制。辽宁某市原区委书记涉嫌滥用职权、特定关系人索要好处费，原区委书记已被开除党籍和公职，涉嫌犯罪问题移送检察机关审查起诉。

2. 关于套取政策红利妨碍政策措施落实的问题。

工业和信息化部在高新产业等优惠政策执行中，会同有关部门严厉打击申报单位弄虚作假等行为。金融监管总局加强行政执法与刑事司法衔接，配合查办违法放贷案件 360 多件、

100多亿元。对3家保险公司伙同多户投保单位骗取瓜分首台（套）首批次保险财政补贴问题，被骗取的3亿多元补贴已全部收回财政；3部门进一步完善补贴政策，将投保单位纳入失信名单，3年内禁止其申请资金和项目。

3. 关于腐败手段更加隐形翻新的问题。

金融监管总局印发工作人员辞去公职暂行办法，规范离职人员从业回避等情况。中国证监会推进《证券公司监督管理条例》修订，提升"影子公司"、"影子股东"等新型腐败发现能力。金融监管部门原司局级干部涉嫌利用职务影响扶持特定民企并收受巨额钱款，已被开除党籍和公职，涉嫌犯罪问题移送检察机关审查起诉。

4. 关于基层一些单位腐败问题性质严重的问题。农业农村部聚焦群众反映强烈的农村集体财务管理、债务、工程项目管理等突出问题，在全国开展集中专项整治行动。对黑龙江某县林草局套取造林财政资金等6 200多万元腐蚀百余名公职人员问题，纪检监察机关已已立案审查调查该局原局长等3人，正在研提其他公职人员追责建议，追回行贿、滥发、贪污等款项2 095.82万元。

（六）审计建议落实情况。

1. 关于"强化宏观政策统筹兼顾，更好发挥集中力量办大事的制度优势"建议的落实情况。

一是推动积极的财政政策适度加力提质增效方面。税务总局、海关总署推进收入征管数据共享，开展代开虚开发票、跨关区避税等重大风险综合治理，努力做到应收尽收。财政部等部门优化财政支出结构，研究完善转移支付项目设置，更好发挥转移支付功能定位；组织对社会关注度高、资金规模大的政策和项目实施效果开展重点绩效评价，把评价结果与2025年部门预算安排挂钩；制定"两重"建设项目管理办法、超长期特别国债资金监管办法，着力支持"两重"相关项目建设。

税务总局聚焦支持科技创新和制造业发展2个重点编发税费优惠政策指引，推出系列优化服务举措。二是推动稳健的货币政策灵活适度精准有效方面。围绕提高重点领域"加"的成色，金融监管总局引导银行保险机构加大对科技创新、绿色转型等领域的金融支持，扩大货币政策对普惠小微贷款的支持范围，加大小微经营主体融资支持。围绕加大限制领域"减"的力度，金融监管总局、中国人民银行引导银行业金融机构加大不良贷款处置力度，加强信贷资金投向管理，通过优化金融业增加值季度核算方法等措施，防范资金空转。三是加强各项政策之间协调配合方面。国家发展改革委加强经济政策和非经济性政策与宏观政策取向一致性评估，强化财政、货币政策与就业、产业、区域、环保等政策协同配合，提升各项政策目标、工具、力度、节奏匹配度。

2. 关于"深化重点领域改革，健全完善相关体制机制"建议的落实情况。

一是谋划新一轮财税体制改革方面。财政部细化分解新一轮财税体制改革任务，推动建立权责清晰、财力协调、区域均衡的中央和地方财政关系，健全有利于高质量发展、社会公平、市场统一的税收制度。二是完善中国特色现代企业制度方面。

国务院国资委推动国有经济布局优化和结构调整，着力破除影响国企发展的体制机制障碍，进一步明晰不同类型国企功能定位，推动国有资本向关系国家安全、国民经济命脉的重要行业和关键领域集中，向关系国计民生的公共服务、应急能力、公益性领域等集中，向前瞻性战略性新兴产业集中。三是加快全国统一大市场建设方面。市场监管总局等部门推进《公平竞争审查条例》实施，加快废除妨碍全国统一市场的政策措施，进一步释放我国超大规模市场潜力。促进民营经济立法，全面清理歧视不同所有制、规模和地域企业的各类规定，为非公有制经济发展营造良好环境。

3. 关于"持续加力化解重大经济风险，为推动高质量发展提供坚实保障"建议的落实情况。

针对地方债务风险，财政部组织落实一揽子化债方案，强化政府支出事项和政府投资项目管控，会同有关部门规范金融机构融资业务，努力阻断新增隐性债务路径；完善专项债券管理制度，强化项目资产管理、收入归集，确保按时偿还、不出风险。针对金融领域风险，有关部门推动建立高风险机构退出市场过程中政府与法检联动机制，强化行政处罚、民事追责、刑事打击的衔接配合。金融监管总局完善金融风险监测预警和早期纠正机制，组织建立非法金融活动监测预警体系。

针对国有资产损失流失风险，国务院国资委推动有关中央企业完善"三重一大"决策和执行机制，提级查办审计移送的 11 个重点问题，保持违规经营投资责任追究高压态势。

4. 关于"切实践行以人民为中心的发展思想，保障和改善民生"建议的落实情况。

一是更加突出就业优先导向方面。人力资源社会保障部梳理形成 2024 年就业政策清单，扩大宣讲覆盖面，加大对重点群体就业帮扶力度；建立与税务、市场监管部门共享劳务派遣单位信息机制，研究起草劳务派遣单位等级评价指南，促进劳务派遣市场优胜劣汰。二是坚持不懈抓好"三农"工作方面。自然资源部印发通知，要求各地学习运用"千万工程"经验，提高村庄规划编制质量；农业农村部将普惠性基础性兜底性民生项目作为"三农"建设优先选项，加快补齐农村基本公共服务短板。教育部、财政部等部门联合开展中小学校园食品安全和膳食经费管理突出问题专项整治，确保每一分钱都吃到学生嘴里。农业农村部推动出台农村集体经济组织法，研究制定集体土地二轮承包到期延包试点意见，为农民增收提供法治保障；推动出台关于践行大食物观构建多元化食物供给体系的意见。

5. 关于"加强对权力运行的制约和监督，进一步严肃财经纪律"建议的落实情况。

一是加强对"关键少数"的监督方面。有关部门加大对审计移送重大问题的查办力度，严肃查处领导干部违纪违法案件，把审计及整改情况纳入领导班子和领导干部考核，作为领导干部日常调整配备等重要参考。二是推动党政机关习惯过紧日子方面。财政部把习惯过紧日子要求贯穿财政管理全过程，严格"三公"经费管理，严控一般性支出，从严审核中央部门新增资产配置，推动压缩节庆展会论坛等活动，腾出更多财政资源用于推动高质量发展、增进民生福祉。三是严肃查处各类违反财经纪律问题方面。财政部围绕财经领域重大案件查处、严肃财经纪律专项整治、会计评估领域专项监督、预算执行常态化监督等 4 个领域，在全国开展财会监督专项行动，适时通报典型案例。

需要说明的是，按照相关工作要求，财政部、国家发展改革委、农业农村部、工业和信息化部、金融监管总局、国管局等 6 个部门，针对扩投资相关举措未有效落实、乡村建设行动实施存在薄弱环节、地方债务管理不够严格、行政事业性国有资产基础性管理工作薄弱等 4 方面突出问题进行了专项整改，相关整改情况连同按要求需报告的中央部门单位 2023 年度预算执行等审计查出问题的整改情况，均已作为本报告的附件，一并提交本次会议审议。

三、审计整改工作中存在的问题及后续工作安排

从整改情况看，要求立行立改的问题还有 95 个（涉及金额 214 亿元）尚未整改到位，结合审计署开展的 2023 年度审计查出问题整改情况专项审计调查结果，以及要求分阶段整改和持续整改问题相关情况，当前审计整改不到位的原因主要有 3 个方面：

一是审计整改"两个责任"仍未全面落实到位。一些被审计单位对落实整改主体责任缺乏必要措施或存在畏难情绪、过关心态，虚假整改、敷衍整改、违规整改等问题依然存在。一些主管部门对监督管理责任认识不足、措施不力，有的没有真正做到举一反三，专项整治长牙带刺效果欠佳。二是近年来审计查出问题的综合性、复杂性交织，相应整改难度加大。有的问题是随经济社会发展形势变化出现的阶段性困难，需要在推动高质量发展中逐步消解；有的问题本身即属于中长期改革任务，需要与改革一体推进、同步完善；有的问题产生有其特定的历史原因，需逐步稳妥推进解决。三是贯通协同还有短板弱项。跨地区、跨部门、跨层级整改协同不足，横向上地区间、部门间未形成有效的责任共担、信息共享、整改共促机制；纵向上有的问题"表现在基层、根子在上面"，整改中仍存在压力层层衰减等现象。

对尚未完成整改、虚假整改等问题，有关地方、部门和单位已对后续整改作出安排：一是进一步压实整改责任。细化整改任务书、路线图、时间表，分阶段、分步骤有序推动整改落实，对重要问题一盯到底，适时开展整改"回头看"，确保真改实改。二是进一步用好问责利器。坚持失责必问、问责必严，将审计整改情况纳入领导干部考核评价，坚决惩处虚假整改、敷衍整改等问题。三是进一步做好举一反三。坚持"治已病"、"防未病"，深入分析反复出现、经常发生问题产生的体制机制障碍，及时完善制度、堵塞漏洞、加强监管。

委员长、各位副委员长、秘书长，各位委员：

我们将更加紧密地团结在以习近平同志为核心的党中央周围，坚持以习近平新时代中国特色社会主义思想为指导，深刻领悟"两个确立"的决定性意义，增强"四个意识"、坚定"四个自信"、做到"两个维护"，自觉接受人大监督，更好运用规律性认识推进新时代审计工作高质量发展，在以中国式现代化全面推进强国建设、民族复兴伟业中贡献审计力量！

经济责任及自然资源资产离任审计法律法规与政策解读

第三部分

习近平主持召开深改组会议：开展领导干部
自然资源资产离任审计的试点

（2015 年 7 月 1 日）

中共中央总书记、国家主席、中央军委主席、中央全面深化改革领导小组组长习近平2015 年 7 月 1 日下午主持召开中央全面深化改革领导小组第十四次会议并发表重要讲话。他强调，领导干部是否做到严以修身、严以用权、严以律己，谋事要实、创业要实、做人要实，全面深化改革是一个重要检验。要把"三严三实"要求贯穿改革全过程，引导广大党员、干部特别是领导干部大力弘扬实事求是、求真务实精神，理解改革要实，谋划改革要实，落实改革也要实，既当改革的促进派，又当改革的实干家。

中共中央政治局常委、中央全面深化改革领导小组副组长刘云山、张高丽出席会议。

会议审议通过了《环境保护督察方案（试行）》《生态环境监测网络建设方案》《关于开展领导干部自然资源资产离任审计的试点方案》《党政领导干部生态环境损害责任追究办法（试行）》《关于推动国有文化企业把社会效益放在首位、实现社会效益和经济效益相统一的指导意见》。

会议强调，现在，我国发展已经到了必须加快推进生态文明建设的阶段。生态文明建设是加快转变经济发展方式、实现绿色发展的必然要求。要立足我国基本国情和发展新的阶段性特征，以建设美丽中国为目标，以解决生态环境领域突出问题为导向，明确生态文明体制改革必须坚持的指导思想、基本理念、重要原则、总体目标，提出改革任务和举措，为生态文明建设提供体制机制保障。深化生态文明体制改革，关键是要发挥制度的引导、规制、激励、约束等功能，规范各类开发、利用、保护行为，让保护者受益、让损害者受罚。

会议指出，建立环保督察工作机制是建设生态文明的重要抓手，对严格落实环境保护主体责任、完善领导干部目标责任考核制度、追究领导责任和监管责任，具有重要意义。要明确督察的重点对象、重点内容、进度安排、组织形式和实施办法。要把环境问题突出、重大环境事件频发、环境保护责任落实不力的地方作为先期督察对象，近期要把大气、水、土壤污染防治和推进生态文明建设作为重中之重，重点督察贯彻党中央决策部署、解决突出环境问题、落实环境保护主体责任的情况。要强化环境保护"党政同责"和"一岗双责"的要求，对问题突出的地方追究有关单位和个人责任。

会议强调，完善生态环境监测网络，关键是要通过全面设点、全国联网、自动预警、依法追责，形成政府主导、部门协同、社会参与、公众监督的新格局，为环境保护提供科学依据。要围绕影响生态环境监测网络建设的突出问题，强化监测质量监管，落实政府、企业、社会的责任和权利。要依靠科技创新和技术进步，提高生态环境监测立体化、自动化、智能化水平，推进全国生态环境监测数据联网共享，开展生态环境监测大数据分析，实现生态环境监测和监管有效联动。

会议指出，开展领导干部自然资源资产离任审计试点，主要目标是探索并逐步形成一套比较成熟、符合实际的审计规范，明确审计对象、审计内容、审计评价标准、审计责任界定、审计结果运用等，推动领导干部守法守纪、守规尽责，促进自然资源资产节约集约利用和生态环境安全。要紧紧围绕领导干部责任，积极探索离任审计与任中审计、与领导干部经济责任审计以及其他专业审计相结合的组织形式，发挥好审计监督作用。

会议强调，生态环境保护能否落到实处，关键在领导干部。要坚持依法依规、客观公正、科学认定、权责一致、终身追究的原则，围绕落实严守资源消耗上限、环境质量底线、生态保护红线的要求，针对决策、执行、监管中的责任，明确各级领导干部责任追究情形。对造成生态环境损害负有责任的领导干部，不论是否已调离、提拔或者退休，都必须严肃追责。各级党委和政府要切实重视、加强领导，纪检监察机关、组织部门和政府有关监管部门要各尽其责、形成合力。

会议指出，国有文化企业是建设社会主义先进文化的重要力量，必须发挥示范引领和表率带动作用，在推动实现社会效益和经济效益相统一中走在前列。要着力推动国有文化企业树立社会效益第一、社会价值优先的经营理念，完善治理结构，加强绩效考核，推动企业做强做优做大。要建立健全两个效益相统一的评价考核机制，形成对社会效益的可量化、可核查要求。要落实和完善文化经济政策，加强文化市场监管，不断优化国有文化企业健康发展的环境条件。

会议强调，改革越是向纵深发展，越是要重视思想认识问题。要结合"三严三实"专题教育，抓好思想政治工作，教育引导广大党员、干部看大局、明大势，深刻认识全面深化改革的重大意义，自觉站在改革全局的高度，正确看待局部利益关系调整，坚定改革决心和信心，形成推动改革的思想自觉和行动自觉。要把方案质量放在第一位，坚持问题导向，抓实问题，开实药方，提实举措，每一条 改革举措都要内涵清楚、指向明确、解决问题，便于基层理解和落实。要把好改革方案的主旨和要点，把准相关改革的内在联系，结合实际实化细化，使各项改革要求落地生根。要集中力量做好督察工作，对执行不力、落实不到位的要严肃问责。

习近平主持召开深改组会议：审议通过了《领导干部自然资源资产离任审计规定（试行）》

（2017 年 6 月）

2017 年 6 月，中共中央总书记、国家主席、中央军委主席习近平主持中央全面深化改革工作领导小组会议审议通过了《领导干部自然资源资产离任审计规定（试行）》（以下简称《规定》）。之后，中共中央办公厅、国务院办公厅印发了文件，《规定》对领导干部自然资源资产离任审计工作提出具体要求，并发出通知，要求各地区各部门结合实际认真遵照执行。

《规定》明确，开展领导干部自然资源资产离任审计，应当坚持依法审计、问题导向、客观求实、鼓励创新、推动改革的原则，主要审计领导干部贯彻执行中央生态文明建设方针政策和决策部署情况，遵守自然资源资产管理和生态环境保护法律法规情况，自然资源资产管理和生态环境保护重大决策情况，完成自然资源资产管理和生态环境保护目标情况，履行自然资源资产管理和生态环境保护监督责任情况，组织自然资源资产和生态环境保护相关资金征管用和项目建设运行情况，以及履行其他相关责任情况。

《规定》强调，审计机关应当根据被审计领导干部任职期间所在地区或者主管业务领域自然资源资产管理和生态环境保护情况，结合审计结果，对被审计领导干部任职期间自然资源资产管理和生态环境保护情况变化产生的原因进行综合分析，客观评价被审计领导干部履行自然资源资产管理和生态环境保护责任情况。

《规定》要求，被审计领导干部及其所在地区、部门（单位），对审计发现的问题应当及时整改。国务院及地方各级政府负有自然资源资产管理和生态环境保护职责的工作部门应当加强部门联动，尽快建立自然资源资产数据共享平台，并向审计机关开放，为审计提供专业支持和制度保障，支持、配合审计机关开展审计。县以上地方各级党委和政府应当加强对本地区领导干部自然资源资产离任审计工作的领导，及时听取本级审计机关的审计工作情况汇报并接受、配合上级审计机关审计。

建立经常性审计制度　规范开展领导干部自然资源资产离任审计　推进生态文明建设

——审计署负责人就《领导干部自然资源资产离任审计规定（试行）》答记者问

新华社北京 11 月 28 日电近日，中共中央办公厅、国务院办公厅印发《领导干部自然资源资产离任审计规定（试行）》（以下简称《规定》），标志着一项全新的、经常性的审计制度正式建立，2018 年起由审计试点进入到全面推开阶段。审计署负责人就有关情况回答了记者提问。

问：请介绍《规定》出台背景及意义？

答：党中央高度重视生态文明建设，党的十八大将其纳入"五位一体"总体布局，把绿色发展作为五大新发展理念之一。习近平总书记多次强调，绿水青山就是金山银山，保护环境就是保护生产力，改善环境就是发展生产力。习近平总书记高度重视生态文明体制改革，对生态文明体制改革制度的四梁八柱作出了部署和要求，这些重大举措能不能落到实处，关键在领导干部，要落实领导干部任期生态文明建设责任制，实行自然资源资产离任审计。

党的十八届三中全会通过的《中共中央关于全面深化改革若干重大问题的决定》，对领导干部自然资源资产离任审计作出明确部署。2015 年中共中央、国务院印发的《生态文明体制改革总体方案》，提出构建起由自然资源资产产权制度等八项制度构成的生态文明制度体系，将领导干部自然资源资产离任审计纳入完善生态文明绩效评价考核和责任追究制度中，并明确要求 2017 年出台规定。这项改革是在习近平总书记亲自关心和领导下推出的。

习近平总书记在党的十九大报告中明确提出，建设生态文明是中华民族永续发展的千年大计，必须坚持节约优先、保护优先、自然恢复为主的方针，牢固树立社会主义生态文明观，推动形成人与自然和谐发展现代化建设新格局。

制定《规定》是贯彻落实党中央关于加快推进生态文明建设要求的具体体现，是党中央关于生态文明建设战略部署的又一重大成果，对于领导干部牢固树立和践行新发展理念，坚持节约资源和保护环境的基本国策，推动形成绿色发展方式和生活方式，促进自然资源资产节约集约利用和生态环境安全，完善生态文明绩效评价考核和责任追究制度，推动领导干部切实履行自然资源资产管理和生态环境保护责任具有十分重要的意义。

问：《规定》的实践基础是什么？

答：2015 年以来，按照党中央、国务院决策部署和《中共中央办公厅、国务院办公厅关于印发〈开展领导干部自然资源资产离任审计试点方案〉的通知》要求，审计署围绕建立规范的领导干部自然资源资产离任审计制度，坚持边试点、边探索、边总结、边完善。2015 年在湖南省娄底市实施了领导干部自然资源资产离任审计试点；2016 年组织在河北省、内蒙古呼伦贝尔市等 40 个地区开展了审计试点；2017 年上半年又组织对山西等 9 省（市）

党委和政府主要领导干部进行了审计试点。审计试点连续围绕"审什么、怎么审、如何进行评价"进行了积极探索和经验总结，截至 2017 年 10 月，全国审计机关共实施审计试点项目 827 个，涉及被审计领导干部 1 210 人。审计试点坚持"问题导向"，重点探索揭示自然资源资产管理和生态环境保护中存在的突出问题，并积极探索符合实际的有效组织形式，形成了可推广可复制的经验做法，为起草《规定》提供了坚实的实践积累。

问：《规定》明确的审计内容和重点是什么？

答：领导干部自然资源资产离任审计内容主要包括：贯彻执行中央生态文明建设方针政策和决策部署情况，遵守自然资源资产管理和生态环境保护法律法规情况，自然资源资产管理和生态环境保护重大决策情况，完成自然资源资产管理和生态环境保护目标情况，履行自然资源资产管理和生态环境保护监督责任情况，组织自然资源资产和生态环境保护相关资金征管用和项目建设运行情况，履行其他相关责任情况。

审计机关应当充分考虑被审计领导干部所在地区的主体功能定位、自然资源资产禀赋特点、资源环境承载能力等，针对不同类别自然资源资产和重要生态环境保护事项，分别确定审计内容，突出审计重点。

问：审计署及各级审计机关如何贯彻落实《规定》？

答：审计署及各级审计机关要全面深入学习贯彻党的十九大精神，用习近平新时代中国特色社会主义思想武装头脑、指导实践，推动领导干部自然资源资产离任审计工作深入发展。

《规定》为开展领导干部自然资源资产离任审计指明了方向、明确了目标。各级审计机关要凝心聚力抓好贯彻落实，确保各项要求落地见效，促进领导干部牢固树立绿色发展理念和正确政绩观，认真履行自然资源资产管理和生态环境保护责任，推动解决自然资源资产和生态环境领域突出问题，切实维护生态环境安全和人民群众利益。

审计署将加强组织领导，对各级审计机关深入开展领导干部自然资源资产离任审计提出具体要求，并加强督促检查落实，有效发挥审计在党和国家监督体系中的重要作用。

各级审计机关在领导干部自然资源资产离任审计实践中，要树立大数据审计理念，推进"总体分析、发现疑点、分散核实、系统研究"的数字化审计方式，加大自然资源资产和生态环境领域地理信息数据和相关业务、财务等数据收集、挖掘和分析力度，进一步推进资源环境审计信息化建设，提升大数据审计工作水平，提高审计工作质量和效率。

各级审计机关将继续加强与涉及自然资源资产管理和生态环境保护相关业务主管部门的协调，推进建立自然资源资产数据共享平台，加大审计结果运用，形成监督合力，在推动生态文明建设和绿色发展中发挥积极作用。

中共中央办公厅　国务院办公厅关于印发《领导干部自然资源资产离任审计规定（试行）》的通知

（厅字〔2017〕139 号）

各省、自治区、直辖市党委和人民政府，中央和国家机关各部委，解放军各大单位、中央军委机关各部门，各人民团体：

《领导干部自然资源资产离任审计规定（试行）》已经中央领导同志同意，现印发给你们，请结合实际认真遵照执行。

中共中央办公厅
国务院办公厅
2017 年 9 月 19 日

领导干部自然资源资产离任审计规定（试行）

第一条　为了加快推进生态文明建设，践行绿色发展理念，促进自然资源资产节约集约利用和生态环境安全，推动领导干部切实履行自然资源资产管理和生态环境保护责任，根据《中共中央、国务院关于加快推进生态文明建设的意见》和《中共中央、国务院关于印发〈生态文明体制改革总体方案〉的通知》以及有关党内法规和国家法律法规，制定本规定。

第二条　领导干部离任时，应当接受自然资源资产离任审计。

审计机关开展领导干部自然资源资产离任审计适用本规定。本规定未明确的，依照《中华人民共和国审计法》《中华人民共和国审计法实施条例》和其他有关法律法规的规定执行。

第三条　本规定所称领导干部自然资源资产离任审计，是指审计机关依法依规对主要领导干部任职期间履行自然资源资产管理和生态环境保护责任情况进行的审计。

第四条　本规定所称自然资源资产管理和生态环境保护责任，是指主要领导干部任职期间依法依规对本地区、本部门（单位）以及主管业务领域的以下工作应当履行的责任：

（一）土地、水、森林、草原、矿产、海洋等自然资源资产的管理开发利用；

（二）大气、水、土壤等环境保护和环境改善；

（三）森林、草原、荒漠、河流、湖泊、湿地、海洋等生态系统的保护和修复；

（四）其他与自然资源资产管理和生态环境保护相关的事项。

第五条　领导干部自然资源资产离任审计对象包括：

（一）地方各级党委和政府主要领导干部；

（二）各级发展改革、国土资源、环境保护、水利、农业、林业、能源、海洋等承担自然资源资产管理和生态环境保护工作部门（单位）的主要领导干部。

第六条　审计机关应当依照干部管理权限，根据组织部门委托，确定领导干部自然资源资产离任审计计划。

审计机关在组织审计时，应当坚持以开展领导干部自然资源资产离任审计为主，采取独立实施方式，也可以与领导干部经济责任审计统筹实施，由同一审计组一并审计。

第七条　审计机关开展领导干部自然资源资产离任审计应当坚持依法审计、问题导向、客观求实、鼓励创新、推动改革的原则。

第八条　领导干部自然资源资产离任审计内容主要包括：

（一）贯彻执行中央生态文明建设方针政策和决策部署情况；

（二）遵守自然资源资产管理和生态环境保护法律法规情况；

（三）自然资源资产管理和生态环境保护重大决策情况；

（四）完成自然资源资产管理和生态环境保护目标情况；

（五）履行自然资源资产管理和生态环境保护监督责任情况；

（六）组织自然资源资产和生态环境保护相关资金征管用和项目建设运行情况；

（七）履行其他相关责任情况。

审计机关应当充分考虑被审计领导干部所在地区的主体功能定位、自然资源资产禀赋特点、资源环境承载能力等，针对不同类别自然资源资产和重要生态环境保护事项，分别确定审计内容，突出审计重点。

第九条 本规定第八条第一款第一项所称的贯彻执行中央生态文明建设方针政策和决策部署情况，主要包括：

（一）生态文明体制改革相关制度建立以及落实情况；

（二）国家有关自然资源资产和生态环境保护重大战略贯彻落实情况；

（三）生态文明建设领域推进供给侧结构性改革情况。

第十条 本规定第八条第一款第二项所称的遵守自然资源资产管理和生态环境保护法律法规情况，主要包括：

（一）组织制定地方有关规章制度情况；

（二）制定、批准、审批和组织实施自然资源开发利用、生态环境保护规划（计划）中遵守资源环境生态法律法规情况；

（三）相关重大经济活动或者建设项目中遵守资源环境生态法律法规情况。

第十一条 本规定第八条第一款第三项所称的自然资源资产管理和生态环境保护重大决策情况，是指经济社会发展重大决策、资源开发利用和生态环境保护重大事项审批以及规划（计划）的调整情况，主要包括：

（一）落实国家资源生态环境保护相关禁止性、限制性、约束性政策要求情况；

（二）落实主体功能区规划、国土规划、土地利用总体规划、城乡规划等情况；

（三）国家公园等自然保护地自然生态系统保护情况；

（四）落实环境影响评价有关要求情况；

（五）推动重点生态功能区产业准入负面清单落地实施等情况以及效果。

第十二条 本规定第八条第一款第四项所称的完成自然资源资产管理和生态环境保护目标情况，主要包括：

（一）国家确定的自然资源利用、环境治理、环境质量、生态保护等方面约束性指标完成情况；

（二）国家关于大气、水、土壤污染防治等行动计划目标完成情况；

（三）其他纳入国家和地方生态文明建设考核目标完成情况。

第十三条 本规定第八条第一款第五项所称的履行自然资源资产管理和生态环境保护监督责任情况，主要包括：

（一）自然资源资产开发的合法性、管理的有序性、使用的有效性以及生态环境保护状况等情况；

（二）自然资源消耗上限、环境质量底线、生态保护红线等资源环境生态红线管控等情况；

（三）资源环境承载能力变化情况以及监测预警机制建立运行情况；

（四）严重损毁自然资源资产和重大生态破坏（灾害）、环境污染事件预防处置情况；

（五）干预环境监测、环境统计以及数据弄虚作假案件处理情况；

（六）对以前年度中央相关督察、国家审计和专项考核检查等发现问题的督促整改情况。

第十四条 本规定第八条第一款第六项所称的组织自然资源资产和生态环境保护相关资金征管用和项目建设运行情况，主要包括：

（一）与自然资源资产和生态环境保护相关税费、政府性基金以及国有自然资源资产有偿使用收入等的征管用情况；

（二）国家以及地方生态环境保护资金投入以及使用情况；

（三）用能权、排污权、碳排放权、用水权等管理情况；

（四）自然资源开发利用和生态环境保护重点项目、设施建设运营情况以及信息系统建设和信息共享情况。

第十五条　审计机关应当以自然资源资产负债表或者有关部门管理数据资料反映的自然资源资产实物量和生态环境质量状况变化为基础进行审计。

第十六条　审计机关进行领导干部自然资源资产离任审计时，被审计领导干部及其所在地方、部门（单位）和其他相关单位应当依法向审计机关提供与被审计领导干部任职期间履行自然资源资产管理和生态环境保护责任有关的下列资料：

（一）签订的相关目标责任书以及完成情况，上级有关部门（单位）对其考核情况以及相关方面业绩的评估与奖惩情况；

（二）上级党委和政府或者有关部门（单位）进行例行或者专项检查情况及其出具的检查报告、结论性文书，当地党委和政府以及相关部门（单位）的整改情况；

（三）相关会议文件、材料、纪要和记录，相关工作规划（计划）以及执行情况，相关规章制度和重大决策事项的文件和资料等；

（四）财务以及资源环境调查、监测、统计等资料数据（含地理信息数据等电子数据）；

（五）被审计领导干部的述职报告以及对有关情况的说明材料；

（六）审计机关依法要求提供的其他有关资料。

被审计领导干部及其所在地方、部门（单位）和其他相关单位应当对所提供资料的真实性、完整性负责。

第十七条　审计机关应当根据审计查证事实，依照法律法规、国家有关政策规定和生态文明建设考核目标等，充分考虑地域、气候、季节、生长期等自然因素影响，以及环境问题的潜伏性、时滞性、外部性等，针对自然资源资产管理和生态环境保护工作特点，研究建立健全审计评价指标体系，将定性评价与定量评价相结合，对领导干部履行自然资源资产管理和生态环境保护责任情况作出客观公正、实事求是的评价。

审计评价应当与审计内容相统一，评价结论应当有充分的审计证据支持。

第十八条　审计机关应当根据被审计领导干部任职期间所在地区或者主管业务领域自然资源资产管理和生态环境保护情况，结合审计结果，对被审计领导干部任职期间自然资源资产管理和生态环境保护情况变化产生的原因进行综合分析，按照好、较好、一般、较差、差5个等次客观评价被审计领导干部履行自然资源资产管理和生态环境保护责任情况。

各级审计机关可以根据被审计领导干部所在地区或者主管业务领域的实际情况，进一步研究细化审计评价标准。

第十九条　本规定所称的好，主要是指被审计领导干部任职期间认真履行自然资源资产管理和生态环境保护责任，积极采取措施并取得显著成效，所在地区或者主管业务领域自然资源资产和生态环境得到有效保护或者明显改善，且在审计抽查的约束性指标、相关规划（计划）目标任务和资源环境生态红线管控任务完成情况中，未发现指标、目标、任务完成和数据真实性方面存在问题；所在地区或者主管业务领域未发生严重损毁自然资源资产和重大生态破坏（灾害）、环境污染事件；在第八条规定的其他审计范围内未发现被审计领导干部存在违纪违法违规问题。

第二十条　本规定第十八条所称的较好，主要是指被审计领导干部任职期间履行自然资源资产管理和生态环境保护责任并取得较好成效，所在地区或者主管业务领域自然资源资产和生态环境得到保护或者一定改善，所在地区或者主管业务领域未发生严重损毁自然资源资产和重大生态破坏（灾害）、环境污染事件，但存在以下问题之一的：

（一）在审计抽查的约束性指标、相关规划（计划）目标任务和资源环境生态红线管控任务完成情况中，发现个别地区（部门）在数据真实性方面存在问题；

（二）在第八条规定的其他审计范围内发现被审计领导干部对个别工作监督管理不力，导致所在地区、部门（单位）存在个别、尚未造成严重后果的问题。

第二十一条　本规定第十八条所称的一般，主要是指被审计领导干部任职期间基本履行自然资源资产管理和生态环境保护责任并取得一定成效，所在地区或者主管业务领域未发生严重损毁自然资源和重大生态破坏（灾害）、环境污染事件，但存在以下问题之一的：

（一）在审计抽查的约束性指标、相关规划（计划）目标任务和资源环境生态红线管控任务完成情况中，发现少数指标、目标、任务未完成，一些地区（部门）在数据真实性方面存在问题；

（二）在第八条规定的其他审计范围内发现被审计领导干部对相关工作监督管理不力，导致所在地区、部门（单位）存在一些局部性、尚未造成严重后果的问题。

第二十二条　本规定第十八条所称的较差，主要是指被审计领导干部任职期间履行一定的自然资源资产管理和生态环境保护责任但取得成效不好，存在以下问题之一的：

（一）被审计领导干部推进相关工作不力，在审计抽查的约束性指标、相关规划（计划）目标和资源环境生态红线管控任务完成情况中，发现较多指标、目标、任务未完成，较多地区（部门）在数据真实性方面存在问题；

（二）较重大履职不到位，造成较严重损毁自然资源和重大生态破坏（灾害）、环境污染事件或者较重大突发环境事件隐患未得到有效治理；

（三）在第八条规定的其他审计范围内发现被审计领导干部有较严重的违纪违法违规行为。

第二十三条　本规定第十八条所称的差，主要是指被审计领导干部任职期间未履行自然资源资产管理和生态环境保护责任，存在以下问题之一的：

（一）被审计领导干部未落实中央生态文明建设方针政策和决策部署，在审计抽查的约束性指标、相关规划（计划）目标和资源环境生态红线管控任务完成情况中，发现多数指标、目标、任务未完成，多数地区（部门）在数据真实性方面存在问题；

（二）重大履职不到位，造成严重损毁自然资源和重大生态破坏（灾害）、环境污染事件或者重大突发环境事件隐患未得到有效治理；

（三）在第八条规定的其他审计范围内发现被审计领导干部有严重的违纪违法违规行为。

第二十四条　审计机关实施领导干部自然资源资产离任审计后，应当向被审计领导干部及所在地区、部门（单位）出具审计意见。与领导干部经济责任审计统筹实施的审计项目，应当将有关自然资源资产管理和生态环境保护责任方面的情况单独反映，向被审计领导干部及其所在地区、部门（单位）出具审计意见。审计意见应当提交委托审计的组织部门。

第二十五条　审计署应当向党中央、国务院报告领导干部自然资源资产离任审计情况。

地方审计机关应当将领导干部自然资源资产离任审计情况向本级党委和政府报告，同时向上级审计机关报告。

第二十六条　各级党委和政府应当逐步探索和推行领导干部自然资源资产离任审计结果公告制度。

第二十七条　被审计领导干部所在地区、部门（单位）违反国家规定的财政收支、财务收支行为，依法应当给予处理的，由审计机关在法定职权范围内作出审计决定。

第二十八条　对审计发现的人为因素造成严重损毁自然资源资产和破坏生态环境的责任事故等问题线索，需要由有关部门调查处理或者追究相关人员责任的，审计机关应当依纪依法移送有关部门处理。涉及领导干部涉嫌违纪问题线索的，审计机关应当向同级党组织报告，必要时向上级党组织报告，并按照规定将问题线索移送相关纪检监察机关处理。

对审计移送的问题线索，有关部门应当依纪依法认真查处，所涉责任人不论是否已调离转岗、提拔或者退休，都应当按照《中国共产党问责条例》《党政领导干部生态环境损害责任追究办法（试行）》等实行终身问责，并及时向审计机关反馈查处结果。

第二十九条　被审计领导干部对审计机关出具的领导干部自然资源资产离任审计意见有异议的，可以自收到审计意见之日起 30 个工作日内向出具审计意见的审计机关申诉，审计机关应当自收到申诉之日起 30 个工作日内作出复查决定；被审计领导干部对复查决定仍有异议的，可以自收到复查决定之日起 30 个工作日内向上一级审计机关申请复核，上一级审计机关应当自收到复核申请之日起 60 个工作日内作出复核决定。

上一级审计机关的复核决定或者审计署的复查决定为审计机关的最终决定。

第三十条　对审计发现的自然资源资产管理和生态环境保护中的典型性、普遍性、倾向性问题和提出的审计建议，有关地区、部（单位）应当认真研究，及时解决，建立健全有关制度规定。

第三十一条　被审计领导干部及其所在地区、部门（单位）。对审计发现的问题应当及时整改。

被审计领导干部所在地区、部门（单位）应当以适当方式向社会公告整改结果。

第三十二条　有关部门和单位应当根据干部管理监督工作的相关要求，将审计结果以及整改情况作为考核、任免、奖惩领导干部的重要依据，并以适当方式将审计结果运用情况反馈审计机关。审计结果以及整改情况材料应当归入被审计领导干部本人档案。

第三十三条　国务院及地方各级政府负有资源资产管理和生态环境保护职责的工作部门应当加强部门联动，尽快建立自然资源资产数据共享平台，并向审计机关开放，为审计提供专业支持和制度保障，支持、配合审计机关开展审计。

第三十四条　县以上各级党委和政府应当加强对本地区领导干部自然资源资产离任审计工作的领导，及时听取本级审计机关的审计工作情况汇报并接受、配合上级审计机关审计。

第三十五条　审计机关依法独立实施领导干部自然资源资产离任审计，不受其他行政机关、社会团体和个人的干涉。审计人员依法履行审计监督职责，受法律保护。

任何组织和个人不得拒绝、阻碍审计人员依法执行职务，不得打击报复审计人员。

第三十六条　审计机关和审计人员对审计中知悉的国家秘密、商业秘密，负有保密义务。

第三十七条　领导干部任职期间，根据工作需要，审计机关可以参照本规定对其履行自然资源资产管理和生态环境保护责任情况开展审计。

第三十八条　本规定由审计署负责解释。

第三十九条　本规定自 2017 年 9 月 19 日起施行。

自然资源部　审计署关于印发《自然资源督察执法与领导干部自然资源资产离任审计工作协作机制》的通知

（自然资发〔2021〕12 号）

中国地质调查局及自然资源部其他直属单位、自然资源部各派出机构、部机关各司局，审计署机关各单位、各派出审计局、各特派员办事处、各直属单位：

《自然资源督察执法与领导干部自然资源资产离任审计工作协作机制》已经自然资源部、审计署批准，现印发给你们，请遵照执行。

自然资源部　审计署
2021 年 1 月 15 日

自然资源督察执法与领导干部自然资源资产离任审计工作协作机制

为贯彻党的十九届四中全会精神，落实《领导干部自然资源资产离任审计规定（试行）》，自然资源部和审计署建立领导干部自然资源资产离任审计与自然资源督察执法工作协作机制，加强协作配合，促进审计监督与自然资源督察执法监督的有机贯通，形成有效监督合力。

一、加强联络对接

自然资源部、审计署分别明确领导干部自然资源资产离任审计工作协作机制对接司局。自然资源部由国家自然资源总督察办公室负责牵头统筹，执法局等有关司局和派出机构依据职责配合开展相关工作；自然资源调查监测司负责牵头建立支撑领导干部自然资源资产离任审计基础信息数据平台，中国测绘科学研究院依据职责配合。审计署由自然资源和生态环境审计司负责牵头统筹，有关司局和派出机构依据职责配合开展相关工作。牵头统筹司局指派专人作为联络员，负责日常沟通联络和工作对接。

二、加强协作配合

自然资源部将自然资源督察执法年度工作计划、重点任务安排等重大事项抄送审计署。审计署在提出领导干部自然资源资产离任审计等涉及自然资源管理的审计工作计划或项目安排建议时，应与自然资源部及时沟通，相关项目安排确定后以适当方式告知自然资源部。

自然资源督察执法在开展重大专项督察工作、对重大违法案件查处、挂牌督办等工作中，需要领导干部自然资源资产离任审计工作支持的，审计予以协助。对领导干部自然资源资产离任审计工作中，需要提供自然资源督察执法工作支持的，自然资源督察执法予以协助。

每年召开一次联络会议，双方就共同组织开展调研、相关工作配合等开展沟通协作。

三、加强信息共享

自然资源部负责、审计署参与建立支撑领导干部自然资源资产离任审计基础信息数据平台，集成和分析各类自然资源管理基础信息数据等，提供审计、自然资源督察执法等工作使用。

自然资源督察执法发现或查处的违法违规占用自然资源、破坏生态，以及涉及有关资金等，造成严重后果的重大问题线索或案件，需要在领导干部自然资源资产离任审计工作中予以关注的，及时通报审计署。审计发现的有关地方涉及自然资源管理的突出问题，需自然资源督察执法予以关注的，及时通报自然资源部。

四、加强成果运用

按照《中共中央办公厅国务院办公厅关于在国土空间规划中统筹划定落实三条控制线的指导意见》有关要求，国家自然资源督察机构针对三条控制线划定和管控情况开展督察的有关成果，移交审计署，作为领导干部自然资源资产离任审计的重要依据。自然资源部督察执法有关督察意见书、分省卫片执法检查等成果，根据需要作为领导干部自然资源资产离任审计的重要参考。

审计署在组织开展领导干部自然资源资产离任审计工作中，发现地方未按自然资源督察执法有关要求进行整改纠正的，将其作为审计评价的参考依据。

中央审计委员会办公室　审计署关于进一步规范经济责任审计工作有关事项的通知

（中审办发〔2021〕5号）

各省、自治区、直辖市和计划单列市、新疆生产建设兵团党委审计委员会办公室、审计厅（局），署机关各单位、各派出审计局、各特派员办事处：

中共中央办公厅、国务院办公厅《党政主要领导干部和国有企事业单位主要领导人员经济责任审计规定》（以下简称两办《规定》）印发以来，各级审计机关认真组织学习，加强统筹谋划，规范审计程序，深化审计内容，强化结果运用，取得了明显效果。但也有一些地方学习理解还不够全面，贯彻落实还不够到位，存在审计内容未充分聚焦领导干部经济责任、审计项目整体委托社会中介机构实施、审计机关项目管理薄弱等问题，影响经济责任审计工作的严肃性和质量效果，也影响审计机关的公信力。为进一步规范经济责任审计工作，更好地发挥经济责任审计作用，现就有关事项通知如下：

一、聚焦经济责任，充分发挥经济责任审计在规范权力运行中的重要作用

经济责任审计是中国特色社会主义审计制度的重要组成部分，是强化干部管理监督、规范权力运行的重要措施。各级审计机关要充分认识经济责任审计的政治属性和政治功能，紧扣领导干部经济责任，以公共资金、国有资产、国有资源的管理、分配和使用为基础，恪守审计权力边界，既不能越位，也不能缺位。根据领导干部职责要求，围绕应该干什么、干了什么、干得怎么样等，找准审计切入点和着力点，突出党和国家经济方针政策贯彻落实情况，突出经济社会发展中各类风险防范化解情况，突出重点民生资金使用和项目建设情况。要严格审计质量控制，规范审计程序，依法依规作出审计评价，敢于和善于揭示问题，更好地发挥经济责任审计作用。

二、经济责任审计项目不得委托其他组织独立实施

经济责任审计是党中央、国务院交给审计机关的一项重要政治任务，各级审计机关要严格落实两办《规定》，依照法定职责、权限和程序行使审计监督权，依法开展审计。遇有审计力量不足、相关专业技能受到限制等情形时，在严格项目管理、强化质量控制的前提下，可以从社会中介机构、科研机构、高等院校以及其他企事业单位等组织中，聘请具有与审计事项相关专业知识的人员参加审计工作，或者提供专业技术支持，但不得将经济责任审计项目整体委托其他组织独立实施。审计机关要加强与组织部门的沟通协调，不断强化经济责任审计项目计划管理，既要尽力而为，也要量力而行，坚持有所为、有所不为，确保审计质量。

三、加强对外聘人员参与经济责任审计项目的组织管理

审计组需要外聘人员的，应当经具体组织实施项目的审计机关批准。审计机关要对外聘人员做好组织管理，强化审计进度、审计流程、审计内容等方面的主导和控制，规范审核复核审理程序，明确权利义务，防范审计风险。外聘人员要落实审计机关有关质量控制的要求，遵守廉洁、保密等审计工作纪律，服从审计机关的工作安排。外聘人员不能担任审计组（含审计小组）组长、主审，不能独立开展外部调查，不能承担现场廉政监督、经费管理、涉密资料保管等工作。外聘人员对其工作结果负责，审计机关对利用其结果所形成的结论负责并做好相关事项的归档工作。

四、加强经济责任审计工作的培训和督导

各级审计机关要进一步加强审计干部队伍专业化建设，坚持以政治建设为统领，加强实践锻炼、专业训练，不断提升政治素质和专业素养。要加强经济责任审计的制度化规范化建设，强化对下级审计机关的检查指导和业务培训，抓好各项制度规范在本地区的贯彻落实。各部门、各单位内部管理领导干部经济责任审计工作参照本通知要求执行，各级审计机关要做好指导和监督，深入开展调查研究，及时了解掌握工作进展，研究解决遇到的困难和问题，推动内部管理领导干部经济责任审计工作不断深化。

中央审计委员会办公室　审计署

2021 年 2 月 19 日

党政主要领导干部和国有企事业单位主要领导人员经济责任审计规定

（中共中央办公厅　国务院办公厅 2019 年 7 月 15 日发布）

第一章　总　　则

第一条　为了坚持和加强党对审计工作的集中统一领导，强化对党政主要领导干部和国有企事业单位主要领导人员（以下统称领导干部）的管理监督，促进领导干部履职尽责、担当作为，确保党中央令行禁止，根据《中华人民共和国审计法》和有关党内法规，制定本规定。

第二条　经济责任审计工作以马克思列宁主义、毛泽东思想、邓小平理论、"三个代表"重要思想、科学发展观、习近平新时代中国特色社会主义思想为指导，增强"四个意识"、坚定"四个自信"、做到"两个维护"，认真落实党中央、国务院决策部署，紧紧围绕统筹推进"五位一体"总体布局和协调推进"四个全面"战略布局，贯彻新发展理念，聚焦经济责任，客观评价，揭示问题，促进经济高质量发展，促进全面深化改革，促进权力规范运行，促进反腐倡廉，推进国家治理体系和治理能力现代化。

第三条　本规定所称经济责任，是指领导干部在任职期间，对其管辖范围内贯彻执行党和国家经济方针政策、决策部署，推动经济和社会事业发展，管理公共资金、国有资产、国有资源，防控重大经济风险等有关经济活动应当履行的职责。

第四条　领导干部经济责任审计对象包括：

（一）地方各级党委、政府、纪检监察机关、法院、检察院的正职领导干部或者主持工作 1 年以上的副职领导干部；

（二）中央和地方各级党政工作部门、事业单位和人民团体等单位的正职领导干部或者主持工作 1 年以上的副职领导干部；

（三）国有和国有资本占控股地位或者主导地位的企业（含金融机构，以下统称国有企业）的法定代表人或者不担任法定代表人但实际行使相应职权的主要领导人员；

（四）上级领导干部兼任下级单位正职领导职务且不实际履行经济责任时，实际分管

日常工作的副职领导干部；

（五）党中央和县级以上地方党委要求进行经济责任审计的其他主要领导干部。

第五条　领导干部履行经济责任的情况，应当依规依法接受审计监督。

经济责任审计可以在领导干部任职期间进行，也可以在领导干部离任后进行，以任职期间审计为主。

第六条　领导干部的经济责任审计按照干部管理权限确定。遇有干部管理权限与财政财务隶属关系等不一致时，由对领导干部具有干部管理权限的部门与同级审计机关共同确定实施审计的审计机关。

审计署审计长的经济责任审计，按照中央审计委员会的决定组织实施。地方审计机关主要领导干部的经济责任审计，由地方党委与上一级审计机关协商后，由上一级审计机关组织实施。

第七条　审计委员会办公室、审计机关依规依法独立实施经济责任审计，任何组织和个人不得拒绝、阻碍、干涉，不得打击报复审计人员。

对有意设置障碍、推诿拖延的，应当进行批评和通报；造成恶劣影响的，应当严肃问责追责。

第八条　审计委员会办公室、审计机关和审计人员对经济责任审计工作中知悉的国家秘密、商业秘密和个人隐私，负有保密义务。

第九条　各级党委和政府应当保证履行经济责任审计职责所必需的机构、人员和经费。

第二章　组织协调

第十条　各级党委和政府应当加强对经济责任审计工作的领导，建立健全经济责任审计工作联席会议（以下简称联席会议）制度。联席会议由纪检监察机关和组织、机构编制、审计、财政、人力资源社会保障、国有资产监督管理、金融监督管理等部门组成，召集人由审计委员会办公室主任担任。联席会议在同级审计委员会的领导下开展工作。

联席会议下设办公室，与同级审计机关内设的经济责任审计机构合署办公。办公室主任由同级审计机关的副职领导或者相当职务层次领导担任。

第十一条　联席会议主要负责研究拟订有关经济责任审计的制度文件，监督检查经济责任审计工作情况，协调解决经济责任审计工作中出现的问题，推进经济责任审计结果运用，指导下级联席会议的工作，指导和监督部门、单位内部管理领导干部经济责任审计工作，完成审计委员会交办的其他工作。

联席会议办公室负责联席会议的日常工作。

第十二条　经济责任审计应当有计划地进行，根据干部管理监督需要和审计资源等实际情况，对审计对象实行分类管理，科学制定经济责任审计中长期规划和年度审计项目计划，推进领导干部履行经济责任情况审计全覆盖。

第十三条　年度经济责任审计项目计划按照下列程序制定：

（一）审计委员会办公室商同级组织部门提出审计计划安排，组织部门提出领导干部年度审计建议名单；

（二）审计委员会办公室征求同级纪检监察机关等有关单位意见后，纳入审计机关年度审计项目计划；

（三）审计委员会办公室提交同级审计委员会审议决定。

对属于有关主管部门管理的领导干部进行审计的，审计委员会办公室商有关主管部门提出年度审计建议名单，纳入审计机关年度审计项目计划，提交审计委员会审议决定。

第十四条 年度经济责任审计项目计划一经确定不得随意变更。确需调减或者追加的，应当按照原制定程序，报审计委员会批准后实施。

第十五条 被审计领导干部遇有被有关部门采取强制措施、纪律审查、监察调查或者死亡等特殊情况，以及存在其他不宜继续进行经济责任审计情形的，审计委员会办公室商同级纪检监察机关、组织部门等有关单位提出意见，报审计委员会批准后终止审计。

第三章 审计内容

第十六条 经济责任审计应当以领导干部任职期间公共资金、国有资产、国有资源的管理、分配和使用为基础，以领导干部权力运行和责任落实情况为重点，充分考虑领导干部管理监督需要、履职特点和审计资源等因素，依规依法确定审计内容。

第十七条 地方各级党委和政府主要领导干部经济责任审计的内容包括：

（一）贯彻执行党和国家经济方针政策、决策部署情况；

（二）本地区经济社会发展规划和政策措施的制定、执行和效果情况；

（三）重大经济事项的决策、执行和效果情况；

（四）财政财务管理和经济风险防范情况，民生保障和改善情况，生态文明建设项目、资金等管理使用和效益情况，以及在预算管理中执行机构编制管理规定情况；

（五）在经济活动中落实有关党风廉政建设责任和遵守廉洁从政规定情况；

（六）以往审计发现问题的整改情况；

（七）其他需要审计的内容。

第十八条 党政工作部门、纪检监察机关、法院、检察院、事业单位和人民团体等单位主要领导干部经济责任审计的内容包括：

（一）贯彻执行党和国家经济方针政策、决策部署情况；

（二）本部门本单位重要发展规划和政策措施的制定、执行和效果情况；

（三）重大经济事项的决策、执行和效果情况；

（四）财政财务管理和经济风险防范情况，生态文明建设项目、资金等管理使用和效益情况，以及在预算管理中执行机构编制管理规定情况；

（五）在经济活动中落实有关党风廉政建设责任和遵守廉洁从政规定情况；

（六）以往审计发现问题的整改情况；

（七）其他需要审计的内容。

第十九条 国有企业主要领导人员经济责任审计的内容包括：

（一）贯彻执行党和国家经济方针政策、决策部署情况；

（二）企业发展战略规划的制定、执行和效果情况；

（三）重大经济事项的决策、执行和效果情况；

（四）企业法人治理结构的建立、健全和运行情况，内部控制制度的制定和执行情况；

（五）企业财务的真实合法效益情况，风险管控情况，境外资产管理情况，生态环境保护情况；

（六）在经济活动中落实有关党风廉政建设责任和遵守廉洁从业规定情况；

（七）以往审计发现问题的整改情况；

（八）其他需要审计的内容。

第二十条 有关部门和单位、地方党委和政府的主要领导干部由上级领导干部兼任，且实际履行经济责任的，对其进行经济责任审计时，审计内容仅限于该领导干部所兼任职务应当履行的经济责任。

第四章　审 计 实 施

第二十一条　审计委员会办公室、审计机关应当根据年度经济责任审计项目计划，组成审计组并实施审计。

第二十二条　对同一地方党委和政府主要领导干部，以及同一部门、单位2名以上主要领导干部的经济责任审计，可以同步组织实施，分别认定责任。

第二十三条　审计委员会办公室、审计机关应当按照规定，向被审计领导干部及其所在单位或者原任职单位（以下统称所在单位）送达审计通知书，抄送同级纪检监察机关、组织部门等有关单位。

地方审计机关主要领导干部的经济责任审计通知书，由上一级审计机关送达。

第二十四条　实施经济责任审计时，应当召开由审计组主要成员、被审计领导干部及其所在单位有关人员参加的会议，安排审计工作有关事项。联席会议有关成员单位根据工作需要可以派人参加。

审计组应当在被审计单位公示审计项目名称、审计纪律要求和举报电话等内容。

第二十五条　经济责任审计过程中，应当听取被审计领导干部所在单位领导班子成员的意见。

对地方党委和政府主要领导干部的审计，还应当听取同级人大常委会、政协主要负责同志的意见。

审计委员会办公室、审计机关应当听取联席会议有关成员单位的意见，及时了解与被审计领导干部履行经济责任有关的考察考核、群众反映、巡视巡察反馈、组织约谈、函询调查、案件查处结果等情况。

第二十六条　被审计领导干部及其所在单位，以及其他有关单位应当及时、准确、完整地提供与被审计领导干部履行经济责任有关的下列资料：

（一）被审计领导干部经济责任履行情况报告；

（二）工作计划、工作总结、工作报告、会议记录、会议纪要、决议决定、请示、批示、目标责任书、经济合同、考核检查结果、业务档案、机构编制、规章制度、以往审计发现问题整改情况等资料；

（三）财政收支、财务收支相关资料；

（四）与履行职责相关的电子数据和必要的技术文档；

（五）审计所需的其他资料。

第二十七条　被审计领导干部及其所在单位应当对所提供资料的真实性、完整性负责，并作出书面承诺。

第二十八条　经济责任审计应当加强与领导干部自然资源资产离任审计等其他审计的统筹协调，科学配置审计资源，创新审计组织管理，推动大数据等新技术应用，建立健全审计工作信息和结果共享机制，提高审计监督整体效能。

第二十九条　经济责任审计过程中，可以依规依法提请有关部门、单位予以协助。有关部门、单位应当予以支持，并及时提供有关资料和信息。

第三十条　审计组实施审计后，应当向派出审计组的审计委员会办公室、审计机关提交审计报告。

审计报告一般包括被审计领导干部任职期间履行经济责任情况的总体评价、主要业绩、审计发现的主要问题和责任认定、审计建议等内容。

第三十一条　审计委员会办公室、审计机关应当书面征求被审计领导干部及其所在单位对审计组审计报告的意见。

第三十二条 被审计领导干部及其所在单位应当自收到审计组审计报告之日起 10 个工作日内提出书面意见；10 个工作日内未提出书面意见的，视同无异议。

审计组应当针对被审计领导干部及其所在单位提出的书面意见，进一步研究和核实，对审计报告作出必要的修改，连同被审计领导干部及其所在单位的书面意见一并报送审计委员会办公室、审计机关。

第三十三条 审计委员会办公室、审计机关按照规定程序对审计组审计报告进行审定，出具经济责任审计报告；同时出具经济责任审计结果报告，在经济责任审计报告的基础上，简要反映审计结果。

经济责任审计报告和经济责任审计结果报告应当事实清楚、评价客观、责任明确、用词恰当、文字精练、通俗易懂。

第三十四条 经济责任审计报告、经济责任审计结果报告等审计结论性文书按照规定程序报同级审计委员会，按照干部管理权限送组织部门。根据工作需要，送纪检监察机关等联席会议其他成员单位、有关主管部门。

地方审计机关主要领导干部的经济责任审计结论性文书，由上一级审计机关送有关组织部门。根据工作需要，送有关纪检监察机关。

经济责任审计报告应当送达被审计领导干部及其所在单位。

第三十五条 经济责任审计中发现的重大问题线索，由审计委员会办公室按照规定向审计委员会报告。

应当由纪检监察机关或者有关主管部门处理的问题线索，由审计机关依规依纪依法移送处理。

被审计领导干部所在单位存在的违反国家规定的财政收支、财务收支行为，依法应当给予处理处罚的，由审计机关在法定职权范围内作出审计决定。

第三十六条 经济责任审计项目结束后，审计委员会办公室、审计机关应当组织召开会议，向被审计领导干部及其所在单位领导班子成员等有关人员反馈审计结果和相关情况。联席会议有关成员单位根据工作需要可以派人参加。

第三十七条 被审计领导干部对审计委员会办公室、审计机关出具的经济责任审计报告有异议的，可以自收到审计报告之日起 30 日内向同级审计委员会办公室申诉。审计委员会办公室应当组成复查工作小组，并要求原审计组人员等回避，自收到申诉之日起 90 日内提出复查意见，报审计委员会批准后作出复查决定。复查决定为最终决定。

地方审计机关主要领导干部对上一级审计机关出具的经济责任审计报告有异议的，可以自收到审计报告之日起 30 日内向上一级审计机关申诉。上一级审计机关应当组成复查工作小组，并要求原审计组人员等回避，自收到申诉之日起 90 日内作出复查决定。复查决定为最终决定。

本条规定的期间的最后一日是法定节假日的，以节假日后的第一个工作日为期间届满日。

第五章　审　计　评　价

第三十八条 审计委员会办公室、审计机关应当根据不同领导职务的职责要求，在审计查证或者认定事实的基础上，综合运用多种方法，坚持定性评价与定量评价相结合，依照有关党内法规、法律法规、政策规定、责任制考核目标等，在审计范围内，对被审计领导干部履行经济责任情况，包括公共资金、国有资产、国有资源的管理、分配和使用中个人遵守廉洁从政（从业）规定等情况，作出客观公正、实事求是的评价。

审计评价应当有充分的审计证据支持，对审计中未涉及的事项不作评价。

第三十九条　对领导干部履行经济责任过程中存在的问题，审计委员会办公室、审计机关应当按照权责一致原则，根据领导干部职责分工，综合考虑相关问题的历史背景、决策过程、性质、后果和领导干部实际所起的作用等情况，界定其应当承担的直接责任或者领导责任。

第四十条　领导干部对履行经济责任过程中的下列行为应当承担直接责任：

（一）直接违反有关党内法规、法律法规、政策规定的；

（二）授意、指使、强令、纵容、包庇下属人员违反有关党内法规、法律法规、政策规定的；

（三）贯彻党和国家经济方针政策、决策部署不坚决不全面不到位，造成公共资金、国有资产、国有资源损失浪费，生态环境破坏，公共利益损害等后果的；

（四）未完成有关法律法规规章、政策措施、目标责任书等规定的领导干部作为第一责任人（负总责）事项，造成公共资金、国有资产、国有资源损失浪费，生态环境破坏，公共利益损害等后果的；

（五）未经民主决策程序或者民主决策时在多数人不同意的情况下，直接决定、批准、组织实施重大经济事项，造成公共资金、国有资产、国有资源损失浪费，生态环境破坏，公共利益损害等后果的；

（六）不履行或者不正确履行职责，对造成的后果起决定性作用的其他行为。

第四十一条　领导干部对履行经济责任过程中的下列行为应当承担领导责任：

（一）民主决策时，在多数人同意的情况下，决定、批准、组织实施重大经济事项，由于决策不当或者决策失误造成公共资金、国有资产、国有资源损失浪费，生态环境破坏，公共利益损害等后果的；

（二）违反部门、单位内部管理规定造成公共资金、国有资产、国有资源损失浪费，生态环境破坏，公共利益损害等后果的；

（三）参与相关决策和工作时，没有发表明确的反对意见，相关决策和工作违反有关党内法规、法律法规、政策规定，或者造成公共资金、国有资产、国有资源损失浪费，生态环境破坏，公共利益损害等后果的；

（四）疏于监管，未及时发现和处理所管辖范围内本级或者下一级地区（部门、单位）违反有关党内法规、法律法规、政策规定的问题，造成公共资金、国有资产、国有资源损失浪费，生态环境破坏，公共利益损害等后果的；

（五）除直接责任外，不履行或者不正确履行职责，对造成的后果应当承担责任的其他行为。

第四十二条　对被审计领导干部以外的其他责任人员，审计委员会办公室、审计机关可以适当方式向有关部门、单位提供相关情况。

第四十三条　审计评价时，应当把领导干部在推进改革中因缺乏经验、先行先试出现的失误和错误，同明知故犯的违纪违法行为区分开来；把上级尚无明确限制的探索性试验中的失误和错误，同上级明令禁止后依然我行我素的违纪违法行为区分开来；把为推动发展的无意过失，同为谋取私利的违纪违法行为区分开来。对领导干部在改革创新中的失误和错误，正确把握事业为上、实事求是、依纪依法、容纠并举等原则，经综合分析研判，可以免责或者从轻定责，鼓励探索创新，支持担当作为，保护领导干部干事创业的积极性、主动性、创造性。

第六章　审计结果运用

第四十四条　各级党委和政府应当建立健全经济责任审计情况通报、责任追究、整改落实、结果公告等结果运用制度，将经济责任审计结果以及整改情况作为考核、任免、奖惩被审计领导干部的重要参考。

经济责任审计结果报告以及审计整改报告应当归入被审计领导干部本人档案。

第四十五条 审计委员会办公室、审计机关应当按照规定以适当方式通报或者公告经济责任审计结果，对审计发现问题的整改情况进行监督检查。

第四十六条 联席会议其他成员单位应当在各自职责范围内运用审计结果：

（一）根据干部管理权限，将审计结果以及整改情况作为考核、任免、奖惩被审计领导干部的重要参考；

（二）对审计发现的问题作出进一步处理；

（三）加强审计发现问题整改落实情况的监督检查；

（四）对审计发现的典型性、普遍性、倾向性问题和提出的审计建议及时进行研究，将其作为采取有关措施、完善有关制度规定的重要参考。

联席会议其他成员单位应当以适当方式及时将审计结果运用情况反馈审计委员会办公室、审计机关。党中央另有规定的，按照有关规定办理。

第四十七条 有关主管部门应当在各自职责范围内运用审计结果：

（一）根据干部管理权限，将审计结果以及整改情况作为考核、任免、奖惩被审计领导干部的重要参考；

（二）对审计移送事项依规依纪依法作出处理处罚；

（三）督促有关部门、单位落实审计决定和整改要求，在对相关行业、单位管理和监督中有效运用审计结果；

（四）对审计发现的典型性、普遍性、倾向性问题和提出的审计建议及时进行研究，并将其作为采取有关措施、完善有关制度规定的重要参考。

有关主管部门应当以适当方式及时将审计结果运用情况反馈审计委员会办公室、审计机关。

第四十八条 被审计领导干部及其所在单位根据审计结果，应当采取以下整改措施：

（一）对审计发现的问题，在规定期限内进行整改，将整改结果书面报告审计委员会办公室、审计机关，以及组织部门或者主管部门；

（二）对审计决定，在规定期限内执行完毕，将执行情况书面报告审计委员会办公室、审计机关；

（三）根据审计发现的问题，落实有关责任人员的责任，采取相应的处理措施；

（四）根据审计建议，采取措施，健全制度，加强管理；

（五）将审计结果以及整改情况纳入所在单位领导班子党风廉政建设责任制检查考核的内容，作为领导班子民主生活会以及领导班子成员述责述廉的重要内容。

第七章 附 则

第四十九条 审计委员会办公室、审计机关和审计人员，被审计领导干部及其所在单位，以及其他有关单位和个人在经济责任审计中的职责、权限、法律责任等，本规定未作规定的，依照党中央有关规定、《中华人民共和国审计法》《中华人民共和国审计法实施条例》和其他法律法规执行。

第五十条 有关部门、单位对内部管理领导干部开展经济责任审计参照本规定执行，或者根据本规定制定具体办法。

第五十一条 本规定由中央审计委员会办公室、审计署负责解释。

第五十二条 本规定自 2019 年 7 月 7 日起施行。2010 年 10 月 12 日中共中央办公厅、国务院办公厅印发的《党政主要领导干部和国有企业领导人员经济责任审计规定》同时废止。

党政主要领导干部和国有企业领导人员
经济责任审计规定实施细则

（审经责发〔2014〕102号）

第一章　总　　则

第一条　为健全和完善经济责任审计制度，规范经济责任审计行为，根据《中华人民共和国审计法》《中华人民共和国审计法实施条例》《党政主要领导干部和国有企业领导人员经济责任审计规定》（中办发〔2010〕32号，以下简称两办《规定》）和有关法律法规，以及干部管理监督的有关规定，制定本细则。

第二条　本细则所称经济责任审计，是指审计机关依法依规对党政主要领导干部和国有企业领导人员经济责任履行情况进行监督、评价和鉴证的行为。

第三条　经济责任审计应当以促进领导干部推动本地区、本部门（系统）、本单位科学发展为目标，以领导干部任职期间本地区、本部门（系统）、本单位财政收支、财务收支以及有关经济活动的真实、合法和效益为基础，重点检查领导干部守法、守纪、守规、尽责情况，加强对领导干部行使权力的制约和监督，推进党风廉政建设和反腐败工作，推进国家治理体系和治理能力现代化。

第四条　领导干部履行经济责任的情况，应当依法依规接受审计监督。经济责任审计应当坚持任中审计与离任审计相结合，对重点地区（部门、单位）、关键岗位的领导干部任期内至少审计一次。

第二章　审 计 对 象

第五条　两办《规定》第二条所称党政主要领导干部，是指地方各级党委、政府、审判机关、检察机关，中央和地方各级党政工作部门、事业单位和人民团体等单位的党委（含党组、党工委，以下统称党委）正职领导干部和行政正职领导干部，包括主持工作一年以上的副职领导干部。

第六条　两办《规定》第二条所称地方各级党委和政府主要领导干部经济责任审计的对象包括：

（一）省、自治区、直辖市和新疆生产建设兵团，自治州、设区的市，县、自治县、不设区的市、市辖区，以及乡、民族乡、镇的主要领导干部；

（二）行政公署、街道办事处、区公所等履行政府职能的政府派出机关的主要领导干部；

（三）政府设立的开发区、新区等的主要领导干部。

第七条　两办《规定》第二条所称地方各级审判机关、检察机关主要领导干部经济责任审计的对象包括地方各级人民法院、人民检察院的党政主要领导干部。

第八条　两办《规定》第二条所称党政工作部门、事业单位和人民团体等单位党政主要领导干部经济责任审计的对象包括：

（一）中央党政工作部门、事业单位和人民团体等单位的主要领导干部；

（二）地方各级党委和政府的工作部门、事业单位和人民团体等单位的主要领导干部；

（三）履行政府职能的政府派出机关的工作部门、事业单位、人民团体等单位的主要领导干部；

（四）政府设立的开发区、新区等的工作部门、事业单位、人民团体等单位的主要领导干部；

（五）上级领导干部兼任有关部门、单位的正职领导干部，且不实际履行经济责任时，实际负责本部门、本单位常务工作的副职领导干部；

（六）党委、政府设立的超过一年以上有独立经济活动的临时机构的主要领导干部。

第九条　两办《规定》第三条所称国有企业领导人员经济责任审计的对象包括国有和国有资本占控股地位或者主导地位的企业（含金融企业，下同）的法定代表人。

根据党委和政府、干部管理监督部门的要求，审计机关可以对上述企业中不担任法定代表人但实际行使相应职权的董事长、总经理、党委书记等企业主要领导人员进行经济责任审计。

第十条　领导干部经济责任审计的对象范围依照干部管理权限确定。遇有干部管理权限与财政财务隶属关系、国有资产监督管理关系不一致时，由对领导干部具有干部管理权限的组织部门与同级审计机关共同确定实施审计的审计机关。

第十一条　部门、单位（含垂直管理系统）内部管理领导干部的经济责任审计，由部门、单位负责组织实施。

第三章　审　计　内　容

第十二条　审计机关应当根据领导干部职责权限和履行经济责任的情况，结合地区、部门（系统）、单位的实际，依法依规确定审计内容。

审计机关在实施审计时，应当充分考虑审计目标、干部管理监督需要、审计资源与审计效果等因素，准确把握审计重点。

第十三条　地方各级党委主要领导干部经济责任审计的主要内容：

（一）贯彻执行党和国家、上级党委和政府重大经济方针政策及决策部署情况；

（二）遵守有关法律法规和财经纪律情况；

（三）领导本地区经济工作，统筹本地区经济社会发展战略和规划，以及政策措施制定情况及效果；

（四）重大经济决策情况；

（五）本地区财政收支总量和结构、预算安排和重大调整等情况；

（六）地方政府性债务的举借、用途和风险管控等情况；

（七）自然资源资产的开发利用和保护、生态环境保护以及民生改善等情况；

（八）政府投资和以政府投资为主的重大项目的研究决策情况；

（九）对党委有关工作部门管理和使用的重大专项资金的监管情况，以及厉行节约反对浪费情况；

（十）履行有关党风廉政建设第一责任人职责情况，以及本人遵守有关廉洁从政规定情况；

（十一）对以往审计中发现问题的督促整改情况；

（十二）其他需要审计的内容。

第十四条　地方各级政府主要领导干部经济责任审计的主要内容：

（一）贯彻执行党和国家、上级党委和政府、本级党委重大经济方针政策及决策部署情况；

（二）遵守有关法律法规和财经纪律情况；

（三）本地区经济社会发展战略、规划的执行情况，以及重大经济和社会发展事项的推动和管理情况及其效果；

（四）有关目标责任制完成情况；

（五）重大经济决策情况；

（六）本地区财政管理，以及财政收支的真实、合法、效益情况；

（七）地方政府性债务的举借、管理、使用、偿还和风险管控情况；

（八）国有资产的管理和使用情况；

（九）自然资源资产的开发利用和保护、生态环境保护以及民生改善等情况；

（十）政府投资和以政府投资为主的重大项目的研究、决策及建设管理等情况；

（十一）对直接分管部门预算执行和其他财政收支、财务收支及有关经济活动的管理和监督情况，厉行节约反对浪费情况，以及依照宪法、审计法规定分管审计工作情况；

（十二）机构设置、编制使用以及有关规定的执行情况；

（十三）履行有关党风廉政建设第一责任人职责情况，以及本人遵守有关廉洁从政规定情况；

（十四）对以往审计中发现问题的整改情况；

（十五）其他需要审计的内容。

第十五条　党政工作部门、审判机关、检察机关、事业单位和人民团体等单位主要领导干部经济责任审计的主要内容：

（一）贯彻执行党和国家有关经济方针政策和决策部署，履行本部门（系统）、单位有关职责，推动本部门（系统）、单位事业科学发展情况；

（二）遵守有关法律法规和财经纪律情况；

（三）有关目标责任制完成情况；

（四）重大经济决策情况；

（五）本部门（系统）、单位预算执行和其他财政收支、财务收支的真实、合法和效益情况；

（六）国有资产的采购、管理、使用和处置情况；

（七）重要项目的投资、建设和管理情况；

（八）有关财务管理、业务管理、内部审计等内部管理制度的制定和执行情况，以及厉行节约反对浪费情况；

（九）机构设置、编制使用以及有关规定的执行情况；

（十）对下属单位有关经济活动的管理和监督情况；

（十一）履行有关党风廉政建设第一责任人职责情况，以及本人遵守有关廉洁从政规定情况；

（十二）对以往审计中发现问题的整改情况；

（十三）其他需要审计的内容。

第十六条　国有企业领导人员经济责任审计的主要内容：

（一）贯彻执行党和国家有关经济方针政策和决策部署，推动企业可持续发展情况；

（二）遵守有关法律法规和财经纪律情况；

（三）企业发展战略的制定和执行情况及其效果；

（四）有关目标责任制完成情况；

（五）重大经济决策情况；

（六）企业财务收支的真实、合法和效益情况，以及资产负债损益情况；

（七）国有资本保值增值和收益上缴情况；

（八）重要项目的投资、建设、管理及效益情况；

（九）企业法人治理结构的健全和运转情况，以及财务管理、业务管理、风险管理、内部审计等内部管理制度的制定和执行情况，厉行节约反对浪费和职务消费等情况，对所属单位的监管情况；

（十）履行有关党风廉政建设第一责任人职责情况，以及本人遵守有关廉洁从业规定情况；

（十一）对以往审计中发现问题的整改情况；

（十二）其他需要审计的内容。

第四章 审 计 评 价

第十七条 审计机关应当依照法律法规、国家有关政策以及干部考核评价等规定，结合地区、部门（系统）、单位的实际情况，根据审计查证或者认定的事实，客观公正、实事求是地进行审计评价。

审计评价应当有充分的审计证据支持，对审计中未涉及、审计证据不适当或者不充分的事项不作评价。

第十八条 审计评价应当与审计内容相统一。一般包括领导干部任职期间履行经济责任的业绩、主要问题以及应当承担的责任。

第十九条 审计评价应当重点关注经济、社会、事业发展的质量、效益和可持续性，关注与领导干部履行经济责任有关的管理和决策等活动的经济效益、社会效益和环境效益，关注任期内举借债务、自然资源资产管理、环境保护、民生改善、科技创新等重要事项，关注领导干部应承担直接责任的问题。

第二十条 审计评价可以综合运用多种方法，包括进行纵向和横向的业绩比较、运用与领导干部履行经济责任有关的指标量化分析、将领导干部履行经济责任的行为或事项置于相关经济社会环境中加以分析等。

第二十一条 审计评价的依据一般包括：

（一）法律、法规、规章和规范性文件，中国共产党党内法规和规范性文件；

（二）各级人民代表大会审议通过的政府工作报告、年度国民经济和社会发展计划报告、年度财政预算报告等；

（三）中央和地方党委、政府有关经济方针政策和决策部署；

（四）有关发展规划、年度计划和责任制考核目标；

（五）领导干部所在单位的"三定"规定和有关领导的职责分工文件，有关会议记录、纪要、决议和决定，有关预算、决算和合同，有关内部管理制度和绩效目标；

（六）国家统一的财政财务管理制度；

（七）国家和行业的有关标准；

（八）有关职能部门、主管部门发布或者认可的统计数据、考核结果和评价意见；

（九）专业机构的意见；

（十）公认的业务惯例或者良好实务；

（十一）其他依据。

第二十二条 审计机关可以根据审计内容和审计评价的需要，选择设定评价指标，将定性评价与定量指标相结合。评价指标应当简明实用、易于操作。

第二十三条 审计机关可以根据本细则第二十一条所列审计评价依据，结合实际情况，选择确定评价标准，衡量领导干部履行经济责任的程度。对同一类别、同一层级领导干部履行经济责任情况的评价标准，应当具有一致性和可比性。

第二十四条 对领导干部履行经济责任过程中存在的问题，审计机关应当按照权责一致原则，根据领导干部的职责分工，充分考虑相关事项的历史背景、决策程序等要求和实际决策过程，以及是否签批文件、是否分管、是否参与特定事项的管理等情况，依法依规认定其应当承担的直接责任、主管责任和领导责任。

对领导干部应当承担责任的问题或者事项，可以提出责任追究建议。

第二十五条　被审计领导干部对审计发现的问题应当承担直接责任的，具体包括以下情形：

（一）本人或者与他人共同违反有关法律法规、国家有关规定、单位内部管理规定的；

（二）授意、指使、强令、纵容、包庇下属人员违反有关法律法规、国家有关规定和单位内部管理规定的；

（三）未经民主决策、相关会议讨论或者文件传签等规定的程序，直接决定、批准、组织实施重大经济事项，并造成国家利益重大损失、公共资金或国有资产（资源）严重损失浪费、生态环境严重破坏以及严重损害公共利益等后果的；

（四）主持相关会议讨论或者以文件传签等其他方式研究，在多数人不同意的情况下，直接决定、批准、组织实施重大经济事项，由于决策不当或者决策失误造成国家利益重大损失、公共资金或国有资产（资源）严重损失浪费、生态环境严重破坏以及严重损害公共利益等后果的；

（五）对有关法律法规和文件制度规定的被审计领导干部作为第一责任人（负总责）的事项、签订的有关目标责任事项或者应当履行的其他重要职责，由于授权（委托）其他领导干部决策且决策不当或者决策失误造成国家利益重大损失、公共资金或国有资产（资源）严重损失浪费、生态环境严重破坏以及严重损害公共利益等后果的；

（六）其他失职、渎职或者应当承担直接责任的。

第二十六条　被审计领导干部对审计发现的问题应当承担主管责任的，具体包括以下情形：

（一）除直接责任外，领导干部对其直接分管或者主管的工作，不履行或者不正确履行经济责任的；

（二）除直接责任外，主持相关会议讨论或者以文件传签等其他方式研究，并且在多数人同意的情况下，决定、批准、组织实施重大经济事项，由于决策不当或者决策失误造成国家利益损失、公共资金或国有资产（资源）损失浪费、生态环境破坏以及损害公共利益等后果的；

（三）疏于监管，致使所管辖地区、分管部门和单位发生重大违纪违法问题或者造成重大损失浪费等后果的；

（四）其他应当承担主管责任的情形。

第二十七条　两办《规定》第三十七条所称领导责任，是指除直接责任和主管责任外，被审计领导干部对其职责范围内不履行或者不正确履行经济责任的其他行为应当承担的责任。

第二十八条　被审计领导干部以外的其他人员对有关问题应当承担的责任，审计机关可以以适当方式向干部管理监督部门等提供相关情况。

第五章　审计报告

第二十九条　审计机关实施经济责任审计项目后，应当按照相关规定，出具经济责任审计报告和审计结果报告。

第三十条　两办《规定》第二十七条所称审计组的审计报告，是指审计组具体实施经济责任审计后，向派出审计组的审计机关提交的审计报告。

第三十一条　审计组的审计报告按照规定程序审批后，应当以审计机关的名义书面征求被审计领导干部及其所在单位的意见。根据工作需要可以征求本级党委、政府有关领导同志，以及本级经济责任审计工作领导小组（以下简称领导小组）或者经济责任审计工作联席会议（以下简称联席会议）有关成员单位的意见。

审计报告中涉及的重大经济案件调查等特殊事项，经审计机关主要负责人批准，可以不征求被审计领导干部及其所在单位的意见。

第三十二条 审计组应当针对被审计领导干部及其所在单位提出的书面意见，进一步核实情况，对审计组的审计报告作出必要的修改，连同被审计领导干部及其所在单位的书面意见一并报送审计机关。

第三十三条 审计机关按照规定程序对审计组的审计报告进行审定，经审计机关负责人签发后，向被审计领导干部及其所在单位出具审计机关的经济责任审计报告。

第三十四条 经济责任审计报告的内容主要包括：

（一）基本情况，包括审计依据、实施审计的基本情况、被审计领导干部所任职地区（部门或者单位）的基本情况、被审计领导干部的任职及分工情况等；

（二）被审计领导干部履行经济责任的主要情况，其中包括以往审计决定执行情况和审计建议采纳情况等；

（三）审计发现的主要问题和责任认定，其中包括审计发现问题的事实、定性、被审计领导干部应当承担的责任以及有关依据，审计期间被审计领导干部、被审计单位对审计发现问题已经整改的，可以包括有关整改情况；

（四）审计处理意见和建议；

（五）其他必要的内容。

审计发现的有关重大事项，可以直接报送本级党委、政府或者相关部门，不在审计报告中反映。

第三十五条 两办《规定》第二十八条所称审计结果报告，是指审计机关在经济责任审计报告的基础上，精简提炼形成的提交干部管理监督部门的反映审计结果的报告。审计结果报告重点反映被审计领导干部履行经济责任的主要情况、审计发现的主要问题和责任认定、审计处理方式和建议。

审计机关可以根据实际情况，参照本细则第三十四条规定，确定审计结果报告的主要内容。

第三十六条 审计机关应当将审计结果报告等经济责任审计结论性文书报送本级党委、政府主要负责同志；提交委托审计的组织部门；抄送领导小组（联席会议）有关成员单位；必要时，可以将涉及其他有关主管部门的情况抄送该部门。

第六章 审计结果运用

第三十七条 经济责任审计结果应当作为干部考核、任免和奖惩的重要依据。

各级领导小组（联席会议）和相关部门应当逐步健全经济责任审计情况通报、责任追究、整改落实、结果公告等制度。

第三十八条 纪检监察机关在审计结果运用中的主要职责：

（一）依纪依法受理审计移送的案件线索；

（二）依纪依法查处经济责任审计中发现的违纪违法行为；

（三）对审计结果反映的典型性、普遍性、倾向性问题适时进行研究；

（四）以适当方式将审计结果运用情况反馈审计机关。

第三十九条 组织部门在审计结果运用中的主要职责：

（一）根据干部管理工作的有关要求，将经济责任审计纳入干部管理监督体系；

（二）根据审计结果和有关规定对被审计领导干部及其他有关人员作出处理；

（三）将经济责任审计结果报告存入被审计领导干部本人档案，作为考核、任免、奖惩被审计领导干部的重要依据；

（四）要求被审计领导干部将经济责任履行情况和审计发现问题的整改情况，作为所在单位领导班子民主生活会和述职述廉的重要内容；

（五）对审计结果反映的典型性、普遍性、倾向性问题及时进行研究，并将其作为采取有关措施、完善有关制度规定的参考依据；

（六）以适当方式及时将审计结果运用情况反馈审计机关。

第四十条　审计机关在审计结果运用中的主要职责：

（一）对审计中发现的相关单位违反国家规定的财政收支、财务收支行为，依法依规作出处理处罚；对审计中发现的需要移送处理的事项，应当区分情况依法依规移送有关部门处理处罚；

（二）根据干部管理监督部门、巡视机构等的要求，以适当方式向其提供审计结果以及与审计项目有关的其他情况；

（三）协助和配合干部管理监督等部门落实、查处与审计项目有关的问题和事项；

（四）按照有关规定，在一定范围内通报审计结果，或者以适当方式向社会公告审计结果；

（五）对审计发现问题的整改情况进行监督检查；

（六）对审计发现的典型性、普遍性、倾向性问题和有关建议，以综合报告、专题报告等形式报送本级党委、政府和上级审计机关，提交有关部门。

第四十一条　人力资源社会保障部门在审计结果运用中的主要职责：

（一）根据有关规定，在职责范围内办理对被审计领导干部和有关人员的考核、任免、奖惩等相关事宜；

（二）对审计结果反映的典型性、普遍性、倾向性问题及时进行研究，并将其作为采取有关措施、完善有关制度规定的参考依据；

（三）以适当方式及时将审计结果运用情况反馈审计机关。

第四十二条　国有资产监督管理部门在审计结果运用中的主要职责：

（一）根据国有企业领导人员管理的有关要求，将经济责任审计纳入国有企业领导人员管理监督体系；

（二）将审计结果作为企业经营业绩考评和被审计领导人员考核、奖惩、任免的重要依据；

（三）在对国有企业管理监督、国有企业改革和国有资产处置过程中，有效运用审计结果；

（四）督促有关企业落实审计决定和整改要求；

（五）对审计发现的典型性、普遍性、倾向性问题及时进行研究，并将其作为采取有关措施、完善有关制度规定的参考依据；

（六）以适当方式及时将审计结果运用情况反馈审计机关。

第四十三条　有关主管部门在审计结果运用中的主要职责：

（一）对审计移送的违法违规问题，在职责范围内依法依规作出处理处罚；

（二）督促有关部门、单位落实审计决定和整改要求，在对相关行业、单位管理和监督中有效运用审计结果；

（三）对审计结果反映的典型性、普遍性、倾向性问题及时进行研究，并将其作为采取有关措施、完善有关制度规定的参考依据；

（四）以适当方式及时将审计结果运用情况反馈审计机关。

第四十四条　被审计领导干部及其所在单位根据审计结果，应当采取以下整改措施：

（一）在党政领导班子或者董事会内部通报审计结果和整改要求，及时制定整改方案，认真进行整改，及时将整改结果书面报告审计机关和有关干部管理监督部门；

（二）按照有关要求公告整改结果；

（三）对审计处理、处罚决定，应当在法定期限内执行完毕，并将执行情况书面报告审计机关；

（四）根据审计结果反映出的问题，落实有关责任人员的责任，采取相应的处理措施；

（五）根据审计建议，采取措施，健全制度，加强管理。

第七章　组织领导和审计实施

第四十五条　各地应当建立健全领导小组或者联席会议制度，领导本地区经济责任审计工作。领导小组组长可以由同级党委或者政府的主要负责同志担任。

第四十六条　领导小组或者联席会议应当设立办公室。同时设立领导小组和联席会议的地方，应当合并成立一个办公室。办公室与同级审计机关内设的经济责任审计机构合署办公，负责日常工作。办公室主任应当由同级审计机关的副职领导或者同职级领导担任。

第四十七条　领导小组或者联席会议应当建立健全议事规则和工作规则，各成员单位应当加强协作配合，形成制度健全、管理规范、运转有序、工作高效的运行机制。

第四十八条　各地可以根据干部管理监督的需要和审计机关的实际情况，按照领导干部工作岗位性质、经济责任的重要程度等因素，对审计对象实行分类管理，科学合理地制定经济责任审计年度计划和中长期计划。

第四十九条　审计机关应当向组织部门等提出下一年度经济责任审计计划的初步建议。组织部门等根据审计机关的初步建议，提出下一年度的委托审计建议。

第五十条　领导小组（联席会议）办公室对委托审计建议进行研究讨论，共同议定并提出经济责任审计计划草案，由审计机关报本级政府行政首长批准后，纳入审计机关年度审计工作计划并组织实施。

第五十一条　经济责任审计计划一经本级政府行政首长批准不得随意变更。确需调整的，应当按照本细则第四十九条、第五十条规定的程序进行调整。

第五十二条　对地方党委与政府的主要领导干部，党政工作部门、高等院校等单位的党委与行政主要领导干部，企业法定代表人与不担任法定代表人的董事长、总经理、党委书记等企业主要负责人的经济责任审计，可以同步组织实施，分别认定责任，分别出具审计报告和审计结果报告。

各地可以根据实际情况，研究制定同步实施经济责任审计的操作办法。

第五十三条　审计机关应当探索和推行经济责任审计与其他专业审计相结合的组织方式，统筹安排审计力量，逐步实现对审计计划、审计项目实施、审计文书报送、审计结果利用等的统一管理。

审计机关组织实施经济责任审计时，应当有效利用以往审计成果和有关部门的监督检查结果。

第五十四条　审计机关实施经济责任审计时，可以提请有关部门和单位协助，有关部门和单位应当予以支持，并及时提供有关资料和信息。

审计机关提请领导小组（联席会议）成员单位协助时，应当由领导小组（联席会议）办公室统一负责联系和协调。

第五十五条　在经济责任审计项目实施过程中，遇有被审计领导干部被有关部门依法依规采取强制措施、立案调查或者死亡等特殊情况，以及不宜再继续进行经济责任审计的其他情形的，审计机关报本级政府行政首长批准，或者根据党委、政府、干部管理监督部门的要求，可以中止或者终止审计项目。

第八章　附　　则

第五十六条　根据地方党委、政府的要求，审计机关可以对村党组织和村民委员会、社区党组织和社区居民委员会的主要负责人进行经济责任审计。

村党组织和村民委员会主要负责人经济责任审计的内容，应当依照《中华人民共和国村民委员会组织法》第三十五条的规定，结合当地实际情况确定。

社区党组织和社区居民委员会主要负责人经济责任审计的内容，可以参照本细则的相关规定确定。

第五十七条 对本细则未涉及的审计机关和审计人员、被审计领导干部及其所在单位，以及其他有关单位和个人在经济责任审计中的职责、权限、法律责任等，依照《中华人民共和国审计法》《中华人民共和国审计法实施条例》、两办《规定》和其他法律法规的有关规定执行。

第五十八条 部门和单位可以根据两办《规定》和本细则的规定，制定本部门和单位内部管理领导干部经济责任审计的规定。

第五十九条 本细则由审计署负责解释。

第六十条 本细则自印发之日起施行。审计署 2000 年 12 月印发的《县级以下党政领导干部任期经济责任审计暂行规定实施细则》和《国有企业及国有控股企业领导人员任期经济责任审计暂行规定实施细则》（审办发〔2000〕121 号）同时废止。

中央审计委员会办公室　审计署印发《关于贯彻落实〈党政主要领导干部和国有企事业单位主要领导人员经济责任审计规定〉的指导意见》的通知

（中审办发〔2019〕23 号）

各省、自治区、直辖市和计划单列市、新疆生产建设兵团党委审计委员会办公室、审计厅（局），署机关各单位、各派出审计局、各特派员办事处、各直属单位：

现将《关于贯彻落实〈党政主要领导干部和国有企事业单位主要领导人员经济责任审计规定〉的指导意见》印发给你们，请结合实际认真贯彻落实。

中央审计委员会办公室

审计署

2019 年 7 月 31 日

关于贯彻落实《党政主要领导干部和国有企事业单位主要领导人员经济责任审计规定》的指导意见

2019 年 7 月 7 日，中共中央办公厅、国务院办公厅正式印发《党政主要领导干部和国有企事业单位主要领导人员经济责任审计规定》（以下简称《规定》）。《规定》以习近平新时代中国特色社会主义思想为指导，全面贯彻党的十九大和十九届二中、三中全会精神，深入贯彻习近平总书记关于审计工作的重要讲话和重要指示批示精神，是新时代开展经济责任审计工作的基本遵循。为深入贯彻落实《规定》，扎实做好经济责任审计工作，现提出以下指导意见：

一、提高政治站位，充分认识《规定》印发的重大意义

党中央、国务院高度重视领导干部经济责任审计工作。习近平总书记指出，对领导干部进行经济责任审计，是规范权力运行的重要手段，要不断深化和改善，坚持党政同责、同责同审，聚焦权力运行和责任落实，客观公正评价，促进领导干部规范用权、秉公用权、廉洁用权。《规定》的印发，是坚持和加强党对审计工作集中统一领导的重大举措，是适应审计管理体制改革，构建集中统一、全面覆盖、权威高效的审计监督体系的必然要求，是健全完善经济责任审计制度的现实需要，对于规范权力运行、促进依法行政、推进国家治理体系和治理能力现代化具有重要意义。

要充分认识《规定》印发的重要意义，坚持以习近平新时代中国特色社会主义思想为指导，增强"四个意识"、坚定"四个自信"、做到"两个维护"，将做好经济责任审计作为一项重大政治任务来抓，把党对审计工作的领导落实落细落好，着力提高经济责任审计工作政治站位。要抓好《规定》的学习贯彻和培训，教育引导审计人员准确掌握《规定》精神实质和核心内容，提高新时代经济责任审计工作质量和水平。要采取多种形式加强领导干部对经济责任审计工作的理解和认识，促进其自觉接受审计监督。

二、加强组织领导，建立健全联席会议制度

经济责任审计工作联席会议制度对于强化组织领导、保障和推动经济责任审计工作深化发展具有重要作用。地方各级党委审计委员会要加强对经济责任审计工作的统筹谋划和整体推进，建立健全经济责任审计工作联席会议制度。

要推动健全机构设置，积极协调纪检监察机关、组织、机构编制、财政、人力资源社会保障、国有资产监督管理、金融监督管理等部门，及时调整联席会议成员单位和召集人，促进配齐配好联席会议办公室主任，确保联席会议及其办公室有效运转。要明晰工作职责，结合经济责任审计工作实际，研究制定联席会议议事规则和办公室工作规则，明确职责分工，强化监督检查，推进本地区经济责任审计工作的制度化、规范化建设。要加强协同配合，推动联席会议各成员单位在各自职责范围内积极主动作为，创新方式方法，密切协同配合，努力形成"审前充分协商、审中协作配合、审后结果共用"的良好协调配合机制。

三、强化计划管理，着力提升审计监督效能

《规定》对经济责任审计项目计划制定和调整程序作出了明确规定。各级审计委员会办公室、审计机关要加强与组织部门沟通协调，根据干部管理监督需要以及审计资源等实际情况，科学制定经济责任审计中长期规划和年度审计项目计划。要坚持以任职期间审计为主，提高审计监督的时效性。要完善审计对象分类管理，坚持党政同责、同责同审，对重点地区、部门、单位，以及掌握重要资金决策权、分配权、管理权、执行权和监督权等关键岗位的主要领导干部加大审计力度。制定年度审计项目计划时，主要安排对任职时间较长的领导干部进行审计。对短期内已接受过审计的领导干部，一般不再重复安排审计。要强化年度审计项目计划的刚性约束，计划一经确定不得随意变更。

要严格落实审计项目审计组织方式"两统筹"要求，加强经济责任审计与政策落实跟踪审计、预算执行审计、自然资源资产离任审计、专项审计等审计项目的统筹融合和相互衔接，积极推进审计全覆盖。要结合实际改革创新、主动探索，健全完善"两统筹"协调机制和具体措施，优化审计资源配置，运用融合式、嵌入式、"1+N"等组织方式，着力解决审计任务重和审计力量不足的矛盾，努力做到"一审多项""一审多果""一果多用"，尽量避免重复审计，促进提升审计监督整体效能。

四、聚焦经济责任，切实提升审计工作质量

《规定》对领导干部经济责任的内涵作了明确规定。各级审计委员会办公室、审计机关要准确理解把握，结合不同层级不同岗位领导干部的履职特点，聚焦经济责任，围绕领导干部权力运行和责任落实，突出审计重点，确保审深审透。

要加大对贯彻落实党和国家经济方针政策的审计力度，以领导干部履行经济责任有关的重大改革任务推进、重要政策措施落实和重点项目进展情况为抓手，推动各项重大决策部署落地生根，确保党中央令行禁止。要强化对权力运行的监督和制约，加大对资源分配、项目审批、资金分配等重大经济决策事项的审计力度，揭露重大失职渎职、重大决策失误、重大损失浪费和重大管理漏洞问题，促进权力规范运行。要准确把握"经济体检"这一新时代审计职责定位，不仅查病，更要治已病、防未病，既要敢于和善于揭示领导干部履行经济责任中存在的问题，更要积极推动解决问题，深入分析问题产生的体制性障碍、机制性缺陷和制度性漏洞，促进被审计单位和有关方面深化改革、完善制度、加强管理、堵塞漏洞，防患于未然。

五、落实"三个区分开来"重要要求，客观公正评价

审计评价是经济责任审计的核心内容。对领导干部在公共资金、国有资产、国有资源管理分配和使用中是否存在违反廉洁从政（从业）规定情况做出审计评价，是党中央的明确要求，对于加强干部管理监督具有重要意义。

要认真贯彻落实习近平总书记关于"三个区分开来"的重要要求，全面辩证客观地看待问题，审慎作出评价和结论，鼓励探索创新，激励担当作为。要坚持权责一致原则，在获取充分适当审计证据支持的基础上作出评价。要注重定性评价和定量指标相结合，不断探索完善审计评价体系。要根据领导干部职责分工，综合考虑审计发现相关问题的历史背景、决策过程、性质、后果和领导干部实际所起的作用等因素，谨慎分析研究，合理界定责任。

六、发挥监督合力，提升审计结果运用水平

经济责任审计结果运用关系审计监督成效。各级审计委员会办公室、审计机关要推动联席会议各成员单位认真落实审计结果运用方面的职责分工，加强协作配合，将审计监督与纪检监察、组织人事、巡视巡察等监督贯通起来，形成监督合力，深化审计结果运用。

要及时向本级审计委员会请示报告，推进建立健全经济责任审计情况通报、责任追究、整改落实等制度，切实将经济责任审计结果以及整改情况作为考核、任免、奖惩被审计领导干部的重要参考。要促进加强联席会议各成员单位之间的沟通协作，既要推动在各自职责范围内对审计发现的问题作出进一步处理，积极督促整改，更要推动及时梳理领导干部履职用权方面的普遍性、典型性、倾向性问题，促进完善有关制度规定，不断提升审计结果运用水平。

七、严格规范审计程序，坚持依法文明廉洁审计

依法审计是审计工作的生命线。各级审计委员会办公室、审计机关要严格依照法定职责、权限和程序行使审计监督权，严格按照《规定》要求执行审计项目计划制定、召开审计进点会、审计公示、听取意见、出具审计报告、报送审计结论性文书、召开审计结果反馈会议等程序。

要充分听取被审计领导干部及其所在单位，以及其他相关单位的意见，客观审慎作出评价和结论。要严格恪守审计边界，根据领导干部履行经济责任情况确定审计内容、获取相关资料，既不能缺位，也不能越位。严格执行审计"四严禁"工作要求和审计"八不准"工作纪律，做到依法审计、文明审计、廉洁审计。要加强审计机关自身建设，以审计精神立身、以创新规范立业、以自身建设立信，不断提升审计人员政治能力、专业能力、宏观政策研究能力和审计信息化能力，努力打造信念坚定、业务精通、作风务实、清正廉洁的高素质专业化审计干部队伍，为做好新时代领导干部经济责任审计工作提供坚强组织保证。

陕西省党政主要领导干部和国有企业领导人员经济责任审计实施办法

（陕办发〔2011〕12 号）

第一章 总 则

第一条 为加强对党政主要领导干部和国有企业领导人员（以下简称领导干部）的管理监督，推进党风廉政建设，根据《中华人民共和国审计法》，中共中央办公厅、国务院办公厅《党政主要领导干部和国有企业领导人员经济责任审计规定》（中办发〔2010〕32 号）和国家有关法律法规，以及干部管理监督的有关规定，结合我省实际，制定本实施办法。

第二条 本实施办法所称党政主要领导干部，包括各设区市（含杨凌示范区管委会，下同）、县（市、区）、乡镇（街道办事处）党委、政府的正职领导干部或者主持工作一年以上的副职领导干部；审判机关、检察机关的正职领导干部或者主持工作一年以上的副职领导干部；省、市、县（市、区）党政工作部门、事业单位和人民团体的正职领导干部或者主持工作一年以上的副职领导干部；上级领导干部兼任部门、单位的正职领导干部，且不实际履行经济责任时，实际负责本部门、本单位常务工作的副职领导干部。

第三条 本实施办法所称国有企业领导人员，包括：国有和国有控股企业（含国有和国有控股金融企业、非银行金融机构）的法定代表人。

第四条 本实施办法所称领导干部经济责任，是指领导干部在任职期间因其所任职务，依法对本地区、本部门（系统）、本单位的财政收支、财务收支以及有关经济活动应当履行的责任和义务。

第五条 领导干部履行经济责任的情况，应当依法接受审计监督。

根据干部管理监督的需要，可以在领导干部任职期间进行任中经济责任审计，也可以在领导干部不再担任所任职务时进行离任经济责任审计。

第六条 领导干部经济责任审计依照干部管理权限确定，分级实施。

省、市、县（市、区）审计机关主要领导干部经济责任审计，由本级党委与上一级审计机关协商后，由上一级审计机关组织实施。

第七条 审计机关依法独立实施经济责任审计，任何组织和个人不得拒绝、阻碍、干涉，不得打击报复审计人员。

第八条 审计机关和审计人员对经济责任审计工作中知悉的国家秘密、商业秘密，负有保密义务。

第九条 各级党委、政府应当保证审计机关履行经济责任审计职责所需的机构、人员和经费。

第十条 各级审计机关应当设立领导干部经济责任审计专职机构，选配与审计任务相适应的专职审计人员。

第二章 组 织 协 调

第十一条 各级党委、政府应当加强对经济责任审计工作的领导，建立经济责任审计工作领导小组（以下简称领导小组），领导小组组长应当由本级政府行政首长担任。领导小组成员由纪检、组织、审计、监察、人力资源和社会保障、国有资产监督管理等部门主要负责人组成。

领导小组下设办公室，与同级审计机关内设的经济责任审计机构合署办公，负责日常工作。办公室主任为同级审计机关的副职领导或者同职级领导。

第十二条　领导小组的主要职责是研究制定有关经济责任审计的政策和制度，审议和决定经济责任审计工作重大安排与重要事项。

第十三条　领导小组办公室的主要职责是研究起草有关经济责任审计的法规、制度和文件，研究提出年度经济责任审计计划草案，总结推广经济责任审计工作经验。

第十四条　领导小组成员单位要认真履行职责，加强协作与配合。

（一）纪检监察机关的主要职责：

1.受理经济责任审计发现的涉及违反党纪政纪的事项；

2.向审计机关提供需审计核实的经济责任审计对象涉嫌经济违纪违法的有关情况；

3.对阻挠、拒绝、妨碍审计实施以及打击报复陷害审计人员的相关人员，依照党纪、政纪规定予以查处；

4.对下级党委、政府贯彻经济责任审计规定的情况进行监督检查；

5.根据纪检、监察工作需要，提出经济责任审计对象的建议。

（二）组织部门的主要职责：

1.依照干部管理权限，向审计机关出具经济责任审计委托书；

2.向审计机关提供需审计核实的经济责任审计对象的有关情况；

3.根据干部管理监督工作需要，提出经济责任审计对象的建议；

4.根据干部管理监督的相关要求，运用经济责任审计结果，将其作为考核、任免、奖惩领导干部的重要依据；对需要问责的违纪违规问题，做出相关组织处理，并向审计机关反馈审计结果运用情况；

5.对本级管理的领导干部和下级组织部门贯彻经济责任审计规定的情况进行监督检查。

（三）审计机关的主要职责：

1.依法实施经济责任审计，并对经济责任审计中查出的违反财经法规的问题进行处理处罚；

2.向组织部门提交审计结果，必要时向纪检监察等相关部门抄送审计结果；

3.向纪检监察机关和司法机关移送审计查实的严重违法违纪问题和审计发现的经济案件线索；

4.指导下级审计机关开展经济责任审计工作，对下级机关贯彻经济责任审计规定、履行审计职责情况进行检查；

5.履行经济责任审计工作领导小组办公室的职责。

（四）人力资源和社会保障部门的主要职责：

1.依照干部管理权限，向审计机关提供或协助审计机关收集所管理的领导干部经济责任审计所需的相关资料；

2.根据干部管理监督的相关要求，运用经济责任审计结果，对经济责任审计中涉及的由人力资源和社会保障部门负责管理的干部，落实相关考核、任免、奖惩事项；对需要问责的违纪违规问题，做出相关组织处理，并向审计机关反馈审计结果运用情况；

3.对下级人力资源和社会保障部门贯彻经济责任审计规定的情况进行监督检查。

（五）国有资产监督管理部门的主要职责：

1.依照干部管理权限，向审计机关提供或协助审计机关收集所监管的国有企业领导人员经济责任审计中所需的相关资料；

2. 根据国有资产监督管理和干部管理监督工作需要，提出经济责任审计对象的建议；

3. 根据干部管理监督的相关要求，运用经济责任审计结果，将其作为考核、任免、奖惩国资监管部门管理的干部的重要依据；对需要问责的违纪违规问题，做出相关组织处理；督促审计揭示问题的整改落实；并向审计机关反馈审计结果运用情况；

4. 对所监管企业和由国资监管部门管理的领导干部贯彻经济责任审计规定的情况进行监督检查。

第十五条 经济责任审计应当有计划地进行。每年由纪检监察、组织、审计和国有资产监督管理部门分别提出下一年度经济责任审计项目建议，经领导小组办公室汇总，研究提出经济责任审计计划草案，报请本级政府行政首长审定后，由组织部门向审计机关出具经济责任审计委托书，审计机关纳入年度审计工作计划并组织实施。

因干部管理和监督工作需要增加审计项目的，按以上程序，由组织部门追加委托书，审计机关调整列入计划并组织实施。

第三章 审计内容

第十六条 经济责任审计应当以促进领导干部推动本地区、本部门（系统）、本单位科学发展为目标，以领导干部守法、守纪、守规、尽责情况为重点，以领导干部任职期间本地区、本部门（系统）、本单位财政收支、财务收支以及有关经济活动的真实、合法和效益为基础，严格依法界定审计内容。

第十七条 各级党委、政府主要领导干部经济责任审计的主要内容是：本地区财政收支的真实、合法和效益情况；国有资产的管理和使用情况；政府债务的举借、管理和使用情况；政府投资和以政府投资为主的重要项目的建设和管理情况；对直接分管部门预算执行和其他财政收支、财务收支以及有关经济活动的管理和监督情况。

党委领导干部经济责任审计应当侧重于任职期间的重要经济决策情况；政府领导干部经济责任审计应当侧重于任职期间经济决策执行与管理情况。

第十八条 党政工作部门、审判机关、检察机关、事业单位和人民团体等单位主要领导干部经济责任审计的主要内容是：本部门（系统）、本单位预算执行和其他财政收支、财务收支的真实、合法和效益情况；重要投资项目的建设和管理情况；重要经济事项管理制度的建立和执行情况；对下属单位财政收支、财务收支以及有关经济活动的管理和监督情况。

第十九条 国有及国有控股企业领导人员经济责任审计的主要内容是：企业财务收支的真实、合法和效益情况；有关内部控制制度的建立和执行情况，履行国有资产经营管理和监督职责情况。

第二十条 在审计以上主要内容时，应当关注领导干部在履行经济责任过程中的下列情况：贯彻落实科学发展观，推动经济社会科学发展情况；遵守有关经济法律法规、贯彻执行党和国家有关经济工作的方针政策和决策部署情况；制定和执行重大经济决策情况；与领导干部履行经济责任有关的管理、决策等活动的经济效益、社会效益和环境效益情况；遵守有关廉洁从政（从业）规定情况等。

第二十一条 有关部门和单位、地方党委和政府的主要领导干部由上级领导干部兼任，且实际履行经济责任的，对其进行经济责任审计时，审计内容仅限于该领导干部所兼任职务应当履行的经济责任。

第二十二条 领导干部任期内，原则上应安排一次任中经济责任审计，任职时间较长的，重点审计本任期年度，重大问题可以追溯其他年度。

第二十三条 需进行领导干部离任审计的，原则上应在其离任前安排。有下列情形之一的，一般不再安排经济责任审计：

（一）该领导干部任职的单位已经撤并一年以上的；

（二）该领导干部已经离开任职岗位一年以上的；

（三）该领导干部已经被纪检监察或者司法机关立案调查的；

（四）该领导干部已被提拔使用，可能影响审计公正进行的；

（五）该领导干部失踪、死亡或者已不在国内定居的。

第二十四条　领导干部经济责任审计应当与地方政府财政收支审计、部门预算执行和其他财政收支审计、企业资产负债损益及事业单位财务收支审计相结合。对同一地区、部门（系统）、单位进行审计时，可对其党、政主要领导干部一并安排经济责任审计。

第四章　审计实施

第二十五条　审计机关应当依据国家有关法律、法规和国家审计准则的规定，按照年度经济责任审计计划，依法实施审计。

第二十六条　审计机关实施经济责任审计，应组成审计组。审计组组长由审计机关负责人担任。审计组成员与被审计单位或被审计领导干部有利害关系的，应当回避。

审计组进点实施经济责任审计前，应在审计调查了解的基础上制定审计实施方案。

第二十七条　审计机关应当在实施经济责任审计3日前，向被审计领导干部及所在单位或者原任职单位（以下简称所在单位）送达审计通知书。遇有特殊情况，经本级政府批准，审计机关可以直接持审计通知书实施经济责任审计。

第二十八条　审计机关实施经济责任审计时，应当召开审计组主要成员、被审计领导干部及其所在单位有关人员参加的会议，安排审计工作有关事项。主要内容应包括：告知审计目的、范围和内容，说明审计实施过程安排，提出相关工作要求。领导小组有关成员单位根据工作需要可以派人参加。

第二十九条　审计机关实施经济责任审计，应当进行审计公示。公示内容包括：被审计领导干部姓名、职务、审计组人员、审计内容、审计廉政规定及联系电话等。

第三十条　审计机关在经济责任审计过程中，应当听取本级党委、政府和被审计领导干部所在单位有关领导同志，以及本级领导小组有关成员单位的意见。

第三十一条　审计机关在进行经济责任审计时，被审计领导干部及其所在单位，以及其他有关单位，应当及时提供与被审计领导干部履行经济责任有关的下列资料：

（一）财政收支、财务收支相关资料；

（二）工作计划、工作总结、会议记录、会议纪要、经济合同、考核检查结果、业务档案等资料；

（三）被审计领导干部履行经济责任情况的述职报告；

（四）其他有关资料。

第三十二条　被审计领导干部及其所在单位应当对所提供资料的真实性、完整性负责，并作出书面承诺。

第三十三条　审计机关在进行经济责任审计时，应当利用以前年度财政、财务收支审计的结果，已经审计过的财政、财务收支年度，除进行必要的补充审计和取证外，一般不再重复审计。

第三十四条　审计机关在实施经济责任审计时，可以参考被审计单位内部审计机构的审计资料和审计结果。

第三十五条　审计机关对审计过程中发现或者接受举报的问题应予以关注，涉及被审计领导干部的重大问题或线索，应当作为审计重点进行查证核实。

第三十六条　审计机关履行经济责任审计职责时，可以提请有关部门和单位予以协助，有关部门和单位应当予以配合。

第三十七条　审计组实施审计后，应当将审计组的审计报告书面征求被审计领导干部及其所在单位的意见。根据工作需要可以征求本级党委、政府有关领导同志，以及本级领导小组有关成员单位的意见。

被审计领导干部及其所在单位应当自接到审计组的审计报告之日起 10 日内提出书面意见；10 日内未提出书面意见的，视同无异议。

第三十八条 审计机关按照《中华人民共和国审计法》及相关法律法规规定的程序，对审计组的审计报告进行审议，出具审计机关的经济责任审计报告和审计结果报告。

第三十九条 审计机关应当将经济责任审计报告送达被审计领导干部及其所在单位。

第四十条 审计机关应当将经济责任审计结果报告等结论性文书提交委托审计的组织部门，报送本级政府行政首长，必要时报送本级党委主要负责同志；抄送领导小组有关成员单位。

各设区市审计局对县（市、区）党委、政府领导干部经济责任审计的结果报告及相关资料，还应报送省审计厅。市委组织部接到审计结果报告后，还应转报省委组织部。

第四十一条 被审计领导干部所在单位存在违反国家规定的财政收支、财务收支行为，依法应当给予处理、处罚的，由审计机关在法定职权范围内作出审计决定。

审计机关在经济责任审计中发现的应当由其他部门处理的问题，依法移送有关部门处理。

第四十二条 被审计领导干部对审计机关出具的经济责任审计报告和审计决定有异议的，可以自收到审计报告之日起 30 日内向出具审计报告和审计决定的审计机关申诉，审计机关应当自收到申诉之日起 30 日内作出复查决定；被审计领导干部对复查决定仍有异议的，可以自收到复查决定之日起 30 日内向上一级审计机关申请复核，上一级审计机关应当自收到复核申请之日起 60 日内作出复核决定。

上一级审计机关的复核决定和审计署的复查决定为审计机关的最终决定。

第五章　审计评价与结果利用

第四十三条 审计机关应当根据审计查证认定的事实，依照法律法规、国家有关规定和政策，以及责任制考核目标和行业标准等，在法定职权范围内，对被审计领导干部履行经济责任情况作出客观公正、实事求是的评价。审计评价应当与审计内容相统一，评价结论应当有充分的审计证据支持。

审计机关应当根据被审计领导干部的工作性质及所任职务在履行经济责任方面的职责、义务，分类制定评价标准。

第四十四条 审计机关对被审计领导干部履行经济责任过程中存在问题所应当承担的直接责任、主管责任、领导责任，应当区别不同情况作出界定。

第四十五条 本实施办法所称直接责任，是指领导干部对履行经济责任过程中的下列行为应当承担的责任：

（一）直接违反法律法规、国家有关规定和单位内部管理规定的行为；

（二）授意、指使、强令、纵容、包庇下属人员违反法律法规、国家有关规定和单位内部管理规定的行为；

（三）未经民主决策、相关会议讨论而直接决定、批准、组织实施重大经济事项，并造成重大经济损失浪费、国有资产（资金、资源）流失等严重后果的行为；

（四）主持相关会议讨论或者以其他方式研究，但是多数人不同意的情况下直接决定、批准、组织实施重大经济事项，由于决策不当或者决策失误造成重大经济损失、国有资产（资金、资源）流失等严重后果的行为；

（五）其他应当承担直接责任的行为。

第四十六条 本实施办法所称主管责任，是指领导干部对履行经济责任过程中的下列行为应当承担的责任：

（一）除直接责任外，领导干部对其直接分管的工作不履行或者不正确履行经济责任的行为；

（二）主持相关会议讨论或者以其他方式研究，并且在多数人同意的情况下决定、批准、组织实施重大经济事项，由于决策失误造成重大经济损失浪费、国有资产（资金、资源）流失等严重后果的行为。

第四十七条　本实施办法所称领导责任，是指除直接责任和主管责任外，领导干部对其不履行或者不正确履行经济责任的其他行为应当承担的责任。

第四十八条　各级党委和政府应当建立健全经济责任审计情况通报、审计整改以及责任追究等结果运用制度，逐步探索和推进经济责任审计结果公告制度。

第四十九条　有关部门和单位应当根据干部管理监督的相关要求运用经济责任审计结果，将其作为考核、任免、奖惩被审计领导干部的重要依据，并以书面形式将审计结果运用情况反馈审计机关。

（一）纪检监察机关对经济责任审计结果的利用：

1.对审计结果报告反映或审计机关移送处理的违纪违规问题，及时组织核查处理；

2.经济责任审计结果报告应当归入领导干部廉政档案，作为考核领导干部廉政状况和出具廉政鉴定的依据；

3.将移交事项的处理情况和审计结果运用情况，以书面形式向审计机关反馈。

（二）组织部门对审计结果的利用：

1.将经济责任审计结果作为领导干部考核、任免、奖惩的重要依据；

2.对被审计领导干部应负的直接责任、主管责任和领导责任，依照问责制有关规定，进行责任追究，对一般性违纪、违规问题，做出组织处理；

3.经济责任审计结果报告应当归入被审计领导干部本人档案；

4.将审计结果运用情况，以书面形式向审计机关反馈。

（三）审计机关对审计结果的利用：

1.对经济责任审计查出的违反财经法纪问题，依法进行处理，做出审计决定，提出整改要求，并督促整改落实；

2.对领导干部和有关人员严重违反财经法纪问题或涉嫌经济犯罪问题，分别移送纪检监察或司法机关处理；

3.对经济责任审计中发现的带有普遍性、倾向性问题，专题报告本级党委、政府，并提出审计建议。

（四）人力资源和社会保障部门对审计结果的利用：

1.将经济责任审计结果作为干部考核、任免、奖惩的重要依据；

2.依据审计结果，对经济责任审计中涉及的由人力资源和社会保障部门管理干部的问题，进行责任追究，作出人事处理；

3.将审计结果运用情况，以书面形式向审计机关反馈。

（五）国有资产监督管理部门对审计结果的利用：

1.将审计结果作为考核企业领导人员经营业绩和考察、奖惩、聘任企业领导人员的参考依据；

2.将审计结果作为制订国有企业改制、改组、合并、分立、兼并、破产和国有产权转让、置换、拍卖等方案的参考依

3.针对审计查出的普遍性、倾向性问题，制定相应的监督和管理措施，督促所监管企业落实审计决定；

4.将审计结果利用情况，以书面形式向审计机关反馈。

第六章 附 则

第五十条 审计机关和审计人员、被审计领导干部及所在单位，以及其他有关单位和个人在经济责任审计中的职责、权限、法律责任等，本实施办法未作规定的，依照《中华人民共和国审计法》《中华人民共和国审计法实施条例》和其他法律法规的有关规定执行。

第五十一条 审计机关开展领导干部经济责任审计适用本实施办法。有关机构依法履行国有资产监督管理职责时，按照干部管理权限开展的经济责任审计，参照本实施办法组织实施。部门和单位可以根据本实施办法，制定内部管理干部经济责任审计的规定。

江苏省部门和单位内部管理领导干部经济责任审计办法

（苏审发〔2022〕1号印发）

第一章 总 则

第一条 为了坚持和加强党对审计工作的集中统一领导，强化对部门、单位内部管理领导干部（人员）（以下简称内管干部）的管理监督，规范经济责任审计行为，提高经济责任审计质量和效果，根据《中华人民共和国审计法》《党政主要领导干部和国有企事业单位主要领导人员经济责任审计规定》《江苏省内部审计工作规定》和其他有关法律法规，结合我省实际，制定本办法。

第二条 内管干部经济责任审计工作以马克思列宁主义、毛泽东思想、邓小平理论、"三个代表"重要思想、科学发展观、习近平新时代中国特色社会主义思想为指导，贯彻新发展理念，聚焦经济责任，客观评价，揭示问题，促进党和国家经济方针政策和决策部署落实，促进领导干部履职尽责和担当作为，促进权力规范运行和反腐倡廉，促进组织规范管理和目标实现。

第三条 本办法所称内管干部，是指按照干部管理权限，由党政工作部门、法院、检察院、事业单位、人民团体及国有和国有资本占控股地位或者主导地位的企业（含金融机构）（以下简称单位）内部管理的，承担经济责任事项的所属单位、内设机构和子企业的正职领导干部（主要领导人员），或者主持工作一年以上的副职领导干部。

第四条 本办法所称经济责任，是指内管干部在任职期间，对其管辖范围内贯彻执行党和国家经济方针政策及地方重大决策部署、政策措施，推动本单位事业发展，管理公共资金、国有资产、国有资源，防控重大经济风险等有关经济活动应当履行的职责。

第五条 本办法所称经济责任审计，是指内部审计机构（承担内部审计职能的机构，下同）依据法律、法规和有关政策制度规定，对内管干部任职期间履行经济责任情况进行监督、评价和建议的活动。

第六条 内管干部履行经济责任情况，应当依规依法接受审计监督。

根据干部管理监督的需要，经济责任审计可以在内管干部任职期间进行，也可以在内管干部离任后进行，以任职期间审计为主。对同一单位党政内管干部的经济责任审计，可以同步组织实施，分别认定责任。

第七条　单位应当设立内部审计机构或明确内部审计职能，合理配备专兼职内部审计人员，落实内管干部经济责任审计。内部审计力量不足的，可以按照有关规定购买社会审计服务，对所购买的社会审计服务加强质量监督，并对采用的审计结果负责。

第八条　内部审计机构依规依法独立实施经济责任审计，任何组织和个人不得拒绝、阻碍、干涉，不得打击报复审计人员。

对有意设置障碍、推诿拖延的，应当进行批评和通报；造成恶劣影响的，应当严肃问责追责。

第九条　内部审计机构及参与内部审计的人员对经济责任审计工作中知悉的国家秘密、工作秘密、商业秘密、个人隐私和个人信息，负有保密义务。

第十条　内管干部经济责任审计所需经费，应当列入单位年度预算予以保证。

第二章　组织协调

第十一条　全省各级经济责任审计工作联席会议应当加强对内管干部经济责任审计工作的指导监督，积极推动各单位有效开展内管干部经济责任审计工作。

全省各级审计机关的内部审计指导监督部门（承担内部审计指导监督职能的部门，下同）负责内管干部经济责任审计指导监督的日常工作。

第十二条　各市县审计机关每年要定期向上一级审计机关报送本地区开展内管干部经济责任审计工作情况。

第十三条　单位应当加强对内管干部经济责任审计工作的领导，可设立由党政主要领导和纪检、组织人事、财务资产、内部审计等部门主要负责人组成的党委（党组）审计委员会（审计工作领导小组或经济责任审计工作联席会议，下同）。

第三章　审计计划

第十四条　内管干部经济责任审计应当有计划地进行。单位应当根据干部管理监督需要和审计资源等实际情况，科学制定内管干部经济责任审计中长期规划和年度审计项目计划，探索和推行内管干部经济责任审计与其他审计的项目统筹，科学配置审计资源，创新审计组织管理，推动大数据等新技术的应用，推进内管干部经济责任审计全覆盖。

第十五条　在确定内管干部经济责任审计计划时应当突出监督重点，对资金（资产、资源）量大、下属单位多的重点单位，以及掌握重要经济决策权、执行权和管理权等关键岗位的内管干部履行经济责任情况，任期内至少审计一次。

第十六条　每年年底前，单位内部审计机构商组织人事部门提出审计计划安排，组织人事部门提出内管干部审计建议名单，内部审计机构征求单位纪检等有关部门意见后，将内管干部审计建议名单纳入年度审计项目计划，报党委（党组）或党委（党组）审计委员会批准后组织实施。

年度经济责任审计项目计划一经确定不得随意变更。确需调减或追加的，报党委（党组）或党委（党组）审计委员会批准。

第十七条　单位应当在每年年初向本级审计机关报送当年内管干部经济责任审计项目计划及上一年度内管干部经济责任审计实施结果及整改等情况。

第十八条　被审计内管干部遇有被有关部门采取强制措施、纪律审查、监察调查或者死亡等特殊情况，以及存在其他不宜继续进行经济责任审计情形的，内部审计机构商本单位纪检、组织人事等部门提出意见，报党委（党组）或党委（党组）审计委员会批准后终止审计。

第四章　审计内容

第十九条　内管干部经济责任审计应当以内管干部任职期间公共资金、国有资产、国有资源的管理、分配和使用情况为基础，以内管干部权力运行和责任落实情况为重点，充分考虑内管干部履职特点、管理监督需要和审计资源等因素，依规依法确定审计内容。

第二十条　党政工作部门、法院、检察院、事业单位和人民团体内管干部经济责任审计的内容包括：

（一）贯彻执行党和国家经济方针政策及地方重大决策部署、政策措施情况；

（二）本单位重要发展规划和政策措施的制定、执行和效果情况；

（三）重大经济事项的决策、执行和效果情况；

（四）财政财务管理、预算执行、国有资产保值增值、内部控制和经济风险防范情况，重大投资项目建设管理情况，自然资源资产管理情况，专项资金管理使用和效益情况；

（五）在经济活动中落实有关党风廉政建设责任和遵守廉洁从政规定情况；

（六）以往审计发现问题的整改情况；

（七）其他需要审计的内容。

第二十一条　国有和国有资本占控股地位或者主导地位的企业（含金融机构）内管干部经济责任审计的内容包括：

（一）贯彻执行党和国家经济方针政策及地方重大决策部署、政策措施情况；

（二）贯彻执行行业管理机构、监管单位重要措施和管理规定等情况；

（三）企业发展战略规划的制定、执行和效果情况；

（四）重大经济事项的决策、执行和效果情况；

（五）企业法人治理结构的建立、健全和运行情况；

（六）内部控制和风险管理制度的制定和执行情况；

（七）企业经营管理及财务的真实、合法、效益情况，国有资产保值增值情况，境外机构、境外资产、境外经济活动的真实、合法、效益情况，自然资源资产管理情况，生态环境保护情况；

（八）重要项目的投资、建设、管理和效益情况；

（九）在经济活动中落实有关党风廉政建设责任和遵守廉洁从业规定情况；

（十）以往审计发现问题的整改情况；

（十一）其他需要审计的内容。

第五章　审计实施

第二十二条　内管干部的经济责任审计工作，由内部审计机构组织实施。

实施审计的内部审计人员应当具备从事审计工作所需的专业胜任能力，遵循职业道德规范，不得参与可能影响独立、客观履行审计职责的工作，与被审计内管干部或者审计事项有利害关系的，应当回避。

第二十三条　内部审计机构应当按照年度经济责任审计项目计划组成审计组并实施审计。

在实施审计前，内部审计机构应当向被审计内管干部及被审计单位送达审计通知书，可以召开由审计组主要成员、被审计内管干部及其所在单位或原任职单位有关人员参加的会议，安排审计工作有关事项。

审计组应当在被审计单位公示审计项目名称、纪律要求和举报电话等内容。

第二十四条　审计组在实施审计过程中，应当听取被审计单位领导班子成员以及相关职能部门的意见。相关领导和部门应当如实向审计组提供有关情况。

第二十五条　被审计内管干部及被审计单位，应当及时、准确、完整地向审计组提供下列与被审计内管干部履行经济责任有关的资料：

（一）被审计内管干部经济责任履行情况报告；

（二）工作计划、工作总结、工作报告、会议记录、会议纪要、决议决定、请示、批示、目标责任书、经济合同、考核检查结果、业务资料、规章制度、以往审计发现问题整改情况等资料；

（三）财政收支、财务收支相关资料；

（四）与履行职责相关的电子数据和必要的技术文档；

（五）审计所需的其他资料。

第二十六条　被审计内管干部及被审计单位，应当对所提供资料的真实性、完整性负责，并作出书面承诺。

第二十七条　内管干部经济责任审计过程中，可以依规依法提请有关部门、单位予以协助。有关部门、单位应当予以支持，并及时提供有关资料和信息。

第二十八条　审计组实施审计后，应当提交经济责任审计报告。审计报告一般包括被审计内管干部任职期间履行经济责任情况的总体评价、主要业绩、审计发现的主要问题和责任认定、审计建议等内容。

第二十九条　审计报告应当书面征求被审计内管干部及被审计单位的意见。被审计内管干部及被审计单位应当自收到审计报告征求意见稿之日起 10 个工作日内提出书面意见；10 个工作日内未提出书面意见的，视同无异议。

第三十条　内部审计机构对审计组提交的审计报告进行审核，按规定程序审定后，正式出具经济责任审计报告；也可根据需要，精简提炼形成经济责任审计结果报告。

经济责任审计报告和经济责任审计结果报告应当事实清楚、评价客观、责任明确、用词恰当、文字精炼、通俗易懂。

第三十一条　经济责任审计中发现的重大问题线索，由内部审计机构按照规定向党委（党组）或党委（党组）审计委员会报告。应当由纪检监察或其他有关主管部门处理的问题线索，单位应依规依纪依法移送处理。

第三十二条　经济责任审计报告或经济责任审计结果报告等审计结论性文书报党委（党组）或党委（党组）审计委员会，按照干部管理权限送组织人事部门。

经济责任审计报告应当送达被审计内管干部及被审计单位。

第三十三条　被审计内管干部对经济责任审计报告有异议的，可以自收到审计报告之日起 30 日内，向党委（党组）或党委（党组）审计委员会提出申诉。党委（党组）或党委（党组）审计委员会应当组成复查工作小组，并要求原审计组人员等回避，自收到申诉之日起 90 日内作出复查决定。

第六章　审计评价

第三十四条　内部审计机构应当根据不同内管干部职务的职责要求，在审计查证或者认定事实的基础上，综合运用多种方法，坚持定性评价与定量评价相结合，依照有关党内法规、法律法规、政策规定、行业标准以及责任制考核目标等，对被审计内管干部履行经济责任情况作出客观公正、实事求是的评价。

审计评价应当有充分的审计证据支持，对审计中未涉及的事项、审计证据不适当或不充分的事项不作评价。

　　第三十五条　对内管干部履行经济责任过程中存在的问题，内部审计机构应当按照权责一致原则，根据内管干部职责分工，综合考虑相关问题的历史背景、决策过程、性质、后果和内管干部实际所起的作用等情况，界定其应当承担的直接责任或者领导责任。

　　第三十六条　内管干部对履行经济责任过程中的下列行为应当承担直接责任：

　　（一）直接违反有关党内法规、法律法规、政策规定的；

　　（二）授意、指使、强令、纵容、包庇下属人员违反有关党内法规、法律法规、政策规定的；

　　（三）贯彻党和国家、地方重大政策措施、决策部署不坚决不全面不到位，造成公共资金、国有资产、国有资源损失浪费，生态环境破坏，公共利益损害等后果的；

　　（四）未完成有关法律法规规章、政策措施、目标责任书等规定的内管干部作为第一责任人（负总责）事项，造成公共资金、国有资产、国有资源损失浪费，生态环境破坏，公共利益损害等后果的；

　　（五）未经民主决策程序或者民主决策时在多数人不同意的情况下，直接决定、批准、组织实施重大经济事项，造成公共资金、国有资产、国有资源损失浪费，生态环境破坏，公共利益损害等后果的；

　　（六）不履行或者不正确履行职责，对造成的后果起决定性作用的其他行为。

　　第三十七条　内管干部对履行经济责任过程中的下列行为应当承担领导责任：

　　（一）民主决策时，在多数人同意的情况下，决定、批准、组织实施重大经济事项，由于决策不当或者决策失误造成公共资金、国有资产、国有资源损失浪费，生态环境破坏，公共利益损害等后果的；

　　（二）违反单位内部管理规定造成公共资金、国有资产、国有资源损失浪费，生态环境破坏，公共利益损害等后果的；

　　（三）参与相关决策和工作时，没有发表明确的反对意见，相关决策和工作违反有关党内法规、法律法规、政策规定，或者造成公共资金、国有资产、国有资源损失浪费，生态环境破坏，公共利益损害等后果的；

　　（四）疏于监管，未及时发现和处理所管辖范围内本级或者下一级单位违反有关党内法规、法律法规、政策规定的问题，造成公共资金、国有资产、国有资源损失浪费，生态环境破坏，公共利益损害等后果的；

　　（五）除直接责任外，不履行或者不正确履行职责，对造成的后果应当承担责任的其他行为。

　　第三十八条　对被审计内管干部以外的其他责任人员，内部审计机构可以适当方式向有关部门、单位提供相关情况。

　　第三十九条　审计评价时，应当把内管干部在推进改革中因缺乏经验、先行先试出现的失误和错误，同明知故犯的违纪违法行为区分开来；把上级尚无明确限制的探索性试验中的失误和错误，同上级明令禁止后依然我行我素的违纪违法行为区分开来；把为推动发展的无意过失，同为谋取私利的违纪违法行为区分开来。正确把握事业为上、实事求是、依纪依法、容纠并举等原则，经综合分析研判，可以免责或者从轻定责，鼓励探索创新，支持担当作为，保护内管干部干事创业的积极性、主动性、创造性。

第七章　审计结果运用

　　第四十条　单位应当推动内管干部经济责任审计结果的充分运用，健全经济责任审计整改落实、责任追究、情况通报等制度，将内管干部经济责任审计结果以及整改情况作为干部考核、任免和奖惩的重要参考。

经济责任审计报告或经济责任审计结果报告等结论性文书以及审计整改结果应当归入被审计内管干部本人档案。

第四十一条　单位应当根据需要以适当方式通报经济责任审计结果，加强对审计发现问题整改情况的督查，认真研究审计发现的典型性、普遍性、倾向性问题和审计建议，并将其作为制定措施、完善制度的重要参考。

第四十二条　党委（党组）或党委（党组）审计委员会应当建立健全内部审计与单位纪检、巡察、组织人事等其他内部监督管理部门的协调贯通机制，在各自职责范围内运用审计结果。

第四十三条　内部审计机构应当跟踪检查审计发现问题的整改落实情况。必要时，可以开展后续审计，对审计发现问题的整改情况进行审查和评价。

第四十四条　被审计内管干部及被审计单位根据审计结果，应当采取以下整改措施：

（一）对审计发现的问题，在规定期限内进行整改，将整改结果书面报送单位及内部审计机构；

（二）根据审计发现的问题，落实有关责任人员的责任，采取相应的处理措施；

（三）根据审计建议，采取措施，健全制度，加强管理；

（四）将审计结果以及整改情况纳入所在单位领导班子党风廉政建设责任制检查考核的内容，作为领导班子民主生活会以及领导班子成员述责述廉的重要内容。

第八章　附　则

第四十五条　各单位可根据本办法，结合实际制定具体实施办法。第四十六条本办法由江苏省审计厅负责解释。

第四十七条　本办法自 2022 年 3 月 1 日起施行。2012 年 12 月 27 日印发的《江苏省部门和单位内部管理领导干部经济责任审计暂行办法》（苏审发〔2012〕184 号）同时废止。

广东省地厅级以下党政主要领导干部和国有企业领导人员经济责任审计实施办法

（粤办发〔2013〕3 号印发）

第一章　总　则

第一条　为健全和完善经济责任审计制度，加强对我省地厅级以下党政主要领导干部和国有企业领导人员（以下简称领导干部）的管理监督，推进党风廉政建设，根据《中华人民共和国审计法》和《中共中央办公厅、国务院办公厅关于印发〈党政主要领导干部和国有企业领导人员经济责任审计规定〉的通知》（中办发〔2010〕32 号）等有关规定，结合我省实际，制定本办法。

第二条　领导干部经济责任审计的对象包括：

（一）地级市、县（市、区）、乡镇（街道）党政正职领导干部或者主持工作一年以上的副职领导干部。

（二）地级以上市、县（市、区）审判机关、检察机关的正职领导干部或者主持工作一年以上的副职领导干部。

（三）省、地级以上市、县（市、区）党政工作部门、事业单位和人民团体等单位的正职领导干部或者主持工作一年以上的副职领导干部；上级领导干部兼任部门、单位的正职领导干部，且不实际履行经济责任时，实际负责本部门、本单位常务工作的副职领导干部。

（四）国有和国有控股企业（含国有和国有控股金融企业）的法定代表人。

第三条 本办法所称经济责任，是指领导干部在任职期间因其所任职务，依法对本地区、本部门（系统）、本单位的财政收支、财务收支以及有关经济活动应当履行的职责、义务。

第四条 领导干部履行经济责任的情况，应当依法接受审计监督。

根据干部管理监督的需要，可以在领导干部任职期间进行任中经济责任审计，也可以在领导干部不再担任所任职务时进行离任经济责任审计。

第五条 实行领导干部经济责任审计告知制度。新任领导干部任职谈话时，组织部门应将履行经济责任的具体内容和经济责任审计的有关要求一并列入谈话内容告知新任领导干部。

领导干部履行经济责任情况应作为领导干部年度总结报告的重要内容。

第六条 审计机关依法独立实施经济责任审计，任何组织和个人不得拒绝、阻碍、干涉，不得打击报复审计人员。

第七条 审计机关和审计人员对经济责任审计工作中知悉的国家秘密、商业秘密，负有保密义务。

第八条 各级党委和政府应当保证审计机关履行经济责任审计职责所必需的机构、人员和经费。

第二章　组织协调

第九条 各级党委和政府应当加强对经济责任审计工作的领导，建立经济责任审计工作联席会议（以下简称联席会议）制度。联席会议由纪检、组织、审计、监察、人力资源社会保障、财政和国有资产监督管理等部门组成。

第十条 联席会议下设办公室，与同级审计机关内设的经济责任审计机构合署办公，负责日常工作。联席会议办公室主任为同级审计机关的副职领导或者同职级领导。

第十一条 联席会议的主要职责是研究制定有关经济责任审计的政策和制度，定期召开会议研究部署经济责任审计工作，监督检查、交流通报经济责任审计工作开展情况，协调解决工作中出现的问题。

第十二条 联席会议办公室的主要职责是研究起草有关经济责任审计的法规、制度和文件，研究提出年度经济责任审计计划草案，总结推广经济责任审计工作经验，督促落实联席会议决定的有关事项。

第十三条 经济责任审计应当有计划地进行。组织部门每年与审计机关协商后提出下一年度经济责任审计委托建议，经联席会议办公室研究后提出经济责任审计计划草案，由审计机关报请本级政府行政首长审定后，纳入审计机关年度审计工作计划并组织实施。遇有特殊情况需要增加审计项目的，参照上述程序执行。

第十四条 领导干部的经济责任审计依照干部管理权限确定。

地级以上市、县（市、区）审计机关主要领导干部的经济责任审计，由本级党委与上一级审计机关协商后，由上一级审计机关组织实施。

第十五条 推行党政主要领导干部任期经济责任同步审计制度。同一地方、部门、单位党政主要领导干部的经济责任审计，原则上同步实施。

第十六条 推行领导干部任期轮审制度，在每届任期内分年度有计划地实施领导干部经济责任审计。

第三章　审 计 内 容

第十七条　经济责任审计应当以促进领导干部推动本地区、本部门（系统）、本单位科学发展为目标，以领导干部守法、守纪、守规、尽责情况为重点，以领导干部任职期间本地区、本部门（系统）、本单位财政收支、财务收支以及有关经济活动的真实、合法和效益为基础，严格依法界定审计内容。

第十八条　地厅级以下党委和政府主要领导干部经济责任审计的主要内容是：本地区财政收支的真实、合法和效益情况；国有资产的管理和使用情况；政府债务的举借、管理和使用情况；政府投资和以政府投资为主的重要项目的建设和管理情况；对直接分管部门预算执行和其他财政收支、财务收支以及有关经济活动的管理和监督情况。

第十九条　党政工作部门、审判机关、检察机关、事业单位和人民团体等单位主要领导干部经济责任审计的主要内容是：本部门（系统）、本单位预算执行和其他财政收支、财务收支的真实、合法和效益情况；重要投资项目的建设和管理情况；重要经济事项管理制度的建立和执行情况；对下属单位财政收支、财务收支以及有关经济活动的管理和监督情况。

第二十条　国有企业领导人员经济责任审计的主要内容是：本企业财务收支的真实、合法和效益情况；有关内部控制制度的建立和执行情况；履行国有资产出资人经济管理和监督职责情况。

第二十一条　在审计以上主要内容时，应当关注领导干部在履行经济责任过程中的下列情况：贯彻落实科学发展观，推动经济社会、事业或企业科学发展情况；遵守有关经济法律法规、贯彻执行党和国家有关经济工作的方针政策和决策部署情况；制定和执行重大经济决策情况；与领导干部履行经济责任有关的管理和决策等活动的经济效益、社会效益和环境效益情况；遵守有关廉洁从政（从业）规定情况等。

第二十二条　各级党委、政府以及联席会议成员单位等提出的要求或提供的情况，以及群众反映的情况，应当在审计中予以关注。

第二十三条　有关部门和单位、地方党委和政府的主要领导干部由上级领导干部兼任，且实际履行经济责任的，对其进行经济责任审计时，审计内容仅限于该领导干部所兼任职务应当履行的经济责任。

第四章　审 计 实 施

第二十四条　审计机关应当根据年度经济责任审计计划，组成审计组实施审计，并进行审计公示。

第二十五条　审计机关应当在实施经济责任审计3日前，向被审计领导干部及其所在单位或者原任职单位（以下简称所在单位）送达审计通知书。遇有特殊情况，经本级政府批准，审计机关可以直接持审计通知书实施经济责任审计。

第二十六条　审计机关实施经济责任审计时，应当召开审计进点会议，由被审计领导干部向审计组、被审计领导干部所在单位领导班子成员、内设机构和直属单位主要负责人等作履行经济责任情况的述职报告。联席会议有关成员单位根据工作需要可以派人参加审计进点会议。

第二十七条　被审计领导干部及其所在单位，以及其他有关单位应当提供与被审计领导干部履行经济责任有关的下列资料：单位基本情况和被审计领导干部任职情况的相关资料；财政收支、财务收支相关资料；工作计划、工作总结、会议记录、会议纪要、经济合同、考核检查结果、业务档案等资料；被审计领导干部履行经济责任情况的述职报告；其他有关资料等。

被审计领导干部及其所在单位应当对所提供资料的真实性、完整性负责，并作出书面承诺。

第二十八条 审计机关履行经济责任审计职责时，可以依法提请有关部门和单位予以协助，有关部门和单位应当予以配合。

第二十九条 审计组实施审计后，应当将审计组的审计报告书面征求被审计领导干部及其所在单位的意见。根据工作需要，可以征求本级党委、政府有关领导同志，以及本级联席会议有关成员单位的意见。

被审计领导干部及其所在单位应当自接到审计组的审计报告之日起 10 日内提出书面意见；10 日内未提出书面意见的，视同无异议。

第三十条 审计机关依法审议审计组的审计报告，出具经济责任审计报告和审计结果报告，并将经济责任审计报告送达被审计领导干部及其所在单位，将经济责任审计结果报告等结论性文书报送本级政府行政首长，必要时报送本级党委主要负责同志；提交委托审计的组织部门；抄送联席会议有关成员单位。

第三十一条 被审计领导干部所在单位存在违反国家规定的财政收支、财务收支行为，依法应当给予处理、处罚的，由审计机关在法定职权范围内作出审计决定。审计机关在经济责任审计中发现的应当由其他部门处理的问题，依法移送有关部门处理。

第三十二条 被审计领导干部对审计机关出具的经济责任审计报告有异议的，可以自收到审计报告之日起 30 日内向出具审计报告的审计机关申诉，审计机关应当自收到申诉之日起 30 日内作出复查决定；被审计领导干部对复查决定仍有异议的，可以自收到复查决定之日起 30 日内向上一级审计机关申请复核，上一级审计机关应当自收到复核申请之日起 60 日内作出复核决定。上一级审计机关的复核决定为审计机关的最终决定。

第五章　审　计　评　价

第三十三条 审计机关应当根据审计查证或者认定的事实，依照法律法规、国家有关规定和政策，以及责任制考核目标和行业标准等，在法定职权范围内，对被审计领导干部履行经济责任情况作出客观公正、实事求是的评价。审计评价应当与审计内容相统一，评价结论应当有充分的审计证据支持。

第三十四条 审计机关对被审计领导干部履行经济责任过程中存在问题所应当承担的直接责任、主管责任、领导责任，应当区别不同情况作出界定。

第三十五条 领导干部对履行经济责任过程中的下列行为承担直接责任：

（一）直接违反法律法规、国家有关规定和单位内部管理规定的行为；

（二）授意、指使、强令、纵容、包庇下属人员违反法律法规、国家有关规定和单位内部管理规定的行为；

（三）未经民主决策、相关会议讨论而直接决定、批准、组织实施重大经济事项，并造成重大经济损失浪费、国有资产（资金、资源）流失等严重后果的行为；

（四）主持相关会议讨论或者以其他方式研究，但是在多数人不同意的情况下直接决定、批准、组织实施重大经济事项，由于决策不当或者决策失误造成重大经济损失浪费、国有资产（资金、资源）流失等严重后果的行为；

（五）其他应当承担直接责任的行为。

第三十六条 领导干部对履行经济责任过程中的下列行为承担主管责任：

（一）除直接责任外，领导干部对其直接分管的工作不履行或者不正确履行经济责任的行为；

（二）主持相关会议讨论或者以其他方式研究，并且在多数人同意的情况下决定、批准、组织实施重大经济事项，由于决策不当或者决策失误造成重大经济损失浪费、国有资产（资金、资源）流失等严重后果的行为。

第三十七条　除直接责任和主管责任外，领导干部对其不履行或者不正确履行经济责任的其他行为承担领导责任。

第六章　审计结果运用

第三十八条　各级党委和政府应当建立健全经济责任审计情况通报、审计整改以及责任追究等结果运用制度，逐步探索和推行经济责任审计结果公告制度。

第三十九条　联席会议成员单位及其他有关部门，应当在法定职权范围内运用审计结果，并于每个审计年度结束后，以书面形式向联席会议报告本年度审计结果运用情况。

第四十条　纪检监察机关应当对任职期间所在地区、部门、单位发生的重大经济损失或严重违纪违规问题负有责任的领导干部，按照规定予以处理；对审计机关移交的案件线索及时核查，追究有关人员责任，涉嫌犯罪的依照法定程序移送司法机关查处；将审计结果作为考核领导干部廉政情况的重要依据；必要时通报根据审计结果追究责任情况，利用审计成果推进廉政教育。

第四十一条　组织人事部门应当对任职期间所在地区、部门、单位发生的重大经济损失或严重违纪违规问题负有责任的领导干部，按照规定予以处理；对任职期间履行经济责任存在违纪违规问题，但不构成党纪政纪处分的领导干部，依照有关规定采取提醒谈话、诫勉谈话、限期改正、发出预警提示等措施；将审计结果作为考核、任免、奖惩被审计领导干部的重要依据，并归入被审计领导干部本人档案；必要时通报审计结果运用情况，利用审计成果推进干部教育。

第四十二条　审计机关应当对审计中发现的突出问题或苗头性、倾向性问题进行综合分析，专题报告联席会议和本级政府行政首长，必要时报送本级党委主要负责同志；依法检查督促被审计领导干部及其所在单位落实审计整改措施；必要时通报经济责任审计结果。

第四十三条　国有资产监督管理、财政和有关主管部门应当在各自职权范围内，根据审计结果对被审计企业提出整改要求，监督落实整改，并将审计结果报告及整改结果作为对企业领导干部经营业绩考核、奖惩的重要依据；落实收缴有关财政资金和国有资产收益、调查核实国有资产重大损失、追究相关人员责任等工作，并采取措施避免或挽回损失；将审计结果作为处置国有资产的参考依据。

第四十四条　被审计领导干部及其所在单位应当在法定期限内执行审计决定，根据审计意见和有关部门要求落实整改，并按要求反馈结果；在党政领导班子或董事会内通报审计结果及审计整改要求，安排审计整改事宜；按规定追究有关责任人责任。

第四十五条　联席会议成员单位及其他有关部门，在各自职权范围内，检查督促被审计领导干部及其所在单位落实审计整改要求，追究有关整改责任人责任。

第七章　附　　则

第四十六条　审计机关和审计人员、被审计领导干部及其所在单位，以及其他有关单位和个人在经济责任审计中的职责、权限、法律责任等，本办法未作规定的，依照《中华人民共和国审计法》《中华人民共和国审计法实施条例》和其他法律法规的有关规定执行。

第四十七条　审计机关开展领导干部经济责任审计适用本办法。有关机构依法履行国有资产监督管理职责时，按照干部管理权限开展的经济责任审计，参照本办法组织实施。各地各部门各单位可以根据本办法，制定配套规范。

第四十八条　本办法由省审计厅负责解释。

第四十九条 本办法自印发之日起实施。《中共广东省委办公厅、广东省人民政府办公厅关于印发〈广东省党政领导干部任期经济责任审计实施办法（试行）〉和〈广东省国有企业及国有控股企业领导人员任期经济责任审计实施办法（试行）〉的通知》（粤办发〔2000〕19号），以及省纪委、省委组织部、省监察厅、省人事厅、省审计厅、省财政厅等印发的《广东省党政领导干部任期经济责任审计操作办法（试行）》（粤审法〔2002〕175号）、《广东省任期经济责任审计结果运用办法（试行）》（粤纪发〔2003〕25号）、《广东省国有企业及国有控股企业领导人员任期经济责任审计操作办法（试行）》（粤审经责〔2004〕96号）同时废止。

山东省党政主要领导干部和国有企业领导人员经济责任审计实施办法

（鲁办发〔2012〕15号）

第一章 总 则

第一条 为健全和完善经济责任审计制度，提高经济责任审计工作的科学化、法制化、规范化水平，加强对党政主要领导干部和国有企业领导人员（以下简称领导干部）的管理监督，推进党风廉政建设，根据《中华人民共和国审计法》《党政主要领导干部和国有企业领导人员经济责任审计规定》和其他有关法律法规，以及干部管理监督的有关规定，结合我省实际，制定本办法。

第二条 党政主要领导干部经济责任审计的对象包括：

（一）市、县（市、区）、乡（镇、街道）党委、政府的正职领导干部或者主持工作一年以上的副职领导干部；

（二）市、县（市、区）审判机关、检察机关的正职领导干部或者主持工作一年以上的副职领导干部；

（三）省、市、县（市、区）党政工作部门、事业单位和人民团体等单位的正职领导干部或者主持工作一年以上的副职领导干部；上级领导干部兼任部门、单位的正职领导干部，且不实际履行经济责任时，实际负责本部门、本单位常务工作的副职领导干部；

（四）省级以上人民政府批准成立的各类开发区党工委、管委会及其工作部门、事业单位的正职领导干部或者主持工作一年以上的副职领导干部。

第三条 国有企业领导人员经济责任审计的对象包括省、市、县（市、区）直属的国有独资企业、国有独资公司和国有资本控股公司（含国有和国有控股金融企业）的法定代表人。

第四条 本办法所称经济责任，是指领导干部在任职期间因其所任职务，依法对本地区、本部门（系统）、本单位的财政收支、财务收支以及有关经济活动应当履行的职责、义务。

第五条 领导干部履行经济责任的情况，应当依法接受审计监督。

根据干部监督管理的需要，可以在领导干部任职期间进行任中经济责任审计，也可以在领导干部不再担任所任职务时进行离任经济责任审计。为提高监督时效，应逐步提高任中审计的比重。

第六条 审计机关依法独立实施经济责任审计，任何组织和个人不得拒绝、阻碍、干涉，不得打击报复审计人员。

第七条 审计机关和审计人员对经济责任审计工作中知悉的国家秘密、商业秘密，负有保密义务。

第八条　各级党委和政府应当保证审计机关履行经济责任审计职责所必需的机构、人员和经费。

第二章　组织协调

第九条　各级党委和政府应当加强对经济责任审计工作的领导，建立经济责任审计工作联席会议（以下简称联席会议）制度。联席会议由纪检、组织、审计、监察、人力资源社会保障、财政、国有资产监督管理等部门组成。

联席会议下设办公室，与同级审计机关内设的经济责任审计机构合署办公，负责日常工作。联席会议办公室主任为同级审计机关的副职领导或者同职级领导。

第十条　联席会议的主要职责是研究制定有关经济责任审计的政策和制度，监督检查、交流通报经济责任审计工作开展情况，协调解决工作中出现的问题。

第十一条　联席会议办公室的主要职责是研究起草有关经济责任审计的法规、制度和文件，研究提出年度经济责任审计计划草案，总结推广经济责任审计工作经验，督促落实联席会议决定的有关事项。

第三章　审计内容

第十二条　经济责任审计的内容应当与被审计领导干部履行的经济责任相对应，以促进领导干部推动本地区、本部门（系统）、本单位科学发展为目标，以领导干部守法、守纪、守规、尽责情况为重点，以领导干部任职期间本地区、本部门（系统）、本单位财政收支、财务收支以及有关经济活动的真实、合法和效益为基础，严格依法界定审计内容。

第十三条　市、县（市、区）、乡（镇、街道）党委、政府主要领导干部经济责任审计一般应同步开展，根据当地党委、政府主要领导干部的职责分工和实际情况，区分重点审计内容。

第十四条　各级党委主要领导干部经济责任审计的主要内容是：贯彻落实科学发展观，推动地区经济社会科学发展情况；遵守有关经济法律法规，贯彻执行中央和上级党委的重大方针政策和决策部署情况；统筹经济社会发展政策措施制定情况；重大经济决策情况；遵守有关廉洁从政规定情况等。

第十五条　各级政府主要领导干部经济责任审计的主要内容是：贯彻落实科学发展观，推动地区经济社会科学发展情况；遵守有关经济法律法规，贯彻执行中央、上级党委和政府、本级党委的重大方针政策和决策部署情况；重大经济决策的制定和执行情况；本地区财政收支的真实、合法和效益情况；国有资产的管理和使用情况；政府债务的举借、管理和使用情况；政府投资和以政府投资为主的重要项目的建设和管理情况；对直接分管部门预算执行和其他财政收支、财务收支以及有关经济活动的管理和监督情况；遵守有关廉洁从政规定情况等。

第十六条　党政工作部门、审判机关、检察机关、事业单位和人民团体等单位主要领导干部经济责任审计的主要内容是：贯彻落实科学发展观，推动部门、单位事业科学发展情况；遵守有关经济法律法规，贯彻执行党和国家有关经济工作的方针政策和决策部署情况；重大经济决策的制定和执行情况；预算执行和其他财政收支、财务收支的真实、合法和效益情况；国有资产管理情况；内部管理情况；对下属单位财政收支、财务收支以及有关经济活动的管理和监督情况；遵守有关廉洁从政规定情况等。

第十七条　国有企业领导人员经济责任审计的主要内容是：贯彻落实科学发展观，推动企业科学发展情况；遵守有关经济法律法规，贯彻执行党和国家有关经济工作的方针政策和决策部署情况；重大经济决策情况；企业经营活动和财务收支的真实、合法和效益情况；有关内部控制制度的建立和执行情况；履行国有资产出资人经济管理和监督职责情况；职务消费情况以及遵守有关廉洁从业规定情况等。

第十八条　有关部门、单位和党委、政府的主要领导干部由上级领导干部兼任，且实际履行经济责任的，对其进行经济责任审计时，审计内容仅限于该领导干部所兼任职务应当履行的经济责任。

第四章　审计计划与实施

第十九条　经济责任审计应当有计划地进行。按照全面覆盖、突出重点、规范有序的原则，根据被审计领导干部工作岗位性质、经济责任的复杂程度等因素，对审计对象实行分类管理，科学制定经济责任审计的年度计划和中长期规划。年度经济责任审计计划与中长期规划应相互衔接。

第二十条　建立重要岗位领导干部任期内轮审制度。对掌握大量资金（资产、资源）的重点部门、重点单位领导干部，以及掌握重要经济决策权、执行权、管理权和监督权等关键岗位领导干部的经济责任履行情况，任期内至少审计一次。

第二十一条　干部管理部门应于每年11月底提出下一年度经济责任审计委托建议，遇有特殊情况可在年中提出追加经济责任审计项目的建议，经联席会议办公室研究后提出经济责任审计计划草案或者追加计划草案，由审计机关报请本级政府行政首长审定后，纳入审计机关年度审计工作计划并组织实施。

第二十二条　领导干部的经济责任审计依照干部管理权限确定。干部管理权限与财政财务隶属关系、国有资产监督管理关系不一致时，按照干部管理权限由同级审计机关采取自行组织、统一组织下级审计机关、授权具有财政财务收支审计管辖权的下级审计机关等方式实施。

上级审计机关可以将其审计管辖范围内的经济责任审计项目，授权下一级审计机关进行审计。

市、县（市、区）审计机关主要领导干部的经济责任审计，经本级党委与上一级审计机关协商后，由上一级审计机关组织实施。

第二十三条　审计机关应当根据年度经济责任审计计划，组成审计组并实施审计。

第二十四条　审计机关应当在实施经济责任审计3日前，向被审计领导干部及其所在单位或者原任职单位（以下简称所在单位）送达审计通知书。遇有特殊情况，经本级政府批准，审计机关可以直接持审计通知书实施经济责任审计。

第二十五条　审计机关实施经济责任审计时，应当召开有审计组成员、被审计领导干部及其所在单位领导同志和有关人员参加的审计进点会。联席会议有关成员单位可以根据工作需要派人参加。参加进点会的其他人员可根据实际情况确定。

第二十六条　审计机关实施经济责任审计，应当进行审计公示。公示内容包括审计依据、审计实施时间、审计对象、审计内容、审计纪律、审计组办公地点、监督举报电话等。

第二十七条　审计机关在经济责任审计过程中，应当听取本级党委、政府和被审计领导干部所在单位有关领导同志，以及本级联席会议有关成员单位的意见。

第二十八条　审计机关在进行经济责任审计时，被审计领导干部及其所在单位，以及其他有关单位应当提供与被审计领导干部履行经济责任有关的下列资料：

（一）财政收支、财务收支相关资料；

（二）工作计划、工作总结、会议记录、会议纪要、经济合同、考核检查结果、业务档案、重要批示等资料；

（三）被审计领导干部履行经济责任情况的述职报告；

（四）其他有关资料。

第二十九条　被审计领导干部及其所在单位，应当对所提供资料的真实性、完整性负责，并作出书面承诺。对因提供虚假或者不完整资料导致审计结果失实的，应承担相应的法律责任。

第三十条　审计机关履行经济责任审计职责时，可以依法提请有关部门和单位予以协助，有关部门和单位应当予以配合。

第三十一条　审计组实施审计后，应当将审计组的审计报告书面征求被审计领导干部及其所在单位的意见。有下列情况之一的，还应同时征求本级党委、政府有关领导同志，或者联席会议有关成员单位的意见：

（一）党委、政府有关领导同志交办经济责任审计项目的；

（二）联席会议有关成员单位提供重要问题线索的；

（三）审计机关认为需要同时征求意见的其他情况。

被审计领导干部及其所在单位应当自接到审计组的审计报告之日起 10 日内提出书面意见；10 日内未提出书面意见的，视同无异议。

第三十二条　审计机关按照《中华人民共和国审计法》及相关法律法规规定的程序，对审计组的审计报告进行审议，出具审计机关的经济责任审计报告和审计结果报告。

第三十三条　审计机关应当将经济责任审计报告送达被审计领导干部及其所在单位。

第三十四条　审计机关应当将经济责任审计结果报告等结论性文书报送本级政府行政首长，必要时报送本级党委主要负责同志；提交委托审计的组织部门；抄送联席会议有关成员单位。

第三十五条　被审计领导干部所在单位存在违反国家规定的财政收支、财务收支行为，依法应当给予处理、处罚的，由审计机关在法定职权范围内作出审计决定。

审计机关在经济责任审计中发现的应当由其他部门处理的问题，依法移送有关部门处理。

第三十六条　被审计领导干部对审计机关出具的经济责任审计报告有异议的，可以自收到审计报告之日起 30 日内向出具审计报告的审计机关申诉，审计机关应当自收到申诉之日起 30 日内作出复查决定；被审计领导干部对复查决定仍有异议的，可以自收到复查决定之日起 30 日内向上一级审计机关申请复核，上一级审计机关应当自收到复核申请之日起 60 日内作出复核决定。

上一级审计机关的复核决定为审计机关的最终决定。

第五章　审计评价、责任界定与结果运用

第三十七条　审计机关应当根据审计查证或者认定的事实，依照法律法规、国家有关规定和政策，以及责任制考核目标和行业标准等，在法定职权范围内，对被审计领导干部履行经济责任情况作出客观公正、实事求是的评价。审计评价应当与审计内容相统一，如实反映被审计领导干部履行经济责任取得的业绩、存在的问题。评价结论应当有充分的审计证据支持。

第三十八条　审计机关和审计人员在进行审计评价时，应当根据被审计领导干部任职期间地区、部门、单位的特点和实际情况，具体关注领导干部在履行经济责任过程中的以下事项：

（一）对贯彻落实科学发展观，推动经济社会科学发展情况的评价。

对各级党委、政府主要领导干部评价时应当关注：地区经济和社会发展目标的实现情况；有关责任制目标完成情况；统筹地区经济和社会发展的重大政策措施制定情况及其效果等。

对党政工作部门、审判机关、检察机关、事业单位和人民团体等单位主要领导干部评价时应当关注：部门、单位发展目标（业务工作指标、事业发展指标）的实现情况和有关责任制目标完成情况；部门、单位事业发展规划、业务工作思路、政策措施的制定情况及其效果等。

对国有企业领导人员评价时应当关注：企业经营发展目标的实现情况；国有资产保值增值、资产质量、风险管理及可持续发展情况；政府和企业主管部门制定的责任制目标完成情况；企业经营发展战略和重大措施的制定情况及其效果等。

（二）对重大经济决策的评价应当关注：决策依据的合法性、决策程序的规范性、决策执行的有效性以及决策效果（经济效益、社会效益和环境效益）等。

（三）对财政财务收支情况的评价应当关注：财政财务收支的真实、合法和效益情况，主要包括财政财务收支的总体情况、专项资金和大额资金的管理使用情况以及预算执行情况等。

（四）对内部管理情况的评价应当关注：业务管理、财务管理、资产管理和内部审计监督等制度的建立情况及执行效果；对分管部门（单位）、行业（系统）、下属企业的业务活动、经济活动的管理和监督情况及其效果等。

（五）对遵守有关廉洁从政（从业）规定情况的评价应当关注：群众反映问题的核实情况和遵守有关廉政规定情况等。

第三十九条　经济责任审计评价可以综合运用多种方法，包括进行纵向和横向比较、定性与定量分析相结合、区分现任责任与前任责任、将领导干部履行经济责任的行为或者事项置于相关经济社会环境中加以分析等，对领导干部履行经济责任情况作出客观、准确的评价。

第四十条　审计机关对被审计领导干部履行经济责任过程中存在问题所应当承担的直接责任、主管责任、领导责任，应当区别不同情况作出界定。

第四十一条　本办法所称的直接责任，是指领导干部对履行经济责任过程中的下列行为应当承担的责任：

（一）直接违反法律法规、国家有关规定和单位内部管理规定的行为；

（二）授意、指使、强令、纵容、包庇下属人员违反法律法规、国家有关规定和单位内部管理规定的行为；

（三）未经民主决策、相关会议讨论而直接决定、批准、组织实施重大经济事项，违反国家法律法规和有关政策规定的行为；

（四）主持相关会议讨论或者以其他方式研究，但是在多数人不同意的情况下直接决定、批准、组织实施重大经济事项，违反国家法律法规和有关政策规定的行为；

（五）违反决策程序作出决策造成重大经济损失浪费、国有资产（资金、资源）流失等严重后果的行为；

（六）其他应当承担直接责任的行为。

第四十二条　本办法所称的主管责任，是指领导干部对履行经济责任过程中的下列行为应当承担的责任：

（一）除直接责任外，领导干部对其直接分管的工作不履行或者不正确履行经济责任的行为；

（二）主持相关会议讨论或者以其他方式研究，并且在多数人同意的情况下决定、批准、组织实施重大经济事项，违反国家法律法规和有关政策规定的行为；

（三）不属于领导干部直接分管的工作，但作为主要领导干部应当知晓的本地区、本单位或者下属单位的重大经济事项，违反国家法律法规和有关政策规定的行为；

（四）符合决策程序但由于决策不当、决策失误造成重大经济损失浪费、国有资产（资金、资源）流失等严重后果的行为。

第四十三条　本办法所称的领导责任，是指除直接责任和主管责任外，领导干部对其不履行或者不正确履行经济责任的其他行为应当承担的责任。

第四十四条　各级党委、政府主要领导干部的经济责任同步审计，应当按照"谁主管谁负责，谁决定谁负责，谁主持谁负责，谁签批谁负责，谁授意谁负责"的原则，合理界定党委、政府主要领导干部应分别承担的责任。

第四十五条　各级党委和政府应当建立健全经济责任审计情况通报、审计整改以及责任追究等结果运用制度，逐步探索和推行经济责任审计结果公告制度。

第四十六条　有关部门和单位应当根据干部管理监督的相关要求运用经济责任审计结果，将其作为考核、任免、奖惩被审计领导干部的重要依据，并以适当方式将审计结果运用情况反馈审计机关。

经济责任审计结果报告应当归入被审计领导干部本人档案。

第四十七条　审计机关应加强与相关部门的协调配合，完善信息沟通机制，建立审计发现重大违法违规问题和线索移送会商机制，实行审计发现问题的整改报告制度。

第六章　附　　则

第四十八条　审计机关和审计人员、被审计领导干部及其所在单位，以及其他有关单位和个人在经济责任审计中的职责、权限、法律责任等,本办法未作规定的,依照《中华人民共和国审计法》《中华人民共和国审计法实施条例》和其他法律法规的有关规定执行。

第四十九条 审计机关开展领导干部经济责任审计适用本办法。有关机构依法履行国有资产监督管理职责时,按照干部管理权限开展的经济责任审计,参照本办法组织实施。部门和单位可以根据本办法,制定内部管理领导干部经济责任审计的办法。

第五十条 本办法由省审计厅负责解释。

第五十一条 本办法自印发之日起施行。

国资委直属单位领导干部任期经济责任审计办法(试行)

(国资厅发人事〔2004〕55号印发)

第一条 为加强对委直属单位领导干部的管理和监督,正确评价领导干部任期工作业绩和经济责任,促进领导干部勤政廉政,全面履行职责,根据《中华人民共和国审计法》《中共中央办公厅国务院办公厅关于印发〈县级以下党政领导干部任期经济责任审计暂行规定〉的通知》(中办发〔1999〕20号)和《中央纪委、中央组织部、监察部、人事部、审计署关于进一步做好经济责任审计工作的意见》(审办发〔2001〕7号),以及干部管理、监督的有关规定,结合我委实际,制定本办法。

第二条 本办法所称领导干部,是指委直属单位(包括各离退休干部局、直属事业单位)的行政正职领导干部(包括主持工作的副职)。

第三条 领导干部任期届满,或者任期内办理调任、转任、轮岗、免职、辞职、退休等事项前,应当接受任期经济责任审计。

第四条 领导干部任期经济责任,是指领导干部任职期间对其所在单位财务收支的真实性、合法性和效益性,以及有关经济活动应当负有的主管责任和直接责任。

直接责任是指领导干部对其任职期间内的下列行为应当负有的责任:

(一)直接违反国家财经法规的行为;

(二)授意、指使、强令、纵容、包庇下属人员违反国家财经法规的行为;

(三)失职、渎职的行为;

(四)其他违反国家财经纪律的行为。

主管责任是指领导干部应负直接责任以外的领导和管理责任。

第五条 领导干部任期经济责任审计的主要内容是:

(一)单位财务收支及其变动状况;

(二)财政拨款、预算外资金和其他资金的收入、支出和管理情况;

(三)专项基金的管理和使用情况;

(四)国有资产的管理、使用及保值增值情况;

(五)重大投资、开支的决策程序;

(六)投资及收益分配情况;

(七)内部控制制度及其执行情况;

(八)债权债务情况;

(九)其他需要审计的事项。

审查领导干部任职期间财务收支工作目标或各项经济指标的完成情况，遵守国家财经法规情况，领导干部个人有无侵占国家资产，违反领导干部廉政规定和其他违法违纪的问题，以此监督领导干部依法正确履行职责，客观、公正地评价其任期内经营、管理的业绩，促进其勤政、廉政，并维护其合法权益。

第六条　人事局、监察局、管理局（国资委机关审计办公室，以下简称"委机关审计办"）建立"国资委内部经济责任审计工作联席会议"制度，交流、通报领导干部任期经济责任审计工作情况，研究、解决领导干部经济责任审计中出现的问题。

第七条　委机关审计办独立开展领导干部任期经济责任审计工作，并负责对委直属单位执行本规定的情况进行监督、检查。人事局、监察局、管理局负责对委直属单位的组织人事、纪检部门执行本规定及利用委机关审计办审计结果的情况进行监督、检查。

第八条　根据干部管理、监督工作的需要和委党委的意见，由人事局向委机关审计办提出对领导干部进行任期经济责任审计的建议，并由委机关审计办组织实施。

第九条　领导干部任期经济责任审计按以下程序进行：

（一）根据本规定第三条，每年年底人事局将下年度需要进行任期经济责任审计的领导干部建议名单送委机关审计办，委机关审计办制定年度审计项目计划。特殊情况及临时需要进行经济责任审计的，由人事局通知委机关审计办。

（二）委机关审计办根据年度审计项目计划和人事局的通知，组织成立审计组，制定审计方案。

（三）委机关审计办在实施审计时，应提前三天向被审计的领导干部所在单位送达审计通知书，同时抄送被审计的领导干部本人。

（四）审计通知书送达后，被审计的领导干部所在单位应按照委机关审计办的要求，及时、全面、如实地向审计组提供与任期经济责任审计相关的材料。包括财务会计资料，统计资料，工作总结，会议纪要，经济合同，纪检、监察、审计机关检查报告等资料。

被审计的领导干部应按要求提交任职期间履行经济责任情况的述职报告。包括领导干部的职责范围，任职期间所在单位的财务收支各项工作目标、任务完成情况，遵守国家财经法规和领导干部廉政规定情况，其他需要向审计组说明的情况。

（五）委机关审计办在实施审计前，应听取人事局、监察局等部门对被审计单位及其领导干部的意见，人事局、监察局等部门应及时向委机关审计办通报有关情况。审计过程中，审计组可以采取书面、座谈等形式，向有关单位和个人就有关问题进行审计调查。

审计中如发现被审计的领导干部有违规、违纪问题，应依照法定程序移交监察局、人事局等有关部门调查核实。

审计结束后，审计组应向委机关审计办提交审计报告，提交之前应征求被审计单位和领导干部本人的意见并签字。审计报告的主要内容包括：

1. 被审计单位的基本情况；

2. 被审计的领导干部在任期内各项资金的收支使用情况和各项目标、任务完成情况以及资产的保值增值情况；

3. 被审计的领导干部及其所在单位违反国家财经法规和领导干部廉政规定的主要问题；

4. 被审计的领导干部对审计发现的违反国家财经法规和廉政规定的问题应负有的主管责任和直接责任；

5. 对被审计的领导干部及其所在单位存在的违反国家财经法规问题的处理、处罚意见和改进建议；

6. 实施审计工作的基本情况；

7. 审计反映的其他情况。

（六）委机关审计办审定审计报告后，对被审计的领导干部所在单位违反财经法规的问题，应在法定职权范围内作出审计决定或向有关主管部门提出处理、处罚意见。同时对领导干部本人任期内的经济责任作出客观评价，向委党委提交领导干部任期经济责任审计结果报告，并附被审计的领导干部及所在单位的意见，同时抄送人事局、直属机关党委、监察局。

第十条　人事局将领导干部任期经济责任审计结果报告，作为领导干部的调任、免职、辞职、退休等提出审查处理意见时的参考依据。应当给予党纪、政纪处分的，按干部管理权限由有关部门处理。涉嫌犯罪的，依法移送司法机关处理。

第十一条　实施领导干部任期经济责任审计时，被审计的领导干部及其所在单位要积极配合，不得拒绝、阻碍，不得转移、隐匿、篡改、毁弃或拖延、拒绝要求提供的有关材料；其他单位和个人不得干涉。如有违反，依法追究法律责任。

第十二条　审计人员执行审计任务受法律保护。审计人员在审计工作中应当严格遵守有关法律、行政法规，客观公正，实事求是，廉洁奉公，保守秘密，并遵守审计回避制度的规定。如有违反，依法追究其法律责任。

第十三条　委直属单位对其下属企事业单位主管领导的经济责任审计，可参照本办法由各单位组织实施。

第十四条　本办法自公布之日起施行。

民政部领导干部任期经济责任审计办法

（民办发〔2005〕6号印发）

为了加强对民政部领导干部的管理和监督，正确评价领导干部任期经济责任，促进领导干部勤政廉政，全面履行职责，根据《中共中央办公厅、国务院办公厅关于印发〈县级以下党政领导干部任期经济责任审计暂行规定〉和〈国有企业及国有控股企业领导人员任期经济责任审计暂行规定〉的通知》，根据《民政部内部审计工作规定》，结合民政部实际情况，制定本规定。

一、审计对象

本规定所称领导干部是指各直属单位、部管社团，以及代管单位的法定代表人。

二、审计内容

（一）本规定所称领导干部任期经济责任，是指领导干部任职期间对其所在单位预算执行情况、财务收支真实性、合法性和效益情况，以及对有关经济活动应当负有的责任，包括领导责任和直接责任。

（二）领导干部任期届满或任期内办理调任、转任、轮岗、免职、辞职、退休；企业化管理事业单位进行改制、改组、兼并、出售、拍卖、破产等国有资产重组的同时，应当接受任期经济责任审计。

（三）对领导干部任期经济责任实施审计的内容，包括对其所在部门或单位预算执行及财务收支的真实性、合法性、效益情况进行审计。对领导干部所在部门或单位财务收支实施审计的主要内容是：预算执行情况和决算或财务收支计划执行情况和决算；企业化管理事业单位资产、负债、损益的真实性；国有资产的管理、使用及保值增值情况；财务收支的内部控制制度及其执行情况等。

经过审计，查清领导干部任职期间财务收支工作目标完成情况，资金使用效益情况，企业化管理事业单位领导干部在任职期间与企业资产、负债、损益目标责任制有关的各项经济指标完成情况，领导干部个人在财务收支中有无侵占国家资产，违反领导干部廉政规定和其他违法违纪情况；分清领导干部本人应当负有的主管责任和直接责任；公正、客观评价领导干部任职期间的经济责任。

三、审计方式

（一）凡是需要对本办法规定的审计对象进行任期经济责任审计的，由人事教育司提出干部名单，报分管部领导批准后，由部内部审计机构发出审计通知书并负责实施审计。

（二）对本办法规定的单位所属二级部门领导或法定代表人进行任期经济责任审计，如需委托社会审计组织进行审计的，须报财务和机关事务司批准。

四、审计程序

（一）审计通知书应当在实施审计3日前，送达被审计领导干部所在单位，同时抄送被审计对象本人。

（二）审计通知书送达后，被审计领导干部所在单位应当按照审计的要求，及时并如实提供有关资料；领导干部本人应当按照要求，写出自己负有领导责任和直接责任的财务收支等事项的书面材料，并于审计工作开始后5日内送交审计组。

（三）审计组实施审计后，应当向财务和机关事务司提交审计报告，经讨论研究后征求被审计领导干部所在单位和本人意见。审计报告连同意见一并报部党组。

五、审计报告的使用

（一）审计报告应当对领导干部本人任期经济责任作出客观评价，对被审计领导干部所在单位违法、违纪的问题，应当在法定职权范围内做出决定或向有关部门提出处理或者处罚意见。

（二）审计报告应当作为人事部门对领导干部的调任、免职、辞职、退休等审查处理意见的参考依据。对依法应当给予党纪政纪处分的，移交纪检监察机关处理。对应当依法追究刑事责任的，移交司法机关处理。

六、审计报告分别抄送人教司，驻部纪检组、驻部监察局等有关部门。

教育部关于做好教育系统经济责任审计工作的通知

（教财〔2011〕2号）

各省、自治区、直辖市教育厅（教委），各计划单列市教育局，部属各高等学校，直属事业单位：

日前，中共中央办公厅、国务院办公厅印发了《党政主要领导干部和国有企业领导人员经济责任审计规定》（中办发〔2010〕32号，以下简称《规定》）。《规定》的发布施行，对于指导经济责任审计工作深入发展，加强经济责任审计法规制度建设具有重要意义。为全面贯彻落实《规定》，进一步做好教育系统经济责任审计工作，现将有关事项通知如下：

一、深入学习，全面贯彻落实《规定》

《规定》是以审计法及其实施条例为依据的专门规定，是指导经济责任审计工作的纲领性文件。要深入学习，提高认识，认真贯彻，不断深化经济责任审计。要充分认识到深化经济责任审计是加强干部管理和监督，推进党的建设科学化的重要途径；是促进领导干部贯彻落实科学发展，推进经济社会又好又快发展的重要保障；是加强权力运行制约和监督，健全社会主义民主法治的重要措施；是规范和完善经济责任审计，健全中国特色社会主义审计监督制度的重要举措。

近年来，教育系统积极开展经济责任审计，取得了一定成效，对促进领导干部正确履行经济责任、加强党风廉政建设等方面发挥了积极作用。要认真总结经验，找出存在的问题和不足，根据《规定》精神，完善和修订有关经济责任审计规章制度。健全经济责任审计工作联席会议制度，建立经济责任审计情况通报、审计整改以及责任追究等结果运用制度，逐步探索和推行经济责任审计结果公告制度，促进经济责任审计工作法制化、规范化、科学化。

二、明确经济责任，加大审计力度

《规定》明确了经济责任的内涵，界定了被审计领导干部在履行经济责任过程中对存在问题所应承担的直接责任、主管责任、领导责任。各级领导干部要了解和掌握经济责任内涵，明确应当履行的与财政收支、财务收支以及有关经济活动相关的责任和义务，牢固树立责任意识。

各地、各高校（单位）要根据《规定》将应审计对象全部纳入审计范围，同时，可以在其任职期间进行任中审计，建立和完善重大项目资金使用全过程审计监督制度，更加有效地发挥经济责任审计的作用。

三、依法界定审计内容

根据《规定》，各地、各高校（单位）要以促进领导干部推动本单位科学发展为目标，以领导干部守法、守纪、守规、尽责情况为重点，以领导干部任职期间本单位财政收支、财务收支以及有关经济活动的真实、合法和效益为基础，严格依法确定审计内容。

审计内容主要包括：预算执行和其他财政收支、财务收支的真实、合法和效益情况；重要投资项目的建设和管理情况；重要经济事项管理制度的建立和执行情况；对下属单位财政收支、财务收支以及有关经济活动的管理和监督情况。同时要在审计内容基础上关注领导干部贯彻落实科学发展观，推动本单位科学发展情况；遵守有关经济法律法规、贯彻执行党和国家有关经济工作的方针政策和决策部署情况；制定和执行重大经济决策情况；与履行经济责任有关的管理、决策等活动的经济效益、社会效益和环境效益情况；遵守有关廉洁从政规定情况等。

四、公布审计结果，严格责任追究

按照《规定》要求，建立健全经济责任审计情况通报、审计整改以及责任追究等结果运用制度，逐步探索和推行经济责任审计结果公告制度等。

从2011年开始，对所属高校、事业单位领导干部的审计结果，视不同情况采取通报、公告和重大问题向党组织汇报等形式，提高审计工作和审计结果透明度，推动审计发现的问题及时得到整改。对审计发现的重大问题责任人，经济责任审计领导小组（或经济责任审计联席会议）要专门研究处理。对违纪违规行为，依据有关规定，做出处理、处罚或移送有关部门处理。要根据干部管理监督的相关要求，将审计结果作为考核、任免、奖罚被审计领导干部的重要依据。

五、加强审计机构和队伍建设

要进一步健全教育审计机构，配备与本单位审计工作需要相适应的审计人员。特别是规模较大、资金量较多的单位要重视和加强审计机构和审计队伍建设，为开展审计工作提供基本保证。

经济责任审计是一项政策性、业务性较强的工作，要加强对审计人员的培养，努力提高审计人员思想素质和专业能力。要建立教育内部审计管理和审计质量控制制度，认真执行中国内部审计准则和教育内部审计规范，保证审计工作质量，推进经济责任审计工作科学发展。

各省、自治区、直辖市教育行政部门要将重大审计情况及时报送我部财务司；部直属高校和事业单位要将半年期的审计情况于当年7月底和次年1月底前报送教育部经济责任审计领导小组。

中华人民共和国教育部
二〇一一年二月十七日

卫生部办公厅关于印发《卫生部经济责任审计联席会议工作规则》和联席会议成员名单的通知

（卫办规财发〔2012〕59号）

部直属各单位，部机关各司局：

为加强对卫生部经济责任审计工作的组织协调，根据中共中央办公厅、国务院办公厅《党政主要领导干部和国有企业领导人员经济责任审计规定》（中办发〔2010〕32号）和《卫生部直属单位主要领导干部经济责任审计规定》（卫规财发〔2012〕9号）工作要求，我们研究制定了《卫生部经济责任审计联席会议工作规则》，确定了卫生部经济责任审计联席会议成员名单，现印发执行。

卫生部办公厅
二〇一二年五月十五日

卫生部经济责任审计联席会议工作规则

第一章 总 则

第一条 为贯彻中央经济责任审计规定要求，加强卫生部经济责任审计工作的组织协调，对经济责任审计工作进行指导、监督和检查，根据中共中央办公厅、国务院办公厅《党政主要领导干部和国有企业领导人员经济责任审计规定》（中办发〔2010〕32号）和《卫生部直属单位主要领导干部经济责任审计规定》（卫规财发〔2012〕9号），建立卫生部经济责任审计联席会议（以下简称联席会议）制度，并制定本规则。

第二章 成员及职责

第二条 联席会议由卫生部规划财务司牵头。人事司、直属机关党委及驻部纪检组监察局为成员单位。根据工作需要，经联席会议研究可以调整联席会议成员单位。

第三条 联席会议由规划财务司主要负责人召集。联席会议参加人员为各成员单位司局级领导同志。

第四条 联席会议的主要职责是：

（一）贯彻落实中央有关经济责任审计的政策和要求；

（二）通报经济责任审计工作开展情况；

（三）研究经济责任审计工作中的重大事项。

第五条 联席会议下设办公室，负责联席会议日常工作。办公室设在具有内部审计职能的规划财务司。

联席会议办公室主任由规划财务司联席会议成员兼任，成员由规划财务司、人事司、直属机关党委及驻部纪检组监察局有关处室的负责同志组成。

第六条 联席会议办公室的主要职责是牵头组织联席会议，督促及落实联席会议决定的有关事项。

第三章 议 事 日 程

第七条 联席会议采取定期和不定期会议制度。

（一）定期会议。每年召开 1～2 次。

（二）不定期会议。根据工作需要，由联席会议成员单位或联席会议办公室提议，经联席会议召集人同意召开。

第八条 联席会议由召集人或其委托的联席会议成员主持。联席会议成员和联席会议办公室成员参加会议，根据工作需要可邀请有关部门的人员列席。

第九条 联席会议办公室应当提前将联席会议讨论议题有关文件资料报送各成员单位，并通知需要列席会议的其他单位和相关人员，做好会议准备工作。

第四章 工 作 要 求

第十条 联席会议成员单位应当建立健全协作配合工作机制，要各司其职，各尽其责，相互协调，密切配合，提高工作质量和效率。

规划财务司主要负责：（一）承担联席会议办公室日常工作；（二）按照中央有关经济责任审计的政策要求，牵头起草卫生部经济责任审计有关规定和文件；（三）具体组织实施领导干部经济责任审计；（四）负责将经济责任审计报告报送分管部领导，抄送联席会议各成员单位；（五）参与研究提出年度经济责任审计计划草案；（六）办理联席会议研究决定的有关事项；（七）运用经济责任审计典型案例对领导干部开展经常性教育，研究分析经济责任审计中反映的苗头性、倾向性和普遍性问题，提出加强管理监督的意见和措施；（八）对下级审计机关开展经济责任审计工作进行指导、监督和检查；（九）参与研究有关工作。

人事司主要负责：（一）根据干部管理的有关规定，委托规划财务司开展领导干部经济责任审计；（二）参与研究提出年度经济责任审计计划草案；（三）根据工作需要，参加领导干部经济责任审计进点会和经济责任审计结果通报会；（四）根据有关规定，将经济责任审计结果作为考核、任免、奖惩被审计领导干部的重要依据；将经济责任审计结果报告归入被审计领导干部本人档案；（五）办理联席会议研究决定的有关事项；（六）对下级人事部门执行经济责任审计工作有关规定，以及运用审计结果等情况进行指导、监督和检查；（七）参与研究有关工作。

驻部纪检组监察局主要负责：（一）对经济责任审计中发现的应当移交纪检监察部门处理的问题，按照有关程序依纪依法予以处理，以适当方式将结果运用情况反馈联席会议办公室；（二）根据工作需要，参加领导干部经济责任审计进点会和经济责任审计结果通报会；（三）参与研究提出年度经济责任审计计划草案；（四）办理联席会议研究决定的有关事项；（五）对下级纪检监察部门执行经济责任审计工作有关规定，以及运用审计结果等情况进行指导、监督和检查；（六）参与研究有关工作。

直属机关党委主要负责：（一）对经济责任审计中发现的应当给予党纪处分的问题，按照有关程序依照党纪予以处理，以适当方式将结果运用情况反馈联席会议办公室；（二）根据工作需要，参加领导干部经济责任审计进点会和经济责任审计结果通报会；（三）参与研究提出年度经济责任审计计划草案；（四）办理联席会议研究决定的有关事项；（五）对下级相关部门执行经济责任审计工作有关规定，以及运用审计结果等情况进行指导、监督和检查；（六）参与研究有关工作。

第十一条　联席会议作出决定时，应当遵循民主集中制原则，充分酝酿，集体讨论，协商确定。对于情况清楚、意见明确的一般事项，可以采用传批的形式决定。

第十二条　联席会议发文形式：（一）以卫生部或卫生部办公厅名义行文（适用于联席会议制订、印发有关经济责任审计的规定，通报有关重要情况，以及其他需要联合行文的重大事项）需会签联席会议有关成员单位；（二）其他事项可以卫生部规划财务司代章名义行文，根据具体事项需要可会签联席会议有关成员单位。

第十三条　编印《卫生部经济责任审计工作动态》，由联席会议牵头单位领导同志签发，印发联席会议各成员单位和部直属各单位，抄送有关单位。

第十四条　联席会议以及列席会议成员应当遵守相关保密规定。

第五章　附　　则

第十五条　本工作规则经联席会议全体讨论通过。

第十六条　本工作规则由联席会议办公室负责解释。

第十七条　本工作规则自发布之日起实施。

卫生部经济责任审计联席会议成员名单

召集人：李　斌　卫生部规划财务司司长

成　员：李长宁　卫生部人事司副司长

　　　　窦熙照　卫生部直属机关党委副书记、纪委书记

　　　　申红中　驻卫生部监察局副局长

　　　　王玉洵　卫生部规划财务司副巡视员

卫生部经济责任审计联席会议办公室成员名单

主任：王玉洵　卫生部规划财务司副巡视员

成员：任西岳　卫生部规划财务司审计处处长

　　　刘宏韬　卫生部人事司干部处副处长

　　　刘立晖　卫生部直属机关党委组织处副调研员

　　　王磊驻　卫生部监察局副主任科员

基金行业人员离任审计及审查报告内容准则

（证监会公告〔2011〕16号公布）

第一条　为了规范基金行业人员离任审计及审查报告内容，根据基金监管相关规定，制定本准则。

第二条　基金管理公司、基金托管银行、基金销售机构应当建立相关人员离任审计或者离任审查制度。

第三条　基金管理公司高级管理人员、基金经理、投资经理及基金托管银行基金托管部门高级管理人员、独立基金销售机构的高级管理人员或者执行事务合伙人、证券投资咨询机构负责基金销售业务的高级管理人员、其他基金销售机构负责基金销售业务的部门负责人离任的，应当接受离任审计或者离任审查，在离任审计或者离任审查期间不得到其他基金管理公司、基金托管银行基金托管部门或者基金销售机构任职。

第四条　基金管理公司、独立基金销售机构的董事长、总经理离任或者执行事务合伙人退伙的，基金管理公司、独立基金销售机构应当立即聘请具有从事证券相关业务资格的会计师事务所对其进行离任审计，并自离任之日起30个工作日内将离任审计报告报送中国证监会基金监管部及企业经营所在地中国证监会派出机构，同时存档备查。

第五条　基金管理公司、独立基金销售机构的董事长、总经理或者执行事务合伙人的离任审计报告，应当至少包括其任职期间的以下内容：

（一）审计工作实施情况，包括审计时间、范围、内容、审计方法等；

（二）审计对象的基本情况、基本职责以及实际履行职责的情况；

（三）企业内部对审计对象的年度考核情况；

（四）企业的经营状况，包括资产管理规模或者基金销售规模的变化情况、业务拓展情况、主要财务指标的变动情况及原因；

（五）企业内部控制建设和风险管理情况，包括企业制度、管理模式等方面的调整情况及效果；

（六）企业发生违法违规行为，受到刑事处罚、行政处罚、被采取行政监管措施等，审计对象应当承担责任的情况；

（七）审计对象受到刑事处罚、行政处罚、被采取行政监管措施、受到行业自律组织纪律处分的情况以及违反企业制度受到企业处分的情况；

（八）审计中发现的主要问题；

（九）审计结论。

第六条　基金管理公司的副总经理、督察长、基金经理或者投资经理离任的，基金管理公司应当立即对其进行离任审查，并自离任之日起30个工作日内将审查报告报送中国证监会基金监管部及公司经营所在地中国证监会派出机构，同时存档备查，基金经理、投资经理的离任审查报告还应当同时报送行业协会。

第七条　基金管理公司副总经理、督察长的离任审查报告，应当参照本准则第五条第一项至第三项、第六项至第九项有关内容，副总经理的离任审查报告还应当包括其任期内分管业务的经营状况、内控建设和风险管理情况等，督察长的离任审查报告还应当包括其任期内基金管理公司合法合规、风险控制及监察稽核工作情况等。

第八条 基金经理、投资经理的离任审查报告应当至少包括其任职期间的以下内容：

（一）审查工作实施情况，包括审查时间、范围、内容、审查方法等；

（二）所管理基金或者投资组合的基本情况；

（三）所管理基金或者投资组合与业绩比较基准的对比情况；

（四）所管理基金或者投资组合的投资合规情况，是否发现有利益输送、利用非公开信息牟利及违反公平交易原则等情况；

（五）遵守投资管理人员行为规范的情况；

（六）基金管理公司发生违法违规行为，受到刑事处罚、行政处罚、被采取行政监管措施等，审查对象应当承担责任的情况；

（七）审查对象受到刑事处罚、行政处罚、被采取行政监管措施、受到行业自律组织纪律处分的情况以及违反基金管理公司制度受到基金管理公司处分的情况；

（八）审查中发现的主要问题；

（九）审查结论。

第九条 基金托管银行基金托管部门的总经理、副总经理离任的，基金托管银行应当立即对其进行离任审查，并自离任之日起30个工作日内将审查报告报送中国证监会基金监管部，同时存档备查。

基金托管银行基金托管部门总经理、副总经理的离任审查报告应当参照本准则第五条第一项至第三项、第六项至第九项有关内容，并应当包括其任期内主管或者分管业务的经营状况、内控建设和风险管理情况等。

第十条 独立基金销售机构的其他高级管理人员、证券投资咨询机构负责基金销售业务的高级管理人员、其他基金销售机构负责基金销售业务的部门负责人离任的，相关基金销售机构应当立即对其进行离任审查，并自离任之日起30个工作日内将离任审查报告报送中国证监会基金监管部及相关派出机构，同时存档备查。

上述人员的离任审查报告，应当参照本准则第五条第一项至第三项、第六项至第九项有关内容，并应当包括其任期内分管业务的经营状况、内控建设和风险管理情况等。

第十一条 基金管理公司、独立基金销售机构应当真实、准确、完整地向出具离任审计报告的会计师事务所提供相关材料。

会计师事务所应当勤勉尽责，对所依据的文件资料内容的真实性、准确性、完整性进行核查和验证，客观、公正地出具离任审计报告。

第十二条 离任审计、审查报告的内容应当全面、客观、公正地反映审计、审查对象任职期间履行职责情况及合规情况。

第十三条 审计、审查对象应当配合离任审计、审查工作。

离任审计、审查报告应当附审计、审查对象的书面意见，审计、审查对象拒绝对审计、审查报告发表意见的，应当注明。

第十四条 根据本企业、上级主管机关或者其他监管机构要求对审计、审查对象已经出具离任审计、审查报告的，如果审计、审查内容涵盖本准则规定的相关内容的，可以不进行重复审计或者审查。

第十五条 出具离任审计、审查报告的机构应当妥善保管离任审计、审查报告。

中国证监会在审核基金行业高级管理人员任职资格申请，行业协会在对基金经理、投资经理进行注册登记时，参考相关离任审计、审查报告。

第十六条　出具离任审计报告的会计师事务所未按本准则规定进行必要的核查、验证，离任审计报告内容不符合本准则要求或者出具的报告有虚假记载、重大遗漏的，中国证监会可以对会计师事务所相关负责人及直接责任人员采取行政监管措施，并要求重新出具离任审计报告；违反法律、行政法规或者规章的，按照相关规定进行处罚。

第十七条　基金管理公司、基金托管银行、基金销售机构未按规定建立离任审计、审查制度，出具的离任审查报告有虚假记载、重大遗漏或者不符合本准则要求的，中国证监会及其派出机构可以对负有主要责任的高级管理人员和直接责任人员采取行政监管措施，并要求重新出具离任审查报告；违反法律、行政法规或者规章的，按照相关规定进行处罚。

第十八条　离任审计、审查对象没有正当理由不配合离任审计、审查工作的，中国证监会及其派出机构可以对其采取相应行政监管措施。

第十九条　本准则自 2011 年 10 月 1 日起施行。

内部审计规定与政策解读

第四部分

审计署关于内部审计工作的规定

（2018 年 1 月 12 日审计署令第 11 号公布）

第一章　总　　则

第一条　为了加强内部审计工作，建立健全内部审计制度，提升内部审计工作质量，充分发挥内部审计作用，根据《中华人民共和国审计法》《中华人民共和国审计法实施条例》以及国家其他有关规定，制定本规定。

第二条　依法属于审计机关审计监督对象的单位（以下统称单位）的内部审计工作，以及审计机关对单位内部审计工作的业务指导和监督，适用本规定。

第三条　本规定所称内部审计，是指对本单位及所属单位财政财务收支、经济活动、内部控制、风险管理实施独立、客观的监督、评价和建议，以促进单位完善治理、实现目标的活动。

第四条　单位应当依照有关法律法规、本规定和内部审计职业规范，结合本单位实际情况，建立健全内部审计制度，明确内部审计工作的领导体制、职责权限、人员配备、经费保障、审计结果运用和责任追究等。

第五条　内部审计机构和内部审计人员从事内部审计工作，应当严格遵守有关法律法规、本规定和内部审计职业规范，忠于职守，做到独立、客观、公正、保密。

内部审计机构和内部审计人员不得参与可能影响独立、客观履行审计职责的工作。

第二章　内部审计机构和人员管理

第六条　国家机关、事业单位、社会团体等单位的内部审计机构或者履行内部审计职责的内设机构，应当在本单位党组织、主要负责人的直接领导下开展内部审计工作，向其负责并报告工作。

国有企业内部审计机构或者履行内部审计职责的内设机构应当在企业党组织、董事会（或者主要负责人）直接领导下开展内部审计工作，向其负责并报告工作。国有企业应当按照有关规定建立总审计师制度。总审计师协助党组织、董事会（或者主要负责人）管理内部审计工作。

第七条　内部审计人员应当具备从事审计工作所需要的专业能力。单位应当严格内部审计人员录用标准，支持和保障内部审计机构通过多种途径开展继续教育，提高内部审计人员的职业胜任能力。

内部审计机构负责人应当具备审计、会计、经济、法律或者管理等工作背景。

第八条　内部审计机构应当根据工作需要，合理配备内部审计人员。除涉密事项外，可以根据内部审计工作需要向社会购买审计服务，并对采用的审计结果负责。

第九条　单位应当保障内部审计机构和内部审计人员依法依规独立履行职责，任何单位和个人不得打击报复。

第十条　内部审计机构履行内部审计职责所需经费，应当列入本单位预算。

第十一条　对忠于职守、坚持原则、认真履职、成绩显著的内部审计人员，由所在单位予以表彰。

第三章　内部审计职责权限和程序

第十二条　内部审计机构或者履行内部审计职责的内设机构应当按照国家有关规定和本单位的要求，履行下列职责：

（一）对本单位及所属单位贯彻落实国家重大政策措施情况进行审计；

（二）对本单位及所属单位发展规划、战略决策、重大措施以及年度业务计划执行情况进行审计；

（三）对本单位及所属单位财政财务收支进行审计；

（四）对本单位及所属单位固定资产投资项目进行审计；

（五）对本单位及所属单位的自然资源资产管理和生态环境保护责任的履行情况进行审计；

（六）对本单位及所属单位的境外机构、境外资产和境外经济活动进行审计；

（七）对本单位及所属单位经济管理和效益情况进行审计；

（八）对本单位及所属单位内部控制及风险管理情况进行审计；

（九）对本单位内部管理的领导人员履行经济责任情况进行审计；

（十）协助本单位主要负责人督促落实审计发现问题的整改工作；

（十一）对本单位所属单位的内部审计工作进行指导、监督和管理；

（十二）国家有关规定和本单位要求办理的其他事项。

第十三条　内部审计机构或者履行内部审计职责的内设机构应有下列权限：

（一）要求被审计单位按时报送发展规划、战略决策、重大措施、内部控制、风险管理、财政财务收支等有关资料（含相关电子数据，下同），以及必要的计算机技术文档；

（二）参加单位有关会议，召开与审计事项有关的会议；

（三）参与研究制定有关的规章制度，提出制定内部审计规章制度的建议；

（四）检查有关财政财务收支、经济活动、内部控制、风险管理的资料、文件和现场勘察实物；

（五）检查有关计算机系统及其电子数据和资料；

（六）就审计事项中的有关问题，向有关单位和个人开展调查和询问，取得相关证明材料；

（七）对正在进行的严重违法违规、严重损失浪费行为及时向单位主要负责人报告，经同意作出临时制止决定；

（八）对可能转移、隐匿、篡改、毁弃会计凭证、会计账簿、会计报表以及与经济活动有关的资料，经批准，有权予以暂时封存；

（九）提出纠正、处理违法违规行为的意见和改进管理、提高绩效的建议；

（十）对违法违规和造成损失浪费的被审计单位和人员，给予通报批评或者提出追究责任的建议；

（十一）对严格遵守财经法规、经济效益显著、贡献突出的被审计单位和个人，可以向单位党组织、董事会（或者主要负责人）提出表彰建议。

第十四条　单位党组织、董事会（或者主要负责人）应当定期听取内部审计工作汇报，加强对内部审计工作规划、年度审计计划、审计质量控制、问题整改和队伍建设等重要事项的管理。

第十五条　下属单位、分支机构较多或者实行系统垂直管理的单位，其内部审计机构应当对全系统的内部审计工作进行指导和监督。系统内各单位的内部审计结果和发现的重大违纪违法问题线索，在向本单位党组织、董事会（或者主要负责人）报告的同时，应当及时向上一级单位的内部审计机构报告。

单位应当将内部审计工作计划、工作总结、审计报告、整改情况以及审计中发现的重大违纪违法问题线索等资料报送同级审计机关备案。

第十六条　内部审计的实施程序，应当依照内部审计职业规范和本单位的相关规定执行。

第十七条　内部审计机构或者履行内部审计职责的内设机构，对本单位内部管理的领导人员实施经济责任审计时，可以参照执行国家有关经济责任审计的规定。

第四章　审计结果运用

第十八条　单位应当建立健全审计发现问题整改机制，明确被审计单位主要负责人为整改第一责任人。对审计发现的问题和提出的建议，被审计单位应当及时整改，并将整改结果书面告知内部审计机构。

第十九条　单位对内部审计发现的典型性、普遍性、倾向性问题，应当及时分析研究，制定和完善相关管理制度，建立健全内部控制措施。

第二十条　内部审计机构应当加强与内部纪检监察、巡视巡察、组织人事等其他内部监督力量的协作配合，建立信息共享、结果共用、重要事项共同实施、问题整改问责共同落实等工作机制。

内部审计结果及整改情况应当作为考核、任免、奖惩干部和相关决策的重要依据。

第二十一条　单位对内部审计发现的重大违纪违法问题线索，应当按照管辖权限依法依规及时移送纪检监察机关、司法机关。

第二十二条　审计机关在审计中，特别是在国家机关、事业单位和国有企业三级以下单位审计中，应当有效利用内部审计力量和成果。对内部审计发现且已经纠正的问题不再在审计报告中反映。

第五章　对内部审计工作的指导和监督

第二十三条　审计机关应当依法对内部审计工作进行业务指导和监督，明确内部职能机构和专职人员，并履行下列职责：

（一）起草有关内部审计工作的法规草案；

（二）制定有关内部审计工作的规章制度和规划；

（三）推动单位建立健全内部审计制度；

（四）指导内部审计统筹安排审计计划，突出审计重点；

（五）监督内部审计职责履行情况，检查内部审计业务质量；

（六）指导内部审计自律组织开展工作；

（七）法律、法规规定的其他职责。

第二十四条　审计机关可以通过业务培训、交流研讨等方式，加强对内部审计人员的业务指导。

第二十五条　审计机关应当对单位报送的备案资料进行分析，将其作为编制年度审计项目计划的参考依据。

第二十六条　审计机关可以采取日常监督、结合审计项目监督、专项检查等方式，对单位的内部审计制度建立健全情况、内部审计工作质量情况等进行指导和监督。

对内部审计制度建设和内部审计工作质量存在问题的，审计机关应当督促单位内部审计机构及时进行整改并书面报告整改情况；情节严重的，应当通报批评并视情况抄送有关主管部门。

第二十七条　审计机关应当按照国家有关规定对内部审计自律组织进行政策和业务指

导，推动内部审计自律组织按照法律法规和章程开展活动。必要时，可以向内部审计自律组织购买服务。

第六章 责任追究

第二十八条 被审计单位有下列情形之一的，由单位党组织、董事会（或者主要负责人）责令改正，并对直接负责的主管人员和其他直接责任人员进行处理：

（一）拒绝接受或者不配合内部审计工作的；

（二）拒绝、拖延提供与内部审计事项有关的资料，或者提供资料不真实、不完整的；

（三）拒不纠正审计发现问题的；

（四）整改不力、屡审屡犯的；

（五）违反国家规定或者本单位内部规定的其他情形。

第二十九条 内部审计机构或者履行内部审计职责的内设机构和内部审计人员有下列情形之一的，由单位对直接负责的主管人员和其他直接责任人员进行处理；涉嫌犯罪的，移送司法机关依法追究刑事责任：

（一）未按有关法律法规、本规定和内部审计职业规范实施审计导致应当发现的问题未被发现并造成严重后果的；

（二）隐瞒审计查出的问题或者提供虚假审计报告的；

（三）泄露国家秘密或者商业秘密的；

（四）利用职权谋取私利的；

（五）违反国家规定或者本单位内部规定的其他情形。

第三十条 内部审计人员因履行职责受到打击、报复、陷害的，单位党组织、董事会（或者主要负责人）应当及时采取保护措施，并对相关责任人员进行处理；涉嫌犯罪的，移送司法机关依法追究刑事责任。

第七章 附 则

第三十一条 本规定所称国有企业是指国有和国有资本占控股地位或者主导地位的企业、金融机构。

第三十二条 不属于审计机关审计监督对象的单位的内部审计工作，可以参照本规定执行。

第三十三条 本规定由审计署负责解释。

第三十四条 本规定自 2018 年 3 月 1 日起施行。审计署于 2003 年 3 月 4 日发布的《审计署关于内部审计工作的规定》（2003 年审计署第 4 号令）同时废止。

教育系统内部审计工作规定

（2020 年 3 月 20 日中华人民共和国教育部令第 47 号公布）

第一章 总 则

第一条 为加强教育系统内部审计工作，提升内部审计工作质量，充分发挥内部审计作用，推动教育事业科学发展，根据《中华人民共和国教育法》《中华人民共和国审计法》《中华人民共和国审计法实施条例》《审计署关于内部审计工作的规定》及其他有关法律法规，制定本规定。

第二条　依法属于审计机关审计监督对象的各级教育行政部门、学校和其他教育事业单位、企业等（以下简称单位）内部审计工作适用本规定。

第三条　本规定所称内部审计，是指对本单位及所属单位财政财务收支、经济活动、内部控制、风险管理等实施独立、客观的监督、评价和建议，以促进单位完善治理、实现目标的活动。

第四条　单位应当依照有关法律法规、本规定和内部审计职业规范，结合本单位实际情况，建立健全内部审计制度，明确内部审计工作的领导体制、职责权限、工作机构、人员配备、经费保障、审计结果运用和责任追究等。

单位应当加强本单位党组织对内部审计工作的领导，健全党领导相关工作的体制机制。

第五条　教育系统内部审计工作应当接受国家审计机关的业务指导和监督。

第二章　内部审计机构和人员

第六条　单位应当根据国家编制管理相关规定和管理需要，设置独立的机构或明确相关内设机构作为内部审计机构，履行内部审计职责。

第七条　内部审计机构应当在本单位主要负责人的直接领导下开展内部审计工作，向其负责并报告工作。

第八条　单位可以根据工作需要成立审计委员会，加强党对审计工作的领导，负责部署内部审计工作，审议年度审计工作报告，研究制定内部审计改革方案、重大政策和发展战略，审议决策内部审计重大事项等。

第九条　单位可以根据工作需要建立总审计师制度。总审计师协助主要负责人管理内部审计工作。

第十条　单位应当保证内部审计工作所需人员编制，严格内部审计人员录用标准，合理配备具有审计、财务、经济、法律、管理、工程、信息技术等专业知识的内部审计人员。总审计师、内部审计机构负责人应当具备审计、财务、经济、法律、管理等专业背景或工作经历。

第十一条　单位应当根据内部审计工作特点，完善内部审计人员考核评价制度和专业技术岗位评聘制度，保障内部审计人员享有相应的晋升、交流、任职、薪酬及相关待遇。

第十二条　单位应当支持和保障内部审计人员通过参加业务培训、考取职业资格、以审代训等多种途径接受继续教育，提高专业胜任能力。

第十三条　内部审计机构的变动和总审计师、内部审计机构负责人的任免或调动，应当向上一级内部审计机构备案。

第十四条　内部审计机构和内部审计人员依法独立履行职责，任何单位和个人不得干涉和打击报复。

第十五条　内部审计机构履行内部审计职责所需经费，应当列入本单位预算。

第十六条　内部审计人员应当严格遵守有关法律法规和内部审计职业规范，独立、客观、公正地履行职责，保守工作秘密。

第十七条　内部审计机构和内部审计人员不得参与可能影响独立、客观履行审计职责的工作，不得参与被审计单位业务活动的决策和执行。

第十八条　在不违反国家保密规定的情况下，内部审计机构可以根据工作需要向社会中介机构购买审计服务。内部审计机构应当对中介机构开展的受托业务进行指导、监督、检查和评价，并对采用的审计结果负责。

第十九条 单位应当对认真履职、成绩显著的内部审计人员予以表彰。

第三章 内部审计职责权限

第二十条 内部审计机构应当按照国家有关规定和本单位的要求，对本单位及所属单位以下事项进行审计：

（一）贯彻落实国家重大政策措施情况；

（二）发展规划、战略决策、重大措施和年度业务计划执行情况；

（三）财政财务收支和预算管理情况；

（四）固定资产投资项目情况；

（五）内部控制及风险管理情况；

（六）资金、资产、资源的管理和效益情况；

（七）办学、科研、后勤保障等主要业务活动的管理和效益情况；

（八）本单位管理的领导人员履行经济责任情况；

（九）自然资源资产管理和生态环境保护责任的履行情况；

（十）境外机构、境外资产和境外经济活动情况；

（十一）国家有关规定和本单位要求办理的其他事项。

第二十一条 内部审计机构应当协助本单位主要负责人督促落实审计发现问题的整改工作。

第二十二条 教育部负责指导和监督全国教育系统内部审计工作。地方各级教育行政部门负责指导和监督本行政区域内教育系统内部审计工作。

教育行政部门指导和监督内部审计工作的主要职责是：

（一）制定内部审计规章制度；

（二）督促建立健全内部审计制度；

（三）指导开展内部审计工作，突出审计重点；

（四）监督内部审计职责履行情况，检查内部审计业务质量；

（五）开展业务培训、组织内部审计工作交流研讨；

（六）指导教育系统内部审计自律组织开展工作；

（七）维护内部审计机构和内部审计人员的合法权益；

（八）法律、法规规定的其他职责。

第二十三条 内部审计机构应当对所属单位内部审计工作进行管理、指导和监督。

第二十四条 内部审计机构具有下列权限：

（一）要求被审计单位按时报送审计所需的有关资料、相关电子数据，以及必要的计算机技术文档；

（二）参加或列席有关会议，召开与审计事项有关的会议；

（三）参与研究有关规章制度，提出制定内部审计规章制度的建议；

（四）检查有关财政财务收支、经济活动、内部控制、风险管理的资料、文件和现场勘察实物；

（五）检查有关计算机系统及其电子数据和资料；

（六）就审计事项中的有关问题，向有关单位和个人开展调查和询问，取得相关证明材料；

（七）对正在进行的严重违法违规、严重损失浪费行为及时向单位主要负责人报告，经同意作出临时制止决定；

（八）对可能被转移、隐匿、篡改、毁弃的会计凭证、会计账簿、会计报表以及与经济活动有关的资料，经本单位主要负责人批准，有权予以暂时封存；

（九）提出纠正、处理违法违规行为的意见和改进管理、提高绩效的建议；

（十）对违法违规和造成损失浪费的被审计单位和人员，给予通报批评或者提出追究责任的建议；

（十一）对严格遵守财经法规、管理规范有效、贡献突出的被审计单位和个人，可以向单位党组织、主要负责人提出表彰建议。

第四章　内部审计管理

第二十五条　单位主要负责人应当定期听取内部审计工作汇报，加强对内部审计发展战略、年度审计计划、审计质量控制、审计发现问题整改和审计队伍建设等重要事项的管理。总审计师、内部审计机构负责人应当及时向本单位主要负责人报告内部审计结果和重大事项。

第二十六条　内部审计机构应当依照审计法律法规、行业准则和实务指南等建立健全内部审计工作规范，并按规范实施审计。

第二十七条　内部审计机构应当根据单位发展目标、治理结构、管理体制、风险状况等，科学合理地确定内部审计发展战略、制定内部审计计划。

第二十八条　内部审计机构应当运用现代审计理念和方法，坚持风险和问题导向，优化审计业务组织方式，加强审计信息化建设，全面提高审计效率。

第二十九条　内部审计机构应当着眼于促进问题解决，立足于促进机制建设，对审计发现问题做到事实清楚、定性准确，并在分析根本原因的基础上提出审计建议，通过与相关单位合作促进单位事业发展。

第三十条　内部审计机构应当加强自身内部控制建设，合理设置审计岗位和职责分工、优化审计业务流程，完善审计全面质量控制。

第三十一条　内部审计机构应当建立健全本单位及所属单位内部审计工作评价制度，促进提升审计业务与审计管理的专业化水平。

第三十二条　内部审计机构实施领导人员经济责任审计时，应当参照执行国家有关经济责任审计的规定。

第五章　内部审计结果运用

第三十三条　单位应当建立健全审计发现问题整改机制，明确被审计单位主要负责人为整改第一责任人，完善审计整改结果报告制度、审计整改情况跟踪检查制度、审计整改约谈制度，推动审计发现问题的整改落实。

第三十四条　单位应当建立健全审计结果及整改情况在一定范围内公开制度。

第三十五条　单位应当对审计发现的典型性、普遍性问题，及时分析研究，制定和完善相关管理制度，建立健全内部控制措施；对审计发现的倾向性问题，开展审计调查，出具审计管理建议书，为科学决策提供建议。

第三十六条　单位应当加强内部审计机构、纪检监察、巡视巡察、组织人事等内部监督力量的协作配合，建立信息共享、结果共用、重要事项共同实施、整改问责共同落实等工作机制。

第三十七条　单位应当将内部审计结果及整改情况作为相关决策、预算安排、干部考核、人事任免和奖惩的重要依据。

第三十八条　单位在对所属单位开展审计时，应当有效利用所属单位内部审计力量和成果。对所属单位内部审计发现且已经纠正的问题不再在审计报告中反映。

第三十九条 对内部审计发现的重大违纪违法问题线索，在向本单位党组织、主要负责人报告的同时，应当及时向上一级内部审计机构报告，并按照管辖权限依法依规及时移送纪检监察机关、司法机关。

第六章 法 律 责 任

第四十条 被审计单位有下列情形之一的，由单位党组织、主要负责人责令改正，并对直接负责的主管人员和其他直接责任人员进行处理：

（一）拒绝接受或者不配合内部审计工作的；

（二）拒绝、拖延提供与内部审计事项有关的资料，或者提供资料不真实、不完整的；

（三）拒不纠正审计发现问题的；

（四）整改不力、屡审屡犯的；

（五）违反国家规定或者本单位内部规定的其他情形。

第四十一条 内部审计机构和内部审计人员有下列情形之一的，由单位对直接负责的主管人员和其他直接责任人员进行处理；涉嫌犯罪的，依法追究刑事责任：

（一）玩忽职守、不认真履行审计职责造成严重后果的；

（二）隐瞒审计查出的问题或者提供虚假审计报告的；

（三）泄露国家秘密或者商业秘密的；

（四）利用职权谋取私利的；

（五）违反国家规定或者本单位内部规定的其他情形。

第四十二条 内部审计人员因履行职责受到打击、报复、陷害的，主要负责人应当及时采取保护措施，并对相关责任人员进行处理；涉嫌犯罪的，移送司法机关依法追究刑事责任。

第七章 附 则

第四十三条 单位可以根据本规定，制定本地方、本单位内部审计管理规定。民办学校可以根据实际情况参照本规定执行。

第四十四条 本规定所称企业是指教育行政部门、学校及其他教育事业单位管理的国有和国有资本占控股地位或主导地位的企业。

第四十五条 本规定由教育部负责解释。

第四十六条 本规定自 2020 年 5 月 1 日起施行。教育部于 2004 年 4 月 13 日发布的《教育系统内部审计工作规定》（教育部令第 17 号）同时废止。

中央企业内部审计管理暂行办法

（国务院国有资产监督管理委员会令第 8 号，2004 年 8 月 23 日）

第一章 总 则

第一条 为加强对国务院国有资产监督管理委员会（以下简称国资委）履行出资人职责企业（以下简称企业）的内部监督和风险控制，规范企业内部审计工作，保障企业财务管理、会计核算和生产经营符合国家各项法律法规要求，根据《企业国有资产监督管理暂行条例》和国家有关法律法规，制定本办法。

第二条 企业开展内部审计工作，适用本办法。

第三条 本办法所称企业内部审计，是指企业内部审计机构依据国家有关法律法规、财务会计制度和企业内部管理规定，对本企业及子企业（单位）财务收支、财务预算、财务决算、资产质量、经营绩效，以及建设项目或者有关经济活动的真实性、合法性和效益性进行监督和评价工作。

第四条 企业应当按照国家有关规定，依照内部审计准则的要求，认真组织做好内部审计工作，及时发现问题，明确经济责任，纠正违规行为，检查内部控制程序的有效性，防范和化解经营风险，维护企业正常生产经营秩序，促进企业提高经营管理水平，实现国有资产的保值增值。

第五条 国资委依法对企业内部审计工作进行指导和监督。

第二章 内部审计机构设置

第六条 企业应当按照国家有关规定，建立相对独立的内部审计机构，配备相应的专职工作人员，建立健全内部审计工作规章制度，有效开展内部审计工作，强化企业内部监督和风险控制。

第七条 国有控股公司和国有独资公司，应当依据完善公司治理结构和完备内部控制机制的要求，在董事会下设立独立的审计委员会。企业审计委员会成员应当由熟悉企业财务、会计和审计等方面专业知识并具备相应业务能力的董事组成，其中主任委员应当由外部董事担任。

第八条 企业审计委员会应当履行以下主要职责：

（一）审议企业年度内部审计工作计划；

（二）监督企业内部审计质量与财务信息披露；

（三）监督企业内部审计机构负责人的任免，提出有关意见；

（四）监督企业社会中介审计等机构的聘用、更换和报酬支付；

（五）审查企业内部控制程序的有效性，并接受有关方面的投诉；

（六）其他重要审计事项。

第九条 未建立董事会的国有独资公司及国有独资企业，应当按照加强财务监督和完善内部控制机制的要求，依据国家的有关规定，加强内部审计工作的组织领导，明确工作责任，强化企业内部审计工作，做好内部审计机构与内部监察（纪检）、财务、人事等有关部门的协调工作。

第十条 企业内部审计机构依据国家有关规定开展内部审计工作，直接对企业董事会（或主要负责人）负责；设立审计委员会的企业，内部审计机构应当接受审计委员会的监督和指导。

第十一条 企业所属子企业应当按照有关规定设立相应的内部审计机构；尚不具备条件的应当设立专职审计人员。

第十二条 企业内部审计人员应当具备审计岗位所必备的会计、审计等专业知识和业务能力；内部审计机构的负责人应当具备相应的专业技术职称资格。

第三章 内部审计机构主要职责

第十三条 根据国家有关规定，结合出资人财务监督和企业管理工作的需要，企业内部审计机构应当履行以下主要职责：

（一）制定企业内部审计工作制度，编制企业年度内部审计工作计划；

（二）按企业内部分工组织或参与组织企业年度财务决算的审计工作，并对企业年度财务决算的审计质量进行监督；

（三）对国家法律法规规定不适宜或者未规定须由社会中介机构进行年度财务决算审计的有关内容组织进行内部审计；

（四）对本企业及其子企业的财务收支、财务预算、财务决算、资产质量、经营绩效以及其他有关的经济活动进行审计监督；

（五）组织对企业主要业务部门负责人和子企业的负责人进行任期或定期经济责任审计；

（六）组织对发生重大财务异常情况的子企业进行专项经济责任审计工作；

（七）对本企业及其子企业的基建工程和重大技术改造、大修等的立项、概（预）算、决算和竣工交付使用进行审计监督；

（八）对本企业及其子企业的物资（劳务）采购、产品销售、工程招标、对外投资及风险控制等经济活动和重要的经济合同等进行审计监督；

（九）对本企业及其子企业内部控制系统的健全性、合理性和有效性进行检查、评价和意见反馈，对企业有关业务的经营风险进行评估和意见反馈；

（十）对本企业及其子企业的经营绩效及有关经济活动进行监督与评价；

（十一）对本企业年度工资总额来源、使用和结算情况进行检查；

（十二）其他事项。

第十四条　企业内部审计机构对年度财务决算的审计质量监督应当根据企业的内部职责分工，依据独立、客观、公正的原则，保障企业财务管理、会计核算和生产经营符合国家各项法律法规要求。

第十五条　为保证企业年度财务决算报告的真实和完整，企业内部审计机构应按照国资委相关工作要求，对下列特殊情形的子企业组织进行定期内部审计工作：

（一）按照国家有关规定，涉及国家安全不适宜社会中介机构审计的特殊子企业；

（二）依据所在国家及地区法律规定，在境外进行审计的境外子企业；

（三）国家法律、法规未规定须委托社会中介机构审计的企业内部有关单位。

第十六条　企业内部审计机构对本企业及其子企业的经营绩效及有关经济活动的评价工作，依据国家有关经营绩效评价政策进行。

第十七条　企业内部审计机构应当加强对社会中介机构开展本企业及其子企业有关财务审计、资产评估及相关业务活动工作结果的真实性、合法性进行监督，并做好社会中介机构聘用、更换和报酬支付的监督。

第十八条　企业内部审计机构相关审计工作应当与外部审计相互协调，并按有关规定对外部审计提供必要的支持和相关工作资料。

第十九条　企业应当依据国家有关法律法规，完善内部审计管理规章制度，保障内部审计机构拥有履行职责所必需的权限：

（一）参加企业有关经营和财务管理决策会议，参与协助企业有关业务部门研究制定和修改企业有关规章制度并督促落实；

（二）检查被审计单位会计账簿、报表、凭证和现场勘察相关资产，有权查阅有关生产经营活动等方面的文件、会议记录、计算机软件等相关资料；

（三）对与审计事项有关的部门和个人进行调查，并取得相关证明材料；

（四）对正在进行的严重违法违规和严重损失浪费行为，可作出临时制止决定，并及时向董事会（或企业主要负责人）报告；

（五）对可能被转移、隐匿、篡改、毁弃的会计凭证、会计账簿、会计报表以及与经济活动有关的资料，经企业主要负责人或有关权力机构授权可暂予以封存；

（六）企业主要负责人或权力机构在管理权限范围内，应当授予内部审计机构必要的处理权或者处罚权。

第四章　内部审计工作程序

第二十条　企业内部审计机构应当根据国家有关规定，结合企业实际情况，制定企业年度审计工作计划，对内部审计工作作出合理安排，并报经企业主要负责人或审计委员会审核批准后实施。

第二十一条　企业内部审计机构应当充分考虑审计风险和内部管理需要，制定具体项目审计计划，做好审计准备。

第二十二条　企业内部审计机构应当在实施审计前5个工作日，向被审计单位送达审计通知书。对于需要突击执行审计的特殊业务，审计通知书可在实施审计时送达。

被审计单位接到审计通知书后，应当做好接受审计的各项准备。

第二十三条　企业内部审计人员在出具审计报告前应当与被审计单位交换审计意见。被审计单位有异议的，应当自接到审计报告之日起10个工作日内提出书面意见；逾期不提出的，视为无异议。

第二十四条　被审计单位若对审计报告有异议且无法协调时，设立审计委员会的企业，应当将审计报告与被审计单位意见一并报审计委员会协调处理；尚未设立审计委员会的企业，应当将审计报告与被审计单位意见一并报企业主要负责人协调处理。

第二十五条　审计报告上报企业董事会或主要负责人审定后，企业内部审计机构应当根据审计结论，向被审计单位下达审计意见（决定）。

对于报请审计委员会、主要负责人协调处理的审计报告，应当根据审计委员会、主要负责人的审定意见，向被审计单位下达审计意见（决定）。

第二十六条　企业内部审计机构对已办结的内部审计事项，应当按照国家档案管理规定建立审计档案。

第二十七条　企业内部审计机构应当每年向本企业董事会（或主要负责人）和审计委员会提交内部审计工作总结报告。

第二十八条　企业内部审计机构对主要审计项目应当进行后续审计监督，督促检查被审计单位对审计意见的采纳情况和对审计决定的执行情况。

第五章　内部审计工作要求

第二十九条　企业内部审计机构应当根据国家有关规定和企业内部管理需要有效开展内部审计工作，加强内部监督，纠正违规行为，规避经营风险。

第三十条　企业内部审计机构应当对违反国家法律法规和企业内部管理制度的行为及时报告，并提出处理意见；对发现的企业内部控制管理漏洞，及时提出改进建议。

第三十一条　对于被审计单位及相关工作人员不及时落实内部审计意见，给企业造成损失浪费的，企业应当追究相关人员责任；对于给企业造成重大损失的，还应当按有关规定向上一级机构及时反映情况。

第三十二条　企业内部审计机构下列工作事项应当报国资委备案：

（一）企业年度内部审计工作计划和工作总结报告；

（二）重要子企业负责人及企业财务部门负责人的经济责任审计报告；

企业内部审计工作中发现的重大违法违纪问题、重大资产损失情况、重大经济案件及重大经营风险等，应向国资委报送专项报告。

第三十三条 根据出资人财务监督工作需要，企业内部审计机构按照国资委有关工作要求，对企业及其子企业发生重大财务异常等情况组织进行的专项经济责任审计，应当向国资委提交审计报告。

第三十四条 企业内部审计机构要不断提高内部审计业务质量，并依法接受国资委、国家审计机关对内部审计业务质量的检查和评估。

第三十五条 企业内部审计机构应当根据本办法组织开展内部审计工作，并对其出具的内部审计报告的客观真实性承担责任。

第三十六条 为保证内部审计工作的独立、客观、公正，企业内部审计人员与审计事项有利害关系的，应当回避。

第三十七条 企业内部审计人员应当严格遵守审计职业道德规范，坚持原则、客观公正、恪尽职守、保持廉洁、保守秘密，不得滥用职权，徇私舞弊，泄露秘密，玩忽职守。

第三十八条 企业内部审计人员在实施内部审计时，应当在深入调查的基础上，采用检查、抽样和分析性复核等审计方法，获取充分、相关、可靠的审计证据，以支持审计结论和审计建议。

第三十九条 企业董事会（或主要负责人）应当保障内部审计机构和人员依法行使职权和履行职责；企业内部各职能机构应当积极配合内部审计工作。任何组织和个人不得对认真履行职责的内部审计人员进行打击报复。

第四十条 企业对于认真履行职责、忠于职守、坚持原则、作出显著成绩的内部审计人员，应当给予奖励。

第四十一条 企业应当保证内部审计机构所必需的审计工作经费，并列入企业年度财务预算。企业内部审计人员参加国家统一组织的专业技术职务资格的考评、聘任和后续教育，企业应当按照国家有关规定予以执行。

第六章 罚 则

第四十二条 对于企业出现重大违反国家财经法纪的行为和企业内部控制程序出现严重缺陷，除按规定依法追究企业主要负责人、总会计师（或者主管财务工作负责人）及财务部门负责人的有关责任外，同时还应相应追究企业审计委员会及内部审计机构相关人员的监督责任。

第四十三条 对于滥用职权、徇私舞弊、玩忽职守、泄露秘密的内部审计人员，由所在单位依照国家有关规定给予纪律处分；涉嫌犯罪的，依法移交司法机关处理。

第四十四条 对于打击报复内部审计人员问题，企业应及时予以纠正；涉嫌犯罪的，依法移交司法机关处理。受打击报复的企业内部审计人员有权直接向国资委报告相关情况。

第四十五条 被审计单位相关人员不配合企业内部审计工作、拒绝审计或者不提供资料、提供虚假资料、拒不执行审计结论的，企业应当给予纪律处分；涉嫌犯罪的，依法移交司法机关处理。

第七章 附 则

第四十六条 各中央企业可结合本企业实际情况，制定具体实施细则。

第四十七条 各省、自治区、直辖市国有资产监督管理机构可参照本办法，结合本地区实际制定本地区相关工作规范。

第四十八条 本办法自2004年8月30日起施行。

中央企业财务决算审计工作规则

（国资发评价〔2004〕173 号印发）

目　　录

第一章　总　　则

第一条　为加强中央企业（以下简称企业）财务监督，规范企业年度财务决算审计工作，促进提高企业会计信息质量，依据《企业国有资产监督管理暂行条例》和国家有关财务会计制度规定，制定本规则。

第二条　本规则所称年度财务决算审计，是指按照有关规定委托具有资质条件的会计师事务所及注册会计师，以国家财务会计制度为依据，对企业编制的年度财务决算报告及经济活动进行审查并发表独立审计意见的监督活动。

第三条　本规则所称年度财务决算报告，是指企业按照国家财务会计制度规定，根据统一的编制口径、报表格式和编报要求，依据有关会计账簿记录和相关财务会计资料，编制上报的反映企业年末结账日资产及财务状况和年度经营成果、现金流量、国有资本保值增值等基本经营情况的文件。企业年度财务决算审计报告是企业年度财务决算报告的必备附件。

第四条　国务院国有资产监督管理委员会（以下简称国资委）依法对企业年度财务决算的审计工作进行监督。

第二章　审计机构委托

第五条　为保障企业年度财务状况及经营成果的真实性，根据财务监督工作的需要，国资委统一委托会计师事务所对企业年度财务决算进行审计。

第六条　国资委统一委托会计师事务所，按照"公开、公平、公正"的原则，采取国资委公开招标或者企业推荐报国资委核准等方式进行。其中，国有控股企业采取企业推荐报国资委核准的方式进行。

第七条　国资委暂未实行统一委托会计师事务所进行年度财务决算审计工作的企业，应当按照"统一组织、统一标准、统一管理"的工作原则，经国资委同意，由企业总部按照有关规定，采用公开招标等方式，委托会计师事务所对企业及各级子企业年度财务决算进行审计。

第八条 对于企业总部统一委托会计师事务所的企业，应当事先报国资委同意，并在与所委托会计师事务所签订年度财务决算审计业务约定书之日起15日内，将约定书及会计师事务所有关资质证明材料报国资委审核备案。

（一）业务约定书应当明确企业与会计师事务所双方在年度财务决算审计工作中的权利、义务和责任。

业务约定书应当明确规定，会计师事务所不得将承揽企业的年度财务决算审计业务再转包或分包给其他会计师事务所。会计师事务所下属分所不得单独出具企业年度财务决算审计报告。

（二）会计师事务所相关资质证明材料包括：

1. 会计师事务所营业执照、执业证书复印件；

2. 注册会计师名单；

3. 会计师事务所最近3年执业情况总结；

4. 要求提供的其他有关证明材料。

第九条 企业年度财务决算审计工作，原则上统一委托1家会计师事务所承办；对于所属子企业分布地域较广的，可由企业总部委托多家会计师事务所共同承办（一般不超过5家）。

第十条 委托多家会计师事务所共同承办年度财务决算审计业务的，应当明确由承办企业总部审计业务的会计师事务所担任主审会计师事务所。主审会计师事务所承担的审计业务量一般不得低于50%（特殊情形企业另行规定），同时负责该企业全部审计工作的组织、质量控制及集团合并报表的审计，并对出具的该企业年度财务决算审计报告负责。

对于多家会计师事务所共同承办年度财务决算审计的，企业应当做好主审会计师事务所与参审会计师事务所的分工协作，并在业务约定书中予以明确。

第十一条 企业委托的会计师事务所应当连续承担不少于2年的企业年度财务决算审计业务，因特殊情形需变更会计师事务所的，应当将变更原因及重新委托的会计师事务所有关情况及时报国资委同意。

被更换会计师事务所对变更有异议的，可以向国资委提交陈述报告。

第十二条 同一会计师事务所承办企业年度财务决算审计业务不应连续超过5年。

第十三条 企业与承办企业年度财务决算审计业务的会计师事务所及注册会计师之间不应当存有利害关系。

第十四条 承办企业年度财务决算审计的会计师事务所（含参审会计师事务所）应当具有较完善的内部执业质量控制管理制度，执业质量应当符合国家有关规定要求，并且其资质条件应当与企业规模相适应。

第三章　审计工作要求

第十五条 承办企业年度财务决算审计业务的会计师事务所及注册会计师实施审计的范围应当包括：

（一）资产负债表、利润及利润分配表、现金流量表、所有者权益变动表；

（二）会计报表附注；

（三）国资委要求的专项审计事项；

（四）企业要求的其他专项审计事项。

第十六条 企业应当为会计师事务所及注册会计师开展年度财务决算审计、履行必要审计程序、取得充分审计证据提供必要条件，不得干预会计师事务所及注册会计师的审计活动，以保证审计结论的独立、客观、公正。

第十七条　承办企业年度财务决算审计业务的会计师事务所及注册会计师，应当认真遵照《独立审计准则》以及其他职业规范，并按照国家有关财务会计制度规定和国资委对年度财务决算的统一工作要求，对企业年度财务决算实施审计。

第十八条　会计师事务所及注册会计师对企业年度财务决算出具的审计结论及意见应当准确恰当，审计结论与审计证据对应关系应当适当、严密，审计结论披露信息应当全面完整。

第十九条　会计师事务所应当在企业年度财务决算报告规定上报时间前完成审计业务工作，并出具审计报告。对不能按期完成企业年度财务决算审计工作的会计师事务所，企业报国资委同意后可予以更换。

第二十条　承办企业年度财务决算审计业务的会计师事务所，应当按照国家有关规定，妥善保管好年度财务决算审计工作底稿及相关材料，并做好归档管理工作，以备查用。

第二十一条　企业及各级子企业应当根据会计师事务所及注册会计师提出的审计意见进行财务决算调整；企业对审计意见或审计结论存有异议未进行财务决算调整的，应当在上报年度财务决算报告中向国资委专门说明。

第二十二条　企业总部设在港澳地区的企业年度财务决算审计工作，以所在地区法律规定为依据。

第二十三条　企业对下列特殊情形的子企业，应当建立完善的内部审计制度，并出具内部审计报告，以保证年度财务决算的真实、完整。

（一）按照国家有关规定，涉及国家安全不适宜会计师事务所审计的特殊子企业；

（二）依据所在国家及地区法律规定进行审计的境外子企业；

（三）国家法律、法规未规定须委托会计师事务所审计的有关单位。

第四章　审计事项披露

第二十四条　承办企业年度财务决算审计业务的会计师事务所及注册会计师，在审计工作中要按照国家有关财务会计制度、独立审计准则和年度财务决算工作要求，对企业重要财务会计事项予以关注，并在审计报告中予以披露；对于国资委提出的专项工作要求，可以专项报告的形式予以披露。

第二十五条　会计师事务所及注册会计师在年度财务决算审计中，应当重点关注企业年度财务决算编报范围是否齐全、报表合并口径和方法是否正确、合并内容是否完整及对资产和财务状况的影响，并应当对应纳入而未纳入合并范围的子企业对资产和财务状况的影响作重点说明。主要说明内容包括：

（一）未按照规定纳入合并报表范围的所属子企业户数情况；

（二）未按照规定将企业所属实行金融或者事业会计制度的子企业或者单位资产及效益并入年度财务决算报表情况；

（三）企业所属境外子企业和分支机构资产及效益是否并入年度财务决算报表情况；

（四）未按照规定对具有控制权或者重大影响力的长期投资情况进行权益法核算；

（五）其他需要说明的事项。

第二十六条　主审会计师事务所应当关注与披露企业所属各子企业的分户年度财务决算审计情况，逐户列明审计机构、审计结论及审计保留事项的原因，以及对企业财务状况的影响程度或金额。

第二十七条　会计师事务所及注册会计师应当关注与披露企业实际发生的各项经济业务是否按照国家统一的财务会计制度规定予以确认、计量和登记，会计核算方法和会计政策是否符合国家财务会计制度规定。具体披露内容应当包括：

（一）采用的会计核算方法和会计政策是否正确，年度间是否一致，发生变更是否经过核准或者备案；

（二）资产、负债和所有者权益的确认标准和计量方法是否准确；

（三）固定资产主要类型及计提折旧情况，在建工程项目及结算情况；

（四）各种资产损失情况及处理办法；

（五）各项减值准备的计提方法、变更情况及减值准备转回情况；

（六）企业从事高风险投资经营情况，如证券买卖、期货交易、房地产开发等业务占用资金和效益情况；

（七）财产抵押、对外担保、未决诉讼等或有事项，是否如实在年度财务决算中予以反映；

（八）财务成果的核算是否真实、完整，影响企业财务经营成果的各种因素是否合理及其金额；

（九）所有者权益增减变动因素是否真实可靠。

第二十八条 会计师事务所及注册会计师在审计过程中发现企业内部会计控制制度存在重大缺陷的，应当予以披露，并按照要求出具管理建议书。

第二十九条 会计师事务所及注册会计师在年度财务决算审计报告或者报告附件中，根据国资委要求应当关注和披露下列有关专项审计事项：

（一）国有资本保值增值及主客观因素变动情况；

（二）企业年度财务决算中主要指标年初数与上年年末数不一致的情况及主要原因；

（三）按照国家政策开展清产核资、主辅分离、债务重组、改制改组、破产出售、资产处置、债转股等工作的企业，依据有关部门批复文件调整会计账务情况；

（四）企业本年度财务决算中依据会计师事务所对上年度财务决算出具的审计意见予以会计账务调整情况；

（五）企业本年度财务决算中依据会计师事务所审计意见所进行的主要账务调整事项；

（六）其他需要关注和披露事项。

第五章 审计意见处理

第三十条 企业对会计师事务所及注册会计师对年度财务决算出具的审计报告中提出的意见和问题，应当依据国家有关财务会计制度，认真对照检查，对确实存在问题的，应当采取有效整改措施。

第三十一条 对会计师事务所及注册会计师出具的审计结论有不同意见的，应当在年度财务决算报告中予以说明；存在较大分歧的，应当向国资委提交专项报告予以说明。

第三十二条 对会计师事务所及注册会计师出具的审计报告为保留意见的，企业应当在年度财务决算报告中，对保留事项予以说明。

第三十三条 对会计师事务所及注册会计师出具审计报告属否定意见和无法表示意见的，企业应当在上报年度财务决算报告时提交专项报告予以说明。

第六章 审计工作责任

第三十四条 企业应当对向会计师事务所及注册会计师提供的会计记录和财务数据的真实性、合法性和完整性承担责任。会计师事务所及注册会计师应当对出具的审计报告承担相应责任。

对按照国家有关规定不适宜会计师事务所审计的子企业或所属单位，注册会计师和会计师事务所可以依据内部审计报告发表审计意见。企业应对内部审计报告的真实性、完整性承担责任。

第三十五条 会计师事务所及注册会计师对企业年度财务决算的审计工作或者审计质量不符合统一工作要求，国资委可要求补充相关资料或者重新审计；审计结论及意见不准确或审计质量存在较多问题的，国资委可更换或者要求企业更换会计师事务所重新审计。

第三十六条 企业拒绝或者故意不提供有关财务会计资料和文件，影响和妨碍注册会计师正常审计业务，会计师事务所应当及时向国资委反映情况。

第三十七条 国资委将建立企业年度财务决算审计工作质量档案管理制度，对于在企业年度财务决算审计工作中存在以下问题或行为的会计师事务所，将予以通报或者限制其审计业务：

（一）对企业年度财务决算审计程序、范围、依据、内容、审计工作底稿等存在问题和缺陷，以及审计结论避重就轻、含糊其词、依据严重不足的，予以内部通报；

（二）对连续2年（含2年）或者同一年度承担的两家企业年度财务决算审计工作均被给予通报的，3年内不得承担企业有关审计业务；

（三）在企业年度财务决算审计中存在重大错漏，应当披露未披露重大财务事项，或者发生重大违法违规行为的，今后不得承担企业有关审计业务。

第三十八条 会计师事务所和注册会计师违反《中华人民共和国注册会计师法》等有关法律法规，与企业及相关人员串通，弄虚作假，出具不实或虚假内容的审计报告的，国资委将通报有关部门依法予以处罚。

第三十九条 国资委通过企业年度财务决算审核和监事会稽核等工作制度，对企业年度财务决算审计质量进行监督。

第七章 附 则

第四十条 各省、自治区、直辖市国有资产监督管理机构可以参照本规则，制定本地区相关工作规范。

第四十一条 本规则自公布之日起施行。

公路水路行业内部审计工作规定

（2019年2月5日交通运输部令第7号公布）

第一章 总 则

第一条 为加强公路水路行业内部审计工作，建立健全内部审计制度，提升内部审计工作质量，促进公路水路事业健康发展，根据《中华人民共和国审计法》《中华人民共和国审计法实施条例》等法律法规，制定本规定。

第二条 各级交通运输主管部门及所属单位和国有企业（含驻外单位，以下统称交通运输单位）开展内部审计工作，适用本规定。

本规定所称国有企业是指各级交通运输主管部门所属单位投资设立的国有和国有资本占控股地位或者主导地位的企业，以及各级交通运输主管部门管理的企业。

第三条 本规定所称的公路水路行业内部审计（以下简称内部审计），是指交通运输单位对本单位及所属单位的财政财务收支、经济活动、内部控制、风险管理实施独立、客观的监督、评价和建议，以促进单位完善治理、实现目标的活动。

第四条 交通运输部内部审计机构负责交通运输部机关及直属单位的内部审计工作，指导公路水路行业内部审计工作。

省级及以下交通运输主管部门内部审计机构应当按照行政管理关系和职责指导本地区行业内部审计工作。

第五条 交通运输单位应当依照有关法律法规、本规定和内部审计职业规范，结合本单位实际情况，建立健全内部审计制度，明确内部审计工作的领导体制、职责权限、人员配备、经费保障、审计结果运用和责任追究等。

第六条 单独设立的内部审计机构或者履行内部审计职责的内设机构（以下简称内部审计机构）和内部审计人员，从事内部审计工作应当严格遵守有关法律法规、本规定和内部审计职业规范，忠于职守，做到独立、客观、公正、保密。

内部审计机构和内部审计人员不得参与可能影响独立、客观履行审计职责的工作。

第七条 内部审计机构应当不断创新审计工作方法，充分利用先进的审计技术，促进内部审计业务质量不断提高。

第二章　内部审计机构和人员

第八条 各级交通运输主管部门及其所属行政事业单位的内部审计机构，应当在本单位党组织、主要负责人的直接领导下开展内部审计工作，向其负责并报告工作。

国有企业的内部审计机构应当在企业党组织、董事会（或者主要负责人）直接领导下开展内部审计工作，向其负责并报告工作。国有企业应当按照有关规定建立总审计师制度。总审计师协助党组织、董事会（或者主要负责人）管理内部审计工作。

第九条 下属单位或者分支机构较多，以及实行垂直管理的交通运输部所属单位，应当强化内部审计机构建设。未单独设立内部审计机构的交通运输部所属单位，应当指定履行内部审计职责的内设机构，设置内部审计岗位，配备专职的内部审计人员。

第十条 内部审计人员应当具备从事审计工作所需要的专业能力。交通运输单位应当严格内部审计人员录用标准。

内部审计机构的负责人应当具备审计、会计、经济、法律或者管理等工作背景之一，并按照有关规定任免。交通运输部所属单位内部审计机构的负责人任免前应当征求上级主管单位内部审计机构的意见。

第十一条 内部审计机构应当根据工作需要，合理配备内部审计人员并保持相对稳定。除涉密事项外，可以根据内部审计工作需要向社会购买审计服务，并对采用的审计结果负责。

第十二条 交通运输单位应当保障内部审计机构和内部审计人员依法依规独立履行职责，任何单位和个人不得打击报复。

第十三条 内部审计机构履行内部审计职责所需经费，应当列入本单位预算。

第十四条 交通运输单位应当支持和保障内部审计机构通过业务培训、交流研讨等多种途径开展继续教育，提高内部审计人员的职业胜任能力。

第十五条 对忠于职守、坚持原则、认真履职、成绩显著的内部审计人员和内部审计机构，由上级主管部门或者所在单位予以表彰。

第三章　内部审计职责

第十六条　内部审计机构应当按照国家有关规定和本单位的要求，履行下列职责：

（一）对贯彻落实国家重大政策措施情况进行审计；

（二）对发展规划、战略决策、重大措施以及年度业务计划执行情况进行审计；

（三）对财政财务收支进行审计；

（四）对固定资产投资项目进行审计，包括对公路、水路国家重点基本建设项目进行的绩效审计；

（五）对境外机构、境外资产和境外经济活动进行审计；

（六）对经济管理和效益情况进行审计；

（七）对自然资源资产管理和生态环境保护责任的履行情况进行审计；

（八）对内部控制及风险管理情况进行审计；

（九）对本单位内部管理的领导人员履行经济责任情况进行审计；

（十）协助本单位主要负责人督促落实审计发现问题的整改工作；

（十一）对所属单位的内部审计工作进行指导、监督和管理；

（十二）国家有关规定和本单位要求办理的其他事项。

第十七条　内部审计机构履行内部审计职责，可以行使以下权限：

（一）要求被审计单位按时报送发展规划、战略决策、重大措施、内部控制、风险管理、财政财务收支等有关资料（含相关电子数据，下同），以及必要的计算机技术文档；

（二）参加有关会议，召开与审计事项有关的会议；

（三）参与研究制定有关的规章制度，提出制定内部审计规章制度的建议；

（四）检查有关财政财务收支、经济活动、内部控制、风险管理的资料、文件和现场勘察实物；

（五）检查有关计算机系统及其电子数据和资料；

（六）就审计事项中的有关问题，向有关单位和个人开展调查和询问，取得相关证明材料；

（七）对发现的正在进行的严重违法违规、严重损失浪费行为及时向单位主要负责人报告，经同意作出临时制止决定；

（八）对可能转移、隐匿、篡改、毁弃会计凭证、会计账簿、会计报表以及与经济活动有关的资料，经批准，有权予以暂时封存；

（九）提出纠正、处理违法违规行为的意见和改进管理、提高绩效的建议；

（十）对违法违规和造成损失浪费的被审计单位和人员，给予通报批评或者提出追究责任的建议；

（十一）对严格遵守财经法规、经济效益显著、贡献突出的被审计单位和个人，可以向单位党组织、董事会（或者主要负责人）提出表彰建议。

第十八条　内部审计机构对本单位及所属单位的内部审计结果和发现的重大违纪违法问题线索，在向本单位党组织、董事会（或者主要负责人）报告的同时，应当及时向上级单位的内部审计机构报告。

第十九条　上级单位内部审计机构根据工作需要，可以委托下级单位内部审计机构办理审计事项，并指导审计工作开展。下级单位内部审计机构应当按要求及时办理，接受指导并报告工作。

第二十条 内部审计机构应当按要求向上级单位内部审计机构报送下列资料：

（一）内部审计工作发展规划、年度审计工作计划及工作总结；

（二）交通运输审计统计报表；

（三）审计决定及审计报告；

（四）重大违纪违法问题的专项审计报告；

（五）本单位内部审计工作制度；

（六）内部审计工作信息、经验材料；

（七）其他上级单位内部审计机构要求的有关资料。

第四章 内部审计程序

第二十一条 内部审计工作的一般程序是：

（一）内部审计机构根据上级部署和本单位的具体情况，编制年度审计工作计划，按照本单位规定的程序审定后实施。

（二）内部审计机构在实施项目审计前组成审计组，审计组由审计组组长和其他成员组成。审计组实行组长负责制。

（三）审计组调查了解被审计单位的情况，编制审计方案，确定审计范围、内容、方式和进度安排。

（四）内部审计机构在实施审计3日前向被审计单位或者相关人员送达审计通知书。特殊审计业务可在实施审计时送达审计通知书。

（五）内部审计人员获取的被审计单位存在违反国家规定的财政、财务收支行为以及其他重要审计事项的证据材料，由提供材料的有关人员签名或者单位盖章；不能取得签名或者盖章的，内部审计人员注明原因。

（六）内部审计人员根据获取的审计证据材料，编制审计工作底稿。

（七）审计组在实施审计程序后，编制审计报告，征求被审计单位的意见，经济责任审计报告还应当征求被审计人员的意见。被审计单位或者相关人员自收到审计报告征求意见稿之日起10日内，提出书面反馈意见。在规定时间内未提出书面反馈意见的，视同无异议。被审计单位或者有关人员对征求意见的审计报告有异议的，审计组进一步核实后，根据核实情况对审计报告作出必要的修改。

（八）审计组对被审计单位违反国家规定的财政收支、财务收支行为，需要进行处理的，起草审计决定。

（九）审计组将征求意见后的审计报告、审计工作底稿、审计证据材料、被审计单位或者相关人员的书面反馈意见、起草的审计决定送内部审计机构负责人或者其授权人员进行复核。复核完毕，审计组起草正式审计报告或者审计决定，连同被审计单位的书面意见，一并报送内部审计机构或者本单位负责人审批。

（十）内部审计机构将经批准的审计报告或者审计决定送达被审计单位或者相关人员；被审计单位或者相关人员予以执行，并在规定的期限内以书面形式报告执行结果。

（十一）被审计单位或者相关人员对经批准的审计报告或者审计决定有异议的，可以向内部审计机构所在单位申请审计复核；在未作出新的决定之前，原经批准的审计报告和审计决定仍然有效。

（十二）内部审计机构检查或者了解被审计单位或者其他有关单位的整改情况并取得相关证据材料，必要时应当进行后续审计。

第二十二条 特殊情况下，经单位党组织、董事会（或者主要负责人）批准，可以适当简化内部审计工作的一般程序。

第二十三条　被审计单位应当配合内部审计机构开展内部审计工作。

第二十四条　内部审计机构对办理的审计事项，应当建立审计档案，并按档案管理的有关规定执行。

第二十五条　内部审计机构对本单位内部管理的领导人员实施经济责任审计时，参照国家有关经济责任审计的规定执行。

第五章　内部审计结果运用

第二十六条　交通运输单位应当建立健全内部审计问题整改机制，明确单位主要负责人为问题整改第一责任人。对内部审计发现的问题和提出的建议，被审计单位应当及时整改，并将整改结果书面告知内部审计机构。

第二十七条　交通运输单位对内部审计发现的典型性、普遍性、倾向性问题，应当及时分析研究，制定和完善相关管理制度，建立健全内部控制措施。

第二十八条　内部审计机构应当加强与内部纪检、巡视巡察、组织人事等其他内部监督力量的协作配合，建立信息共享、结果共用、重要事项共同实施、问题整改问责共同落实等工作机制。

内部审计结果及整改情况应当作为考核、任免、奖惩干部，年度预算和项目资金安排等相关决策的重要依据。

第二十九条　内部审计机构对内部审计发现的重大违纪违法问题，应当按照管理权限，移交本单位纪检、人事部门或者被审计单位处理。纪检、人事部门或者被审计单位应当及时将问题处理结果反馈内部审计机构。

第三十条　交通运输单位对内部审计发现的重大违纪违法问题线索，应当按照管辖权限，依法依规及时移送有关纪检监察机关、司法机关。

第三十一条　交通运输单位在履行内部审计监督职责时，应当有效利用内部审计力量和各类审计成果。对所属单位内部审计发现且已经纠正的问题，可视情况不再在审计报告中反映。

第六章　指导监督

第三十二条　内部审计机构应当接受审计机关的指导和监督，按要求向同级审计机关备案有关审计资料。

第三十三条　内部审计机构对内部审计工作进行指导、监督，履行下列职责：

（一）研究制定内部审计工作的制度和规划；

（二）检查、督促所属单位，指导本行业按照国家有关规定建立健全内部审计制度，开展内部审计工作；

（三）指导内部审计机构统筹安排审计计划，突出审计重点；

（四）组织开展专项审计和审计调查；

（五）监督所属单位内部审计机构职责履行情况，检查内部审计业务质量。

第三十四条　内部审计机构可以采取日常监督、结合审计项目监督等方式，对所属单位的内部审计制度建立健全情况、内部审计工作质量情况等进行指导和监督。

对内部审计制度建设和内部审计工作质量存在问题的，内部审计机构应当督促所属单位内部审计机构及时进行整改并书面报告整改情况；情节严重的，应当通报批评并视情况抄送上级单位内部审计机构。

第三十五条　内部审计机构应当对下级单位内部审计机构报送的有关材料进行分析，将其作为编制年度审计项目计划的参考依据。

交通运输单位党组织、董事会（或者主要负责人）应当定期听取内部审计工作汇报，加强对内部审计工作规划、年度审计计划、审计质量控制、问题整改和队伍建设等重要事项的管理。

第七章　责任追究

第三十六条　被审计单位有下列情形之一的，由单位党组织、董事会（或者主要负责人）责令改正，并依法依规对直接负责的主管人员和其他直接责任人员进行处理：

（一）拒绝接受或者不配合内部审计工作的；

（二）拒绝、拖延提供与内部审计事项有关的资料，或者提供资料不真实、不完整的；

（三）拒不纠正审计发现问题的；

（四）整改不力、屡审屡犯的；

（五）违反国家规定或者本单位内部规定的其他情形。

第三十七条　内部审计机构和内部审计人员有下列情形之一的，由单位依法依规对直接负责的主管人员和其他直接责任人员进行处理；涉嫌犯罪的，移送司法机关依法追究刑事责任：

（一）未按有关法律法规、本规定和内部审计职业规范实施审计导致应当发现的问题未被发现并造成严重后果的；

（二）隐瞒审计查出的问题或者提供虚假审计报告的；

（三）泄露国家秘密或者商业秘密的；

（四）利用职权谋取私利的；

（五）违反国家规定或者本单位内部规定的其他情形。

第三十八条　内部审计人员因履行职责受到打击、报复、陷害的，单位党组织、董事会（或者主要负责人）应当及时采取保护措施，并对相关责任人员进行处理；涉嫌犯罪的，移送司法机关依法追究刑事责任。

第八章　附　则

第三十九条　本规定自 2019 年 4 月 1 日起施行。2004 年 11 月 19 日发布的《交通行业内部审计工作规定》（交通部令 2004 年第 12 号）同时废止。

民政部内部审计工作规定

（民办发〔2005〕7 号印发）

第一条　为了建立健全民政部内部审计制度，加强民政部的内部审计工作，根据《中华人民共和国审计法》和《审计署关于内部审计工作的规定》，结合民政部实际，制定本规定。

第二条　内部审计是独立监督和评价本单位及所属单位财政收支、财务收支、经济活动的真实性、合法性和效益情况的行为。

各直属单位、部管社团和代管单位，应当依法实行内部审计制度，严格内部管理和监督，强化约束机制，遵守国家财经法纪，促进廉政建设，加强财务管理和提高经济效益，维护本单位的经济利益和合法权益，保障国有资产的安全完整和保值增值，为民政事业改革和发展服务。

第三条　财务和机关事务司依法设立内部审计机构，履行内部审计职责。

第四条　民政部内部审计机构依法履行下列职责：

（一）对部直属单位、部管社团和代管单位的财政收支、财务收支，经济活动进行审计，一般每 3 年审计 1 次；

（二）对部直属单位、部管社团和代管单位的主要领导干部进行任期经济责任审计；

（三）开展部直属单位、部管社团和代管单位的专项审计；

（四）对部直属单位、部管社团和代管单位内部控制制度的健全性和有效性以及风险管理进行评审；

（五）对部直属单位、部管社团和代管单位的经济管理和效益情况进行审计；

（六）指导和监督部直属单位、部管社团和代管单位的内部审计工作、部审计人员的业务培训；根据各单位规模大小、人员多少等具体情况，指导各单位科学合理设置内审机构或专职内审人员；

（七）按照法律法规要求，结合民政部实际，建立健全内部审计制度；

（八）每年向部长提交内部审计工作报告；

（九）完成部领导交办的其他审计事项。

第五条　部内部审计机构的主要权限：

（一）要求被审计单位按时报送财务收支计划，预算执行情况、决算、会计报表和其他有关文件、资料；

（二）根据需要召开与审计事项有关的会议，向有关单位和个人进行调查，并取得证明材料；

（三）提出纠正、处理违法违规行为的意见以及改进经营管理、提高经济效益的建议；

（四）对在审计中发现的正在进行的违法违规行为，依法制止；

（五）对违法违规和造成损失浪费的单位和人员，给予通报批评或者提出追究责任的建议；

（六）对遵守财经法规、经济效益显著、贡献突出的集体和个人，向部领导提出表扬和奖励的建议。

第六条　部内部审计机构的工作程序：

（一）拟定年度审计工作计划，经领导审核批准后实施；

（二）成立审计小组，实行审计组长负责制，拟定审计工作方案，经领导审核后组织实施；

（三）审计通知书应当在实施审计 3 日前，送达被审计单位；

（四）审计终结，提出审计报告，征求被审计单位意见，被审计单位应当在 10 日内将书面意见送交审计组。审计组将审计报告和被审计单位书面意见，一并报送财务和机关事务司主要负责人审核后报分管部长审批。经批准的审计意见书和审计决定送被审计单位执行；

（五）被审计单位对审计意见书和审计决定如有异议，可向财务和机关事务司提出申诉，财务和机关事务司应当及时处理并在 30 日内答复；

（六）对审计项目进行后续审计或追踪调查，检查审计意见和决定的执行情况；

（七）在审计过程中，及时收集证明材料，编写工作底稿，建立档案，加强管理。

第七条　内部审计机构和人员的职责：

（一）内部审计机构应当遵守国家审计法律、法规以及内部审计准则、规定，按照要求实施审计；

（二）内部审计机构应当不断提高内部审计工作水平；

（三）内部审计人员应当具备良好的政治素质和较高的政策水平，具备与从事内部审计工作相适应的业务能力和专业知识，以及其他必备的有关知识；

（四）内部审计人员办理审计事项、应当严格遵守内部审计职业规范，忠于职守，做到独立、公正、保密。内部审计人员与被审计单位或审计事项有利害关系的，应当回避。

第八条　内部审计人员依法行使职权受国家法律保护，任何单位和个人不得打击报复。

对认真履行职责，坚持原则，做出显著成绩的内部审计人员，可以给予精神或者物质奖励；对滥用职权、玩忽职守、泄露秘密的内部审计人员，按照有关规定予以处理。

保险公司董事及高级管理人员审计管理办法

（保监发〔2010〕78号印发）

第一章　总　　则

第一条　为加强保险公司董事及高级管理人员的监督管理，促进保险公司建立健全风险防范机制，规范相关审计工作，根据《中华人民共和国保险法》和其他规定，制定本办法。

第二条　本办法所称董事及高级管理人员审计，是指对保险公司董事及高级管理人员在任职期间所进行的经营管理活动进行审计检查，客观评价其依据职责所应承担责任的审计活动。包括任中审计、离任审计和专项审计。

任中审计是指按照规定的间隔期限，对在任董事及高级管理人员进行的阶段性审计。离任审计是指对因任期届满、工作调动、辞职、免职、撤职、退休等原因离开工作岗位的董事及高级管理人员，对其在本岗位任职期间的职务行为进行的评价性审计。专项审计是指因公司出现重大违规、财务异常或舞弊等情形，对可能负有责任的董事及高级管理人员进行的特定审计。

第三条　保险公司董事及高级管理人员审计对象包括下列人员：

（一）董事长及其他执行董事；

（二）总公司管理层成员；

（三）省级分公司总经理、副总经理、总经理助理；

（四）分公司或中心支公司总经理；

（五）具有与上述人员相同职权的其他人员。

鼓励保险公司按照本办法的规定，对其他高级管理人员或关键岗位管理人员进行审计。

第四条　保险公司董事及高级管理人员审计内容主要包括审计对象在特定期间及职权范围内对以下事项所承担的责任：

（一）经营成果真实性；

（二）经营行为合规性；

（三）内部控制有效性。

鼓励保险公司在完成以上审计内容的同时，对审计对象进行经营决策科学性和经营绩效评价。

第五条　保险公司应当根据本办法要求，制定本公司董事及高级管理人员审计实施细则，加强董事及高级管理人员审计规划，合理配置审计资源，避免重复审计和审计遗漏。

保险公司应当将审计结果与董事及高级管理人员的考核、任用、奖惩挂钩，提高审计工作的权威性。

第二章　审计的组织与实施

第六条　对保险公司董事长、总经理和审计责任人进行审计，应当聘请外部审计机构实施。其中，对保险集团公司下属保险子公司和保险资产管理公司董事长和总经理进行审计的，可以由其集团公司审计部门组织实施。

对其他高级管理人员进行审计，由保险公司内部审计部门或外部审计机构组织实施。

未实行审计集中制的保险公司，应当按照下审一级的原则确定具体审计机构和人员。

第七条　实施保险公司董事及高级管理人员审计的外部审计机构应当由保险公司董事会负责选聘。董事会审计委员会应当对外部审计机构的独立性出具书面意见。

第八条　受聘进行保险公司董事及高级管理人员审计的外部审计机构应当具备以下条件：

（一）具备足够数量熟悉保险业务和保险监管规定、胜任该项审计工作的专业人员；

（二）与审计对象没有利害关系；

（三）有良好的职业声誉，最近3年未因执业行为受到处罚；

（四）中国保监会规定的其他条件。

第九条　保险公司应当制定董事及高级管理人员任中审计年度计划。对高管人员实施任中审计的间隔时间不得超过三年。

离任审计应当根据人员变动情况及时进行，原则上实行先审计后离任的原则。确有理由不能事先审计的，应当在审计对象离任3个月内完成审计并出具审计报告。聘用外部审计机构进行审计的，可适当延长审计时间，但最长不得超过6个月。

专项审计由公司根据实际情况确定审计时间和时限。

第十条　保险公司董事及高级管理人员在任中审计现场部分结束后3个月内出现需要进行离任审计情形的，可以不再单独组织实施离任审计。

对保险公司董事及高级管理人员进行审计时，其他审计项目已经审计过的内容，原则上可以借鉴其审计结论，不再重复审计，但有线索表明原有审计工作可能存在瑕疵的除外。

第三章　审计报告

第十一条　审计结束后，审计机构应当出具董事及高级管理人员审计报告。审计报告包括以下内容：

（一）审计依据、审计对象及其职责范围、审计人员；

（二）审计的范围、内容、方法；

（三）审计结果，主要指审计发现的问题及责任界定。

审计机构出具审计报告之前，应当征求审计对象的意见。审计对象的反馈意见作为审计报告的附件。

审计机构应当对审计报告的真实性、合法性和客观性负责。

第十二条 保险公司董事及高级管理人员审计报告应当区分审计对象的直接责任和领导责任。

直接责任是指审计对象对其职权范围内发生下列行为时应承担的责任：

（一）直接实施违反国家法律法规、监管规定及保险公司内部管理规定行为的；

（二）强令、指使、授意、纵容、包庇下属人员实施上述行为的；

（三）失职、渎职的；

（四）其他直接违法违规行为。

领导责任是指审计对象在其任期内对其职权范围内负有直接责任以外的管理责任。

第十三条 对总公司董事长和管理层成员的审计报告，应当按照规定程序和时限提交公司董事会，并同时提交监事会。审计报告经董事会审议后，在 20 个工作日内报中国保监会。

其他高级管理人员审计报告应当按照《关于向保监会派出机构报送保险公司分支机构内部审计报告有关事项的通知》（保监发〔2008〕56 号）规定的程序和时限报所在地保监局。

第十四条 保险公司应当将董事及高级管理人员审计报告列入审计对象的人事信息管理，作为对其考核、任用、奖惩的重要依据。

对审计发现的问题，保险公司应当按规定程序追究相关责任人的责任，及时组织整改。

第十五条 中国保监会及其派出机构应当将保险公司董事及高级管理人员审计报告纳入高级管理人员信息系统进行归档管理。

中国保监会及其派出机构在董事及高级管理人员任职资格审查时，可以要求其原任职保险公司提交最近任职岗位的离任报告，也可以参考其过往任职期间审计报告的审计结论。

第四章　法律责任

第十六条 保险公司、外部审计机构及相关人员在进行董事及高级管理人员审计过程中，不得有下列行为：

（一）保险公司未按照本办法规定的范围、时限和要求，对保险公司董事及高级管理人员进行审计，并向中国保监会或其派出机构提交审计报告；

（二）保险公司向中国保监会或其派出机构报送的审计报告及相关材料存在虚假陈述，或者故意隐瞒或遗漏审计发现问题；

（三）中国保监会或其派出机构在任职资格审查时，要求被审查高管人员的原任职保险公司提交离任审计报告，原任职保险公司未按期提交或提交虚假报告；

（四）审计人员在审计过程中，因故意或重大过失，导致审计对象的重大责任未被发现，或者故意隐瞒审计发现的问题；

（五）审计对象及其所在保险机构拒绝、阻碍审计，或者转移、隐匿、伪造、毁弃审计所需的资料或者证明材料，或者打击报复审计工作人员、检举人、证明人或者资料提供人。

保险公司及相关人员发生上述行为之一的，由中国保监会或其派出机构依照《保险法》第一百七十一条、第一百七十三条及其他监管规定予以处罚。

外部审计机构发生前款第（四）项所列情形的，中国保监会或其派出机构可以向其主管部门予以通报，并在行业内公布该审计机构名称，其他保险公司不得委托该审计机构实施审计。

第十七条 对于审计报告揭示的违反监管规定的问题，或者认为保险公司提交的审计报告未真实反映被审计对象问题的，中国保监会或其派出机构可以采取以下方式予以查明：

（一）要求审计机构进行说明；

（二）听取审计对象的陈述；

（三）委托外部审计机构进行复核审计，审计费用由保险公司承担；

（四）立案调查。

第十八条　对于审计报告揭示的违反监管规定的问题，中国保监会及其派出机构可以在调查取证后，依照《行政处罚法》的相关规定，采取以下方式处理：

（一）违规行为较轻，没有造成危害的，免于处罚；

（二）保险公司整改及时，处理到位，主动消除或者减轻违规行为危害后果的，可酌情减轻或免于处罚；

（三）配合监管机构查处违规行为有立功表现的，从轻或者减轻处罚；

（四）对审计发现问题不追究责任或不认真组织整改的，依法从重处罚。

第五章　附　则

第十九条　保险集团公司和保险资产管理公司适用本办法。

外国保险公司分公司适用本办法，但涉及董事会或董事长的有关规定除外。

第二十条　本办法自 2011 年 1 月 1 日起施行。

保监会就《保险公司董事及高级管理
人员审计管理办法》答记者问

（2010 年 9 月 10 日）

近日，《保险公司董事及高级管理人员审计管理办法》（以下简称《审计办法》）发布，并将于 2011 年 1 月 1 日起施行。日前，中国保监会有关部门负责人就《审计办法》回答了记者提问。

问：《审计办法》出台的背景和目的是什么？

答：近年来，随着保险监管的深入，全行业越来越充分认识到，加强对保险公司董事和高管人员履职过程的监管，真正"管住人"，是落实监管措施、实现有效监管的关键和重点。建立高管审计制度是加强高管人员监管的必要措施。从全行业目前实际看，大部分公司对高管人员都建立了审计制度，也开展了离任审计等工作，但普遍存在不规范问题。各公司对高管审计的范围、频率、内容和组织方式各不相同，审计结果的运用也不统一，客观上影响了审计工作的效果。此外，部分保险公司总公司的董事长、执行董事和高管人员长期任职但从未进行过有针对性的审计，也存在一定的制度空白。制定《审计办法》，目的正在于规范和统一对各公司高管审计的范围、程序和内容，并对审计结果如何运用进行统一要求。通过内外部审计的方式，建立保险公司董事和高管人员的履职监督机制。

同时，我们也想通过《审计办法》的发布，加强对保险公司内部审计活动的监督。通过对保险公司内部审计的监管，督促其建立有效的内部监督机制，既是国内外的金融监管的普遍实践，也是国际规则的基本要求。国际保险监督官协会《保险监管核心原则》明确规定，"监管机构应当要求保险公司建立与其业务性质和规模相适应的内部审计体系"，"监管机构应当对内部审计的健全性和有效性进行审核，应当能够查阅保险公司内部审计报告"。2007年，我会借鉴《核心原则》，制定了《保险公司内部审计指引》，要求保险公司按照现代公司治理的要求，建立健全内部审计体系。《审计办法》是在《指引》的体制框架之下，对公司重要审计业务活动进行指导，是对《指引》有关原则规定的延伸和细化，目的在于加强对内部审计的监督，进一步做实内部审计，促使其更有效地发挥辅助监管的作用。

问：高管人员审计和通常所说的经济责任审计有什么区别？

答：根据国家有关规定，经济责任审计主要是从党管干部或者国有资产管理的角度，由国有出资人对国资经营者进行经营绩效评判而实行的审计，着重强调经营决策科学性和经营绩效评价，只针对国有企业的主要负责同志。《审计办法》规定的高管人员审计，则是从监管的角度，根据监管的目标，对各种所有制形式的保险公司的经营成果真实性、经营行为合规性以及内部控制有效性等内容进行审计。两者在性质、目的、内容等方面都有很大区别。对于既要实施高管人员审计，又要实施主要负责人的经济责任审计的国有保险公司，为了避免重复审计造成资源浪费，《审计办法》规定对于可能重叠的具体审计内容，高管审计可以借鉴包括经济责任审计在内的其他审计的有效结论。

问：《审计办法》规定的审计对象和内容是什么？

答：为加强对重点监管对象的监管，《审计办法》规定，审计对象包括四个层次，一是保险公司董事长及其他执行董事。二是管理层成员。三是省级分公司总经理、副总经理和总经理助理。四是分公司或中心支公司总经理，以及具有与上述人员相同职权的其他人员。对于《保险公司董事及高管人员任职资格管理办法》规定的中心支公司副总经理、总经理助理及营销服务部负责人等其他高管人员，我们考虑这类基层负责人员数量庞大，如果全部要求进行审计，公司负担过重，而且审计部门对其上级进行审计时，一般也会涉及这些人员，因此《审计办法》没有将其纳入审计对象范围。同时，根据公司自身实际需要，《审计办法》鼓励保险公司将其他高管人员纳入审计对象，按照本《办法》进行审计。

基于加强监管的目的，《审计办法》规定的审计内容主要包括，审计对象在特定期间及其职权范围内对公司经营成果真实性、经营行为合规性和内部控制有效性。我们认为，这三项是从监管角度评价和考察一个高管人员的主要方面。

问：在什么情况下保险公司需要对董事及高管人员实施审计？

答：《审计办法》规定的保险公司董事及高管人员审计包括任中审计、离任审计和专项审计三大类。对于在一个岗位长期任职的高管人员，《审计办法》规定保险公司应当实施任中审计，任中审计的间隔不得超过三年。这个规定的目的在于给董事及高管人员一个明确的接受审计的预期，减少其违规经营的侥幸心理。凡因任期届满、工作调动、辞职、免职、撤职、退休等原因离开工作岗位的董事及高管人员，都要实施离任审计。鉴于离任审计报告是保险公司董事及高管人员任职资格审查的重要参考材料，而这一报告由离职人员原任职单位出具，为避免原任职单位故意拖延审计进程，同时防止董事及高管人员带"病"离职，《审计办法》规定离任审计应当根据人员变动情况及时进行，原则上实行先审计后离任，对确有理由不能事先审计的，应当在离任后3个月内完成审计并出具审计报告。对于因公司出现重大违规、财务异常或舞弊等情形，对可能负有责任的董事及高管人员，可以实施专项审计。

问：董事及高管人员审计的审计主体如何确定？

答：董事长和总经理是公司的主要负责人，审计责任人是公司的主要监督职责履行者，如何加强对他们的审计监督是一个难题。由公司内部审计部门对其进行审计，难以保证审计结果的公正性，而由监管部门进行审计操作难度较大。为此，《审计办法》规定对保险公司董事长、总经理以及审计责任人的审计应当聘请具有一定资质条件的外部审计机构实施，外部审计机构的选聘由董事会负责。

鉴于保险集团公司可以对其保险子公司和资产管理公司进行直接管理，其内部审计机构可以负责对下属子公司的审计，因此《审计办法》规定，对保险集团公司下属保险子公司和资产管理公司董事长、总经理以及审计责任人进行审计的，可以由其集团公司的审计部门组织实施。

对其他高管人员的审计，《审计办法》规定由公司内部审计机构组织实施。同时为提高审计的独立性，《审计办法》进一步规定，没有实行审计集中或垂直管理的保险公司，则必须按照"下审一级"的原则来确定具体的审计机构和人员。

问：董事及高管人员审计报告和审计结果如何运用？

答：《审计办法》针对不同审计对象规定了不同的审计报告路线。对总公司董事长和管理层成员的审计报告，要按照规定的程序和时限提交公司董事会，在经公司董事会审议后的 20 个工作日内报中国保监会。对分支机构的高管人员的审计报告，要按照规定的程序和时限报公司内部相关机构及分支机构所在地保监局。

关于审计结果运用，《审计办法》从保险公司和监管机构两方面做了原则性规定。首先，保险公司应当将董事及高管人员审计报告列入审计对象的人事档案管理，作为对其考核、任用、奖惩的重要依据。对审计发现的问题，要及时组织整改并按规定的程序追究相关责任人的责任。其次，保险监管部门应当将保险公司董事及高管人员审计报告纳入高管人员信息系统进行归档管理，在董事及高管人员任职资格审查时，可以参考其过往任职期间审计报告的审计结论，也可以要求其原任保险公司提交最近任职岗位的离任报告。

问：对于违反《审计办法》的行为，有哪些处罚措施？

答：《审计办法》作为一般规范性文件，没有直接规定处罚措施，而是按照《保险法》的相关规定予以处罚。《审计办法》规定，保险公司未按照规定的范围、时限和要求，对保险公司董事及高管人员进行审计并提交审计报告，或者提交存在虚假陈述、故意隐瞒或遗漏审计发现问题的报告的，将按照《保险法》第一百七十一条及第一百七十三条的规定进行处罚。对于其他违规行为，《审计办法》也作了列举，同样根据《保险法》的相关规定进行处罚。

对于外部审计机构发生故意隐瞒审计发现问题等情形的，《审计办法》规定中国保监会或其派出机构可以向其主管部门予以通报，并在行业内公布该审计机构名称，其他保险公司不得委托该审计机构实施审计。

国家卫生健康委办公厅关于印发卫生健康行业内部审计基本指引（试行）等 7 个工作指引的通知

（国卫办财务函〔2023〕416 号）

各省、自治区、直辖市及新疆生产建设兵团卫生健康委，国家卫生健康委直属和联系单位、预算单位：

为贯彻落实《进一步加强卫生健康行业内部审计工作的若干意见》（国卫财务发〔2022〕9号），指导和规范各级卫生健康行政部门及属管单位开展审计业务，更好发挥内部审计作用，我委研究制定了《卫生健康行业内部审计基本指引（试行）》等7个工作指引，现予以印发，供各地各单位开展内部审计工作时参考。执行过程中如遇问题请及时反馈至国家卫生健康委财务司。

　　附件：1. 卫生健康行业内部审计基本指引（试行）
　　　　　2. 大型医用设备绩效专项审计指引（试行）
　　　　　3. 高值医用耗材专项审计指引（试行）
　　　　　4. 采购管理专项审计指引（试行）
　　　　　5. 建设项目专项审计指引（试行）
　　　　　6. 合同管理专项审计指引（试行）
　　　　　7. 内部控制评价工作指引（试行）

国家卫生健康委办公厅

2023年11月14日

附件1

卫生健康行业内部审计基本指引（试行）

第一条　为进一步指导和规范卫生健康行业内部审计工作，提高审计工作质量，根据《审计署关于内部审计工作的规定》《卫生计生系统内部审计工作规定》《进一步加强卫生健康行业内部审计工作的若干意见》等相关规定，结合审计实践，制定本指引。

第二条　本指引供各级卫生健康行政部门及属管单位开展审计业务时参考使用。

第三条　开展审计业务时，应当遵守职业道德，具备相应的专业胜任能力，履行保密义务，独立、客观、公正地开展审计监督和评价，关注相关经济风险，并对审计质量实施有效控制。严格遵守保密规定，不得泄露在审计中获知的国家秘密、商业秘密、工作秘密、个人隐私和内部信息。

第四条　根据年度审计计划确定的审计项目及实施时间，开展审前调查，收集项目资料，评估工作量，统筹审计资源。

第五条　编制审计方案，明确审计目标、范围、内容、程序和方法，组建审计组，合理安排人员分工、时间，制定并送达审计通知书。

第六条　审计组全面了解审计项目，开展内部控制测试，发现制度是否存在缺失、未执行或执行不严格等情况。

第七条　审计组依据项目特点和审计目标综合运用恰当的审计方法，使用现代信息技术，发现审计线索，获取审计证据。审计方法一般包括审核、观察、监盘、访谈、调查、函证、计算和分析程序等。

第八条　审计组在审计工作中发现重大的问题线索，及时按程序向单位党组织、主要负责人请示报告。

第九条　审计组在审计工作中编制审计工作底稿，记录审计程序，归纳审计证据，形成审计结论。建立审计工作底稿分级复核制度，明确各级复核人员的职责和要求。

第十条　审计组汇总分析审计证据，提出审计建议，形成审计报告初稿，经规定程序复核后，征求被审计单位合理意见。研究采纳情况并按程序审定后，出具审计报告，送达被审计单位。

第十一条　按照立行立改、分阶段整改、持续整改的要求，督促被审计单位采取措施推动审计整改。

第十二条　加强内部审计与纪检监察、巡视巡察、组织人事、财会监督等其他监督力量协作配合，做好问题线索移送、责任追究等工作。

第十三条　审计组在项目结束后，及时收集审计材料，按规定归类整理、编目装订、组合成卷和定期归档。具备条件的，可以建立电子审计档案。

第十四条　本指引不能替代相关法律法规、部门规章、规范性文件及审计职业判断。对未涉及事项，需参考相关内部审计准则、指南、指引等。

第十五条　本指引由国家卫生健康委财务司负责解释。

附件2

大型医用设备绩效专项审计指引（试行）

第一条　为进一步指导和规范各级卫生健康行政部门及属管单位开展大型医用设备绩效专项审计业务，提高内部审计工作质量，根据《医疗器械监督管理条例》《卫生计生系统内部审计规定》《医疗器械临床使用管理办法》《大型医用设备配置与使用管理办法（试行）》等相关规定，结合审计实践，制定本指引。

第二条　大型医用设备绩效审计应当聚焦纳入监督管理考核范围的设备，包括使用技术复杂、资金投入量大、运行成本高、对医疗费用影响大且纳入目录管理的大型医疗器械，纳入财政预算绩效管理的医用设备，以及根据单位内部管理需要纳入监督考核的医用设备。

第三条　审计时运用观察、检查、询问、重新计算、重新执行、穿行测试等，开展内部控制测试和实质性程序。

第四条　设计和实施内部控制测试时，重点关注以下内容：

（一）机构与职责。查阅内设机构及职能设置文件、会议纪要等，了解机构设置、职责分工及落实情况。包括是否明确归口管理部门，是否履行职责；是否建立健全议事决策机制、岗位责任制、内部监督等机制，其中岗位责任制是否明确岗位办理业务和事项的权限范围、审批程序和责任。

（二）人员管理。查阅岗位职责等资料，访谈相关人员，了解关键岗位人员管理情况。包括大型医用设备使用人员是否具备相应资质、能力；设备采购预算编制与审定、采购需求制定与内部审批、招标文件准备与复核、合同签订与验收、验收与保管、增减设备执行与审批、设备保管与登记、设备实物管理与会计记录、设备保管与清查等不相容岗位是否相互分离；是否对设备管理关键岗位人员建立培训、评价、轮岗等机制；不具备轮岗条件的是否采取专项审计等控制措施等。

（三）制度建设。查阅大型医用设备管理制度、业务流程、内部控制评价报告等资料，了解制度体系健全、合规情况。包括是否明确大型医用设备管理范围；是否建立健全大型医用设备管理制度，是否明确配置、采购、安装、验收、使用、维护、维修、盘点、处置、核算、监督、绩效评价等内容；是否符合国家及属地有关规定；是否明确审核审批事项，是否建立授权审批控制；相关制度是否有效执行等。

（四）信息化建设。查看单位资产管理信息系统及其他相关信息系统，查阅内部控制评价报告等资料，了解信息化建设及运行情况，包括是否建立设备管理系统，是否嵌入内部控制要求；系统是否可以覆盖大型医用设备管理各环节；是否与内部其他相关信息系统互联互通；录入信息是否完整、准确等。

第五条　审计采购管理情况时，重点关注以下内容：

（一）管理制度。查阅医用设备管理、采购管理制度，审计是否明确配置论证、采购执行的业务流程、审批权限等管理要求。

（二）配置论证。查阅大型医用设备采购申请论证资料、相关会议纪要等，审计申请、审核、论证、审批程序及资料是否完备；是否按规定履行政府采购需求管理；是否按规定履行重大经济事项集体决策程序等。

（三）采购执行。查阅采购文件，审计采购方式、采购程序、信息公开等是否符合有关规定；采购资料内容是否完整、合规；是否按照权限履行审核审批程序等。

（四）采购合同。查阅中标或成交通知书、采购合同等采购文件，审计各类资料记载单位、数量、金额等信息是否一致；合同要素是否齐全等。

第六条　审计资产管理情况时，重点关注以下内容：

（一）管理制度。查阅资产管理制度，审计是否规定验收、出入库、盘点对账、维修维护、处置等业务流程、审批权限等管理要求。

（二）验收管理。查阅采购合同、送货清单、验收记录并对比分析，审计各类单据记载信息是否一致；是否成立验收小组，按照合同约定开展安装、调试、验收等工作；验收记录内容是否完整；验收完成后是否及时登记入库等。

（三）使用管理。查阅资产账卡、维修维护记录、医疗器械注册证、产品说明书及采购、维修维护合同等资料，现场查看实物保管情况，审计存放地点是否符合有关规定；是否按照合同约定定期检查、检验、校准、保养、维护；医用设备是否按照注册证规定的范围使用；设备产生的检查收入是否存在与医务人员绩效工资挂钩的情况等。

（四）盘点对账。查阅盘点记录、资产账等资料，开展监盘，查看资产管理信息系统并对比分析，审计是否定期开展盘点工作；账实、账账是否相符；是否依据盘点结果查明盘盈盘亏原因并按规定处理等。

（五）资产处置。查阅相关会议纪要、审核审批记录、财务账等资料，审计是否履行重大经济事项集体决策程序，是否按规定报送上级有关部门备案或审批；处置流程是否符合程序；处置收入是否按照政府非税收入等有关规定及时上缴国库等。

第七条　审计绩效管理情况时，依据批复的预算绩效目标、单位制定的大型医用设备评价指标等，结合单位实际情况选取指标。

（一）工作效率。现场查看设备使用情况，查阅使用记录、设备管理信息系统数据，了解设备启用日期、每日运行时间、工作量，计算开机率、年功效利用率等，审计设备是否闲置、低效运转等。

开机率＝实际开机时间 ÷ 应工作时间 ×100%

年功效利用率＝年实际工作量 ÷（日满负荷工作量 × 年开机天数）×100%

（二）收费执行。查看医院管理信息系统（HIS 系统）、电子病历系统，对比分析收费数据、业务数据，审计收费项目和收费标准执行是否合规；是否存在多收或少收等情况。

（三）运营效益。查看 HIS、财务管理等信息系统中设备收入和成本数据，计算设备投资回收期和收支结余率等，审计是否达到预期目标。

$$设备投资\atop 回收期 = {现金净流量累计为\atop 正值前一年的年限} + {现金净流量累计为正值当年年初未收回的投资额\over 该年现金净流量}$$

设备收支结余率＝（设备项目总收入－设备运营总支出）÷设备项目总收入×100%

（四）社会效益。调查检查或术前等候时间、患者满意度等，计算大型医用设备检查阳性率等，审计是否达到预期目标。

$$大型医用设备检查阳性率 = {大型医用设备检查阳性数\over 同期大型医用设备检查人次数} \times 100\%$$

（五）科教效益。查阅相关科研教学成果、论文著作、成果转化等资料，了解科研教学任务完成情况，审计是否达到预期目标。

（六）生态效益。审计在购置、使用和处置等各环节是否遵守环境保护、环境影响评价、放射性污染防治、水污染防治、医疗废物管理相关法律法规；是否受到相关行政处罚等。

第八条　审计财务管理情况时，查阅批复预算、会计账簿、会计凭证、采购合同等资料，重点关注大型医用设备采购预算是否纳入年度部门预算；是否按规定开展预算绩效自评，评价结果是否有效运用；是否按照中小企业款项支付政策及合同约定履行付款义务；是否按照国家及属地规定、合同约定收付履约保证金等。

第九条　审计设备档案管理情况时，查看设备管理信息系统及档案，重点关注是否按照台（件）建立设备管理档案，记录采购、安装、验收、使用、维护、维修、质量控制等事项信息；采购文件是否按规定期限保管等。

第十条　大型医用设备绩效专项审计业务涉及采购、合同、资产、捐赠、财务、绩效审计等内容的，需参考国家有关规定及其他审计指引等。

第十一条　本指引由国家卫生健康委财务司负责解释。

附件3

高值医用耗材专项审计指引（试行）

第一条　为进一步指导和规范各级卫生健康行政部门及属管单位开展高值医用耗材专项审计业务，提高内部审计工作质量，根据《治理高值医用耗材改革方案》《卫生计生系统内部审计工作规定》《医疗机构医用耗材管理办法（试行）》《国家卫生健康委办公厅关于印发第一批国家高值医用耗材重点治理清单的通知》等相关规定，结合审计实践，制定本指引。

第二条　高值医用耗材具有直接作用于人体、对安全性有严格要求、临床使用量大、价格相对较高等特点，审计组应当遵照国家及属地管理要求，结合被审计单位实际，确定审计内容。

第三条　审计时运用观察、检查、询问、重新计算、重新执行、穿行测试等，开展内部控制测试和实质性程序。

第四条　设计和实施内部控制测试时，重点关注以下内容：

（一）机构与职责。查阅内设机构及职能设置文件、会议纪要等，了解机构设置、职责分工及落实情况。包括是否按规定设立医用耗材管理委员会，是否履行职责；医用耗材管理部门、医务管理部门是否履行职责；是否建立健全议事决策机制、岗位责任制、内部监督等机制，其中岗位责任制是否明确岗位办理业务和事项的权限范围、审批程序和责任。

（二）人员管理。查阅岗位职责、轮岗记录等资料，访谈相关人员，了解关键岗位人员管理情况。包括从事医用耗材管理相关工作的人员是否具备与管理工作相适应的专业学历、技术职称；不相容岗位是否相互分离；是否对医用耗材管理关键岗位人员建立培训、评价、轮岗等机制；不具备轮岗条件的是否定期采取专项审计等控制措施等。

（三）制度建设。查阅医用耗材管理制度、业务流程、内部控制评价报告等资料，了解制度体系健全、合规情况。包括是否界定高值医用耗材管理范围；是否建立健全医用耗材管理制度，是否明确遴选、采购、库存、收费、财务、信息化建设、使用评价等内容；是否符合国家及属地有关规定；是否明确审核审批事项，是否建立授权审批控制；相关制度是否有效执行等。

（四）信息化建设。查看耗材管理系统及其他相关信息系统，查阅内部控制评价报告等资料，了解信息化建设及运行情况，包括是否建立耗材管理系统，是否嵌入内部控制要求，是否可以覆盖高值医用耗材管理各环节；是否与内部其他相关信息系统互联互通；录入信息是否全面、完整、准确等。

第五条 审计遴选管理情况时，重点关注以下内容：

（一）管理制度。查阅医用耗材、供货商遴选、耗材准入等管理制度，审计是否规定耗材及供应商遴选和准入的流程、资质要求、审核审批权限等内容，是否明确对耗材目录动态管理的要求等。

（二）准入遴选。查阅新增耗材准入遴选相关记录、会议纪要、医疗机构医用耗材供应目录（以下简称供应目录）等资料，对比分析集中采购管理平台数据，审计耗材品目信息是否一致；新耗材准入是否按照权限履行审核审批程序，审批结果记录是否完整等。

（三）供应商管理。查阅供应目录、医疗器械经营企业许可证、企业法人营业执照、授权代理证明、产品注册证及附页等资料，审计供应商及产品资质是否合规、有效，调整审批记录是否完整；实际执行的供应商是否在供应目录范围内等。

（四）目录管理。查阅供应目录，审计属于国家或省市医用耗材集中采购目录的是否从中遴选，是否包含耗材、供应商等信息，是否定期调整等。

第六条 审计采购管理情况，重点关注以下内容：

（一）管理制度。查阅采购管理制度，审计是否规定采购方式、流程、审批权限等内容。

（二）采购执行。查阅采购申请审批表、采购资料、采购合同及台账等，查看集中采购管理平台，审计集中采购的高值医用耗材是否在规定的平台上采购，成交价格与平台价格是否存在差异；一年内重复多次临时采购的高值医用耗材是否按程序审批并及时纳入供应目录；集中采购目录外高值医用耗材的采购程序、采购方式是否符合有关规定；是否按照权限履行审核审批程序等。

（三）采购合同。查阅采购合同等资料，审计是否签订采购合同，合同要素、条款是否完整，合同条款是否合理等。

第七条 审计库存管理情况时，重点关注以下内容：

（一）管理制度。查阅库存管理制度，审计是否规定验收、出入库、存储转运、盘点对账等内容。

（二）出入库管理。查阅采购、验收、出入库记录和发票、送货清单并对比分析，审计是否按规定及合同约定开展验收确认；各类单据记载信息是否一致；出入库手续是否完备、合规，耗材是否在效期内；是否按规定保管送货及出入库单据等。

（三）实物管理。查阅资产账、出入库记录等资料，现场查看实物保管情况，审计各级库房是否安排专人管理并记录明细台账；各级库房、转运消毒中心等交接记录是否完整；是否违规使用供应目录外高值医用耗材等。

（四）盘点对账。查阅盘点记录、资产账等资料，开展监盘，查看耗材管理信息系统、医院管理信息系统（HIS系统）并对比分析，审计是否指定专人定期盘点对账；账实、账账是否相符；是否依据盘点结果查明盘盈盘亏原因并按规定处理等。

第八条　审计收费和价格管理情况时，重点关注以下内容：

（一）管理制度。查阅收费和价格管理制度，审计是否规定收费和退费流程、审批权限、成本测算及控制、调价管理、价格公示、费用清单等内容。

（二）政策落实。查看并对比分析耗材管理信息系统、HIS系统中收费项目数据，审计是否执行国家及属地规定的"零差率"、医保基金使用、价格行为管理等政策，是否存在未经价格管理部门备案或批复的医疗服务项目；医疗服务价格是否及时调整；是否根据巡视巡察、审计、飞行检查等监督检查发现问题及时整改等。

（三）收费合规。查看耗材管理系统、HIS系统，对比分析收费、病历、出库记录和耗材条码信息等，审计记载信息是否一致；是否存在重复收费、超范围收费、超标准收费、分解项目收费、串换医用耗材、虚假收费等情况。

（四）退费管理。查阅费用减免、退费管理等制度、业务流程、业务审批单等资料，查看耗材管理系统、HIS系统，审计是否按照权限履行审核审批程序，事由是否合理，单据内容是否完整等。

第九条　审计财务管理情况时，查阅部门预算文件、会计账簿、会计凭证、采购合同、资产账、盘点记录等资料，重点关注高值医用耗材采购是否纳入年度部门预算；是否按照中小企业款项支付政策及合同约定履行付款义务；相关信息是否一致；是否及时进行账务处理；是否定期与耗材管理部门核对账务。

第十条　审计使用评价情况时，查阅内部制度和出入库、病历、收费记录等资料，重点关注内部制度是否规定高值医用耗材临床应用质量安全事件报告、不良反应监测、重点监控、超常预警和评价等内容，执行是否有效；相关信息记录是否完整、一致，是否可追溯等。

第十一条　关注采用供应链延伸服务（SPD）模式管理高值医用耗材的相关风险。查阅内部制度、服务合同、财务账簿、会计凭证、会议纪要等资料，查看相关信息系统，访谈相关人员，了解单位使用SPD模式的决策情况，对配送商、供应商的监管措施及执行情况，相关信息系统安全性、数据所有权归属等情况。

审计采购方式是否适当，合同是否约定单位、配送商、供应商的权利义务、违约责任等内容，是否强制供应商使用相关信息系统；是否按规定及合同约定结算货款和服务费；单位工作人员是否参与耗材验收；发票是否真实、准确，是否符合"两票制"改革导向等。

第十二条　高值医用耗材专项审计业务涉及采购、合同、财务、资产等内容的，需参考国家有关规定及其他审计指引等。

第十三条　本指引由国家卫生健康委财务司负责解释。

附件4

采购管理专项审计指引（试行）

第一条 为进一步指导和规范各级卫生健康行政部门及属管单位开展采购管理专项审计业务，提高内部审计工作质量，根据《中华人民共和国政府采购法》《卫生计生系统内部审计规定》《行政事业单位内部控制规范（试行）》等相关规定，结合审计实践，制定本指引。

第二条 本指引所称采购包括政府采购，政府采购限额标准以下且集中采购目录以外的货物、服务、工程采购（以下简称限额以下且目录以外采购）。审计组应当遵照国家及属地管理要求，结合被审计单位实际，确定审计内容。

第三条 审计时运用观察、检查、询问、重新计算、重新执行、穿行测试等，开展内部控制测试和实质性程序。

第四条 设计和实施内部控制测试时，重点关注以下内容：

（一）机构与职责。查阅内设机构及职能设置文件、会议纪要等，了解机构设置、职责分工及落实情况。包括是否明确归口管理部门及权限划分，是否履行职责；是否建立健全议事决策机制、岗位责任制、内部监督等机制。其中岗位责任制是否明确岗位办理业务和事项的权限范围、审批程序和责任。

（二）人员管理。查阅岗位职责、轮岗记录等资料，访谈相关人员，了解关键岗位人员管理情况。包括从事采购管理工作的人员是否具备相应资质、能力；采购需求制定与内部审批、采购文件编制与复核、合同签订与验收等不相容岗位是否相互分离；是否建立政府采购多人参与、在岗监督、离岗审查和项目责任追溯制度；是否对采购管理关键岗位人员建立培训、评价、轮岗等机制；不具备轮岗条件的是否定期采取专项审计等控制措施等。

（三）制度建设。查阅采购管理制度、业务流程、内部控制评价报告等资料，了解制度体系健全、合规情况。包括是否建立健全政府采购、限额以下且目录以外采购管理制度，且涵盖货物、服务、工程等内容；是否明确采购预算、需求、计划、方式、程序、合同、验收、结算、供应商管理、信息公开、档案、监督评价、争议处理、委托代理、政策功能、所属单位采购管理等要求；是否符合国家、属地及上级单位有关规定；是否明确审核审批事项，是否建立授权审批控制；相关制度是否有效执行等。

（四）信息化建设。查看采购管理系统，查阅系统操作记录、内部控制评价等资料，了解人员身份验证、岗位业务授权、系统操作记录、电子档案管理等功能建设及执行情况。

第五条 审计政府采购管理情况时，重点关注以下内容：

（一）采购当事人管理。查阅采购人法人证书、采购合同、供应商营业执照、资质资格证明、违法记录、采购代理机构委托代理协议等资料，审计是否为政府采购活动；采购人、供应商、采购代理机构等采购当事人是否属于政府采购法适用对象，是否具备履约能力；是否按规定选定采购代理机构，是否存在应委托未委托集中采购代理机构等情形，委托代理协议是否符合法定要求；审查供应商是否具备参加政府采购活动的条件，是否存在关联交易、串通舞弊、不正当竞争、转包、违法分包以及谋取不正当利益等违法情形。

（二）需求管理。查阅采购需求调查记录等文件资料，审计需求要素是否完整、准确、合规，是否符合采购项目特点和实际，是否依据部门预算（工程项目概预算）确定；是否按规定开展需求调查；是否对规定的采购项目开展需求论证；是否开展一般性需求审查；应当开展重点审查的，是否审查非歧视性、竞争性、采购政策、履约风险等；采购需求与采购文件等有关内容是否一致等。

（三）实施计划管理。查阅政府采购实施计划等资料，审计实施计划内容是否完整；采购包划分是否合理；供应商资格条件是否与采购标的、履约能力直接相关，是否存在歧视性条件等；采购方式是否合规，符合条件但未公开招标的是否依法取得批准；定价方式是否合理，是否在采购估算价值额度内合理设置采购最高限价；评审方法是否客观、合规；合同类型和文本是否依规使用标准合同文本；履约验收方案是否完整、合理、合规；风险处置措施和替代方案是否存在应当设置而未设置的情形；政策功能落实是否按规定执行；时间安排是否有序合理；实施计划文本是否经单位内部审核后报同级财政部门备案等。

（四）预算管理。查阅政府采购预算、部门预决算、采购文件、会计账簿等资料，审计预算编制是否准确完整填报，是否存在与部门预算、采购计划等不一致情况；预算执行是否存在超预算或无预算执行情况，是否存在超预算采购的情况；预算调整是否按照规定报同级财政部门审核批准，是否存在未批先行情况，是否相应调整采购实施计划等。

（五）组织形式管理。查阅采购文件、会计账簿、批量集中采购计划、协议供货目录等资料，审计集中采购是否按规定办理，采购手续是否合规；定点采购是否合规；协议供货是否规范执行，供货数量是否符合相关规定。

（六）方式管理。查阅采购需求、采购文件等资料，审计公开招标采购是否符合规定，采购标的是否有详细的技术规格标准、服务具体要求，公开招标限额标准以上货物服务工程采购是否采用公开招标方式等；竞争性谈判、竞争性磋商、询价、单一来源采购是否合规，是否存在化整为零规避公开招标、使用竞争性磋商方式采购一般货物、竞争性谈判和竞争性磋商方式混用等情况；实施框架协议采购的，是否按照集中采购代理机构、主管预算单位规定的执行方式、采购流程完成采购；采购方式变更是否符合财政部门相关规定等。

（七）程序管理。查阅评标文件、记录，谈判文件、询价通知书，采购档案等资料，审计公开招标是否按照规定程序执行，招标文件等材料是否真实完整规范，招标文件提供期限、开标时间、中标公告时间等是否符合时间性要求，评标委员会构成是否规范等；竞争性谈判是否按照规定成立谈判小组并制定谈判文件，邀请供应商是否规范，谈判文件、记录、成交通知书等是否真实完整规范；竞争性磋商是否按规定成立磋商小组并制定磋商文件，邀请供应商是否规范，磋商文件、记录、成交通知书等是否真实完整规范；询价是否按照规定程序执行，询价通知书、记录、成交文件等内容是否完整规范；单一来源采购是否按照规定程序执行，采购原因及说明、论证意见、公示文件、协商记录文件等是否真实完整规范；专家抽取是否按照规定方式执行等。

（八）合同管理。查阅政府采购合同台账、档案、会计账簿等资料，审计是否按照中标、成交通知书确定的事项签订采购合同，是否实质性响应采购需求全部内容；合同定价是否合理；核实变更、中止、解除合同原因是否正常，是否履行相关审核审批程序；追加与合同标的相同的补充采购合同是否超过原合同采购金额的10%；履约保证金、质量保证金等缴纳和退还是否合规，履约保证金是否超过国家及属地规定的比例等。

（九）信息公开管理。查阅采购公告等采购文件，审计采购意向、采购公告和资格预审公告、采购预算、采购结果、采购更正、采购合同、单一来源方式采购、政府购买服务信息等是否公开；公开渠道、内容、时间是否符合要求等。

（十）验收管理。查阅采购合同、书面验收意见等采购文件，审计验收组织是否按照要求组建验收小组且符合不相容岗位相互分离要求，委托采购代理机构履约验收是否对验收结果书面确认；验收方式是否由2人以上共同办理履约验收，是否邀请实际使用人参与验收，第三方专业机构及专家等参与验收的是否形成书面验收意见，政府提供公共服务项目是否邀请服务对象参与验收、出具意见并公告验收结果；验收过程是否按照合同约定对每一项技术、服务、安全标准的履约情况进行确定；验收报告是否列明各项标准的验收情况及总体评价，是否由验收各方共同签署，验收结果是否与资金支付和履约保证金返还条件挂钩等；验收责任是否对验收合格项目按照合同约定及时结算，是否对验收不合格项目及违法违规情形按照相关法律法规及合同约定及时处理等。

（十一）付款管理。查阅成交结果、采购合同、合同台账、验收意见、会计账簿、履约保证金和质量保证金台账、往来款项对账记录等资料，审计是否按照合同约定付款，提前或滞后付款原因是否合理；合同原件等付款资料是否齐全，涉及合同调整是否根据补充合同付款；是否符合预算一体化资金支付、公务卡支付结算等规定，履约保证金和质量保证金是否按原渠道退回；票据是否符合财政、税务相关规定；是否符合单位审批流程和权限规定，是否存在超范围支出事项等。

（十二）争议管理。查阅书面质疑、采购合同、采购文件等资料，审计供应商询问是否及时作出答复；供应商质疑处理是否在收到书面通知后，按照相关规定规范做出答复等；供应商投诉处理是否在投诉处理期按照时间要求暂停采购活动；政府采购涉及控告和检举的，是否得到及时处理等。

（十三）监督管理。查阅采购内部控制评价报告、权力运行监控检查、政府采购自查、外部审计巡视等监督检查报告，审计监督机制是否由审计纪检部门共同参与；监督内容是否完整规范；监督措施是否公开纪检部门电话，是否畅通问题反馈和受理渠道等；监督整改是否针对监督检查提出的采购管理问题整改到位，是否建立长效机制等。

（十四）政策功能管理。查阅采购文件、采购合同、会计账簿等资料，审计正版软件采购是否纳入政府采购预算和计划，计算机办公设备购置是否符合采购要求等；进口产品采购是否未经批复或备案擅自采购；节能产品采购是否属于政府采购清单范围，是否落实优先采购或强制采购要求；信息安全产品采购是否属于国家相关目录，是否获得国家信息安全认证等；中小企业采购是否收取中小企业声明函、残疾人福利性单位声明函或监狱企业证明文件，是否预留采购份额或给予价格扣除优惠；脱贫地区农副产品采购是否落实国家乡村产业振兴有关政策；绿色建材采购是否符合相关实施指南的要求等。

（十五）专项管理。查阅会计账簿、采购合同、会议纪要等资料，审计公务机票采购是否属于规定范围内情形，是否优先选择国内航空公司，是否按程序确定公务机票服务商，是否超标准购买等；会议定点采购是否在党政机关定点场所举办现场会议，电子结算单和费用原始明细单据等是否真实，是否与会议通知、签到表、年度会议计划、会议费预算等相关内容一致等；疫情防控便利化采购是否建立健全紧急采购内控机制，是否执行分级授权审批，是否按规定留存疫情防控采购项目相关文件等；医用高值耗材采购是否建立准入遴选机制，目录内采购是否在阳光采购平台集中采购，目录以外采购是否符合相关采购规定，临时采购是否按规定审批，验收是否规范等；药品采购是否属于集中采购范围，采购方式是否符合规定，采购合同要素是否明确，是否存在违规网下采购、拖欠货款、虚假发票等情况。

第六条　审计限额以下且目录以外采购时，重点关注以下内容：

（一）采购执行。查阅采购预算、申请审批表、投标书或报价函、中选通知书等采购文件，审计采购方式是否符合单位内部规定，采购程序是否规范，是否按照权限履行审核审批等。

（二）采购合同。查阅采购合同及台账等资料，审计合同要素是否齐全，是否存在未经授权对外签订合同的情况；印章管理是否符合单位内部规定；合同执行偏差、缓慢、纠纷等原因是否合理等。

（三）采购验收。查阅出入库记录、验收报告等资料，审计是否由指定部门或专人对所购物品的品种、规格、数量、质量和其他相关内容进行验收，并出具验收证明；是否按照合同约定对供应商进行履约评价等。

（四）采购监督。查阅内部控制评价报告、权力运行监控报告等资料，审计是否对采购部门职责履行、采购计划执行、采购合同履约等开展内部监督检查，是否对采购权力运行进行监控，是否对采购内部控制进行评价等。

第七条 审计采购核算时，重点关注以下内容：（一）采购结算。查阅采购合同、验收意见、会计账簿、会计凭证等资料，审计是否按照合同约定履行付款，是否符合中小企业款项支付等政策要求，是否及时取得真实、准确的发票；是否按照权限履行审核审批等。

（二）会计核算。查阅会计账簿、资产账、会计凭证等资料，审计相关记载信息是否一致；会计核算是否正确；是否定期盘点，进行账账、账实、账表核对等。

第八条 审计采购后续管理时，重点关注以下内容：

（一）档案管理。查阅采购需求、采购实施计划等采购文件（含电子档案），审计档案保管、交接是否完整规范，是否符合规定的保管期限等。

（二）绩效管理。查阅政府采购信息统计报表、内部控制报告、预算绩效报告、部门决算、政府财务报告、卫生财务年报等资料，审计采购预算资金是否实现既定采购目标，是否保障完成相应履职任务，是否促进实现相关经济效益和社会效益，是否提高服务对象满意度，是否存在闲置浪费、质次价高、低配高价等情况。

第九条 采购管理专项审计业务涉及财务、资产、合同、高值医用耗材、药品、建设项目等内容的，需参考国家有关规定及其他审计指引等。

第十条 本指引由国家卫生健康委财务司负责解释。

附件5

建设项目专项审计指引（试行）

第一条 为进一步指导和规范各级卫生健康行政部门及属管单位开展建设项目专项审计业务，提高内部审计工作质量，根据《卫生计生系统内部审计工作规定》《基本建设财务规则》《建设工程价款结算暂行办法》等相关规定，结合审计实践，制定本指引。

第二条 本指引所称建设项目包括单位作为投资主体或建设主体，在自有土地或新征用地上新建、改扩建、迁建以及应当纳入基本建设投资管理范围的工程。审计组应当遵照国家及属地管理要求，结合单位实际，选择全部过程、部分阶段或重要环节，确定审计内容。

第三条 审计时运用观察、检查、询问、现场踏勘、询价、分析性复核等，开展内部控制测试和实质性程序。

第四条 设计和实施内部控制测试时，重点关注以下内容：

（一）机构与职责。查阅内设机构及职能设置文件、会议纪要等，了解机构设置、职责分工及落实情况。包括是否明确归口管理部门，是否履行职责；是否建立健全议事决策机制、岗位责任制、内部监督等机制，其中岗位责任制是否明确岗位办理业务和事项的权限范围、审批程序和责任。

（二）制度建设。查阅建设项目管理制度、业务流程、内部控制评价报告等资料，了解制度体系健全、合规情况。包括是否明确建设项目管理范围，是否建立健全进度管理、质量管理、安全管理、投资控制、廉政管理、日常办公等管理制度，且涵盖施工管理、设计管理、物资材料管理等重要环节的操作规程规范；是否符合国家、属地及行业规定；是否明确审核审批事项，是否建立授权审批控制；相关制度是否有效执行等。

（三）人员管理。查阅岗位职责、轮岗记录等资料，访谈相关人员，了解关键岗位人员管理情况。包括从事建设项目管理工作的人员是否具备相应资格、能力；项目建议和可行性研究与项目决策、概预算编制与审核、项目实施与价款支付、竣工决算与竣工审计等不相容岗位是否相互分离；是否对建设项目管理关键岗位人员建立培训、评价、轮岗等机制；不具备轮岗条件的是否采取专项审计等控制措施等。

（四）信息化建设。查看建设项目管理信息系统，查阅系统操作记录、内部控制评价报告等资料，了解人员身份验证、岗位业务授权、系统操作记录、电子档案管理等功能建设及执行情况。

第五条 审计建设项目前期决策情况时，重点关注以下内容：

（一）项目建议书管理。查阅项目建议书（含附件）等资料，审计项目立项是否从国家和项目所在地区医疗卫生服务、教学、科研、疾控等设施及工作现状等方面论述项目必要性；编制依据是否充分、合规；内容是否完整，是否包括项目总论、项目建设的必要性与初步可行性、项目功能定位与需求分析、建设规模测算、项目选址及建设条件、建设方案等；资料来源是否真实、完整；建设规模测算、投资估算是否合理，资金来源是否明确；是否经过相关部门审批。

（二）可行性研究报告管理。查阅可行性研究报告等资料，审计项目建设可行性是否经过单位内部充分研究、讨论，医疗、教学、科研、疾控等业务工作空间是否满足需求；编制依据是否充分、合规；可行性研究报告要素及内容是否完整；资料来源是否真实、完整；是否经多方案比较后确定建设方案；投资估算编制是否满足项目建议书批复意见，资金筹措方案是否完善；是否经过相关部门审批；是否满足规划要求。

（三）报批报建管理。查阅建设项目报批报建相关资料，审计建设项目是否取得行政许可文件（含项目选址规划意见书、建设用地规划许可证、工程规划许可证、土地使用审批、环保审批、消防审批、工程质量监督和施工许可证等）；办理程序是否合规，是否存在办理进度缓慢导致项目不能按计划投入使用等情况。

第六条 审计建设项目勘察设计情况时，重点关注以下内容：

（一）勘察设计管理。查阅勘察设计采购文件、响应文件、采购合同、勘察报告、设计方案等资料，审计勘察设计采购文件是否完整、合规；勘察设计单位资质是否满足建设项目需要；设计方案是否符合采购文件要求及相关规范；勘察报告、设计方案内容是否完整、合规等。

（二）初步设计和投资概算管理。查阅初步设计方案、投资概算等资料，审计初步设计方案编制单位是否具备相应资质，编制依据是否充分、合规，要素及内容是否完整；医院感染重点部门建设项目是否符合建筑卫生学审查要求，净化、放射性防护、磁屏蔽、反渗透纯水及酸化水供应、医用气体、医疗废弃物处理、医用污水处理等医疗专项设计是否合规；资料来源是否真实、完整；投资概算是否真实、客观地反映项目建设实际需要；是否经过相关部门审批。

（三）施工图设计管理。查阅施工图设计文件等资料，审计施工图设计文件是否完整、规范、准确；施工图预算编制依据是否充分、内容是否完整；施工图设计内容和施工图预算是否符合经批准的初步设计方案、概算及标准，是否严格按照核定的投资概算实行限额设计。

第七条 审计建设项目采购情况时，重点关注以下内容：

（一）招标投标管理。

1. 查阅招标公告、资格预审文件、招标文件、招标答疑等资料，审计招标方式、范围和程序是否合规；招标文件内容是否符合《中华人民共和国招标投标法》第十九条等规定；是否存在将依法必须进行招标的项目化整为零或以其他任何方式规避招标的行为；是否在规定渠道公开发布招标公告等。

2. 查阅招标工程量清单等资料，审计招标工程量清单编制是否符合《建设工程工程量清单计价规范》及招标文件、设计图纸等要求；清单项目及特征描述是否完整、准确；工程计量是否准确，是否存在多算、漏算、错算等情况；暂列金额、暂估价测算是否合理；清单中给定暂估价的材料、工程设备、专业工程属于依法必须招标的，是否以招标方式选择供应商或专业分包人等。

3. 查阅招标控制价文件，审计招标控制价是否由具有编制能力的建设单位或受其委托的工程造价咨询机构编制；编制依据是否符合要求，编制说明是否完整；工程计量是否准确，定额子目套用是否正确，各项费率计取、主要材料价格取定是否合规。

4. 查阅投标文件，审计投标文件编制是否合规，是否对招标工程量清单等招标文件提出的实质性要求和条件作出响应，是否存在错项、漏项、不平衡报价；投标人是否符合国家或者招标文件规定的资格条件，是否存在《中华人民共和国招标投标法实施条例》第三十九条至第四十二条等规定的情形；投标保证金提交是否合规等。

5. 查阅开标记录、评标报告、中标通知书等资料，审计招标文件提供期限、开标时间、中标公告时间等是否符合时间性要求，评标委员会构成是否规范；开标、评标程序是否合规，是否存在招标人非法限制投标人竞争、招标事项涉嫌串通等情况；是否未按照招标文件规定的标准进行评审；是否违法进行实质性谈判；是否未按规定确定中标人；是否在规定渠道公开发布中标结果；是否未按规定执行废标等。

（二）其他采购方式管理。以竞争性谈判、竞争性磋商、询价或单一来源方式采购的，查阅项目前期报批文件、采购文件、响应文件、评审记录等，审计采购组织管理是否规范，采购方式是否合规，是否存在化整为零规避公开招标等情况；采购程序是否合规，是否存在以不合理的条件对供应商实行差别待遇或者歧视待遇等情况；采购文件是否真实完整规范，是否符合建设项目特点和单位实际需求，是否存在擅自提高经费预算和资产配置等采购标准等情况；响应文件内容是否完整，是否实质性响应采购文件；谈判小组、磋商小组、询价小组等成立、单一来源方式专家抽取是否按规定方式执行等。

第八条　审计建设项目合同签订情况时，查阅合同台账、档案、审核审批记录等资料，审计是否按照采购文件、中标、成交通知书等确定的事项签订采购合同；合同要素是否齐全；是否履行相关审核审批、授权委托手续；履约保证金、质量保证金等收取和退还是否合规，履约保证金是否超过国家及属地规定的比例等；合同是否按规定归档等。

另外，审计中需要结合不同类型合同特点，重点关注以下内容：

（一）勘察设计合同。是否明确工作内容（含建设单位需提供的基础资料、设计单位交付的设计成果等）、进度、质量、技术标准、违约责任及相关赔偿、知识产权、保密要求等内容，付费标准是否符合有关规定。

（二）监理合同。是否约定工程监理单位在施工阶段对建设工程质量、进度、造价进行控制，对合同、信息进行管理，对工程建设相关方的关系进行协调，并履行建设工程安全生产管理法定职责；是否明确监理范围和内容，监理单位驻场人员数量、资质、职责、更换情形及流程，监理单位提交资料种类、数量、期限、违约责任及相关赔偿、著作权、保密要求等内容。

（三）造价咨询合同。是否约定酬金及计取方式，是否明确造价咨询的范围、内容、服务类别，造价咨询机构人员数量、资质、职责、更换情形及流程，造价咨询机构提交成果种类、数量、期限、违约责任及相关赔偿、知识产权、保密要求等内容。

（四）施工合同。是否明确工程范围、建设工期、工程质量、工程价款、竣工验收标准，施工单位项目经理的职责资质、更换情形及流程，施工单位人员管理措施，竣工结算原则、计费标准、结算方式，隐蔽工程、工程变更、质量保证期、违约情形及责任、不可抗力等内容，是否存在《最高人民法院关于审理建设工程施工合同纠纷案件适用法律问题的解释（一）》第一条规定的情形等情况；约定的工程质量保证金是否符合国家及属地涉企保证金有关规定，建设工程进度款是否符合建设工程价款结算有关规定等。

（五）材料设备采购合同。是否明确材料设备的规格、型号、技术参数、单价、数量、总价、结算方式、付款方式、包装及运输方式，交货时间、地点、方式，到场验收的标准、流程、时间、地点，材料设备质量标准、质量保证期限、保修方式、风险分担、违约责任及相关赔偿等内容。

第九条 审计建设项目施工情况时，重点关注以下内容：

（一）进度款管理。查阅工程管理台账、进度款申请书、计价文件、形象进度说明、进度款报审表、材料设备到场验收清单、监理单位出具的进度款支付证书、造价咨询机构出具的进度款支付意见书等资料，审计进度款资料是否完整，是否履行审核审批程序；进度款支付节点、计价原则和方法是否符合有关规定及合同约定，监理单位、工程管理部门是否出具阶段性或竣工验收报告；施工进度与报审进度是否一致，预付款是否按照合同约定抵扣；涉及工程变更的，是否组织论证，变更签证手续是否齐全、合规，价款调整方式和付款要求是否符合合同约定；工程管理部门是否建立工程管理台账，载明建设项目合同金额、完成产值、进度款支付金额、抵扣情况等。

（二）变更事项管理。

1. 变更及签证管理。查阅变更通知单、变更洽谈记录、设计变更图纸、工作联系函、现场签证单、工程量核定单等资料，审计工程变更、签证办理是否及时、合理，内容是否真实、完整、准确；是否履行审核审批程序，是否存在工程管理部门、监理单位未出具审核意见、重复计算不同施工单位签证内容和工作量等情况；施工单位是否按照审批后变更、签证等要求施工。

2. 合同变更管理。查阅合同档案、变更申请、变更审批记录、会议纪要等资料，审计合同变更原因是否合理，变更内容（含合同价格、结算方式、付款方式、工程范围、工期等）是否合规且经各方当事人协商一致；是否履行审核审批程序等。

（三）材料设备管理。

1. 查阅材料设备发货单、运输保险单、报关单（进口货物）、合格证、说明书、验收记录、验收报告等资料，审计材料设备验收程序是否合规，是否按照合同约定的品种、规格、数量、质量标准、交货时间等交付使用。

2. 材料设备出现调整、更换或增加等情况时，查阅材料设备变更申请、变更通知书、变更审批表、会议纪要等资料，采用询价核价（按照市场调查取得价格信息进行计算）等方式，审计材料设备变更后价格调整是否合理，合同变更是否履行审核审批程序等。

（四）隐蔽工程管理。查阅隐蔽工程施工工艺、验收记录、文字影像等资料，审计隐蔽工程施工是否与施工图、设计变更、施工规范等内容一致；验收程序是否合规，是否存在先隐蔽后通知等情况；隐蔽材料的质量检测资料是否齐全；是否存在偷工减料、以次充好、替换材质等情况。

（五）索赔费用管理。查阅索赔申请书、索赔支付证书等资料，审计赔偿损失的责任认定及费用是否符合有关规定及合同约定，索赔证据是否完整，索赔程序是否合规等。

（六）竣工验收管理。查阅竣工验收报告、竣工图、设计文件、工程质量检测报告、安全验收报告、监理报告等资料，审计竣工验收程序是否合规，验收资料是否齐全，涉及人防、消防、安防、环境验收的，相关手续是否齐全、有效；是否按照合同约定的范围、质量、进度完工；竣工试运行期间发现的问题是否整改；竣工档案是否完整、规范；

是否在建设部门备案并取得备案文件等。

第十条　建设项目结算分为过程结算和竣工结算。审计建设项目竣工结算时，重点关注以下内容：

查阅工程结算书（含工程管理部门、监理单位意见等）、施工合同、采购文件、响应文件、施工图、竣工图、工程量计算式、工作联系函、技术资料和技术设备说明书、隐蔽工程记录、开工报告、验收报告、会议纪要等资料，审计工程结算编制依据是否充分；工程计量是否准确，包括施工单位是否按照施工图计算各分部分项工程量并提供计算公式，是否按照合同约定进行工程计量等；各项费率、税金计算基础是否合规；工程造价是否准确，包括工程变更、签证、工程索赔发生的费用、奖励及违约费用的计算是否正确，材料价差调整依据是否充分，合同涉及工程质量、工期、安全文明施工奖罚等内容是否执行到位等。

另外，建设项目符合财政部《关于完善建设工程价款结算有关办法的通知》要求的，可以开展过程结算审计。

第十一条　审计建设项目竣工财务决算情况时，重点关注以下内容：

查阅项目立项审批、内部管理文件、采购文件、响应文件、合同档案、工程结算文件、财务决算报表、在建工程明细账等资料，审计竣工财务决算是否按规定时间编报；项目立项审批、招标投标程序、合同签订及履行、资金来源及到位情况是否合规；建筑安装工程费用、与项目相关的设备是否按照合同约定、结算审计确定的金额支付；是否完成债权债务、财产物资的清理；建设单位管理费用列支是否合理，与项目相关的勘察费、设计费、评估费、检测费、监理费、审计费等费用是否按照合同约定、经审核确定的金额支付，土地征用及迁移补偿费是否按照合同约定金额支付、是否记入决算金额，待摊投资归类是否正确、分摊是否准确合理；待核销基建支出和转出投资列支依据是否合理，手续是否完备，内容是否真实、完整，核算是否合规；尾工工程是否真实，预留费用是否合理；确定交付使用资产明细，检查价值分配原则是否合理；财务决算内容是否完整，是否按批准的概算内容执行，是否存在超概算、擅自提高建设标准和扩大建设规模、挤占或者虚列工程成本等情况，是否履行变更审批程序；分析概算执行情况，对比批复概算与项目实际投资，节约或超支原因是否合规、合理。

第十二条　建设项目专项审计业务涉及采购、合同、财务、绩效审计等内容的，需参考国家有关规定及其他审计指引等。各单位开展修缮工程、零星工程专项审计的，可以参考使用本指引。

第十三条　本指引由国家卫生健康委财务司负责解释。

附件6

合同管理专项审计指引（试行）

第一条　为进一步指导和规范卫生健康行业行政部门及属管单位开展合同管理专项审计业务，提高内部审计工作质量，根据《中华人民共和国民法典》《卫生计生系统内部审计规定》《行政事业单位内部控制规范（试行）》等相关规定，结合审计实践，制定本指引。

第二条　本指引所称合同是指与经济活动有关的合同，重点审计签订、履约、结算、归档等内容。

第三条　审计时运用观察、检查、询问、重新计算、重新执行、穿行测试等，开展内部控制测试和实质性程序。

第四条 设计和实施内部控制测试时，重点关注以下内容：

（一）机构与职责。查阅内设机构及职能设置文件、会议纪要等，了解机构设置、职责分工及落实情况。包括是否明确归口管理部门，是否履行职责；是否建立健全议事决策机制、岗位责任制、内部监督等机制，其中岗位责任制是否明确岗位办理业务和事项的权限范围、审批程序和责任。

（二）制度建设。查阅合同管理制度、业务流程、内部控制评价报告等资料，了解制度体系健全、合规情况。包括是否建立健全合同管理制度，是否明确签订合同的经济活动范围和条件，是否明确签订、变更、转让、履约、结算、用印、档案（保管期限等）、监督审查、纠纷协调等管理要求；是否明确审核审批事项，是否建立授权审批控制；合同签订与合同审批、合同签订与付款审批、合同执行与付款审批、合同签订与合同用章保管等不相容岗位是否相互分离；是否符合国家、属地及上级单位有关规定；相关制度是否有效执行等。

（三）信息化建设。查看合同管理信息系统及其他相关信息系统，查阅内部控制评价报告等资料，了解信息化建设及运行情况。包括是否建立合同管理信息系统，是否嵌入内部控制要求；录入信息是否完整、准确；系统是否覆盖合同管理各环节，是否有效监控合同履行情况；是否与其他相关信息系统互联互通；是否采取有效的安全措施等。

第五条 审计签订管理情况时，查阅合同文本、审核审批记录、预算、采购资料、会议纪要等资料，重点关注各类资料记载单位、金额等信息是否一致；合同要素是否齐全，是否符合《中华人民共和国民法典》合同编第四百七十条等有关规定；合同标的是否符合合同约定，其中采购合同与采购资料是否一致；对方单位是否具备符合项目需求的资质及能力；是否履行单位重大经济事项集体决策程序；是否按照权限履行审核审批程序，是否存在拆分合同、先履约后签订合同、先签订后审批合同、未经批准签订或变更合同等情况；是否在规定时限内签订合同等。

第六条 审计合同履约管理时，查阅合同文本、相关成果、验收材料等资料，查看合同管理信息系统或台账，重点关注单位是否对合同履行情况实施有效监控；是否按照有关规定及合同约定组织验收；无法依照原合同约定履行的，是否采取变更或解除合同等应对措施；因对方单位原因造成经济损失的，是否及时追回资金、提出经济赔偿等。

审计中发现合同属于《中华人民共和国民法典》第一百四十七条至第一百五十一条等情况的，应当按程序及时报告并建议单位按照有关规定执行变更或撤销程序。

第七条 审计结算管理情况时，查阅会计账簿及凭证、结算资料、合同文本等，重点关注结算是否符合中小企业款项支付等规定；是否根据合同履行情况办理价款结算和账务处理等。

第八条 审计档案管理情况时，查阅合同档案，查看合同管理信息系统，是否包含合同文本、审核审批记录、会议纪要、采购资料、裁判文书及合同变更、解除等资料；归口管理部门是否定期进行统计、分类和归档，登记合同订立、履行和变更情况等。

第九条 审计中需要结合不同类型合同特点，重点关注以下内容：

（一）采购合同。政府采购补充合同的采购金额是否超过原合同采购金额的10%；进口科研设备采购合同是否约定免税条款；医疗器械、药品采购合同是否约定不良事件处理和责任划分条款；医疗器械、药品等采购合同是否约定临期或过期货物的退换程序；毒麻精放类药品采购合同是否约定交接程序和责任划分条款等；物业、保安、保洁等服务采购合同是否约定服务内容、服务期限、服务验收等。维修保养服务采购合同是否约定维修或更换低值易耗品的费用及承担方等。

（二）科研及成果转化合同。是否约定合同标的产权归属、产权保护、侵权责任等，是否约定成果登记、转化程序、收益分配、异议处理等；是否约定科技人员奖励和报酬方式、数额及时限。

（三）捐赠合同。接受捐赠合同是否违规约定捐赠与采购挂钩，合同约定是否涉及营利性活动、商业贿赂或不正当竞争。对外捐赠合同是否明确标的名称、金额、数量、捐赠用途等。

（四）房屋租赁合同。出租合同标的是否经过审批或备案，约定的租金是否明显低于同一或相似条件市场价格，合同是否约定租金收取、费用结算、违约责任等。租入合同约定内容是否符合采购有关规定等。

（五）信息系统建设合同。合同是否约定建设周期、软件所有权、维保期限、后续培训、售后服务、数据安全、验收标准等内容。

（六）建设项目合同。勘察设计合同是否约定工作内容、进度、质量和技术标准等内容，付费标准是否符合有关规定；监理合同是否约定工程监理单位按规定履行职责；造价咨询合同是否约定酬金及计取方式、服务范围和工作内容等；施工合同是否约定工程范围、建设工期、工程质量、工程价款、竣工结算原则、计费标准、隐蔽工程、工程变更、质量保证期、违约责任等；约定的工程质量保证金是否符合国家及属地涉企保证金有关规定，建设工程进度款是否符合建设工程价款结算有关规定等。

（七）医疗服务合作合同。医联体、医共体服务合作合同是否明确管理模式、运行机制、激励机制，是否约定合作内容、医疗服务范围、绩效与利益分配、医疗损害风险和责任分担等。

第十条 合同管理专项审计业务涉及采购、建设项目、财务、资产等内容的，需参考国家有关规定及其他审计指引等。

第十一条 本指引由国家卫生健康委财务司负责解释。

附件7

内部控制评价工作指引（试行）

第一条 为进一步指导和规范卫生健康行业行政部门及属管单位开展内部控制评价工作，提高工作质量，根据《卫生计生系统内部审计工作规定》《行政事业单位内部控制规范（试行）》等相关规定，结合工作实践，制定本指引。

第二条 单位内部控制评价分为内部控制设计有效性评价和内部控制运行有效性评价。内部审计机构应当结合单位实际，从单位层面和业务层面开展本单位内部控制评价。

第三条 开展单位层面内部控制评价时，重点关注以下内容：

（一）机构与职责。查阅内设机构及职能设置文件、内部控制机制文件、会议纪要等资料，评价单位内部控制工作机制、机构设置、职责分工及落实情况。包括是否明确内部控制职能部门或牵头部门的设置及履职情况；是否明确其他内设机构的设置及职责分工情况；是否建立健全议事决策机制、岗位责任制、内部监督等机制，其中岗位责任制是否明确所有内部控制关键岗位办理业务和事项的权限范围、审批程序和责任等。

（二）制度建设。查阅单位内部管理制度、业务流程、风险评估报告等资料，评价内部管理制度建立健全情况，包括是否符合国家相关政策规定；是否覆盖本单位经济活动；重大政策落实、重要经济活动、重大风险、关键部门和岗位是否建立控制措施；是否明确审核审批程序，是否建立授权审批控制；相关制度是否有效执行等。

（三）关键岗位及人员。查阅岗位职责、轮岗记录、培训记录等资料，访谈相关人员，评价是否明确不相容岗位相互分离；关键岗位人员是否建立培训、评价和轮岗等机制；不具备轮岗条件的是否采取专项审计等控制措施；工作人员是否具备与岗位要求相适应的资格和能力。

（四）信息化建设。查看单位信息系统管理资料，评价单位信息化建设及运行情况。包括是否明确归口管理部门及职责；信息系统是否嵌入内部控制流程、关键点和不相容岗位要求，是否实施信息安全控制措施；主要信息系统是否实现互联互通、信息共享等。

（五）监督管理。查阅单位内部控制评价报告、审计报告等监督检查报告，评价内部审计机构和纪检监察部门是否开展内部控制监督等。

第四条 开展业务层面内部控制评价时，重点关注各类经济活动及相关业务活动在评价期内是否按照规定得到持续、一致的执行，是否有效防范重大风险。

第五条 开展预算业务控制评价时，重点关注以下内容：

（一）管理制度。查阅单位预算管理制度、业务流程等资料，评价内部制度是否涵盖预算编制、审批、执行、调整、决算和绩效评价等内容；是否明确预算管理委员会、归口管理部门、预算执行部门及职责等。

（二）岗位人员管理。查阅预算管理岗位职责、轮岗记录、培训记录等资料，评价是否明确关键岗位，是否按规定定期轮岗；预算编制与预算审批、预算审批与预算执行、预算执行与预算考核、决算编制与审核、决算审核与审批、财务报告的编制、审核与审批等不相容岗位是否相互分离等。

（三）预决算编制、调整与执行。查阅预算编制及批复文件（含预算追加调整）、决算报告等资料，必要时开展穿行测试，评价预决算编制、调整及执行情况。包括预算编制、调整和执行是否严格履行审核审批程序；收入支出是否全部纳入单位预算管理；预算编制与资产配置是否一致；是否对照批复预算细化分解预算指标；是否按照批复的额度和开支范围执行预算，是否达到序时进度，是否存在无预算或超预算支出、未经批准调整预算等情况；决算编报是否真实、完整、准确、及时，是否分析、上报与预算差异较大情况等。

（四）预算绩效。查阅预算绩效编制文本、预算绩效报告等资料，评价是否按照规定设置单位项目绩效目标等，自评标准设置是否合理；是否按照规定开展绩效自评，自评结果是否真实、准确；是否开展绩效运行监控，发现问题是否及时纠偏等。

第六条 开展收支业务控制评价时，重点关注以下内容：

（一）管理制度。查阅单位收支业务管理制度、业务流程等资料，评价内部制度建立健全情况。包括是否明确各类收入、支出的归口管理部门及职责等；是否涵盖收入方面的价格确定、价格执行、票据管理、款项收缴、收入核算，支出方面的预算与计划、范围与标准确定、审批权限与审批流程、支出核算等内容。

（二）岗位人员管理。查阅收支业务岗位职责、轮岗记录、培训记录等资料，评价是否明确关键岗位，是否按规定定期轮岗；医疗服务收入的价格确认和执行、支出事项申请与审批、支出事项审批与付款、付款审批与付款执行、业务经办与会计核算、款项收付与稽核、款项收付与会计核算等不相容岗位设置是否相互分离等。

（三）收入业务管理。查看医院管理信息系统（HIS），查阅会计账簿、票据、合同、价格管理相关资料等，评价各项收入是否合规；医疗收入、票据管理、退费管理等关键环节控制是否有效；价格、医保政策执行是否到位；票据、印章使用管理是否合规；是否按规定确认接受捐赠、出租出借等收入；是否存在设立账外账或"小金库"、超越行政许可范围收取额外收入等情况。

（四）支出业务管理。查阅会计账簿、合同、各类支出凭证等资料，评价支出业务管理情况。包括支出是否履行审核审批程序；涉及现金、公务卡、国库集中支付的，是否按照有关规定执行等；支出事项是否履行审核审批程序；是否按规定报销因公出国（境）经费、公务接待费、公务用车购置及运行费、差旅费、会议费、培训费、劳务费等支出，是否存在超范围超标准或未在规定渠道列支相关支出、虚报支出；是否按照规定标准和范围发放津补贴等。

（五）成本管理。查阅全国卫生财务年报、成本核算及监测相关资料，评价是否按照规定明确成本核算部门、确定成本核算对象、设定成本项目和范围、归集分配业务活动成本、编制成本报告等。

第七条 开展采购业务控制评价时，重点关注以下内容：

（一）管理制度。查阅单位采购业务管理制度、业务流程等资料，评价是否建立健全货物、服务、工程的政府采购、限额以下且目录以外采购管理制度，明确采购预算与计划、需求申请与审批、过程管理、验收入库等内容；是否明确归口管理部门及职责，内部审计机构不得从事采购或招投标评审；公立医院是否明确药事管理委员会、耗材管理委员会等。

（二）岗位人员管理。查阅采购业务关键岗位职责、轮岗记录及培训记录等资料，评价采购业务岗位及人员管理情况。包括是否明确关键岗位，是否按规定定期轮岗；采购预算编制与审定、采购需求制定与内部审批、招标文件准备与复核、合同签订与验收、采购验收与保管、付款审批与付款执行、采购执行与监督检查等不相容岗位是否相互分离。

（三）采购业务实施。查阅采购项目台账、采购文件等资料，通过穿行测试，评价采购需求、采购组织、采购合同、履约验收、质疑投诉答复、信息公开、档案管理等环节是否按规定执行；集中采购目录内或者限额标准以上的货物、工程和服务是否执行政府采购政策；公立医院是否按照规定执行药品、耗材等集中采购政策等；是否存在化整为零规避公开招标、未按规定执行开标评标程序、未按规定开展采购需求调查、未按规定时间和内容签订采购合同等情况。

第八条 开展资产业务控制评价时，重点关注以下内容：

（一）管理制度。查阅单位资产管理制度、业务流程等资料，评价资产管理制度建立健全情况。包括制度涉及的资产业务种类是否满足单位管理需要，是否涵盖资产购置、保管、使用、核算、处置等环节，明确出租出借、对外投资、所属单位监管、无形资产、在建工程等内容。

（二）岗位人员管理。查阅关键岗位职责、轮岗记录、培训记录等资料，评价关键岗位及人员管理情况。包括是否明确关键岗位，是否按规定定期轮岗；增减资产执行与审批、资产保管与登记、资产实物管理与会计记录、资产保管与清查等不相容岗位是否相互分离等。

（三）资产日常管理。查阅各类资产账、会计账簿、产权证书、清查盘点记录、维修保养记录等资料，通过访谈、穿行测试、监盘等，评价货币资金等流动资产是否按规定核查盘点，银行账户管理是否合规，应收及预付款项是否及时清理，是否及时与第三方支付平台对账结算等；非流动资产验收入库、保管与使用、维护保养及维修管理、借用代管试用管理、贵重及特殊资产管理等是否履行内部制度规定，是否存在出入库手续办理不及时不齐全、资产闲置或低效运转、账实不符、未定期盘点清查资产、未确认无形资产等情况；公立医院是否按照有关规定使用管理毒麻精放等特殊药品、高值医用耗材；是否按照规定确定资产出租出借方式、价格和期限，是否实行公开竞价招租，是否存在未经批准将国有资产无偿提供他人使用等情况。

（四）对外投资管理。查看国家企业信用信息平台，查阅资产账、会计账簿、合同、会议纪要等资料，通过访谈、穿行测试等，必要时延伸审计被投资单位，评价是否履行审核审批程序；使用非货币性资产开展对外投资是否履行资产评估程序，是否存在利用财政资金对外投资的情形，是否存在买卖期货股票，购买企业债券和投资基金等情形；对外投资的可行性研究与评估、对外投资决策与执行、对外投资处置的审批与执行等不相容岗位是否相互分离；是否按规定记录对外投资的价值变动和投资收益；是否对被投资单位监督管理等。

（五）资产处置管理。查阅资产处置批复文件、会计账簿、会议纪要、行政处罚决定书等相关资料，评价资产处置是否履行审核审批权限；是否按规定办理资产评估手续、确定处置方式和价格；处置收入是否按规定上缴国库；是否按照规定报废资产，核销盘亏、毁损、非正常损失资产；是否按照规定处置医疗废物，是否存在因处置不当，受到行政处罚等情况。

第九条 开展基本建设内部控制评价时，重点关注以下内容：

（一）管理制度。查阅单位基本建设管理制度、业务流程等资料，评价内部制度是否涵盖立项、设计、概预算、招标、建设和竣工决算等内容；是否明确建设项目决策机构、归口管理部门、相关部门职责权限；是否明确工程建设监理、建设项目全过程跟踪审计等内容。

（二）岗位人员管理。查阅关键岗位职责、轮岗记录、培训记录等资料，评价是否明确关键岗位，是否按规定定期轮岗；项目建议和可行性研究与项目决策、概预算编制与审核、项目实施与价款支付、竣工决算与竣工审计等不相容岗位是否相互分离等。

（三）项目日常管理。查阅基本建设项目台账，项目立项审批资料、采购文件、施工合同、洽商变更单、进度款支付报告、竣工验收报告、结算审计报告、竣工决算报告、项目档案等资料，通过访谈、穿行测试，评价是否按照批复的概预算实施基本建设项目，是否严格履行审核审批程序，是否存在截留、挤占、挪用、套取建设项目资金的情形；是否按照合同约定和工程价款结算程序支付工程款；预留质量保证金是否符合国家规定；是否按照规定开展工程审计；是否及时办理竣工结算和财务决算，是否存在转固不及时、资本性支出按照费用处理等情况。

第十条 开展合同业务控制评价时，重点关注以下内容：

（一）管理制度。查阅单位合同管理制度、业务流程等资料，评价是否涵盖合同订立、审核与审批、履行与变更、解除、争议与纠纷处理、档案管理、印章管理等内容；是否明确应当签订合同的经济活动范围和条件；是否明确归口管理部门及职责，内部审计机构不得从事合同归口管理等内容。

（二）岗位人员管理。查阅关键岗位职责、轮岗记录、培训记录等资料，评价是否明确关键岗位，是否按规定定期轮岗；合同签订与合同审批、合同签订与付款审批、合同执行与付款审批、合同签订与合同用章保管等不相容岗位是否相互分离等。

（三）合同日常管理。查阅合同台账、合同文本、内部审核审批记录、授权委托书、纠纷处理记录、验收记录等资料，通过访谈、穿行测试等，评价是否履行审核审批程序；合同要素是否齐全，是否符合有关规定，是否存在先履约后签订合同的情形；合同履行是否执行过程监管，是否存在未按照合同约定履行的情形；合同台账登记是否完整；是否按照规定变更、中止、解除合同等。

（四）债权债务管理。查阅会计账簿、合同、账龄分析报告、会议纪要等资料，评价是否按时支付中小企业款项；是否按照合同约定管理债权债务，是否定期清理并编制账龄分析报告；是否履行审核审批程序；坏账审批及处理是否符合内部规定等。

第十一条 开展科研教学业务控制评价时，重点关注以下内容：

（一）管理制度。查阅单位科研、教学管理制度、业务流程等资料，评价科研业务方面是否涵盖科研项目申请、立项、执行、调整、结题验收、成果保护与转化、资金管理等内容，是否落实科研"放管服"政策；教学业务方面是否涵盖教学项目申请、立项、执行、调整、结业考核、资金管理、绩效评价等内容。

（二）岗位人员管理。查阅关键岗位职责、轮岗记录、培训记录等资料，评价是否明确科研业务项目预算编制与审核、项目审批与实施、项目资金使用与付款审核、项目验收与评价等不相容岗位相互分离；是否明确教学业务预算编制与审核、教学资金使用与付款审批等不相容岗位相互分离。

（三）科研项目管理。查阅科研项目台账、项目任务书、预算、合同、会计账簿等资料，评价是否履行审核审批程序；项目立项论证是否充分；是否按照批复预算和合同约定使用科研资金，是否按照规定的开支范围、用途和标准执行，是否专款专用，是否存在挤占、挪用科研资金，承诺的配套资金未及时足额到位，违规转拨科研资金等情况；项目结题验收后，是否按规定统筹结余资金；科研项目台账登记是否完整；科研成果形成资产的，是否按规定及时入账等。

（四）教学项目管理。查阅教学项目台账、项目任务书、预算、合同、会计账簿等资料，评价是否履行审核审批程序；项目立项论证是否充分；是否按照批复预算使用教学项目资金，是否按照规定的开支范围、用途和标准执行，是否专款专用，是否存在挤占、挪用教学项目资金，承诺的配套资金未及时足额到位，违规转拨教学项目资金等情况；项目台账登记是否完整；教学成果形成资产的，是否按规定及时入账等。

第十二条　内部审计机构根据内部控制评价结果，编制内部控制评价报告，内容包括但不限于：真实性声明、总体情况、评价依据、评价范围、评价程序和方法、评价结论等。

第十三条　本指引涉及财务、资产、合同、采购、高值医用耗材、大型医用设备绩效、建设项目等内容的，需参考国家有关规定及其他审计指引等。公立医院开展医疗、临床试验、互联网医疗、医联体、信息化建设业务等内部控制评价、风险评估，需参考《公立医院内部控制管理办法》（国卫财务发〔2020〕31号）。

第十四条　本指引由国家卫生健康委财务司负责解释。

工业和信息化部内部审计工作规定（试行）

（工信部财〔2009〕147号印发）

第一章　总　则

第一条　为了加强和规范工业和信息化部内部审计工作，建立健全内部审计制度，保障国家财经法律、法规和政策的贯彻执行，促进和提高内部财经管理水平，根据《中华人民共和国审计法》《中华人民共和国国家审计基本准则》和《审计署关于内部审计工作的规定》，结合我部实际，制定本规定。

第二条　内部审计机构和审计人员应根据国家有关法律、法规和本规定，在本单位主要负责人的领导下开展审计工作。

第三条　内部审计机构和审计人员履行审计职责所需的经费应列入本单位财务预算，由本单位予以保证。

第四条　部属各行政事业单位（以下简称各单位）可根据国家有关法律法规和本规定，制定本单位的内部审计管理制度。

第二章　内部审计机构和内部审计人员

第五条　各单位应根据实际工作需要设置内部审计机构、配备内部审计人员，建立健全内部审计制度，履行内部审计职责。

暂不具备设置内部审计机构条件的单位，应配备专职或兼职内部审计人员，内部审计人员不得从事与审计监督职责相冲突的工作。

第六条　内部审计人员应当具有良好的政治素质和较高的政策水平，具有与从事审计工作相适应的专业知识和业务能力。

内部审计人员应加强继续教育，不断更新业务知识。

第七条　各单位的内部审计机构和审计人员有责任向上一级内部审计机构报告审计工作，并接受国家审计署派出机构和部主管审计工作司局的业务指导和监督。

第八条　内部审计人员必须遵循审计署《审计机关审计人员职业道德准则》规定的原则，以应有的谨慎态度执行内部审计业务，做到独立、客观、公正、廉洁、保密。

第九条　内部审计人员办理审计事项，与被审计单位或者审计事项有利害关系的，应当回避。

第十条　内部审计人员依法履行职责受国家法律保护，任何单位和个人不得设置障碍和打击报复。

第三章　内部审计机构职责和权限

第十一条　财务司为工业和信息化部内部审计工作的主管司局，依法开展内部审计工作并对各单位内部审计工作进行指导和监督，具有以下职责：

（一）根据国家有关法律法规，制定工业和信息化部内部审计规章制度；

（二）研究制定内部审计、专项检查和审计调查工作计划并组织实施；

（三）对各单位的财政收支、财务收支及其有关的经济活动进行审计；

（四）对各单位资金的管理和使用情况进行审计；

（五）对各单位的对外投资项目、固定资产投资项目进行审计；

（六）对各单位内部控制制度的健全性和有效性以及风险管理情况进行评审；

（七）组织开展专项资金的绩效考核和评价；

（八）对各单位领导人员的任期经济责任进行审计；

（九）指导和监督各单位设置内部审计机构，配备内部审计人员，建立健全内部审计制度；

（十）组织内部审计理论研究，开展业务学术交流活动，对内部审计人员进行培训；

（十一）根据法律、法规的规定以及部领导和上级审计机构要求，办理其他内部审计事项。

第十二条　各单位的内部审计机构和审计人员负责对本单位及其所属单位依法开展内部审计工作，主要职责为：

（一）对本单位及所属单位的财政收支、财务收支及其有关的经济活动进行审计；

（二）对本单位及所属单位资金的管理和使用情况进行审计；

（三）对本单位及所属单位的对外投资项目、固定资产投资项目和修缮等其他工程项目进行审计；

（四）对本单位及所属单位内部控制制度的健全性和有效性以及风险管理情况进行评审；

（五）对本单位及所属单位的专项资金进行绩效考核和评价；

（六）对所属单位领导人员的任期经济责任进行审计；

（七）根据法律、法规的规定以及本单位负责人和上级内部审计机构的要求，办理其他内部审计事项。

第十三条　内部审计机构和审计人员履行审计职责具备以下权限：

（一）根据内部审计工作需要，要求被审计对象提供财务收支计划、预算、决算、账簿、会计报表及其他有关文件和资料，检查有关计算机系统及其电子数据和资料；

（二）对与审计事项有关的问题，向有关单位和个人进行调查，检查资金和财产的真实性，并索取证明材料；

（三）参加本单位有关业务工作会议，参与研究制定有关规章制度；

（四）调查研究经济活动和经营管理情况，提出改进管理和提高经济效益的建议；

（五）对正在进行的严重违法违纪、严重损失浪费的行为，提出临时制止的建议；

（六）对严重违反国家财经纪律和造成重大损失的单位和人员，提出给予通报批评或者追究责任的建议；对可能被隐匿、篡改、毁弃会计凭证、会计账簿、会计报表以及与经济活动有关的资料，经单位负责人批准，有权予以暂时封存，并提出追究有关人员责任的建议；对不配合审计、拒绝审计、提供虚假材料的单位和人员提出给予通报批评或者追究责任的建议；

（七）对内部审计工作中的重大事项，可直接向上级内部审计机构反映。

第十四条　内部审计机构根据工作需要，经所在单位负责人批准，可聘请社会中介机构的审计人员参与审计或委托社会中介机构对有关事项进行审计。

第十五条　单位主要负责人在管理权限范围内，授予内部审计机构必要的处理、处罚权。

第十六条　经批准，内部审计机构可以在本单位范围内公告审计结果。

第四章　内部审计工作的程序

第十七条　内部审计机构应根据本单位实际情况和上级审计机构的要求，拟定年度审计项目计划，报经本单位主要负责人批准后执行。

第十八条　审计实施前，内部审计机构应遵循审计署《审计机关审计方案准则》规定的原则和要求，拟订审计方案，确定审计范围、内容、方式和时间，并向被审计对象送达审计通知书。被审计对象应按照审计通知书的要求作好准备，并为审计人员提供必要的工作条件。

第十九条　审计人员应当遵循审计署《审计机关审计工作底稿准则（试行）》和《审计机关审计证据准则》规定的原则和要求，取得审计证明材料，做好审计工作记录，写出审计工作底稿。

第二十条　审计实施后，审计人员应遵循审计署《审计机关审计报告编审准则》规定的原则和要求，提出审计报告，并征求被审计对象的意见。被审计对象应自接到审计报告起10个工作日内提出书面意见，逾期视为无异议。

内部审计机构根据审计报告和被审计对象的书面意见，拟出审计意见书和审计决定，连同审计报告和被审计对象的书面意见一并报本单位领导人审批。

批准的审计意见书和审计决定送达被审计对象后，被审计对象必须执行审计决定，并在规定的期限内以书面形式报告执行结果。

被审计对象对审计意见书和审计决定如有异议，可向内部审计机构所在单位负责人提出，该负责人应当及时处理，在未做出新的决定前，原审计意见书和审计决定依然有效。

内部审计机构应对采纳审计意见和执行审计决定的情况进行检查，对重点项目及严重违反财经法规的被审计对象应进行后续审计。

第二十一条 内部审计机构要建立审计工作责任制、审计项目责任制和审计人员岗位责任制，定期进行审计质量的检查和抽查。

第二十二条 内部审计机构应遵循审计署《审计机关审计档案工作准则》规定的原则和要求，建立审计工作档案。

第二十三条 上级内部审计机构根据工作需要，可以使用各单位的内部审计工作成果。

第五章 奖 惩

第二十四条 内部审计机构对模范遵守财经法规、贡献突出的单位和个人，可提出表彰或奖励的建议。对严重违反财经法规、造成重大损失的单位和个人，可提出通报批评或追究责任等处理建议。

第二十五条 对认真履行职责，忠于职守，坚持原则，成绩显著的内部审计机构和内部审计人员，由所在单位和上级审计机构给予表彰或奖励。

第二十六条 对滥用职权、徇私舞弊、玩忽职守、泄露秘密的内部审计人员，由所在单位和上级内部审计、纪检监察机构依据有关规定予以处理，构成犯罪的移交司法机关，依法追究刑事责任。

第六章 附 则

第二十七条 对涉及国家秘密的项目开展审计工作，须遵守国家保密有关规定。

第二十八条 本规定由工业和信息化部财务司负责解释。

第二十九条 本规定自发布之日起施行。

商业银行内部审计指引

（银监发〔2016〕12号印发）

第一章 总 则

第一条 为促进商业银行完善公司治理，加强内部控制和风险管理，健全内部审计体系，提升内部审计的独立性和有效性，依据《中华人民共和国银行业监督管理法》《中华人民共和国商业银行法》等法律法规，制定本指引。

第二条 中华人民共和国境内依法设立的商业银行适用本指引。

第三条 本指引所称内部审计是商业银行内部独立、客观的监督、评价和咨询活动，通过运用系统化和规范化的方法，审查评价并督促改善商业银行业务经营、风险管理、内控合规和公司治理效果，促进商业银行稳健运行和价值提升。

第四条 商业银行内部审计目标包括：推动国家有关经济金融法律法规和监管规则的有效落实；促进商业银行建立并持续完善有效的风险管理、内控合规和公司治理架构；督促相关审计对象有效履职，共同实现本银行战略目标。

第五条 商业银行内部审计工作应独立于业务经营、风险管理和内控合规，并对上述职能履行的有效性实施评价。内部审计活动应遵循独立性、客观性原则，不断提升内部审计人员的专业能力和职业操守。

第六条　银行业监督管理机构依据本指引对商业银行内部审计工作实施监管评估。

第二章　组 织 架 构

第七条　商业银行应建立独立垂直的内部审计体系。

第八条　董事会对内部审计的独立性和有效性承担最终责任。董事会应根据本银行业务规模和复杂程度配备充足、稳定的内部审计人员；提供充足的经费并列入财务预算；负责批准内部审计章程、中长期审计规划和年度审计计划等；为独立、客观开展内部审计工作提供必要保障；对内部审计工作的独立性和有效性进行考核，并对内部审计质量进行评价。

第九条　董事会应下设审计委员会。审计委员会成员不少于3人，多数成员应为独立董事。审计委员会成员应具有财务、审计和会计等专业知识和工作经验。审计委员会负责人原则上应由独立董事担任。

审计委员会对董事会负责，经其授权审核内部审计章程等重要制度和报告，审批中长期审计规划和年度审计计划，指导、考核和评价内部审计工作。

第十条　监事会对本银行内部审计工作进行监督，有权要求董事会和高级管理层提供审计方面的相关信息。

第十一条　高级管理层应支持内部审计部门独立履行职责，确保内部审计资源充足到位；及时向审计委员会报告业务发展、产品创新、操作流程、风险管理、内控合规的最新发展和变化；根据内部审计发现的问题和审计建议及时采取有效整改措施。

第十二条　商业银行可设立总审计师或首席审计官（以下统称"总审计师"）一名。总审计师由董事会负责聘任和解聘。商业银行应及时向银行业监督管理机构报告总审计师的聘任和解聘情况。

总审计师对董事会及其审计委员会负责，定期向董事会及其审计委员会和监事会报告工作，并通报高级管理层。总审计师负责组织制定并实施内部审计章程、审计工作流程、作业标准、职业道德规范等内部审计制度，组织实施中长期审计规划和年度审计计划，并对内部审计的整体质量负责。

商业银行未设立总审计师的，由内部审计部门负责人承担总审计师的职责。

第十三条　商业银行应设立独立的内部审计部门，审查评价并督促改善商业银行经营活动、风险管理、内控合规和公司治理效果，编制并落实中长期审计规划和年度审计计划，开展后续审计，评价整改情况，对审计项目的质量负责。内部审计部门向总审计师负责并报告工作。

第十四条　商业银行应配备充足的内部审计人员，原则上不得少于员工总数的1%。

内部审计人员应当具备履行内部审计职责所需的专业知识、职业技能和实践经验，掌握银行业务的最新发展，并通过后续教育和职业实践等途径，学习和掌握相关法律法规、专业知识、技术方法和审计实务的发展变化，保持和提升专业胜任能力。

内部审计人员在从事内部审计活动时，应遵循客观、保密原则，秉持诚信正直的道德操守，按规定使用其在履行职责时所获取的信息。内部审计人员不得参与有利益关系的审计项目，不得利用职权谋取私利，不得隐瞒审计发现的问题，不做缺少证据支持的判断，不做误导性陈述。

第三章　章程、职责与权限

第十五条　商业银行应制定内部审计章程。内部审计章程应至少包括以下事项：

（一）内部审计目标和范围；

（二）内部审计地位、权限和职责；

（三）内部审计部门的报告路径以及与高级管理层的沟通机制；

（四）总审计师的责任和义务；

（五）内部审计与风险管理、内部控制的关系；

（六）内部审计活动外包的标准和原则；

（七）内部审计与外部审计的关系；

（八）对重点业务条线及风险领域的审计频率及后续整改要求；

（九）内部审计人员职业准入与退出标准、后续教育制度和人员交流机制；

内部审计章程应由董事会批准并报监管部门备案。

第十六条 商业银行的内部审计事项应包括：

（一）公司治理的健全性和有效性；

（二）经营管理的合规性和有效性；

（三）内部控制的适当性和有效性；

（四）风险管理的全面性和有效性；

（五）会计记录及财务报告的完整性和准确性；

（六）信息系统的持续性、可靠性和安全性；

（七）机构运营、绩效考评、薪酬管理和高级管理人员履职情况；

（八）监管部门监督检查发现问题的整改情况以及监管部门指定项目的审计工作；

（九）其他需要进行审计的事项。

第十七条 内部审计部门有权获取与审计有关的信息，列席或参加与内部审计职责有关的会议，参加相关业务培训。

第十八条 内部审计部门有权检查各类经营机构（含分支机构和附属机构）的各项业务和管理活动（含外包业务），及时、全面获取经营管理相关信息，并就有关问题向审计对象和行内相关人员进行调查、质询和取证。

第十九条 内部审计部门有权向董事会、高级管理层和相关部门提出处理和处罚建议。

第二十条 内部审计部门可就风险管理、内部控制等事项提供专业建议，但不得直接参与或负责内部控制设计和经营管理的决策与执行。

第四章 审计工作流程

第二十一条 内部审计部门应根据商业银行的内部审计章程、业务性质、风险状况、管理需求及审计资源的配置情况，确定审计范围、审计重点、审计频率，编制中长期审计规划和年度审计计划，并报审计委员会批准。

商业银行的年度内部审计计划应充分考虑监管关注事项，包括但不限于：全面风险管理、资本充足、流动性、内控合规、财务报告等。

第二十二条 内部审计部门应根据年度审计计划，选派合格、胜任的审计人员组成审计组，收集和研究相关背景资料，了解审计对象的风险概况及内部控制，编制项目审计方案，组织审计前培训并在实施审计前向审计对象下发审计通知书。特殊情况下，审计通知书可以在实施审计时送达。

第二十三条 内部审计人员应根据项目审计方案，综合运用审核、观察、访谈、调查、函证、鉴定、调节和分析等方法，获取审计证据，并将审计过程和结论记录于审计工作底稿。

内部审计采取现场审计与非现场审计相结合的方式，并通过加强非现场审计系统建设，增强内部审计的广度与深度。

内部审计部门应加强信息科技在审计工作中的运用，不断完善内部审计管理信息系统。

在审计过程中，内部审计人员应做好与审计对象的沟通交流。

第二十四条　商业银行应建立异议解决机制。对审计对象提出异议的审计结论，应及时进行沟通确认，根据内部审计章程的规定，将沟通结果和审计结论报送至相关上级机构并归档保存。

第二十五条　内部审计人员在实施必要的审计程序后，应征求审计对象意见并及时完成审计报告。审计报告应包括审计目标和范围、审计依据、审计发现、审计结论、审计建议等内容。

内部审计人员应将审计报告发送至审计对象，并上报审计委员会及董事会，同时根据内部审计章程的规定与高级管理层及时沟通审计发现。

第二十六条　商业银行董事会及高级管理层应采取有效措施，确保内部审计结果得到充分利用，整改措施得到及时落实；对未按要求整改的，应追究相关人员责任。

第二十七条　内部审计部门应跟进审计发现问题的整改情况。必要时可开展后续审计，评价审计发现问题的整改进度及有效性。

第二十八条　内部审计部门应建立健全内部审计档案管理制度，妥善保管内部审计档案资料。

第二十九条　商业银行应建立健全内部审计质量控制制度和程序，定期实施内部审计质量自我评价，并接受内部审计质量外部评估。

第五章　部分审计活动外包

第三十条　商业银行不得将内部审计职能外包，但可将有限的、特定的内部审计活动外包给第三方，以缓解内部审计资源压力并提升内部审计工作的全面性。

第三十一条　商业银行董事会应对内部审计活动外包承担最终责任。商业银行内部审计活动外包应符合本银行内部审计章程的有关要求。

第三十二条　商业银行不得将内部审计活动外包给正在为本银行提供外部审计服务的会计师事务所及其关联机构。

商业银行不得将内部审计活动外包给近三年内为审计对象提供过与该项审计外包业务相关咨询服务的第三方及其关联机构。

第三十三条　商业银行应建立内部审计活动外包制度，明确外包提供商的资质标准、准入与退出条件、外包流程及质量控制标准等。

商业银行在实施内部审计活动外包时，本银行内部审计人员应参与并监督项目实施，并负责向总审计师报告外包活动的有关情况。

第三十四条　商业银行总审计师应建立相应的外包审计项目知识转移机制，确保内部审计人员能最大程度地获取专业技能，提升内部审计部门的专业能力。

第六章　考核与问责

第三十五条　商业银行董事会应针对内部审计部门建立科学的激励约束机制，并对总审计师的履职尽责情况进行考核评价，内部审计部门定期对内部审计人员的专业胜任能力进行评价。

内部审计人员的薪酬水平应不低于本机构其他部门同职级人员平均水平。

第三十六条　商业银行应建立内部审计责任制，明确规定内部审计人员履职尽责要求以及问责程序。经责任认定，内部审计部门和审计人员已勤勉尽职的，可减轻或免除其责任。

第三十七条　内部审计结果和整改情况应作为审计对象绩效考评的重要依据。

第三十八条　审计对象应积极配合内部审计工作。对于拒绝、妨碍内部审计工作及整改不力的行为，商业银行应及时制止，并追究相关责任人的责任。

第七章 监 管 评 估

第三十九条 商业银行内部审计部门应建立与银行业监督管理机构的正式沟通机制，定期讨论银行面临的主要风险、已经采取的风险化解措施以及整改情况。双方沟通的频率应与银行的规模、风险偏好和业务复杂性相匹配。

第四十条 商业银行内部审计部门应向监管部门提交以下报告：

（一）内部审计计划；

（二）重要审计发现及其整改情况；

（三）向董事会提交的全面审计工作报告；

（四）外部机构对银行的审计报告；

（五）监管部门监督检查发现问题的整改报告；

（六）内部审计质量自我评价报告；

（七）银行业监督管理机构要求的其他报告。

第四十一条 银行业监督管理机构可要求商业银行内部审计部门完成指定项目的审计工作，并将审计结果报送监管部门。

第四十二条 银行业监督管理机构通过非现场监管、现场检查、监管会谈等方式，对商业银行内部审计的有效性进行评估。评估内容包括：

（一）内部审计章程；

（二）内部审计的范围、频率和效果；

（三）确保内部审计职能充分发挥作用的公司治理机制；

（四）银行集团内部审计的有效性；

（五）内部审计人员的专业胜任能力；

（六）内部审计人员的薪酬机制；

（七）内部审计活动外包情况；

（八）内部审计报告及审计建议的整改落实情况；

（九）内部审计问责情况；

（十）其他事项。

第四十三条 银行业监督管理机构有权根据评估结果对商业银行内部审计工作提出监管意见，要求其限期整改并提交整改报告。内部审计有效性和整改情况应纳入公司治理和内部控制整体有效性评估和监管评级。

第八章 附 则

第四十四条 商业银行应在集团层面建立与其规模、风险偏好和复杂程度相适应的内部审计制度，确保内部审计覆盖集团全部业务和全部机构。董事会对集团内部审计的适当性和有效性承担最终责任。

银行集团的内部审计部门应明确集团对附属机构的审计监督机制，并根据审计权限对附属机构实施审计，指导附属机构内部审计机制建设和内部审计工作。

附属机构的内部审计部门应根据集团内部审计章程的有关规定，向银行集团总审计师或内部审计部门负责人报告附属机构的内部审计工作。

本指引所称银行集团是指在中华人民共和国境内依法设立的商业银行及其附属机构。附属机构包括但不限于境内外的其他商业银行、非银行金融机构及非金融机构。

第四十五条 农村中小金融机构审计委员会的多数成员原则上应为独立董事。

村镇银行已设立监事会的可不设立审计委员会，由监事会履行审计委员会职责。村镇银行已设立审计委员会的，可由董事会聘请主发起行审计部门负责人兼任审计委员会委员。

村镇银行未设立内部审计部门的，应设置专门的内部审计岗位，并委托主发起行承担村镇银行的审计职能，确定对村镇银行的审计监督机制，有效实施审计活动。

第四十六条　商业银行应根据本指引制定实施细则，并报银行业监督管理机构备案。

第四十七条　银行业监督管理机构负责监管的其他金融机构参照执行本指引。

第四十八条　本指引自印发之日起施行，《银行业金融机构内部审计指引》（银监发〔2006〕51号）同时废止。

卫生计生系统内部审计工作规定

（国家卫生和计划生育委员会令第16号）

第一章　总　则

第一条　为进一步加强卫生计生系统内部审计工作，建立健全内部审计工作制度，完善内部监督制约机制，提高卫生计生服务效率，促进事业健康发展，根据《中华人民共和国审计法》《中华人民共和国审计法实施条例》《党政主要领导干部和国有企业领导人员经济责任审计规定》《中国内部审计准则》及有关法律法规，结合实际，制定本规定。

第二条　卫生计生系统内部审计是指卫生计生系统内部审计机构和审计人员对本系统、本单位实施的一种独立客观的监督、评价和咨询活动，通过运用系统、规范的方法，审查和评价业务活动、内部控制和风险管理的适当性和有效性，以促进单位完善治理，提升管理水平和服务能力。

第三条　本规定适用于各级卫生计生行政部门（以下简称各部门）及所属（管）卫生计生单位（以下简称各单位）。

第四条　内部审计工作在国家卫生计生委统一指导下，按照行政隶属关系和预算管理关系实行分级负责管理。各部门、各单位内部审计机构负责本单位及所属（管）单位的内部审计，并指导和监督本系统、本地区及所属（管）单位内部审计工作。

第五条　各部门、各单位主要负责人对本部门、本单位内部审计工作的有效实施负责。

第六条　内部审计工作坚持全面覆盖、应审尽审；实事求是、客观公正；凡审必严、防微杜渐；促进管理、推动改革的工作原则。

第七条　内部审计机构应当依法依规接受国家审计机关的业务指导和监督，并积极支持和配合国家审计机关工作。

第二章　职责与权限

第八条　各部门内部审计机构对本系统内部审计业务指导和监督的主要职责：

（一）制定规章制度；

（二）编制工作发展规划；

（三）建立健全机构设置，加强人员配备；

（四）落实工作职责；

（五）组织质量评估；

（六）开展培训交流；

（七）法律、法规规定的其他职责。

第九条 各部门、各单位内部审计机构主要职责：

（一）制定工作办法和流程；

（二）编制年度工作计划；

（三）重大政策执行、事业发展目标完成情况审计；

（四）预算执行和财务收支、工程建设、采购、国有资产管理及其他所有经济活动事项审计；

（五）领导干部经济责任审计；

（六）内部控制评价及风险管理审计；

（七）其他审计。

第十条 内部审计机构和审计人员主要权限：

（一）查阅经济活动相关资料及电子数据；

（二）参加或者列席与重要经济活动有关的会议；

（三）对有关业务活动进行现场观察、调查和记录；

（四）向有关单位和个人开展调查和询问；

（五）对可能转移、隐匿、篡改、毁弃的货币资金、会计凭证、会计账簿、财务会计报告及与经济活动有关的资料，经本单位主要负责人批准，予以暂时封存；

（六）对违法违规的行为及时予以揭示；

（七）提出问题整改要求和管理改进建议。

第十一条 各部门、各单位内部审计机构应当有计划地开展内部审计工作，实现审计全覆盖。

各部门、各单位对本级和所属重点单位要每年审计，其他审计对象 1 个周期内至少审计 1 次。审计周期由各部门、各单位结合工作规划、管理需要和审计力量合理确定。没有能力自行开展审计的单位应当委托具有相应资质的社会中介机构开展。

当年已经接受相同项目外部审计并且审计结果可以充分运用的单位，当年可以不再安排审计。

第十二条 内部审计机构和审计人员发现本单位未及时处理严重违法违规问题、本单位负责人存在严重违法违规问题的，应当及时向上级主管部门反映。

第三章　机构与人员

第十三条 各部门应当根据国家编制管理相关规定和部门管理需要，设置内部审计机构，配备专职内部审计人员。

第十四条 各单位符合下列条件之一的，应当根据国家编制管理相关规定，设置独立的内部审计机构，专职审计人员不少于 2 人：

（一）二级以上医院；

（二）年收入及资产总额均达到 3 000 万元以上；

（三）所属及分支机构较多；

（四）经济活动复杂；

（五）管理工作需要。

第十五条 不设立独立内部审计机构的部门和单位，应当指定内设机构安排专职人员履行内部审计职责。

第十六条 鼓励探索实行总审计师和审计委派等制度，强化内部审计的独立性和权威性，提高监管质量和水平。

第十七条　内部审计机构负责人应当具备中级以上相关专业技术职称或者 5 年以上审计、会计工作经历，其任免应当征求上级主管部门意见。

第十八条　内部审计人员应当具备必需的专业胜任能力，并定期接受后续教育培训。

第四章　审计实施

第十九条　内部审计机构按照单位领导办公会或者党组（党委）会审批后的年度审计工作计划实施。临时增加的专项审计工作按照规定程序审批后实施。

第二十条　内部审计机构实施审计应当遵循内部审计准则及相关规定明确的程序，主要包括：制订工作方案、组建审计项目工作组、下达审计通知书、组织现场审计、制作工作底稿、沟通审计结果、出具审计报告、督促问题整改等。

第二十一条　内部审计机构开展领导干部经济责任审计及其他特定审计事项时，应当遵守国家规定的审计程序和要求。

第二十二条　内部审计机构根据审计业务的需要，除涉密项目外，可以向社会购买审计服务。应当按照法律法规履行程序，委托具有相应资质的社会中介机构开展内部审计工作，并监督检查审计业务质量。

第二十三条　内部审计机构应当采取督导检查、分级复核、质量评估等方式强化审计工作质量控制。

第二十四条　内部审计机构应当加强内部审计信息化建设，提高审计能力、质量和效率。

第二十五条　内部审计机构应当建立健全审计档案管理制度，并按照有关规定保管档案资料。

第二十六条　内部审计人员与被审计单位、被审计单位主要负责人或者审计事项存在利害关系的，应当回避。

第二十七条　内部审计人员办理审计事项，应当严格遵守审计职业道德和审计工作纪律，严格执行廉政纪律，做到独立、客观、公正、保密。不得歪曲事实、隐瞒问题，不得利用职权谋取私利。

第五章　审计整改

第二十八条　被审计单位是审计整改的主体。单位主要负责人作为第一责任人，应当组织单位领导班子集体研究部署审计整改工作，建立职责明确、分工合作的审计整改联席工作机制，明确整改任务与职责。业务直接主管领导负责主管范围内审计整改工作。

第二十九条　对内部审计提出的问题和建议，被审计单位应当立行立改、全面整改，落实自查自纠，完善内部管理。

第三十条　被审计单位应当在规定时间内逐项完成审计报告反映问题的整改落实，并按时报送审计整改报告。

第三十一条　内部审计机构应当对审计整改工作进展、长效机制建设等情况实施指导监督和跟踪检查。

第六章　审计结果运用

第三十二条　各部门、各单位要建立健全审计通报制度。审计结果及审计整改情况应当经主要负责人批准后在适当范围内通报。

第三十三条　各部门、各单位应当将审计结果及其整改落实情况作为开展以下工作的重要参考依据：

（一）党风廉政建设；

（二）被审计单位、领导班子和领导干部年度考核；

（三）被审计单位主要负责人的考核、任免、奖惩；

（四）审计事项相关责任人的个人年度考核；

（五）有关政策规章和制度机制的完善。

第三十四条 领导干部经济责任审计结果报告应当归入被审计领导干部本人档案。

第三十五条 各部门、各单位要建立健全责任追究制度，依法依规对相关责任人严肃问责，给予相应党纪、政纪处分。

第七章　奖励与处理

第三十六条 对审计工作成效显著的内部审计机构和履行职责、忠于职守、坚持原则、作出突出成绩的内部审计人员，所在单位和上级主管部门应当按照规定给予表彰或者奖励。

第三十七条 内部审计人员因履行职责遭受打击、报复、陷害的，有关部门应当及时给予保护，并依法依规对相关责任人员予以处理。

第三十八条 内部审计机构有下列情形之一，由上级部门或者单位责令改正，并依法依规对相关负责人和其他直接责任人员予以处理：

（一）隐瞒审计查出的问题或者提供虚假审计报告的；

（二）泄露国家秘密或者被审计对象商业秘密的；

（三）滥用职权、徇私舞弊、玩忽职守的；

（四）违反国家规定或者单位内部规定的其他情形。

第三十九条 被审计单位和相关人员有下列情形之一的，由上级部门或者单位责令改正，并依法依规对直接负责的主管人员和其他直接责任人员予以处理：

（一）拒绝接受或者不配合内部审计工作的；

（二）拒绝、拖延提供与内部审计事项有关资料的；

（三）提供资料不真实、不完整的；

（四）拒绝执行审计处理意见的。

第八章　附　　则

第四十条 各部门、各单位可以根据本规定，结合本地区和本单位实际情况，制订具体规定或者实施办法，并报上级主管部门或者单位备案。

除本规定外的其他卫生计生单位可以根据实际情况参照本规定执行。

第四十一条 本规定自 2018 年 1 月 1 日起施行。2006 年 8 月 16 日原卫生部公布的《卫生系统内部审计工作规定》同时废止。

保险机构内部审计工作规范

（保监发〔2015〕113 号印发）

第一章　总　　则

第一条 为规范保险机构内部审计工作，提高保险机构风险防范能力，根据《中华人民共和国保险法》《中华人民共和国公司法》《中华人民共和国审计法》等有关法律法规及行业规范，制定本规范。

第二条 本规范所称保险机构是指在中华人民共和国境内依法设立的保险集团（控股）公司、保险公司、保险资产管理公司、再保险公司及其分支机构等。

经保险监督管理部门批准设立的其他保险机构可参照执行本规范。

保险监督管理部门有 IT 审计专门规范和要求的，保险机构 IT 审计工作应从其规范。

第三条 本规范所称的保险机构内部审计是一种独立、客观的确认和咨询活动，它通过运用系统化和规范化的方法，审查、评价并改善保险机构的业务活动、内部控制和风险管理的适当性和有效性，以促进保险机构完善治理、增加价值和实现目标。

第四条 保险机构应健全内部审计体系，按照相关要求开展内部审计工作，及时发现问题，有效防范经营风险，促进公司的稳健发展。

第五条 中国保险监督管理委员会（以下简称"中国保监会"）及其派出机构根据法律、行政法规、监管规定以及本规范的规定，依法对保险机构内部审计工作实施指导、监督和评价。

第二章 一般原则

第六条 保险机构应建立与公司目标、治理结构、管控模式、业务性质和规模相适应，预算管理、人力资源管理、作业管理等相对独立的内部审计体系。

内部审计部门的工作不受其他部门的干预或者影响。内部审计人员不得参与被审计对象业务活动、内部控制和风险管理等有关的决策和执行。

第七条 保险机构内部审计的范围应包括所属保险机构及其直接或间接控制的境内、外保险分支机构和非保险子公司。

第八条 保险机构应逐步建立完善非现场内部审计监测、操作及管理功能在内的内部审计信息系统。鼓励保险机构探索创新内部审计科技手段和技术方法，提升内部审计的信息化水平和审计效率。

第九条 保险机构应建立完善内部审计质量控制制度和程序，系统实施指导、监督、分级复核和内部审计质量评估，定期实施内部审计质量自我评估，并接受内部审计质量外部评估。

第十条 保险机构应建立和实施内部审计人员录用、继续教育、培训、考核评价和激励约束等人力资源管理制度，确保内部审计人员具有与其从事业务相适应的专业胜任能力。

内部审计人员应通过后续教育和职业实践等途径，了解、学习和掌握相关法律法规、专业知识、技术方法和审计实务的发展变化，保证和提升专业胜任能力。保险机构应保证内部审计人员平均每年不低于 40 小时的后续教育时间。

第十一条 内部审计人员应遵守职业道德，保持并提高专业胜任能力，诚信正直地实施内部审计，客观公正地作出审计职业判断，并遵循保密原则，按照规定使用其在履行职责时所获取的信息。

第三章 内部审计机构和人员

第十二条 保险机构应以制度形式明确董事会、审计委员会、审计责任人和内部审计部门及人员职责及权限，并统一制定各级内审机构和人员的管理制度，包括：岗位设置、岗位责任、任职条件、考核办法、薪酬制度、轮岗制度、培训制度等。

第十三条 保险机构董事会对内部审计体系的建立、运行与维护负有最终责任。没有设立董事会的，由保险机构法定代表人或负责人履行有关职责。

第十四条　保险机构应建立独立的内部审计体系，内部审计应垂直管理，鼓励有条件的保险机构实行内部审计集中化管理，进一步强化内部审计体系的独立性。规模较小或实行集中化管理的保险公司省级及以下分支机构，在满足内部审计工作需要的前提下，可不再设置单独的审计部门或岗位。法律法规对上市公司内部审计设置另有规定的，从其规定。

（一）内部审计垂直化管理是指保险机构分级设置独立的内部审计部门，总部对各级内部审计部门进行统一管理和计划安排，各级内部审计部门分级承担内部审计职责并上报审计结果。

（二）内部审计集中化管理是指保险机构设置专门的内部审计机构或部门，统一制定实施预算管理、人力资源管理、作业管理等内部审计管理制度，其他各级机构（含保险子公司及各分支机构）可不再设置内部审计部门和岗位。

（三）实行垂直管理的各保险机构审计部门人员应实施委派制，各级机构审计部门负责人的聘任、考核和薪酬应由上级机构或者总公司统一管理、逐级考核，被审计对象不应参与内部审计部门和内部审计人员的考核。

第十五条　保险机构应在董事会下设立审计委员会。审计委员会成员由不少于 3 名不在管理层任职的董事组成。已建立独立董事制度的，应由独立董事担任审计委员会主任委员。

审计委员会成员应具备胜任工作职责的专业知识和经验。

第十六条　保险机构董事会审计委员会在内部审计工作中履行的职责，包括但不限于：

（一）审核保险机构内部审计管理制度并向董事会提出建议。

（二）指导保险机构内部审计有效运作，审核保险机构年度内部审计计划、内部审计预算和人力资源计划，并向董事会提出建议，董事会审议通过后负责管理实施。

（三）审阅内部审计工作报告，评估内部审计工作的结果，督促重大问题的整改。

（四）评估审计责任人工作并向董事会提出意见，至少每季度一次听取审计责任人关于审计工作进展情况的报告。

第十七条　保险机构应设立审计责任人职位。审计责任人纳入保险机构高级管理人员任职资格核准范围，对董事会负责，向董事会审计委员会报告工作；同时负责与管理层沟通，并通报审计结果。

审计责任人由董事长或审计委员会提名，报董事会聘任。没有设立董事会的保险公司，审计责任人由管理层聘任。审计责任人不得同时兼任保险机构财务或者业务工作的领导职务。

审计责任人岗位变动要按相关规定事后向中国保监会报告。

第十八条　审计责任人应在任职前取得中国保监会核准的任职资格，符合以下条件：

（一）大学本科以上学历或者学士以上学位。

（二）从事审计、会计或财务工作 5 年以上或者金融工作 8 年以上，熟悉金融保险业务。

（三）具有在企事业单位或者国家机关担任领导或者管理职务的任职经历。

（四）中国保监会关于高级管理人员任职资格的其他规定。

第十九条　保险机构审计责任人履行的职责，包括但不限于：

（一）指导编制保险机构年度内部审计计划、内部审计预算和人力资源计划。

（二）组织实施内部审计项目，确保内部审计质量。

（三）向审计委员会报告，与管理层沟通，报告内部审计工作进展情况。

（四）及时向审计委员会或管理层报告内部审计发现的重大问题和重大风险隐患。

（五）协调处理内部审计部门与其他机构和部门的关系。

第二十条　保险机构内部审计部门履行的职责，包括但不限于：

（一）拟定保险机构内部审计制度。

（二）编制年度内部审计计划、内部审计预算和人力资源计划。

（三）实施年度内部审计计划，跟踪整改情况，开展后续审计。

（四）法律、法规、监管规定和保险机构确定的其他内部审计职责。

第二十一条　保险机构应配备足够数量的内部审计人员。专职内部审计人员数量原则上应不低于保险机构员工人数的 5‰，且配备专职内部审计人员不少于三名。

其中持有注册内部审计师、注册会计师等证书或具有与会计、审计、信息技术、投资等内审工作相关的中级以上专业技术资格的人员应不低于专职内部审计人员的 35%。

第二十二条　内部审计人员应具备相应的专业从业资格：

（一）专业水平。内部审计人员应具备大学本科及以上学历，掌握与保险机构内部审计相关的专业知识，熟悉金融保险相关法律法规及内部控制制度。

（二）道德准则。内部审计人员应具有正直、客观、廉洁、公正的职业操守，且无不良记录。

第二十三条　保险机构总经理应确保内部审计部门的独立性及履职所需资源与权限。内部审计部门和内部审计人员履职所需的资源，包括经审计委员会批准的内部审计预算和人力资源计划，以及必要的办公场地、系统、设备等。内部审计部门和内部审计人员履行职责时享有下列权限：

（一）实时查阅与被审计对象经营活动有关的文件、资料等，包括电子数据。

（二）参加或者列席保险机构经营管理的重要会议，参加相关业务培训。

（三）有权进行现场实物勘查，或者就与审计事项有关的问题对有关机构和个人进行调查、质询和取证。

（四）对可能被转移、隐匿、篡改、毁弃的相关资料、资产，有权采取相应的保全措施。

（五）对内部审计发现的违反法律、法规、监管规定或者内部管理制度的行为予以制止，对相关机构和人员提出责任追究或者处罚建议。

（六）向董事会或者管理层提出改进管理、提高效益的意见或建议。

第二十四条　保险机构监事会可以对内部审计工作进行指导和监督。

第二十五条　对于认真履职并发现重大案件、揭示重大风险的内部审计人员，经审计委员会批准后，保险机构可给予特别嘉奖。

第二十六条　实行内部审计集中化管理的保险集团（控股）公司，其控股的保险子公司审计责任人应由母公司派驻。其他实行内部审计集中化管理的保险机构，可按照独立法人主体分别设置审计责任人。

实行内部审计集中化管理的保险机构，通过应用审计信息化平台、提升内部审计人员专业胜任能力、聘请中介机构承担内部审计项目等方式，基本满足内部审计业务需要的，专职内部审计人员数量可适当放宽至不低于保险机构员工人数的 4‰。

第四章　内部审计作业管理

第二十七条　内部审计部门和内部审计人员应全面关注保险机构的风险，以风险为导向组织实施内部审计。

第二十八条　内部审计人员应充分运用重要性原则，考虑差异或者缺陷的性质、数量等因素，合理确定重要性水平。

第二十九条　内部审计部门应根据法律法规，结合公司发展战略，在风险评估的基础上，编制年度内部审计计划，审计重点、审计频率和频度应与保险机构业务性质、复杂程度、风险状况和管理水平相适应。

年度内部审计计划应包括监管制度要求的审计内容。

第三十条　内部审计部门和内部审计人员应严格按照规范的审计流程和适当的审计方法实施审计：

（一）根据年度内审计划，编制项目审计方案，做好审计项目实施前的准备工作。

（二）依照公司制度，在实施审计前一定时间向被审计单位或者被审计人员下发审计通知书。特殊情况下，审计通知书可以在实施审计时送达。

（三）按照项目审计方案，运用审核、观察、监盘、访谈、调查、函证、计算和分析程序等方法，获取相关、可靠和充分的审计证据，并在审计工作底稿中记录审计程序执行过程、审计证据与结论。实施内部审计的人员不得少于2人。

（四）按照审计质量控制制度和程序，及时编制、复核、报送审计报告。

第三十一条　内部审计部门应在实施必要的审计程序后，及时出具审计报告。审计报告应当符合以下要求：

（一）客观、完整、清晰、简洁，具有建设性并体现重要性原则。

（二）包括审计概况、审计范围、审计内容、审计方法、审计依据、审计发现、审计结论、审计意见或审计建议。

（三）不得有虚假记载、误导性陈述和重大遗漏。

第三十二条　内部审计部门应建立健全审计报告分级复核制度，明确规定各级复核人员的要求和责任。

第三十三条　内部审计部门应建立健全审计质量控制制度和程序，将审计结果形成审计报告，征求被审计对象的意见后，报送审计责任人或其授权人员签发，并发送至被审计对象和适当管理层，审计责任人对审计报告负有最终责任。

第三十四条　内部审计部门应建立健全内部审计档案管理制度，整理、立卷、定期交档案管理部门或者档案工作人员集中妥善保管内部审计档案资料，自审计报告之日起计算，不得少于五年。

第三十五条　内部审计部门应建立健全内部审计项目外包管理制度。根据工作需要，经董事会或管理层批准后，内部审计部门可以聘请外部机构承担内部审计项目。所聘请的外部机构应具备足够的独立性、客观性和专业胜任能力，并遵守本规范中有关审计作业管理的规定。董事会或管理层应当对外部审计机构的独立性出具书面意见。委托外部机构开展内部审计的，应向保监会报告。

第三十六条　鼓励内部审计人员在不承担管理职责的前提下，充分发挥独立、客观、专业的优势，通过提供建议、培训、增值服务等咨询活动，改善保险机构的业务活动、内部控制和风险管理。

第五章　内部审计结果运用

第三十七条　保险机构董事会和管理层应采取有效措施，确保内部审计结果得以充分利用。

内部审计结果包括审计结论、审计意见或审计建议、咨询活动结果等。

内部审计结果可作为中国保监会及其派出机构日常监管的参考依据。

第三十八条　保险机构应对审计发现问题及时组织整改，并按规定严格追究相关责任人的责任。

对审计发现问题未按照要求及时进行整改处理的，保险机构应对有关负责人问责。

第三十九条　保险机构在考核经济目标、任免所属单位负责人之前，应将内部审计结果作为重要依据。保险机构任命分公司及以上主要负责人之前，应听取审计责任人的意见。

第四十条   被审计单位应承担未及时纠正审计发现问题所产生的责任和风险。内部审计人员应履行法律法规赋予的职责和权力，通过后续审计跟踪评价被审计单位管理层所采取的纠正措施是否及时、合理、有效，并可将后续审计作为下次审计工作的一部分。

第六章   内部审计监督

第四十一条   中国保监会及其派出机构依法对保险机构内部审计工作实施指导、检查和评价：

（一）实行内部审计集中化管理的保险机构，由中国保监会统一指导、检查。

（二）实行内部审计垂直化管理的保险机构，由中国保监会协同派出机构实施对口指导、检查。

（三）中国保监会根据本规范，组织开展对保险机构内部审计工作的评价。

第四十二条   保险机构应按照以下要求向中国保监会报告：

（一）每年 5 月 15 日前向中国保监会提交上一年度的内部审计工作报告，报告中应包括公司年度审计工作计划和内部审计工作总结。

（二）及时向中国保监会报告审计中发现的重大风险问题。

（三）内部审计机构对省级分公司及其分支机构的审计报告，由省级分公司在报告完成后 10 个工作日内报送当地保监局。

（四）保险机构对内部审计中发现的重大问题未予有效整改处理的，审计责任人应直接向中国保监会报告相关情况。

（五）中国保监会要求的其他事项。

第七章   内部审计责任追究

第四十三条   保险机构董事和高级管理人员在组织实施内部审计工作中有如下情形的，中国保监会将依照相关规定追究责任：

（一）保险机构董事会未按照本规范第十三条有效履行职责的，中国保监会将追究保险机构董事会相关人员责任。

（二）保险机构审计委员会未按照本规范第十六条有效履行职责的，中国保监会将追究审计委员会成员的责任。

（三）保险机构审计责任人未按照本规范第十九条有效履行职责的，中国保监会将追究其责任。

（四）保险机构总经理未按照本规范第二十三条有效履行职责的，中国保监会将追究其责任。

（五）保险机构未及时按照本规范第三十八条的规定对审计发现问题问责的，中国保监会将追究管理层及相关董事的责任。

第四十四条   审计人员有下列情形之一的，保险机构应进行处理：

（一）对于保险机构发生须追究责任的案件，根据中国保监会有关规定，保险机构在追究直接责任人和间接责任人的责任之外，如存在内部审计人员因严重过失未能揭示相关风险的情况，应对相关人员予以追究责任，但有证据表明其已经履行了岗位职责的除外。

（二）对于滥用职权、徇私舞弊、隐瞒问题、玩忽职守、泄露秘密的内部审计人员，保险机构应依照国家和保险机构有关规定进行处理；涉嫌犯罪的，依法移交司法机关。

第四十五条   被审计对象有下列情形之一的，保险机构应及时制止，严肃处理有关单位和人员，并追究相关人员管理责任和间接责任：

（一）拒绝或者不配合内部审计工作。

（二）拒绝、拖延提供与内部审计事项有关的资料，或者提供资料不真实、不完整的。

（三）打击报复或陷害审计人员。涉嫌犯罪的，依法移交司法机关。

第八章 附 则

第四十六条 除另有说明，本规范所称"以上""以下"含本数。

第四十七条 保险机构应依照本规范制定实施细则。

第四十八条 本规范由中国保监会负责解释。

第四十九条 本规范自发布之日起施行，中国保监会 2007 年 4 月 9 日发布的《保险公司内部审计指引（试行）》（保监发〔2007〕26 号）同时废止。本规范颁布之前有关保险机构内部审计工作的规范性文件与本规范不符的，以本规范为准。

国家测绘局内部审计工作管理（暂行）办法

（国测财字〔2008〕2 号，2008 年 2 月 13 日）

第一章 总 则

第一条 为了加强国家测绘局（以下简称国家局）及所属单位内部审计工作，促进内部审计工作管理科学化、制度化，根据《中华人民共和国审计法》《审计署关于内部审计工作的规定》等有关法规，结合国家局实际情况，制定本办法。

第二条 本办法适用于国家局及所属单位内部审计工作。

第三条 本办法所指的内部审计是指国家局及所属单位内部审计机构或者履行内部审计职责的机构，依法独立监督和评价单位财务收支及经济活动真实、合法和效益的行为。

第四条 内部审计工作应坚持以下原则：

（一）依法审计的原则。内部审计机构依照有关法律、法规和本办法的规定，行使审计监督权。

（二）独立客观公正的原则。内部审计机构或审计人员办理审计事项，应严格遵守内部审计职业规范，忠于职守，坚持原则，做到独立、客观、公正。

（三）保守秘密的原则。内部审计机构或审计人员应对被审计单位的重要事项保密，不得随意对外公开。

（四）回避的原则。审计人员办理审计事项，与被审计单位主要领导或者责任人有利害关系的，应当回避。

第二章 机构和人员

第五条 国家局及所属单位应当设立内部审计机构或者明确履行内部审计职的机构，并配备或明确相应的审计人员。

第六条 内部审计机构在本单位主要负责人领导下，依法对本单位的财务收支及有关的经济活动进行审计。

第七条 内部审计机构或者审计人员履行职责受法律保护，任何单位、个人不得设置障碍和打击报复。

第八条　审计人员应当具备审计、会计等相关专业知识和良好的政治素质。

第九条　单位应当支持和保障审计人员参加继续教育。

第十条　审计人员专业技术职务资格的取得和聘任，按照国家有关规定执行。

第十一条　内部审计工作经费，应当列入本单位财务预算。

第三章　职责和权限

第十二条　国家局内部审计机构履行下列主要职责：

（一）拟订内部审计制度；

（二）拟订年度内部审计工作重点和计划并组织实施；

（三）对国家局机关及所属单位的财务收支状况，项目经费使用情况、财经纪律执行情况以及国有资产管理、对外投资情况等进行审计和审计调查；

（四）按照干部管理权限，受人事部门委托组织开展对所属单位主要领导干部经济责任审计；

（五）指导所属单位的内部审计工作，组织内部审计人员业务培训；

（六）承担与审计署等有关部门的联络协调工作；

（七）国家局交办的其他相关工作。

第十三条　国家局所属单位内部审计机构履行下列主要职责：

（一）组织开展对本单位的财务收支、预算执行等进行审计；

（二）按照干部管理权限，受单位人事部门委托组织开展对所属单位主要领导干部经济责任审计；

（三）对有关财经法规、规章制度的执行情况进行监督检查，督促内部控制制度的建立和执行；

（四）接受上级审计机构和本单位交办的其他审计相关事项。

第十四条　内部审计机构在审计工作范围内，具有下列主要权限：

（一）根据审计工作的需要，调阅被审计单位财务计划、预算、决算报表和有关文件资料等；

（二）审计凭证、账表和决算，检查资金和财产，检测财务会计软件；

（三）对审计涉及的有关事项，向有关单位和人员进行调查，并取得有关文件和证明材料；

（四）提出改进管理、提高效益的建议以及相关的处理意见，检查审计决定和审计意见书的执行情况。

第四章　内容和程序

第十五条　内部审计机构主要对本单位下列事项进行审计：

（一）财务收支及有关经济活动的真实性、合法性和效益性；

（二）财务预算和决算；

（三）各项资金的使用和管理；

（四）国有资产的使用和管理；

（五）政府采购及招标投标情况；

（六）国库管理制度实施及银行账户的设立、使用和管理；

（七）重大经济合同的签订及执行情况；

（八）重大测绘项目、修缮购置项目、基本建设项目、对外投资项目、主要业务和重点工作项目等经费使用情况；

（九）对所属单位主要领导进行任期经济责任审计；

（十）对所属单位整建制划转、撤并等财务清算审计；

（十一）内部控制制度的健全性和有效性以及风险管理评审；

（十二）本单位主要负责人和上级主管部门交办的其他审计事项。

第十六条 具体审计事项可由内审机构自行组织或委托社会中介机构实施。

第十七条 内部审计工作按照下列程序进行：

（一）拟定审计项目计划，报单位主要负责人批准后实施；

（二）成立审计工作组，制定审计工作方案；

（三）在实施审计前不少于7个工作日向被审计单位下达审计通知书，并向被审计单位提出应当准备的材料和要求；

（四）审计工作组实施审计。按照审计工作方案审核会计凭证、账簿、报表，检查现金、银行账户、有价证券和实物，查阅与审计有关的文件和材料，向有关单位和个人进行调查和询问，做好审计记录和取证工作，形成审计工作底稿；

（五）审计工作组对审计工作底稿进行归纳整理，根据审计结果编制审计报告；

（六）将审计报告送被审计单位征求意见，经济责任审计报告应送达本人征求意见。被审计单位或人员应当自接到审计报告之日起7个工作日内，提出对审计报告的书面意见；

（七）审计工作组将修改后的审计报告及被审计单位的书面意见一并报内部审计机构审定；

（八）内部审计机构出具审计意见，经批准后送达被审计单位，并抄送人事、纪检和相关业务部门；

（九）被审计单位按照审计意见的要求进行整改，在规定时间内提交整改报告。

第十八条 内部审计机构应对审计意见书的执行情况进行监督和检查。

第十九条 审计事项结束后，应当建立审计档案，按照规定管理。

第五章　奖励和惩罚

第二十条 对审计工作成绩显著的内部审计机构和有突出贡献的审计人员，所在单位和上级主管部门应给予精神或物质奖励。

对滥用职权、泄露秘密、严重失职的审计人员，由所在单位依照有关规定予以处理。

第二十一条 被审计单位不配合内部审计工作，拒绝审计或提供虚假资料、拒不执行审计结论和报复陷害审计人员的，上级单位应及时予以处理。

第六章　附　　则

第二十二条 所属单位可根据本办法和本单位实际，制定具体的实施办法，并报国家局备案。

第二十三条 本办法由国家局负责解释。

第二十四条 本办法自发布之日起施行。

安徽省内部审计条例

（2011 年 8 月 19 日安徽省第十一届人民代表大会
常务委员会第二十七次会议通过）

第一章　总　　则

第一条　为了加强内部审计工作，规范内部审计行为，改善经济管理，促进廉政建设，根据《中华人民共和国审计法》和有关法律、行政法规，结合本省实际，制定本条例。

第二条　本条例所称内部审计，是指单位依法独立开展监督和评价本单位及所属单位财政收支、财务收支及其他经济活动的真实、合法和效益的行为。

第三条　本省依法属于审计机关审计监督对象的国家机关、金融机构、企业事业组织、社会团体以及其他单位，应当建立健全内部审计制度，开展内部审计工作。

鼓励和支持非公有制企业、农村集体经济组织等单位建立健全内部审计制度，开展内部审计工作。

第四条　内部审计工作应当遵循依法、独立、客观、公正的原则。

第五条　单位主要负责人或者权力机构领导本单位的内部审计工作，保障内部审计机构或者人员依法履行职责。

第六条　县级以上人民政府审计机关负责指导和监督本行政区域内的内部审计工作。

县级以上人民政府其他有关行政主管部门应当在其职权范围内，加强对本行业、本系统内部审计工作的指导和监督。

第二章　机构与人员

第七条　下列单位应当设立独立的内部审计机构：

（一）国有、国有资本占控股或者主导地位的金融机构；

（二）大中型国有企业和国有资本占控股或者主导地位的企业；

（三）上市公司；

（四）法律、行政法规规定的其他应当设立内部审计机构的单位。

前款规定设立内部审计机构的单位，可以根据需要设立审计委员会，配备总审计师。

第八条　实行省级垂直管理的部门，财政收支、财务收支数额较大或者下属单位较多的国家机关、事业单位、社会团体以及其他单位，应当加强内部审计机构建设，可以根据需要设置内部审计机构，或者授权本单位内设机构履行内部审计职责。

第九条　设立独立的内部审计机构的单位，应当配备相应的内部审计人员。内部审计人员应当具备从事内部审计工作所需的专业知识和业务能力，定期接受内部审计业务岗位培训。

内部审计机构负责人应当具有审计或者相关专业中级以上技术职务资格、执业资格或者具有三年以上审计、会计等相关工作经历。

内部审计机构负责人在任期内没有违法失职或者其他不符合任职条件的情况的，不得随意撤换。

第十条 内部审计机构和内部审计人员履行职责所需经费，应当列入本单位财务预算，予以保障。

第三章 职责与权限

第十一条 内部审计机构和内部审计人员应当按照本单位主要负责人或者权力机构的要求，依法履行下列职责：

（一）对本单位及所属单位的财政收支、财务收支及有关经济活动进行审计；

（二）对本单位及所属单位的基本建设项目、技术改造项目以及重大投资活动进行审计；

（三）对本单位内设机构及所属单位主要负责人任期经济责任履行情况进行审计；

（四）对本单位及所属单位经济管理和效益情况进行审计；

（五）对本单位及所属单位内部控制制度的健全性、有效性以及风险管理情况进行评审；

（六）对本单位及所属单位与财政收支、财务收支有关的经济活动开展专项审计调查；

（七）办理审计机关委托的有关审计或者审计调查事项；

（八）法律、法规规定和本单位主要负责人或者权力机构要求办理的其他审计事项。

第十二条 内部审计机构和内部审计人员按照本单位主要负责人或者权力机构的要求，依法履行职责时享有下列权限：

（一）要求被审计对象按时提供有关财政、财务收支计划、预算执行情况、决算、会计报表及相关经济活动的资料和电子数据以及必要的电子计算机技术文档；

（二）参加或者列席本单位及所属单位召开的重大投资、资产处置、财政收支和财务收支预算、决算及其他与经济活动有关的会议等；

（三）审查财务、会计及经济活动的资料、文件和与审计内容有关的计算机管理信息系统及相关电子数据；

（四）对审计事项中的有关问题，依法向有关单位和个人开展调查和询问，取得相关证明材料；

（五）对可能被转移、隐匿、篡改、毁灭的有关财务会计及相关经济活动的资料或者资产，报经本单位主要负责人或者权力机构批准，予以暂时封存；

（六）对经济活动中的违法、违规行为予以制止，提出纠正、处理意见以及改善管理的建议；

（七）经本单位主要负责人或者权力机构批准，公示有关审计情况和结果；

（八）对本单位内设机构及所属单位严格遵守财经法规、经济效益显著、贡献突出的集体和个人，向本单位主要负责人或者权力机构提出表彰、奖励的建议。

第十三条 内部审计机构和内部审计人员开展内部审计工作，应当遵守内部审计职业规范，依法履行职责。

内部审计人员不得从事可能影响其依法履行职责的经营管理或者财务工作，不得参与原经办业务的审计事项。

内部审计人员实施内部审计时，与被审计对象或者审计事项有利害关系的，应当回避。

第十四条 单位主要负责人或者权力机构在管理权限范围内，可以授予内部审计机构通报、责令改正以及按照有关规定收缴违纪、违规资金的处理权。

第四章 审计程序

第十五条 内部审计机构应当制定年度审计工作计划，报单位主要负责人或者权力机构批准后实施。

第十六条 内部审计机构根据年度审计工作计划确定审计项目，组成审计组实施审计。审计组成员不得少于 2 人。

审计组实施审计前，应当向被审计对象送达审计通知书。

第十七条 审计组实施审计后，应当向内部审计机构提交书面报告。

内部审计机构应当对审计组提交的书面报告进行复核，并报经本单位主要负责人或者权力机构同意后下达审计结论。

审计结论应当对审计事项作出评价，提出纠正和处理违法违规行为以及改进经济管理、提高经济效益的意见和措施。

第十八条 被审计对象应当按照审计结论的要求及时整改，并在规定期限内向内部审计机构报告执行情况。

被审计对象对审计结论有异议的，可以向本单位主要负责人或者权力机构提起申诉。单位主要负责人或者权力机构应当处理。

第十九条 经内部审计，被审计对象有下列情形之一，由单位依照法律、法规规定移交有关机关依法处理：

（一）偷税、逃税；

（二）隐瞒、截留收入和利润；

（三）挤占、挪用专项资金；

（四）不依法设置会计账簿或者私设会计账簿，私存私放公款；

（五）编制虚假财务会计报告；

（六）浪费国家资金或者造成国家资金流失；

（七）违反财经法律、法规的其他情形。

第二十条 内审计机构在必要时可以开展后续审计，检查被审计对象采取的整改措施及效果，并向本单位主要负责人或者权力机构提交后续审计结果。

第二十一条 审计机关和有关行政主管部门开展有关工作时，可以利用内部审计成果。

依法属于审计机关审计监督对象的单位在考核、奖惩、任免本单位及所属单位有关工作人员时，应当将内部审计结论作为重要依据。

第二十二条 单位应当建立健全内部审计档案管理制度，并按有关规定妥善保管内部审计档案资料。

第五章 指导与监督

第二十三条 审计机关应当对下列事项进行指导和监督：

（一）依据法律、法规和上级审计机关的有关规定，制定内部审计规章制度；

（二）督促审计监督对象建立健全内部审计制度，按照规定设立内部审计机构，配备内部审计人员；

（三）对审计监督对象建立健全内部审计制度和开展内部审计工作的情况进行检查和评价；

（四）总结、推广内部审计工作先进经验，对内部审计工作成效显著的单位和个人给予表彰和奖励；

（五）维护内部审计机构和内部审计人员的合法权益；

（六）指导和监督内部审计协会开展活动；

（七）法律、法规规定的其他事项。

第二十四条 审计机关可以通过内部审计协会，加强对内部审计工作的业务指导和监督。

第二十五条 依法属于审计机关审计监督对象的单位，应当按照规定向审计机关报告内部审计工作情况。

第二十六条 内部审计机构或者内部审计人员对被审计对象的违法、违规行为，经向单位主要负责人或者权力机构报告后，单位主要负责人或者权力机构不予处理或者处理明显不当的，可以向审计机关报告。

第二十七条 审计机关对内部审计工作中的违法、违规行为，应当责令有关单位限期改正。

第六章 法 律 责 任

第二十八条 违反本条例规定，未建立内部审计制度、开展内部审计工作的，由审计机关责令改正；情节严重的，对直接负责的主管人员和其他直接责任人员，审计机关认为应当给予处分的，向有权机关提出给予处分的建议。有权机关应当依法及时处理，并将处理结果书面通知审计机关。

第二十九条 被审计对象有下列情形之一的，由单位主要负责人或者权力机构责令改正，并对直接负责的主管人员和其他直接责任人员依法给予处理：

（一）拒绝接受或者不配合内部审计工作的；

（二）拒绝、拖延提供与内部审计事项有关的资料，或者提供资料不真实、不完整的；

（三）拒绝执行审计结论的。

第三十条 内部审计机构有下列情形之一，未构成犯罪的，由单位主要负责人或者权力机构责令改正，并对直接负责的主管人员和其他直接责任人员依法给予处理：

（一）隐瞒审计查出的问题或者提供虚假审计结论的；

（二）泄露国家秘密或者泄露被审计对象商业秘密的；

（三）滥用职权、徇私舞弊、玩忽职守的；

（四）违反法律、法规规定的其他情形。

第三十一条 单位主要负责人或者权力机构的有关责任人有下列情形之一，未构成犯罪的，由有权机关依法给予处分：

（一）打击、报复、陷害内部审计人员的；

（二）授意、指使、强令内部审计机构或者内部审计人员出具违反法律、法规规定的审计结论的；

（三）违反法律、法规规定的其他情形。

第七章 附 则

第三十二条 本条例所称单位主要负责人，是指国家机关的行政首长及其他法人组织的法定代表人。

本条例所称权力机构，是指企业法人组织依法行使决策权的机构。

本条例所称被审计对象，是指本单位内设机构、所属单位及个人。

第三十三条 本条例自 2012 年 1 月 1 日起施行。

四川省内部审计条例

（四川省第十届人民代表大会常务委员会公告第 111 号）

《四川省内部审计条例》已由四川省第十届人民代表大会常务委员会第三十一次会议于 2007 年 11 月 29 日通过，现予公布，自 2008 年 1 月 1 日起施行。

四川省人民代表大会常务委员会
2007 年 11 月 29 日

四川省内部审计条例

第一章 总 则

第一条 为加强内部审计，建立健全内部审计制度，规范内部审计行为，改善管理，提高效益，严肃财经纪律，促进廉政建设，根据《中华人民共和国审计法》和有关法律、行政法规的规定，结合四川省实际，制定本条例。

第二条 本条例所称内部审计，是指单位内部依法独立开展监督和评价本单位及其所属单位的财政收支、财务收支及其他经济活动的真实性、合法性和效益性的活动。

第三条 本条例适用于四川省行政区域内的国家机关，事业单位，国有及国有控股的金融机构、企业，管理使用财政资金及社会公共资金的社会团体和其他组织。

第四条 内部审计遵循依法、独立、客观、公正的原则。

第五条 单位主要负责人或者权力机构直接领导本单位的内部审计工作，对建立健全本单位内部审计制度以及审计报告、审计决定的真实性、合法性、完整性负责。

第六条 县级以上人民政府应当加强对内部审计工作的领导；县级以上国家审计机关指导和监督本行政区域内的内部审计工作。

县级以上行政主管部门在其职权范围内依法领导、指导、监督本行业、本系统的内部审计工作。

第七条 内部审计（师）协会是由内部审计机构和内部审计人员依法成立的自律性组织，依照国家有关规定进行行业自律性管理，接受国家审计机关的指导、监督。

第二章 机构和人员

第八条 下列单位应当设立独立的内部审计机构，配备专职内部审计人员：（一）实行省级垂直管理的部门；（二）财政收支、财务收支金额较大或者下属单位较多的国家机关、事业单位；（三）管理使用社会公共资金金额较大的社会团体和其他组织；（四）国有或者国有控股的地方金融、保险、证券机构；（五）大中型国有企业和国有控股企业；（六）法律、法规规定的其他应当设立内部审计机构的单位。

前款规定以外的单位，可以根据需要设置内部审计机构，配备专职或者兼职内部审计人员。

本条第一款第一项、第二项、第三项规定设立内部审计机构单位的具体条件由省人民政府规定。

第九条 企业可以根据有关法律、法规和实际需要，配备总审计师。总审计师履行法律法规赋予的职责。

第十条 内部审计机构履行职责所需经费，应当列入本单位预算。

第十一条 内部审计人员应当具备从事内部审计工作所需的专业知识和业务能力，定期接受内部审计职业培训和后续教育。

第十二条 内部审计机构负责人应当具备下列条件：（一）具有中级以上专业技术职务任职资格、执业资格或者具有三年以上审计、会计等相关工作经历；（二）法律、法规规定的其他条件。

第十三条 内部审计机构和内部审计人员应当依法履行职责，遵守行业规范。

内部审计人员不得兼任财务以及其他经营性工作，不得参与原经办业务的审计事项。内部审计人员在实施内部审计时，与被审计对象或者审计事项有利害关系的，应当回避。

第三章　职责和权限

第十四条 内部审计机构履行下列职责：（一）对本单位及所属单位财政收支，财务收支，资产、负债、损益、所有者权益进行审计监督；（二）对本单位及所属单位固定资产投资项目进行审计监督；（三）对本单位及所属单位在经营、管理过程中遵守相关法律、法规、规章，以及执行计划、预算、程序、合同等情况进行审计监督；（四）对本单位内设机构及所属单位主要负责人任期经济责任履行情况进行审计监督；（五）对本单位及所属单位经营、管理、效益情况进行审查和评价；（六）对本单位及所属单位内部控制的健全性和有效性以及风险管理进行审查和评价；（七）开展有关专项审计调查；（八）检查和指导所属单位内部审计工作；（九）办理本单位主要负责人或者权力机构以及上级单位内部审计机构交办的有关审计事项；（十）办理国家审计机关交办的查询、核查等有关审计事项；（十一）法律、法规、规章规定的其他职责。

第十五条 内部审计机构履行职责时，具有下列权限：（一）要求被审计对象及时提供真实和完整的有关计划、预算、决算，财务会计资料，招投标资料，经济合同，统计报表，会议纪要以及其他相关资料；（二）参加或者列席本单位及所属单位召开的有关重大投资、资产处置，财政收支、财务收支预算、决算及其他与经济活动有关的会议等；（三）审查财务、会计及经济活动的资料、文件和与审计内容有关的计算机管理信息系统及相关电子数据，现场勘查实物；（四）就审计事项中的有关问题，依法向有关单位和个人开展调查和询问，取得相关证明材料；（五）对经济活动中的违法、违规行为提出纠正、处理意见以及改善管理的建议；（六）对经济活动中正在进行的违法、违规行为，有权予以制止，制止无效的，及时报告本单位主要负责人或者权力机构予以制止；（七）对可能被转移、隐匿、篡改、毁弃的有关财务会计及相关经济活动的资料或者资产，报经本单位主要负责人或者权力机构批准，予以暂时封存；（八）经本单位主要负责人或者权力机构批准，公示有关审计报告，法律、法规另有规定的从其规定；（九）参与本单位对相关社会中介机构或者专业人员的选聘工作，并对所选聘的社会中介机构或者专业人员的工作质量进行审查和评价；（十）对本单位内设机构及所属单位严格遵守财经法规、经济效益显著、贡献突出的集体和个人，可以向本单位主要负责人或者权力机构提出表彰、奖励的建议；（十一）法律、法规和规章规定的其他权限。

第十六条 内部审计机构依法行使职权，被审计对象应当予以配合，不得拒绝、阻碍。

第十七条 内部审计机构开展内部审计，需要查询被审计对象在金融机构的账户或者有证据证明被审计对象以个人名义存储公款的，被审计对象应当配合查询并提供证明材料。

第十八条 单位主要负责人或者权力机构可以在管理权限范围内，授予内部审计机构必要的通报、责令改正及按有关规定收缴违纪、违规资金等处理、处罚权。

第十九条 内部审计结果应当作为考核、奖惩、任免本单位内设机构及所属单位负责人的重要依据之一。

第四章 审 计 程 序

第二十条 内部审计机构应当实行审计项目计划管理。年度审计计划应当报经本单位主要负责人或者权力机构批准后实施。

第二十一条 内部审计机构根据年度审计计划确定审计项目，并根据审计项目组成审计组实施审计。审计组成员不得少于2人。

第二十二条 审计组应当编制审计方案，经内部审计机构批准后实施。

实施审计前，内部审计机构应当向被审计对象送达审计通知书。

第二十三条 审计组应当根据审计方案实施审计，采用专业技术方法和合法程序获取审计证据。

审计证据应当经被审计对象或者证据提供者签名或者盖章。被审计对象对审计证据有异议的，审计组应当进行核实，必要时应当重新取证。

被审计对象或者证据提供者拒绝签名或者盖章的，审计组应当注明原因和日期。

第二十四条 审计组应当根据审计证据，形成审计结论和建议，向内部审计机构提交书面报告。

内部审计机构应当对书面报告进行复核并征求被审计对象的意见。

本单位主要负责人或者权力机构应当对书面报告进行审定，形成本单位的审计报告、审计决定，送达被审计对象。

本单位的审计报告、审计决定，自送达被审计对象之日起生效。

第二十五条 被审计对象应当执行审计决定，落实审计报告有关意见和建议，并在规定期限内向内部审计机构报告执行情况，由内部审计机构报本单位主要负责人或者权力机构。

被审计对象对审计证据、审计报告、审计决定有异议的，可以向本单位主要负责人或者权力机构申请复核或者提起申诉，单位主要负责人或者权力机构应当受理。

复核或者申诉期间，不停止审计报告、审计决定的执行。

第二十六条 内部审计机构在必要时可以开展后续审计，检查被审计对象对审计报告、审计决定的执行情况，并向本单位主要负责人或者权力机构提交后续审计报告。

第二十七条 其他审计程序，可以参照《中国内部审计准则》执行。

第二十八条 单位对被审计对象的下列情形，应当作出审计决定：（一）未缴、少缴税款；（二）收受或者支付贿赂；（三）虚报或者隐瞒资产、收入和利润；（四）挤占、挪用、截留预算资金和专项资金；（五）不依法设置会计账簿或者私设会计账簿；（六）编制虚假财务会计报告；（七）乱挤、乱摊成本和费用，虚列支出；（八）挥霍国有资产或者造成国有资产流失；（九）违反票据和现金管理规定；（十）违反财经法律、法规、规章的其他情形。

第二十九条 单位应当建立健全内部审计档案管理制度，并按有关规定妥善保管内部审计档案资料。

第五章　指导与监督

第三十条　县级以上国家审计机关指导和监督内部审计工作的主要职责：

（一）依据法律、法规和上级审计机关的有关规定，制定内部审计配套制度；

（二）督促审计监督对象建立健全内部审计制度，按照规定设立内部审计机构，配备内部审计人员；

（三）对属于审计机关审计监督对象的单位内部审计制度建立健全情况和内部审计工作开展情况进行评价；

（四）总结、推广内部审计工作先进经验，对内部审计工作成效显著的单位和个人给予表彰、奖励；

（五）维护内部审计机构和内部审计人员的合法权益；

（六）指导和监督内部审计（师）协会的活动；

（七）法律、法规规定的其他职责。

第三十一条　县级以上行政主管部门在其职权范围内领导、指导、监督本行业、本系统内部审计工作的主要职责：

（一）依据法律、法规以及国家审计机关和上级行政主管部门的有关规定，制定本行业、本系统的内部审计配套制度；

（二）督促本部门所属单位和下级主管部门建立健全内部审计制度，按照规定设立内部审计机构，配备内部审计人员，开展内部审计工作；

（三）总结、推广本行业、本系统内部审计工作的先进经验，对本行业、本系统内部审计工作成效显著的单位和个人给予表彰、奖励；

（四）维护内部审计机构和内部审计人员的合法权益；

（五）法律、法规规定的其他职责。

第三十二条　属于国家审计机关审计监督对象的单位应当按规定向其上级单位和国家审计机关报送内部审计工作计划、工作总结、统计报表及重大审计事项的审计报告。

国家审计机关和有关行政主管部门在开展工作时，可以利用内部审计成果。

第六章　法律责任

第三十三条　被审计对象或者有关责任人有下列情形之一的，由本单位主要负责人或者权力机构责令改正；拒不改正的，按照有关规定对相关责任人依法处理；涉嫌犯罪的，移送司法机关依法处理：（一）弄虚作假，隐瞒事实真相，转移、隐匿、篡改、毁弃或者拒绝、拖延提供有关文件、资料的；（二）阻挠、抗拒内部审计人员行使职权的；（三）拒绝执行审计决定的；（四）打击、报复、诽谤、陷害内部审计人员或者有关举报人的；（五）违反法律、法规、规章的其他情形。

第三十四条　内部审计人员有下列情形之一的，由本单位主要负责人或者权力机构依法处理；涉嫌犯罪的，移送司法机关依法处理：（一）利用职权谋取私利的；（二）弄虚作假，徇私舞弊，隐瞒查出的问题或者提供虚假审计报告的；（三）泄露国家秘密、被审计对象商业秘密的；（四）违反法律、法规、规章的其他情形。

第三十五条　单位主要负责人或者权力机构的有关责任人有下列情形之一的，由有权机关依法处理；构成犯罪的，依法追究刑事责任：（一）打击、报复、陷害内部审计人员或者有关举报人的；（二）授意、指使、强令内部审计机构或者内部审计人员出具违反法律、法规规定的审计报告的；（三）对正在损害国家和单位利益，不及时制止或者制止不力造成重大危害和损失的；（四）违反法律、法规、规章的其他情形。

第七章 附 则

第三十六条 本条例所称的单位主要负责人是指国家机关的行政首长及其他法人组织的法定代表人。

本条例所称的单位权力机构是指法人组织依法行使决策权的机构。

本条例所称的被审计对象是指所属单位、内设机构及个人。

第三十七条 未设立独立内部审计机构的单位，专职或者兼职内部审计人员的职责、权限，依照本条例执行。

第三十八条 本条例第三条规定以外单位内部审计，可以参照本条例规定执行。

第三十九条 本条例自 2008 年 1 月 1 日起施行。

黑龙江省内部审计条例

（2004 年 8 月 20 日黑龙江省第十届人民代表大会常务委员会第十次会议通过 根据 2016 年 12 月 16 日省十二届人大常委会第三十次会议《黑龙江省人民代表大会常务委员会关于废止和修改〈黑龙江省特种设备安全监察条例〉等 44 部地方性法规的决定》修正 ）

第一章 总 则

第一条 为加强内部审计工作，规范内部审计行为，维护经济秩序，促进廉政建设，提高经济效益，根据《中华人民共和国审计法》和有关法律、法规规定，结合本省实际，制定本条例。

第二条 本条例所称内部审计，是指独立监督和评价本单位及 其 所属单位财政收支、财务收支以及与其相关的经济活动的真实、合法和效益的行为。

第三条 在本省行政区域内，下列单位应当依照本条例开展内部审计工作：

（一）使用、管理财政拨款和其他财政性资金、社会公共基金（资金）的机关、事业单位和其他组织；

（二）国有金融机构；

（三）国有企业以及国有资产占控股地位的企业；

（四）股份有限公司；

（五）法律、法规规定需要开展内部审计工作的其他单位。

第四条 省审计机关指导和监督本省内部审计工作，并负责组织实施本条例。

市（行署）、县（市、区）审计机关负责指导和监督管辖范围内的内部审计工作。

第五条 内部审计协会是内部审计行业的非营利、自律性民间组织，依照章程为内部审计工作提供协调和服务，依法履行行业管理职能。

第六条 单位应当建立健全内部审计制度，内部审计实行单位负责人负责制。

单位负责人是指单位法定代表人或者法律、行政法规规定代表单位行使职权的主要负责人。

单位负责人应当支持内部审计工作，保证内部审计机构或者人员依法履行职责，及时协调解决工作中遇到的问题，承担相应的失察责任。

第七条 内部审计机构或者人员应当在单位负责人的直接领导下独立实施审计。任何单位和个人不得拒绝、阻碍内部审计人员独立实施审计。

第八条 内部审计人员办理审计事项，应当遵守内部审计职业规范，忠于职守，做到独立、客观、公正、保密。

第九条 单位应当将内部审计经费列入预算，保证内部审计必需的经费。

第二章 机构和人员

第十条 下列单位应当设立内部审计机构：

（一）实行省级垂直管理的机关；

（二）年度行政事业性收费、罚没收入、预算外资金、专项资金数额较大的机关以及事业单位；

（三）国有地方金融机构；

（四）上市公司；

（五）大中型国有企业和国有资产占控股地位的企业；

（六）法律、法规规定的其他应当设立内部审计机构的单位。

前款规定以外的单位，可以根据需要设置内部审计机构或者配备内部审计人员，或者委托社会审计组织进行审计。

本条第一款第二项规定数额较大的标准，由省审计机关会同省财政、机构编制部门具体规定。

第十一条 设立内部审计机构的单位，审计人员不得少于二人。

资产总额一亿元以上的单位，应当设立审计委员会。审计委员会主任由单位负责人或者总审计师担任。审计委员会主要负责审理、审定审计事项的结论性意见、内部处理决定和建议等。

第十二条 内部审计机构负责人应当具备下列条件：

（一）具有内部审计从业资格；

（二）具有审计师或者其他经济类中级以上专业技术职务任职资格；

（三）从事三年以上审计、会计或者相关工作。

机关所属的内部审计机构负责人，可以不具备前款第二项规定的专业技术职务任职资格。

第十三条 内部审计人员不得兼任财务以及其他经营性工作，不得参与原经办业务的内部审计工作。

第十四条 内部审计人员办理审计事项应当遵守《中华人民共和国审计法实施条例》有关回避的规定。

第三章 职责和权限

第十五条 内部审计机构或者人员在本单位及其所属单位范围内履行下列职责：

（一）审计财政收支、财务收支及其有关经济活动；

（二）审计长期和短期投资；

（三）固定资产投资项目的事前、事中、事后审计以及审签基本建设工程概算（预算）、决算等事项；

（四）审计本单位内设机构、所属单位有关人员的经济责任；

（五）审计经济效益情况，审签有关合同；

（六）评审内部经济控制制度；

（七）根据需要开展有关专项审计调查；

（八）法律、法规规定和本单位负责人要求办理的其他事项。

第十六条　内部审计机构或者人员履行职责时，具有下列权限：

（一）要求被审计单位报送生产、经营、财务收支计划，预算执行情况和决算，会计报表和其他有关文件、资料；

（二）参加或者列席本单位及其所属单位的重大投资、资产处理、资金调度和其他重要经营决策等会议；

（三）审查有关生产、经营和财务活动的资料、文件，现场勘察实物，检查计算机财务会计管理系统及其电子数据和资料；

（四）向有关单位和个人调查；

（五）对违反有关法律、法规、规章或者其他有关规定的行为提出处理意见；

（六）对可能被转移、隐匿、篡改、毁弃的会计凭证、会计账簿、会计报表以及与经济活动有关的资料，经本单位负责人批准，予以封存；

（七）公示审计结论性文件，但法律、法规规定的涉密事项除外。

内部审计机构或者人员对正在进行的严重违反有关法律、法规、规章或者其他有关规定，以及可能造成严重损失浪费的行为，应当报告单位负责人并予以制止。

第十七条　内部审计机构或者人员就审计事项中的有关问题，有权责令被审计单位配合查询其在金融机构的各项存款，并取得证明材料；有关部门、金融机构应当予以协助。

第十八条　单位负责人可以在管理权限范围内，授予内部审计机构通报、警告、内部罚款、收缴违纪资金、责令改正等权力。

第四章　审计程序

第十九条　内部审计机构或者人员应当拟订当年审计项目计划，报单位负责人批准后实施。

第二十条　审计项目确定后，单位应当选派内部审计人员组成审计组，实施审计。

第二十一条　内部审计机构或者人员应当进行审前调查，制定审计实施方案。在实施审计三日前，向被审计单位或者人员送达审计通知书。

第二十二条　审计结束后，审计组应当提出审计组报告，征求被审计单位或者人员的意见后，提交单位负责人审定，形成审计报告。

第二十三条　其他内部审计程序，按照国家有关规定执行。

第五章　审计处理

第二十四条　审计报告应当对审计事项、审计结果作出评价，并反馈给被审计单位或者有关人员。

第二十五条　在实施内部审计过程中，对于被审计单位或者人员的下列情形，应当作出审计决定：

（一）应缴未缴、偷逃税款；

（二）隐瞒、截留收入和利润，乱挤、乱摊成本和费用；

（三）挤占、挪用专项资金；

（四）不依法设置会计账簿或者私设会计账簿；

（五）编制虚假财务会计报告；

（六）虚报产量、产值和原材料消耗；

（七）挥霍国家资产或者造成国家资产流失；

（八）违反发票和现金管理规定；

（九）违反财经法律、法规、规章的其他情形。

有前款情形，需要执法机关追究法律责任的，内部审计机构或者人员应当向有关执法机关提出追究法律责任的建议。

第二十六条 被审计单位或者人员有下列情形之一，尚未造成严重后果的，由内部审计机构或者人员根据本单位内部管理制度进行通报批评，责令改正；逾期未改正的，由单位给予内部处理：

（一）拒绝提供或者谎报与审计事项有关的文件、资料；

（二）拒绝、阻碍检查；

（三）转移、隐匿违反国家规定取得的资产；

（四）转移、隐匿、篡改、毁弃会计凭证、会计账簿、会计报表以及其他与财务收支有关的文件、资料；

（五）拒不执行审计决定。

由于前款情形造成严重后果的，由单位依照法律、法规规定转交有关部门查处。

第二十七条 单位在考核经济目标、兑现奖惩、任免所属单位和内设机构负责人时，应当将内部审计机构或者人员的有关审计结论作为重要依据。

第二十八条 内部审计报告可以作为审计机关、有关部门或者社会审计组织进行相关工作的参考依据。

第二十九条 内部审计机构或者人员对已办结的审计事项，应当按照国家档案管理规定建立审计档案。

第三十条 被审计单位或者人员对审计报告或者审计决定有异议的，可以在十五日内向单位负责人或者其上级内部审计机构提出意见，单位负责人或者上级内部审计机构应当在十日内予以答复，并根据单位内部管理制度予以处理。

第六章 法律责任

第三十一条 审计机关发现内部审计报告不适当或者不合法，应当责令其单位限期改正。

第三十二条 内部审计人员有下列情形之一的，所在单位应当给予警告或者通报批评；情节严重的，依法给予处分：

（一）隐瞒审计查出的问题或者提出虚假审计报告、审计决定；

（二）利用职权徇私舞弊；

（三）玩忽职守给国家或者被审计单位造成经济损失；

（四）应当回避而没有申请回避；

（五）泄露国家秘密或者商业秘密；

（六）违反法律、法规、规章的其他情形。

单位领导人员指使、授意内部审计人员出具虚假审计报告的，由审计机关会同主管部门依法查处。

第三十三条 审计机关、主管部门发现单位领导人员或者被审计对象打击报复内部审计人员的，应当责令改正；拒不改正的，按照管理权限给予责任人行政处分。

第七章 附 则

第三十四条 本条例第三条规定范围以外的单位开展内部审计工作可以参照本条例执行。

第三十五条 本条例自 2004 年 10 月 1 日起施行。

外部审计准则与政策解读

第五部分

中国注册会计师执业准则指南简介

（2007 年 1 月 1 日）

中国注册会计师执业准则已于 2006 年 2 月 15 日由财政部发布，自 2007 年 1 月 1 日起在所有会计师事务所施行。为了帮助广大注册会计师正确理解和运用注册会计师执业准则，中国注册会计师协会在注册会计师执业准则框架下，制定了实施指南。准则指南覆盖所有准则项目，共 48 项，计 100 余万字，自 2007 年 1 月 1 日起与中国注册会计师执业准则同步施行。

一、起草过程

在审计准则体系发布后，中注协开始着手指南起草工作。指南起草工作大体上经历了以下几个阶段：

一是初稿起草阶段。审计准则一发布，中注协即投入了指南制定工作。成立了指南起草工作组，制定了工作方案，提出了每个指南的框架、总体要求、工作步骤和任务分工等。起草工作组由审计准则委员会委员、外国及港澳台专家咨询组成员和审计准则组成员组成，既有理论界的权威，又有实务界的专家。在时间紧、任务重的情况下，起草工作组成员加班加点，连续作战，工作富有成效，4 月中旬形成了指南初稿。4 月下旬至 6 月上旬，组织专家对指南初稿进行审议和修改，形成了内部征求意见稿。

二是研讨论证阶段。中注协于 6 月中旬至 7 月上旬在北京举行了两期研讨班，每期 10 天。来自具有执行证券期货业务资格的会计师事务所 64 名主管技术的负责人参加了研讨。研讨班采取了边宣讲、边研讨的模式，对指南内部征求意见稿的体例、可操作性和适用性等进行论证。

7 月下旬，中注协又召开为期 14 天的定向征求意见会，邀请 15 名资深注册会计师，对指南内部征求意见稿进行仔细推敲和斟酌。

7 月至 8 月，利用举办三期中国注册会计师执业准则培训面授班的机会，中注协把指南内部征求意见稿以讲义的形式印发，由起草人讲授，同时听取学员意见。

通过研讨论证，起草组成员了解了指南内部征求意见稿修改的方向和重点，经过加班加点、日夜苦干、反复修改、数易其稿，形成了征求意见稿。

三是公开征求意见阶段。8 月 15 日，中注协印发指南征求意见稿，向社会公开征求意见，收到各地注协和相关部门意见 80 多份。

四是审计准则委员会审议阶段。10 月 8 日召开财政部会计准则委员会暨中注协审计准则委员会联席会议。会上，各位委员对指南的质量表示认可，同时也提出了技术上的完善意见。会后，中注协又将完善后的指南向审计准则委员会和相关部门第二次征求意见。各位委员和相关部门对指南草案表示肯定，建议发布。

二、指南的特点

指南是对注册会计师执业准则的细化、深化和具体化，为注册会计师如何正确理解和运用准则提供可操作性的指导意见，与注册会计师执业准则构成一个完整的注册会计师执业规范体系。指南具有以下特点：

第一，内容全面。中国注册会计师执业准则包括鉴证业务基本准则、审计准则、审阅准则、其他鉴证业务准则、相关服务准则和会计师事务所质量控制准则，共计48项。执业准则按其功能区分为两大类型，一是具有概念框架功能的准则，重点阐明执业的目标、一般原则、理念和方法论。二是具有实务操作功能的准则。为了使注册会计师掌握不同类别准则的要旨，将所有准则转化为正确的执业理念和行为，针对每项准则，都起草了相应的指南。

第二，可操作性强。增强可操作性是指南的基本定位。与体例相适应，准则主要规范注册会计师应当做什么，不应当做什么，而没有阐明为什么这样规定和怎样操作。指南利用体例相对灵活的特点，对于具有概念框架功能的准则，系统阐述准则的理论基础、规范的理由和对执业的影响，指导注册会计师如何理解执业理念和方法论；对于具有实务操作功能的准则，重点阐述准则的核心程序和具体方法，增加大量的解释、说明、举例和图示，指导注册会计师如何正确运用程序和具体方法。为了方便读者阅读和检索，指南尽可能做到与准则对应，指出准则的条　目。

第三，贴近实务。由于执业准则在理念和方法上变化较大，指南密切结合我国目前的执业环境和以往的执业实践，以使注册会计师顺利实现由老准则向新准则过渡。例如，为了指导注册会计师正确运用审计风险准则，提高注册会计师识别、评估和应对重大错报风险的能力，指南通过举例方式系统讲解了注册会计师如何设计和实施风险评估程序、控制测试和实质性程序，以及如何通过工作底稿贯彻风险导向审计的理念，把重大错报风险评估与应对的过程用工作底稿进行钩稽。同时，指南中提供了大量范例，如新版的业务约定书、前后任注册会计师沟通函、各类询证函、管理层声明书、业务报告、风险评估程序工作底稿等，具有很强的实用性。

第四，坚持国际趋同的要求。执业准则在框架体系、项目构成和核心内容等方面体现了与国际准则趋同的要求。例如在审计准则的内容上，充分采用了国际审计准则所有的基本原则和核心程序，在审计的目标与原则、风险的评估与应对、审计证据的获取和分析、审计结论的形成和报告等所有重大方面，与国际审计准则保持一致。对国际审计准则中包含的举例等解释说明性材料，由于我国准则是财政部规范性文件，未能写入准则正文。在此次起草指南时，根据中国审计准则委员会与国际审计与鉴证准则理事会发表联合声明的精神，将国际审计准则解释说明性材料写入指南，以进一步体现与国际审计准则趋同的要求。

三、指南的成果

指南以执业准则为依据，结合审计理论和实务成果，重点解决了注册会计师在运用准则时面临的问题。

——如何运用审计风险模型。审计风险准则确立了新的审计风险模型，以明确注册会计师识别、评估和应对财务报表重大错报风险的思路。审计风险模型构成了风险导向审计方法的基础，在审计实务中不易把握，指南详细阐述了注册会计师如何使用审计风险模型开展审计工作。

——如何计划审计工作。计划审计工作包括制定总体审计策略和具体审计计划两个层面。指南对总体审计策略进行了细化，对实务中如何确定审计范围、时间和方向列出了具体考虑因素。借助于风险评估程序和进一步审计程序工作底稿示例，指南详细演示了具体审计计划的制定。

——如何进行风险评估。对重大错报风险识别和评估是审计准则建设中新增的重点内容，也是一个难点。指南从六个方面系统阐述了注册会计师如何识别和评估重大错报风险，特别是利用审计程序举例的方式，详细讲解了进行风险评估的过程和关键环节。

——如何实施控制测试。由于我国内部控制理论和实践相对滞后，注册会计师在实施控制测试时或者不知从何下手，或者具有很大的盲目性，不能为审计提供有价值的基础。指南指导注册会计师从宏观层面和业务流程层面对内部控制进行测试，具有很强的适用性。同时，通过"认定"的概念和审计风险模型，把控制测试和实质性程序贯通起来。

——如何应对舞弊风险。指南以重大错报风险的识别、评估和应对为基础，系统阐述了企业管理层财务舞弊的动机和风险因素，针对新形势下财务舞弊的特点，有针对性地提供了应对舞弊风险的技巧、方法和案例，为注册会计师发现舞弊提供全方位的指导。

——如何编制工作底稿。风险导向审计方法重塑了审计流程，严格了审计程序，要求注册会计师对实施的风险评估程序、控制测试和实质性程序形成恰当的工作记录。针对这个问题，指南系统地讲解了风险导向审计模式下如何编制工作底稿，特别是如何建立风险评估结果与实施进一步审计程序的联系，风险评估工作底稿如何与进一步审计程序工作底稿相钩稽。

——如何运用重要性水平。重要性水平是衡量注册会计师出具恰当审计报告的依据，也是影响财务报表使用者正确决策的关键因素。在审计实务中，注册会计师从定量角度运用重要性水平比较到位，但从定性角度运用有所欠缺，指南细化了如何从定量角度运用重要性水平，并详细介绍了从定性角度运用重要性水平的原理。

——如何确定抽样规模。正确运用审计抽样原理，是注册会计师获取充分、适当审计证据的关键。指南系统阐述了在控制测试和实质性程序中如何确定恰当的样本规模，如何评价样本结果，以提高审计效率和效果。

——如何确定审计意见。指南总结最近几年证券市场审计意见存在的缺陷，系统阐述了注册会计师如何评价财务报表的合法性和公允性，如何针对具体情况确定恰当审计意见类型，防止随意调控审计意见，并列举了各种类型审计报告的参考格式。

——如何审计新兴和复杂领域。目前企业会计核算中判断和估计事项日益复杂，会计确认、计量和报告涉及领域日益宽广，针对公允价值、金融工具等新兴和复杂领域，指南提供了详细的应对程序和方法。

中国注册会计师协会关于修订印发《中国注册会计师行业人才胜任能力指南》的通知

各省、自治区、直辖市注册会计师协会：

为全面贯彻落实习近平总书记关于做好新时代人才工作的重要思想和党中央国务院重大决策部署，全面落实财政部党组关于行业人才建设的具体要求，指导行业人才适应我国经济社会发展对行业人才胜任能力提出新要求，在广泛征求意见的基础上，对原《中国注册会计师胜任能力指南》进行了修订，形成《中国注册会计师行业人才胜任能力指南》。经中国注册会计师协会第六届常务理事会第十次会议审议通过，现予印发，自2023年1月1日起施行。

附件：中国注册会计师行业人才胜任能力指南

中国注册会计师协会

2022年12月26日

中国注册会计师行业人才胜任能力指南

目　　录

第一章　总　　则

第一条　（培养目标）为贯彻落实《关于进一步规范财务审计秩序 促进注册会计师行业健康发展的意见》（国办发〔2021〕30号）、《关于加强新时代注册会计师行业人才工作的指导意见》（财会〔2022〕21号），紧紧围绕服务国家建设这个主题和诚信建设这条主线，不断满足经济社会发展对中国注册会计师行业人才胜任能力日益提高的要求，进一步优化行业人才梯队、胜任能力体系和知识体系建设，指导注册会计师行业全生命周期人才培养工作，制定本指南。

第二条　（适用范围）本指南适用于有意愿进入注册会计师行业或已经进入注册会计师行业从业的个人，以及承担注册会计师行业人才培养工作的组织和机构。

第三条　（培养主体）承担注册会计师行业人才培养工作的组织和机构包括各级财政部门、各级注册会计师协会、会计师事务所、国家会计学院、开设财经类专业的院校等。

财政部是全国注册会计师行业主管部门，负责全国行业人才培养工作的统筹与指导。省级财政部门是地方注册会计师行业主管部门，负责本地区行业人才培养工作。其余主体构成多层次、系统性的行业人才培养工作实施体系，其中，中国注册会计师协会负责总抓、地方注册会计师协会作为支柱、会计师事务所作为主体、国家会计学院和开设财经类专业的院校作为主要依托。

第四条　（行业人才梯队）本指南所指注册会计师行业人才梯队包括有意愿进入会计师事务所从业的人员（含在校大学生，下同）、助理人员、注册会计师、非管理合伙人和管理合伙人。其中，有意愿进入会计师事务所从业的人员，包括在校大学生；助理人员，即已经在会计师事务所从业但尚未取得注册会计师执业资格的人员；注册会计师，即除合伙人以外的依法取得注册会计师证书并接受委托从事审计和会计咨询、会计服务业务的执业人员；非管理合伙人，即除管理合伙人以外的合伙人；管理合伙人，即在会计师事务所管理委员会或类似机构担任职务的合伙人（股东）。

第五条　（胜任能力体系）注册会计师行业人才胜任能力包括政治能力、职业道德、专业胜任能力、实务经历和国际化能力。注册会计师行业人才胜任能力的培养贯穿于注册会计师行业人才职业生涯的全过程。

（一）政治能力，是对新时代注册会计师行业人才能力的第一要求，是保持中国注册会计师行业正确发展方向的根本保证。新时代中国注册会计师行业人才政治能力的基本要求是：坚持党的基本理论、基本路线、基本方略，坚定拥护中国共产党的领导、坚定拥护社会主义制度、坚定拥护改革开放，深刻领悟"两个确立"的决定性意义，切实增强"四个意识"、坚定"四个自信"，不断增强坚决做到"两个维护"的思想自觉、政治自觉、行动自觉，始终在政治立场、政治方向、政治原则、政治道路上同以习近平同志为核心的党中央保持高度一致。

（二）职业道德，是指注册会计师行业人才特有的职业行为和特征。具体包括职业怀疑和职业判断、职业道德守则及相关规范、维护社会公众利益。职业道德是区分注册会计师行业人才与其他行业人才的重要标志。

（三）专业胜任能力，是指注册会计师行业人才能够根据相关法律法规从事职业活动的能力，包括技术胜任能力、职业技能以及管理能力。

（四）实务经历，是指注册会计师行业人才基于所接受的通识教育和职业教育，从事的能够提升其胜任能力的日常工作和其他活动。其中，通识教育是指大学生均应接受的包括人文科学、社会科学、自然科学和技术、艺术等基本知识的教育，即职业性和专业性以外的教育。职业教育是指以通识教育为基础，培养职业道德和专业胜任能力的教育和培训。

（五）国际化能力，是指注册会计师行业人才培养国际化思维、面向国际市场，服务中国企业走出去、境外企业走进来的能力，包括适应国际化发展的技术胜任能力、职业技能、管理能力和实务经历。国际化能力是注册会计师行业人才胜任能力在国际化发展方面的综合体现。

第六条　（知识体系）注册会计师行业人才的专业胜任能力涉及的知识体系主要包括：

（一）技术胜任能力，是指运用专业知识，根据相关法律法规从事职业活动的能力。专业知识，是指构成注册会计师行业人才知识主体的会计、审计、财务、税务、管理、相关法律法规、商业和组织环境、信息和通信技术以及其他相关知识。

注册会计师行业人才应当达到相应的技术胜任能力水平，以便能够在日益复杂、不断变化的职业环境中胜任工作。注册会计师行业人才需要掌握的技术胜任能力是不断变化的，从事特定环境、特定行业或特定业务所需要的技术胜任能力也存在差异，因此，应当持续更新其专业知识，提升技术胜任能力。

（二）职业技能，是指注册会计师行业人才从事职业活动时，能够合理有效地运用智力技能、人际关系和沟通技能、个人技能、组织技能和办公技能等。

职业技能可以通过通识教育、职业教育和实务经历等多种途径获得，并通过贯穿职业生涯的学习不断拓展。

（三）管理能力，是指在工作中充分地利用人力和客观条件以最小的成本达成目标，以提高整个团队办事效率的能力，包括自我认知、自我管理、自我发展、团队管理、组织管理、战略管理等能力要素。

第七条　（评估）为确保注册会计师行业人才达到相应的胜任能力水平，由相关主体对各成长阶段行业人才的胜任能力进行评估。

实施评估的相关主体包括各级财政部门、各级注册会计师协会、会计师事务所、开设财经类专业的院校等。

评估方式主要包括：院校课程考试（考核）、注册会计师全国统一考试、注册会计师行业评选、执业质量检查、定期检查职业道德档案、实务经历、出具案例分析报告、会计师事务所内部胜任能力考评等。

第八条 （普适性要求）注册会计师行业人才处于第四条所指人才梯队的各成长阶段掌握的胜任能力领域学习成果，应当分别达到基础、初级、中级和高级熟练程度。

（一）基础程度：

1. 能够认识到职业道德的重要性；

2. 能够阐明和解释技术胜任能力相关领域的基本原则和理论，并在适当的监督下完成任务；

3. 能够运用适当的职业技能辅助完成分配的任务；

4. 能够通过口头和书面沟通，传递基本信息并表达想法；

5. 能够解决简单的问题，并能将复杂的任务或问题转交给具有相应职责的上级或具有专业知识的专家。

（二）初级程度：

1. 能够在注册会计师的指导下，遵守职业道德完成工作任务；

2. 能够在注册会计师的指导下，应用、比较和分析技术胜任能力相关领域中的基本原则和理论，完成工作任务；

3. 能够在注册会计师的指导下，运用职业技能辅助完成工作任务；

4. 能够通过口头和书面沟通，传递有效信息并表达想法；

5. 能够解决一般的问题，并能在解决复杂的任务或问题中提出意见建议。

（三）中级程度：

1. 能够独立地在工作任务中遵守职业道德；

2. 能够独立地应用、比较和分析技术胜任能力相关领域中的基本原则和理论，完成工作任务并作出决策；

3. 能够独立地运用职业技能完成工作任务；

4. 能够通过口头和书面沟通，向利益相关者清晰全面地传递信息并表达想法；

5. 能够与具有相应职责的上级或具有专业知识的专家共同解决复杂的任务或问题。

（四）高级程度：

1. 能够根据职业道德，对行动方案是否适当作出判断；

2. 能够选择并整合不同领域技术胜任能力的原则和理论，管理、领导项目和工作任务，并向利益相关者提出恰当的建议；

3. 能够整合职业技能，管理、领导项目和工作任务；

4. 能够在有限的监督下评估、研究并解决复杂的问题；

5. 能够始终以有说服力的方式向利益相关者展示和解释相关信息；

6. 能够预测、提供适当咨询并制定复杂问题的解决方案。

第二章　有意愿进入会计师事务所从业的人员的胜任能力

第九条　有意愿进入会计师事务所从业的人员应当具备一定的政治能力、职业道德、专业胜任能力，并具有相关的实务经历。

有意愿进入会计师事务所从业的人员应当达到基础熟练程度的胜任能力水平。

第十条　有意愿进入会计师事务所从业的人员应当达到第五条规定的新时代中国注册会计师行业人才政治能力的基本要求，政治能力相应的学习成果主要包括：能够了解党中央相关重大决策部署以及对注册会计师行业的影响。

运用适当的评估活动评估有意愿进入会计师事务所从业的人员的政治能力，评估活动主要包括：专题学习研讨。

第十一条 有意愿进入会计师事务所从业的人员应当掌握的职业道德领域以及达到的熟练程度主要包括：

（一）职业怀疑和职业判断（基础）；

（二）职业道德守则及相关规范（基础）；

（三）维护社会公众利益（基础）。

鼓励有意愿进入会计师事务所从业的人员在不同职业道德领域取得相应的学习成果：

（一）职业怀疑和职业判断，相应的学习成果主要包括：

1. 能够达到职业怀疑和职业判断的基本要求；

2. 运用批判思维解决专业学习和实践中的问题；

3. 能够培养并运用职业怀疑。

（二）职业道德守则及相关规范，相应的学习成果主要包括：

1. 能够坚持职业操守和职业道德规范；

2. 能够了解违反职业操守和职业道德规范的严重后果。

（三）维护社会公众利益，相应的学习成果主要包括：

1. 能够知晓专业工作对社会公众利益的影响；

2. 能够知晓维护社会公众利益的必要性和重要性；

3. 能够了解损害社会公众利益的后果和应当承担的责任。

运用适当的评估活动评估有意愿进入会计师事务所从业的人员的职业道德，评估活动主要包括：

1. 笔试；

2. 案例分析、研讨和分享。

第十二条 有意愿进入会计师事务所从业的人员应当掌握的技术胜任能力领域以及达到的熟练程度主要包括：

（一）财务会计和报告（基础）；

（二）管理会计（基础）；

（三）财务管理（基础）；

（四）税务（基础）；

（五）审计与其他鉴证（基础）；

（六）治理、风险管理和内部控制（基础）；

（七）商业法律法规（基础）；

（八）信息和通信技术（基础）；

（九）商业和组织环境（基础）；

（十）经济学（基础）；

（十一）商业策略与管理（基础）。

鼓励有意愿进入会计师事务所从业的人员在不同技术胜任能力领域取得相应的学习成果：

（一）财务会计和报告，相应的学习成果主要包括：

1. 能够掌握财务会计的基本理论、知识与逻辑关系；

2. 能够掌握企业日常经济业务的会计处理方法；

3. 能够掌握企业财务会计报告的编制方法；

4. 能够了解不同会计政策处理的经济后果，掌握财务会计确认、计量方法的选择与财务报告信息披露的相互关系以及对公司财务报告的影响。

（二）管理会计，相应的学习成果主要包括：

1. 能够理解管理会计的基本内涵、目标和职责；

2. 能够掌握成本分类、成本计算方法等相关知识；

3. 能够掌握短期经营决策、长期投资决策、全面预算编制和责任会计的相关知识；

4. 能够具备利用经济信息进行预测、决策，对经营业务进行分析评价的能力。

（三）财务管理，相应的学习成果主要包括：

1. 能够了解经济、法律等环境和资本市场运作机制，掌握现代财务管理的基本理论；

2. 能够掌握财务分析的基本方法，通过比率分析等方法找出企业财务以及相关管理方面存在问题的原因，并提出改进措施；

3. 能够掌握企业筹资、投资、营运资金管理和股利分配等财务活动的具体决策方法；

4. 能够利用基础理论解释企业资金运动的现象，利用财务管理工具实施财务决策。

（四）税务，相应的学习成果主要包括：

1. 能够掌握税收、税法理论知识和我国税收法律制度，理解税制背后的税法基本原理、方法和逻辑；

2. 能够掌握我国主要税种应纳税额和税收优惠计算的基本方法；

3. 能够了解国际税收、税收管理体制和税收行政法制基本内容；

4. 初步具备利用相关理论分析和解决税收征缴问题的能力。

（五）审计与其他鉴证，相应的学习成果主要包括：

1. 掌握审计的基本理论和方法，熟悉审计准则；

2. 熟悉审计活动的各业务环节和过程，掌握并运用一定的审计技术方法获取审计证据，编写审计工作底稿，熟练完成审计流程中的主要业务环节；

3. 能够利用审计的逻辑分析框架，在商业环境中识别、评估和应对风险，正确运用审计标准与重要性原则得出审计结论。

（六）治理、风险管理和内部控制，相应的学习成果主要包括：

1. 能够了解公司治理的基本理论以及不同治理模式的运行原理；

2. 能够了解风险管理的相关技术和工具；

3. 能够了解内部控制基础理论，以及内部控制设计和运行的原理及方法，并对企事业单位风险管理作出分析和评价。

（七）商业法律法规，相应的学习成果主要包括：

1. 能够掌握我国商业法律基础理论；

2. 能够了解最新的商业法律法规和司法解释、案例，以及相关法律的最新理论成果；

3. 能够初步运用所学知识分析相应的法律实际问题。

（八）信息和通信技术，相应的学习成果主要包括：

1. 能够熟练使用与审计、会计和财务管理等工作相关的信息和通信软件或工具；

2. 能够了解实践中与信息技术相关的最新知识和技术发展成果。

（九）商业和组织环境，相应的学习成果主要包括：

1. 能够掌握商业和组织环境分析的基础理论知识，熟悉其分析框架；

2. 能够系统分析影响企业运营的商业环境和市场中的机会与威胁。

（十）经济学，相应的学习成果主要包括：

1. 能够理解经济学的基本原理；

2. 能够运用经济学方法观察经济现象，分析经济问题。

（十一）商业策略与管理，相应的学习成果主要包括：

1. 能够掌握商业组织中的个体行为、群体行为、领导行为和组织行为的相关理论；

2. 能够掌握运用科学的方法观察、分析组织中人的各种行为现象，进而提高沟通的效率和效果。

运用适当的评估活动评估有意愿进入会计师事务所从业的人员的技术胜任能力，评估活动主要包括：

1. 考试；

2. 实务经历。

其中，在校大学生可按照专业社会实践、毕业实习等课程要求进入会计师事务所实习，取得审计领域的实务经历。

第十三条　有意愿进入会计师事务所从业的人员应当掌握的职业技能领域以及达到的熟练程度主要包括：

（一）智力技能（基础）；

（二）人际关系和沟通技能（基础）；

（三）个人技能（基础）；

（四）组织技能（基础）；

（五）办公软件操作技能（基础）。

鼓励有意愿进入会计师事务所从业的人员在不同职业技能领域取得相应的学习成果：

（一）智力技能，相应的学习成果主要包括：

1. 能够通过课堂、文献、网络、实习实践等渠道获取知识和信息；

2. 能够学习和吸收专业知识和经验，构建自己的知识体系；

3. 能够应用管理理论、经济理论等理论和方法分析并解决简单的实践问题。

（二）人际关系和沟通技能，相应的学习成果主要包括：

1. 能够积极主动地与他人交往，具备良好的人际关系；

2. 能够具有团队合作意识；

3. 能够运用语言和文字清晰地表达自己的观点和意见；

4. 能够与团队和他人沟通，辅助实现参与项目的目标，主要包括陈述和处理会计与审计事项，获得相关的、充分、适当的审计证据。

（三）个人技能，相应的学习成果主要包括：

1. 能够制定短期个人职业发展目标，并对职业发展形成初步设想；

2. 能够形成持续学习的意识，并督促自己养成持续学习的习惯；

3. 能够自我挑战和自我激励，尝试承担多任务的实践工作；

4. 能够进行批判性思考，尝试理论或实践创新。

（四）组织技能，相应的学习成果主要包括：

1. 能够做好规划，顺利完成各项要求；

2. 能够组织其他人完成具体的项目和任务。

（五）办公软件操作技能，相应的学习成果主要包括：

1. 能够了解并能够使用基础的文字处理软件；

2. 能够尝试将信息化相关知识在实践中运用。

有意愿进入会计师事务所从业的人员应当通过会计师事务所实习取得实务经历，实务经历是评估其职业技能的主要方式，主要包括：

1. 参与会计师事务所的一个或多个工作项目；

2. 准确、高效地完成实习项目分配的内容；

3. 实习报告。

第十四条　有意愿进入会计师事务所从业的人员应当掌握的管理能力领域以及达到的熟练程度主要包括：

（一）自我认知（基础）；

（二）自我管理（基础）；

（三）自我发展（基础）；

（四）团队管理（基础）。

鼓励有意愿进入会计师事务所从业的人员在不同管理能力领域取得相应的学习成果：

（一）自我认知，相应的学习成果主要包括：

1. 对自身的专业知识和综合胜任能力水平有清晰的认知和了解；

2. 客观看待自身的优势和劣势。

（二）自我管理，相应的学习成果主要包括：

1. 合理安排自己的时间；

2. 能够控制自己的情绪，找到合理的疏导方式。

（三）自我发展，相应的学习成果主要包括：

1. 对自身未来的发展有清晰的规划和思考；

2. 针对自身存在的不足，采取积极有效的提升手段。

（四）团队管理，相应的学习成果主要包括：

1. 积极融入团队，努力营造和谐、融洽的团队氛围；

2. 能够结合自身和他人的优势，参与团队合作，提升团队的整体效能。

运用适当的评估活动评估有意愿进入会计师事务所从业的人员的管理能力，评估活动主要包括：

1. 无领导小组讨论；

2. 管理能力测评。

第三章　　会计师事务所助理人员的胜任能力

第十五条　　会计师事务所助理人员应当不断提升政治能力、职业道德、专业胜任能力，并积累相关实务经历。

会计师事务所助理人员应当达到初级熟练程度的胜任能力水平。

第十六条　　会计师事务所助理人员在达到有意愿进入会计师事务所从业的人员要求基础上，政治能力相应的学习成果主要包括：

（一）能够了解注册会计师行业以及会计师事务所贯彻落实党中央相关重大决策部署所制定的政策和采取的措施；

（二）能够正确执行相关的政策和措施。

运用适当的评估活动评估会计师事务所助理人员的政治能力，评估活动主要包括：

1. 专题学习研讨；

2. 年度考核自评与互评。

第十七条　　会计师事务所助理人员应当掌握的职业道德领域以及达到的熟练程度主要包括：

（一）职业怀疑和职业判断（初级）；

（二）职业道德守则及相关规范（初级）；

（三）维护社会公众利益（初级）。

会计师事务所助理人员在不同职业道德领域应当取得相应的学习成果：

（一）职业怀疑和职业判断，在达到有意愿进入会计师事务所从业的人员要求基础上，相应的学习成果主要包括：

1. 能够阐明职业怀疑与职业道德基本原则的关联；

2. 能够在执业过程中有意识地保持职业怀疑；

3. 能够运用批判性思维理解审计策略。

（二）职业道德守则及相关规范，在达到有意愿进入会计师事务所从业的人员要求基础上，相应的学习成果主要包括：

1.能够遵守职业道德守则及相关规范；

2.能够了解对遵守职业道德基本原则形成威胁的情形或事项；

3.能够知晓形成威胁的情形或事项对遵守职业道德基本原则的严重性。

（三）维护社会公众利益，在达到有意愿进入会计师事务所从业的人员要求基础上，相应的学习成果主要包括：

1.能够知晓遵守职业道德对维护社会公众利益的作用和重要性；

2.能够知晓遵守职业道德基本原则在维护良好的商业关系和保持良好治理方面的作用和重要性；

3.能够了解职业道德与法律之间的关系；

4.能够知晓违反职业道德的行为对个人、注册会计师行业和社会公众所造成的后果。

运用适当的评估活动评估会计师事务所助理人员的职业道德，评估活动主要包括：

1.笔试；

2.会计师事务所内部研讨和分享；

3.建立职业道德档案，对职业道德档案进行自查与抽查。

第十八条　会计师事务所助理人员应当掌握的技术胜任能力领域以及达到的熟练程度主要包括：

（一）财务会计和报告（初级）；

（二）管理会计（初级）；

（三）财务管理（初级）；

（四）税务（初级）；

（五）审计与其他鉴证（初级）；

（六）治理、风险管理和内部控制（初级）；

（七）商业法律法规（初级）；

（八）信息和通信技术（初级）；

（九）商业和组织环境（初级）；

（十）经济学（初级）；

（十一）商业策略与管理（初级）。

会计师事务所助理人员在不同技术胜任能力领域应当取得相应的学习成果：

（一）财务会计和报告，在达到有意愿进入会计师事务所从业的人员要求基础上，相应的学习成果主要包括：

1.熟悉相关会计制度；

2.能够在简单交易和其他事项中应用相关会计制度；

3.掌握单体财务报表或简单合并财务报表的编制方法和过程；

4.能够根据企业的实际业务情况判断会计分录编制的合理性、适当性；

5.能够熟练运用相关会计制度复核企业的各项财务数据。

（二）管理会计，在达到有意愿进入会计师事务所从业的人员要求基础上，相应的学习成果主要包括：

1.能够在计划和预算、成本管理、质量控制、绩效衡量和比较分析等方面统计相应数据；

2.能够对成本习性和成本动因作简要分析；

3.能够定量分析各项指标的变动因素影响；

4.能够比较不同部门、不同产品等的各项指标差异原因；

5.能够复核企业制定的年度成本费用预算，并分析其合理性；

6. 能够运用各类成本核算方法复核企业成本。

（三）财务管理，在达到有意愿进入会计师事务所从业的人员要求基础上，相应的学习成果主要包括：

1. 能够理解各类常用财务指标的含义；

2. 能够根据企业报表计算企业各项财务指标，并进行分析；

3. 能够梳理企业抵质押担保情况；

4. 对企业保理、保函、信用证、票据等融资工具有一定的理解。

（四）税务，在达到有意愿进入会计师事务所从业的人员要求基础上，相应的学习成果主要包括：

1. 能够了解国家税收相关法律法规；

2. 能够阐明各项税种的适用条件和计算方式；

3. 能够对照税收相关法律法规，发现企业日常税务处理的不规范事项；

4. 清楚常规纳税调整事项，对于非常规税务处理和会计处理产生的差异能够主动查询相关信息并予以讨论；

5. 能够了解各项税率并计算应缴税金；

6. 能够通过查阅信息了解其他国家相关税收规则；

7. 能够根据企业提供的资料复核企业计提缴纳的相关税费是否正确。

（五）审计与其他鉴证，在达到有意愿进入会计师事务所从业的人员要求基础上，相应的学习成果主要包括：

1. 能够按照审计准则要求执行相应的审计与其他鉴证程序；

2. 能够根据各报表项目的特性选择合适的审计程序，并获取相关审计证据，完成审计底稿。

3. 发现异常现象能够主动了解背景以及详细过程，并向项目负责人汇报相关信息；

4. 能够通过审计程序判断企业内部控制设计是否合理，执行是否有效。

（六）治理、风险管理和内部控制，在达到有意愿进入会计师事务所从业的人员要求基础上，相应的学习成果主要包括：

1. 能够理解基本的内部控制要求；

2. 了解 COSO 等内部控制模型并分析企业内部控制流程是否有效；

3. 能够运用 SWOT 分析法分析企业内外部环境和自身优劣势。

（七）商业法律法规，在达到有意愿进入会计师事务所从业的人员要求基础上，相应的学习成果主要包括：

1. 能够了解商业法律法规相关内容；

2. 能够主动搜索查询相关商业法律法规并学习；

3. 能够根据相关商业法律法规，阅读企业合同并提取信息。

（八）信息和通信技术，在达到有意愿进入会计师事务所从业的人员要求基础上，相应的学习成果主要包括：

1. 能够熟练使用信息和通信相关软件或工具；

2. 能够了解与信息技术相关的知识和技术发展；

3. 能够利用信息和通信技术分析数据和信息；

4. 能够利用信息和通信技术提高通信效率和有效性。

（九）商业和组织环境，在达到有意愿进入会计师事务所从业的人员要求基础上，相应的学习成果主要包括：

1. 能够了解各类客户所处商业环境；

2. 能够了解各类客户内部组织环境。

（十）经济学，在达到有意愿进入会计师事务所从业的人员要求基础上，相应的学习成果主要包括：

1.具备经济学相关理论知识；

2.能够以经济学观点分析审计过程中的相关问题。

（十一）商业策略与管理，在达到有意愿进入会计师事务所从业的人员要求基础上，相应的学习成果主要包括：

1.具备组织行为学相关理论知识；

2.能够以组织行为学观点分析审计过程中的相关问题。

会计师事务所主要通过实务经历评估助理人员的技术胜任能力。

第十九条　会计师事务所助理人员应当掌握的职业技能领域以及达到的熟练程度主要包括：

（一）智力技能（初级）；

（二）人际关系和沟通技能（初级）；

（三）个人技能（初级）；

（四）组织技能（初级）；

（五）办公软件操作技能（初级）。

会计师事务所助理人员在不同职业技能领域应当取得相应的学习成果：

（一）智力技能，在达到有意愿进入会计师事务所从业的人员要求基础上，相应的学习成果主要包括：

1.能够识别、获取、理解各种来源的数据和信息；

2.能够向注册会计师请教并学习，结合工作经历进行反思和应用；

3.能够在团队探讨方案时提出有助于形成良好方案的个人意见。

（二）人际关系和沟通技能，在达到有意愿进入会计师事务所从业的人员要求基础上，相应的学习成果主要包括：

1.能够快速融入团队，与他人协商共事；

2.能够用流畅易懂的语言表达自己的意见；

3.能够主动热情地与他人交往；

4.能够积极响应他人的建议与要求；

5.能够根据不同情况采用相适应的沟通风格；

6.能够与被审计单位高效沟通，及时完整地取得审计证据；

7.能够以明确简洁或结构式的方式进行书面沟通。

（三）个人技能，在达到有意愿进入会计师事务所从业的人员要求基础上，相应的学习成果主要包括：

1.能够接收他人对自身表现的反馈意见，制定个人发展规划；

2.能够在职业生涯中保持持续学习的习惯；

3.能够利用信息化手段，提高工作效率，提升执行力；

4.能够逐步承担更多重要的任务；

5.能够利用自身优势，主动解决问题。

（四）组织技能，在达到有意愿进入会计师事务所从业的人员要求基础上，相应的学习成果主要包括：

1.能够根据工作的重要性程度和紧急程度，在有限的资源中选择和配置相应资源，按时完成工作；

2.能够协助项目组完成企业 IPO、各类企业年报审计、资产重组和企业并购等项目。

（五）办公软件操作技能，在达到有意愿进入会计师事务所从业的人员要求基础上，相应的学习成果主要包括：

能够熟练操作办公软件、审计作业软件以及相关数据处理软件。

实务经历是评估会计师事务所助理人员职业技能的主要方式，主要包括：

1. 完整参与不同类型的工作项目；

2. 通过在工作中不断学习和吸收相关的专业知识和团队其他成员的工作经验和工作方法，不断完善自己的专业知识体系，形成自己的专业实务操作经验和方法；

3. 及时、准确、高效地完成在项目中分配的工作。

第二十条 会计师事务所助理人员应当掌握的管理能力领域以及达到的熟练程度主要包括：

（一）自我认知（初级）；

（二）自我管理（初级）；

（三）自我发展（初级）；

（四）团队管理（初级）。

会计师事务所助理人员在不同管理能力领域应当取得相应的学习成果：

（一）自我认知，在达到有意愿进入会计师事务所从业的人员要求基础上，相应的学习成果主要包括：

清晰了解本职级人员的主要工作职责和绩效考核指标。

（二）自我管理，在达到有意愿进入会计师事务所从业的人员要求基础上，相应的学习成果主要包括：

1. 每天按照计划完成相应工作；

2. 能够识别压力，分析压力产生的原因，并采取适当的方法疏解压力；

3. 能够感知并适当表达自己的情绪，了解负面情绪的危害，能够采取有效措施调整和控制负面情绪。

（三）自我发展，在达到有意愿进入会计师事务所从业的人员要求基础上，相应的学习成果主要包括：

积极学习和掌握岗位专业知识和通用技能，并善于实践与总结。

（四）团队管理，在达到有意愿进入会计师事务所从业的人员要求基础上，相应的学习成果主要包括：

1. 能够完成团队分配的任务；

2. 能够指导团队中低级别同事或实习生。

运用适当的评估活动评估会计师事务所助理人员的管理能力，评估活动主要包括：

1. 实务经历；

2. 管理能力测评。

第二十一条 会计师事务所助理人员在取得执业资格前应当具备足够的实务经历（以下简称资格前实务经历），且该实务经历的时长和强度应当足以证明其已具备胜任注册会计师工作所必须的职业道德和专业胜任能力。资格前实务经历应当为从事审计业务工作至少两年。

第二十二条 会计师事务所应当根据注册会计师协会规定的资格前实务经历要求，为申请人制定资格前实务经历计划。资格前实务经历应当有助于会计师事务所助理人员：

（一）了解提供服务的环境；

（二）了解组织、商业运作及工作关系；

（三）将会计工作与其他业务职能及活动相联系；

（四）培养在实务环境中保持职业道德并运用技术胜任能力、职业技能的能力；

（五）在适当的监督下，逐步承担更大的工作责任。

第二十三条　会计师事务所合伙人应当对申请人的资格前实务经历提供必要的监督和指导，并对申请人参与的项目进行考评。

会计师事务所应当定期评价申请人的资格前实务经历记录，与事先制定的资格前实务经历计划进行对比，并评估计划的进度，在必要时考虑调整计划或进度。

第四章　注册会计师的胜任能力

第二十四条　注册会计师应当具备一定的政治能力、职业道德、专业胜任能力和相应的实务经历。

注册会计师应当达到中级熟练程度的胜任能力水平。

第二十五条　注册会计师在达到助理人员要求基础上，政治能力相应的学习成果主要包括：

（一）能够熟悉党中央重大决策部署，尤其是有关业务领域的重大决策部署，及其对注册会计师行业的影响；

（二）能够熟悉注册会计师行业以及会计师事务所深入学习贯彻党中央重大决策部署所制定政策、采取措施的目标、作用和实施路径，带领业务团队执行相关政策和部署；

（三）能够了解党中央有关注册会计师行业发展的重要精神。

运用适当的评估活动评估注册会计师的政治能力，评估活动主要包括：

1. 专题学习研讨；

2. 年度考核自评与互评；

3. 注册会计师行业评选。

第二十六条　注册会计师应当掌握的职业道德领域以及达到的熟练程度主要包括：

（一）职业怀疑和职业判断（中级）；

（二）职业道德守则及相关规范（中级）；

（三）维护社会公众利益（中级）。

注册会计师在不同职业道德领域应当取得相应的学习成果：

（一）职业怀疑和职业判断，在达到助理人员要求基础上，相应的学习成果主要包括：

1. 能够在收集、评估数据和信息时保持质疑的态度；

2. 能够在解决问题、作出判断、作出决定和得出合理结论时减少偏见；

3. 能够运用批判性思维识别并评估替代方案，确定适当的行动方案。

（二）职业道德守则及相关规范，在达到助理人员要求基础上，相应的学习成果主要包括：

1. 能够深刻理解职业道德的本质；

2. 能够识别对遵守职业道德基本原则产生或形成威胁的事项或情形；

3. 能够评估形成或产生威胁的事项或情形对遵守职业道德基本原则的严重性，并作出适当决策；

4. 能够在收集、生成、存储、访问、使用或共享数据和信息时，遵循职业道德基本原则；

5. 能够将相关职业道德要求应用于符合审计准则的职业行为上。

（三）维护社会公众利益，在达到助理人员要求基础上，相应的学习成果主要包括：

1. 能够阐明职业道德的作用和重要性，以及与社会责任的关系；

2. 能够阐明职业道德基本原则在维护良好的商业关系和保持良好治理方面的作用和重要性；

3. 能够分析职业道德与法律之间的关系，包括职业道德和法律与社会公众利益之间的关系；

4. 能够分析违反职业道德行为对个人、注册会计师行业和社会公众所造成的后果。

运用适当的评估活动评估注册会计师的职业道德，评估活动主要包括：

1. 笔试；

2. 案例分析报告；

3. 实务经历；

4. 建立职业道德档案，对职业道德档案进行自查与抽查。

案例分析评估主要包括：

1. 建立案例研究资料库，并要求注册会计师根据案例研究完成测试；

2. 使用案例分析系统，要求注册会计师记录特定领域案例的日志和备忘；

3. 通过案例研究小组的作业和研讨进行评估分析。

实务经历评估主要包括：

1. 讨论并协助解决日常工作中出现的职业道德威胁；

2. 职业道德决策审查与工作目标审查相结合。

第二十七条 注册会计师应当掌握的技术胜任能力领域以及达到的熟练程度主要包括：

（一）财务会计和报告（中级）；

（二）管理会计（中级）；

（三）财务管理（中级）；

（四）税务（中级）；

（五）审计与其他鉴证（中级）；

（六）治理、风险管理和内部控制（中级）；

（七）商业法律法规（中级）；

（八）信息和通信技术（中级）；

（九）商业和组织环境（中级）；

（十）经济学（基础）；

（十一）商业策略与管理（中级）。

注册会计师在不同技术胜任能力领域应当取得相应的学习成果：

（一）财务会计和报告，在达到助理人员要求基础上，相应的学习成果主要包括：

1. 能够在不同的交易和其他事项中应用相应的相关会计制度；

2. 能够评估用于编制财务报表的会计政策的适当性；

3. 能够理解并解释财务报表和各项披露信息；

4. 能够解释包含非财务数据和信息的报告；

5. 能够准确编制完整的财务报表，包括了解合并财务报表编制的内在逻辑，掌握合并范围变更时合并层面所需进行的会计处理；

6. 能够识别重要的非财务信息，例如重大未决诉讼、重大承诺事项等，确保重要的非财务信息在财务报表附注中作出恰当披露。

（二）管理会计，在达到助理人员要求基础上，相应的学习成果主要包括：

1. 能够利用适当的定量技术来分析成本习性和成本动因；

2. 能够通过分析数据和信息，支持管理层制定决策；

3. 能够评估产品和业务部门的绩效；

4. 能够识别企业成本中心，通过对各成本中心的成本习性进行分析，为管理层成本控制提供建议。

（三）财务管理，在达到助理人员要求基础上，相应的学习成果主要包括：

1. 能够比较被审计单位可利用的各种融资来源，包括银行融资、金融工具、债券、股权和国债市场；

2.能够分析被审计单位现金流和营运资金需求；

3.能够评估用于计算被审计单位资本成本的要素的适当性；

4.能够在资本投资决策的评估中运用资本预算技术；

5.能够熟练运用各项指标分析被审计单位当前和未来的财务状况；

6.能够理解各类估值方法及对财务报表的影响结果；

7.能够通过被审计单位与可比企业各类财务比率的对比分析，对被审计单位偿债能力、盈利能力等形成初步的了解和认识；

8.通过比较被审计单位不同时期的财务比率，识别被审计单位存在的潜在经营风险，并发表自己的见解。

（四）税务，在达到助理人员要求基础上，相应的学习成果主要包括：

1.能够阐明国家税收相关法律法规；

2.能够计算直接税和间接税；

3.能够分析一般的国内和国际交易有关的税收问题；

4.能够阐明税收筹划、避税和逃税之间的区别；

5.能够清楚了解国家税收体系和各类税收优惠；

6.能够具有税收筹划意识；

7.能够结合财务会计处理方式识别企业可能存在的税务风险。

（五）审计与其他鉴证，在达到助理人员要求基础上，相应的学习成果主要包括：

1.能够描述执行财务报表审计所涉及的目标和阶段；

2.能够使用审计准则或适用的财务报表审计的其他相关审计准则、法律法规来执行财务报表审计；

3.能够评估财务报表中的重大错报风险，并考虑其对审计策略的影响；

4.能够应用审计业务中使用的定量和定性分析方法；

5.能够确定审计证据的相关性，提供判断依据，作出决策并得出合理的结论；

6.能够得出是否已获得充分、适当的审计证据的结论；

7.能够阐明鉴证业务的关键因素以及与此类鉴证业务相关的适用准则；

8.能够了解审计准则相关体系，清楚各审计阶段工作内容和各项审计程序的目标；

9.能够判断错报的影响及审计程序是否充分、适当，是否能支持审计结论；

10.能够独立安排完成单个项目组工作，指导项目组成员，复核底稿；

11.能够区分审计责任与会计责任；

12.能够完成一般企业的底稿复核，并发现存在的问题，提出合理的复核意见。

（六）治理、风险管理和内部控制，在达到助理人员要求基础上，相应的学习成果主要包括：

1.能够阐明良好治理的原则，包括所有者、投资者、治理层的权利和责任，以及利益相关者在治理、披露和透明度要求中的作用；

2.能够分析被审计单位治理框架的组成部分；

3.能够使用风险管理框架分析被审计单位的风险和机会；

4.能够分析与财务报告有关的内部控制组成部分；

5.能够分析系统、流程及其控制的适当性，用以收集、生成、存储、访问、使用或共享数据和信息；

6.能够通过了解企业内控制度，结合行业特点及业务模式，识别关键控制节点，评价企业内控制度设计是否合理，执行是否有效；

7.能够评价企业内部控制制度规范性，发现缺陷并提出建议。

（七）商业法律法规，在达到助理人员要求基础上，相应的学习成果主要包括：

1. 能够阐明适用不同类型法律实体的法律法规；

2. 能够阐明适用于注册会计师职业环境的法律法规；

3. 能够应用相关法律法规收集、生成、存储、访问、使用或共享数据和信息；

4. 能够主动搜集或整理相关法律法规知识以便日常工作的应用，在接触新客户新行业时主动查询相关法律法规要求。

（八）信息和通信技术，在达到助理人员要求基础上，相应的学习成果主要包括：

1. 能够阐明信息和通信技术的发展对组织环境和商业模式的影响；

2. 能够阐明信息和通信技术如何支持数据分析和决策制定；

3. 能够阐明信息和通信技术如何支持被审计单位风险的识别、报告和管理；

4. 能够利用信息和通信技术提高组织中系统的效率和有效性；

5. 能够有效识别信息系统审计专家工作的范围和内容，并有效开展专家评价工作。

（九）商业和组织环境，在达到助理人员要求基础上，相应的学习成果主要包括：

1. 能够描述组织运行的环境，主要包括政治、经济、社会、文化、法律、技术和生态等方面；

2. 能够分析影响国际贸易和金融的全球环境；

3. 能够确定全球化的特征，包括跨国企业和新兴市场的职责。

（十）经济学，在达到助理人员要求基础上，相应的学习成果主要包括：

1. 能够描述微观经济学和宏观经济学的基本原理；

2. 能够描述宏观经济指标的变化对商业活动的影响；

3. 能够阐明不同类型的市场结构，包括完全竞争、垄断性竞争、垄断和寡头垄断。

（十一）商业策略与管理，在达到助理人员要求基础上，相应的学习成果主要包括：

1. 能够阐明可用于设计和构建组织的各种方式；

2. 能够阐明组织内不同类型功能和业务领域的目的和重要性；

3. 能够分析可能影响组织战略的外部和内部因素；

4. 能够阐明可用于制定和实施组织战略的程序；

5. 能够阐明如何使用组织行为理论来提高个人、团队和组织的绩效。

运用适当的评估活动评估注册会计师的技术胜任能力，评估活动主要包括：

1. 笔试；

2. 案例分析报告；

3. 实务经历。

第二十八条 注册会计师应当掌握的职业技能领域以及达到的熟练程度主要包括：

（一）智力技能（中级）；

（二）人际关系和沟通技能（中级）；

（三）个人技能（中级）；

（四）组织技能（中级）；

（五）办公软件操作技能（中级）。

注册会计师在不同职业技能领域应当取得相应的学习成果：

（一）智力技能，在达到助理人员要求基础上，相应的学习成果主要包括：

1. 能够通过研究、整合和分析，评估从不同来源和视角获取的数据及信息；

2. 能够运用批判性思维解决问题、形成判断、作出决策并得出合理的结论；

3. 能够根据需要适时咨询专家；

4. 能够提出解决非结构化的多元问题的方案；

5. 能够有效应对不断变化的环境或新信息，从而解决问题、形成判断、作出决策并得出合理的结论。

（二）人际关系和沟通技能，在达到助理人员要求基础上，相应的学习成果主要包括：

1. 能够通过协作实现组织目标；

2. 能够在各种场合完成清晰、简洁的演示、讨论和报告；

3. 能够充分意识到文化差异和语言差异对沟通的影响；

4. 能够做到积极倾听和有效访谈；

5. 能够通过谈判获得解决方案和达成协议；

6. 能够通过咨询，最大程度减少或化解冲突、解决问题；

7. 能够提出观点影响他人，并获得支持和承诺。

（三）个人技能，在达到助理人员要求基础上，相应的学习成果主要包括：

1. 能够作出持续学习的承诺；

2. 能够依据自我反思活动和他人反馈设定较高的个人工作目标并进行跟踪检查；

3. 能够有效管理时间和高效利用资源；

4. 能够预测困难并制定可行的解决方案；

5. 能够以开放的心态迎接新的机遇；

6. 能够识别个人和组织意见的潜在影响；

7. 能够具备相应的文字表达和提炼总结能力。

（四）组织技能，在达到助理人员要求基础上，相应的学习成果主要包括：

1. 能够按照既定行动方案在规定期限内完成任务；

2. 能够复核自己和他人的工作是否符合组织设定的质量标准；

3. 能够运用人员管理技能激励和培养他人；

4. 能够合理、有效地分配任务；

5. 能够运用领导能力影响他人，实现组织目标。

（五）办公软件操作技能，在达到助理人员要求基础上，相应的学习成果主要包括：

1. 熟练运用办公软件；

2. 能够使用复杂的数据处理工具；

3. 能够根据需要适时地咨询专家。

实务经历是评估注册会计师职业技能的主要方式，主要包括：

1. 坚持写工作日志；

2. 接受上下级和同级的评估；

3. 编制学习成果证明材料；

4. 接受具有相应职责的上级的监督指导。

第二十九条　注册会计师应当掌握的管理能力领域以及达到的熟练程度主要包括：

（一）自我认知（中级）；

（二）自我管理（中级）；

（三）自我发展（中级）；

（四）团队管理（中级）；

（五）组织管理（中级）；

（六）战略管理（中级）。

注册会计师在不同管理能力领域应当取得相应的学习成果：

（一）自我认知，在达到助理人员要求基础上，相应的学习成果主要包括：清晰了解本职级人员的主要工作职责和绩效考核指标。

（二）自我管理，在达到助理人员要求基础上，相应的学习成果主要包括：

1.能够分解复杂任务、制定阶段性时间计划，并能监督团队达成目标，及时复盘；

2.能够有效开展优先级管理，统筹协调相关工作并按时间计划完成多项任务目标。

（三）自我发展，在达到助理人员要求基础上，相应的学习成果主要包括：能够清晰认识到自己擅长的行业领域以及感兴趣的行业领域，并有计划地优化相关知识框架和内容。

（四）团队管理，在达到助理人员要求基础上，相应的学习成果主要包括：

1.具备培养项目团队成员的能力，能够知晓团队成员的优势与不足，取长补短，统筹安排工作，促进团队成员完成相关工作；

2.营造项目团队正能量，识别团队负面情绪并有效处理；

3.营造良好的项目团队合作氛围，公平客观，主动关心每个成员，对成员采取有效激励，提高项目组工作效率。

（五）组织管理，相应的学习成果主要包括：

1.能够协助会计师事务所选人识人，引入优质人才；

2.能够不断积累知识和经验，并善于总结和提炼；

3.能够分享和传播知识。

（六）战略管理，相应的学习成果主要包括：

1.能够了解公司战略并进行目标分解，制定计划并高效执行；

2.能够拥抱挑战和变革。

运用适当的评估活动评估注册会计师的管理能力，评估活动主要包括：

1.所管理团队的关键绩效指标评估；

2.所管理团队的敬业度评估；

3.360度评价；

4.场景模拟测试；

5.管理能力测评。

第五章　非管理合伙人的胜任能力

第三十条　非管理合伙人应当具备高于一般注册会计师水平的政治能力、职业道德、专业胜任能力以及实务经历，以达到以下目标：

（一）提高审计质量；

（二）提高非管理合伙人的工作水平；

（三）提高注册会计师行业的公信力；

（四）维护社会公众利益。

非管理合伙人应当达到高级熟练程度的胜任能力水平。

第三十一条　非管理合伙人在达到注册会计师要求基础上，政治能力相应的学习成果主要包括：

（一）能够掌握党中央相关重大决策部署，并准确向业务团队宣讲；

（二）能够掌握党中央有关注册会计师行业发展的重要精神，并带领业务团队加以落实；

（三）能够敏锐把握业务团队意识形态领域动态变化，带领团队沿着正确的方向开展业务。

运用适当的评估活动评估非管理合伙人的政治能力，评估活动主要包括：

1.专题学习研讨；

2.年度考核自评与互评；

3.注册会计师行业评选。

第三十二条　非管理合伙人应当掌握的职业道德领域以及达到的熟练程度主要包括：

（一）职业怀疑和职业判断（高级）；

（二）职业道德守则及相关规范（高级）；

（三）维护社会公众利益（高级）。

非管理合伙人在不同职业道德领域应当取得相应的学习成果：

（一）职业怀疑和职业判断，在达到注册会计师要求基础上，相应的学习成果主要包括：

1.能够在计划和执行审计业务时运用职业判断，并在此基础上得出审计意见；

2.能够在审计业务的所有阶段强调保持职业怀疑的重要性；

3.能够保持职业怀疑态度，批判性地评估在审计过程中获得的审计证据，并得出合理的结论；

4.能够评估个人和组织的意见对运用职业怀疑能力的影响；

5.能够运用职业判断评估被审计单位管理层的认定和陈述；

6.能够运用批判性思维解决审计问题，考虑备选方案并分析结果。

（二）职业道德守则及相关规范，在达到注册会计师要求基础上，相应的学习成果主要包括：

1.能够强调遵守职业道德基本原则的重要性；

2.能够评估并应对审计过程中可能出现的对独立性的不利影响。

（三）维护社会公众利益，在达到注册会计师要求基础上，相应的学习成果主要包括：

能够确保提高审计质量、遵守执业标准和监管要求，以维护社会公众利益。

运用适当的评估活动评估非管理合伙人的职业道德，评估活动主要包括：

1.内部考评；

2.建立职业道德档案，对职业道德档案进行自查与抽查；

3.案例分析报告。

第三十三条　非管理合伙人应当掌握的技术胜任能力领域以及达到的熟练程度主要包括：

（一）财务会计和报告（高级）；

（二）管理会计（高级）；

（三）财务管理（高级）；

（四）税务（高级）；

（五）审计与其他鉴证（高级）；

（六）治理、风险管理和内部控制（高级）；

（七）商业法律法规（高级）；

（八）信息和通信技术（高级）；

（九）商业和组织环境（高级）；

（十）经济学（高级）；

（十一）商业策略与管理（高级）。

非管理合伙人在不同技术胜任能力领域应当取得相应的学习成果：

（一）财务会计和报告，在达到注册会计师要求基础上，相应的学习成果主要包括：

1.能够评估一个实体是否在所有重大方面按照适用的财务报告编制基础编制财务报表；

2.能够根据适用的财务报告编制基础，评估财务报表中交易和事项的确认、计量、列报和披露；

3.能够评估被审计单位管理层作出的会计判断和估计；

4.能够根据被审计单位的业务性质、经营环境和持续经营能力评估财务报表是否公允反映；

5. 能够通过阅读财务报表，了解被审计单位的财务和经营状况，分析其中存在的问题，针对重大非常规交易确定合适的会计处理；

6. 能够了解不同期间相关行业和单个企业市场关注度，充分考虑披露的重要信息对各类报告使用者可能的影响，并作出相应应对；

7. 能够熟练掌握并灵活应用相关会计制度，具有扎实的专业知识，能够应对各类疑难、复杂的会计问题，并提出较好的解决方案；

8. 能够熟练掌握并分析财务数据及相关业务数据，识别财务报表存在的重大错报风险，与被审计单位管理层、治理层进行有效沟通。

（二）管理会计，在达到注册会计师要求基础上，相应的学习成果主要包括：

1. 能够在不同的方案中，综合考虑目标、可行性、成本等因素，选择合适的执行方案；

2. 了解国家宏观经济政策、重大经济改革措施和国内外会计或相关专业的发展动态；

3. 能够为重大关联交易事项提供财务方面的决策咨询或建议；

4. 能够发现并识别被审计单位成本管理等方面的缺陷，并提出整改措施。

（三）财务管理，在达到注册会计师要求基础上，相应的学习成果主要包括：

1. 能够评估企业可用的各种融资来源和所使用的金融工具，以确定对总体审计策略的影响；

2. 能够评估企业的现金流、预算和预测，以及营运资金需求，以确定对总体审计策略的影响；

3. 充分了解资本市场变动趋势并形成自我见解，对未来有一定的预判；

4. 具有财务决策及参与其他战略决策的能力；

5. 具有领导团队实施财务战略、实现财务功能、建立会计系统和财务流程的能力；

6. 能够运用预算管理、成本管理、风险管理等手段，控制既定业绩目标实现过程。

（四）税务，在达到注册会计师要求基础上，相应的学习成果主要包括：

1. 能够评估为应对税务相关的财务报表重大错报风险而采取的措施，以确定对总体审计策略的影响；

2. 充分了解税收体系并及时关注政策变动，对新政策具有解读能力，并能应用于税收筹划等日常工作。

（五）审计与其他鉴证，在达到注册会计师要求基础上，相应的学习成果主要包括：

1. 能够在识别和评估重大错报风险过程中发挥领导作用；

2. 能够制定应对识别出的重大错报风险的审计计划；

3. 能够识别被审计单位的重要风险领域，制定重大错报风险的应对措施；

4. 能够对所有相关审计证据的充分性和适当性作出结论；

5. 能够评估审计是否按照审计准则或适用于财务报表审计的其他相关审计准则、法律法规执行；

6. 能够形成恰当的审计意见并撰写相关审计报告；

7. 能够在审计业务的其他所有阶段积极发挥领导作用。

（六）治理、风险管理和内部控制，在达到注册会计师要求基础上，相应的学习成果主要包括：

1. 在制定总体审计策略过程中，能够评估影响财务报表的企业治理结构和风险；

2. 能够识别项目层面的审计风险，熟悉客户在财务、法律等各方面的规定，对企业的经营风险提出防范意见；

3. 熟悉各类业务活动的关键控制点，能够识别被审计单位内部控制方面存在的重大或重要缺陷；

4. 能够根据被审计单位面临的内外部环境分析识别其重要的经营风险及财务风险等，

并提出有效的应对方案。

（七）商业法律法规，在达到注册会计师要求基础上，相应的学习成果主要包括：

1.能够评估识别出的、或可能存在的违反法律法规的行为，以确定其对总体审计策略和审计意见的影响；

2.熟悉适用于注册会计师职业环境的法律法规；

3.了解行业监管要求，并按照各项要求执行，提高审计质量，降低审计风险。

（八）信息和通信技术，在达到注册会计师要求基础上，相应的学习成果主要包括：

1.能够评估信息和通信技术环境，识别与财务报表重大错报风险有关的控制点，以确定对总体审计策略的影响；

2.能够利用信息技术、大数据分析、挖掘技术等，识别审计风险并进行分析和决策；

3.能够基于审计准则要求，合理识别、管理、评估注册会计师利用信息技术、数据专家的工作范围、内容和工作成果。

（九）商业和组织环境，在达到注册会计师要求基础上，相应的学习成果主要包括：能够分析相关的行业、监管和其他外部因素，如市场、竞争、产品技术和环境保护要求等，并将这些因素用于审计风险评估。

（十）经济学，在达到注册会计师要求基础上，相应的学习成果主要包括：

1.能够结合宏观经济形势，分析识别审计项目的关键审计事项和重要审计风险；

2.充分关注宏观经济形势以及被审计单位行业发展趋势，对被审计单位经营情况及财务状况形成一定的预期，运用到风险评估程序中。

（十一）商业策略与管理，在达到注册会计师要求基础上，相应的学习成果主要包括：能够针对被审计单位内部组织形式，分析识别审计项目的关键审计事项和重要审计风险。

运用适当的评估活动评估非管理合伙人的技术胜任能力，评估活动主要包括：

1.实务经历；

2.案例分析报告；

3.会计师事务所内部评选。

第三十四条 非管理合伙人应当掌握的职业技能领域以及达到的熟练程度主要包括：

（一）智力技能（高级）；

（二）人际关系和沟通技能（高级）；

（三）个人技能（高级）；

（四）组织技能（高级）；

（五）办公软件操作技能（高级）。

非管理合伙人在不同职业技能领域应当取得相应的学习成果：

（一）智力技能，在达到注册会计师要求基础上，相应的学习成果主要包括：

1.能够熟练掌握专业知识、政策、法规；

2.能够对各类行业的发展情况、运营模式、行业风险点等跨行业知识有深入的研究；

3.能够以更高视角防范审计风险；

4.能够对国际准则和国际业务有一定的研究和理解，具有国际视野。

（二）人际关系和沟通技能，在达到注册会计师要求基础上，相应的学习成果主要包括：

1.能够与项目组、被审计单位管理层和治理层进行有效且适当的沟通；

2.能够评估文化和语言差异对执行审计业务的潜在影响；

3.能够通过有效的协商解决审计问题。

（三）个人技能，在达到注册会计师要求基础上，相应的学习成果主要包括：

1.能够敦促项目组保持持续学习的习惯；

2. 能够作为项目组的榜样；

3. 能够指导或辅导项目组工作。

（四）组织技能，在达到注册会计师要求基础上，相应的学习成果主要包括：

1. 能够评估项目组是否具备执行审计业务的独立性和专业胜任能力；

2. 能够领导项目组和管理审计业务。

（五）办公软件操作技能，在达到注册会计师要求基础上，相应的学习成果主要包括：能够指导团队提升相关办公技能。

实务经历是评估非管理合伙人职业技能的主要方式，主要包括：

1. 熟悉注册会计师行业政策和法规，严格执行审计准则和会计师事务所的质量控制制度，严格把控项目质量，防范审计风险；

2. 能够同时推进多个项目，对人员和任务进行合理的分配和调度，确保项目高效运行。

第三十五条 非管理合伙人应当掌握的管理能力领域以及达到的熟练程度主要包括：

（一）自我认知（高级）；

（二）自我管理（高级）；

（三）自我发展（高级）；

（四）团队管理（高级）；

（五）组织管理（高级）；

（六）战略管理（高级）。

非管理合伙人在不同管理能力领域应当取得相应的学习成果：

（一）自我认知，在达到注册会计师要求基础上，相应的学习成果主要包括：清晰了解本职级人员的主要工作职责和绩效考核指标。

（二）自我管理，在达到注册会计师要求基础上，相应的学习成果主要包括：有效地管理与调节自身的工作时间与生活时间，实现工作与生活的平衡。

（三）自我发展，在达到注册会计师要求基础上，相应的学习成果主要包括：成为注册会计师行业专家。

（四）团队管理，在达到注册会计师要求基础上，相应的学习成果主要包括：

1. 具备管理者相应素质；

2. 能够在管理中发挥领导作用，善于影响和激励团队成员，推动工作优质高效完成。

（五）组织管理，在达到注册会计师要求基础上，相应的学习成果主要包括：

1. 具备培养员工的能力，能够识别员工的胜任能力要求，并能根据员工能力现状开展相关培训；

2. 打造合理员工梯队；

3. 能够营造良好组织氛围，并采取合理的激励考核措施，促进员工良性流动，留住核心员工。

（六）战略管理，在达到注册会计师要求基础上，相应的学习成果主要包括：

1. 能够了解公司战略并进行目标分解，制定计划并监督执行；

2. 加强多方协作，及时发现问题、解决问题。

运用适当的评估活动评估非管理合伙人的管理能力，评估活动主要包括：

1. 所管理团队的关键绩效指标评估；

2. 所管理团队的敬业度评估；

3.360 度评价；

4. 场景模拟测试；

5. 管理能力测评。

第三十六条 具有中国资产评估师、中国税务师、中国造价工程师职业资格的人员担任特殊普通合伙会计师事务所合伙人（含管理合伙人）的，其胜任能力按照相关职业资格的胜任能力要求予以规范。

第六章　管理合伙人的胜任能力

第三十七条　管理合伙人应当具备更高水平的政治能力、职业道德，专业胜任能力以及实务经历，以达到以下目标：

（一）提高管理合伙人的工作水平；

（二）提升会计师事务所内部治理能力；

（三）增强注册会计师行业的公信力；

（四）维护社会公众利益。

管理合伙人应当达到高级熟练程度的胜任能力水平。

第三十八条　管理合伙人在达到非管理合伙人要求基础上，政治能力相应的学习成果主要包括：

（一）能够深学细悟践行习近平新时代中国特色社会主义思想，自觉运用蕴含其中的立场观点方法思考问题、谋划工作，并组织会计师事务所加以落实；

（二）能够自觉站在服务国家建设和促进注册会计师行业健康发展高度，把党中央相关重大决策部署，以及党中央有关注册会计师行业发展的重要精神，转化成推动会计师事务所或者注册会计师行业发展的切实可行的政策和举措；

（三）能够敏锐把握会计师事务所意识形态领域动态变化，带领会计师事务所并协助推动注册会计师行业沿着正确的方向开展业务。

运用适当的评估活动评估管理合伙人的政治能力，评估活动主要包括：

1. 专题学习研讨；

2. 年度考核自评与互评；

3. 注册会计师行业评选。

第三十九条　管理合伙人应当掌握的职业道德领域以及达到的熟练程度主要包括：

（一）职业怀疑和职业判断（高级）；

（二）职业道德守则及相关规范（高级）；

（三）维护社会公众利益（高级）。

管理合伙人在不同职业道德领域应当取得相应的学习成果：

（一）职业怀疑和职业判断，在达到非管理合伙人要求基础上，相应的学习成果主要包括：能够在审计业务所有阶段强调保持职业怀疑的重要性，并积极影响团队保持职业怀疑。

（二）职业道德守则及相关规范，在达到非管理合伙人要求基础上，相应的学习成果主要包括：

1. 能够重视职业道德基本原则的内部宣传，积极引导团队成员遵守职业道德；

2. 倡导诚信为本、质量至上的企业文化；

3. 摒弃以经济效益为核心指标的考核模式。

（三）维护社会公众利益，在达到非管理合伙人要求基础上，相应的学习成果主要包括：能够重视职业道德基本原则的内部宣传，积极引导团队成员维护社会公众利益。

运用适当的评估活动评估管理合伙人的职业道德，评估活动主要包括：

1. 继续教育培训；

2. 会计师事务所内部检查；

3. 建立职业道德档案，对职业道德档案进行自查与抽查；

4. 注册会计师行业检查。

第四十条 管理合伙人应当掌握的技术胜任能力领域以及达到的熟练程度主要包括：

（一）财务会计和报告（高级）；

（二）管理会计（高级）；

（三）财务管理（高级）；

（四）税务（高级）；

（五）审计与其他鉴证（高级）；

（六）治理、风险管理和内部控制（高级）；

（七）商业法律法规（高级）；

（八）信息和通信技术（高级）；

（九）商业和组织环境（高级）；

（十）经济学（高级）；

（十一）商业策略与管理（高级）。

管理合伙人在不同技术胜任能力领域应当取得相应的学习成果：

（一）财务会计和报告，在达到非管理合伙人要求基础上，相应的学习成果主要包括：

1. 能够为相关会计制度的国际化向财政部等政府部门提供合理的建议；

2. 对相关会计制度等有见解，能够为相关会计制度的修订提供有效建议；

3. 随着新经济、新业态、新交易的出现和发展，能够根据业务实质提出适当的会计处理原则和处理方法。

（二）管理会计，在达到非管理合伙人要求基础上，相应的学习成果主要包括：

1. 能够为管理会计相关应用法规的修订工作提供建议；

2. 能够对应用新兴行业的主要管理会计指标提出指导性的意见。

（三）财务管理，在达到非管理合伙人要求基础上，相应的学习成果主要包括：

1. 能够基于企业的财务指标，发现企业存在的重大问题；

2. 能够处理和化解会计师事务所层面的审计重大问题和风险。

（四）税务，在达到非管理合伙人要求基础上，相应的学习成果主要包括：能够为税收法律法规的修订提出合理建议。

（五）审计与其他鉴证，在达到非管理合伙人要求基础上，相应的学习成果主要包括：

1. 具备良好的洞察力和判断力，能够作出正确决策，尤其是属于法律未明确规定的问题；

2. 能够为制定审计与其他鉴证准则提出专家建议。

（六）治理、风险管理和内部控制，在达到非管理合伙人要求基础上，相应的学习成果主要包括：能够在不同的经济环境下，向监管部门提出公司治理、风险管理及内部控制的更新建议。

（七）商业法律法规，在达到非管理合伙人要求基础上，相应的学习成果主要包括：能够积极参与各类法律法规的修订，为相关部门提出合理化建议。

（八）信息和通信技术，在达到非管理合伙人要求基础上，相应的学习成果主要包括：

1. 能够在注册会计师行业信息化建设中，提供信息化或数字化应用场景需求建议；

2. 能够引导会计师事务所进行信息化和数字化转型建设，提高运营效率，增强数据安全；

3. 能够为会计师事务所信息化建设提供并协调配置必要资源。

（九）商业和组织环境，在达到非管理合伙人要求基础上，相应的学习成果主要包括：能够对行业整体环境和企业组织环境作出专业判断和评估。

（十）经济学，在达到非管理合伙人要求基础上，相应的学习成果主要包括：能够运用经济学理论，对整体经济形势进行评估分析。

（十一）商业策略与管理，在达到非管理合伙人要求基础上，相应的学习成果主要包括：能够运用组织行为学理论，对企业进行多维度评估分析。

运用适当的评估活动评估管理合伙人的技术胜任能力，评估活动主要包括：

1. 实务经历；

2. 注册会计师行业评选。

第四十一条　管理合伙人应当掌握的职业技能领域以及达到的熟练程度主要包括：

（一）智力技能（高级）；

（二）人际关系和沟通技能（高级）；

（三）个人技能（高级）；

（四）组织技能（高级）；

（五）办公软件操作技能（基础）。

管理合伙人在不同职业技能领域应当取得相应的学习成果：

（一）智力技能，在达到非管理合伙人要求基础上，相应的学习成果主要包括：

1. 能够对注册会计师行业标准的建设与行业准则、行业动态、行业发展有自身的见解和思路；

2. 能够在专业理论方面有突破和创新，有一定的研究成果和相应的论文数量。

（二）人际关系和沟通技能，在达到非管理合伙人要求基础上，相应的学习成果主要包括：

1. 能够与主管部门以及各类社会人士有顺畅的沟通和交流；

2. 能够传递注册会计师行业与会计师事务所的发展理念。

（三）个人技能，在达到非管理合伙人要求基础上，相应的学习成果主要包括：

1. 能够对注册会计师行业在多个维度、多种社会场合作出显著的贡献；

2. 能够向社会彰显注册会计师行业的影响力；

3. 能够将自身的影响力转化为注册会计师行业整体发展的动力；

4. 能够为注册会计师行业发展提供理论创新与社会资源。

（四）组织技能，在达到非管理合伙人要求基础上，相应的学习成果主要包括：

1. 能够塑造团队管理理念；

2. 能够为会计师事务所的决策和发展提出专业建议；

3. 能够引领会计师事务所文化。

（五）办公软件操作技能，相应的学习成果主要包括：满足日常管理需求。

实务经历是评估管理合伙人职业技能的主要方式，主要包括：

1. 具备带领会计师事务所发展的长远战略眼光和战略执行能力；

2. 能够积极传递注册会计师行业与会计师事务所的发展理念；

3. 塑造、引领会计师事务所文化。

第四十二条　管理合伙人应当掌握的管理能力领域以及达到的熟练程度主要包括：

（一）自我认知（高级）；

（二）自我管理（高级）；

（三）自我发展（高级）；

（四）团队管理（高级）；

（五）组织管理（高级）；

（六）战略管理（高级）。

管理合伙人在不同管理能力领域应当取得相应的学习成果：

（一）自我认知，在达到非管理合伙人要求基础上，相应的学习成果主要包括：清晰了解本职级人员的主要工作职责和绩效考核指标。

（二）自我管理，在达到非管理合伙人要求基础上，相应的学习成果主要包括：有效地管理与调节自身的工作时间与生活时间，实现工作与生活的平衡。

（三）自我发展，在达到非管理合伙人要求基础上，相应的学习成果主要包括：成为注册会计师行业资深专家。

（四）团队管理，在达到非管理合伙人要求基础上，相应的学习成果主要包括：能够合理授权。

（五）组织管理，在达到非管理合伙人要求基础上，相应的学习成果主要包括：促进员工高效达成组织目标的同时能够成就员工。

（六）战略管理，在达到非管理合伙人要求基础上，相应的学习成果主要包括：

1. 鼓励创新；

2. 具有战略眼光及变革的勇气和担当，并能够清晰地表达战略目标、实施路径和关键指标，进行合理规划。

运用适当的评估活动评估管理合伙人的管理能力，评估活动主要包括：

1. 所管理团队的关键绩效指标评估；

2. 所管理团队的敬业度评估。

第七章　特定环境、特定行业或特定业务对胜任能力的特别要求

第四十三条　在特定环境（如跨境审计业务）、特定行业（如金融行业）执行历史财务信息审计业务，或执行特定业务（如 ESG 鉴证业务、可持续发展信息鉴证业务、信息系统审计业务）时，项目组应当具备相应的技术胜任能力和实务经历。

第四十四条　特定环境、特定行业可能存在不同的财务会计报告标准及惯例，特定业务存在不同的执业标准或要求，项目组应当根据特定环境、特定行业或特定业务的具体情况，开展必要的进场前学习培训，提升相应的技术胜任能力。

第四十五条　项目组执行跨境审计业务至少应当具备下列领域的技术胜任能力：

（一）能够确定并精通适用的会计准则和审计准则；

（二）能够确定并熟悉适用的上市要求或所执行跨境业务背景知识；

（三）能够确定并熟悉适用的公司治理要求；

（四）能够确定并熟悉适用的当地监管规定；

（五）能够熟悉全球和当地的经济与商业环境。

在执行跨境审计业务时，项目组应当意识到对职业道德的应用可能受到不同文化背景、经济环境、法律法规、交易习惯的影响而更加复杂，并具备对复杂环境的应变能力。

第四十六条　项目组执行金融行业审计业务至少应当具备下列领域的技术胜任能力：

（一）能够确定并熟悉金融机构的业务、产品以及相应的金融风险管理体系；

（二）根据金融机构的业务、产品以及金融风险管理体系，能够确定并精通金融行业及金融工具相关的会计制度；

（三）具备对金融机构的计算机信息系统进行审计的基础知识和应用能力；

（四）具备对金融机构特定财务报表项目进行审计的基础知识和应用能力；

（五）能够确定并熟悉金融行业适用的公司治理要求；

（六）能够确定并熟悉金融行业适用的相关法律法规和行业监管体系；

（七）能够熟悉金融行业宏观经济政策与商业环境。

第四十七条　会计师事务所应当加强对 ESG 鉴证业务、可持续发展信息鉴证业务的研究，设立相关鉴证业务程序体系及质量复核体系，并根据业务需求建立多专业人才招聘机制和培训机制、利用相关专家的工作机制。项目组至少应当具备下列领域的技术胜任能力：

（一）了解可持续发展信息的披露准则制定、修订以及相关解释；

（二）了解环境科学相关理论及法律法规，包括温室气体排放及核算、能源管理及消

耗、碳达峰碳中和标准计量体系等;

（三）熟悉企业内部控制规范，并了解企业内部控制流程、相关行业生产线或行业上下游与可持续发展管理体系、生产制造管理、产品质量管理、气候及环境资源管理等相关知识;

（四）能够利用信息技术对可持续发展相关数据的采集系统、加工过程进行验证。

第四十八条　项目组执行信息系统审计业务至少应当具备下列领域的技术胜任能力:

（一）了解信息系统治理与管理;

（二）了解信息系统的购置、开发与实施;

（三）了解信息系统的操作、维护与支持;

（四）了解信息资产的保护;

（五）掌握信息系统审计的流程以及相关审计技术。主要包括:能够分析相关信息和通信技术应用软件的流程及其控制的适当性，能够适当改进相关信息和通信技术应用软件的流程及其控制。

第八章　职业继续教育

第四十九条　注册会计师应当树立贯穿职业生涯全过程的学习理念，在取得执业资格之后通过职业继续教育保持并不断提高胜任能力，以持续提供高质量的专业服务，加强社会公众对注册会计师行业的信任。

注册会计师继续教育的内容应当体现党的路线、方针、政策，职业发展目标，所处的职业领域和发展阶段的差异以及职业环境的变化，包括保持和提升职业道德、专业胜任能力以及实务经历等。

第五十条　保持并不断提高胜任能力的主要责任在于注册会计师自身。

会计师事务所应当为注册会计师获得职业继续教育提供适当的机会、资源，并予以规范和指导。

注册会计师协会应当引导注册会计师增强持续学习的意识，为其履行该责任提供适当的机会、资源，并予以规范、指导及评估。

第五十一条　注册会计师可以参加投入法形式和产出法认可的其他形式的职业继续教育。投入法形式的职业继续教育是指注册会计师参加面授培训和网络录播培训。产出法认可的其他形式的职业继续教育是指与执业相关的专业活动及成果。

第五十二条　当中断执业且仍有意愿继续执业时，注册会计师应当在执业中断期间，按照注册会计师协会的要求完成职业继续教育，以保持胜任能力。

第五十三条　职业继续教育应当是相关的、可计量的、可验证的且需要经过确认的学习活动。

职业继续教育应当是相关的，即通过职业继续教育培养的职业道德和专业胜任能力，应当与注册会计师当前及未来的职业工作和责任相关。

职业继续教育应当是可计量的，即通过投入法形式、产出法认可的其他形式或两者兼用的方法计量，既可以通过学习时间或强度计量，又能够通过学习效果加以计量。

职业继续教育应当是可验证的，即学习活动能够通过可靠的信息来源得以客观验证。

第五十四条　职业继续教育应当经过注册会计师协会的确认，以确保注册会计师的职业继续教育符合相关要求。职业继续教育的确认应当综合考虑注册会计师参加职业继续教育的投入和产出情况。

（一）职业继续教育的投入情况是通过设置一定的学习活动量加以计量的，且设定的学习活动量应当能够保持和提高注册会计师的胜任能力。学习活动量通过学时计量，包括按照注册会计师协会设定的折合标准将其他计量单位折合为学时。

（二）职业继续教育的产出情况需要注册会计师通过提供各种形式的职业继续教育学习成果，用以证明其胜任能力得到保持和提高。职业继续教育学习成果主要包括特定学习活动的结果、取得的工作成绩等。

第五十五条　注册会计师应当真实、完整地保管与职业继续教育的投入和产出情况有关的记录和证明材料，并按照注册会计师协会的要求提交相关记录和证明材料。

第五十六条　注册会计师和会计师事务所应当接受注册会计师协会定期或不定期开展的职业继续教育情况检查。

第五十七条　非执业会员应当树立贯穿职业生涯全过程的学习理念，通过继续教育保持并不断提高胜任能力。继续教育的组织管理及具体要求，在《中国注册会计师协会非执业会员继续教育制度》中专门规范。

第九章　附　　则

第五十八条　非执业会员的胜任能力按照相关行业胜任能力要求予以规范。

第五十九条　本指南由中国注册会计师协会负责解释。

中国注册会计师鉴证业务基本准则

（2022 年 1 月 5 日修订）

第一章　总　　则

第一条　为了规范注册会计师执行鉴证业务，明确鉴证业务的目标和要素，确定中国注册会计师审计准则、中国注册会计师审阅准则、中国注册会计师其他鉴证业务准则（分别简称审计准则、审阅准则和其他鉴证业务准则）适用的鉴证业务类型，根据《中华人民共和国注册会计师法》，制定本准则。

第二条　鉴证业务包括历史财务信息审计业务、历史财务信息审阅业务和其他鉴证业务。

注册会计师执行历史财务信息审计业务、历史财务信息审阅业务和其他鉴证业务时，应当遵守本准则以及依据本准则制定的审计准则、审阅准则和其他鉴证业务准则。

第三条　本准则所称注册会计师，是指取得注册会计师证书并在会计师事务所执业的人员，有时也指其所在的会计师事务所。

本准则所称鉴证业务要素，是指鉴证业务的三方关系、鉴证对象、标准、证据和鉴证报告。

第四条　注册会计师执行鉴证业务时，应当遵守相关职业道德要求和会计师事务所质量管理相关准则。

第二章　鉴证业务的定义和目标

第五条　鉴证业务是指注册会计师对鉴证对象信息提出结论，以增强除责任方之外的预期使用者对鉴证对象信息信任程度的业务。

鉴证对象信息是按照标准对鉴证对象进行评价和计量的结果。如责任方按照会计准则和相关会计制度（标准）对其财务状况、经营成果和现金流量（鉴证对象）进行确认、计量和列报（包括披露，下同）而形成的财务报表（鉴证对象信息）。

第六条　鉴证对象信息应当恰当反映既定标准运用于鉴证对象的情况。如果没有按照既定标准恰当反映鉴证对象的情况，鉴证对象信息可能存在错报，而且可能存在重大错报。

第七条　鉴证业务分为基于责任方认定的业务和直接报告业务。

在基于责任方认定的业务中，责任方对鉴证对象进行评价或计量，鉴证对象信息以责任方认定的形式为预期使用者获取。如在财务报表审计中，被审计单位管理层（责任方）对财务状况、经营成果和现金流量（鉴证对象）进行确认、计量和列报（评价或计量）而形成的财务报表（鉴证对象信息）即为责任方的认定，该财务报表可为预期报表使用者获取，注册会计师针对财务报表出具审计报告。这种业务属于基于责任方认定的业务。

在直接报告业务中，注册会计师直接对鉴证对象进行评价或计量，或者从责任方获取对鉴证对象评价或计量的认定，而该认定无法为预期使用者获取，预期使用者只能通过阅读鉴证报告获取鉴证对象信息。如在内部控制鉴证业务中，注册会计师可能无法从管理层（责任方）获取其对内部控制有效性的评价报告（责任方认定），或虽然注册会计师能够获取该报告，但预期使用者无法获取该报告，注册会计师直接对内部控制的有效性（鉴证对象）进行评价并出具鉴证报告，预期使用者只能通过阅读该鉴证报告获得内部控制有效性的信息（鉴证对象信息）。这种业务属于直接报告业务。

第八条　鉴证业务的保证程度分为合理保证和有限保证。

合理保证的鉴证业务的目标是注册会计师将鉴证业务风险降至该业务环境下可接受的低水平，以此作为以积极方式提出结论的基础。如在历史财务信息审计中，要求注册会计师将审计风险降至可接受的低水平，对审计后的历史财务信息提供高水平保证（合理保证），在审计报告中对历史财务信息采用积极方式提出结论。这种业务属于合理保证的鉴证业务。

有限保证的鉴证业务的目标是注册会计师将鉴证业务风险降至该业务环境下可接受的水平，以此作为以消极方式提出结论的基础。如在历史财务信息审阅中，要求注册会计师将审阅风险降至该业务环境下可接受的水平（高于历史财务信息审计中可接受的低水平），对审阅后的历史财务信息提供低于高水平的保证（有限保证），在审阅报告中对历史财务信息采用消极方式提出结论。这种业务属于有限保证的鉴证业务。

第三章　业务承接

第九条　在接受委托前，注册会计师应当初步了解业务环境。

业务环境包括业务约定事项、鉴证对象特征、使用的标准、预期使用者的需求、责任方及其环境的相关特征，以及可能对鉴证业务产生重大影响的事项、交易、条件和惯例等其他事项。

第十条　在初步了解业务环境后，只有认为符合独立性和专业胜任能力等相关职业道德规范的要求，并且拟承接的业务具备下列所有特征，注册会计师才能将其作为鉴证业务予以承接：

（一）鉴证对象适当；

（二）使用的标准适当且预期使用者能够获取该标准；

（三）注册会计师能够获取充分、适当的证据以支持其结论；

（四）注册会计师的结论以书面报告形式表述，且表述形式与所提供的保证程度相适应；

（五）该业务具有合理的目的。如果鉴证业务的工作范围受到重大限制，或委托人试图将注册会计师的名字和鉴证对象不适当地联系在一起，则该业务可能不具有合理的目的。

第十一条　当拟承接的业务不具备本准则第十条规定的鉴证业务的所有特征，不能将其作为鉴证业务予以承接时，注册会计师可以提请委托人将其作为非鉴证业务（如商定程序、代编财务信息、管理咨询、税务服务等相关服务业务），以满足预期使用者的需要。

第十二条　如果某项鉴证业务采用的标准不适当，但满足下列条件之一时，注册会计师可以考虑将其作为一项新的鉴证业务：

（一）委托人能够确认鉴证对象的某个方面适用于所采用的标准，注册会计师可以针对该方面执行鉴证业务，但在鉴证报告中应当说明该报告的内容并非针对鉴证对象整体；

（二）能够选择或设计适用于鉴证对象的其他标准。

第十三条 对已承接的鉴证业务，如果没有合理理由，注册会计师不应将该项业务变更为非鉴证业务，或将合理保证的鉴证业务变更为有限保证的鉴证业务。

当业务环境变化影响到预期使用者的需求，或预期使用者对该项业务的性质存在误解时，注册会计师可以应委托人的要求，考虑同意变更该项业务。如果发生变更，注册会计师不应忽视变更前获取的证据。

第四章 鉴证业务的三方关系

第十四条 鉴证业务涉及的三方关系人包括注册会计师、责任方和预期使用者。

责任方与预期使用者可能是同一方，也可能不是同一方。

第十五条 注册会计师可以承接符合本准则第十条规定的各类鉴证业务。

如果鉴证业务涉及的特殊知识和技能超出了注册会计师的能力，注册会计师可以利用专家协助执行鉴证业务。在这种情况下，注册会计师应当确信包括专家在内的项目组整体已具备执行该项鉴证业务所需的知识和技能，并充分参与该项鉴证业务和了解专家所承担的工作。

第十六条 责任方是指下列组织或人员：

（一）在直接报告业务中，对鉴证对象负责的组织或人员；

（二）在基于责任方认定的业务中，对鉴证对象信息负责并可能同时对鉴证对象负责的组织或人员。

责任方可能是鉴证业务的委托人，也可能不是委托人。

第十七条 注册会计师通常提请责任方提供书面声明，表明责任方已按照既定标准对鉴证对象进行评价或计量，无论该声明是否能为预期使用者获取。

在直接报告业务中，当委托人与责任方不是同一方时，注册会计师可能无法获取此类书面声明。

第十八条 预期使用者是指预期使用鉴证报告的组织或人员。责任方可能是预期使用者，但不是唯一的预期使用者。

注册会计师可能无法识别使用鉴证报告的所有组织和人员，尤其在各种可能的预期使用者对鉴证对象存在不同的利益需求时。注册会计师应当根据法律法规的规定或与委托人签订的协议识别预期使用者。

在可行的情况下，鉴证报告的收件人应当明确为所有的预期使用者。

第十九条 在可行的情况下，注册会计师应当提请预期使用者或其代表，与注册会计师和责任方（如果委托人与责任方不是同一方，还包括委托人）共同确定鉴证业务约定条款。

无论其他人员是否参与，注册会计师都应当负责确定鉴证业务程序的性质、时间和范围，并对鉴证业务中发现的、可能导致对鉴证对象信息作出重大修改的问题进行跟踪。

第二十条 当鉴证业务服务于特定的使用者，或具有特定目的时，注册会计师应当考虑在鉴证报告中注明该报告的特定使用者或特定目的，对报告的用途加以限定。

第五章 鉴 证 对 象

第二十一条 鉴证对象与鉴证对象信息具有多种形式，主要包括：

（一）当鉴证对象为财务业绩或状况时（如历史或预测的财务状况、经营成果和现金流量），鉴证对象信息是财务报表；

（二）当鉴证对象为非财务业绩或状况时（如企业的运营情况），鉴证对象信息可能是反映效率或效果的关键指标；

（三）当鉴证对象为物理特征时（如设备的生产能力），鉴证对象信息可能是有关鉴证对象物理特征的说明文件；

（四）当鉴证对象为某种系统和过程时（如企业的内部控制或信息技术系统），鉴证对象信息可能是关于其有效性的认定；

（五）当鉴证对象为一种行为时（如遵守法律法规的情况），鉴证对象信息可能是对法律法规遵守情况或执行效果的声明。

第二十二条　鉴证对象具有不同特征，可能表现为定性或定量、客观或主观、历史或预测、时点或期间。这些特征将对下列方面产生影响：

（一）按照标准对鉴证对象进行评价或计量的准确性；

（二）证据的说服力。

鉴证报告应当说明与预期使用者特别相关的鉴证对象特征。

第二十三条　适当的鉴证对象应当同时具备下列条件：

（一）鉴证对象可以识别；

（二）不同的组织或人员对鉴证对象按照既定标准进行评价或计量的结果合理一致；

（三）注册会计师能够收集与鉴证对象有关的信息，获取充分、适当的证据，以支持其提出适当的鉴证结论。

第六章　标　准

第二十四条　标准是指用于评价或计量鉴证对象的基准，当涉及列报时，还包括列报的基准。

标准可以是正式的规定，如编制财务报表所使用的会计准则和相关会计制度；也可以是某些非正式的规定，如单位内部制定的行为准则或确定的绩效水平。

第二十五条　注册会计师在运用职业判断对鉴证对象作出合理一致的评价或计量时，需要有适当的标准。

适当的标准应当具备下列所有特征：

（一）相关性：相关的标准有助于得出结论，便于预期使用者作出决策；

（二）完整性：完整的标准不应忽略业务环境中可能影响得出结论的相关因素，当涉及列报时，还包括列报的基准；

（三）可靠性：可靠的标准能够使能力相近的注册会计师在相似的业务环境中，对鉴证对象作出合理一致的评价或计量；

（四）中立性：中立的标准有助于得出无偏向的结论；

（五）可理解性：可理解的标准有助于得出清晰、易于理解、不会产生重大歧义的结论。

注册会计师基于自身的预期、判断和个人经验对鉴证对象进行的评价和计量，不构成适当的标准。

第二十六条　注册会计师应当考虑运用于具体业务的标准是否具备本准则第二十五条所述的特征，以评价该标准对此项业务的适用性。在具体鉴证业务中，注册会计师评价标准各项特征的相对重要程度，需要运用职业判断。

标准可能是由法律法规规定的，或由政府主管部门或国家认可的专业团体依照公开、适当的程序发布的，也可能是专门制定的。采用标准的类型不同，注册会计师为评价该标准对于具体鉴证业务的适用性所需执行的工作也不同。

第二十七条　标准应当能够为预期使用者获取，以使预期使用者了解鉴证对象的评价或计量过程。标准可以通过下列方式供预期使用者获取：

（一）公开发布；

（二）在陈述鉴证对象信息时以明确的方式表述；

（三）在鉴证报告中以明确的方式表述；

（四）常识理解，如计量时间的标准是小时或分钟。

如果确定的标准仅能为特定的预期使用者获取，或仅与特定目的相关，鉴证报告的使用也应限于这些特定的预期使用者或特定目的。

第七章　证　　据

第一节　总体要求

第二十八条　注册会计师应当以职业怀疑态度计划和执行鉴证业务，获取有关鉴证对象信息是否不存在重大错报的充分、适当的证据。

注册会计师应当及时对制定的计划、实施的程序、获取的相关证据以及得出的结论作出记录。

第二十九条　注册会计师在计划和执行鉴证业务，尤其在确定证据收集程序的性质、时间和范围时，应当考虑重要性、鉴证业务风险以及可获取证据的数量和质量。

第二节　职业怀疑态度

第三十条　职业怀疑态度是指注册会计师以质疑的思维方式评价所获取证据的有效性，并对相互矛盾的证据，以及引起对文件记录或责任方提供的信息的可靠性产生怀疑的证据保持警觉。

第三十一条　鉴证业务通常不涉及鉴定文件记录的真伪，注册会计师也不是鉴定文件记录真伪的专家，但应当考虑用作证据的信息的可靠性，包括考虑与信息生成和维护相关的控制的有效性。

如果在执行业务过程中识别出的情况使其认为文件记录可能是伪造的或文件记录中的某些条款已发生变动，注册会计师应当作出进一步调查，包括直接向第三方询证，或考虑利用专家的工作，以评价文件记录的真伪。

第三节　证据的充分性和适当性

第三十二条　证据的充分性是对证据数量的衡量，主要与注册会计师确定的样本量有关。证据的适当性是对证据质量的衡量，即证据的相关性和可靠性。

所需证据的数量受鉴证对象信息重大错报风险的影响，即风险越大，可能需要的证据数量越多；所需证据的数量也受证据质量的影响，即证据质量越高，可能需要的证据数量越少。

尽管证据的充分性和适当性相关，但如果证据的质量存在缺陷，注册会计师仅靠获取更多的证据可能无法弥补其质量上的缺陷。

第三十三条　证据的可靠性受其来源和性质的影响，并取决于获取证据的具体环境。

注册会计师通常按照下列原则考虑证据的可靠性：

（一）从外部独立来源获取的证据比从其他来源获取的证据更可靠；

（二）内部控制有效时内部生成的证据比内部控制薄弱时内部生成的证据更可靠；

（三）直接获取的证据比间接获取或推论得出的证据更可靠；

（四）以文件记录形式（无论是纸质、电子或其他介质）存在的证据比口头形式的证据更可靠；

（五）从原件获取的证据比从传真或复印件获取的证据更可靠。

在运用本条第二款第（一）项至第（五）项所述原则评价证据的可靠性时，注册会计师应当注意可能出现的重大例外情况。

第三十四条　如果针对某项认定从不同来源获取的证据或获取的不同性质的证据能够相互印证，与该项认定相关的证据通常具有更强的说服力。

如果从不同来源获取的证据或获取的不同性质的证据不一致，可能表明某项证据不可靠，注册会计师应当追加必要的程序予以解决。

第三十五条　针对一个期间的鉴证对象信息获取充分、适当的证据，通常要比针对一个时点的鉴证对象信息获取充分、适当的证据更困难。

针对过程提出的结论通常限于鉴证业务涵盖的期间，注册会计师不应对该过程是否在未来以特定方式继续发挥作用提出结论。

第三十六条　注册会计师可以考虑获取证据的成本与所获取信息有用性之间的关系，但不应仅以获取证据的困难和成本为由减少不可替代的程序。

在评价证据的充分性和适当性以支持鉴证报告时，注册会计师应当运用职业判断，并保持职业怀疑态度。

第四节　重　要　性

第三十七条　在确定证据收集程序的性质、时间和范围，评估鉴证对象信息是否不存在错报时，注册会计师应当考虑重要性。在考虑重要性时，注册会计师应当了解并评估哪些因素可能会影响预期使用者的决策。

注册会计师应当综合数量和性质因素考虑重要性。在具体业务中评估重要性以及数量和性质因素的相对重要程度，需要注册会计师运用职业判断。

第五节　鉴证业务风险

第三十八条　鉴证业务风险是指在鉴证对象信息存在重大错报的情况下，注册会计师提出不恰当结论的可能性。

在直接报告业务中，鉴证对象信息仅体现在注册会计师的结论中，鉴证业务风险包括注册会计师不恰当地提出鉴证对象在所有重大方面遵守标准的结论的可能性。

第三十九条　在合理保证的鉴证业务中，注册会计师应当将鉴证业务风险降至具体业务环境下可接受的低水平，以获取合理保证，作为以积极方式提出结论的基础。

在有限保证的鉴证业务中，由于证据收集程序的性质、时间和范围与合理保证的鉴证业务不同，其风险水平高于合理保证的鉴证业务；但注册会计师实施的证据收集程序至少应当足以获取有意义的保证水平，作为以消极方式提出结论的基础。

当注册会计师获取的保证水平很有可能在一定程度上增强预期使用者对鉴证对象信息的信任时，这种保证水平是有意义的保证水平。

第四十条　鉴证业务风险通常体现为重大错报风险和检查风险。

重大错报风险是指鉴证对象信息在鉴证前存在重大错报的可能性。

检查风险是指某一鉴证对象信息存在错报，该错报单独或连同其他错报是重大的，但注册会计师未能发现这种错报的可能性。

注册会计师对重大错报风险和检查风险的考虑受具体业务环境的影响，特别受鉴证对象性质，以及所执行的是合理保证鉴证业务还是有限保证鉴证业务的影响。

第六节 证据收集程序的性质、时间和范围

第四十一条 证据收集程序的性质、时间和范围因业务的不同而不同。注册会计师应当清楚表达证据收集程序，并以适当的形式运用于合理保证的鉴证业务和有限保证的鉴证业务。

第四十二条 在合理保证的鉴证业务中，为了能够以积极方式提出结论，注册会计师应当通过下列不断修正的、系统化的执业过程，获取充分、适当的证据：

（一）了解鉴证对象及其他的业务环境事项，在适用的情况下包括了解内部控制；

（二）在了解鉴证对象及其他的业务环境事项的基础上，评估鉴证对象信息可能存在的重大错报风险；

（三）应对评估的风险，包括制定总体应对措施以及确定进一步程序的性质、时间和范围；

（四）针对已识别的风险实施进一步程序，包括实施实质性程序，以及在必要时测试控制运行的有效性；

（五）评价证据的充分性和适当性。

第四十三条 合理保证提供的保证水平低于绝对保证。由于下列因素的存在，将鉴证业务风险降至零几乎不可能，也不符合成本效益原则：

（一）选择性测试方法的运用；

（二）内部控制的固有局限性；

（三）大多数证据是说服性而非结论性的；

（四）在获取和评价证据以及由此得出结论时涉及大量判断；

（五）在某些情况下鉴证对象具有特殊性。

第四十四条 合理保证的鉴证业务和有限保证的鉴证业务都需要运用鉴证技术和方法，收集充分、适当的证据。与合理保证的鉴证业务相比，有限保证的鉴证业务在证据收集程序的性质、时间、范围等方面是有意识地加以限制的。

无论是合理保证还是有限保证的鉴证业务，如果注意到某事项可能导致对鉴证对象信息是否需要作出重大修改产生疑问，注册会计师应当执行其他足够的程序，追踪这一事项，以支持鉴证结论。

第七节 可获取证据的数量和质量

第四十五条 可获取证据的数量和质量受下列因素的影响：

（一）鉴证对象和鉴证对象信息的特征；

（二）业务环境中除鉴证对象特征以外的其他事项。

第四十六条 对任何类型的鉴证业务，如果下列情形对注册会计师的工作范围构成重大限制，阻碍注册会计师获取所需要的证据，注册会计师提出无保留结论是不恰当的：

（一）客观环境阻碍注册会计师获取所需要的证据，无法将鉴证业务风险降至适当水平；

（二）责任方或委托人施加限制，阻碍注册会计师获取所需要的证据，无法将鉴证业务风险降至适当水平。

第八节 记 录

第四十七条 注册会计师应当记录重大事项，以提供证据支持鉴证报告，并证明其已按照鉴证业务准则的规定执行业务。

第四十八条 对需要运用职业判断的所有重大事项，注册会计师应当记录推理过程和

相关结论。

如果对某些事项难以进行判断，注册会计师还应当记录得出结论时已知悉的有关事实。

第四十九条　注册会计师应当将鉴证过程中考虑的所有重大事项记录于工作底稿。

在运用职业判断确定工作底稿的编制和保存范围时，注册会计师应当考虑，使未曾接触该项鉴证业务的有经验的专业人士了解实施的鉴证程序，以及作出重大决策的依据。

第八章　鉴证报告

第五十条　注册会计师应当出具含有鉴证结论的书面报告，该鉴证结论应当说明注册会计师就鉴证对象信息获取的保证。

注册会计师应当考虑其他报告责任，包括在适当时与治理层沟通。

第五十一条　在基于责任方认定的业务中，注册会计师的鉴证结论可以采用下列两种表述形式：

（一）明确提及责任方认定，如"我们认为，责任方作出的'根据 × 标准，内部控制在所有重大方面是有效的'这一认定是公允的"。

（二）直接提及鉴证对象和标准，如"我们认为，根据 × 标准，内部控制在所有重大方面是有效的"。

在直接报告业务中，注册会计师应当明确提及鉴证对象和标准。

第五十二条　在合理保证的鉴证业务中，注册会计师应当以积极方式提出结论，如"我们认为，根据 × 标准，内部控制在所有重大方面是有效的"或"我们认为，责任方作出的'根据 × 标准，内部控制在所有重大方面是有效的'这一认定是公允的"。

在有限保证的鉴证业务中，注册会计师应当以消极方式提出结论，如"基于本报告所述的工作，我们没有注意到任何事项使我们相信，根据 × 标准，× 系统在任何重大方面是无效的"或"基于本报告所述的工作，我们没有注意到任何事项使我们相信，责任方作出的'根据 × 标准，× 系统在所有重大方面是有效的'这一认定是不公允的"。

第五十三条　当存在本准则第五十四条至第五十六条所述情况时，注册会计师应当对其影响程度作出判断。如果这些情况影响重大，注册会计师不能出具无保留结论的报告。

第五十四条　对任何类型的鉴证业务，如果注册会计师的工作范围受到限制，注册会计师应当视受到限制的重大与广泛程度，出具保留结论或无法提出结论的报告。

在某些情况下，注册会计师应当考虑解除业务约定。

第五十五条　如果存在下列情形，注册会计师应当视其影响的重大与广泛程度，出具保留结论或否定结论的报告：

（一）注册会计师的结论提及责任方的认定，且该认定未在所有重大方面作出公允表达；

（二）注册会计师的结论直接提及鉴证对象和标准，且鉴证对象信息存在重大错报。

第五十六条　在承接业务后，如果发现标准或鉴证对象不适当，可能误导预期使用者，注册会计师应当视其重大与广泛程度，出具保留结论或否定结论的报告。

如果发现标准或鉴证对象不适当，造成工作范围受到限制，注册会计师应当视受到限制的重大与广泛程度，出具保留结论或无法提出结论的报告。

在某些情况下，注册会计师应当考虑解除业务约定。

第五十七条　当注册会计师针对鉴证对象信息出具报告，或同意将其姓名与鉴证对象联系在一起时，则注册会计师与该鉴证对象发生了关联。

如果获知他人不恰当地将其姓名与鉴证对象相关联，注册会计师应当要求其停止这种行为，并考虑采取其他必要的措施，包括将不恰当使用注册会计师姓名这一情况告知所有已知的使用者或征询法律意见。

第九章 附 则

第五十八条 注册会计师执行司法诉讼中涉及会计、审计、税务或其他事项的鉴定业务，除有特定要求者外，应当参照本准则办理。

第五十九条 某些业务可能符合本准则第五条鉴证业务的定义，使用者可能从业务报告的意见、观点或措辞中推测出某种程度的保证，但如果满足下列所有条件，注册会计师执行这些业务不必遵守本准则：

（一）注册会计师的意见、观点或措辞对整个业务而言仅是附带性的；

（二）注册会计师出具的书面报告被明确限定为仅供报告中所提及的使用者使用；

（三）与特定预期使用者达成的书面协议中，该业务未被确认为鉴证业务；

（四）在注册会计师出具的报告中，该业务未被称为鉴证业务。

第六十条 本准则自 2022 年 1 月 5 日起施行。

中国注册会计师审计准则第 1101 号——注册会计师的总体目标和审计工作的基本要求

（2022 年 12 月 22 日修订）

第一章 总 则

第一条 为了规范注册会计师按照中国注册会计师审计准则（简称审计准则）执行财务报表审计工作，确立注册会计师的总体目标，明确注册会计师为实现总体目标而需要执行审计工作的性质和范围，以及在执行财务报表审计业务时承担的责任，制定本准则。

第二条 审计准则适用于注册会计师执行财务报表审计业务。当执行其他历史财务信息审计业务时，注册会计师可以根据具体

情况遵守适用的相关审计准则，以满足此类业务的要求。

第二章 定 义

第三条 注册会计师，是指取得注册会计师证书并在会计师事务所执业的人员，通常是指项目合伙人或项目组其他成员，有时也指其所在的会计师事务所。

当审计准则明确指出应由项目合伙人遵守的规定或承担的责任时，使用"项目合伙人"而非"注册会计师"的称谓。

第四条 本准则所称财务报表，是指依据某一财务报告编制基础对被审计单位历史财务信息作出的结构性表述，旨在反映某一时点的经济资源或义务，或者某一时期经济资源或义务的变化。财务报表通常是指整套财务报表，有时也指单一财务报表。披露包括财务报告编制基础所要求的、明确允许的或者由于其他原因（如实务惯例）作出的解释性或描述性信息。披露是财务报表不可分割的组成部分，通常包括在财务报表附注中，也可能在财务报表表内反映，或者通过财务报表的交叉索引作出提示。

第五条 历史财务信息，是指以财务术语表述的某一特定实体的信息，这些信息主要来自特定实体的会计系统，反映了过去一段时间内发生的经济事项，或者过去某一时点的经

济状况或情况。

第六条 适用的财务报告编制基础，是指法律法规要求采用的财务报告编制基础；或者管理层和治理层（如适用）在编制财务报表时，就被审计单位性质和财务报表目标而言，采用的可接受的财务报告编制基础。

财务报告编制基础分为通用目的编制基础和特殊目的编制基础。通用目的编制基础，是指旨在满足广大财务报表使用者共同的财

务信息需求的财务报告编制基础，主要是指会计准则和会计制度。特殊目的编制基础，是指旨在满足财务报表特定使用者财务信息

需求的财务报告编制基础，包括计税核算基础、监管机构的要求和合同约定等。

第七条 管理层，是指对被审计单位经营活动的执行负有经营管理责任的人员。在某些被审计单位，管理层包括部分或全部的治理层成员，如治理层中负有经营管理责任的人员，或参与日常经营管理的业主（以下简称业主兼经理）。

第八条 治理层，是指对被审计单位战略方向以及管理层履行经营管理责任负有监督责任的人员或组织。治理层的责任包括监督财务报告过程。在某些被审计单位，治理层可能包括管理层，如治理层中负有经营管理责任的人员，或业主兼经理。

第九条 与管理层和治理层责任相关的执行审计工作的前提（以下简称执行审计工作的前提），是指管理层和治理层（如适用）认可并理解其应当承担下列责任，这些责任构成注册会计师按照审计准则的规定执行审计工作的基础：

（一）按照适用的财务报告编制基础编制财务报表，并使其实现公允反映（如适用）；

（二）设计、执行和维护必要的内部控制，以使财务报表不存在由于舞弊或错误导致的重大错报；

（三）向注册会计师提供必要的工作条件，包括允许注册会计师接触与编制财务报表相关的所有信息（如记录、文件和其他事项），向注册会计师提供审计所需的其他信息，允许注册会计师在获取审计证据时不受限制地接触其认为必要的内部人员和其他相关人员。

第十条 错报，是指某一财务报表项目的金额、分类或列报，与按照适用的财务报告编制基础应当列示的金额、分类或列报之间存在的差异。错报可能是由于错误或舞弊导致的。

当注册会计师对财务报表是否在所有重大方面按照适用的财务报告编制基础编制并实现公允反映发表审计意见时，错报还包括根据注册会计师的判断，为使财务报表在所有重大方面实现公允反映，需要对金额、分类或列报作出的必要调整。

第十一条 审计证据，是指注册会计师为了得出审计结论和形成审计意见而使用的信息。审计证据包括构成财务报表基础的会计记录所含有的信息和其他的信息。

审计证据的充分性，是对审计证据数量的衡量。注册会计师需要获取的审计证据的数量受其对重大错报风险评估的影响，并受审计证据质量的影响。

审计证据的适当性，是对审计证据质量的衡量，即审计证据在支持审计意见所依据的结论方面具有的相关性和可靠性。

第十二条 合理保证，是指注册会计师在财务报表审计中提供的一种高度但非绝对的保证。

第十三条 审计风险，是指当财务报表存在重大错报时，注册会计师发表不恰当审计意见的可能性。审计风险取决于重大错报风险和检查风险。

第十四条 重大错报风险，是指财务报表在审计前存在重大错报的可能性。重大错报风险分为财务报表层次的重大错报风险和认定层次的重大错报风险。认定层次的重大错报风险由固有风险和控制风险两部分组成。

固有风险，是指在不考虑控制的情况下，交易类别、账户余额和披露的某一认定易于

发生错报（无论该错报是舞弊还是错误导致）的可能性。

控制风险，是指交易类别、账户余额和披露的某一认定发生了错报，该错报单独或连同其他错报可能是重大的，但控制没有及时防止或发现并纠正这个错报的可能性。

第十五条 检查风险，是指如果存在某一错报，该错报单独或连同其他错报可能是重大的，注册会计师为将审计风险降低到可接受的低水平而实施程序后没有发现这种错报的风险。

第十六条 职业判断，是指在审计准则、财务报告编制基础和职业道德要求的框架下，注册会计师综合运用相关知识、技能和经验，作出适合审计业务具体情况、有根据的行动决策。

第十七条 职业怀疑，是指注册会计师执行审计业务的一种态度，包括采取质疑的思维方式，对可能表明由于错误或舞弊导致错报的迹象保持警觉，以及对审计证据进行审慎评价。

第三章 财务报表审计

第十八条 审计的目的是提高财务报表预期使用者对财务报表的信赖程度。这一目的可以通过注册会计师对财务报表是否在所有重大方面按照适用的财务报告编制基础编制发表审计意见得以实现。就大多数通用目的财务报告编制基础而言，注册会计师针对财务报表是否在所有重大方面按照财务报告编制基础编制并实现公允反映发表审计意见。注册会计师按照审计准则和相关职业道德要求执行审计工作，能够形成这样的意见。

第十九条 财务报表是由被审计单位管理层在治理层的监督下编制的。审计准则不对管理层或治理层设定责任，也不超越法律法规对管理层或治理层责任作出的规定。

管理层和治理层（如适用）认可与财务报表相关的责任，是注册会计师执行审计工作的前提，构成注册会计师按照审计准则的规定执行审计工作的基础。

财务报表审计并不减轻管理层或治理层的责任。

第二十条 注册会计师应当按照审计准则的规定，对财务报表整体是否不存在舞弊或错误导致的重大错报获取合理保证，以作为发表审计意见的基础。

合理保证是一种高水平保证。当注册会计师获取充分、适当的审计证据将审计风险降低到可接受的低水平时，就获取了合理保证。

由于审计存在固有限制，注册会计师据以得出结论和形成审计意见的大多数审计证据是说服性而非结论性的，因此，审计只能提供合理保证，不能提供绝对保证。

第二十一条 在计划和执行审计工作，以及评价识别出的错报对审计的影响和未更正的错报（如有）对财务报表的影响时，注册会计师应当运用重要性概念。

如果合理预期某一错报（包括漏报）单独或连同其他错报可能影响财务报表使用者依据财务报表作出的经济决策，则该项错报通常被认为是重大的。

重要性取决于在具体环境下对错报金额或性质的判断，或同时受到两者的影响，并受到注册会计师对于财务报表使用者对财务信息需求的了解的影响。

注册会计师针对财务报表整体发表审计意见，因此没有责任发现对财务报表整体影响并不重大的错报。

第二十二条 审计准则旨在规范和指导注册会计师对财务报表整体是否不存在重大错报获取合理保证，要求注册会计师在整个审计过程中运用职业判断和保持职业怀疑。

需要运用职业判断并保持职业怀疑的重要审计环节主要包括：

（一）通过了解被审计单位及其环境、适用的财务报告编制基础和被审计单位内部控制体系，识别和评估舞弊或错误导致的重大错报风险；

（二）通过对评估的风险设计和实施恰当的应对措施，针对是否存在重大错报获取充分、适当的审计证据；

（三）根据从获取的审计证据中得出的结论，对财务报表形成审计意见。

第二十三条　注册会计师发表审计意见的形式取决于适用的财务报告编制基础以及相关法律法规的规定。

第二十四条　按照审计准则和相关法律法规的规定，注册会计师还可能就审计中出现的事项，负有与管理层、治理层和其他财务报表使用者进行沟通和向其报告的责任。

第四章　总体目标

第二十五条　在执行财务报表审计工作时，注册会计师的总体目标是：

（一）对财务报表整体是否不存在由于舞弊或错误导致的重大错报获取合理保证，使得注册会计师能够对财务报表是否在所有重大方面按照适用的财务报告编制基础编制发表审计意见；

（二）按照审计准则的规定，根据审计结果对财务报表出具审计报告，并与管理层和治理层沟通。

第二十六条　在任何情况下，如果不能获取合理保证，并且在审计报告中发表保留意见也不足以实现向财务报表预期使用者报告的目的，注册会计师应当按照审计准则的规定出具无法表示意见的审计报告，或者在法律法规允许的情况下终止审计业务或解除业务约定。

第五章　要　　求

第一节　与财务报表审计相关的职业道德要求

第二十七条　注册会计师应当遵守与财务报表审计相关的职业道德要求，包括遵守有关独立性的要求。

第二节　职　业　怀　疑

第二十八条　在计划和实施审计工作时，注册会计师应当保持职业怀疑，认识到可能存在导致财务报表发生重大错报的情形。

第三节　职　业　判　断

第二十九条　在计划和实施审计工作时，注册会计师应当运用职业判断。

第四节　审计证据和审计风险

第三十条　为了获取合理保证，注册会计师应当获取充分、适当的审计证据，以将审计风险降低到可接受的低水平，使其能够得出合理的结论，作为形成审计意见的基础。

第五节　按照审计准则的规定执行审计工作

第三十一条　注册会计师应当遵守与审计工作相关的所有审计准则。如果某项审计准则有效且所适用的情形存在，则该项审计准则与审计工作相关。

第三十二条　注册会计师应当掌握审计准则及应用指南的全部内容，以理解每项审计准则的目标并恰当地遵守其要求。

第三十三条　除非注册会计师已经遵守本准则以及与审计工作相关的其他所有审计准则，否则，注册会计师不得在审计报告中声称遵守了审计准则。

第三十四条　为了实现注册会计师的总体目标，在计划和实施审计工作时，注册会计师应当运用相关审计准则规定的目标。在运用规定的目标时，注册会计师应当认真考虑各项审计准则之间的相互关系，以采取下列措施：

（一）为了实现审计准则规定的目标，确定是否有必要实施除审计准则规定以外的其他审计程序；

（二）评价是否已获取充分、适当的审计证据。

第三十五条 除非存在下列情况之一，注册会计师应当遵守审计准则的所有要求：

（一）某项审计准则的全部内容与具体审计工作不相关；

（二）由于审计准则的某项要求存在适用条件，而该条件并不存在，导致该项要求不适用。

第三十六条 在极其特殊的情况下，注册会计师可能认为有必要偏离某项审计准则的相关要求。在这种情况下，注册会计师应当实施替代审计程序以实现相关要求的目的。只有当相关要求的内容是实施某项特定审计程序，而该程序无法在具体审计环境下有效地实现要求的目的时，注册会计师才能偏离该项要求。

第三十七条 如果不能实现相关审计准则规定的目标，注册会计师应当评价这是否使其不能实现总体目标。如果不能实现总体目标，注册会计师应当按照审计准则的规定出具非无保留意见的审计报告，或者在法律法规允许的情况下解除业务约定。

不能实现相关审计准则规定的目标构成重大事项，注册会计师应当按照《中国注册会计师审计准则第 1131 号——审计工作底稿》的规定予以记录。

第六章　附　　则

第三十八条 本准则自 2023 年 7 月 1 日起施行。

中国注册会计师审计准则第 1111 号——就审计业务约定条款达成一致意见

（2022 年 1 月 5 日修订）

第一章　总　　则

第一条 为了规范注册会计师确定审计的前提条件是否存在，以及与管理层就审计业务约定条款达成一致意见，制定本准则。

第二条 本准则规范被审计单位控制范围内的，注册会计师与管理层有必要达成一致意见的事项。《中国注册会计师审计准则第 1121 号——对财务报表审计实施的质量管理》规范注册会计师控制范围内的业务承接的有关事项。

第二章　定　　义

第三条 审计的前提条件，是指管理层在编制财务报表时采用可接受的财务报告编制基础，以及管理层对注册会计师执行审计工作的前提的认同。

第四条 在本准则中单独提及的管理层，应当理解为管理层和治理层（如适用）。

第三章　目　　标

第五条 注册会计师的目标是，只有通过实施下列工作就执行审计工作的基础达成一致意见后，才承接或保持审计业务：

（一）确定审计的前提条件存在；

（二）确认注册会计师和管理层已就审计业务约定条款达成一致意见。

第四章　要　　求

第一节　审计的前提条件

第六条　为了确定审计的前提条件是否存在，注册会计师应当：

（一）确定管理层在编制财务报表时采用的财务报告编制基础是否是可接受的；

（二）就管理层认可并理解其责任与管理层达成一致意见。

管理层的责任包括：

（一）按照适用的财务报告编制基础编制财务报表，并使其实现公允反映（如适用）；

（二）设计、执行和维护必要的内部控制，以使财务报表不存在由于舞弊或错误导致的重大错报；

（三）向注册会计师提供必要的工作条件，包括允许注册会计师接触与编制财务报表相关的所有信息（如记录、文件和其他事项），向注册会计师提供审计所需要的其他的信息，允许注册会计师在获取审计证据时不受限制地接触其认为必要的内部人员和其他相关人员。

第七条　如果管理层或治理层在拟议的审计业务约定条款中对审计工作的范围施加限制，以致注册会计师认为这种限制将导致其对财务报表发表无法表示意见，注册会计师不应将该项业务作为审计业务予以承接，除非法律法规另有规定。

第八条　如果审计的前提条件不存在，注册会计师应当就此与管理层沟通。在下列情况下，除非法律法规另有规定，注册会计师不应承接拟议的审计业务：

（一）除本准则第十九条规定的情形外，注册会计师确定被审计单位在编制财务报表时采用的财务报告编制基础不可接受；

（二）注册会计师未能与管理层达成本准则第六条第一款第（二）项提及的一致意见。

第二节　就审计业务约定条款达成一致意见

第九条　注册会计师应当就审计业务约定条款与管理层或治理层（如适用）达成一致意见。

第十条　注册会计师应当将达成一致意见的审计业务约定条款记录于审计业务约定书或其他适当形式的书面协议中。审计业务约定条款应当包括下列主要内容：

（一）财务报表审计的目标与范围；

（二）注册会计师的责任；

（三）管理层的责任；

（四）指出用于编制财务报表所适用的财务报告编制基础；

（五）提及注册会计师拟出具的审计报告的预期形式和内容，以及对在特定情况下出具的审计报告可能不同于预期形式和内容的说明。

第十一条　如果法律法规足够详细地规定了审计业务约定条款，注册会计师除了记录适用的法律法规以及管理层认可并理解其责任的事实外，不必将本准则第十条规定的事项记录于书面协议。

第十二条　如果法律法规规定的管理层的责任与本准则第六条第二款的规定相似，注册会计师根据判断可能确定法律法规规定的责任与本准则第六条第二款的规定在效果上是等同的。如果等同，注册会计师可以使用法律法规的措辞，在书面协议中描述管理层的责任；如果不等同，注册会计师应当使用本准则第六条第二款的措辞，在书面协议中描述这些责任。

第三节 连续审计

第十三条 对于连续审计，注册会计师应当根据具体情况评估是否需要对审计业务约定条款作出修改，以及是否需要提醒被审计单位注意现有的条款。

第四节 审计业务约定条款的变更

第十四条 在缺乏合理理由的情况下，注册会计师不应同意变更审计业务约定条款。

第十五条 在完成审计业务前，如果被审计单位或委托人要求将审计业务变更为保证程度较低的业务，注册会计师应当确定是否存在合理理由予以变更。

第十六条 如果审计业务约定条款发生变更，注册会计师应当与管理层就新的业务约定条款达成一致意见，并记录于业务约定书或其他适当形式的书面协议中。

第十七条 如果注册会计师不同意变更审计业务约定条款，而管理层又不允许继续执行原审计业务，注册会计师应当：

（一）在适用的法律法规允许的情况下，解除审计业务约定；

（二）确定是否有约定义务或其他义务向治理层、所有者或监管机构等报告该事项。

第五节 业务承接时的其他考虑

第十八条 如果相关部门对涉及财务会计的事项作出补充规定，注册会计师在承接审计业务时应当确定该补充规定是否与财务报告编制基础存在冲突。

如果存在冲突，注册会计师应当与管理层沟通补充规定的性质，并就下列事项之一达成一致意见：

（一）在财务报表中作出额外披露能否满足补充规定的要求；

（二）对财务报表中关于适用的财务报告编制基础的描述是否可以作出相应修改。

如果无法采取上述任何措施，按照《中国注册会计师审计准则第1502号——在审计报告中发表非无保留意见》的规定，注册会计师应当确定是否有必要发表非无保留意见。

第十九条 如果相关部门要求采用的财务报告编制基础不可接受，只有同时满足下列所有条件，注册会计师才能承接该项审计业务：

（一）管理层同意在财务报表中作出额外披露，以避免财务报表产生误导；

（二）在审计业务约定条款中明确，注册会计师按照《中国注册会计师审计准则第1503号——在审计报告中增加强调事项段和其他事项段》的规定，在审计报告中增加强调事项段，以提醒使用者关注额外披露；注册会计师在对财务报表发表的审计意见中不使用"财务报表在所有重大方面按照［适用的财务报告编制基础］编制，公允反映了……"等措辞，除非法律法规另有规定。

第二十条 如果不具备本准则第十九条规定的条件，但相关部门要求注册会计师承接该项审计业务，注册会计师应当：

（一）评价财务报表误导的性质对审计报告的影响；

（二）在审计业务约定条款中适当提及该事项。

第二十一条 如果相关部门规定的审计报告的结构或措辞与审计准则要求的明显不一致，注册会计师应当评价：

（一）使用者是否可能误解从财务报表审计中获取的保证；

（二）如果可能存在误解，审计报告中作出的补充解释是否能够减轻这种误解。

如果认为审计报告中作出的补充解释不能减轻可能的误解，除非法律法规另有规定，注册会计师不应承接该项审计业务。

按照相关部门的这类规定执行的审计工作，并不符合审计准则的要求。因此，注册会计师不应在审计报告中提及已按照审计准则的规定执行了审计工作。

中国注册会计师审计准则第 1121 号——对财务报表审计实施的质量控制

（2020 年 11 月 19 日修订）

第一章　总　　则

第一条　为了规范注册会计师在项目层面对财务报表审计实施质量管理的具体责任，以及项目合伙人与之相关的责任，制定本准则。

第二条　注册会计师在使用本准则时，需要同时考虑相关职业道德要求。

第三条　会计师事务所负责设计、实施和运行质量管理体系。根据《会计师事务所质量管理准则第 5101 号——业务质量管理》的规定，会计师事务所的目标是，针对所执行的财务报表审计业务、财务报表审阅业务、其他鉴证业务和相关服务业务，设计、实施和运行质量管理体系，为会计师事务所在下列方面提供合理保证：

（一）会计师事务所及其人员按照适用的法律法规和职业准则的规定履行职责，并根据这些规定执行业务；

（二）会计师事务所和项目合伙人出具适合具体情况的报告。

第四条　会计师事务所受《会计师事务所质量管理准则第 5101 号——业务质量管理》和《会计师事务所质量管理准则第 5102 号——项目质量复核》的约束，是本准则的适用前提。

第五条　审计项目组在项目合伙人的领导下，在会计师事务所质量管理体系的框架下，通过遵守本准则的要求，承担下列责任：

（一）利用会计师事务所传递或从会计师事务所获取的信息，实施会计师事务所政策和程序所要求的、适用于该审计项目的应对措施，以应对质量风险；

（二）考虑审计项目的性质和具体情况，确定除会计师事务所的政策和程序外，是否需要在项目层面设计和采取其他应对措施；

（三）与会计师事务所沟通来自审计项目的信息，或按照会计师事务所的政策和程序应予沟通的信息，以支持会计师事务所质量管理体系的设计、实施和运行。

第六条　遵守其他中国注册会计师审计准则的要求，可能能够为项目层面实施质量管理提供相关的信息。

第七条　对于每项审计业务，注册会计师都实现本准则及其他审计准则的目标，以持续高质量地执行审计业务，是服务公众利益的内在要求。实现审计业务的高质量，需要会计师事务所执业人员按照适用的法律法规和职业准则的规定计划和执行审计工作并出具审计报告。遵守适用的法律法规的规定并实现职业准则的目标需要运用职业判断，保持职业怀疑。

第八条　根据《中国注册会计师审计准则第 1101 号——注册会计师的总体目标和审计工作的基本要求》的规定，审计项目组应当在计划和执行审计工作时运用职业判断并保持职业怀疑。职业判断用于根据审计项目的性质和具体情况，作出适合管理和实现高质量的、知情的行动决策。职业怀疑为审计项目组作出高质量的职业判断提供支持，并通过这些判断，支持审计项目组在项目层面实现高质量的总体效果。保持职业怀疑可以通过审计项目组的行动和沟通展示出来。这些行动和沟通可能包括一些具体的步骤，以应对可能导致难以运用职业怀疑的障碍，如无意识的倾向或资源上的限制。

第九条 本准则中的各项要求需要结合每项审计项目的性质和具体情况加以运用。例如：

（一）如果某个审计项目完全由项目合伙人执行（如对较不复杂实体的审计），本准则中的某些要求可能与该情形不相关，因为这些要求适用于审计项目组其他成员参与审计项目的情形；

（二）如果某个审计项目并非完全由项目合伙人执行，或被审计单位的性质和具体情况较为复杂，项目合伙人可能将设计或实施某些审计程序的任务分配给审计项目组其他成员。

第十条 项目合伙人对遵守本准则的各项要求承担最终责任。当本准则某些条款采用"项目合伙人应当负责……"的措辞时，表明本准则允许项目合伙人将设计或实施某些审计程序的任务分配给审计项目组中具有适当的专业知识、技能和经验的成员。对于未采用该措辞的条款，则表明该条款中的要求或责任应当由项目合伙人亲自遵守或承担，但项目合伙人可以从会计师事务所或审计项目组其他成员获取信息。

第二章 定 义

第十一条 项目合伙人，就中国注册会计师审计准则而言，是指会计师事务所中负责某项审计项目及其执行，并代表会计师事务所在出具的审计报告上签字的合伙人。

第十二条 项目质量复核，是指在报告日或报告日之前，项目质量复核人员对项目组作出的重大判断及据此得出的结论作出的客观评价。

第十三条 项目质量复核人员，是指会计师事务所中实施项目质量复核的合伙人或其他类似职位的人员，或者由会计师事务所委派实施项目质量复核的外部人员。

第十四条 审计项目组，是指执行某项审计业务的所有合伙人和员工，以及为该项业务实施审计程序的所有其他人员，但不包括外部专家，也不包括为审计项目组提供直接协助的内部审计人员。

第十五条 网络，是指由多个实体组成，旨在通过合作实现下列一个或多个目的的联合体：

（一）共享收益、分担成本；

（二）共享所有权、控制权或管理权；

（三）执行统一的质量管理政策和程序；

（四）执行同一经营战略；

（五）使用同一品牌；

（六）共享重要的专业资源。

第十六条 网络事务所，对于某会计师事务所来说，是指该会计师事务所所在网络中的其他会计师事务所或实体。

第十七条 人员，是指会计师事务所的合伙人和员工。其中，对于非合伙制会计师事务所，合伙人是指类似职位的人员。

第十八条 员工，是指合伙人以外的专业人员，包括会计师事务所的内部专家。

第十九条 职业准则，是指执业准则和相关职业道德要求。其中，执业准则包括中国注册会计师鉴证业务基本准则、中国注册会计师审计准则、中国注册会计师审阅准则、中国注册会计师其他鉴证业务准则、中国注册会计师相关服务准则和会计师事务所质量管理准则。

第二十条 相关职业道德要求，就中国注册会计师审计准则而言，是指在执行财务报表审计业务时，应当遵守的职业道德原则和要求，包括独立性要求（如适用）。

第二十一条 应对措施，就会计师事务所质量管理体系而言，是指会计师事务所为了应对质量风险而设计和实施的政策和程序。其中：

（一）政策，是指会计师事务所为应对质量风险而作出的应当或不应当采取某种措施的规定，这种规定可能以成文的方式存在，也可能通过讯息予以明示，或者暗含于行动或决策中；

（二）程序，是指为执行政策而采取的行动。

第三章 目 标

第二十二条 注册会计师的目标是，在审计项目层面实施质量管理，以就实现高质量获取合理保证。包括下列具体目标：

（一）注册会计师按照适用的法律法规和职业准则的规定履行审计职责，并根据这些规定执行审计业务；

（二）注册会计师出具适合具体情况的审计报告。

第四章 要 求

第一节 管理和实现审计质量的领导责任

第二十三条 项目合伙人应当对管理和实现审计项目的高质量承担总体责任，包括为审计项目组营造强调会计师事务所文化和审计项目组成员行为期望的环境。在此过程中，项目合伙人应当充分、适当地参与整个审计过程，从而能够根据审计项目的性质和具体情况，确定审计项目组作出的重大判断和据此得出的结论是否适当。

第二十四条 在营造本准则第二十三条所述的环境时，项目合伙人应当采取明确、一致和有效的行动，以体现会计师事务所对质量的重视，并确定和沟通对审计项目组成员的行为期望，包括强调下列方面：

（一）审计项目组所有成员都有责任为在项目层面管理和实现业务的高质量作出贡献；

（二）审计项目组成员的职业价值观、职业道德和职业态度的重要性；

（三）在审计项目组内部进行开放、顺畅、深入沟通的重要性，同时，进行沟通能够支持审计项目组成员提出自己的质疑，而不怕遭受报复；

（四）审计项目组成员在整个审计项目中保持职业怀疑的重要性。

第二十五条 如果项目合伙人为了遵守本准则中的某项要求，将设计或实施某些审计程序、执行某些审计工作或采取某些行动的任务分配给审计项目组其他成员，项目合伙人仍然应当通过指导、监督这些审计项目组成员并复核其工作，对管理和实现审计项目的高质量承担总体责任。

第二节 相关职业道德要求

第二十六条 项目合伙人应当了解适用于审计业务的性质和具体情况的相关职业道德要求，包括与独立性相关的要求。

第二十七条 项目合伙人应当负责确保审计项目组其他成员知悉适用于审计业务的性质和具体情况的相关职业道德要求，以及会计师事务所的相关政策和程序，包括与下列方面相关的政策和程序：

（一）识别、评估和应对对遵守相关职业道德要求（包括与独立性相关的要求）的不利影响；

（二）可能导致违反相关职业道德要求（包括与独立性相关的要求）的情形，以及当审计项目组成员意识到这种违反时应当承担的责任；

（三）当审计项目组成员意识到被审计单位存在违反法律法规的迹象时应当承担的责任。

第二十八条 如果项目合伙人注意到某些事项，这些事项表明存在对遵守相关职业道德要求的不利影响，项目合伙人应当通过对照会计师事务所的政策和程序，利用来自会计师事务所、审计项目组或其他来源的相关信息，对这些不利影响作出评价，并采取适当行动。

第二十九条 项目合伙人应当通过观察和必要的询问，在整个审计过程中对审计项目组成员违反相关职业道德要求或会计师事务所相关政策和程序的情形保持警觉。

第三十条 如果项目合伙人通过会计师事务所质量管理体系或其他来源获得的信息，注意到某些事项表明适用于审计业务的性质和具体情况的相关职业道德要求未得到遵守，项目合伙人应当在咨询会计师事务所相关人员后，立即采取适当行动。

第三十一条 在签署审计报告之前，项目合伙人应当负责确定相关职业道德要求（包括与独立性相关的要求）已经得到遵守。

第三节　客户关系和审计业务的接受与保持

第三十二条 项目合伙人应当确定会计师事务所就客户关系和审计业务的接受与保持制定的政策和程序已得到遵守，并且得出的相关结论是适当的。

第三十三条 当按照审计准则的规定计划和执行审计工作以及遵守本准则的要求时，项目合伙人应当考虑在客户关系和审计业务的接受与保持环节获取的信息。

第三十四条 如果审计项目组在接受或保持某项客户关系或审计业务后获知了某些信息，并且，如果这些信息在接受或保持之前获知，可能会导致会计师事务所拒绝接受或保持该客户关系或审计业务，则项目合伙人应当立即与会计师事务所沟通该信息，以使会计师事务所和项目合伙人能够立即采取必要的行动。

第四节　业务资源

第三十五条 项目合伙人应当结合审计项目的性质和具体情况、会计师事务所的政策和程序，以及在执行审计项目过程中可能发生的任何变化，确定充分、适当的资源已被及时分配给审计项目组用于执行审计项目，或使审计项目组能够及时获取这些资源。

第三十六条 项目合伙人应当确保审计项目组成员以及审计项目组成员以外提供直接协助的外部专家或内部审计人员，作为一个集体拥有适当的胜任能力，包括充足的时间执行审计项目。

第三十七条 针对本准则第三十五条至第三十六条的规定，如果项目合伙人确定所分配的资源或审计项目组能够获取的资源对于审计项目的性质和具体情况来说是不充分、不适当的，项目合伙人应当采取适当的行动，包括与适当的人员沟通，以向审计项目组分配或提供额外的资源或替代资源。

第三十八条 项目合伙人应当负责根据审计项目的性质和具体情况，适当使用向审计项目组分配或提供的资源。

第三十九条 项目合伙人应当在考虑审计项目的性质和具体情况的基础上，制定合理的时间预算，以保证项目合伙人和审计项目组其他成员投入充分时间参与审计项目。

第五节　业务执行

第四十条 项目合伙人应当负责对审计项目组成员进行指导、监督并复核其工作。

第四十一条　项目合伙人应当确定指导、监督和复核的性质、时间安排和范围符合下列要求：

（一）按照适用的法律法规和职业准则的规定，以及会计师事务所的政策和程序进行计划和执行；

（二）符合审计项目的性质和具体情况，并与会计师事务所向审计项目组分配或提供的资源相匹配。

第四十二条　项目合伙人应当在审计过程中的适当时点复核审计工作底稿，包括与下列方面相关的工作底稿：

（一）重大事项；

（二）重大判断，包括与在审计中遇到的困难或有争议事项相关的判断，以及得出的结论；

（三）根据项目合伙人的职业判断，与项目合伙人的职责有关的其他事项。

第四十三条　项目合伙人应当确定，审计项目组成员在审计项目执行过程中，将职业准则以及会计师事务所的政策和程序从实质上执行到位，避免审计项目组成员仅简单勾画程序表格而未实质性执行程序、程序与目标不一致、程序执行不到位、审计工作底稿记录不完整等问题，确保审计项目组成员恰当记录判断过程、程序执行情况及得出的结论。

第四十四条　在审计报告日或审计报告日之前，项目合伙人应当通过复核审计工作底稿以及与审计项目组讨论，确保已获取充分、适当的审计证据，以支持得出的结论和拟出具的审计报告。

第四十五条　在签署审计报告前，为确保拟出具的审计报告适合审计项目的具体情况，项目合伙人应当复核财务报表、审计报告以及相关的审计工作底稿，包括对关键审计事项的描述（如适用）。

第四十六条　项目合伙人应当在与管理层、治理层或相关监管机构签署正式书面沟通文件之前对其进行复核。

第四十七条　针对审计项目中需要咨询的事项，项目合伙人应当承担下列责任：

（一）对审计项目组就下列事项进行咨询承担责任：

1. 困难或有争议的事项，以及会计师事务所政策和程序要求咨询的事项；

2. 项目合伙人根据职业判断认为需要咨询的其他事项。

（二）确定审计项目组成员已在审计过程中就相关事项进行了适当咨询，咨询可能在审计项目组内部进行，或者在审计项目组与会计师事务所内部或外部的其他适当人员之间进行。

（三）确定已与被咨询者就咨询的性质、范围以及形成的结论达成一致意见。

（四）确定咨询形成的结论已得到执行。

第四十八条　对于需要实施项目质量复核的审计项目，项目合伙人应当承担下列责任：

（一）确定会计师事务所已委派项目质量复核人员；

（二）配合项目质量复核人员的工作，并告知审计项目组其他成员配合项目质量复核人员工作的责任；

（三）与项目质量复核人员讨论在审计中遇到的重大事项和重大判断，包括在项目质量复核过程中识别出的重大事项和重大判断；

（四）只有完成项目质量复核，才签署审计报告。

第四十九条　审计项目组内部、审计项目组与项目质量复核人员之间（如适用），或者审计项目组与在会计师事务所质量管理体系内执行相关活动的人员（包括提供咨询的人员）之间如果出现意见分歧，审计项目组应当遵守会计师事务所处理及解决意见分歧的政策和程序。

第五十条 针对意见分歧，项目合伙人应当承担下列责任：

（一）对按照会计师事务所的政策和程序处理和解决意见分歧承担责任；

（二）确定咨询得出的结论已经记录并得到执行；

（三）在所有意见分歧得到解决之前，不得签署审计报告。

第六节 监控与整改

第五十一条 项目合伙人应当负责下列方面：

（一）了解从会计师事务所的监控和整改程序获取的信息，这些信息可能是由会计师事务所提供的，也可能来自网络和网络事务所的监控和整改程序（如适用）；

（二）确定上述第（一）项提及的信息与审计项目的相关性及其对审计项目的影响，并采取适当行动；

（三）在整个审计过程中，对可能与会计师事务所的监控和整改程序相关的信息保持警觉，并将此类信息通报给对监控和整改程序负责的人员。

第七节 对管理和实现高质量承担总体责任

第五十二条 在签署审计报告之前，项目合伙人应当确定其已对管理和实现审计项目的高质量承担责任。在此过程中，项目合伙人应当确定下列事项：

（一）项目合伙人充分、适当地参与了审计项目的全过程，以使其能够确定，根据审计项目的性质和具体情况，审计项目组作出的重大判断和据此得出的结论是适当的；

（二）在遵守本准则的要求时，已考虑了审计项目的性质和具体情况、发生的任何变化，以及会计师事务所与之相关的政策和程序。

第八节 审计工作底稿

第五十三条 注册会计师应当在审计工作底稿中记录下列事项：

（一）针对下列方面识别出的事项、与相关人员进行的讨论以及得出的结论：

1. 履行与遵守相关职业道德要求（包括与独立性相关的要求）相关的责任；

2. 客户关系和审计业务的接受与保持。

（二）在审计过程中进行咨询的性质、范围、得出的结论，以及这些结论是如何得到执行的。

（三）如果审计项目需要实施项目质量复核，则应当记录项目质量复核已经在审计报告日或之前完成。

中国注册会计师审计准则第 1131 号——审计工作底稿

（2022 年 12 月 22 日修订）

第一章 总 则

第一条 为了规范审计工作底稿的格式、内容和范围以及审计工作底稿的归档，明确注册会计师在财务报表审计中编制审计工作底稿的责任，制定本准则。

　　第二条　本准则附录中列示的其他审计准则，对在特定情况下就相关事项编制审计工作底稿提出具体要求，但并不构成对本准则普遍适用性的限制。相关法律法规也可能对编制审计工作底稿提出额外要求。

　　第三条　在符合本准则和其他相关审计准则要求的情况下，审计工作底稿能够实现下列目的：

　　（一）提供证据，作为注册会计师得出实现总体目标结论的基础；

　　（二）提供证据，证明注册会计师按照审计准则和相关法律法规的规定计划和执行了审计工作。

　　第四条　审计工作底稿还可以实现下列目的：

　　（一）有助于项目组计划和执行审计工作；

　　（二）有助于负责督导的项目组成员按照《中国注册会计师审计准则第 1121 号——对财务报表审计实施的质量管理》的规定，履行指导、监督与复核审计工作的责任；

　　（三）便于项目组说明其执行审计工作的情况；

　　（四）保留对未来审计工作持续产生重大影响的事项的记录；

　　（五）便于会计师事务所实施项目质量复核、其他类型的项目复核以及质量管理体系中的监控活动；

　　（六）便于监管机构和注册会计师协会根据相关法律法规或其他相关要求，对会计师事务所实施执业质量检查。

第二章　定　　义

　　第五条　审计工作底稿，是指注册会计师对制定的审计计划、实施的审计程序、获取的相关审计证据，以及得出的审计结论作出的记录。

　　第六条　审计档案，是指一个或多个文件夹或其他存储介质，以实物或电子形式存储构成某项具体业务的审计工作底稿的记录。

　　第七条　有经验的专业人士，是指会计师事务所内部或外部的具有审计实务经验，并且对下列方面有合理了解的人士：

　　（一）审计过程；

　　（二）审计准则和相关法律法规的规定；

　　（三）被审计单位所处的经营环境；

　　（四）与被审计单位所处行业相关的会计和审计问题。

第三章　目　　标

　　第八条　注册会计师的目标是，编制审计工作底稿以便：

　　（一）提供充分、适当的记录，作为出具审计报告的基础；

　　（二）提供证据，证明注册会计师已按照审计准则和相关法律法规的规定计划和执行了审计工作。

第四章　要　　求

第一节　及时编制审计工作底稿

　　第九条　注册会计师应当及时编制审计工作底稿。

第二节　记录实施的审计程序和获取的审计证据

第十条　注册会计师编制的审计工作底稿，应当使得未曾接触该项审计工作的有经验的专业人士清楚了解：

（一）按照审计准则和相关法律法规的规定实施的审计程序的性质、时间安排和范围；

（二）实施审计程序的结果和获取的审计证据；

（三）审计中遇到的重大事项和得出的结论，以及在得出结论时作出的重大职业判断。

第十一条　在记录已实施审计程序的性质、时间安排和范围时，注册会计师应当记录：

（一）测试的具体项目或事项的识别特征；

（二）审计工作的执行人员及完成审计工作的日期；

（三）审计工作的复核人员及复核的日期和范围。

第十二条　注册会计师应当记录与管理层、治理层和其他人员对重大事项的讨论，包括所讨论的重大事项的性质以及讨论的时间、地点和参加人员。

第十三条　如果识别出的信息与针对某重大事项得出的最终结论不一致，注册会计师应当记录如何处理该不一致的情况。

第十四条　在极其特殊的情况下，如果认为有必要偏离某项审计准则的相关要求，注册会计师应当记录实施的替代审计程序如何实现相关要求的目的以及偏离的原因。

第十五条　在某些例外情况下，如果在审计报告日后实施了新的或追加的审计程序，或者得出新的结论，注册会计师应当记录：

（一）遇到的例外情况；

（二）实施的新的或追加的审计程序，获取的审计证据，得出的结论，以及对审计报告的影响；

（三）对审计工作底稿作出相应变动的时间和人员，以及复核的时间和人员。

第十六条　编制审计工作底稿的文字应当使用中文。少数民族自治地区可以同时使用少数民族文字。中国境内的中外合作会计师事务所、国际会计公司成员所可以同时使用某种外国文字。会计师事务所执行涉外业务时可以同时使用某种外国文字。

第三节　审计工作底稿的归档

第十七条　注册会计师应当在审计报告日后及时将审计工作底稿归整为审计档案，并完成归整最终审计档案过程中的事务性工作。

审计工作底稿的归档期限为审计报告日后六十天内。

如果注册会计师未能完成审计业务，审计工作底稿的归档期限为审计业务中止后的六十天内。

第十八条　在完成最终审计档案的归整工作后，注册会计师不应在规定的保存期限届满前删除或废弃任何性质的审计工作底稿。

第十九条　会计师事务所应当自审计报告日起，对审计工作底稿至少保存十年。

如果注册会计师未能完成审计业务，会计师事务所应当自审计业务中止日起，对审计工作底稿至少保存十年。

第二十条　除本准则第十五条规定的情况外，在完成最终审计档案归整工作后，如果注册会计师发现有必要修改现有审计工作底稿或增加新的审计工作底稿，无论修改或增加的性质如何，注册会计师均应当记录：

（一）修改或增加审计工作底稿的理由；

（二）修改或增加审计工作底稿的时间和人员，以及复核的时间和人员。

附录

其他审计准则对编制审计工作底稿的具体要求

本附录列示了其他审计准则对注册会计师在特定情况下就相关事项编制审计工作底稿的具体要求。考虑本附录中列示的事项，并不能代替考虑本准则和应用指南中的规定。

1.《中国注册会计师审计准则第 1111 号——就审计业务约定条款达成一致意见》第十条至第十二条；

2.《中国注册会计师审计准则第 1121 号——对财务报表审计实施的质量管理》第五十三条；

3.《中国注册会计师审计准则第 1141 号——财务报表审计中与舞弊相关的责任》第四十八条至第五十一条；

4.《中国注册会计师审计准则第 1142 号——财务报表审计中对法律法规的考虑》第二十九条；

5.《中国注册会计师审计准则第 1151 号——与治理层的沟通》第二十四条；

6.《中国注册会计师审计准则第 1201 号——计划审计工作》第十一条；

7.《中国注册会计师审计准则第 1211 号——重大错报风险的识别和评估》第四十四条；

8.《中国注册会计师审计准则第 1221 号——计划和执行审计工作时的重要性》第十四条；

9.《中国注册会计师审计准则第 1231 号——针对评估的重大错报风险采取的应对措施》第二十八条至第三十条；

10.《中国注册会计师审计准则第 1251 号——评价审计过程中识别出的错报》第十六条；

11.《中国注册会计师审计准则第 1321 号——会计估计和相关披露的审计》第三十五条；

12.《中国注册会计师审计准则第 1323 号——关联方》第二十九条；

13.《中国注册会计师审计准则第 1401 号——对集团财务报表审计的特殊考虑》第六十三条；

14.《中国注册会计师审计准则第 1411 号——利用内部审计人员的工作》第三十六条至第三十七条；

15.《中国注册会计师审计准则第 1521 号——注册会计师对其他信息的责任》第二十五条。

中国注册会计师审计准则第 1141 号——财务报表审计中与舞弊相关的责任

（2022 年 12 月 22 日修订）

第一章 总 则

第一条 为了规范注册会计师在财务报表审计中与舞弊相关的责任，制定本准则。

第二条 在涉及识别、评估和应对舞弊导致的重大错报风险时，本准则是对注册会计师如何应用《中国注册会计师审计准则第 1211 号——重大错报风险的识别和评估》和《中国注册会计师审计准则第 1231 号——针对评估的重大错报风险采取的应对措施》的进一步扩展。

第三条 财务报表的错报可能由于舞弊或错误所致。舞弊和错误的区别在于，导致财务报表发生错报的行为是故意行为还是非故意行为。

第四条 舞弊是一个宽泛的法律概念，但注册会计师关注的是导致财务报表发生重大错报的舞弊。

与财务报表审计相关的故意错报，包括编制虚假财务报告导致的错报和侵占资产导致的错报。

尽管注册会计师可能怀疑被审计单位存在舞弊，甚至在极少数情况下识别出发生的舞弊，但注册会计师并不对舞弊是否已实际发生作出法律意义上的判定。

第五条 被审计单位治理层和管理层对防止或发现舞弊负有主要责任。

管理层在治理层的监督下，高度重视对舞弊的防范和遏制是非常重要的。对舞弊进行防范可以减少舞弊发生的机会；对舞弊进行遏制，即发现和惩罚舞弊行为，能够警示被审计单位人员不要实施舞弊。对舞弊的防范和遏制需要管理层营造诚实守信和合乎道德的文化，并且这一文化能够在治理层的有效监督下得到强化。

治理层的监督包括考虑管理层凌驾于控制之上或对财务报告过程施加其他不当影响的可能性，例如，管理层为了影响分析师对被审计单位业绩和盈利能力的看法而操纵利润。

第六条 在按照审计准则的规定执行审计工作时，注册会计师有责任对财务报表整体是否不存在舞弊或错误导致的重大错报获取合理保证。

由于审计的固有限制，即使注册会计师按照审计准则的规定恰当计划和执行了审计工作，也不可避免地存在财务报表中的某些重大错报未被发现的风险。

第七条 在舞弊导致错报的情况下，固有限制的潜在影响尤其重大。舞弊导致的重大错报未被发现的风险，大于错误导致的重大错报未被发现的风险。其原因是舞弊可能涉及精心策划和蓄意实施以进行隐瞒（如伪造证明或故意漏记交易），或者故意向注册会计师提供虚假陈述。如果涉及串通舞弊，注册会计师可能更加难以发现蓄意隐瞒的企图。串通舞弊可能导致原本虚假的审计证据被注册会计师误认为具有说服力。

注册会计师发现舞弊的能力取决于舞弊者实施舞弊的技巧、舞弊者操纵会计记录的频率和范围、舞弊者操纵的每笔金额的大小、舞弊者在被审计单位的职位级别、串通舞弊的程度等因素。

即使可以识别出实施舞弊的潜在机会，但对于诸如会计估计等判断领域的错报，注册会计师也难以确定这类错报是舞弊还是错误导致的。

第八条 管理层舞弊导致的重大错报未被发现的风险，大于员工舞弊导致的重大错报未被发现的风险。其原因是管理层往往可以利用职务之便，直接或间接操纵会计记录，提供虚假的财务信息，或凌驾于为防止其他员工实施类似舞弊而建立的控制之上。

第九条 在获取合理保证时，注册会计师有责任在整个审计过程中保持职业怀疑，考虑管理层凌驾于控制之上的可能性，并认识到对发现错误有效的审计程序未必对发现舞弊有效。本准则的规定旨在帮助注册会计师识别和评估舞弊导致的重大错报风险，以及设计用以发现这类错报的审计程序。

根据法律法规或相关职业道德要求，对于被审计单位的违反法律法规行为（包括舞弊），注册会计师可能承担额外责任。这些责任可能与本准则和其他审计准则不同，或超出了本准则和其他审计准则的规定，例如：

（一）应对识别出的或怀疑存在的违反法律法规行为，包括要求与管理层和治理层专门进行沟通，评价其对违反法律法规行为所作应对的适当性，并确定是否需要采取进一步行动；

（二）向其他注册会计师（例如，在集团财务报表审计中）沟通识别出的或怀疑存在的违反法律法规行为；

（三）对识别出的或怀疑存在的违反法律法规行为的记录要求。对额外责任的履行，可能提供与注册会计师按照本准则和其他审计准则执行工作相关的进一步信息（如与管理层和治理层诚信相关的信息）。

第二章　定　　义

第十条　舞弊，是指被审计单位的管理层、治理层、员工或第三方使用欺骗手段获取不当或非法利益的故意行为。

第十一条　舞弊风险因素，是指表明实施舞弊的动机或压力，或者为实施舞弊提供机会的事项或情况。

第三章　目　　标

第十二条　注册会计师的目标是：

（一）识别和评估舞弊导致的财务报表重大错报风险；

（二）通过设计和实施恰当的应对措施，针对评估的舞弊导致的重大错报风险，获取充分、适当的审计证据；

（三）恰当应对审计过程中识别出的舞弊或舞弊嫌疑。

第四章　要　　求

第一节　职业怀疑

第十三条　按照《中国注册会计师审计准则第 1101 号——注册会计师的总体目标和审计工作的基本要求》的规定，注册会计师应当在整个审计过程中保持职业怀疑，认识到存在舞弊导致的重大错报的可能性，而不应受到以前对管理层、治理层正直和诚信形成的判断的影响。

第十四条　除非存在相反的理由，注册会计师可以将文件和记录作为真品。但如果在审计过程中识别出的情况使注册会计师认为文件可能是伪造的或文件中的某些条款已发生变动但未告知注册会计师，注册会计师应当作出进一步调查。

第十五条　如果管理层或治理层对询问作出的答复相互之间不一致或与其他信息不一致，注册会计师应当对这种不一致加以调查。

第二节　项目组内部的讨论

第十六条　按照《中国注册会计师审计准则第 1211 号——重大错报风险的识别和评估》的规定，项目组成员之间应当进行讨论，并由项目合伙人确定将哪些事项向未参与讨论的项目组成员通报。

项目组内部讨论的重点应当包括财务报表易于发生舞弊导致的重大错报的方式和领域，包括舞弊可能如何发生。

在讨论过程中，项目组成员不应假定管理层和治理层是正直和诚信的。

第三节　风险评估程序和相关活动

第十七条　当按照《中国注册会计师审计准则第 1211 号——重大错报风险的识别和评估》的规定实施风险评估程序和相关活动，以了解被审计单位及其环境、适用的财务报告编制基础和被审计单位内部控制体系时，注册会计师应当实施本准则第十八条至第二十五条规定的审计程序，以获取用以识别舞弊导致的重大错报风险的信息。

第十八条 注册会计师应当向管理层询问：

（一）管理层对财务报表可能存在舞弊导致的重大错报风险的评估，包括评估的性质、范围和频率等；

（二）管理层对舞弊风险的识别和应对过程，包括管理层识别出的或注意到的特定舞弊风险，或可能存在舞弊风险的各类交易、账户余额或披露；

（三）管理层就其对舞弊风险的识别和应对过程向治理层的通报；

（四）管理层就其经营理念和道德观念向员工的通报。

第十九条 注册会计师应当询问管理层和被审计单位内部的其他人员（如适用），以确定其是否知悉任何影响被审计单位的舞弊事实、舞弊嫌疑或舞弊指控。

第二十条 如果被审计单位设有内部审计，注册会计师应当询问内部审计人员，以确定其是否知悉任何影响被审计单位的舞弊事实、舞弊嫌疑或舞弊指控，并获取这些人员对舞弊风险的看法。

第二十一条 除非治理层全部成员参与管理被审计单位，注册会计师应当了解治理层如何监督管理层对舞弊风险的识别和应对过程，以及为降低舞弊风险而建立的控制。

第二十二条 除非治理层全部成员参与管理被审计单位，注册会计师应当询问治理层，以确定其是否知悉任何影响被审计单位的舞弊事实、舞弊嫌疑或舞弊指控。治理层对这些询问的答复，还可在一定程度上作为管理层答复的佐证信息。

第二十三条 注册会计师应当评价在实施分析程序时识别出的异常或偏离预期的关系（包括与收入账户有关的关系），是否表明存在舞弊导致的重大错报风险。

第二十四条 注册会计师应当考虑获取的其他信息是否表明存在舞弊导致的重大错报风险。

第二十五条 注册会计师应当评价通过其他风险评估程序和相关活动获取的信息，是否表明存在舞弊风险因素。

存在舞弊风险因素并不必然表明发生了舞弊，但在舞弊发生时通常存在舞弊风险因素，因此，舞弊风险因素可能表明存在舞弊导致的重大错报风险。

第四节　识别和评估舞弊导致的重大错报风险

第二十六条 按照《中国注册会计师审计准则第1211号——重大错报风险的识别和评估》的规定，注册会计师应当在财务报表层次和各类交易、账户余额、披露的认定层次识别和评估舞弊导致的重大错报风险。

第二十七条 在识别和评估舞弊导致的重大错报风险时，注册会计师应当基于收入确认存在舞弊风险的假定，评价哪些类型的收入、收入交易或认定将导致舞弊风险。

如果认为收入确认存在舞弊风险的假定不适用于业务的具体情况，从而未将收入确认作为舞弊导致的重大错报风险领域，注册会计师应当按照本准则第五十一条的规定形成相应的审计工作底稿。

第二十八条 注册会计师应当将评估的舞弊导致的重大错报风险作为特别风险。如果此前未识别与此类风险相关的控制，注册会计师应当识别被审计单位用于应对该特别风险的控制，评价控制的设计，并确定控制是否得到执行。

第五节　应对评估的舞弊导致的重大错报风险

第二十九条 按照《中国注册会计师审计准则第1231号——针对评估的重大错报风险

采取的应对措施》的规定，注册会计师应当针对评估的舞弊导致的财务报表层次重大错报风险确定总体应对措施。

第三十条　在针对评估的舞弊导致的财务报表层次重大错报风险确定总体应对措施时，注册会计师应当：

（一）在分派和督导项目组成员时，考虑承担重要业务职责的项目组成员所具备的知识、技能和能力，并考虑舞弊导致的重大错报风险的评估结果；

（二）评价被审计单位对会计政策（特别是涉及主观计量和复杂交易的会计政策）的选择和运用，是否可能表明管理层通过操纵利润对财务信息作出虚假报告；

（三）在选择审计程序的性质、时间安排和范围时，增加审计程序的不可预见性。

第三十一条　按照《中国注册会计师审计准则第 1231 号——针对评估的重大错报风险采取的应对措施》的规定，注册会计师应当设计和实施进一步审计程序，审计程序的性质、时间安排和范围应当能够应对评估的舞弊导致的认定层次重大错报风险。例如，针对舞弊导致的认定层次重大错报风险，注册会计师应当考虑实施函证程序以获取更多的相互印证的信息。

第三十二条　管理层处于实施舞弊的独特地位，其原因是管理层有能力通过凌驾于控制之上操纵会计记录并编制虚假财务报表，而这些控制却看似有效运行。

尽管管理层凌驾于控制之上的风险水平因被审计单位而异，但所有被审计单位都存在这种风险。

由于管理层凌驾于控制之上的行为发生方式不可预见，这种风险属于舞弊导致的重大错报风险，从而也是一种特别风险。

第三十三条　无论对管理层凌驾于控制之上的风险的评估结果如何，注册会计师都应当设计和实施审计程序，用以：

（一）测试日常会计核算过程中作出的会计分录以及编制财务报表过程中作出的其他调整是否适当；

（二）复核会计估计是否存在偏向，并评价产生这种偏向的环境是否表明存在舞弊导致的重大错报风险；

（三）对于超出被审计单位正常经营过程的重大交易，或基于对被审计单位及其环境的了解以及在审计过程中获取的其他信息而显得异常的重大交易，评价其商业理由（或缺乏商业理由）是否表明被审计单位从事交易的目的是为了对财务信息作出虚假报告或掩盖侵占资产的行为。

第三十四条　在设计和实施审计程序，以测试日常会计核算过程中作出的会计分录以及编制财务报表过程中作出的其他调整是否适当时，注册会计师应当：

（一）向参与财务报告过程的人员询问与处理会计分录和其他调整相关的不恰当或异常的活动；

（二）选择在报告期末作出的会计分录和其他调整；

（三）考虑是否有必要测试整个会计期间的会计分录和其他调整。

第三十五条　在复核会计估计是否存在偏向时，注册会计师应当：

（一）评价管理层在作出会计估计时所作的判断和决策是否反映出管理层的某种偏向（即使判断和决策孤立地看是合理的），从而可能表明存在舞弊导致的重大错报风险。如果存在偏向，注册会计师应当从整体上重新评价会计估计；

（二）追溯复核与以前年度财务报表反映的重大会计估计相关的管理层判断和假设。

第三十六条　当按照本准则第三十三条至第三十五条实施的程序无法涵盖特定的管理层凌驾于控制之上的其他风险时，注册会计师还应当确定是否有必要实施其他审计程序，以应对识别出的管理层凌驾于控制之上的风险。

第六节　评价审计证据

第三十七条　在就财务报表与所了解的被审计单位的情况是否一致形成总体结论时，注册会计师应当评价在临近审计结束时实施的分析程序，是否表明存在此前尚未识别的舞弊导致的重大错报风险。

第三十八条　如果识别出某项错报，注册会计师应当评价该项错报是否表明存在舞弊。

如果存在舞弊的迹象，鉴于舞弊不太可能是孤立发生的事项，注册会计师应当评价该项错报对审计工作其他方面的影响，特别是对管理层声明可靠性的影响。

第三十九条　如果识别出某项错报，并有理由认为该项错报是或可能是舞弊导致的，且涉及管理层，特别是涉及较高层级的管理层，无论该项错报是否重大，注册会计师都应当重新评价对舞弊导致的重大错报风险的评估结果，以及该结果对旨在应对评估的风险的审计程序的性质、时间安排和范围的影响。

在重新考虑此前获取的审计证据的可靠性时，注册会计师还应当考虑相关的情形是否表明可能存在涉及员工、管理层或第三方的串通舞弊。

第四十条　如果确认财务报表存在舞弊导致的重大错报，或无法确定财务报表是否存在舞弊导致的重大错报，注册会计师应当评价这两种情况对审计的影响。

第七节　无法继续执行审计业务

第四十一条　如果舞弊或舞弊嫌疑导致出现错报，致使注册会计师遇到对其继续执行审计业务的能力产生怀疑的异常情形，注册会计师应当：

（一）确定适用于具体情况的职业责任和法律责任，包括是否需要向审计业务委托人或监管机构报告；

（二）在相关法律法规允许的情况下，考虑是否需要解除业务约定。

第四十二条　如果决定解除业务约定，注册会计师应当采取下列措施：

（一）与适当层级的管理层和治理层讨论解除业务约定的决定和理由；

（二）考虑是否存在职业责任或法律责任，需要向审计业务委托人或监管机构报告解除业务约定的决定和理由。

第八节　书面声明

第四十三条　注册会计师应当就下列事项向管理层和治理层（如适用）获取书面声明：

（一）管理层和治理层认可其设计、执行和维护内部控制以防止和发现舞弊的责任；

（二）管理层和治理层已向注册会计师披露了管理层对舞弊导致的财务报表重大错报风险的评估结果；

（三）管理层和治理层已向注册会计师披露了已知的涉及管理层、在内部控制中承担重要职责的员工以及其他人员（在舞弊行为导致财务报表出现重大错报的情况下）的舞弊或舞弊嫌疑；

（四）管理层和治理层已向注册会计师披露了从现任和前任员工、分析师、监管机构等方面获知的、影响财务报表的舞弊指控或舞弊嫌疑。

第九节　与管理层和治理层的沟通

第四十四条　如果识别出舞弊或获取的信息表明可能存在舞弊，除非法律法规禁止，注册会计师应当及时与适当层级的管理层沟通此类事项，以便管理层告知对防止和发现舞弊事项负有主要责任的人员。

第四十五条　如果确定或怀疑舞弊涉及下列人员，注册会计师应当及时与治理层沟通此类事项，除非治理层全部成员参与管理被审计单位：

（一）管理层；

（二）在内部控制中承担重要职责的员工；

（三）其他人员（在舞弊行为导致财务报表重大错报的情况下）。如果怀疑舞弊涉及管理层，除非法律法规禁止，注册会计师应当

与治理层沟通这一怀疑，并与其讨论为完成审计工作所必需的审计程序的性质、时间安排和范围。

第四十六条　如果根据判断认为还存在与治理层职责相关的、涉及舞弊的其他事项，除非法律法规禁止，注册会计师应当就此与治理层沟通。

第十节　向被审计单位之外的适当机构报告舞弊

第四十七条　如果识别出或怀疑存在舞弊，注册会计师应当确定法律法规或相关职业道德要求是否：

（一）要求注册会计师向被审计单位之外的适当机构作出报告；

（二）规定了相关责任，基于该责任，注册会计师向被审计单位之外的适当机构报告在具体情形下可能是适当的。

第十一节　审计工作底稿

第四十八条　针对《中国注册会计师审计准则第 1211 号——重大错报风险的识别和评估》所规定的重大错报风险的识别和评估，注册会计师应当将下列内容形成审计工作底稿：

（一）项目组内部就舞弊导致财务报表重大错报的可能性进行讨论所得出的重要结论；

（二）识别和评估的舞弊导致的财务报表层次和认定层次重大错报风险；

（三）在控制活动中识别出的，用于应对评估的舞弊导致的重大错报风险的控制。

第四十九条　《中国注册会计师审计准则第 1231 号——针对评估的重大错报风险采取的应对措施》规定注册会计师应当记录对评估的重大错报风险采取的应对措施。注册会计师应当将下列内容形成审计工作底稿：

（一）对评估的舞弊导致的财务报表层次重大错报风险采取的总体应对措施；

（二）审计程序的性质、时间安排和范围；

（三）审计程序与评估的舞弊导致的认定层次重大错报风险之间的联系；

（四）实施审计程序（包括用于应对管理层凌驾于控制之上的风险而实施的审计程序）的结果。

第五十条　注册会计师应当在审计工作底稿中记录与管理层、治理层、监管机构或其他相关各方就舞弊事项进行沟通的情况。

第五十一条　如果认为收入确认存在舞弊风险的假定不适用于业务的具体情况，注册会计师应当在审计工作底稿中记录得出该结论的理由。

第五章　附　　则

第五十二条　本准则自 2023 年 7 月 1 日起施行。

中国注册会计师审计准则第 1142 号——财务报表审计中对法律法规的考虑

（2022 年 12 月 22 日修订）

第一章 总 则

第一条 为了规范注册会计师在财务报表审计中对法律法规的考虑，制定本准则。

第二条 本准则不适用于注册会计师接受专项委托，对被审计单位遵守特定法律法规进行单独测试并出具报告的其他鉴证业务。

第三条 不同的法律法规对财务报表的影响差异很大。被审计单位需要遵守的所有法律法规，构成注册会计师在财务报表审计中需要考虑的法律法规框架。

某些法律法规的规定对财务报表有直接影响，决定财务报表中的金额和披露。而有些法律法规需要管理层遵守，或规定了允许被审计单位开展经营活动的条件，但不会对财务报表产生直接影响。某些被审计单位属于高度管制的行业，如银行或化工企业等。而有些被审计单位仅受到通常与经营活动相关的法律法规的制约，如安全生产和公平就业等。

违反法律法规可能导致被审计单位面临罚款、诉讼或其他对财务报表产生重大影响的后果。

第四条 在治理层的监督下，保证被审计单位按照法律法规的规定开展经营活动（包括遵守那些决定财务报表中的金额和披露的法律法规的规定），是管理层的责任。

第五条 本准则旨在帮助注册会计师识别由于违反法律法规导致的财务报表重大错报。注册会计师没有责任防止被审计单位违反法律法规行为，也不能被期望发现所有的违反法律法规行为。

第六条 注册会计师有责任对财务报表整体不存在舞弊或错误导致的重大错报获取合理保证。

在执行财务报表审计时，注册会计师需要考虑适用于被审计单位的法律法规框架。由于审计的固有限制，即使注册会计师按照审计准则的规定恰当地计划和执行审计工作，也不可避免地存在财务报表中的某些重大错报未被发现的风险。

就法律法规而言，由于下列原因，审计的固有限制对注册会计师发现重大错报的能力的潜在影响会加大：

（一）许多法律法规主要与被审计单位经营活动相关，通常不影响财务报表，且不能被与财务报告相关的信息系统所获取；

（二）违反法律法规可能涉及故意隐瞒的行为，如串通、伪造、故意漏记交易、管理层凌驾于控制之上或故意向注册会计师提供虚假陈述；

（三）某行为是否构成违反法律法规，最终只能由法院或其他适当的监管机构认定。

通常情况下，违反法律法规与财务报表反映的交易和事项越不相关，就越难以被注册会计师关注或识别。

第七条 本准则对注册会计师责任的界定，根据被审计单位需要遵守的下列两类不同的法律法规有所区别：

（一）通常对决定财务报表中的重大金额和披露有直接影响的法律法规（如税收和企业年金方面的法律法规）；

（二）对决定财务报表中的金额和披露没有直接影响的其他法律法规，但遵守这些法律法规（如遵守经营许可条件、监管机构对偿债能力的规定或环境保护要求）对被审计单位的经营活动、持续经营能力或避免大额罚款至关重要；违反这些法律法规，可能对财务报表产生重大影响。

第八条　针对本准则第七条提及的两类不同的法律法规，本准则对注册会计师的责任作出不同规定。

针对本准则第七条第（一）项提及的法律法规，注册会计师的责任是，就被审计单位遵守这些法律法规的规定获取充分、适当的审计证据。

针对本准则第七条第（二）项提及的法律法规，注册会计师的责任仅限于实施特定的审计程序，以有助于识别可能对财务报表产生重大影响的违反这些法律法规的行为。

第九条　为了对财务报表形成审计意见而实施的其他审计程序，可能使注册会计师注意到被审计单位违反法律法规的行为，本准则要求注册会计师对这一可能性保持警觉。

考虑到对被审计单位产生影响的法律法规的范围，按照《中国注册会计师审计准则第1101号——注册会计师的总体目标和审计工作的基本要求》的规定，注册会计师在整个审计过程中保持职业怀疑尤为重要。

第十条　根据法律法规或相关职业道德要求，对于被审计单位的违反法律法规行为，注册会计师可能承担额外责任，这些责任可能与本准则不同，或超出了本准则的规定，例如：

（一）应对识别出的或怀疑存在的违反法律法规行为，包括要求与管理层和治理层进行专门沟通，评价其对违反法律法规行为所作应对的适当性，并确定是否需要采取进一步行动；

（二）向其他注册会计师沟通识别出的或怀疑存在的违反法律法规行为（如在集团财务报表审计中）；

（三）对识别出的或怀疑存在的违反法律法规行为的记录要求。对额外责任的履行，可能提供与注册会计师按照本准则和其他审计准则执行工作相关的进一步信息（如与管理层和治理层诚信相关的信息）。

第二章　定　　义

第十一条　本准则所称违反法律法规，是指被审计单位、治理层、管理层，或者为被审计单位工作或受其指使的其他人，有意或无意违背除适用的财务报告编制基础以外的现行法律法规的行为。违反法律法规不包括与被审计单位经营活动无关的个人不当行为。

第三章　目　　标

第十二条　注册会计师的目标是：

（一）针对通常对决定财务报表中的重大金额和披露有直接影响的法律法规的规定，获取被审计单位遵守这些规定的充分、适当的审计证据；

（二）针对其他法律法规，实施特定的审计程序，以有助于识别可能对财务报表产生重大影响的违反这些法律法规的行为；

（三）恰当应对在审计过程中识别出的或怀疑存在的违反法律法规行为。

第四章　要　　求

第一节　注册会计师对被审计单位遵守法律法规的考虑

第十三条　按照《中国注册会计师审计准则第1211号——重大错报风险的识别和评估》的规定，在了解被审计单位及其环境时，注册会计师应当从总体上了解下列事项：

（一）适用于被审计单位及其所处行业或领域的法律法规框架；

（二）被审计单位如何遵守这些法律法规框架。

第十四条　针对通常对决定财务报表中的重大金额和披露有直接影响的法律法规的规定，注册会计师应当获取被审计单位遵守这些规定的充分、适当的审计证据。

第十五条　注册会计师应当实施下列审计程序，以有助于识别可能对财务报表产生重大影响的违反其他法律法规的行为：

（一）向管理层和治理层（如适用）询问被审计单位是否遵守了这些法律法规；

（二）检查被审计单位与许可证颁发机构或监管机构的往来函件。

第十六条　在审计过程中实施的其他审计程序可能使注册会计师识别出或怀疑存在违反法律法规行为，注册会计师应当对此保持警觉。

第十七条　注册会计师应当要求管理层和治理层（如适用）提供书面声明，以表明被审计单位已向注册会计师披露了所有知悉的，且在编制财务报表时应当考虑其影响的违反法律法规行为或怀疑存在的违反法律法规行为。

第十八条　在未识别出或未怀疑被审计单位违反法律法规的情况下，除执行本准则第十三条至第十七条所述的工作外，注册会计师不必针对被审计单位遵守法律法规实施其他审计程序。

第二节　识别出或怀疑存在违反法律法规行为时实施的审计程序

第十九条　如果注意到与识别出的或怀疑存在的违反法律法规行为相关的信息，注册会计师应当：

（一）了解违反法律法规行为的性质及其发生的环境；

（二）获取进一步的信息，以评价对财务报表可能产生的影响。

第二十条　如果怀疑被审计单位存在违反法律法规行为，注册会计师应当就此与适当层级的管理层和治理层（如适用）进行讨论，除非法律法规禁止。

如果管理层或治理层不能提供充分的信息，证明被审计单位遵守了法律法规，并且注册会计师根据判断认为怀疑存在的违反法律法规行为可能对财务报表产生重大影响，注册会计师应当考虑是否需要征询法律意见。

第二十一条　如果针对怀疑存在的违反法律法规行为不能获取充分的信息，注册会计师应当评价缺乏充分、适当的审计证据对审计意见的影响。

第二十二条　注册会计师应当评价识别出的或怀疑存在的违反法律法规行为对审计的其他方面可能产生的影响，包括对注册会计师风险评估和被审计单位书面声明可靠性的影响，并采取适当措施。

第三节　对识别出的或怀疑存在的违反法律法规行为的沟通和报告

第二十三条　除非治理层全部成员参与管理被审计单位，因而知悉注册会计师已沟通的、涉及识别出的或怀疑存在的违反法律法规行为的事项，注册会计师应当与治理层沟通审计过程中注意到的有关违反法律法规的事项（除非法律法规禁止），但不必沟通明显不重要的事项。

第二十四条　如果根据判断认为本准则第二十三条提及的需要沟通的违反法律法规行为是故意和重大的，注册会计师应当就此尽快与治理层沟通。

第二十五条　如果怀疑违反法律法规行为涉及管理层或治理层，注册会计师应当向被审计单位更高层级的机构（如有）通报，如审计委员会或监事会。

如果不存在更高层级的机构，或者注册会计师认为被审计单位可能不会对通报作出反应，或者注册会计师不能确定向谁报告，注册会计师应当考虑是否需要向外部监管机构（如有）报告或征询法律意见。

第二十六条　如果认为识别出的或怀疑存在的违反法律法规行为对财务报表具有重大影响，且未能在财务报表中得到充分反映，注册会计师应当按照《中国注册会计师审计准则第 1502 号——在审计报告中发表非无保留意见》的规定，发表保留意见或否定意见。

第二十七条　如果因管理层或治理层阻挠而无法获取充分、适当的审计证据，以评价是否存在或可能存在对财务报表产生重大影响的违反法律法规行为，注册会计师应当按照《中国注册会计师审计准则第 1502 号——在审计报告中发表非无保留意见》的规定，根据审计范围受到限制的程度，发表保留意见或无法表示意见。

第二十八条　如果由于审计范围受到管理层或治理层以外的其他方面的限制而无法确定被审计单位是否存在违反法律法规行为，注册会计师应当按照《中国注册会计师审计准则第 1502 号——在审计报告中发表非无保留意见》的规定，评价这一情况对审计意见的影响。

第二十九条　如果识别出或怀疑存在违反法律法规行为，注册会计师应当确定法律法规或相关职业道德要求是否：

（一）要求注册会计师向被审计单位以外的适当机构作出报告；

（二）规定了相关责任，基于该责任注册会计师向被审计单位以外的适当机构报告在具体情形下可能是适当的。

第四节　审计工作底稿

第三十条　注册会计师应当在审计工作底稿中记录识别出的或怀疑存在的违反法律法规行为，以及：

（一）已实施的审计程序、作出的重大职业判断和形成的结论；

（二）与管理层、治理层和其他人员就违反法律法规行为相关的重大事项所作的讨论，包括管理层和治理层（如适用）如何应对这些事项。

第五章　附　　则

第三十一条　本准则自 2023 年 7 月 1 日起施行。

中国注册会计师审计准则第 1151 号——与治理层的沟通

（2022 年 12 月 22 日修订）

第一章　总　　则

第一条　为了明确注册会计师在财务报表审计中与治理层沟通的责任，制定本准则。

第二条　本准则适用于各种治理结构和规模的被审计单位的财务报表审计，并针对治理层全部成员参与管理的情形以及上市实体提出了特殊考虑。本准则并不规范注册会计师与管理层或所有者的沟通，除非他们同时履行治理职责。

第三条 本准则是针对财务报表审计制定的，但对于其他历史财务信息审计，如果治理层对其他历史财务信息的编制负有监督责任，注册会计师可以根据具体情况遵守本准则的相关规定。

第四条 考虑到有效的双向沟通在财务报表审计中的重要性，本准则为注册会计师与治理层的沟通提供了一个基础框架，并明确了应当与其沟通的一些具体事项。

作为对本准则沟通要求的补充，本准则附录列示的其他审计准则对需要沟通的补充事项作出了规定。此外，《中国注册会计师审计准则第1152号——向治理层和管理层通报内部控制缺陷》针对注册会计师向治理层通报在审计过程中识别出的值得关注的内部控制缺陷，提出了具体要求。

法律法规、业务约定或其他规定可能要求沟通本准则或其他审计准则没有规定的其他事项，本准则并不禁止注册会计师就此与治理层沟通。

第五条 本准则主要规范注册会计师向治理层的沟通。但是，有效的双向沟通十分重要，这有助于：

（一）注册会计师和治理层了解与审计相关事项的背景，并建立建设性的工作关系，在建立这种关系时，注册会计师需要保持独立性和客观性；

（二）注册会计师向治理层获取与审计相关的信息，例如，治理层可以帮助注册会计师了解被审计单位及其环境，确定审计证据的适当来源，以及提供有关具体交易或事项的信息；

（三）治理层履行其对财务报告过程的监督责任，从而降低财务报表重大错报风险。

第六条 注册会计师有责任与治理层沟通本准则要求的事项，管理层也有责任就治理层关心的事项与治理层进行沟通，但注册会计师的沟通并不减轻管理层的这种责任。同样，管理层与治理层就应当由注册会计师沟通的事项进行的沟通，也不减轻注册会计师沟通这些事项的责任。但是，管理层就这些事项进行的沟通可能会影响注册会计师与治理层沟通的形式或时间安排。

第七条 清晰地沟通审计准则要求的特定事项是每项审计业务的必要组成部分。但是，审计准则并不要求注册会计师专门实施程序，以识别与治理层沟通的任何其他事项。

第八条 在某些国家和地区，法律法规可能限制注册会计师就某些事项与治理层沟通。法律法规可能明确禁止那些可能不利于适当机构对发生的或怀疑存在的违法行为进行调查的沟通或其他行动（包括引起被审计单位的警觉），例如，当依据反洗钱法令，注册会计师被要求向适当机构报告识别出的或怀疑存在的违反法律法规行为时。在这些情形下，注册会计师考虑的问题可能是复杂的，并可能认为征询法律意见是适当的。

第二章 定　　义

第九条 治理层，是指对被审计单位战略方向以及管理层履行经营管理责任负有监督责任的人员或组织。治理层的责任包括对财务报告过程的监督。在某些被审计单位，治理层可能包括管理层成员。

第十条 管理层，是指对被审计单位经营活动的执行负有管理责任的人员。在某些被审计单位，管理层包括部分或全部的治理层成员。

第三章 目　　标

第十一条 注册会计师的目标是：

（一）就注册会计师与财务报表审计相关的责任、计划的审计范围和时间安排的总体情况，与治理层进行清晰的沟通；

（二）向治理层获取与审计相关的信息；

（三）及时向治理层通报审计中发现的与治理层对财务报告过程的监督责任相关的重大事项；

（四）推动注册会计师和治理层之间有效的双向沟通。

第四章　要　求

第一节　沟通的对象

第十二条　注册会计师应当确定与被审计单位治理结构中的哪些适当人员进行沟通。

第十三条　如果注册会计师与治理层的下设组织（如审计委员会）或个人沟通，应当确定是否还需要与治理层整体进行沟通。

第十四条　在某些情况下，治理层全部成员参与管理被审计单位，例如，在一家小企业中，仅有的一名业主管理该企业，并且没有其他人负有治理责任。此时，如果就本准则第十七条第（三）项要求沟通的事项已与负有管理责任的人员沟通，且这些人员同时负有治理责任，注册会计师无需就这些事项再次与负有治理责任的相同人员沟通。然而，注册会计师应当确信与负有管理责任人员的沟通能够向所有负有治理责任的人员充分传递应予沟通的内容。

第二节　沟通的事项

第十五条　注册会计师应当与治理层沟通注册会计师与财务报表审计相关的责任，包括：

（一）注册会计师负责对管理层在治理层监督下编制的财务报表形成和发表意见；

（二）财务报表审计并不减轻管理层或治理层的责任。

第十六条　注册会计师应当与治理层沟通计划的审计范围和时间安排的总体情况，包括识别出的特别风险。

第十七条　注册会计师应当与治理层沟通审计中发现的下列事项：

（一）注册会计师对被审计单位会计实务（包括会计政策、会计估计和财务报表披露）重大方面的质量的看法。在适当的情况下，注册会计师应当向治理层解释为何某项在适用的财务报告编制基础下可以接受的重大会计实务，并不一定最适合被审计单位的具体情况；

（二）审计工作中遇到的重大困难；

（三）已与管理层讨论或需要书面沟通的审计中出现的重大事项，以及注册会计师要求提供的书面声明，除非治理层全部成员参与管理被审计单位；

（四）影响审计报告形式和内容的情形（如有）；

（五）审计中出现的、根据职业判断认为与监督财务报告过程相关的所有其他重大事项。

第十八条　如果被审计单位是上市实体，注册会计师还应当与治理层沟通下列内容：

（一）就审计项目组成员、会计师事务所其他相关人员以及会计师事务所和网络事务所按照相关职业道德要求保持了独立性作出声明；

（二）根据职业判断，注册会计师认为会计师事务所、网络事务所与被审计单位之间存在的可能影响独立性的所有关系和其他事项，包括会计师事务所和网络事务所在财务报表涵盖期间为被审计单位和受被审计单位控制的组成部分提供审计、非审计服务的收费总额。这些收费应当分配到适当的业务类型中，以帮助治理层评估这些服务对注册会计师独立性的影响；

（三）为消除对独立性的不利影响或将其降至可接受的水平，已经采取的相关防范措施。

第三节　沟通的过程

第十九条　注册会计师应当就沟通的形式、时间安排和拟沟通的基本内容与治理层沟通。

第二十条　对于审计中发现的重大问题，如果根据职业判断认为采用口头形式沟通不适当，注册会计师应当以书面形式与治理层沟通。书面沟通不必包括审计过程中的所有事项。

第二十一条　注册会计师应当就本准则第十八条要求的注册会计师的独立性，以书面形式与治理层沟通。

第二十二条　注册会计师应当及时与治理层沟通。

第二十三条　注册会计师应当评价其与治理层之间的双向沟通对实现审计目的是否充分。如果认为双向沟通不充分，注册会计师应当评价其对重大错报风险评估以及获取充分、适当的审计证据的能力的影响，并采取适当措施。

第四节　审计工作底稿

第二十四条　如果本准则要求沟通的事项是以口头形式沟通的，注册会计师应当将其包括在审计工作底稿中，并记录沟通的时间和对象。

如果本准则要求沟通的事项是以书面形式沟通的，注册会计师应当保存一份沟通文件的副本，作为审计工作底稿的一部分。

附录（参见本准则第四条）

会计师事务所质量管理准则和其他审计准则对与治理层沟通的具体要求

《会计师事务所质量管理准则第 5101 号——业务质量管理》和下列审计准则要求注册会计师与治理层沟通特定事项，但其规定并不影响本准则的普遍适用性：

1.《中国注册会计师审计准则第 1141 号——财务报表审计中与舞弊相关的责任》第二十二条，第四十二条第（一）项，第四十四　至第四十六条；

2.《中国注册会计师审计准则第 1142 号——财务报表审计中对法律法规的考虑》第十五条，第二十条，第二十三条至第二十五条；

3.《中国注册会计师审计准则第 1152 号——向治理层和管理层通报内部控制缺陷》第十条；

4.《中国注册会计师审计准则第 1251 号——评价审计过程中识别出的错报》第十三条和第十四条；

5.《中国注册会计师审计准则第 1312 号——函证》第十六条；

6.《中国注册会计师审计准则第 1321 号——会计估计和相关披露的审计》第三十四条；

7.《中国注册会计师审计准则第 1323 号——关联方》第二十八条；

8.《中国注册会计师审计准则第 1324 号——持续经营》第二十四条；

9.《中国注册会计师审计准则第 1331 号——首次审计业务涉及的期初余额》第九条；

10.《中国注册会计师审计准则第 1332 号——期后事项》第十条　第二款第（二）项和第（三）项，第十三条第二款第（一）项，第十六条第（二）项，第十七条第二款第（一）项，第二十条；

11.《中国注册会计师审计准则第 1401 号——对集团财务报表审计的特殊考虑》第六十二条；

12.《中国注册会计师审计准则第 1502 号——在审计报告中发表非无保留意见》第十三条、第十五条、第二十条和第三十一条；

13.《中国注册会计师审计准则第 1503 号——在审计报告中增加强调事项段和其他事项段》第十三条；

14.《中国注册会计师审计准则第 1504 号——在审计报告中沟通关键审计事项》第十七条；

15.《中国注册会计师审计准则第 1511 号——比较信息：对应数据和比较财务报表》第二十一条；

16.《中国注册会计师审计准则第 1521 号——注册会计师对其他信息的责任》第十八条至第二十条；

17.《会计师事务所质量管理准则第 5101 号——业务质量管理》第七十八条。

中国注册会计师审计准则第 1152 号——向治理层和管理层通报内部控制缺陷

（2022 年 12 月 22 日修订）

第一章　总　　则

第一条　为了规范注册会计师向治理层和管理层恰当通报在财务报表审计中识别出的内部控制缺陷，制定本准则。

第二条　《中国注册会计师审计准则第 1211 号——重大错报风险的识别和评估》和《中国注册会计师审计准则第 1231 号——针对评估的重大错报风险采取的应对措施》规范了注册会计师了解内部控制体系以及设计和实施控制测试的责任，本准则不对注册会计师在这方面的责任提出额外要求。

《中国注册会计师审计准则第 1151 号——与治理层的沟通》进一步规范了注册会计师与治理层沟通审计相关事项的责任。

第三条　在识别和评估重大错报风险时，审计准则要求注册会计师了解被审计单位的内部控制体系。在进行风险评估时，注册会计师了解被审计单位内部控制体系的目的是设计适合具体情况的审计程序，而不是对内部控制的有效性发表意见。

无论在风险评估过程中，还是在审计工作的其他阶段，注册会计师都有可能识别出内部控制缺陷。本准则具体规定了注册会计师应当向治理层和管理层通报哪些识别出的内部控制缺陷。

第四条　本准则并不禁止注册会计师向治理层和管理层通报在审计过程中识别出的其他内部控制事项。

第二章 定 义

第五条 内部控制缺陷,是指在下列任一情况下内部控制存在的缺陷:

(一)某项控制的设计、执行或运行不能及时防止或发现并纠正财务报表错报;

(二)缺少用以及时防止或发现并纠正财务报表错报的必要控制。

第六条 值得关注的内部控制缺陷,是指注册会计师根据职业判断,认为足够重要从而值得治理层关注的内部控制的一个缺陷或多个缺陷的组合。

第三章 目 标

第七条 注册会计师的目标是,向治理层和管理层恰当通报注册会计师在审计过程中识别出的,根据职业判断认为足够重要从而值得治理层和管理层各自关注的内部控制缺陷。

第四章 要 求

第八条 注册会计师应当根据已执行的审计工作,确定是否识别出内部控制缺陷。

第九条 如果识别出内部控制缺陷,注册会计师应当根据已执行的审计工作,确定该缺陷单独或连同其他缺陷是否构成值得关注的内部控制缺陷。

第十条 注册会计师应当以书面形式及时向治理层通报审计过程中识别出的值得关注的内部控制缺陷。

第十一条 注册会计师还应当及时向相应层级的管理层通报下列内部控制缺陷:

(一)已向或拟向治理层通报的值得关注的内部控制缺陷,除非在具体情况下不适合直接向管理层通报;

(二)在审计过程中识别出的、其他方尚未向管理层通报而注册会计师根据职业判断认为足够重要从而值得管理层关注的内部控制其他缺陷。

本条第一款第(一)项所述事项应当采取书面方式通报。

第十二条 值得关注的内部控制缺陷的书面沟通文件应当包括以下内容:

(一)对缺陷的描述以及对其潜在影响的解释;

(二)使治理层和管理层能够了解沟通背景的充分信息。在向治理层和管理层提供信息时,注册会计师应当特别说明下列事项:

(一)注册会计师执行审计工作的目的是对财务报表发表审计意见;

(二)审计工作包括考虑与财务报表编制相关的内部控制,其目的是设计适合具体情况的审计程序,并非对内部控制的有效性发表意见(如果结合财务报表审计对内部控制的有效性发表意见,应当删除"并非对内部控制的有效性发表意见"的措辞);

(三)报告的事项仅限于注册会计师在审计过程中识别出的、认为足够重要从而值得向治理层报告的缺陷。

第五章 附 则

第十三条 本准则自 2023 年 7 月 1 日起施行。

中国注册会计师审计准则第 1153 号——前任注册会计师和后任注册会计师的沟通

（2010 年 11 月 1 日修订）

第一章　总　　则

第一条　为了规范前任注册会计师和后任注册会计师在财务报表审计中的沟通责任，制定本准则。

第二条　前任注册会计师和后任注册会计师的沟通通常由后任注册会计师主动发起，但需征得被审计单位的同意。

第三条　前任注册会计师和后任注册会计师的沟通可以采用书面或口头的方式。

第二章　定　　义

第四条　前任注册会计师，是指已对被审计单位上期财务报表进行审计，但被现任注册会计师接替的其他会计师事务所的注册会计师。

接受委托但未完成审计工作，已经或可能与委托人解除业务约定的注册会计师，也视为前任注册会计师。

第五条　后任注册会计师，是指正在考虑接受委托或已经接受委托，接替前任注册会计师对被审计单位本期财务报表进行审计的注册会计师。

如果被审计单位委托注册会计师对已审计财务报表进行重新审计，正在考虑接受委托或已经接受委托的注册会计师也视为后任注册会计师。

第三章　目　　标

第六条　注册会计师的目标是：

（一）在接受委托前，后任注册会计师与前任注册会计师就影响业务承接决策的事项进行必要沟通，以确定是否接受委托；

（二）在接受委托后，后任注册会计师在必要时与前任注册会计师就对审计有重大影响的事项进行沟通，以获取必要的审计证据；

（三）前任注册会计师在征得被审计单位书面同意后，对后任注册会计师提出的沟通要求予以必要的配合。

第四章　要　　求

第一节　接受委托前的沟通

第七条　在接受委托前，后任注册会计师应当与前任注册会计师进行必要沟通，并对沟通结果进行评价，以确定是否接受委托。

第八条　后任注册会计师应当提请被审计单位以书面方式同意前任注册会计师对其询问作出充分答复。

如果被审计单位不同意前任注册会计师作出答复，或限制答复的范围，后任注册会计师应当向被审计单位询问原因，并考虑是否接受委托。

第九条 后任注册会计师向前任注册会计师询问的内容应当合理、具体，至少包括：

（一）是否发现被审计单位管理层存在正直和诚信方面的问题；

（二）前任注册会计师与管理层在重大会计、审计等问题上存在的意见分歧；

（三）前任注册会计师向被审计单位治理层通报的管理层舞弊、违反法律法规行为以及值得关注的内部控制缺陷；

（四）前任注册会计师认为导致被审计单位变更会计师事务所的原因。

第十条 在征得被审计单位书面同意后，前任注册会计师应当根据所了解的事实，对后任注册会计师的合理询问及时作出充分答复。

如果受到被审计单位的限制或存在法律诉讼的顾虑，决定不向后任注册会计师作出充分答复，前任注册会计师应当向后任注册会计师表明其答复是有限的，并说明原因。

如果得到的答复是有限的，或未得到答复，后任注册会计师应当考虑是否接受委托。

第二节　接受委托后的沟通

第十一条 接受委托后，如果需要查阅前任注册会计师的审计工作底稿，后任注册会计师应当征得被审计单位同意，并与前任注册会计师进行沟通。

第十二条 在征得被审计单位同意后，前任注册会计师应当根据情况确定是否允许后任注册会计师查阅相关审计工作底稿以及查阅的内容。

第十三条 在允许查阅审计工作底稿之前，前任注册会计师应当向后任注册会计师获取确认函，就审计工作底稿的使用目的、范围和责任等与后任注册会计师达成一致意见。

第十四条 查阅前任注册会计师审计工作底稿获取的信息可能影响后任注册会计师实施审计程序的性质、时间安排和范围，但后任注册会计师应当对自身实施的审计程序和得出的审计结论负责。

后任注册会计师不应在审计报告中表明，其审计意见全部或部分地依赖前任注册会计师的审计报告或工作。

第三节　发现前任注册会计师审计的财务报表可能存在重大错报时的处理

第十五条 如果发现前任注册会计师审计的财务报表可能存在重大错报，后任注册会计师应当提请被审计单位告知前任注册会计师。必要时，后任注册会计师应当要求被审计单位安排三方会谈，以便采取措施进行妥善处理。

第十六条 如果被审计单位拒绝告知前任注册会计师，或前任注册会计师拒绝参加三方会谈，或后任注册会计师对解决问题的方案不满意，后任注册会计师应当考虑对审计意见的影响或解除业务约定。

第四节　保密义务

第十七条 前任注册会计师和后任注册会计师应当对沟通过程中获知的信息保密。即使未接受委托，后任注册会计师仍应履行保密义务。

第五节　审计工作底稿

第十八条 后任注册会计师应当将沟通的情况记录于审计工作底稿。

第五章　附　　则

第十九条 本准则自 2012 年 1 月 1 日起施行。

中国注册会计师审计准则第 1201 号——计划审计工作

（2022 年 12 月 22 日修订）

第一章　总　　则

第一条　为了规范注册会计师计划财务报表审计工作，制定本准则。

第二条　本准则基于连续审计业务作出规定，同时也对首次审计业务作出补充规定。

第三条　计划审计工作包括针对审计业务制定总体审计策略和具体审计计划。

按照《中国注册会计师审计准则第 1121 号——对财务报表审计实施的质量管理》的规定在项目层面实施质量管理，并按照本准则的规定充分地计划审计工作，有利于注册会计师执行财务报表审计工作，具体包括：

（一）有助于注册会计师适当关注重要的审计领域；

（二）有助于注册会计师及时发现和解决潜在的问题；

（三）有助于注册会计师恰当地组织和管理审计业务，以有效的方式执行审计业务；

（四）有助于选择具备必要的专业素质和胜任能力的项目组成员应对预期的风险，并有助于向项目组成员分派适当的工作；

（五）有助于指导和监督项目组成员并复核其工作；

（六）在适用的情况下，有助于协调组成部分注册会计师和专家的工作。

第二章　目　　标

第四条　注册会计师的目标是，计划审计工作，以使审计工作以有效的方式得到执行。

第三章　要　　求

第一节　项目组关键成员的参与

第五条　项目合伙人和项目组其他关键成员应当参与计划审计工作，包括参与项目组成员的讨论。

第二节　初步业务活动

第六条　注册会计师应当在本期审计业务开始时开展下列初步业务活动：

（一）按照《中国注册会计师审计准则第 1121 号——对财务报表审计实施的质量管理》的规定，针对客户关系和审计业务的接受与保持，实施相应的程序；

（二）按照《中国注册会计师审计准则第 1121 号——对财务报表审计实施的质量管理》的规定，评价遵守相关职业道德要求（包括独立性要求）的情况；

（三）按照《中国注册会计师审计准则第 1111 号——就审计业务约定条款达成一致意见》的规定，就审计业务约定条款与被审计单位达成一致意见。

第三节 计划活动

第七条 注册会计师应当制定总体审计策略，以确定审计工作的范围、时间安排和方向，并指导具体审计计划的制定。

第八条 在制定总体审计策略时，注册会计师应当考虑按照《中国注册会计师审计准则第1121号——对财务报表审计实施的质量管理》的要求获取的信息，并采取下列措施：

（一）确定审计业务的特征，以界定审计范围；

（二）明确审计业务的报告目标，以计划审计的时间安排和所需沟通的性质；

（三）根据职业判断，考虑用以指导项目组工作方向的重要因素；

（四）考虑初步业务活动的结果，并考虑项目合伙人对被审计单位执行其他业务时获得的经验是否与审计业务相关（如适用）；

（五）确定执行业务所需资源的性质、时间安排和范围。 第九条 注册会计师应当制定具体审计计划。 具体审计计划应当包括下列内容：

（一）计划对项目组成员实施指导、监督并复核其工作的性质、时间安排和范围；

（二）按照《中国注册会计师审计准则第1211号——重大错报风险的识别和评估》的规定，计划实施的风险评估程序的性质、时间安排和范围；

（三）按照《中国注册会计师审计准则第1231号——针对评估的重大错报风险采取的应对措施》的规定，在认定层次计划实施的进一步审计程序的性质、时间安排和范围；

（四）根据审计准则的规定，计划应当实施的其他审计程序。

第十条 在审计过程中，注册会计师应当在必要时对总体审计策略和具体审计计划作出更新和修改。

第四节 审计工作底稿

第十一条 注册会计师应当就下列事项形成审计工作底稿：

（一）总体审计策略；

（二）具体审计计划；

（三）在审计过程中对总体审计策略或具体审计计划作出的任何重大修改及其理由，包括对项目组成员实施指导、监督和复核的计划作出的重大修改及其理由。

第五节 首次审计业务的补充考虑

第十二条 在首次审计业务开始前，注册会计师应当开展下列活动：

（一）按照《中国注册会计师审计准则第1121号——对财务报表审计实施的质量管理》的规定，针对接受客户关系和审计业务，实施相应的程序；

（二）如果被审计单位变更了会计师事务所，按照相关审计准则和职业道德要求的规定，与前任注册会计师进行沟通。

第四章 附 则

第十三条 本准则自2023年7月1日起施行。

中国注册会计师审计准则第 1211 号——重大错报风险的识别和评估

（2022 年 12 月 22 日修订）

第一章 总 则

第一条 为了规范注册会计师识别和评估财务报表重大错报风险，制定本准则。

第二条 重大错报风险可能是错误导致的，也可能是舞弊导致的。除本准则外，《中国注册会计师审计准则第 1141 号——财务报表审计中与舞弊相关的责任》针对舞弊导致的重大错报风险的识别、评估和应对作了进一步规定。

第三条 本准则适用于注册会计师对不同规模或复杂程度的被审计单位执行的财务报表审计业务。

第二章 定 义

第四条 控制，是指被审计单位为实现控制目标所制定的政策和程序。其中：

（一）政策，是指被审计单位为了实施控制而作出的应当或不应当采取某种措施的规定；

（二）程序，是指为执行政策而采取的行动。

第五条 内部控制体系，是指由治理层、管理层和其他人员设计、执行和维护的体系，以合理保证被审计单位能够实现财务报告的可靠性，提高经营效率和效果，以及遵守适用的法律法规等目标。在本准则的框架下，内部控制体系包含五个相互关联的要素：

（一）内部环境（控制环境）；

（二）风险评估；

（三）内部监督；

（四）信息与沟通（信息系统与沟通）；

（五）控制活动。

第六条 认定，是指管理层针对财务报表要素的确认、计量和列报（包括披露）作出的一系列明确或暗含的意思表达。

注册会计师在识别、评估和应对重大错报风险的过程中，将管理层的认定用于考虑可能发生的不同类型的错报。

第七条 相关认定，是指注册会计师识别出重大错报风险的交易类别、账户余额和披露的认定。当注册会计师针对交易类别、账户余额和披露的某项认定识别出重大错报风险时，该项认定即为相关认定。注册会计师确定某项认定是否属于相关认定，应当依据其固有风险，而不考虑相关控制的影响。

第八条 相关交易类别、账户余额和披露，是指存在相关认定的交易类别、账户余额和披露。

第九条 风险评估程序，是指注册会计师为识别、评估财务报表层次和认定层次的重大错报风险，而设计和实施的审计程序。

第十条 固有风险因素，是指在不考虑控制的情况下，导致交易类别、账户余额和披露的某一认定易于发生错报（无论该错报是舞弊还是错误导致，下同）的因素。固有风险因素可以是定性的，也可以是定量的。固有风险因素包括事项或情况的复杂性、主观性、变化、不确定性，以及管理层偏向和其他舞弊风险因素。

第十一条 经营风险，是指影响被审计单位实现经营目标的不确定性。这种不确定性可能源于下列两个方面：

（一）被审计单位制定了不恰当的目标和战略；

（二）某些重要事项或情况（包括作为或不作为）对被审计单位实现目标和实施战略的能力产生了不利影响。

第十二条 特别风险，是指注册会计师识别出的符合下列特征之一的重大错报风险：

（一）根据固有风险因素对错报发生的可能性和错报的严重程度的影响，注册会计师将固有风险评估为达到或接近固有风险等级的最高级；

（二）根据其他审计准则的规定，注册会计师应当将其作为特别风险。

第十三条 信息处理控制，是指与被审计单位信息系统中下列两方面相关的控制：

（一）信息技术应用程序进行的信息处理；

（二）人工进行的信息处理。这些控制直接应对信息（如交易信息等）完整性、准确性和有效性方面的风险。

第十四条 信息技术一般控制，是指为支持被审计单位信息技术环境持续正常运行而实施的控制，包括为支持信息处理控制持续有效运行，以及确保信息系统中信息的完整性、准确性和有效性而实施的控制。

第十五条 信息技术环境，是指被审计单位用于支持其经营战略和经营活动的信息技术应用程序、支持性信息技术基础设施、信息技术流程以及流程中的相关参与人员。

（一）信息技术应用程序，是指用于生成、处理、记录和报告交易或其他方面信息的程序，包括数据仓库和报告生成工具；

（二）信息技术基础设施，包括网络、操作系统、数据库及相关的硬件和软件；

（三）信息技术流程，是指被审计单位用于管理信息技术环境访问权限、程序更改、信息技术环境变化以及信息技术运行的流程。

第十六条 运用信息技术导致的风险，是指由于被审计单位信息技术一般控制的设计无效或运行无效而导致的下列风险：

（一）信息处理控制的设计无效或运行无效；

（二）信息系统中的信息（如交易信息等）在完整性、准确性和有效性方面存在风险。

第三章　目　标

第十七条 注册会计师的目标是，识别、评估财务报表层次和认定层次重大错报风险，从而为设计和实施应对措施提供依据。

第四章　要　求

第一节　风险评估程序和相关活动

第十八条 注册会计师应当设计和实施风险评估程序，以获取审计证据，为下列方面提供依据：

（一）识别、评估财务报表层次和认定层次重大错报风险，无论该错报是舞弊导致的，还是错误导致的；

（二）按照《中国注册会计师审计准则第 1231 号——针对评估的重大错报风险采取的应对措施》的规定，设计进一步审计程序。

注册会计师在设计和实施风险评估程序时，不应当偏向于获取佐证性的审计证据，也不应当排斥相矛盾的审计证据。

第十九条　风险评估程序应当包括下列程序：

（一）询问管理层和被审计单位内部其他合适人员，包括内部审计人员；

（二）分析程序；

（三）观察和检查。

第二十条　在根据本准则第十八条的规定获取审计证据时，注册会计师应当考虑从下列方面获取的信息：

（一）客户关系和审计业务的接受与保持；

（二）项目合伙人为被审计单位执行的其他业务。

第二十一条　注册会计师如果利用以前服务被审计单位的经验，或者利用以前审计时实施审计程序获取的信息，应当评价将这些经验和信息作为审计证据是否仍然相关和可靠。

第二十二条　项目合伙人和项目组其他关键成员应当讨论被审计单位财务报表易于发生重大错报的可能性，并讨论如何根据被审计单位的具体情况运用适用的财务报告编制基础的规定。

第二十三条　对于未参与项目组讨论的项目组成员，项目合伙人应当确定向该成员通报的内容。

第二节　了解被审计单位及其环境、适用的财务报告编制基础

第二十四条　注册会计师应当实施风险评估程序，以了解下列方面：

（一）被审计单位及其环境，包括：

1. 组织结构、所有权和治理结构、业务模式（包括该业务模式利用信息技术的程度）；

2. 行业形势、法律环境、监管环境和其他外部因素；

3. 财务业绩的衡量标准，包括内部和外部使用的衡量标准。

（二）适用的财务报告编制基础、会计政策以及变更会计政策的原因。

（三）基于对上述第（一）项和第（二）项的了解，被审计单位在按照适用的财务报告编制基础编制财务报表时，固有风险因素怎样影响各项认定易于发生错报的可能性以及影响的程度。

第二十五条　注册会计师应当评价被审计单位的会计政策是否适当、是否符合适用的财务报告编制基础的规定。

第三节　了解被审计单位内部控制体系各要素

第二十六条　注册会计师为了解与财务报表编制相关的内部环境，应当实施以下风险评估程序：

（一）了解涉及下列方面的控制、流程和组织结构：

1. 管理层如何履行其管理职责，例如，被审计单位的组织文化，管理层是否重视诚信、道德和价值观；

2. 在治理层与管理层分离的体制下，治理层的独立性以及治理层监督内部控制体系的情况；

3. 被审计单位内部权限和职责的分配情况；

4. 被审计单位如何吸引、培养和留住具有胜任能力的人员；

5. 被审计单位如何使其人员致力于实现内部控制体系的目标。

（二）评价下列方面的情况：

1. 在治理层的监督下，管理层是否营造并保持了诚实守信和合乎道德的文化；

2. 根据被审计单位的性质和复杂程度，内部环境是否为内部控制体系的其他要素奠定了适当的基础；

3. 识别出的内部环境方面的控制缺陷是否会削弱被审计单位内部控制体系的其他要素。

第二十七条 注册会计师为了解被审计单位与财务报表编制相关的风险评估工作，应当实施以下风险评估程序：

（一）了解被审计单位的下列工作：

1. 识别与财务报告目标相关的经营风险；

2. 评估上述风险的重要程度和发生的可能性；

3. 应对上述风险。

（二）根据被审计单位的性质和复杂程度，评价其风险评估工作是否适合其具体情况。

第二十八条 如果注册会计师识别出重大错报风险，而管理层未能识别出这些风险，注册会计师应当：

（一）判断这些风险是否是被审计单位风险评估工作应当识别出的风险。如果注册会计师认为，这些风险是被审计单位风险评估工作应当识别出的风险，则应当了解被审计单位风险评估工作未能识别出这些风险的原因。

（二）考虑对本准则第二十七条第（二）项所规定的注册会计师"评价其风险评估工作是否适合其具体情况"的影响。

第二十九条 注册会计师为了解被审计单位对与财务报表编制相关的内部控制体系的监督工作，应当实施以下风险评估程序：

（一）了解被审计单位实施的持续性评价和单独评价，以及识别出控制缺陷的情况和整改的情况；

（二）了解被审计单位的内部审计，包括内部审计的性质、职责和活动；

（三）了解被审计单位在监督内部控制体系的过程中所使用信息的来源，以及管理层认为这些信息足以信赖的依据；

（四）根据被审计单位的性质和复杂程度，评价被审计单位对内部控制体系的监督是否适合其具体情况。

第三十条 注册会计师为了解被审计单位与财务报表编制相关的信息与沟通，应当实施以下风险评估程序：

（一）了解被审计单位的信息处理活动（包括数据和信息），在这些活动中使用的资源，针对相关交易类别、账户余额和披露的信息处理活动的政策。具体包括：

1. 信息在被审计单位信息系统中的传递情况，包括交易如何生成，与交易相关的信息如何进行记录、处理、更正、结转至总账、在财务报表中报告，以及其他方面的相关信息如何获取、处理、在财务报表中披露；

2. 与信息传递相关的会计记录、财务报表特定项目以及其他支持性记录；

3. 被审计单位的财务报告过程；

4. 与上述第 1 点至第 3 点相关的被审计单位资源，包括信息技术环境。

（二）了解被审计单位如何沟通与财务报表编制相关的重大事项，以及信息系统和内部控制体系其他要素中的相关报告责任。具体包括：

1. 被审计单位内部人员之间的沟通，包括就与财务报告相关的岗位职责和相关人员的角色进行的沟通；

2. 管理层与治理层之间的沟通；

3. 被审计单位与监管机构等外部各方的沟通。

（三）评价被审计单位的信息与沟通是否能够为被审计单位按照适用的财务报告编制基础编制财务报表提供适当的支持。

第三十一条　注册会计师为了解控制活动，应当实施以下风险评估程序：

（一）识别用于应对认定层次重大错报风险的控制，包括：

1. 应对特别风险的控制；

2. 与会计分录相关的控制，这些会计分录包括用以记录非经常性的、异常的交易，以及用于调整的非标准会计分录；

3. 注册会计师拟测试运行有效性的控制，包括用于应对仅实施实质性程序不能提供充分、适当审计证据的风险的控制；

4. 注册会计师根据职业判断认为适当的、能够有助于其实现本准则第十八条中与认定层次重大错报风险有关目标的其他控制。

（二）基于上述第（一）项中识别的控制，识别哪些信息技术应用程序及信息技术环境的其他方面，可能面临运用信息技术导致的风险。

（三）针对上述第（二）项中识别的信息技术应用程序及信息技术环境的其他方面，进一步识别：

1. 运用信息技术导致的相关风险；

2. 被审计单位用于应对这些风险的信息技术一般控制。

（四）针对上述第（一）项以及第（三）项第2点识别出的每项控制：

1. 评价控制的设计是否有效，即这些控制能否应对认定层次重大错报风险或为其他控制的运行提供支持；

2. 询问被审计单位内部人员，并实施其他风险评估程序，以确定控制是否得到执行。

第三十二条　注册会计师应当根据对被审计单位内部控制体系各要素的评价，确定是否识别出控制缺陷。

第四节　识别和评估重大错报风险

第三十三条　注册会计师应当识别重大错报风险，并确定其存在于财务报表层次，还是各类交易、账户余额和披露的认定层次。

第三十四条　注册会计师应当确定相关认定，以及相关交易类别、账户余额和披露。

第三十五条　对于识别出的财务报表层次重大错报风险，注册会计师应当从下列两方面对其进行评估：

（一）评价这些风险对财务报表整体产生的影响；

（二）确定这些风险是否影响对认定层次风险的评估结果。

第三十六条　对于识别出的认定层次重大错报风险，注册会计师应当分别评估固有风险和控制风险。

第三十七条　对于识别出的认定层次重大错报风险，注册会计师应当通过评估错报发生的可能性和严重程度来评估固有风险。在评估时，注册会计师应当考虑：

（一）固有风险因素如何以及在何种程度上影响相关认定易于发生错报的可能性；

（二）财务报表层次重大错报风险如何以及在何种程度上影响认定层次重大错报风险中固有风险的评估。

第三十八条　注册会计师应当确定评估的重大错报风险是否为特别风险。

第三十九条　针对某些认定层次重大错报风险，仅实施实质性程序无法为其提供充分、适当的审计证据，注册会计师应当确定评估出的重大错报风险是否属于该类风险。

第四十条　注册会计师拟测试控制运行有效性时，应当评估控制风险；注册会计师不拟测试控制运行有效性时，应当将固有风险的评估结果作为重大错报风险的评估结果。

第四十一条 对于实施风险评估程序获取的审计证据，能否为识别和评估重大错报风险提供适当依据，注册会计师应当作出评价；如果不能提供适当依据，注册会计师应当实施追加的风险评估程序，直至获取的审计证据能够提供这样的依据。在识别和评估重大错报风险时，注册会计师应当考虑通过实施风险评估程序获取的所有审计证据，无论这些证据是佐证性的还是相矛盾的。

第四十二条 如果能够合理预期，某类交易、账户余额和披露中信息的遗漏、错误陈述或含糊表达，可能影响财务报表使用者依据财务报表整体作出的经济决策，则通常认为该类交易、账户余额和披露是重大的。如果重大的交易类别、账户余额和披露未被确定为相关交易类别、账户余额和披露，即注册会计师认为，这些重大的交易类别、账户余额和披露不存在相关认定，则应当评价这样做是否适当。

第四十三条 如果注册会计师新获取的信息与之前识别或评估重大错报风险时所依据的审计证据不一致，注册会计师应当修正之前对重大错报风险的识别或评估结果。

第五节　审计工作底稿

第四十四条 注册会计师应当遵守《中国注册会计师审计准则第 1131 号——审计工作底稿》的规定，并就下列事项形成审计工作底稿：

（一）项目组内部进行的讨论以及得出的重要结论；

（二）注册会计师根据本准则第二十四条、第二十六条、第二十七条、第二十九条和第三十条的规定了解到的要点和信息来源，以及实施的风险评估程序；

（三）根据本准则第三十一条的规定，对所识别的控制的设计进行的评价，以及如何确定这些控制是否得到执行；

（四）识别、评估的财务报表层次和认定层次重大错报风险，包括特别风险和仅实施实质性程序不能提供充分、适当的审计证据的风险，以及作出有关重大判断的理由。

第五章　附　　则

第四十五条 本准则自 2023 年 7 月 1 日起施行。

中国注册会计师审计准则第 1221 号——计划和执行审计工作时的重要性

（2019 年 2 月 20 日修订）

第一章　总　　则

第一条 为了规范注册会计师在计划和执行财务报表审计工作时运用重要性概念，制定本准则。

第二条 《中国注册会计师审计准则第 1251 号——评价审计过程中识别出的错报》规范注册会计师在评价识别出的错报对审计的影响以及未更正错报对财务报表的影响时，如何运用重要性概念。

第三条 财务报告编制基础通常从编制和列报财务报表的角度阐释重要性概念。财务报告编制基础可能以不同的术语解释重要性，但通常而言，重要性概念可从下列方面进行理解：

（一）如果合理预期错报（包括漏报）单独或汇总起来可能影响财务报表使用者依据财务报表作出的经济决策，则通常认为错报是重大的；

（二）对重要性的判断是根据具体环境作出的，并受错报的金额或性质的影响，或受两者共同作用的影响；

（三）判断某事项对财务报表使用者是否重大，是在考虑财务报表使用者整体共同的财务信息需求的基础上作出的。由于不同财务报表使用者对财务信息的需求可能差异很大，因此不考虑错报对个别财务报表使用者可能产生的影响。

第四条　适用的财务报告编制基础对重要性概念的规定，为注册会计师在审计工作中确定重要性提供了参考依据。如果适用的财务报告编制基础未对重要性概念作出规定，本准则第三条为注册会计师确定重要性提供了参考依据。

第五条　注册会计师对重要性的确定属于职业判断，受注册会计师对财务报表使用者对财务信息需求的认识的影响。就审计而言，注册会计师针对财务报表使用者作出下列假定是合理的：

（一）拥有经营、经济活动和会计方面的适当知识，并有意愿认真研究财务报表中的信息；

（二）理解财务报表是在运用重要性水平基础上编制、列报和审计的；

（三）认可建立在对估计和判断的应用以及对未来事项的考虑的基础上的会计计量具有固有的不确定性；

（四）依据财务报表中的信息作出合理的经济决策。

第六条　在计划和执行审计工作，评价识别出的错报对审计的影响，以及未更正错报对财务报表和审计意见的影响时，注册会计师需要运用重要性概念。

第七条　在计划审计工作时，注册会计师需要判断何种情形构成重大错报。

作出的判断为下列方面提供基础：

（一）确定风险评估程序的性质、时间安排和范围；

（二）识别和评估重大错报风险；

（三）确定进一步审计程序的性质、时间安排和范围。

在计划审计工作时确定的重要性（即确定的某一金额），并不必然表明单独或汇总起来低于该金额的未更正错报一定被评价为不重大。即使某些错报低于重要性，与这些错报相关的具体情形可能使注册会计师将其评价为重大。

设计审计程序以发现所有仅因其性质而可能被评价为重大的错报并不可行。然而，考虑披露中潜在错报的性质与设计应对重大错报风险的审计程序相关。此外，注册会计师在评价未更正错报对财务报表的影响时，不仅要考虑未更正错报金额的大小，还要考虑未更正错报的性质以及该错报发生的特定环境。

第二章　定　义

第八条　实际执行的重要性，是指注册会计师确定的低于财务报表整体的重要性的一个或多个金额，旨在将未更正和未发现错报的汇总数超过财务报表整体的重要性的可能性降至适当的低水平。如果适用，实际执行的重要性还指注册会计师确定的低于特定类别的交易、账户余额或披露的重要性水平的一个或多个金额。

第三章　目　标

第九条　注册会计师的目标是，在计划和执行审计工作时恰当地运用重要性概念。

第四章 要 求

第一节 计划审计工作时确定重要性和实际执行的重要性

第十条 在制定总体审计策略时，注册会计师应当确定财务报表整体的重要性。根据被审计单位的特定情况，如果存在一个或多个特定类别的交易、账户余额或披露，其发生的错报金额虽然低于财务报表整体的重要性，但合理预期可能影响财务报表使用者依据财务报表作出的经济决策，注册会计师还应当确定适用于这些交易、账户余额或披露的一个或多个重要性水平。

第十一条 注册会计师应当确定实际执行的重要性，以评估重大错报风险并确定进一步审计程序的性质、时间安排和范围。

第二节 审计过程中修改重要性

第十二条 如果在审计过程中获知了某项信息，而该信息可能导致注册会计师确定与原来不同的财务报表整体重要性或者特定类别的交易、账户余额或披露的一个或多个重要性水平（如适用），注册会计师应当予以修改。

第十三条 如果认为运用低于最初确定的财务报表整体的重要性和特定类别的交易、账户余额或披露的一个或多个重要性水平（如适用）是适当的，注册会计师应当确定是否有必要修改实际执行的重要性，并确定进一步审计程序的性质、时间安排和范围是否仍然适当。

第三节 审计工作底稿

第十四条 注册会计师应当在审计工作底稿中记录下列金额以及在确定这些金额时考虑的因素：

（一）财务报表整体的重要性；

（二）特定类别的交易、账户余额或披露的一个或多个重要性水平（如适用）；

（三）实际执行的重要性；

（四）随着审计过程的推进，对本条第（一）项至第（三）项内容作出的任何修改。

第五章 附 则

第十五条 本准则自 2019 年 7 月 1 日起施行。

中国注册会计师审计准则第 1231 号——针对评估的重大错报风险采取的应对措施

（2022 年 12 月 22 日修订）

第一章 总 则

第一条 为了规范注册会计师针对评估的重大错报风险设计和实施应对措施，制定本准则。

第二章　定　义

第二条　实质性程序，是指用于发现认定层次重大错报的审计程序。实质性程序包括下列两类程序：

（一）对各类交易、账户余额和披露的细节测试；

（二）实质性分析程序。

第三条　控制测试，是指用于评价内部控制在防止或发现并纠正认定层次重大错报方面的运行有效性的审计程序。

第三章　目　标

第四条　注册会计师的目标是，针对评估的重大错报风险，通过设计和实施恰当的应对措施，获取充分、适当的审计证据。

第四章　要　求

第一节　总体应对措施

第五条　注册会计师应当针对评估的财务报表层次重大错报风险，设计和实施总体应对措施。

第二节　进一步审计程序

第六条　注册会计师应当针对评估的认定层次重大错报风险，设计和实施进一步审计程序，包括审计程序的性质、时间安排和范围。

第七条　在设计拟实施的进一步审计程序时，注册会计师应当：

（一）针对每项相关交易类别、账户余额和披露，考虑评估出认定层次重大错报风险的依据；

（二）评估的风险越高，需要获取越有说服力的审计证据。

上述第（一）项中所述的依据包括：

（一）因相关交易类别、账户余额和披露的具体特征而导致的发生错报的可能性和严重程度（即固有风险）；

（二）风险评估是否考虑了应对重大错报风险的控制（即控制风险），从而要求注册会计师获取审计证据以确定控制是否有效运行（即注册会计师在确定实质性程序的性质、时间安排和范围时拟测试控制运行的有效性）。

第三节　控制测试

第八条　当存在下列情形之一时，注册会计师应当设计和实施控制测试，针对控制运行的有效性，获取充分、适当的审计证据：

（一）在评估认定层次重大错报风险时，预期控制的运行是有效的（即在确定实质性程序的性质、时间安排和范围时，注册会计师拟测试控制运行的有效性）；

（二）仅实施实质性程序并不能够提供认定层次充分、适当的审计证据。

第九条　在设计和实施控制测试时，对控制有效性的信赖程度越高，注册会计师应当获取越有说服力的审计证据。

第十条　在设计和实施控制测试时，注册会计师应当：

（一）将询问与其他审计程序结合使用，以获取有关控制运行有效性的审计证据；

（二）确定拟测试的控制是否依赖其他控制（间接控制）。如果依赖其他控制，确定是否有必要获取支持这些间接控制有效运行的审计证据。

注册会计师获取的有关控制运行有效性的审计证据应当包括：

（一）控制在所审计期间的相关时点是如何运行的；

（二）控制是否得到一贯执行；

（三）控制由谁或以何种方式执行。

第十一条 注册会计师应当按照本准则第十二条和第十五条的规定，测试其拟信赖的特定时点或整个期间的控制，为预期信赖程度提供恰当的依据。

第十二条 如果已获取有关控制在期中运行有效性的审计证据，注册会计师应当：

（一）获取这些控制在剩余期间发生重大变化的审计证据；

（二）确定针对剩余期间还需获取的补充审计证据。

第十三条 在确定利用以前审计获取的有关控制运行有效性的审计证据是否适当，以及再次测试控制的时间间隔时，注册会计师应当考虑下列因素：

（一）被审计单位内部控制体系其他要素的有效性，包括内部环境、被审计单位对内部控制体系的监督工作以及被审计单位的风险评估工作；

（二）控制特征（人工控制还是自动化控制）产生的风险；

（三）信息技术一般控制的有效性；

（四）控制设计及其运行的有效性，包括在以前审计中发现的控制运行偏差的性质和程度，以及是否发生对控制运行产生重大影响的人员变动；

（五）是否存在由于环境发生变化而特定控制缺乏相应变化导致的风险；

（六）重大错报风险和对控制的信赖程度。

第十四条 如果拟利用以前审计获取的有关控制运行有效性的审计证据，注册会计师应当通过获取这些控制在以前审计后是否发生重大变化的审计证据，确定以前审计获取的审计证据是否与本期审计持续相关并且依然可靠。

注册会计师应当通过实施询问并结合观察或检查程序，获取这些控制是否发生重大变化的审计证据，以确认对这些控制的了解，并根据下列情况作出不同处理：

（一）如果已发生变化，且这些变化对以前审计获取的审计证据的持续相关性产生影响，注册会计师应当在本期审计中测试这些控制运行的有效性；

（二）如果未发生变化，注册会计师应当每三年至少对控制测试一次，并且在每年审计中测试部分控制，以避免将所有拟信赖控制的测试集中于某一年，而在之后的两年中不进行任何测试。

第十五条 如果确定评估的认定层次重大错报风险是特别风险，并拟信赖针对该风险实施的控制，注册会计师应当在本期审计中测试这些控制运行的有效性。

第十六条 在评价注册会计师拟信赖的控制的运行有效性时，注册会计师应当评价通过实施实质性程序发现的错报是否表明控制未得到有效运行。但通过实质性程序未发现错报，并不能证明与所测试认定相关的控制是有效的。

第十七条 如果发现拟信赖的控制出现偏差，注册会计师应当进行专门查询以了解这些偏差及其潜在后果，并确定：

（一）已实施的控制测试是否为信赖这些控制提供了适当的基础；

（二）是否有必要实施追加的控制测试；

（三）是否需要针对重大错报风险实施实质性程序。

第四节 实质性程序

第十八条 无论评估的重大错报风险结果如何，注册会计师都应当针对所有重大类别的交易、账户余额和披露，设计和实施实质性程序。

第十九条　注册会计师应当考虑是否将函证程序用作实质性程序。

第二十条　注册会计师实施的实质性程序应当包括下列与财务报表编制完成阶段相关的审计程序：

（一）将财务报表中的信息与其所依据的会计记录进行核对或调节，包括核对或调节披露中的信息，无论该信息是从总账和明细账中获取，还是从总账和明细账之外的其他途径获取；

（二）检查财务报表编制过程中作出的重大会计分录和其他调整。

第二十一条　如果认为评估的认定层次重大错报风险是特别风险，注册会计师应当专门针对该风险实施实质性程序。如果针对特别风险实施的程序仅为实质性程序，这些程序应当包括细节测试。

第二十二条　如果在期中实施了实质性程序，注册会计师应当针对剩余期间实施下列程序之一，以将期中测试得出的结论合理延伸至期末：

（一）结合对剩余期间实施的控制测试，实施实质性程序；

（二）如果认为对剩余期间拟实施的实质性程序是充分的，仅实施实质性程序。

第二十三条　如果期中检查出注册会计师在评估重大错报风险时未预期到的错报，注册会计师应当评价是否需要修改相关的风险评估结果以及针对剩余期间拟实施的实质性程序的性质、时间安排和范围。

第五节　财务报表列报的恰当性

第二十四条　注册会计师应当实施审计程序，评价财务报表的总体列报（包括披露）是否符合适用的财务报告编制基础的规定。在作出这一评价时，注册会计师应当考虑财务报表中的列报方式是否能够：

（一）对财务信息及其依据的交易、事项和状况进行恰当分类和描述；

（二）使财务报表的列报、结构和内容恰当。

第六节　评价审计证据的充分性和适当性

第二十五条　在得出总体结论之前，注册会计师应当根据实施的审计程序和获取的审计证据，评价对认定层次重大错报风险的评估是否仍然适当。

第二十六条　注册会计师应当确定是否已获取充分、适当的审计证据。

在形成审计意见时，注册会计师应当考虑所有相关的审计证据，无论该证据与财务报表认定相互印证还是相互矛盾。

第二十七条　如果对各类交易、账户余额和披露的相关认定没有获取充分、适当的审计证据，注册会计师应当尽可能获取进一步的审计证据。

如果仍然不能获取充分、适当的审计证据，注册会计师应当对财务报表发表保留意见或无法表示意见。

第七节　审计工作底稿

第二十八条　注册会计师应当就下列事项形成审计工作底稿：

（一）针对评估的财务报表层次重大错报风险采取的总体应对措施，以及实施的进一步审计程序的性质、时间安排和范围；

（二）实施的进一步审计程序与评估的认定层次风险之间的联系；

（三）实施进一步审计程序的结果，包括在结果不明显时得出的结论。

第二十九条　如果拟利用在以前审计中获取的有关控制运行有效性的审计证据，注册会计师应当记录信赖这些控制的理由和结论。

第三十条 审计工作底稿应当能够证明财务报表中的信息与其所依据的会计记录是一致的或调节相符的，包括核对或调节披露中的信息，无论该信息是从总账和明细账中获取，还是从总账和明细账之外的其他途径获取。

第五章 附 则

第三十一条 本准则自 2023 年 7 月 1 日起施行。

中国注册会计师审计准则第 1241 号——对被审计单位使用服务机构的考虑

（2022 年 12 月 22 日修订）

第一章 总 则

第一条 为了规范注册会计师在被审计单位使用服务机构的服务时获取充分、适当的审计证据的责任，制定本准则。

第二条 《中国注册会计师审计准则第 1211 号——重大错报风险的识别和评估》和《中国注册会计师审计准则第 1231 号——针对评估的重大错报风险采取的应对措施》涉及注册会计师了解被审计单位及其环境（包括与财务报表编制相关的被审计单位内部控制体系），以足以识别和评估重大错报风险，并针对这些风险设计和实施进一步审计程序，本准则是对注册会计师如何应用这些准则的进一步扩展。

第三条 许多被审计单位将部分业务外包给服务机构，这些服务机构提供的服务范围很广，从按照被审计单位的指令执行特定任务，到整体替代被审计单位部分业务单元或职能。服务机构提供的很多服务构成被审计单位业务经营不可或缺的一部分，但并非所有这些服务都与审计相关。

第四条 如果服务机构提供的服务和对服务的控制，构成被审计单位与财务报表编制相关的信息系统的一部分，则服务机构提供的服务与被审计单位财务报表审计相关。服务机构的多数控制可能是与被审计单位财务报表编制相关的信息系统的一部分，或者是与之相关的控制，如与资产安全相关的控制。如果服务机构提供的服务影响到下列任何一项，则该服务被视为构成被审计单位信息系统的一部分：

（一）与相关交易类别、账户余额和披露相关的信息如何在被审计单位信息系统中传递，无论这些信息是从总账和明细账中获取的还是从其他途径获取的，也无论这种传递采用人工方式还是信息技术方式。这包括当服务机构提供的服务影响下列方面时：

1. 被审计单位的交易如何生成，与交易相关的信息如何被记录、处理、进行必要的更正、结转至总账以及在财务报表中报告；

2. 针对与交易以外的事项或情况相关的信息，被审计单位如何在财务报表中获取、处理和披露。

（二）与上述第（一）项中的信息传递过程相关的被审计单位会计记录、财务报表特定账户和其他支持性记录。

（三）将上述第（二）项中所述的记录用于编制被审计单位财务报表（包括财务报表披露以及与相关交易类别、账户余额和披露相关的会计估计）的财务报告过程。

（四）与上述第（一）项至第（三）项相关的被审计单位信息技术环境。

第五条　对于服务机构提供的服务，注册会计师拟执行工作的性质和范围，取决于服务的性质、服务对被审计单位的重要性以及与审计的相关性。

第六条　如果被审计单位在某一金融机构开设账户，该金融机构提供的服务仅限于按照被审计单位的特别授权在该账户下处理交易（如银行对支票账户交易的处理或证券经纪机构对证券交易的处理），则本准则不适用。如果被审计单位拥有其他实体（如合伙企业、股份制企业和合资公司）的所有权经济利益，并且这些实体对所有权经济利益进行会计核算和向所有者报告，本准则不适用于对被审计单位因拥有这些实体所有权经济利益而产生的交易的审计。

第二章　定　义

第七条　服务机构，是指向被审计单位提供服务，并且其服务构成与被审计单位财务报告相关的信息系统组成部分的第三方机构（或第三方机构的分部）。

第八条　使用服务机构的被审计单位，在本准则中简称被审计单位，是指使用服务机构且正在接受财务报表审计的实体。

第九条　被审计单位注册会计师，在本准则中简称注册会计师，是指对被审计单位的财务报表进行审计并出具报告的注册会计师。

第十条　服务机构注册会计师，是指接受服务机构委托，对服务机构的控制出具鉴证报告的注册会计师。

第十一条　针对服务机构对控制的描述和设计出具的报告（本准则中称为第一类报告），内容包括：

（一）由服务机构管理层对服务机构系统、控制目标以及在特定日期已得到设计和执行的相关控制作出的描述；

（二）服务机构注册会计师出具的报告（旨在向使用者提供合理保证），包括针对服务机构对系统、控制目标和相关控制的描述，以及控制的设计对实现特定控制目标的适当性发表的意见。

第十二条　针对服务机构对控制的描述、设计和运行有效性出具的报告（本准则中称为第二类报告），内容包括：

（一）由服务机构管理层作出的描述，涉及服务机构系统、控制目标和相关控制、在特定日期或特定期间控制的设计和执行，以及在某些情况下控制在特定期间运行的有效性；

（二）服务机构注册会计师出具的报告（旨在向使用者提供合理保证），包括：针对服务机构对系统、控制目标和相关控制的描述，控制的设计对实现特定控制目标的适当性，以及控制运行的有效性发表的意见；针对控制测试及其结果作出的描述。

第十三条　服务机构的系统，是指为了向被审计单位提供服务机构注册会计师的报告所涵盖的服务而由服务机构设计、执行和维护的政策和程序。

第十四条　被审计单位的互补性控制，是指服务机构在设计服务时假定将由被审计单位实施的控制。如果这些控制对实现控制目标是必要的，则应当在服务机构系统描述中予以明确。

第十五条　分包服务机构，是指服务机构为向被审计单位提供服务而使用的另一个服务机构，其提供的服务是服务机构应提供服务的一部分，且构成被审计单位与财务报告相关的信息系统的组成部分。

第三章　目　标

第十六条　当被审计单位使用服务机构提供的服务时，注册会计师的目标是：

（一）了解服务机构提供的服务的性质和重要性，及其对被审计单位内部控制体系的影响，从而为识别和评估重大错报风险提供适当依据；

（二）针对识别和评估的重大错报风险，设计和实施审计程序。

第四章　要　　求

第一节　了解服务机构提供的服务

第十七条　当按照《中国注册会计师审计准则第 1211 号——重大错报风险的识别和评估》的规定了解被审计单位时，注册会计师应当了解被审计单位在经营中如何利用服务机构提供的服务，包括：

（一）服务机构提供的服务的性质，以及该服务对被审计单位的重要性，包括对被审计单位内部控制体系产生的影响；

（二）由服务机构处理的交易、受服务机构影响的账户或财务报告过程的性质和重要性；

（三）服务机构与被审计单位之间活动的相互影响程度；

（四）被审计单位与服务机构关系的性质，包括服务机构与被审计单位就提供服务订立的相关合同条款。

第十八条　当按照《中国注册会计师审计准则第 1211 号——重大错报风险的识别和评估》的规定了解被审计单位内部控制体系时，注册会计师应当识别控制活动中与服务机构提供服务相关的控制（包括应用于服务机构所处理的交易的控制），评价这些控制的设计，并确定其是否得到执行。

第十九条　注册会计师应当确定，是否已充分了解服务机构提供的服务的性质和重要性，及其对被审计单位内部控制体系的影响，从而为识别和评估重大错报风险提供适当依据。

第二十条　如果不能从被审计单位获得充分的了解，注册会计师应当实施下列一项或多项程序：

（一）获取第一类报告或第二类报告；

（二）通过被审计单位联系服务机构，以获取特定信息；

（三）访问服务机构，并实施可以获取有关服务机构相关控制的必要信息的程序；

（四）利用其他注册会计师实施可以获取有关服务机构控制的必要信息的程序。

第二十一条　当确定第一类报告或第二类报告提供的审计证据的充分性和适当性时，注册会计师应当确信：

（一）服务机构注册会计师具有相应的专业胜任能力并独立于服务机构；

（二）服务机构注册会计师出具第一类报告或第二类报告所依据的标准是适当的。

第二十二条　如果拟利用第一类报告或第二类报告作为审计证据，以支持对服务机构内部控制设计和执行情况的了解，注册会计师应当：

（一）评价对服务机构控制的描述和设计所针对的时点或期间是否适用于注册会计师的审计目的；

（二）对了解服务机构的控制而言，评价报告提供的证据是否充分和适当；

（三）确定服务机构系统描述中明确的被审计单位的互补性控制是否与被审计单位相关；如果相关，了解被审计单位是否设计和执行了此类控制。

第二节　应对评估的重大错报风险

第二十三条　当按照《中国注册会计师审计准则第 1231 号——针对评估的重大错报风

险采取的应对措施》的规定应对评估的重大错报风险时，注册会计师应当：

（一）确定是否能够从被审计单位保存的记录中获取有关财务报表认定的充分、适当的审计证据；

（二）如果不能获取充分、适当的审计证据，则实施进一步审计程序，或利用其他注册会计师代其对服务机构实施这些程序。

第二十四条 如果在评估重大错报风险时预期服务机构的控制的运行是有效的，注册会计师应当实施下列一项或多项程序，以获取有关这些控制运行有效性的审计证据：

（一）获取第二类报告（如可行）；

（二）对服务机构的控制实施适当测试；

（三）利用其他注册会计师代其对服务机构的控制实施测试。

第二十五条 如果根据本准则第二十四条第（一）项的规定拟利用第二类报告作为服务机构内部控制运行有效性的审计证据，注册会计师应当通过实施下列程序，确定服务机构注册会计师的报告是否能够提供有关内部控制运行有效性的充分、适当的审计证据，以支持对重大错报风险的评估：

（一）评价对服务机构控制的描述、设计和运行有效性所针对的时点或期间是否适用于注册会计师的审计目的；

（二）确定服务机构系统描述中明确的被审计单位的互补性控制是否与被审计单位相关；如果相关，了解被审计单位是否设计和执行了此类控制，如是，测试其运行有效性；

（三）评价控制测试的涵盖期间和自实施控制测试以来的时间间隔的适当性；

（四）评价服务机构注册会计师报告中所述的、由服务机构注册会计师实施的控制测试及其结果是否与被审计单位财务报表的认定相关并提供充分、适当的审计证据，以支持注册会计师的风险评估。

第二十六条 如果注册会计师拟利用的第一类报告或第二类报告不涵盖分包服务机构提供的服务，而这些服务与被审计单位财务报表审计相关，针对这些由分包服务机构提供的服务，注册会计师应当遵守本准则的规定。

第二十七条 注册会计师应当询问被审计单位管理层，确定服务机构是否曾经向被审计单位报告，或被审计单位是否以其他方式获知任何影响被审计单位财务报表的舞弊、违反法律法规行为或未更正错报。

注册会计师应当评价这些事项如何影响进一步审计程序的性质、时间安排和范围，并评价对得出的结论和审计报告的影响。

第三节 审计报告

第二十八条 针对服务机构提供的与被审计单位财务报表审计相关的服务，如果无法获取充分、适当的审计证据，注册会计师应当根据《中国注册会计师审计准则第 1502 号——在审计报告中发表非无保留意见》的规定，在审计报告中发表非无保留意见。

第二十九条 注册会计师不应在无保留意见的审计报告中提及服务机构注册会计师的相关工作，除非法律法规另有规定。如果法律法规要求提及，审计报告应当指出这种提及并不减轻注册会计师对审计意见承担的责任。

第三十条 如果提及服务机构注册会计师的工作与理解注册会计师出具的非无保留意见相关，审计报告应当指出，这种提及并不减轻注册会计师对审计意见承担的责任。

第五章 附 则

第三十一条 本准则自 2023 年 7 月 1 日起施行。

中国注册会计师审计准则第 1251 号——评价审计过程中识别出的错报

（2022 年 12 月 22 日修订）

第一章 总 则

第一条 为了规范注册会计师评价识别出的错报对审计的影响以及未更正错报对财务报表的影响，制定本准则。

第二条 《中国注册会计师审计准则第 1501 号——对财务报表形成审计意见和出具审计报告》规定了在对财务报表形成审计意见时，注册会计师应当针对财务报表整体是否不存在重大错报，确定是否已就此获取合理保证得出结论。

注册会计师按照《中国注册会计师审计准则第 1501 号——对财务报表形成审计意见和出具审计报告》的规定得出的结论，考虑了对未更正错报的评价及其对财务报表的影响。

《中国注册会计师审计准则第 1221 号——计划和执行审计工作时的重要性》规范了注册会计师在计划和执行财务报表审计工作时恰当运用重要性概念的责任。

第二章 定 义

第三条 错报，是指某一财务报表项目的金额、分类或列报，与按照适用的财务报告编制基础应当列示的金额、分类或列报之间存在的差异。错报可能是由于错误或舞弊导致的。

第四条 未更正错报，是指注册会计师在审计过程中累积的且被审计单位未予更正的错报。

第三章 目 标

第五条 注册会计师的目标是：

（一）评价识别出的错报对审计的影响；

（二）评价未更正错报对财务报表的影响。

第四章 要 求

第一节 累积识别出的错报

第六条 注册会计师应当累积审计过程中识别出的错报，除非错报明显微小。

第二节 随着审计的推进考虑识别出的错报

第七条 如果出现下列情况之一，注册会计师应当确定是否需要修改总体审计策略和具体审计计划：

（一）识别出的错报的性质以及错报发生的环境表明可能存在其他错报，并且可能存在的其他错报与审计过程中累积的错报合计起来可能是重大的；

（二）审计过程中累积的错报合计数接近按照《中国注册会计师审计准则第1221号——计划和执行审计工作时的重要性》的规定确定的重要性。

第八条 如果管理层应注册会计师的要求，检查了某类交易、账户余额或披露并更正了已发现的错报，注册会计师应当实施追加的审计程序，以确定错报是否仍然存在。

第三节 沟通和更正错报

第九条 除非法律法规禁止，注册会计师应当及时将审计过程中累积的所有错报与适当层级的管理层进行沟通。注册会计师还应当要求管理层更正这些错报。

第十条 如果管理层拒绝更正沟通的部分或全部错报，注册会计师应当了解管理层不更正错报的理由，并在评价财务报表整体是否不存在重大错报时考虑该理由。

第四节 评价未更正错报的影响

第十一条 在评价未更正错报的影响之前，注册会计师应当重新评估按照《中国注册会计师审计准则第1221号——计划和执行审计工作时的重要性》的规定确定的重要性，以根据被审计单位的实际财务结果确认其是否仍然适当。

第十二条 注册会计师应当确定未更正错报单独或汇总起来是否重大。在确定时，注册会计师应当考虑：

（一）相对特定类别的交易、账户余额或披露以及财务报表整体而言，错报的金额和性质以及错报发生的特定环境；

（二）与以前期间相关的未更正错报对有关类别的交易、账户余额或披露以及财务报表整体的影响。

第十三条 除非法律法规禁止，注册会计师应当与治理层沟通未更正错报，以及这些错报单独或汇总起来可能对审计意见产生的影响。注册会计师在沟通时应当逐项指明重大的未更正错报。注册会计师应当要求被审计单位更正未更正错报。

第十四条 注册会计师应当与治理层沟通与以前期间相关的未更正错报对有关类别的交易、账户余额或披露以及财务报表整体的影响。

第五节 书面声明

第十五条 注册会计师应当要求管理层和治理层（如适用）提供书面声明，说明其是否认为未更正错报单独或汇总起来对财务报表整体的影响不重大。这些错报项目的概要应当包含在书面声明中或附在其后。

第六节 审计工作底稿

第十六条 注册会计师应当就下列事项形成审计工作底稿：

（一）设定的某一金额，低于该金额的错报视为明显微小；

（二）审计过程中累积的所有错报，以及是否已得到更正；

（三）注册会计师就未更正错报单独或汇总起来是否重大得出的结论，以及得出结论的基础。

第五章 附 则

第十七条 本准则自2023年7月1日起施行。

中国注册会计师审计准则第 1301 号——审计证据

（2022 年 12 月 22 日修订）

第一章 总 则

第一条 为了规范注册会计师在财务报表审计中确定审计证据的构成，明确注册会计师设计和实施审计程序以获取充分、适当的审计证据的责任，制定本准则。

第二条 本准则适用于注册会计师在审计过程中获取和评价所有审计证据。其他审计准则对获取和评价审计证据提出了进一步要求。例如，《中国注册会计师审计准则第 1211 号——重大错报风险的识别和评估》等准则规范了审计的具体方面对审计证据的要求；《中国注册会计师审计准则第 1324 号——持续经营》等准则规范了针对特定问题需要获取的审计证据；《中国注册会计师审计准则第 1313 号——分析程序》等准则规范了获取审计证据需要实施的具体程序；《中国注册会计师审计准则第 1101 号——注册会计师的总体目标和审计工作的基本要求》和《中国注册会计师审计准则第 1231 号——针对评估的重大错报风险采取的应对措施》等准则规范了对已获取审计证据的充分性和适当性的评价。

第三条 审计证据的可靠性受其来源和性质的影响，并取决于获取审计证据的具体环境。判断审计证据可靠性的一般原则包括：

（一）从被审计单位外部独立来源获取的审计证据比从其他来源获取的审计证据更可靠；

（二）相关控制有效时内部生成的审计证据比控制薄弱时内部生成的审计证据更可靠；

（三）直接获取的审计证据比间接获取或推论得出的审计证据更可靠；

（四）以文件记录形式（包括纸质、电子或其他介质）存在的审计证据比口头形式的审计证据更可靠；

（五）从原件获取的审计证据比从复印、传真或通过拍摄、数字化或其他方式转化成电子形式的文件获取的审计证据更可靠。

通常情况下，注册会计师以函证方式直接从被询证者获取的审计证据，比被审计单位内部生成的审计证据更可靠。通过函证等方式从独立来源获取的相互印证的信息，可以提高注册会计师从会计记录或管理层书面声明中获取的审计证据的保证水平。

第二章 定 义

第四条 审计证据，是指注册会计师为了得出审计结论和形成审计意见而使用的信息。审计证据包括构成财务报表基础的会计记录所含有的信息和从其他来源获取的信息。

第五条 会计记录，是指对初始会计分录形成的记录和支持性记录。例如，支票、电子资金转账记录、发票和合同；总分类账、明细分类账、会计分录以及对财务报表予以调整但未在账簿中反映的其他分录；支持成本分配、计算、调节和披露的手工计算表和电子数据表。

第六条 审计证据的充分性，是对审计证据数量的衡量。注册会计师需要获取的审计证据的数量受其对重大错报风险评估的影响，并受审计证据质量的影响。

第七条　审计证据的适当性，是对审计证据质量的衡量，即审计证据在支持审计意见所依据的结论方面具有的相关性和可靠性。

第八条　管理层的专家，是指在会计、审计以外的某一领域具有专长的个人或组织，其工作被管理层利用以协助编制财务报表。

第三章　目　标

第九条　注册会计师的目标是，通过恰当的方式设计和实施审计程序，获取充分、适当的审计证据，以得出合理的结论，作为形成审计意见的基础。

第四章　要　求

第一节　充分、适当的审计证据

第十条　注册会计师应当根据具体情况设计和实施恰当的审计程序，以获取充分、适当的审计证据。

第二节　用作审计证据的信息

第十一条　在设计和实施审计程序时，注册会计师应当考虑用作审计证据的信息的相关性和可靠性，包括从外部信息来源获取的信息。

第十二条　如果用作审计证据的信息在编制时利用了管理层的专家的工作，注册会计师应当考虑管理层的专家的工作对实现注册会计师目的的重要性，并在必要的范围内实施下列程序：

（一）评价管理层的专家的胜任能力、专业素质和客观性；

（二）了解管理层的专家的工作；

（三）评价将管理层的专家的工作用作有关认定的审计证据的适当性。

第十三条　在使用被审计单位生成的信息时，注册会计师应当评价该信息对实现审计目的是否足够可靠，包括根据具体情况在必要时实施下列程序：

（一）获取有关信息准确性和完整性的审计证据；

（二）评价信息对实现审计目的是否足够准确和详细。

第三节　选取测试项目以获取审计证据

第十四条　在设计控制测试和细节测试时，注册会计师应当确定选取测试项目的方法，以有效实现审计程序的目的。

第四节　审计证据之间存在不一致或对审计证据可靠性存有疑虑

第十五条　如果存在下列情形之一，注册会计师应当确定需要修改或追加哪些审计程序予以解决，并考虑存在的情形对审计其他方面的影响：

（一）从某一来源获取的审计证据与从另一来源获取的不一致；

（二）注册会计师对用作审计证据的信息的可靠性存有疑虑。

中国注册会计师审计准则第 1311 号——对存货、诉讼和索赔、分部信息等特定项目获取审计证据的具体考虑

（2019 年 2 月 20 日修订）

第一章 总 则

第一条 为了规范注册会计师在财务报表审计中对存货、诉讼和索赔、分部信息等特定项目的某些方面获取充分、适当的审计证据的具体考虑，制定本准则。

第二条 本准则适用于注册会计师按照《中国注册会计师审计准则第 1231 号——针对评估的重大错报风险采取的应对措施》《中国注册会计师审计准则第 1301 号——审计证据》和其他相关审计准则的规定对本准则第一条提及的特定项目的某些方面获取审计证据。

第二章 目 标

第三条 注册会计师的目标是，针对特定项目的下列方面获取充分、适当的审计证据：

（一）存货的存在和状况；

（二）涉及被审计单位的诉讼和索赔事项的完整性；

（三）按照适用的财务报告编制基础对分部信息的列报。

第三章 要 求

第一节 存 货

第四条 如果存货对财务报表是重要的，注册会计师应当实施下列审计程序，对存货的存在和状况获取充分、适当的审计证据：

（一）在存货盘点现场实施监盘（除非不可行）；

（二）对期末存货记录实施审计程序，以确定其是否准确反映实际的存货盘点结果。

在存货盘点现场实施监盘时，注册会计师应当实施下列审计程序：

（一）评价管理层用以记录和控制存货盘点结果的指令和程序；

（二）观察管理层制订的盘点程序的执行情况；

（三）检查存货；

（四）执行抽盘。

第五条 如果存货盘点在财务报表日以外的其他日期进行，注册会计师除实施本准则第四条规定的审计程序外，还应当实施其他审计程序，以获取审计证据，确定存货盘点日与财务报表日之间的存货变动是否已得到恰当的记录。

第六条 如果由于不可预见的情况，无法在存货盘点现场实施监盘，注册会计师应当另择日期实施监盘，并对间隔期内发生的交易实施审计程序。

第七条 如果在存货盘点现场实施存货监盘不可行，注册会计师应当实施替代审计程序，以获取有关存货的存在和状况的充分、适当的审计证据。

如果不能实施替代审计程序，注册会计师应当按照《中国注册会计师审计准则第1502号——在审计报告中发表非无保留意见》的规定，在审计报告中发表非无保留意见。

第八条　如果由第三方保管或控制的存货对财务报表是重要的，注册会计师应当实施下列一项或两项审计程序，以获取有关该存货存在和状况的充分、适当的审计证据：

（一）向持有被审计单位存货的第三方函证存货的数量和状况；

（二）实施检查或其他适合具体情况的审计程序。

第二节　诉讼和索赔

第九条　注册会计师应当设计和实施审计程序，以识别涉及被审计单位的可能导致重大错报风险的诉讼和索赔事项。

这些审计程序包括：

（一）询问管理层和被审计单位内部其他人员，包括询问被审计单位内部法律顾问；

（二）查阅治理层的会议纪要和被审计单位与外部法律顾问之间的往来信函；

（三）复核法律费用账户记录。

第十条　如果评估识别出的诉讼或索赔事项存在重大错报风险，或者实施的审计程序表明可能存在其他重大诉讼或索赔事项，注册会计师除实施其他审计准则规定的审计程序外，还应当寻求与被审计单位外部法律顾问进行直接沟通。注册会计师应当通过亲自寄发由管理层编制的询证函，要求外部法律顾问直接与注册会计师沟通。

如果法律法规禁止被审计单位外部法律顾问与注册会计师进行直接沟通，注册会计师应当实施替代审计程序。

第十一条　如果管理层不同意注册会计师与外部法律顾问沟通或会面，或者外部法律顾问拒绝对询证函恰当回复或被禁止回复，并且注册会计师无法通过实施替代审计程序获取充分、适当的审计证据，注册会计师应当按照《中国注册会计师审计准则第1502号——在审计报告中发表非无保留意见》的规定，在审计报告中发表非无保留意见。

第十二条　注册会计师应当要求管理层和治理层（如适用）提供书面声明，确认已向注册会计师披露所有其知悉的、已经或可能发生的、在编制财务报表时应当考虑其影响的诉讼和索赔事项，并确认已按照适用的财务报告编制基础进行了会计处理和披露。

第三节　分部信息

第十三条　针对被审计单位按照适用的财务报告编制基础列报的分部信息，注册会计师应当实施下列审计程序，获取充分、适当的审计证据：

（一）了解管理层在确定分部信息时使用的方法；

（二）实施分析程序或其他适合具体情况的审计程序。

在了解管理层确定分部信息使用的方法时，注册会计师应当实施下列审计程序：

（一）评价使用的方法是否已使分部信息按照适用的财务报告编制基础列报；

（二）在适当的情况下，测试对这些方法的应用。

第四章　附　　则

第十四条　本准则自2019年7月1日起施行。

中国注册会计师审计准则第 1312 号——函证

（2010 年 11 月 1 日修订）

第一章 总 则

第一条 为了规范注册会计师按照《中国注册会计师审计准则第 1231 号——针对评估的重大错报风险采取的应对措施》和《中国注册会计师审计准则第 1301 号——审计证据》的规定使用函证程序，以获取相关、可靠的审计证据，制定本准则。

第二条 本准则不适用于注册会计师对被审计单位诉讼和索赔事项实施询问程序。《中国注册会计师审计准则第 1311 号——对存货、诉讼和索赔、分部信息等特定项目获取审计证据的具体考虑》规定了有关诉讼和索赔的审计程序。

第三条 《中国注册会计师审计准则第 1301 号——审计证据》规定，审计证据的可靠性受其来源和性质的影响，并取决于获取审计证据的具体环境。

判断审计证据可靠性的一般原则包括：

（一）从被审计单位外部独立来源获取的审计证据比从其他来源获取的审计证据更可靠；

（二）直接获取的审计证据比间接获取或推论得出的审计证据更可靠；

（三）以文件记录形式（包括纸质、电子或其他介质）存在的审计证据比口头形式的审计证据更可靠。

通常情况下，注册会计师以函证方式直接从被询证者获取的审计证据，比被审计单位内部生成的审计证据更可靠。

第四条 下列审计准则明确了实施函证程序以获取审计证据的重要性：

（一）《中国注册会计师审计准则第 1231 号——针对评估的重大错报风险采取的应对措施》规定，注册会计师应当针对评估的财务报表层次重大错报风险，设计和实施总体应对措施，针对评估的认定层次重大错报风险，设计和实施进一步审计程序（包括审计程序的性质、时间安排和范围）；无论评估的重大错报风险结果如何，注册会计师都应当针对所有重大类别的交易、账户余额和披露，设计和实施实质性程序；注册会计师应当考虑是否将函证程序用作实质性程序。

（二）《中国注册会计师审计准则第 1231 号——针对评估的重大错报风险采取的应对措施》规定，评估的风险越高，需要获取越有说服力的审计证据。为此，注册会计师可以增加审计证据的数量或者获取更相关、更可靠的审计证据，或将两种方式结合使用。例如，注册会计师更加重视直接从第三方获取审计证据，或从不同的独立来源获取相互印证的审计证据。实施函证程序，可以帮助注册会计师获取可靠性高的审计证据，以应对由于舞弊或错误导致的特别风险。

（三）《中国注册会计师审计准则第 1141 号——财务报表审计中与舞弊相关的责任》规定，针对由于舞弊导致的认定层次重大错报风险，注册会计师应当考虑实施函证程序以获取更多的相互印证的信息。

（四）《中国注册会计师审计准则第 1301 号——审计证据》规定，通过函证等方式从独立来源获取的相互印证的信息，可以提高注册会计师从会计记录或管理层书面声明中获取的审计证据的保证水平。

第二章　定　义

第五条　函证（即外部函证），是指注册会计师直接从第三方（被询证者）获取书面答复作为审计证据的过程，书面答复可以采用纸质、电子或其他介质等形式。

第六条　积极式函证，是指要求被询证者直接向注册会计师回复，表明是否同意询证函所列示的信息，或填列所要求的信息的一种询证方式。

第七条　消极式函证，是指要求被询证者只有在不同意询证函所列示的信息时才直接向注册会计师回复的一种询证方式。

第八条　未回函，是指被询证者对积极式询证函未予回复或回复不完整，或询证函因未被送达而退回。

第九条　不符事项，是指被询证者提供的信息与询证函要求确认的信息不一致，或与被审计单位记录的信息不一致。

第三章　目　标

第十条　在使用函证程序时，注册会计师的目标是，设计和实施函证程序，以获取相关、可靠的审计证据。

第四章　要　求

第一节　函证程序

第十一条　注册会计师应当确定是否有必要实施函证程序以获取认定层次的相关、可靠的审计证据。在作出决策时，注册会计师应当考虑评估的认定层次重大错报风险，以及通过实施其他审计程序获取的审计证据如何将检查风险降至可接受的水平。

第十二条　注册会计师应当对银行存款、借款（包括零余额账户和在本期内注销的账户）、借款及与金融机构往来的其他重要信息实施函证程序，除非有充分证据表明某一银行存款、借款及与金融机构往来的其他重要信息对财务报表不重要且与之相关的重大错报风险很低。

如果不对这些项目实施函证程序，注册会计师应当在审计工作底稿中说明理由。

第十三条　注册会计师应当对应收账款实施函证程序，除非有充分证据表明应收账款对财务报表不重要，或函证很可能无效。

如果认为函证很可能无效，注册会计师应当实施替代审计程序，获取相关、可靠的审计证据。

如果不对应收账款函证，注册会计师应当在审计工作底稿中说明理由。

第十四条　当实施函证程序时，注册会计师应当对询证函保持控制，包括：

（一）确定需要确认或填列的信息；

（二）选择适当的被询证者；

（三）设计询证函，包括正确填列被询证者的姓名和地址，以及被询证者直接向注册会计师回函的地址等信息；

（四）发出询证函并予以跟进，必要时再次向被询证者寄发询证函。

第二节　管理层不允许寄发询证函

第十五条　如果管理层不允许寄发询证函，注册会计师应当：

（一）询问管理层不允许寄发询证函的原因，并就其原因的正当性及合理性收集审计证据；

（二）评价管理层不允许寄发询证函对评估的相关重大错报风险（包括舞弊风险），以及其他审计程序的性质、时间安排和范围的影响；

（三）实施替代程序，以获取相关、可靠的审计证据。

第十六条 如果认为管理层不允许寄发询证函的原因不合理，或实施替代程序无法获取相关、可靠的审计证据，注册会计师应当按照《中国注册会计师审计准则第 1151 号——与治理层的沟通》的规定，与治理层进行沟通。注册会计师还应当按照《中国注册会计师审计准则第 1502 号——在审计报告中发表非无保留意见》的规定，确定其对审计工作和审计意见的影响。

第三节　实施函证程序的结果

第十七条 如果存在对询证函回函的可靠性产生疑虑的因素，注册会计师应当进一步获取审计证据以消除这些疑虑。

第十八条 如果认为询证函回函不可靠，注册会计师应当评价其对评估的相关重大错报风险（包括舞弊风险），以及其他审计程序的性质、时间安排和范围的影响。

第十九条 在未回函的情况下，注册会计师应当实施替代程序以获取相关、可靠的审计证据。

第二十条 如果注册会计师认为取得积极式函证回函是获取充分、适当的审计证据的必要程序，则替代程序不能提供注册会计师所需要的审计证据。在这种情况下，如果未获取回函，注册会计师应当按照《中国注册会计师审计准则第 1502 号——在审计报告中发表非无保留意见》的规定，确定其对审计工作和审计意见的影响。

第二十一条 注册会计师应当调查不符事项，以确定是否表明存在错报。

第四节　消极式函证

第二十二条 消极式函证比积极式函证提供的审计证据的说服力低。除非同时满足下列条件，注册会计师不得将消极式函证作为唯一实质性程序，以应对评估的认定层次重大错报风险：

（一）注册会计师将重大错报风险评估为低水平，并已就与认定相关的控制的运行的有效性获取充分、适当的审计证据；

（二）需要实施消极式函证程序的总体由大量的小额、同质的账户余额、交易或事项构成；

（三）预期不符事项的发生率很低；

（四）没有迹象表明接收询证函的人员或机构不认真对待函证。

第五节　评价获取的审计证据

第二十三条 注册会计师应当评价实施函证程序的结果是否提供了相关、可靠的审计证据，或是否有必要进一步获取审计证据。

第五章　附　　则

第二十四条 本准则自 2012 年 1 月 1 日起施行。

中国注册会计师审计准则第 1313 号——分析程序

（2022 年 12 月 22 日修订）

第一章　总　　则

第一条　为了规范注册会计师在财务报表审计中将分析程序用作实质性程序（即实质性分析程序），以及在临近审计结束时设计和实施分析程序以有助于对财务报表形成总体结论，制定本准则。

第二条　除本准则以外，其他审计准则也对注册会计师使用分析程序作出了规定。《中国注册会计师审计准则第 1211 号——重大错报风险的识别和评估》规定了注册会计师将分析程序用作风险评估程序。《中国注册会计师审计准则第 1231 号——针对评估的重大错报风险采取的应对措施》规定了注册会计师针对评估的重大错报风险实施审计程序的性质、时间安排和范围，这些程序可能包括实质性分析程序。因此，注册会计师在审计过程中使用分析程序时，还需要遵守这些准则的规定。

第二章　定　　义

第三条　分析程序，是指注册会计师通过分析不同财务数据之间以及财务数据与非财务数据之间的内在关系，对财务信息作出评价。分析程序还包括在必要时对识别出的、与其他相关信息不一致或与预期值差异重大的波动或关系进行调查。

第三章　目　　标

第四条　注册会计师的目标是：

（一）在实施实质性分析程序时，获取相关、可靠的审计证据；

（二）在临近审计结束时，设计和实施分析程序，帮助注册会计师对财务报表形成总体结论，以确定财务报表是否与其对被审计单位的了解一致。

第四章　要　　求

第一节　实质性分析程序

第五条　在设计和实施实质性分析程序时，无论单独使用或与细节测试结合使用，注册会计师都应当：

（一）考虑针对所涉及认定评估的重大错报风险和实施的细节测试（如有），确定特定实质性分析程序对这些认定的适用性；

（二）考虑可获得信息的来源、可比性、性质和相关性以及与信息编制相关的控制，评价在对已记录的金额或比率作出预期时使用数据的可靠性；

（三）对已记录的金额或比率作出预期，并评价预期值是否足够精确以识别重大错报（包括单项重大的错报和单项虽不重大但连同其他错报可能导致财务报表产生重大错报的错报）；

（四）确定已记录金额与预期值之间可接受的，且无需按本准则第七条的要求作进一步调查的差异额。

第二节　有助于形成总体结论的分析程序

第六条　在临近审计结束时，注册会计师应当设计和实施分析程序，帮助其对财务报表形成总体结论，以确定财务报表是否与其对被审计单位的了解一致。

第三节　调查分析程序的结果

第七条　如果按照本准则的规定实施分析程序，识别出与其他相关信息不一致的波动或关系，或与预期值差异重大的波动或关系，注册会计师应当采取下列措施调查这些差异：

（一）询问管理层，并针对管理层的答复获取适当的审计证据；

（二）根据具体情况在必要时实施其他审计程序。

第五章　附　　则

第八条　本准则自 2023 年 7 月 1 日起施行。

中国注册会计师审计准则第 1314 号——审计抽样

（2010 年 11 月 1 日修订）

第一章　总　　则

第一条　为了规范注册会计师在实施审计程序时使用审计抽样，制定本准则。

第二条　《中国注册会计师审计准则第 1301 号——审计证据》要求注册会计师设计和实施审计程序，获取充分、适当的审计证据，以得出合理的结论，作为形成审计意见的基础。该准则还要求注册会计师确定用以选取测试项目的方法能够有效实现审计程序的目的，审计抽样是其中的一种方法。

第三条　本准则作为对《中国注册会计师审计准则第 1301 号——审计证据》的补充，规范了注册会计师在设计和选择审计样本以实施控制测试和细节测试，以及评价样本结果时对统计抽样和非统计抽样的使用。

第二章　定　　义

第四条　审计抽样（即抽样），是指注册会计师对具有审计相关性的总体中低于百分之百的项目实施审计程序，使所有抽样单元都有被选取的机会，为注册会计师针对整个总体得出结论提供合理基础。

第五条　总体，是指注册会计师从中选取样本并期望据此得出结论的整个数据集合。

第六条　抽样单元，是指构成总体的个体项目。

第七条　统计抽样，是指同时具备下列特征的抽样方法：

（一）随机选取样本项目；

（二）运用概率论评价样本结果，包括计量抽样风险。

不同时具备前款提及的两个特征的抽样方法为非统计抽样。

第八条　抽样风险，是指注册会计师根据样本得出的结论，可能不同于如果对整个总体实施与样本相同的审计程序得出的结论的风险。

抽样风险可能导致两种类型的错误结论：

（一）在实施控制测试时，注册会计师推断的控制有效性高于其实际有效性；或在实施细节测试时，注册会计师推断某一重大错报不存在而实际上存在。注册会计师主要关注这类错误结论，原因是其影响审计效果，非常有可能导致发表不恰当的审计意见。

（二）在实施控制测试时，注册会计师推断的控制有效性低于其实际有效性；或在实施细节测试时，注册会计师推断某一重大错报存在而实际上不存在。这类错误结论影响审计效率，原因是其通常导致注册会计师实施额外的工作，以证实初始结论是错误的。

第九条　非抽样风险，是指注册会计师由于任何与抽样风险无关的原因而得出错误结论的风险。

第十条　异常误差，是指对总体中的错报或偏差明显不具有代表性的错报或偏差。

第十一条　分层，是指将总体划分为多个子总体的过程，每个子总体由一组具有相同特征（通常为货币金额）的抽样单元组成。

第十二条　可容忍错报，是指注册会计师设定的货币金额，注册会计师试图对总体中的实际错报不超过该货币金额获取适当水平的保证。

第十三条　可容忍偏差率，是指注册会计师设定的偏离规定的内部控制程序的比率，注册会计师试图对总体中的实际偏差率不超过该比率获取适当水平的保证。

第三章　目　　标

第十四条　在使用审计抽样时，注册会计师的目标是，为得出有关抽样总体的结论提供合理的基础。

第四章　要　　求

第一节　样本设计、样本规模和选取测试项目

第十五条　在设计审计样本时，注册会计师应当考虑审计程序的目的和抽样总体的特征。

第十六条　注册会计师应当确定足够的样本规模，以将抽样风险降至可接受的低水平。

第十七条　注册会计师在选取样本项目时，应当使总体中的每个抽样单元都有被选取的机会。

第二节　实施审计程序

第十八条　注册会计师应当针对选取的每个项目，实施适合具体目的的审计程序。

第十九条　如果审计程序不适用于选取的项目，注册会计师应当针对替代项目实施该审计程序。

第二十条　如果未能对某个选取的项目实施设计的审计程序或适当的替代程序，注册会计师应当将该项目视为控制测试中对规定的控制的一项偏差，或细节测试中的一项错报。

第三节　偏差和错报的性质与原因

第二十一条　注册会计师应当调查识别出的所有偏差或错报的性质和原因，并评价其对审计程序的目的和审计的其他方面可能产生的影响。

第二十二条　在极其特殊的情况下，如果认为样本中发现的某项偏差或错报是异常误差，注册会计师应当对该项偏差或错报对总体不具有代表性获取高度肯定。

在获取这种高度肯定时，注册会计师应当实施追加的审计程序，获取充分、适当的审计证据，以确定该项偏差或错报不影响总体的其余部分。

第四节　推断错报

第二十三条　当实施细节测试时，注册会计师应当根据样本中发现的错报推断总体错报。

第五节 评价审计抽样结果

第二十四条 注册会计师应当对下列方面进行评价：

（一）样本结果；

（二）使用审计抽样是否已为注册会计师针对所测试的总体得出的结论提供合理基础。

第五章 附 则

第二十五条 本准则自 2012 年 1 月 1 日起施行。

中国注册会计师审计准则第 1321 号——会计估计和相关披露的审计

（2022 年 12 月 22 日修订）

第一章 总 则

第一条 为了明确注册会计师在财务报表审计中与会计估计和相关披露有关的责任，制定本准则。

第二条 本准则规范的是注册会计师在对会计估计和相关披露进行审计时如何应用相关准则，这些准则包括《中国注册会计师审计准则第 1211 号——重大错报风险的识别和评估》《中国注册会计师审计准则第 1231 号——针对评估的重大错报风险采取的应对措施》《中国注册会计师审计准则第 1251 号——评价审计过程中识别出的错报》《中国注册会计师审计准则第 1301 号——审计证据》等。本准则还对如何评价会计估计和相关披露的错报，以及如何处理可能存在管理层偏向的迹象，作出了规范。

第二章 定 义

第三条 估计不确定性，是指会计估计在计量时易于产生内在不精确性。

第四条 管理层偏向，是指管理层在编制和列报信息时缺乏中立性。

第五条 管理层的点估计，是指管理层在财务报表中确认和披露会计估计时选择的金额。

第六条 注册会计师的点估计或区间估计，是指注册会计师得出的、用于评价管理层的点估计的某项金额或金额区间。

第七条 会计估计的结果，是指会计估计涉及的交易、事项或情况在了结或者确定时的实际金额。

第三章 目 标

第八条 注册会计师的目标是，获取充分、适当的审计证据，以确定依据适用的财务报告编制基础，财务报表中的会计估计和相关披露是否合理。

第四章 要 求

第一节 风险评估程序和相关活动

第九条 在按照《中国注册会计师审计准则第 1211 号——重大错报风险的识别和评估》

的规定，了解被审计单位及其环境、适用的财务报告编制基础、被审计单位的内部控制体系时，注册会计师应当了解与被审计单位会计估计相关的下列方面：

（一）可能需要作出会计估计并在财务报表中确认或披露，或者可能导致会计估计发生变化的交易、事项或情况。

（二）适用的财务报告编制基础，包括：

1.适用的财务报告编制基础中与会计估计相关的规定，包括确认标准、计量基础以及有关列报（包括披露）的规定；

2.结合被审计单位的具体情况，如何运用上述规定，以及固有风险因素如何影响认定易于发生错报的可能性。

（三）与被审计单位会计估计相关的监管因素，包括相关的监管框架。

（四）根据对上述第（一）项至第（三）项的了解，注册会计师初步认为应当反映在被审计单位财务报表中的会计估计和相关披露的性质。

（五）被审计单位针对与会计估计相关的财务报告过程的监督和治理措施。

（六）对是否需要运用与会计估计相关的专门技能或知识，管理层是怎样决策的，以及管理层怎样运用与会计估计相关的专门技能或知识，包括利用管理层的专家的工作。

（七）被审计单位如何识别和应对与会计估计相关的风险。

（八）被审计单位与会计估计相关的信息系统，包括：

1.对于相关交易类别、账户余额和披露涉及的会计估计和相关披露，有关信息是如何在被审计单位的信息系统中传递的。

2.对于相关交易类别、账户余额和披露涉及的会计估计和相关披露，管理层作出会计估计的过程，包括：

（1）管理层如何根据适用的财务报告编制基础，确定适当的方法、假设和数据来源及其是否需要作出变化，包括：

①如何选择或设计并运用方法（包括模型）；

②如何选择假设（包括考虑替代性的假设）并确定重大假设；

③如何选择数据。

（2）管理层如何了解估计不确定性的程度，是否考虑了可能发生的计量结果的区间。

（3）管理层如何应对估计不确定性，包括如何选择财务报表中的点估计并作出相关披露。

（九）在控制活动中识别出的、针对上述第（八）项第2点所述的"管理层作出会计估计的过程"实施的控制。

（十）管理层如何复核以前期间会计估计的结果以及如何应对该复核结果。

注册会计师为了解上述情况而实施的审计程序，应当足以使注册会计师获取为识别和评估财务报表层次和认定层次的重大错报风险提供适当依据的审计证据。

第十条　注册会计师应当复核以前期间会计估计的结果，或者复核管理层对以前期间会计估计作出的后续重新估计，以帮助识别和评估本期的重大错报风险。

注册会计师复核的目的不是质疑以前期间依据当时可获得的信息作出的适当判断。

在确定复核的性质和范围时，注册会计师应当考虑会计估计的特征。

第十一条　在对会计估计进行审计时，注册会计师应当确定，为开展下列工作，项目组是否需要具备专门技能和知识：

（一）实施风险评估程序，以识别和评估重大错报风险；

（二）设计和实施审计程序，以应对重大错报风险；

（三）评价获取的审计证据。

第二节 识别和评估重大错报风险

第十二条 当按照《中国注册会计师审计准则第 1211 号——重大错报风险的识别和评估》的规定，识别和评估与会计估计和相关披露有关的认定层次重大错报风险（包括分别评估固有风险和控制风险）时，注册会计师应当考虑下列方面，以识别重大错报风险和评估固有风险：

（一）估计不确定性的程度。

（二）复杂性、主观性和其他固有风险因素对下列方面的影响程度：

1. 管理层在作出会计估计时，对方法、假设和数据的选择和运用；

2. 管理层对财务报表中的点估计的选择，以及作出的相关披露。

第十三条 对于按照本准则第十二条的规定识别和评估的重大错报风险，注册会计师应当作出职业判断，确定其是否为特别风险。如果存在特别风险，注册会计师应当识别针对该风险实施的控制，评价这些控制的设计是否有效，并确定其是否得到执行。

第三节 应对评估的重大错报风险

第十四条 按照《中国注册会计师审计准则第 1231 号——针对评估的重大错报风险采取的应对措施》的规定，注册会计师应当针对评估的认定层次重大错报风险，在考虑形成风险评估结果的依据的基础上，设计和实施进一步审计程序。注册会计师应当实施下列一项或多项审计程序：

（一）从截至审计报告日发生的事项获取审计证据（见本准则第十七条）；

（二）测试管理层如何作出会计估计（见本准则第十八条至第二十三条）；

（三）作出注册会计师的点估计或区间估计（见本准则第二十四条至第二十五条）。

评估的重大错报风险越高，在设计和实施进一步审计程序时，注册会计师需要获取越有说服力的审计证据。注册会计师不应当偏向于获取佐证性的审计证据，也不应当排斥相矛盾的审计证据。

第十五条 按照《中国注册会计师审计准则第 1231 号——针对评估的重大错报风险采取的应对措施》的规定，如果存在下列情形之一，注册会计师应当设计和实施控制测试，针对控制运行的有效性，获取充分、适当的审计证据：

（一）在评估认定层次重大错报风险时，预期控制的运行是有效的；

（二）仅实施实质性程序并不能够提供认定层次充分、适当的审计证据。

在设计和实施与会计估计相关的控制测试时，注册会计师应当考虑形成重大错报风险评估结果的依据。

对控制有效性的信赖程度越高，注册会计师应当获取越有说服力的审计证据。

第十六条 对于与会计估计相关的特别风险，如果拟信赖针对该风险实施的控制，注册会计师应当在本期测试这些控制运行的有效性。

如果针对特别风险实施的程序仅为实质性程序，这些程序应当包括细节测试。

第十七条 如果进一步审计程序包括从截至审计报告日发生的事项获取审计证据，注册会计师应当评价这些审计证据是否充分、适当，以应对与会计估计相关的重大错报风险。在评价时，注册会计师应当根据适用的财务报告编制基础，考虑事项发生日与计量日之间具体情况的变化是否会影响这些审计证据的相关性。

第十八条 如果测试管理层如何作出会计估计，注册会计师应当根据本准则第十九条至第二十二条的规定，设计和实施进一步审计程序，以针对与下列事项相关的重大错报风险获取充分、适当的审计证据：

（一）管理层在作出会计估计时，对方法、重大假设和数据的选择和运用；

（二）管理层如何选择点估计，并就估计不确定性作出披露。

第十九条　在针对管理层使用的方法运用本准则第十八条的规定时，注册会计师应当针对下列方面设计和实施进一步审计程序：

（一）依据适用的财务报告编制基础，选择的方法是否适当，该方法相对于上期发生的变化是否适当（如适用）。

（二）是否有迹象表明，管理层在选择方法时作出的判断可能存在管理层偏向。

（三）是否按照所选择的方法计算、计算是否准确。

（四）如果运用的方法涉及复杂建模，相关判断是否保持了一贯性，并且：

1. 模型的设计是否符合适用的财务报告编制基础中的计量目标，是否适合于具体情况，以及该模型相对于上期发生的变化是否适合于具体情况（如适用）；

2. 对模型输出结果的调整是否与适用的财务报告编制基础中的计量目标一致，以及是否适合于具体情况。

（五）在运用方法时是否保持了重大假设和数据的准确性、完整性和有效性。

第二十条　在针对管理层使用的重大假设运用本准则第十八条　的规定时，注册会计师应当针对下列方面设计和实施进一步审计程序：

（一）依据适用的财务报告编制基础，重大假设是否适当，重大假设相对于上期发生的变化是否适当（如适用）；

（二）是否有迹象表明，管理层在选择重大假设时作出的判断可能存在管理层偏向；

（三）根据注册会计师在审计中了解到的情况，重大假设之间是否相互一致，重大假设是否与其他会计估计中所使用的假设一致、是否与被审计单位业务活动的其他领域中所使用的相关假设一致；

（四）管理层是否具有采取与重大假设相关的特定行动的意图和能力（如适用）。

第二十一条　在针对管理层使用的数据运用本准则第十八条的规定时，注册会计师应当针对下列方面设计和实施进一步审计程序：

（一）依据适用的财务报告编制基础，数据是否适当，数据相对于上期发生的变化是否适当（如适用）；

（二）是否有迹象表明，管理层在选择数据时作出的判断可能存在管理层偏向；

（三）数据在具体情况下是否相关和可靠；

（四）是否已经恰当理解和解读数据，包括合同条款。

第二十二条　在运用本准则第十八条的规定时，注册会计师应当设计和实施进一步审计程序，以确定管理层是否已根据适用的财务报告编制基础，就下列方面采取适当措施：

（一）了解估计不确定性；

（二）选择适当的点估计，并就估计不确定性作出披露，以应对估计不确定性。

第二十三条　根据获取的审计证据，如果认为管理层没有为了解和应对估计不确定性采取适当措施，注册会计师应当：

（一）要求管理层实施追加程序以了解估计不确定性，或者要求管理层重新考虑对点估计的选择或就估计不确定性作出额外披露以应对估计不确定性，并按照本准则第二十二条的规定评价管理层的应对措施；

（二）如果管理层的上述应对措施不能充分应对估计不确定性，则在可行的范围内，按照本准则第二十四条至第二十五条的规定作出注册会计师的点估计或区间估计；

（三）评价是否存在内部控制缺陷，如果存在内部控制缺陷，则按照《中国注册会计师审计准则第1152号——向治理层和管理层通报内部控制缺陷》的规定进行沟通。

第二十四条　如果注册会计师作出点估计或区间估计，用以评价管理层的点估计和与估计不确定性相关的披露［包括本准则第二十三条第（二）项规定的情形］，注册会计师应当依据适用的财务报告编制基础，评价注册会计师在作出点估计或区间估计时，所使用的方法、假设或数据是否适当。无论使用的是管理层的方法、假设或数据，还是注册会计师的方法、假设或数据，注册会计师均应当就这些方法、假设或数据，针对本准则第十九条至第二十一条中的事项，设计和实施进一步审计程序。

第二十五条 如果注册会计师作出区间估计，注册会计师应当：

（一）确定区间估计范围内的金额均有充分、适当的审计证据支持，并根据适用的财务报告编制基础中的计量目标和其他规定，确定区间估计范围内的金额均是合理的；

（二）针对所评估的、与估计不确定性的披露有关的重大错报风险，设计和实施进一步审计程序，以获取充分、适当的审计证据。

第二十六条 在针对与会计估计相关的重大错报风险获取审计证据时，无论作为审计证据的信息来源如何，注册会计师均应当遵守《中国注册会计师审计准则第 1301 号——审计证据》的相关规定。对于管理层的专家的工作，本准则第十七条至第二十五条的规定可能有助于注册会计师根据《中国注册会计师审计准则第 1301 号——审计证据》第十二条第（三）项的规定，评价将管理层的专家的工作用作有关认定的审计证据的适当性。

第四节　与会计估计相关的披露

第二十七条 注册会计师应当针对所评估的、与会计估计相关披露有关的认定层次重大错报风险，设计和实施进一步审计程序，以获取充分、适当的审计证据。其中，针对与估计不确定性相关的披露，注册会计师应当根据具体情况遵守本准则第二十二条第（二）项和第二十五条第（二）项的规定。

第五节　可能存在管理层偏向的迹象

第二十八条 对于管理层就财务报表中的会计估计所作的判断和决策，注册会计师应当评价是否有迹象表明可能存在管理层偏向，即使这些判断和决策孤立地看是合理的。如果识别出可能存在管理层偏向的迹象，注册会计师应当评价这一情况对审计的影响。如果是管理层有意误导，则管理层偏向具有舞弊性质。

第六节　实施审计程序之后的总体评价

第二十九条 注册会计师应当根据已经实施的审计程序以及获取的审计证据，作出下列评价：

（一）认定层次重大错报风险的评估结果是否仍然适当（包括识别出可能存在管理层偏向的迹象时）；

（二）管理层对于财务报表中会计估计的确认、计量和列报（包括披露）作出的决策，是否符合适用的财务报告编制基础的规定；

（三）是否已经获取充分、适当的审计证据。

第三十条 在根据本准则第二十九条第（三）项的规定作出评价时，注册会计师应当考虑已获取的所有相关审计证据，无论这些审计证据是佐证性的，还是相矛盾的。如果无法获取充分、适当的审计证据，注册会计师应当评价这一情况对审计的影响，或者按照《中国注册会计师审计准则第 1502 号——在审计报告中发表非无保留意见》的规定，评价这一情况对审计意见的影响。

第三十一条 注册会计师应当确定，依据适用的财务报告编制基础，会计估计和相关披露是否合理。如不合理，则构成错报。

第三十二条 注册会计师应当对被审计单位作出的与会计估计相关的披露是否足以使财务报表整体实现公允反映进行评价。

第七节 书面声明

第三十三条 注册会计师应当要求管理层和治理层（如适用）就以下事项提供书面声明：根据适用的财务报告编制基础有关确认、计量或披露的规定，管理层和治理层（如适用）作出会计估计和相关披露时使用的方法、重大假设和数据是适当的。

注册会计师还应当考虑是否需要获取关于特定会计估计（包括所使用的方法、假设或数据）的书面声明。

第八节 与治理层、管理层以及其他相关机构和人员的沟通

第三十四条 按照《中国注册会计师审计准则第 1151 号——与治理层的沟通》和《中国注册会计师审计准则第 1152 号——向治理层和管理层通报内部控制缺陷》的规定，与治理层或管理层进行沟通时，注册会计师应当根据形成重大错报风险评估结果的依据，考虑是否需要沟通与会计估计相关的事项。此外，在特定情况下，法律法规可能要求注册会计师就特定事项与其他相关机构和人员（如监管机构）进行沟通。

第九节 审计工作底稿

第三十五条 注册会计师应当遵守《中国注册会计师审计准则第 1131 号——审计工作底稿》的规定，并就下列事项形成审计工作底稿：

（一）根据本准则第九条的规定了解到的要点；

（二）进一步审计程序与评估的认定层次重大错报风险之间的联系，包括考虑形成认定层次重大错报风险评估结果的依据；

（三）在管理层没有采取适当措施以了解和应对估计不确定性的情况下，注册会计师的应对措施；

（四）与会计估计相关的、可能存在管理层偏向的迹象，以及根据本准则第二十八条的规定就这一情况对审计的影响作出的评价；

（五）依据适用的财务报告编制基础，注册会计师为确定会计估计和相关披露是否合理，而作出的重大判断。

第五章 附 则

第三十六条 本准则自 2023 年 7 月 1 日起施行。

中国注册会计师审计准则第 1323 号——关联方

（2022 年 12 月 22 日修订）

第一章 总 则

第一条 为了规范注册会计师在财务报表审计中与关联方关系及其交易相关的责任，制定本准则。

第二条 在涉及与关联方关系及其交易相关的重大错报风险时，本准则是对注册会计师如何应用《中国注册会计师审计准则第 1211 号——重大错报风险的识别和评估》《中国注册会计师审计准则第 1231 号——针对评估的重大错报风险采取的应对措施》和《中国注

册会计师审计准则第 1141 号——财务报表审计中与舞弊相关的责任》的进一步扩展。

第三条 许多关联方交易是在正常经营过程中发生的，与类似的非关联方交易相比，这些关联方交易可能并不具有更高的财务报表重大错报风险。但是，在某些情况下，关联方关系及其交易的性质可能导致关联方交易比非关联方交易具有更高的财务报表重大错报风险。例如：

（一）关联方可能通过广泛而复杂的关系和组织结构进行运作，相应增加关联方交易的复杂程度；

（二）信息系统可能无法有效识别或汇总被审计单位与关联方之间的交易和未结算项目的金额；

（三）关联方交易可能未按照正常的市场交易条款和条件进行，例如，某些关联方交易可能没有相应的对价。

第四条 由于关联方之间彼此并不独立，为使财务报表使用者了解关联方关系及其交易的性质，以及关联方关系及其交易对财务报表实际或潜在的影响，许多财务报告编制基础对关联方关系及其交易的会计处理和披露作出了规定。

在适用的财务报告编制基础作出规定的情况下，注册会计师有责任实施审计程序，以识别、评估和应对被审计单位未能按照适用的财务报告编制基础对关联方关系及其交易进行恰当会计处理或披露导致的重大错报风险。

第五条 即使适用的财务报告编制基础对关联方作出很少的规定或没有作出规定，注册会计师仍然需要了解被审计单位的关联方关系及其交易，以足以确定财务报表（就其受到关联方关系及其交易的影响而言）是否实现公允反映。

第六条 由于关联方之间更容易发生舞弊，因此注册会计师了解被审计单位的关联方关系及其交易，与其按照《中国注册会计师审计准则第 1141 号——财务报表审计中与舞弊相关的责任》的规定评价是否存在一项或多项舞弊风险因素相关。

第七条 由于审计的固有限制，即使注册会计师按照审计准则的规定恰当计划和实施了审计工作，也不可避免地存在财务报表中的某些重大错报未被发现的风险。就关联方而言，由于下列原因，审计的固有限制对注册会计师发现重大错报能力的潜在影响会加大：

（一）管理层可能未能识别出所有关联方关系及其交易，特别是在适用的财务报告编制基础没有对关联方作出规定时；

（二）关联方关系可能为管理层的串通舞弊、隐瞒或操纵行为提供更多机会。

第八条 由于存在未披露关联方关系及其交易的可能性，注册会计师按照《中国注册会计师审计准则第 1101 号——注册会计师的总体目标和审计工作的基本要求》的规定，在计划和实施与关联方关系及其交易有关的审计工作时，保持职业怀疑尤为重要。

本准则旨在帮助注册会计师识别和评估与关联方关系及其交易有关的重大错报风险，以及设计审计程序以应对评估的风险。

第二章 定 义

第九条 关联方，在适用的财务报告编制基础对关联方作出规定的情况下，是指财务报告编制基础定义的关联方。

第十条 公平交易，是指按照互不关联、各自独立行事且追求自身最大利益的自愿的买方和自愿的卖方达成的条款和条件进行的交易。

第三章 目 标

第十一条 注册会计师的目标是：

（一）无论适用的财务报告编制基础是否对关联方作出规定，充分了解关联方关系及其交易，以便能够确认由此产生的、与识别和评估由于舞弊导致的重大错报风险相关的舞弊风险因素（如有）；根据获取的审计证据，就财务报表受到关联方关系及其交易的影响而言，确定财务报表是否实现公允反映。

（二）如果适用的财务报告编制基础对关联方作出规定，获取充分、适当的审计证据，确定关联方关系及其交易是否已按照适用的财务报告编制基础得到恰当识别、会计处理和披露。

第四章　要　　求

第一节　风险评估程序和相关工作

第十二条　《中国注册会计师审计准则第 1211 号——重大错报风险的识别和评估》和《中国注册会计师审计准则第 1141 号——财务报表审计中与舞弊相关的责任》规定了注册会计师在审计过程中实施的风险评估程序和相关工作。作为风险评估程序和相关工作的一部分，注册会计师应当实施本准则第十三条至第十八条规定的审计程序和相关工作，以获取与识别关联方关系及其交易相关的重大错报风险的信息。

第十三条　项目组按照《中国注册会计师审计准则第 1211 号——重大错报风险的识别和评估》和《中国注册会计师审计准则第 1141 号——财务报表审计中与舞弊相关的责任》的规定进行内部讨论时，应当特别考虑由于关联方关系及其交易导致的舞弊或错误使得财务报表存在重大错报的可能性。

第十四条　注册会计师应当向管理层询问下列事项：

（一）关联方的名称和特征，包括关联方自上期以来发生的变化；

（二）被审计单位和关联方之间关系的性质；

（三）被审计单位在本期是否与关联方发生交易，如发生，交易的类型、定价政策和目的。

第十五条　如果管理层建立了下列与关联方关系及其交易相关的控制，注册会计师应当询问管理层和被审计单位内部其他人员，实施其他适当的风险评估程序，以获取对相关控制的了解：

（一）按照适用的财务报告编制基础，对关联方关系及其交易进行识别、会计处理和披露；

（二）授权和批准重大关联方交易和安排；

（三）授权和批准超出正常经营过程的重大交易和安排。

第十六条　某些安排或其他信息可能显示管理层以前未识别或未向注册会计师披露的关联方关系或关联方交易，在审计过程中检查记录或文件时，注册会计师应当对这些安排或其他信息保持警觉。

注册会计师应当检查下列记录或文件，以确定是否存在管理层以前未识别或未向注册会计师披露的关联方关系或关联方交易：

（一）注册会计师实施审计程序时获取的银行和律师的询证函回函；

（二）股东会和治理层会议的纪要；

（三）注册会计师认为必要的其他记录或文件。

第十七条　在实施本准则第十六条规定的审计程序或其他审计程序时，如果识别出被审计单位超出正常经营过程的重大交易，注册会计师应当向管理层询问这些交易的性质以及是否涉及关联方。

第十八条　在整个审计过程中，注册会计师应当与项目组其他成员分享获取的关联方的相关信息。

第二节　识别和评估与关联方关系及其交易相关的重大错报风险

第十九条　注册会计师应当按照《中国注册会计师审计准则第 1211 号——重大错报风险的识别和评估》的规定，识别和评估关联方关系及其交易导致的重大错报风险，并确定这些风险是否为特别风险。在确定时，注册会计师应当将识别出的、超出被审计单位正常经营过程的重大关联方交易导致的风险确定为特别风险。

第二十条　如果在实施与关联方有关的风险评估程序和相关工作中识别出舞弊风险因素，包括与能够对被审计单位或管理层施加支配性影响的关联方有关的情形，注册会计师应当按照《中国注册会计师审计准则第 1141 号——财务报表审计中与舞弊相关的责任》的规定，在识别和评估由于舞弊导致的重大错报风险时考虑这些信息。

第三节　针对与关联方关系及其交易相关的重大错报风险的应对措施

第二十一条　注册会计师应当按照《中国注册会计师审计准则第 1231 号——针对评估的重大错报风险采取的应对措施》的规定，针对评估的与关联方关系及其交易相关的重大错报风险，设计和实施进一步审计程序，以获取充分、适当的审计证据。这些程序应当包括本准则第二十二条至第二十五条规定的审计程序。

第二十二条　如果识别出可能表明存在管理层以前未识别出或未向注册会计师披露的关联方关系或交易的安排或信息，注册会计师应当确定相关情况是否能够证实关联方关系或关联方交易的存在。

第二十三条　如果识别出管理层以前未识别出或未向注册会计师披露的关联方关系或重大关联方交易，注册会计师应当：

（一）立即将相关信息向项目组其他成员通报；

（二）在适用的财务报告编制基础对关联方作出规定的情况下，要求管理层识别与新识别出的关联方之间发生的所有交易，以便注册会计师作出进一步评价，并询问与关联方关系及其交易相关的控制为何未能识别或披露该关联方关系或交易；

（三）对新识别出的关联方或重大关联方交易实施恰当的实质性程序；

（四）重新考虑可能存在管理层以前未识别出或未向注册会计师披露的其他关联方或重大关联方交易的风险，如有必要，实施追加的审计程序；

（五）如果管理层不披露关联方关系或交易看似是有意的，因而显示可能存在由于舞弊导致的重大错报风险，评价这一情况对审计的影响。

第二十四条　对于识别出的超出正常经营过程的重大关联方交易，注册会计师应当：

（一）检查相关合同或协议（如有）；

（二）获取交易已经恰当授权和批准的审计证据。如果检查相关合同或协议，注册会计师应当评价：

（一）交易的商业理由（或缺乏商业理由）是否表明被审计单位从事交易的目的可能是为了对财务信息作出虚假报告或为了隐瞒侵占资产的行为；

（二）交易条款是否与管理层的解释一致；

（三）关联方交易是否已按照适用的财务报告编制基础得到恰当会计处理和披露。

第二十五条　如果管理层在财务报表中作出认定，声明关联方交易是按照等同于公平交易中通行的条款执行的，注册会计师应当就该项认定获取充分、适当的审计证据。

第四节　评价识别出的关联方关系及其交易的会计处理和披露

第二十六条　当按照《中国注册会计师审计准则第 1501 号——对财务报表形成审计意见和出具审计报告》的规定对财务报表形成审计意见时，注册会计师应当评价：

（一）识别出的关联方关系及其交易是否已按照适用的财务报告编制基础得到恰当会计处理和披露；

（二）关联方关系及其交易是否导致财务报表未实现公允反映。

第五节　书面声明

第二十七条　如果适用的财务报告编制基础对关联方作出规定，注册会计师应当向管理层和治理层（如适用）获取下列书面声明：

（一）已经向注册会计师披露了全部已知的关联方名称和特征、关联方关系及其交易；

（二）已经按照适用的财务报告编制基础的规定，对关联方关系及其交易进行了恰当的会计处理和披露。

第六节　与治理层的沟通

第二十八条　除非治理层全部成员参与管理被审计单位，注册会计师应当与治理层沟通审计工作中发现的与关联方相关的重大事项。

第七节　审计工作底稿

第二十九条　注册会计师应当就识别出的关联方名称、关联方关系的性质以及关联方交易类型和交易要素形成审计工作底稿。

第五章　附　则

第三十条　本准则自 2023 年 7 月 1 日起施行。

中国注册会计师审计准则第 1324 号——持续经营

（2022 年 12 月 22 日修订）

第一章　总　则

第一条　为了规范注册会计师在财务报表审计中与持续经营相关的责任以及对审计报告的影响，制定本准则。

第二条　在持续经营假设下，财务报表是基于被审计单位持续经营并在可预见的将来继续经营下去的假设编制的。

通用目的财务报表是运用持续经营假设编制的，除非管理层计划清算被审计单位、终止运营或别无其他现实的选择。特殊目的财务报表可以根据需要按照（或不按照）与持续经营假设相关的财务报告编制基础编制（例如，在特定国家或地区，持续经营假设与某些按照计税核算基础编制的财务报表无关）。

如果运用持续经营假设是适当的，则被审计单位对其资产和负债的记录是建立在正常经营过程中能够变现资产、清偿债务的基础上的。

第三条　某些财务报告编制基础（如我国企业会计准则）明确要求管理层对被审计单位持续经营能力作出专门评估，并规定了与此相关的需要考虑的事项和作出的披露。相关法律法规还可能对管理层评估持续经营能力的责任和相关财务报表披露作出具体规定。

第四条　其他财务报告编制基础可能没有明确要求管理层对持续经营能力作出专门评

估。然而，如本准则第二条所述，如果持续经营假设是编制财务报表的基本原则，即使其他财务报告编制基础没有对此作出明确规定，管理层也需要在编制财务报表时评估持续经营能力。

第五条 管理层对持续经营能力的评估涉及在特定时点对事项或情况的未来结果作出判断，这些事项或情况的未来结果具有固有不确定性。下列因素与管理层的判断相关：

（一）某一事项或情况或其结果出现的时点距离管理层作出评估的时点越远，与事项或情况的结果相关的不确定性程度将显著增加。因此，大多数明确要求管理层对持续经营能力作出评估的财务报告编制基础规定了管理层应当考虑所有可获得信息的期间；

（二）被审计单位的规模和复杂程度、经营活动的性质和状况以及被审计单位受外部因素影响的程度，将影响对事项或情况的结果作出的判断；

（三）对未来的所有判断都以作出判断时可获得的信息为基础。管理层作出的判断在当时情况下可能是合理的，但之后发生的事项可能导致事项或情况的结果与作出的判断不一致。

第六条 注册会计师的责任是，就管理层在编制财务报表时运用持续经营假设的适当性获取充分、适当的审计证据并得出结论，并根据获取的审计证据就被审计单位持续经营能力是否存在重大不确定性得出结论。

即使编制财务报表时采用的财务报告编制基础没有明确要求管理层对持续经营能力作出专门评估，注册会计师的这种责任仍然存在。

第七条 如果存在可能导致被审计单位不再持续经营的未来事项或情况，审计的固有限制对注册会计师发现重大错报能力的潜在影响会加大。注册会计师不能对这些未来事项或情况作出预测。相应地，注册会计师未在审计报告中提及与被审计单位持续经营能力相关的重大不确定性，不能被视为对被审计单位持续经营能力的保证。

第二章 目　　标

第八条 注册会计师的目标是：

（一）就管理层编制财务报表时运用持续经营假设的适当性，获取充分、适当的审计证据，并得出结论；

（二）根据获取的审计证据，就可能导致对被审计单位持续经营能力产生重大疑虑的事项或情况是否存在重大不确定性得出结论；

（三）按照本准则的规定出具审计报告。

第三章 要　　求

第一节　风险评估程序和相关活动

第九条 在按照《中国注册会计师审计准则第 1211 号——重大错报风险的识别和评估》的规定实施风险评估程序时，注册会计师应当考虑是否存在可能导致对被审计单位持续经营能力产生重大疑虑的事项或情况。在进行考虑时，注册会计师应当确定管理层是否已对被审计单位持续经营能力作出初步评估。如果管理层已对持续经营能力作出初步评估，注册会计师应当与管理层进行讨论，并确定管理层是否已识别出单独或汇总起来可能导致对被审计单位持续经营能力产生重大疑虑的事项或情况。如果管理层已识别出这些事项或情况，注册会计师应当与其讨论应对计划。

如果管理层未对持续经营能力作出初步评估，注册会计师应当与管理层讨论其拟运用持续经营假设的理由，询问管理层是否存在单独或汇总起来可能导致对被审计单位持续经营能力产生重大疑虑的事项或情况。

第十条　针对有关可能导致对被审计单位持续经营能力产生重大疑虑的事项或情况的审计证据，注册会计师应当在整个审计过程中保持警觉。

第二节　评价管理层的评估

第十一条　注册会计师应当评价管理层对被审计单位持续经营能力作出的评估。

第十二条　在评价管理层对被审计单位持续经营能力作出的评估时，注册会计师的评价期间应当与管理层按照适用的财务报告编制基础或法律法规（如果法律法规要求的期间更长）的规定作出评估的涵盖期间相同。

如果管理层评估持续经营能力涵盖的期间短于自财务报表日起的十二个月，注册会计师应当提请管理层将其至少延长至自财务报表日起的十二个月。

第十三条　在评价管理层作出的评估时，注册会计师应当考虑该评估是否已包括注册会计师在审计过程中注意到的所有相关信息。

第三节　询问超出管理层评估期间的事项或情况

第十四条　注册会计师应当询问管理层是否知悉超出评估期间的、可能导致对被审计单位持续经营能力产生重大疑虑的事项或情况。

第四节　识别出事项或情况时实施追加的审计程序

第十五条　如果识别出可能导致对持续经营能力产生重大疑虑的事项或情况，注册会计师应当通过实施追加的审计程序（包括考虑缓解因素），获取充分、适当的审计证据，以确定可能导致对被审计单位持续经营能力产生重大疑虑的事项或情况是否存在重大不确定性（以下简称重大不确定性）。

这些程序应当包括：

（一）如果管理层尚未对被审计单位持续经营能力作出评估，提请其进行评估；

（二）评价管理层与持续经营能力评估相关的未来应对计划，这些计划的结果是否可能改善目前的状况，以及管理层的计划对于具体情况是否可行；

（三）如果被审计单位已编制现金流量预测，且在评价管理层未来应对计划时对预测的分析是考虑事项或情况未来结果的重要因素，评价用于编制预测的基础数据的可靠性，并确定预测所基于的假设是否具有充分的支持；

（四）考虑自管理层作出评估后是否存在其他可获得的事实或信息；

（五）要求管理层和治理层（如适用）提供有关未来应对计划及其可行性的书面声明。

第五节　审 计 结 论

第十六条　注册会计师应当评价是否已就管理层编制财务报表时运用持续经营假设的适当性获取了充分、适当的审计证据，并就运用持续经营假设的适当性得出结论。

第十七条　注册会计师应当根据获取的审计证据，运用职业判断，就单独或汇总起来可能导致对被审计单位持续经营能力产生重大疑虑的事项或情况是否存在重大不确定性得出结论。

如果注册会计师根据职业判断认为，鉴于不确定性潜在影响的重要程度和发生的可能性，为了使财务报表实现公允反映，管理层有必要适当披露该不确定性的性质和影响，则表明存在重大不确定性。

第十八条　如果认为管理层运用持续经营假设适合具体情况，但存在重大不确定性，注册会计师应当确定：

（一）财务报表是否已充分披露可能导致对持续经营能力产生重大疑虑的主要事项或情况，以及管理层针对这些事项或情况的应对计划；

（二）财务报表是否已清楚披露可能导致对持续经营能力产生重大疑虑的事项或情况存在重大不确定性，并由此导致被审计单位可能无法在正常的经营过程中变现资产和清偿债务。

第十九条 如果已识别出可能导致对被审计单位持续经营能力产生重大疑虑的事项或情况，但根据获取的审计证据，注册会计师认为不存在重大不确定性，则注册会计师应当根据适用的财务报告编制基础的规定，评价财务报表是否对这些事项或情况作出充分披露。

第六节 对审计报告的影响

第二十条 如果财务报表已按照持续经营假设编制，但根据判断认为管理层在财务报表中运用持续经营假设是不适当的，注册会计师应当发表否定意见。

第二十一条 如果运用持续经营假设是适当的，但存在重大不确定性，且财务报表对重大不确定性已作出充分披露，注册会计师应当发表无保留意见，并在审计报告中增加以"与持续经营相关的重大不确定性"为标题的单独部分，以：

（一）提醒财务报表使用者关注财务报表附注中对本准则第十八条所述事项的披露；

（二）说明这些事项或情况表明存在可能导致对被审计单位持续经营能力产生重大疑虑的重大不确定性，并说明该事项并不影响发表的审计意见。

第二十二条 如果运用持续经营假设是适当的，但存在重大不确定性，且财务报表对重大不确定性未作出充分披露，注册会计师应当按照《中国注册会计师审计准则第1502号——在审计报告中发表非无保留意见》的规定，恰当发表保留意见或否定意见。

注册会计师应当在审计报告"形成保留（否定）意见的基础"部分说明，存在可能导致对被审计单位持续经营能力产生重大疑虑的重大不确定性，但财务报表未充分披露该事项。

第二十三条 如果运用持续经营假设是适当的，但存在重大不确定性，且管理层不愿按照注册会计师的要求作出评估或延长评估期间，注册会计师应当考虑这一情况对审计报告的影响。

第七节 与治理层沟通

第二十四条 注册会计师应当与治理层就识别出的可能导致对被审计单位持续经营能力产生重大疑虑的事项或情况进行沟通，除非治理层全部成员参与管理被审计单位。

与治理层的沟通应当包括下列方面：

（一）这些事项或情况是否构成重大不确定性；

（二）管理层在编制财务报表时运用持续经营假设是否适当；

（三）财务报表中的相关披露是否充分；

（四）对审计报告的影响（如适用）。

第八节 严重拖延对财务报表的批准

第二十五条 如果管理层或治理层在财务报表日后严重拖延对财务报表的批准，注册会计师应当询问拖延的原因。如果认为拖延可能涉及与持续经营评估相关的事项或情况，注册会计师应当实施本准则第十五条所述的有必要实施的追加的审计程序，并考虑对注册会计师根据本准则第十七条的规定，就是否存在重大不确定性得出的结论的影响。

中国注册会计师审计准则第 1331 号——首次审计业务涉及的期初余额

（2022 年 12 月 22 日修订）

第一章 总 则

第一条 为了规范注册会计师在执行首次审计业务时对期初余额的责任，制定本准则。

第二条 当财务报表包括比较财务信息时，《中国注册会计师审计准则第 1511 号——比较信息：对应数据和比较财务报表》的规定同样适用。《中国注册会计师审计准则第 1201 号——计划审计工作》对首次审计业务开始前的活动提出补充要求。

第二章 定 义

第三条 首次审计业务，是指在上期财务报表未经审计，或上期财务报表由前任注册会计师审计的情况下承接的审计业务。

第四条 期初余额，是指期初存在的账户余额。期初余额以上期期末余额为基础，反映了以前期间的交易和事项以及上期采用的会计政策的结果。期初余额也包括期初存在的需要披露的事项，如或有事项和承诺事项。

第五条 前任注册会计师，是指已对被审计单位上期财务报表进行审计，但被现任注册会计师接替的其他会计师事务所的注册会计师。

第三章 目 标

第六条 在执行首次审计业务时，注册会计师针对期初余额的目标是，获取充分、适当的审计证据以确定：

（一）期初余额是否含有对本期财务报表产生重大影响的错报；

（二）期初余额反映的恰当的会计政策是否在本期财务报表中得到一贯运用，或会计政策的变更是否已按照适用的财务报告编制基础作出恰当的会计处理和适当的列报。

第四章 要 求

第一节 审 计 程 序

第七条 注册会计师应当阅读最近期间的财务报表和前任注册会计师出具的审计报告（如有），获取与期初余额相关的信息，包括披露。

第八条 注册会计师应当通过采取下列措施，获取充分、适当的审计证据，以确定期初余额是否包含对本期财务报表产生重大影响的错报：

（一）确定上期期末余额是否已正确结转至本期，或在适当的情况下已作出重新表述；

（二）确定期初余额是否反映对恰当会计政策的运用；

（三）实施一项或多项审计程序。注册会计师实施的一项或多项审计程序包括：

（一）如果上期财务报表已经审计，查阅前任注册会计师的审计工作底稿，以获取有关期初余额的审计证据；

（二）评价本期实施的审计程序是否提供了有关期初余额的审计证据；

（三）实施其他专门的审计程序，以获取有关期初余额的审计证据。

第九条　如果获取的审计证据表明期初余额存在可能对本期财务报表产生重大影响的错报，注册会计师应当实施适合具体情况的追加的审计程序，以确定对本期财务报表的影响。

如果认为本期财务报表中存在这类错报，注册会计师应当按照《中国注册会计师审计准则第 1251 号——评价审计过程中识别出的错报》的规定，就这类错报与适当层级的管理层和治理层进行沟通。

第十条　注册会计师应当获取充分、适当的审计证据，以确定期初余额反映的会计政策是否在本期财务报表中得到一贯运用，以及会计政策的变更是否已按照适用的财务报告编制基础作出恰当的会计处理和适当的列报。

第十一条　如果上期财务报表已由前任注册会计师审计，并发表了非无保留意见，注册会计师应当按照《中国注册会计师审计准则第 1211 号——重大错报风险的识别和评估》的规定，在评估本期财务报表重大错报风险时，评价导致对上期财务报表发表非无保留意见的事项的影响。

第二节　审计结论和审计报告

第十二条　如果不能获取有关期初余额的充分、适当的审计证据，注册会计师应当按照《中国注册会计师审计准则第 1502 号——在审计报告中发表非无保留意见》的规定，对财务报表发表保留意见或无法表示意见。

第十三条　如果认为期初余额存在对本期财务报表产生重大影响的错报，且错报的影响未能得到恰当的会计处理或适当的列报，注册会计师应当按照《中国注册会计师审计准则第 1502 号——在审计报告中发表非无保留意见》的规定，对财务报表发表保留意见或否定意见。

第十四条　如果认为按照适用的财务报告编制基础与期初余额相关的会计政策未能在本期得到一贯运用，或者会计政策的变更未能得到恰当的会计处理或适当的列报，注册会计师应当按照《中国注册会计师审计准则第 1502 号——在审计报告中发表非无保留意见》的规定，对财务报表发表保留意见或否定意见。

第十五条　如果前任注册会计师对上期财务报表发表了非无保留意见，并且导致发表非无保留意见的事项对本期财务报表仍然相关和重大，注册会计师应当按照《中国注册会计师审计准则第 1502 号——在审计报告中发表非无保留意见》和《中国注册会计师审计准则第 1511 号——比较信息：对应数据和比较财务报表》的规定，对本期财务报表发表非无保留意见。

第五章　附　　则

第十六条　本准则自 2023 年 7 月 1 日起施行。

中国注册会计师审计准则第 1332 号——期后事项

（2016 年 12 月 23 日修订）

第一章　总　　则

第一条　为了规范注册会计师在财务报表审计中对期后事项的责任，制定本准则。对于与注册会计师在审计报告日后获取的其他信息的责任相关的事项，本准则不予规范，而是由《中国注册会计师审计准则第 1521 号——注册会计师对其他信息的责任》作出规范。然而，这种其他信息可能揭示出本准则范围内的期后事项。

第二条　财务报表可能受到财务报表日后发生的事项的影响。

适用的财务报告编制基础通常专门提及期后事项，将其区分为下列两类：

（一）对财务报表日已经存在的情况提供证据的事项；

（二）对财务报表日后发生的情况提供证据的事项。

审计报告的日期向财务报表使用者表明，注册会计师已考虑其知悉的，截至审计报告日发生的事项和交易的影响。

第二章　定　　义

第三条　期后事项，是指财务报表日至审计报告日之间发生的事项，以及注册会计师在审计报告日后知悉的事实。

第四条　财务报表日，是指财务报表涵盖的最近期间的截止日期。

第五条　审计报告日，是指注册会计师按照《中国注册会计师审计准则第 1501 号——对财务报表形成审计意见和出具审计报告》的规定在对财务报表出具的审计报告上签署的日期。

第六条　财务报表报出日，是指审计报告和已审计财务报表提供给第三方的日期。

第七条　财务报表批准日，是指构成整套财务报表的所有报表（包括相关附注）已编制完成，并且被审计单位的董事会、管理层或类似机构已经认可其对财务报表负责的日期。

第三章　目　　标

第八条　注册会计师的目标是：

（一）获取充分、适当的审计证据，以确定财务报表日至审计报告日之间发生的、需要在财务报表中调整或披露的事项是否已经按照适用的财务报告编制基础在财务报表中得到恰当反映；

（二）恰当应对在审计报告日后注册会计师知悉的、且如果在审计报告日知悉可能导致注册会计师修改审计报告的事实。

第四章　要　　求

第一节　财务报表日至审计报告日之间发生的事项

第九条　注册会计师应当设计和实施审计程序，获取充分、适当的审计证据，以确定所有在财务报表日至审计报告日之间发生的、需要在财务报表中调整或披露的事项均已得到识别。但是，注册会计师并不需要对之前已实施审计程序并已得出满意结论的事项执行追加的审计程序。

第十条 注册会计师应当按照本准则第九条的规定实施审计程序，以使审计程序能够涵盖财务报表日至审计报告日（或尽可能接近审计报告日）之间的期间。

在确定审计程序的性质和范围时，注册会计师应当考虑风险评估的结果。这些程序应当包括：

（一）了解管理层为确保识别期后事项而建立的程序；

（二）询问管理层和治理层（如适用），确定是否已发生可能影响财务报表的期后事项；

（三）查阅被审计单位的所有者、管理层和治理层在财务报表日后举行会议的纪要，在不能获取会议纪要的情况下，询问此类会议讨论的事项；

（四）查阅被审计单位最近的中期财务报表（如有）。

第十一条 在实施本准则第九条和第十条规定的审计程序后，如果注册会计师识别出需要在财务报表中调整或披露的事项，应当确定这些事项是否按照适用的财务报告编制基础的规定在财务报表中得到恰当反映。

第十二条 注册会计师应当按照《中国注册会计师审计准则第1341——书面声明》的规定，要求管理层和治理层（如适用）提供书面声明，确认所有在财务报表日后发生的、按照适用的财务报告编制基础的规定应予调整或披露的事项均已得到调整或披露。

第二节 注册会计师在审计报告日后至财务报表报出日前知悉的事实

第十三条 在审计报告日后，注册会计师没有义务针对财务报表实施任何审计程序。

在审计报告日后至财务报表报出日前，如果知悉了某事实，且若在审计报告日知悉可能导致修改审计报告，注册会计师应当：

（一）与管理层和治理层（如适用）讨论该事项；

（二）确定财务报表是否需要修改；

（三）如果需要修改，询问管理层将如何在财务报表中处理该事项。

第十四条 如果管理层修改财务报表，注册会计师应当：

（一）根据具体情况对有关修改实施必要的审计程序；

（二）除非本准则第十五条所述的情形适用，将本准则第九条和第十条规定的审计程序延伸至新的审计报告日，并针对修改后的财务报表出具新的审计报告。新的审计报告日不应早于修改后的财务报表被批准的日期。

第十五条 在有关法律法规或适用的财务报告编制基础未禁止的情况下，如果管理层对财务报表的修改仅限于反映导致修改的期后事项的影响，被审计单位的董事会、管理层或类似机构也仅对有关修改进行批准，注册会计师可以仅针对有关修改将本准则第九条和第十条所述的审计程序延伸至新的审计报告日。在这种情况下，注册会计师应当选用下列处理方式之一：

（一）修改审计报告，针对财务报表修改部分增加补充报告日期，从而表明注册会计师对期后事项实施的审计程序仅限于财务报表相关附注所述的修改；

（二）出具新的或经修改的审计报告，在强调事项段或其他事项段中说明注册会计师对期后事项实施的审计程序仅限于财务报表相关附注所述的修改。

第十六条 在某些国家或地区，法律法规或财务报告编制基础可能不要求管理层报出经修改的财务报表，相应地，注册会计师也无须出具经修改的或新的审计报告。然而，如果认为管理层应当修改财务报表而没有修改，注册会计师应当分别以下情况予以处理：

（一）如果审计报告尚未提交给被审计单位，注册会计师应当按照《中国注册会计师审计审计准则第 1502 号——在审计报告中发表非无保留意见》的规定发表非无保留意见，然后再提交审计报告；

（二）如果审计报告已经提交给被审计单位，注册会计师应当通知管理层和治理层（除非治理层全部成员参与管理被审计单位）在财务报表作出必要修改前不要向第三方报出。如果财务报表在未经必要修改的情况下仍被报出，注册会计师应当采取适当措施，以设法防止财务报表使用者信赖该审计报告。

第三节　注册会计师在财务报表报出后知悉的事实

第十七条　在财务报表报出后，注册会计师没有义务针对财务报表实施任何审计程序。

在财务报表报出后，如果知悉了某事实，且若在审计报告日知悉可能导致修改审计报告，注册会计师应当：

（一）与管理层和治理层（如适用）讨论该事项；

（二）确定财务报表是否需要修改；

（三）如果需要修改，询问管理层将如何在财务报表中处理该事项。

第十八条　如果管理层修改了财务报表，注册会计师应当：

（一）根据具体情况对有关修改实施必要的审计程序；

（二）复核管理层采取的措施能否确保所有收到原财务报表和审计报告的人士了解这一情况；

（三）除非本准则第十五条所述的情形适用，将本准则第九条和第十条规定的审计程序延伸至新的审计报告日，并针对修改后的财务报表出具新的审计报告，新的审计报告日不应早于修改后的财务报表被批准的日期；

（四）如果本准则第十五条所述的情形适用，应当按照本准则第十五条的规定修改审计报告或提供新的审计报告。

第十九条　注册会计师应当在新的或经修改的审计报告中增加强调事项段或其他事项段，提醒财务报表使用者关注财务报表附注中有关修改原财务报表的详细原因和注册会计师提供的原审计报告。

第二十条　如果管理层没有采取必要措施确保所有收到原财务报表的人士了解这一情况，也没有在注册会计师认为需要修改的情况下修改财务报表，注册会计师应当通知管理层和治理层（除非治理层全部成员参与管理被审计单位），注册会计师将设法防止财务报表使用者信赖该审计报告。

如果注册会计师已经通知管理层或治理层，而管理层或治理层没有采取必要措施，注册会计师应当采取适当措施，以设法防止财务报表使用者信赖该审计报告。

中国注册会计师审计准则第 1341 号——书面声明

（2022 年 12 月 22 日修订）

第一章　总　则

第一条　为了规范注册会计师在财务报表审计中向管理层获取书面声明，制定本准则。

第二条　本准则附录中列示的其他审计准则，对注册会计师在特定情况下就相关事项获取书面声明提出具体要求，但并不构成对本准则普遍适用性的限制。

第三条 审计证据是注册会计师为了得出审计结论和形成审计意见而使用的信息。书面声明是注册会计师在财务报表审计中需要获取的必要信息，也是审计证据。

第四条 尽管书面声明提供必要的审计证据，但其本身并不为所涉及的任何事项提供充分、适当的审计证据。而且，管理层已提供可靠书面声明的事实，并不影响注册会计师就管理层责任履行情况或具体认定获取的其他审计证据的性质和范围。

第二章 定　　义

第五条 书面声明，是指管理层向注册会计师提供的书面陈述，用以确认某些事项或支持其他审计证据。

书面声明不包括财务报表及其认定，以及支持性账簿和相关记录。

第六条 在本准则中单独提及管理层时，应当理解为管理层和治理层（如适用）。管理层负责按照适用的财务报告编制基础编制财务报表并使其实现公允反映。

第三章 目　　标

第七条 注册会计师的目标是：

（一）向管理层获取其认为自身已履行编制财务报表和向注册会计师提供完整信息的责任的书面声明；

（二）如果注册会计师认为有必要或其他审计准则有要求，通过书面声明支持与财务报表或具体认定相关的其他审计证据；

（三）恰当应对管理层提供的书面声明或管理层不提供注册会计师要求的书面声明的情况。

第四章 要　　求

第一节　提供书面声明的管理层

第八条 注册会计师应当要求对财务报表承担相应责任并了解相关事项的管理层提供书面声明。

第二节　针对管理层责任的书面声明

第九条 针对财务报表的编制，注册会计师应当要求管理层提供书面声明，确认其根据审计业务约定条款，履行了按照适用的财务报告编制基础编制财务报表并使其实现公允反映（如适用）的责任。

第十条 针对提供的信息和交易的完整性，注册会计师应当要求管理层就下列事项提供书面声明：

（一）按照审计业务约定条款，已向注册会计师提供所有相关信息，并允许注册会计师不受限制地接触所有相关信息以及被审计单位内部人员和其他相关人员。

（二）所有交易均已记录并反映在财务报表中。

第十一条 注册会计师应当要求管理层按照审计业务约定条款中对管理层责任的描述方式，在本准则第九条和第十条要求的书面声明中对管理层责任进行描述。

第三节　其他书面声明

第十二条 除本准则和其他审计准则要求的书面声明外，如果注册会计师认为有必要获取一项或多项其他书面声明，以支持与财务报表或者一项或多项具体认定相关的其他审计证据，注册会计师应当要求管理层提供这些书面声明。

第四节　书面声明的日期和涵盖的期间

第十三条　书面声明的日期应当尽量接近对财务报表出具审计报告的日期，但不得在审计报告日后。书面声明应当涵盖审计报告针对的所有财务报表和期间。

第五节　书面声明的形式

第十四条　书面声明应当以声明书的形式致送注册会计师。如果法律法规要求管理层就其责任作出书面公开陈述，并且注册会计师认为这些陈述提供了本准则第九条和第十条要求的部分或全部声明，则这些陈述所涵盖的相关事项不必包括在声明书中。

第六节　对书面声明可靠性的疑虑以及管理层不提供要求的书面声明

第十五条　如果对管理层的胜任能力、诚信、道德价值观或勤勉尽责存在疑虑，或者对管理层在这些方面的承诺或贯彻执行存在疑虑，注册会计师应当确定这些疑虑对书面或口头声明和审计证据总体的可靠性可能产生的影响。

第十六条　如果书面声明与其他审计证据不一致，注册会计师应当实施审计程序以设法解决这些问题。如果问题仍未解决，注册会计师应当重新考虑对管理层的胜任能力、诚信、道德价值观或勤勉尽责的评估，或者重新考虑对管理层在这些方面的承诺或贯彻执行的评估，并确定书面声明与其他审计证据的不一致对书面或口头声明和审计证据总体的可靠性可能产生的影响。

第十七条　如果认为书面声明不可靠，注册会计师应当采取适当措施，包括本准则第十九条所提及的按照《中国注册会计师审计准则第 1502 号——在审计报告中发表非无保留意见》的规定，确定其对审计意见可能产生的影响。

第十八条　如果管理层不提供要求的一项或多项书面声明，注册会计师应当：

（一）与管理层讨论该事项；

（二）重新评价管理层的诚信，并评价该事项对书面或口头声明和审计证据总体的可靠性可能产生的影响；

（三）采取适当措施，包括本准则第十九条提及的按照《中国注册会计师审计准则第 1502 号——在审计报告中发表非无保留意见》的规定，确定该事项对审计意见可能产生的影响。

第十九条　按照《中国注册会计师审计准则第 1502 号——在审计报告中发表非无保留意见》的规定，如果存在下列情形之一，注册会计师应当对财务报表发表无法表示意见：

（一）注册会计师对管理层的诚信产生重大疑虑，以至于认为其按照本准则第九条和第十条的要求作出的书面声明不可靠；

（二）管理层不提供本准则第九条和第十条要求的书面声明。

附录：其他审计准则对书面声明的具体要求

下列审计准则要求注册会计师在特定情况下就相关事项获取书面声明，但其规定并不影响本准则的普遍适用性。

1.《中国注册会计师审计准则第 1141 号——财务报表审计中与舞弊相关的责任》第四十三条；

2.《中国注册会计师审计准则第 1142 号——财务报表审计中对法律法规的考虑》第十七条；

3.《中国注册会计师审计准则第 1251 号——评价审计过程中识别出的错报》第十五条；

4.《中国注册会计师审计准则第 1311 号——对存货、诉讼和索赔、分部信息等特定项目获取审计证据的具体考虑》第十二条；

5.《中国注册会计师审计准则第 1321 号——会计估计和相关披露的审计》第三十三条；

6.《中国注册会计师审计准则第 1323 号——关联方》第二十七条；

7.《中国注册会计师审计准则第 1324 号——持续经营》第十五条第二款第（五）项；

8.《中国注册会计师审计准则第 1332 号——期后事项》第十二条；

9.《中国注册会计师审计准则第 1511 号——比较信息：对应数据和比较财务报表》第十二条；

10.《中国注册会计师审计准则第 1521 号——注册会计师对其他信息的责任》第十四条第（三）项。

中国注册会计师审计准则第 1401 号——对集团财务报表审计的特殊考虑

（2022 年 12 月 22 日修订）

第一章 总 则

第一条 为了规范注册会计师执行集团审计时的特殊考虑，特别是涉及组成部分注册会计师的特殊考虑，制定本准则。

第二条 本准则规范集团审计的特定方面，其他审计准则同样适用于集团审计。

第三条 在执行非集团审计时，如果利用其他注册会计师的工作（如委托其他注册会计师对存放在偏远地点的存货实施监盘或对存放在偏远地点的固定资产实施检查），注册会计师可以根据具体情况遵守本准则的相关规定。

第四条 因法律法规要求或其他原因，组成部分注册会计师可能需要对组成部分财务报表发表审计意见。集团项目组可以决定利用组成部分注册会计师对组成部分财务报表发表审计意见所依据的审计证据，作为集团审计的审计证据，但仍需要遵守本准则的规定。

第五条 按照《中国注册会计师审计准则第 1121 号——对财务报表审计实施的质量管理》的规定，集团项目合伙人应当确保执行集团审计业务的人员（包括组成部分注册会计师）从整体上具备适当的胜任能力和必要素质，包括充足的时间。

集团项目合伙人还需要对指导、监督集团项目组成员并复核其工作承担责任。

第六条 无论是集团项目组还是组成部分注册会计师对组成部分财务信息执行相关工作，集团项目合伙人都需要遵守《中国注册会计师审计准则第 1121 号——对财务报表审计实施的质量管理》的相关规定。当组成部分注册会计师对组成部分财务信息执行相关工作时，本准则有助于集团项目合伙人满足《中国注册会计师审计准则第 1121 号——对财务报表审计实施的质量管理》的要求。

第七条 审计风险取决于重大错报风险和检查风险。在集团审计中，审计风险包括组成部分注册会计师可能没有发现组成部分财务信息存在的错报（该错报导致集团财务报表发生重大错报）的风险，以及集团项目组可能没有发现该错报的风险。

本准则规定了在组成部分注册会计师对组成部分财务信息实施风险评估程序和进一步审计程序时，集团项目组在确定参与组成部分注册会计师工作的性质、时间安排和范围时需要考虑的事项。集团项目组参与组成部分注册会计师工作的目的是为了获取充分、适当的审计证据，以作为形成集团财务报表审计意见的基础。

第二章　定　义

第八条　集团，是指由所有组成部分构成的整体，并且所有组成部分的财务信息包括在集团财务报表中。集团至少拥有一个以上的组成部分。

第九条　集团财务报表，是指包括一个以上组成部分财务信息的财务报表。集团财务报表也指没有母公司但处在同一控制下的各组成部分编制的财务信息所汇总生成的财务报表。

第十条　本准则所称适用的财务报告编制基础，是指适用于集团财务报表的财务报告编制基础。

第十一条　集团管理层，是指负责编制集团财务报表的管理层。

第十二条　集团层面控制，是指集团管理层设计、执行和维护的与集团财务报告相关的控制。

第十三条　集团审计，是指对集团财务报表进行的审计。

第十四条　集团审计意见，是指对集团财务报表发表的审计意见。

第十五条　集团项目合伙人，是指会计师事务所中负责某项集团审计业务及其执行，并代表会计师事务所在对集团财务报表出具的审计报告上签字的合伙人。如果集团项目合伙人以外的其他注册会计师在对集团财务报表出具的审计报告上签字，本准则对集团项目合伙人的规定也适用于该签字注册会计师。

如果联合注册会计师执行集团审计，联合项目合伙人及其项目组整体上构成集团项目合伙人和集团项目组。但是，本准则并不规范联合注册会计师之间的关系，或参与联合审计的一方注册会计师执行的工作与另一方注册会计师执行的工作之间的关系。

第十六条　集团项目组，是指参与集团审计的，包括集团项目合伙人在内的所有合伙人和员工。集团项目组负责制定集团总体审计策略，与组成部分注册会计师沟通，针对合并过程执行相关工作，并评价根据审计证据得出的结论，作为形成集团财务报表审计意见的基础。

第十七条　组成部分，是指某一实体或某项业务活动，其财务信息由集团或组成部分管理层编制并应包括在集团财务报表中。

第十八条　重要组成部分，是指集团项目组识别出的具有下列特征之一的组成部分：

（一）单个组成部分对集团具有财务重大性；

（二）由于单个组成部分的特定性质或情况，可能存在导致集团财务报表发生重大错报的特别风险。

第十九条　组成部分管理层，是指负责编制组成部分财务信息的管理层。

第二十条　组成部分注册会计师，是指基于集团审计目的，按照集团项目组的要求，对组成部分财务信息执行相关工作的注册会计师。

第二十一条　组成部分重要性，是指集团项目组为组成部分确定的重要性。

第二十二条　合并过程，是指：

（一）通过合并、比例合并、权益法或成本法，在集团财务报表中对组成部分财务信息进行确认、计量与列报；

（二）对没有母公司但处在同一控制下的各组成部分编制的财务信息进行汇总。

第三章 目 标

第二十三条 注册会计师的目标是:

(一)确定是否担任集团审计的注册会计师;

(二)如果担任集团审计的注册会计师,就组成部分注册会计师对组成部分财务信息执行工作的范围、时间安排和发现的问题,与组成部分注册会计师进行清晰的沟通;针对组成部分财务信息和合并过程,获取充分、适当的审计证据,以对集团财务报表是否在所有重大方面按照适用的财务报告编制基础编制发表审计意见。

第四章 要 求
第一节 责 任

第二十四条 集团项目合伙人应当按照职业准则和适用的法律法规的规定,负责指导、监督和执行集团审计业务,并确定出具的审计报告是否适合具体情况。注册会计师对集团财务报表出具的审计报告不应提及组成部分注册会计师,除非法律法规另有规定。如果法律法规要求在审计报告中提及组成部分注册会计师,审计报告应当指明,这种提及并不减轻集团项目合伙人及其所在的会计师事务所对集团审计意见承担的责任。

第二节 集团审计业务的承接与保持

第二十五条 在具体运用《中国注册会计师审计准则第 1121 号——对财务报表审计实施的质量管理》时,集团项目合伙人应当确定是否能够合理预期获取与合并过程和组成部分财务信息相关的充分、适当的审计证据,以作为形成集团审计意见的基础。因此,集团项目组应当了解集团及其环境、集团组成部分及其环境,以足以识别可能的重要组成部分。如果组成部分注册会计师对重要组成部分财务信息执行相关工作,集团项目合伙人应当评价集团项目组参与组成部分注册会计师工作的程度是否足以获取充分、适当的审计证据。

第二十六条 如果集团项目合伙人认为由于集团管理层施加的限制,使集团项目组不能获取充分、适当的审计证据,由此产生的影响可能导致对集团财务报表发表无法表示意见,集团项目合伙人应当视具体情况采取下列措施:

(一)如果是新业务,拒绝接受业务委托,如果是连续审计业务,在法律法规允许的情况下,解除业务约定;

(二)如果法律法规禁止注册会计师拒绝接受业务委托,或者注册会计师不能解除业务约定,在可能的范围内对集团财务报表实施审计,并对集团财务报表发表无法表示意见。

第二十七条 集团项目合伙人应当按照《中国注册会计师审计准则第 1111 号——就审计业务约定条款达成一致意见》的规定,就集团审计业务约定条款与管理层或治理层(如适用)达成一致意见。

第三节 总体审计策略和具体审计计划

第二十八条 集团项目组应当按照《中国注册会计师审计准则第 1201 号——计划审计工作》的规定,制定集团总体审计策略和具体审计计划。

第二十九条 集团项目合伙人应当复核集团总体审计策略和具体审计计划。

第四节 了解集团及其环境、集团组成部分及其环境

第三十条 注册会计师应当通过了解被审计单位及其环境、适用的财务报告编制基础和被审计单位内部控制体系,识别和评估财务报表重大错报风险。

集团项目组应当：

（一）在业务承接或保持阶段获取信息的基础上，进一步了解集团及其环境、集团组成部分及其环境，包括集团层面控制；

（二）了解合并过程，包括集团管理层向组成部分下达的指令。

第三十一条　集团项目组应当对集团及其环境、集团组成部分及其环境获取充分的了解，以足以：

（一）确认或修正最初识别的重要组成部分；

（二）评估由于舞弊或错误导致集团财务报表发生重大错报的风险。

第五节　了解组成部分注册会计师

第三十二条　如果计划要求组成部分注册会计师执行组成部分财务信息的相关工作，集团项目组应当了解下列事项：

（一）组成部分注册会计师是否了解并将遵守与集团审计相关的职业道德要求，特别是独立性要求；

（二）组成部分注册会计师是否具备专业胜任能力；

（三）集团项目组参与组成部分注册会计师工作的程度是否足以获取充分、适当的审计证据；

（四）组成部分注册会计师是否处于积极的监管环境中。

第三十三条　如果组成部分注册会计师不符合与集团审计相关的独立性要求，或集团项目组对本准则第三十二条第（一）项至第（三）项所列事项存有重大疑虑，集团项目组应当就组成部分财务信息获取充分、适当的审计证据，而不应要求组成部分注册会计师对组成部分财务信息执行相关工作。

第六节　重　要　性

第三十四条　集团项目组应当确定与重要性相关的下列事项：

（一）在制定集团总体审计策略时，确定集团财务报表整体的重要性。

（二）根据集团的特定情况，如果存在特定类别的交易、账户余额或披露，其发生的错报金额低于集团财务报表整体的重要性，但合理预期将影响财务报表使用者依据集团财务报表作出的经济决策，则确定适用于这些交易、账户余额或披露的一个或多个重要性水平。

（三）如果组成部分注册会计师对组成部分财务信息实施审计或审阅，基于集团审计目的，为这些组成部分确定组成部分重要性。为将未更正和未发现错报的汇总数超过集团财务报表整体的重要性的可能性降至适当的低水平，组成部分重要性应当低于集团财务报表整体的重要性。

（四）设定临界值，不能将超过该临界值的错报视为对集团财务报表明显微小的错报。

第三十五条　如果基于集团审计目的，由组成部分注册会计师对组成部分财务信息执行审计工作，集团项目组应当评价在组成部分层面确定的实际执行的重要性的适当性。

第三十六条　如果因法律法规或其他原因要求对组成部分进行审计，并且集团项目组决定利用该审计为集团审计提供审计证据，集团项目组应当确定下列方面是否符合本准则的规定：

（一）组成部分财务报表整体的重要性；

（二）组成部分层面实际执行的重要性。

第七节　针对评估的风险采取的应对措施

第三十七条　注册会计师应当针对评估的财务报表重大错报风险设计和实施恰当的应

对措施。

对于组成部分财务信息，集团项目组应当确定由其亲自执行或由组成部分注册会计师代为执行的相关工作的类型。集团项目组还应当确定参与组成部分注册会计师工作的性质、时间安排和范围。

第三十八条 在确定对合并过程或组成部分财务信息拟执行的工作的性质、时间安排和范围时，如果预期集团层面控制运行有效，或者仅实施实质性程序不能提供认定层次的充分、适当的审计证据，集团项目组应当测试或要求组成部分注册会计师测试这些控制运行的有效性。

第三十九条 就集团而言，对于具有财务重大性的单个组成部分，集团项目组或代表集团项目组的组成部分注册会计师应当运用该组成部分的重要性，对组成部分财务信息实施审计。

第四十条 对由于其特定性质或情况，可能存在导致集团财务报表发生重大错报的特别风险的重要组成部分，集团项目组或代表集团项目组的组成部分注册会计师应当执行下列一项或多项工作：

（一）使用组成部分重要性对组成部分财务信息实施审计；

（二）针对与可能导致集团财务报表发生重大错报的特别风险相关的一个或多个账户余额、一类或多类交易或披露事项实施审计；

（三）针对可能导致集团财务报表发生重大错报的特别风险实施特定的审计程序。

第四十一条 对于不重要的组成部分，集团项目组应当在集团层面实施分析程序。

第四十二条 如果集团项目组认为执行下列工作不能获取形成集团审计意见所依据的充分、适当的审计证据，应当采取本条第二款规定的措施：

（一）对重要组成部分财务信息执行的工作；

（二）对集团层面控制和合并过程执行的工作；

（三）在集团层面实施的分析程序。集团项目组应当选择某些不重要的组成部分，并对已选择的组成部

分财务信息亲自执行或由代表集团项目组的组成部分注册会计师执行下列一项或多项工作：

（一）使用组成部分重要性对组成部分财务信息实施审计；

（二）对一个或多个账户余额、一类或多类交易或披露实施审计；

（三）使用组成部分重要性对组成部分财务信息实施审阅；

（四）实施特定程序。集团项目组应当在一段时间之后更换所选择的组成部分。

第四十三条 如果组成部分注册会计师对重要组成部分财务信息执行审计，集团项目组应当参与组成部分注册会计师实施的风险评估程序，以识别导致集团财务报表发生重大错报的特别风险。集团项目组参与的性质、时间安排和范围受其对组成部分注册会计师所了解情况的影响，但至少应当包括：

（一）与组成部分注册会计师或组成部分管理层讨论对集团而言重要的组成部分业务活动；

（二）与组成部分注册会计师讨论由于舞弊或错误导致组成部分财务信息发生重大错报的可能性；

（三）复核组成部分注册会计师对识别出的导致集团财务报表发生重大错报的特别风险形成的审计工作底稿。审计工作底稿可以采用备忘录的形式，反映组成部分注册会计师针对识别出的特别风险得出的结论。

第四十四条 如果在由组成部分注册会计师执行相关工作的组成部分内，识别出导致

集团财务报表发生重大错报的特别风险，集团项目组应当评价针对识别出的特别风险拟实施的进一步审计程序的恰当性。根据对组成部分注册会计师的了解，集团项目组应当确定是否有必要参与进一步审计程序。

第八节　合并过程

第四十五条　根据本准则第三十条的规定，集团项目组应当了解集团层面的控制和合并过程，包括集团管理层向组成部分下达的指令。

根据本准则第三十八条的规定，如果对合并过程执行工作的性质、时间安排和范围基于预期集团层面控制有效运行，或者仅实施实质性程序不能提供认定层次的充分、适当的审计证据，集团项目组应当亲自测试或要求组成部分注册会计师代为测试集团层面控制运行的有效性。

第四十六条　集团项目组应当针对合并过程设计和实施进一步审计程序，以应对评估的、由合并过程导致的集团财务报表发生重大错报的风险。设计和实施的进一步审计程序应当包括评价所有组成部分是否均已包括在集团财务报表中。

第四十七条　集团项目组应当评价合并调整和重分类事项的适当性、完整性和准确性，并评价是否存在舞弊风险因素或可能存在管理层偏向的迹象。

第四十八条　如果组成部分财务信息没有按照集团财务报表采用的会计政策编制，集团项目组应当评价组成部分财务信息是否已得到适当调整，以满足编制和列报集团财务报表的要求。

第四十九条　集团项目组应当确定，组成部分注册会计师按照本准则第五十四条的规定进行的沟通中提及的财务信息是否就是包括在集团财务报表中的财务信息。

第五十条　如果集团财务报表包括的组成部分财务报表的报告期末不同于集团财务报表，集团项目组应当评价是否已按照适用的财务报告编制基础对这些财务报表作出恰当调整。

第九节　期后事项

第五十一条　如果集团项目组或组成部分注册会计师对组成部分财务信息实施审计，集团项目组或组成部分注册会计师应当实施审计程序，以识别组成部分自组成部分财务信息日至对集团财务报表出具审计报告日之间发生的、可能需要在集团财务报表中调整或披露的事项。

第五十二条　如果组成部分注册会计师执行组成部分财务信息审计以外的工作，集团项目组应当要求组成部分注册会计师告知其注意到的、可能需要在集团财务报表中调整或披露的期后事项。

第十节　与组成部分注册会计师的沟通

第五十三条　集团项目组应当及时向组成部分注册会计师通报工作要求。通报的内容应当明确组成部分注册会计师应执行的工作和集团项目组对其工作的利用，以及组成部分注册会计师与集团项目组沟通的形式和内容。

通报的内容还应当包括：

（一）在组成部分注册会计师知悉集团项目组将利用其工作的前提下，要求组成部分注册会计师确认其将配合集团项目组的工作。

（二）与集团审计相关的职业道德要求，特别是独立性要求。

（三）在对组成部分财务信息实施审计或审阅的情况下，组成部分的重要性和针对特定类别的交易、账户余额或披露采用的一个或多个重要性水平（如适用）以及临界值，超过临界值的错报不能视为对集团财务报表明显微小的错报。

（四）识别出的与组成部分注册会计师工作相关的、由于舞弊或错误导致集团财务报表发生重大错报的特别风险。集团项目组应当要求组成部分注册会计师及时沟通所有识别出的、在组成部分内的其他由于舞弊或错误可能导致集团财务报表发生重大错报的特别风险，以及组成部分注册会计师针对这些特别风险采取的应对措施。

（五）集团管理层编制的关联方清单和集团项目组知悉的任何其他关联方。集团项目组应当要求组成部分注册会计师及时沟通集团管理层或集团项目组以前未识别出的关联方。集团项目组应当确定是否需要将新识别的关联方告知其他组成部分注册会计师。

第五十四条 集团项目组应当要求组成部分注册会计师沟通与得出集团审计结论相关的事项。沟通的内容应当包括：

（一）组成部分注册会计师是否已遵守与集团审计相关的职业道德要求，包括对独立性和专业胜任能力的要求；

（二）组成部分注册会计师是否已遵守集团项目组的要求；

（三）指出作为组成部分注册会计师出具报告对象的组成部分财务信息；

（四）因违反法律法规而可能导致集团财务报表发生重大错报的信息；

（五）组成部分财务信息中未更正错报的清单（清单不必包括低于集团项目组通报的临界值且明显微小的错报）；

（六）表明可能存在管理层偏向的迹象；

（七）描述识别出的组成部分层面值得关注的内部控制缺陷；

（八）组成部分注册会计师向组成部分治理层已通报或拟通报的其他重大事项，包括涉及组成部分管理层、在组成部分层面内部控制中承担重要职责的员工以及其他人员（在舞弊行为导致组成部分财务信息出现重大错报的情况下）的舞弊或舞弊嫌疑；

（九）可能与集团审计相关或者组成部分注册会计师期望集团项目组加以关注的其他事项，包括在组成部分注册会计师要求组成部分管理层提供的书面声明中指出的例外事项；

（十）组成部分注册会计师的总体发现、得出的结论和形成的意见。

第十一节 评价审计证据的充分性和适当性

第五十五条 集团项目组应当评价与组成部分注册会计师的沟通。集团项目组应当：

（一）与组成部分注册会计师、组成部分管理层或集团管理层（如适用）讨论在评价过程中发现的重大事项；

（二）确定是否有必要复核组成部分注册会计师审计工作底稿的相关部分。

第五十六条 如果认为组成部分注册会计师的工作不充分，集团项目组应当确定需要实施哪些追加的程序，以及这些程序是由组成部分注册会计师还是由集团项目组实施。

第五十七条 注册会计师应当获取充分、适当的审计证据，将审计风险降至可接受的低水平，从而得出合理的结论以作为形成审计意见的基础。

集团项目组应当评价，通过对合并过程实施的审计程序以及由集团项目组和组成部分注册会计师对组成部分财务信息执行的工作，是否已获取充分、适当的审计证据，作为形成集团审计意见的基础。

第五十八条 集团项目合伙人应当评价未更正错报（无论该错报是由集团项目组识别出的还是由组成部分注册会计师告知的）和未能获取充分、适当的审计证据的情况对集团审计意见的影响。

第十二节　与集团管理层和集团治理层的沟通

第五十九条　集团项目组应当按照《中国注册会计师审计准则第 1152 号——向治理层和管理层通报内部控制缺陷》的规定，确定哪些识别出的内部控制缺陷需要向集团治理层和集团管理层通报。

在确定通报的内容时，集团项目组应当考虑：

（一）集团项目组识别出的集团层面内部控制缺陷；

（二）集团项目组识别出的组成部分层面内部控制缺陷；

（三）组成部分注册会计师提请集团项目组关注的内部控制缺陷。

第六十条　如果集团项目组识别出舞弊或组成部分注册会计师提请集团项目组关注舞弊，或者有关信息表明可能存在舞弊，集团项目组应当及时向适当层级的集团管理层通报，以便管理层告知主要负责防止和发现舞弊事项的人员。

第六十一条　因法律法规要求或其他原因，组成部分注册会计师可能需要对组成部分财务报表发表审计意见。在这种情况下，集团项目组应当要求集团管理层告知组成部分管理层其尚未知悉的、集团项目组注意到的可能对组成部分财务报表产生重要影响的事项。

如果集团管理层拒绝向组成部分管理层通报该事项，集团项目组应当与集团治理层进行讨论。

如果该事项仍未得到解决，集团项目组在遵守法律法规和职业准则有关保密要求的前提下，应当考虑是否建议组成部分注册会计师在该事项得到解决之前，不对组成部分财务报表出具审计报告。

第六十二条　除《中国注册会计师审计准则第 1151 号——与治理层的沟通》和其他审计准则要求沟通的事项外，集团项目组还应当与集团治理层沟通下列事项：

（一）对组成部分财务信息拟执行工作的类型的概述；

（二）在组成部分注册会计师对重要组成部分财务信息拟执行的工作中，集团项目组计划参与其工作的性质的概述；

（三）对组成部分注册会计师的工作作出的评价，引起集团项目组对其工作质量产生疑虑的情形；

（四）集团审计受到的限制，如集团项目组接触某些信息受到的限制；

（五）涉及集团管理层、组成部分管理层、在集团层面控制中承担重要职责的员工以及其他人员（在舞弊行为导致集团财务报表出现重大错报的情况下）的舞弊或舞弊嫌疑。

第十三节　审计工作底稿

第六十三条　集团项目组应当就下列事项形成审计工作底稿：

（一）对组成部分的分析，指明重要组成部分以及对组成部分财务信息执行工作的类型；

（二）对于重要组成部分，集团项目组参与该组成部分注册会计师工作的性质、时间安排和范围，如果适用，还包括集团项目组对组成部分注册会计师审计工作底稿的相关部分进行的复核以及由此得出的结论；

（三）集团项目组与组成部分注册会计师就集团项目组提出的工作要求的书面沟通函件。

第五章　附　　则

第六十四条　本准则自 2023 年 7 月 1 日起施行。

中国注册会计师审计准则第 1411 号——利用内部审计人员的工作

（2022 年 12 月 22 日修订）

第一章 总 则

第一节 本准则的范围

第一条 为了规范注册会计师在审计中利用内部审计人员的工作，明确注册会计师利用内部审计人员工作的责任，制定本准则。

注册会计师在审计中利用内部审计人员的工作包括：

（一）在获取审计证据的过程中利用内部审计的工作；

（二）在注册会计师的指导、监督和复核下利用内部审计人员提供直接协助。

第二条 本准则不适用于被审计单位未设立内部审计的情形。

第三条 在被审计单位设有内部审计的情况下，如果存在下列情形之一，则本准则中与利用内部审计工作相关的条款不适用：

（一）内部审计的职责和活动与审计不相关；

（二）注册会计师按照《中国注册会计师审计准则第 1211 号——重大错报风险的识别和评估》的规定，通过实施程序获取对内部审计的初步了解后，预期在获取审计证据时不利用其工作。

本准则并不要求注册会计师利用内部审计工作以调整由注册会计师直接实施的审计程序的性质、时间安排或缩小其范围，是否利用内部审计工作仍然由注册会计师在制定总体审计策略时作出决策。

第四条 如果注册会计师计划不利用内部审计人员提供直接协助，本准则与直接协助相关的要求不适用。

第五条 某些国家或地区的法律法规可能禁止或在某种程度上限制注册会计师利用内部审计工作或利用内部审计人员提供直接协助。审计准则并不超越规范财务报表审计的法律法规。当法律法规存在禁止性或限制性规定时，注册会计师应当遵守相关规定。

第二节 本准则和《中国注册会计师审计准则第 1211 号——重大错报风险的识别和评估》的关系

第六条 许多被审计单位设立了内部审计作为内部控制和治理结构的组成部分。由于被审计单位的规模、组织结构以及管理层和治理层（如适用）的要求不同，内部审计的目标和范围、职责及其在被审计单位中的地位（包括权威性和问责机制）可能有较大差别。

第七条 《中国注册会计师审计准则第 1211 号——重大错报风险的识别和评估》及其应用指南阐述了内部审计所掌握的情况和经验如何为注册会计师了解被审计单位及其环境、适用的财务报告编制基础和被审计单位内部控制体系，识别和评估重大错报风险提供信息。该指南还解释了注册会计师与内部审计人员进行的有效沟通如何为注册会计师获知可能影响其工作的重大事项营造良好氛围。

第八条　注册会计师可能能够以建设性和互补的方式利用内部审计的工作。这取决于下列因素：

（一）内部审计在被审计单位中的地位以及相关政策和程序是否足以支持内部审计人员的客观性；

（二）内部审计人员的胜任能力；

（三）内部审计是否采用系统、规范化的方法。当注册会计师按照《中国注册会计师审计准则第 1211 号——重大错报风险的识别和评估》的规定，实施程序获取对被审计单位内部审计的初步了解后，拟利用内部审计工作作为获取审计证据的一部分时，本准则规范了注册会计师的相关责任。利用内部审计工作会影响由注册会计师直接实施的审计程序的性质、时间安排，或缩小其范围。

第九条　如果注册会计师考虑在其指导、监督和复核下利用内部审计人员提供直接协助，本准则规范了注册会计师的相关责任。

第十条　被审计单位的某些人员可能实施与内部审计相似的程序。然而，除非这些程序由客观、具有胜任能力并采用系统、规范化方法（包括质量控制）的部门、岗位或人员实施，否则这些程序可能被视为内部控制，针对这些控制的有效性获取审计证据将作为注册会计师按照《中国注册会计师审计准则第 1231 号——针对评估的重大错报风险采取的应对措施》的规定针对评估的风险采取的应对措施的一部分。

第三节　注册会计师对审计的责任

第十一条　注册会计师对发表的审计意见独立承担责任，这种责任并不因注册会计师利用内部审计工作或利用内部审计人员对该项审计业务提供直接协助而减轻。尽管内部审计或内部审计人员可能实施与注册会计师相似的审计程序，但是他们均不满足《中国注册会计师审计准则第 1101 号——注册会计师的总体目标和审计工作的基本要求》中关于注册会计师在财务报表审计中独立于被审计单位的要求。因此，本准则界定了注册会计师能够利用内部审计人员工作的必要条件。针对利用内部审计工作或利用内部审计人员提供直接协助是否足以实现审计目的，本准则界定了注册会计师获取充分、适当的审计证据所需的工作投入。这些要求旨在为注册会计师就利用内部审计人员的工作作出职业判断提供一个框架，以防止过度利用或不当利用内部审计人员的工作。

第二章　定　　义

第十二条　内部审计，是指被审计单位负责执行鉴证和咨询活动，以评价和改进被审计单位的治理、风险管理和内部控制流程有效性的职能。

第十三条　直接协助，是指在注册会计师的指导、监督和复核下，利用内部审计人员实施审计程序。

第三章　目　　标

第十四条　当被审计单位存在内部审计，并且注册会计师预期将利用其工作以调整注册会计师直接实施的审计程序的性质、时间安排，或缩小其范围时，或者注册会计师预期将利用内部审计人员提供直接协助时，注册会计师的目标是：

（一）确定是否能够利用内部审计的工作或利用内部审计人员提供直接协助，如果能够利用，在哪些领域利用以及在多大程度上利用；

（二）如果利用内部审计的工作，确定该工作是否足以实现审计目的；

（三）如果利用内部审计人员提供直接协助，适当地指导、监督和复核其工作。

第四章 要 求

第一节 确定是否利用、在哪些领域利用以及在多大程度上利用内部审计的工作

第十五条 注册会计师应当通过评价下列事项，确定是否能够利用内部审计的工作以实现审计目的：

（一）内部审计在被审计单位中的地位，以及相关政策和程序支持内部审计人员客观性的程度；

（二）内部审计人员的胜任能力；

（三）内部审计是否采用系统、规范化的方法（包括质量控制）。

第十六条 如果存在下列情形之一，注册会计师不得利用内部审计的工作：

（一）内部审计在被审计单位的地位以及相关政策和程序不足以支持内部审计人员的客观性；

（二）内部审计人员缺乏足够的胜任能力；

（三）内部审计没有采用系统、规范化的方法（包括质量控制）。

第十七条 注册会计师应当考虑内部审计已执行和拟执行工作的性质和范围，以及这些工作与注册会计师总体审计策略和具体审计计划的相关性，以作为确定能够利用内部审计工作的领域和程度的基础。

第十八条 注册会计师应当作出审计业务中的所有重大判断，并防止不当利用内部审计工作。当存在下列情况之一时，注册会计师应当计划较少地利用内部审计工作，而更多地直接执行审计工作：

（一）当在下列方面涉及较多判断时：

1. 计划和实施相关的审计程序；

2. 评价收集的审计证据。

（二）当评估的认定层次重大错报风险较高，需要对识别出的特别风险予以特殊考虑时。

（三）当内部审计在被审计单位中的地位以及相关政策和程序对内部审计人员客观性的支持程度较弱时。

（四）当内部审计人员的胜任能力较低时。

第十九条 由于注册会计师对发表的审计意见独立承担责任，注册会计师应当评价从总体上而言，在计划的范围内利用内部审计工作是否仍然能够使注册会计师充分地参与审计工作。

第二十条 当注册会计师按照《中国注册会计师审计准则第 1151 号——与治理层的沟通》的规定与治理层沟通计划的审计范围和时间安排的总体情况时，应当包括其计划如何利用内部审计工作。

第二节 利用内部审计工作

第二十一条 如果计划利用内部审计工作，注册会计师应当与内部审计人员讨论利用其工作的计划，以作为协调各自工作的基础。

第二十二条 注册会计师应当阅读与拟利用的内部审计工作相关的内部审计报告，以了解其实施的审计程序的性质和范围以及相关发现。

第二十三条 注册会计师应当针对计划利用的全部内部审计工作实施充分的审计程序，以确定其对于实现审计目的是否适当，包括评价下列事项：

（一）内部审计工作是否经过恰当的计划、实施、监督、复核和记录；

（二）内部审计是否获取了充分、适当的证据，以使内部审计能够得出合理的结论；

（三）内部审计得出的结论在具体环境下是否适当，编制的报告与执行工作的结果是否一致。

在计划和实施上述审计程序时，注册会计师应当将计划利用的全部内部审计工作作为一个整体予以考虑。

第二十四条　注册会计师实施审计程序的性质和范围应当与其对以下事项的评价相适应，并应当包括重新执行内部审计的部分工作：

（一）涉及判断的程度；

（二）评估的重大错报风险；

（三）内部审计在被审计单位中的地位以及相关政策和程序支持内部审计人员客观性的程度；

（四）内部审计人员的胜任能力。

第二十五条　注册会计师应当评价其按照本准则第十五条的规定就内部审计得出的结论是否仍然适当，以及按照本准则第十八条至第十九条的规定确定的利用内部审计工作的性质和范围是否仍然适当。

<h3 style="text-align:center">第三节　确定是否利用、在哪些领域利用以及在多大程度上
利用内部审计人员提供直接协助</h3>

第二十六条　法律法规可能禁止注册会计师利用内部审计人员提供直接协助。在这种情况下，本准则第二十七条至第三十五条，以及第三十七条的规定不适用。

第二十七条　如果法律法规不禁止利用内部审计人员提供直接协助，并且注册会计师计划利用内部审计人员在审计中提供直接协助，注册会计师应当评价是否存在对内部审计人员客观性的不利影响及其严重程度，以及提供直接协助的内部审计人员的胜任能力。注册会计师在评价是否存在对内部审计人员客观性的不利影响及其严重程度时，应当包括询问内部审计人员可能对其客观性产生不利影响的利益和关系。

第二十八条　当存在下列情形之一时，注册会计师不得利用内部审计人员提供直接协助：

（一）存在对内部审计人员客观性的重大不利影响；

（二）内部审计人员对拟执行的工作缺乏足够的胜任能力。

第二十九条　在确定可能分配给内部审计人员的工作的性质和范围，以及根据具体情况对内部审计人员进行指导、监督和复核的性质、时间安排和范围时，注册会计师应当考虑下列方面：

（一）在计划和实施相关审计程序以及评价收集的审计证据时，涉及判断的程度；

（二）评估的重大错报风险；

（三）针对拟提供直接协助的内部审计人员，注册会计师关于是否存在对其客观性的不利影响及其严重程度的评价结果，以及关于其胜任能力的评价结果。

第三十条　注册会计师不得利用内部审计人员提供直接协助以实施具有下列特征的程序：

（一）在审计中涉及作出重大判断；

（二）涉及较高的重大错报风险，在实施相关审计程序或评价收集的审计证据时需要作出较多的判断；

（三）涉及内部审计人员已经参与并且已经或将要由内部审计向管理层或治理层报告的工作；

（四）涉及注册会计师按照本准则的规定就内部审计，以及利用内部审计工作或利用内部审计人员提供直接协助作出的决策。

第三十一条 在恰当评价是否利用以及在多大程度上利用内部审计人员在审计中提供直接协助后，注册会计师在按照《中国注册会计师审计准则第1151号——与治理层的沟通》的规定与治理层沟通计划的审计范围和时间安排的总体情况时，应当沟通拟利用内部审计人员提供直接协助的性质和范围，以使双方就在业务的具体情形下并未过度利用内部审计人员提供直接协助达成共识。

第三十二条 由于注册会计师对发表的审计意见独立承担责任，注册会计师应当评价在计划的范围内利用内部审计人员提供直接协助，连同对内部审计工作的利用，从总体上而言，是否仍然能够使注册会计师充分地参与审计工作。

第四节 利用内部审计人员提供直接协助

第三十三条 在利用内部审计人员为审计提供直接协助之前，注册会计师应当：

（一）从拥有相关权限的被审计单位代表人员处获取书面协议，允许内部审计人员遵循注册会计师的指令，并且被审计单位不干涉内部审计人员为注册会计师执行的工作；

（二）从内部审计人员处获取书面协议，表明其将按照注册会计师的指令对特定事项保密，并将对其客观性受到的任何不利影响告知注册会计师。

第三十四条 注册会计师应当按照《中国注册会计师审计准则第1121号——对财务报表审计实施的质量管理》的规定对内部审计人员执行的工作进行指导、监督和复核。在进行指导、监督和复核时：

（一）注册会计师在确定指导、监督和复核的性质、时间安排和范围时应当认识到内部审计人员并不独立于被审计单位，并且指导、监督和复核的性质、时间安排和范围应当恰当应对本准则第二十九条 对相关因素的评价结果；

（二）复核程序应当包括由注册会计师检查内部审计人员执行的部分工作所获取的审计证据。

注册会计师对内部审计人员执行的工作的指导、监督和复核应当足以使注册会计师确保内部审计人员就其执行的工作已获取充分、适当的审计证据以支持相关审计结论。

第三十五条 在对内部审计人员的工作进行指导、监督和复核时，注册会计师应当对其按照本准则第二十七条的规定作出的评价不再适当的迹象保持警觉。

第五节 审计工作底稿

第三十六条 如果利用内部审计工作，注册会计师应当在审计工作底稿中记录下列事项：

（一）对下列事项的评价：

1.内部审计在被审计单位中的地位、相关政策和程序是否足以支持内部审计人员的客观性；

2.内部审计人员的胜任能力；

3.内部审计是否采用系统、规范化的方法（包括质量控制）。

（二）利用内部审计工作的性质和范围以及作出该决策的基础。

（三）注册会计师为评价利用内部审计工作的适当性而实施的审计程序。

第三十七条 如果利用内部审计人员为审计提供直接协助，注册会计师应当在审计工作底稿中记录下列事项：

（一）关于是否存在对内部审计人员客观性的不利影响及其严重程度的评价，以及关于提供直接协助的内部审计人员的胜任能力的评价；

（二）就内部审计人员执行工作的性质和范围作出决策的基础；

（三）根据《中国注册会计师审计准则第1131号——审计工作底稿》的规定，所执行

工作的复核人员及复核的日期和范围;

（四）根据本准则第三十三条的规定从拥有相关权限的被审计单位代表人员和内部审计人员处获取的书面协议;

（五）在审计业务中提供直接协助的内部审计人员编制的审计工作底稿。

第五章 附 则

第三十八条 本准则自 2023 年 7 月 1 日起施行。

中国注册会计师审计准则第 1421 号——利用专家的工作

（2022 年 1 月 5 日修订）

第一章 总 则

第一条 为了规范注册会计师在获取充分、适当的审计证据时利用专家的工作,明确注册会计师利用专家工作的责任,制定本准则。

第二条 本准则不适用于下列情况:

（一）项目组拥有在会计或审计专业领域中具有专长的成员,或向在会计或审计专业领域中具有专长的个人或组织咨询。《中国注册会计师审计准则第 1121 号——对财务报表审计实施的质量管理》及其应用指南对这种情况进行了规范。

（二）注册会计师利用在会计、审计以外的某一领域具有专长的个人或组织的工作,并且其工作被管理层利用以协助编制财务报表（即利用管理层的专家的工作）。《中国注册会计师审计准则第 1301 号——审计证据》及其应用指南对这种情况进行了规范。

第三条 注册会计师对发表的审计意见独立承担责任,这种责任并不因利用专家的工作而减轻。

如果注册会计师按照本准则的规定利用了专家的工作,并得出结论认为专家的工作足以实现审计目的,注册会计师可以接受专家在其专业领域的工作结果或结论,并作为适当的审计证据。

第二章 定 义

第四条 专家,即注册会计师的专家,是指在会计或审计以外的某一领域具有专长的个人或组织,并且其工作被注册会计师利用,以协助注册会计师获取充分、适当的审计证据。专家既可能是会计师事务所内部专家（如会计师事务所或其网络事务所的合伙人或员工,包括临时员工）,也可能是会计师事务所外部专家。

第五条 专长,是指在某一特定领域中拥有的专门技能、知识和经验。

第六条 管理层的专家,是指在会计、审计以外的某一领域具有专长的个人或组织,其工作被管理层利用以协助编制财务报表。

第三章 目 标

第七条 注册会计师的目标是:

（一）确定是否利用专家的工作;

（二）如果利用专家的工作,确定专家的工作是否足以实现审计目的。

第四章 要　　求

第一节　确定是否利用专家的工作

第八条　如果在会计或审计以外的某一领域的专长对获取充分、适当的审计证据是必要的，注册会计师应当确定是否利用专家的工作。

第二节　审计程序的性质、时间安排和范围

第九条　本准则第十条至第十四条规定的审计程序的性质、时间安排和范围，将随着具体情况的变化而变化。

在确定本准则第十条至第十四条规定的审计程序的性质、时间安排和范围时，注册会计师应当考虑下列事项：

（一）与专家工作相关的事项的性质；

（二）与专家工作相关的事项中存在的重大错报风险；

（三）专家的工作在审计中的重要程度；

（四）注册会计师对专家以前所做工作的了解，以及与之接触的经验；

（五）专家是否需要遵守会计师事务所的质量管理体系。

第三节　专家的胜任能力、专业素质和客观性

第十条　注册会计师应当评价专家是否具有实现审计目的所必需的胜任能力、专业素质和客观性。在评价外部专家的客观性时，注册会计师应当询问可能对外部专家客观性产生不利影响的利益和关系。

第四节　了解专家的专长领域

第十一条　注册会计师应当充分了解专家的专长领域，以能够：

（一）为了实现审计目的，确定专家工作的性质、范围和目标；

（二）评价专家的工作是否足以实现审计目的。

第五节　与专家达成一致意见

第十二条　注册会计师应当与专家就下列事项达成一致意见，并根据需要形成书面协议：

（一）专家工作的性质、范围和目标；

（二）注册会计师和专家各自的角色和责任；

（三）注册会计师和专家之间沟通的性质、时间安排和范围，包括专家提供的报告的形式；

（四）对专家遵守保密规定的要求。

第六节　评价专家工作的恰当性

第十三条　注册会计师应当评价专家的工作是否足以实现审计目的，包括：

（一）专家的工作结果或结论的相关性和合理性，以及与其他审计证据的一致性；

（二）如果专家的工作涉及使用重要的假设和方法，这些假设和方法在具体情况下的相关性和合理性；

（三）如果专家的工作涉及使用重要的原始数据，这些原始数据的相关性、完整性和准确性。

第十四条　如果确定专家的工作不足以实现审计目的，注册会计师应当采取下列措施之一：

（一）就专家拟执行的进一步工作的性质和范围，与专家达成一致意见；

（二）根据具体情况，实施追加的审计程序。

第七节　在审计报告中提及专家

第十五条　注册会计师不应在无保留意见的审计报告中提及专家的工作，除非法律法规另有规定。

如果法律法规要求提及专家的工作，注册会计师应当在审计报告中指明，这种提及并不减轻注册会计师对审计意见承担的责任。

第十六条　如果注册会计师在审计报告中提及专家的工作，并且这种提及与理解审计报告中的非无保留意见相关，注册会计师应当在审计报告中指明，这种提及并不减轻注册会计师对审计意见承担的责任。

中国注册会计师审计准则第 1501 号——对财务报表形成审计意见和出具审计报告

（2022 年 12 月 22 日修订）

第一章　总　　则

第一条　为了规范注册会计师对财务报表形成审计意见，以及作为财务报表审计结果出具的审计报告的格式和内容，制定本准则。

第二条　《中国注册会计师审计准则第 1504 号——在审计报告中沟通关键审计事项》对注册会计师在审计报告中沟通关键审计事项的责任作出规范。《中国注册会计师审计准则第 1502 号——在审计报告中发表非无保留意见》和《中国注册会计师审计准则第 1503 号——在审计报告中增加强调事项段和其他事项段》规定了注册会计师在审计报告中发表非无保留意见、增加强调事项段或其他事项段时，审计报告的格式和内容如何进行相应调整。其他审计准则也包含出具审计报告时适用的报告要求。

第三条　本准则建立在注册会计师执行整套通用目的财务报表审计业务的基础上，适用于整套通用目的财务报表审计。

《中国注册会计师审计准则第 1601 号——审计特殊目的财务报表的特殊考虑》规定了注册会计师对按照特殊目的编制基础编制的财务报表审计的特殊考虑。《中国注册会计师审计准则第 1603 号——审计单一财务报表和财务报表特定要素的特殊考虑》规定了注册会计师对单一财务报表和财务报表的特定要素、特定账户或特定项目审计相关的特殊考虑。当某一审计业务适用《中国注册会计师审计准则第 1601 号——审计特殊目的财务报表的特殊考虑》或《中国注册会计师审计准则第 1603 号——审计单一财务报表和财务报表特定要素的特殊考虑》时，本准则同样适用于该审计业务。

第四条　本准则中的要求旨在于两个方面作出恰当平衡：一是要保持审计报告的一致性、可比性，二是要在审计报告中提供对使用者更相关的信息以增加审计报告的价值。

在已按照中国注册会计师审计准则的规定执行审计工作的情况下，注册会计师保持审计报告的一致性，将有助于使用者更容易识别已按照中国注册会计师审计准则的规定执行的审计项目，从而增强审计报告的可信性，同时有助于使用者理解审计工作和识别发生的异常情况。

第二章　定　　义

第五条　本准则所称财务报表，是指整套通用目的财务报表。适用的财务报告编制基础的规定决定了财务报表的列报、结构和内容，以及整套财务报表的构成。

第六条　通用目的财务报表，是指按照通用目的编制基础编制的财务报表。

第七条　通用目的编制基础，是指旨在满足广大财务报表使用者共同财务信息需求的财务报告编制基础。

第八条　审计报告，是指注册会计师根据审计准则的规定，在执行审计工作的基础上，对财务报表发表审计意见的书面文件。

第九条　无保留意见，是指当注册会计师认为财务报表在所有重大方面按照适用的财务报告编制基础的规定编制并实现公允反映时发表的审计意见。

第三章　目　　标

第十条　注册会计师的目标是：

（一）在评价根据审计证据得出的结论的基础上，对财务报表形成审计意见；

（二）通过书面报告的形式清楚地表达审计意见。

第四章　要　　求

第一节　对财务报表形成审计意见

第十一条　注册会计师应当就财务报表是否在所有重大方面按照适用的财务报告编制基础的规定编制并实现公允反映形成审计意见。

第十二条　为了形成审计意见，针对财务报表整体是否不存在由于舞弊或错误导致的重大错报，注册会计师应当得出结论，确定是否已就此获取合理保证。

在得出结论时，注册会计师应当考虑下列方面：

（一）按照《中国注册会计师审计准则第1231号——针对评估的重大错报风险采取的应对措施》的规定，是否已获取充分、适当的审计证据；

（二）按照《中国注册会计师审计准则第1251号——评价审计过程中识别出的错报》的规定，未更正错报单独或汇总起来是否构成重大错报；

（三）本准则第十三条至第十六条要求作出的评价。

第十三条　注册会计师应当评价财务报表是否在所有重大方面按照适用的财务报告编制基础的规定编制。

在评价时，注册会计师应当考虑被审计单位会计实务的质量，包括表明管理层的判断可能出现偏向的迹象。

第十四条　注册会计师应当依据适用的财务报告编制基础特别评价下列内容：

（一）财务报表是否恰当披露了所选择和运用的重要会计政策。作出这一评价时，注册会计师应当考虑会计政策与被审计单位的相关性，以及会计政策是否以可理解的方式予以表述；

（二）所选择和运用的会计政策是否符合适用的财务报告编制基础，并适合被审计单位的具体情况；

（三）管理层作出的会计估计和相关披露是否合理；

（四）财务报表列报的信息是否具有相关性、可靠性、可比性和可理解性。作出这一评价时，注册会计师应当考虑：

1. 应当包括的信息是否均已包括，这些信息的分类、汇总或分解以及描述是否适当；

2. 财务报表的总体列报（包括披露）是否由于包括不相关的信息或有碍正确理解所披露事项的信息而受到不利影响。

（五）财务报表是否作出充分披露，使预期使用者能够理解重大交易和事项对财务报表所传递信息的影响；

（六）财务报表使用的术语（包括每一财务报表的标题）是否适当。

第十五条　按照本准则第十三条和第十四条的规定作出的评价还应当包括财务报表是否实现公允反映。

在评价财务报表是否实现公允反映时，注册会计师应当考虑下列方面：

（一）财务报表的总体列报（包括披露）、结构和内容是否合理；

（二）财务报表是否公允地反映了相关交易和事项。

第十六条　注册会计师应当评价财务报表是否恰当提及或说明适用的财务报告编制基础。

第二节　审计意见的类型

第十七条　如果认为财务报表在所有重大方面按照适用的财务报告编制基础的规定编制并实现公允反映，注册会计师应当发表无保留意见。

第十八条　当存在下列情形之一时，注册会计师应当按照《中国注册会计师审计准则第 1502 号——在审计报告中发表非无保留意见》的规定，在审计报告中发表非无保留意见：

（一）根据获取的审计证据，得出财务报表整体存在重大错报的结论；

（二）无法获取充分、适当的审计证据，不能得出财务报表整体不存在重大错报的结论。

第十九条　如果财务报表没有实现公允反映，注册会计师应当就该事项与管理层讨论，并根据适用的财务报告编制基础的规定和该事项得到解决的情况，决定是否有必要按照《中国注册会计师审计准则第 1502 号——在审计报告中发表非无保留意见》的规定在审计报告中发表非无保留意见。

第三节　审计报告

第二十条　审计报告应当采用书面形式。

第二十一条　审计报告应当包括下列要素：

（一）标题；

（二）收件人；

（三）审计意见；

（四）形成审计意见的基础；

（五）管理层对财务报表的责任；

（六）注册会计师对财务报表审计的责任；

（七）按照相关法律法规的要求报告的事项（如适用）；

（八）注册会计师的签名和盖章；

（九）会计师事务所的名称、地址和盖章；

（十）报告日期。

在适用的情况下，注册会计师还应当按照《中国注册会计师审计准则第 1324 号——持续经营》《中国注册会计师审计准则第 1504 号——在审计报告中沟通关键审计事项》《中国注册会计师审计准则第 1521 号——注册会计师对其他信息的责任》的相关规定，在审计报告中对与持续经营相关的重大不确定性、关键审计事项、被审计单位年度报告中包含的除财务报表和审计报告之外的其他信息进行报告。

第二十二条 审计报告应当具有标题，统一规范为"审计报告"。**第二十三条** 审计报告应当按照审计业务约定的要求载明收件人。

第二十四条 审计报告的第一部分应当包含审计意见，并以"审计意见"作为标题。

第二十五条 审计意见部分还应当包括下列方面：

（一）指出被审计单位的名称；

（二）说明财务报表已经审计；

（三）指出构成整套财务报表的每一财务报表的名称；

（四）提及财务报表附注，包括重要会计政策和会计估计；

（五）指明构成整套财务报表的每一财务报表的日期或涵盖的期间。

第二十六条 如果对财务报表发表无保留意见，除非法律法规另有规定，审计意见应当使用"我们认为，后附的财务报表在所有重大方面按照 [适用的财务报告编制基础（如企业会计准则等）] 的规定编制，公允反映了 [……]"的措辞。

第二十七条 如果适用的财务报告编制基础是国际财务报告准则、国际公共部门会计准则或者其他国家或地区的财务报告准则，注册会计师应当在审计意见部分指明适用的财务报告编制基础是国际财务报告准则、国际公共部门会计准则，或者指明财务报告编制基础所属的国家或地区。

第二十八条 审计报告应当包含标题为"形成审计意见的基础"的部分。该部分应当紧接在审计意见部分之后，并包括下列方面：

（一）说明注册会计师按照审计准则的规定执行了审计工作；

（二）提及审计报告中用于描述审计准则规定的注册会计师责任的部分；

（三）声明注册会计师按照与审计相关的职业道德要求独立于被审计单位，并履行了职业道德方面的其他责任。声明中应当指明适用的职业道德要求，如中国注册会计师职业道德守则；

（四）说明注册会计师是否相信获取的审计证据是充分、适当的，为发表审计意见提供了基础。

第二十九条 审计报告应当包含标题为"管理层对财务报表的责任"的部分。审计报告中应当使用特定国家或地区法律框架下的恰当术语，而不必限定为"管理层"。在某些国家或地区，恰当的术语可能是"治理层"。

第三十条 管理层对财务报表的责任部分应当说明管理层负责下列方面：

（一）按照适用的财务报告编制基础的规定编制财务报表，使其实现公允反映，并设计、执行和维护必要的内部控制，以使财务报表不存在由于舞弊或错误导致的重大错报；

（二）评估被审计单位的持续经营能力和使用持续经营假设是否适当，并披露与持续经营相关的事项（如适用）。对管理层评估责任的说明应当包括描述在何种情况下使用持续经营假设是适当的。

第三十一条 当对财务报告过程负有监督责任的人员与履行上述第三十条所述责任的人员不同时，管理层对财务报表的责任部分还应当提及对财务报告过程负有监督责任的人员。在这种情况下，该部分的标题还应当提及"治理层"或者特定国家或地区法律框架中的恰当术语。

第三十二条 审计报告应当包含标题为"注册会计师对财务报表审计的责任"的部分。

第三十三条　注册会计师对财务报表审计的责任部分应当包括下列内容：

（一）说明注册会计师的目标是对财务报表整体是否不存在由于舞弊或错误导致的重大错报获取合理保证，并出具包含审计意见的审计报告；

（二）说明合理保证是高水平的保证，但并不能保证按照审计准则执行的审计在某一重大错报存在时总能发现；

（三）说明错报可能由于舞弊或错误导致。

在说明错报可能由于舞弊或错误导致时，注册会计师应当从下列两种做法中选取一种：

（一）描述如果合理预期错报单独或汇总起来可能影响财务报表使用者依据财务报表作出的经济决策，则通常认为错报是重大的；

（二）根据适用的财务报告编制基础，提供关于重要性的定义或描述。

第三十四条　注册会计师对财务报表审计的责任部分还应当包括下列内容：

（一）说明在按照审计准则执行审计工作的过程中，注册会计师运用职业判断，并保持职业怀疑；

（二）通过说明注册会计师的责任，对审计工作进行描述。这些责任包括：

1. 识别和评估由于舞弊或错误导致的财务报表重大错报风险，设计和实施审计程序以应对这些风险，并获取充分、适当的审计证据，作为发表审计意见的基础。由于舞弊可能涉及串通、伪造、故意遗漏、虚假陈述或凌驾于内部控制之上，未能发现由于舞弊导致的重大错报的风险高于未能发现由于错误导致的重大错报的风险。

2. 了解与审计相关的内部控制，以设计恰当的审计程序，但目的并非对内部控制的有效性发表意见。当注册会计师有责任在财务报表审计的同时对内部控制的有效性发表意见时，应当略去上述"目的并非对内部控制的有效性发表意见"的表述。

3. 评价管理层选用会计政策的恰当性和作出会计估计及相关披露的合理性。

4. 对管理层使用持续经营假设的恰当性得出结论。同时，根据获取的审计证据，就可能导致对被审计单位持续经营能力产生重大疑虑的事项或情况是否存在重大不确定性得出结论。如果注册会计师得出结论认为存在重大不确定性，审计准则要求注册会计师在审计报告中提请报表使用者关注财务报表中的相关披露；如果披露不充分，注册会计师应当发表非无保留意见。注册会计师的结论基于截至审计报告日可获得的信息。然而，未来的事项或情况可能导致被审计单位不能持续经营。

5. 评价财务报表的总体列报（包括披露）、结构和内容，并评价财务报表是否公允反映相关交易和事项。

（三）当《中国注册会计师审计准则第1401号——对集团财务报表审计的特殊考虑》适用时，通过说明下列事项，进一步描述注册会计师在集团审计业务中的责任：

1. 注册会计师的责任是就集团中实体或业务活动的财务信息获取充分、适当的审计证据，以对合并财务报表发表审计意见；

2. 注册会计师负责指导、监督和执行集团审计；

3. 注册会计师对审计意见承担全部责任。

第三十五条　注册会计师对财务报表审计的责任部分还应当包括下列内容：

（一）说明注册会计师与治理层就计划的审计范围、时间安排和重大审计发现等事项进行沟通，包括沟通注册会计师在审计中识别的值得关注的内部控制缺陷；

（二）对于上市实体财务报表审计，指出注册会计师就已遵守与独立性相关的职业道德要求向治理层提供声明，并与治理层沟通可能被合理认为影响注册会计师独立性的所有关系和其他事项，以及相关的防范措施（如适用）；

（三）对于上市实体财务报表审计，以及决定按照《中国注册会计师审计准则第1504号——在审计报告中沟通关键审计事项》的规定沟通关键审计事项的其他情况，说明注册会计师从与治理层沟通过的事项中确定哪些事项对本期财务报表审计最为重要，因而构成关键审计事项。注册会计师应当在审计报告中描述这些事项，除非法律法规禁止公开披露这些事项，或在极少数情形下，注册会计师合理预期在审计报告中沟通某事项造成的负面后果超过在公众利益方面产生的益处，因而确定不应在审计报告中沟通该事项。

第三十六条 除审计准则规定的注册会计师责任外，如果注册会计师在对财务报表出具的审计报告中履行其他报告责任，应当在审计报告中将其单独作为一部分，并以"按照相关法律法规的要求报告的事项"为标题，或使用适合于该部分内容的其他标题，除非其他报告责任涉及的事项与审计准则规定的报告责任涉及的事项相同。如果涉及相同的事项，其他报告责任可以在审计准则规定的同一报告要素部分列示。

第三十七条 如果将其他报告责任在审计准则要求的同一报告要素部分列示，审计报告应当清楚区分其他报告责任和审计准则要求的报告责任。

第三十八条 如果审计报告将其他报告责任单独作为一部分，本准则第二十四条至第三十五条的要求应当辖于"对财务报表出具的审计报告"标题下；"按照相关法律法规的要求报告的事项"部分辖于"对财务报表出具的审计报告"部分之后。

第三十九条 审计报告应当由项目合伙人和另一名负责该项目的注册会计师签名和盖章。

第四十条 注册会计师应当在对上市实体财务报表出具的审计报告中注明项目合伙人。

第四十一条 审计报告应当载明会计师事务所的名称和地址，并加盖会计师事务所公章。

第四十二条 审计报告应当注明报告日期。审计报告日不应早于注册会计师获取充分、适当的审计证据，并在此基础上对财务报表形成审计意见的日期。

在确定审计报告日时，注册会计师应当确信已获取下列两方面的审计证据：

（一）构成整套财务报表的所有报表（含披露）已编制完成；

（二）被审计单位的董事会、管理层或类似机构已经认可其对财务报表负责。

第四十三条 注册会计师在按照中国注册会计师审计准则执行审计工作时，还可能同时被要求按照其他国家或地区审计准则执行审计工作。在这种情况下，审计报告除了提及中国注册会计师审计准则外，还可能同时提及其他国家或地区审计准则。只有在同时符合下列条件时，注册会计师才应当同时提及：

（一）其他国家或地区审计准则与中国注册会计师审计准则不存在冲突，即不会导致注册会计师形成不同的审计意见，也不会导致在中国注册会计师审计准则要求增加强调事项段或其他事项段的情形下，其他国家或地区的审计准则不要求增加；

（二）如果使用其他国家或地区审计准则规定的结构或措辞，审计报告至少应当包括本准则第二十一条规定的所有要素。

第四十四条 如果审计报告同时提及中国注册会计师审计准则和其他国家或地区审计准则，审计报告应当指明审计准则所属的国家或地区。

第四节　与财务报表一同列报的补充信息

第四十五条 如果被审计单位将适用的财务报告编制基础未作要求的补充信息与已审计财务报表一同列报，注册会计师应当根据职业判断，评价补充信息是否由于其性质和列报方式而构成财务报表的必要组成部分。如果补充信息构成财务报表的必要组成部分，应当将其涵盖在审计意见中。

第四十六条 如果认为适用的财务报告编制基础未作要求的补充信息不构成已审计财务报表的必要组成部分，注册会计师应当评价这些补充信息的列报方式是否充分、清楚地使其与已审计财务报表相区分。如果未能充分、清楚地区分，注册会计师应当要求管理层改变未审计补充信息的列报方式。如果管理层拒绝改变，注册会计师应当指出未审计的补充信息，并在审计报告中说明这些补充信息未审计。

中国注册会计师审计准则第 1502 号——在审计报告中发表非无保留意见

（2019 年 2 月 20 日修订）

第一章　总　　则

第一条　为了规范注册会计师在财务报表审计中出具非无保留意见的审计报告，制定本准则。

第二条　当按照《中国注册会计师审计准则第 1501 号——对财务报表形成审计意见和出具审计报告》的规定形成审计意见时，如果认为有必要发表非无保留意见，注册会计师应当遵守本准则。

本准则规定了当注册会计师在审计报告中发表非无保留意见时，审计报告的格式和内容如何进行相应调整。

在任何情形下，《中国注册会计师审计准则第 1501 号——对财务报表形成审计意见和出具审计报告》的报告要求均适用，本准则不再重述其规定，除非本准则明确涉及或修改这些报告要求。

第三条　本准则规定了三种类型的非无保留意见，即保留意见、否定意见和无法表示意见。

注册会计师确定恰当的非无保留意见类型，取决于下列事项：

（一）导致非无保留意见的事项的性质，是财务报表存在重大错报，还是在无法获取充分、适当的审计证据的情况下，财务报表可能存在重大错报；

（二）注册会计师就导致非无保留意见的事项对财务报表产生或可能产生影响的广泛性作出的判断。

第二章　定　　义

第四条　非无保留意见，是指对财务报表发表的保留意见、否定意见或无法表示意见。

第五条　广泛性，是描述错报影响的术语，用以说明错报对财务报表的影响，或者由于无法获取充分、适当的审计证据而未发现的错报（如存在）对财务报表可能产生的影响。

根据注册会计师的判断，对财务报表的影响具有广泛性的情形包括下列方面：

（一）不限于对财务报表的特定要素、账户或项目产生影响；

（二）虽然仅对财务报表的特定要素、账户或项目产生影响，但这些要素、账户或项目是或可能是财务报表的主要组成部分；

（三）当与披露相关时，产生的影响对财务报表使用者理解财务报表至关重要。

第三章　目　　标

第六条　注册会计师的目标是，当存在下列情形之一时，对财务报表清楚地发表恰当的非无保留意见：

（一）根据获取的审计证据，得出财务报表整体存在重大错报的结论；

（二）无法获取充分、适当的审计证据，不能得出财务报表整体不存在重大错报的结论。

第四章　要　　求

第一节　应当发表非无保留意见的情形

第七条　当存在下列情形之一时，注册会计师应当在审计报告中发表非无保留意见：

（一）根据获取的审计证据，得出财务报表整体存在重大错报的结论；

（二）无法获取充分、适当的审计证据，不能得出财务报表整体不存在重大错报的结论。

第二节　确定非无保留意见的类型

第八条　当存在下列情形之一时，注册会计师应当发表保留意见：

（一）在获取充分、适当的审计证据后，注册会计师认为错报单独或汇总起来对财务报表影响重大，但不具有广泛性；

（二）注册会计师无法获取充分、适当的审计证据以作为形成审计意见的基础，但认为未发现的错报（如存在）对财务报表可能产生的影响重大，但不具有广泛性。

第九条　在获取充分、适当的审计证据后，如果认为错报单独或汇总起来对财务报表的影响重大且具有广泛性，注册会计师应当发表否定意见。

第十条　如果无法获取充分、适当的审计证据以作为形成审计意见的基础，但认为未发现的错报（如存在）对财务报表可能产生的影响重大且具有广泛性，注册会计师应当发表无法表示意见。

第十一条　在极少数情况下，可能存在多个不确定事项。尽管注册会计师对每个单独的不确定事项获取了充分、适当的审计证据，但由于不确定事项之间可能存在相互影响，以及可能对财务报表产生累积影响，注册会计师不可能对财务报表形成审计意见。在这种情况下，注册会计师应当发表无法表示意见。

第十二条　在承接审计业务后，如果注意到管理层对审计范围施加了限制，且认为这些限制可能导致对财务报表发表保留意见或无法表示意见，注册会计师应当要求管理层消除这些限制。

第十三条　如果管理层拒绝消除本准则第十二条提及的限制，除非治理层全部成员参与管理被审计单位，注册会计师应当就此事项与治理层沟通，并确定能否实施替代程序以获取充分、适当的审计证据。

第十四条　如果无法获取充分、适当的审计证据，注册会计师应当通过下列方式确定其影响：

（一）如果未发现的错报（如存在）可能对财务报表产生的影响重大，但不具有广泛性，注册会计师应当发表保留意见；

（二）如果未发现的错报（如存在）可能对财务报表产生的影响重大且具有广泛性，以至于发表保留意见不足以反映情况的严重性，注册会计师应当在可行时解除业务约定（除非法律法规禁止）；如果在出具审计报告之前解除业务约定被禁止或不可行，应当发表无法表示意见。

第十五条　如果根据本准则第十四条第（二）项的规定解除业务约定，注册会计师应当在解除业务约定前，与治理层沟通在审计过程中发现的、将会导致发表非无保留意见的所有错报事项。

第十六条　如果认为有必要对财务报表整体发表否定意见或无法表示意见，注册会计师不应在同一审计报告中对按照相同财务报告编制基础编制的单一财务报表或者财务报表特定要素、账户或项目发表无保留意见。在同一审计报告中包含无保留意见，将会与对财务报表整体发表的否定意见或无法表示意见相矛盾。

第三节　非无保留意见审计报告的格式和内容

第十七条　如果对财务报表发表非无保留意见，除在审计报告中包含《中国注册会计师审计准则第 1501 号——对财务报表形成审计意见和出具审计报告》规定的审计报告要素外，注册会计师还应当：

（一）将《中国注册会计师审计准则第 1501 号——对财务报表形成审计意见和出具审计报告》第二十八条中规定的"形成审计意见的基础"这一标题修改为恰当的标题，如"形成保留意见的基础""形成否定意见的基础"或"形成无法表示意见的基础"；

（二）在该部分对导致发表非无保留意见的事项进行描述。

第十八条　如果财务报表中存在与具体金额（包括定量披露）相关的重大错报，注册会计师应当在形成审计意见的基础部分说明并量化该错报的财务影响。如果无法量化财务影响，注册会计师应当在该部分说明这一情况。

第十九条　如果财务报表中存在与定性披露相关的重大错报，注册会计师应当在形成审计意见的基础部分解释该错报错在何处。

第二十条　如果财务报表中存在与应披露而未披露信息相关的重大错报，注册会计师应当：

（一）与治理层讨论未披露信息的情况；

（二）在形成审计意见的基础部分描述未披露信息的性质；

（三）如果可行并且已针对未披露信息获取了充分、适当的审计证据，在形成审计意见的基础部分包含对未披露信息的披露，除非法律法规禁止。

第二十一条　如果因无法获取充分、适当的审计证据而导致发表非无保留意见，注册会计师应当在形成审计意见的基础部分说明无法获取审计证据的原因。

第二十二条　即使发表了否定意见或无法表示意见，注册会计师也应当在形成审计意见的基础部分说明注意到的、将导致发表非无保留意见的所有其他事项及其影响。

第二十三条　在发表非无保留意见时，注册会计师应当对审计意见部分使用恰当的标题，如"保留意见""否定意见"或"无法表示意见"。

第二十四条　当由于财务报表存在重大错报而发表保留意见时，注册会计师应当在审计意见部分说明：注册会计师认为，除形成保留意见的基础部分所述事项产生的影响外，后附的财务报表在所有重大方面按照适用的财务报告编制基础的规定编制，公允反映了［……］。

当由于无法获取充分、适当的审计证据而导致发表保留意见时，注册会计师应当在审计意见部分使用"除……可能产生的影响外"等措辞。

第二十五条　当发表否定意见时，注册会计师应当在审计意见部分说明：注册会计师认为，由于形成否定意见的基础部分所述事项的重要性，后附的财务报表没有在所有重大方面按照适用的财务报告编制基础的规定编制，未能公允反映［……］。

第二十六条　当由于无法获取充分、适当的审计证据而发表无法表示意见时，注册会计师应当：

（一）说明注册会计师不对后附的财务报表发表审计意见；

（二）说明由于形成无法表示意见的基础部分所述事项的重要性，注册会计师无法获取充分、适当的审计证据以作为对财务报表发表审计意见的基础；

（三）修改《中国注册会计师审计准则第 1501 号——对财务报表形成审计意见和出具

审计报告》第二十五条第（二）项中规定的财务报表已经审计的说明，改为注册会计师接受委托审计财务报表。

第二十七条 当发表保留意见或否定意见时，注册会计师应当修改《中国注册会计师审计准则第 1501 号——对财务报表形成审计意见和出具审计报告》第二十八条第（四）项规定的表述，在对注册会计师是否获取了充分、适当的审计证据以作为形成审计意见的基础的说明中，包含恰当的措辞如"保留"或"否定"。

第二十八条 当注册会计师对财务报表发表无法表示意见时，审计报告中不应当包含《中国注册会计师审计准则第 1501 号——对财务报表形成审计意见和出具审计报告》第二十八条第（二）项和第（四）项中规定的要素，即：

（一）提及审计报告中用于描述注册会计师责任的部分；

（二）说明注册会计师是否已获取充分、适当的审计证据以作为形成审计意见的基础。

第二十九条 当由于无法获取充分、适当的审计证据而发表无法表示意见时，注册会计师应当对按照《中国注册会计师审计准则第 1501 号——对财务报表形成审计意见和出具审计报告》第三十三条至第三十五条的规定在审计报告中对注册会计师责任作出的表述进行修改，仅包含下列内容：

（一）注册会计师的责任是按照中国注册会计师审计准则的规定，对被审计单位财务报表执行审计工作，以出具审计报告；

（二）但由于形成无法表示意见的基础部分所述的事项，注册会计师无法获取充分、适当的审计证据以作为发表审计意见的基础；

（三）按照《中国注册会计师审计准则第 1501 号——对财务报表形成审计意见和出具审计报告》第二十八条第（三）项的规定，关于注册会计师在独立性和职业道德方面的其他责任的声明。

第三十条 除非法律法规另有规定，当对财务报表发表无法表示意见时，注册会计师不得在审计报告中包含《中国注册会计师审计准则第 1504 号——在审计报告中沟通关键审计事项》规定的关键审计事项部分，也不得在审计报告中包含《中国注册会计师审计准则第 1521 号——注册会计师对其他信息的责任》规定的其他信息部分。

第四节　与治理层的沟通

第三十一条 当拟在审计报告中发表非无保留意见时，注册会计师应当与治理层沟通导致拟发表非无保留意见的情况，以及拟使用的非无保留意见措辞。

中国注册会计师审计准则第 1503 号——在审计报告中增加强调事项段和其他事项段

（2022 年 1 月 5 日修订）

第一章　总　　则

第一条 为了规范注册会计师在审计报告中增加强调事项段和其他事项段，以提供必要的补充信息，制定本准则。

第二条 如果认为必要，注册会计师可以在审计报告中提供补充信息，以提醒使用者关注下列事项：

（一）尽管已在财务报表中列报，但对使用者理解财务报表至关重要的事项；

（二）未在财务报表中列报，但与使用者理解审计工作、注册会计师的责任或审计报告相关的事项。

第三条　《中国注册会计师审计准则第 1504 号——在审计报告中沟通关键审计事项》及其应用指南针对注册会计师如何确定关键审计事项以及如何在审计报告中沟通关键审计事项作出了规定并提供了指引。如果审计报告中包含关键审计事项部分，本准则规范了关键审计事项和按照本准则的规定在审计报告中提供的补充信息之间的关系。

第四条　《中国注册会计师审计准则第 1324 号——持续经营》及其应用指南针对审计报告中与持续经营相关的沟通作出了规定并提供了指引。《中国注册会计师审计准则第 1521 号——注册会计师对其他信息的责任》及其应用指南针对审计报告中与其他信息相关的沟通作出了规定并提供了指引。

第五条　本准则附录 1 和附录 2 列示的其他审计准则，对在审计报告中增加强调事项段和其他事项段提出具体要求。在这些情况下，本准则对强调事项段或其他事项段格式的要求同样适用。

第二章　定　　义

第六条　强调事项段，是指审计报告中含有的一个段落，该段落提及已在财务报表中恰当列报的事项，且根据注册会计师的职业判断，该事项对财务报表使用者理解财务报表至关重要。

第七条　其他事项段，是指审计报告中含有的一个段落，该段落提及未在财务报表中列报的事项，且根据注册会计师的职业判断，该事项与财务报表使用者理解审计工作、注册会计师的责任或审计报告相关。

第三章　目　　标

第八条　注册会计师的目标是，在对财务报表形成审计意见后，如果根据职业判断认为有必要在审计报告中增加强调事项段或其他事项段，通过明确提供补充信息的方式，提醒财务报表使用者关注下列事项：

（一）尽管已在财务报表中恰当列报，但对财务报表使用者理解财务报表至关重要的事项；

（二）未在财务报表中列报，但与财务报表使用者理解审计工作、注册会计师的责任或审计报告相关的其他事项。

第四章　要　　求

第一节　审计报告中的强调事项段

第九条　如果认为有必要提醒财务报表使用者关注已在财务报表中列报，且根据职业判断认为对财务报表使用者理解财务报表至关重要的事项，在同时满足下列条件时，注册会计师应当在审计报告中增加强调事项段：

（一）按照《中国注册会计师审计准则第 1502 号——在审计报告中发表非无保留意见》的规定，该事项不会导致注册会计师发表非无保留意见；

（二）当《中国注册会计师审计准则第 1504 号——在审计报告中沟通关键审计事项》适用时，该事项未被确定为在审计报告中沟通的关键审计事项。

第十条　如果在审计报告中包含强调事项段，注册会计师应当采取下列措施：

（一）将强调事项段作为单独的一部分置于审计报告中，并使用包含"强调事项"这一术语的适当标题；

（二）明确提及被强调事项以及相关披露的位置，以便能够在财务报表中找到对该事项的详细描述。强调事项段应当仅提及已在财务报表中列报的信息；

（三）指出审计意见没有因该强调事项而改变。

第二节　审计报告中的其他事项段

第十一条　如果认为有必要沟通虽然未在财务报表中列报，但根据职业判断认为与财务报表使用者理解审计工作、注册会计师的责任或审计报告相关的事项，在同时满足下列条件时，注册会计师应当在审计报告中增加其他事项段：

（一）未被法律法规禁止；

（二）当《中国注册会计师审计准则第 1504 号——在审计报告中沟通关键审计事项》适用时，该事项未被确定为在审计报告中沟通的关键审计事项。

第十二条　如果在审计报告中包含其他事项段，注册会计师应当将该段落作为单独的一部分，并使用"其他事项"或其他适当标题。

第三节　与治理层的沟通

第十三条　如果拟在审计报告中包含强调事项段或其他事项段，注册会计师应当就该事项和拟使用的措辞与治理层沟通。

附录1

其他审计准则对强调事项段的具体要求

下列审计准则要求注册会计师在特定情况下在审计报告中包含强调事项段，但其规定并不影响本准则的普遍适用性。

1.《中国注册会计师审计准则第 1111 号——就审计业务约定条款达成一致意见》第十九条第（二）项；

2.《中国注册会计师审计准则第 1332 号——期后事项》第十五条第（二）项和第十九条；

3.《中国注册会计师审计准则第 1601 号——审计特殊目的财务报表的特殊考虑》第十五条。

附录2

其他审计准则对其他事项段的具体要求

下列审计准则要求注册会计师在特定情况下在审计报告中包含其他事项段，但其规定并不影响本准则的普遍适用性。

1.《中国注册会计师审计准则第 1332 号——期后事项》第十五条第（二）项和第十

九条；

2.《中国注册会计师审计准则第 1511 号——比较信息：对应数据和比较财务报表》第十六条、第十七条、第十九条、第二十条和第二十二条。

中国注册会计师审计准则第 1504 号——在审计报告中沟通关键审计事项

（2022 年 12 月 22 日修订）

第一章 总 则

第一条 为了明确注册会计师在审计报告中沟通关键审计事项的责任，制定本准则。

第二条 本准则规范注册会计师如何确定关键审计事项以及如何在审计报告中沟通关键审计事项，包括沟通的形式和内容。

第三条 沟通关键审计事项，旨在通过提高已执行审计工作的透明度增加审计报告的沟通价值。沟通关键审计事项能够为财务报表预期使用者提供额外的信息，以帮助其了解注册会计师根据职业判断认为对本期财务报表审计最为重要的事项。沟通关键审计事项还能够帮助财务报表预期使用者了解被审计单位，以及已审计财务报表中涉及重大管理层判断的领域。

第四条 在审计报告中沟通关键审计事项，还能够为财务报表预期使用者就与被审计单位、已审计财务报表或已执行审计工作相关的事项进一步与管理层和治理层沟通提供基础。

第五条 在审计报告中沟通关键审计事项以注册会计师已就财务报表整体形成审计意见为背景。在审计报告中沟通关键审计事项不能代替下列事项：

（一）管理层按照适用的财务报告编制基础在财务报表中作出的披露，或为使财务报表实现公允反映而作出的披露（如适用）；

（二）注册会计师按照《中国注册会计师审计准则第 1502 号——在审计报告中发表非无保留意见》的规定，根据审计业务的具体情况发表非无保留意见；

（三）当可能导致对被审计单位持续经营能力产生重大疑虑的事项或情况存在重大不确定性时，注册会计师按照《中国注册会计师审计准则第 1324 号——持续经营》的规定进行报告。

在审计报告中沟通关键审计事项也不是注册会计师就单一事项单独发表意见。

第六条 本准则适用于对上市实体整套通用目的财务报表进行审计，以及注册会计师决定或委托方要求在审计报告中沟通关键审计事项的其他情形。如果法律法规要求注册会计师在审计报告中沟通关键审计事项，本准则同样适用。根据《中国注册会计师审计准则第 1502 号——在审计报告中发表非无保留意见》的规定，注册会计师在对财务报表发表无法表示意见时，不得在审计报告中沟通关键审计事项，除非法律法规要求沟通。

第二章 定 义

第七条 关键审计事项，是指注册会计师根据职业判断认为对本期财务报表审计最为重要的事项。关键审计事项从注册会计师与治理层沟通过的事项中选取。

第三章 目 标

第八条 注册会计师的目标是，确定关键审计事项，并在对财务报表形成审计意见后，以在审计报告中描述关键审计事项的方式沟通这些事项。

第四章 要 求

第一节 确定关键审计事项

第九条 注册会计师应当从与治理层沟通过的事项中确定在执行审计工作时重点关注过的事项。在确定时，注册会计师应当考虑下列方面：

（一）按照《中国注册会计师审计准则第 1211 号——重大错报风险的识别和评估》的规定，评估的重大错报风险较高的领域或识别出的特别风险；

（二）与财务报表中涉及重大管理层判断（包括涉及高度估计不确定性的会计估计）的领域相关的重大审计判断；

（三）本期重大交易或事项对审计的影响。

第十条 注册会计师应当从根据本准则第九条的规定确定的事项中，确定哪些事项对本期财务报表审计最为重要，从而构成关键审计事项。

第二节 沟通关键审计事项

第十一条 除本准则第十四条和第十五条规定的情形外，注册会计师应当在审计报告中单设一部分，以"关键审计事项"为标题，并在该部分使用恰当的子标题逐项描述关键审计事项。关键审计事项部分的引言应当同时说明下列事项：

（一）关键审计事项是注册会计师根据职业判断，认为对本期财务报表审计最为重要的事项；

（二）关键审计事项的应对以对财务报表整体进行审计并形成审计意见为背景，注册会计师不对关键审计事项单独发表意见。

第十二条 如果按照《中国注册会计师审计准则第 1502 号——在审计报告中发表非无保留意见》的规定，某些事项导致注册会计师应当发表非无保留意见，注册会计师不得在审计报告的关键审计事项部分沟通这些事项。

第十三条 在审计报告的关键审计事项部分逐项描述关键审计事项时，注册会计师应当分别索引至财务报表的相关披露（如有），并同时说明下列内容：

（一）该事项被认定为审计中最为重要的事项之一，因而被确定为关键审计事项的原因；

（二）该事项在审计中是如何应对的。

第十四条 除非存在下列情形之一，注册会计师应当在审计报告中描述每项关键审计事项：

（一）法律法规禁止公开披露某事项；

（二）在极少数情形下，如果合理预期在审计报告中沟通某事项造成的负面后果超过在公众利益方面产生的益处，注册会计师确定不应在审计报告中沟通该事项。如果被审计单位已公开披露与该事项有关的信息，则本项规定不适用。

第十五条 根据《中国注册会计师审计准则第 1502 号——在审计报告中发表非无保留意见》的规定导致非无保留意见的事项，或者根据《中国注册会计师审计准则第 1324 号——持续经营》的规定可能导致对被审计单位持续经营能力产生重大疑虑的事项或情况存在重大不确定性，就其性质而言都属于关键审计事项。然而，这些事项不得在审计报告的关键审计事项部分进行描述，并且本准则第十三条至第十四条的要求不适用于这些情况。注册会计师应当按照适用的审计准则的规定报告这些事项，并在关键审计事项部分提及形成保留（否定）意见的基础部分或与持续经营相关的重大不确定性部分。

第十六条　如果注册会计师根据被审计单位和审计业务的具体事实和情况，确定不存在需要沟通的关键审计事项，或者仅有的需要沟通的关键审计事项是本准则第十五条所述的事项，注册会计师应当在审计报告中单设的关键审计事项部分对此进行说明。

第三节　与治理层的沟通

第十七条　注册会计师应当就下列事项与治理层沟通：

（一）注册会计师确定的关键审计事项；

（二）根据被审计单位和审计业务的具体事实和情况，注册会计师确定不存在需要在审计报告中沟通的关键审计事项（如适用）。

第四节　审计工作底稿

第十八条　注册会计师应当在审计工作底稿中记录下列事项：

（一）注册会计师根据本准则第九条的规定确定的在执行审计工作时重点关注过的事项，以及针对每一事项，根据本准则第十条的规定是否将其确定为关键审计事项及理由；

（二）注册会计师确定不存在需要在审计报告中沟通的关键审计事项的理由，或者仅有的需要沟通的关键审计事项是本准则第十五条所述的事项（如适用）；

（三）注册会计师确定不在审计报告中沟通某项关键审计事项的理由（如适用）。

中国注册会计师审计准则第 1511 号——比较信息：对应数据和比较财务报表

（2019 年 2 月 20 日修订）

第一章　总　则

第一条　为了规范注册会计师在财务报表审计中与比较信息相关的责任，制定本准则。

第二条　当上期财务报表已由前任注册会计师审计或未经审计时，《中国注册会计师审计准则第 1331 号——首次审计业务涉及的期初余额》对期初余额的相关规定同样适用。

第三条　财务报表中列报的比较信息的性质取决于适用的财务报告编制基础的要求。比较信息包括对应数据和比较财务报表，相应地，注册会计师履行比较信息的报告责任有两种不同的方法。采用的方法通常由法律法规规定，但也可能在业务约定条款中作出约定。

第四条　本准则第三条提及的两种方法导致审计报告存在下列主要差异：

（一）对于对应数据，审计意见仅提及本期；

（二）对于比较财务报表，审计意见提及列报的财务报表所属的各期。

本准则对每种方法分别提出不同的审计报告要求。

第二章 定 义

第五条 比较信息，是指包含于财务报表中的、符合适用的财务报告编制基础的、与一个或多个以前期间相关的金额和披露。

第六条 对应数据，属于比较信息，是指作为本期财务报表组成部分的上期金额和相关披露，这些金额和披露只能和与本期相关的金额和披露（称为"本期数据"）联系起来阅读。对应数据列报的详细程度主要取决于其与本期数据的相关程度。

第七条 比较财务报表，属于比较信息，是指为了与本期财务报表相比较而包含的上期金额和相关披露。比较财务报表包含信息的详细程度与本期财务报表包含信息的详细程度相似。如果上期金额和相关披露已经审计，则将在审计意见中提及。

第八条 当比较信息包括一期以上的金额和相关披露时，本准则所称"上期"应理解为"以前数期"。

第三章 目 标

第九条 注册会计师的目标是：

（一）获取充分、适当的审计证据，确定在财务报表中包含的比较信息是否在所有重大方面按照适用的财务报告编制基础有关比较信息的要求进行列报；

（二）按照注册会计师的报告责任出具审计报告。

第四章 要 求

第一节 审计程序

第十条 注册会计师应当确定财务报表中是否包括适用的财务报告编制基础要求的比较信息，以及比较信息是否得到恰当分类。

基于上述目的，注册会计师应当评价：

（一）比较信息是否与上期财务报表列报的金额和相关披露一致，如果必要，比较信息是否已经重述；

（二）在比较信息中反映的会计政策是否与本期采用的会计政策一致，如果会计政策已发生变更，这些变更是否得到恰当处理并得到充分列报。

第十一条 在实施本期审计时，如果注意到比较信息可能存在重大错报，注册会计师应当根据实际情况追加必要的审计程序，获取充分、适当的审计证据，以确定是否存在重大错报。

如果上期财务报表已经审计，注册会计师还应当遵守《中国注册会计师审计准则第1332号——期后事项》的相关规定。如果上期财务报表已经得到更正，注册会计师应当确定比较信息与更正后的财务报表是否一致。

第十二条 注册会计师应当按照《中国注册会计师审计准则第1341号——书面声明》的规定，获取与审计意见中提及的所有期间相关的书面声明。对于管理层作出的、更正上期财务报表中影响比较信息的重大错报的任何重述，注册会计师还应当获取特定书面声明。

第二节 审计报告：对应数据

第十三条 当财务报表中列报对应数据时，除本准则第十四条、第十五条和第十七条描述的情形外，审计意见不应提及对应数据。

第十四条 如果以前针对上期财务报表发表了保留意见、无法表示意见或否定意见，且导致非无保留意见的事项仍未解决，注册会计师应当对本期财务报表发表非无保留意见。

在审计报告的导致非无保留意见的事项段中，注册会计师应当分下列两种情况予以处理：

（一）如果未解决事项对本期数据的影响或可能的影响是重大的，注册会计师应当在导致非无保留意见事项段中同时提及本期数据和对应数据；

（二）如果未解决事项对本期数据的影响或可能的影响不重大，注册会计师应当说明，由于未解决事项对本期数据和对应数据之间可比性的影响或可能的影响，因此发表了非无保留意见。

第十五条　如果注册会计师已经获取上期财务报表存在重大错报的审计证据，而以前对该财务报表发表了无保留意见，且对应数据未经适当重述或恰当披露，注册会计师应当就包括在财务报表中的对应数据，在审计报告中对本期财务报表发表保留意见或否定意见。

第十六条　如果上期财务报表已由前任注册会计师审计，注册会计师在审计报告中可以提及前任注册会计师对对应数据出具的审计报告。

当注册会计师决定提及时，应当在审计报告的其他事项段中说明：

（一）上期财务报表已由前任注册会计师审计；

（二）前任注册会计师发表的意见的类型（如果是非无保留意见，还应当说明发表非无保留意见的理由）；

（三）前任注册会计师出具的审计报告的日期。

第十七条　如果上期财务报表未经审计，注册会计师应当在审计报告的其他事项段中说明对应数据未经审计。但这种说明并不减轻注册会计师获取充分、适当的审计证据，以确定期初余额不含有对本期财务报表产生重大影响的错报的责任。

第三节　审计报告：比较财务报表

第十八条　当列报比较财务报表时，审计意见应当提及列报财务报表所属的各期，以及发表的审计意见涵盖的各期。

第十九条　当因本期审计而对上期财务报表发表审计意见时，如果对上期财务报表发表的意见与以前发表的意见不同，注册会计师应当按照《中国注册会计师审计准则第1503号——在审计报告中增加强调事项段和其他事项段》的规定，在其他事项段中披露导致不同意见的实质性原因。

第二十条　如果上期财务报表已由前任注册会计师审计，除非前任注册会计师对上期财务报表出具的审计报告与财务报表一同对外提供，注册会计师除对本期财务报表发表意见外，还应当在其他事项段中说明：

（一）上期财务报表已由前任注册会计师审计；

（二）前任注册会计师发表的意见的类型（如果是非无保留意见，还应当说明发表非无保留意见的理由）；

（三）前任注册会计师出具的审计报告的日期。

第二十一条　如果认为存在影响上期财务报表的重大错报，而前任注册会计师以前出具了无保留意见的审计报告，注册会计师应当就此与适当层级的管理层沟通，并要求其告知前任注册会计师。注册会计师还应当与治理层进行沟通，除非治理层全部成员参与管理被审计单位。如果上期财务报表已经更正，且前任注册会计师同意对更正后的上期财务报表出具新的审计报告，注册会计师应当仅对本期财务报表出具审计报告。

第二十二条　如果上期财务报表未经审计，注册会计师应当在其他事项段中说明比较财务报表未经审计。但这种说明并不减轻注册会计师获取充分、适当的审计证据，以确定期初余额不含有对本期财务报表产生重大影响的错报的责任。

第五章 附 则

第二十三条 本准则自 2019 年 7 月 1 日起施行。

中国注册会计师审计准则第 1521 号——注册会计师对其他信息的责任

（2016 年 12 月 23 日修订）

第一章 总 则

第一条 本准则规范了注册会计师对被审计单位年度报告中包含的除财务报表和审计报告之外的其他信息的责任，无论其他信息是财务信息还是非财务信息。被审计单位的年度报告可能是一份单独的文件，也可能是服务于相同目的的系列文件组合。

第二条 本准则以注册会计师执行财务报表审计为背景。因此，本准则规定的注册会计师的目标应以《中国注册会计师审计准则第 1101 号——注册会计师的总体目标和审计工作的基本要求》第二十五条中描述的注册会计师的总体目标为背景来理解。注册会计师对财务报表发表的审计意见不涵盖其他信息，本准则也不要求注册会计师获取超过形成财务报表审计意见所需要的审计证据。

第三条 本准则要求注册会计师阅读和考虑其他信息，是由于如果其他信息与财务报表或者与注册会计师在审计中了解到的情况存在重大不一致，可能表明财务报表或其他信息存在重大错报，两者均会损害财务报表和审计报告的可信性。此类重大错报也可能不恰当地影响审计报告使用者的经济决策。

第四条 本准则也可能有助于注册会计师遵循相关的职业道德要求，即要求注册会计师不应当在明知的情况下与以下信息发生关联：含有严重虚假或误导性的陈述；含有缺少充分依据的陈述或信息；存在遗漏或含糊其词的信息，且这种遗漏或含糊其词会产生误导。

第五条 其他信息中，某些金额或其他项目旨在与财务报表中的金额或其他项目相一致，或者对其进行概括，或者为其提供更详细的信息；针对某些金额或其他项目，注册会计师在审计中已经了解到一些情况。

第六条 无论在审计报告日之前还是之后获取其他信息，注册会计师对其他信息的责任（除适用的报告责任外）均适用。

第七条 本准则不适用于：

（一）财务信息初步公告；

（二）证券发行文件，包括招股说明书。

第八条 本准则对注册会计师设定的责任，不构成对其他信息的鉴证。本准则也不要求注册会计师对其他信息提供一定程度的保证。

第九条 法律法规可能就其他信息对注册会计师提出超出本准则范围的要求。在此情况下，注册会计师应当遵守法律法规的要求。

第二章 定 义

第十条 年度报告，是指管理层或治理层根据法律法规的规定或惯例，一般以年度为基础编制的、旨在向所有者（或类似的利益相关方）提供实体经营情况和财务业绩及财务状况（财务业绩及财务状况反映于财务报表）信息的一个文件或系列文件组合。一份年度报告包含或随附财务报表和审计报告，通常包括实体的发展，未来前景、风险和不确定事项，治理层声明，以及包含治理事项的报告等信息。

第十一条 其他信息，是指在被审计单位年度报告中包含的除财务报表和审计报告以外的财务信息和非财务信息。

第十二条 其他信息的错报，是指对其他信息作出不正确陈述或其他信息具有误导性，包括遗漏或掩饰对恰当理解其他信息披露的事项必要的信息。

第三章 目 标

第十三条 注册会计师的目标是，在已经阅读其他信息的情况下：

（一）考虑其他信息与财务报表之间是否存在重大不一致；

（二）考虑其他信息与注册会计师在审计中了解到的情况之间是否存在重大不一致；

（三）当注册会计师识别出此类重大不一致似乎存在时，或者注册会计师知悉其他信息似乎存在重大错报时，予以恰当应对；

（四）根据本准则的规定进行报告。

第四章 要 求

第一节 获取其他信息

第十四条 注册会计师应当：

（一）通过与管理层讨论，确定哪些文件组成年度报告，以及被审计单位计划公布这些文件的方式和时间安排；

（二）就及时获取组成年度报告的文件的最终版本与管理层作出适当安排。如果可能，在审计报告日之前获取；

（三）如果本条第（一）项中确定的部分或全部文件在审计报告日后才能取得，要求管理层提供书面声明，声明上述文件的最终版本将在可获取时并且在被审计单位公布前提供给注册会计师，以使注册会计师可以完成本准则要求的程序。

第二节 阅读并考虑其他信息

第十五条 注册会计师应当阅读其他信息。在阅读时，注册会计师应当：

（一）考虑其他信息和财务报表之间是否存在重大不一致。作为考虑的基础，注册会计师应当将其他信息中选取的金额或其他项目（这些金额或其他项目旨在与财务报表中的金额或其他项目相一致，或对其进行概括，或为其提供更详细的信息）与财务报表中的相应金额或其他项目进行比较，以评价其一致性；

（二）在已获取审计证据并已得出审计结论的背景下，考虑其他信息与注册会计师在审计中了解到的情况是否存在重大不一致。

第十六条 当根据本准则第十五条阅读其他信息时，注册会计师应当对与财务报表或注册会计师在审计中了解到的情况不相关的其他信息中似乎存在重大错报的迹象保持警觉。

第三节　当似乎存在重大不一致或其他信息似乎存在重大错报时的应对

第十七条　如果注册会计师识别出似乎存在重大不一致，或者知悉其他信息似乎存在重大错报，注册会计师应当与管理层讨论该事项，必要时，实施其他程序以确定：

（一）其他信息是否存在重大错报；

（二）财务报表是否存在重大错报；

（三）注册会计师对被审计单位及其环境的了解是否需要更新。

第四节　当注册会计师认为其他信息存在重大错报时的应对

第十八条　如果注册会计师认为其他信息存在重大错报，应当要求管理层更正其他信息：

（一）如果管理层同意作出更正，注册会计师应当确定更正已经完成；

（二）如果管理层拒绝作出更正，注册会计师应当就该事项与治理层进行沟通，并要求作出更正。

第十九条　如果注册会计师认为审计报告日前获取的其他信息存在重大错报，且在与治理层沟通后其他信息仍未得到更正，注册会计师应当采取恰当措施，包括：

（一）考虑对审计报告的影响，并就注册会计师计划如何在审计报告中处理重大错报与治理层进行沟通；

（二）在相关法律法规允许的情况下，解除业务约定。

第二十条　如果注册会计师认为审计报告日后获取的其他信息存在重大错报：

（一）如果其他信息得以更正，注册会计师应当根据具体情形实施必要的程序；

（二）如果与治理层沟通后其他信息未得到更正，注册会计师应当考虑其法律权利和义务，并采取恰当的措施，以提醒审计报告使用者恰当关注未更正的重大错报。

第五节　当财务报表存在重大错报或注册会计师对被审计单位及其环境的了解需要更新时的应对

第二十一条　如果注册会计师通过实施本准则第十五条至第十六条所述的程序，认为财务报表存在重大错报，或者注册会计师对被审计单位及其环境的了解需要更新，注册会计师应当根据其他审计准则作出恰当应对。

第六节　报　　告

第二十二条　如果在审计报告日存在下列两种情况之一，审计报告应当包括一个单独部分，以"其他信息"为标题：

（一）对于上市实体财务报表审计，注册会计师已获取或预期将获取其他信息；

（二）对于上市实体以外其他被审计单位的财务报表审计，注册会计师已获取部分或全部其他信息。

第二十三条　如果根据本准则第二十二条的要求，审计报告应当包含其他信息部分，该部分应当包括：

（一）管理层对其他信息负责的说明。

（二）指明：

1. 注册会计师于审计报告日前已获取的其他信息（如有）；

2. 对于上市实体财务报表审计，预期将于审计报告日后获取的其他信息（如有）。

（三）说明注册会计师的审计意见未涵盖其他信息，因此，注册会计师对其他信息不发表（或不会发表）审计意见或任何形式的鉴证结论。

（四）描述注册会计师根据本准则的要求，对其他信息进行阅读、考虑和报告的责任。

（五）如果审计报告日前已经获取其他信息，则选择下列二者之一进行说明：

1. 说明注册会计师无任何需要报告的事项；

2. 如果注册会计师认为其他信息存在未更正的重大错报，说明其他信息中的未更正重大错报。

第二十四条　如果注册会计师根据《中国注册会计师审计准则第 1502 号——在审计报告中发表非无保留意见》的规定发表保留或者否定意见，注册会计师应当考虑导致非无保留意见的事项对本准则第二十三条第（五）项要求的说明的影响。

第七节　审计工作底稿

第二十五条　根据《中国注册会计师审计准则第 1131 号——审计工作底稿》中与本准则相关的要求，注册会计师应当就下列事项形成审计工作底稿：

（一）按照本准则的规定实施的程序；

（二）注册会计师按照本准则的规定执行工作所针对的其他信息的最终版本。

中国注册会计师审计准则第 1601 号——审计特殊目的财务报表的特殊考虑

（2022 年 12 月 22 日修订）

第一章　总　　则

第一条　为了规范注册会计师在执行特殊目的财务报表审计中的特殊考虑，制定本准则。

第二条　中国注册会计师审计准则第 1101 号至第 1521 号适用于财务报表审计。本准则规范的是注册会计师运用这些审计准则对特殊目的的财务报表进行审计时的特殊考虑。

第三条　本准则是针对整套特殊目的财务报表审计制定的。《中国注册会计师审计准则第 1603 号——审计单一财务报表和财务报表特定要素的特殊考虑》规范注册会计师对单一财务报表和财务报表的特定要素、特定账户或特定项目审计相关的特殊考虑。

第四条　本准则并不取代其他审计准则的规定，也未涵盖注册会计师在执行特殊目的的财务报表审计时，需要根据具体情况作出的所有特殊考虑。

第二章　定　　义

第五条　特殊目的的财务报表，是指按照特殊目的的编制基础编制的财务报表。

第六条　特殊目的的编制基础，是指旨在满足财务报表特定使用者财务信息需求的财务报告编制基础，包括计税核算基础、监管机构的要求和合同约定等。

第七条　本准则所称财务报表，是指整套特殊目的的财务报表，包括相关披露。财务报告编制基础决定了财务报表的内容和结构，以及整套财务报表的构成。

第三章　目　　标

第八条　注册会计师的目标是，在依据审计准则执行特殊目的的财务报表审计时，在以下环节作出恰当的特殊考虑：

（一）业务的承接；

（二）业务的计划和执行；

（三）对财务报表形成审计意见、出具审计报告。

第四章　要　　求

第一节　业务承接时的考虑

第九条　《中国注册会计师审计准则第 1111 号——就审计业务约定条款达成一致意见》规定，注册会计师应当确定管理层在编制财务报表时采用的财务报告编制基础是否可接受。

注册会计师在执行特殊目的财务报表审计时应当了解下列情况：

（一）财务报表的编制目的；

（二）财务报表预期使用者；

（三）管理层为确定财务报告编制基础在具体情况下的可接受性所作的考虑。

第二节　计划和执行审计工作时的考虑

第十条　注册会计师应当按照《中国注册会计师审计准则第 1101 号——注册会计师的总体目标和审计工作的基本要求》的规定，遵守与本审计业务相关的所有审计准则。

在计划和执行特殊目的财务报表审计工作时，注册会计师应当确定在运用这些审计准则时是否需要根据具体情况作出特殊考虑。

第十一条　注册会计师应当按照《中国注册会计师审计准则第 1211 号——重大错报风险的识别和评估》的规定，了解被审计单位选择和运用会计政策的情况。

在财务报表按照合同条款编制的情况下，注册会计师应当了解被审计单位管理层对相关合同条款作出的所有重要解释。如果采用其他合理解释将导致财务报表中列报的信息产生重大差异，则管理层对合同条款作出的解释就是重要的。

第三节　形成审计意见和出具审计报告时的考虑

第十二条　当对特殊目的财务报表形成审计意见、出具审计报告时，注册会计师应当遵守《中国注册会计师审计准则第 1501 号——对财务报表形成审计意见和出具审计报告》的规定。

第十三条　注册会计师应当按照《中国注册会计师审计准则第 1501 号——对财务报表形成审计意见和出具审计报告》的规定，评价财务报表是否恰当说明其编制基础。

在财务报表按照合同条款编制的情况下，注册会计师应当评价财务报表是否恰当说明了对该合同条款作出的所有重要解释。

第十四条　《中国注册会计师审计准则第 1501 号——对财务报表形成审计意见和出具审计报告》规定了审计报告的格式和内容，包括审计报告特定要素的排列顺序。

对于特殊目的财务报表审计，审计报告还应当包括以下内容：

（一）对财务报表编制目的的陈述，必要时，还应当说明财务报表预期使用者，或者指明载有以上信息的财务报表附注；

（二）在编制特殊目的财务报表时，如果管理层可以选择财务报告编制基础，在说明管理层对财务报表的责任时，应当提及管理层负责确定采用的财务报告编制基础是可以接受的。

第十五条　注册会计师针对特殊目的财务报表出具的审计报告应当增加强调事项段，用以提醒审计报告使用者，财务报表是按照特殊目的编制基础编制的，不适用于其他目的。

第五章 附 则

第十六条 本准则自 2023 年 7 月 1 日起施行。

中国注册会计师审计准则第 1602 号——验资

（2006 年 2 月 15 日修订）

第一章 总 则

第一条 为了规范注册会计师执行验资业务，明确工作要求，制定本准则。

第二条 注册会计师在执行验资业务时，应当将本准则与相关审计准则结合使用。

第三条 本准则所称验资，是指注册会计师依法接受委托，对被审验单位注册资本的实收情况或注册资本及实收资本的变更情况进行审验，并出具验资报告。

验资分为设立验资和变更验资。设立验资是指注册会计师对被审验单位申请设立登记时的注册资本实收情况进行的审验。变更验资是指注册会计师对被审验单位申请变更登记时的注册资本及实收资本的变更情况进行的审验。

本准则所称被审验单位，是指在中华人民共和国境内拟设立或已设立的，依法应当接受验资的有限责任公司和股份有限公司。

第四条 按照法律法规以及协议、合同、章程的要求出资，提供真实、合法、完整的验资资料，保护资产的安全、完整，是出资者和被审验单位的责任。

第五条 按照本准则的规定，对被审验单位注册资本的实收情况或注册资本及实收资本的变更情况进行审验，出具验资报告，是注册会计师的责任。

注册会计师的责任不能减轻出资者和被审验单位的责任。

第六条 注册会计师执行验资业务，应当遵守相关的职业道德规范，恪守独立、客观、公正的原则，保持专业胜任能力和应有的关注，并对执业过程中获知的信息保密。

第二章 业务约定书

第七条 注册会计师应当了解被审验单位基本情况，考虑自身独立性和专业胜任能力，初步评估验资风险，以确定是否接受委托。

第八条 注册会计师应当就下列主要事项与委托人沟通，并达成一致意见：

（一）委托目的；

（二）出资者和被审验单位的责任以及注册会计师的责任；

（三）审验范围；

（四）时间要求；

（五）验资收费；

（六）报告分发和使用的限制。

第九条 如果接受委托，注册会计师应当与委托人就双方达成一致的事项签订业务约定书。

第三章 计划、程序与记录

第十条 注册会计师执行验资业务，应当编制验资计划，对验资工作作出合理安排。

第十一条 注册会计师应当向被审验单位获取注册资本实收情况明细表或注册资本、实收资本变更情况明细表。

第十二条 设立验资的审验范围一般限于与被审验单位注册资本实收情况有关的事项，包括出资者、出资币种、出资金额、出资时间、出资方式和出资比例等。

第十三条 变更验资的审验范围一般限于与被审验单位注册资本及实收资本增减变动情况有关的事项。

增加注册资本及实收资本时，审验范围包括与增资相关的出资者、出资币种、出资金额、出资时间、出资方式、出资比例和相关会计处理，以及增资后的出资者、出资金额和出资比例等。

减少注册资本及实收资本时，审验范围包括与减资相关的减资者、减资币种、减资金额、减资时间、减资方式、债务清偿或债务担保情况、相关会计处理，以及减资后的出资者、出资金额和出资比例等。

第十四条 对于出资者投入的资本及其相关的资产、负债，注册会计师应当分别采用下列方法进行审验：

（一）以货币出资的，应当在检查被审验单位开户银行出具的收款凭证、对账单及银行询证函回函等的基础上，审验出资者的实际出资金额和货币出资比例是否符合规定。对于股份有限公司向社会公开募集的股本，还应当检查证券公司承销协议、募股清单和股票发行费用清单等。

（二）以实物出资的，应当观察、检查实物，审验其权属转移情况，并按照国家有关规定在资产评估的基础上审验其价值。如果被审验单位是外商投资企业，注册会计师应当按照国家有关外商投资企业的规定，审验实物出资的价值。

（三）以知识产权、土地使用权等无形资产出资的，应当审验其权属转移情况，并按照国家有关规定在资产评估的基础上审验其价值。如果被审验单位是外商投资企业，注册会计师应当按照国家有关外商投资企业的规定，审验无形资产出资的价值。

（四）以净资产折合实收资本的，或以资本公积、盈余公积、未分配利润转增注册资本及实收资本的，应当在审计的基础上按照国家有关规定审验其价值。

（五）以货币、实物、知识产权、土地使用权以外的其他财产出资的，注册会计师应当审验出资是否符合国家有关规定。

（六）外商投资企业的外方出资者以本条第（一）项至第（五）项所述方式出资的，注册会计师还应当关注其是否符合国家外汇管理有关规定，向企业注册地的外汇管理部门发出外方出资情况询证函，并根据外方出资者的出资方式附送银行询证函回函、资本项目外汇业务核准件及进口货物报关单等文件的复印件，以询证上述文件内容的真实性、合规性。

第十五条 对于出资者以实物、知识产权和土地使用权等非货币财产作价出资的，注册会计师应当在出资者依法办理财产权转移手续后予以审验。

第十六条 对于设立验资，如果出资者分次缴纳注册资本，注册会计师应当关注全体出资者的首次出资额和出资比例是否符合国家有关规定。

第十七条 对于变更验资，注册会计师应当关注被审验单位以前的注册资本实收情况，并关注出资者是否按照规定的期限缴纳注册资本。

第十八条 注册会计师在审验过程中利用专家协助工作时，应当考虑其专业胜任能力和客观性，并对利用专家工作结果所形成的审验结论负责。

第十九条 注册会计师应当向出资者和被审验单位获取与验资业务有关的重大事项的书面声明。

第二十条　注册会计师应当对验资过程及结果进行记录，形成验资工作底稿。

<h2 style="text-align:center">第四章　验资报告</h2>

第二十一条　注册会计师应当评价根据审验证据得出的结论，以作为形成审验意见和出具验资报告的基础。

第二十二条　验资报告应当包括下列要素：

（一）标题；

（二）收件人；

（三）范围段；

（四）意见段；

（五）说明段；

（六）附件；

（七）注册会计师的签名和盖章；

（八）会计师事务所的名称、地址及盖章；

（九）报告日期。

第二十三条　验资报告的标题应当统一规范为"验资报告"。

第二十四条　验资报告的收件人是指注册会计师按照业务约定书的要求致送验资报告的对象，一般是指验资业务的委托人。验资报告应当载明收件人的全称。

第二十五条　验资报告的范围段应当说明审验范围、出资者和被审验单位的责任、注册会计师的责任、审验依据和已实施的主要审验程序等。

第二十六条　验资报告的意见段应当说明已审验的被审验单位注册资本的实收情况或注册资本及实收资本的变更情况。

对于变更验资，注册会计师仅对本次注册资本及实收资本的变更情况发表审验意见。

第二十七条　验资报告的说明段应当说明验资报告的用途、使用责任及注册会计师认为应当说明的其他重要事项。

对于变更验资，注册会计师还应当在验资报告说明段中说明对以前注册资本实收情况审验的会计师事务所名称及其审验情况，并说明变更后的累计注册资本实收金额。

第二十八条　如果在注册资本及实收资本的确认方面与被审验单位存在异议，且无法协商一致，注册会计师应当在验资报告说明段中清晰地反映有关事项及其差异和理由。

第二十九条　验资报告的附件应当包括已审验的注册资本实收情况明细表或注册资本、实收资本变更情况明细表和验资事项说明等。

第三十条　验资报告应当由注册会计师签名并盖章。

第三十一条　验资报告应当载明会计师事务所的名称和地址，并加盖会计师事务所公章。

第三十二条　验资报告日期是指注册会计师完成审验工作的日期。

第三十三条　注册会计师在审验过程中，遇有下列情形之一时，应当拒绝出具验资报告并解除业务约定：

（一）被审验单位或出资者不提供真实、合法、完整的验资资料的；

（二）被审验单位或出资者对注册会计师应当实施的审验程序不予合作，甚至阻挠审验的；

（三）被审验单位或出资者坚持要求注册会计师作不实证明的。

第三十四条　验资报告具有法定证明效力，供被审验单位申请设立登记或变更登记及据以向出资者签发出资证明时使用。

验资报告不应被视为对被审验单位验资报告日后资本保全、偿债能力和持续经营能力等的保证。委托人、被审验单位及其他第三方因使用验资报告不当所造成的后果，与注册会计师及其所在的会计师事务所无关。

第五章 附 则

第三十五条 注册会计师执行有限责任公司和股份有限公司以外的其他单位的验资业务，除有特定要求者外，应当参照本准则办理。

第三十六条 本准则自 2007 年 1 月 1 日起施行。

中国注册会计师审计准则第 1603 号——审计单一财务报表和财务报表特定要素的特殊考虑

（2021 年 12 月 9 日修订）

第一章 总 则

第一条 为了规范注册会计师在执行单一财务报表和财务报表特定要素审计中的特殊考虑，制定本准则。

第二条 中国注册会计师审计准则第 1101 号至第 1521 号适用于财务报表审计。当执行其他历史财务信息（包括单一财务报表和财务报表特定要素）审计业务时，注册会计师根据具体情况遵守适用的审计准则。本准则规范的是注册会计师运用审计准则对单一财务报表和财务报表特定要素进行审计时的特殊考虑。

第三条 单一财务报表和财务报表特定要素可能采用通用目的编制基础，也可能采用特殊目的编制基础。如果采用特殊目的编制基础，《中国注册会计师审计准则第 1601 号——审计特殊目的财务报表的特殊考虑》也适用于对单一财务报表和财务报表特定要素的审计。

第四条 本准则不适用于组成部分注册会计师应集团项目组的要求，基于集团财务报表审计目的，对组成部分财务信息执行工作并出具报告的情况。这种情况适用《中国注册会计师审计准则第 1401 号——对集团财务报表审计的特殊考虑》。

第五条 本准则并不取代其他审计准则的规定，也未涵盖注册会计师在执行单一财务报表和财务报表特定要素审计时，需要根据具体情况作出的所有特殊考虑。

第二章 定 义

第六条 财务报表特定要素（简称特定要素），就本准则而言，除财务报表的特定要素外，还包括特定账户和特定项目。

第七条 单一财务报表或财务报表特定要素包括相关披露。相关披露通常包含与单一财务报表或财务报表特定要素相关的解释性或其他描述性信息。

第三章 目 标

第八条 注册会计师的目标是，在依据审计准则执行单一财务报表和财务报表特定要素审计时，在以下环节作出恰当的特殊考虑：

（一）业务的承接；

（二）业务的计划和执行；

（三）对单一财务报表和财务报表特定要素形成审计意见、出具审计报告。

第四章　要　求

第一节　业务承接时的考虑

第九条　注册会计师应当按照《中国注册会计师审计准则第 1101 号——注册会计师的总体目标和审计工作的基本要求》的规定，遵守与本审计业务相关的所有审计准则。对单一财务报表或财务报表特定要素进行审计时，无论注册会计师是否同时接受委托对整套财务报表进行审计，该规定都适用。如果没有同时接受委托对整套财务报表进行审计，注册会计师应当确定按照审计准则对单一财务报表或财务报表特定要素进行审计是否可行。

第十条　《中国注册会计师审计准则第 1111 号——就审计业务约定条款达成一致意见》规定，注册会计师应当确定管理层在编制财务报表时采用的财务报告编制基础是否可接受。在单一财务报表或财务报表特定要素审计中，注册会计师在确定财务报告编制基础是否可接受时，应当确定采用该财务报告编制基础是否能够提供充分的披露，从而使财务报表预期使用者能够理解单一财务报表或财务报表特定要素提供的信息，以及重大交易和重大事项对这些信息的影响。

第十一条　《中国注册会计师审计准则第 1111 号——就审计业务约定条款达成一致意见》规定，审计业务约定条款应当包括注册会计师拟出具审计报告的具体表述方式。

针对单一财务报表或财务报表特定要素的审计，注册会计师应当考虑拟出具的审计报告的具体表述方式是否适合具体情况。

第二节　计划和执行审计工作时的考虑

第十二条　《中国注册会计师审计准则第 1101 号——注册会计师的总体目标和审计工作的基本要求》规定，审计准则适用于注册会计师执行财务报表审计业务。执行其他历史财务信息审计时，注册会计师根据具体情况遵守适用的审计准则。

在计划和执行单一财务报表或财务报表特定要素审计时，注册会计师应当根据具体情况遵守所有适用的审计准则条款。

第三节　形成审计意见和出具审计报告时的考虑

第十三条　在就单一财务报表或财务报表特定要素形成审计意见、出具审计报告时，注册会计师应当根据业务的具体情况，遵守《中国注册会计师审计准则第 1501 号——对财务报表形成审计意见和出具审计报告》和《中国注册会计师审计准则第 1601 号——审计特殊目的的财务报表的特殊考虑》的相关规定。

第十四条　在接受业务委托时，如果既有对单一财务报表或财务报表特定要素的审计，也有对整套财务报表的审计，注册会计师应当针对每项业务分别发表审计意见。

第十五条　已审计的单一财务报表或财务报表特定要素可能连同已审计的整套财务报表一同发布，如果管理层没有明确区分整套财务报表与单一财务报表或财务报表特定要素，注册会计师应当要求管理层予以纠正。

注册会计师应当将对单一财务报表或财务报表特定要素的审计意见与对整套财务报表的审计意见予以明确区分。

只有在明确作出上述区分的情况下，注册会计师才可以针对单一财务报表或财务报表特定要素发表审计意见、出具审计报告。

第十六条 如果整套财务报表的审计报告包括下列事项，注册会计师应当考虑这些事项对单一财务报表或财务报表特定要素审计以及审计报告可能产生的影响：

（一）按照《中国注册会计师审计准则第 1502 号——在审计报告中发表非无保留意见》的规定，发表非无保留意见；

（二）按照《中国注册会计师审计准则第 1503 号——在审计报告中增加强调事项段和其他事项段》的规定，增加强调事项段或其他事项段；

（三）按照《中国注册会计师审计准则第 1324 号——持续经营》的规定，增加"与持续经营相关的重大不确定性"部分；

（四）按照《中国注册会计师审计准则第 1504 号——在审计报告中沟通关键审计事项》的规定，沟通关键审计事项；

（五）按照《中国注册会计师审计准则第 1521 号——注册会计师对其他信息的责任》的规定，说明未更正的其他信息重大错报。

第十七条 如果认为有必要对整套财务报表整体发表否定意见或无法表示意见，根据《中国注册会计师审计准则第 1502 号——在审计报告中发表非无保留意见》的规定，注册会计师不应在同一审计报告中，对构成整套财务报表组成部分的单一财务报表或财务报表特定要素发表无保留意见。这是因为，在同一审计报告中包含的无保留意见，将与对整套财务报表整体发表的否定意见或无法表示意见相矛盾。

第十八条 如果注册会计师认为有必要对整套财务报表整体发表否定意见或无法表示意见，同时又对该整套财务报表中的特定要素另行进行审计，只有在同时满足下列条件时，注册会计师才可以认为对特定要素发表无保留意见是适当的：

（一）法律法规并未禁止注册会计师对该特定要素发表无保留意见；

（二）注册会计师对该特定要素出具的无保留意见审计报告，与包含否定意见或无法表示意见的审计报告，并不一同发布；

（三）该特定要素并不构成整套财务报表的主要部分。

第十九条 如果对整套财务报表整体发表了否定意见或无法表示意见，注册会计师不应当对整套财务报表中的单一财务报表发表无保留意见。

即使单一财务报表的审计报告并不与对整套财务报表整体发表否定意见或无法表示意见的审计报告一同发布，注册会计师也不应对整套财务报表中的单一财务报表发表无保留意见。这是因为，单一财务报表是整套财务报表的主要部分。

第五章 附 则

第二十条 本准则自 2022 年 1 月 1 日起施行。

中国注册会计师审计准则第 1604 号——对简要财务报表出具报告的业务

（2021 年 12 月 9 日修订）

第一章 总 则

第一条 为了规范注册会计师对简要财务报表出具报告的责任，制定本准则。

第二条 简要财务报表来源于由同一注册会计师按照审计准则的规定审计的财务报表。

第二章 定　　义

第三条 简要财务报表，是指源于财务报表但详细程度低于财务报表的历史财务信息。简要财务报表对被审计单位某一特定日期的经济资源或义务，或者某一会计期间经济资源或义务的变化，作出与财务报表一致但详细程度较低的结构性表述。例如，被审计单位可能为了某些商业目标（比如投标）而编制简要财务报表。

第四条 已审计财务报表，是指注册会计师按照审计准则审计过的财务报表，该财务报表是编制简要财务报表的依据。

第五条 采用的标准，是指管理层在编制简要财务报表时采用的标准。

第三章 目　　标

第六条 注册会计师的目标是：

（一）确定承接对简要财务报表出具报告的业务是否适当；

（二）如果承接该业务，对根据获取的证据所得出的结论作出评价，在此基础上对简要财务报表形成意见，并通过书面报告的形式清楚地表达意见，说明形成意见的基础。

第四章 要　　求

第一节　业务的承接

第七条 只有在已经接受委托，按照审计准则的规定执行财务报表审计，并且简要财务报表的内容来源于财务报表时，注册会计师才可以按照本准则的规定承接对简要财务报表出具报告的业务。

第八条 在承接对简要财务报表出具报告的业务之前，注册会计师应当：

（一）确定所采用的标准是否可接受；

（二）就管理层认可并理解其责任与管理层达成一致意见；

（三）与管理层就拟对简要财务报表发表意见的具体表述方式达成一致意见。

本条前款第（二）项提及的管理层的责任是：

（一）按照采用的标准编制简要财务报表；

（二）使简要财务报表的预期使用者能够比较方便地获取已审计财务报表（如果法律法规规定已审计财务报表无需提供给简要财务报表的预期使用者，并且为编制简要财务报表制定了标准，则应当在简要财务报表中说明法律法规的相关规定）；

（三）在载有简要财务报表、并声明注册会计师已经对其出具报告的所有文件中，包含注册会计师对简要财务报表出具的报告（在本准则中有时简称为简要财务报表的报告）。

第九条 如果认为管理层采用的标准不可接受，或未能按照本准则第八条第一款第（二）项的规定就管理层认可并理解其责任与管理层达成一致意见，注册会计师不应承接对简要财务报表出具报告的业务，除非法律法规另有规定。如果法律法规要求注册会计师承接该业务，由于该业务的执行不符合本准则的规定，注册会计师对简要财务报表出具的报告不应提及已经按照本准则的规定执行了该业务。注册会计师应当在业务约定条款中适当提及这一情况。注册会计师还应当确定这一情况对财务报表（编制简要财务报表的依据）审计业务可能产生的影响。

第二节　程　　序

第十条 注册会计师应当实施下列程序，以及可能有必要的其他程序，作为对简要财务报表形成意见的基础：

（一）评价简要财务报表是否充分披露其简化的性质，并指明作为其编制依据的已审计财务报表；

（二）如果简要财务报表不与已审计财务报表一起提供，则应当评价简要财务报表是否清楚地说明已审计财务报表的获取渠道；如果法律法规规定已审计财务报表无需提供给简要财务报表的预期使用者，并且为编制简要财务报表制定了标准，则应当评价简要财务报表是否清楚地说明了这些法律法规的规定；

（三）评价简要财务报表是否充分披露了采用的标准；

（四）将简要财务报表与已审计财务报表中的相关信息进行比较，以确定两者是否一致，或能否依据已审计财务报表中的相关信息重新计算得出简要财务报表中的信息；

（五）评价简要财务报表是否按照采用的标准编制；

（六）根据简要财务报表的目的，评价简要财务报表是否包含必要的信息，并在适当的层次进行了汇总，以使其不产生误导；

（七）评价简要财务报表的预期使用者能否比较方便地获取已审计财务报表，除非法律法规规定已审计财务报表无需提供给简要财务报表的预期使用者，并且为编制简要财务报表制定了标准。

第三节　意见的具体表述方式

第十一条　如果对简要财务报表发表无保留意见是恰当的，除非法律法规另有规定，注册会计师应当使用下列措辞之一：

（一）按照［采用的标准］，后附的简要财务报表在所有重大方面与已审计财务报表保持了一致；

（二）按照［采用的标准］，后附的简要财务报表公允概括了已审计财务报表。

第十二条　如果法律法规规定了对简要财务报表发表意见的措辞，并且与本准则第十一条规定的措辞存在差异，注册会计师应当实施下列程序：

（一）本准则第十条规定的程序以及其他必要的进一步程序，以使注册会计师能够发表符合规定的意见；

（二）评价简要财务报表的使用者是否可能误解注册会计师对简要财务报表发表的意见；如果可能误解，则应当评价在简要财务报表的报告中增加补充解释能否消除或减少误解。

第十三条　在本准则第十二条第（二）项所述的情况下，如果认为增加补充解释不能消除或减少可能的误解，注册会计师不应承接该业务，除非法律法规另有规定。如果法律法规要求注册会计师承接该业务，由于业务的执行不符合本准则的规定，注册会计师在对简要财务报表出具的报告中不应提及该业务是按照本准则的规定执行的。

第四节　工作的时间安排和期后事项

第十四条　对简要财务报表出具报告的日期可能迟于已审计财务报表的审计报告日。在这种情况下，简要财务报表的报告应当说明，简要财务报表和已审计财务报表均未反映已审计财务报表的审计报告日以后发生的事项的影响。

第十五条　注册会计师可能知悉了在已审计财务报表的审计报告日已经存在但之前并未知悉的事实。在这种情况下，注册会计师只有在按照《中国注册会计师审计准则第1332号——期后事项》的规定履行了其与期后事项相关的责任后，才可以对简要财务报表出具报告。

第五节　载有简要财务报表及其报告的文件中的信息

第十六条　注册会计师应当阅读载有简要财务报表及其报告的文件中包含的信息，识别其是否与简要财务报表存在重大不一致。

第十七条　如果识别出重大不一致，注册会计师应当与管理层讨论，并确定简要财务报表或者载有简要财务报表及其报告的文件中包含的信息是否需要作出修改。如果确定该信息需要修改，而管理层拒绝作出必要的修改，注册会计师应当采取适当的措施，包括考虑对简要财务报表的报告的影响。

第六节　对简要财务报表出具的报告

第十八条　对简要财务报表出具的报告应当包括下列要素：

（一）标题；

（二）收件人；

（三）意见；

（四）简要财务报表；

（五）已审计财务报表及其审计报告；

（六）管理层对简要财务报表的责任；

（七）注册会计师的责任；

（八）注册会计师的签名和盖章；

（九）会计师事务所的名称、地址和盖章；

（十）报告日期。

第十九条　报告的标题应当统一规范为"注册会计师对简要财务报表出具的报告"。

第二十条　报告应当按照业务约定条款的要求载明收件人。如果对简要财务报表出具的报告的收件人不同于已审计财务报表的审计报告的收件人，注册会计师应当评价使用不同收件人名称的适当性。

第二十一条　"意见"部分应当包括下列方面：

（一）注册会计师出具报告所针对的简要财务报表，包括每一简要财务报表的名称；

（二）已审计财务报表。

第二十二条　如果对已审计财务报表发表的不是否定意见或无法表示意见，"意见"部分应当清楚地表达对简要财务报表的意见，而不能拒绝发表意见。

第二十三条　"简要财务报表"部分应当指出，简要财务报表未包含已审计财务报表采用的编制基础所要求披露的全部事项，因此，简要财务报表及其报告不能代替已审计财务报表及其审计报告。

第二十四条　对简要财务报表出具报告的日期如果迟于已审计财务报表的审计报告日，"简要财务报表"部分应当说明，简要财务报表和已审计财务报表均未反映已审计财务报表的审计报告日以后发生的事项的影响。

第二十五条　"已审计财务报表及其审计报告"部分应当提及对已审计财务报表出具的审计报告和报告日期，以及除本准则第二十九条和第三十条规定的情形外，对已审计财务报表发表无保留意见这一事实。

第二十六条　"管理层对简要财务报表的责任"部分应当说明，按照采用的标准编制简要财务报表是管理层的责任。

第二十七条　"注册会计师的责任"部分应当说明，注册会计师的责任是在实施本准则规定的程序的基础上，对简要财务报表是否在所有重大方面与已审计财务报表保持了一致或公允概括了已审计财务报表发表意见。

第二十八条　对简要财务报表出具报告的日期不应早于下列日期：

（一）注册会计师已获取充分、适当的证据并在此基础上形成意见的日期，这些证据可以证明简要财务报表已经编制完成，并且被审计单位有相关权限的机构或人员已经认可其对简要财务报表负责；

（二）已审计财务报表的审计报告日。

第二十九条　如果已审计财务报表的审计报告中包含保留意见、强调事项、其他事项、与持续经营相关的重大不确定性、关键审计事项，或者对其他信息中未更正重大错报的说明，并且注册会计师确信，简要财务报表按照采用的标准在所有重大方面与已审计财务报表保持一致或公允概括了已审计财务报表，则简要财务报表的报告除包括本准则第十八条规定的要素外，还应当在"已审计财务报表及其审计报告"部分，作出如下说明：

（一）已审计财务报表的审计报告中包含保留意见、强调事项、其他事项、与持续经营相关的重大不确定性、关键审计事项或其他信息中的未更正重大错报；

（二）对已审计财务报表形成保留意见的基础，及其对简要财务报表的影响；已审计财务报表审计报告中的强调事项、其他事项或与持续经营相关的重大不确定性所涉及的事项，及其对简要财务报表的影响；其他信息中的未更正重大错报，及其对载有简要财务报表及其报告的文件中包含的信息的影响。

第三十条　如果对已审计财务报表发表了否定意见或无法表示意见，简要财务报表的报告除包括本准则第十八条规定的要素外，还应当：

（一）在"已审计财务报表及其审计报告"部分说明对已审计财务报表发表了否定意见或无法表示意见；

（二）在"已审计财务报表及其审计报告"部分说明形成否定意见或无法表示意见的基础；

（三）在"拒绝发表意见"部分说明，由于对已审计财务报表发表的是否定意见或无法表示意见，对简要财务报表发表意见是不适当的。

第三十一条　如果简要财务报表没有按照采用的标准在所有重大方面与已审计财务报表保持一致或公允概括已审计财务报表，而管理层又不同意作出必要修改，注册会计师应当对简要财务报表发表否定意见。

第七节　限制报告的发送对象或使用或者提醒使用者关注编制基础

第三十二条　如果已审计财务报表的审计报告存在发送对象或使用上的限制，或者已审计财务报表的审计报告提醒财务报表使用者关注已审计财务报表按照特殊目的编制基础编制，注册会计师应当在简要财务报表的报告中包含相同的限制或提醒。

第八节　比　较　信　息

第三十三条　如果已审计财务报表包含比较信息而简要财务报表未包含，注册会计师应当根据业务的具体情况确定这样做是否合理。注册会计师应当确定不合理地省略比较信息对简要财务报表的报告的影响。

第三十四条　如果简要财务报表包含已由其他注册会计师审计的比较信息，简要财务报表的报告还应当载明，根据《中国注册会计师审计准则第1511号——比较信息：对应数据和比较财务报表》的规定，在已审计财务报表的审计报告中包含的事项。

第九节　与简要财务报表一同列报的未审计的补充信息

第三十五条　注册会计师应当评价，与简要财务报表一同列报的未审计的补充信息是否清楚地与简要财务报表区分。如果认为被审计单位未能清楚地将未审计的补充信息与简要财务报表加以区分，注册会计师应当要求管理层改变未审计补充信息的列报方式。如果管理层拒绝改变，注册会计师应当在简要财务报表的报告中说明本报告未涵盖该补充信息。

第十节　避免简要财务报表与注册会计师不当关联

第三十六条　如果注意到被审计单位计划在载有简要财务报表的文件中说明注册会计师已对简要财务报表出具报告，但被审计单位并未计划在文件中包含该报告，注册会计师应当要求管理层将该报告包含在该文件中。

如果管理层拒绝这样做，注册会计师应当采取适当的措施，以防止管理层在文件中将注册会计师与简要财务报表不适当地关联起来。

第三十七条　注册会计师可能接受委托对被审计单位的财务报表出具报告，但未接受委托对简要财务报表出具报告。在这种情况下，如果注意到被审计单位计划在载有简要财务报表的文件中作出说明，且该说明提及注册会计师和简要财务报表依据已审计财务报表编制这一事实，注册会计师应当确认：

（一）仅在涉及对已审计财务报表出具的审计报告时，提及注册会计师；

（二）所作的说明不会导致简要财务报表的使用者产生误解，认为注册会计师已经对简要财务报表出具了报告。

注册会计师如果不能确认前款第（一）项或第（二）项所述事项，可以选择的方法包括：

（一）注册会计师要求管理层修改其所作的说明，以符合前款的规定，或在文件中不提及注册会计师；

（二）被审计单位可以委托注册会计师对简要财务报表出具报告，并将相关报告包含在文件中。

当采取前款第（一）项方法时，如果管理层不修改作出的说明，或拒绝删除提及注册会计师的表述，或者当采取前款第（二）项方法时，管理层拒绝在载有简要财务报表的文件中包含注册会计师对简要财务报表出具的报告，注册会计师应当向管理层告知其不同意提及注册会计师，并采取其他适当措施，以防止管理层不恰当地提及注册会计师。

第五章　附　　则

第三十八条　本准则自 2022 年 1 月 1 日起施行。

中国注册会计师审计准则第 1611 号——商业银行财务报表审计

（2006 年 2 月 15 日发布）

第一章　总　　则

第一条　为了规范注册会计师执行商业银行财务报表审计业务，制定本准则。

第二条　注册会计师在执行商业银行财务报表审计业务时，应当将本准则与相关审计准则结合使用。

第三条　本准则所称商业银行，是指依照《中华人民共和国公司法》和《中华人民共和国商业银行法》设立的从事吸收公众存款、发放贷款、办理结算等业务的企业法人。

第四条　商业银行通常具有下列主要特征：

（一）经营大量货币性项目，要求建立健全严格的内部控制；

（二）从事的交易种类繁多、次数频繁、金额巨大，要求建立严密的会计信息系统，并广泛使用计算机信息系统及电子资金转账系统；

（三）分支机构众多、分布区域广、会计处理和控制职能分散，要求保持统一的操作规程和会计信息系统；

（四）存在大量不涉及资金流动的资产负债表表外业务，要求采取控制程序进行记录和监控；

（五）高负债经营，债权人众多，与社会公众利益密切相关，受到银行监管法规的严格约束和政府有关部门的严格监管。

第五条　商业银行具有下列主要风险：

（一）信用风险；

（二）国家风险和转移风险；

（三）市场风险；

（四）利率风险；

（五）流动性风险；

（六）操作风险；

（七）法律风险；

（八）声誉风险。

第六条　由于商业银行具有的特征和风险，注册会计师应当保持应有的职业谨慎，以将审计风险降至可接受的低水平。

第二章　接受业务委托

第七条　注册会计师应当初步了解商业银行的基本情况，评价自身独立性和专业胜任能力，初步评估审计风险，以确定是否接受业务委托。

第八条　在评价自身专业胜任能力时，注册会计师应当考虑：

（一）是否具备商业银行审计所需要的专门知识和技能；

（二）是否熟悉商业银行计算机信息系统及电子资金转账系统；

（三）是否具有对商业银行国内外分支机构实施审计的充足人力资源。

第九条　注册会计师在接受业务委托时，应当就审计目标和范围、双方的责任、审计报告的用途等事项与商业银行达成一致意见。

第三章　计划审计工作

第十条　在计划审计工作前，注册会计师应当了解商业银行下列主要情况：

（一）宏观经济形势对商业银行的影响；

（二）适用的银行监管法规及银行监管机构的监管程度；

（三）特殊会计惯例及问题；

（四）组织结构及资本结构；

（五）金融产品、服务及市场状况；

（六）风险及管理策略；

（七）相关内部控制；

（八）计算机信息系统及电子资金转账系统；

（九）资产、负债结构及信贷资产质量；

（十）主要贷款对象所处行业状况；

（十一）重大诉讼。

第十一条　在了解上述情况时，注册会计师应当重点查阅商业银行下列资料：

（一）章程、营业执照、经营许可证等法律文件；

（二）组织结构图；

（三）股东会、董事会、监事会及管理委员会的会议纪要；

（四）年度财务报表和中期财务报表；

（五）分部报告；

（六）风险管理策略和相关报告；

（七）有关控制程序和会计信息系统的文件；

（八）计算机信息系统和电子资金转账系统硬件、软件清单及流程图；

（九）信贷、投资等经营政策；

（十）银行监管机构的检查报告和有关文件；

（十一）内部审计报告；

（十二）经营计划、资本补足计划；

（十三）重大诉讼法律文书；

（十四）金融产品和服务营销手册；

（十五）新近颁布的影响商业银行经营的法规。

第十二条　在制定总体审计策略时，注册会计师应当考虑下列主要事项：

（一）重要性水平；

（二）预期的重大错报风险；

（三）商业银行使用计算机信息系统和电子资金转账系统的程度；

（四）商业银行内部控制的预期可信赖程度；

（五）重点审计领域；

（六）商业银行持续经营假设的合理性；

（七）利用内部审计的工作；

（八）利用专家的工作；

（九）利用其他注册会计师的工作；

（十）利用银行监管机构的检查报告及有关文件；

（十一）审计工作的组织与安排。

第十三条　在确定重要性水平时，注册会计师应当考虑：

（一）相对小的错报对资产负债表的影响可能不重要，但对利润表和资本充足率可能产生重大影响；

（二）既影响资产负债表又影响利润表的错报，比只影响资产、负债和资产负债表表外承诺的错报更重要；

（三）重要性水平有助于识别导致商业银行严重违反监管法规的错报。

第十四条　商业银行的重大错报风险较高，内部控制对防止或发现并纠正舞弊与错误至关重要；注册会计师应当评估重大错报风险，以确定检查风险的可接受水平。

第十五条　商业银行的计算机信息系统和电子资金转账系统具有下列重要作用，注册会计师应当关注其使用的方式和程度：

（一）计算和记录利息收入和支出；

（二）计算外汇和证券交易头寸，并记录相关的损益；

（三）提供资产、负债余额的最新记录；

（四）每日处理大量巨额交易。

第十六条　由于商业银行具有的特征和风险，注册会计师通常需要依赖控制测试而不能完全依赖实质性程序。

第十七条 注册会计师应当关注下列可能导致财务报表发生重大错报风险的重点审计领域：

（一）贷款损失准备；

（二）资产负债表表外业务；

（三）不符合银行监管法规的交易和事项；

（四）发生重大变动的财务报表项目；

（五）资产负债表日前后发生的重大一次性交易；

（六）高度复杂或投机性强的交易；

（七）非常规贷款；

（八）关联方交易；

（九）新金融产品或服务；

（十）受新近颁布的监管法规影响的业务领域。

第十八条 注册会计师应当考虑商业银行编制财务报表所依据的持续经营假设的合理性。

第十九条 内部审计是商业银行内部控制的重要组成部分，注册会计师应当考虑是否利用内部审计的工作。

第二十条 在评价计算机信息系统和电子资金转账系统等特殊领域时，注册会计师应当考虑是否利用专家的工作。

第二十一条 商业银行拥有的分支机构众多且分布区域广，注册会计师应当考虑是否利用其他注册会计师的工作。

第二十二条 注册会计师应当查阅商业银行持有的银行监管机构的检查报告和有关文件，以获取对确定重点审计领域有用的信息，提高审计效率。

第二十三条 在组织和安排审计工作时，注册会计师应当考虑：

（一）项目组组成及分工；

（二）其他注册会计师参与的程度；

（三）计划利用内部审计工作的程度；

（四）计划利用专家工作的程度；

（五）出具审计报告的时间要求；

（六）需要商业银行管理层提供的专项分析资料。

第二十四条 注册会计师应当根据总体审计策略制定具体审计计划，以合理确定进一步审计程序的性质、时间和范围。

第四章 了解和测试内部控制

第二十五条 注册会计师应当充分了解商业银行的相关内部控制，以确定有效的审计方案。

第二十六条 商业银行的相关内部控制应当实现下列目标：

（一）所有交易经管理层一般授权或特别授权方可执行；

（二）所有交易和事项以正确的金额，在恰当的会计期间及时记录于适当的账户，使编制的财务报表符合适用的会计准则和相关会计制度的规定；

（三）只有经过管理层授权才能接触资产和记录；

（四）将记录的资产与实有资产定期核对，并在出现差异时采取适当的措施；

（五）恰当履行受托保管协议规定的职责。

第二十七条 注册会计师应当了解商业银行分级授权体系的下列要素：

（一）有权批准特定交易的人员；

（二）授权遵守的程序；

（三）授权限额及条件；

（四）风险报告及监控。

第二十八条 注册会计师应当检查授权控制，以确定为各类交易设定的风险限额是否得到遵守，超出风险限额是否及时向适当层次管理人员报告。

第二十九条 由于临近资产负债表日发生的交易往往尚未完成，或在确定取得资产、承担债务的价值时缺乏依据，注册会计师应当重点检查这些交易的授权控制。

第三十条 在评价与交易和事项记录有关的内部控制的有效性时，注册会计师应当考虑：

（一）商业银行处理大量交易，其中单笔或数笔交易可能涉及巨额资金，需要定期执行试算平衡和调节程序，以及时发现差错并进行调查和纠正，将造成损失的风险降至最低；

（二）许多交易的会计核算有特殊规定，商业银行需要采取控制程序以保证这些规定得以遵守；

（三）有些交易不在资产负债表中列示，甚至不在财务报表附注中披露，商业银行需要采取控制程序保证这些交易以适当的方式被记录和监控，并能及时确认因交易状况变化而产生的损益；

（四）商业银行不断推出新的金融产品和服务，需要及时更新会计信息系统和相关内部控制；

（五）每日余额可能并不反映当日系统处理的全部交易量或最大损失风险，商业银行需要对最大交易量或最大损失风险保持控制；

（六）对大多数交易的记录应便于商业银行内部、商业银行客户及交易对方核对。

第三十一条 计算机信息系统和电子资金转账系统的广泛使用，对注册会计师评价商业银行的内部控制有重要影响。

注册会计师应当对影响系统开发、修改、接触、数据登录、网络安全和应急计划的相关内部控制进行评价。

注册会计师应当考虑商业银行使用电子资金转账系统的程度，评价交易前监督控制和交易后确认及调节程序的完整性。

第三十二条 商业银行的资产易于转移，金额巨大，仅通过实物控制难以奏效，管理层通常实施下列控制程序：

（一）凭借密码和接触控制，只有获得授权的人员才能操作计算机信息系统和电子资金转账系统；

（二）将资产接触与记录职责分离；

（三）由独立人员向第三方函证和调节资产余额。

注册会计师应当合理确信上述所有控制是否有效运行，必要时，复核或参与年末函证和调节程序。

第三十三条 将记录的资产与实有资产定期进行核对是一项重要的调节控制，该项控制具有下列重要作用：

（一）验证现金、有价证券等资产的存在性，及时发现舞弊与错误；

（二）检查易发生价值波动的资产计价的正确性；

（三）验证资产接触和授权控制运行的有效性。

注册会计师应当运用检查和询问等程序，测试该项控制的有效性。

第三十四条 在评价调节控制的有效性时，注册会计师应当考虑：

（一）需要调节的账户较多且调节频率较高；

（二）调节结果具有累积性；

（三）调节项目可能被不适当地结转到同一时期内未被调节和调查的账户。

第三十五条 在评价受托保管业务的内部控制有效性时，注册会计师应当考虑：

（一）是否由专门部门履行受托保管职责；

（二）是否将自有资产与受托保管资产适当分离；

（三）是否已对受托保管资产作出适当记录。

第三十六条 在评价特定控制程序有效性时，注册会计师应当考虑下列控制环境因素的影响：

（一）组织结构和权力、责任的划分；

（二）管理层监控工作的质量；

（三）内部审计工作的范围和效果；

（四）关键管理人员的素质；

（五）银行监管机构的监管程度。

第三十七条 对审计过程中注意到的商业银行内部控制的重大缺陷，注册会计师应当及时与治理层和管理层沟通。

第五章 实质性程序

第三十八条 注册会计师应当在评估商业银行财务报表重大错报风险的基础上，确定可接受的检查风险水平和实质性程序的性质、时间和范围。

第三十九条 注册会计师对重大错报风险的评估是一种判断，可能无法充分识别所有的重大错报风险，并且由于内部控制存在固有局限性，无论评估的重大错报风险结果如何，注册会计师都应当针对所有重大的各类交易、账户余额、列报（包括披露）实施实质性程序。

第四十条 在实施实质性程序时，注册会计师应当特别考虑运用下列重要审计程序：

（一）分析程序；

（二）监盘；

（三）检查；

（四）询问和函证。

第四十一条 注册会计师应当考虑对下列项目实施分析程序，以测试其总体合理性：

（一）利息收入、支出；

（二）手续费收入；

（三）贷款损失准备。

第四十二条 注册会计师应当考虑对下列项目实施监盘程序，以测试其存在性：

（一）现金；

（二）贵金属；

（三）有价证券；

（四）其他易转移资产。

第四十三条 在实施监盘程序时，注册会计师应当关注受托保管资产是否存在，是否与自有资产相混淆。

第四十四条 注册会计师应当考虑实施检查程序，以了解贷款协议、承诺协议等重要协议的条款，评价其约束力及相关会计处理的适当性。

第四十五条 注册会计师应当考虑实施询问和函证程序，以实现下列目的：

（一）确认货币性资产、负债和资产负债表外承诺的存在性和完整性；

（二）获取经商业银行客户或交易对方确认的某项交易金额、条款和状况的审计证据；

（三）获取不能直接从商业银行会计记录中得到的其他信息。

第四十六条 注册会计师应当考虑对下列事项实施函证程序：

（一）存款、贷款和同业往来等账户的余额；

（二）特定贷款抵押品的状况；

（三）因担保、承诺和承兑等资产负债表表外业务产生的或有负债；

（四）资产回购和返售协议以及未履约期权；

（五）与远期外汇合约和其他未履行合约有关的信息；

（六）委托保管的有价证券等项目。

第四十七条　为了提高审计效率，注册会计师应当考虑：

（一）在资产负债表日前实施某些测试；

（二）使用计算机辅助审计技术；

（三）当存在大量同质账户或交易时，使用统计抽样技术。

第四十八条　在审计资产负债表表外业务时，注册会计师应当检查相应收入的来源，并实施其他审计程序，以证实：

（一）相关会计记录是否完整；

（二）计提的损失准备是否充足；

（三）披露是否充分。

第四十九条　在审计关联方和关联方交易时，注册会计师应当实施必要的审计程序，以确定：

（一）所有重要的关联方和关联方交易是否都已被识别；

（二）所有重要的关联方交易是否都经过适当授权；

（三）关联方和关联方交易是否已按照适用的会计准则和相关会计制度的规定予以充分披露。

第五十条　在实施下列审计程序时，注册会计师可能注意到商业银行持续经营假设不再合理的迹象：

（一）分析程序；

（二）检查资产负债表日后事项；

（三）检查债务协议条款的遵守情况；

（四）查阅股东会、董事会、监事会及管理委员会的会议纪要；

（五）向商业银行的法律顾问询问有关诉讼、索赔等情况；

（六）函证关联方或第三方向商业银行提供财务支持的详细情况；

（七）查阅商业银行持有的银行监管机构的检查报告和有关文件；

（八）检查法定资本要求的遵守情况。

第五十一条　注册会计师应当关注商业银行持续经营假设不再合理的下列主要迹象：

（一）贷款业务量显著下降；

（二）不良贷款剧增；

（三）大量贷款集中于陷入困境的行业；

（四）过度依赖少数存款人的大额存款；

（五）存款大量流失；

（六）信用等级下降；

（七）未能达到银行监管机构规定的流动性监管指标；

（八）未能达到最低法定资本要求或未能遵守银行监管机构批准的资本补足计划；

（九）银行监管法规的变化已对商业银行经营产生重大不利影响；

（十）严重违反银行监管法规；

（十一）银行监管机构已对商业银行的不审慎经营表示关注或采取措施。

第五十二条 注册会计师应当就下列主要事项获取商业银行管理层声明：

（一）持有的银行监管机构的检查报告和有关文件已提供给注册会计师；

（二）长期投资和短期投资的分类准确地反映了管理层的计划和意图；

（三）确定公允价值所依据的假设是合理的；

（四）资本补足计划及其实施符合银行监管机构的要求，并已作充分的披露；

（五）或有负债已在财务报表中充分披露；

（六）关联方交易符合银行监管法规的规定，并已作充分的披露；

（七）对资产负债表日持有的有价证券、贷款等资产可能发生的损失计提充足的准备；

（八）具有重大风险的资产负债表表外业务已作充分的披露。

第六章　审计报告

第五十三条 注册会计师应当在实施必要的审计程序后，对财务报表进行总体复核，根据经过核实的审计证据形成审计意见，出具审计报告。

第五十四条 在评价审计证据、形成审计意见时，注册会计师应当考虑商业银行会计处理和报告的特殊规定。

第五十五条 在出具审计报告之前，注册会计师应当根据银行监管法规的有关要求，确定是否需要将重大事项告知银行监管机构。

第七章　附　　则

第五十六条 本准则自 2007 年 1 月 1 日起施行。

中国注册会计师审计准则第 1612 号——银行间函证程序

（2006 年 2 月 15 日发布）

第一章　总　　则

第一条 为了规范注册会计师在商业银行财务报表审计中实施银行间函证程序，制定本准则。

第二条 本准则所称银行间函证程序，是指注册会计师为了获取影响商业银行财务报表或相关披露认定的项目的信息，以商业银行的名义向确认银行寄发询证函，获取和评价审计证据的过程。

本准则所称确认银行，是指接收商业银行的询证函并被请求回函的银行。

第三条 在实施银行间函证程序时，注册会计师应当保持应有的关注，对函证全过程进行控制。

第二章　询证函的编制与寄发

第四条 注册会计师在选择确认银行时，应当考虑与商业银行的账户余额或其他信息有关的下列主要因素：

（一）账户余额的大小；

（二）交易的性质、数量和金额；

（三）相关内部控制的可信赖程度；

（四）重要性与审计风险。

第五条　注册会计师应当采用积极的函证方式，要求确认银行对所函证的账户余额或其他信息予以回函。

第六条　注册会计师在编制询证函时，可选用下列方法：

（一）在询证函中列示账户余额或其他信息，要求确认银行确认其准确性和完整性；

（二）要求确认银行在询证函中列示账户余额或其他信息的详细情况，据以与商业银行的记录相比较。

在选用上述方法时，注册会计师应当考虑函证的目的、对审计证据质量的要求及回函的可能性。

第七条　注册会计师应当经商业银行同意，以商业银行的名义向确认银行寄发询证函，并要求确认银行直接向注册会计师所在的会计师事务所回函。

第八条　注册会计师应当根据函证事项的性质等因素确定寄发询证函的时间。

第三章　函证的内容

第九条　注册会计师应当根据函证目的及商业银行会计信息系统等情况确定函证的内容。

第十条　注册会计师函证的内容主要包括：

（一）商业银行与确认银行之间的存款、贷款和同业往来等账户（包括零余额的往来账户和在函证日之前十二个月内注销的往来账户）的余额及到期日、利息条款、未使用的授信额度、抵销权、抵押权和质押权等详细情况。询证函应当载明账户摘要、账号和币种等有关信息。

（二）商业银行与确认银行之间因担保、承诺和承兑等资产负债表表外业务产生的或有负债。询证函应当载明或有负债的性质、币种和金额等有关信息。

（三）资产回购和返售协议以及未履约期权。询证函应当载明协议标的、签订日、到期日和达成交易的条件等有关信息。

（四）与远期外汇合约和其他未履行合约有关的信息。询证函应当载明每项合约的编号、交易日、到期日、成交价格、币种和金额等有关信息。

（五）确认银行代为保管的有价证券等项目。询证函应当载明项目摘要和权属等有关信息。

第四章　回函的评价

第十一条　在评价通过函证程序获取的审计证据是否充分时，注册会计师应当考虑：

（一）函证程序的可靠性；

（二）不符事项的性质和金额；

（三）实施其他审计程序获取的审计证据。

第十二条　当未收到确认银行的回函时，注册会计师应当实施替代审计程序。

第十三条　如果通过函证、替代审计程序和其他审计程序所获取的审计证据不充分，注册会计师应当扩大函证范围或追加审计程序。

第五章　附　　则

第十四条　本准则自 2007 年 1 月 1 日起施行。

中国注册会计师审计准则第 1613 号——与银行监管机构的关系

（2006 年 2 月 15 日发布）

第一章 总 则

第一条 为了明确在商业银行财务报表审计中商业银行治理层、管理层的责任和注册会计师的责任，促进注册会计师与银行监管机构之间的理解与合作，提高审计的有效性，制定本准则。

第二条 本准则适用于注册会计师执行商业银行财务报表审计业务，并适用于接受银行监管机构委托执行专项业务。

第二章 商业银行治理层和管理层的责任

第三条 商业银行的治理层和管理层应当按照《中华人民共和国公司法》《中华人民共和国商业银行法》及其他法律法规的规定履行治理责任和管理责任。

第四条 商业银行的经营管理主要由治理层及其任命的管理层负责。这种责任旨在确保实现下列主要目的：

（一）商业银行工作人员具备充分的专业技能和诚信，关键岗位工作人员具有丰富的工作经验；

（二）针对商业银行各项业务建立并实施恰当的政策、制度和程序；

（三）建立适当的管理信息系统；

（四）具有适当的风险管理政策和程序；

（五）遵守包括有关偿付能力和流动性要求在内的法律法规及监管规定；

（六）充分保障股东、存款人及其他债权人的利益。

第五条 管理层负责建立会计信息系统，保持足以支持财务报表的会计记录，并按照适用的会计准则和相关会计制度的规定编制财务报表。管理层的责任还包括确保注册会计师完整地、不受限制地获得对财务报表和审计意见产生重大影响的所有必需信息。

第六条 治理层有责任确保建立并维护有效的内部控制，并根据法律法规的规定成立审计委员会履行有关职责。为提高工作有效性，审计委员会应当允许和鼓励内部审计人员、注册会计师参加审计委员会会议。

第七条 管理层有责任按照相关法律法规的规定和治理层的要求，设立与商业银行规模及业务性质相适应的内部审计部门并保证其有效运行。

第八条 为保证审计工作充分有效，内部审计部门应当独立于所审计或核查的业务活动，并独立于日常内部控制过程。

商业银行的所有业务活动以及分支机构、子公司和其他组成部分都应纳入内部审计部门的核查范围。

内部审计部门应当定期向治理层和管理层报告内部控制及风险管理系统的运行情况，以及内部审计目标完成情况。管理层应当建立能够确保内部审计建议得到考虑、并在适当时得以实施的程序。

第九条 注册会计师对商业银行财务报表的审计不能减轻商业银行治理层和管理层的责任。

第三章 注册会计师的责任

第十条 注册会计师的责任是按照中国注册会计师审计准则（以下简称审计准则）的规定，对商业银行财务报表是否按照适用的会计准则和相关会计制度的规定编制，是否在所有重大方面公允反映商业银行的财务状况、经营成果和现金流量发表审计意见。

第十一条 注册会计师应当根据业务约定恰当致送审计报告，致送对象通常为股东或董事会，但审计报告也可能被存款人、债权人及银行监管机构等方面获取。

注册会计师的审计意见可以提高商业银行财务报表的可信赖程度，但不是对商业银行未来生存能力或管理层经营效率、效果提供的保证。

第十二条 注册会计师应当了解商业银行及其环境，以足够识别和评估财务报表重大错报风险、设计和实施进一步审计程序。

第十三条 在评估商业银行财务报表重大错报风险时，注册会计师应当考虑商业银行的特征，主要包括：

（一）经营大量货币性项目，要求建立健全严格的内部控制；

（二）从事的交易种类繁多、次数频繁、金额巨大，要求建立严密的会计信息系统，并广泛使用信息技术及电子资金转账系统；

（三）分支机构众多，分布区域广，会计处理和控制职能分散，要求保持统一的操作规程和会计信息系统；

（四）存在大量不涉及资金流动的资产负债表表外业务，要求采取控制程序进行记录和监控；

（五）高负债经营，债权人众多，与社会公众利益密切相关，受到商业银行监管法规的严格约束和政府有关部门的严格监管。

第十四条 注册会计师应当针对评估的财务报表层次重大错报风险确定总体应对措施，并针对认定层次重大错报风险设计和实施进一步审计程序。

第十五条 商业银行的内部审计工作有助于注册会计师执行审计业务，注册会计师应当评价和考虑利用内部审计工作。

注册会计师在评价内部审计工作时，应当考虑内部审计部门在组织结构中的地位、工作范围、内部审计人员的专业胜任能力以及能否保持职业谨慎。

第十六条 职业判断贯穿于注册会计师审计工作的全过程。注册会计师主要在下列方面运用职业判断：

（一）评估重大错报风险；

（二）确定审计程序的性质、时间和范围；

（三）评价审计程序的实施结果；

（四）评估管理层在编制财务报表时所作出的判断和估计的合理性。

第十七条 注册会计师应当从财务报表层次和各类交易、账户余额、列报（包括披露）认定层次考虑重要性。

注册会计师审计商业银行财务报表时使用的重要性水平可能与其向银行监管机构提交专项报告时使用的重要性水平不同。

第十八条 注册会计师应当获取商业银行财务报表整体不存在重大错报的合理保证。但由于存在下列固有限制，注册会计师即使按照审计准则的规定恰当地计划和实施审计工作，也不可能绝对保证发现商业银行财务报表中的所有重大错报：

（一）选择性测试方法的运用；

（二）内部控制的固有局限性；

（三）大多数审计证据是说服性而非结论性的；

（四）为形成审计意见而实施的审计工作涉及大量判断；

（五）某些特殊性质的交易和事项可能影响审计证据的说服力。

第十九条 注册会计师应当考虑商业银行财务报表是否存在舞弊或错误导致的重大错报。在考虑由舞弊导致的重大错报时，注册会计师应当关注：

（一）由于舞弊者可能通过精心策划以掩盖其舞弊行为，舞弊导致的重大错报未被发现的风险，通常大于错误导致的重大错报未被发现的风险。尤其是在串谋的情况下，舞弊导致的重大错报更难发现；

（二）由于管理层往往能够凌驾于内部控制之上，直接或间接地操纵会计记录并编报虚假财务信息，管理层舞弊导致的重大错报未被发现的风险，通常大于员工舞弊导致的重大错报未被发现的风险。

第二十条 如果发现财务报表存在重大错报，注册会计师应当提请商业银行予以更正。如果商业银行拒绝更正，注册会计师应当对财务报表出具保留意见或否定意见的审计报告。

如果商业银行未能提供审计工作所要求的所有必需信息，注册会计师应当就这些事项与商业银行管理层和治理层沟通。如果仍未获得所有必需信息，注册会计师应当对财务报表出具保留意见或无法表示意见的审计报告。

第二十一条 注册会计师应当按照《中国注册会计师审计准则第1151号——与治理层的沟通》的规定，及时和管理层、治理层沟通与财务报表审计相关的事项。

在某些情况下，注册会计师可以向管理层或银行监管机构提交一份长式报告，详细说明某些重大事项，如账户余额或贷款组合的明细项目、某些财务比率、内部控制的有效性、商业银行风险分析及合规情况。

第二十二条 如果存在下列事项，注册会计师应当根据相关法律法规的规定，考虑是否需要及时将这些事项告知银行监管机构：

（一）构成重大违反法律法规的事项；

（二）影响商业银行持续经营的事项或情况；

（三）出具非标准审计报告。

第四章 注册会计师与银行监管机构的关系

第二十三条 注册会计师与银行监管机构对下列事项关注的角度可能存在差异，但可以相互补充：

（一）注册会计师主要关心的是对商业银行财务报表出具审计报告，为此，应当评价管理层在编制财务报表时采用持续经营假设的合理性。银行监管机构主要关心的是保持商业银行系统的稳定性，促进各商业银行安全、稳健运行，以保证存款人的利益，因而银行监管机构需要依据财务报表评价商业银行经营状况和业绩，监控其现在和未来的生存能力。

（二）注册会计师关心的是评价内部控制，以确定在计划和实施审计工作时对内部控制的信赖程度。银行监管机构关心的是商业银行是否存在健全的内部控制，以作为商业银行安全经营和审慎管理的基础。

（三）注册会计师关心的是商业银行是否具有充分和可靠的会计记录，以使其编制的财务报表不存在重大错报。银行监管机构关心的是商业银行是否依据一贯的会计政策，保持充分的会计记录，并按规定定期公布财务报表。

第二十四条　如果银行监管机构在监管活动中使用已审计财务报表，注册会计师应当考虑以适当的方式提请商业银行管理层说明下列事项：

（一）商业银行编制财务报表的首要目的并非满足监管的需要；

（二）注册会计师依据审计准则实施审计工作旨在对财务报表整体不存在重大错报获取合理保证；

（三）商业银行在编制财务报表时，按照会计准则和相关会计制度的规定，需要在判断的基础上选择并运用会计政策；

（四）财务报表中包含的信息建立在管理层判断和估计的基础上；

（五）商业银行的财务状况可能受财务报表期后事项的影响；

（六）银行监管机构与注册会计师评价和测试内部控制的目的可能不同，银行监管机构不应假定注册会计师为审计目标而作出的有关内部控制的评价能够充分满足监管目的；

（七）注册会计师考虑的内部控制和会计政策可能不同于商业银行为银行监管机构提供信息时依据的内部控制和会计政策。

第二十五条　如果银行监管机构对商业银行出具了监管报告，注册会计师应当考虑向商业银行获取该报告。

第二十六条　基于履行保密责任的需要，注册会计师与银行监管机构进行必要联系时，通常需要事先告知商业银行管理层或请其到场。

如果需要沟通的事项涉及商业银行违反法规行为、治理层或管理层重大舞弊等事项，注册会计师应当考虑征询法律意见，以及时采取适当措施。

第二十七条　某些涉及治理层责任的事项可能为银行监管机构所关注，特别是那些需要银行监管机构采取紧急措施的事项。如果法律法规要求直接与银行监管机构沟通，注册会计师应当及时就这些事项与银行监管机构沟通。

如果法律法规没有要求直接与银行监管机构沟通，注册会计师应当提请管理层或治理层与银行监管机构沟通。如果管理层或治理层没有及时与银行监管机构沟通，注册会计师应当征询法律意见，考虑是否有必要直接与银行监管机构沟通。

第二十八条　注册会计师应当予以关注并需要提请银行监管机构采取紧急措施的事项主要包括：

（一）显示商业银行未能满足某项银行许可要求的信息；

（二）商业银行决策机构内部发生严重冲突或关键职能部门经理突然离职；

（三）显示商业银行可能严重违反法律法规、银行章程、规章或行业规范的信息；

（四）注册会计师拟辞聘或被解聘；

（五）银行经营风险的重大不利变化及影响未来经营的潜在风险。

注册会计师应当考虑就这些事项与治理层沟通。

第二十九条　注册会计师可以根据银行监管机构的委托，就商业银行的下列事项出具专项报告，以协助银行监管机构履行监管职能：

（一）是否满足许可条件；

（二）保持会计记录和其他记录的信息系统是否适当，内部控制是否有效；

（三）为银行监管机构编制的报告所使用的方法是否适当，这些报告中包含的诸如资产负债率及其他审慎指标的信息是否准确；

（四）是否根据银行监管机构规定的标准建立恰当的组织机构；

（五）是否遵守相关法律法规；

（六）是否采用恰当的会计政策。

第五章　协助完成特定监管任务时的补充要求

第三十条　如果银行监管机构依据明确的法律法规或与商业银行签订的协议，委托注册会计师协助完成特定监管任务，注册会计师应当另行签订业务约定书。

第三十一条　向银行监管机构提供完整、准确的信息是商业银行管理层的责任，注册会计师的责任是就该信息或特定程序的实施出具报告。注册会计师不承担任何监管责任，而是通过提供报告使银行监管机构更有效地对商业银行的状况作出判断。

第三十二条　注册会计师与商业银行的正常关系应被保护。如果没有法定要求或制约注册会计师工作的合约安排，注册会计师应当提请银行监管机构在商业银行的安排下进行沟通。

第三十三条　在接受银行监管机构的任务前，注册会计师应当考虑是否产生利益冲突。如果产生利益冲突，注册会计师应在工作开始前予以解决，解决方法通常是获得商业银行管理层的批准。

第三十四条　注册会计师应当提请银行监管机构以书面形式对监管要求作出详细、清楚的说明，并尽量详细描述对银行经营状况的评价标准，以便对商业银行是否符合监管要求出具报告。

注册会计师应当与银行监管机构就重要性及其运用达成一致的理解。

第三十五条　注册会计师在接受银行监管机构的委托时，应当考虑是否具有必要的素质和专业胜任能力。

第三十六条　注册会计师应当对执业过程中知悉的信息保密，尤其不应将通过业务关系获得的其他客户信息披露给被审计商业银行或公众。

第六章　附　　则

第三十七条　本准则自 2007 年 1 月 1 日起施行。

中国注册会计师审计准则第 1631 号——财务报表审计中对环境事项的考虑

（2022 年 12 月 22 日修订）

第一章　总　　则

第一条　为了规范注册会计师在财务报表审计中对被审计单位环境事项的考虑，制定本准则。

第二条　本准则适用于注册会计师执行财务报表审计业务。

第三条　本准则所称环境事项是指：

（一）被审计单位按照有关环境保护的法律法规（以下简称环境法律法规）或合同要求，或自愿为预防、减轻或弥补对环境造成的破坏，或为保护可再生资源和不可再生资源而采取的措施；

（二）因违反环境法律法规可能导致的后果；

（三）环境的破坏对他人或自然资源造成的后果；

（四）法律法规规定的代偿责任，包括由原使用者（或所有者）造成的环境破坏引起的责任。

第四条　影响财务报表的环境事项主要包括：

（一）因环境法律法规的实施导致资产减值，需要计提资产减值准备；

（二）因没有遵守环境法律法规，需要计提补救、赔偿或诉讼费用，或支付罚款等；

（三）某些被审计单位，如石油、天然气开采企业，化工厂或废弃物管理公司，因其核心业务而随之带来的环境保护义务；

（四）被审计单位自愿承担的环境保护推定义务；

（五）被审计单位需要在财务报表附注中披露的与环境事项相关的或有负债；

（六）在特殊情况下，违反环境法律法规可能对被审计单位的持续经营产生影响，并由此影响财务报表的编制基础。

第五条　对环境事项的恰当确认、计量和列报（包括披露，下同）是被审计单位管理层的责任。

注册会计师在财务报表审计中应当考虑可能导致财务报表重大错报风险的环境事项。

第六条　注册会计师是否需要考虑环境事项以及考虑的范围，取决于其对环境事项是否会引起财务报表重大错报风险作出的职业判断。

第七条　注册会计师对财务报表的审计，并非专为发现被审计单位可能违反环境法律法规的行为，所实施的审计程序也不足以就被审计单位环境法律法规的遵守情况，或与环境事项相关的内部控制的有效性得出结论。

第二章　实施风险评估程序时对环境事项的考虑

第一节　了解环境保护要求和问题

第八条　注册会计师在实施风险评估程序时，应当从下列方面考虑对被审计单位所处行业及其业务产生重大影响的环境保护要求和问题：

（一）所处行业存在的重大环境风险，包括已有的和潜在的风险；

（二）所处行业通常面临的环境保护问题；

（三）适用于被审计单位的环境法律法规；

（四）被审计单位的产品或生产过程中使用的原材料、技术、工艺及设备等是否属于法律法规强制要求淘汰或行业自愿淘汰之列；

（五）监管机构采取的行动或发布的报告是否对被审计单位及其财务报表可能产生重大影响；

（六）被审计单位为预防、减轻或弥补对环境造成的破坏，或为保护可再生资源和不可再生资源拟采取的措施；

（七）被审计单位因环境事项遭受处罚和诉讼的记录及其原因；

（八）是否存在与遵守环境法律法规相关的未决诉讼；

（九）所投保险是否涵盖环境风险。

第九条　对具体审计业务而言，注册会计师拥有的环境事项知识程度通常不如管理层或环境专家。但注册会计师应当具备足够的环境事项知识，以识别和了解与环境事项相关的，可能对财务报表及其审计产生重大影响的交易、事项和惯例。

第十条　某些行业因性质特殊存在重大环境风险，如石油天然气、化工、制药、冶金、采矿、造纸、制革、印染和公用事业等行业，注册会计师应当特别关注被审计单位存在因环境事项导致负债和或有负债的可能性。

第十一条　某些被审计单位并不一定处于本准则第十条所述的存在重大环境风险的行

业，但如果存在下列情况，可能面临潜在的重大环境风险：

（一）在很大程度上受到环境法律法规的约束；

（二）拥有被原使用者（或所有者）污染的场地，或为之担保而可能承担代偿责任；

（三）某些业务可能会造成土壤、地下水和地表水及空气的污染；使用有害物质；产生或处理有害废弃物；或可能对顾客、员工或附近居民造成不利影响。

第二节　了解内部控制

第十二条　设计和执行内部控制，以有序、有效地开展业务活动（包括环境方面的活动）是管理层的责任。不同被审计单位的管理层可能对环境事项采取下列不同的控制方式：

（一）处于环境风险较低行业的被审计单位或小型被审计单位，管理层可能把监控环境事项作为日常内部控制的一部分；

（二）处于环境风险较高行业的被审计单位，管理层可能针对环境事项设计和执行一套单独的内部控制子系统，以符合现有的环境管理系统标准；

（三）对某些被审计单位，管理层可能在一个整合的控制系统内设计和执行其所有的控制，包括与会计、环境和其他事项（如质量、健康和安全）相关的政策和程序。

第十三条　注册会计师的审计目标并不受管理层对环境事项实施控制方式的影响，但注册会计师应当考虑与环境事项相关的内部控制是否有效。

第十四条　根据职业判断，只有认为环境事项可能对财务报表产生重大影响，注册会计师才有必要了解与环境事项相关的内部控制。

第十五条　注册会计师应当主要从下列方面了解与环境事项相关的控制环境：

（一）治理层对与环境事项相关的内部控制承担的职责；

（二）管理层对于环境事项的诚信和道德价值观念、管理理念、经营风格及其处理方法；

（三）被审计单位管理环境事项的机构以及职权与责任的划分；

（四）控制系统，包括内部审计、环境审计、与环境事项相关的人力资源政策与实务以及恰当的职责分离。

第十六条　注册会计师应当主要从下列方面了解与环境事项相关的风险评估过程：

（一）被审计单位是否建立风险评估程序以识别环境风险，并评估该风险的重要性和发生的可能性，以及针对该风险采取的措施；

（二）管理层是否识别出环境风险，并考虑这些风险是否可能导致财务报表发生重大错报。

第十七条　注册会计师应当主要从下列方面了解有关环境事项的信息系统与沟通：

（一）按照环境法律法规的规定或自身对环境风险评估的需要，被审计单位是否建立适当的信息系统，以记录排放物和有害废弃物的数量、产品的环境特征、利益相关者的投诉、监管机构的监测结果、环保事故的发生及其影响等；

（二）该信息系统是否能够为与环境事项相关的财务数据和列报提供信息支持，如为计算废弃物的处置成本提供的废弃物数量等；

（三）被审计单位是否就环境事项进行有效沟通。

第十八条　注册会计师应当从授权、业绩评价、信息处理、实物控制和职责分离等方面，了解与环境事项相关的控制活动。

注册会计师在了解与环境事项相关的控制活动时，应当特别关注被审计单位的下列行为：

（一）是否执行环境管理系统标准并取得独立机构的认证；

（二）是否发布环境绩效报告，并经独立第三方验证；

（三）是否建立适当程序，处理员工或第三方对环境事项的投诉；

（四）是否按照环境法律法规的规定，建立适当的程序处理有害物和废弃物。

第十九条　注册会计师应当主要从下列方面了解被审计单位对与环境事项相关的控制的监督：

（一）被审计单位是否及时评价与环境事项相关的内部控制设计的合理性和运行的有效性，是否遵守环境法律法规和内部规定；

（二）被审计单位是否根据环境事项的变化，及时采取必要的纠正措施。

第三节　考虑与环境事项相关的法律法规

第二十条　保证经营活动符合环境法律法规要求，防止或发现并纠正违反环境法律法规行为，是管理层的责任。

第二十一条　注册会计师应当考虑通过下列途径了解相关环境法律法规及其遵守情况：

（一）利用在了解被审计单位所处行业和业务性质时获取的信息；

（二）向管理层和负责环境事项的关键管理人员询问为遵守相关环境法律法规而采用的政策和程序；

（三）向管理层询问对经营活动具有根本性影响的环境法律法规；

（四）与管理层讨论其采用的对诉讼和索赔进行识别、评价及会计处理的政策和程序。

第二十二条　注册会计师应当按照《中国注册会计师审计准则第 1142 号——财务报表审计中对法律法规的考虑》的规定，保持职业怀疑态度，充分考虑可能导致财务报表发生重大错报的违反环境法律法规行为。

第四节　评估重大错报风险

第二十三条　注册会计师应当利用风险评估程序收集的信息，识别和评估由于环境事项引起的财务报表层次以及各类交易、账户余额、列报认定层次的重大错报风险。

第二十四条　注册会计师应当重点关注下列与财务报表层次相关的环境风险：

（一）遵守环境法律法规或执行合同的成本；

（二）违反环境法律法规的风险；

（三）顾客对环境事项的具体要求以及对被审计单位环境保护行为作出的反应可能产生的影响。

第二十五条　注册会计师应当将环境风险的评估结果与重要的交易、账户余额、列报认定层次相联系，以设计和实施进一步审计程序。

注册会计师应当重点关注下列与各类交易、账户余额、列报认定层次相关的环境风险：

（一）账户余额依据与环境事项相关的会计估计的复杂程度；

（二）账户余额受与环境事项相关的异常或非常规交易的影响程度。

第三章　针对评估的重大错报风险实施审计程序时对环境事项的考虑

第二十六条　注册会计师应当针对评估的环境事项导致的财务报表层次重大错报风险确定总体应对措施，并针对评估的环境事项导致的认定层次重大错报风险设计和实施进一步审计程序。

第二十七条　针对环境事项，注册会计师实施的实质性程序主要包括：

（一）询问管理层和负责环境事项的关键管理人员，包括询问被审计单位商业保险是否涵盖环境事项；

（二）检查与环境事项相关的文件或记录；

（三）利用环境专家的工作；

（四）利用环境审计的工作；

（五）利用内部审计的工作；

（六）执行分析程序；

（七）检查与环境事项相关的财务报表项目；

（八）检查被审计单位因环境事项作出的会计估计；

（九）检查财务报表列报的适当性；

（十）获取管理层关于环境事项的书面声明。

第二十八条 由于确认和计量环境事项的结果存在下列困难，注册会计师运用职业判断显得尤为重要：

（一）环境问题从发生到被识别通常经历较长的时间；

（二）由于会计估计建立在假设的基础上，假设的数量和性质可能导致会计估计不存在既定的模式，或会计估计在很大的区间内似乎都是合理的；

（三）环境法律法规不断变化，对其解释可能面临困难或不明确；

（四）除法定义务或合同义务引起的负债外，还可能存在其他情况产生的负债。

第二十九条 注册会计师应当检查下列与环境事项相关的文件或记录：

（一）治理层及专职负责环境事项的委员会的会议纪要或工作记录；

（二）包含环境事项的公开行业信息；

（三）环境专家报告，如场地评估报告、环境影响研究报告；

（四）环境审计报告；

（五）内部审计报告；

（六）尽职调查报告；

（七）监管机构报告及被审计单位与监管机构的往来函件；

（八）可获取的生态环境恢复公开记录或规划；

（九）被审计单位的环境绩效报告；

（十）与监管机构和律师的往来函件。

第三十条 注册会计师在利用环境专家的工作时，应当按照《中国注册会计师审计准则第 1421 号——利用专家的工作》的规定，考虑环境专家的工作对于实现审计目标是否充分，并考虑专家的专业胜任能力、客观性、经验和声誉。

第三十一条 注册会计师应当考虑将环境审计的结果作为适当的审计证据。在这种情况下，注册会计师应当按照《中国注册会计师审计准则第 1411 号——利用内部审计人员的工作》和《中国注册会计师审计准则第 1421 号——利用专家的工作》的规定，考虑利用环境审计工作的适当性。

第三十二条 如果内部审计人员已将被审计单位经营活动的环境方面作为内部审计工作的一部分，注册会计师应当按照《中国注册会计师审计准则第 1411 号——利用内部审计人员的工作》的规定，考虑利用内部审计工作的适当性。

第三十三条 注册会计师可以实施分析程序，考虑相关财务信息与环境记录中的数量信息之间的关系。

第三十四条 在实施实质性程序时，注册会计师应当重点关注下列与环境事项相关的交易或事项：

（一）本期增加的土地、房屋建筑物和机器设备；

（二）受环境事项影响的长期投资项目；

（三）因环境事项需要计提的资产减值准备；

（四）因环境事项发生的支出和取得的索赔收入；

（五）因环境事项导致的负债和或有负债。

第三十五条 在检查与环境事项相关的会计估计时，注册会计师应当遵守《中国注册会计师审计准则第 1321 号——会计估计和相关披露的审计》的有关规定。

第三十六条　在整个审计过程中，如果注意到下列情形显示财务报表存在因环境事项导致的重大错报风险，注册会计师应当对此予以关注：

（一）环境专家或内部审计人员出具的报告中显示有重大环境问题；

（二）被审计单位与监管机构的往来函件或监管机构发布的报告中提及存在违反环境法律法规行为；

（三）在生态环境恢复的公开记录或规划中列有被审计单位的名称；

（四）媒体评论涉及被审计单位的重大环境问题；

（五）律师函中对环境事项的评价意见；

（六）有证据表明被审计单位购买与环境事项相关的商品或服务，相对于常规业务活动而言属于异常交易；

（七）因违反环境法律法规导致诉讼费用、环境咨询费用或罚金增加或异常。

如果出现上述情形，注册会计师应当考虑是否需要重新评估重大错报风险。

第三十七条　注册会计师应当就环境事项向管理层获取下列书面声明：

（一）没有发现由环境事项引起的重大负债和或有负债；

（二）没有发现对财务报表产生重大影响的其他环境事项；

（三）如果发现上述第（一）项或第（二）项所述的环境事项，已在财务报表中进行了恰当的列报。

第四章　出具审计报告时对环境事项的考虑

第三十八条　在形成审计意见时，注册会计师应当考虑被审计单位是否已按照适用的会计准则和相关会计制度的规定对环境事项的影响作出适当的处理，并进行恰当的列报。

注册会计师还应当阅读含有已审计财务报表的文件中的其他信息所涉及的环境事项，以识别其是否与已审计财务报表存在重大不一致。

第三十九条　注册会计师在判断不确定事项对审计报告的影响时，应当重点考虑管理层对不确定事项的评价及披露程度。

如果认为环境事项对财务报表的影响具有重大不确定性或相关披露不充分，或根据职业判断认为环境事项可能导致持续经营假设不再合理，注册会计师应当按照《中国注册会计师审计准则第 1502 号——在审计报告中发表非无保留意见》和《中国注册会计师审计准则第 1324 号——持续经营》的规定，出具恰当的审计报告。

第五章　附　　则

第四十条　本准则自 2023 年 7 月 1 日起施行。

中国注册会计师审计准则第 1632 号——衍生金融工具的审计

（2006 年 2 月 15 日发布）

第一章　总　　则

第一条　为了规范注册会计师针对与衍生金融工具相关的财务报表认定计划和实施审

计程序，制定本准则。

第二条　本准则适用于注册会计师在财务报表审计中，对被审计单位作为最终使用者持有的衍生金融工具的审计。

第三条　本准则所称最终使用者，是指为了达到套期、资产负债管理或投机目的，通过交易所或经纪商进行金融交易的单位。

第二章　衍生金融工具及活动

第四条　衍生金融工具是指同时具备下列特征，并形成一个单位的金融资产及其他单位的金融负债或权益工具的合同：

（一）其价值随特定利率、金融工具价格、商品价格、汇率、价格指数、费率指数、信用等级、信用指数或其他类似变量的变动而变动；变量为非金融变量的，该变量与合同的任一方不存在特定关系；

（二）不要求初始净投资，或与对市场情况变化有类似反应的其他类型合同相比，要求很少的初始净投资；

（三）在未来某一日期结算。

衍生金融工具包括金融远期合同、金融期货合同、金融互换和期权，以及具有金融远期合同、金融期货合同、金融互换和期权中一种或一种以上特征的工具。

第五条　被审计单位从事衍生活动的主要目的包括：

（一）管理当前或预期的与经营和财务状况有关的风险；

（二）通过未平仓或投机性头寸从预期市场变化中获利。

第六条　所有金融工具都有一定的风险，而衍生金融工具通常具有风险杠杆效应的特征，包括：

（一）在交易到期前不要求现金流出或流入，或只要求很少的现金流出或流入；

（二）不要求支付或收取本金或其他固定的金额；

（三）潜在的风险和回报可能远远大于目前的支出；

（四）衍生金融资产或负债的价值可能超过其在财务报表中已确认的金额，特别是那些在财务报表中未采用公允价值计量的衍生金融工具。

第七条　衍生金融工具和衍生活动的固有特征可能导致某些被审计单位经营风险的增加，注册会计师应当关注由此增加的审计风险。

第三章　管理层和治理层的责任

第八条　按照适用的会计准则和相关会计制度的规定编制财务报表是被审计单位管理层的责任。在编制财务报表时，管理层需要作出下列与衍生金融工具相关的认定：

（一）在财务报表中记录的所有衍生金融工具是存在的；

（二）在资产负债表日不存在未记录的衍生金融工具；

（三）在财务报表中记录的衍生金融工具得到恰当的计价和列报；

（四）在财务报表中作出了所有与衍生金融工具相关的披露。

第九条　被审计单位治理层通过监督管理层对下列方面负责：

（一）设计和实施内部控制，以便对风险和财务控制进行监督，合理保证被审计单位在其风险管理政策允许的范围内使用衍生金融工具，以及确保被审计单位遵守适用的法律法规；

（二）确保财务报告信息系统的完备性，以保证衍生活动的财务报告的可靠性。

第十条　财务报表审计不能减轻被审计单位管理层和治理层的责任。

第四章　注册会计师的责任

第十一条　在财务报表审计中，注册会计师对审计衍生金融工具的责任是，考虑管理层作出的与衍生金融工具相关的认定是否使得已编制的财务报表符合适用的会计准则和相关会计制度的规定。

第十二条　财务报表审计的目标是对财务报表发表审计意见，而不是对被审计单位与衍生活动相关的风险管理或控制的充分性提供保证。注册会计师应当考虑和管理层讨论与衍生活动相关的审计工作的性质和范围，以免发生误解。

第十三条　注册会计师可能需要特殊的知识和技能，以计划和实施与衍生金融工具相关的特定认定的审计程序。

这些特殊的知识和技能包括：

（一）了解被审计单位所处行业的经营特征和风险状况；

（二）了解被审计单位使用的衍生金融工具及其特征；

（三）了解被审计单位关于衍生金融工具的信息系统，包括服务机构提供的服务；

（四）了解衍生金融工具的估值方法；

（五）熟悉适用的会计准则和相关会计制度有关衍生金融工具的规定。

第十四条　在下列情形下，注册会计师应当考虑利用专家的工作：

（一）衍生金融工具本身非常复杂；

（二）简单的衍生金融工具应用于复杂的情形；

（三）衍生金融工具交易活跃；

（四）衍生金融工具的估值基于复杂的定价模型。

第五章　了解可能影响衍生活动及其审计的因素

第十五条　注册会计师应当从下列方面了解可能对衍生活动及其审计产生影响的因素：

（一）经济环境；

（二）行业状况；

（三）被审计单位相关情况；

（四）主要财务风险；

（五）与衍生金融工具认定相关的错报风险；

（六）持续经营；

（七）会计处理方法；

（八）会计信息系统；

（九）内部控制。

注册会计师应当按照本章第十六条至第二十三条的规定了解本条　前款第（一）项至第（八）项，按照第六章的规定了解本条　前款第（九）项。

第十六条　注册会计师应当了解经济环境对衍生活动的影响。

经济环境因素主要包括：

（一）经济活动的总体水平；

（二）利率（包括利率的期限结构）和融资的可获得性；

（三）通货膨胀和币值调整；

（四）汇率和外汇管制；

（五）与被审计单位使用的衍生金融工具相关的市场特征，包括该市场的流动性和波动性。

第十七条　注册会计师应当了解被审计单位所处行业状况对衍生活动的影响。

被审计单位所处行业状况主要包括：

（一）价格风险；

（二）市场和竞争；

（三）生产经营的季节性和周期性；

（四）经营业务的扩张或衰退；

（五）外币交易、折算或经济风险。

第十八条 注册会计师应当了解被审计单位的相关情况对衍生活动的影响。

被审计单位相关情况主要包括：

（一）管理层、治理层的知识和经验；

（二）及时和可靠的管理信息的可获得性；

（三）利用衍生金融工具的目标。

第十九条 注册会计师应当了解与衍生活动相关的主要财务风险。

与衍生活动相关的主要财务风险包括：

（一）市场风险，是指因权益价格、利率、汇率、商品价格或其他市场因素的变动导致衍生金融工具公允价值的不利变动而引起损失的风险，包括价格风险、流动性风险、模型风险、基准风险等；

（二）信用风险，是指客户或交易对方在到期时或之后期间内没有全额履行义务的风险；

（三）结算风险，是指被审计单位已履行交易义务，但没有从客户或交易对方收到对价的风险；

（四）偿债风险，是指被审计单位在付款承诺到期时没有资金履行承诺的风险；

（五）法律风险，是指某项法律法规或监管措施阻止被审计单位或交易对方执行合同条款或相关总互抵协议，或使其执行无效，从而给被审计单位带来损失的风险。

第二十条 注册会计师应当考虑下列因素，以了解与衍生金融工具认定相关的错报风险：

（一）衍生活动的经济和业务目的；

（二）衍生金融工具的复杂性；

（三）交易是否产生了涉及现金交换的衍生金融工具；

（四）被审计单位在衍生金融工具方面的经验；

（五）衍生金融工具是否嵌入在一项协议中；

（六）外部因素是否影响认定；

（七）衍生金融工具是在国内交易所交易还是跨国交易。

第二十一条 衍生金融工具潜在的损失可能足以引起对被审计单位持续经营能力的重大疑虑，注册会计师应当按照《中国注册会计师审计准则第 1324 号——持续经营》的规定，考虑被审计单位持续经营假设的合理性。

第二十二条 注册会计师应当了解被审计单位对衍生金融工具的会计处理方法，包括是否将衍生金融工具指定为套期工具并采用套期会计，以及套期关系是否高度有效。

第二十三条 注册会计师应当了解被审计单位会计信息系统的设计、变更及其运行。

如果认为会计信息系统或其中的某些方面较为薄弱，注册会计师应当关注是否有必要修改审计方案。

第六章 了解内部控制

第一节 控 制 环 境

第二十四条 注册会计师在了解控制环境及其变化时，应当考虑治理层、管理层对衍生活动的总体态度和关注程度。

治理层负责确定被审计单位对风险的态度，管理层负责监控和管理被审计单位面临的风险。注册会计师应当了解衍生金融工具的控制环境如何对管理层的风险评估结果作出反应。

第二十五条　注册会计师应当特别关注控制环境的下列方面对衍生活动控制的潜在影响：

（一）管理层是否通过清晰表述的既定政策，指导衍生金融工具的买进、卖出和持有；

（二）衍生活动的交易、结算和记录的职责是否适当分离；

（三）总体控制环境是否已经影响负责衍生活动的人员。

第二十六条　如果被审计单位对涉及衍生活动的人员实施激励机制，注册会计师应当考虑被审计单位是否已经制定适当的规范、限额和控制，以确定执行的激励机制是否可能导致背离总体风险管理战略目标的交易。

第二十七条　如果被审计单位采用电子商务进行衍生金融工具交易，注册会计师应当按照《中国注册会计师审计准则第1633号——电子商务对财务报表审计的影响》的规定，考虑被审计单位如何处理与公共网络使用相关的安全和控制问题。

第二节　控　制　活　动

第二十八条　注册会计师应当了解与衍生金融工具相关的控制活动，包括充分的职责分离、风险管理监控、管理层的监督和其他为实现控制目标而设计的政策和程序。

第二十九条　与衍生金融工具的买入、卖出和持有相关的内部控制的复杂程度因下列事项而存在差异：

（一）衍生金融工具的复杂程度和错报风险；

（二）相对于使用的资本，衍生交易的风险敞口；

（三）交易量。

第三十条　如果被审计单位在未对内部控制进行相应调整的情况下扩展其衍生活动的类型，注册会计师应当对此予以关注。

第三十一条　注册会计师应当考虑计算机信息系统环境对审计工作的影响，了解计算机信息系统活动的复杂性和重要程度、数据的可获得性以及资金转账的方法。

第三十二条　注册会计师应当了解与衍生活动相关的调节程序。

调节程序主要包括下列类型：

（一）交易员的记录与用于持续监控过程的记录以及与在总分类账中反映的头寸或利得和损失的调节；

（二）明细分类账与总分类账的调节；

（三）为保证所有尚未结清的项目及时得到识别和结算，所有的结算账户、银行账户与经纪商对账单的调节；

（四）在适用的情况下，被审计单位会计记录与服务机构持有记录的调节。

第三十三条　注册会计师应当了解被审计单位的初始成交记录是否明确反映单笔交易的性质和目的，以及每个衍生合同产生的权利和义务。

除基本财务信息外，注册会计师还应当关注下列信息：

（一）交易员的身份；

（二）记录交易人员的身份；

（三）交易的日期和具体时间；

（四）交易的性质和目的，包括是否为了某项敞口进行套期；

（五）在采用套期会计时，符合套期会计要求的信息。

第三十四条　注册会计师应当了解被审计单位是否将衍生金融工具的交易记录保存在数据库、登记簿或明细分类账中，并就记录的准确性与从交易对方收到的独立的确认信息相核对。

第三十五条 注册会计师应当了解与保持衍生交易记录完整性相关的控制，包括被审计单位是否将自身记录与交易对方的确认函进行独立比较和核对。

第三节 内部审计

第三十六条 注册会计师应当按照《中国注册会计师审计准则第 1411 号——利用内部审计人员的工作》的规定，考虑内部审计人员是否具备与审计衍生活动相适应的知识和技能，以及内部审计工作范围涵盖衍生活动的程度。

第三十七条 内部审计工作可能有助于注册会计师评价内部控制，进而评价重大错报风险。

可能与注册会计师审计相关的内部审计工作包括：

（一）编制衍生金融工具使用范围的概况；

（二）复核政策和程序的适当性及管理层的遵守情况；

（三）复核控制程序的有效性；

（四）复核用以处理衍生交易的会计信息系统；

（五）复核与衍生活动相关的系统；

（六）确保被审计单位所有部门及人员，尤其是最有可能产生风险敞口的经营部门，完全了解衍生金融工具的管理目标；

（七）评价与衍生金融工具相关的新风险是否能够被即时识别、评估和管理；

（八）评价衍生金融工具的会计处理是否符合适用的会计准则和相关会计制度的规定，包括采用套期会计处理的衍生金融工具是否满足套期关系的条件；

（九）进行定期复核，以向管理层提供衍生活动得到恰当控制的保证，并确保新风险及为管理这些风险使用的衍生金融工具被即时识别、评估和管理。

第三十八条 当拟利用内部审计的特定工作时，注册会计师应当评价和测试其适当性，以确定能否满足审计目标。

第四节 服务机构

第三十九条 被审计单位可能使用服务机构进行衍生金融工具的买入、卖出或代为记录衍生交易。

注册会计师应当按照《中国注册会计师审计准则第 1241 号——对被审计单位使用服务机构的考虑》的规定，考虑使用服务机构对被审计单位内部控制的影响。

第四十条 如果服务机构担任被审计单位的投资顾问，注册会计师应当考虑与服务机构相关的风险。

在评价该风险时，注册会计师应当考虑的因素包括：

（一）被审计单位如何监督服务机构提供的服务；

（二）用以保护信息完备性及保密性的程序；

（三）应急安排；

（四）如果服务机构是被审计单位的关联方，又同时作为交易对方与被审计单位进行衍生交易，将产生关联方交易的问题。

第七章 控制测试

第四十一条 在了解相关内部控制后，如果预期控制运行是有效的，注册会计师应当实施控制测试，以获取支持重大错报风险评估结果的证据。

如果认为仅实施实质性程序获取的审计证据无法将认定层次的重大错报风险降至可接受的低水平，注册会计师应当实施相关的控制测试，以获取控制运行有效性的审计证据。

当被审计单位只进行少数几笔的衍生交易，或相对被审计单位整体规模而言，衍生金融工具具有特别的重要性，注册会计师应当考虑主要实施实质性方案，包括在某些情况下结合实施控制测试。

第四十二条　注册会计师在实施控制测试时，应当选取适当规模的交易样本，重点对下列方面进行评价：

（一）衍生金融工具是否根据既定的政策、操作规范并在授权范围内使用；

（二）适当的决策程序是否已得到运用，交易的原因是否可以清楚理解；

（三）执行的交易是否符合衍生交易政策，包括条款、限额、跨境交易或关联方交易；

（四）交易对方是否具有适当的信用风险等级；

（五）衍生金融工具是否由独立于交易员的其他人员适当、及时地计量，并报告风险敞口；

（六）是否已将确认函发给交易对方；

（七）是否已对交易对方的确认回函进行适当比较、核对和调节；

（八）衍生金融工具的提前终止或延期是否受到与新的衍生交易同样的控制；

（九）投机或套期的指定及其变更是否经过适当授权；

（十）是否适当地记录交易，并将其完整、准确地反映在会计信息系统中；

（十一）是否有足够措施保证电子资金转账密码的安全。

第四十三条　在实施控制测试时，注册会计师应当考虑实施下列程序：

（一）阅读治理层的会议纪要，以获取被审计单位定期复核衍生活动和套期有效性并遵守既定政策的证据；

（二）将衍生交易（包括已结算的衍生交易）与被审计单位政策相比较，以确定这些政策是否得到遵守。

第四十四条　在确定衍生交易的政策是否得到遵守时，注册会计师应当考虑：

（一）测试交易是否依据被审计单位政策中的特定授权执行；

（二）测试买入前是否进行相关投资政策要求的敏感性分析；

（三）测试交易，以确定被审计单位是否获得了从事相关交易的批准以及是否仅使用了经授权的经纪商或交易对方；

（四）向管理层询问衍生金融工具及相关交易是否得到及时监控和报告，并阅读相关支持文件；

（五）测试已记录的衍生金融工具的买入交易，包括测试衍生金融工具的分类、价格以及相关分录；

（六）测试是否及时调查和解决调节的差异，测试是否由监督人员复核和批准调节事项；

（七）测试与未记录交易相关的控制，包括检查被审计单位的第三方确认函，及其对确认函中例外事项的处理；

（八）测试与数据安全和备份相关的控制，并考虑被审计单位对电子化记录场所进行年度检查和维护的程序。

第八章　实质性程序

第一节　总体要求

第四十五条　由于衍生金融工具性质特殊，注册会计师在确定重要性时，除了考虑资产负债表金额外，还应当考虑衍生金融工具对财务报表中各类交易或账户余额的潜在影响。

第四十六条　注册会计师在设计衍生金融工具的实质性程序时，应当考虑下列因素：

（一）会计处理的适当性；

（二）服务机构的参与程度；

（三）期中实施的审计程序；

（四）衍生交易是常规还是非常规交易；

（五）在财务报表其他领域实施的程序。

第四十七条 在审计衍生活动时，注册会计师可能将分析程序作为实质性程序，以获取有关被审计单位经营业务的信息。

由于影响衍生金融工具价值的各种因素之间复杂的相互作用往往掩盖可能出现的异常趋势，分析程序本身通常不能提供衍生金融工具相关认定的充分证据。

第四十八条 如果获得了负责衍生活动人员对衍生活动结果分析的资料，注册会计师应当在评价其完整性和准确性以及分析人员的能力和经验的基础上，考虑利用这些资料，进一步了解被审计单位的衍生活动。

第四十九条 如果被审计单位在套期策略中使用衍生金融工具，而分析程序的结果表明已发生大额的利得或损失，注册会计师应当怀疑套期的有效性，以及运用套期会计的适当性。

第五十条 由于存在下列原因，注册会计师在评价衍生金融工具认定的审计证据时，需要运用较多的职业判断：

（一）衍生金融工具的性质特殊；

（二）适用的会计政策和会计处理方法复杂；

（三）相关认定尤其是计价认定依据高度主观的假设作出，或对基本假设的变化极其敏感。

第二节　存在和发生认定

第五十一条 对衍生金融工具存在和发生认定实施的实质性程序通常包括：

（一）向衍生金融工具持有者或交易对方进行函证；

（二）检查支持报告金额的协议或其他支持文件，包括被审计单位收到的有关报告金额的书面或电子形式的确认函；

（三）检查报告期后实现或结算的支持文件；

（四）询问和观察。

第三节　权利和义务认定

第五十二条 对衍生金融工具权利和义务认定实施的实质性程序通常包括：

（一）向衍生金融工具的持有者或交易对方函证重要的条款；

（二）检查书面或电子形式的协议和其他支持文件。

第四节　完整性认定

第五十三条 对衍生金融工具完整性认定实施的实质性程序通常包括：

（一）向衍生金融工具的持有者或交易对方进行函证，要求其提供所有与被审计单位相关的衍生金融工具和交易的详细信息；

（二）对余额为零的衍生金融工具账户，向可能的持有者或交易对方发出询证函；

（三）复核经纪商的对账单以测试是否存在被审计单位未记录的衍生交易和持有的头寸；

（四）复核收到的但与交易记录不匹配的交易对方的询证函回函；

（五）复核尚未解决的调节事项；

（六）检查贷款或权益协议、销售合同等，以了解这些协议或合同是否包含嵌入衍生金融工具；

（七）检查报告期后发生的活动的支持文件；

（八）询问和观察；

（九）阅读治理层的会议纪要，以及治理层收到的与衍生活动相关的文件和报告等其他信息。

第五节　计价认定

第五十四条　注册会计师应当根据计量或披露所采用的估值方法设计计价认定的实质性程序。

对衍生金融工具计价认定实施的实质性程序通常包括：

（一）检查买入价格的支持文件；

（二）向衍生金融工具的持有者或交易对方进行函证；

（三）复核交易对方的信用状况；

（四）对按照公允价值计量或披露的衍生金融工具，获取支持其公允价值的证据。

第五十五条　如果公允价值信息由衍生金融工具交易对方提供，注册会计师应当考虑这些信息的客观性。在某些情况下，注册会计师需要从独立的第三方获取对公允价值的估计结果。

第五十六条　从财经出版物或交易所获得的市场报价通常可为衍生金融工具的价值提供充分的证据，但注册会计师在使用市场报价测试计价认定时，可能需要特别了解报价形成的环境。

在某些情况下，注册会计师可能认为有必要从经纪商或其他第三方获取对公允价值的估计。如果某一价格来源与被审计单位可能存在损害客观性的关系，注册会计师应当考虑从多个价格来源获取估计结果。

第五十七条　如果被审计单位使用估值模型估计衍生金融工具的价值，注册会计师可以通过下列程序，测试运用模型确定的公允价值的相关认定：

（一）评价估值模型的合理性和适当性；

（二）使用自身或专家开发的估值模型进行重新计算，以印证公允价值的合理性；

（三）将被审计单位估计的公允价值与最近交易价格相比较；

（四）考虑估值对变量和假设变动的敏感性；

（五）检查报告期后发生的衍生交易实现和结算的支持文件，以获取有关资产负债表日估值的进一步证据。

第五十八条　当管理层确定衍生金融工具公允价值能够可靠计量的假定不成立时，注册会计师应当获取支持管理层作出这项决定的审计证据，并确定衍生金融工具是否按照适用的会计准则和相关会计制度的规定进行恰当的会计处理。如果管理层不能提出该假定不成立的合理理由，注册会计师应当出具保留意见或否定意见的审计报告。

如果无法获取充分的审计证据确定该假定是否成立，注册会计师应当将其视为审计工作范围受到限制，出具保留意见或无法表示意见的审计报告。

第六节　列报认定

第五十九条　注册会计师应当通过对下列事项的判断，评价衍生金融工具的列报（包括披露）是否符合适用的会计准则和相关会计制度的规定：

（一）选用的会计政策和会计处理方法是否符合适用的会计准则和相关会计制度的规定；

（二）会计政策和会计处理方法是否与具体情况相适应；

（三）财务报表（包括相关附注）是否提供了可能影响其使用和理解的事项的信息；

（四）披露是否充分，以确保被审计单位完全遵守适用的会计准则和相关会计制度对披露的规定；

（五）财务报表列报信息的分类和汇总是否合理；

（六）财务报表是否在能够合理和可行地获取信息的范围内列报财务状况、经营成果和现金流量，从而反映相关的交易和事项。

第九章　对套期活动的额外考虑

第六十条　注册会计师应当考虑被审计单位对套期交易进行会计处理时，管理层是否在交易之初指定衍生金融工具为套期，并记录下列事项：

（一）套期关系；

（二）套期风险管理目标和战略；

（三）被审计单位如何评估套期工具抵销被套期项目公允价值变动风险，或被套期交易现金流量变动风险的有效性。

第六十一条　注册会计师应当获取审计证据，以确定管理层是否遵守适用的会计准则和相关会计制度有关套期会计的规定，包括指定要求和记录要求。

第十章　管理层声明

第六十二条　尽管管理层声明书通常由被审计单位负责人及财务负责人签署，注册会计师仍应当考虑向被审计单位负责衍生活动的人员获取关于衍生活动的声明。

第六十三条　管理层关于衍生金融工具的声明通常包括：

（一）持有衍生金融工具的目的；

（二）关于衍生金融工具的财务报表认定，包括已记录所有的衍生交易、已识别所有的嵌入衍生金融工具、估值模型已采用合理的假设和方法；

（三）所有的交易是否按照正常公平交易条件和公允市价进行；

（四）衍生交易的条款；

（五）是否存在与衍生金融工具相关的附属协议；

（六）是否订立签出期权；

（七）是否符合适用的会计准则和相关会计制度有关套期的记录要求。

第十一章　与管理层和治理层的沟通

第六十四条　如果注意到与衍生金融工具相关的内部控制在设计或运行方面存在重大缺陷，注册会计师应当按照《中国注册会计师审计准则第1152号——向治理层和管理层送报内部控制缺陷》的规定，尽早与管理层和治理层沟通。

第六十五条　在审计衍生金融工具时，注册会计师应当考虑与治理层职责相关的下列事项，并及时与治理层沟通：

（一）内部控制在设计或运行方面存在的重大缺陷；

（二）管理层对衍生活动的性质、范围以及相关风险缺乏了解；

（三）缺乏关于使用衍生金融工具的目标和战略的全面政策，包括业务控制、对套期关系有效性的界定、风险敞口监控以及财务报告政策；

（四）不相容职务缺乏分离。

第十二章　附　　则

第六十六条　本准则自2007年1月1日起施行。

中国注册会计师审计准则第 1633 号——电子商务对财务报表审计的影响

（2022 年 12 月 22 日修订）

第一章 总 则

第一条 为了规范注册会计师在财务报表审计中对被审计单位电子商务的考虑，制定本准则。

第二条 本准则适用于注册会计师执行财务报表审计业务。

第三条 本准则所称电子商务，是指被审计单位利用互联网等公共网络从事的商品购买和销售、劳务接受和提供等交易活动。

第四条 广泛使用互联网从事电子商务，产生了新的风险因素，需要被审计单位有效应对。注册会计师应当考虑电子商务在被审计单位业务活动中的重要性，以及对重大错报风险评估的影响。

第五条 注册会计师按照本准则的规定对电子商务进行考虑，旨在对财务报表形成审计意见，而非对电子商务系统或活动本身提出鉴证结论或咨询意见。

第二章 知识和技能的要求

第六条 当电子商务对被审计单位的业务活动具有重大影响时，注册会计师应当具备适当水平的信息技术和互联网商务知识，以实现下列目的：

（一）了解开展电子商务对财务报表的影响；

（二）确定审计程序的性质、时间和范围，评价审计证据；

（三）考虑被审计单位依赖电子商务的程度对持续经营能力的影响。

第七条 由于电子商务的特殊性和复杂性，必要时，注册会计师应当考虑利用专家的工作。

第三章 对被审计单位电子商务的了解

第一节 总体要求

第八条 注册会计师应当考虑电子商务导致的被审计单位经营环境的变化，以及识别出的对财务报表产生影响的电子商务风险。

第九条 在了解被审计单位及其环境时，注册会计师应当考虑下列事项对财务报表的影响：

（一）业务活动和所处行业；

（二）电子商务战略；

（三）开展电子商务的程度；

（四）外包安排。

第二节 被审计单位的业务活动和所处行业

第十条 在了解被审计单位的业务活动和所处行业时，注册会计师应当关注与电子商务相关的下列特点：

（一）电子商务可能是对传统业务活动的补充，也可能是新的业务类型；

（二）电子商务不具备货物和服务等实体贸易所具有的清晰、固定的运送路线这一传统特征；

（三）某些行业运用电子商务的程度较高，可能增大对财务报表产生影响的经营风险。

第三节　被审计单位的电子商务战略

第十一条　被审计单位的电子商务战略，包括在电子商务中运用信息技术的方式以及对可接受风险水平的评估，可能对财务记录的安全性和相关财务信息的完整性与可靠性产生影响。

在考虑被审计单位的电子商务战略时，注册会计师应当结合对控制环境的了解，关注下列事项：

（一）在整合电子商务与总体经营战略的过程中，治理层的参与程度；

（二）被审计单位开展电子商务的目的，是为新业务提供支持，还是提高现有业务的效率，抑或为现有业务开辟新的市场；

（三）被审计单位的收入来源及其正在发生的变化；

（四）管理层对电子商务如何影响盈利状况和财务需求的评价；

（五）管理层对风险的态度及其对风险总体状况可能产生的影响；

（六）管理层在多大程度上识别出电子商务战略所描述的机遇和风险，或者管理层仅在机遇和风险出现时才临时制定应对措施；

（七）管理层对执行相关最佳实务规则或者网络签章程序的信守程度。

第四节　被审计单位开展电子商务的程度

第十二条　不同的被审计单位可能以不同的方式开展电子商务。电子商务可能用于下列方面：

（一）仅提供关于被审计单位及其活动的信息，供投资者、顾客、供应商、资金提供者和员工等访问；

（二）通过互联网处理交易，方便已有的顾客；

（三）通过在互联网上提供信息和处理交易，开拓新市场和发展新客户；

（四）访问应用服务提供商；

（五）创立一种全新的经营模式。

第十三条　随着被审计单位开展电子商务程度的加深，以及内部系统更加集成化和复杂化，新的交易方式与传统业务活动的差异可能更加明显，并可能导致新的风险。

注册会计师应当了解电子商务的开展程度如何影响被审计单位需要应对的风险的性质。

第五节　被审计单位的外包安排

第十四条　被审计单位可能在下列方面使用服务机构的工作：

（一）提供电子商务运作所需的全部或部分信息技术支持；

（二）与电子商务相关的其他工作，包括订单履行、商品交付、呼叫中心运转，以及某些会计工作等。

被审计单位使用的服务机构包括互联网服务提供商、应用服务提供商和数据服务公司等。

第十五条　在被审计单位使用服务机构的情况下，服务机构采用和保持的某些政策、程序和记录可能与被审计单位财务报表审计相关，注册会计师应当按照《中国注册会计师审计准则第1241号——对被审计单位使用服务机构的考虑》的规定，考虑被审计单位的外包安排及相关风险的应对措施，以确定其对审计的影响。

第四章　识别风险

第十六条　管理层可能面临下列各种与电子商务相关的经营风险：

（一）无法保证交易的完备性，尤其在缺少充分的审计轨迹（无论是纸质还是电子形式）时，该风险的影响将更大；

（二）电子商务安全风险，包括顾客、员工和其他人士通过未经授权的访问实施舞弊的可能性，以及病毒攻击；

（三）运用不恰当的会计政策，包括收入确认、网站开发成本等支出的处理、与产品质量保证相关的预计负债的确认、外币折算等问题；

（四）未能遵守税法和其他法律法规，尤其在通过互联网开展跨国或跨地区电子商务时更易出现此类情况；

（五）无法保证仅以电子形式存在的合同具有约束力；

（六）过度依赖电子商务；

（七）系统和基础架构失效或崩溃。

第十七条　注册会计师应当利用对被审计单位及其环境的了解，识别电子商务中可能导致经营风险的事项、交易和惯例。

第十八条　注册会计师应当关注被审计单位是否运用适当的安全基础架构和相关控制，应对电子商务中出现的某些经营风险。

第十九条　注册会计师应当考虑被审计单位是否已恰当处理与电子商务环境密切相关的下列法律法规问题：

（一）隐私权保护；

（二）对特定行业的管制；

（三）合同的强制执行效力；

（四）特殊交易或事项的合法性；

（五）反洗钱；

（六）知识产权保护。

第二十条　在跨国或跨地区的电子商务中，注册会计师应当考虑被审计单位是否对电子商务涉及的不同司法管辖区内的法律法规差异有足够的了解，并遵守所有适用的法律法规；注册会计师尤其要考虑被审计单位有无适当的程序确认其在不同司法管辖区内的纳税义务（特别是营业税、增值税等流转税）。

可能导致电子商务交易产生相应纳税义务的因素包括：

（一）被审计单位的法定注册地；

（二）被审计单位的实际经营所在地；

（三）被审计单位网络服务器所在地；

（四）商品和服务的来源地；

（五）顾客所在地，或商品交付地和劳务提供地。

第二十一条　注册会计师应当按照《中国注册会计师审计准则第 1142 号——财务报表审计中对法律法规的考虑》的规定，实施相关程序，充分考虑被审计单位可能存在的违反与电子商务有关的法律法规的行为及其可能对财务报表产生的重大影响。必要时，应当考虑征询法律意见。

第五章　对内部控制的考虑

第一节　总体要求

第二十二条　注册会计师应当按照《中国注册会计师审计准则第 1211 号——重大错报

风险的识别和评估》和《中国注册会计师审计准则第 1231 号——针对评估的重大错报风险采取的应对措施》的规定，考虑被审计单位在电子商务中运用的与财务报表编制相关的内部控制体系。

在某些情况下，仅依靠实施实质性程序不足以将审计风险降至可接受的低水平，注册会计师应当实施控制测试，并考虑使用计算机辅助审计技术。这些情况主要包括：

（一）电子商务系统高度自动化；

（二）交易量过大；

（三）未保留包含审计轨迹的电子证据。

第二十三条　当被审计单位从事电子商务时，注册会计师应当考虑与电子商务相关的安全性控制、交易完备性控制和流程整合。

注册会计师还应当考虑内部控制中与审计特别相关的下列方面：

（一）在快速变化的电子商务环境中保持控制程序的完备性；

（二）确保能够访问相关记录，以满足被审计单位和注册会计师审计的需要。

第二节　安全性控制

第二十四条　注册会计师应当考虑被审计单位安全基础架构和相关控制是否足以应对与电子商务交易的记录和处理相关的安全性风险。

第二十五条　注册会计师应当考虑下列事项对财务报表认定的潜在影响：

（一）有效使用防火墙和病毒防护软件；

（二）有效使用加密技术；

（三）对用于支持电子商务活动的系统的开发和运行的控制；

（四）当出现的新技术可能危害互联网安全时，现有的安全控制是否仍然有效；

（五）控制环境能否对所采用的控制程序提供支持。

第三节　交易完备性控制

第二十六条　注册会计师应当考虑交易完备性控制，包括被审计单位会计处理所依据信息的完整性、准确性、及时性以及是否经过授权。

第二十七条　注册会计师针对会计系统中与电子商务交易相关的信息完备性所实施的审计程序，主要涉及评估用于采集和处理此类信息的系统的可靠性。

在针对复杂电子商务实施审计程序时，注册会计师应当重点考虑在交易信息的采集和即时自动化处理中与交易完备性相关的自动化控制。

第二十八条　在电子商务环境中，与交易完备性相关的控制通常用于：

（一）验证输入；

（二）防止交易的重复记录或遗漏；

（三）确保在处理订单之前，交易双方已就交货条件和信用条　件等交易条款达成一致；

（四）区分顾客的浏览和正式订单，确保交易的一方事后不能否认已达成一致的特定条款，必要时还应确保交易是与经核准的交易方进行的；

（五）确保所有步骤均已完成并得以记录，或拒绝未完成所有步骤的订单，以防止出现处理不完整的情况；

（六）确保交易的详细信息在同一网络内的多个系统之间适当分配；

（七）确保记录得到适当保管、备份和保护。

第四节　流程整合

第二十九条　流程整合是指将多个信息技术系统集成，使之实质上如同一个系统运转的过程。

第三十条　注册会计师应当关注被审计单位采集电子商务交易数据并将其传递至会计系统的方式可能对下列事项产生影响：

（一）交易处理和信息存储的完整性和准确性；

（二）销售收入、采购和其他交易的确认时点；

（三）有争议交易的识别和记录。

第三十一条　当下列控制与财务报表认定相关时，注册会计师应当予以考虑：

（一）针对电子商务交易与内部系统的集成实施的控制；

（二）针对系统改变和数据转换实施的控制。

第六章　电子记录对审计证据的影响

第三十二条　注册会计师应当考虑被审计单位实施的信息安全政策和安全控制措施，是否足以防止未经授权修改会计系统或会计记录，或修改向会计系统提供数据的系统。

第三十三条　在考虑电子证据的充分性和适当性时，注册会计师可能需要测试自动化控制（如记录完备性检查、电子日戳、数字签章和版本控制），并根据对这些控制的评价结论，考虑是否需要实施追加的审计程序，比如向第三方函证交易细节或账户余额。

第七章　附　　则

第三十四条　本准则自 2023 年 7 月 1 日起施行。

中国注册会计师审阅准则第 2101 号——财务报表审阅

（2006 年 2 月 15 日修订）

第一章　总　　则

第一条　为了规范注册会计师执行财务报表审阅业务，明确执业责任，制定本准则。

第二条　财务报表审阅的目标，是注册会计师在实施审阅程序的基础上，说明是否注意到某些事项，使其相信财务报表没有按照适用的会计准则和相关会计制度的规定编制，未能在所有重大方面公允反映被审阅单位的财务状况、经营成果和现金流量。

第三条　注册会计师应当遵守相关的职业道德规范，恪守独立、客观、公正的原则，保持专业胜任能力和应有的关注，并对执业过程中获知的信息保密。

第四条　注册会计师应当按照本准则的规定执行财务报表审阅业务。

第五条　在计划和实施审阅工作时，注册会计师应当保持职业怀疑态度，充分考虑可能存在导致财务报表发生重大错报的情形。

第六条　注册会计师应当主要通过询问和分析程序获取充分、适当的证据，作为得出审阅结论的基础。

第二章　审阅范围和保证程度

第七条　审阅范围是指为实现财务报表审阅目标，注册会计师根据本准则和职业判断实施的恰当的审阅程序的总和。

注册会计师应当根据本准则确定执行财务报表审阅业务所要求的程序。必要时，还应当考虑业务约定条款的要求。

　　第八条　由于实施审阅程序不能提供在财务报表审计中要求的所有证据，审阅业务对所审阅的财务报表不存在重大错报提供有限保证，注册会计师应当以消极方式提出结论。

第三章　业务约定书

　　第九条　注册会计师应当与被审阅单位就业务约定条款达成一致意见，并签订业务约定书。

　　第十条　业务约定书应当包括下列主要内容：

　　（一）审阅业务的目标；

　　（二）管理层对财务报表的责任；

　　（三）审阅范围，其中应提及按照本准则的规定执行审阅工作；

　　（四）注册会计师不受限制地接触审阅业务所要求的记录、文件和其他信息；

　　（五）预期提交的报告样本；

　　（六）说明不能依赖财务报表审计揭示错误、舞弊和违反法规行为；

　　（七）说明没有实施审计，因此注册会计师不发表审计意见，不能满足法律法规或第三方对审计的要求。

第四章　审　阅　计　划

　　第十一条　注册会计师应当计划审阅工作，以有效执行审阅业务。

　　第十二条　在计划审阅工作时，注册会计师应当了解被审阅单位及其环境，或更新以前了解的内容，包括考虑被审阅单位的组织结构、会计信息系统、经营管理情况以及资产、负债、收入和费用的性质等。

第五章　审阅程序和审阅证据

　　第十三条　在确定审阅程序的性质、时间和范围时，注册会计师应当运用职业判断，并考虑下列因素：

　　（一）以前期间执行财务报表审计或审阅所了解的情况；

　　（二）对被审阅单位及其环境的了解，包括适用的会计准则和相关会计制度、行业惯例；

　　（三）会计信息系统；

　　（四）管理层的判断对特定项目的影响程度；

　　（五）各类交易和账户余额的重要性。

　　第十四条　在考虑重要性水平时，注册会计师应当采用与执行财务报表审计业务相同的标准。

　　第十五条　财务报表审阅程序通常包括：

　　（一）了解被审阅单位及其环境；

　　（二）询问被审阅单位采用的会计准则和相关会计制度、行业惯例；

　　（三）询问被审阅单位对交易和事项的确认、计量、记录和报告的程序；

　　（四）询问财务报表中所有重要的认定；

　　（五）实施分析程序，以识别异常关系和异常项目；

　　（六）询问股东会、董事会以及其他类似机构决定采取的可能对财务报表产生影响的措施；

　　（七）阅读财务报表，以考虑是否遵循指明的编制基础；

　　（八）获取其他注册会计师对被审阅单位组成部分财务报表出具的审计报告或审阅报告。

注册会计师应当向负责财务会计事项的人员询问下列事项：

（一）所有交易是否均已记录；

（二）财务报表是否按照指明的编制基础编制；

（三）被审阅单位业务活动、会计政策和行业惯例的变化；

（四）在实施本条　前款第（一）项至第（八）项程序时所发现的问题。

必要时，注册会计师应当获取管理层书面声明。

第十六条　注册会计师应当询问在资产负债表日后发生的、可能需要在财务报表中调整或披露的期后事项。注册会计师没有责任实施程序以识别审阅报告日后发生的事项。

第十七条　如果有理由相信所审阅的财务报表可能存在重大错报，注册会计师应当实施追加的或更为广泛的程序，以便能够以消极方式提出结论或确定是否出具非无保留结论的报告。

第十八条　在利用其他注册会计师或专家的工作时，注册会计师应当考虑其工作是否满足财务报表审阅的需要。

第十九条　注册会计师应当记录为审阅报告提供证据的重大事项，以及按照本准则的规定执行审阅业务的证据。

第六章　结论和报告

第二十条　审阅报告应当清楚地表达有限保证的结论。

注册会计师应当复核和评价根据审阅证据得出的结论，以此作为表达有限保证的基础。

第二十一条　根据已实施的工作，注册会计师应当评估在审阅过程中获知的信息是否表明财务报表没有按照适用的会计准则和相关会计制度的规定编制，未能在所有重大方面公允反映被审阅单位的财务状况、经营成果和现金流量。

第二十二条　审阅报告应当包括下列要素：

（一）标题；

（二）收件人；

（三）引言段；

（四）范围段；

（五）结论段；

（六）注册会计师的签名和盖章；

（七）会计师事务所的名称、地址及盖章；

（八）报告日期。

第二十三条　审阅报告的标题应当统一规范为"审阅报告"。

第二十四条　审阅报告的收件人应当为审阅业务的委托人。审阅报告应当载明收件人的全称。

第二十五条　审阅报告的引言段应当说明下列内容：

（一）所审阅财务报表的名称；

（二）管理层的责任和注册会计师的责任。

第二十六条　审阅报告的范围段应当说明审阅的性质，包括下列内容：

（一）审阅业务所依据的准则；

（二）审阅主要限于询问和实施分析程序，提供的保证程度低于审计；

（三）没有实施审计，因而不发表审计意见。

第二十七条　注册会计师应当根据实施审阅程序的情况，在审阅报告的结论段中提出下列之一的结论：

（一）根据注册会计师的审阅，如果没有注意到任何事项使其相信财务报表没有按照适用的会计准则和相关会计制度的规定编制，未能在所有重大方面公允反映被审阅单位的财务状况、经营成果和现金流量，注册会计师应当提出无保留的结论。

（二）如果注意到某些事项使其相信财务报表没有按照适用的会计准则和相关会计制度的规定编制，未能在所有重大方面公允反映被审阅单位的财务状况、经营成果和现金流量，注册会计师应当在审阅报告的结论段前增设说明段，说明这些事项对财务报表的影响，并提出保留结论。

如果这些事项对财务报表的影响非常重大和广泛，以至于认为仅提出保留结论不足以揭示财务报表的误导性或不完整性，注册会计师应当对财务报表提出否定结论，即财务报表没有按照适用的会计准则和相关会计制度的规定编制，未能在所有重大方面公允反映被审阅单位的财务状况、经营成果和现金流量。

（三）如果存在重大的范围限制，注册会计师应当在审阅报告中说明，假定范围不受限制，注册会计师可能发现需要调整财务报表的事项，因而提出保留结论。

如果范围限制的影响非常重大和广泛，以至于注册会计师认为不能提供任何程度的保证时，不应提供任何保证。

第二十八条　审阅报告应当由注册会计师签名并盖章。

第二十九条　审阅报告应当载明会计师事务所的名称和地址，并加盖会计师事务所公章。

第三十条　审阅报告应当注明报告日期。审阅报告的日期是指注册会计师完成审阅工作的日期，不应早于管理层批准财务报表的日期。

第七章　附　　则

第三十一条　本准则自 2007 年 1 月 1 日起施行。

附录：

审阅报告参考格式

1. 无保留结论的审阅报告

审 阅 报 告

ABC 股份有限公司全体股东：

我们审阅了后附的 ABC 股份有限公司（以下简称 ABC 公司）财务报表，包括 20×1 年 12 月 31 日的资产负债表，20×1 年度的利润表、股东权益变动表和现金流量表以及财务报表附注。这些财务报表的编制是 ABC 公司管理层的责任，我们的责任是在实施审阅工作的基础上对这些财务报表出具审阅报告。

我们按照《中国注册会计师审阅准则第 2101 号——财务报表审阅》的规定执行了审阅业务。该准则要求我们计划和实施审阅工作，以对财务报表是否不存在重大错报获取有限保证。审阅主要限于询问公司有关人员和对财务数据实施分析程序，提供的保证程度低于审计。我们没有实施审计，因而不发表审计意见。

根据我们的审阅，我们没有注意到任何事项使我们相信财务报表没有按照企业会计准则和《××会计制度》的规定编制，未能在所有重大方面公允反映被审阅单位的财务状况、经营成果和现金流量。

××会计师事务所　　　　　　　　　　　中国注册会计师：×××
　（盖章）　　　　　　　　　　　　　　　　（签名并盖章）

　　　　　　　　　　　　　　　　　　　　中国注册会计师：×××
　　　　　　　　　　　　　　　　　　　　　（签名并盖章）

中国××市　　　　　　　　　　　　　　二〇×二年×月×日

2. 保留结论的审阅报告

审 阅 报 告

ABC 股份有限公司全体股东：

　　我们审阅了后附的 ABC 股份有限公司（以下简称 ABC 公司）财务报表，包括 20×1 年 12 月 31 日的资产负债表，20×1 年度的利润表、股东权益变动表和现金流量表以及财务报表附注。这些财务报表的编制是 ABC 公司管理层的责任，我们的责任是在实施审阅工作的基础上对这些财务报表出具审阅报告。

　　我们按照《中国注册会计师审阅准则第 2101 号——财务报表审阅》的规定执行了审阅业务。该准则要求我们计划和实施审阅工作，以对财务报表是否不存在重大错报获取有限保证。审阅主要限于询问公司有关人员和对财务数据实施分析程序，提供的保证程度低于审计。我们没有实施审计，因而不发表审计意见。

　　ABC 公司管理层告知我们，存货以高于可变现净值的成本计价。由 ABC 公司管理层编制并经过我们审阅的计算表显示，如果根据企业会计准则规定的成本与可变现净值孰低法计价，存货的账面价值将减少×元，净利润和股东权益将减少×元。

　　根据我们的审阅，除了上述存货价值高估所造成的影响外，我们没有注意到任何事项使我们相信财务报表没有按照适用的会计准则和相关会计制度的规定编制，未能在所有重大方面公允反映被审阅单位的财务状况、经营成果和现金流量。

××会计师事务所　　　　　　　　　　　中国注册会计师：×××
　（盖章）　　　　　　　　　　　　　　　　（签名并盖章）

　　　　　　　　　　　　　　　　　　　　中国注册会计师：×××
　　　　　　　　　　　　　　　　　　　　　（签名并盖章）

中国××市　　　　　　　　　　　　　　二〇×二年×月×日

3. 否定结论的审阅报告

审 阅 报 告

ABC 股份有限公司全体股东：

　　我们审阅了后附的 ABC 股份有限公司（以下简称 ABC 公司）财务报表，包括 20×1 年 12 月 31 日的资产负债表，20×1 年度的利润表、股东权益变动表和现金流量表以及财务报表附注。这些财务报表的编制是 ABC 公司管理层的责任，我们的责任是在实施审阅工作的基础上对这些财务报表出具审阅报告。

我们按照《中国注册会计师审阅准则第 2101 号——财务报表审阅》的规定执行了审阅业务。该准则要求我们计划和实施审阅工作，以对财务报表是否不存在重大错报获取有限保证。审阅主要限于询问公司有关人员和对财务数据实施分析程序，提供的保证程度低于审计。我们没有实施审计，因而不发表审计意见。

如财务报表附注 × 所述，ABC 公司在编制财务报表时未将各子公司纳入合并范围，且对这些子公司的长期股权投资以成本法核算。根据企业会计准则的规定，ABC 公司应当对子公司的长期股权投资采用权益法核算，并将子公司纳入合并范围。

根据我们的审阅，由于受到前段所述事项的重大影响，财务报表未能按照企业会计准则和《×× 会计制度》的规定编制。

×× 会计师事务所 （盖章）	中国注册会计师：××× （签名并盖章）
	中国注册会计师：××× （签名并盖章）
中国 ×× 市	二〇 × 二年 × 月 × 日

中国注册会计师其他鉴证业务准则第 3101 号——历史财务信息审计或审阅以外的鉴证业务

（2006 年 2 月 15 日修订）

第一章　总　　则

第一条　为了规范注册会计师执行历史财务信息审计或审阅以外的鉴证业务，制定本准则。

第二条　本准则适用于注册会计师执行历史财务信息审计或审阅以外的鉴证业务（以下简称其他鉴证业务）。

第三条　注册会计师执行其他鉴证业务，应当遵守《中国注册会计师鉴证业务基本准则》和其他鉴证业务准则，以及职业道德规范和会计师事务所质量控制准则。

第四条　其他鉴证业务的保证程度分为合理保证和有限保证。

合理保证的其他鉴证业务的目标是注册会计师将鉴证业务风险降至该业务环境下可接受的低水平，以此作为以积极方式提出结论的基础。

有限保证的其他鉴证业务的目标是注册会计师将鉴证业务风险降至该业务环境下可接受的水平，以此作为以消极方式提出结论的基础。

有限保证的其他鉴证业务的风险水平高于合理保证的其他鉴证业务的风险水平。

第二章　承接与保持业务

第五条　只有符合下列所有条件，会计师事务所才能承接或保持其他鉴证业务：

（一）鉴证对象由预期使用者和注册会计师以外的第三方负责；

（二）在初步了解业务环境的基础上，未发现不符合职业道德规范和《中国注册会计师鉴证业务基本准则》要求的情况；

（三）确信执行其他鉴证业务的人员在整体上具备必要的专业胜任能力。

第六条　注册会计师应当向责任方获取书面声明，以明确责任方对鉴证对象的责任。如果无法获取责任方的书面声明，注册会计师应当考虑：

（一）承接业务是否适当，法律法规或合同是否明确了相关责任；

（二）如果承接业务，是否在鉴证报告中披露该情况。

第七条　注册会计师应当考虑职业道德规范中有关独立性的要求，以及拟承接的其他鉴证业务是否具备《中国注册会计师鉴证业务基本准则》第十条规定的所有特征。

第八条　在某些情况下，鉴证对象要求的专业知识和技能可能超出注册会计师通常具有的专业胜任能力。在这种情况下，注册会计师应当考虑利用专家工作或拒绝接受业务委托。

第九条　注册会计师应当在其他鉴证业务开始前，与委托人就其他鉴证业务约定条款达成一致意见，并签订业务约定书，以避免双方对其他鉴证业务的理解产生分歧。如果委托人与责任方不是同一方，业务约定书的性质和内容可以有所不同。

第十条　在完成其他鉴证业务前，如果委托人要求将其他鉴证业务变更为非鉴证业务，或将合理保证的其他鉴证业务变更为有限保证的其他鉴证业务，注册会计师应当考虑这一要求的合理性。如果没有合理的理由，注册会计师不应当同意这一变更。

当业务环境变化影响到预期使用者的需求，或预期使用者对该项业务的性质存在误解时，注册会计师可以应委托人的要求，考虑同意变更该项业务。如果发生变更，注册会计师不应忽视变更前获取的证据。

第三章　计划与执行业务
第一节　总体要求

第十一条　注册会计师应当计划其他鉴证业务工作，以有效执行其他鉴证业务。

计划工作包括制定总体策略和具体计划。总体策略包括确定其他鉴证业务的范围、重点、时间安排和实施。具体计划包括拟执行的证据收集程序的性质、时间和范围以及选择这些程序的理由。

计划工作的性质和范围因被鉴证单位的规模、复杂程度以及注册会计师的相关经验等情况的不同而存在差异。在计划其他鉴证业务工作时，注册会计师应当考虑下列主要因素：

（一）业务约定条款；

（二）鉴证对象特征和既定标准；

（三）其他鉴证业务的实施过程和可能的证据来源；

（四）对被鉴证单位及其环境的了解，包括对鉴证对象信息可能存在重大错报风险的了解；

（五）确定预期使用者及其需要，考虑重要性以及鉴证业务风险要素；

（六）对参与业务的人员及其技能的要求，包括专家参与的性质和范围。

第十二条　计划其他鉴证业务工作不是一个孤立阶段，而是整个其他鉴证业务中持续的、不断修正的过程。

由于未预期事项、业务情况变化或获取的证据等因素，注册会计师可能需要在业务实施过程中修订总体策略和具体计划，进而修改计划实施的进一步程序的性质、时间和范围。

第十三条　在计划和执行其他鉴证业务时，注册会计师应当保持职业怀疑态度，以识别可能导致鉴证对象信息发生重大错报的情况。

第十四条 注册会计师应当了解鉴证对象和其他的业务环境事项，以足够识别和评估鉴证对象信息发生重大错报的风险，并设计和实施进一步的证据收集程序。

第十五条 在计划和执行其他鉴证业务时，注册会计师应当了解鉴证对象和其他的业务环境事项，以便为在下列关键环节作出职业判断提供重要基础：

（一）考虑鉴证对象特征；

（二）评估标准的适当性；

（三）确定需要特殊考虑的领域，比如显示存在舞弊的迹象、需要特殊技能或利用专家工作的领域；

（四）确定重要性水平，评价其数量的持续适当性，并考虑其性质因素；

（五）实施分析程序时确定期望值；

（六）设计和实施进一步的证据收集程序，以将鉴证业务风险降至适当水平；

（七）评价证据，包括评价责任方口头声明和书面声明的合理性。

第十六条 注册会计师应当运用职业判断，确定需要了解鉴证对象及其他的业务环境事项的程度，并考虑这种了解是否足以评估鉴证对象信息发生重大错报的风险。

第二节　评估鉴证对象的适当性

第十七条 注册会计师应当评估鉴证对象的适当性。

适当的鉴证对象应当具备下列所有条件：

（一）鉴证对象可以识别；

（二）不同的组织或人员按照既定标准对鉴证对象进行评价或计量的结果合理一致；

（三）注册会计师能够收集与鉴证对象有关的信息，获取充分、适当的证据，以支持其提出适当的鉴证结论。

第十八条 只有当对业务环境的初步了解表明鉴证对象适当时，会计师事务所才能承接其他鉴证业务。

在承接其他鉴证业务后，如果认为鉴证对象不适当，注册会计师应当出具保留结论、否定结论或无法提出结论的报告。必要时，注册会计师应当考虑解除业务约定。

第三节　评估标准的适当性

第十九条 注册会计师应当评估用于评价或计量鉴证对象的标准的适当性。

适当的标准应当具备下列所有特征：

（一）相关性：相关的标准有助于得出结论，便于预期使用者作出决策；

（二）完整性：完整的标准不应忽略业务环境中可能影响得出结论的相关因素，当涉及列报时，还包括列报的基准；

（三）可靠性：可靠的标准能够使能力相近的注册会计师在相似的业务环境中，对鉴证对象作出合理一致的评价或计量；

（四）中立性：中立的标准有助于得出无偏向的结论；

（五）可理解性：可理解的标准有助于得出清晰、易于理解、不会产生重大歧义的结论。

第二十条 只有当对业务环境的初步了解表明使用的标准适当时，会计师事务所才能承接其他鉴证业务。

在承接其他鉴证业务后，如果认为使用的标准不适当，注册会计师应当出具保留结论、否定结论或无法提出结论的报告。必要时，注册会计师应当考虑解除业务约定。

第二十一条 标准可能是由法律法规规定的，或由政府主管部门或国家认可的专业团体依照公开、适当的程序发布的（以下简称公开发布标准），也可能是专门制定的。在通常情况下，只有当与预期使用者的需求相关时，公开发布标准才是适当的。

如果某鉴证对象存在公开发布标准，而特定的预期使用者出于特定目的使用其他标准，或专门建立一套标准满足其特殊需要，在这种情况下，注册会计师应当在鉴证报告中指明：

（一）使用的标准不是公开发布标准；

（二）使用的标准仅供特定的预期使用者使用，且仅适用于特殊目的。

第二十二条　对某些鉴证对象，可能不存在公开发布标准，而需要专门制定标准。注册会计师应当考虑专门制定的标准是否会导致鉴证报告对预期使用者产生误导。注册会计师应当尽可能使预期使用者或委托人确认专门制定的标准符合预期使用者的目的。

如果未获得对专门制定标准的确认，注册会计师应当考虑这种情况对评估既定标准适当性的影响，以及对鉴证报告中有关该标准的信息的影响。

第四节　重要性与鉴证业务风险

第二十三条　在计划和执行其他鉴证业务时，注册会计师应当考虑重要性和鉴证业务风险。

第二十四条　在确定证据收集程序的性质、时间和范围，评价鉴证对象信息是否不存在错报时，注册会计师应当考虑重要性。

在考虑重要性时，注册会计师应当了解并评价哪些因素可能会影响预期使用者的决策。

注册会计师应当综合数量和性质因素考虑重要性。在具体业务中，注册会计师需要运用职业判断，评估重要性以及数量和性质因素的相对重要程度。

第二十五条　注册会计师应当将鉴证业务风险降至该业务环境下可接受的水平。

在合理保证的其他鉴证业务中，注册会计师应当将鉴证业务风险降至该业务环境下可接受的低水平，以此作为以积极方式提出结论的基础。

由于证据收集程序的性质、时间和范围不同，有限保证的其他鉴证业务的风险水平高于合理保证的其他鉴证业务的风险水平。但在有限保证的其他鉴证业务中，证据收集程序的性质、时间和范围应当至少足以使注册会计师获得某种有意义的保证水平，以此作为注册会计师以消极方式提出结论的基础。

当注册会计师获取的保证水平很有可能在一定程度上增强预期使用者对鉴证对象信息的信任时，这种保证水平是有意义的保证水平。

第二十六条　鉴证业务风险通常体现为重大错报风险和检查风险。

重大错报风险是指鉴证对象信息在鉴证前存在重大错报的可能性。

检查风险是指注册会计师未能发现存在的重大错报的可能性。

注册会计师对重大错报风险和检查风险的考虑受具体业务环境的影响，特别受鉴证对象性质，以及所执行的是合理保证还是有限保证的其他鉴证业务的影响。

第四章　利用专家的工作

第二十七条　在收集和评价证据时，对于某些其他鉴证业务的鉴证对象和相关标准，可能需要运用特殊知识和技能。在这种情况下，注册会计师应当考虑利用专家的工作。

第二十八条　当利用专家的工作收集和评价证据时，注册会计师与专家作为一个整体，应当具备与鉴证对象和标准相关的足够的专业知识和技能。

第二十九条　参与其他鉴证业务的所有人员（包括专家），都应当保持应有的关注。

在执行其他鉴证业务时，尽管并不要求专家在所有方面与注册会计师具备同样的专业知识和技能，但注册会计师应当确定专家已充分了解其他鉴证业务准则，以使专家能够按照具体业务目标开展工作。

第三十条 注册会计师应当实施质量控制程序，明确执行其他鉴证业务人员的责任，包括专家的工作责任，以确保其遵守其他鉴证业务准则。

第三十一条 注册会计师应当充分参与其他鉴证业务和了解专家所承担的工作，以足以对鉴证对象信息形成的结论承担责任。

在形成鉴证结论时，注册会计师应当考虑利用专家工作的程度是否合理。

第三十二条 尽管并不期望注册会计师具备与专家相同的专业知识和技能，但注册会计师应当具备足够的知识和技能，以实现下列目的：

（一）界定专家工作的目标及其如何与鉴证业务目标相联系；

（二）考虑专家使用的假设、方法和原始数据的合理性；

（三）考虑专家发现的问题和得出结论的合理性。

第三十三条 注册会计师应当获取充分、适当的证据，确定专家的工作是否符合其他鉴证业务的目标。

在评估专家提供证据的充分性和适当性时，注册会计师应当评价：

（一）专家的专业胜任能力，包括专家的经验和客观性；

（二）专家使用的假设、方法和原始数据的合理性；

（三）专家发现的问题和得出结论的合理性及其重要性。

第五章 获取证据
第一节 总体要求

第三十四条 注册会计师应当获取充分、适当的证据，据此形成鉴证结论。

证据的充分性是对证据数量的衡量。证据的适当性是对证据质量的衡量，即证据的相关性和可靠性。

第三十五条 注册会计师可以考虑获取证据的成本与所获取信息有用性之间的关系，但不应仅以获取证据的困难和成本为由减少不可替代的程序。

第三十六条 在评价证据的充分性和适当性以支持鉴证结论时，注册会计师应当运用职业判断，并保持职业怀疑态度。

第三十七条 其他鉴证业务通常不涉及鉴定文件记录的真伪，注册会计师也不是鉴定文件记录真伪的专家，但应当考虑用作证据的信息的可靠性，包括考虑与信息生成和维护相关的控制的有效性。

如果在执行业务过程中识别出的情况使其认为文件记录可能是伪造的或文件记录中的某些条款已发生变动，注册会计师应当作进一步调查，包括直接向第三方询证，或考虑利用专家的工作，以评价文件记录的真伪。

第三十八条 在合理保证的其他鉴证业务中，注册会计师应当通过下列不断修正的、系统化的执业过程，获取充分、适当的证据：

（一）了解鉴证对象及其他的业务环境事项，必要时包括了解内部控制；

（二）在了解鉴证对象及其他的业务环境事项的基础上，评估鉴证对象信息可能存在的重大错报风险；

（三）应对评估的风险，包括制定总体应对措施以及确定进一步程序的性质、时间和范围；

（四）针对识别的风险实施进一步程序，包括实施实质性程序，以及在必要时测试控制运行的有效性；

（五）评价证据的充分性和适当性。

第三十九条 合理保证提供的保证水平低于绝对保证。由于存在下列因素，将鉴证业务风险降至零几乎不可能，也不符合成本效益原则：

（一）选择性测试方法的运用；

（二）内部控制的固有局限性；

（三）大多数证据是说服性而非结论性的；

（四）在获取和评价证据以及由此得出结论时涉及大量判断；

（五）在某些情况下鉴证对象具有特殊性。

第四十条　合理保证的其他鉴证业务和有限保证的其他鉴证业务都需要运用鉴证技术和方法，收集充分、适当的证据。与合理保证的其他鉴证业务相比，有限保证的其他鉴证业务在证据收集程序的性质、时间、范围等方面是有意识地加以限制的。

第四十一条　无论是合理保证还是有限保证的其他鉴证业务，如果注意到某事项可能导致对鉴证对象信息是否需要作出重大修改产生疑问，注册会计师应当执行其他足够的程序，追踪这一事项，以支持鉴证结论。

第二节　责任方声明

第四十二条　注册会计师在必要时应当向责任方获取声明。责任方声明包括书面声明和口头声明。责任方对口头声明的书面确认，可以减少注册会计师和责任方之间产生误解的可能性。

注册会计师应当要求责任方就其按照既定标准对鉴证对象进行评价或计量出具书面声明，无论该声明作为责任方的认定能否为预期使用者获取。如果无法获取该项书面声明，注册会计师应当根据工作范围受到限制的程度，考虑出具保留结论或无法提出结论的鉴证报告，并考虑是否需要对鉴证报告的使用作出限制。

第四十三条　在其他鉴证业务中，责任方可能主动提供声明或以回复注册会计师询问的方式提供声明。当责任方声明与某一事项相关，且该事项对鉴证对象的评价或计量有重大影响时，注册会计师应当实施下列程序：

（一）评价责任方声明的合理性及其与其他证据（包括其他声明）的一致性；

（二）考虑作出声明的人员是否充分知晓所声明的特定事项；

（三）在合理保证的其他鉴证业务中，获取佐证性的证据；在有限保证的其他鉴证业务中，考虑是否有必要寻求佐证性的证据。

第四十四条　责任方声明不能替代注册会计师合理预期能够获取的其他证据。如果某事项对评价或计量鉴证对象产生重大影响或可能产生重大影响，且对该事项无法获取在正常情况下能够获取的充分、适当的证据，即使已从责任方获取相关声明，注册会计师应将其视为工作范围受到限制。

第六章　考虑期后事项

第四十五条　注册会计师应当考虑截至鉴证报告日发生的事项对鉴证对象信息和鉴证报告的影响。

第四十六条　注册会计师对期后事项的考虑程度，取决于这些事项对鉴证对象信息和鉴证结论适当性的潜在影响。

在某些其他鉴证业务中，由于鉴证对象性质特殊，注册会计师可能无需考虑期后事项，如对某一时点统计报表的准确性提出鉴证结论。

第七章　形成工作记录

第四十七条　注册会计师应当记录重大事项，以提供证据支持鉴证报告，并证明其已按照其他鉴证业务准则的规定执行业务。

第四十八条 对需要运用职业判断的所有重大事项，注册会计师应当记录推理过程和相关结论。

如果对某些事项难以进行判断，注册会计师还应当记录得出结论时已知悉的有关事实。

第四十九条 注册会计师应当将鉴证过程中考虑的所有重大事项记录于工作底稿。

在运用职业判断确定工作底稿的编制和保存范围时，注册会计师应当考虑，使未曾接触该项其他鉴证业务的有经验的专业人士了解实施的鉴证程序，以及作出重大决策的依据。

第八章 编制鉴证报告

第一节 总体要求

第五十条 注册会计师应当判断是否已获取充分、适当的证据，以支持鉴证结论。

在形成鉴证结论时，注册会计师应当考虑所有相关的证据，包括能够印证鉴证对象信息的证据和与之相矛盾的证据。

第五十一条 注册会计师应当以书面报告形式提出鉴证结论，鉴证报告应当清晰表述注册会计师对鉴证对象信息提出的结论。

第五十二条 注册会计师应当根据具体业务环境选择短式报告或长式报告，将信息有效地传达给预期使用者。

短式报告通常包括本准则第五十三条所述的鉴证报告基本内容。长式报告除包括基本内容外，还包括：

（一）对业务约定条款的详细说明；

（二）在特定方面发现的问题以及提出的相关建议。

在长式报告中，注册会计师应当将发现的问题及相关建议与鉴证结论清楚分开，并以适当措辞指出这些问题和建议不会影响鉴证结论。

第二节 鉴证报告的内容

第五十三条 鉴证报告应当包含下列基本内容：

（一）标题；

（二）收件人；

（三）对鉴证对象信息（适当时也包括鉴证对象）的界定与描述；

（四）使用的标准；

（五）适当时，对按照标准评价或计量鉴证对象存在的所有重大固有限制的说明；

（六）必要时，对报告使用者和使用目的的限定；

（七）责任方的界定，以及对责任方和注册会计师各自责任的说明；

（八）按照其他鉴证业务准则的规定执行业务的说明；

（九）工作概述；

（十）鉴证结论；

（十一）注册会计师的签名及盖章；

（十二）会计师事务所的名称、地址及盖章；

（十三）报告日期。

第五十四条 鉴证报告的标题应当清晰表述其他鉴证业务的性质。

第五十五条 鉴证报告的收件人是指鉴证报告应当提交的对象，在可行的情况下，鉴证报告的收件人应当明确为所有的预期使用者。

第五十六条 鉴证报告中对鉴证对象信息（适当时也包括鉴证对象）的界定与描述主要包括：

（一）与评价或计量鉴证对象相关的时点或期间；

（二）鉴证对象涉及的被鉴证单位或其组成部分的名称；

（三）对鉴证对象或鉴证对象信息的特征及其影响的解释，包括解释这些特征如何影响对鉴证对象按照既定标准进行评价或计量的准确性，以及如何影响所获取证据的说服力。

如果在鉴证结论中提及责任方的认定，注册会计师应当将该认定附于鉴证报告后，或在鉴证报告中复述该认定，或指明预期使用者能够从何处获取该认定。

第五十七条　鉴证报告应当指出评价或计量鉴证对象所使用的标准，以使预期使用者能够了解注册会计师提出结论的依据。

注册会计师可以将该标准直接包括在鉴证报告中。如果预期使用者能够获取的责任方认定中已包括该标准，或容易从其他来源获取该标准，注册会计师也可以仅在鉴证报告中提及该标准。

第五十八条　注册会计师应当根据具体业务环境考虑是否披露：

（一）标准的来源，以及标准是否为公开发布标准；如果不是公开发布标准，应当说明采用该标准的理由；

（二）当标准允许选用多种计量方法时，采用的计量方法；

（三）使用标准时作出的重要解释；

（四）采用的计量方法是否发生变更。

第五十九条　如果根据标准评价或计量鉴证对象存在重大固有限制，且预期鉴证报告的使用者不能充分理解，注册会计师应当在鉴证报告中明确提及该限制。

第六十条　如果用于评价或计量鉴证对象的标准仅能为特定使用者所获取，或仅与特定目的相关，注册会计师应当在鉴证报告中指明该鉴证报告的使用仅限于特定使用者或特定目的。

第六十一条　注册会计师应当在鉴证报告中界定责任方以及责任方和注册会计师各自的责任。

对于直接报告业务，注册会计师应当指明责任方对鉴证对象负责；对于基于认定的业务，注册会计师应当指明责任方对鉴证对象信息负责。

注册会计师的责任是对鉴证对象信息独立地提出结论。

第六十二条　注册会计师应当在鉴证报告中说明，该项其他鉴证业务是按照其他鉴证业务准则的规定执行的。如果存在针对该项其他鉴证业务的具体准则，注册会计师应当根据该准则的规定决定是否在鉴证报告中特别提及该准则。

第六十三条　为使预期使用者了解鉴证报告所表达的保证性质，注册会计师应当参照相关的审计准则和审阅准则，在鉴证报告中概述已执行的鉴证工作。

如果没有相关鉴证业务准则对特定鉴证对象的证据收集程序作出规定，注册会计师应当在概述时更具体地说明已执行的工作。

第六十四条　在有限保证的其他鉴证业务中，为使预期使用者理解以消极方式表达的结论所传达的保证性质，注册会计师对已执行工作的概述通常比在合理保证的其他鉴证业务中更加详细。

在有限保证的其他鉴证业务中，对已执行工作的概述应当包括下列内容：

（一）指出证据收集程序的性质、时间和范围存在的限制，必要时，说明没有执行合理保证的其他鉴证业务中通常实施的程序；

（二）说明由于证据收集程序比合理保证的其他鉴证业务更为有限，因此，获得的保证程度低于合理保证的其他鉴证业务的保证程度。

第六十五条　注册会计师应当在鉴证报告中清楚地说明鉴证结论。如果鉴证对象信息由多个方面组成，注册会计师可就每个方面分别提出结论。

虽然提出这些结论并非都需要执行相同水平的证据收集程序，但注册会计师应当根据某一方面执行的工作是合理保证还是有限保证，决定该方面结论的适当表达方式。

第六十六条　在适当情况下，注册会计师应当在鉴证报告中告知预期使用者提出该结论的背景，比如注册会计师的结论中可能包括"本结论是在受到鉴证报告中指出的固有限制的条件下形成的"的措辞。

第六十七条　在合理保证的其他鉴证业务中，注册会计师应当以积极方式提出结论，如"我们认为，根据×标准，内部控制在所有重大方面是有效的"或"我们认为，责任方作出的'根据×标准，内部控制在所有重大方面是有效的'这一认定是公允的"。

第六十八条　在有限保证的其他鉴证业务中，注册会计师应当以消极方式提出结论，如"基于本报告所述的工作，我们没有注意到任何事项使我们相信，根据×标准，×系统在任何重大方面是无效的"或"基于本报告所述的工作，我们没有注意到任何事项使我们相信，责任方作出的'根据×标准，×系统在所有重大方面是有效的'这一认定是不公允的"。

第六十九条　如果提出无保留结论之外的其他结论，注册会计师应当在鉴证报告中清楚地说明提出该结论的理由。

第七十条　鉴证报告应当注明报告日期，以使预期使用者了解注册会计师已考虑截至报告日发生的事项对鉴证对象信息和鉴证报告的影响。

第七十一条　注册会计师可以在鉴证报告中增加不会影响鉴证结论的其他信息或解释。这些信息或解释主要包括：

（一）注册会计师和其他参加具体业务的人员的资格和经验；

（二）重要性水平；

（三）在该业务的特定方面发现的问题及相关建议。

鉴证报告中是否包含此类信息取决于该信息对预期使用者需求的重要程度。增加的信息应当与注册会计师的结论清楚分开，并在措辞上不影响鉴证结论。

第三节　保留结论、否定结论和无法提出结论

第七十二条　如果存在下列事项，且判断该事项的影响重大或可能重大，注册会计师不应当提出无保留结论：

（一）由于工作范围受到业务环境、责任方或委托人的限制，注册会计师不能获取必要的证据将鉴证业务风险降至适当水平，在这种情况下，应当出具保留结论或无法提出结论的报告；

（二）如果结论提及责任方认定，且该认定未在所有重大方面作出公允表达，注册会计师应当提出保留结论或否定结论；如果结论直接提及鉴证对象及标准，且鉴证对象信息存在重大错报，注册会计师应当提出保留结论或否定结论；

（三）在承接业务后，如果发现标准或鉴证对象不适当，可能误导预期使用者，注册会计师应当提出保留结论或否定结论；如果发现标准或鉴证对象不适当，造成工作范围受到限制，注册会计师应当出具保留结论或无法提出结论的报告。

第七十三条　如果某事项造成影响的重大与广泛程度不足以导致出具否定结论或无法提出结论的报告，注册会计师应当提出保留结论，并在报告中使用"除……的影响外"等措辞。

第七十四条　如果责任方认定已指出并适当说明鉴证对象信息存在重大错报，注册会计师应当选择下列一种方式提出鉴证结论：

（一）直接对鉴证对象和使用的标准提出保留结论或否定结论；

（二）如果业务约定条款特别要求针对责任方认定提出结论，注册会计师应当提出无保留结论，并在鉴证报告中增加强调事项段，说明鉴证对象信息存在重大错报且责任方认定已对此作出了适当说明。

第九章 其他报告责任

第七十五条 注册会计师应当考虑其他报告责任，包括考虑就执行业务过程中注意到的与治理层责任相关的事项与治理层沟通的适当性。

如果委托人并非责任方，注册会计师直接与责任方或责任方的治理层沟通可能是不适当的。

第七十六条 如果业务约定条款没有特殊要求，注册会计师不必设计专门的程序以识别与治理层责任相关的事项。

第十章 附 则

第七十七条 本准则自 2007 年 1 月 1 日起施行。

中国注册会计师其他鉴证业务准则第 3111 号——预测性财务信息的审核

（2006 年 2 月 15 日修订）

第一章 总 则

第一条 为了规范注册会计师执行预测性财务信息审核业务，制定本准则。

第二条 本准则所称预测性财务信息，是指被审核单位依据对未来可能发生的事项或采取的行动的假设而编制的财务信息。

预测性财务信息可以表现为预测、规划或两者的结合，可能包括财务报表或财务报表的一项或多项要素。

本准则所称预测，是指管理层在最佳估计假设的基础上编制的预测性财务信息。最佳估计假设是指截至编制预测性财务信息日，管理层对预期未来发生的事项和采取的行动作出的假设。

本准则所称规划，是指管理层基于推测性假设，或同时基于推测性假设和最佳估计假设编制的预测性财务信息。推测性假设是指管理层对未来事项和采取的行动作出的假设，该事项或行动预期在未来未必发生。

第三条 在执行预测性财务信息审核业务时，注册会计师应当就下列事项获取充分、适当的证据：

（一）管理层编制预测性财务信息所依据的最佳估计假设并非不合理；在依据推测性假设的情况下，推测性假设与信息的编制目的是相适应的；

（二）预测性财务信息是在假设的基础上恰当编制的；

（三）预测性财务信息已恰当列报，所有重大假设已充分披露，包括说明采用的是推测性假设还是最佳估计假设；

（四）预测性财务信息的编制基础与历史财务报表一致，并选用了恰当的会计政策。

第四条 管理层负责编制预测性财务信息，包括识别和披露预测性财务信息依据的假设。

注册会计师接受委托对预测性财务信息实施审核并出具报告，可增强该信息的可信赖程度。

第二章 保 证 程 度

第五条 注册会计师不应对预测性财务信息的结果能否实现发表意见。

第六条 当对管理层采用的假设的合理性发表意见时，注册会计师仅提供有限保证。

第三章 接受业务委托

第七条 在承接预测性财务信息审核业务前，注册会计师应当考虑下列因素：

（一）信息的预定用途；

（二）信息是广为分发还是有限分发；

（三）假设的性质，即假设是最佳估计假设还是推测性假设；

（四）信息中包含的要素；

（五）信息涵盖的期间。

第八条 如果假设明显不切实际，或认为预测性财务信息并不适合预定用途，注册会计师应当拒绝接受委托，或解除业务约定。

第九条 注册会计师应当与委托人就业务约定条款达成一致意见，并签订业务约定书。

第四章 了解被审核单位情况

第十条 注册会计师应当充分了解被审核单位情况，以评价管理层是否识别出编制预测性财务信息所要求的全部重要假设。

注册会计师还应当通过考虑下列事项，熟悉被审核单位编制预测性财务信息的过程：

（一）与编制预测性财务信息相关的内部控制，以及负责编制预测性财务信息人员的专业技能和经验；

（二）支持管理层作出假设的文件的性质；

（三）运用统计、数学方法及计算机辅助技术的程度；

（四）形成和运用假设时使用的方法；

（五）以前期间编制预测性财务信息的准确性，及其与实际情况出现重大差异的原因。

第十一条 注册会计师应当考虑被审核单位编制预测性财务信息时依赖历史财务信息的程度是否合理。

注册会计师应当了解被审核单位的历史财务信息，以评价预测性财务信息与历史财务信息的编制基础是否一致，并为考虑管理层假设提供历史基准。

注册会计师应当确定相关历史财务信息是否已经审计或审阅，是否选用了恰当的会计政策。

第十二条 如果对上期历史财务信息出具了非标准审计报告或非标准审阅报告，或被审核单位尚处于营业初期，注册会计师应当考虑各项相关的事实及其对预测性财务信息审核的影响。

第五章 涵 盖 期 间

第十三条 注册会计师应当考虑预测性财务信息涵盖的期间。

随着涵盖期间的延长，假设的主观性将会增加，管理层作出最佳估计假设的能力将会减弱。预测性财务信息涵盖的期间不应超过管理层可作出合理假设的期间。

第十四条 注册会计师可以从下列方面考虑预测性财务信息涵盖的期间是否合理：

（一）经营周期；

（二）假设的可靠程度；

（三）使用者的需求。

第六章 审核程序

第十五条 在确定审核程序的性质、时间和范围时，注册会计师应当考虑下列因素：

（一）重大错报的可能性；

（二）以前期间执行业务所了解的情况；

（三）管理层编制预测性财务信息的能力；

（四）预测性财务信息受管理层判断影响的程度；

（五）基础数据的恰当性和可靠性。

第十六条 注册会计师应当评估支持管理层作出最佳估计假设的证据的来源和可靠性。注册会计师可以从内部或外部来源获取支持这些假设的充分、适当的证据，包括根据历史财务信息考虑这些假设，以及评价这些假设是否依据被审核单位有能力实现的计划。

第十七条 当使用推测性假设时，注册会计师应当确定这些假设的所有重要影响是否已得到考虑。

对推测性假设，注册会计师不需要获取支持性的证据，但应当确定这些假设与编制预测性财务信息的目的相适应，并且没有理由相信这些假设明显不切合实际。

第十八条 注册会计师应当通过检查数据计算准确性和内在一致性等，确定预测性财务信息是否依据管理层确定的假设恰当编制。

内在一致性是指管理层拟采取的各项行动相互之间不存在矛盾，以及根据共同的变量确定的金额之间不存在不一致。

第十九条 注册会计师应当关注对变化特别敏感的领域，并考虑该领域影响预测性财务信息的程度。

第二十条 当接受委托审核预测性财务信息的一项或多项要素时，注册会计师应当考虑该要素与财务信息其他要素之间的关联关系。

第二十一条 当预测性财务信息包括本期部分历史信息时，注册会计师应当考虑对历史信息需要实施的程序的范围。

第二十二条 注册会计师应当就下列事项向管理层获取书面声明：

（一）预测性财务信息的预定用途；

（二）管理层作出的重大假设的完整性；

（三）管理层认可对预测性财务信息的责任。

第七章 列 报

第二十三条 在评价预测性财务信息的列报（包括披露）时，注册会计师除考虑相关法律法规的具体要求外，还应当考虑下列事项：

（一）预测性财务信息的列报是否提供有用信息且不会产生误导；

（二）预测性财务信息的附注中是否清楚地披露会计政策；

（三）预测性财务信息的附注中是否充分披露所依据的假设，是否明确区分最佳估计假设和推测性假设；对于涉及重大且具有高度不确定性的假设，是否已充分披露该不确定性以及由此导致的预测结果的敏感性；

（四）预测性财务信息的编制日期是否得以披露，管理层是否确认截至该日期止，编制该预测性财务信息所依据的各项假设仍然适当；

（五）当预测性财务信息的结果以区间表示时，是否已清楚说明在该区间内选取若干点的基础，该区间的选择是否不带偏见或不产生误导；

（六）从最近历史财务信息披露以来，会计政策是否发生变更、变更的原因及其对预测性财务信息的影响。

第八章 审核报告

第二十四条 注册会计师对预测性财务信息出具的审核报告应当包括下列内容：

（一）标题；

（二）收件人；

（三）指出所审核的预测性财务信息；

（四）提及审核预测性财务信息时依据的准则；

（五）说明管理层对预测性财务信息（包括编制该信息所依据的假设）负责；

（六）适当时，提及预测性财务信息的使用目的和分发限制；

（七）以消极方式说明假设是否为预测性财务信息提供合理基础；

（八）对预测性财务信息是否依据假设恰当编制，并按照适用的会计准则和相关会计制度的规定进行列报发表意见；

（九）对预测性财务信息的可实现程度作出适当警示；

（十）注册会计师的签名及盖章；

（十一）会计师事务所的名称、地址及盖章；

（十二）报告日期。报告日期应为完成审核工作的日期。

第二十五条 审核报告应当说明：

（一）根据对支持假设的证据的检查，注册会计师是否注意到任何事项，导致其认为这些假设不能为预测性财务信息提供合理基础；

（二）对预测性财务信息是否依据这些假设恰当编制，并按照适用的会计准则和相关会计制度的规定进行列报发表意见。

第二十六条 审核报告还应当说明：

（一）由于预期事项通常并非如预期那样发生，并且变动可能重大，实际结果可能与预测性财务信息存在差异；同样，当预测性财务信息以区间形式表述时，对实际结果是否处于该区间内不提供任何保证。

（二）在审核规划的情况下，编制预测性财务信息是为了特定目的（列明具体目的）。在编制过程中运用了一整套假设，包括有关未来事项和管理层行动的推测性假设，而这些事项和行动预期在未来未必发生。因此，提醒信息使用者注意，预测性财务信息不得用于该特定目的以外的其他目的。

第二十七条 如果认为预测性财务信息的列报不恰当，注册会计师应当对预测性财务信息出具保留或否定意见的审核报告，或解除业务约定。

第二十八条 如果认为一项或者多项重大假设不能为依据最佳估计假设编制的预测性财务信息提供合理基础，或在给定的推测性假设下，一项或者多项重大假设不能为依据推测性假设编制的预测性财务信息提供合理基础，注册会计师应当对预测性财务信息出具否定意见的审核报告，或解除业务约定。

第二十九条 如果审核范围受到限制，导致无法实施必要的审核程序，注册会计师应当解除业务约定，或出具无法表示意见的审核报告，并在报告中说明审核范围受到限制的情况。

第九章 附　　则

第三十条 本准则自 2007 年 1 月 1 日起施行。

附录

审核报告参考格式

1. 对预测性财务报表出具无保留意见的报告（以预测为基础）

审 核 报 告

ABC 股份有限公司：

我们审核了后附的 ABC 股份有限公司（以下简称 ABC 公司）编制的预测（列明预测涵盖的期间和预测的名称）。我们的审核依据是《中国注册会计师其他鉴证业务准则第3111 号——预测性财务信息的审核》。ABC 公司管理层对该预测及其所依据的各项假设负责。这些假设已在附注 × 中披露。

根据我们对支持这些假设的证据的审核，我们没有注意到任何事项使我们认为这些假设没有为预测提供合理基础。而且，我们认为，该预测是在这些假设的基础上恰当编制的，并按照 ×× 编制基础的规定进行了列报。

由于预期事项通常并非如预期那样发生，并且变动可能重大，实际结果可能与预测性财务信息存在差异。

×× 会计师事务所	中国注册会计师：×××
（盖章）	（签名并盖章）
	中国注册会计师：×××
	（签名并盖章）
中国 ×× 市	二○××年×月×日

2. 对预测性财务报表出具无保留意见的报告（以规划为基础）

审 核 报 告

ABC 股份有限公司：

我们审核了后附的 ABC 股份有限公司（以下简称 ABC 公司）编制的规划（列明规划涵盖的期间和规划的名称）。我们的审核依据是《中国注册会计师其他鉴证业务准则第3111 号——预测性财务信息的审核》。ABC 公司管理层对该规划及其所依据的各项假设负责。这些假设已在附注 × 中披露。

ABC 公司编制规划是 ×× 目的。由于 ABC 公司尚处于营业初期，在编制规划时运用了一整套假设，包括有关未来事项和管理层行动的推测性假设，而这些事项和行动预期在未来未必发生。因此，我们提醒信息使用者注意，该规划不得用于 ×× 目的以外的其他目的。

根据我们对支持这些假设的证据的审核，在推测性假设（列明推测性假设）成立的前提下，我们没有注意到任何事项使我们认为这些假设没有为规划提供合理基础。我们认为，该规划是在这些假设的基础上恰当编制的，并按照 ×× 编制基础的规定进行了列报。

即使在推测性假设中所涉及的事项发生，但由于预期事项通常并非如预期那样发生，并且变动可能重大，因此实际结果仍然可能与预测性财务信息存在差异。

××会计师事务所 （盖章）	中国注册会计师：××× （签名并盖章）
	中国注册会计师：××× （签名并盖章）
中国××市	二○××年×月×日

中国注册会计师相关服务准则第 4101 号——对财务信息执行商定程序

（2006 年 2 月 15 日修订）

第一章 总 则

第一条 为了规范注册会计师对财务信息执行商定程序业务，明确执业责任，制定本准则。

第二条 对财务信息执行商定程序的目标，是注册会计师对特定财务数据、单一财务报表或整套财务报表等财务信息执行与特定主体商定的具有审计性质的程序，并就执行的商定程序及其结果出具报告。

本准则所称特定主体，是指委托人和业务约定书中指明的报告致送对象。

第三条 注册会计师执行商定程序业务，仅报告执行的商定程序及其结果，并不提出鉴证结论。报告使用者自行对注册会计师执行的商定程序及其结果作出评价，并根据注册会计师的工作得出自己的结论。

第四条 商定程序业务报告仅限于参与协商确定程序的特定主体使用，以避免不了解商定程序的人对报告产生误解。

第五条 注册会计师执行商定程序业务，应当遵守相关职业道德规范，恪守客观、公正的原则，保持专业胜任能力和应有的关注，并对执业过程中获知的信息保密。

第六条 本准则不对商定程序业务提出独立性要求；但如果业务约定书或委托目的对注册会计师的独立性提出要求，注册会计师应当从其规定。

如果注册会计师不具有独立性，应当在商定程序业务报告中说明这一事实。

第七条 注册会计师应当按照本准则的规定和业务约定书的要求执行商定程序业务。

第二章 业 务 约 定 书

第八条 注册会计师应当与特定主体进行沟通，确保其已经清楚理解拟执行的商定程序和业务约定条款。

注册会计师应当就下列事项与特定主体沟通，并达成一致意见：

（一）业务性质，包括说明执行的商定程序并不构成审计或审阅，不提出鉴证结论；

（二）委托目的；

（三）拟执行商定程序的财务信息；

（四）拟执行的具体程序的性质、时间和范围；

（五）预期的报告样本；

（六）报告分发和使用的限制。

第九条　如果无法与所有的报告致送对象直接讨论拟执行的商定程序，注册会计师应当考虑采取下列措施：

（一）与报告致送对象的代表讨论拟执行的商定程序；

（二）查阅来自报告致送对象的相关信函和文件；

（三）向报告致送对象提交报告样本。

第十条　如果接受委托，注册会计师应当与委托人就双方达成一致的事项签订业务约定书，以避免双方对商定程序业务的理解产生分歧。

第三章　计划、程序与记录

第十一条　注册会计师应当合理制定工作计划，以有效执行商定程序业务。

第十二条　注册会计师应当执行商定的程序，并将获取的证据作为出具报告的基础。

第十三条　执行商定程序业务运用的程序通常包括：

（一）询问和分析；

（二）重新计算、比较和其他核对方法；

（三）观察；

（四）检查；

（五）函证。

第十四条　注册会计师应当记录支持商定程序业务报告的重大事项，并记录按照本准则的规定和业务约定书的要求执行商定程序的证据。

第四章　报　　告

第十五条　商定程序业务报告应当详细说明业务的目的和商定的程序，以便使用者了解所执行工作的性质和范围。

第十六条　商定程序业务报告应当包括下列内容：

（一）标题；

（二）收件人；

（三）说明执行商定程序的财务信息；

（四）说明执行的商定程序是与特定主体协商确定的；

（五）说明已按照本准则的规定和业务约定书的要求执行了商定程序；

（六）当注册会计师不具有独立性时，说明这一事实；

（七）说明执行商定程序的目的；

（八）列出所执行的具体程序；

（九）说明执行商定程序的结果，包括详细说明发现的错误和例外事项；

（十）说明所执行的商定程序并不构成审计或审阅，注册会计师不提出鉴证结论；

（十一）说明如果执行商定程序以外的程序，或执行审计或审阅，注册会计师可能得出其他应报告的结果；

（十二）说明报告仅限于特定主体使用；

（十三）在适用的情况下，说明报告仅与执行商定程序的特定财务数据有关，不得扩展到财务报表整体；

（十四）注册会计师的签名和盖章；

（十五）会计师事务所的名称、地址及盖章；

（十六）报告日期。

第五章 附 则

第十七条 如果注册会计师具备专业胜任能力，且存在合理的判断标准，可参照本准则对非财务信息执行商定程序业务。

第十八条 本准则自 2007 年 1 月 1 日起施行。

中国注册会计师相关服务准则第 4111 号——代编财务信息

（2006 年 2 月 15 日修订）

第一章 总 则

第一条 为了规范注册会计师执行代编财务信息业务（以下简称代编业务），制定本准则。

第二条 代编业务的目标是注册会计师运用会计而非审计的专业知识和技能，代客户编制一套完整或非完整的财务报表，或代为收集、分类和汇总其他财务信息。

注册会计师执行代编业务使用的程序并不旨在、也不能对财务信息提出任何鉴证结论。

第三条 注册会计师执行代编业务，应当遵守相关职业道德规范，恪守客观、公正的原则，保持专业胜任能力和应有的关注，并对执业过程中获知的信息保密。

第四条 本准则不对代编业务提出独立性要求。但如果注册会计师不具有独立性，应当在代编业务报告中说明这一事实。

第五条 在任何情况下，如果注册会计师的姓名与代编的财务信息相联系，注册会计师应当出具代编业务报告。

第二章 业务约定书

第六条 注册会计师应当在代编业务开始前，与客户就代编业务约定条款达成一致意见，并签订业务约定书，以避免双方对代编业务的理解产生分歧。

第七条 业务约定书应当包括下列主要事项：

（一）业务的性质，包括说明拟执行的业务既非审计也非审阅，注册会计师不对代编的财务信息提出任何鉴证结论；

（二）说明不能依赖代编业务揭露可能存在的错误、舞弊以及违反法规行为；

（三）客户提供的信息的性质；

（四）说明客户管理层应当对提供给注册会计师的信息的真实性和完整性负责，以保证代编财务信息的真实性和完整性；

（五）说明代编财务信息的编制基础，并说明将在代编财务信息和出具的代编业务报告中对该编制基础以及任何重大背离予以披露；

（六）代编财务信息的预期用途和分发范围；

（七）如果注册会计师的姓名与代编的财务信息相联系，说明注册会计师出具的代编业务报告的格式；

（八）业务收费；

（九）违约责任；

（十）解决争议的方法；

（十一）签约双方法定代表人或其授权代表的签字盖章，以及签约双方加盖的公章。

第三章 计划、程序与记录

第八条 注册会计师应当制定代编业务计划，以有效执行代编业务。

第九条 注册会计师应当了解客户的业务和经营情况，熟悉其所处行业的会计政策和惯例，以及与具体情况相适应的财务信息的形式和内容。

第十条 注册会计师应当了解客户业务交易的性质、会计记录的形式和财务信息的编制基础。

注册会计师通常利用以前经验、查阅文件记录或询问客户的相关人员，获取对这些事项的了解。

第十一条 除本准则规定的程序外，注册会计师通常不需要执行下列程序：

（一）询问管理层，以评价所提供信息的可靠性和完整性；

（二）评价内部控制；

（三）验证任何事项；

（四）验证任何解释。

第十二条 如果注意到管理层提供的信息不正确、不完整或在其他方面不令人满意，注册会计师应当考虑执行本准则第十一条提及的程序，并要求管理层提供补充信息。

如果管理层拒绝提供补充信息，注册会计师应当解除该项业务约定，并告知客户解除业务约定的原因。

第十三条 注册会计师应当阅读代编的财务信息，并考虑形式是否恰当，是否不存在明显的重大错报。

本条前款所述的重大错报包括下列情形：

（一）错误运用编制基础；

（二）未披露所采用的编制基础和获知的重大背离；

（三）未披露注册会计师注意到的其他重大事项。

注册会计师应当在代编财务信息中披露采用的编制基础和获知的重大背离，但不必报告背离的定量影响。

第十四条 如果注意到存在重大错报，注册会计师应当尽可能与客户就如何恰当地更正错报达成一致意见。如果重大错报仍未得到更正，并且认为财务信息存在误导，注册会计师应当解除该项业务约定。

第十五条 注册会计师应当从管理层获取其承担恰当编制财务信息和批准财务信息的责任的书面声明。该声明还应当包括管理层对会计数据的真实性和完整性负责，以及已向注册会计师完整提供所有重要且相关的信息。

第十六条 注册会计师应当记录重大事项，以证明其已按照本准则的规定和业务约定书的要求执行代编业务。

第四章 代编业务报告

第十七条 代编业务报告应当包括下列内容：

（一）标题；

（二）收件人；

（三）说明注册会计师已按照本准则的规定执行代编业务；

（四）当注册会计师不具有独立性时，说明这一事实；

（五）指出财务信息是在管理层提供信息的基础上代编的，并说明代编财务信息的名称、日期或涵盖的期间；

（六）说明管理层对注册会计师代编的财务信息负责；

（七）说明执行的业务既非审计，也非审阅，因此不对代编的财务信息提出鉴证结论；

（八）必要时，应当增加一个段落，提醒注意代编财务信息对采用的编制基础的重大背离；

（九）注册会计师的签名及盖章；

（十）会计师事务所的名称、地址及盖章；

（十一）报告日期。

第十八条 注册会计师应当在代编财务信息的每页或一套完整的财务报表的首页明确标示"未经审计或审阅""与代编业务报告一并阅读"等字样。

第五章 附 则

第十九条 注册会计师执行代编非财务信息业务，除有特定要求者外，应当参照本准则办理。

第二十条 本准则自 2007 年 1 月 1 日起施行。

附录：

代编业务报告参考格式

1. 代编财务报表业务报告

代编财务报表业务报告

（收件人名称）：

在 ABC 公司管理层提供信息的基础上，我们按照《中国注册会计师相关服务准则第 4111 号——代编财务信息》的规定，代编了 ABC 公司 20×1 年 12 月 31 日的资产负债表，20×1 年度的利润表、股东权益变动表和现金流量表以及财务报表附注。管理层对这些财务报表负责。我们未对这些财务报表进行审计或审阅，因此不对其提出鉴证结论。

　　××会计师事务所　　　　　　　　　　中国注册会计师：×××

　　　　（盖章）　　　　　　　　　　　　　（签名并盖章）

　　　　　　　　　　　　　　　　　　　中国注册会计师：×××

　　　　　　　　　　　　　　　　　　　　（签名并盖章）

　　中国××市　　　　　　　　　　　　二○×二年×月×日

2.代编财务报表业务报告，增加段落以引起对背离编制基础的关注

代编财务报表业务报告

（收件人名称）：

在 ABC 公司管理层提供信息的基础上，我们按照《中国注册会计师相关服务准则第 4111 号——代编财务信息》的规定，代编了 ABC 公司 20×1 年 12 月 31 日的资产负债表，20×1 年度的利润表、股东权益变动表和现金流量表以及财务报表附注。管理层对这些财务报表负责。我们未对这些财务报表进行审计或审阅，因此不对其提出鉴证结论。

我们提请注意，如财务报表附注 × 所述，管理层对融资租赁的机器设备未予资本化，该事项不符合企业会计准则和《×× 会计制度》的规定。

<table>
<tr><td>×× 会计师事务所
（盖章）</td><td>中国注册会计师：×××
（签名并盖章）</td></tr>
<tr><td></td><td>中国注册会计师：×××
（签名并盖章）</td></tr>
<tr><td>中国 ×× 市</td><td>二○×二年×月×日</td></tr>
</table>

会计师事务所质量管理准则第 5101 号——业务质量管理

（2020 年 11 月 19 日修订）

第一章　总　则

第一条　为了规范会计师事务所设计、实施和运行有关财务报表审计业务、财务报表审阅业务、其他鉴证业务以及相关服务业务的质量管理体系，制定本准则。

第二条　项目质量复核是会计师事务所质量管理体系中的一项应对措施。本准则规范了会计师事务所就应当实施项目质量复核的范围，制定相关政策和程序的责任。《会计师事务所质量管理准则第 5102 号——项目质量复核》规范了有关项目质量复核人员的委派和资质要求，以及项目质量复核实施和记录的要求。

第三条　会计师事务所受本准则和《会计师事务所质量管理准则第 5102 号——项目质量复核》的约束，是中国注册会计师执业准则体系中所有其他准则的前提和基础。

其他一些执业准则规定了项目合伙人和项目组其他成员在项目层面实施质量管理的要求。例如，针对财务报表审计业务，《中国注册会计师审计准则第 1121 号——对财务报表审计实施的质量管理》规定了项目层面实施质量管理的具体责任以及项目合伙人的相关责任。

第四条　除本准则外，相关职业道德要求也可能针对会计师事务所在质量管理方面的责任作出规定。会计师事务所在使用本准则时，需要同时考虑相关职业道德要求。

第五条　本准则适用于会计师事务所执行财务报表审计业务、财务报表审阅业务、其

他鉴证业务和相关服务业务。

第六条 本准则规定了会计师事务所的目标、为达到这些目标而需要遵守的要求，并提供了相关术语的定义。此外，本准则的附录和应用指南对正确理解和执行本准则中的相关条款提供了进一步解释、指引和示例。

第二章 定　　义

第七条 质量管理体系，是指会计师事务所设计、实施和运行的系统，旨在为以下方面提供合理保证：

（一）会计师事务所及其人员按照法律法规和职业准则的规定履行职责，并根据这些规定执行业务；

（二）会计师事务所和项目合伙人出具适合具体情况的业务报告。

第八条 合理保证，是指高度、但非绝对的保证。

第九条 质量目标，是指会计师事务所在其质量管理体系的各组成要素方面期望达到的结果。

第十条 质量风险，是指一种具有合理可能性会发生的风险，这种风险一旦发生，将单独或连同其他风险对质量目标的实现产生不利影响。

第十一条 应对措施，就会计师事务所质量管理体系而言，是指会计师事务所为了应对质量风险而设计和实施的政策和程序。其中：

（一）政策，是指会计师事务所为应对质量风险而作出的应当或不应当采取某种措施的规定，这种规定可能以成文的方式存在，也可能通过讯息予以明示，或者暗含于行动或决策中；

（二）程序，是指为执行政策而采取的行动。

第十二条 会计师事务所质量管理体系的缺陷（在本准则中有时简称缺陷），是指会计师事务所质量管理体系的设计、实施或运行无法合理保证实现其目标的情况。当存在下列情况之一时，表明会计师事务所质量管理体系存在缺陷：

（一）未能设定某些质量目标，而这些质量目标对实现质量管理体系的目标是必要的；

（二）未能识别或恰当评估一项或多项质量风险；

（三）未能恰当设计和采取应对措施，或者应对措施未能有效发挥作用，导致一项应对措施或者多项应对措施的组合未能将相关质量风险发生的可能性降低至可接受的低水平；

（四）质量管理体系的某些方面缺失，或者某些方面未能得到恰当的设计、实施或有效运行，导致会计师事务所未能遵守本准则的某些要求。

第十三条 发现的情况，就会计师事务所质量管理体系而言，是指通过实施监控活动和外部检查获取的，与质量管理体系设计、实施和运行相关的信息，或者从其他相关来源积累的信息，这些信息表明质量管理体系可能存在一项或多项缺陷。

第十四条 外部检查，是指外部监管机构针对会计师事务所质量管理体系或者会计师事务所执行的业务开展的检查或调查。

第十五条 职业准则，是指执业准则和相关职业道德要求。其中，执业准则包括中国注册会计师鉴证业务基本准则、中国注册会计师审计准则、中国注册会计师审阅准则、中国注册会计师其他鉴证业务准则、中国注册会计师相关服务准则和会计师事务所质量管理准则。

第十六条 相关职业道德要求，是指注册会计师在执行财务报表审计业务、财务报表审阅业务、其他鉴证业务和相关服务业务时，应当遵守的职业道德原则和要求，包括独立性要求（如适用）。

第十七条 职业判断，就本准则而言，是指在职业准则框架下，运用相关知识、技能和经验，就会计师事务所质量管理体系设计、实施和运行作出的适当、知情的行动决策。

第十八条 业务工作底稿，有时也称业务工作记录，是指执业人员对已执行的工作、获取的结果以及得出的结论作出的记录。

第十九条 上市实体，是指其股份、股票或债券在法律法规认可的证券交易所报价或挂牌，或在法律法规认可的证券交易所或其他类似机构的监管下进行交易的实体。

第二十条 网络，是指由多个实体组成，旨在通过合作实现下列一个或多个目的的联合体：

（一）共享收益、分担成本；

（二）共享所有权、控制权或管理权；

（三）执行统一的质量管理政策和程序；

（四）执行同一经营战略；

（五）使用同一品牌；

（六）共享重要的专业资源。

第二十一条 网络事务所，对于某会计师事务所来说，是指该会计师事务所所在网络中的其他会计师事务所或实体。

第二十二条 服务提供商，就本准则而言，是指会计师事务所外部的个人或组织，该个人或组织提供资源供会计师事务所质量管理体系利用或在执行业务时利用。服务提供商不包括会计师事务所所在的网络、网络事务所，也不包括网络中的其他组织或架构。

第二十三条 人员，是指会计师事务所的合伙人和员工。其中，对于非合伙制会计师事务所，合伙人是指类似职位的人员。

第二十四条 员工，是指合伙人以外的专业人员，包括会计师事务所的内部专家。

第二十五条 项目组，是指执行某项业务的所有合伙人和员工，以及为该项业务实施程序的所有其他人员，但不包括外部专家，也不包括为项目组提供直接协助的内部审计人员。

第二十六条 项目合伙人，是指会计师事务所中负责某项业务及其执行，并代表会计师事务所在出具的报告上签字的合伙人。

第二十七条 项目质量复核，是指在报告日或报告日之前，项目质量复核人员对项目组作出的重大判断及据此得出的结论作出的客观评价。

第二十八条 项目质量复核人员，是指会计师事务所中实施项目质量复核的合伙人或其他类似职位的人员，或者由会计师事务所委派实施项目质量复核的外部人员。

第三章 目　标

第二十九条 会计师事务所的目标是，针对所执行的财务报表审计业务、财务报表审阅业务、其他鉴证业务和相关服务业务，设计、实施和运行质量管理体系，为会计师事务所在下列方面提供合理保证：

（一）会计师事务所及其人员按照适用的法律法规和职业准则的规定履行职责，并根据这些规定执行业务；

（二）会计师事务所和项目合伙人出具适合具体情况的报告。

第三十条 会计师事务所持续高质量地执行业务是服务公众利益的内在要求。设计、实施和运行质量管理体系可以使会计师事务所能够持续高质量地执行业务。实现业务的高质量，需要会计师事务所执业人员按照适用的法律法规和职业准则的规定计划和执行业务并出具报告。遵守适用的法律法规的规定并实现职业准则的目标需要运用职业判断，针对某些类型的业务，还需要保持职业怀疑。

第四章 要 求

第一节 运用和遵守相关要求

第三十一条 会计师事务所应当遵守本准则的所有要求，除非由于会计师事务所或其业务的性质和具体情况，某些要求与本会计师事务所不相关。

第三十二条 对会计师事务所质量管理体系承担最终责任的人员（即主要负责人），以及对会计师事务所质量管理体系承担运行责任的人员，应当了解本准则及应用指南的全部内容，以正确理解本准则的目标并恰当遵守其要求。

第二节 质量管理体系

第三十三条 会计师事务所应当设计、实施和运行在全所范围内（包括分所或分部，下同）统一的质量管理体系。在设计、实施和运行质量管理体系时，会计师事务所应当运用职业判断，并考虑会计师事务所及其业务的性质和具体情况。

会计师事务所应当建立并严格执行一体化管理机制，实现人事、财务、业务、技术标准和信息管理五方面的统一管理，对于合并的分所（或分部）也不应当例外。

第三十四条 在本准则的框架下，会计师事务所质量管理体系包括下列八个组成要素：

（一）会计师事务所的风险评估程序；

（二）治理和领导层；

（三）相关职业道德要求；

（四）客户关系和具体业务的接受与保持；

（五）业务执行；

（六）资源；

（七）信息与沟通；

（八）监控和整改程序。质量管理体系各组成要素应当有效衔接、互相支撑、协同运行，以保障会计师事务所能够积极有效地实施质量管理。

第三十五条 会计师事务所在设计、实施和运行质量管理体系时，应当采用风险导向的方法，包括采取以下步骤：

（一）设定质量目标。会计师事务所设定的质量目标是由质量管理体系各组成要素相关的目标构成的。

（二）识别和评估质量风险。会计师事务所应当识别和评估质量风险，为设计和采取应对措施奠定基础。

（三）设计和采取应对措施以应对质量风险。应对措施的性质、时间安排和范围取决于相关质量风险的评估结果及得出该评估结果的理由。

第三十六条 在采用风险导向的方法时，会计师事务所应当考虑下列因素：

（一）会计师事务所的性质和具体情况；

（二）会计师事务所执行的业务的性质和具体情况。由于会计师事务所之间、业务之间存在差异，质量管理体系在设计上会存在差异，特别是其复杂程度和规范程度也会存在差异。例如，为多种不同类型的实体执行不同类型业务的会计师事务所，包括为上市实体执行财务报表审计业务的会计师事务所，相对于只执行财务报表审阅或代编财务信息业务的会计师事务所来说，很可能需要更加复杂和规范的质量管理体系和支持性工作记录。

第三十七条 质量管理体系应当不断完善和优化，而不是一成不变。实务中，会计师事务所应当根据本所及其业务在性质和具体情况方面的变化，对质量管理体系的设计、实施和运行进行动态调整。

第三十八条   会计师事务所质量管理体系中的治理和领导层应当为质量管理体系的设计、实施和运行营造良好的环境，以为该体系提供支持。

第三十九条   会计师事务所主要负责人（如首席合伙人、主任会计师或者同等职位的人员，下同）应当对质量管理体系承担最终责任。

会计师事务所应当指定专门的合伙人（或类似职位的人员）对质量管理体系的运行承担责任。

会计师事务所应当指定专门的合伙人（或类似职位的人员）对质量管理体系特定方面的运行承担责任。这些特定方面包括遵守独立性要求、监控和整改程序等。

第四十条   会计师事务所在向相关人员分派本准则第三十九条所述各项责任时，应当确保这些人员同时符合下列条件：

（一）具备适当的知识、经验和资质；

（二）在会计师事务所内具有履行其责任所需要的权威性和影响力；

（三）具有充足的时间和资源履行其责任；

（四）充分理解其应负的责任并接受对这些责任履行情况的问责。

第四十一条   会计师事务所应当确保对质量管理体系的运行承担责任的人员、对遵守独立性要求承担责任的人员、对监控和整改程序承担责任的人员，能够直接与对质量管理体系承担最终责任的人员（即主要负责人）沟通。

第四十二条   如果会计师事务所属于某一网络，并且在其质量管理体系中或执行业务时，遵守了网络要求或利用了网络服务，会计师事务所仍然应当对其自身的质量管理体系负责。

第四十三条   如果会计师事务所在其质量管理体系中或执行业务时利用了服务提供商提供的资源，会计师事务所仍然应当对其自身的质量管理体系负责。

第三节   会计师事务所的风险评估程序

第四十四条   会计师事务所应当设计和实施风险评估程序，以设定质量目标，识别和评估质量风险，并设计和采取应对措施以应对质量风险。

第四十五条   会计师事务所应当设定本准则明确规定的质量目标，以及会计师事务所认为对实现其质量管理体系的目标而言必要的其他质量目标。

第四十六条   会计师事务所应当识别和评估质量风险，为设计和采取应对措施奠定基础。在识别和评估质量风险时，会计师事务所应当：

（一）了解可能对实现质量目标产生不利影响的事项或情况，包括相关人员的作为或不作为。这些事项或情况包括下列方面：

1.会计师事务所的性质和具体情况，具体包括：

（1）会计师事务所的复杂程度和经营特征；

（2）会计师事务所在战略和运营方面的决策与行动、业务流程及业务模式；

（3）领导层的特征和管理风格；

（4）会计师事务所的资源，包括由服务提供商提供的资源；

（5）法律法规、职业准则的规定以及会计师事务所运营所处的环境；

（6）网络要求和网络服务的性质和范围（如适用）。

2.会计师事务所业务的性质和具体情况，具体包括：

（1）会计师事务所执行的业务的类型和出具报告的类型；

（2）业务执行对象属于哪种类型的实体。

（二）考虑上述第（一）项中提及的事项或情况等，可能对实现质量目标产生哪些不利影响，以及不利影响的程度。

第四十七条 会计师事务所应当设计并采取应对措施，以应对质量风险。设计和采取应对措施的方式，应当根据并针对相关质量风险的评估结果及得出该评估结果的理由。会计师事务所采取的应对措施应当包括本准则明确规定的应对措施。

第四十八条 在某些情况下，由于会计师事务所或其业务的性质和具体情况发生变化，可能需要设定额外的质量目标、评估额外的质量风险，也可能需要调整之前评估的质量风险或采取的应对措施。会计师事务所应当制定政策和程序，以识别表明存在这些情况的信息。如果识别出这些信息，会计师事务所应当加以考虑，并在适当时采取下列措施：

（一）设定额外的质量目标或调整之前设定的额外质量目标；

（二）识别和评估额外的质量风险，调整已评估的质量风险或重新评估质量风险；

（三）设计和采取额外的应对措施，或调整已采取的应对措施。

第四节　治理和领导层

第四十九条 治理和领导层应当为质量管理体系的设计、实施和运行营造良好的环境，以为该体系提供支持。针对治理和领导层，会计师事务所应当设定下列质量目标：

（一）会计师事务所在全所范围内形成一种质量至上的文化，树立质量意识。这种文化认同和强调下列方面：

1. 会计师事务所有责任通过持续高质量地执行业务服务于公众利益；

2. 职业价值观、职业道德和职业态度的重要性；

3. 会计师事务所所有人员都对其执行业务的质量承担责任，或对质量管理体系中执行活动的质量承担责任，并且这些人员的行为应当得当；

4. 会计师事务所的战略决策和行动，包括会计师事务所在财务和运营方面对优先事项的安排，都不能以牺牲质量为代价。

（二）会计师事务所领导层对质量负责。

（三）会计师事务所领导层通过实际行动展示其对质量的重视。

（四）会计师事务所领导层向会计师事务所人员传递质量至上的执业理念，培育以质量为导向的文化。

（五）会计师事务所的组织结构以及对相关人员角色、职责、权限的分配是恰当的，能够满足质量管理体系设计、实施和运行的需要。

（六）会计师事务所的资源（包括财务资源）需求有计划，并且资源的取得和分配能够保障会计师事务所履行其对质量的承诺。

第五十条 会计师事务所应当建立健全质量管理领导框架。本准则附录提供了一个质量管理领导层示例。会计师事务所应当根据本所及业务的具体情况，设计适合本所的质量管理领导层框架，明确责任，并确保其切实有效地发挥作用。在设计时，会计师事务所可以参照示例设定相关角色和职能，也可以对示例中的角色和职能进行适当合并和调整，但应当涵盖对本所而言必要的所有角色和职能，并明确落实到具体的岗位或人员。

第五十一条 会计师事务所领导层成员应当以身作则、率先垂范，带头遵守质量管理体系中的各项政策和程序，不得干扰项目组按照职业准则的要求执行业务、作出职业判断。

第五十二条 会计师事务所应当加强对合伙人晋升、培训、考核、分配、转入、退出的管理，体现以质量为导向的文化，确保合伙人能够按照质量管理体系的要求，切实履行其在质量管理方面的责任，防范业务风险。

第五十三条 会计师事务所应当加强对其员工（包括外部转入人员）晋升合伙人的管

理，综合考虑拟晋升人员的执业理念、职业价值观、职业道德、专业胜任能力和执业诚信记录，建立以质量为导向的晋升机制，不得以承接和执行业务的收入或利润作为晋升合伙人的首要指标。

会计师事务所应当针对合伙人晋升建立和实施质量一票否决制度。

第五十四条　会计师事务所应当在全所范围内统一进行合伙人考核和收益分配。会计师事务所对合伙人的考核和收益分配，应当综合考虑合伙人的执业质量、管理能力、经营业绩、社会声誉等指标，不得以承接和执行业务的收入或利润作为首要指标，不得直接或变相以分所、部门、合伙人所在团队作为利润中心进行收益分配。

第五节　相关职业道德要求

第五十五条　针对相关人员按照相关职业道德要求（包括独立性要求）履行职责，会计师事务所应当设定下列质量目标：

（一）会计师事务所及其人员充分了解规范会计师事务所及其业务的职业道德要求，并严格按照这些职业道德要求履行职责；

（二）受职业道德要求约束的其他组织或人员，包括网络、网络事务所、网络或网络事务所中的人员、服务提供商，充分了解与其相关的职业道德要求，并严格按照这些职业道德要求履行职责。

第五十六条　针对相关职业道德要求，会计师事务所应当制定下列政策和程序：

（一）识别、评价和应对对遵守相关职业道德要求的不利影响；

（二）识别、沟通、评价和报告任何违反相关职业道德要求的情况，并针对这些情况的原因和后果及时作出适当应对；

（三）至少每年一次向所有需要按照相关职业道德要求保持独立性的人员获取其已遵守独立性要求的书面确认。

第五十七条　会计师事务所应当按照相关职业道德要求，建立并完善与公众利益实体审计业务有关的关键审计合伙人轮换机制，明确轮换要求，确保做到实质性轮换，防止流于形式。

会计师事务所应当完善利益分配机制，保证全所的人力资源和客户资源实现一体化统筹管理，避免某合伙人或项目组的利益与特定客户长期直接挂钩，影响独立性。会计师事务所应当定期评价利益分配机制的设计和执行情况。

第五十八条　针对公众利益实体审计业务，会计师事务所应当对关键审计合伙人的轮换情况进行实时监控，通过建立关键审计合伙人服务年限清单等方式，管理关键审计合伙人相关信息，每年对轮换情况实施复核，并在全所范围内统一进行轮换。

第六节　客户关系和具体业务的接受与保持

第五十九条　针对客户关系和具体业务的接受与保持，会计师事务所应当设定下列质量目标：

（一）会计师事务所就是否接受或保持某项客户关系或具体业务所作出的判断是适当的，充分考虑了下列方面：

1.会计师事务所是否针对业务的性质和具体情况以及客户（包括客户的管理层和治理层）的诚信和道德价值观获取了足以支持上述判断的充分信息；

2.会计师事务所是否具备按照适用的法律法规和职业准则的规定执行业务的能力。

（二）会计师事务所在财务和运营方面对优先事项的安排，并不会导致对是否接受或保持客户关系或具体业务作出不恰当的判断。

第六十条　会计师事务所应当制定与下列情形相关的政策和程序：

（一）会计师事务所在接受或保持某一客户关系或具体业务后知悉了某些信息，而这些信息如果在接受或保持该客户关系或具体业务之前知悉，将会导致其拒绝接受该客户关系或业务；

（二）根据法律法规的规定，会计师事务所有义务接受某项客户关系或具体业务。

第六十一条　会计师事务所应当在客户关系和具体业务的接受与保持方面树立风险意识，确保项目风险评估真实、到位。对于在客户关系和具体业务的接受与保持方面具有较高风险的客户，会计师事务所应当设计和实施专门的质量管理程序，如加强与前任注册会计师的沟通、与相关监管机构沟通、访谈拟承接客户以了解有关情况、加强内部质量复核等。

第六十二条　对于从其他会计师事务所转入人员带来的客户，会计师事务所应当严格执行与客户关系和具体业务的接受与保持相关的程序，审慎承接新客户。

第六十三条　会计师事务所应当制定政策和程序，针对客户关系和具体业务的接受与保持（如适用），在全所范围内统一决策。对于会计师事务所认定存在高风险的业务，应当经质量管理主管合伙人（或类似职位的人员）或其授权的人员审批。

在决策时，会计师事务所应当充分考虑相关职业道德要求、管理层和治理层（如适用）的诚信状况、业务风险以及是否具备执行业务必要的时间和资源，审慎作出承接与保持的决策。

第七节　业务执行

第六十四条　针对业务执行，会计师事务所应当设定下列质量目标：

（一）项目组了解并履行其与所执行业务相关的责任，包括项目合伙人对项目管理和项目质量承担总体责任，并充分、适当地参与项目全过程；

（二）基于项目的性质和具体情况、向项目组分配的资源以及项目组可获得的资源，对项目组进行的指导和监督以及对项目组已执行的工作进行的复核是恰当的，并且由经验较为丰富的项目组成员对经验较为缺乏的项目组成员的工作进行指导、监督和复核；

（三）项目组恰当运用职业判断并保持职业怀疑（如适用）；

（四）对困难或有争议的事项进行了咨询，并已按照达成的一致意见执行；

（五）项目组内部、项目组与项目质量复核人员之间（如适用），以及项目组与会计师事务所内负责执行质量管理体系相关活动的人员之间存在的意见分歧，能够得到会计师事务所的关注并予以解决；

（六）业务工作底稿能够在业务报告日之后及时得到整理，并得到妥善的保存和维护，以遵守法律法规、相关职业道德要求和其他职业准则的规定，并满足会计师事务所自身的需要。

第六十五条　会计师事务所应当就项目质量复核制定政策和程序，并对下列业务实施项目质量复核：

（一）上市实体财务报表审计业务；

（二）法律法规要求实施项目质量复核的审计业务或其他业务；

（三）会计师事务所认为，为应对一项或多项质量风险，有必要实施项目质量复核的审计业务或其他业务。

第六十六条　会计师事务所应当制定政策和程序，在全所范围内统一委派具有足够专业胜任能力、时间，并且无不良执业诚信记录的项目合伙人执行业务。其中，对专业胜任能力的评价应当包括下列方面：

（一）该人员是否充分了解相关法律法规和监管要求；

（二）该人员是否能够熟练掌握和运用相关职业准则的规定；

（三）该人员是否充分了解客户所在行业的业务特点、发展趋势、重大风险，以及该行业对信息技术的运用情况等。

会计师事务所应当按照质量管理体系的要求对上述委派进行复核。

第六十七条　会计师事务所应当制定与内部复核相关的政策和程序，对内部复核的层级、各层级的复核范围、执行复核的具体要求以及对复核的记录要求等作出规定。

第六十八条　会计师事务所应当制定与解决意见分歧相关的政策和程序，包括下列方面：

（一）明确要求项目合伙人和项目质量复核人员（如有）复核并评价项目组是否已就疑难问题或涉及意见分歧的事项进行适当咨询，以及咨询得出的结论是否得到执行。

（二）明确要求在业务工作底稿中适当记录意见分歧的解决过程和结论。如果项目质量复核人员（如有）、项目组成员以外的其他人员参与形成业务报告中的专业意见，也应当在业务工作底稿中作出适当记录。

（三）确保所执行的项目在意见分歧解决后才能出具业务报告。

第六十九条　会计师事务所应当制定与出具业务报告相关的政策和程序，要求业务报告在出具前，应当经项目合伙人、项目质量复核人员（如有）复核确认，确保其内容、格式符合职业准则的规定，并由项目合伙人及其他适当的人员（如适用）签署。

第七十条　会计师事务所应当加强对业务报告签发过程的控制，委派专门人员负责对报告的签章进行严格管理。

第七十一条　会计师事务所应当制定政策和程序，以接收、调查、解决由于未能按照适用的法律法规、职业准则的要求执行业务，或由于未能遵守会计师事务所按照本准则要求制定的政策和程序，而引发的投诉和指控。

第八节　资　源

第七十二条　会计师事务所应当设定下列质量目标，以及时且适当地获取、开发、利用、维护和分配资源，支持质量管理体系的设计、实施和运行：

（一）会计师事务所招聘、培养和留住在下列方面具备胜任能力的人员：

1.具备与会计师事务所执行的业务相关的知识和经验，能够持续高质量地执行业务；

2.执行与质量管理体系运行相关的活动或承担与质量管理体系相关的责任。

（二）会计师事务所人员通过其行为展示出对质量的重视不断培养和保持适当的胜任能力以履行其职责。会计师事务所通过及时的业绩评价、薪酬调整、晋升和其他奖惩措施对这些人员进行问责或认可。

（三）当会计师事务所在质量管理体系的运行方面缺乏充分、适当的人员时，能够从外部（如网络、网络事务所或服务提供商）获取必要的人力资源支持。

（四）会计师事务所为每项业务分派具有适当胜任能力的项目合伙人和其他项目组成员，并保证其有充足的时间持续高质量地执行业务。

（五）会计师事务所分派具有适当胜任能力的人员执行质量管理体系内的各项活动，并保证其有充足的时间执行这些活动。

（六）会计师事务所获取、开发、维护、利用适当的技术资源，以支持质量管理体系的运行和业务的执行。

（七）会计师事务所获取、开发、维护、利用适当的知识资源，以为质量管理体系的运行和高质量业务的持续执行提供支持，并且这些知识资源符合相关法律法规（如适用）和职业准则的规定。

（八）结合上述第（四）项至第（七）项所述的质量目标，从服务提供商获取的人力资源、技术资源或知识资源能够适用于质量管理体系的运行和业务的执行。

第七十三条 会计师事务所应当投入足够资源打造一支专业性强、经验丰富、运作规范的质量管理体系团队，以维持质量管理体系的日常运行。

第七十四条 会计师事务所应当建立与专业技术支持相关的政策和程序，配备具备相应专业胜任能力、时间和权威性的技术支持人员，确保相关业务能够获得必要的专业技术支持。

第七十五条 会计师事务所应当建立和运行完善的工时管理系统，确保相关人员投入足够的时间执行业务，并为业绩评价提供依据。

第七十六条 会计师事务所应当建立和完善与业务操作规程、业务软件等有关的指引，把职业准则的要求从实质上执行到位，避免执业人员仅简单勾画程序表格、未实质性执行程序、程序与目标不一致、程序执行不到位、业务工作底稿记录不完整等问题，确保执业人员恰当记录判断过程、程序执行情况及得出的结论。

第九节 信息与沟通

第七十七条 针对获取、生成和利用与质量管理体系有关的信息，并及时在会计师事务所内部或与外部各方沟通信息，会计师事务所应当设定下列质量目标，以支持质量管理体系的设计、实施和运行：

（一）会计师事务所的信息系统能够识别、获取、处理和维护来自内部或外部的相关、可靠的信息，为质量管理体系提供支持。

（二）会计师事务所的文化认同并强化会计师事务所人员与会计师事务所之间，以及这些人员彼此之间交换信息的责任。

（三）会计师事务所内部以及各项目组之间能够交换相关、可靠的信息，包括：

1. 会计师事务所向相关人员和项目组传递信息，传递的性质、时间安排和范围足以使其理解和履行与执行业务或质量管理体系各项活动相关的责任；

2. 会计师事务所人员和项目组在执行业务或质量管理体系各项活动的过程中向会计师事务所传递信息。

（四）会计师事务所向外部各方传递相关、可靠的信息，包括：

1. 会计师事务所向网络、在网络中或向服务提供商（如有）传递信息，使该网络或服务提供商能够履行其与网络要求、网络服务或提供资源相关的责任；

2. 会计师事务所根据相关法律法规或职业准则的规定向外部传递信息，或为了帮助外部各方了解质量管理体系而向外部传递信息。

第七十八条 会计师事务所应当制定与下列方面相关的政策和程序：

（一）会计师事务所在执行上市实体财务报表审计业务时，应当与治理层沟通质量管理体系是如何为持续高质量地执行业务提供支撑的；

（二）会计师事务所在何种情况下向外部各方沟通与质量管理体系相关的信息是适当的；

（三）会计师事务所按照上述第（一）项和第（二）项的规定进行外部沟通时应当沟通哪些信息，以及沟通的性质、时间安排、范围和适当形式。

第十节 监控和整改程序

第七十九条 会计师事务所应当建立在全所范围内统一的监控和整改程序，并开展实质性监控，以实现下列质量目标：

（一）就质量管理体系的设计、实施和运行情况提供相关、可靠、及时的信息；

（二）采取适当的行动以应对识别出的质量管理体系的缺陷，以使该缺陷能够及时得到整改。

第八十条　会计师事务所应当设计和实施监控活动，包括定期和持续的监控活动，以为识别质量管理体系的缺陷奠定基础。

第八十一条　在确定监控活动的性质、时间安排和范围时，会计师事务所应当考虑下列方面：

（一）相关质量风险的评估结果及得出该评估结果的理由；

（二）应对措施的设计；

（三）会计师事务所风险评估程序以及监控和整改程序的设计；

（四）质量管理体系发生的变化；

（五）以前实施监控活动的结果，包括以前实施的监控活动是否仍然与评价质量管理体系相关，以及为应对以前识别出的缺陷所采取的整改措施是否有效；

（六）其他相关信息，包括：由于未能按照适用的法律法规、职业准则执行业务，或者由于未能遵守会计师事务所的政策和程序而引发的投诉或指控；从外部检查和服务提供商获取的信息。

第八十二条　会计师事务所的监控活动应当包括对已完成项目的检查，并应当确定选择哪些项目和哪些项目合伙人进行检查。在确定时，会计师事务所应当考虑下列方面：

（一）本准则第八十一条第（一）项至第（六）项；

（二）会计师事务所实施的其他监控活动的性质、时间安排和范围，以及这些监控活动所针对的项目和项目合伙人；

（三）周期性地选取已完成的项目进行检查。在每个周期内，对每个项目合伙人，至少选择一项已完成的项目进行检查。对承接上市实体审计业务的每个项目合伙人，检查周期最长不得超过三年。

第八十三条　会计师事务所应当制定下列政策和程序：

（一）要求执行监控活动的人员具备有效执行监控活动所必需的胜任能力、时间和权威性；

（二）要求执行监控活动的人员具备客观性，这些政策和程序应当禁止项目组成员或项目质量复核人员参与对该项目的任何检查。

第八十四条　会计师事务所应当评价发现的情况，以确定是否存在缺陷，包括监控和整改程序中的缺陷。

第八十五条　会计师事务所应当通过下列方法评价识别出的缺陷的严重程度和广泛性：

（一）调查所识别出的缺陷的根本原因。在确定用于调查根本原因的程序的性质、时间安排和范围时，会计师事务所应当考虑这些识别出的缺陷的性质和可能的严重程度；

（二）评价这些识别出的缺陷单独或累积起来对质量管理体系的影响。

第八十六条　会计师事务所应当根据对根本原因的调查结果，设计和采取整改措施，以应对识别出的缺陷。

第八十七条　对监控和整改程序的运行承担责任的人员应当评价整改措施是否得到恰当的设计，以应对识别出的缺陷及其根本原因，并确定这些程序是否已得到实施。该人员还应当评价针对以前识别出的缺陷采取的整改措施是否有效。

第八十八条　如果上述评价表明整改措施并未得到恰当的设计和执行，或未达到预期效果，则对监控和整改程序的运行承担责任的人员应当采取适当措施以确保对这些整改措已作出必要调整以使其能够达到预期效果。

第八十九条 如果发现的情况表明某项业务在执行过程中遗漏了应当实施的程序，或者出具的报告可能不适当，会计师事务所应当予以应对。会计师事务所采取的应对措施应当包括下列方面：

（一）采取适当行动，以遵守适用的法律法规和职业准则的规定；

（二）当认为出具的报告不适当时，考虑其影响并采取适当的行动，包括考虑是否需要征询法律意见。

第九十条 对监控和整改程序的运行承担责任的人员，应当及时与对质量管理体系承担最终责任的人员（即主要负责人），以及对质量管理体系的运行承担责任的人员沟通下列事项：

（一）对已执行的监控活动的描述；

（二）识别出的缺陷，包括这些缺陷的严重程度和广泛性；

（三）针对识别出的缺陷采取的整改措施。

第九十一条 会计师事务所应当就本准则第九十条第（一）项至第（三）项规定的事项与项目组以及在质量管理体系中承担相关责任的其他人员沟通，以使项目组和这些人员能够根据其职责迅速采取恰当行动。

第九十二条 会计师事务所应当制定政策和程序，针对监控中发现的缺陷的性质和影响，对相关人员进行问责。这种问责应当与相关责任人员的考核、晋升和薪酬挂钩。对执业中存在重大缺陷的项目合伙人，会计师事务所应当对其是否具备从事相关业务的职业道德水平和专业胜任能力作出评价。

第九十三条 会计师事务所应当就监控的实施情况，发现的缺陷，评价、补救和改进措施、问责等形成监控报告。存在缺陷的，应当及时修订完善质量管理体系。

第十一节 网络要求或网络服务

第九十四条 如果会计师事务所属于某一网络，会计师事务所应当了解下列事项（如适用）：

（一）网络对会计师事务所质量管理体系的要求，包括要求会计师事务所实施或利用由该网络设计、提供或推行的资源或服务（即网络要求）；

（二）由网络提供的，供会计师事务所在设计、实施或运行其质量管理体系时选择实施或利用的服务或资源（即网络服务）；

（三）针对会计师事务所为执行网络要求或利用网络服务所采取的必要行动，会计师事务所应当承担的责任。

会计师事务所仍然应当对其质量管理体系负责，包括对设计、实施和运行该质量管理体系过程中作出的职业判断负责。会计师事务所不得因遵守网络要求或利用网络服务而违反本准则的规定。

第九十五条 基于对本准则第九十四条第（一）项至第（三）项的了解，会计师事务所应当采取下列措施：

（一）确定网络要求或网络服务如何与会计师事务所质量管理体系相关，以及如何在该体系中加以考虑，包括这些要求或服务将如何实施；

（二）评价会计师事务所是否需要对这些网络要求或网络服务加以调整或补充，以满足本所质量管理体系的需要；

（三）如果需要对这些网络要求或网络服务加以调整或补充，考虑如何调整或补充。

第九十六条 当由网络执行与会计师事务所质量管理体系有关的监控活动时，会计师事务所应当：

（一）确定由网络执行的监控活动对会计师事务所按照本准则第八十条至第八十二条的规定执行的监控活动的性质、时间安排和范围的影响；

（二）确定会计师事务所与该监控活动相关的责任，包括会计师事务所需要采取的相关行动；

（三）及时从网络获取其实施监控活动的结果，以作为会计师事务所按照本准则第八十四条的规定评价监控活动发现的情况并识别缺陷的一部分。

第九十七条 对于网络针对本网络中所有事务所实施的监控活动，会计师事务所应当：

（一）了解该类监控活动的总体范围，包括为确定网络要求已在网络事务所之间得到恰当执行而实施的监控活动，以及网络将如何向会计师事务所沟通实施监控活动的结果。

（二）至少每年一次从网络获取该类监控活动的总体结果的相关信息（如可行），并采取下列措施：

1. 将这些信息传递给各项目组以及在质量管理体系中承担各项责任的其他人员（如适用），以使项目组和这些人员能够根据其责任迅速采取恰当的行动；

2. 考虑这些信息对本所质量管理体系的影响。

第九十八条 如果会计师事务所识别出网络要求或网络服务中的缺陷，应当采取下列措施：

（一）就与已识别出的缺陷相关的信息与网络沟通；

（二）按照本准则第八十六条的规定，设计和采取整改措施，以应对网络要求或网络服务中识别出的缺陷的影响。

第十二节 评价质量管理体系

第九十九条 对质量管理体系承担最终责任的人员（即主要负责人）应当代表会计师事务所对质量管理体系进行评价。该评价应当以某一时点为基准，并且应当至少每年一次。

第一百条 基于上述评价，对质量管理体系承担最终责任的人员（即主要负责人）应当代表会计师事务所得出下列结论中的一项：

（一）质量管理体系能够向会计师事务所合理保证该体系的目标得以实现；

（二）质量管理体系的设计、实施和运行存在严重但不具有广泛影响的缺陷，除与这些缺陷相关的事项外，质量管理体系能够向会计师事务所合理保证该体系的目标得以实现；

（三）质量管理体系不能向会计师事务所合理保证该体系的目标得以实现。

第一百零一条 如果对质量管理体系承担最终责任的人员（即主要负责人）得出本准则第一百条第（二）项或第（三）项结论，会计师事务所应当采取下列措施：

（一）迅速采取适当行动；

（二）与各项目组以及在质量管理体系中承担相关责任的其他人员就与其责任相关的事项进行沟通；

（三）按照会计师事务所根据本准则第七十八条的规定制定的政策和程序，与外部各方沟通。

第一百零二条 会计师事务所应当定期对下列人员进行业绩评价：

（一）对质量管理体系承担最终责任的人员（即主要负责人）；

（二）对质量管理体系承担运行责任的人员；

（三）对质量管理体系特定方面承担运行责任的人员。在进行业绩评价时，会计师事务所应当考虑对质量管理体系的评价结果。

第十三节 对质量管理体系的记录

第一百零三条 会计师事务所应当对其质量管理体系进行记录，以满足下列要求：

（一）为会计师事务所人员对质量管理体系的一致理解提供支持，包括理解其在质量管理体系和业务执行中的角色和责任；

（二）为质量管理体系的持续实施和运行提供支持；

（三）为应对措施的设计、实施和运行提供证据，以支持对质量管理体系承担最终责任的人员（即主要负责人）对质量管理体系进行评价。

第一百零四条 会计师事务所应当就下列方面形成工作记录：

（一）对质量管理体系承担最终责任的人员（即主要负责人）和对质量管理体系承担运行责任的人员各自的身份。

（二）会计师事务所的质量目标和质量风险。

（三）对应对措施的描述以及这些措施是如何应对质量风险的。

（四）监控和整改程序，包括下列方面：

1. 已执行监控活动的证据；

2. 对发现的情况、识别出的缺陷、缺陷的根本原因作出的评价；

3. 为应对识别出的缺陷而采取的整改措施，以及对这些整改措施在设计和执行方面的评价；

4. 与监控和整改程序相关的沟通。

（五）根据本准则第一百条的规定得出结论的依据。

第一百零五条 会计师事务所应当记录本准则第一百零四条所规定的方面中与网络要求、网络服务相关的事项，以及按照本准则第九十五条第（二）项和第（三）项的规定，与对网络要求或网络服务进行评价相关的事项。

第一百零六条 会计师事务所应当规定质量管理体系工作记录的保存期限，该期限应当涵盖足够长的期间，以使会计师事务所能够监控质量管理体系的设计、实施和运行情况。如果法律法规要求更长的期限，应当遵守法律法规的要求。

附录（参见本准则第五十条）

质量管理领导层示例

本示例旨在为会计师事务所建立健全质量管理领导层框架提供参考，并不强制要求会计师事务所按照本示例设计其质量管理领导层框架。实务中，会计师事务所应当根据本所及其业务的具体情况设计适合本所的质量管理领导框架，以明确责任，并确保其切实有效地发挥作用。在本示例框架下，会计师事务所质量管理领导层包括主要负责人、质量管理主管合伙人、职业道德主管合伙人、独立性主管合伙人、各业务条线的主管合伙人、监控和整改主管合伙人等角色。如无特别说明，本示例中的各个角色包括在该角色授权下承担相关责任的人员。

一、主要负责人

会计师事务所主要负责人（如首席合伙人、主任会计师或者同等职位的人员，下同）对会计师事务所的质量管理体系承担最终责任，并履行下列职责：

1. 提名或委任会计师事务所质量管理领导层的其他成员，保障其具备充分的时间、资源、胜任能力和权限履行职责，并对其进行指导、监督、评价和问责；

2. 建立并有效运行以质量为导向的合伙人管理机制；

3. 合理保证质量管理体系健全并在会计师事务所全所范围内有效运行；

4.通过审核与监控和整改程序相关的报告等方式，每年至少一次对质量管理体系作出评价，并定期评价相关人员的业绩，落实问责和整改措施；

5.领导并决定对质量管理具有重大影响的其他事项。

二、质量管理主管合伙人

质量管理主管合伙人（或同等职位的人员）具体负责质量管理体系的设计、实施和运行，并履行下列职责：

1.建立、完善并有效运行会计师事务所质量管理政策和程序，确保会计师事务所持续满足法律法规、职业准则和监管要求；

2.全面参与业务质量管理决策，形成工作记录；

3.对监控和整改程序的运行提供督导，就质量管理存在的问题提出整改措施，并向主要负责人报告；

4.就与重大风险相关的事项提供咨询；

5.会计师事务所其他质量管理职责。如果会计师事务所成立质量管理委员会或类似机构履行质量管

理主管合伙人的职责，该委员会的主任委员或类似职位的成员可以参照质量管理主管合伙人承担领导责任。

三、职业道德主管合伙人

职业道德主管合伙人（或同等职位的人员）具体负责会计师事务所与职业道德有关的事务，并履行下列职责：

1.制定与职业道德相关的工作计划以及与该计划相关的年度绩效目标，并对职业道德计划的所有方面承担明确的责任；

2.根据相关职业道德要求，建立、完善并有效运行与职业道德相关的政策和程序，包括与违反职业道德后果相关的政策和程序，以确保会计师事务所持续满足相关职业道德要求；

3.计划和组织针对全体合伙人、执业人员以及其他人员的职业道德培训，以增强这些人员对职业道德和职业价值观的认识和理解；

4.建立专门的渠道，供会计师事务所所有人员就职业道德相关问题进行咨询和报告职业道德相关事项和情况，并对这些咨询和报告保密；

5.建立与解决具体职业道德问题相关的流程，确保能够恰当应对所有已识别出的职业道德问题；

6.向主要负责人报告所有与职业道德相关的重大事项；

7.获取会计师事务所所有人员就其遵守职业道德情况的确认，包括已阅读并了解相关职业道德要求，以及是否存在违反相关职业道德要求的情况等；

8.至少每年一次向主要负责人报告与职业道德相关的政策和程序、事件和结果，以及后续计划；

9.会计师事务所其他职业道德管理职责。

四、独立性主管合伙人

独立性主管合伙人（或同等职位的人员）具体负责会计师事务所与审计、审阅和其他鉴证业务独立性有关的事务，并履行下列职责：

1.统筹会计师事务所所有与独立性相关的重大事项，包括设计、实施、运行、监督与维护与独立性相关的监控程序；

2.建立和完善与独立性相关的咨询机制，保证提供咨询的人员具备适当的时间、经验、专业胜任能力、客观性、权威性和判断能力；

3.建立和维护相关信息系统，以提供会计师事务所人员禁止投资清单、受限制实体清单、

关键审计合伙人执业年限清单等信息，并制定相关政策和程序，以确保这些信息真实、准确和完整；

4. 指导、监督和复核会计师事务所独立性相关政策和程序的运行情况；

5. 就独立性相关事务开展监控活动；

6. 至少每年一次向主要负责人报告与独立性相关的重大事项，如会计师事务所开展独立性监控活动的结果、违反独立性要求的情况、即将实施的独立性政策、法律法规和相关职业道德要求的变化情况、就违反独立性情况作出的处分等；

7. 及时识别法律法规、职业准则、监管机构对适用的独立性要求作出的修订，并考虑是否更新会计师事务所相关流程。

会计师事务所可以根据本所的实际需要，将职业道德主管合伙人和独立性主管合伙人的职责进行合并。

五、各业务条线的主管合伙人

会计师事务所可以根据本所业务的实际情况和质量管理的需要划分业务条线，例如，可以根据业务的性质，客户所处行业或地区等划分业务条线。各业务条线的主管合伙人负责所主管业务的总体质量，并履行以下职责：

1. 确定本业务条线相关计划，包括资源的需求、获取和分配计划，并合理地获取和分配资源；

2. 督导项目合伙人有效执行质量管理体系中的政策和程序，并遵守相关职业道德要求；

3. 委派或授权他人委派具有足够专业胜任能力、时间与良好诚信记录的项目合伙人执行业务；

4. 按照会计师事务所内部规定参与本业务条线中有关业务质量的重大事项的讨论以及意见分歧的解决，发表意见并形成工作记录；

5. 会计师事务所其他质量管理职责。如果会计师事务所建立业务条线管理委员会或类似机构履行业务条线主管合伙人职责，该委员会的主任委员或类似职位的成员需要参照业务条线主管合伙人承担领导责任。

六、监控和整改主管合伙人

监控和整改主管合伙人（或同等职位的人员）对质量管理体系"监控和整改"要素的运行承担责任，包括下列职责：

1. 领导与监控和整改相关的政策和程序的设计、实施和运行，并提供适当督导；

2. 领导业务检查和其他监控活动的设计、实施和运行工作，并提供适当督导；

3. 就业务检查和其他监控活动的结果与主要负责人和质量管理体系中的相关负责人进行及时沟通；

4. 会计师事务所其他监控和整改管理职责。

会计师事务所质量管理准则第 5102 号——项目质量复核

（2020 年 11 月 19 日发布）

第一章 总 则

第一条 为了规范项目质量复核人员的委派和资质要求，以及项目质量复核人员在实施和记录项目质量复核方面的责任，制定本准则。

第二条　本准则适用于按照《会计师事务所质量管理准则第 5101 号——业务质量管理》的规定需要实施项目质量复核的所有项目。会计师事务所受《会计师事务所质量管理准则第 5101 号——业务质量管理》的约束，是本准则的适用前提。会计师事务所在使用本准则时，需要同时考虑相关职业道德要求。

第三条　根据本准则的规定实施的项目质量复核，属于会计师事务所按照《会计师事务所质量管理准则第 5101 号——业务质量管理》的规定设计和实施的一项应对措施。项目质量复核由项目质量复核人员在项目层面代表会计师事务所实施。

第四条　项目质量复核人员按照本准则要求实施的程序的性质、时间安排和范围，因项目或客户的性质和具体情况而异。例如，如果某一项目需要项目组作出的重大职业判断较少，则项目质量复核人员需要执行的程序可能较为简单。

第五条　《会计师事务所质量管理准则第 5101 号——业务质量管理》规范了会计师事务所设计、实施和运行质量管理体系的责任，该准则要求会计师事务所设计和采取应对措施以应对质量风险，应对措施的性质、时间安排和范围取决于相关质量风险的评估结果及得出该评估结果的理由。该准则明确规定了一些应对措施，要求会计师事务所制定与项目质量复核相关的政策和程序，即为其中的一项。

第六条　会计师事务所负责设计、实施和运行质量管理体系。根据《会计师事务所质量管理准则第 5101 号——业务质量管理》的规定，会计师事务所的目标是，针对所执行的财务报表审计业务、财务报表审阅业务、其他鉴证业务和相关服务业务，设计、实施和运行质量管理体系，为会计师事务所在下列方面提供合理保证：

（一）会计师事务所及其人员按照适用的法律法规和职业准则的规定履行职责，并根据这些规定执行业务；

（二）会计师事务所和项目合伙人出具适合具体情况的报告。

第七条　根据《会计师事务所质量管理准则第 5101 号——业务质量管理》的规定，会计师事务所持续高质量地执行业务是服务公众利益的内在要求。设计、实施和运行质量管理体系可以使会计师事务所能够持续高质量地执行业务。实现业务的高质量，需要会计师事务所执业人员按照适用的法律法规和职业准则的规定计划和执行业务并出具报告。遵守适用的法律法规的规定并实现职业准则的目标需要运用职业判断，针对某些类型的业务，还需要运用职业怀疑。

第八条　项目质量复核是对项目组作出的重大判断和据此得出的结论作出的客观评价。项目质量复核人员对重大判断的评价是在适用的法律法规和职业准则框架下作出的。然而，项目质量复核并不旨在评价整个项目是否遵守了适用的法律法规和职业准则的规定，或者会计师事务所的政策和程序。

第九条　项目质量复核人员不是项目组成员。执行项目质量复核，并不改变项目合伙人对项目实施质量管理以高质量执行业务的责任，以及对项目组成员进行指导和监督并复核其工作的责任。项目质量复核人员并不需要获取证据以支持项目的意见或结论，但是，项目组在回应项目质量复核过程中提出的问题时可能获取进一步证据。

第十条　本准则规定了会计师事务所的目标，以及会计师事务所和项目质量复核人员为实现这些目标而需要满足的要求。本准则还提供了相关术语的定义。此外，本准则的应用指南对正确理解和执行本准则中的相关条款提供了进一步解释和指引。

第二章　定　　义

第十一条　项目质量复核，是指在报告日或报告日之前，项目质量复核人员对项目组作出的重大判断及据此得出的结论作出的客观评价。

第十二条　项目质量复核人员，是指会计师事务所中实施项目质量复核的合伙人或其他类似职位的人员，或者由会计师事务所委派实施项目质量复核的外部人员。

第十三条　相关职业道德要求，是指注册会计师在执行项目质量复核时应当遵守的职业道德原则和要求，包括独立性要求（如适用）。

第三章　目　　标

第十四条　会计师事务所的目标是，委派符合相关资质要求的项目质量复核人员，对项目组作出的重大判断和据此得出的结论作出客观评价。

第四章　要　　求

第一节　运用和遵守相关要求

第十五条　会计师事务所和项目质量复核人员应当了解本准则及应用指南的全部内容，以正确理解本准则的目标并恰当遵守其要求。

第十六条　会计师事务所和项目质量复核人员（如适用）应当遵守本准则的每项要求，除非某项要求与项目的具体情况不相关。

第十七条　恰当遵守本准则的要求旨在为实现本准则的目标奠定充分基础。然而，如果认为遵守某些要求不能为实现本准则的目标奠定充分基础，会计师事务所或项目质量复核人员（如适用）应当采取进一步措施以实现本准则的目标。

第二节　项目质量复核人员的委派和资质要求

第十八条　会计师事务所应当制定政策和程序，要求将委派项目质量复核人员的职责分配给会计师事务所内具有履行该职责所需的胜任能力及适当权威性的人员。这些政策和程序应当要求该人员在全所范围内（包括分所或分部）统一委派项目质量复核人员。

第十九条　会计师事务所应当制定政策和程序，以明确项目质量复核人员的任职资质要求。这些政策和程序应当要求项目质量复核人员不得作为项目组成员，并且应当同时满足下列条件：

（一）具备适当的胜任能力，包括充足的时间和适当的权威性以实施项目质量复核。项目质量复核人员的胜任能力应当至少与项目合伙人相当。

（二）遵守相关职业道德要求，包括与项目质量复核人员如何应对对其客观性和独立性产生的不利影响相关的职业道德要求，并在实施项目质量复核时保持独立、客观、公正。

（三）遵守与项目质量复核人员任职资质要求相关的法律法规规定（如有）。

第二十条　会计师事务所内部的项目质量复核人员应当是合伙人或类似职位的人员，且在面对来自项目合伙人或会计师事务所内部其他人员的压力时能够坚持原则。项目质量复核人员也可能是会计师事务所委派的外部人员。

第二十一条　会计师事务所根据本准则第十九条第（二）项的规定制定的政策和程序，应当涵盖前任项目合伙人被委任为项目质量复核人员而对其客观性产生不利影响的情形。这些政策和程序应当规定一段冷却期，并要求在冷却期结束之前，前任项目合伙人不得担任该项目的项目质量复核人员。中国注册会计师职业道德守则针对公众利益实体审计和审阅业务的冷却期作出了明确规定，前任项目合伙人应当遵守该规定，对于公众利益实体审计和审阅业务以外的其他情形，冷却期应当至少为两年。

第二十二条　会计师事务所应当制定政策和程序，规定在为某一项目具体委派项目质量复核人员时，应当充分考虑拟委派人员的胜任能力和客观性。除非出现特殊情况，应当尽量避免在同一年度内需要实施项目质量复核的两个项目之间交叉实施项目质量复核，即由某一项目的项目合伙人对另一项目实施项目质量复核，同时由后者的项目合伙人对前者实施项目质量复核。

第二十三条　会计师事务所应当制定政策和程序，以明确为项目质量复核人员提供协助的人员的任职资质要求。这些政策和程序应当规定，为项目质量复核人员提供协助的人员不得作为项目组成员，并且应当同时满足下列条件：

（一）具备适当的胜任能力，包括充足的时间，以履行对其分配的职责；

（二）遵守相关法律法规的规定（如有）和相关职业道德要求，其中，相关职业道德要求包括与该人员如何应对对其客观性和独立性产生的不利影响相关的职业道德要求。

第二十四条　会计师事务所应当制定与下列方面相关的政策和程序：

（一）要求项目质量复核人员对实施项目质量复核承担总体责任；

（二）针对为项目质量复核提供协助的人员，要求项目质量复核人员负责确定对该等人员进行指导和监督，以及对该等人员的工作进行复核的性质、时间安排和范围。

第二十五条　会计师事务所应当制定政策和程序，以应对项目质量复核人员不再符合其任职资质要求的情况，并采取适当的措施，包括如何识别这种情况，以及如何委任一位替代者。

第二十六条　当项目质量复核人员意识到其不再符合任职资质要求时，应当通知会计师事务所适当人员，并采取下列措施：

（一）如果项目质量复核尚未开始，不再承担项目质量复核责任；

（二）如果项目质量复核已经开始实施，立即停止实施项目质量复核。

第三节　实施项目质量复核

第二十七条　针对项目质量复核的实施，会计师事务所应当制定与下列方面相关的政策和程序：

（一）项目质量复核人员有责任根据本准则第二十八条至第二十九条的规定，在项目的适当时点实施复核程序，以为客观评价项目组作出的重大判断和据此得出的结论奠定适当基础；

（二）项目合伙人与项目质量复核相关的责任，包括禁止项目合伙人在收到项目质量复核人员按照本准则第三十条的规定就已完成项目质量复核发出的通知前签署报告；

（三）项目组与项目质量复核人员就某项重大判断进行讨论的性质和范围对项目质量复核人员的客观性产生不利影响的情形，以及在这些情形下需要采取的适当行动。

第二十八条　在实施项目质量复核时，项目质量复核人员应当实施下列程序：

（一）阅读并了解下列信息：

1. 与项目组就项目和客户的性质和具体情况进行沟通获取的信息；

2. 与会计师事务所就监控和整改程序进行沟通获取的信息，特别是针对可能与项目组的重大判断相关或影响该重大判断的领域识别出的缺陷进行的沟通。

（二）与项目合伙人及其他项目组成员（如适用）讨论重大事项，以及在项目计划、实施和报告时作出的重大判断。

（三）基于从上述第（一）项和第（二）项程序获取的信息，选取部分与项目组作出的重大判断相关的业务工作底稿进行复核，并评价下列方面：

1. 作出这些重大判断的依据，包括项目组对职业怀疑的运用（如适用）；

2. 业务工作底稿能否支持得出的结论；

3. 得出的结论是否恰当。

（四）对于财务报表审计业务，评价项目合伙人确定独立性要求已得到遵守的依据。

（五）评价是否已就疑难问题或争议事项、涉及意见分歧的事项进行适当咨询，并评价咨询得出的结论。

（六）对于财务报表审计，评价项目合伙人确定下列方面的依据：

1. 项目合伙人对整个审计过程的参与程度是充分、适当的；

2. 项目合伙人能够确定作出的重大判断和得出的结论适合项目的性质和具体情况。

（七）对下列方面实施复核：

1. 对于财务报表审计，复核被审计财务报表和审计报告，以及审计报告中对关键审计事项的描述（如适用）；

2. 对于财务报表审阅，复核被审阅财务报表或财务信息，以及拟出具的审阅报告；

3. 对于财务报表审计和审阅以外的其他鉴证业务或相关服务业务，复核业务报告和鉴证对象信息（如适用）。

第二十九条 如果项目质量复核人员怀疑项目组作出的重大判断或据此得出的结论并不恰当，应当告知项目合伙人。如果这一怀疑不能得到使项目质量复核人员满意的解决，项目质量复核人员应当通知会计师事务所内部的适当人员项目质量复核无法完成。

第三十条 项目质量复核人员应当确定是否遵守了本准则中与实施项目质量复核相关的要求，以及项目质量复核是否已完成。如果是，项目质量复核人员应当签字确认并通知项目合伙人项目质量复核已完成。

第四节 工作底稿

第三十一条 会计师事务所应当制定政策和程序，要求项目质量复核人员负责就项目质量复核形成工作底稿。

第三十二条 会计师事务所应当制定政策和程序，要求项目质量复核人员的工作底稿符合本准则第三十三条的规定，并将该工作底稿包括在业务工作底稿中。

第三十三条 项目质量复核人员应当确定对项目质量复核形成的工作底稿足以使未曾接触该项目的、有经验的执业人员了解项目质量复核人员以及对项目质量复核提供协助的人员（如适用）所执行程序的性质、时间安排和范围，以及在实施复核的过程中得出的结论。项目质量复核人员还应当确定项目质量复核工作底稿中包括下列方面：

（一）项目质量复核人员及协助人员的姓名；

（二）已复核的业务工作底稿的识别特征；

（三）项目质量复核人员根据本准则第三十条的规定作出确定的依据；

（四）按照本准则第二十九条至第三十条的规定进行的通知；

（五）完成项目质量复核的日期。

关于进一步规范财务审计秩序促进注册会计师行业健康发展的意见

（国办发〔2021〕30号）

各省、自治区、直辖市人民政府，国务院各部委、各直属机构：

改革开放以来，我国注册会计师行业规模不断扩大，服务范围不断拓展，行业发展总体向好，在维护资本市场秩序和社会公众利益、提升会计信息质量和经济效率等方面发挥了重要作用，但同时也存在会计师事务所"看门人"职责履行不到位、行业监管和执法力度不足等问题，企业财务会计信息失真、上市公司财务造假等现象时有发生。为深入贯彻党中央、国务院关于严肃财经纪律的决策部署，切实加强会计师事务所监管，遏制财务造假，有效发挥注册会计师审计鉴证作用，经国务院同意，现就进一步规范财务审计秩序、促进注册会计师行业健康发展提出以下意见。

一、总体要求

（一）指导思想。以习近平新时代中国特色社会主义思想为指导，全面贯彻党的十九大和十九届二中、三中、四中、五中全会精神，切实增强"四个意识"、坚定"四个自信"、做到"两个维护"，按照党中央、国务院决策部署，严肃财经纪律，以全面提升注册会计师行业服务国家建设能力为目标，统筹发展和安全，紧抓质量提升主线，守住诚信操守底线，筑牢法律法规红线。坚持监管与服务并重、治标与治本结合，树立系统观念，做好统筹谋划，努力构建部门协同、多方联动、社会参与的监管工作格局，有效解决突出问题，切实加强行政监管，逐步完善行业治理，显著优化执业环境，持续提升审计质量，为维护社会公平正义、规范市场经济秩序、保障国家经济安全提供有力支撑。

（二）工作原则。

——诚信为本，质量为先。将诚信建设作为行业发展的生命线，始终坚持质量至上的发展导向，持续提升注册会计师执业能力、独立性、道德水平和行业公信力。

——从严监管，从严执法。坚持问题导向，坚决纠正违反职业规范和道德规范的重大问题，严厉打击会计审计违法违规行为，发现一起、查处一起，做到"零容忍"，曝光典型案例，树行业正气。

——归位尽责，协同发力。加强监管部门之间、政府部门和行业协会之间的沟通协作，进一步厘清职责边界，落实监管责任，加强统筹协调，完善工作机制，强化信息共享，形成监管合力。

——综合施策，多措并举。加强注册会计师行业监管的系统性、协同性，综合运用行政监管、市场约束、行业自律、社会监督等多种方式手段，优化执业环境，净化行业风气，督促会计师事务所提升内部管理水平，提高行业监管效能。

——着眼长远，常抓不懈。立足当前，强化法律法规和职业道德要求，狠抓审计职业规范，集中解决突出问题；着眼长远，与时俱进完善相关基础制度规范，形成长效机制，全面提升行业监管能力和治理水平。

二、依法整治财务审计秩序

（三）依法加强从事证券业务的会计师事务所监管。行业主管部门严格履行职责，充实财会监督检查力量，推动形成专业化执法检查机制，对从事证券业务的会计师事务所开展有效日常监管。出台会计师事务所监督检查办法，突出检查重点，提高检查频次，严格处理处罚，建立自查自纠报告机制，强化会计师事务所责任。完善相关部门对从事证券业务的会计师事务所监管的协作机制，加强统筹协调，形成监管合力，对会计师事务所和上市公司从严监管，依法追究财务造假的审计责任、会计责任。加强财会监督大数据分析，对财务造假进行精准打击。

（四）严肃查处违法违规行为并曝光典型案例。上下联动、依法整治各类违法违规行为，特别是针对当前行业内较为突出的会计师事务所无证经营、注册会计师挂名执业、网络售卖审计报告、超出胜任能力执业、泄露传播涉密敏感信息等，坚决纠正会计师事务所串通舞弊、丧失独立性等违反职业规范和道德规范的重大问题。梳理一批财务会计领域违法违规典型案件，形成各部门共同行动清单，区分不同情况依法依规严肃处理，坚决做到"零容忍"，对影响恶劣的重大案件从严从重处罚，对违法违规者形成有效震慑。加大典型案例曝光力度，对全社会、全行业形成警示。

（五）加快推进注册会计师行业法律和基础制度建设。制定注册会计师行业基础性制度清单，及时跟进健全相关制度规定，建立健全制度化、常态化的长效机制。推动加快修订注册会计师法，进一步完善行政强制措施、丰富监管工具、细化处罚标准、加大处罚力度。合理区分财务造假的企业会计责任和会计师事务所审计责任，明确其他单位向注册会计师出具不实证明的法律责任。完善会计师事务所组织形式相关规定，明确公众利益实体审计要求。按照过罚相当原则依法处理涉会计师事务所责任案件，研究完善会计师事务所和注册会计师法律责任相关司法解释，进一步明确特殊普通合伙会计师事务所的民事责任承担方式。完善维护信息安全要求，明确境外机构和人员入境执业等相关监管规定。科学合理确定会计师事务所从事上市公司等特定实体审计业务的具体要求，统一公开相关标准。结合实际优化会计师事务所和注册会计师审计轮换机制。

（六）建立健全监管合作机制。建立跨部门合作机制，实现财会监督与其他方面监督有机贯通、协同发力。建立注册会计师行业年度工作会议和日常联席会议机制，整合力量、凝聚共识，切实形成监管合力，及时研究解决制约行业发展的突出问题，不断提升行业监管水平。针对财务会计领域跨区域、跨行业的突出问题，加强中央与地方之间、部门之间监管协调。依法依规开展跨境会计审计监管合作，维护国家经济信息安全和企业合法权益，增强国际公信力和影响力。

三、强化行业日常管理

（七）强化国家统一的会计制度贯彻实施。完善企业会计准则体系，修订相关指南、案例等，加强培训和实务指导，及时解决贯彻实施中存在的突出问题。制定推广会计数据标准，开展企业会计报表电子报送试点，推动部门间会计数据共享。推动加快修订会计法，进一步明确会计核算、内部控制、信息化建设等要求，丰富监管手段，大幅提高处罚标准，加大财务造假法律责任追究力度，推进会计诚信体系建设，全面提升企业会计信息质量。

（八）加强行业日常监管和信用管理。加强信息化建设，构建注册会计师行业统一监管信息平台，通过业务报备、电子证照和签章等手段加强日常监测，提升监管效率和水平。探索建立审计报告数据单一来源制度，推动实现全国范围"一码通"，从源头治理虚假审计报告问题。出台注册会计师行业严重失信主体名单管理办法，依法依规共享和公开相关信息并实施联合惩戒。畅通投诉举报渠道，建立统一的行业举报受理平台，完善投诉举报办理机制，做到"接诉应必、限时核查，查实必处、处则从严"。

（九）完善审计准则体系和职业道德规范体系。立足我国注册会计师执业实践，结合准则国际趋同等需要，及时修订完善审计准则体系并推动落地实施。加强职业道德守则宣传、培训和实施指导，针对职业规范和道德规范执行的薄弱环节，指导会计师事务所改进审计程序，增强审计独立性，提高应对财务舞弊的执业能力。

四、优化执业环境和能力

（十）引导会计师事务所强化内部管理。加强会计师事务所一体化管理，出台一体化管理办法，建立可衡量、可比较的指标体系，引导会计师事务所在人员调配、财务安排、业务承接、技术标准和信息化建设方面实行统一管理，建立健全公开、透明、规范的一体化管理检查评估程序。进一步完善会计师事务所综合排名机制，将一体化管理检查评估结果作为排名的重要依据，引导会计师事务所对标对表加强内部管理。结合大、中、小型会计师事务所特点，每年从一体化管理、信息化管理、"专精特"发展等方面树立典型示范，推广先进经验。着力培育一批国内领先、国际上有影响力的会计师事务所，助力更多自主品牌会计师事务所走向世界。

（十一）推进以质量为导向的会计师事务所选聘机制建设。加强对企业内部审计工作的指导和监督，调动内部审计和社会审计力量，增强审计监管合力。完善国有企业、上市公司选聘会计师事务所有关规定，压实企业审计委员会责任，科学设置选聘会计师事务所指标权重，提高质量因素权重，降低价格因素权重，完善报价因素评价方式，引导形成以质量为导向的选聘机制，从源头有效遏制恶性竞争。加强对选聘相关规定执行情况的监督，对违反规定的企业和压价竞争的会计师事务所严肃追责并公告。

（十二）提升会计师事务所审计风险承担能力。完善职业责任保险制度，修订《会计师事务所职业责任保险暂行办法》，根据资本市场发展和证券业务现状，充分考虑会计师事务所客户群体、风险状况等客观差异，完善保险金额等相关要求。加强职业责任保险和职业风险基金计提情况监督，规范职业风险基金管理和使用，督促会计师事务所提升风险防范能力。探索实行行业集中投保。

（十三）加强注册会计师专业培训教育。创新继续教育方式，围绕专业胜任能力、职业技能、职业价值、职业道德等重点，丰富完善教育内容。充分利用信息技术手段，上线继续教育相关应用，切实增强培训效果，持续保持和强化注册会计师专业胜任能力和职业道德操守，提升审计质量。

（十四）进一步规范银行函证业务。加强银行函证数字化平台建设，加快推进函证集约化、规范化、数字化进程，利用信息技术解决函证不实、效率低下、收费过高等问题，支持提升审计效率和质量。开展银行函证第三方平台试点工作，总结试点经验，形成配套工作指引，完善业务、数据、安全等标准体系，推动银行函证数字化平台规范、有序、安全运行，并在上市公司年报审计中推广应用。规范银行函证业务及收费行为，对提供不实回函等违法违规行为依法依规严肃查处。

五、加强组织实施

（十五）加强党的全面领导。进一步落实行业党建工作责任，坚持会计师事务所党的组织和工作有形覆盖与有效覆盖相统一，推动会计师事务所将党建工作要求载入章程或协议，加强教育、管理、监督、服务，充分发挥行业基层党组织战斗堡垒作用和党员先锋模范作用，为注册会计师行业健康发展提供坚强政治保证。

（十六）加强组织领导。各地区、各有关部门要从经济社会发展和全面深化改革开放的大局出发，充分认识推动注册会计师行业健康发展的重要性，将相关工作摆到重要议事日程，并作为巡视督导的重要内容。财政部门作为主管部门要牵头建立信息报送、督查考评等制度，发挥统筹抓总作用。强化行业自律，支持注册会计师协会依法履职，充分发挥协会作用。密切关注注册会计师行业发展重大问题，加强前瞻性、预判性研究，坚持问题导向，注重体系建设，制定完善基础制度，及时出台配套政策，精准施策，扎实推进各项重点工作。

（十七）加强宣传引导。建立行业舆情日常监测、会商研判以及中央和地方、政府部门和行业协会的分级分类响应机制。加强对注册会计师行业法律法规和监管制度的宣传，积极引导社会舆论和市场预期。

国务院办公厅

2021 年 7 月 30 日

财政部　国务院国有资产监督管理委员会关于会计师事务所承担中央企业财务决算审计有关问题的通知

（财会〔2011〕24 号）

各省、自治区、直辖市、计划单列市财政厅（局）、国资委，新疆生产建设兵团国资委，各中央管理企业：

为了进一步规范会计师事务所承担中央企业财务决算审计行为，提高财务决算审计质量，促进会计师事务所做大做强和规范发展，现就会计师事务所承担中央企业财务决算审计有关事项通知如下：

一、承担中央企业财务决算审计的主审会计师事务所，应当进入全国会计师事务所综合评价排名前 50 位，承担中央企业财务决算审计的参审会计师事务所，原则上应进入全国会计师事务所综合评价排名前 100 位，具体名单以中国注册会计师协会每年公布的会计师事务所综合评价排名前百家信息为准（下同）。

经财政部、证监会审核推荐从事 H 股企业审计且已经完成特殊普通合伙转制的大型会计师事务所，在同等条件下可优先承担中央企业财务决算审计工作。

二、会计师事务所连续承担同一家中央企业财务决算审计业务应不少于 2 年，不超过 5 年；进入全国会计师事务所综合评价排名前 15 位且审计质量优良的会计师事务所，经相关企业申请、国资委核准，可适当延长审计年限，但连续审计年限应不超过 8 年。经财政部、证监会审核推荐从事 H 股企业审计且已经完成特殊普通合伙转制的大型会计师事务所，连续审计年限达到上述规定的，经相关企业申请、国资委核准，可自完成转制工商登记当年起延缓 2 年轮换，但连续审计年限最长不超过 10 年。超过上述审计年限规定的，企业应当予以轮换。中外合作会计师事务所完成特殊普通合伙转制的情况由财政部认定，认定结果抄送国资委。

会计师事务所连续审计年限按上述规定可以超过 5 年的，应当自第 6 年起更换审计项目合伙人和签字注册会计师。

三、财政部、国资委鼓励证券资格的会计师事务所尤其是大型会计师事务所在中央企业"走出去"的重点国家和地区设立分支机构或办事机构，为"走出去"的中央企业提供财务决算审计和相关咨询服务。具体办法由财政部、国资委商国务院有关部门另行制定。

四、会计师事务所承担中央企业财务决算审计，应当严格遵守国家保密法规制度的规定。会计师事务所的外籍员工（含合伙人、经理和其他从业人员），不得以任何方式接触中央企业的涉密资料和信息，不得进入军工等涉密中央企业财务决算审计现场。涉密资料、信息和涉密中央企业的认定，按照国家保密主管部门的规定执行。

承担中央企业财务决算审计的会计师事务所，其信息系统和数据库（含相应的软硬件设备）应当置于境内。该会计师事务所为国际会计公司的成员所、联系所、合作所或者与国际会计公司存在其他业务合作关系的，其信息系统和数据库应当与国际会计公司物理隔离。

会计师事务所承担中央企业所属境外上市公司财务决算审计和其他审计、咨询服务的，对于资料、信息保密和档案管理的要求，执行证监会、保密局、档案局联合制定的《关于加强在境外发行证券与上市相关保密和档案管理工作的规定》（证监会公告〔2009〕29号）。

不符合本条款规定的会计师事务所，不得承担中央企业财务决算审计工作和相关咨询服务工作。

五、在2013年6月30日之前完成合伙制或者特殊普通合伙制转制工作的证券资格会计师事务所承担中央企业财务决算审计，其轮换年限可比照本通知第二条大型会计师事务所的有关规定执行。

除本通知有明确规定外，会计师事务所承担中央企业财务决算审计继续执行国资委《关于加强中央企业财务决算审计工作的通知》（国资厅发评价〔2005〕43号）和《关于印发〈中央企业财务决算审计有关问题解答〉的通知》（国资厅发评价〔2006〕23号）的有关规定。

财政部　国务院国有资产监督管理委员会

二〇一一年十二月二十九日

财政部　民政部关于加强和完善基金会注册会计师审计制度的通知

（财会〔2011〕23号）

各省、自治区、直辖市财政厅（局）、民政厅（局），深圳市财政委员会，新疆生产建设兵团民政局：

为了规范基金会的行为，提高基金会的财务管理和会计工作水平，扩大基金会的公开、透明程度，加强政府部门对基金会的监管，充分发挥注册会计师审计监督作用，维护基金会、捐赠人和受益人的合法权益，根据《基金会管理条例》（国务院令第400号）、《国务院办公厅转发财政部关于加快发展我国注册会计师行业若干意见的通知》（国办发〔2009〕56号）和《民间非营利组织会计制度》（财会〔2004〕7号）等法规文件的相关要求，财政部和民政部决定加大基金会注册会计师审计制度的实施力度，现就有关事项通知如下：

一、审计的类别与形式

基金会应当聘用会计师事务所对本单位的财务会计报告及相关信息进行审计，并依法披露财务会计报告和审计报告，接受社会公众的监督。登记管理机关为履行监管职责，也可以直接委托会计师事务所对基金会进行审计。

（一）年度审计。

基金会应当于每年 3 月 31 日前向登记管理机关报送上一年度经注册会计师审计的年度财务会计报告和会计师事务所出具的审计报告，接受年度检查；同时将年度财务会计报告在登记管理机关指定的统一信息公开平台上公布，接受社会公众的查询和监督。

基金会年度财务会计报告可以单独予以披露，也可以包含在年度工作报告中一并披露。基金会在依照相关法律法规申请公益性捐赠税前扣除资格、非营利组织免税资格以及办理免税手续时，应当按照有关文件的规定，将年度财务会计报告和审计报告等相关资料分别报送登记管理机关和与其同级的财政、税务部门。

（二）离任和换届审计。

1. 基金会在法定代表人变更时，应当向登记管理机关报送注册会计师出具的对法定代表人任职期间经济责任的履行情况作出审计评价并提出审计建议的审计报告，并按照登记管理机关的要求向社会公布。

2. 基金会在理事会换届时，应当向登记管理机关报送注册会计师出具的对理事会任期内财务收支真实、合法和效益等情况作出审计评价并提出审计建议的审计报告，并按照登记管理机关的要求向社会公布。

（三）专项审计。

基金会开展以下活动的，应当实施专项审计，在活动结束后向登记管理机关报送经注册会计师审计的专项审计报告，并按照登记管理机关的要求向社会公布。

1. 符合以下条件之一的重大公益项目：

（1）当年该项目的捐赠收入占基金会当年捐赠总收入的 1/5 以上且金额超过人民币 50 万元的；

（2）当年该项目的支出占基金会当年总支出的 1/5 以上且金额超过人民币 50 万元的；

（3）持续时间超过 3 年的。

2. 因参与处理自然灾害等突发事件需要开展的募捐活动。

3. 登记管理机关要求进行专项审计的其他活动。

二、审计经费来源和支付方式

基金会审计经费由下列一项或多项来源构成：

（一）基金会自行承担。

基金会应当根据《基金会管理条例》及其他有关要求，自行承担审计费用。

（二）财政资金。

按照基金会管理权限，中央财政和地方财政安排一定的资金，由登记管理机关在以下三种情形下使用：

1. 基金会确因资金困难无法承担审计费用的，可以向登记管理机关提出资助申请，登记管理机关视困难程度给予全额或一定比例的资助。相关申请和管理办法由登记管理机关商同级财政部门另行制定。

2. 对于内部治理结构完善、财务管理透明、公益项目运作规范、评估等级较高且同时具备公益性捐赠税前扣除资格和非营利组织免税资格的基金会，登记管理机关可以奖励形式全额或部分承担审计费用。

3.登记管理机关为履行监管职责直接委托会计师事务所对基金会进行的审计，审计费用由登记管理机关承担。

登记管理机关应当按照国库集中支付管理制度和合同约定，将审计费用支付给受托会计师事务所。

（三）会计师事务所公益审计。

财政部门和民政部门鼓励会计师事务所为部分确有困难的基金会提供公益审计服务。会计师事务所提供公益审计服务，是履行社会责任的一种重要形式，中国注册会计师协会和地方注册会计师协会在具体开展全国及各省（自治区、直辖市）会计师事务所年度综合评价排名时应当予以考虑。

三、会计师事务所选聘范围和方式

（一）选聘范围。

对在民政部登记的基金会实施审计的会计师事务所，应当进入中国注册会计师协会公布的上一年度全国会计师事务所综合评价前100名；或具备三年以上（含三年）从事基金会或其他非营利组织审计工作经验，且注册会计师人数在15人以上，上一年度审计业务收入在600万元以上。

对在省级及以下民政部门登记的基金会实施审计的会计师事务所，应当进入全国会计师事务所综合评价前100名；或具备三年以上（含三年）从事基金会或其他非营利组织审计工作经验，且注册会计师人数在10人以上，上一年度审计业务收入在300万元以上。

（二）选聘方式。

基金会及其登记管理机关可以从上述范围内自行选聘会计师事务所；其中，使用财政资金聘请会计师事务所的，应当按照政府采购制度有关规定选聘会计师事务所。

四、相关要求

加强审计工作，强化社会监督，既是提高基金会公信力的有效举措，也是登记管理机关和其他有关部门依法监管的重要手段。

（一）各级财政部门和民政部门要高度重视这项工作，为会计师事务所依法依规做好审计工作提供保障，加强对会计师事务所和基金会的业务培训，加大检查力度，确保本通知的有关规定落到实处。

（二）各基金会应当深刻领会加强和完善审计制度的重要意义，积极配合注册会计师的审计工作，及时提供审计所需资料，并对所提供资料的真实性、合法性负责。基金会应当以此为契机，加强项目管理、收支管理和成本核算，不断提高财务管理和会计工作水平。

（三）参与基金会审计的会计师事务所应当按照法律法规和委托方要求，组织具有胜任能力的审计人员开展工作，严格遵守审计准则和职业道德的规定，认真完成各项审计工作，对审计报告的真实性和合法性负责。

（四）本通知自2012年1月1日起施行。考虑到基金会审计工作的连续性，如确有必要，基金会在参加2011年年度检查工作时可以继续聘请原会计师事务所开展审计工作。但在2012年年检工作启动时，必须根据本通知的要求聘请符合规定的会计师事务所开展审计工作。

（五）本通知适用于在民政部门登记注册的基金会、境外基金会代表机构和其他具有公益性捐赠税前扣除资格的公益性社会团体。

财政部 民政部

二〇一一年十二月二十六日

水利部委托社会审计业务管理办法

（水监〔2003〕54号）

第一条 为了规范水利部门及所属单位（以下均简称为"单位"）委托社会审计业务，明确内部审计职责，加强单位内部管理和监督，根据《中华人民共和国审计法》《中华人民共和国会计法》《审计署关于内部审计工作的规定》和水利部《关于进一步加强财务管理监督的若干意见》（水经调〔2002〕394号），制定本办法。

第二条 本办法适用于水利部直属各单位及其所属工程建设项目法人单位。各单位所属国有控股企业、集体企业可参照本办法执行。

第三条 委托社会审计机构进行的审计业务，是单位扩大内部审计监督覆盖面的重要实现形式，是内部审计、财务监督部门的重要职责，单位所有委托社会审计业务应统一由内部审计、财务监督部门负责办理。财务检查委托社会审计业务，以财务监督部门管理为主；其他审计业务，以审计部门管理为主。

单位应加强对委托社会审计业务的管理和监督，进一步完善单位内部控制制度，充分合理地利用现有的内部审计、财务监督人力资源。

第四条 内部审计、财务监督部门负责办理委托社会审计业务的范围为：验资、年度报表查证、资产评估、基建工程预决算、经济责任、财务收支、经济效益等审计业务。但领导专门批示交办、纪检监察部门交办的审计业务一般不直接对外委托。

第五条 单位需要进行委托社会审计的业务，应向上级内部审计部门提出申请；单位的职能部门需要进行委托社会审计业务，应向单位内部审计部门提出申请。内部审计部门接到申请后，应根据国家相关规定、单位全年审计工作计划和现有内审人力资源，确定是否对外委托。如需对外委托应由接受申请的内部审计部门商财务监督部门制定出委托审计工作方案，报经批准后实施。

第六条 内部审计、财务监督部门应当收集社会审计机构的资信、业务质量、收费标准等信息。内部审计、财务监督部门委托一般性的社会审计业务，应当初选两个以上的社会审计机构，在审查资格资质，比质量、比信誉、比服务的基础上，在单位监察部门的监督指导下，选定社会审计机构。对大型和有特殊要求的审计项目，采取招标的方式选定社会审计机构。

第七条 单位内部审计、财务监督部门委托社会审计业务，应当签订书面协议，并且要求社会审计机构出具承诺函。

在审计实施过程中，内部审计、财务监督部门应负责社会审计机构与被审计单位之间的协调，监督社会审计机构的审计业务质量。

第八条 社会审计机构审计结束后，应直接向内部审计、财务监督部门提交审计报告和相关资料，内部审计、财务监督部门要严格按照相关规定和委托审计工作方案，进行审核。对领导干部经济责任审计等业务，需将审计底稿原件交单位内部审计部门归档。社会审计机构应保守被审计对象的秘密，不得在单位内部审计、财务监督部门主持的场所之外使用委托审计业务资料。

第九条 内部审计、财务监督部门应依据社会审计机构出具的正式审计报告，提出审计和检查的意见和建议，经单位主管领导批准后监督落实，必要时可进行后续审计。

第十条 单位负责人应当支持内部审计、财务监督部门做好委托社会审计业务工作。

第十一条 单位应当建立健全委托社会审计业务的委托程序和方法、质量监督机制和后续审计和检查制度。根据委托社会审计业务的内容和性质，实行分级分权管理，明确各级内部审计、财务监督部门及审计、财务检查人员责任，制定考核办法并严格执行。

第十二条 各级水利审计、财务监督部门要加强对单位委托社会审计业务的监督指导，保证对委托社会审计业务严格管理，对成绩显著的单位应当给予表彰，对委托社会审计业务管理混乱、造成损失和严重后果的单位应当给予批评。对社会审计机构不能正确有效履行审计业务的，内部审计、财务监督部门应当给予纠正，并逐级上报，必要时向社会审计机构行业管理部门反映，对社会审计机构的违规行为进行通报；建立准入制度和措施，在一定时限内，单位不得对被通报社会审计机构委托办理审计业务。

第十三条 本办法执行情况接受纪检、监察部门的监督检查。

第十四条 本办法由水利部负责解释。

第十五条 本办法自发布之日起施行。

外汇收支情况表审核指导意见

（会协〔2005〕2号）

第一章 总 则

第一条 为了规范注册会计师执行外汇收支情况表审核业务，明确工作要求，保证执业质量，根据中国注册会计师独立审计准则，制定本指导意见。

第二条 本指导意见所称外汇收支情况表审核，是指注册会计师接受外商投资企业（以下简称被审核单位）委托，对其外汇收支情况表的编制是否符合国家外汇管理的有关规定进行审核，并发表意见。

第三条 按照国家外汇管理的有关规定，真实、完整地编制外汇收支情况表是被审核单位管理当局的责任。

按照本指导意见的要求，在实施审核工作的基础上对外汇收支情况表出具审核报告是注册会计师的责任。

第四条 注册会计师应当在年度会计报表审计的基础上对外汇收支情况表进行审核。

如果被审核单位年度会计报表审计由其他注册会计师实施，注册会计师应当考虑利用其他注册会计师的工作，或实施必要的审计程序以作为外汇收支情况表审核的基础。

第五条 注册会计师应当获取充分、适当的审核证据，以得出恰当的审核结论，作为形成审核意见的基础。

第六条 注册会计师的审核意见旨在合理保证外汇收支情况表的真实性和完整性，但不应被视为是对被审核单位外汇收支行为的合规性提供的保证。

如果在审核过程中注意到被审核单位存在严重违反国家外汇管理有关规定的情形，注册会计师应当在审核报告中予以恰当反映。

第二章 接受业务委托

第七条 在承接外汇收支情况表审核业务前，注册会计师应当了解下列基本情况，考虑自身专业胜任能力和业务风险，以确定是否接受委托：

（一）国家外汇管理的有关法规；

（二）被审核单位与外汇收支有关的经营内容；

（三）被审核单位外汇核算的原则和方法；

（四）被审核单位外汇登记情况；

（五）被审核单位与外汇收支有关的内部控制；

（六）被审核单位以前年度外汇收支情况表的审核情况；

（七）被审核单位年度会计报表是否由其他注册会计师审计。

第八条 如果接受委托，注册会计师应当就委托目的、审核范围、双方的责任、审核报告的用途、审核收费等事项与委托人沟通，并签订业务约定书。

第三章 审核程序

第九条 注册会计师应当根据被审核单位外汇业务的具体情况，合理运用重要性原则，计划和实施审核工作。

第十条 注册会计师应当在年度会计报表审计的基础上，对外汇收支情况表实施第十一条至第二十二条规定的程序。

如果发现外汇收支情况表存在重大不符合编制规定的迹象，注册会计师应当追加必要的审核程序。

注册会计师应当根据重要性水平、被审核单位与外汇收支有关的内部控制的有效性、外汇收支情况表项目的错报风险等因素确定审核程序的性质、时间和范围。

第十一条 注册会计师应当对外汇货币资金实施下列审核程序：

（一）获取外汇货币资金余额明细表，将明细余额相对应的人民币金额和非外汇账户明细余额的合计数与已审计会计报表有关项目金额进行核对；

（二）将外汇账户明细余额的分类汇总数与外汇收支情况表相关项目进行核对；

（三）获取外汇开户核准文件，检查填列项目的账户类型是否符合外汇收支情况表的编制规定；

（四）检查非美元外币的折算是否正确。

第十二条 注册会计师应当对外汇应收、应付类项目（含预付、预收类项目，不含应付外汇利息）实施下列审核程序：

（一）获取外汇应收、应付类项目余额明细表，将明细余额相对应的人民币金额和非外汇账户明细余额的合计数与已审计会计报表有关项目金额进行核对；

（二）将外汇账户明细余额的分类汇总数与外汇收支情况表相关项目进行核对；

（三）检查被审核单位是否按照外汇收支情况表的指标说明，对明细账户重新分类，外汇应付类项目账龄的划分是否正确；

（四）检查非美元外币的折算是否正确。

第十三条 注册会计师应当对境外投资和境内外汇投资实施下列审核程序：

（一）获取各被投资单位的验资报告或相关的出资证明，检查是否与外汇收支情况表相关项目金额一致；

（二）将验资报告或相关的出资证明载明的出资方式、金额与外汇收支情况表相关项目填列的金额相核对；

（三）检查本年实际取得的投资收益是否恰当反映在经常项目差额中；

（四）检查非美元外币的折算是否正确。

第十四条　注册会计师应当对非外汇形式资产实施下列审核程序：

（一）获取各类非外汇形式资产本年增减变动情况表，检查非外汇形式资产的本年变动情况；

（二）检查其他相关外汇项目余额的本年增减变动及相关文件资料，确定是否存在未包含在所获取的各类非外汇形式资产本年增减变动情况表中的非外汇形式资产；

（三）检查以外币计价而以人民币结算的债权、债务填列金额是否正确；

（四）检查以增加、减少资本方式而形成的非外汇形式资产填列金额是否正确；

（五）检查非美元外币的折算是否正确。

第十五条　注册会计师应当对结购汇差额实施下列审核程序：

（一）获取本年结汇与购汇的明细汇总表，重新计算本年结购汇差额，并与外汇收支情况表相应项目金额核对；

（二）通过分析资产负债表、利润表相关项目，检查未通过外汇账户核算、由银行直接办理的结购汇业务，是否已包含在本年结汇与购汇的明细汇总表中；

（三）检查非美元外币的折算是否正确。

第十六条　注册会计师应当对汇率折算差额实施下列审核程序：

（一）检查编制外汇收支情况表时使用的折算汇率是否符合规定；

（二）实施分析程序，评价汇率折算差额本年变动金额的合理性。

第十七条　注册会计师应当对其他资产实施下列审核程序：

（一）检查本年其他资产的形成和数据来源；

（二）如果其他资产金额较大（例如占期末资产合计数的比率超过 0.5%），应当进一步检查外汇收支情况表其他项目的真实性和完整性；

（三）如经进一步检查仍无法将其他资产金额降至可接受的低水平，应当视错报的重要程度出具保留意见或否定意见的审核报告。

第十八条　注册会计师应当对借款类项目（含应付外汇利息）实施下列审核程序：

（一）获取外汇借款明细余额表，并将外汇借款明细余额相应的人民币金额和非外汇借款明细余额的合计数与已审计会计报表相应项目金额进行核对；

（二）检查被审核单位是否按照外汇收支情况表的指标说明，对外汇借款明细余额重新分类计算，填列金额是否正确；

（三）获取外债登记证和借款合同，检查借款类项目填列金额是否完整；

（四）对计提的借款利息实施分析程序，评价应付外汇利息本年发生额的合理性，并确定其对经常项目差额的影响；

（五）检查非美元外币的折算是否正确。

第十九条　注册会计师应当对实收外汇资本实施下列审核程序：

（一）获取本年外汇资本增减变动的验资报告及相关文件，检查外汇资本增减变动金额与验资报告及相关文件载明的金额是否相符；

（二）检查本年是否发生资本对价转移及单方面资本转移的情况；如果发生，则获取相关文件，检查资本对价转移及单方面资本转移后的填列金额是否正确，同时检查资产方相应项目填列信息的一致性；

（三）检查非美元外币的折算是否正确。

第二十条　注册会计师应当对经常项目差额实施下列审核程序：

（一）如果被审核单位不存在与经常项目差额相关的编报系统，注册会计师应当对经常项目差额的本年发生额实施重新计算程序，检查填列金额是否正确；

（二）如果被审核单位存在与经常项目差额相关的编报系统，注册会计师应当在对相关编报系统有效性实施测试的基础上，对经常项目差额的本年发生额实施实质性分析程序，检查填列金额是否正确；

（三）检查非美元外币的折算是否正确。

第二十一条 如果发现外汇收支情况表项目期初数存在错报，注册会计师应当提请被审核单位调整相关项目的本年期末数，并视错报的重要程度在审核报告中予以恰当反映。

第二十二条 注册会计师应当对外汇收支情况表附注内容实施下列审核程序：

（一）对于对外担保本年变动及余额，应当结合被审核单位年度会计报表审计中针对对外担保实施的审计程序，检查填列金额是否正确；

（二）对于按股权或约定比例计算外方所有的未分配利润年末余额，应当根据已审计会计报表，检查填列金额是否正确；

（三）对于其他资产占资产合计的比率，应当根据外汇收支情况表的审核结果，检查填列数是否正确。

第二十三条 注册会计师应当就被审核单位管理当局按照国家外汇管理的有关规定真实、完整地编制外汇收支情况表获取书面声明。

第二十四条 注册会计师应当对实施的审核程序及其结果形成工作记录。

第四章 审核报告

第二十五条 注册会计师应当复核与评价审核证据，考虑在实施年度会计报表审计时与外汇收支有关的审计工作及相应审计结论，形成审核意见，出具审核报告。

第二十六条 审核报告应当包括下列要素：

（一）标题；

（二）收件人；

（三）引言段；

（四）范围段；

（五）意见段；

（六）对审核报告分发使用的限制性说明；

（七）注册会计师的签名及盖章；

（八）会计师事务所的名称、地址及盖章；

（九）报告日期。

注册会计师可以根据需要，在审核报告的意见段之前增加说明段，或在意见段之后增加强调事项段。

第二十七条 审核报告的标题应当统一规范为"外汇收支情况表审核报告"。

第二十八条 审核报告的收件人应当为审核业务的委托人。审核报告应当载明收件人全称。

第二十九条 审核报告的引言段应当说明下列内容：

（一）已审核外汇收支情况表的名称和日期；

（二）被审核单位管理当局的责任和注册会计师的责任。

第三十条 审核报告的范围段应当说明下列内容：

（一）审核的依据是中国注册会计师协会制定的《外汇收支情况表审核指导意见》；

（二）审核工作主要包括检查记录和文件、询问以及实施分析程序；

（三）审核工作为注册会计师发表意见提供了合理的基础。

第三十一条 审核报告的意见段应当说明外汇收支情况表的编制在所有重大方面是否符合国家外汇管理的有关规定。

第三十二条 注册会计师应当根据实施审核工作得出的结果，参照《独立审计具体准则第 7 号——审计报告》，对外汇收支情况表出具无保留意见、保留意见、否定意见或无法表示意见的审核报告。

第三十三条 如果在审核过程中注意到被审核单位存在严重违反国家外汇管理有关规定的情形，或发现外汇收支情况表项目期初数存在重大错报且已在本年作出调整，注册会计师应当在意见段之后增加强调事项段予以说明。

注册会计师应当在强调事项段中指明，该段内容仅用于提醒外汇收支情况表使用人关注，并不影响已发表的意见。

第三十四条 注册会计师应当在审核报告中说明，审核报告仅供被审核单位向国家外汇管理部门报送外汇收支情况表时使用，不得用于其他用途。

第三十五条 审核报告应当由注册会计师签名并盖章，载明会计师事务所的名称和地址，并加盖会计师事务所公章。

第三十六条 审核报告日期是指注册会计师完成审核工作的日期。审核报告日期不应早于被审核单位管理当局签署外汇收支情况表的日期，且通常不早于被审核单位年度会计报表审计报告的日期。

第三十七条 注册会计师出具的审核报告应当后附已审核的外汇收支情况表。

第五章　附　则

第三十八条 本指导意见自 2005 年 1 月 15 日起施行。

委托会计师事务所审计招标规范

（财会〔2006〕2 号印发）

第一条 为了规范招标委托会计师事务所（以下简称事务所）从事审计业务的活动，促进注册会计师行业的公平竞争，保护招标单位和投标事务所的合法权益，根据《中华人民共和国招标投标法》《中华人民共和国注册会计师法》及相关法律，制定本规范。

第二条 招标单位采用招标方式委托事务所从事审计业务的，应当遵守《中华人民共和国招标投标法》，并符合本规范的规定。

第三条 招标投标活动应当遵循公开、公平、公正和诚实信用的原则。

任何单位和个人不得违反法律、行政法规规定，限制或者排斥事务所参加投标，不得以任何方式非法干涉招标投标活动。

事务所通过投标承接和执行审计业务的，应当遵守审计准则和职业道德规范，严格按照业务约定书履行义务、完成中标项目。

第四条 招标委托事务所从事审计业务，按照下列程序进行：

（一）招标，包括确定招标方式、发布招标公告（公开招标方式下）或发出投标邀请书（邀请招标方式下）、编制招标文件、向潜在投标事务所发出招标文件；

（二）开标；

（三）评标；

（四）确定中标事务所，发出中标通知书，与中标事务所签订业务约定书。

第五条 招标单位一般应当采用公开招标方式委托事务所。

对于符合下列情形之一的招标项目，可以采用邀请招标方式：

（一）具有特殊性，只能从有限范围的事务所中选择的；

（二）具有突发性，按公开招标程序无法在规定时间内完成委托事宜的。

第六条 采用公开招标方式的，应当发布招标公告。采用邀请招标方式的，应当向3家以上事务所发出投标邀请书。

招标公告和投标邀请书应当载明招标单位的名称和地址、招标项目的性质、数量、实施地点和时间以及获取招标文件的办法等事项。

第七条 招标单位可以根据招标项目本身的要求，在招标公告或者投标邀请书中，要求潜在投标事务所提供有关资质证明文件和业绩情况，并对潜在投标事务所进行资格审查。

在资格审查过程中，招标单位应当充分利用财政部门和注册会计师协会公开的行业信息，并执行财政部有关审计的管理规定。

第八条 招标单位应当根据招标项目的特点和需要编制招标文件。招标文件应当包括下列内容：

（一）招标项目介绍；

（二）对投标事务所资格审查的标准；

（三）投标报价要求；

（四）评标标准；

（五）拟签订业务约定书的主要条款。

第九条 招标单位应当在招标文件中详细披露便于投标事务所确定工作量、制定工作方案、提出合理报价、编制投标文件的招标项目信息，包括被审计单位的组织架构、所处行业、业务类型、地域分布、财务信息（如资产规模及结构、负债水平、年业务收入水平、其他相关财务指标）等。

第十条 招标单位应当根据招标项目要求，综合考虑投标事务所的工作方案、人员配备、相关工作经验、职业道德记录和质量控制水平、商务响应程度、报价等方面，合理确定评审内容、设定评审标准、设计各项评审内容分值占总分值的权重。投标事务所报价分值的权重不应高于20%。

评标标准的具体设计可以参考所附《评审内容及其权重设计参考表》。

第十一条 招标项目需要确定工期的，招标单位应当考虑注册会计师行业服务的特殊性，合理确定事务所完成相应工作的工期，并在招标文件中载明。

第十二条 招标单位可以根据招标项目的具体情况，组织潜在投标事务所座谈、答疑。潜在投标事务所需要查询招标项目详细资料的，招标单位应当在可能的情况下提供便利。

第十三条 招标单位在做出投标事务所编制投标文件的时限要求时，应当考虑注册会计师行业服务的特殊性，自招标文件开始发出之日起至投标事务所提交投标文件截止之日止，一般不得少于20日。

第十四条 招标单位应当公开进行开标，并邀请所有投标事务所参加。

第十五条 招标单位应当组建评标委员会，由评标委员会负责评标。

评标委员会由招标单位的代表和熟悉注册会计师行业的专家组成，与投标单位有利害关系的人不得进入相关项目的评标委员会。

评标委员会成员（以下简称评委）人数应当为5人以上单数，其中熟悉注册会计师行业的专家一般不应少于成员总数的2/3。

评委名单在中标结果确定前应当保密。

第十六条　招标单位应当采取必要的措施，保证评标在严格保密的情况下进行。任何单位和个人不得非法干预、影响评标的过程和结果。

第十七条　评委应当依据评标标准对投标事务所进行评分。

评标委员会应当按照各投标事务所得分高低次序排出名次，并根据名次推荐中标候选事务所。

第十八条　评标委员会完成评标后，应当向招标单位提出书面评标报告。

招标单位应当根据评标委员会提出的书面评标报告和推荐的中标候选事务所确定中标事务所。招标单位也可以授权评标委员会直接确定中标事务所。

第十九条　中标事务所确定后，招标单位应当向中标事务所发出中标通知书，同时将中标结果通知所有未中标的投标事务所。

第二十条　招标单位应当自中标通知书发出之日起30日内，以招标文件和中标事务所投标文件的内容为依据，与中标事务所签订业务约定书。

招标单位不得向中标事务所提出改变招标项目实质性内容、提高招标项目的技术要求、降低支付委托费用等要求，不得以各种名目向中标事务所索要回扣。

招标单位不得与中标事务所再行订立背离业务约定书实质性内容的其他协议。

第二十一条　财政部和各省、自治区、直辖市财政部门应当对审计招标投标活动进行监督，对审计招标投标活动中的违法违规行为予以制止并依法进行处理。

第二十二条　招标单位招标委托事务所从事其他鉴证业务和相关服务业务的，参照执行本规范。

第二十三条　本规范由财政部负责解释。

第二十四条　本规范自2006年3月1日起施行。

附表

评审内容及其权重设计参考表

评审内容	权重范围
工作方案	20% ~ 30%
人员配备	20% ~ 30%
相关工作经验	15% ~ 25%
职业首先记录和质量控制水平	10% ~ 15%
商务响应程度	5%
报价	10% ~ 20%

注：对于报价的评审，应当以报价与平均报价差异的绝对值作为评审标准，差异绝对值越小，所得分值越高。

财政部关于取消外国会计师事务所在中国境内临时执行审计业务行政许可收费的通知

（财会〔2006〕7号）

各省、自治区、直辖市财政厅（局），深圳市财政局：

根据《注册会计师法》，外国会计师事务所需要在中国境内临时办理有关业务，须经有关省、自治区、直辖市人民政府财政部门批准。根据《行政许可法》，本通知自发布之日起，取消外国会计师事务所在中国境内临时执行审计业务的行政许可收费。

中华人民共和国财政部
二〇〇六年三月二日

中国注册会计师协会关于印发《会计师事务所综合评价排名办法》的通知

（中注协 2023 年 5 月 17 日发布）

各省、自治区、直辖市注册会计师协会：

为进一步做好会计师事务所综合评价排名工作，在广泛征求意见的基础上，我会对《会计师事务所综合评价排名办法》（会协〔2021〕22 号）进行修订，修订后的办法已经中国注册会计师协会第六届常务理事会第十一次会议审议通过，现予印发，自 2023 年 5 月 16 日起施行。

附件：《会计师事务所综合评价排名办法》

中国注册会计师协会
2023 年 5 月 16 日

附件

会计师事务所综合评价排名办法

第一章 总 则

第一条 为综合反映与科学评价会计师事务所（以下简称事务所）发展水平，引导事务所坚持质量导向、树立风险意识、加强诚信建设，根据《中华人民共和国注册会计师法》《中国注册会计师协会章程》，制定本办法。

第二条 中国注册会计师协会（以下简称中注协）以注册会计师行业管理信息系统为依托，组织开展事务所综合评价工作，并发布事务所综合评价百家排名信息。

第三条 事务所综合评价百家排名每年开展一次。一般在每年6月底前公布百家排名信息。

第四条 事务所自行决定是否参加中注协组织的百家排名。决定参加排名的，应向中注协提供评价所需的数据及信息，并对数据及信息的真实性负责。排名结果及相关结论、信息基于事务所提供的数据和信息来源，并不代表中注协的观点和看法。

第二章 参评条件

第五条 经批准设立的事务所，具有下列情形之一者，不得参加百家排名：

（一）未持续达到规定的设立条件。

（二）未履行章程所规定会员义务。

第六条 涉及合并、分立事项的事务所，在上年度12月31日前办结以下所有手续的，应当以合并、分立后的事务所参加综合评价和百家排名：

（一）形成合并、分立相关会议决议及合伙人（股东）协议，签订合并、分立协议。

（二）完成市场监督管理部门变更登记手续。

（三）完成事务所财政变更备案；需要变更名称的，应取得新的事务所执业证书。

（四）领取变更后的中注协单位会员电子证书。

第三章 评价指标

第七条 事务所综合评价采取指标测评方式开展。评价指标由基础指标和附加指标构成。

第八条 基础指标为综合评价的主体指标，从收入、内部治理、资源、处理处罚等四个方面反映事务所状况，共包括10个具体指标：

（一）收入。指事务所经过审计，抵销内部协作收入后的上年度合并报表业务收入。涉及合并、分立事项的，相关团队收入以会计核算的实际发票开票收入为准，在相关事务所之间进行划分。

（二）合伙人（股东）团队的稳定性。指最近3个年度内，事务所合伙人（股东）团队的增减变动情况，内部晋升、退休的合伙人（股东）除外。

（三）合伙人（股东）员工比率。指上年末不包括合伙人（股东）的事务所全部从业人员数量与全部合伙人（股东）数量的比率。

（四）最近3年内部晋升合伙人（股东）比率。指最近3个年度内，事务所晋升的合伙人（股东）数量占3年前执业超过5年且年龄在60周岁以内的注册会计师数量的比率。内部晋升合伙人（股东），是指在事务所执业超过3年后晋升的合伙人（股东）。

（五）党组织参与事务所决策管理情况。具体从合伙人（股东）党员比率和"双向进入、交叉任职"的比率两方面评价。合伙人（股东）党员比率指事务所党员合伙人（股东）数量占事务所全部合伙人（股东）数量的比率；"双向进入、交叉任职"的比率包括事务所党组织班子成员进入管理层比率和事务所管理层进入党组织班子的比率。事务所党组织班子成员进入管理层比率是指事务所党组织班子成员在管理层任职的人数占事务所党组织班子成员总人数的比率。事务所管理层进入党组织班子的比率是指事务所管理层中的党员是党组织班子成员的人数占管理层中党员总人数的比率。

党组织班子成员是指事务所总所党组织书记、副书记、委员，以及分所党组织书记。事务所的管理层是指事务所建立的管委会或董事会。

（六）执业超过 5 年且年龄在 60 周岁以内的注册会计师人数。

（七）信息化支出水平。指事务所财务报表中的"信息化支出"占事务所年度业务收入的比率。信息化支出指审计软件开发费、管理信息系统开发费、软硬件采购费、软硬件运维费、网络服务费等支出。

（八）人才培养支出水平。指事务所财务报表中的"人才培养支出"占事务所年度业务收入的比率。人才培养支出指事务所境内外培训支出的合计数。

（九）品牌延续时间。指事务所现用名称的使用年限。

（十）处理处罚。指最近 3 个年度内，事务所及其注册会计师、员工因执业行为受到刑事处罚、行政处罚和行业惩戒的情况，按处理处罚的类型及处理处罚时点的远近扣除相应分值。

第九条 附加指标是指反映事务所最新发展要求或最新工作部署落实情况的指标，根据实际工作需要设计，具体在年度综合评价工作通知中予以明确。

第十条 事务所综合评价基础指标，分值共计 1 000 分，其中：

（一）收入指标，权重为 40%，满分为 400 分。

（二）合伙人（股东）团队的稳定性指标，权重为 3%，满分为 30 分。

（三）合伙人（股东）员工比率指标，权重为 5%，满分为 50 分。

（四）最近 3 年内部晋升合伙人（股东）比率指标，权重为 5%，满分为 50 分。

（五）党组织参与事务所决策管理情况，权重为 5%，满分为 50 分。

（六）执业超过 5 年且年龄在 60 周岁以内的注册会计师人数指标，权重为 5%，满分为 50 分。

（七）信息化支出水平指标，权重为 2%，满分为 20 分。

（八）人才培养支出水平指标，权重为 2%，满分为 20 分。

（九）品牌延续时间指标，权重为 3%，满分为 30 分。

（十）处理处罚指标，权重为 30%，满分为 300 分。

第十一条 附加指标分值根据各项具体指标的性质、重要程度等设定。

第十二条 为保证事务所综合评价工作的公平、公正，事务所信息的时期指标为上年度或 3 年内数据，时点指标以上年度 12 月 31 日为基准日。

第十三条 事务所综合评价百家排名依据基础指标得分和附加指标得分的总和计算评分。

第十四条 事务所综合评价百家排名信息发布中，如发现事务所填报信息不实，中注协将在综合评价百家排名信息中的处理处罚指标项中扣减相应分值，并责令相关事务所限期公告更正，对没有按期公告更正的相关事务所，将给予公开批评；对所填报信息严重失实的事务所，将给予公开批评，撤回所发布的事务所相关信息，不得参加下一年度百家排名。对相关事务所财务报表信息严重失实负有审计责任的事务所，按照《中国注册会计师协会会员执业违规行为惩戒办法》作出惩戒；该事务所为综合评价百家排名信息发布范围内的，则在综合评价百家排名信息中处理处罚指标项下扣减相应分值。

第四章 评价流程

第十五条 综合评价工作流程包括事务所填报、地方注协审核、中注协计算排名结果、百家排名信息公示、百家排名信息正式发布等环节。

第十六条 综合评价百家排名中的事务所相关信息来源于注册会计师行业管理信息系统和事务所自行填报数据。中注协和地方注协组织相关事务所登录综合评价信息采集程序，填报、核对百家排名相关数据。同时，事务所应当及时填列和更新本所在注册会计师行业管理信息系统中的相关信息，并对所填报信息的真实性负责。

第十七条　地方注协负责对综合评价信息采集程序中各相关事务所信息的真实性进行审核。审核无误后，上报中注协。

第十八条　中注协根据地方注协上报信息，对自愿参加百家排名的事务所，依据会计师事务所综合评价指标计算方法及得分标准进行计算，形成会计师事务所综合评价百家信息。

第十九条　中注协在履行报批程序后，对外发布《年度会计师事务所综合评价百家排名信息（公示稿）》，为期5个工作日。公示期内，中注协负责受理公示相关信息的投诉举报，并做出相应处理。

第二十条　公示期满后，结合公示期内各方反馈意见，形成《年度会计师事务所综合评价百家排名信息》，在履行报批程序后，对外正式发布。

第二十一条　中注协注册管理委员会负责研究处理在综合评价排名工作中出现的投诉举报及严重争议等重大问题。

第二十二条　注册会计师协会工作人员在开展综合评价排名工作中，存在违反本办法规定的行为，以及其他滥用职权、玩忽职守、徇私舞弊等违法违纪行为的，依照国家有关规定追究相应责任；涉嫌犯罪的，依法移送司法机关处理。

第五章　信息披露

第二十三条　中注协根据综合评价信息采集程序的数据，按照本办法规定，计算并确认事务所的评价得分，将自愿参加百家排名的事务所，按得分由高到低排序，发布会计师事务所综合评价百家排名信息，并同时披露以下信息：

（一）年度业务收入总额及分部信息。

（二）与事务所统一经营的其他专业机构业务收入。

（三）注册会计师数量。

（四）执业超过5年且年龄在60周岁以内的注册会计师数量。

（五）分所数量。

（六）信息技术人员数量。指事务所中具有信息系统审计师（CISA）、IT审计师（ITA）、中国信息安全专业认证（CISP）、信息系统安全专业认证（CISSP）、思科网络专家（CCIE）、软件工程造价师等执业资格的人员数量。

（七）事务所所在的同一国际会计网络或国际会计联盟的成员情况。

（八）为事务所提供年度报表审计服务的机构。

（九）事务所及注册会计师最近三年内受到的刑事处罚、行政处罚和行业惩戒的情况。

（十）专业贡献度［在促进某领域业务标准建设、推动某领域发展等方面做出的突出贡献，比如：承担财政部、中注协相关课题、专业标准的研究起草工作和考试专项工作，担任财政部、中注协或省级注协专门（业）委员会的主任委员、副主任委员、委员等］。

（十一）事务所获得省级以上党团组织表彰情况。

（十二）事务所省级以上"两代表一委员"情况。

上述信息以上年度12月31日为基准。

第六章　附　　则

第二十四条　地方注协可参照本办法，制定本地区的会计师事务所综合评价排名办法。

第二十五条　本办法自2023年5月16日起施行。《会计师事务所综合评价排名办法》（会协〔2021〕22号）同时废止。

财政部关于印发《会计师事务所职业
责任保险暂行办法》的通知

（财会〔2015〕13号）

各省、自治区、直辖市财政厅（局），深圳市财政委员会，各保监局，各财产保险公司：

为规范会计师事务所职业责任保险投保行为，提高会计师事务所职业责任赔偿能力，促进会计师事务所可持续发展，根据《中华人民共和国注册会计师法》《中华人民共和国保险法》和其他有关法律法规，财政部、保监会制定了《会计师事务所职业责任保险暂行办法》，现予印发，自2015年7月1日起施行。

财政部　保监会
2015年6月30日

附件

会计师事务所职业责任保险暂行办法

第一章　总　　则

第一条　为了规范会计师事务所职业责任保险投保行为，提高会计师事务所职业责任赔偿能力，促进会计师事务所可持续发展，根据《中华人民共和国注册会计师法》《中华人民共和国保险法》和其他有关法律法规，制定本办法。

第二条　本办法所称会计师事务所职业责任保险（以下简称职业责任保险），是指会计师事务所及其合伙人、股东和其他执业人员因执业活动造成委托人或其他利害关系人经济损失，依法应当承担赔偿责任的保险。

会计师事务所及其合伙人、股东和其他执业人员的执业活动包括其依法开展的审计业务和其他非审计业务。

第三条　鼓励会计师事务所根据本所经营管理情况和发展需要投保职业责任保险。会计师事务所投保的职业责任保险累计赔偿限额达到本办法第九条或第十条规定的金额的，可以不再提取职业风险基金。已提取的职业风险基金的处理，按照有关法律法规的规定和会计师事务所合伙协议或公司章程的约定办理。

第二章　投　　保

第四条　会计师事务所对本所投保职业责任保险实行统一管理。分所的职业责任保险，原则上由总所统一投保。

第五条　会计师事务所应当优先为本所的审计业务投保职业责任保险。

会计师事务所可以根据业务风险程度和自身发展需要为其他非审计业务投保职业责任保险。

第六条　职业责任保险包括主险和附加险。会计师事务所可以在投保主险的基础上，为本所投保账册文件丢失险、首次投保追溯期扩展险等附加险。

第七条　保险公司应当建立市场化的职业责任保险费率浮动机制，根据会计师事务所风险情况及历史赔付记录进行保险费率浮动调整，促进会计师事务所加强质量控制和风险管理。

第八条　会计师事务所应当结合本所的业务范围、经营规模和风险管控能力等因素，与保险公司协商确定职业责任保险的累计赔偿限额。累计赔偿限额应当达到本办法第九条或第十条规定的金额。

前款所称累计赔偿限额，是指保险合同中载明的保险公司对保险责任范围内所有损失的最高赔偿金额。

第九条　从事上市公司、金融企业等高风险审计业务的会计师事务所，其累计赔偿限额不低于按以下两种方法计算得出的较高额：

（1）100万元与合伙人人数的乘积（按投保时的人数计算）；

（2）5 000万元。

第十条　从事非上市公司、非金融企业审计业务的会计师事务所，其累计赔偿限额不低于按以下两种方法计算得出的较高额：

（1）会计师事务所最近一个年度的审计业务收入；

（2）50万元与合伙人（股东）人数的乘积（按投保时的人数计算）。

第十一条　职业责任保险合同条款应当符合《中华人民共和国保险法》的规定，并应当包含下列各事项：

（一）保险责任包含会计师事务所及其合伙人、股东和其他执业人员执业活动中因非故意行为造成委托人或其他利害关系人的经济损失，依法应当承担的赔偿责任；

（二）保险期间为1年及以上；

（三）约定合理的追溯期或报告期；

（四）会计师事务所被提起仲裁或者诉讼的，仲裁或者诉讼费用以及其他必要的、合理的法律费用，除合同另有约定外，由保险公司承担。

第十二条　会计师事务所在投保时应当向保险公司提供必要的信息资料，如实告知经营情况和风险状况。

在保险合同有效期内，如果保险合同载明的重要事项发生变更，会计师事务所应当及时通知保险公司。

第十三条　保险公司应当向会计师事务所说明保险合同的条款内容，特别是责任免除条款。未作说明的，责任免除条款不产生效力。

第十四条　保险公司及其工作人员对会计师事务所提供的信息资料负有保密义务。

第三章　赔　偿

第十五条　会计师事务所发生本办法第二条规定的因执业活动造成委托人或其他利害关系人的经济损失，依法应当承担赔偿责任的情形的，保险公司应当根据保险合同的约定予以赔偿。

第十六条　保险公司应当严格履行保险合同义务，不得出现恶意拖赔、惜赔、无理拒赔等损害会计师事务所合法权益的行为。

第十七条　会计师事务所和保险公司对合同条款或赔偿事项有争议的，可以按照双方的约定申请仲裁，或者依法向人民法院提起诉讼。

采用保险公司提供的格式条款订立的保险合同，会计师事务所与保险公司对合同条款或赔偿事项有争议的，应当按照通常理解予以解释。有两种以上解释的，人民法院或者仲裁机构应当作出有利于会计师事务所的解释。

第十八条 省级财政部门、注册会计师协会可以会同省级保险监督管理部门、保险行业协会组织成立职业责任保险专家委员会，对履行保险合同可能产生的争议提供专家鉴定意见，供司法机关或有关方面参考。

第四章 监督检查

第十九条 会计师事务所应当在每年 5 月 31 日之前将职业责任保险保单复印件或者保险公司出具的该会计师事务所已投保职业责任保险的相关证明报所在地省级财政部门和注册会计师协会备案。

保险合同发生变更或解除的，会计师事务所应当将变更后的相关证明或新签订保险合同的相关证明报所在地省级财政部门和注册会计师协会备案。

第二十条 省级以上财政部门和注册会计师协会需要保险公司协助提供会计师事务所的投保、出险和理赔等必要信息的，保险公司应当提供。

第二十一条 省级以上财政部门和保险监督管理部门分别对会计师事务所和保险公司办理职业责任保险的情况进行监督检查，必要时可开展联合检查。

第五章 罚 则

第二十二条 会计师事务所违反本办法规定的，由省级以上财政部门责令限期改正，逾期未改正的，列为重点监管对象并予以公告，提请审计业务委托方、其他利害关系人和社会公众关注该会计师事务所的职业责任赔偿能力。

第二十三条 保险公司办理会计师事务所职业责任保险，违反有关保险条款和保险费率管理规定的，由保险监督管理部门依照《中华人民共和国保险法》和有关规定予以处罚。

第六章 附 则

第二十四条 本办法自 2015 年 7 月 1 日起施行。本办法施行后，此前有关规定与本办法不一致的，以本办法为准。

第二十五条 在本办法施行前已设立的会计师事务所，鼓励其在 5 年内尽快完成由提取职业风险基金向投保职业责任保险的过渡。

在本办法施行后新设立的会计师事务所，鼓励其优先采用投保职业责任保险的方式提高职业责任赔偿能力。

财政部关于做好会计师事务所工商登记后置审批改革政策衔接工作的通知

（财会〔2014〕30 号）

各省、自治区、直辖市财政厅（局），深圳市财政委员会：

2014 年 10 月 23 日，国务院作出《关于取消和调整一批行政审批项目等事项的决定》（国发〔2014〕50 号，以下简称《决定》），将会计师事务所及其分支机构设立审批由工商登记前置审批调整为后置审批，同时将会计师事务所从事证券、期货相关业务审批明确为工商登记后置审批事项。为了贯彻落实国务院《决定》，进一步激发市场活力，推动注册会计师行业持续健康发展，现就做好会计师事务所工商登记后置审批（以下简称后置审批）改革的政策衔接工作通知如下：

一、依据《注册会计师法》有关规定，设立会计师事务所及其分支机构由省级财政部门批准，并颁发执业证书。自《决定》发布之日起，申请设立会计师事务所应先到工商登记机关办理工商登记，再向登记地所属的省级财政部门申请会计师事务所执业证书。鼓励申请人依法登记合伙制会计师事务所。

未取得会计师事务所执业证书的，不得以会计师事务所的名义开展业务活动，不得从事《注册会计师法》第十四条规定的业务（以下简称注册会计师法定业务）。依法取得执业证书的会计师事务所的相关信息可在财政会计行业管理网（www.acc.gov.cn）上查询。

二、申请取得会计师事务所执业证书时，申请人应以工商登记证书复印件或具有同等法律效力的其他证明材料（以下简称工商登记证明材料）取代原由工商登记机关出具的企业名称预先核准通知书复印件。

三、各省级财政部门应当根据《会计师事务所审批和监督暂行办法》（财政部令第 24 号）及相关配套管理制度，对申请材料进行严格审核，特别要对合伙人（股东）的资格条件、会计师事务所的名称等进行严格审核。符合条件的，作出批准决定，颁发执业证书。

四、会计师事务所应当在经营场所的醒目位置放置会计师事务所执业证书原件。

五、会计师事务所发生《会计师事务所审批和监督暂行办法》第二十九条规定的变更事项，涉及工商登记证书变更的，备案时应提供变更后的工商登记证明材料。

六、会计师事务所发生《会计师事务所审批和监督暂行办法》第四十条规定的应当终止的情形时，应当向会计师事务所所在地的省级财政部门备案，同时交回会计师事务所执业证书。

交回会计师事务所执业证书后，企业主体继续存续的，应当变更工商登记名称，不得在企业名称中继续使用"会计师事务所"字样，也不得从事注册会计师法定业务。

七、会计师事务所分支机构的设立、变更和终止事项，参照上述程序和要求办理。

八、各省级财政部门应当加强与工商登记机关的沟通协调，本着依法、便民、高效的原则，抓紧调整完善本地区的具体审批流程，确保《决定》精神落到实处，确保后置审批改革平稳顺利推进。同时，要切实改进监管理念，完善监管方式，加大监管力度，全面加强事中、事后监管，严肃查处未取得执业证书违规从事注册会计师法定业务的行为，促进注册会计师行业持续健康发展。

财政部

2014 年 12 月 11 日

最高人民法院关于审理涉及会计师事务所在审计业务活动中民事侵权赔偿案件的若干规定

（法释〔2007〕12 号）

为正确审理涉及会计师事务所在审计业务活动中民事侵权赔偿案件，维护社会公共利益和相关当事人的合法权益，根据《中华人民共和国民法通则》《中华人民共和国注册会计师法》《中华人民共和国公司法》《中华人民共和国证券法》等法律，结合审判实践，制定本规定。

第一条 利害关系人以会计师事务所在从事注册会计师法第十四条规定的审计业务活动中出具不实报告并致其遭受损失为由，向人民法院提起民事侵权赔偿诉讼的，人民法院应当依法受理。

第二条 因合理信赖或者使用会计师事务所出具的不实报告，与被审计单位进行交易或者从事与被审计单位的股票、债券等有关的交易活动而遭受损失的自然人、法人或者其他组织，应认定为注册会计师法规定的利害关系人。

会计师事务所违反法律法规、中国注册会计师协会依法拟定并经国务院财政部门批准后施行的执业准则和规则以及诚信公允的原则，出具的具有虚假记载、误导性陈述或者重大遗漏的审计业务报告，应认定为不实报告。

第三条 利害关系人未对被审计单位提起诉讼而直接对会计师事务所提起诉讼的，人民法院应当告知其对会计师事务所和被审计单位一并提起诉讼；利害关系人拒不起诉被审计单位的，人民法院应当通知被审计单位作为共同被告参加诉讼。

利害关系人对会计师事务所的分支机构提起诉讼的，人民法院可以将该会计师事务所列为共同被告参加诉讼。

利害关系人提出被审计单位的出资人虚假出资或者出资不实、抽逃出资，且事后未补足的，人民法院可以将该出资人列为第三人参加诉讼。

第四条 会计师事务所因在审计业务活动中对外出具不实报告给利害关系人造成损失的，应当承担侵权赔偿责任，但其能够证明自己没有过错的除外。

会计师事务所在证明自己没有过错时，可以向人民法院提交与该案件相关的执业准则、规则以及审计工作底稿等。

第五条 注册会计师在审计业务活动中存在下列情形之一，出具不实报告并给利害关系人造成损失的，应当认定会计师事务所与被审计单位承担连带赔偿责任：

（一）与被审计单位恶意串通；

（二）明知被审计单位对重要事项的财务会计处理与国家有关规定相抵触，而不予指明；

（三）明知被审计单位的财务会计处理会直接损害利害关系人的利益，而予以隐瞒或者作不实报告；

（四）明知被审计单位的财务会计处理会导致利害关系人产生重大误解，而不予指明；

（五）明知被审计单位的会计报表的重要事项有不实的内容，而不予指明；

（六）被审计单位示意其作不实报告，而不予拒绝。

对被审计单位有前款第（二）至（五）项所列行为，注册会计师按照执业准则、规则应当知道的，人民法院应认定其明知。

第六条 会计师事务所在审计业务活动中因过失出具不实报告，并给利害关系人造成损失的，人民法院应当根据其过失大小确定其赔偿责任。

注册会计师在审计过程中未保持必要的职业谨慎，存在下列情形之一，并导致报告不实的，人民法院应当认定会计师事务所存在过失：

（一）违反注册会计师法第二十条第（二）、（三）项的规定；

（二）负责审计的注册会计师以低于行业一般成员应具备的专业水准执业；

（三）制定的审计计划存在明显疏漏；

（四）未依据执业准则、规则执行必要的审计程序；

（五）在发现可能存在错误和舞弊的迹象时，未能追加必要的审计程序予以证实或者排除；

（六）未能合理地运用执业准则和规则所要求的重要性原则；

（七）未根据审计的要求采用必要的调查方法获取充分的审计证据；

（八）明知对总体结论有重大影响的特定审计对象缺少判断能力，未能寻求专家意见而直接形成审计结论；

（九）错误判断和评价审计证据；

（十）其他违反执业准则、规则确定的工作程序的行为。

第七条　会计师事务所能够证明存在以下情形之一的，不承担民事赔偿责任：

（一）已经遵守执业准则、规则确定的工作程序并保持必要的职业谨慎，但仍未能发现被审计的会计资料错误；

（二）审计业务所必须依赖的金融机构等单位提供虚假或者不实的证明文件，会计师事务所在保持必要的职业谨慎下仍未能发现其虚假或者不实；

（三）已对被审计单位的舞弊迹象提出警告并在审计业务报告中予以指明；

（四）已经遵照验资程序进行审核并出具报告，但被验资单位在注册登记后抽逃资金；

（五）为登记时未出资或者未足额出资的出资人出具不实报告，但出资人在登记后已补足出资。

第八条　利害关系人明知会计师事务所出具的报告为不实报告而仍然使用的，人民法院应当酌情减轻会计师事务所的赔偿责任。

第九条　会计师事务所在报告中注明"本报告仅供年检使用""本报告仅供工商登记使用"等类似内容的，不能作为其免责的事由。

第十条　人民法院根据本规定第六条确定会计师事务所承担与其过失程度相应的赔偿责任时，应按照下列情形处理：

（一）应先由被审计单位赔偿利害关系人的损失。被审计单位的出资人虚假出资、不实出资或者抽逃出资，事后未补足，且依法强制执行被审计单位财产后仍不足以赔偿损失的，出资人应在虚假出资、不实出资或者抽逃出资数额范围内向利害关系人承担补充赔偿责任。

（二）对被审计单位、出资人的财产依法强制执行后仍不足以赔偿损失的，由会计师事务所在其不实审计金额范围内承担相应的赔偿责任。

（三）会计师事务所对一个或者多个利害关系人承担的赔偿责任应以不实审计金额为限。

第十一条　会计师事务所与其分支机构作为共同被告的，会计师事务所对其分支机构的责任部分承担连带赔偿责任。

第十二条　本规定所涉会计师事务所侵权赔偿纠纷未经审判，人民法院不得将会计师事务所追加为被执行人。

第十三条　本规定自公布之日起施行。本院过去发布的有关会计师事务所民事责任的相关规定，与本规定相抵触的，不再适用。

在本规定公布施行前已经终审，当事人申请再审或者按照审判监督程序决定再审的会计师事务所民事侵权赔偿案件，不适用本规定。

在本规定公布施行后尚在一审或者二审阶段的会计师事务所民事侵权赔偿案件，适用本规定。

注册会计师转所规定

（中注协 2022 年 12 月 13 日发布）

第一条 为规范注册会计师转所工作，保证注册会计师正常、合理流动，维护注册会计师与会计师事务所的合法权益，根据《中华人民共和国注册会计师法》《会计师事务所执业许可和监督管理办法》（财政部令第 97 号）及《注册会计师注册办法》（财政部令第 99 号）的相关规定，制定本规定。

第二条 各省、自治区、直辖市注册会计师协会及深圳市注册会计师协会（以下简称地方注协）负责办理注册会计师转所事宜。

第三条 注册会计师加入其他会计师事务所，应当办理转所手续。

注册会计师申请设立会计师事务所，应当按照本规定办理转所手续。

注册会计师在同一会计师事务所与分所之间、分所与分所之间调动时，应当按照本规定办理手续。

注册会计师担任会计师事务所分所负责人，应当将其注册会计师关系转入分所。有特殊情况不能将注册会计师关系转入分所的，应当报分所所在地注协备案。

注册会计师为党员的，转所时同步转接党组织关系。

第四条 具有下列情形之一的注册会计师，不得申请转所：

（一）会计师事务所清算期间，负责清算工作的该所股东（合伙人）代表。

（二）注册会计师因执业行为受到司法、行政机关和行业协会的检查、调查，检查和调查结论未下达之前。

（三）注册会计师为会计师事务所股东（合伙人），尚未办理完毕股权转让（退伙）手续的。

（四）注册会计师受到暂停执业的处罚，且处于暂停执业期间的。

（五）会计师事务所及其分所在接受财政部或者省级财政部门检查、整改及整改情况核查期间，为该所的首席合伙人（主任会计师）、审计业务主管合伙人（股东）、质量控制主管合伙人（股东）或相关签字注册会计师的。

第五条 注册会计师申请转所，应当按照与转出会计师事务所（以下简称转出所）签订的劳动合同或者其他协议、约定，办理财务、业务等方面的交接事宜，填写"注册会计师转所申请表"（附表 1，以下简称《转所申请表》）。

注册会计师为转出所股东（合伙人）的，还应当先办理股权转让（退伙）手续。

第六条 注册会计师应当先将本人签字（盖章）的《转所申请表》送转出所，转出所同意的，应当由主任会计师（首席合伙人）或其授权的该所其他负责人（以下统称主任会计师）在《转所申请表》上签字，并加盖转出所公章。转出所不同意的，应当说明理由。

被授权的其他负责人须为注册会计师。主任会计师授权该所其他负责人签署转所意见的，应将授权文件报所在地注协备案。

会计师事务所无正当理由拒绝办理注册会计师转所手续的，注册会计师可以向所在地注协提出书面投诉。地方注协接到注册会计师投诉后，应当在 10 个工作日内进行调解。

自地方注协调解之日起满 1 个月，注册会计师与会计师事务所仍未达成一致的，除第四条规定的情形外，地方注协可以直接为注册会计师办理转出手续。注册会计师与会计师事务所的纠纷，由相关当事人通过劳动仲裁和诉讼等法律途径解决。

第七条　注册会计师应当将经转出所同意的《转所申请表》送转入会计师事务所（以下简称转入所）；具有第十二条规定情形的注册会计师，应当将《转所申请表》暂存在转出地注协，待新所设立或确定转入所后，再将《转所申请表》送转入所。

转入所同意的，应当由主任会计师在《转所申请表》上签字并加盖转入所公章。

在分所工作的注册会计师，其转出或者转入，经会计师事务所授权，可由分所负责人在《转所申请表》上签字并加盖分所公章。会计师事务所应将授权文件报分所所在地注协备案。

第八条　在转入所同意后的 15 个工作日内，注册会计师应当持经转出所和转入所签章同意的《转所申请表》、注册会计师证书，在所在地注协办理转所手续。

注册会计师跨省级行政区域转所时，应当在转入所同意后的 15 个工作日内，在转出地注协办理转出手续；并在转出地注协同意后的 15 个工作日内，在转入地注协办理转入手续。

新设会计师事务所（含合并、分立后新设）的注册会计师，应当自会计师事务所办理完成工商登记手续之日起 60 日内，办理完成转入该所的手续。被吸收合并的会计师事务所的应当自会计师事务所办理完注册会计师，应自合并协议正式生效之日起 30 个工作日内，办理完成注册会计师的转所手续。

超过上述规定期限的，转入所签署的意见失效，注册会计师应当经转入所重新确认。

第九条　地方注协应对转所申请人提交的《转所申请表》的相关内容进行审查，对未按规定填写《转所申请表》的，应当当场或者在 5 个工作日内一次告知申请人需要补正的全部内容。

对于《转所申请表》的相关内容齐全或者申请人按照要求补正相关内容的，地方注协应当当场或在 5 个工作日内（其他法律法规另有规定者除外），在《转所申请表》、注册会计师证书上盖章并签署意见。

第十条　因会计师事务所合并、分立需批量办理注册会计师转所的，可以简化相关手续。具体程序如下：

（一）会计师事务所向地方注协申请，跨省级行政区域转所的，应当先向转出地注协申请，再向转入地注协申请；

（二）会计师事务所提交"注册会计师批量转所、迁移汇总表"（附表 2，以下简称《注册会计师汇总表》）、会计师事务所合并（分立）相关协议或决议复印件、注册会计师证书；

（三）地方注协同意的，应当在《注册会计师汇总表》及注册会计师证书上签署相关意见。

第十一条　所在会计师事务所跨省迁移的，不随事务所迁移的注册会计师应当在事务所办理迁移手续前办理转所手续。会计师事务所应当自迁入地财政部门下达批准文件之日起 30 日内办理会计师事务所迁移手续。会计师事务所迁移后，注册会计师一并转入迁入地会计师事务所。具体程序如下：

（一）会计师事务所向迁出地注协申请，同时提交《注册会计师汇总表》、迁入地财政部门批准迁入文件复印件、注册会计师证书；

（二）迁出地注协同意后，会计师事务所应当将上述材料提交迁入地注协；

（三）地方注协应当在《注册会计师汇总表》及注册会计师证书上签署相关意见。

第十二条 注册会计师有下列情况之一时，应当将《转所申请表》暂存转出地注协，注册会计师关系转为该协会代管：

（一）拟成为新设会计师事务所股东（合伙人）的。

（二）已办理完转出手续，尚未确定转入所的。

（三）地方注协认为可以代管的其他情形。

所在会计师事务所已办理终止手续，注册会计师仍未办理转所手续的，其注册关系自动转为协会代管状态。

由地方注协代管的注册会计师，其注册会计师关系保留 1 年。超过 1 年仍未转入其他会计师事务所的，地方注协应撤销其注册，收回注册会计师证书。

注册会计师在协会代管期间不得执行注册会计师业务。

第十三条 会计师事务所应加强对注册会计师的管理。注册会计师离开会计师事务所，不再执行注册会计师业务时，会计师事务所在为注册会计师办理相关人事调动手续或解除和终止劳动合同、聘用合同时，应在 20 个工作日内向地方注协书面报告并上交该注册会计师证书。地方注协应当按相关规定注销注册，收回其注册会计师证书。

第十四条 注册会计师、会计师事务所应当对《转所申请表》内容的真实性负责。

地方注协认为必要时，可对《转所申请表》所填内容的真实性进行实地检查，对于弄虚作假的，地方注协应予通报批评；符合撤销、注销注册的，应根据《中华人民共和国注册会计师法》《注册会计师注册办法》的相关规定进行处理。

第十五条 注册会计师提出转所申请至转出地注协办理期间，尚未离开转出所的，经转出所同意可以执行业务并签署报告。

注册会计师转所手续未办理完毕时，不得在转入所执行业务并签署报告。

第十六条 注册会计师、会计师事务所、地方注协在办理注册会计师转所时，应当在注册会计师行业统一监管平台（acc.mof.gov.cn/）中完成转所操作。

第十七条 在转所过程中，地方注协在国务院财政部门统一制作的电子注册会计师证书上签署的意见或电子签章，与纸质注册会计师证书上的意见或签章同等有效。

第十八条 地方注协应将注册会计师转所信息在注册会计师行业统一监管平台和地方注协网站上进行公告。具有第六条第四款情形的，地方注协应将涉及会计师事务所、注册会计师的相关事由一并予以公布。

第十九条 地方注协不得自行设定不得转所的其他情形，不得要求提供超出《转所申请表》所列事项的转所材料。

《转所申请表》及其他附件应当至少保存两年。

注册会计师在一年内转所两次及以上的（不包括同一会计师事务所与分所、分所与分所之间的转所），地方注协应将其列为年度任职资格检查重点对象。

第二十条 此规定自 2023 年 1 月 1 日起施行。《注册会计师转所规定》（会协〔2008〕105 号）同时废止。

附表1

注册会计师转所申请表

姓名		证书编号		
联系电话及电子邮箱				
通讯地址				
最近一次转所时间及转出所名称				
是否为原所股东（合伙人）		是否完成股权转让（退伙）手续		
本年度完成继续教育学时数		是否通过本年度任职资格检查		
是否交纳当年会费		何时与转出所解除或终止劳动合同		
人事档案存放单位				
是否与转入所订立劳动合同		社保缴纳单位		
是否离退休		何时从何单位离退休		
是否为中共党员及党组织关系所在单位				

我承诺，以上信息真实有效，本人愿意承担相应的法律责任。

注册会计师签字并盖章：　　　　　　年　月　日

转出所意见（如不同意，请列明理由）： 主任会计师签字： （事务所盖章） 年　月　日	转入所意见（如不同意，请列明理由）： 主任会计师签字： （事务所盖章） 年　月　日
转出地注协意见： （盖章） 年　月　日	转入地注协意见： （盖章） 年　月　日

　　备注：此表由转出所、转入所、转出地注协及转入地注协各留存一份；拟成为新设事务所股东（合伙人）的，可向申报新设事务所的财政部门提供一份。

附表2

<h2 style="text-align:center;">注册会计师批量转所、迁移（跨省）汇总表</h2>

序号	姓名	证书编号	个人意见（签名）

转出（迁出）所意见： 主任会计师签字 （事务所盖章） 年　月　日	转入（迁入）所意见： 主任会计师签字 （事务所盖章） 年　月　日
转出地注协意见： （盖章） 年　月　日	转入地注协意见： （盖章） 年　月　日

　　备注：此表由转出（迁出）所、转入（迁入）所、转出（迁出）地注协及转入（迁入）地注协各留存一份。

注册会计师考试制度改革方案

（会协〔2009〕5 号）

为了做好中国注册会计师考试制度改革工作，加快行业人才培养，实现行业人才国际化，推动实现中国注册会计师行业发展战略目标，提出如下改革方案：

一、注册会计师考试制度改革的必要性、指导思想和总体目标

中国注册会计师全国统一考试制度于 1991 年创立，至今已举办 17 次考试。经过不断的改革完善，建立健全了考试基本制度体系、质量保证体系和组织管理体系，累计 14 万余人取得全科合格证，为中国注册会计师行业的健康发展提供了重要的人才支撑。注册会计师考试已成为国内声誉最高的执业资格考试之一。

随着中国经济社会的全面进步和改革开放的持续深化，特别是中国经济与世界经济的日益融合，对注册会计师行业建设提出了更高的要求。为此，中国注册会计师行业实施了包括人才战略、国际趋同战略和做大做强战略在内的行业发展战略，行业建设取得令人瞩目的新突破。

行业发展的关键在人才。注册会计师考试制度是人才建设的基础工程。社会主义市场经济发展的新形势和企业国际化发展的新需求，对注册会计师行业人才选拔和培养提出了新的要求，现行考试制度需要改革和完善。

为不断提高注册会计师胜任能力，加快培养国际化人才，深入实施会计审计准则体系，财政部注册会计师考试委员会于 2007 年初作出决定，启动注册会计师考试制度改革工作，进一步发挥注册会计师考试对深入实施行业发展战略的重要支持作用。

注册会计师考试制度改革的指导思想是，深入贯彻落实科学发展观，认真总结和继承中国注册会计师考试的基本经验，充分借鉴有关国家和地区会计职业组织的成功做法，通过比较、分析、提炼、吸收，科学改革考试制度，发挥注册会计师考试在行业人才建设中的导向作用。

注册会计师考试制度改革的总体目标是，以《中国注册会计师胜任能力指南》和《职业会计师国际教育准则》为指导，提升考试理念、充实考试内容、完善考试方式，建立起符合终身学习理念和充分体现胜任能力评价要求的考试制度，促进中国注册会计师胜任能力和执业水平的提高，使中国注册会计师考试制度与国际普遍认可的注册会计师考试制度相趋同，将中国注册会计师考试打造成中国注册会计师走向国际的"通行证"。

二、注册会计师考试制度改革的主要内容

注册会计师考试制度包括报名条件、考试阶段、科目设置、实务经历要求等基本制度，考试命题、考试评卷、考试合格标准等考试质量保证制度，以及考试组织、考场设置、考试纪律等考试组织管理制度。这次改革主要涉及注册会计师考试基本制度。主要内容如下：

（一）将注册会计师考试划分为两个阶段

第一阶段，即专业阶段，主要测试考生是否具备注册会计师执业所需的专业知识，是否掌握基本技能和职业道德要求。

第二阶段，即综合阶段，主要测试考生是否具备在注册会计师执业环境中运用专业知识，

保持职业价值观、职业态度与职业道德，有效解决实务问题的能力。

考生在通过第一阶段的全部考试科目后，才能参加第二阶段的考试。两个阶段的考试，每年各举行 1 次。

基于第二阶段的考试侧重于考查考生的胜任能力，建议考生在参加第二阶段考试前注意积累必要的实务经验。

（二）调整考试科目

在现行考试制度 5 个科目的基础上，进行分拆、补充和整合，对考试科目作以下调整：

第一阶段，设会计、审计、财务成本管理、公司战略与风险管理、经济法、税法等 6 科。

第二阶段，设综合 1 科。

第一阶段和第二阶段各科目均不设英文附加题。

（三）调整成绩有效期

第一阶段的单科合格成绩 5 年有效。对在连续 5 年内取得第一阶段 6 个科目合格成绩的考生，发放专业阶段合格证。

第二阶段考试科目应在取得专业阶段合格证后 5 年内完成。对取得第二阶段考试合格成绩的考生，发放全科合格证。

三、新的考试制度与现行考试制度的衔接

新的考试制度于 2009 年开始实施。现行考试制度在 2009 年仍继续实施一年。

2009 年，具有现行考试制度下有效期内任一考试科目合格成绩的考生，可以选择按新的考试制度或现行考试制度报名参加考试。

按新的考试制度报名参加考试的，其至 2009 年尚在有效期内的单科合格成绩转换为新的考试制度下有关科目的合格成绩。

按现行考试制度报名参加考试，取得全部 5 个科目合格成绩的，发放全科合格证；未取得全部 5 个科目合格成绩的，其至 2010 年尚在有效期内的单科合格成绩转换为新的考试制度下有关科目的合格成绩。

单科合格成绩的转换方式是，现行考试制度下单科合格成绩自动转换为新的考试制度下同名科目的合格成绩。其中，现行考试制度下财务成本管理科目的合格成绩，转换为新的考试制度下的财务成本管理和公司战略与风险管理 2 个科目的合格成绩。新的考试制度下，以转换方式取得的单科合格成绩有效期限统一至 2013 年。

其他考生从 2009 年起均按新的考试制度报名参加考试。

关于《注册会计师考试制度改革方案》的说明

（会协〔2009〕5 号）

经财政部注册会计师考试委员会（以下简称"全国考委会"）批准，中国注册会计师协会（以下简称"中注协"）发布了《注册会计师考试制度改革方案》（以下简称"改革方案"）。现就改革方案有关事项说明如下：

一、注册会计师考试制度改革的必要性和可行性

我国注册会计师考试制度于 1991 年创立，至今已经举办了 17 次考试，累计 14 万多人取得了全科合格证书。在这一过程中，建立健全了注册会计师考试基本制度、质量保证制度

和组织管理制度，注册会计师考试已经成为国内声誉最高的执业资格考试之一。

随着我国经济社会的全面进步和改革开放的持续深化，特别是我国经济与国际市场的日益融合，对注册会计师的胜任能力提出了新的更高的要求。现行考试制度，对于加快培养和选拔适应社会主义市场经济新形势和企业国际化发展新需求的行业人才，尚存在一定差距，迫切需要我们认真总结我国注册会计师考试工作的基本经验，充分借鉴注册会计师考试的国际经验，在深入探索和认识注册会计师行业人才成长规律和考试规律的基础上，对我国注册会计师考试制度进行改革。

第一，改革注册会计师考试制度，是不断提高注册会计师胜任能力的需要。

我国市场经济不断深化和公司治理不断完善，为注册会计师专业服务提供了新的巨大需求。注册会计师的业务范围在传统审计鉴证、税务服务、管理咨询等业务的基础上，不断扩大到风险管理、战略规划、司法会计、破产管理、内部控制鉴证等新的领域。这就要求注册会计师加快更新知识，不断提高知识整合能力、职业判断能力和职业道德水准。这就需要对注册会计师考试制度进行改革，提升考试理念，充实考试内容，将新的执业环境对注册会计师专业知识、专业技能和职业道德要求充实到注册会计师考试中，为选拔和培养适应社会主义市场经济新形势需要的行业专业人才提供有力的引导。

第二，改革注册会计师考试制度，是加快培养国际化人才的需要。

随着"走出去"战略的实施，我国企业跨国投资、跨国并购和国际化经营日益增多。国际化企业需要能够提供信息引导、国际鉴证、战略咨询服务的国际化会计师事务所，国际化会计师事务所需要熟悉国际经济环境、通晓国际会计审计惯例、能够承担国际业务的会计专业人才。为此，我们通过"走出去、请进来"等措施加强注册会计师国际化人才的培养，取得了一定成效，但很不够。培养注册会计师国际化人才，最有效的途径，是按照国际标准建立自己的人才培养和选拔体系。借鉴国际经验，改革注册会计师考试制度，无疑是培养和选拔注册会计师国际化人才的重要环节。

第三，改革注册会计师考试制度，是深入实施会计审计准则体系的需要。

随着会计审计准则国际趋同战略的有效实施，我国会计审计准则体系实现了与国际会计审计准则的国际趋同，并平稳过渡。内地与香港会计审计准则实现了等效，与有关国家和地区会计审计准则的等效谈判正在进一步推进。为了保证会计审计准则体系切实发挥其规范市场经济秩序、促进市场经济公平公正的重要作用，要求我们坚持不懈地做好会计审计准则体系的培训和实施工作。按会计审计准则体系的要求充实注册会计师考试内容，将有效地引导注册会计师后备人才学习和掌握会计审计准则体系，把注册会计师队伍建设推上一个新台阶，把注册会计师专业水平推上一个新台阶。

改革注册会计师考试制度，是必要的，也是可行的。

第一，《中国注册会计师胜任能力指南》为改革注册会计师考试制度提供了理论指导。

中国注册会计师协会以国际会计师联合会发布的《职业会计师国际教育准则》为指导，以中国注册会计师执业实际为背景，制定发布了《中国注册会计师胜任能力指南》，对注册会计师所必需的专业知识、职业技能、职业道德、实务经历等胜任能力要素进行了全面描述，提供了注册会计师培养和选拔的衡量标准，为全面指导注册会计师考试制度的改革，提供了有力的理论指导。

第二，我国注册会计师考试组织实践为改革注册会计师考试制度提供了经验基础。

我国注册会计师考试制度经过 10 多年的发展，积累了丰富的经验。建立健全了包括基本制度、质量保证制度和组织管理制度在内的制度体系，以及以全国考委会为主体的领导决策体系，为改革注册会计师考试制度提供了重要的经验基础。

第三，其他国家和地区会计职业组织考试工作经验，为我国注册会计师考试制度改革提供了有益借鉴。

在建立和完善我国注册会计师考试制度的过程中，我们十分重视学习其他国家和地区会计职业组织考试工作的成功经验，及时掌握其他国家和地区注册会计师考试制度发展趋势和改革动向，深入研究注册会计师考试规律。其他国家和地区注册会计师考试工作成功经验，为我们改革注册会计师考试制度提供了有益的借鉴。

二、注册会计师考试制度改革方案的研究起草过程

在全国考委会的指导下，中注协对考试制度改革工作高度重视，制订了详细的工作规划，全力投入，围绕考试制度改革总体目标、基本思路、工作机制、改革内容、衔接办法等，进行了全面的研究论证。主要工作如下：

第一，建立健全工作机制。

在全国考委会领导下，中注协成立考试制度改革工作组、境内外专家咨询组，建立了包括全国考委会决策、工作组研究起草和境内外专家咨询三个层次的工作机制。

第二，开展课题研究，进行理论论证。

就注册会计师考试制度改革中的关键问题和重要领域，组织相关专家开展了"注册会计师考试基本制度改革研究""命题制度改革研究""注册会计师资格互惠研究"等课题的研究工作。

在这一过程中，搜集并编译了有关国家和地区会计职业组织考试制度文献，达60万字。在此基础上，对有关国家和地区会计职业组织考试制度进行了辨析、梳理和分析，对各个国家和地区注册会计师考试制度进行了比较研究，对我国注册会计师考试制度与其他国家和地区考试制度进行了比较研究，加深了我们对注册会计师考试制度和考试规律的理解。

第三，组织起草和征求意见。

在深入调研的基础上，于2008年3月底完成了《注册会计师考试制度改革工作方案（初稿）》。初稿完成后，组织内部征求意见，前后达10次。其中包括，征求全国考委会委员的意见，征求中注协理事的意见，征求地方注协意见，征求境内和境外两个专家咨询组的意见，征求会计师事务所意见，征求开设注册会计师专业方向院校的意见等。在内部征求意见的基础上，分别于2008年8—9月，以及11—12月，先后两次公开征求意见。

内部征求意见和公开征求意见过程中，各方面给予了高度重视。在充分肯定考试制度改革方向的同时，大家对改革方案中科目结构、考查内容、衔接办法等具体方面提出了许多宝贵的建议。这些建议为方案的形成和最终定稿给予了极大的指导和帮助。

三、注册会计师考试制度改革的主要内容

注册会计师考试制度包括基本制度、质量保证制度和组织管理制度。本次改革主要涉及基本制度中考试阶段划分、科目设置、考试内容等几个方面。改革方案提出的改革内容主要是，在现行考试制度规定的5个科目基础上，进行分拆、补充和整合，将一个阶段的考试划分为两个阶段的考试；将第一阶段考试设为会计、审计、财务成本管理、公司战略与风险管理、经济法、税法等6个科目，将第二阶段考试设为综合1个科目；第二阶段考试着重考查考生在注册会计师执业环境中有效解决实务问题的能力。

第一，关于考试阶段的划分。

考试阶段的划分与报名条件密切相关。根据对其他国家和地区注册会计师考试制度的考察，报名条件对学历的要求越高，对专业的限定越多，考试阶段和考试科目越少，反之，则越多。

考试阶段的划分与考试理念也有着密切的联系。注册会计师的成长是一个学习知识、

掌握技能、不断提升的过程，是一个理解职业道德、在实践中建立职业价值观、形成良好职业态度的过程。《中国注册会计师胜任能力指南》指出"注册会计师应当在取得执业资格前具备相关的实务经历"。

基于《注册会计师法》对"高等专科"等报名条件的规定，改革方案将注册会计师考试划为两个阶段，第一阶段主要考查考生是否具备注册会计师执业所需的专业知识，是否掌握基本技能和职业道德要求。第二阶段主要考查考生是否具备在注册会计师执业环境中运用专业知识和基本技能，保持职业价值观、职业态度与职业道德，有效解决实务问题的能力。

第二，关于考试科目的设置。

注册会计师考试科目的设置应当充分体现注册会计师胜任能力的要求，与考试阶段的划分相配合。改革方案在现行考试制度5个科目基础上进行分拆、补充、整合，使各阶段考试目的更加清晰，使各科目考查内容更加明确。

其中，公司战略与风险管理科目，是在现行考试制度财务成本管理科目相关内容的基础上分拆和补充形成的；第二阶段综合科目，主要是对现行考试制度各主要科目相关实务要求进行归并与整合而成。

第三，关于实务经历要求。

改革方案对考生参加第二阶段考试前的实务经历要求作出了提示。其中指出，"基于第二阶段的考试侧重于考查考生的胜任能力，建议考生在参加第二阶段考试前注意积累必要的实务经验。"也就是说，考生在参加第二阶段考试前的实务经历并非强制要求，而是提示和引导。第二阶段的考试侧重于考查考生解决实际问题的能力，而解决实际问题的能力更多的是在实践中积累。如果有了一定的经验积累，无疑会有助于考生更好地应对第二阶段考试。这里所讲的实务经历，既指独立审计实务经历，也指会计实务经历、理财实务经历等。

第四，关于英文附加题。

为培养和选拔能够在英语环境中从事注册会计师业务的国际化人才，进一步提高英语水平测试的国际认可度和实际效用，改革方案提出，两个阶段各科考试不再设英文附加题。拟将注册会计师考试英文附加题制度与英语测试制度进行整合，与有关国家和地区会计职业组织联合举办"英语水平测试"。

基本设想是，重点考查注册会计师在英语环境中工作的能力；考生在取得注册会计师全国统一考试全科合格证后自愿参加英语水平测试。英语水平测试的合格证独立于注册会计师全科合格证。

四、关于两种考试制度的衔接

为实现新的考试制度与现行考试制度的顺利过渡，改革方案提出了两种考试制度的衔接办法。主要包括以下两点：

第一，规定了单科合格成绩的转换方式。

现行考试制度下单科合格成绩自动转换为新的考试制度下同名科目的合格成绩。其中，现行考试制度下财务成本管理科目的合格成绩，转换为新的考试制度下的财务成本管理和公司战略与风险管理两个科目的合格成绩。

第二，规定了现行考试制度下有效期内合格成绩转换为新的考试制度下合格成绩的有效期限。

2009年，具有现行考试制度下有效期内任一考试科目合格成绩的考生，可以选择按新的考试制度报名参加考试，也可以按现行考试制度报名参加考试。按新的考试制度报名参加考试的，其至2009年尚在有效期内的单科合格成绩转换为新的考试制度下有关科目的合格成绩。

2009 年按现行考试制度报名参加考试的考生，未取得全部 5 个科目合格成绩的，其至 2010 年尚在有效期内的单科合格成绩转换为新的考试制度下有关科目的合格成绩。

以转换方式取得的单科合格成绩有效期限统一至 2013 年。

关于印发《境外会计师事务所在中国内地临时执行审计业务暂行规定》的通知

（财会〔2011〕4 号）

各省、自治区、直辖市财政厅（局），深圳市财政委员会：

为了进一步规范境外会计师事务所在中国内地临时执行审计业务行为，我部制定了《境外会计师事务所在中国内地临时执行审计业务暂行规定》，现予印发，请遵照执行。自本《暂行规定》发布之日起，一律使用新版《境外会计师事务所临时执行审计业务许可证》。各省级财政部门应当根据需要，及时向我部申领新版证书。

附件：境外会计师事务所在中国内地临时执行审计业务暂行规定

财政部
2011 年 3 月 21 日

附件

境外会计师事务所在中国内地临时执行审计业务暂行规定

第一条 为了进一步规范境外会计师事务所在中国内地临时执行审计业务的行为，根据《中华人民共和国注册会计师法》和其他有关法律法规，制定本暂行规定。

第二条 本暂行规定所称的境外会计师事务所，是指在香港特别行政区、澳门特别行政区、台湾地区以及外国注册设立的会计师事务所。

本暂行规定所称的临时执行审计业务（以下简称临时执业），是指境外会计师事务所接受境外委托方的委托，对中国内地设立的公司或其他相关机构（以下简称境内相关机构）临时性执行审计业务。

临时执业的业务范围仅限于境外委托方委托的审计业务，临时执业报告在中国内地不具有法律效力。

中国法律法规规定应当由内地会计师事务所及其注册会计师执行的业务，境外会计师事务所及其注册会计师不得执行。

第三条 境外会计师事务所在中国内地临时执业应当向临时执业所在地的省级财政部门提出书面申请。境外会计师事务所需在中国内地两个或两个以上省、自治区、直辖市临时执业的，应当向财政部提出申请。经财政部门批准并颁发临时执业许可证后，境外会计师事务所方可在中国内地临时执业。

第四条 鼓励境外会计师事务所与内地会计师事务所加强在临时执业中的业务合作，并以签订业务合作协议等方式明确双方的权利和义务。

内地会计师事务所及相关单位和个人，不得与尚未取得临时执业许可证或临时执业许可证已废止的境外会计师事务所开展临时执业方面的合作，也不得向其提供审计工作底稿等相关业务资料。

第五条 申请办理临时执业许可证的境外会计师事务所，应当向财政部门提交下列书面材料：

（一）境外会计师事务所在中国内地临时执行审计业务申请表（附表1）；

（二）境外会计师事务所所在国家或地区的开业证书复印件和营业执照复印件；

（三）境外委托方与境内相关机构信息表（附表2）；

（四）拟派注册会计师和其他境外相关工作人员信息表（附表3）；

（五）拟派注册会计师的执业证书复印件和其他境外相关工作人员的合法身份有效证明复印件；

（六）境外委托方委托书复印件；

（七）境内相关机构接受境外会计师事务所临时执业的确认书复印件。

境外会计师事务所、境外委托方、境内相关机构对上述申请材料的真实性、完整性负责。

第六条 财政部门批准境外会计师事务所在中国内地临时执业，应当按照下列要求办理：

（一）自受理申请之日起20个工作日内作出批准或者不予批准的决定。情况复杂，不能在规定期限内作出决定的，经财政部门负责人批准，可以适当延长，并告知申请人，但是延长期限最多不超过10个工作日。作出批准决定的，应当同时颁发《境外会计师事务所临时执行审计业务许可证》；

（二）财政部门批准临时执业的决定应当予以公告；

（三）财政部门应当自作出批准决定之日起15个工作日内将审批情况录入注册会计师行业管理信息系统；

（四）省级财政部门应当自作出批准决定之日起15个工作日内将批准文件报送财政部。

第七条 香港、澳门特别行政区会计师事务所临时执业许可证有效期为5年。

台湾地区会计师事务所临时执业许可证有效期为1年。

外国会计师事务所临时执业许可证有效期为半年。

临时执业许可证逾期的，应当重新申请办理。

第八条 境外会计师事务所在临时执业许可证有效期内新增或变更临时执业项目的，以及《境外会计师事务所临时执行审计业务许可证》上载明信息发生变更的，应当及时向审批机关报告。因前述事项变更需换发临时执业许可证的，应当提交相应的证明材料。

第九条 在临时执业许可证有效期内，境外会计师事务所终止经营或被境外相关机构撤销执业资格的，其所取得的在中国内地的临时执业许可证相应废止。

第十条 在中国内地临时执业的境外会计师事务所应当在每年5月31日之前，向临时执业许可证颁发机关报备上年度临时执业业务报告表（附表4）。向省级财政部门报备的，应当同时抄报财政部。

第十一条 临时执业许可证到期前即结束临时执业业务且在临时执业许可证有效期内不再临时执业的，应当在临时执业结束后3个月内报备临时执业业务报告表，交回临时执业许可证，并由财政部门予以公告。

第十二条 财政部门应当加强对境外会计师事务所在中国内地临时执业的监督和管理，采取约谈境外会计师事务所和境内相关机构、现场走访、定期核查等多种形式监督检查临时执业情况。

对临时执业审批和管理中发现的不当行为，按下列规定处理：

（一）未按规定办理临时执业许可证，或者临时执业许可证已过期但仍在中国内地临时执业的，责令其停止执业活动，予以公告，5年以内不再受理其临时执业申请。

（二）在申请临时执业许可证过程中弄虚作假的，不予批准，5年以内不再受理其临时执业申请。

（三）境外会计师事务所终止经营或被境外相关机构撤销执业资格后，仍以原获得的临时执业许可证在中国内地临时执业的，责令其停止执业活动，予以公告。对其执业的注册会计师，予以公告，5年以内不再受理与其相关的临时执业申请。

（四）未按临时执业申请的时间、地点、人员和境内相关机构名单开展临时执业活动且未及时向审批机关报告的，责令其限期改正；情节较重的，予以公告，5年以内不再受理其临时执业申请。

（五）未按规定报备临时执业业务活动的，责令其限期改正；情节较重的，予以公告，5年以内不再受理其临时执业申请。

（六）境外会计师事务所和境内相关机构、个人存在违反中国保密法律法规的，责令其限期改正，不再受理其临时执业申请；涉嫌犯罪的，移交司法机关处理。

第十三条 本规定自发布之日起施行。

第十四条 自本规定施行之日起，财政部于1993年12月6日发布的《外国会计师事务所在中国境内临时执行审计业务的暂行规定》（财会协字〔1993〕119号）、1993年12月27日发布的《〈外国会计师事务所在中国境内临时执行审计业务的暂行规定〉的补充规定》（财会协字〔1993〕134号）、1994年5月26日发布的《港、澳、台地区会计师事务所来内地临时执行审计业务的暂行规定》（财会协字〔1994〕81号）、2003年3月10日发布的《关于使用新版临时执行审计业务许可证书的通知》（财办会〔2003〕10号）、2003年11月26日发布的《〈港、澳、台地区会计师事务所来内地临时执行审计业务的暂行规定〉的补充规定》（财会〔2003〕33号）、2005年11月28日发布的《关于延长临时执行审计业务许可证有效期的通知》（财会〔2005〕21号）和2008年9月16日发布的《关于延长港澳地区会计师事务所来内地临时执行审计业务许可证有效期的通知》（财会〔2008〕12号）同时废止。

附表1：境外会计师事务所在中国内地临时执行审计业务申请表（略）

附表2：境外委托方与境内相关机构信息表（略）

附表3：拟派注册会计师和其他境外相关工作人员信息表（略）

附表4：境外会计师事务所临时执业业务报告表（略）

关于印发《会计师事务所从事中国内地企业境外上市审计业务暂行规定》的通知

（财会〔2015〕9号）

各省、自治区、直辖市财政厅（局），深圳市财政委员会：

为规范会计师事务所从事中国内地企业境外上市审计行为，促进境内外会计师事务所依法开展业务合作，维护投资者利益和资本市场秩序，根据《中华人民共和国注册会计师法》

和其他有关法律法规，财政部制定了《会计师事务所从事中国内地企业境外上市审计业务暂行规定》，现予印发，自 2015 年 7 月 1 日起施行。

财政部
2015 年 5 月 26 日

会计师事务所从事中国内地企业境外上市审计业务暂行规定

第一条　为规范会计师事务所从事中国内地企业境外上市审计行为，促进境内外会计师事务所依法开展业务合作，维护投资者利益和资本市场秩序，根据《中华人民共和国注册会计师法》和其他有关法律法规，制定本暂行规定。

第二条　本暂行规定所称的境外上市审计业务，是指会计师事务所提供的与中国内地企业直接或间接在境外发行股票、债券或其他证券并上市（含拟上市，下同）相关的财务报告审计以及上市后年度财务报告审计等服务。

中国内地企业直接或间接在境外发行股票、债券或其他证券并上市的相关审计业务不属于临时执业范畴，境外会计师事务所不得通过临时执业方式入境执行相关业务。

在中国内地依法设立且由香港特别行政区、澳门特别行政区和台湾地区投资者直接或间接持有百分之五十以上股份、股权、财产份额、表决权或其他类似权益的企业，其境外上市审计不适用本暂行规定。

第三条　中国内地企业依法自主选择符合上市地法规制度和监管要求的中国内地会计师事务所或境外会计师事务所为其提供境外上市审计服务。

第四条　经境外监管机构认可，获准为中国内地企业境外上市提供审计服务的中国内地会计师事务所，应当按照法律法规和执业准则执行相关审计业务。

第五条　中国内地企业依法委托境外会计师事务所审计的，该受托境外会计师事务所应当与中国内地会计师事务所开展业务合作。双方应当签订业务合作书面协议，自主协商约定业务分工以及双方的权利和义务，其中在境内形成的审计工作底稿应由中国内地会计师事务所存放在境内。

第六条　外国会计师事务所受托开展中国内地企业境外上市审计业务的，应当优先与中国内地依法设立、具有首次公开发行财务报告审计或上市后年度财务报告审计经验、执业质量和职业道德良好且最近 3 年内未因执业行为受到暂停执业 6 个月以上行政处罚的合伙制（含特殊的普通合伙）会计师事务所开展业务合作。

受托的外国会计师事务所依法承担审计责任。

第七条　中国香港特别行政区、澳门特别行政区和台湾地区会计师事务所受托开展中国内地企业境外上市审计业务的，应当优先与中国内地依法设立、拥有 25 名以上中国注册会计师、执业质量和职业道德良好且最近 3 年内未因执业行为受到暂停执业 6 个月以上行政处罚的会计师事务所开展业务合作。

受托的香港特别行政区、澳门特别行政区和台湾地区会计师事务所依法承担审计责任，同时在业务合作中享有业务分派、利益分配等主导权利。

第八条　境外会计师事务所从事中国内地企业境外上市审计业务的，应当在入境执行审计业务前至少提前 7 日向中国内地企业所在地省级财政部门报备（具体格式见附 1），并抄送财政部。同时，应提供与委托企业签订的审计业务约定书复印件以及与中国内地会计师事务所签订的业务合作书面协议复印件。

境外会计师事务所未及时报备或报备信息（含审计业务约定书和业务合作书面协议）不真实、不完整的，由省级以上财政部门予以通报，责令限期改正并转送其所在国家（地区）有关监管机构处理；情节严重的，予以公告，自公告日起5年内不得从事中国内地企业境外上市审计业务。

境外会计师事务所未按照规定与中国内地会计师事务所合作开展审计业务或保存审计工作底稿的，由省级以上财政部门责令限期改正；限期未改正并违规执业的，由省级以上财政部门予以公告，自公告日起5年内不得从事中国内地企业境外上市审计业务。

第九条 境外会计师事务所从事中国内地企业境外上市审计业务的，应当在业务报告日后60日内向中国内地企业所在地省级财政部门书面报告与中国内地会计师事务所开展业务合作的情况（具体格式见附2），并抄送财政部。

境外会计师事务所逾期不报告或报告信息不真实、不完整的，由省级以上财政部门予以通报，责令限期改正并转送其所在国家（地区）有关监管机构处理；情节严重的，予以公告，自公告日起5年内不得从事中国内地企业境外上市审计业务。

第十条 中国内地会计师事务所从事中国内地企业境外上市审计业务的，每年应当按照《会计师事务所审批和监督暂行办法》（财政部令第24号）的规定报备上一年度执行中国内地企业境外上市审计业务情况，有关具体要求按照财政部对年度报备工作的规定执行。逾期不报备或报备信息不真实、不完整的，由所在地省级财政部门予以通报，责令限期改正并列为重点监管对象。

第十一条 中国内地企业委托境外会计师事务所提供境外上市审计服务的，应当提示境外会计师事务所优先选择符合本暂行规定第六条至第七条规定的中国内地会计师事务所开展业务合作。

第十二条 中国内地企业与为其提供境外上市审计服务的会计师事务所应当严格遵守《关于加强在境外发行证券与上市相关保密和档案管理工作的规定》（中国证券监督管理委员会国家保密局国家档案局公告〔2009〕29号）。

中国内地企业境外上市涉及法律诉讼等事项需由境外司法部门或监管机构调阅审计工作底稿的，或境外监管机构履行监管职能需调阅审计工作底稿的，按照境内外监管机构达成的监管协议执行。

第十三条 本暂行规定所称的境外会计师事务所，包括依法设立的外国会计师事务所、中国香港特别行政区会计师事务所、中国澳门特别行政区会计师事务所和台湾地区会计师事务所。

第十四条 本暂行规定自2015年7月1日起施行。

财政部关于适当简化港澳会计师事务所来内地临时执行审计业务申请材料的通知

（财会〔2012〕16号）

各省、自治区、直辖市财政厅（局）、深圳市财政委员会，财政部驻各省、自治区、直辖市、计划单列市财政监察专员办事处：

根据《〈内地与香港关于建立更紧密经贸关系的安排〉补充协议九》和《〈内地与澳门关于建立更紧密经贸关系的安排〉补充协议九》的规定，现对适当简化香港、澳门特别行政区会计师事务所（以下简称港澳事务所）来内地临时执业相关申请材料通知如下：

一、港澳事务所来内地临时执业的非注册会计师人员，无需再提供前述人员的身份证明复印件，改由港澳事务所统一提供人员清单，清单应列明人员姓名、性别、国籍、身份证号码等信息。申请临时执业的港澳事务所对该清单内容的真实性负责。

二、申请临时执业的港澳事务所无需再提供境内相关机构的确认书，改由该事务所统一提供境内相关机构清单，清单应以中文列明境内相关机构名称、地址和联系电话等信息，并注明境外委托方与境内相关机构的关系。申请临时执业的港澳事务所对该清单内容的真实性负责。

除上述修订外，《境外会计师事务所在中国内地临时执行审计业务暂行规定》（财会〔2011〕4号）的其他规定继续执行。

财政部

2012年9月4日

会计师事务所以投标方式承接审计业务指导意见

（中注协2006年2月5日发布）

第一章 总 则

第一条 为了规范会计师事务所以投标方式承接审计业务的行为，维护会计服务市场秩序，树立良好职业形象，保护招标人利益、社会公众利益和投标会计师事务所的合法权益，根据《中华人民共和国招标投标法》《中华人民共和国注册会计师法》以及中国注册会计师审计准则（以下简称审计准则）和职业道德规范，制定本指导意见。

第二条 会计师事务所可以依法参加招标人的公开招标或邀请招标。

第三条 会计师事务所在投标过程中，应当诚实守信，不得以不正当手段排挤其他投标人的公平竞争，损害招标人或者其他投标人的合法权益。

第四条 会计师事务所通过投标承接和执行审计业务，应当具备专业胜任能力，恪守独立、客观、公正的原则，遵守审计准则和职业道德规范，不得通过降低执业质量缓解投标带来的价格竞争压力。

第二章 投标准备

第五条 会计师事务所应当初步了解被审计单位的基本情况，评价自身专业胜任能力及独立性，初步评估审计风险，以确定是否响应招标。

第六条 会计师事务所应当合理保证只有在下列情况下才参与投标：

（一）已考虑客户的诚信，没有信息表明客户缺乏诚信；

（二）具有执行该项审计业务必要的素质、专业胜任能力、时间和资源；

（三）能够遵守与审计业务有关的职业道德规范。

第七条 在确定是否具有接受新业务所需的必要素质、专业胜任能力、时间和资源时，会计师事务所应当考虑下列事项，以评价新业务的特定要求和所有相关层次的现有人员的基本情况：

（一）会计师事务所人员是否熟悉相关行业或业务对象；

（二）会计师事务所人员是否具有执行类似业务的经验，或是否具备有效获取必要技能和知识的能力；

（三）会计师事务所是否拥有足够的具有必要素质和专业胜任能力的人员；

（四）会计师事务所是否符合国家财政、证券、金融等主管部门对招标单位审计业务的管理要求；

（五）在需要时，是否能够得到专家的帮助；

（六）根据会计师事务所质量控制准则，如果需要项目质量控制复核，是否具备符合标准和资格要求的项目质量控制复核人员；

（七）会计师事务所是否能够在提交报告的最后期限内完成业务。

第八条　会计师事务所决定参与投标后，应当按照招标文件的要求编制投标文件。投标文件应当对招标文件中提出的实质性要求和条件作出响应。

会计师事务所应当在投标文件中载明以下事项：

（一）会计师事务所的基本情况；

（二）拟参与招标项目的人员组成及专业资格和工作业绩；

（三）审计工作的总体安排；

（四）费用报价、报价所涵盖的服务范围及收费的计算基础。

第三章　投标报价

第九条　会计师事务所应当根据提供的专业服务价值确定投标报价，确保独立性和执业质量不会受到损害。

第十条　会计师事务所应当在考虑下列因素的基础上，确定专业服务的价值：

（一）执行该项审计业务的各类人员的级别、专业资格、经验和技能；

（二）每一专业服务人员提供服务所需的时间；

（三）审计项目所需承担的风险和责任；

（四）其他相关费用。

第十一条　会计师事务所确定的投标报价不得低于按照审计准则的要求执行该项审计业务所花费的成本。

会计师事务所应当通过当期的审计收费补偿当期的审计成本，不得通过未来各期的审计收费或提供其他服务的收入来补偿当期的审计成本。

第十二条　如果投标报价明显低于其他投标人时，会计师事务所应当确保能够遵守审计准则和质量控制准则，审计工作质量不受损害。

第十三条　投标人不得相互串通投标报价，不得排挤其他投标人的公平竞争，损害招标人或者其他投标人的合法权益。

第四章　投标与中标

第十四条　会计师事务所应当在招标文件要求提交投标文件的截止时间前，将投标文件送达投标地点。

第十五条　投标人不得与招标人串通投标，损害国家利益、社会公众利益或者他人的合法权益。

禁止投标人以向招标人或者评标委员会成员行贿的手段谋取中标。

第十六条　如果会计师事务所中标，应当在与委托人签订业务约定书之前与前任注册会计师进行必要的沟通。

第十七条　会计师事务所在中标后应当与委托人签订业务约定书。

第十八条　会计师事务所中标后，不得以报价低为借口，不遵守审计准则和质量控制准则，降低执业质量，并不得分拆转包中标的审计业务。

第五章　附　　则

第十九条　任何单位和个人有权举报会计师事务所以不正当手段进行投标的行为。中国注册会计师协会和各省、自治区、直辖市注册会计师协会一经查实，将按规定予以惩戒。

第二十条　会计师事务所以投标方式承接其他鉴证业务和相关服务业务，应参照本指导意见办理。

第二十一条　本指导意见自 2006 年 3 月 1 日起施行。

高新技术企业认定专项审计指引

（会协〔2008〕83 号，2008 年 11 月 12 日）

第一章　总　　则

一、制定目的与依据

为了规范注册会计师执行高新技术企业认定专项审计业务，明确工作要求，保证执业质量，增强申报企业财务信息的可信度，满足高新技术企业认定管理工作的需要，根据中国注册会计师审计准则（以下简称审计准则）、《高新技术企业认定管理办法》和《高新技术企业认定管理工作指引》，制定本指引。

二、相关定义

本指引所称高新技术企业，是指在国家重点支持的高新技术领域内，持续进行研究开发与技术成果转化，形成企业核心自主知识产权，并以此为基础开展经营活动，在中国境内（不包括港、澳、台地区）注册一年以上的居民企业。

本指引所称申报企业，是指拟向有关部门申请进行高新技术企业认定的被审计单位。

本指引所称高新技术企业认定专项审计，是指注册会计师接受申报企业委托，对其最近三个会计年度（实际经营不满三年的按实际经营年限）的研究开发费用结构明细表和最近一个会计年度的高新技术产品（服务）收入明细表进行审计，并出具专项审计报告。

本指引所称申报明细表，是指在适用的会计准则和相关会计制度框架下，申报企业根据《高新技术企业认定管理办法》和《高新技术企业认定管理工作指引》的规定编制的研究开发费用结构明细表和高新技术产品（服务）收入明细表及有关编制说明。申报明细表是以申报企业个别财务报表相关数据为基础编制的。

本指引所称研究开发活动，是指为获得科学与技术（不包括人文、社会科学）新知识，创造性运用科学技术新知识，或实质性改进技术、产品（服务）而持续进行的具有明确目标的活动。

本指引所称研究开发项目，是指不重复的，具有独立时间、财务安排和人员配置的研究开发活动。

三、申报企业管理层的责任

在适用的会计准则和相关会计制度框架下，按照《高新技术企业认定管理办法》和《高新技术企业认定管理工作指引》的规定，如实编制研究开发费用结构明细表和高新技术产品（服务）收入明细表，是申报企业管理层的责任。这种责任包括：

（一）设计、实施和维护与研究开发费用结构明细表和高新技术产品（服务）收入明细表相关的内部控制，以使研究开发费用结构明细表和高新技术产品（服务）收入明细表不存在由于舞弊或错误导致的重大错报；

（二）选择和运用恰当的会计政策；

（三）作出合理的会计估计；

（四）恰当界定研究开发项目、高新技术产品（服务）的具体范围。

根据《高新技术企业认定管理工作指引》的规定，申报企业应当建立健全有关核算体系，正确归集研究开发费用和高新技术产品（服务）收入，提供相关凭证及明细表，如实反映企业的研究开发费用和高新技术产品（服务）收入情况。

四、注册会计师的责任

按照本指引的要求，对申报企业最近三个会计年度（实际经营不满三年的按实际经营年限）的研究开发费用结构明细表、最近一个会计年度高新技术产品（服务）收入明细表进行审计，并对研究开发费用结构明细表和高新技术产品（服务）收入明细表发表审计意见，出具专项审计报告，是注册会计师的责任。

五、职业道德要求

注册会计师执行高新技术企业认定专项审计业务，应当遵守相关的职业道德规范，恪守独立、客观、公正的原则，保持专业胜任能力和应有的关注，并对执业过程中获知的信息保密。

六、职业怀疑态度

在计划和实施高新技术企业认定专项审计工作时，注册会计师应当保持职业怀疑态度，充分考虑可能存在的导致申报企业研究开发费用结构明细表和高新技术产品（服务）收入明细表发生重大错报的情形。

注册会计师应当以质疑的思维方式评价所获取证据的有效性，并对相互矛盾的证据，以及引起对文件记录或管理层和治理层提供信息的可靠性产生怀疑的证据保持警觉。

七、审计目标

高新技术企业认定专项审计的目标，是注册会计师通过实施审计工作对申报企业申报明细表的下列方面发表审计意见：

（一）研究开发费用结构明细表和高新技术产品（服务）收入明细表是否在适用的会计准则和相关会计制度框架下，按照《高新技术企业认定管理办法》和《高新技术企业认定管理工作指引》的规定编制；

（二）研究开发费用结构明细表和高新技术产品（服务）收入明细表是否在所有重大方面公允反映申报企业在所审计期间的研究开发费用和高新技术产品（服务）收入情况。

八、总体要求

注册会计师应当了解申报企业基本情况，考虑自身独立性和专业胜任能力，在初步评估风险的基础上，确定是否接受业务委托。在承接业务时，注册会计师应当与申报企业就业务性质、审计范围、时间要求、审计收费、专项审计报告的格式和内容，以及专项审计报告的分发和使用等达成一致意见并签订业务约定书。

在执行高新技术企业认定专项审计业务时，注册会计师应当实施风险评估程序，识别和评估研究开发费用结构明细表和高新技术产品（服务）收入明细表的重大错报风险。风险评估程序本身并不足以为发表审计意见提供充分、适当的审计证据，注册会计师还应当在实施风险评估程序的基础上设计和实施进一步审计程序，包括实施控制测试（必要时或决定测试时）和实质性程序，获取充分、适当的审计证据，得出合理的审计结论，作为形成审计意见的基础。

九、合理保证

注册会计师按照审计准则和本指引的规定执行高新技术企业认定专项审计业务，能够对申报企业的研究开发费用结构明细表和高新技术产品（服务）收入明细表不存在重大错报获取合理保证。

由于审计中存在的固有限制影响注册会计师发现重大错报的能力，注册会计师不能对申报企业的研究开发费用结构明细表和高新技术产品（服务）收入明细表不存在重大错报获取绝对保证。

十、适用范围

本指引适用于注册会计师执行高新技术企业认定专项审计业务。注册会计师可以结合年度财务报表审计实施专项审计业务，也可以单独实施专项审计业务。如果单独实施专项审计业务，注册会计师除遵守本指引外，还应当运用职业判断，确定是否实施其他必要的审计程序。

本指引着重规范高新技术企业认定专项审计业务的特殊方面，对于专项审计业务涉及的事项而本指引未予规范的，注册会计师应当遵守相关审计准则的规定。

第二章　初步业务活动

一、初步业务活动的目的

（一）初步业务活动的基本要求

开展初步业务活动的目的是帮助注册会计师制定审计计划，确保在计划审计工作时达到下列要求：

1. 注册会计师已具备执行业务所需要的独立性和专业胜任能力；

2. 不存在因申报企业管理层诚信问题而影响注册会计师承接该项业务意愿的情况；

3. 与申报企业不存在对业务约定条款的误解。

（二）接受委托时应当考虑的事项

在接受高新技术企业认定专项审计业务委托时，注册会计师应当考虑下列事项：

1. 与申报企业管理层和治理层讨论有关申报明细表审计的重大问题，包括这些重大问题对总体审计策略和具体审计计划的影响；

2. 针对预见到的特别风险，分派熟悉高新技术企业认定政策、专业胜任能力较强的人员；

3. 根据会计师事务所有关接受专项审计委托的质量控制制度实施的其他程序；

4. 申报企业最近三个会计年度财务报表接受审计的情况。

二、初步业务活动的内容

注册会计师在开展初步业务活动中应当考虑下列主要事项：

（一）申报企业的主要股东、关键管理人员和治理层是否诚信

注册会计师应当查阅相关资料，分析判断申报企业主要股东、关键管理人员和治理层的诚信情况。

（二）项目组是否具备专业胜任能力及必要的时间和资源

高新技术企业认定专项审计要求注册会计师具备财务、会计、审计方面的经验并熟悉高新技术企业认定的相关政策，在评价专业胜任能力时，注册会计师还应当考虑是否接受过高新技术企业认定专项审计的相关培训。

（三）会计师事务所和项目组能否遵守职业道德规范

评价遵守职业道德规范的情况也是一项非常重要的初步业务活动。质量控制准则对包括独立性在内的有关职业道德问题提出了要求，注册会计师应当按照其规定执行。

职业道德规范要求项目组成员恪守独立、客观、公正的原则，保持专业胜任能力和应有的关注，并对审计过程中获知的信息保密。

值得注意的是，由于审计过程中情况会发生变化，因此注册会计师对上述事项的考虑应当贯穿审计业务的全过程。例如，在审计过程中，如果注册会计师发现申报明细表存在舞弊迹象，而对管理层、治理层的诚信产生了极大疑虑，注册会计师需要针对这一新情况，考虑是否继续承办该项业务。

三、业务约定书

会计师事务所在确定接受该项业务后应当与申报企业签订《高新技术企业认定专项审计业务约定书》（以下简称专项审计业务约定书）。

（一）签订专项审计业务约定书的总体要求

注册会计师应当在专项审计业务开始前，与申报企业就专项审计业务约定条款达成一致意见，并以书面形式签订专项审计业务约定书，以避免双方对专项审计业务的理解产生分歧。

（二）专项审计业务约定书的内容

专项审计业务约定书的内容，包括专项审计业务约定书的必备条款和应当考虑增加的其他条款等。专项审计业务约定书的具体内容可参考《中国注册会计师审计准则第1111号——审计业务约定书》。

1. 专项审计业务约定书的必备条款

专项审计业务约定书应当对下列方面予以说明：

（1）申报明细表审计的目标；

（2）管理层对申报明细表的责任；

（3）注册会计师的责任；

（4）申报明细表的编制基础；

申报明细表的编制基础是《高新技术企业认定管理办法》和《高新技术企业认定管理工作指引》。

（5）审计范围；

注册会计师应当确定审计业务的特征，包括采用的会计准则和会计制度、专项审计的特殊要求以及申报企业组成部分的分布等，以确定审计范围。

2. 应当考虑增加的其他条款

注册会计师应当考虑在专项审计业务约定书中增加下列条款，明确说明专项审计的特殊性：

（1）应当说明专项审计报告仅供申报企业申报高新技术企业认定时使用，不得用于其他目的；

（2）逐一说明审计对象，包括最近三个会计年度的研究开发费用结构明细表与最近一年的高新技术产品（服务）收入明细表；

（3）在某些方面利用专家的工作情况；

（4）申报企业含有分支机构时，如果注册会计师仅审计申报企业总部申报明细表，或在审计总部申报明细表的同时只审计部分分支机构申报明细表，其余分支机构的申报明细表由其他注册会计师实施审计的，应当在专项审计业务约定书中明确说明。

专项审计业务约定书参考格式见本指引附录1。注册会计师在使用时可以根据具体情况作适当修改。

第三章　计划审计工作

一、总体审计策略

注册会计师应当为审计工作制定总体审计策略以确定审计范围、时间、方向和如何调配审计资源，并指导制定具体审计计划。

（一）审计范围

注册会计师应结合申报企业执行的企业会计准则和相关会计制度、《高新技术企业认定管理办法》和《高新技术企业认定管理工作指引》的要求，以及申报企业分支机构的分布等，确定审计范围。主要考虑下列事项：

1. 高新技术企业认定专项审计的报告要求；

2. 预期的审计工作涵盖范围，包括需审计的分支机构的数量及所在地点；

3. 其他注册会计师参与分支机构审计的范围；

4. 拟利用年度财务报表审计工作中获取的审计证据的程度。

（二）审计时间

审计时间包括执行专项审计的时间安排，与管理层和治理层沟通的重要日期安排以及提交专项审计报告的时间要求等。

（三）审计方向

总体审计策略的制定应当考虑影响专项审计业务的重要因素，以确定项目组工作方向，包括确定适当的重要性水平，初步识别可能存在重大错报风险的领域，初步识别重要账户及交易金额，评价是否需要针对内部控制的有效性获取审计证据，识别申报企业所处行业、专项审计的报告要求及其他相关方面最近发生的重大变化等。

注册会计师在确定重要性水平时，应当结合具体环境考虑重要性性质和数量两方面的因素。在考虑性质因素时，注册会计师需要重点关注错报的性质属于错误还是舞弊。例如，某项错报使申报企业高新技术研究开发费用虚增××万元，从金额绝对值上看并不重要，但该项错报可能使得申报企业从不符合高新技术企业认定条件变为符合高新技术企业认定条件，注册会计师应当判断该项错报是否源于管理层的主观故意。

注册会计师在确定重要性水平时还应当考虑专项审计的特殊要求，包括：

1. 因高新技术企业认定专项审计涉及较多的科学技术因素，并且申报企业管理层存在获得高新技术企业资格以降低税负的动机，所以注册会计师应当对申报企业管理层对高新技术研究开发费用与高新技术产品（服务）收入的发生、截止、分类的认定予以充分关注。

2. 由于专项审计对象涉及不同的申报明细表，两者并不相互依赖、互为条件，在确定重要性水平时，注册会计师应当对研究开发费用结构明细表与高新技术产品（服务）收入明细表分别采用不同的重要性水平。对于不同年度的研究开发费用结构明细表，还应分别确定不同年度的重要性水平。

3. 鉴于专项审计的特点，确定的重要性水平（包括申报明细表层次与认定层次）应当低于相应财务报表审计的重要性水平。

（四）审计资源调配

总体审计策略中应当清楚地说明下列审计资源调配情况：

1. 向具体审计领域调配的资源，包括向复杂的研究开发项目分派熟悉高新技术企业认定政策、具有相关审计经验的项目组成员，就复杂的研究开发项目技术问题利用专家工作等；

2. 向具体审计领域分配资源的数量，包括项目组成员数量，审计时间预算等；

3.如何管理、指导、监督审计资源的利用，包括何时召开项目组预备会和总结会，项目负责人如何进行复核，是否需要实施项目质量控制复核等。

二、具体审计计划

注册会计师应当为审计工作制定具体审计计划，以将审计风险降至可接受的低水平。具体审计计划应当包括风险评估程序、计划实施的进一步审计程序和其他审计程序。

（一）研究开发费用支出

注册会计师在制定具体审计计划时，应当考虑专项审计的特殊情况，包括：

1.对于简单研究开发项目、研究开发费用支出发生频率不高或内部控制薄弱的申报企业，注册会计师采用实质性方案可能最为有效；

2.由于高新技术企业研究开发费用支出的审计范围涵盖了三个会计年度，每个会计年度内研究开发费用的发生情况可能不尽相同，对每个会计年度的研究开发费用支出均应设计相应的审计程序；

3.在测试申报企业对高新技术研究开发费用分类认定时，应当设计相关程序以测试研究开发费用与研究开发项目之间的关联性；

4.当申报企业的指标接近高新技术企业认定标准时，应当特别关注高新技术研究开发费用支出的发生、截止与分类认定是否正确。

（二）高新技术产品（服务）收入

1.在设计高新技术产品（服务）收入审计程序时，应当设计相关程序测试高新技术产品（服务）的确认标识，确认申报企业是否混淆高新技术产品（服务）收入与非高新技术产品（服务）收入的界限，是否虚增高新技术产品（服务）收入。

2.注册会计师在确定测试样本时，针对高新技术产品（服务）收入的测试样本应当涵盖各类高新技术产品（服务）。在确定样本数量时，注册会计师应当关注专项审计的样本量与年度财务报表审计的样本量可能存在差异。

3.对于高新技术产品（服务）收入发生频率不高或内部控制薄弱的申报企业，注册会计师采用实质性方案可能最为有效。

4.当申报企业的指标接近高新技术企业认定标准时，应当特别关注高新技术产品（服务）收入的发生、截止与分类认定是否正确。

三、更改审计计划

计划审计工作并非审计业务的一个孤立阶段，而是一个持续的、不断修正的过程，贯穿于整个审计业务的始终。例如，注册会计师在风险评估过程中评估固定资产内部控制风险水平较低，但在实施控制测试时获取的审计证据不支持评估的风险水平，此时，注册会计师应当修改审计计划并设计新的审计程序。

如果注册会计师在审计过程中对审计计划作出重大更改，应当记录重大更改及其理由，以及对导致此类更改的事项、条件或审计程序结果采取的应对措施。

第四章 风险评估

了解申报企业及其环境并评估重大错报风险是注册会计师实施进一步审计程序的基础。本章重点规范了解申报企业及其环境以及评估重大错报风险，第五章规范了解申报企业内部控制。

一、了解申报企业及其环境

（一）行业状况、法律环境与监管环境以及其他外部因素

注册会计师可能需要了解与分析下列主要情况：

1. 所处行业的市场供求与竞争状况

产品（服务）关键技术指标值与行业指标值相比较是否存在较大差异，从而影响申报企业的产品销售价格（服务价格）或数量，申报企业需要进行技术研究开发活动以增强竞争能力。

2. 产品（服务）技术变化

产品（服务）是否含有较高的技术含量，产品更新换代或服务升级是否较快，申报企业是否为保持技术领先从而需要进行较多的技术研究开发。如通讯产品制造业因其产品更新换代较快，开展的研究开发项目较多。

3. 能源供应与成本

产品是否为高耗能产品，申报企业是否因能源供应日趋紧张、成本上升，需要开展研究开发活动以降低产品能耗与产品成本。

4. 法律监管环境

近年颁布的法律法规是否对申报企业的产品销售产生重大不利影响而需要进行技术研究开发活动以使产品适应法律监管要求。如汽车制造业，因尾气排放标准不断提高而需要不断进行关于降低尾气污染物排放的研究开发项目。

（二）申报企业的性质

注册会计师应当从下列方面了解申报企业的性质：

1. 所有权结构

注册会计师应当了解申报企业的所有权结构与主要所有者，识别关联方，并分析主要所有者与申报企业关联方之间的关系是否会对高新技术产品（服务）销售等数据归集的真实性产生不利影响。

2. 治理结构

注册会计师应当考虑申报企业治理层是否能够在独立于管理层的情况下对申报相关事项（包括申报明细表）作出客观判断。

3. 组织结构

注册会计师应当了解申报企业研究开发部门的设置与分布，分析是否存在专门的机构与人员从事研究开发活动，包括：

（1）研究开发部门数量及其人员；

（2）研究开发项目组成员与来源，技术职称结构；

（3）研究开发人员的考核奖励制度等。

4. 经营活动

注册会计师应当了解申报企业主要高新技术产品（服务）的种类、最近三个会计年度的研究开发计划与主要研究开发成果、目前实施的研究开发项目名称与性质、研究开发工作外包等情况，以分析判断研究开发项目的真实性。

注册会计师应当重点了解与申报企业研究开发项目相关的各种情况，包括：

（1）研究开发项目的目的、性质与类型，关注是否属于《国家重点支持的高新技术领域》范围，获得相关审批的情况（如需要）以及目前的进展情况；

（2）研究开发项目的立项过程；

（3）是否委托关联方或者其他外部机构进行实质性研究开发；

（4）产学研的合作方式、合作研究开发项目的所有权归属等。

在了解上述研究开发项目内容时，注册会计师应当考虑利用专家的工作。

5. 投资活动

注册会计师应当重点了解为开展研究开发项目而投入的主要研究设备，考虑实施观察程序以实地考察研究开发项目所使用的固定资产是否未用于研究开发项目。

6. 筹资活动

了解申报企业的借款情况，重点分析研究开发项目是否使用了金融机构的贷款，包括是否采用融资租赁方式租赁研究开发设备。

（三）申报企业对会计政策的选择与运用

注册会计师应当分析申报企业研究开发费用和高新技术产品（服务）收入核算时所确定的会计政策与编制财务报表时所确定的会计政策是否一致，并特别考虑下列情况：

1. 了解申报企业多个研究开发项目之间费用的分配方法，分析费用分配方法是否合理；

2. 识别与确定高新技术产品（服务）收入归集的对象是否属于《高新技术认定管理办法》规定的范围，包括申报企业如何确定相关产品（服务）的识别标志、技术属性等；

3. 销售截止认定相关证据的性质，包括服务收入确认的主要标志与确认文件。

（四）申报企业的目标、战略以及相关经营风险

注册会计师应当了解申报企业的目标、战略以及相关经营风险，包括：

1. 申报企业是否制定了涉足新的业务领域与地区的经营目标。是否出于适应新的业务领域与地区消费者需求及法律监管要求等原因而增加研究开发投入；

2. 申报企业是否确立了创建科技创新型企业的发展战略，从而增加研究开发投入；

3. 申报企业是否由于涉足新的业务领域与地区、跨国界经营等因素，产生经营业绩不佳的经营风险而需要获得高新技术企业资格以降低税负、改善经营业绩指标，从而可能产生申报明细表的重大错报。

（五）申报企业财务业绩的衡量与评价

注册会计师应当了解申报企业的下列方面：

1. 高新技术产品（服务）收入是否作为主要业绩考核指标，并与管理层薪酬制度、股权激励政策相联系；

2. 计划实施的研究开发项目支出是否制定了相应的年度预算，并将实际支出与预算的差异作为研究开发人员的业绩考核指标。

二、评估重大错报风险

注册会计师应当识别和评估申报明细表层次以及各类交易、列报认定层次的重大错报风险。

（一）识别和评估重大错报风险的程序

在识别与评估重大错报风险时，注册会计师应当实施下列程序：

1. 在了解申报企业及其环境的整个过程中识别风险；

2. 将识别的风险与认定层次可能发生的错报领域相联系；

3. 考虑识别的风险是否重大；

4. 考虑识别的风险导致申报明细表发生重大错报的可能性。

（二）识别与评估申报明细表层次的重大错报风险

注册会计师应当确定所识别的重大错报风险是否与申报明细表整体广泛相关。例如，申报企业未能提供研究开发项目的相关计划与实施方案、研究开发工作记录，则其编制的研究开发费用结构明细表整体上就可能存在重大错报风险。

申报明细表层次的重大错报风险很可能源于薄弱的控制环境。薄弱的控制环境带来的风险可能对申报明细表产生广泛影响，例如申报企业未建立完善的内部控制制度，申报明细

表则可能产生重大错报风险；管理层因薪酬制度、实施股权激励等原因可能凌驾于内部控制制度之上，伪造或篡改编制申报明细表所依据的会计记录或相关文件，随意变更与高新技术研究开发费用支出或产品（服务）收入相关的会计政策与会计估计，形成申报明细表层次的重大错报风险。

注册会计师应当针对申报明细表层次的重大错报风险采取总体应对措施。

（三）识别与评估认定层次重大错报风险

注册会计师应当确定所识别的重大错报风险是否与特定的某类交易和列报的认定相关。例如，申报企业对某笔较大金额的研究开发费用支出未能提供相关合同以证实其确为研究开发费用，则该笔支出将影响研究开发费用的"发生"认定。

注册会计师在识别和评估认定层次重大错报风险时，应当考虑下列情况：

1. 通过实施询问、检查文件记录程序了解研究开发项目的相关信息，包括该项目的实施进度，分析申报企业对研究开发费用归集的真实性，判断申报企业管理层对费用的发生、截止、分类等认定是否存在重大错报，考虑是否存在高估研究开发费用支出的风险。

2. 通过了解高新技术产品（服务）的识别标志与技术属性，分析高新技术产品（服务）销售收入归集的准确性，判断管理层关于收入的发生、截止、分类的认定是否存在故意误用等情况，考虑是否存在高估高新技术产品（服务）收入的风险。

（四）内部控制对评估认定层次重大错报风险的影响

在评估重大错报风险时，注册会计师应当将所了解的控制与特定认定相联系。例如，高新技术产品（服务）收入的截止、分类认定存在重大错报可能与销售收入循环的内部控制相关。

（五）需要特别考虑的重大错报风险

注册会计师应当运用职业判断，确定识别的风险中哪些是需要特别考虑的重大错报风险。在确定风险的性质时，注册会计师应当考虑下列事项：

1. 申报企业管理层可能存在为了申请高新技术企业资格以享受税收优惠政策的动机，导致高新技术研究开发费用支出与高新技术产品（服务）收入存在重大错报风险。

注册会计师应当假定申报企业的高新技术研究开发费用支出和高新技术产品（服务）收入存在舞弊风险；

2. 错报风险是否与申报企业近期高新技术产品（服务）收入、申报企业的经营状况、会计处理方法和其他方面的重大变化有关；

3. 研究开发项目的复杂程度。例如，大型复杂的研究开发项目可能涉及多个分支机构与多个部门，注册会计师应当考虑研究开发费用的归集是否完整；

4. 高新技术产品（服务）收入是否涉及重大的关联方交易；

5. 申报明细表信息计量。例如，高新技术系统集成产品收入的确认是否可能存在较大的随意性从而产生高新技术产品（服务）收入确认的风险；

6. 高新技术产品（服务）收入是否涉及异常或与商业惯例不符的重大交易。

（六）考虑与特别风险相关的控制

了解与特别风险相关的控制，有助于注册会计师制定有效的审计方案予以应对。针对特别风险，注册会计师应当评价相关控制的设计情况，并确定其是否已经得到执行。如果申报企业管理层未能实施控制以恰当应对特别风险，注册会计师应当认为内部控制存在重大缺陷，并考虑其对风险评估的影响。在此情况下，注册会计师应当就此类事项与治理层沟通。

（七）仅通过实质性程序无法应对的重大错报风险

如果申报企业对日常交易的处理高度自动化，审计证据可能仅以电子形式存在，其充分性和适当性通常取决于自动化信息系统相关控制的有效性。注册会计师应当考虑仅通过实施实质性程序不能获取充分、适当审计证据的可能性。如果认为仅通过实施实质性程序不能获取充分、适当的审计证据，注册会计师应当考虑依赖相关的内部控制。

第五章　了解内部控制

内部控制是被审计单位为了合理保证财务报告的可靠性、经营的效率和效果以及对法律法规的遵守，由治理层、管理层和其他人员设计和执行的政策和程序。了解申报企业与申报明细表相关的内部控制是识别和评估重大错报风险、设计和实施进一步审计程序的基础。

一、内部控制要素

内部控制包括下列要素：

（1）控制环境；

（2）风险评估过程；

（3）信息系统与沟通；

（4）控制活动；

（5）对控制的监督。

注册会计师实施专项审计的目的是对申报企业编制的申报明细表发表审计意见，并非对申报企业内部控制的有效性发表意见，注册会计师需要了解和评价的内部控制只是与申报明细表相关的内部控制，并非申报企业所有的内部控制。

与申报明细表相关的内部控制，包括申报企业为实现申报明细表可靠性目标设计和实施的控制。注册会计师应当运用职业判断，考虑一项控制单独或连同其他控制是否与评估重大错报风险以及针对评估的风险设计和实施的进一步审计程序有关。

在运用职业判断时，注册会计师应当考虑下列因素：（1）注册会计师确定的重要性水平；（2）申报企业的性质，包括组织结构和所有制性质；（3）申报企业的规模；（4）申报企业经营的多样性和复杂性；（5）法律法规和监管要求；（6）作为内部控制组成部分的系统（包括利用服务机构）的性质和复杂性。

注册会计师通常实施下列风险评估程序，以获取有关控制设计和执行的审计证据：（1）询问申报企业的人员；（2）观察特定控制的运用；（3）检查文件和报告；（4）追踪交易在与申报明细表相关的信息系统中的处理过程（穿行测试）。这些程序是风险评估程序在了解申报企业内部控制方面的具体运用。

在了解内部控制时，注册会计师应当考虑内部控制的人工和自动化特征及其影响。

（一）控制环境

控制环境包括治理职能和管理职能，以及治理层和管理层对内部控制及其重要性的态度、认识和措施。控制环境设定了内部控制的基调，影响员工对内部控制的认识和态度。良好的控制环境是实施有效内部控制的基础。

在评价控制环境的设计时，注册会计师应当考虑构成控制环境的下列要素，以及这些要素如何被纳入申报企业的业务流程：（1）对诚信和道德价值观念的沟通与落实；（2）对胜任能力的重视；（3）治理层的参与程度；（4）管理层的理念和经营风格；（5）组织结构；（6）职权与责任的分配；（7）人力资源政策与实务。

在评价控制环境各个要素时，注册会计师应当考虑控制环境各个要素是否得到执行。

在确定构成控制环境的要素是否得到执行时，注册会计师应当考虑将询问与其他风险评估程序相结合以获取审计证据。

控制环境对重大错报风险的评估具有广泛影响。注册会计师在评估重大错报风险时，存在令人满意的控制环境是一个积极的因素。控制环境影响进一步审计程序的性质、时间和范围。虽然令人满意的控制环境并不能绝对防止舞弊的发生，但却有助于降低发生舞弊的风险。

控制环境本身并不能防止或发现并纠正各类交易、账户余额、列报认定层次的重大错报，注册会计师在评估重大错报风险时，应当将控制环境连同其他内部控制要素产生的影响一并考虑。例如，将控制环境与对控制的监督和具体控制活动一并考虑。

（二）风险评估过程

企业在经营活动中会面临各种各样的风险，风险对其生存和竞争能力产生影响。很多风险并不为企业所控制，但企业管理层应当确定可以承受的风险水平，识别风险并采取相应的应对措施。可能产生风险的事项和情形包括：监管和经营环境的变化、新员工的加入、新信息系统的使用或对原系统进行升级、业务快速发展、新技术运用、新生产型号、产品和业务活动、企业重组、发展海外经营、实施新会计准则等。

风险评估过程的作用是识别、评估和管理影响申报企业实现经营目标的各种风险。

在评价申报企业风险评估过程的设计和执行时，注册会计师应当确定管理层如何识别与申报明细表相关的经营风险，如何估计该风险的重要性，如何评估风险发生的可能性，以及如何采取措施管理这些风险。如果申报企业的风险评估过程符合其具体情况，了解申报企业的风险评估过程和结果有助于注册会计师识别申报明细表的重大错报风险。

（三）信息系统与沟通

信息系统与沟通是收集与交换申报企业执行、管理和控制业务活动所需信息的过程。信息系统与沟通的质量直接影响到管理层对经营活动作出正确决策和编制可靠申报明细表的能力。

注册会计师应当从下列方面了解与申报明细表相关的信息系统：（1）在申报企业经营过程中，对申报明细表具有重大影响的各类交易；（2）在信息技术和人工系统中，交易生成、记录、处理和报告的程序；（3）与交易生成、记录、处理和报告相关的会计记录、支持性信息和申报明细表中的特定项目；（4）信息系统如何获取除各类交易之外的对申报明细表具有重大影响的事项和情况的信息；（5）申报企业编制申报明细表的过程。

与申报明细表相关的沟通通常包括使员工了解各自在与申报明细表有关的内部控制方面的角色和职责，员工之间的工作联系，以及向适当级别的管理层报告例外事项的方式。注册会计师应当了解申报企业内部如何对与申报明细表相关的岗位职责，以及与申报明细表相关的重大事项进行沟通。注册会计师还应当了解管理层与治理层（特别是审计委员会）之间的沟通，以及申报企业与外部（包括监管部门）的沟通。

（四）控制活动

控制活动是指有助于确保管理层的指令得以执行的政策和程序，包括与授权、业绩评价、信息处理、实物控制和职责分离等相关的活动。

在了解控制活动时，注册会计师应当重点考虑一项控制活动单独或连同其他控制活动是否能够以及如何防止或发现并纠正各类交易、账户余额、列报存在的重大错报。

（五）对控制的监督

管理层的重要职责之一就是建立和维护控制并保证其持续有效运行，对控制的监督可以实现这一目标。监督是由适当的人员在适当、及时的基础上，评估控制的设计和运行情况的过程。

注册会计师应当了解申报企业对控制的持续监督活动和专门的评价活动。通常，申报企业通过持续的监督活动、专门的评价活动或两者相结合，实现对控制的监督。

持续的监督活动通常贯穿于申报企业的日常经营活动与常规管理工作中。例如，管理层在履行其日常管理活动时，取得内部控制持续发挥功能的信息。当业务报告、申报明细表与他们获取的信息有较大差异时，将对重大差异提出疑问，并作出必要的追踪调查和处理。

申报企业可能使用内部审计人员或具有类似职能的人员对内部控制的设计和执行进行专门的评价，以找出内部控制的优点和不足，并提出改进建议。

申报企业也可能利用与外部有关各方沟通或交流所获取的信息监督相关的控制活动。在某些情况下，外部信息（如顾客投诉和监管机构的意见）可能显示内部控制存在的问题和需要改进之处。

用于监督活动的信息大多由申报企业的信息系统产生，这些信息可能会存在错报，从而导致管理层从监督活动中得出错误的结论。因此，注册会计师应当了解与申报企业监督活动相关的信息来源，以及管理层认为信息具有可靠性的依据。如果拟利用申报企业监督活动使用的信息（包括内部审计报告），注册会计师应当考虑该信息是否具有可靠的基础，是否足以实现审计目标。

二、了解和评价与研究开发费用相关的控制活动和信息系统

这里以研究开发费用常见的业务流程为主线，以示例的形式说明注册会计师如何了解和评价申报企业与研究开发费用相关的控制活动及信息系统。

需要说明的是，申报企业的情况千差万别，本指引不可能涵盖所有的情况。在执行审计业务时，注册会计师应当结合申报企业的实际情况，对具体业务流程作出相应的调整和取舍。

（一）了解业务流程的主要步骤

对申报企业研究和开发费用相关的内部控制的了解，应当从了解研究开发的背景开始，以便于注册会计师更好地理解申报企业的研发控制活动。对研究开发背景的了解可以围绕下列内容展开：（1）申报企业拥有自主知识产权的情况；（2）从事研究开发的主要领域；（3）在研究开发方面的获奖情况；（4）从事研究开发人员的基本情况；（5）研究开发活动使用的材料、燃料、电力情况；（6）研究开发活动使用的固定资产、无形资产情况等。

研究开发费用控制通常属于申报企业费用和成本控制的重要组成部分，在对研究开发费用控制进行了解时，注册会计师需要考虑那些针对研究开发费用完整性、发生、准确性和分类等认定的控制。

研究开发业务流程通常包括下列主要活动：

1. 立项和预算管理

（1）项目的申请和批准；

（2）预算的编制和批准。

2. 人员管理

（1）研发机构的设立、研发人员的组织和聘用；

（2）工作记录；

（3）绩效考核；

（4）薪酬的计算、支付和记录。

3. 设备、材料管理

（1）设备、材料的购置申请；

（2）设备、材料的验收；

（3）设备、材料的领用和记录。

4. 委托外部研究开发

（1）委托外部研究开发的申请和审批；

（2）委托外部开发成果的验收；

（3）付款和记录。

5. 结项管理

（1）项目的总体评议和成果鉴定；

（2）预算差异分析。

了解控制的程序包括检查申报企业相关控制手册和其他书面指引，询问各部门的相关人员，观察操作流程等。例如，注册会计师可以询问研究开发项目负责人，了解研究开发项目的立项和预算情况；可以询问仓库人员，了解设备、材料管理流程；也可以询问会计人员，了解有关账务处理的流程。注册会计师应当考虑流程在各部门之间如何衔接，如单据的流转和核对，以及各部门人员的职责分工等。

注册会计师可以通过文字叙述、流程图等方式记录上述业务流程。

（二）确定错报可能发生的环节

注册会计师应当结合上述了解的结果，确定申报企业需要在哪些环节设置控制，以防止或发现并纠正交易流程中的错报，即确定错报可能发生的环节。下表列举了研究开发业务流程中错报可能发生的环节，以说明注册会计师如何确定申报企业的控制目标是否得到实现。

"错报可能发生的环节" 示例表

"错报可能发生的环节" 示例	认　定
1. 人工费用	
怎样确保所有的研发工资／奖金费用均已入账？	完整性
怎样确保非研发人员的工资／奖金不计入研发费用？	发生
怎样确保研发工资／奖金费用记录于正确的期间？	截止
怎样避免记录重复的研发人员工资费用？	发生
怎样确保工资费用在不同研究开发项目间正确分配？	分类
2. 材料、工装准备	
怎样确保所有的研发材料费用均已入账？	完整性
怎样确保研发材料费用记录于正确的期间？	截止
怎样避免记录重复的研发活动材料费用？	发生
怎样确保非研发活动的材料支出不计入研发费用？	发生
怎样确保非研发活动的工装准备支出不计入研发费用？	发生
怎样确保研发材料费用在不同研究开发项目间正确分配？	分类
怎样确保研发活动的工装准备费用在不同研究开发项目间正确分配？	分类
3. 长期资产摊销	
怎样确保非研发活动的长期资产（固定资产、无形资产、长期待摊费用）计提的折旧或摊销的费用不计入研发费用？	发生
怎样确保研发活动相关长期资产计提的折旧或摊销的费用计算正确？	准确性／计价
怎样确保长期资产计提的折旧或摊销的费用在不同研究开发项目间正确分配？	分类

续表

"错报可能发生的环节"示例	认　定
4. 外包	
怎样确保非研发活动的外包支出不计入研发费用？	发生
怎样确保委托境外的外部研发投入不计入境内的外部研发支出？	发生
怎样确保外包费用计入正确的研究开发项目？	分类
5. 预算	
怎样确保研发费用预算的合理性？	发生／完整性
怎样确保研发费用预算得到执行？	发生／完整性

值得注意的是，一方面，某项控制目标可能涉及几项控制。注册会计师应当重点考虑某项控制活动单独或连同其他控制活动是否能够防止或发现并纠正重大错报。另一方面，某些控制可能涉及多项控制目标。因此，在实务中，为提高审计效率，注册会计师应当考虑了解和识别能针对多项控制目标的控制。

（三）了解和识别相关控制

注册会计师应当根据申报企业的实际情况，通过询问、观察、检查、穿行测试等审计程序，了解和识别相关控制，并对其结果形成审计工作记录，包括记录控制由谁执行以及如何执行。

注册会计师了解和识别内部控制时，应当将重点放在能够发现并纠正错误的关键控制，并且对控制的描述应当说明控制活动与最终的研究开发费用结构明细表的逻辑关系。

（四）执行穿行测试

执行穿行测试，证实对研发流程和相关控制的了解，并确定相关控制是否得到执行。注册会计师应当选择一笔或几笔交易进行穿行测试。例如，针对人工费用，追踪从职工薪酬标准采用→员工人数统计→工时统计→支付审批→项目工时归集→项目人工费用分配→各研究开发项目人工费用数据生成的整个流程，考虑之前对相关内部控制的了解是否正确和完整，并确定相关控制是否得到执行。

在执行穿行测试时，注册会计师应当询问执行交易流程和控制的相关人员，并根据需要检查有关单据和文件，询问其对已发现的错报的处理。需要注意的是，如果不打算依赖控制，注册会计师仍应执行穿行测试，以确定之前对业务流程及可能发生错报环节的了解是否正确和完整。注册会计师还应当按照审计准则的规定，对相关控制的设计是否合理和得到执行进行评价，以确定进一步审计程序。

三、了解与高新技术产品（服务）收入相关的控制活动和信息系统

由于高新技术产品收入与技术性收入的业务流程具有很高的相似性，本指引以高新技术产品收入常见的业务流程为主线，以示例的形式说明注册会计师如何了解和评价申报企业与高新技术产品收入相关的控制活动和信息系统。

需要说明的是，申报企业的情况千差万别，本指引不可能涵盖所有情况。在执行审计业务时，注册会计师应当结合申报企业实际情况，对具体业务流程作出相应的调整和取舍。

（一）了解业务流程的主要步骤

销售在申报企业中通常属于重要业务流程和重要交易类别，营业收入也通常被确定为存在较高重大错报风险的重要账户。对某些企业来说，销售退回的处理可能也是重要的交易

类别。

高新技术产品销售的业务流程通常包括下列主要活动：

1. 一般销售的业务流程

（1）接到客户订单；

（2）将订单输入系统；

（3）核准信用状况及赊销条款；

（4）检查订单并准备发货；

（5）编制发运凭证（或提货单）；

（6）递交发运凭证（或提货单）至客户；

（7）开具销售发票；

（8）复核销售发票的准确性并递交至客户；

（9）生成销售明细账；

（10）汇总销售明细账并过入总账。

2. 销售退回、折扣与折让的业务流程

（1）处理销售退回、折扣与折让的请求；

（2）批准请求；

（3）收到退货；

（4）编制销售退回、折扣与折让的表单，即销售方同意贷记购买方应收账款的凭证；

（5）记录销售退回、折扣与折让；

（6）更新应收账款账户。

3. 维护客户档案的业务流程

（1）提交变更申请；

（2）审核、批准；

（3）更新客户档案。

了解的程序包括检查申报企业相关控制手册和其他书面指引，询问各部门的相关人员，观察操作流程等。例如，注册会计师可以询问销售人员，了解订单处理和开票的流程；可以询问仓库人员，了解发货的流程；也可以询问会计人员，了解有关账务处理的流程。注册会计师还应当考虑流程在各部门之间如何衔接，如单据的流转和核对，以及各部门人员的职责分工等。

注册会计师可以通过文字叙述、流程图等方式记录上述业务流程。

（二）确定错报可能发生的环节

注册会计师应当结合了解的结果，确定申报企业需要在哪些环节设置控制，以防止或发现并纠正业务流程中的错报，即确定错报可能发生的环节。下表列举了一般销售、销售退回、销售折扣与折让以及维护客户档案等业务流程中错报可能发生的环节，以说明注册会计师如何确定申报企业的控制目标是否得到实现。

"错报可能发生的环节"示例表

"错报可能发生的环节"示例	认　定
1. 一般销售	
怎样确保已记录销售订单内容的准确性？	准确性

"错报可能发生的环节" 示例	认　定
怎样确保销售订单经过管理层核准？	发生
怎样确保销售订单均已得到有效处理？	完整性
怎样确保发货记录于正确的期间？	截止
怎样确保已记录的销售均已发货？	发生
怎样确保及时开具发票？	完整性／截止
怎样确保发票开具和销售价格经过管理层批准？	准确性／计价
怎样确保登记入账的销售数量系经核准的已发货数量？	准确性／计价
怎样确保所有销售均已登记入账？	完整性
怎样确保已记录的销售均为真实发生？	发生
怎样确保销售得到及时记录？	截止
怎样确保销售记录于正确的期间？	截止
怎样确保销售均已准确记录并对高新技术产品收入进行恰当分类？	分类
2. 销售退回、折扣与折让	
怎样确保已记录的销售退回、折扣与折让均为真实发生？	完整性
怎样确保已发生的销售退回、折扣与折让均已准确记录？	准确性／分类
怎样确保已发生的销售退回、折扣与折让记录于正确的期间？	截止
怎样确保已发生的销售退回、折扣与折让均已记录？	发生
3. 维护客户档案	
怎样确保对客户档案的变更均为真实有效？	完整性／发生
怎样确保对客户档案变更是准确的？	准确性／分类
怎样确保将客户档案变更记录于正确的期间？	完整性／发生
怎样确保客户档案数据及时更新？	完整性／发生

值得注意的是，一方面，某项控制目标可能涉及几项控制，注册会计师应当重点考虑某项控制活动单独或连同其他控制活动，是否能够防止或发现并纠正重大错报。另一方面，某些控制可能涉及多项控制目标。因此，在实务中，为提高审计效率，注册会计师应当考虑了解和识别能针对多项控制目标的控制。

（三）了解和识别相关控制

注册会计师应当根据申报企业的实际情况，通过询问、观察、检查、穿行测试等审计程序，了解和识别相关控制，并对其结果形成审计工作记录，包括记录控制由谁执行以及如何执行。

在了解和识别内部控制时，注册会计师应当将重点放在能够发现并纠正错误的关键控制，并且对控制的描述应当说明控制活动与最终的高新技术产品（服务）收入明细表的逻辑关系。

（四）执行穿行测试

注册会计师应当选择一笔或几笔交易进行穿行测试。例如，针对销售，追踪从接到客户订单→将订单输入系统→核准信用状况及赊销条款→核准订单并准备发货→编制发运凭证（或提货单）→递交发运凭证（或提货单）至客户→开具销售发票→复核发票的准确性并递交至客户→生成销售明细账→汇总销售明细账过入总账等交易的整个流程，考虑之前对相关控制的了解是否正确和完整，并确定相关控制是否得到执行。

在执行穿行测试时，注册会计师应当询问执行业务流程和控制的相关人员，并根据需要检查有关单据和文件，询问其对已发现错报的处理。需要注意的是，如果不打算信赖控制，注册会计师仍应当执行穿行测试，以确定之前对业务流程及可能发生错报环节的了解是否准确和完整。注册会计师还应当按照审计准则的相关规定，对相关控制设计是否合理和得到执行进行评价，以确定进一步审计程序。

第六章　对研究开发费用实施的进一步审计程序

一、控制测试

（一）一般要求

当在评估认定层次重大错报风险时，预期控制的运行是有效的，或者实施实质性程序不足以提供认定层次充分、适当的审计证据时，注册会计师应当实施控制测试，以获取其运行有效的审计证据。注册会计师只对那些设计合理，能够防止、发现并纠正认定层次重大错报的内部控制进行测试以验证其运行是否有效。这种测试主要是出于成本效益的考虑。

需要说明的是，申报企业在所审计期间内可能由于技术更新或组织管理变更而更换了信息系统，从而导致在不同时期使用了不同的控制。如果申报企业在所审计期间内的不同时期使用了不同的控制，注册会计师应当考虑不同时期控制运行的有效性。

1.控制测试的性质

控制测试的性质是指控制测试审计程序的类型，通常包括询问、观察、检查、穿行测试和重新执行。

注册会计师应当根据特定控制的性质选择所需实施审计程序的类型。

注册会计师不仅应当考虑与认定直接相关的控制，而且还应当考虑这些控制所依赖的与认定间接相关的控制，以获取支持控制运行有效性的审计证据。

对于一项自动化的应用控制，由于信息技术处理过程的内在一贯性，注册会计师可以利用该项控制得以执行的审计证据和信息技术一般控制（特别是对系统变动的控制）运行有效性的审计证据，作为支持该项控制在相关期间运行有效性的重要审计证据。

如果通过实施实质性程序未发现某项认定存在错报，这本身并不能说明与该认定有关的控制是有效运行的；但如果通过实施实质性程序发现某项认定存在错报，注册会计师应当在评价相关控制的运行有效性时予以考虑。

2.控制测试的时间

对特定时点的控制进行测试，注册会计师仅得到该时点控制运行有效性的审计证据；对某一期间的控制进行测试，注册会计师可获取控制在该期间有效运行的审计证据。

注册会计师对研究开发费用进行专项审计，需要获取研究开发费用内部控制在被审计期间运行有效的审计证据，并需要对被审计期间进行测试。

研究开发费用专项审计涉及三个完整的会计年度，如果注册会计师拟信赖内部控制，应对三个完整会计年度与研究开发费用相关的内部控制进行测试。

3.控制测试的范围

注册会计师应当设计控制测试，以获取控制在整个拟信赖的期间有效运行的充分、适当的审计证据。注册会计师在确定控制测试范围时，一般应当考虑下列因素：

（1）在整个拟信赖的期间，申报企业执行控制的频率。控制执行的频率越高，控制测试的范围越大。

（2）在所审计期间，注册会计师拟信赖控制运行有效性的时间长度。拟信赖控制运行有效性的时间长度不同，在该时间长度内发生的控制活动次数也不同。注册会计师需要根据拟信赖控制的时间长度确定控制测试的范围。拟信赖期间越长，控制测试的范围越大。

（3）为证实控制能够防止或发现并纠正认定层次重大错报，所需获取审计证据的相关性和可靠性。对审计证据的相关性和可靠性要求越高，控制测试的范围越大。

（4）通过测试与认定相关的其他控制获取的审计证据的范围。针对同一认定，可能存在不同的控制。当针对其他控制获取审计证据的充分性和适当性较高时，测试该控制的范围可适当缩小。

（5）在风险评估时拟信赖控制运行有效性的程度，并依据对控制的信赖程度相应减少实质性程序。注册会计师在风险评估时对控制运行有效性的拟信赖程度越高，需要实施控制测试的范围越大。

（6）控制的预期偏差。预期偏差可以用控制未得到执行的预期次数占控制应当得到执行次数的比率加以衡量。控制的预期偏差率越高，需要实施控制测试的范围越大。如果控制的预期偏差率过高，针对某一认定实施控制测试可能是无效的。

（二）控制测试的程序

注册会计师对内部控制的测试应涵盖内部控制的五个要素，这里重点说明对研究开发费用相关的控制活动和信息系统的测试，其他要素的测试要求应当遵循《中国注册会计师审计准则第1231号——针对评估的重大错报风险实施的程序》。

下面以示例的形式说明针对申报企业研究开发业务的常用的控制测试。需要注意的是，由于申报企业的情况千差万别，本指引中的相关内部控制测试并不可能涵盖所有情况，在执行审计业务时，注册会计师应当结合申报企业实际情况，作出相应的调整和取舍。

控制目标	认定	常用的控制活动	常用的控制测试
1.人工费用			
所有研发工资薪金均已入账	完整性	员工的录用、辞退应经过研究开发项目相关负责人批准，员工名册的变更与经研究开发项目相关负责人批准的录用、辞退等支持性文件核对一致以确保员工的变动得到正确记录。	检查员工的变更是否与录用、辞退等支持性文件一致。
		对员工变更单进行连续编号，以确保所有变更都已处理。	检查员工的录用、辞退记录单据是否连续编号。
		将记入研究开发费用的工时数与考勤记录的工时数调节相符。	检查内部调节及审核的标记。

控制目标	认定	常用的控制活动	常用的控制测试
非研发人员的工资薪金不计入研发费用	发生	研究开发项目管理部门统计工时，负责工资计算的部门依据研究开发项目管理部门统计的工时和规定的工资标准制作工资表。	检查工时统计是否由研究开发项目管理部门统计、检查工资计算标准是否符合规定。
研发工资薪金记录于正确的期间	截止	研发人员的工资表经过研究开发项目有关负责人签署后报财务部门发放工资，会计人员依据研究开发项目有关负责人签署后的工资表记录工资费用。	检查研发人员的工资表是否经过研究开发项目有关负责人签署后报财务部门发放工资，会计人员是否依据研究开发项目有关负责人签署后的工资表记录工资费用。
		每月的×日前，研究开发项目有关负责人应签署上月的研发人员的工资，×日前，会计人员依据研究开发项目有关负责人签署后的工资表记录工资费用。	检查研究开发项目有关负责人是否在每月的×日前签署上月的研发人员工资表，会计人员记录的工资费用是否在每月的×日前完成。
避免记录重复的研发人员工资薪金	发生	人事部门对工资表进行复核。	检查人事部门是否每月复核工资表。
工资薪金在不同研究开发项目间正确分配	分类	财务部门依据各研究开发项目的工时统计计算各项目的工资费用。	检查财务部门是否依据各研究开发项目的工时统计计算各项目的工资费用。
2. 材料、工装准备			
所有的研发材料费用均已入账	完整性	研发部门对领料单进行连续编号。	检查领料单是否连续编号。
研发材料费用记录于正确的期间	截止	财务部门在每月的月底处理完所有的研究开发项目的领料单、出库单。	执行领料单、出库单的截止测试。
避免记录重复的研发活动材料费用	发生	财务部门和研发部门每月核对领料情况。	检查财务部门和研发部门是否每月核对记录。
非研发活动的原材料费用不计入研发费用。	发生	财务部门作为研发费用记账依据的原材料领用单必须经过研发部门有关负责人签署。	检查研发费用的原材料领用单等单据是否经过研发部门有关负责人签署。
非研发活动的工装准备支出不计入研发费用	发生	财务部门作为研发费用记账依据的工装准备支出单据必须经过研发部门有关负责人签署。	检查作为研发费用记账依据的工装准备支出单据是否经过研发部门有关负责人签署。
材料费用在不同研究开发项目间正确分配	分类	财务部门依据各研究开发项目的领料单计算各项目的材料费用。	检查财务部门是否依据各研究开发项目的领料单计算各项目的材料费用。
研发活动工装准备费用在不同研究开发项目间正确分配	分类	财务部门依据各研究开发项目的工装准备费用单据计算各项目的工装准备费用。	检查财务部门是否依据各研究开发项目的工装准备费用单据计算各项目的工装准备费用。

控制目标	认定	常用的控制活动	常用的控制测试
3. 长期资产摊销			
非研发活动的长期资产摊销不计入研发费用	发生	研发活动所需的长期资产的购置必须经过研究开发项目相关负责人批准。	检查研发活动的长期资产的购置是否经过研究开发项目相关负责人批准。
		经过研发部门相关负责人批准购置的长期资产的摊销费用才能计入研发费用。	检查计入研发费用的长期资产的摊销费用是否限于研发活动的长期资产的摊销。
研发活动相关长期资产的摊销计算正确	准确性/计价	摊销的会计政策经过申报企业的董事会批准,会计部门执行经过批准的会计政策。	检查会计部门执行的长期资产摊销的会计政策是否经过董事会批准。
长期资产摊销费用在不同研究开发项目间正确分配	分类	长期资产摊销费用在不同研究开发项目之间按照机器工时或其他合理标准分配,各研究开发项目的机器工时或其他标准统计单据须经过研发部门相关负责人签署。	检查财务部门是否依据各研究开发项目的机器工时或其他标准统计单据分配长期资产摊销费用,机器工时或其他标准统计单据是否经过研发部门相关负责人签署。
4. 外包			
非研发活动的外包支出不计入研发费用	发生	所有研发活动的外包合同必须经过研究开发项目负责人签署。财务部门依据经过签署的研发活动外包合同和对方提供的有效付款凭证,以及表明经过研究开发项目负责人签署的外包研发活动进展情况的验收确认单据付款,会计人员核对合同和付款单据后记账。	检查外包合同是否经过研究开发项目负责人签署。检查账务处理是否与付款单据、合同一致。
委托境外的外部研发投入不计入境内的外部研发支出	发生	研发机构对委托境外的外部研发投入和境内的外部研发支出在费用单据上进行标注,并经相关负责人审批。	检查委托境外的外部研发投入和境内的外部研发支出在费用单据上是否分别标注,并经相关负责人审批。
		财务部门对委托境外的外部研发投入和境内的外部研发支出分别账户核算。	检查财务部门是否依据研发部门的不同标注计入不同账户。
外包费用计入正确的项目	分类	所有的外包支付申请必须说明外包所属的研究开发项目名称、项目编号。财务部门依据研究开发项目名称、项目编号将外包费用计入相应的研究开发项目。	检查费用记录与外包支付申请的研究开发项目名称、项目编号是否一致。
5. 预算			
研发费用预算的合理性	发生/完整性	研究开发项目小组编制预算,董事会审批预算。	检查研发费用预算是否经过董事会审批。
研发费用预算得到执行	发生/完整性	财务部门每月分析研发费用的实际发生额同预算的差异,分析报告经财务经理签署后报总经理。	检查财务部门是否每月分析研发费用的实际发生额同预算的差异。

二、实质性程序

（一）一般要求

实质性程序是指注册会计师针对评估的重大错报风险实施的直接用以发现认定层次重大错报的审计程序。

1. 实质性程序的性质

实质性程序的性质，是指实质性程序的类型及其组合。实质性程序的基本类型包括细节测试和实质性分析程序。

2. 实质性程序的时间

在申报企业研究开发费用专项审计中，通常不存在对期中审计证据和对以前审计获取的审计证据的考虑，因而应当在本次专项审计中实施实质性程序。

3. 实质性程序的范围

在确定实质性程序的范围时，注册会计师应当考虑评估的认定层次重大错报风险和实施控制测试的结果。注册会计师评估的认定层次的重大错报风险越高，需要实施实质性程序的范围越广；如果对控制测试结果不满意，注册会计师应当考虑扩大实质性程序的范围。

在设计细节测试时，注册会计师应当采用适当方法（包括选取全部项目、选取特定项目和审计抽样等）以选取测试项目，其中，在确定样本规模时，应当考虑能否将抽样风险降至可接受的低水平。

（二）审计目标和实质性程序

1. 审计目标与认定的对应关系

研究开发费用专项审计的对象是申报企业编制的研究开发费用结构明细表，其审计目标与研究开发费用结构明细表认定的对应关系如下：

（1）发生：研究开发费用结构明细表中记录的研究开发费用，包括人员人工、直接投入、折旧费用与长期待摊费用摊销、设计费用、设备调试费、无形资产摊销、委托外部研究开发费用、其他费用等，在所审计会计期间已发生且与申报企业及研究开发项目有关。

（2）完整性：所有应当记录的研究开发费用均已记录。

（3）准确性：与研究开发费用有关的金额及其他数据已恰当记录。

（4）截止：研究开发费用已记录于正确的会计期间。

（5）分类：研究开发费用已记录于恰当的账户。

（6）列报：研究开发费用已按照《高新技术企业认定管理工作指引》的规定恰当地列报和披露。

2. 实质性程序

申报企业进行研究开发活动需要发生费用，在按照适用的会计准则和相关会计制度的规定进行会计核算时，这些费用或列为费用而计入当期损益，或予以资本化而形成资产。基于专项审计的目的，注册会计师审计时应当重点关注研究开发费用结构明细表中列报的研究开发项目、研究开发费用是否符合《高新技术企业认定管理工作指引》的相关规定，申报企业是否存在将其他费用列报为研究开发费用的错报风险。研究开发费用专项审计常用的实质性程序如下：

（1）获取研究开发费用结构明细表，复核加计是否正确。

（2）检查研究开发费用结构明细表中列报的研究开发项目是否符合《高新技术企业认定管理工作指引》的相关规定，包括：① 获取申报企业按单一项目填报的企业研究开发项目情况表，并取得各研究开发项目的有关立项批复，如董事会或类似权力机构的决议、政府有关主管部门的立项计划或批复等；② 取得各项研究开发项目的实施方案、阶段性报告或工作总结、验收报告或政府有关主管部门的批复等；③ 关注各项研究开发项目是否属于常规性升级或对某项科研成果的直接应用，必要时，利用专家的工作。

（3）根据实际情况，实施下列实质性分析程序：① 将各项研究开发项目的研究开发费用项目（科目）进行结构性分析，判断其合理性，作出相应记录；② 将各项研究开发项目的研究开发费用的实际金额与预算金额进行比较，并记录差异的原因。

（4）检查研究开发费用项目（科目）的分类、各项目（科目）归集范围和核算内容是否符合《高新技术企业认定管理工作指引》的相关规定，若存在费用分类错误，提请申报企业调整。

（5）人员人工：① 获取申报企业编制的研究开发人数统计表和申报企业缴纳职工"五险一金"的相关资料，检查两者之间是否相符，必要时，抽查劳动合同；② 检查研究开发人数统计表中研发人员的认定是否符合《高新技术企业认定管理工作指引》的相关规定；③ 对各研究开发项目企业研究开发项目情况表中的本项目研发人员数进行汇总，将汇总数与研究开发人数统计表中的合计数核对，并记录差异的原因；④ 检查工资发放记录、奖金核准及发放记录，核实人员人工中的基本工资、津贴、补贴等以及奖金、年终加薪与相关记录是否相符；⑤ 检查管理层相关决议及相关支付记录，核实与研发人员任职或者受雇有关的其他支出（包括股份支付，同时取得股东大会决议及监管部门批复）与相关资料是否相符；⑥ 检查是否存在将非研发人员工资薪金列入研究开发费用的情况，若有，提请申报企业调整；⑦ 若存在人工相关费用在各项研究开发项目之间的分摊，检查分摊方法是否合理且前后各期是否保持一致。

（6）直接投入：① 检查开支范围是否符合《高新技术企业认定管理工作指引》的相关规定；② 检查为实施研究开发项目而购买的原材料等相关支出，例如，水和燃料（包括煤气和电）使用费等，用于中间试验和产品试制达不到固定资产标准的模具、样品、样机及一般测试手段购置费、试制产品的检验费等，以及用于研究开发活动的仪器设备的简单维护费，核实其是否与相关原始凭证相符；③ 对以经营租赁方式租入的固定资产所发生的租赁费，检查相关合同或协议、付款记录；④ 检查是否存在将为实施研究开发项目以外的项目而发生的采购费用、水电费、租赁费等列入直接投入的情形，若有，提请申报企业调整；⑤ 检查是否存在将达到固定资产、无形资产确认标准的支出一次性计入直接投入的情形，如不符合规定，提请申报企业调整。

（7）折旧费用与长期待摊费用摊销：① 检查是否属于为执行研究开发活动而购置的仪器和设备或研究开发项目在用建筑物的折旧费用；② 检查固定资产折旧计提、长期待摊费用摊销所采用的会计政策、会计估计是否与财务报表所采用的一致，且前后各期是否保持一致，折旧或摊销的计算是否正确；③ 对于研究开发项目和非研究开发项目共用的资产，检查折旧或摊销的分配方法是否合理，且前后各期是否保持一致，分配的金额是否正确。

（8）设计费用：① 检查是否为新产品和新工艺的构思、开发和制造，进行工序、技术规范、操作特性方面的设计等所发生的费用；② 检查设计费用的核准、支付是否符合内部管理办法的规定，是否与原始凭证相符；③ 检查是否存在列入与研究开发项目无关的设计费的情形，若有，提请申报企业调整。

（9）设备调试费：① 检查是否属于工装准备过程中研究开发活动（如研制生产机器、模具和工具，改变生产和质量控制程序，或制定新方法及标准等）所发生的费用；② 检查相关费用的核准、支付是否符合内部管理办法的规定，是否与原始凭证相符；③ 检查是否存在列入为大规模批量化和商业化生产所进行的常规性工装准备及工业工程发生的费用的情形，若有，提请申报企业调整。

（10）无形资产摊销：① 检查是否属于因研究开发活动需要而购入的专利、非专利发明、许可证、专有技术、设计和计算方法等所发生的费用摊销；② 取得相关无形资产初始购置时的协议或合同、发票、付款凭证等，检查无形资产原值的确认是否正确；③ 检查无形资产摊销的政策是否正确，且前后各期是否保持一致，摊销的金额是否正确；④ 检查是否存在列入与研究开发项目无关的其他无形资产摊销的情形，若有，提请申报企业调整。

（11）其他费用：① 检查是否属于为研究开发活动所发生的其他费用，如办公费、通讯费、专利申请维护费、高新科技研发保险费等；② 检查相关费用的核准、支付是否符合内部管理办法的规定，是否与原始凭证相符；③ 检查是否存在列入与研究开发项目无关的其他费用的情形，若有，提请申报企业调整；④ 若存在其他费用在研究开发项目与其他项目之间分摊的情形，检查分摊方法是否合理，且前后各期是否保持一致，分摊的金额是否正确；⑤ 检查列报的其他费用是否超过研究开发费用总额的10%，若超过10%，提请申报企业调整；⑥ 检查研究开发费用中列支的借款费用是否符合资本化条件，资本化金额的计算是否正确。

（12）委托外部研究开发投入：① 检查是否属于申报企业委托境内其他企业、大学、研究机构、转制院所、技术专业服务机构和境外机构进行研究开发活动所发生的费用，关注项目成果是否为申报企业拥有且与申报企业的主要经营业务紧密相关；② 检查委托外部研究开发费用的定价是否按照非关联方交易的原则确定；③ 取得相关协议或合同、付款记录，检查其是否与账面记录相符；④ 检查是否存在列入研究开发项目以外的其他委托外部支出的情形，若有，提请申报企业调整；⑤ 检查研究开发项目中委托外部研究开发的投入额是否按80%计入研究开发费用总额，若超过80%，提请申报企业调整；⑥ 检查是否存在列入委托境外机构完成研究开发活动所发生的费用的情形，若有，提请申报企业调整。

（13）选择重要或异常的研究开发费用，检查费用的开支标准是否符合申报企业的相关规定，原始凭证是否合法，金额计算和会计处理是否正确。

（14）检查是否存在向关联方支付研究开发费用的情形，若有，应关注计价是否公允，原始凭证是否合法，会计处理是否正确。

（15）抽取会计年度终了日前、后若干天的记账凭证，实施截止测试，若存在异常迹象，考虑是否有必要追加审计程序，对于重大跨期项目，提请申报企业调整。

（16）检查研究开发费用的列报与披露是否恰当。

3.研究开发费用总额占销售收入总额比例的复核

根据《高新技术企业认定管理办法》的规定，高新技术企业认定必须满足最近三个会计年度研究开发费用总额占销售收入总额一定比例的要求，具体要求如下：

（1）最近一年销售收入小于 5 000 万元的企业，比例不低于 6%；

（2）最近一年销售收入在 5 000 万元至 20 000 万元的企业，比例不低于 4%；

（3）最近一年销售收入在 20 000 万元以上的企业，比例不低于 3%。

其中，企业在中国境内发生的研究开发费用总额占全部研究开发费用总额的比例不低于 60%。

结合审定的研究开发费用，复核研究开发费用总额占销售收入总额比例的常用程序如下：

（1）获取经具有资质的会计师事务所审计的申报企业最近三个会计年度的财务报表。

（2）复算加计最近三个会计年度的销售收入，按《高新技术企业认定申请书》填报说明，销售收入是指产品收入和技术服务收入之和。

（3）复算加计最近三个会计年度的研究开发费用。

（4）复算研究开发费用总额占销售收入总额的比例，与申报企业计算的结果核对是否一致。

（5）复算在中国境内发生的研究开发费用总额占全部研究开发费用总额的比例，与申报企业计算的结果核对是否一致。

第七章　对高新技术产品（服务）收入实施的进一步审计程序

一、控制测试

（一）一般要求

由于高新技术产品（服务）收入控制测试的一般要求在性质、时间和范围上与研究开发费用控制测试的一般要求基本一致，具体要求可以参见研究开发费用控制测试的相应内容，这里不再赘述。

（二）控制测试的程序

注册会计师对内部控制的测试应当涵盖内部控制的五个要素，这里重点说明对与高新技术产品（服务）收入相关的控制活动和信息系统的测试，其他要素的测试要求应当遵循《中国注册会计师审计准则第 1231 号——针对评估的重大错报风险实施的程序》。

下面以示例的形式说明针对申报企业高新技术产品销售业务常见流程的相关内部控制测试。需要注意的是，由于申报企业的情况千差万别，本指引中的相关内部控制测试并不可能涵盖所有情况，在执行审计业务时，注册会计师应当结合申报企业的实际情况，作出相应的调整和取舍。

控制目标	认定	常用的控制活动	常用的控制测试
1. 一般销售			
已记录的销售订单内容准确	准确性	由不负责输入销售订单的人员比较销售订单数据与支持性文件是否相符。	询问具有独立性的比较人员，观察比较过程，检查比较记录。
管理层核准销售订单	发生	管理层必须审批所有销售订单，向关联方以及其他超过特定金额或毛利异常的销售应取得较高管理层核准。	检查销售订单是否经过适当授权批准。

续表

控制目标	认定	常用的控制活动	常用的控制测试
销售订单均已得到有效处理	完整性	销售订单、销售发票已连续编号、编号连续性已被核对。	检查销售订单和销售发票是否连续编号并经核对。
发货记录于正确的期间	截止	定期对仓库进行盘点。	检查有关盘点记录。
		仓库信息系统不接受销售订单、销售发票和发运凭证（或提货单）期间不一致的情况。	重新执行以验证仓库信息系统是否确实不接受销售订单、销售发票和发运凭证（或提货单）期间不一致的情况。
已记录的销售均已发货	发生	销售发票开具前应与销售订单和发运凭证（或提货单）进行核对，如有不符应及时调查和处理。	检查有关核对记录。
		开票信息系统在核对销售订单后在开具发运凭证（或提货单）时自动生成发票。	观察开票过程，必要时进行重新执行。
及时开具发票	完整性／截止	开票信息系统在核对销售订单后在开具发运凭证（或提货单）时自动生成发票。	观察开票过程，必要时进行重新执行。
管理层批准发票的开具和销售价格	准确性／计价	发票的开具和销售价格的确定已经适当的授权批准。	检查发票的开具和销售价格是否经过适当的授权批准。
登记入账的销售数量系经核准的已发货数量	准确性／计价	由独立人员对销售发票的编制进行内部核查。	检查有关凭证上的内部核查标记。
所有销售均已登记入账	完整性	总账与辅助账根据发货自动更新。	观察或重新执行发货和记账。
		销售订单、发运凭证（或提货单）和销售发票已连续编号、编号连续性已被核对。	检查销售订单、发运凭证（或提货单）和销售发票是否连续编号并经核对。
		每月将销售货物的开票数与发运数调节一致。	检查货物开票数与发运数调节表。
		分不同产品和客户对销售进行复核。	检查分部报告。
已记录的销售均为真实发生	发生	销售是以经过批准或审核的客户订单和发运凭证（或提货单）为依据登记入账。	检查销售发票记账联是否附有客户订货单和发运凭证（或提货单）。
		定期与客户对账，如有差异应及时进行调查和处理。	观察是否寄发对账单，并检查客户回函档案。
		由独立人员对应收账款明细账作内部核查。	检查内部核查标记。

续表

控制目标	认定	常用的控制活动	常用的控制测试
销售得到及时的记录	截止	采用尽量能在销售发生时开具销售发票和登记入账的控制方法。	检查尚未开具收款账单的发货和尚未登记入账的销售。
销售记录于正确的期间	截止	及时、准确地进行结账处理。	检查资产负债表日前、后发出的货物，以确保销售收入记录于正确的期间。
销售均已准确记录并对高新技术产品收入进行恰当分类	分类	建有区分不同产品归类的专项制度和分类方法，特别是对高新技术产品收入作出明确规定。	检查相关制度，询问分类方法，并检查高新技术产品是否属于国家重点支持的高新技术领域。
		对高新技术产品收入分类进行内部复核和检查。	检查有关数据上的内部复核和检查标记。
		核对高新技术产品收入分类方式的变更，并已正确处理。	检查变更依据。
		采用适当的会计科目记录并进行内部复核和检查。	检查会计科目记录是否适当；检查有关凭证上的内部复核和检查标记。
2. 销售退回、折扣与折让			
已记录的销售退回、折扣与折让均为真实发生	完整性	管理层制定有关销售退回、折扣与折让的政策和程序，并监督其执行。	询问具体操作人员，检查相关文件资料。
已发生的销售退回、折扣与折让均已准确记录	准确性／分类	管理层复核和批准对营业收入和应收账款的调整。	检查销售退回、折扣与折让的会计处理是否经过授权批准。
已发生的销售退回、折扣与折让记录于正确期间	截止	及时、准确地进行结账处理。	检查资产负债表日前、后发生的销售退回、折扣与折让是否记录于正确期间。
已发生的销售退回、折扣与折让均已记录	存在	定期与客户对账，如有差异应及时进行调查和处理。	观察是否寄发对账单，并检查客户回函档案。
		用以记录销售退回、折扣与折让事项的表单连续编号，编号连续性已被核对。	检查记录销售退回、折扣与折让事项的表单是否连续编号并经核对。
3. 维护客户档案			
对客户档案的变更均为真实有效	完整性／发生	核对客户档案变更记录和原始授权文件，确定已正确处理。	检查客户档案变更记录和原始授权文件。
对客户档案变更是准确的	准确性／分类	核对客户档案变更记录和原始授权文件，确定已正确处理。	检查客户档案变更记录和原始授权文件。
对客户档案变更记录于正确的期间	完整性／发生	变更客户档案申请应连续编号，编号顺序已被记录。	检查变更客户档案申请表单连续编号的完整性。
确保客户档案数据及时更新	完整性／发生	管理层定期复核客户档案的正确性并确保其及时更新。	检查定期复核记录。

二、实质性程序

（一）一般要求

申报企业高新技术产品（服务）收入实质性程序的一般要求与研究开发费用实质性程序相同，参见第六章"对研究开发费用实施的进一步审计程序"。

（二）审计目标和实质性程序

1. 审计目标与认定的对应关系

申报企业高新技术产品（服务）收入审计的对象是申报企业编制的高新技术产品（服务）收入明细表，其审计目标与高新技术产品（服务）收入明细表认定的对应关系如下：

（1）发生：高新技术产品（服务）收入明细表中记录的收入为申报企业通过技术创新、开展研发活动而形成的符合《国家重点支持的高新技术领域》要求的产品（服务）收入，且真实发生。

（2）准确性：与高新技术产品（服务）收入有关的金额和其他数据已恰当记录。

（3）完整性：所有应当记录的高新技术产品（服务）收入均已记录。

（4）截止：高新技术产品（服务）收入已记录于正确的会计期间。

（5）分类：高新技术产品（服务）收入已记录于恰当的账户。

（6）列报：高新技术产品（服务）收入已按照《高新技术企业认定管理工作指引》的规定恰当地列报和披露。

2. 产品收入实质性程序

申报企业主营高新技术产品的研发、生产和销售时，高新技术产品收入通常是该企业的主要收入。基于专项审计的目的，注册会计师审计时应重点关注高新技术产品（服务）收入明细表中列报的产品收入是否属于《国家重点支持的高新技术领域》规定领域的产品收入，申报企业是否存在将一般产品收入列报为高新技术产品收入的错报风险。高新技术产品收入审计常用的实质性程序如下：

（1）获取高新技术产品（服务）收入明细表：① 复核加计是否正确，并与高新技术产品收入明细账合计数核对是否相符；② 检查以非记账本位币结算的产品收入的折算汇率及折算结果是否正确；③ 取得知识产权证书（包括发明、实用新型、外观设计等的专利证书，软件著作权证书）或独占许可合同、生产批文、新产品或新技术证明、产品质量检验报告、省级以上科技计划立项证明以及其他相关证明材料，检查产品收入是否属于《国家重点支持的高新技术领域》规定领域的产品实现的收入，必要时，应当利用专家的工作。

（2）根据实际情况，实施下列实质性分析程序：① 将本期的高新技术产品收入与上期的高新技术产品收入进行比较，分析产品销售的数量和价格变动是否异常，并分析异常变动的原因；② 比较本期各月各品种高新技术产品收入的波动情况，分析其变动趋势是否正常，是否符合申报企业的经营规律（如季节性、周期性等），查明异常现象和重大波动的原因；③ 将本期主要高新技术产品的销售数量、价格、毛利率与同行业企业本期相关资料进行对比分析，检查是否存在异常；④ 计算本期主要高新技术产品的毛利率并与上期比较，关注收入与成本是否配比，检查是否异常，两期之间是否存在异常波动，如有异常波动，应当查明原因。

（3）检查高新技术产品收入的确认方法是否与财务报表所采用的收入确认方法一致，是否符合适用的会计准则和相关会计制度的规定，前后各期是否保持一致；关注周期性、偶然性的高新技术产品收入是否符合既定的收入确认原则、方法。

（4）获取申报企业高新技术产品价格目录，抽查售价是否符合价格政策，并关注销售给关联方或关系密切的重要客户的产品价格是否合理，有无以高价结算的方法向申报企业转移收入的现象。

（5）抽取与高新技术产品收入相关的记账凭证，核查入账日期、品名、数量、单价、金额等是否与发票、发货单、销售合同等一致。

（6）抽取与高新技术产品收入相关的发货单，核查出库日期、品名、数量等是否与发票、销售合同、记账凭证等一致。

（7）针对毛利率异常的高新技术产品，关注其成本结转是否正常，检查相关销售合同或协议、原始凭证等相关资料，分析交易的实质，必要时对毛利率异常的大额销售进行函证。

（8）选择高新技术产品销售主要客户、本期销售增幅较大的客户、关联方客户或其他异常客户，函证本期高新技术产品销售的数量和金额。

（9）对于出口销售，应当将出口销售记录与出口报关单、货运提单、销售发票等出口销售单据进行核对，必要时向海关函证。

（10）对于软件销售，应当将软件销售记录与增值税申报表、增值税退税收入表中列示的相应计税（退税）收入核对是否相符，如不相符，应当查明原因。

（11）销售的截止测试：①检查会计年度终了日前、后若干天的账簿记录、销售发票存根联及货运单，检查销售收入有无提前确认或延迟确认的情形；②取得会计年度终了日后若干月内所有的销售退回记录，检查是否存在不当确认收入或提前确认收入的情形；③结合函证程序，检查有无未取得对方认可的大额销售；④重大跨期销售的建议调整。

（12）存在销货退回的，检查退货手续是否符合规定，结合销售凭证检查其会计处理是否正确。

（13）取得申报企业销售折扣与折让的相关资料，了解折扣与折让的具体规定，与实际执行情况进行核对；抽查大额折扣与折让发生额，检查是否经授权批准，确认其合法性、真实性；检查销售折扣与折让的会计处理是否正确。

（14）检查有无特殊的销售行为，如委托代销、分期收款销售、商品需要安装和检验的销售、附有退回条件的销售、售后租回、售后回购、以旧换新等，选择恰当的审计程序进行审核。

（15）调查向关联方销售高新技术产品的情况，记录其交易品种、价格、数量、金额和比例，并记录其占总销售收入的比例。

（16）对于财务报表汇总范围内的内部销售活动，记录应予汇总抵销的金额。

（17）获取申报企业按单一产品（服务）填报的上年度高新技术产品（服务）情况表，加计各种产品上年度销售收入，核对其与高新技术产品（服务）收入明细表中产品收入小计数是否相符。

（18）确定高新技术产品收入的列报和披露是否恰当。

3. 技术性收入实质性程序

申报企业主营高新技术产品（服务）的研发、生产和销售时，还可能兼营技术服务、技术转让和受托技术开发等业务并取得收入，这些收入通常通过"其他业务收入"或"营业外收入"核算。对于主营技术开发和转让、技术服务的申报企业来说，技术转让收入、技术承包收入、技术服务收入和接受委托科研收入则是其主营业务收入。基于专项审计的目的，注册会计师审计时同样应当重点关注高新技术产品（服务）收入明细表中列报的技术性收入是否属于《国家重点支持的高新技术领域》规定领域的技术收入，申报企业是否存在将非技术性收入列报为技术性收入的错报风险。技术性收入审计常用的实质性程序如下：

（1）获取高新技术产品（服务）收入明细表：①复核加计正确，并与技术性收入明细账合计数核对是否相符；② 检查以非记账本位币结算的技术性收入的折算汇率及折算结果是否正确；③ 取得知识产权证书（包括发明、实用新型、外观设计等的专利证书，软件著作权证书）或独占许可合同、生产批文、新产品或新技术证明、产品质量检验报告、省级以上科技计划立项证明以及其他相关证明材料，检查技术性收入是否属于《国家重点支持的高新技术领域》规定的技术所实现的收入，必要时，应当利用专家的工作。

（2）实质性分析程序

将本期各类技术性收入与上期技术性收入相比较，检查是否存在重大波动，如有，应当查明原因。

（3）检查技术性收入的确认方法是否与财务报表所采用的收入确认方法相一致，是否符合适用的会计准则和相关会计制度的规定，前后各期是否保持一致。① 检查技术转让收入是否在该项技术对应的无形资产所有权的主要风险和报酬转移时加以确认，包括检查相关合同或协议、财产移交手续和收款记录；② 对于当期发生并在年度内完成的技术承包、技术服务、接受委托科研等合同，检查其收入是否及时、完整地于当期确认，包括检查相关合同或协议、交易对方（技术发包方、技术服务接受方、科研委托方）的确认函或验收报告以及收款记录；③ 对于当期开始提供劳务、跨期完工的技术承包、技术服务、接受委托科研等合同，检查其是否采用完工百分比法确认收入，包括检查相关合同或协议、完工进度确认文件以及收款记录，关注完工进度的确认方法是否合理。

（4）关注技术性收入对应的成本，如无成本或成本较少，检查相关合同或协议、原始凭证等相关资料，分析交易的实质。

（5）选择技术性收入的主要客户、本期收入增幅较大的客户、关联方客户或其他异常客户，函证本期技术性收入的业务内容及其金额。

（6）将技术性收入记录与营业税申报表中列示的应税技术性收入核对是否相符，如有不符，应当查明原因。

（7）截止测试：① 抽查会计年度终了日前、后若干天与技术性收入相关的记账凭证，实施截止测试，追踪到发票、收据，确定入账时间是否正确，对于重大跨期项目作必要的调整建议；② 取得会计年度终了日后若干月所有的技术性收入冲回记录，检查是否存在非实质性交易或提前确认收入的情形。

（8）调查向关联方提供的技术性收入情况，记录其交易类型、价格、金额和比例，并记录其占技术性收入总额的比例。

（9）对于财务报表汇总范围内的技术性收入，记录应予汇总抵销的金额。

（10）获取申报企业上年度高新技术产品（服务）情况表，加计各类技术性服务的上年度收入，核对其与高新技术产品（服务）收入明细表中技术性收入小计数是否相符。

（11）确定技术性收入的列报和披露是否恰当。

4.高新技术产品（服务）收入占企业当年总收入比例的复核

根据《高新技术企业认定管理办法》的规定，高新技术企业认定必须满足"最近一个会计年度高新技术产品（服务）收入占企业当年总收入的 60% 以上"的条件。结合审定的高新技术产品（服务）收入，复核高新技术产品（服务）收入占企业当年总收入比例的常用程序如下：

（1）获取经具有资质的会计师事务所审计的申报企业最近一个会计年度的财务报表。

（2）复算最近一个会计年度高新技术产品（服务）收入占申报企业当年总收入（主营业务收入与其他业务收入之和）的比例，与申报企业计算的结果核对是否一致。

第八章　专项审计报告

注册会计师应当获取充分、适当的审计证据，复核和评价审计证据及由此得出的结论，作为发表审计意见、出具专项审计报告的基础。注册会计师应当以书面报告的形式清晰地表达审计意见。

一、完成审计工作

在实施了上述所有审计程序后，注册会计师应当汇总审计测试的结果，进行更具综合性的审计工作，如编制审计差异调整表和试算平衡表，执行分析程序，撰写审计总结以及完成审计工作底稿的复核等。在此基础上，注册会计师应当评价审计结果，在与申报企业管理层和治理层沟通后，确定应出具专项审计报告的意见类型和措辞，进而编制并致送专项审计报告，终结审计工作。

在复核和评价审计证据时，注册会计师应当根据已获取的审计证据，评价是否已对所审计的申报企业研究开发费用结构明细表和高新技术产品（服务）收入明细表整体不存在重大错报获取了合理保证。这种评价包括：

1. 是否已获取充分、适当的审计证据，并将所审计的研究开发费用结构明细表和高新技术产品（服务）收入明细表的审计风险降至可接受的低水平。

2. 已识别但尚未更正的错报的影响。

3. 研究开发费用结构明细表和高新技术产品（服务）收入明细表是否在适用的会计准则和相关会计制度框架下，按照《高新技术企业认定管理办法》和《高新技术企业认定管理工作指引》的规定编制和列报。包括：

（1）研究开发费用结构明细表和高新技术产品（服务）收入明细表中使用的术语（包括标题）是否恰当；

（2）选择和运用的会计政策是否恰当；

（3）如果管理层作出了会计估计，评价其会计估计是否合理；

（4）管理层是否完整、准确地披露了关联方及其交易；

（5）研究开发费用和高新技术产品（服务）收入（包括运用的会计政策）是否具有相关性、可靠性、可比性和可理解性；

（6）研究开发费用结构明细表和高新技术产品（服务）收入明细表的编制说明是否充分描述了编制基础、编制原则和方法；

（7）申报企业是否充分披露了所运用的重大会计政策以及管理层对监管机构、法律或合同的特殊要求所作出的重要解释；

（8）申报企业是否充分披露了可能对预期使用者理解研究开发费用结构明细表和高新技术产品（服务）收入明细表产生影响的所有重大交易及事项。

在复核、评价审计证据是否充分、适当时，需要考虑已确定审计程序是否按照计划全部得以实施。如果认为获取的证据不足以对研究开发费用结构明细表和高新技术产品（服务）收入明细表是否存在重大错报形成结论，或者发现研究开发费用结构明细表和高新技术产品（服务）收入明细表可能存在重大不符合编报规定的情况，注册会计师应当追加必要的审计程序。

根据申报企业的实际情况，如果认为研究开发费用结构明细表或高新技术产品（服务）收入明细表会误导信息使用者，注册会计师应当与管理层进行讨论，并考虑其对审计意见的影响。必要时，还应当与治理层进行沟通。

在完成审计工作前，注册会计师还应当按照《中国注册会计师审计准则第 1341 号——管理层声明》的要求，获取管理层对研究开发费用和高新技术产品（服务）收入有重大影响的事项作出的书面声明。

管理层声明书范例：

管理层声明书

×× 会计师事务所并 ××、×× 注册会计师：

本公司已委托贵事务所对本公司 20×1 年、20×2 年、20×3 年的研究开发费用结构明细表，20×3 年度的高新技术产品（服务）收入明细表（以下简称申报明细表）进行审计，并出具专项审计报告。

为配合贵事务所的审计工作，本公司就已知的全部事项作出如下声明：

1. 本公司承诺，在企业会计准则框架下，按照《高新技术企业认定管理办法》和《高新技术企业认定管理工作指引》的规定，如实编制研究开发费用结构明细表和高新技术产品（服务）收入明细表及其编制说明是我们的责任。这种责任包括：

（1）设计、实施和维护与研究开发费用结构明细表和高新技术产品（服务）收入明细表相关的内部控制，以使研究开发费用结构明细表和高新技术产品（服务）收入明细表不存在由于舞弊或错误而导致的重大错报；

（2）选择和运用恰当的会计政策；

（3）作出合理的会计估计；

（4）恰当界定研究开发项目、高新技术产品（服务）的具体范围。

2. 本公司已按照有关规定编制了研究开发费用结构明细表和高新技术产品（服务）收入明细表，本公司管理层对上述申报明细表的真实性、合法性和完整性承担责任。本公司承诺上述申报明细表不存在重大错报。贵事务所在审计过程中发现的未更正错报，无论是单独还是汇总起来，对上述申报明细表整体均不具有重大影响。未更正错报汇总表附后。

3. 本公司已向贵事务所提供了：

（1）与编制上述申报明细表相关的全部财务信息和其他相关数据；

（2）与高新技术研究开发和高新技术产品（服务）收入相关的决议、合同、协议、章程等相关资料；

（3）与高新技术研究开发和高新技术产品（服务）收入相关的全部股东会和董事会的会议记录；

（4）就运用的重大会计政策以及管理层对监管机构、法律法规或合同的特殊要求所作出的重要解释。

4. 本公司所有高新技术研究开发支出和高新技术产品（服务）收入均已按规定入账，不存在账外资产或未计负债。

5. 本公司已根据企业会计准则的规定识别和披露了所有重大关联方交易，并已恰当地反映在本公司编制的高新技术产品（服务）收入明细表编制说明中。

本公司已提供所有与关联方及其交易相关的资料。

6. 本公司已提供全部或有事项的相关资料。除财务报表附注中披露的事项外，本公司不存在其他应披露而未披露的与高新技术研究开发、高新技术产品销售与劳务提供相关的诉讼、赔偿、承兑、担保等或有事项。

7. 除财务报表附注中披露的承诺事项外，本公司不存在其他应披露而未披露的承诺事项。

8. 本公司不存在未披露的影响申报明细表公允性的重大不确定事项。

9. 本公司已采取必要措施防止或发现舞弊及其他违反法规行为，未发现：

（1）涉及管理层的任何舞弊行为或舞弊嫌疑的信息；

（2）涉及对内部控制产生重大影响的员工的任何舞弊行为或舞弊嫌疑的信息；

（3）涉及对申报明细表的编制具有重大影响的其他人员的任何舞弊行为或舞弊嫌疑的信息。

10.本公司严格遵守了合同规定的条款，不存在因未履行合同而对申报明细表产生重大影响的事项。

11.本公司已提供上述申报明细表日后事项的相关资料，除财务报表附注中披露的日后事项外，本公司不存在其他应披露而未披露的重大日后事项。

12.本公司管理层确信：

（1）对单独占有的核心知识产权不存在任何纠纷；

（2）无高新技术研究开发方面的任何权属纠纷。

××公司（盖章）

法定代表人：（签名）

财务负责人：（签名）

技术负责人：（签名）

二○×四年×月×日

二、专项审计报告的要素

注册会计师执行高新技术企业认定专项审计业务，应当针对研究开发费用结构明细表、高新技术产品（服务）收入明细表分别出具专项审计报告。专项审计报告应当包括下列要素：（1）标题；（2）收件人；（3）引言段；（4）管理层的责任段；（5）注册会计师的责任段；（6）说明段；（7）审计意见段；（8）编制基础及使用限制段；（9）注册会计师的签名和盖章；（10）会计师事务所的名称、地址及盖章；（11）报告日期。

（一）标题

专项审计报告的标题应当统一规范为"专项审计报告"。

（二）收件人

专项审计报告的收件人是指注册会计师按照专项审计业务约定书的要求致送专项审计报告的对象，一般是指申报企业。专项审计报告应当载明收件人的全称。

注册会计师应当与申报企业在专项审计业务约定书中约定致送专项审计报告的对象，以防止在此问题上发生分歧或专项审计报告被申报企业滥用。

（三）引言段

专项审计报告的引言段应当说明申报企业的名称和研究开发费用结构明细表［高新技术产品（服务）收入明细表］已经过审计，并包括下列内容：

（1）指出所审计申报明细表的名称；

（2）提及申报明细表编制说明；

（3）指明申报明细表的涵盖期间。

（四）管理层的责任段

管理层的责任段应当说明，在适用的会计准则和相关会计制度框架下，按照《高新技术企业认定管理办法》和《高新技术企业认定管理工作指引》的规定，如实编制研究开发费用结构明细表［高新技术产品（服务）收入明细表］，是管理层的责任。这种责任包括：

1.设计、实施和维护与研究开发费用结构明细表［高新技术产品（服务）收入明细表］相关的内部控制，以使研究开发费用结构明细表［高新技术产品（服务）收入明细表］不存在由于舞弊或错误而导致的重大错报；

2. 选择和运用恰当的会计政策；

3. 作出合理的会计估计；

4. 恰当界定研究开发项目、高新技术产品（服务）的具体范围。

（五）注册会计师的责任段

注册会计师的责任段应当说明下列内容：

1. 注册会计师的责任是在实施审计工作的基础上对研究开发费用结构明细表［高新技术产品（服务）收入明细表］发表审计意见。注册会计师按照《高新技术企业认定专项审计指引》的规定执行了审计工作。《高新技术企业认定专项审计指引》要求注册会计师遵守职业道德规范，计划和实施审计工作以对研究开发费用结构明细表［高新技术产品（服务）收入明细表］是否不存在重大错报获取合理保证。

2. 审计工作涉及实施审计程序，以获取有关研究开发费用结构明细表［高新技术产品（服务）收入明细表］金额和披露的审计证据。选择的审计程序取决于注册会计师的判断，包括对由于舞弊或错误导致的研究开发费用结构明细表［高新技术产品（服务）收入明细表］重大错报风险的评估。在进行风险评估时，注册会计师考虑与研究开发费用结构明细表［高新技术产品（服务）收入明细表］编制相关的内部控制，以设计恰当的审计程序，但目的并非对内部控制的有效性发表意见。审计工作还包括评价管理层选用会计政策的恰当性和作出会计估计的合理性，以及评价研究开发费用结构明细表［高新技术产品（服务）收入明细表］的总体列报。

3. 注册会计师相信已获取的审计证据是充分、适当的，为其发表审计意见提供了基础。

（六）说明段

当出具非无保留意见的专项审计报告时，注册会计师应当在注册会计师的责任段之后、审计意见段之前增加说明段，清楚地说明导致发表保留意见、否定意见或无法发表意见的所有原因，并在可能的情况下，指出其对研究开发费用结构明细表［高新技术产品（服务）收入明细表］的影响程度。

（七）审计意见段

审计意见段应当说明，研究开发费用结构明细表［高新技术产品（服务）收入明细表］是否在适用的会计准则和相关会计制度框架下，按照《高新技术企业认定管理办法》和《高新技术企业认定管理工作指引》的规定编制，是否在所有重大方面公允反映了申报企业在所审计期间的研究开发费用［高新技术产品（服务）收入］情况。

（八）编制基础及使用限制段

编制基础及使用限制段应当说明研究开发费用结构明细表［高新技术产品（服务）收入明细表］是在适用的会计准则和相关会计制度框架下，按照《高新技术企业认定管理办法》和《高新技术企业认定管理工作指引》的规定编制的，可能不适用于其他目的。专项审计报告仅供申报企业申报高新技术企业认定时使用，不得用于其他目的。

（九）注册会计师的签名和盖章

专项审计报告应当由两名符合条件的注册会计师签名并盖章。

（十）会计师事务所的名称、地址及盖章

专项审计报告应当载明会计师事务所的名称和地址，并加盖会计师事务所公章。

（十一）报告日期

专项审计报告应当注明报告日期。专项审计报告的日期不应早于注册会计师获取充分、适当的审计证据［包括管理层认可对研究开发费用结构明细表［高新技术产品（服务）收入明细表］的责任且已批准申报明细表的证据］，并在此基础上对研究开发费用结构明细表［高新技术产品（服务）收入明细表］形成审计意见的日期。

注册会计师在确定专项审计报告日期时，应当考虑：（1）应当实施的审计程序已经完成；（2）应当提请申报企业调整的事项已经提出，申报企业已经作出调整或拒绝作出调整；（3）管理层已经正式签署研究开发费用结构明细表［高新技术产品（服务）收入明细表］。

注册会计师应当将已审计的研究开发费用结构明细表［高新技术产品（服务）收入明细表］及其编制说明分别附于相应的专项审计报告后。研究开发费用结构明细表［高新技术产品（服务）收入明细表］及其编制说明的格式参见本指引附录3。

三、专项审计报告的类型

高新技术企业认定专项审计业务的专项审计报告可以分为无保留意见的审计报告、保留意见的审计报告、否定意见的审计报告和无法表示意见的审计报告。

当注册会计师出具的无保留意见的审计报告不附加说明段、强调事项段或任何修饰性用语时，该报告称为标准专项审计报告。非标准专项审计报告，是指标准专项审计报告以外的其他专项审计报告，包括带强调事项段的无保留意见的专项审计报告和非无保留意见的专项审计报告。非无保留意见的专项审计报告包括保留意见的专项审计报告、否定意见的专项审计报告和无法表示意见的专项审计报告。

（一）无保留意见的专项审计报告

如果认为研究开发费用结构明细表［高新技术产品（服务）收入明细表］符合下列所有条件，注册会计师应当出具无保留意见的专项审计报告：

（1）研究开发费用结构明细表［高新技术产品（服务）收入明细表］已在适用的会计准则和相关会计制度框架下，按照《高新技术企业认定管理办法》和《高新技术企业认定管理工作指引》的规定编制，在所有重大方面公允反映了申报企业在所审计期间的研究开发费用［高新技术产品（服务）收入］情况；

（2）注册会计师已经按照中国注册会计师审计准则的规定计划和实施审计工作，在审计过程中未受到限制。

当出具无保留意见的专项审计报告时，注册会计师应当以"我们认为"作为意见段的开头，并使用"在所有重大方面""公允反映"等术语。

无保留意见的专项审计报告意味着，注册会计师通过实施审计工作，认为申报企业的研究开发费用结构明细表［高新技术产品（服务）收入明细表］的编制符合合法性和公允性的要求，合理保证其不存在重大错报。

（二）带强调事项段的专项审计报告

1.强调事项段的含义

专项审计报告的强调事项段是指注册会计师在审计意见段之后，在编制基础及使用限制段之前增加的对重大事项予以强调的段落。

强调事项应当同时符合下列条件：

（1）可能对研究开发费用结构明细表［高新技术产品（服务）收入明细表］产生重大影响，但申报企业进行了恰当的处理，且在申报明细表及其编制说明中作了充分披露；

（2）不影响注册会计师发表的审计意见。

注册会计师在审计意见段之前增加说明段，用来说明发表保留意见、否定意见和无法表示意见的理由；而在意见段之后增加强调事项段，只是增加专项审计报告的信息含量，提高专项审计报告的有用性，不影响发表的审计意见。如果以强调事项段代替发表审计意见，就会导致专项审计报告类型出现混乱。

2.增加强调事项段的情形

当存在可能对研究开发费用结构明细表［高新技术产品（服务）收入明细表］产生重大影响的不确定事项、但不影响已发表的审计意见时，注册会计师应当考虑在审计意见段之后增加强调事项段对此予以强调。

不确定事项是指其结果依赖于未来行动或事项，不受申报企业的直接控制，但可能影响研究开发费用结构明细表［高新技术产品（服务）收入明细表］的事项。

注册会计师在理解不确定事项时，应当把握下列特征：（1）不确定事项的结果依赖于未来行动或事项；（2）不确定事项不受申报企业的直接控制，在管理层批准研究开发费用结构明细表［高新技术产品（服务）收入明细表］日，不可能获得更多信息消除该不确定事项；（3）不确定事项可能影响研究开发费用结构明细表［高新技术产品（服务）收入明细表］，但影响并不遥远，可以预计在未来时日得到解决。

（三）保留意见的专项审计报告

如果认为研究开发费用结构明细表［高新技术产品（服务）收入明细表］整体是公允的，但还存在下列情形之一，注册会计师应当出具保留意见的专项审计报告：

（1）注册会计师与管理层在有关研究开发费用或高新技术产品（服务）收入的会计政策的选用、会计估计的作出或披露方面存在分歧，或者认为管理层未按照《高新技术企业认定管理办法》和《高新技术企业认定管理工作指引》的规定编制研究开发费用结构明细表［高新技术产品（服务）收入明细表］，虽影响重大，但不至于出具否定意见的专项审计报告；

（2）因审计范围受到限制，不能获取充分、适当的审计证据，虽影响重大，但不至于出具无法表示意见的专项审计报告。

当出具保留意见的专项审计报告时，注册会计师应当在审计意见段中使用"除……的影响外"等术语。如果因审计范围受到限制，还应当在注册会计师的责任段中提及这一情况。

应当指出的是，只有当注册会计师认为研究开发费用结构明细表［高新技术产品（服务）收入明细表］就其整体而言是公允的，但还存在对研究开发费用结构明细表［高新技术产品（服务）收入明细表］产生重大影响的情形，才能出具保留意见的专项审计报告。如果注册会计师认为所报告的情形对研究开发费用结构明细表［高新技术产品（服务）收入明细表］产生的影响极为严重，则应出具否定意见的专项审计报告或无法表示意见的专项审计报告。

如果有关研究开发费用或高新技术产品（服务）收入的会计政策的选用、会计估计的作出或披露不符合适用的会计准则和相关会计制度，或研究开发费用结构明细表［高新技术产品（服务）收入明细表］未按照《高新技术企业认定管理办法》和《高新技术企业认定管理工作指引》的规定编制，注册会计师在判断其影响是否重大时，应当考虑该影响所涉及的金额或性质并与确定的重要性水平进行比较。

注册会计师因审计范围受到限制而出具保留意见的专项审计报告，取决于无法实施的审计程序对形成审计意见的重要性。注册会计师在判断重要性时，应当考虑有关事项潜在影响的性质和范围以及在研究开发费用结构明细表［高新技术产品（服务）收入明细表］中的重要程度。当注册会计师因审计范围受到限制而出具保留意见的专项审计报告时，意见段的措辞应当表明保留意见是针对审计范围对研究开发费用结构明细表［高新技术产品（服务）收入明细表］可能产生的影响而不是针对审计范围限制本身。

（四）否定意见的专项审计报告

如果认为研究开发费用或高新技术产品（服务）收入的会计政策的选用、会计估计的作出或披露不符合适用的会计准则和相关会计制度，或者认为研究开发费用结构明细表［高新技术产品（服务）收入明细表］未按照《高新技术企业认定管理办法》和《高新技术企业认定管理工作指引》的规定编制，未能在所有重大方面公允反映申报企业在所审计期间的研究开发费用［高新技术产品（服务）收入］情况，注册会计师应当出具否定意见的专项审计报告。

当出具否定意见的专项审计报告时，注册会计师应当在审计意见段中使用"由于上述问题造成的重大影响""由于受到前段所述事项的重大影响"等术语。

（五）无法表示意见的专项审计报告

如果审计范围受到限制可能产生的影响非常重大和广泛，不能获取充分、适当的审计证据，以至于无法对研究开发费用结构明细表［高新技术产品（服务）收入明细表］发表审计意见，注册会计师应当出具无法表示意见的专项审计报告。

当出具无法表示意见的专项审计报告时，注册会计师应当删除注册会计师的责任段，并在审计意见段中使用"由于审计范围受到限制可能产生的影响非常重大和广泛""我们无法对上述研究开发费用结构明细表［高新技术产品（服务）收入明细表］发表意见"等术语。

无法表示意见不同于否定意见，它通常仅仅适用于注册会计师不能获取充分、适当的审计证据的情形。如果注册会计师发表否定意见，必须获取充分、适当的审计证据。无论是无法表示意见还是否定意见，都只有在非常严重的情形下采用。

专项审计报告的参考格式参见本指引附录2。

四、出具专项审计报告的特殊考虑

（一）专项审计报告不应后附整套财务报表

根据《中国注册会计师审计准则第1601号——对特殊目的审计业务出具审计报告》的规定，为避免信息使用者误认为对财务报表组成部分出具的审计报告与整套财务报表相关，注册会计师不应将整套财务报表附于专项审计报告后。

（二）对年度财务报表审计报告的特殊考虑

1. 注册会计师应当考虑在实施年度财务报表审计时与研究开发费用结构明细表［高新技术产品（服务）收入明细表］审计有关的审计结论，关注年度财务报表审计报告的类型，是否存在与申报企业研究开发费用、高新技术产品（服务）收入相关的非标准审计报告的情况，并考虑其对本专项审计业务及审计意见的影响。

2. 如果已对整套财务报表出具否定意见或无法表示意见的审计报告，只有在企业年度研究开发费用和高新技术产品（服务）收入并不构成财务报表的主要部分时，注册会计师才可以对其出具专项审计报告。否则，会对整套财务报表的审计报告产生影响。

第九章　附　　则

本指引自2008年11月12日起施行。

附录1：专项审计业务约定书参考格式

专项审计业务约定书

甲方：ABC股份有限公司

乙方：××会计师事务所

兹由甲方委托乙方对甲方20×1年度、20×2年度、20×3年度研究开发费用结构明细表和20×3年度高新技术产品（服务）收入明细表进行审计，经双方协商，达成以下约定：

一、业务范围与审计目标

1. 乙方接受甲方委托，对甲方在企业会计准则框架下，按照《高新技术企业认定管理办法》和《高新技术企业认定管理工作指引》的规定编制的20×1年度、20×2年度、20×3年度研究开发费用结构明细表和20×3年度高新技术产品（服务）收入明细表及有关编制说明（以下简称申报明细表）进行专项审计。

2. 乙方通过执行审计工作，对申报明细表的下列方面发表审计意见：（1）申报明细表是否在企业会计准则框架下，按照《高新技术企业认定管理办法》和《高新技术企业认定管理工作指引》的规定编制；（2）申报明细表是否在所有重大方面公允反映申报企业在所审计期间的研究开发费用［高新技术产品（服务）收入］情况。

二、甲方的责任与义务

（一）甲方的责任

根据《中华人民共和国会计法》及《企业财务会计报告条例》，甲方及甲方管理层有责任保证会计资料的真实性和完整性。因此，在企业会计准则框架下，按照《高新技术企业认定管理办法》和《高新技术企业认定管理工作指引》的规定，如实编制研究开发费用结构明细表和高新技术产品（服务）收入明细表是甲方管理层的责任。这种责任包括：（1）设计、实施和维护与研究开发费用结构明细表和高新技术产品（服务）收入明细表相关的内部控制，以使研究开发费用结构明细表和高新技术产品（服务）收入明细表不存在由于舞弊或错误而导致的重大错报；（2）选择和运用恰当的会计政策；（3）作出合理的会计估计；（4）恰当界定研究开发项目、高新技术产品（服务）的具体范围。

（二）甲方的义务

1. 及时为乙方的审计工作提供其所要求的全部会计资料和其他有关资料（在20×4年×月×日之前提供审计所需的全部资料），并保证所提供资料的真实性和完整性。

2. 确保乙方不受限制地接触任何与本次专项审计有关的记录、文件和所需的其他信息。

3. 甲方管理层对其作出的与本次专项审计有关的声明予以书面确认。

4. 为乙方派出的有关工作人员提供必要的工作条件和协助，主要事项将由乙方于外勤工作开始前提供清单。

5. 按本约定书的约定及时足额支付专项审计费用以及乙方人员在审计期间的交通、食宿和其他相关费用。

三、乙方的责任和义务

（一）乙方的责任

1. 乙方的责任是在实施专项审计工作的基础上对甲方申报明细表发表审计意见。乙方按照《高新技术企业认定专项审计指引》的规定进行专项审计，该指引要求注册会计师遵守职业道德规范，计划和实施审计工作，以对申报明细表是否不存在重大错报获取合理保证。

2. 审计工作涉及实施审计程序，以获取有关申报明细表金额和披露的审计证据。选择的审计程序取决于乙方的判断，包括对由于舞弊或错误导致的申报明细表重大错报风险的评估。在进行风险评估时，乙方考虑与申报明细表编制相关的内部控制，以设计恰当的审计程序，但目的并非对内部控制的有效性发表意见。专项审计工作还包括评价管理层编制申报明细表时选用会计政策的恰当性和作出会计估计的合理性，以及评价申报明细表的总体列报。

3. 乙方需要合理计划和实施专项审计工作，以使乙方能够获取充分、适当的审计证据，为甲方申报明细表是否不存在重大错报获取合理保证。

4. 乙方有责任在专项审计报告中指明所发现的研究开发费用结构明细表［高新技术产品（服务）收入明细表］中会计政策的选用、会计估计的作出或披露不符合企业会计准则的规定，或者未按照《高新技术企业认定管理办法》和《高新技术企业认定管理工作指引》的规定编制，且未按乙方建议进行调整的事项。

5. 由于测试的性质和审计的其他固有限制，以及内部控制的固有局限性，不可避免地存在着某些重大错报在审计后可能仍然未被乙方发现的风险。

6. 在专项审计过程中，乙方若发现甲方内部控制存在乙方认为的重要缺陷，应与甲方治理层或管理层沟通。但乙方沟通的各种事项，并不代表已全面说明所有可能存在的缺陷或已提出所有可行的改善建议。甲方在实施乙方提出的改善建议前应全面评估其影响。未经乙方书面许可，甲方不得向任何第三方提供乙方出具的沟通文件。

7. 乙方的审计工作不能减轻甲方及甲方管理层的责任。

（二）乙方的义务

1. 按照约定时间完成审计工作，出具专项审计报告。乙方应于20×4年×月×日前出具专项审计报告。

2. 除下列情况外，乙方应当对执行业务过程中知悉的甲方信息予以保密：（1）取得甲方的授权；（2）根据法律法规的规定，为法律诉讼准备文件或提供证据；（3）接受行业协会和监管机构依法进行的执业质量检查；（4）监管机构对乙方进行行政处罚（包括监管机构处罚前的调查、听证）以及乙方对此提起行政复议。

四、审计收费

1. 本次专项审计服务的收费是以乙方各级别工作人员在本次工作中所耗费的时间为基础计算的。乙方预计本次专项审计服务的费用总额为人民币××万元。

2. 甲方应于本约定书签署之日起××日内支付×%的审计费用，其余款项于［审计报告草稿完成日］结清。

3. 如果由于无法预见的原因，致使乙方从事本约定书所涉及的专项审计服务实际时间较本约定书签订时预计的时间有明显增加或减少时，甲乙双方应通过协商，相应调整本约定书第四条第1项所述的审计费用。

4. 如果由于无法预见的原因，致使乙方人员抵达甲方的工作现场后，本约定书所涉及的专项审计服务不再进行，甲方不得要求退还预付的审计费用；如上述情况发生于乙方人员完成现场审计工作，并离开甲方的工作现场之后，甲方应另行向乙方支付人民币××元的补偿费，该补偿费应于甲方收到乙方的收款通知之日起××日内支付。

5. 与本次专项审计有关的其他费用（包括交通费、食宿费等）由甲方承担。

五、审计报告的出具及使用

1. 乙方按照《高新技术企业认定专项审计指引》规定的格式，针对研究开发费用结构明细表和高新技术产品（服务）收入明细表分别出具专项审计报告。

2. 乙方向甲方致送针对研究开发费用结构明细表和高新技术产品（服务）收入明细表分别出具的专项审计报告一式××份，仅供甲方申报高新技术企业认定时使用，不得用于其他目的。

3. 甲方在向高新技术企业认定机构提交专项审计报告时，不得修改乙方出具的专项审计报告及其后附的已审申报明细表。当甲方认为有必要修改申报明细表数据、编制说明时，应当事先通知乙方，乙方将考虑有关修改对专项审计报告的影响，必要时，将重新出具专项审计报告。

六、本约定书的有效期间

本约定书自签署之日起生效，并在双方履行完毕本约定书约定的所有义务后终止。但其中第三（二）2、四、五、八、九、十项并不因本约定书终止而失效。

七、约定事项的变更

如果出现不可预见的情况，影响审计工作如期完成，或需要提前出具专项审计报告，甲、乙双方均可要求变更约定事项，但应及时通知对方，并由双方协商解决。

八、终止条款

1. 如果根据乙方的职业道德及其他有关专业职责、适用的法律法规或其他任何法定的要求，乙方认为已不适宜继续为甲方提供本约定书约定的专项审计服务时，乙方可以采取向甲方提出合理通知的方式终止履行本约定书。

2. 在终止业务约定的情况下，乙方有权就其于本约定书终止之日前对约定的专项审计服务项目所做的工作收取合理的审计费用。

九、违约责任

甲、乙双方按照《中华人民共和国合同法》的规定承担违约责任。

十、适用法律和争议解决

本约定书的所有方面均应适用中华人民共和国法律进行解释并受其约束。本约定书履行地为乙方出具专项审计报告所在地，因本约定书所引起的或与本约定书有关的任何纠纷或争议（包括关于本约定书条款的存在、效力或终止，或无效之后果），双方选择以下第＿＿＿种解决方式：

（1）向有管辖权的人民法院提起诉讼；

（2）提交××仲裁委员会仲裁。

十一、双方约定的其他有关事项

本约定书一式两份，甲、乙方各执一份，具有同等法律效力。

甲方：ABC股份有限公司（盖章）　　　　乙方：××会计师事务所（盖章）

授权代表：（签名并盖章）　　　　　　　授权代表：（签名并盖章）

二〇×四年×月×日　　　　　　　　　　二〇×四年×月×日

附录2：专项审计报告参考格式

（一）标准专项审计报告

1. 针对研究开发费用结构明细表的无保留意见专项审计报告

专项审计报告

ABC股份有限公司：

我们审计了后附的ABC股份有限公司（以下简称ABC公司）20×1、20×2和20×3年度的研究开发费用结构明细表及有关编制说明。

一、管理层的责任

在企业会计准则框架下，按照《高新技术企业认定管理办法》和《高新技术企业认定管理工作指引》的规定，如实编制研究开发费用结构明细表，是申报企业管理层的责任。这种责任包括：（1）设计、实施和维护与研究开发费用结构明细表相关的内部控制，以使研究开发费用结构明细表不存在由于舞弊或错误而导致的重大错报；（2）选择和运用恰当的会计政策；（3）作出合理的会计估计；（4）恰当界定研究开发项目的具体范围。

二、注册会计师的责任

我们的责任是在实施审计工作的基础上对研究开发费用结构明细表发表审计意见。我们按照《高新技术企业认定专项审计指引》的规定执行了审计工作。《高新技术企业认定专项审计指引》要求我们遵守职业道德规范，计划和实施审计工作以对研究开发费用结构明细表是否不存在重大错报获取合理保证。

审计工作涉及实施审计程序，以获取有关研究开发费用结构明细表金额和披露的审计证据。选择的审计程序取决于注册会计师的判断，包括对由于舞弊或错误导致的研究开发费用结构明细表重大错报风险的评估。在进行风险评估时，我们考虑与研究开发费用结构明细表编制相关的内部控制，以设计恰当的审计程序，但目的并非对内部控制的有效性发表意见。审计工作还包括评价管理层选用相关会计政策的恰当性和作出相关会计估计的合理性，以及评价研究开发费用结构明细表的总体列报。

我们相信，我们获取的审计证据是充分、适当的，为发表审计意见提供了基础。

三、审计意见

我们认为，ABC 公司 20×1、20×2 和 20×3 年度的研究开发费用结构明细表已在企业会计准则框架下，按照《高新技术企业认定管理办法》和《高新技术企业认定管理工作指引》的规定编制，在所有重大方面公允反映了 ABC 公司在所审计期间的研究开发费用情况。

四、编制基础及使用限制

我们注意到如研究开发费用结构明细表编制说明第 ×× 所述，ABC 公司 20×1、20×2 和 20×3 年度的研究开发费用结构明细表是在企业会计准则框架下，按照《高新技术企业认定管理办法》和《高新技术企业认定管理工作指引》的规定编制的，可能不适用于其他目的。本报告仅供 ABC 公司申报高新技术企业认定时使用，不得用于其他目的。本段内容不影响已发表的审计意见。

　　×× 会计师事务所　　　　　　　　　　中国注册会计师：×××

　　　（盖章）　　　　　　　　　　　　　　（签名并盖章）

　　　　　　　　　　　　　　　　　　　中国注册会计师：×××

　　　　　　　　　　　　　　　　　　　　（签名并盖章）

　　　　　　　　　　　　　　　　　　　　　中国 ×× 市

　　　　　　　　　　　　　　　　　　　20×2 年 × 月 × 日

2. 针对高新技术产品（服务）收入明细表的无保留意见专项审计报告

专项审计报告

ABC 股份有限公司：

　　我们审计了后附的 ABC 股份有限公司（以下简称 ABC 公司）20×3 年度的高新技术产

品（服务）收入明细表及有关编制说明。

一、管理层的责任

在企业会计准则框架下，按照《高新技术企业认定管理办法》和《高新技术企业认定管理工作指引》的规定，如实编制高新技术产品（服务）收入明细表，是申报企业管理层的责任。这种责任包括：（1）设计、实施和维护与高新技术产品（服务）收入明细表相关的内部控制，以使高新技术产品（服务）收入明细表不存在由于舞弊或错误而导致的重大错报；（2）选择和运用恰当的会计政策；（3）作出合理的会计估计；（4）恰当界定高新技术产品（服务）的具体范围。

二、注册会计师的责任

我们的责任是在实施审计工作的基础上对高新技术产品（服务）收入明细表发表审计意见。我们按照《高新技术企业认定专项审计指引》的规定执行了审计工作。《高新技术企业认定专项审计指引》要求我们遵守职业道德规范，计划和实施审计工作以对高新技术产品（服务）收入明细表是否不存在重大错报获取合理保证。

审计工作涉及实施审计程序，以获取有关高新技术产品（服务）收入明细表金额和披露的审计证据。选择的审计程序取决于注册会计师的判断，包括对由于舞弊或错误导致的高新技术产品（服务）收入明细表重大错报风险的评估。在进行风险评估时，我们考虑与高新技术产品（服务）收入明细表编制相关的内部控制，以设计恰当的审计程序，但目的并非对内部控制的有效性发表意见。审计工作还包括评价管理层选用相关会计政策的恰当性和作出相关会计估计的合理性，以及评价高新技术产品（服务）收入明细表的总体列报。

我们相信，我们获取的审计证据是充分、适当的，为发表审计意见提供了基础。

三、审计意见

我们认为，ABC 公司 20×3 年度的高新技术产品（服务）收入明细表已在企业会计准则框架下，按照《高新技术企业认定管理办法》和《高新技术企业认定管理工作指引》的规定编制，在所有重大方面公允反映了 ABC 公司在 20×3 年度的高新技术产品（服务）收入情况。

四、编制基础及使用限制

我们注意到如高新技术产品（服务）收入明细表编制说明第 ×× 所述，ABC 公司 20×3 年度的高新技术产品（服务）收入明细表是在企业会计准则框架下，按照《高新技术企业认定管理办法》和《高新技术企业认定管理工作指引》的规定编制的，可能不适用于其他目的。本报告仅供 ABC 公司申报高新技术企业认定时使用，不得用于其他目的。本段内容不影响已发表的审计意见。

×× 会计师事务所
（盖章）

中国注册会计师：×××
（签名并盖章）
中国注册会计师：×××
（签名并盖章）

中国 ×× 市
20×2 年 × 月 × 日

（二）非标准专项审计报告

以下以研究开发费用结构明细表或高新技术产品（服务）收入明细表的专项审计报告为例，列示了各类非标准专项审计报告的参考格式。

1. 带强调事项段的无保留意见的专项审计报告

专项审计报告

ABC 股份有限公司：

我们审计了后附的 ABC 股份有限公司（以下简称 ABC 公司）20×1 ?20×2 和 20×3 年度的研究开发费用结构明细表及有关编制说明。

一、管理层的责任

在企业会计准则框架下，按照《高新技术企业认定管理办法》和《高新技术企业认定管理工作指引》的规定，如实编制研究开发费用结构明细表，是申报企业管理层的责任。这种责任包括：（1）设计、实施和维护与研究开发费用结构明细表相关的内部控制，以使研究开发费用结构明细表不存在由于舞弊或错误而导致的重大错报；（2）选择和运用恰当的会计政策；（3）作出合理的会计估计；（4）恰当界定研究开发项目的具体范围。

二、注册会计师的责任

我们的责任是在实施审计工作的基础上对研究开发费用结构明细表发表审计意见。我们按照《高新技术企业认定专项审计指引》的规定执行了审计工作。《高新技术企业认定专项审计指引》要求我们遵守职业道德规范，计划和实施审计工作以对研究开发费用结构明细表是否不存在重大错报获取合理保证。

审计工作涉及实施审计程序，以获取有关研究开发费用结构明细表金额和披露的审计证据。选择的审计程序取决于注册会计师的判断，包括对由于舞弊或错误导致的研究开发费用结构明细表重大错报风险的评估。在进行风险评估时，我们考虑与研究开发费用结构明细表编制相关的内部控制，以设计恰当的审计程序，但目的并非对内部控制的有效性发表意见。审计工作还包括评价管理层选用相关会计政策的恰当性和作出相关会计估计的合理性，以及评价研究开发费用结构明细表的总体列报。

我们相信，我们获取的审计证据是充分、适当的，为发表审计意见提供了基础。

三、审计意见

我们认为，ABC 公司 20×1 、20×2 和 20×3 年度的研究开发费用结构明细表已在企业会计准则框架下，按照《高新技术企业认定管理办法》和《高新技术企业认定管理工作指引》的规定编制，在所有重大方面公允反映了 ABC 公司在所审计期间的研究开发费用情况。

四、强调事项

我们提醒研究开发费用结构明细表使用者关注，如 ABC 公司研究开发费用结构明细表编制说明 ×× 所述，［说明存在重大不确定性的事项］。本段内容不影响已发表的审计意见。

五、编制基础及使用限制

我们注意到如研究开发费用结构明细表编制说明 ×× 所述，ABC 公司 20×1 、20×2 和 20×3 年度的研究开发费用结构明细表是在企业会计准则框架下，按照《高新技术企业认定管理办法》和《高新技术企业认定管理工作指引》的规定编制的，可能不适用于其他目的。本报告仅供 ABC 公司申报高新技术企业认定时使用，不得用于其他目的。本段内容不影响已发表的审计意见。

××会计师事务所　　　　　　　　　中国注册会计师：×××
　　（盖章）　　　　　　　　　　　　　　（签名并盖章）
　　　　　　　　　　　　　　　　　　中国注册会计师：×××
　　　　　　　　　　　　　　　　　　　　（签名并盖章）

　　　　　　　　　　　　　　　　　　　中国××市
　　　　　　　　　　　　　　　　　20×2年×月×日

2.保留意见的专项审计报告（审计范围受到限制）

专项审计报告

ABC股份有限公司：

　　我们审计了后附的ABC股份有限公司（以下简称ABC公司）20×3年度的高新技术产品（服务）收入明细表及有关编制说明。

一、管理层的责任

　　在企业会计准则框架下，按照《高新技术企业认定管理办法》和《高新技术企业认定管理工作指引》的规定，如实编制高新技术产品（服务）收入明细表，是申报企业管理层的责任。这种责任包括：（1）设计、实施和维护与高新技术产品（服务）收入明细表相关的内部控制，以使高新技术产品（服务）收入明细表不存在由于舞弊或错误而导致的重大错报；（2）选择和运用恰当的会计政策；（3）作出合理的会计估计；（4）恰当界定高新技术产品（服务）的具体范围。

二、注册会计师的责任

　　我们的责任是在实施审计工作的基础上对高新技术产品（服务）收入明细表发表审计意见。除下段"三、导致保留意见的事项"所述事项外，我们按照《高新技术企业认定专项审计指引》的规定执行了审计工作。《高新技术企业认定专项审计指引》要求我们遵守职业道德规范，计划和实施审计工作以对高新技术产品（服务）收入明细表是否不存在重大错报获取合理保证。

　　审计工作涉及实施审计程序，以获取有关高新技术产品（服务）收入明细表金额和披露的审计证据。选择的审计程序取决于注册会计师的判断，包括对由于舞弊或错误导致的高新技术产品（服务）收入明细表及有关编制说明重大错报风险的评估。在进行风险评估时，我们考虑与高新技术产品（服务）收入明细表编制相关的内部控制，以设计恰当的审计程序，但目的并非对内部控制的有效性发表意见。审计工作还包括评价管理层选用相关会计政策的恰当性和作出相关会计估计的合理性，以及评价高新技术产品（服务）收入明细表的总体列报。

　　我们相信，我们获取的审计证据是充分、适当的，为发表审计意见提供了基础。

三、导致保留意见的事项

　　ABC公司20×3年度的高新技术产品（服务）收入明细表反映的20×3年度高新技术产品（服务）收入合计为××万元，其中××万元的技术转让收入，由于ABC公司未能提供相关文件及凭证，致使我们无法就其获取充分、适当的审计证据。

四、审计意见

我们认为，除前段所述事项可能产生的影响外，ABC 公司 20×3 年度高新技术产品（服务）收入明细表已在企业会计准则框架下，按照《高新技术企业认定管理办法》和《高新技术企业认定管理工作指引》的规定编制，在所有重大方面公允反映了 ABC 公司 20×3 年度的高新技术产品（服务）收入情况。

五、编制基础及使用限制

我们注意到如高新技术产品（服务）收入明细表编制说明 ×× 所述，ABC 公司 20×3 年度的高新技术产品（服务）收入明细表是在企业会计准则框架下，按照《高新技术企业认定管理办法》和《高新技术企业认定管理工作指引》的规定编制的，可能不适用于其他目的。本报告仅供 ABC 公司申报高新技术企业认定时使用，不得用于其他目的。本段内容不影响已发表的审计意见。

×× 会计师事务所　　　　　　　　　　中国注册会计师：×××

（盖章）　　　　　　　　　　　　　　　（签名并盖章）

　　　　　　　　　　　　　　　　　　中国注册会计师：×××

　　　　　　　　　　　　　　　　　　　（签名并盖章）

中国 ×× 市

20×2 年 × 月 × 日

3. 否定意见的专项审计报告

专项审计报告

ABC 股份有限公司：

我们审计了后附的 ABC 股份有限公司（以下简称 ABC 公司）20×3 年度的高新技术产品（服务）收入明细表及有关编制说明。

一、管理层的责任

在企业会计准则框架下，按照《高新技术企业认定管理办法》和《高新技术企业认定管理工作指引》的规定，如实编制高新技术产品（服务）收入明细表，是申报企业管理层的责任。这种责任包括：（1）设计、实施和维护与高新技术产品（服务）收入明细表相关的内部控制，以使高新技术产品（服务）收入明细表不存在由于舞弊或错误而导致的重大错报；（2）选择和运用恰当的会计政策；（3）作出合理的会计估计；（4）恰当界定高新技术产品（服务）的具体范围。

二、注册会计师的责任

我们的责任是在实施审计工作的基础上对高新技术产品（服务）收入明细表发表审计意见。我们按照《高新技术企业认定专项审计指引》的规定执行了审计工作。《高新技术企业认定专项审计指引》要求我们遵守职业道德规范，计划和实施审计工作以对高新技术产品（服务）收入明细表是否不存在重大错报获取合理保证。

审计工作涉及实施审计程序，以获取有关高新技术产品（服务）收入明细表金额和披露的审计证据。选择的审计程序取决于注册会计师的判断，包括对由于舞弊或错误导致的高新技术产品（服务）收入明细表重大错报风险的评估。在进行风险评估时，我们考虑与高新技术产品（服务）收入明细表编制相关的内部控制，以设计恰当的审计程序，但目的并非对内部控制的有效性发表意见。审计工作还包括评价管理层选用相关会计政策的恰当性和作出相关会计估计的合理性，以及评价高新技术产品（服务）收入明细表的总体列报。

我们相信，我们获取的审计证据是充分、适当的，为发表审计意见提供了基础。

三、导致否定意见的事项

ABC 公司 20×3 年度高新技术产品（服务）收入明细表反映的 20×3 年度的高新技术产品（服务）收入合计为 ×× 万元，其中 ×× 万元不符合《高新技术企业认定管理工作指引》关于高新技术产品（服务）收入分类的规定，如果予以剔除，ABC 公司 20×3 年度的高新技术产品（服务）收入应为 ×× 万元，占 ABC 公司 20×3 年度总收入的比例将减少至 ××%。我们提出了调整建议，但 ABC 公司未予采纳。

四、审计意见

由于受到前段所述事项的重大影响，ABC 公司 20×3 年度的高新技术产品（服务）收入明细表没有按照《高新技术企业认定管理办法》和《高新技术企业认定管理工作指引》的规定编制，未能在所有重大方面公允反映 ABC 公司 20×3 年度的高新技术产品（服务）收入情况。

　　×× 会计师事务所　　　　　　　　　　中国注册会计师：×××
　　　（盖章）　　　　　　　　　　　　　　　（签名并盖章）
　　　　　　　　　　　　　　　　　　　中国注册会计师：×××
　　　　　　　　　　　　　　　　　　　　　（签名并盖章）

　　　　　　　　　　　　　　　　　　　　　中国 ×× 市
　　　　　　　　　　　　　　　　　　　20×2 年 × 月 × 日

4. 无法表示意见的专项审计报告

专项审计报告

ABC 股份有限公司：

我们接受委托，审计后附的 ABC 股份有限公司（以下简称 ABC 公司）20×1 、20×2 和 20×3 年度的研究开发费用结构明细表及有关编制说明。

一、管理层的责任

在企业会计准则框架下，按照《高新技术企业认定管理办法》和《高新技术企业认定管理工作指引》的规定，如实编制研究开发费用结构明细表，是申报企业管理层的责任。这种责任包括：（1）设计、实施和维护与研究开发费用结构明细表相关的内部控制，以使研究开发费用结构明细表不存在由于舞弊或错误而导致的重大错报；（2）选择和运用恰当的会计政策；（3）作出合理的会计估计；（4）恰当界定研究开发项目的具体范围。

二、导致无法表示意见的事项

贵公司未提供科研项目的计划和预算，对研发费用支出缺乏相关的内部控制，也未见科研项目的研究记录。因此，我们无法就 ABC 公司 20×1 、20×2 和 20×3 年度的研发费用支出获取充分、适当的审计证据。

三、审计意见

由于上述审计范围受到限制可能产生的影响非常重大和广泛，我们无法对 ABC 公司 20×1 、20×2 和 20×3 年度的研究开发费用结构明细表发表意见。

××会计师事务所　　　　　　　　　　　中国注册会计师：×××
（盖章）　　　　　　　　　　　　　　　　（签名并盖章）
　　　　　　　　　　　　　　　　　　　中国注册会计师：×××
　　　　　　　　　　　　　　　　　　　　（签名并盖章）

　　　　　　　　　　　　　　　　　　　　中国××市
　　　　　　　　　　　　　　　　　　20×2 年 × 月 × 日

附录 3：研究开发费用结构明细表和高新技术产品（服务）收入明细表及其编制说明参考格式

研究开发费用结构明细表（按近 3 年每年分别填报）

××年度

编制单位：ABC 股份有限公司　　　　　　　　　　　单位：人民币万元

科目 / 本期发生数 ＼ 研究开发项目编号	RD01	RD02	RD03	RD…	RD…	合计
一、内部研究开发投入额						
其中：人员人工						
直接投入						
折旧费用与长期待摊费用摊销						
设计费						
设备调试费						
无形资产摊销						
其他费用						
二、委托外部研究开发投入额						
其中：境内的外部研发投入额						
三、研究开发投入额（内、外部）小计						

公司法定代表人：
主管会计工作的公司负责人：
公司会计机构负责人：
公司盖章：

ABC 股份有限公司
研究开发费用结构明细表编制说明

20×1 年 1 月 1 日至 20×3 年 12 月 31 日

金额单位：人民币万元

一、公司基本情况

提示：公司基本情况应当采用简洁的语言，一般应分段表述。其内容主要包括基本沿革、所处行业、经营范围、主要产品或提供的劳务、分支机构等有关资料。

ABC 股份有限公司（以下简称公司或本公司）系经××批准，由××发起设立，于××年×月×日在××工商行政管理局登记注册，取得注册号为××的《企业法人营业执照》，现有注册资本××元。

本公司属××行业。经营范围：××。主要产品或提供的劳务：××。

［本公司下设××、××等分支机构。］

二、研究开发费用结构明细表的编制基础

本公司在企业会计准则框架下，按照《高新技术企业认定管理办法》和《高新技术企业认定管理工作指引》的规定编制研究开发费用结构明细表。

三、公司采用的编制原则和方法

提示：研究开发费用结构明细表是根据《高新技术企业认定管理办法》和《高新技术企业认定管理工作指引》的规定，对研究开发费用进行归集而编制的。公司应当说明各项研究开发费用的归集方法、依据以及重要估计。

（一）人员人工

人员人工是指从事研究开发活动人员（也称开发人员）的工资薪金，包括基本工资、奖金、津贴、补贴、年终加薪、加班工资以及与其任职或者受雇有关的其他支出。

本公司研发人员是指从事研究开发活动的，全年累计工作时间在 183 天以上的全时工作人员，具体包括……

……

（二）直接投入

直接投入是指为实施研究开发项目而购买的原材料等相关支出，包括用于研究开发的原材料、水和燃料（包括煤气和电）使用费等；用于中间试验和产品试制达不到固定资产标准的模具、样品、样机及一般测试手段购置费、试制产品的检验费等；用于研究开发活动的仪器设备的简单维护费；以经营租赁方式租入的固定资产发生的租赁费等。

……

（三）折旧费用与长期待摊费用摊销

折旧费用是指为执行研究开发活动而购置的仪器和设备以及研究开发项目在用建筑物的折旧费用。本公司各类固定资产的折旧年限、残值率如下：

固定资产类别	折旧年限	残值率
1.		
2.		
……		

（四）设计费用

设计费用是指为新产品和新工艺的构思、开发和制造，进行工序、技术规范、操作特性方面的设计等发生的费用。

……

（五）装备调试费

装备调试费是指工装准备过程中研究开发活动所发生的费用，包括研究生产机器、模具和工具，改变生产和质量控制程序，或制定新方法及标准等。为大规模批量化和商业化生产所进行的常规性工装准备和工业工程发生的费用不计入。

……

（六）无形资产摊销

无形资产摊销是指因研究开发活动而需要购入的专有技术（包括专利、非专利发明、许可证、专有技术、设计和计算方法等）所发生的支出的摊销费用。各类无形资产摊销方法如下：

无形资产类别	摊销年限	净残值率
1.		
2.		
……		

（七）委托外部研究开发费用

委托外部研究开发费用是指委托境内其他企业、大学、研究机构、转制院所、技术专业服务机构和境外机构进行的项目成果为公司所有，且与公司的主要经营业务紧密相关的研究开发活动所发生的费用。

委托外部研究开发发生的费用按独立交易的原则确定，按发生额的80%归集。

……

（八）其他费用

其他费用是指为研究开发活动所发生的其他费用，包括办公费、通讯费、专利申请维护费、高新技术研究保险费等。此项费用按不超过研究开发费用总额的10%确认。

……

四、报告期内主要研究开发项目的基本情况说明

包括项目内容、立项情况、审批情况（如需要）、项目预算情况和截至目前进展情况等。

五、其他说明

提示：详细阐述研究开发费用结构明细表中需要特别说明的有关项目

（如关联交易）和公司认为需要说明的其他事项，如申报明细表中对前期已审财务报表中涉及研究开发支出的重大会计差错的更正情况等。

ABC 股份有限公司

二○×四年×月×日

高新技术产品（服务）收入明细表
20×3 年度

编制单位：ABC 股份有限公司　　　　　　　　　　单位：人民币万元

项　　目	金　　额
一、产品收入	
1.	
2.	
3.	
4.	
小计	
二、技术性收入	
1. 技术转让收入	
2. 技术承包收入	
3. 技术服务收入	
3. 接受委托科研收入	
5.	
6.	
小计	
三、高新技术产品（服务）收入合计	

主管会计工作的公司负责人：

公司会计机构负责人：

公司盖章：

ABC 股份有限公司
高新技术产品（服务）收入明细表编制说明
20×3 年度

金额单位：人民币万元

一、公司基本情况

提示：公司基本情况应当采用简洁的语言，一般应分段表述。其内容主要包括基本沿革、所处行业、经营范围、主要产品或提供的劳务、分支机构等有关资料。

ABC 股份有限公司（以下简称公司或本公司）系经××批准，由××发起设立，于××年×月×日在××工商行政管理局登记注册，取得注册号为××的《企业法人营业执照》，现有注册资本××元。

本公司属××行业。经营范围：××。主要产品或提供的劳务：××。

［本公司下设××、××等分支机构。］

二、高新技术产品（服务）收入明细表的编制基础

本公司在企业会计准则框架下，按照《高新技术企业认定管理办法》和《高新技术企业认定管理工作指引》的规定编制高新技术产品（服务）收入明细表。

三、公司采用的编制原则和方法

提示：高新技术产品（服务）收入明细表是根据《高新技术企业认定管理办法》和《高新技术企业认定管理工作指引》的规定，对高新技术产品（服务）收入归集而编制的。公司应当说明各项高新技术产品（服务）收入的归集方法、依据以及重要估计。

（一）产品收入

产品收入是指通过技术创新、开展研发活动，形成符合《国家重点支持的高新技术领域》要求的产品的销售收入。

（二）技术性收入

1. 技术转让收入

技术转让收入是指技术创新成果通过技术贸易、技术转让所获得的收入。

……

2. 技术承包收入

技术承包收入是指技术项目设计、技术工程实施所获得的收入。

……

3. 技术服务收入

技术服务收入是指利用自己的人力、物力和数据系统等为社会和本公司外的用户提供技术方案、数据处理、测试分析及其他类型的服务所获得的收入。

……

4.接受委托科研收入

接受委托科研收入是指承担社会各方面委托研究开发、中间试验及新产品开发所获得的收入。

……

四、其他说明

　　提示：详细阐述高新技术产品（服务）收入明细表中需要特别说明的有关项目（如关联交易）和公司认为需要说明的其他事项。

ABC 股份有限公司

二○×四年×月×日

内部控制审核指导意见

（会协〔2002〕41 号，2002 年 2 月 9 日）

第一章　总　　则

第一条　为了规范注册会计师执行内部控制审核业务，明确工作要求，保证执业质量，根据国家有关法规的要求，提出本指导意见。

第二条　本意见所称内部控制审核，是指注册会计师接受委托，就被审核单位管理当局对特定日期与会计报表相关的内部控制有效性的认定进行审核，并发表审核意见。

第三条　按照国家有关法规的要求，建立健全内部控制并保持其有效性，是被审核单位管理当局的责任。

按照本意见的要求，了解、测试和评价内部控制，出具审核报告，是注册会计师的责任。

第四条　注册会计师应当保持应有的职业谨慎，关注内部控制的固有限制，获取充分、适当的证据，将审核风险降低至可接受的水平。

第五条　注册会计师对特定期间与会计报表相关的内部控制的有效性执行审核业务，可参照本意见办理。

第二章　业务约定书

第六条　注册会计师应当在了解被审核单位基本情况的基础上，考虑自身能力和能否保持独立性，初步评估审核风险，确定是否接受委托。

如果接受委托，会计师事务所应当与委托人就约定事项达成一致意见，并签订业务约定书。

第七条　业务约定书应当包括以下主要内容：

（一）委托目的；

（二）委托业务的性质；

（三）审核范围；

（四）被审核单位管理当局的责任和注册会计师的责任；

（五）内部控制的固有限制；

（六）评价内部控制有效性的标准；

（七）报告分发和使用的限制。

第三章　审核计划

第八条　在制定审核计划前，注册会计师应当向被审核单位管理当局获取有关内部控制有效性的书面认定，以及内部控制手册、流程图、调查问卷和备忘录等文件。

第九条　在制定审核计划时，注册会计师应当考虑以下主要因素：

（一）被审核单位所在行业的情况，包括行业景气程度、经营风险、技术进步等；

（二）被审核单位的内部情况，包括组织结构、经营特征、资本构成、生产和业务流程、员工素质等；

（三）被审核单位近期在经营和内部控制方面的变化；

（四）管理当局的诚信、能力及发生舞弊的可能性；

（五）管理当局评价内部控制有效性的方法和证据；

（六）对重要性水平、固有风险及其他与确定内部控制重大缺陷有关的因素的初步判断；

（七）特定内部控制的性质及其在内部控制整体中的重要性；

（八）对内部控制有效性的初步判断；

（九）从其他专业服务中了解到的有关被审核单位内部控制的情况。

第十条　如果被审核单位有多个经营场所，注册会计师应当选择某些经营场所的内部控制进行了解和测试。

在选择了解和测试的经营场所时，注册会计师除考虑第九条列举的有关因素外，还应当考虑以下因素：

（一）不同场所之间经营活动和内部控制的相似性；

（二）会计处理的集中程度；

（三）控制环境的有效性，尤其是管理当局对各经营场所行使授权的控制和有效监督经营活动的能力；

（四）各经营场所发生交易的性质和金额。

第十一条　内部审计的工作结果是管理当局评价内部控制有效性的重要基础，注册会计师应当考虑被审核单位内部审计人员的专业能力、独立性及工作范围。

第四章　审核程序

第十二条　注册会计师应当根据审核计划，实施以下工作步骤：

（一）了解内部控制的设计；

（二）评价内部控制设计的合理性；

（三）测试和评价内部控制执行的有效性。

第十三条　注册会计师应当实施以下程序，以了解内部控制的设计：

（一）询问被审核单位的有关人员；

（二）检查内部控制生成的文件和记录；

（三）观察被审核单位的经营管理活动。

第十四条　注册会计师应当在了解内部控制各要素的基础上，根据内部控制能否防止和发现会计报表有关认定的重大错报，评价内部控制设计的合理性。

第十五条　在评价内部控制设计的合理性时，注册会计师应当关注内部控制整体能否实现控制目标，而不应孤立地关注特定内部控制。

第十六条 在确定评价特定内部控制设计合理性的程序时，注册会计师应当考虑以下因素：

（一）特定内部控制的性质；

（二）特定内部控制的描述方式；

（三）经营活动及其管理系统的复杂性。

第十七条 注册会计师应当对相关内部控制进行测试，获取充分、适当的证据，以评价内部控制执行的有效性。

在测试内部控制执行的有效性时，注册会计师应当关注该项内部控制是否得到执行、如何执行、由谁执行以及是否得到一贯执行。

第十八条 在测试内部控制执行的有效性时，注册会计师通常实施以下程序：

（一）询问被审核单位的有关人员；

（二）检查内部控制生成的文件和记录；

（三）观察被审核单位的经营管理活动；

（四）重新执行有关内部控制。

第十九条 在评价获取的证据是否充分、适当时，注册会计师应当运用专业判断，并考虑以下因素：

（一）特定内部控制的性质；

（二）特定内部控制在实现控制目标中的重要性；

（三）被审核单位对特定内部控制执行有效性进行测试的性质和范围；

（四）特定内部控制未得到遵循的风险。

第二十条 在评价内部控制执行的有效性时，注册会计师可考虑利用管理当局对内部控制执行有效性的测试结果，但应获取充分、适当的证据进行印证。

第二十一条 在评价特定内部控制未得到遵循的风险时，注册会计师应当考虑以下因素：

（一）交易的数量和性质是否发生变化，以致对特定内部控制的设计和执行产生不利影响；

（二）内部控制是否发生变化；

（三）特定内部控制对其他内部控制有效性的依赖程度；

（四）执行或监控内部控制的关键人员是否发生变动；

（五）特定内部控制的执行是依赖人工还是电子设备；

（六）特定内部控制的复杂程度；

（七）特定控制目标的实现是否依赖于多项内部控制。

第二十二条 某些内部控制是连续执行的，而某些内部控制只在特定时间执行，注册会计师应当根据内部控制的性质及其执行的时间和频率，合理确定控制测试的性质、时间和范围。

第二十三条 当管理当局在作出内部控制有效性认定之前已对内部控制作了改进时，如果注册会计师确定新的内部控制能够实现相关目标，并且已有效执行了适当的时间，可不考虑改进前内部控制设计的合理性和执行的有效性。

第二十四条 对已发现的内部控制重大缺陷，注册会计师应当及时以书面形式与被审核单位进行沟通。

第二十五条 在判断某项内部控制缺陷单独或连同其他内部控制缺陷是否为重大缺陷时，注册会计师应当考虑潜在的错误或舞弊可能导致错报的金额和性质。

第二十六条　注册会计师应当就以下重要事项向管理当局获取书面声明：

（一）管理当局对建立健全内部控制并保持其有效性负责；

（二）管理当局已对内部控制的有效性进行了评价；

（三）管理当局已作出特定日期与会计报表相关的内部控制有效性的认定；

（四）管理当局已向注册会计师告知内部控制在设计和执行方面存在的重大缺陷；

（五）管理当局已向注册会计师告知发生的重大舞弊，以及虽不重大但涉及管理人员或在内部控制过程中起关键作用的员工的其他舞弊；

（六）期后发生的内部控制变化和可能影响内部控制的其他因素，包括管理当局针对重大缺陷采取的各项改进措施。

第二十七条　如果管理当局拒绝提供有关内部控制的书面声明，注册会计师应当将其视为审核范围受到限制，并考虑管理当局其他声明的可靠性。

第二十八条　注册会计师应当将实施的审核程序及其结果，连同取得的有关资料，形成审核工作底稿。

第五章　审核报告

第二十九条　注册会计师应当复核与评价审核证据，形成审核意见，出具审核报告。

第三十条　审核报告应当包括以下基本内容：

（一）标题；

（二）收件人；

（三）引言段；

（四）范围段；

（五）固有限制段；

（六）意见段；

（七）签章和会计师事务所地址；

（八）报告日期。

第三十一条　审核报告的标题应当统一规范为"内部控制审核报告"。

第三十二条　审核报告的收件人应当为审核业务的委托人。审核报告应当载明收件人的全称。

第三十三条　审核报告的引言段应当说明以下内容：

（一）被审核单位管理当局对特定日期与会计报表相关的内部控制有效性的认定；

（二）被审核单位管理当局的责任；

（三）注册会计师的责任。

第三十四条　审核报告的范围段应当说明以下内容：

（一）审核依据，即《内部控制审核指导意见》；

（二）审核程序；

（三）实施的审核程序为注册会计师发表审核意见提供了合理的基础。

第三十五条　审核报告的固有限制段应当说明以下内容：

（一）内部控制的固有限制；

（二）根据内部控制评价结果推测未来内部控制有效性的风险。

第三十六条　审核报告的意见段应当说明被审核单位于特定日期在所有重大方面是否保持了与会计报表相关的有效的内部控制。

第三十七条　审核报告应当由注册会计师签名并盖章，加盖会计师事务所公章，标明会计师事务所地址。

第三十八条　报告日期是指注册会计师完成外勤审核工作的日期。

第三十九条　如果注册会计师认为被审核单位内部控制存在重大缺陷，而管理当局已在书面声明及认定中恰当地说明了内部控制的重大缺陷及其对实现控制目标的影响，注册会计师应当在审核意见段前增设说明段说明重大缺陷，并视其重要程度发表保留意见或否定意见。

第四十条　如果注册会计师认为被审核单位内部控制存在重大缺陷，而管理当局未在其书面声明及认定中说明内部控制的重大缺陷及其对实现控制目标的影响，或虽已说明重大缺陷，却认定其内部控制依然有效，注册会计师应当发表否定意见。

第四十一条　如果审核范围受到限制，注册会计师应当视其重要程度，发表保留意见或拒绝表示意见。

第四十二条　当存在下列情况时，注册会计师应当考虑其对审核报告的影响：

（一）管理当局的认定仅涉及部分内部控制的有效性；

（二）管理当局的认定仅涉及内部控制设计的合理性。

第四十三条　如果认为期后事项严重影响内部控制的有效性，注册会计师应当视其重要程度，发表保留意见或否定意见；如果不能确定其影响，注册会计师应当发表拒绝表示意见。

附录：内部控制审核报告参考格式

1. 无保留意见

内部控制审核报告

× 股份有限公司：

我们接受委托，审核了贵公司管理当局对 × 年 × 月 × 日与会计报表相关的内部控制有效性的认定。贵公司管理当局的责任是建立健全内部控制并保持其有效性，我们的责任是对贵公司内部控制的有效性发表意见。

我们的审核是依据《内部控制审核指导意见》进行的。在审核过程中，我们实施了包括了解、测试和评价内部控制设计的合理性和执行的有效性，以及我们认为必要的其他程序。我们相信，我们的审核为发表意见提供了合理的基础。

内部控制具有固有限制，存在由于错误或舞弊而导致错报发生和未被发现的可能性。此外，由于情况的变化可能导致内部控制变得不恰当，或降低对控制政策、程序遵循的程度，根据内部控制评价结果推测未来内部控制有效性具有一定的风险。

我们认为，贵公司按照 × 标准于 × 年 × 月 × 日在所有重大方面保持了与会计报表相关的有效的内部控制。

× 会计师事务所（公章）　　　　　中国注册会计师（签名并盖章）

地　　址　　　　　　　　　　　　　　年　月　日

2. 保留意见

内部控制审核报告

× 股份有限公司：

我们接受委托，审核了贵公司管理当局对 × 年 × 月 × 日与会计报表相关的内部控制有效性的认定。贵公司管理当局的责任是建立健全内部控制并保持其有效性，我们的责任是对贵公司内部控制的有效性发表意见。

我们的审核是依据《内部控制审核指导意见》进行的。在审核过程中，我们实施了包括了解、测试和评价内部控制设计的合理性和执行的有效性，以及我们认为必要的其他程序。我们相信，我们的审核为发表意见提供了合理的基础。

内部控制具有固有限制，存在由于错误或舞弊而导致错报发生和未被发现的可能性。此外，由于情况的变化可能导致内部控制变得不恰当，或降低对控制政策、程序遵循的程度，根据内部控制评价结果推测未来内部控制有效性具有一定的风险。

（描述内部控制的重大缺陷及其对实现控制目标的影响）有效的内部控制能够为企业及时防止或发现会计报表中的重大错报提供合理保证，而上述重大缺陷使贵公司内部控制失去这一功能。

我们认为，除上述内部控制的重大缺陷及其对实现控制目标的影响外，贵公司按照 × 标准于 × 年 × 月 × 日在所有重大方面保持了与会计报表相关的有效的内部控制。

× 会计师事务所（公章）　　　　　　　中国注册会计师（签名并盖章）

地　　址　　　　　　　　　　　　　　年　月　日

3. 否定意见

内部控制审核报告

× 股份有限公司：

我们接受委托，审核了贵公司管理当局对 × 年 × 月 × 日与会计报表相关的内部控制有效性的认定。贵公司管理当局的责任是建立健全内部控制并保持其有效性，我们的责任是对贵公司内部控制的有效性发表意见。

我们的审核是依据《内部控制审核指导意见》进行的。在审核过程中，我们实施了包括了解、测试和评价内部控制设计的合理性和执行的有效性，以及我们认为必要的其他程序。我们相信，我们的审核为发表意见提供了合理的基础。

内部控制具有固有限制，存在由于错误或舞弊而导致错报发生和未被发现的可能性。此外，由于情况的变化可能导致内部控制变得不恰当，或降低对控制政策、程序遵循的程度，根据内部控制评价结果推测未来内部控制有效性具有一定的风险。

（描述内部控制的重大缺陷及其对实现控制目标的影响）有效的内部控制能够为企业及时防止或发现会计报表中的重大错报提供合理保证，而上述重大缺陷使贵公司内部控制失去这一功能。

我们认为，由于上述内部控制的重大缺陷及其对实现控制目标的影响，贵公司未能按

照 × 标准于 × 年 × 月 × 日保持与会计报表相关的有效的内部控制。

× 会计师事务所（公章）	中国注册会计师（签名并盖章）
地　　址	年　月　日

4. 拒绝表示意见

内部控制审核报告

× 股份有限公司：

我们接受委托审核贵公司管理当局对 × 年 × 月 × 日与会计报表相关的内部控制有效性的认定。贵公司管理当局的责任是建立健全内部控制并保持其有效性。

内部控制具有固有限制，存在由于错误或舞弊而导致错报发生和未被发现的可能性。此外，由于情况的变化可能导致内部控制变得不恰当，或降低对控制政策、程序遵循的程度，根据内部控制评价结果推测未来内部控制有效性具有一定的风险。

由于管理当局（描述范围限制），我们未能实施必要的审核程序以获取充分的证据，因此，我们无法对贵公司内部控制的有效性发表意见。

× 会计师事务所（公章）	中国注册会计师（签名并盖章）
地　　址	年　月　日

中国注册会计师职业道德规范指导意见

（会协〔2002〕160号，2002年6月25日）

第一章　总　　则

第一条　为了规范注册会计师职业道德行为，提高注册会计师职业道德水准，维护注册会计师职业形象，根据《中华人民共和国注册会计师法》和《中国注册会计师职业道德基本准则》，制定本指导意见。

第二条　注册会计师应当遵守职业道德准则，履行相应的社会责任，维护社会公众利益。

第三条　注册会计师执行审计、审核和审阅等鉴证业务，应当恪守独立、客观、公正的原则。

第四条　注册会计师应当保持应有的职业谨慎，保持和提高专业胜任能力，遵守独立审计准则等职业规范，勤勉尽责。

第五条　注册会计师应当履行对客户的责任，对执业过程中获知的客户信息保密。

第六条　注册会计师应当与同行保持良好的工作关系，配合同行的工作。

第二章　独　立　性

第七条　注册会计师执行鉴证业务时应当保持实质上和形式上的独立，不得因任何利害关系影响其客观、公正的立场。

第八条 可能损害独立性的因素包括经济利益、自我评价、关联关系和外界压力等。

第九条 会计师事务所和注册会计师应当考虑经济利益对独立性的损害，可能损害独立性的情形主要包括：

（一）与鉴证客户存在专业服务收费以外的直接经济利益或重大的间接经济利益；

（二）收费主要来源于某一鉴证客户；

（三）过分担心失去某项业务；

（四）与鉴证客户存在密切的经营关系；

（五）对鉴证业务采取或有收费的方式；

（六）可能与鉴证客户发生雇佣关系。

第十条 会计师事务所和注册会计师应当考虑自我评价对独立性的损害，可能损害独立性的情形主要包括：

（一）鉴证小组成员曾是鉴证客户的董事、经理、其他关键管理人员或能够对鉴证业务产生直接重大影响的员工；

（二）为鉴证客户提供直接影响鉴证业务对象的其他服务；

（三）为鉴证客户编制属于鉴证业务对象的数据或其他记录。

第十一条 会计师事务所和注册会计师应当考虑关联关系对独立性的损害，可能损害独立性的情形主要包括：

（一）与鉴证小组成员关系密切的家庭成员是鉴证客户的董事、经理、其他关键管理人员或能够对鉴证业务产生直接重大影响的员工；

（二）鉴证客户的董事、经理、其他关键管理人员或能够对鉴证业务产生直接重大影响的员工是会计师事务所的前高级管理人员；

（三）会计师事务所的高级管理人员或签字注册会计师与鉴证客户长期交往；

（四）接受鉴证客户或其董事、经理、其他关键管理人员或能够对鉴证业务产生直接重大影响的员工的贵重礼品或超出社会礼仪的款待。

第十二条 会计师事务所和注册会计师应当考虑外界压力对独立性的损害，可能损害独立性的情形主要包括：

（一）在重大会计、审计等问题上与鉴证客户存在意见分歧而受到解聘威胁；

（二）受到有关单位或个人不恰当的干预；

（三）受到鉴证客户降低收费的压力而不恰当地缩小工作范围。

第十三条 当识别出损害独立性的因素时，会计师事务所和注册会计师应当采取必要的措施以消除影响或将其降至可接受水平。

第十四条 会计师事务所应当从整体上维护其独立性。

维护独立性的措施主要包括：

（一）会计师事务所的高级管理人员重视独立性，并要求鉴证小组成员保持独立性；

（二）制定有关独立性的政策和程序，包括识别损害独立性的因素、评价损害的严重程度以及采取相应的维护措施；

（三）建立必要的监督及惩戒机制以促使有关政策和程序得到遵循；

（四）及时向所有高级管理人员和员工传达有关政策和程序及其变化；

（五）制定能使员工向更高级别人员反映独立性问题的政策和程序。

第十五条 在承办具体鉴证业务时，会计师事务所应当维护其独立性。

维护独立性的措施主要包括：

（一）安排鉴证小组以外的注册会计师进行复核；

（二）定期轮换项目负责人及签字注册会计师；

（三）与鉴证客户的审计委员会或监事会讨论独立性问题；

（四）向鉴证客户的审计委员会或监事会告知服务性质和收费范围；

（五）制定确保鉴证小组成员不代替鉴证客户行使管理决策或承担相应责任的政策和程序；

（六）将独立性受到损害的鉴证小组成员调离鉴证小组。

第十六条　当维护措施不足以消除损害独立性因素的影响或将其降至可接受水平时，会计师事务所应当拒绝承接业务或解除业务约定。

第三章　专业胜任能力

第十七条　注册会计师应当通过教育、培训和执业实践保持和提高专业胜任能力。

第十八条　注册会计师不得宣称自己具有本不具备的专业知识、技能或经验。

第十九条　注册会计师不得提供不能胜任的专业服务。

第二十条　在提供专业服务时，注册会计师可以在特定领域利用专家协助其工作。

第二十一条　在利用专家工作时，注册会计师应当对专家遵守职业道德的情况进行监督和指导。

第四章　保　　密

第二十二条　注册会计师应当对在执业过程中获知的客户信息保密，这一保密责任不因业务约定的终止而终止。

第二十三条　注册会计师应当采取措施，确保业务助理人员和专家遵守保密原则。

第二十四条　注册会计师不得利用在执业过程中获知的客户信息为自己或他人谋取不正当的利益。

第二十五条　注册会计师在以下情况下可以披露客户的有关信息：

（一）取得客户的授权；

（二）根据法规要求，为法律诉讼准备文件或提供证据，以及向监管机构报告发现的违反法规行为；

（三）接受同业复核以及注册会计师协会和监管机构依法进行的质量检查。

第二十六条　在决定披露客户的有关信息时，注册会计师应当考虑以下因素：

（一）是否了解和证实了所有相关信息；

（二）信息披露的方式和对象；

（三）可能承担的法律责任和后果。

第五章　收费与佣金

第二十七条　在确定收费时，会计师事务所应当考虑以下因素，以客观反映为客户提供专业服务的价值：

（一）专业服务所需的知识和技能；

（二）所需专业人员的水平和经验；

（三）每一专业人员提供服务所需的时间；

（四）提供专业服务所需承担的责任。

第二十八条 在专业服务得到良好的计划、监督及管理的前提下，收费通常以每一专业人员适当的小时费用率或日费用率为基础计算。

第二十九条 专业服务的收费依据、收费标准及收费结算方式与时间应在业务约定书中予以明确。

第三十条 如果收费报价明显低于前任注册会计师或其他会计师事务所的相应报价，会计师事务所应当确保：

（一）在提供专业服务时，工作质量不会受到损害，并保持应有的职业谨慎，遵守执业准则和质量控制程序；

（二）客户了解专业服务的范围和收费基础。

第三十一条 除法规允许外，会计师事务所不得以或有收费方式提供鉴证服务，收费与否或多少不得以鉴证工作结果或实现特定目的为条件。

第三十二条 会计师事务所和注册会计师不得为招揽客户而向推荐方支付佣金，也不得因向第三方推荐客户而收取佣金。

第三十三条 会计师事务所和注册会计师不得因宣传他人的产品或服务而收取佣金。

第六章　与执行鉴证业务不相容的工作

第三十四条 注册会计师不得从事有损于或可能有损于其独立性、客观性、公正性或职业声誉的业务、职业或活动。

第三十五条 注册会计师应当就其向鉴证客户提供的非鉴证服务与鉴证服务是否相容做出评价。

第三十六条 会计师事务所不得为上市公司同时提供编制会计报表和审计服务。

第三十七条 会计师事务所的高级管理人员或员工不得担任鉴证客户的董事（包括独立董事）、经理或其他关键管理职务。

第七章　接任前任注册会计师的审计业务

第三十八条 后任注册会计师在接任前任注册会计师的审计业务时不得蓄意侵害前任注册会计师的合法权益。

第三十九条 在接受审计业务委托前，后任注册会计师应当向前任注册会计师询问审计客户变更会计师事务所的原因，并关注前任注册会计师与审计客户之间在重大会计、审计等问题上可能存在的意见分歧。

第四十条 后任注册会计师应当提请审计客户授权前任注册会计师对其询问作出充分的答复。

如果审计客户拒绝授权，或限制前任注册会计师作出答复的范围，后任注册会计师应当向审计客户询问原因，并考虑是否接受业务委托。

第四十一条 前任注册会计师应当根据所了解的情况对后任注册会计师的询问作出及时、充分的答复。

如果受到审计客户的限制或存在法律诉讼的顾虑，决定不向后任注册会计师作出充分答复，前任注册会计师应当向后任注册会计师表明其答复是有限的。

第四十二条 如果审计客户委托注册会计师对已审计会计报表进行重新审计，接受委托的注册会计师应视为后任注册会计师，而之前已发表审计意见的注册会计师则视为前任注册会计师。

第四十三条 如果后任注册会计师发现前任注册会计师所审计的会计报表存在重大错报，应当提请审计客户告知前任注册会计师，并要求审计客户安排三方会谈，以便采取措施进行妥善处理。

第八章 广告、业务招揽和宣传

第四十四条 注册会计师应当维护职业形象，在向社会公众传递信息时，应当客观、真实、得体。

第四十五条 会计师事务所不得利用新闻媒体对其能力进行广告宣传，但刊登设立、合并、分立、解散、迁址、名称变更、招聘员工等信息以及注册会计师协会为会员所作的统一宣传不在此限。

第四十六条 会计师事务所和注册会计师不得采用强迫、欺诈、利诱或骚扰等方式招揽业务。

第四十七条 会计师事务所和注册会计师在招揽业务时不得有以下行为：

（一）暗示有能力影响法院、监管机构或类似机构及其官员；

（二）作出自我标榜的陈述，且陈述无法予以证实；

（三）与其他注册会计师进行比较；

（四）不恰当地声明自己是某一特定领域的专家；

（五）作出其他欺骗性的或可能导致误解的声明。

第四十八条 会计师事务所和注册会计师进行宣传时，不得有以下行为：

（一）利用政府委托或特别奖励谋取不正当利益；

（二）当会计师事务所将其名称、地址、电话号码以及其他必要的联系信息载入电话簿、信纸或其他载体时，含有自我标榜的措辞；

（三）当注册会计师就专业问题参与演讲、访谈或广播、电视节目时，抬高自己及其会计师事务所；

（四）当会计师事务所通过新闻媒体发布招聘信息时，含有抬高自己的成分。

第四十九条 会计师事务所可以将印制的手册向客户发放，也可以应非客户的要求向非客户发放，但手册的内容应当真实、客观。

第五十条 注册会计师在名片上可以印有姓名、专业资格、职务及其会计师事务所的地址和标识等，但不得印有社会职务、专家称谓以及所获荣誉等。

第九章 附　　则

第五十一条 本指导意见自 2002 年 7 月 1 日起施行。

企业集团会计报表审计指导意见

（会协〔2004〕27 号，2004 年 5 月 1 日）

第一章 总　　则

第一条 为了规范注册会计师执行企业集团（以下简称集团）会计报表审计业务，明确工作要求，保证执业质量，根据《独立审计基本准则》，制定本指导意见。

第二条 本指导意见使用的下列术语含义为：

（一）集团会计报表，是指通过合并程序、权益法或汇总程序将两个以上（含两个）组成部分会计信息包括在内的会计报表。

（二）组成部分，是指集团总部、母公司、分部、分公司、子公司、合营企业、联营企业以及其他需要按照合并程序、权益法或汇总程序纳入集团会计报表的主体。

（三）集团管理当局，是指负责编制集团会计报表的管理当局。

（四）组成部分管理当局，是指负责编制组成部分会计信息的管理当局。

（五）集团注册会计师，是指负责对集团会计报表实施审计、并在审计报告上签字和盖章的注册会计师及其所在的会计师事务所。

（六）其他注册会计师，是指负责对组成部分会计信息实施审计、除集团注册会计师之外的注册会计师及其所在的会计师事务所。

第三条 集团管理当局的责任是按照国家颁布的企业会计准则和相关会计制度的规定编制集团会计报表，公允反映集团的财务状况、经营成果和现金流量；保证与集团会计报表相关的内部控制设计的合理性和执行的有效性。

集团注册会计师的责任是对集团会计报表的合法性和公允性发表审计意见。

第四条 如果决定利用其他注册会计师的工作，集团注册会计师应当确定其他注册会计师的工作对集团会计报表审计的影响。

第五条 其他注册会计师应当配合集团注册会计师的工作，并在征得组成部分管理当局同意后，提供集团注册会计师需要的信息。

第六条 在对集团会计报表发表审计意见时，集团注册会计师应当对审计意见独自承担责任，除第二十九条规定的情形外，不应在审计报告中提及其他注册会计师的工作。

第二章　接受业务委托

第七条 在承接集团会计报表审计业务之前，集团注册会计师应当考虑对集团会计报表直接审计的程度是否足以承担集团注册会计师的责任。

在确定对集团会计报表直接审计的程度时，集团注册会计师应当考虑以下因素的影响：

（一）集团注册会计师直接审计的集团会计报表的比重是否占集团资产总额或主营业务收入的50%以上；

（二）是否存在可能导致集团会计报表产生重大错报的组成部分，以及这些组成部分的会计信息是否由其他注册会计师审计；

（三）集团会计报表的复杂程度；

（四）集团注册会计师对其他注册会计师的职业资格、独立性、专业胜任能力、审计资源以及质量控制程序的初步了解；

（五）集团管理当局和组成部分管理当局是否允许集团注册会计师不受限制地接触集团管理当局、组成部分管理当局、组成部分的信息或其他注册会计师（包括审计工作底稿），是否允许集团注册会计师在必要时对组成部分会计信息实施进一步的审计；

（六）集团管理当局聘用其他注册会计师审计组成部分会计信息的理念。

第八条 如果对集团会计报表直接审计的程度不足以接受业务委托，集团注册会计师应当考虑能否通过适当参与其他注册会计师的工作得到解决。

集团注册会计师通常采用以下方式参与其他注册会计师的工作：

（一）与组成部分管理当局会谈；

（二）直接或与其他注册会计师共同制定审计计划和实施审计程序；

（三）参与其他注册会计师评价审计证据的过程；

（四）参与其他注册会计师和组成部分管理当局之间举行的重要会议；

（五）复核其他注册会计师的审计工作底稿。

如果无法适当参与其他注册会计师的工作，集团注册会计师不应接受业务委托。

第九条　集团注册会计师在接受业务委托时，除按照《独立审计具体准则第 2 号——审计业务约定书》的要求就有关事项与集团管理当局达成一致意见外，还应当在业务约定书中明确以下事项：

（一）集团注册会计师和其他注册会计师之间的沟通不应受到任何限制；

（二）如果集团管理当局、组成部分管理当局或客观环境对其他注册会计师实施审计的范围施加了限制，集团管理当局和组成部分管理当局应当及时告知集团注册会计师；

（三）集团注册会计师应当及时获悉其他注册会计师与组成部分管理当局之间的重要沟通（包括就内部控制重大缺陷进行的沟通）；

（四）集团注册会计师应当及时获悉组成部分管理当局与监管机构就财务报告事项进行的重要沟通；

（五）集团管理当局应当在集团注册会计师认为必要时允许其接触组成部分的信息、组成部分管理当局或其他注册会计师（包括审计工作底稿），并允许其对组成部分会计信息实施审计程序。

第三章　确定工作范围

第十条　集团注册会计师应当针对评估的集团会计报表重大错报风险，确定对报表合并所需实施的审计程序，以及需要对组成部分会计信息直接实施、或由其他注册会计师实施的工作范围。

第十一条　在确定对组成部分会计信息所需实施的工作范围时，集团注册会计师应当识别单个组成部分是否具有财务重大性，即组成部分是否占集团财务状况或经营成果的较大比重。例如，组成部分是否占集团资产总额、主营业务收入或净利润的 10% 以上。

如果单个组成部分具有财务重大性，集团注册会计师应当对组成部分会计信息直接实施审计，或要求其他注册会计师根据集团注册会计师确定的重要性实施审计。

第十二条　如果单个组成部分不具有财务重大性，集团注册会计师应当识别该组成部分是否可能导致集团会计报表产生重大错报风险。例如，某组成部分负责从事期货、外汇等高风险领域的经济交易，即使不具有财务重大性，也可能导致集团会计报表产生重大错报风险。

如果单个组成部分不具有财务重大性，但可能导致集团会计报表产生重大错报风险，集团注册会计师应当直接实施、或要求其他注册会计师实施以下一项或多项工作：

（一）根据集团注册会计师确定的重要性对组成部分会计信息实施审计；

（二）针对特定账户余额实施特殊目的的审计；

（三）针对重大风险领域实施特定审计程序。

第十三条　如果单个组成部分不具有财务重大性，且很可能不会导致集团会计报表产生重大错报风险，但与其他类似的组成部分累积在一起时，可能具有财务重大性，或导致集团会计报表产生重大错报风险，集团注册会计师应当考虑直接实施、或要求其他注册会计师实施以下一项或多项工作：

（一）根据集团注册会计师确定的重要性对组成部分会计信息实施审计；

（二）针对重大风险领域实施特定审计程序；

（三）对组成部分会计信息进行审阅；

（四）在集团层次实施分析性程序。

第十四条　如果单个组成部分不具有财务重大性，也很可能不会导致集团会计报表产生重大错报风险，且与其他类似的组成部分累积在一起时仍不具有财务重大性或导致集团会计报表产生重大错报风险，集团注册会计师通常在集团层次上对此类组成部分实施分析性程序。

第四章　接触信息和沟通情况

第十五条　如果无法充分接触组成部分的信息、组成部分管理当局或其他注册会计师（包括审计工作底稿），集团注册会计师应当要求集团管理当局安排与组成部分管理当局接触，以获取必要的信息。

第十六条　如果对组成部分的信息、组成部分管理当局或其他注册会计师（包括审计工作底稿）的接触存在限制，且这种限制不能通过集团管理当局或采取其他措施予以解决时，集团注册会计师应当考虑这种限制对集团会计报表审计的影响。

第十七条　如果决定利用其他注册会计师的工作，集团注册会计师应当了解其他注册会计师的职业资格、独立性、专业胜任能力、审计资源以及质量控制程序。

在了解其他注册会计师的情况时，集团注册会计师可以向其进行问卷调查，或向注册会计师协会、政府监管机构进行询问。

第十八条　集团注册会计师应当与其他注册会计师进行沟通，以便使其了解集团注册会计师的要求。

沟通通常采用书面文件形式。集团注册会计师应当在书面沟通文件中说明由其他注册会计师实施的工作范围，并要求其他注册会计师确认以下事项：

（一）确认已收到集团注册会计师的书面沟通文件，并告知集团注册会计师是否存在不能遵循特定要求的情形，或由于要求不清楚而需要集团注册会计师予以澄清；

（二）知悉组成部分会计信息将纳入集团会计报表；

（三）充分了解并遵循《中国注册会计师职业道德基本准则》和《中国注册会计师职业道德规范指导意见》；

（四）充分了解适用于集团会计报表的企业会计准则和相关会计制度；

（五）充分了解适用于集团会计报表审计的独立审计准则和相关要求，并按照准则和相关要求对组成部分会计信息实施审计；

（六）充分了解并遵循《中国注册会计师质量控制基本准则》等有关规定；

（七）知悉集团注册会计师将考虑利用自己的工作，以满足集团会计报表审计的要求。

第十九条　集团注册会计师应当向其他注册会计师获取书面沟通文件，包括其他注册会计师在审计工作开始前提交的确认函，以及在完成审计工作时提交的报告或备忘录。

报告或备忘录的内容包括：

（一）说明由其他注册会计师出具报告的组成部分会计信息；

（二）说明由其他注册会计师实施的工作范围；

（三）确认已遵循集团注册会计师的要求；

（四）说明其他注册会计师发现的问题、得出的结论以及形成的意见；

（五）列出已发现但尚未调整的组成部分会计信息的错报。

第二十条　其他注册会计师应当将书面沟通文件直接提交给集团注册会计师，无需向第三方分发。

第五章　考虑其他注册会计师工作的充分性

第二十一条　集团注册会计师应当确定其他注册会计师的工作是否充分，以满足集团会计报表审计的要求。

第二十二条　集团注册会计师在确定其他注册会计师工作的充分性时，应当考虑以下因素：

（一）单个组成部分的财务重大性；

（二）组成部分是否可能导致集团会计报表产生重大错报风险，以及风险的性质，例如舞弊风险；

（三）在集团会计报表审计期间引起集团注册会计师关注的事项；

（四）与其他注册会计师的合作经历，对其他注册会计师职业资格、独立性、专业胜任能力、审计资源以及质量控制程序的评价；

（五）对其他注册会计师工作的参与程度。

第二十三条　如果集团注册会计师没有充分参与其他注册会计师的工作，而其他注册会计师审计的组成部分具有财务重大性，或可能导致集团会计报表产生重大错报风险，集团注册会计师应当直接复核其他注册会计师的审计工作底稿。

第二十四条　如果认为其他注册会计师的工作不充分，集团注册会计师应当要求其他注册会计师实施进一步的审计程序，也可在必要时直接实施、或与其他注册会计师共同实施进一步的审计程序。

第二十五条　集团注册会计师应当考虑其他注册会计师发现的问题对集团会计报表审计的影响。

第二十六条　集团注册会计师应当与其他注册会计师和组成部分管理当局讨论影响组成部分会计信息的重要事项，并在必要时直接实施、或与其他注册会计师共同实施进一步的审计程序。

第六章　出具审计报告时的考虑

第二十七条　集团注册会计师在出具审计报告时应当严格遵守《独立审计具体准则第7号——审计报告》，不得变动准则规定的审计报告的基本内容、格式和类型。

第二十八条　如果审计委托人、集团管理当局或其他利益相关者要求集团注册会计师披露《独立审计具体准则第7号——审计报告》规定之外的其他信息，例如集团审计情况、组成部分审计情况、内部控制重大缺陷、资本保值增值以及经济效益指标等，集团注册会计师应当以专项报告或说明予以披露，不在审计报告中列示。

第二十九条　如果集团注册会计师认为其他注册会计师的工作不能提供充分、适当的审计证据，且集团注册会计师无法获取相关的审计证据，集团注册会计师应当考虑这种范围限制对出具审计报告的影响。

第三十条　集团注册会计师应当考虑与其他注册会计师沟通所发现的问题对出具审计报告的影响。

第三十一条　如果存在对组成部分会计信息不重要且尚未调整的错报，当与其他组成部分尚未调整的错报汇总在一起时，集团注册会计师应当考虑汇总的错报对出具审计报告的影响。

第七章　形成审计工作底稿

第三十二条　集团注册会计师除了遵循《独立审计具体准则第 6 号——审计工作底稿》和其他独立审计准则中有关审计工作底稿的要求外，还应当在审计工作底稿中记录以下内容：

（一）集团注册会计师对其他注册会计师的职业资格、独立性、专业胜任能力、审计资源以及质量控制程序得出的评价结论；

（二）对集团会计报表产生重大错报风险（可能由单个组成部分单独或连同其他组成部分导致）的评估，以及集团注册会计师对风险做出的反应；

（三）对组成部分会计信息以及报表合并实施的工作范围；

（四）集团注册会计师是否获取充分、适当的审计证据，表明其他注册会计师的工作是充分的，以及集团注册会计师对组成部分会计信息实施的进一步审计程序是否足以实现审计目的；

（五）集团注册会计师就其他注册会计师发现的重大问题得出的结论；

（六）与集团管理当局、组成部分管理当局或其他注册会计师就重大的会计、审计和财务报告事项进行的讨论。

第八章　附　　则

第三十三条　本指导意见自 2004 年 5 月 1 日起施行。

其他审计制度与政策解读

第六部分

审计署关于印发修订后商业银行审计指南的通知

（审金发〔2020〕13 号，2020 年 5 月 26 日）

各省、自治区、直辖市和计划单列市、新疆生产建设兵团审计厅（局），署机关各单位、各派出审计局、各特派员办事处：

为进一步推进审计法治化、规范化建设，提高金融审计工作质量和效率，审计署组织修订了《商业银行审计指南》，已通过审计署国家审计指南专家委员会会议审议，现予印发（另行成册），请参照执行。

执行中如遇到问题，请及时向审计署国家审计指南专家委员会办公室（法规司）反馈。

联系人及电话：审计署法规司李永佩 010-50992884

审计署金融司赵文发 010-50990906

陈　涛 010-50992958

审计署

2020 年 5 月 26 日

商业银行审计指南

第一章　概　　述

第一节　商业银行审计工作总体要求

为进一步指导和规范审计机关组织开展的商业银行审计工作，提高审计效率，保证审计质量，特制定本指南。

本指南所称商业银行，是指依照《中华人民共和国公司法》和《中华人民共和国商业银行法》等有关规定设立的，从事吸收公众存款、发放贷款、办理结算等业务的金融企业法人，包括国有商业银行、股份制商业银行、城市商业银行、农村合作商业银行等。

审计机关开展商业银行审计工作，应准确把握国家审计在金融监管体系中的定位，充分发挥独立性和综合性的优势，以国有及国有资本占控股地位或主导地位的商业银行为重点，将全面审计与专项审计调查相结合，将审计商业银行与审计其他金融业务、领域相结合。

审计机关应针对经济金融形势发展变化趋势和商业银行经营机制及管理体制改革等实际情况，科学确立商业银行审计工作思路：从审计商业银行传统业务为主，向审计商业银行的传统、创新业务并重转变；从查找商业银行经营管理问题为主，向发现问题并最终促进完善机制制度并重转变；从关注商业银行单一经营风险，向揭示商业银行全面风险及可能诱发的系统性风险并重转变。

审计机关开展商业银行审计工作，应以总行为龙头，坚持数据先行，数据分析应做到"纵向到底、横向到边"的原则,对所审计的业务及区域进行"网格式"全覆盖;应坚持审计技术创新,不断改进审计技术方法,加强对跨机构、跨行业、跨市场交叉性金融风险的审计力度,及时揭示和反映经济社会各领域的新情况、新问题、新趋势,实现对经济运行中热点难点问题的适时监督和准确反映。

审计机关开展商业银行审计工作,应充分利用计算机信息技术,建立项目管理平台及协同机制,全面落实"两统筹"工作要求,不断优化金融审计组织模式,实施科学的审计项目管理,加强审计项目组之间,以及审计机关之间的工作信息沟通,切实提高审计工作效能和质量。

第二节 审计目标

习近平总书记强调,"必须加强党对金融工作的领导,坚持稳中求进工作总基调,遵循金融发展规律,紧紧围绕服务实体经济、防控金融风险、深化金融改革三项任务"。审计机关要深入贯彻落实上述要求,以促进金融服务实体经济、防控金融风险,深化金融改革,强化经营管理为工作总体目标,通过审计监督,切实推动商业银行加强公司治理,建立健全高效安全的经营体系和系统性风险防范机制,提升商业银行服务实体经济的能力和水平,推进各项金融改革措施的有效落实。

一、促进金融服务实体经济

审计应重点关注货币政策和信用传导过程中存在的"肠梗阻"现象,揭示阻碍金融和实体经济良性循环的主要因素,推动打通企业融资"最后一公里",切实疏通货币信贷政策传导机制;关注商业银行落实国家各项宏观调控政策的实际效果,及时反映典型性问题和体制机制障碍,促进经济高质量发展;关注商业银行服务小微企业、民营企业、"三农"、扶贫等薄弱环节中出现的新情况、新问题,密切关注完善普惠金融服务体系情况促进更多金融资源投向实体经济;关注金融服务重点领域情况。对信贷投放及流向进行跟踪分析,揭示信贷资金闲置、空转、脱离实体经济等方面的突出问题,促进信贷资源高效利用。关注金融服务重大战略和重要领域,国民经济和社会发展"五年规划"中确定重点项目的融资支持情况,分析商业银行支持创新驱动发展战略等重要领域的新动向,推进提升金融服务保障能力;关注商业银行落实减税降费政策情况,是否存在巧立名目乱收费问题,推动金融机构切实降低企业融资成本。

二、防控金融风险

防范化解金融风险,特别是防止发生系统性金融风险,是金融工作的永恒主题,也是金融审计的重要任务。审计应关注商业银行信用风险和流动性风险,核实资产质量真实性和五级分类准确性,检查不良资产处置中风险转移的真实性,并及时揭露商业银行不良资产高发而引发其流动性风险情况;关注影子银行风险,核实表外理财、资产管理、同业投资等业务规模、资金投向和风险变化状况,分析资管新规实施过程中出现的新情况、新问题,深入反映表外资产回表困难、基金类项目融资困难以及不同类型金融机构进行监管套利、形成交叉性风险等突出问题;关注地方政府债务风险,通过综合分析信贷、类信贷资金投向,揭示商业银行在表内贷款渠道之外,通过投资或设立各类信托计划、资产管理产品、私募股权产品等新型融资方式,变相增加地方隐性债务的问题;关注房地产金融风险,揭示信贷资金通过各种违规方式用于投机性购房问题,推动规范房地产市场金融秩序;关注跨境资金异常流动风险,分析外汇市场变化和跨境资本流动趋势,揭示和反映汇率形成机制改革、资本项目可自由兑换等措施推进中存在的突出问题;防控违法犯罪风险,运用信息化审计技术,重点查处地下钱庄、非法集资等涉众类违法问题。

三、推动深化金融改革

审计机关应以推动商业银行深化改革，转变发展方式和调整结构为重点，关注其法人治理结构、股权结构、激励约束机制及内部控制机制的建设和执行效果，有效揭示内部管理薄弱环节和制度缺陷，督促其进一步健全法人治理结构，完善重大事项的决策机制和程序，促进商业银行逐步建立现代金融企业制度，建立和完善集团层面的风险架构，加强信息披露，提高透明度；推动商业银行实施稳健的薪酬管理策略，促进提高经营管理水平和行业竞争力。通过商业银行审计，关注金融监管中存在的不协调、不到位现象，敦促有关部门补齐监管短板，推动逆周期的金融宏观审慎管理制度框架完善，推进人民币汇率形成机制和利率市场化改革步伐，加快社会信用体系建设，改善商业银行发展环境。

四、强化经营管理

按照《中华人民共和国审计法》及其实施条例的有关规定，审计机关对商业银行资产负债损益的真实、合法和效益等情况开展审计监督。一是以资产负债表、损益表和现金流量表为基础，对商业银行总行及部分分支机构重要会计信息进行分析、测试，核实其财务状况和经营成果的真实、完整性；二是检查商业银行各项业务活动遵循国家及相关监督管理部门颁布的法律法规的情况，注意揭露商业银行经营活动中存在的重大违规问题和管理薄弱环节，促进商业银行依法合规经营；三是检查商业银行在企业财务效益、社会效益以及流动性、安全性管理和发展能力状况等方面是否实现其自身既定经营目标，同时商业银行在推动经济发展、金融稳定、社会公平等方面是否实现宏观经济政策目标。通过审计，反映商业银行内部管理中存在的薄弱环节，从体制机制制度上切实提出改进意见和建议，促进商业银行提高经营管理水平，确保稳健持续健康发展

此外，按照有关制度安排，为加强对国有商业银行主要领导干部监督管理，强化对权力的监督和制约，推进党风廉政建设和反腐败工作，审计机关依法依规开展商业银行主要领导干部经济责任审计，以领导干部任职期间商业银行财务收支以及有关经济活动的真实、合法和效益为基础，重点检查评价领导干部守法、守纪、守规、尽责等情况，本指南不再详述。

第三节　审计内容

商业银行审计应以被审计单位主要经营业务活动为主线，既包括存款、贷款、同业业务、自营投资、国际业务等表内业务，也包括理财、资产托管、委托贷款、承诺等表外业务。同时，涵盖商业银行的财务管理、信息系统管理、内部控制建设等事项。审计内容主要概括为五方面。

一、贯彻落实国家重大政策措施情况

审计机关应围绕国家经济金融决策部署及宏观调控的具体措施要求，以反映商业银行经营管理中存在的重大政策风险为目标，通过开展跟踪审计，适时揭示其在执行国家宏观调控政策中存在的突出问题；同时，注重从体制机制和制度层面分析产生问题的原因，及时提出完善商业银行管理体制机制方面的审计建议，有效促进国家重大政策措施的贯彻落实。

一是信贷资金投向结构跟踪审计。检查信贷资金来源是否得到落实，是否存在截留用资金情况；信贷资金管理是否规范有效，关注信贷资金管理中存在的薄弱环节；检查资金是否按照信贷计划安排支出，关注信贷计划的执行情况；检查信贷资金的使用是否符合政策规定的用途，关注信贷资金投向是否符合有关信贷及产业、环保、投资等宏观政策要求；专项

信贷资金是否专款专用。检查信贷资金的使用是否符合国家经济金融政策要求，在促进产业结构、经济结构、区域结构调整、加快经济发展方式转变等方面，是否收到预期效果；检查信贷资源配置是否公平，信贷结构是否得到优化，能否推进实体经济的发展。

二是落实国家经济金融政策跟踪审计。检查商业银行出台相关信贷、投资配套措施的依据是否充分，是否符合现实情况要求；检查信贷、投资政策措施的可行性，关注相关配套措施是否真实、可操作；检查信贷、投资配套措施的制定过程，关注其是否经过严格论证，并符合相应程序。检查商业银行执行相关政策进度情况，资金拨付和使用情况等，具体落实情况是否符合相关政策要求。检查融资项目决策是否科学、合理，项目建设管理和资金使用是否符合国家规定；从内部管理的效率和经济性以及外化的效果和经济性两个方面，对商业银行执行政策职责履行的情况进行评价，是否有效促进国家经济金融政策及相关措施的落实。

在跟踪审计中，审计机关应注重审计成果管理和结果运用，采取边审计、边反馈、边促进整改等具体措施，及时向有关商业银行和主管部门反馈审计发现问题，及时督促整改，促进完善制度机制。

二、财务收支情况

一是检查商业银行是否按会计法、企业会计准则的要求组织财务收支活动并进行会计核算，以资产负债表、损益表和现金流量表为基础，对总行及部分分支机构重要会计信息进行分析、测试，核实其财务状况和经营成果的真实性、完整性；检报表合并范围及重大项目调整情况的真实性、完整性和合规性；对资本充足率、贷款损失准备、流动比率等重要财务与经营指标变化情况进行总体分析和评价。注意对相关社会审计机构为商业银行出具的审计报告质量情况进行核查。

二是检查商业银行各项业务收入、支出核算的完整性和真实性，有无隐瞒、截留经营收入的问题，关注各项折旧、摊销和准备金提取的合理性，审查会议费、招待费等管理费用的列支情况，重点检查收入分配、职务消费和车辆配置中存在的突出问题，是否存在铺张浪费等问题，有无挤占挪用资金、私设"小金库"等问题；核实资产减值准备提取是否准确合规，有无人为调节当期损益问题；审核中间业务收入的合规性，关注商业银行的结算、汇兑，以及资产管理、咨询服务等各项收费业务及标准是否符合规定要求，有无违规乱收费等问题。

三、内部控制情况

检查商业银行内部控制制度的健全性和有效性，是否制定符合银行发展战略、基本覆盖银行各项业务及其各个环节的内部控制制度，能否确保国家法律规定和商业银行内部规章制度的贯彻执行，确保商业银行发展战略、经营目标的全面实施和充分实现；内部控制是否能有效确保其对风险进行事前防范、事中控制、事后监督和纠正，确保风险管理体系的有效性；内部控制能否确保业务记录、财务信息和其他管理信息的及时、真实和完整。

四、业务经营及风险情况

检查商业银行各项业务是否符合国家相关法律法规和制度规定，经营决策是否符合规定的程序和要求，业务交易是否符合制度规定和授权，有无违规操作、越权审批、虚假交易并造成重大损失等情况。结合商业银行业务发展和经营绩效、稳健经营和风险防范、政策落实和促进经济发展情况等方面的指标，综合评价商业银行的运行情况、经营效益、管理水平和抗风险能力。审计中，应注意核实授信业务的合规性，以及信贷资产质量的真实性；核实负债业务的合规性，存款的时点和日均增量等营销类指标的真实性，关注可疑支付情况；审查自营投资、同业业务、系统内往来等资金运营业务的操作性风险；审查银行卡、外汇交易和人民币跨境支付等中间业务和代客理财、信用证、保函等表外资产业务的合规性。

审计机关在揭示被审计商业银行各类经营风险及管理问题的同时，应发挥金融审计延伸性特点，及时反映与其相联系的金融领域存在的系统性风险情况。关注金融业务和金融产品证券化、衍生化创新是否以服务实体经济为基础，以及各类衍生金融产品可能引发的重大风险问题；关注与证券、保险、信托等金融机构竞争与合作中可能存在的跨市场风险传染问题；关注跨境资金异常流动对金融市场的影响，以及商业银行在应对跨境资金异动中的缺陷；关注商业银行不规范授信或通过影子银行变相增加地方政府隐性债务现象，揭示财政风险与金融风险的相互转化问题；关注商业银行综合化经营发展中资本金重复计算、相互投资持股、关联交易等风险；关注股东多元化、资本结构复杂化以及内部人控制所产生的公司治理缺位及内控风险问题。

五、重大违法违规情况

审计机关在商业银行审计中，应以揭露和查处重大违法违规问题为抓手，通过查处涉嫌贷款诈骗、侵占挪用等重大问题，有效维护金融机构资产安全；通过揭露商业银行工作人员在授信管理、投资决策、集中采购、营业网点装修、业务外包和不良资产处置等方面存在的涉嫌失职渎职、收受贿赂等问题线索，以及为特定关系人及亲友谋取不正当利益、损害国有金融资产权益等违纪违法问题，大力促进金融领域的反腐倡廉建设，维护国家财经法纪。同时，应不断拓展和延伸工作领域，注意揭示商业银行综合化经营中可能存在的内幕交易、利益输送、洗钱套现等新型金融违法活动，切实维护金融市场正常经营秩序。

第四节　审计程序和方法

审计程序是审计机关实施审计必须遵循的步骤、顺序、方式、方法的总和。根据《中华人民共和国审计法》及其实施条例的规定，审计程序主要分为审计计划、审计实施和审计报告三个阶段。审计计划阶段的主要工作包括制订年度审计项目计划和编制审计工作方案。审计实施阶段的主要工作包括依据年度项目计划组成审计组，送达审计通知书，审计进点和提出书面承诺要求，调查了解被审计单位及其相关情况，编制审计实施方案，获取审计证据，做出审计结论，编制审计记录，与被审计单位交换意见。审计报告阶段的主要工作有出具审计报告等文书，检查审计发现问题的整改情况，公布审计成果，建立审计项目档案等。鉴于审计计划和审计报告阶段的审计程序有着较强的通用性，本节仅涉及审计实施阶段中具有商业银行审计特色的方法。

一、收集资料

收集资料是商业银行审计一项重要的基础性工作。相关资料主要有：商业银行公司章程，股东大会及高管层的监督办法、董事会和高管层下设专业委员会的职责权限规定和工作规则、关联交易控制办法、信息披露管理办法、重大事项内部报告制度、相关董事会会议记录等与公司治理和内部控制相关的资料，各项业务制度规章、授权资料、决策资料、审批资料、交易资料、风险监测资料，重要空白凭证领用登记簿、开销户登记簿、大额取现登记簿、收发文登记簿，各监管部门的检查结果报告等文件资料，以及会计报表、业务状况表、相关科目的总账、分户明细账及传票等会计资料。商业银行审计中，根据数据需求，采取一定的方法和工具对被审计单位数据库中的数据进行采集，已成为一项经常性的工作。

二、整理电子数据

通过发放和填写系统调查表调研业务系统功能，整理反馈的系统调查表及对业务系统的深入了解，对被审计的商业银行信息系统进行整体把握，掌握被审计单位的系统类型、数据存储、备份方式等，了解系统功能模块、业务情况、系统架构关系，整理提出审计数据需求，采集整理与各项业务相关的电子数据。电子数据主要包括：机构代码表、储蓄月报表、活期（定期）账户主档（或称账户信息文件）、储蓄总账、明细账、计息文件；贷款主合同文件、抵押合同文件、授信限额表，交易权限表、贷款余额表、贷款历史文件、贷款质量监测表、抵押（质押）物登记表、贴现业务明细表、开出银行承兑汇票明细表、开出信用证（保函）明细表、借款人基本情况表、借款人财务信息文件等；科目代码表、账户信息文件、年末账户（或月末）余额表；并表机构代码表、各机构月报表、银行集团合并财务报表、上报监管部门的统计报表等。

随着金融审计数据平台的不断完善，数据整理主要采取定期导入、集中分析的方式进行，按照审计目标生成供审计人员使用的、适合审计分析用途的标准化数据，此项审计程序已逐渐常态化和规范化。

三、内部控制测评

商业银行的内部控制是防范金融风险，保障商业银行体系稳健运行的前提和基础。审计中，应检查和评价内部控制系统的充分性和有效性。一是内部控制调查。主要有：银行的组织架构，业务发展的整体概况，各项业务部门的岗位设置原则及具体设置情况，业务操作规范和管理办法的建设情况，业务决策、审批、操作、管理、会计核算、信息披露、内部监督相关的内部控制制度的建设情况，相关业务风险的控制情况，业务管理信息系统情况。二是内部控制测试。主要有：调阅业务管理制度和操作流程，取得相关决策、执行、管理、会计核算等文件资料，询问业务内部控制执行情况，实地观察不相容职务的职责分离情况，抽查业务台账、业务报告及记录，测试业务操作制度的执行情况。

四、审计取证及方法

对商业银行各项业务的真实、合法、效益情况进行审计，并获取相关证明材料，形成正确的审计结论。主要方法有：审阅法，即审查商业银行纸质、电子或者其他介质形式存在的文件、资料，与相关机构负责人和重要岗位的从业人员进行座谈，了解业务发展战略，业务申请、审批、管理等各项制度的执行情况，风险控制措施的执行情况；调查法，即延伸调查银行客户，了解业务经营管理、信贷资金使用情况、项目建设情况，并延伸调查相关部门，了解客户或关联方的工商登记情况、纳税情况或项目立项审批情况；分析法，即采用比较分析、结构分析、抽样分析或趋势分析等方法，分析业务品种结构、行业集中度、客户集中度等情况；核对法，即进行财务数据、业务数据之间的核对，财务数据与非财务数据之间的分析对比，关注异常波动和差异。

对于数据分析出的商业银行普遍性问题，当审计无法逐笔核实业务的真实性、合规性时，审计取证应采取抽样核实方式，同时积极与商业银行沟通并取得其认可后，方可形成审计工作底稿。审计取证既要提高审计效率，又要符合质量控制的要求。此外，在商业银行审计中，为确定审计重点、发现问题线索以及归纳提炼审计结果，审计机关应运用包括比较法、分类法、因果关系法、系统分析法、趋势分析法等审计综合分析方法，对审计中收集的各类信息资料进行多层次、多视角、多维度的分析研究，总结提炼准确反映事项本质特征和预测风险隐患及变化规律的思路和结论。

第五节　审计组织模式

选取科学合理的审计组织模式，是审计项目管理的主要内容，统一组织商业银行审计项目，由上级审计机关依据法定职责和审计管辖范围，统一组织下级审计机关在全国、全省或较大范围共同开展商业银行审计项目，是确保商业银行审计有效发挥整体性、宏观性和建设性作用的重要途径。为适应商业银行信息化水平不断提高的形势要求，审计机关应以信息化建设为导向，不断创新计算机审计技术，积极推进信息化环境下审计工作能力的提升和审计模式的转变，包括实行"五统一"管理原则、探索大数据审计模式等。

一、"五统一"管理原则

为适应商业银行数据信息、运营集中管理的发展趋势，审计机关在对单一商业银行实施审计时，应遵循"以总行为龙头，组织审计组对各分支机构开展现场审计，'五统一'管理，上下联动"的项目管理原则。

（一）以总行（公司）为龙头，实现上下联动

在信息化环境下，商业银行总行成为经营管理的决策中心、控制中心、数据中心和资金运用中心，业务系统和电子数据主要集中在总行管理和运行。因此，发挥好总行审计的龙头作用在很大程度上决定着商业银行审计的质量和水平。总行审计组应注重分析国家宏观经济金融政策方面的形势及发展趋势，充分把握全行的总体发展状况，分业务、分地区的发展状况，主要风险和存在的突出问题，在此基础上进行专题研究，实现防范和化解金融风险目标，有针对性地向各审计小组提供资料和线索，并协助落实疑点问题；建立大项目审计管理平台，做好上下联动和信息互动反馈；各分支机构审计组通过上报进度、动态和信息等方式，实现与总行审计组的信息反馈和上下互动。

（二）对各分支机构审计工作实行"五统一"管理

针对当前商业银行普遍实行单一法人经营管理体制等特点，为避免不同审计小组对商业银行分支机构发现同类问题的定性不一致，规避处理处罚尺度差异等影响审计工作客观性与公正性问题，审计机关对各分支机构的审计实施组织上，应采取"统一审计方案、统一组织领导、统一标准和口径、统一审计报告和统一对外公告"的"五统一"管理原则，确保审计项目实施的规范化水平。

（三）优化审计项目组织结构和分工方式

审计机关应针对商业银行审计项目大型化和复杂化的发展趋势，全面落实审计项目及审计组织方式"两统筹"工作要求，通过跨专业、跨地区优化配置审计资源，精简审计业务的管理链条，实现审计组织的扁平化管理，切实规范审计管理，提高审计工作效能，不断提升商业银行审计项目质量水平。

二、金融大数据审计

审计机关通过常年的信息化审计积累了较为丰富的审计经验和方法，充分利用信息化资源提升审计效率，探索完善并总结提炼出"总体分析、发现疑点、分散核查、系统研究"的大数据审计模式，从而形成上下有序联动、信息充分共享、分工各有侧重、资源有效整合的局面。

（一）总体分析

通过对业务数据进行标准化处理，以数据中间表为基础，以商业银行审计数据分析平台为依托，运用商业银行审计分析模型和方法体系，对照审计方案及目标要求，将审计数据进行系统研究和分类比对分析，提出有针对性的审计分析思路，进一步提高审计监督全覆盖的"面"和全覆盖的"质量"。

（二）发现线索

通过集中综合分析商业银行电子数据，准确发现主要风险区域、风险机构、风险业务、风险账户，准确反映商业银行经营管理中存在的风险隐患，及时研判经济运行中存在的新情

况、新问题和新趋势，准确揭示涉嫌违纪违法问题和重大违规问题线索。

（三）分散核查

审计机关应在全面审计基础上，突出重点问题、重点机构和重点业务，统筹安排金融审计力量，对数据分析中发现的典型性、倾向性问题线索，有针对性地分别实施延伸核查并及时报告相关结果。

（四）系统研究

审计机关应注重发挥审计的宏观管理职能和建设性作用，综合分析审计发现问题的核查结果，在各审计项目之间建立审计成果及信息共享机制，做好各项审计成果的综合利用和有机结合，深入揭露制约商业银行可持续发展的深层次问题，及时揭示社会经济运行中的风险隐患，做到精准"查病"，有效"治已病"和"防未病"，切实发挥"经济体检"功能。

第二章　内部控制测评

第一节　业务概述

商业银行审计项目进入审计实施阶段，审计组应当首先开展对商业银行及其相关业务进行调查了解，在此基础上识别和判断被审计单位的高风险领域，确定审计重点和审计应对措施，其中了解商业银行的内部控制情况、进行风险分析和内部控制测评是调查了解的重要内容。

一、概念

商业银行内部控制是指"董事会、监事会、高级管理层和全体员工参与的，通过制定和实施系统化的制度、流程和方法，实现控制目标的动态过程和机制"。与一般企业相比，商业银行内部控制有其自身特点：一是涉及数量众多的单位和个人客户，承担风险的范围更广；二是内部控制贯穿于整个业务经营过程，而不能局限于一点；三是经营核算较为复杂，经营成果面临较大的不确定性；四是在不同的发展阶段，内部控制的侧重点不同。

商业银行内部控制体系包括控制环境、风险评估、控制活动、信息与沟通、内部监督五个要素。

1. 控制环境是商业银行实施内部控制的基础，对其他要素进行约束，并影响商业银行员工的风险意识，一般包括治理结构、组织架构、发展战略、内部审计、人力资源、社会责任和企业文化等方面。

2. 风险评估是及时识别、系统分析经营活动中与内部控制目标相关的风险，合理确定风险应对策略。

3. 控制活动是商业银行根据风险评估结果，设计实施相应的控制措施，将风险控制在可承受范围之内。

4. 信息与沟通是商业银行及时准确地收集、传递与内部控制相关的信息，确保信息在企业内、外部之间进行有效沟通。

5. 内部监督是商业银行对内部控制建立与实施情况进行监督检查，评价内部控制的有效性，发现内部控制缺陷并及时加以改进。

二、风险分析

商业银行的内部控制关注运营类（追求经营的效率和效果）、财务报告类（财务和管理报告的真实、准确和完整）和法律法规类（合规经营）三类风险。相应地，商业银行的内部控制风险主要体现在因为自身设计和运行的缺陷，而无法合理保证合规经营、资产安全、信息真实、经营效率和发展战略等内部控制目标的实现，包括：

1. 行为不合规，即内部控制制度无法合理保证银行经营管理行为遵守法律法规、监管规定、行业规范、内部管理制度和诚信准则。

2. 资产安全受到威胁，即内部控制制度无法合理保证银行资产安全可靠，不被非法使用、处置和侵占。

3. 信息真实性，即内部控制制度无法合理保证银行财务报告等业务、财务及管理信息的真实、准确、完整。

4. 经营缺乏效率，即内部控制制度无法合理保证增强商业银行决策执行力、提高管理效率、改善经营效益。

5. 战略保障弱化，即内部控制制度无法合理保障商业银行实现发展战略，促进稳健经营和可持续发展，保护股东、存款人及其他利益相关者的合法权益。

目前，我国商业银行内部控制的突出风险点为：①业务流程重效率、轻控制，不相容职责未能充分分离；②集权与分权安排不尽合理；③管理形式粗放，内部控制活动轨迹不清；④管理信息沟通不顺畅等。

三、内部控制测评目标

商业银行内部控制测评的总体目标是应用系统规范的方法，对控制环境、风险评估、控制活动、信息与沟通、内部监督等要素的设计和运行情况进行调查、了解和测试，通过获取充分、适当的证据，评估控制风险，并对内部控制的有效性发表意见，揭示内部控制缺陷，促进商业银行建立健全内部控制，具体包括：

（一）全覆盖和审慎性

关注商业银行的内部控制制度是否贯穿决策、执行和监督的全过程，是否覆盖全部业务和事项，严格执行相关法律法规及规章，在全面控制的基础上，服务于商业银行发展战略、经营目标和风险管理的需要，并保证其财务报告和资产负债损益等业务的真实、准确和完整，使商业银行的利益相关人获得可靠的信息，有效尽到社会责任。

（二）制衡性和适应性

关注商业银行的内部控制制度是否在治理机制、机构设置、权责分配、业务流程等方面形成相互制衡、相互监督的自律机制，是否能与其经营规模、业务范围、竞争状况、风险水平、外部监管要求等相适应，及时加以调整，以合理保证其遵守国家有关法律法规和内部组织规章制度，并遵从社会主义核心价值和职业道德。

（三）成本效益性

关注商业银行的内部控制制度是否能够有效地控制银行各业务和各环节存在的风险，是否能权衡实施成本与预期效益，并以适当的成本实现有效控制，从而保障商业银行资产的安全可靠，有效降低运营成本、提高工作效率，为商业银行创造新的价值。

本章内部控制测评的具体内容为：控制环境测评，包括公司治理测评、组织架构测评和发展战略测评等；风险评估测评，包括风险管理组织测评、风险目标设定测评、风险识别测评、风险控制测评、风险管理监督改进测评等；信息与沟通测评，包括内部信息传递测评、信息披露测评等；内部监督测评，包括内部控制监督机制测评、内部控制缺陷认定整改评、内部控制自我评价测评等。对于构成内部控制体系五要素之一的控制活动，其测评主要体现在商业银行各项具体业务中，之后各章将会专门介绍。

第二节　控制环境测评

一、业务简介

（一）控制环境

控制环境很大程度上影响着商业银行如何制定战略目标、如何组织经营活动、如何识别评估风险并采取行动，还影响着控制活动、信息与沟通、内部监督的设计和运行。控制环境框架包括公司治理、组织架构、发展战略、人力资源、社会责任、企业文化等方面。从国家审计的角度看，公司治理、组织架构和发展战略应是控制环境测评的重点内容。近年来，银行业金融机构保持快速发展，社会融资规模存量持续增长，金融机构法人单位数量持续增加，各种跨领域、交叉性、边缘性的金融产品和服务越来越多，一些银行业金融机构法人治理也出现严重问题，导致银行业市场乱象横生，严重干扰了金融市场秩序。完善公司治理，规范股东行为，加强股权管理，推动"三会一层"依法合规运作，是促进多层次资本市场健康发展，更好为实体经济服务，守住不发生系统性金融风险底线的重要手段。

（二）公司治理、组织架构和发展战略

公司治理是一个多角度、多层次的概念。狭义的公司治理，是指通过一种制度安排，合理配置所有者与经营者之间的权利与责任关系。广义的公司治理则在体现股东对经营者制衡的基础上，涉及广泛的利益相关者。本章所称的商业银行公司治理是指股东大会、董事会、监事会、高级管理层、股东及其他利益相关者之间的相互关系，包括组织架构、职责边界、履职要求等治理制衡机制，以及决策、执行、监督、激励约束等治理运行机制。

组织架构是指商业银行按照国家有关法律法规、股东（大）会决议和企业章程，结合银行实际情况，明确股东（大）会、董事会、监事会、管理层和银行内部各层级机构设置、职责权限、人员编制、工作程序和相关要求的制度安排。有效地控制环境需要清晰的组织架构保证日常业务的正常运转，如果银行组织架构设计不科学，权责分配不合理，可能导致机构重叠、职能交叉或缺失、权责不清、运行效率低下。

发展战略是指商业银行在对现实状况和未来趋势进行综合分析和科学预测的基础上制定并实施的长远发展目标与战略规划。缺乏明确的发展战略或发展战略实施不到位，可能导致银行盲目发展，难以形成竞争优势，丧失发展机遇和动力；而过于激进、脱离银行实际能力或偏离主业，可能导致银行过度扩张，甚至经营失败。

二、控制环境测评具体目标和调查内容

（一）测评具体目标

公司治理测评具体目标是通过对商业银行股东大会、董事会、监事会和管理层运行状况的全面性、重要性、制衡性和适应性进行评价，发现公司治理结构缺陷，促进其建立良好的法人治理结构，确保股东在内的利益相关人的利益均得到保护和承认。

组织架构测评具体目标是通过对商业银行职能机构设置、权限划分、岗位职责等设计的合理性，以及运行的有效性进行检查和评价，发现组织架构设计与运行中存在的缺陷，促进银行对组织架构进行优化，保证各司其职、各负其责、相互制约、相互协调。

发展战略测评具体目标是检查和评价商业银行发展战略制定的科学性和程序性，实施的有效性以及监控的及时性，发现银行发展战略与银行目标的偏离度，帮助其提高发展战略的可行性。

（二）调查内容

1.公司治理。公司治理调查的重点是检查和评价股东大会、董事会、监事会、管理层

是否有效运行。主要内容包括：公司章程是否依法合规制定、修改、报批；股东及其出资是否合法，股东大会的运作是否依法合规；董事会及其下设委员会的人员构成、设置运作是否规范，职责履行是否到位，董事、独立董事是否尽职；监事会运作是否规范，监事是否尽职；银行的关联交易管理是否合规有效；银行的集团化管理控制是否合规有效。

2.组织架构。组织架构调查的重点是商业银行是否结合自身业务特点和内部控制要求，建立由"三会一层"、内控管理职能部门、内部审计部门和业务部门组成分工合理、职责明确、报告关系清晰的组织架构。主要内容包括：组织架构的建立是否适当，报告路线和汇报层次是否清晰，机构和岗位职责划分是否明确、科学，运转是否高效。

3.发展战略。发展战略调查的重点是战略制定的科学性、实施的有效性和调整的及时性。主要内容包括：发展战略的制定是否科学并符合程序，发展战略的实施是否有效并定期进行评估，发展战略的调整是否按照规定权限和程序进行。

三、控制环境测评程序和方法

（一）需要取得的资料

1.公司章程，公司章程历次修改、审批记录，向监管部门的请示、批复以及办理变更登记的资料，股东名单，持股比例，历次增资扩股、股权转让或持股比例变化文件等。

2.股东大会清单、记录、决议，董事会会议清单、记录、决议，监事会会议清单、记录、决议，银行收发文记录等，股东大会、董事会、监事会议事规则，董事、监事、高管任免及薪酬资料等。

3.组织架构图、部门职责说明、岗位分工和职责说明书、法人授权书、相关行长办公会会议材料、目标责任书、绩效考核报告等。

4.公司年报，关联交易管理办法，银行相关制度以及账务凭证等。

（二）程序和方法

1.检查。调阅与商业银行公司治理和组织架构相关的各种文件、制度、记录等资料，审查其真实性、合法性。

（1）公司治理检查。

①检查公司章程制定的程序和内容的合规性。一是获取公司章程，检查公司章程是否按照《中华人民共和国公司法》和《中华人民共和国商业银行法》的规定明确股东与股份规则，组织机构及其职权，董事、监事以及高管人员的任免、职权及义务，股东大会、董事会及监事会的主要议事程序，财务会计制度，其他制度等事项。二是检查监事会及法律部门审阅银行章程及相关制度规定，确保符合相关法律法规的情况。三是获取公司章程的历次修改记录等资料，检查章程修改是否按照法律法规和监管规定的步骤实施。

②检查股东及其出资的合法性、股东大会运作的合规性。一是调阅股东出资记录，检查是否对股东名称、权利义务、出资方式和出资额、股份转让等内容做出规定；采取询问董事长、董事、引资介绍人等方式，检查股东是否符合出资入股商业银行的条件，是否委托持股或代持股、未经批准持股超过一定比例没有备案等情况，股东入股资金来源是否符合要求，是否以委托资金、债务资金或其他非自有资金入股，必要时通过延伸、函证等方式进行验证。二是检查股东大会召开的频率、条件是否符合法律法规及公司章程的规定，是否按规定时间提前通知有关股东，是否由董事长或董事长授权的副董事长主持，会议决议是否适当保存并由各参会代表签字等；检查是否对董事会及其下设委员会的职责、议事方式和表决程序、董事的任免程序、独董的人数职权等事项做出规定。

③检查董事会及其下设委员会设置运作的规范性、董事和独立董事的尽职程度。一是

调阅董事会决议和记录，检查董事会是否每年度至少召开两次会议，是否有一半以上的董事出席，是否存在由非董事代理出席，是否所有决议按照公司章程规定审议通过，会议决议是否有参会代表签字等；检查是否设立审计委员会、提名薪酬委员会等专业委员会，其构成是否符合有关法律法规规定。二是调阅董事会相关会议记录，检查有关管理层的任免、薪酬的议案是否经提名薪酬委员会审议通过后报董事会批准，是否存在越权审议董事任免、薪酬等情况；检查独董比例是否符合监管规定，是否所有独董均在指定媒体发表独立声明，任职范围是否符合监管机构的相关规定等。三是调阅专业委员会成员履历和议事规则，检查委员是否具有履职的专业胜任能力以及评价专业委员对具体议案的审议情况，是否履行相应职责。

④检监事会运作的规范性和监事的尽职程度。一是调阅监事会会议决议和记录检查监事的产生、薪酬及监事会的职责、议事方式和表决程序是否符合规定；检查监事是否由股东代表和适当比例的银行职工代表组成，职工代表是否由银行职工民主选举产生等。二是检查监事是否列席董事会会议，是否向股东大会汇报工作，监事的任免、薪酬是否由股东大会决定等；检查是否依法行使银行章程规定的其他职权。

⑤检查关联交易的合规性和真实性。一是检查银行关联交易管理制度是否对关联交易的范围和定价方式、关联交易的内部审查程序、关联交易信息披露、审计监督和违规处理机制有明确规定；检查核实股东单位之间、股东单位董事及高管人员是否存在关联或交叉持股情况，检查关联方是否得到充分披露。二是检查是否存在关联交易事项未按规定披露的情况，是否向监管部门及时、准确报送重大关联事项报告，检查股东及高管人员是否定期申报关联关系及潜在利益冲突等，股东是否存在挪用银行资金进行股权交易和并购活动，或滥用权利损害商业银行、存款人、其他股东利益，主要股东是否直接干预银行经营管理，进行利益输送等，是否存在内部人控制。

⑥集团化管理控制是否合规有效。一是检查商业银行是否对人力资源、财务会计、品牌文化、内部审计、风险管理、信息系统等实施统一管理；检查是否建立了统一的风险管理体系、是否对银行内外各类风险进行了评估和防范，是否建立了涵盖全部业务的内部审计制度并进行集中化垂直管理。二是检查银行是否建立了覆盖整个公司的资本管理制度，是否制定资本规划和资本充足评估、资本约束、资本补充机制，是否将银行的资本充足率保持在合理水平；检查银行是否根据整体战略规划指导分支机构或子公司建立健全治理结构；是否依规统筹自身及子公司运作，加强对不同层级、不同主体的决策支持和组织管理并设立相应职能部门，有效管理分支机构，或检查商业银行是否对前述检查内容拟订了总体方案并采取了实质性举措予以逐步落实。

（2）组织架构检查。

①调阅组织架构图和部门岗位职责，检查商业银行组织架构管理情况，其本部和分支机构是否建立适当的组织架构，是否规定清晰的报告路线和汇报层次，是否明确职责权限，是否按照性质、金额建立了适当的逐级授权审批制度。

②查阅管理层的述职报告和任免文件，检查经营管理层任职履职期间职责是否明确，是否根据董事会确定的可接受风险水平，制定系统化的制度、流程和方法，并建立责任追究机制。通过调阅职责文件检查各岗位职责是否明确；检查其议事规则是否明确"三重一大"事项的决策规则和程序，群众参与、专家咨询和集体决策的机制是否健全。

③检查财务管理、投资管理、法律管理、合规管理、风险管理等条线的组织架构是否建立健全；检查商业银行是否按照监管要求设立财务负责人、合规负责人、审计负责人等职位，是否指定高管作为风险管理协调机构的负责人；检查商业银行是否按照监管要求建立内

控管理职能部门，牵头内部控制体系的统筹规划、组织落实和检查评估；内部审计职能是否能够对内部控制的充分性和有效性进行审计并监督整改；检查各部门实际履职情况，是否每年将合规报告、风险管理报告报送董事会审议；检查是否按照相关规定及时报送财务报告，是否制定合规政策，并经董事会审议通过后报监管机构备案等。

（3）战略管理检查。检查银行是否制定了发展战略的管理流程，相关制度是否符合内控指引要求，对战略制定、审批、实施全过程做出规定；检查是否在董事会下设立战略委员会或指定相关机构负责战略管理工作，这些机构的职责和议事规则是否明确，是否对战略方案做出调整，并根据发展战略，制订年度工作计划，编制全面预算；通过访谈、获取文档等检查战略机构是否按规定履行职责，对发展战略实施情况进行有效监控。

2. 询问。采取发放调查问卷等书面形式或者面谈等口头形式，抽取一定比例的银行董事会、监事会、股东、管理层、普通员工等了解公司治理、组织架构和发展战略实际的运行情况和有效程度。

（1）询问商业银行股东，了解银行股权被采取诉讼保全、强制执行、质押或解押等重大事项，以及向监管部门报告的情况。

（2）询问商业银行不同层级的员工和管理层，了解他们对现行组织架构以及该架构下支持自身工作的情况，了解各自岗位职责与现有岗位说明书的一致性。

（3）询问商业银行的高管人员，了解银行股东大会、董事会、监事会、管理层行使职权及落实重大决策情况。

（4）询问商业银行的战略机构和相关职能部门，了解商业银行战略管理机构履行职责的情况，以及对发展战略实施进行有效监控的具体措施。

3. 分析。分析商业银行财务报告和董事会记录等资料之间的一致性，检查对银行财务报告有重大影响的关联交易等事项的真实性与合理性。

（1）分析商业银行的关联交易事项，收集股东关联企业特别是上市银行的对外信息披露情况；检查其审批流程、金额及事由，查阅银行往来文件信函，调阅关联交易的财务凭证，审查是否存在利益输送等。

（2）分析商业银行发行次级债券募集的资金注入成员银行时杠杆比率的合理性；分析银行债务规模和期限结构是否合理适当、资产负债是否合理匹配；分析集团银行是否建立了统一的对外担保制度，明确对外担保的条件、额度及审批程序；审查对外担保余额是否超过净资产10%的规定等。

第三节　风险评估测评

一、业务简介

风险是影响企业目标实现的不确定因素，一个有效的内部控制系统，能够有效识别商业银行所面临的重大风险，对其进行分类、分析和评估，并采取有效措施予以应对和控制。商业银行面临的主要风险有市场风险、信用风险、操作风险、战略风险、声誉风险和流动性风险，对风险进行评估是商业银行全面风险管理的基础和有机组成部分。全面风险管理首先是设定目标，将银行战略目标分解为经营目标、报告目标与合规目标，并识别要实现这些目标面临的风险；然后按照风险类型，对这些风险的可能性及后果进行评估；最后根据商业银行的风险偏好，确定适当的风险应对策略，并采取相应措施。

商业银行应当合理确定各项业务活动和管理活动的风险点，并采取适当的控制措施，执行标准统一的业务流程和管理流程，确保规范运作；应当采用科学的风险管理技术和方法，充分识别和评估经营中面临的风险，对各类主要风险进行持续监控，根据风险识别评估的结果，科学设计内部控制政策、程序和措施并严格执行，同时根据控制效果不断改进内部控制流程，将风险控制在预定目标或可承受的范围内。

二、风险评估测评具体目标和调查内容

（一）测评具体目标

风险评估测评具体目标是在全面风险管理的基础上，对企业目标设定、风险识别、风险评估和风险应对各个环节进行检查，评估风险管理的健全性、有效性和合理性，揭示风险管理中的薄弱环节，促进商业银行提高风险管理水平。

（二）调查内容

风险评估调查主要关注商业银行能否迅速有效识别面临的重大内外部风险，并采取合理的措施应对和控制，主要内容包括：

1.风险管理体系是否建立、健全，风险管理职能是否明确规范并能有效执行，风险共享机制是否健全，是否进行风险管理培训及文化宣导，良好的风险管理文化是否得到培育和塑造，风险管理的目标设定是否明确、合理；信息系统控制是否有效，内部控制流程与业务操作系统和管理信息系统能够有机结合，实现业务和管理活动的系统自动控制。

2.风险识别工作是否按照相关规定开展，是否对经营活动和业务流程进行风险评估，科学的风险计量方法是否建立。

3.风险管理的总体策略是否制定，是否结合不同发展阶段和业务拓展情况及时调整风险控制策略，是否根据法律法规的要求并结合银行实际确定风险限额，是否根据风险分析的结果确定风险解决方案。

4.风险管理工作是否进行监督改进；是否向管理层和董事会提交风险评估报告，并及时向监管部门报送。

三、风险评估测评程序和方法

（一）需要取得的资料

1.商业银行战略发展规划、年度投资计划、年度经营计划、银行年度预算、责任目标合同。

2.商业银行战略目标体系、银行经营目标体系、相关法律法规数据库、基本业务流程目录、重要业务流程目录、风险事项数据库。

3.风险评估流程、风险评估过程记录、风险评估报告、风险地图、风险应对策略文档、风险应对策略评估记录、剩余风险评估报告、内部审计报告、重大风险预警和报告机制、突发事件应急处理议案。

4.风险管理信息系统流程、各业务条线风险控制运行报告、数据质量分析报告。

5.董事会决议公告、风险管理委员会会议材料、风险管理部门工作总结和工作计划。

（二）程序和方法

1.检查。调阅商业银行与风险评估相关的各种文件、计划、报告等资料，对照监管规定，审查风险评估制度的健全性和有效性。

（1）检查风险管理体系建立和健全性。一是检查商业银行是否按规定设立风险管理委员会，包括通过获取董事会决议检查是否定期召开风险管理委员会，是否对风险管理的总体目标等事项进行审议并向董事会提出意见和建议，董事会和风险管理委员会是否对银行的风险偏好做出了明确表述。二是检查商业银行是否明确风险管理职能规范，是否严格按照风险管理职能规范执行，是否定期对各职能部门或业务单位的风险进行评估；检查商业银行风险管理系统建立情况，对银行风险管理和业务管理信息系统进行测试，是否建立贯穿各级机构、

覆盖所有业务和全部流程的管理信息系统、业务操作系统，是否能够准确、及时、完整地识别和监测各类业务风险，满足内部管理和监管要求。三是检查风险信息是否能够在职能部门和业务单位之间实现集成与共享，能否充分满足对风险进行分析评估和监控管理的各项要求；检查商业银行是否进行风险管理培训及文化宣导，是否培育和塑造良好的风险管理文化。

（2）检查风险管理目标设定的明确性与合理性。一是获取风险管理相关制度和文件，检查商业银行是否明确风险管理目标，是否建立风险管理体系，是否规范了风险管理流程。二是获取相关制度、报告和工作文档，检查商业银行是否按相关规定开展风险识别工作，是否将主要风险纳入风险识别工作中。三是检查商业银行风险评估的科学性，检查商业银行是否对经营活动和业务流程进行风险评估，并建立科学的风险计量方法，包括是否对风险评估明确定性与定量相结合的方法，定量评估是否统一制定各风险的度量单位和风险度量模型。

（3）检查风险管理总体策略的合理性。一是检查商业银行是否制定风险管理总体策略，是否根据自身发展战略和条件明确风险管理重点、风险限额。二是检查商业银行是否结合不同发展阶段和业务拓展情况及时调整风险控制策略。三是检查商业银行是否根据法律法规的要求，结合银行实际确定风险限额。四是检查商业银行是否根据风险分析的结果确定风险解决方案，包括风险应对工作是否按照风险解决方案执行，并根据实际情况对方案进行调整和改进。

（4）检查风险管理的持续监督情况。一是检查商业银行是否对风险管理工作进行监督与改进，包括获取风险管理相关制度，检查是否规定各职能部门定期对风险管理工作进行自查，并定期将自查报告上报风险管理部门。二是检查商业银行风险管理部门是否向管理层和董事会提交风险评估报告，并及时向监管机构报送，包括获取风险评估报告，检查其内容是否覆盖风险管理的全过程。

2. 询问。采取发放调查问卷等书面形式或者面谈等口头形式，抽取一定比例的商业银行风险管理条线和各职能部门，了解银行的风险评估、识别、控制等环节实际运行情况和有效性。

（1）询问银行董事会及其风险管理委员会成员，了解风险管理战略和政策。

（2）询问银行管理层，了解银行对高级管理人员和普通职员进行风险管理培训情况。

（3）询问银行风险管理部门，了解银行如何开展风险管理工作，以及商业银行重大风险控制政策根据重大业务变化或外部环境进行相应调整的情况。

第四节　信息与沟通测评

一、业务简介

商业银行需要在一定时限内以某种形式获取广泛的信息，这些信息主要来自与银行相关的内外部活动。银行在广泛获得信息的前提下，还要保证信息的有效沟通，即保证信息能在银行内部和外部有序地流动，保证信息能够贯穿于整个经营活动。信息的获取及沟通是银行有效履行内部控制和风险管理工作的保证。内外部信息的报告系统缺失、功能不健全、内容不完整，会影响生产经营有序运行；内外部信息沟通不通畅、不及时，可能导致决策失误、相关政策措施难以落实；而内外部信息传递过程中披露不准确或泄露了商业秘密，可能会使银行面临合规风险和削弱核心竞争力。

商业银行应有效建立各部门之间的横向信息传递机制，以及董事会、监事会、高级管理层和各职能部门之间的纵向信息传递机制，及时掌握银行经营和风险状况，确保内部控制政策及信息向相关部门和员工的有效传递与实施；商业银行应加强信息管理，全面梳理内外部信息传递过程中的薄弱环节，建立科学的信息传递机制，明确信息传递的内容、保密要求及密级分类、传递方式、传递范围以及各管理层级的职责权限，促进商业银行信息的广泛共享、有效利用、及时沟通，提高经营管理透明度，防止舞弊事件的发生。

二、信息与沟通测评具体目标和调查内容

（一）测评具体目标

信息与沟通测评具体目标是通过检查信息收集、传递、沟通、发布等环节，评估银行信息收集与传递机制的有效性，以及信息沟通发布的及时性和准确性，揭示整个信息管理流程中的盲点和死角，发现商业银行透明度和反舞弊机制建设的薄弱环节，促进银行管理层和员工正确履行职责。

（二）调查内容

信息与沟通调的重点是获取内部信息机制的有效性和信息沟通披露机制的及时性，主要内容包括：

1. 及时有效识别和获取信息的机制是否健全完善，各级管理人员能否得到足够的信息，信息管理是否具有总体规划，管理层对信息建设是否提供必要支持。

2. 信息在商业银行各层级的沟通机制是否建立健全，员工是否了解其职责的有效性，信息的沟通渠道是否通畅，员工的职业道德规范是否公开透明。

3. 反舞弊工作机制和举报投诉机制是否建立健全，从事前预防、事中监控、事后查处全面防控重大舞弊案件。

4. 信息的披露管理是否规范，是否根据相关法律法规和企业章程，建立信息披露政策与程序，通过各种形式向利益相关人披露信息等。

三、信息与沟通测评程序和方法

（一）需要取得的资料

1. 员工岗位职责描述、财务报告、审计意见书、客户调报告。

2. 举报投诉记录、解决投诉程序、事件报告记录、反舞弊风险数据库。

（二）程序和方法

1. 检查。调阅商业银行与信息沟通和反舞弊等相关的各种日志、记录、底稿等资料，审查信息与沟通制度的及时性、完备性和有效性。

（1）检查信息获取和识别机制的科学健全性。一是获取信息沟通的流程和制度，检查是否明确内部控制相关信息的获取、传递程序，是否明确具体的职能部门负责；是否明确信息的密级以及制定保密原则和方法等，是否对运营分析的各环节进行明确规定。二是获取商业银行内部刊物、公文系统、文件传阅记录等，检查银行除保密之外的信息是否及时向员工进行宣导。三是获取内部控制相关信息在企业内外部沟通反馈资料，检查信息沟通过程中发现的问题是否得到及时解决并报告，重要信息是否能及时传递给董事会、监事会和管理层。

（2）检查信息沟通机制的健全性。通过获取商业银行宣传工作的总结和制度，检查银行是否积极参与社会公益事业，对外宣传职业道德规范，是否建立定期客户拜访制度，听取客户对银行产品的设计、销售等方面的意见；是否与律师、股东、监管机构和外部审计建立沟通的长效机制，银行的重要信息和重要决策能及时传达给这些利益相关者。

（3）检查反舞弊机制和举报投诉机制的健全性。一是获取商业银行反舞弊相关制度文件，检查是否明确具体的部门职责分工以及三道防线的内容；检查反舞弊预警系统的运行情况，抽取部分数据，确认是否可实现尽早发现舞弊行为并采取措施，防止损失扩大；事后是否跟踪预警指标的计算、报告过程，确认其实施的有效性。二是调阅反舞弊查处记录，检查

反舞弊的事后查处工作是否得力，是否针对内部控制缺陷及时提出管理建议并督促整改。

（4）检查反舞弊制度的有效性。获取反舞弊举报投诉制度，检查是否明确部门负责受理舞弊行为的举报并进行相应的调查；银行是否鼓励员工就其他员工的舞弊行为进行举报和投诉，并建立举报人的保护制度；管理层是否定期听取职能部门的汇报，监督员工对违规和舞弊方面的举报和投诉；获取举报投诉案卷，检查案件处理进度、调查结果等，审查其查办和处理是否到位。

（5）检查信息披露的合规性和及时性。一是获取信息披露制度，检查其内容是否符合《中华人民共和国商业银行法》等相关法律法规的规定；查阅信息披露相关记录文件，包括日志、公告、电子文档等，确认归档完整性和易查阅性。二是获取银行网站和公开媒体信息，检查商业银行是否依照监管规定，披露银行基本信息、财务会计报告、风险管理状况、业务经营信息、重大关联交易等要求披露的信息；通过查阅商业银行发文记录、会议材料等文件，结合其他内容的审计结果，检查商业银行是否按规定对重大事项如实披露，不存在遗漏和故意隐瞒。

2.询问。采取发放调查问卷等书面形式或者面谈等口头形式，抽取商业银行一定比例的管理层和各职能部门，了解商业银行信息与沟通渠道的畅通性、反舞弊制度的有效性和信息披露的及时性。

（1）访谈董事会、监事会、高级管理人员等商业银行管理层，询问及时获取商业银行经营管理和风险状况等信息的情况，相关信息在银行内流转是否顺畅、处理是否及时，确保各类风险隐患和内部控制缺陷得到妥善处理；管理层是否定期向董事会就业绩、发展等问题进行汇报，是否及时与职能部门就营销、业务等情况进行沟通。

（2）询问商业银行员工，了解商业银行建立信息获取、识别机制，制定严格的内外部信息获取制度、保密制度和运营分析制度等情况；了解他们是否知晓银行内部网站和内部刊物，确认银行内部信息沟通的渠道是否畅通有效。

（3）与人事部门进行访谈，并随机选取部分员工询问，了解商业银行内部沟通职责是否明确，控制是否有效，人事部门向员工反馈绩效考核结果的及时性，员工与高层直接交流渠道的畅通性。

（4）询问商业银行反舞弊部门，了解银行建立适当渠道获取反舞弊线索、建立反舞弊风险预警指标的情况；了解商业银行反舞弊的事中监控工作，各类高风险和重大舞弊案件进行全程跟踪和监控的情况，防范员工通过各种手段牟取不正当利益的及时性和有效性。

（5）询问商业银行员工，了解银行通过处罚和廉政教育，倡导守法合规的企业文化和职业道德的情况；了解银行反舞弊线索来源和评估与调查流程，确认商业银行各职能部门之间反舞弊工作衔接的紧密性，以及确保及时发现重大舞弊事件的能力；了解商业银行包括调查方法、调查手段和调查原则在内的反舞弊调查机制发挥作用的有效性；了解商业银行突击检查、岗位轮换和强制休假制度的执行情况。

第五节　内部监督测评

一、业务简介

内部监督是实施内部控制的重要保证，商业银行应当通过日常的持续监督和独立的专项监督，或二者的有效结合实现对内部控制的监督。商业银行内部审计部门、内控管理职能部门和业务部门均承担内部控制监督检查的职责，应根据分工协调配合，构建覆盖各级机构、各个产品、各个业务流程的监督检查体系。日常监督主要是由银行各级管理层基于自身职责，对本部门或本业务条线员工履职行为的层级监督；专项监督主要是通过银行内部审计部门或其他职能部门，结合风险导向，进行有针对性的监督检查。在实施过程中，商业银行应当将日常的持续性监督和专项监督有机结合，定期对内部控制的健全性、合理性与有效性进行自我评估，并将发现的内部控制和风险管理的缺陷及时按规定上报，及时采取措施应对。此外，还应建立内部控制问题整改机制，明确整改责任部门，规范整改工作流程，确保整改措施落实到位

二、内部监督测评具体目标和调查内容

（一）测评具体目标

内部监督测评具体目标是通过调阅银行持续监督和专项监督档案等方式，评估商业银行内部控制监督体系的健全性、合理性和有效性，发现影响监督有效运行的突出问题，促进银行调整和改进内部控制流程，提高应对风险的能力。

（二）调查内容

内部监督调查的重点是以风险合规部门为主的持续监督和以内部审计部门为主的专项监督制度是否健全有效，主要内容包括：

1. 内部监督制度是否健全；内部审计部门的独立性是否充分，内部审计人员的胜任能力和质量控制体系是否健全，是否建立独立垂直的内部审计管理体系和与之相适应的内部审计报告制度和报告路线，内部审计有效性和整改情况是否纳入公司治理和内部控制整体有效性评估；风险合规部门的职责是否明确，持续监督是否运行有效，是否根据业务经营情况和风险状况确定内部控制评价的频率，至少每年开展一次风险合规检查。当商业银行发生重大并购或处置事项、营运模式发生重大改变、外部经营环境发生重大变化，或其他有重大实质影响的事项发生时，是否及时组织开展内部控制评价。

2. 内部控制缺陷认定和处理机制是否健全，缺陷标准是否明确，是否根据内部控制缺陷的影响程度和发生的可能性划分内部控制缺陷等级，并明确相应的纠正措施和方案整改跟踪机制是否建立；重大异常情况是否及时向董事会报告并采取相应措施。

3. 是否建立内部控制评价质量控制机制，对评价工作实施全流程质量控制，确保内部控制评价客观公正，内部控制责任追究机制是否建立健全。

三、内部监督测评程序和方法

（一）需要取得的审计资料

1. 管理层会议、财务会议等相关会议材料，年度财务报告，财务分析报告，客户拜访记录，客户投诉和举报记录，往来款项询证函，资产盘点报告。

2. 内部审计章程、审计委员会议事规则及相关会议记录、内部审计计划、审计报告、审计决定书、审计工作底稿、整改材料、审计工作汇报材料。

3. 内部控制评价制度、内部控制评价过程记录、内部控制与风险管理评价报告、内部控制缺陷汇总、内部控制缺陷整改报告。

4. 合理化建议记录、诚信与道德手册、自我监督及测试记录。

（二）程序和方法

调阅商业银行与内部监督相关的各项资料，测试各种内部监督制度的健全性和整改的有效性。

1. 检查内部监督制度的健全性。一是检查商业银行是否建立健全内部控制监督制度，包括获取相关制度，检查内部审计机构（或经授权的其他监督机构）在内部监督中的职责权限是否明确，是否对内部监督的程序、方法和要求做出规定，专项监督的范围和频率是否根

据风险评估结果以及日常监督的有效性予以确定。二是检查内部审计部门的独立性、内审人员的胜任能力和内审工作质量考核体系的健全有效性，通过获取内审工作制度，检查是否明确职责权限、监督程序、方法和要求，内部审计机构的设置是否充分考虑了银行的性质、规模、内部治理结构及相关规定，是否在年度审计计划中就全系统的审计工作目标等内容进行了清晰规划，是否与审计委员会保持沟通，重要审计发现及重要审计工作事项是否及时报告董事会及其审计委员会。三是检查商业银行是否建立健全合规管理体系，检查银行日常监督和专项监督是否有机结合、互为补充。

2. 检查内部控制缺陷认定整改机制的有效性。一是检查商业银行是否制定内部控制缺陷认定标准，是否及时报告发现的内控缺陷，是否建立内部控制缺陷整改跟踪机制，包括获取内控缺陷报告、内控缺陷整改检查是否分析缺陷性质和产生原因并提出整改方案，采取适当形式及时向董事会、监事会汇报。二是检查内部监督部门是否将重大异常情况及时按规定向董事会等机构报告，董事会等有关机构是否及时采取相应的处理措施，包括调阅相关文档记录、与相关人员访谈等方式，检查解决措施的后续落实情况。

3. 检查内部控制自我评价和审计的到位程度。一是检查商业银行是否定期开展内部控制自我评价并出具内部控制评估报告，是否聘请会计师事务所对财务报告内部控制进行审计并出具审计报告，包括调阅各年度内部控制评价工作底稿；检查是否按照监管和银行流程开展自我评价，评价报告是否经董事会审计通过、上报监管部门并对外进行披露。二是检查商业银行是否建立内部控制责任追究机制，包括是否根据监管要求对重大缺陷及实质性漏洞提出整改要求并追究相关部门责任，是否按照规定及时将本级、本系统内的司法案件情况向监管部门和上级报告，检查有关制度文件是否向监管机构报备等。

第三章　商业银行总体分析

第一节　总体分析的目标和内容

一、概念

总体分析旨在帮助审计人员利用各项业务、财务、风险指标，对商业银行在政策执行、经营管理、风险防范等方面的成效或不足进行系统评价，为审计报告提供决策依据，并为进一步分析核查问题提供线索。

审计人员在实施总体分析时应把握三个结合点：一是全面涵盖与重点突出相结合，选取能够全面反映商业银行经营要素的各项指标，并根据具体审计项目确定分析重点，利用趋势分析、比率分析等方法，客观评价商业银行的经营情况和风险状况。二是外部因素与内部因素相结合，综合考虑宏观经济决策、外部监管政策和商业银行内部发展战略，分析商业银行经营管理和政策执行过程中出现的问题及成因。三是宏观分析与微观定位相结合，一方面判断风险隐患的严重程度以及系统性风险发生的可能性，另一方面应对风险地区、风险机构、风险业务、风险资金进行深入核查。

二、总体分析目标

（一）综合评价

通过构建商业银行指标体系，综合评价商业银行的运行情况和经营效益，帮助审计人员对商业银行的经营管理进行全面了解，并为审计报告提供分析框架和决策依据。

（二）风险预警

通过分析各类业务、财务和风险指标，判断商业银行的风险状况和严重程度，并结合"集中分析、发现疑点、分散核、系统研究"的审计模式，及时定位重大风险隐患，使事后审计向事中审计转变。

（三）政策建议

通过分析商业银行落实宏观调控的效果以及在政策执行过程中的热点与难点，提出完善制度、体制、机制等方面的建议，实现审计促进宏观政策落实的目标。

三、总体分析内容

（一）业务发展和经营绩效评价

商业银行业务发展和经营绩效评价是指通过获取各项业务和财务数据，综合评价商业银行是否在规模、效益、质量三方面同步、稳定、协调发展

1. 业务发展总体评价。

（1）资产业务发展情况。分析商业银行资产规模增长是否与经济发展水平、宏观调控政策相协调；分析法人贷款、个人贷款、票据贴现、同业拆放、证券投资等各项业务的规模和增速，是否实现均衡投放、合理增长。

（2）信贷结构和资产质量情况。分析商业银行信贷结构及变动情况，在行业结构、地区结构、利率期限结构、客户集中度等方面是否合理；资产质量是否进一步改善，拨备和准备金提取是否充足。

（3）负债和融资业务发展情况。分析商业银行各项存款、央行借款、同业融资、发行债券等融资来源的稳定性和增长情况；资本结构是否合理，资本充足率是否进一步提高。

（4）中间和表外业务发展情况。分析商业银行传统中间业务领域，如支付结算、投资银行、结售汇收入的增长情况；理财、委托贷款等代理业务开展情况；票据承兑、信用证、委托贷款等表外授信业务的发展情况。

2. 经营效益总体评价。

（1）分析商业银行利润水平、资产收益水平、资本收益水平等指标，综合评价盈利能力和经营效率。

（2）分析利差收入和中间业务收入的增长趋势和占比情况，评价商业银行在存贷款定价和业务转型方面所取得的成效。

（3）分解利差收入，分析各品种信贷业务对商业银行利润的贡献程度和增长情况。

（4）分解手续费等中间业务收入，分析委托代理、投资银行等各项业务对银行的利润贡献程度和增长情况。

（5）分解各项费用支出，结合成本收入比等指标，评价商业银行在成本控制方面取得的成效。

（二）稳健经营和风险防范评价

商业银行稳健经营和风险防范评价是指通过对市场风险、信用风险、流动性风险、操作风险等风险指标进行分析，综合评价商业银行在风险防控方面的成效及不足，从而进一步判断经营运行中可能存在的突出问题和风险隐患。结合各类风险因素，审计人员可初步判断风险的严重程度，是存在于单个银行的风险，还是可能造成整个银行业的系统性风险。

1. 判断商业银行总体风险状况是否稳定，是否能够抵御经济周期的波动以及政策、市场变化所产生的冲击。

2. 判断商业银行的资产质量、拨备覆盖率、资本充足率水平等是否持续提高，是否有效控制风险资产水平，资本结构是否进一步优化。

3. 判断商业银行各类表内外授信是否存在对某些客户、行业、地区的授信集中度过高

或某些信贷业务品种发展增速过快，造成信贷风险过度集中

4. 分析利率政策、准备金政策对商业银行存贷比、利差收入等方面的影响，并分析银行面临的流动性风险。

5. 分析商业银行对不良贷款和各项风险暴露所采取的措施，并判断这些措施是否能够有效提升银行抗风险能力。

6. 分析商业银行在内部检查、外部监管和审计过程中发现的各类风险事件，如欺诈案件、法律诉讼等事件，以及可能或已经造成的损失情况。

7. 关注商业银行是否建立了较为专业和完善的评级体系、度量模型、风险监测系统，能否有效防控风险。

8. 分析商业银行在金融创新、综合经营等方面可能存在的由于缺乏有效监管而产生的风险隐患。

（三）政策落实和促进经济发展情况评价

政策落实和促进经济发展情况评价指商业银行在落实国家重大经济决策部署、支持实体经济发展、维护金融稳定等方面所取得的成效和不足。分析时应结合商业银行自身信贷政策和各项经济决策，统筹表内外授信，综合判断其与国家政策的协调性和一致性。

1. 宏观调控政策落实情况评价。

（1）重大政策措施落实情况。关注商业银行落实党中央、国务院重大决策部署情况，在统筹贯彻新发展理念，促进经济转方式调结构，提升金融产品供给水平和优化信贷资源配置等方面采取的主要措施和执行效果情况。

（2）货币政策落实情况。通过结合扩张、紧缩或稳健的政策环境，分析商业银行对存贷款利率、准备金率调整、公开市场操作、窗口指导等政策的执行效果情况以及货币政策传导情况，判断货币信贷投放的规模与增速是否与促进经济增长、有效降低实体经济融资成本、抑制通货膨胀等货币政策目标相一致。

（3）产业政策落实情况。通过分析信贷产业投向结构、规模和变动趋势，判断商业银行在促进产业结构调整和升级方面所取得的成效。

一是商业银行信贷政策和发展规划是否符合国家加大产业结构调整、加快转变发展方式的总体要求，加强供给侧结构性改革，坚持创新驱动发展，提升经济发展质量和效益是否有效化解过剩产能，促进产业优化重组，对鼓励介入类、审慎控制类和逐步压缩类行业是否采取"区别对待、有保有压"的差异化政策，控制对高耗能、高污染和产能过剩行业信贷准入和投放；是否积极盘活存量，培育新的增长动力，对重大项目、现代服务业、高端制造业以及战略性新兴产业加大信贷投放力度。

二是对以土地拍卖、地方财政收入作为主要还款来源的城建、开发区、公共事业类融资平台或类平台企业的信贷政策和投放情况是否与国家政策相一致，是否落实政府债务相关政策，防范地方政府债务风险。

三是对于符合国家产业政策和市场准入条件的中小微企业，是否给予大力支持和重点倾斜，对小微企业贷款规模和增速是否符合监管导向。

四是是否加大对涉农贷款的投放力度，是否能够及时对农产品生产、加工和流通各环节提供资金支持，对稳定物价起到应有的作用。

五是对房地产行业的信贷支持以及个人住房贷款是否符合国家调控政策。

（4）区域政策落实情况。通过分析信贷区域投向结构、规模和趋势，判断商业银行是否能够统筹考虑国家经济区域布局和规划、各地资源禀赋、区位优势等因素，因地制宜采取

差别化政策。

一是商业银行信贷政策和发展规划是否符合国家区域发展战略，从而促进区域协调发展，是否对重大区域发展战略如"一带一路"建设、京津冀协同发展、长江经济带发展等增加信贷支持力度；在信贷投放的品种和客户选择方面，是否根据东部、中部、西部地区经济和资源特点开展业务，投放结构与地区间人口经济和资源环境承载能力是否相适应。

二是信贷投放是否过度向大城市、大企业、大项目集中，对于欠发达地区以及县域地区，由于银行审批权的上收和机构的撤并，是否加剧上述地区与长三角、珠三角、环渤海等发达地区经济发展的不平衡。

在评价商业银行贯彻各项宏观经济政策时，还应综合考虑财政政策、汇率政策、环境政策等各类调控措施的影响。

2. 对经济发展的促进作用评价。

（1）对实体经济发展促进作用评价。通过分析商业银行发展规划、信贷政策和投向结构，评价其是否能够从金融服务实体经济的本质出发，服从服务于经济社会发展，把信贷资源配置到重点领域和薄弱环节，以及防止信贷资金脱实向虚。

一是在促进内需方面，分析商业银行在消费贷款、信用卡等领域的业务开展情况，是否加大对消费信贷的支持力度；分析商业银行在农村城镇化、农业现代化、农户小额贷款等领域的业务开展情况，是否加大信贷支持从而有效释放内需。

二是在保障民生领域，分析商业银行对保障性安居工程的资金支持力度；对教育、医疗卫生等基本公共服务的信贷支持力度；对关系民生的基础设施建设、农田水利建设等领域的信贷支持力度。

三是在中小微、民营企业融资方面，分析商业银行信贷准入政策、利率水平、信贷投放规模和增速等指标，评价商业银行在加强中小微和民营企业融资以促进实体经济发展中所起到的作用。

四是在拓展国际贸易、推动企业"走出去"和对外投资方面，关注商业银行在贸易融资、跨境并购等领域金融产品提供情况；分析本外币贷款与即期利率、远期利率、汇率等金融工具相结合的综合服务产品的开发力度，评价商业银行在推动国际贸易发展中取得的成效。

（2）业务创新和提升金融服务水平的成效评价。通过分析商业银行在各类存贷款业务、中间业务、表外业务等领域的创新力度，评价其在提升金融服务水平和市场竞争力方面取得的成效，同时应关注创新业务的合规性，以防止商业银行为规避或绕开监管而盲目进行业务创新，形成风险隐患。

一是存款业务创新情况。关注商业银行将存款、贷款、信用卡、理财、投资等业务品种集于一体，方便资金在各子账户之间进行划转的综合账户管理服务；关注结构性存款等理财业务对普通存款的挤出效应，以及对商业银行融资成本的影响；关注同业存款结构及规模变动情况。

二是信贷业务创新情况。关注法人贷款、个人贷款、票据贴现、贸易融资、同业融资、表外授信等各信贷领域出现的新业务和发展趋势。如非标准化融资、并购贷款、应收账款质押贷款等对公贷款品种；小微企业线上贷款产品；住房抵押贷款、循环贷款等个人贷款品种；同业投资、委托贷款等非标准化信贷品种。

三是中间业务创新情况。结合中间业务收入构成情况，关注商业银行在委托代理、结算、担保、投资银行业务等领域的创新能力和服务水平。

四是综合经营业务创新情况。关注银信合作、银证合作、银保合作、银租合作产品的收入增长情况。对于控股证券、保险、信托、租赁等金融机构的银行集团，分析为客户提供财富管理、融资、保险等多元化金融服务情况，同时关注上述业务可能存在的并表和交叉风险。

五是投融资业务创新情况。关注商业银行在债券交易、外汇买卖、金融衍生品交易等领域的新增投资业务品种；关注商业银行通过上市、增发、发行金融债券等方式进行融资和补充资本金的新手段。

第二节　总体分析指标

一、指标选取规则和方法

（一）指标选取规则

1. 指标选取应遵循相关性原则，既体现商业银行运行的外部政策环境、监管环境以及银行系统内的情况，又能够反映经营运行中的特点和风险。

2. 指标选取时以定量为主、定性为辅。定量指标的实用性和操作性较强，因此指标应尽可能量化，但对于较为复杂的风险因素或用量化数据难以满足分析需要的因素，应辅助以定性分析。

3. 指标应当全方位涵盖商业银行的各项业务，但根据具体审计项目以及商业银行的实际情况，应对与审计目标和内容高度相关的指标给予更多关注。

（二）指标获取方法

1. 收集资料。主要包括：（1）资产负债表、损益表、业务状况表等业务和财务文件；（2）内部经营分析、管理报告；（3）战略发展规划，各项制度等规范性文件，以及下属各层级、单位的执行结果文件；（4）相关内部和外部审计报告；（5）来自董事会和管理层的相关信息；（6）内部文件和会议材料；（7）其他监管材料，如定期向外部监管部门报送的相关业务、财务数据等。

2. 整理电子数据。访问商业银行信贷管理系统、财务管理系统、资金交易系统、外汇管理系统等涉及各类业务板块的电子数据库，调取业务状况表、资产负债损益表、交易明细表、客户信息表等数据以及相关表结构文件，加工、整理、汇总得到审计所需的各类指标。

二、业务状况指标

（一）单一业务指标

单一业务指标反映商业银行各项表内、表外业务的余额及增长情况，发生额及增量情况，具体数据可从业务状况表、科目余额表或财务报表中按月度、季度或年度提取。分析时主要采用同期与上期数据对比分析、总量与增量分析、绝对值与相对值分析、长趋势分析等方法，综合判断银行业务发展情况。

1. 表内资产业务。

主要资产业务指标	本期余额	上期余额	借方发生额	贷方发生额
现金				
存放中央银行款项				
存放同业款项				
拆放同业款项				

续表

主要资产业务指标	本期余额	上期余额	借方发生额	贷方发生额
买入返售资产				
贷款和各项垫款				
其中：个人贷款 （包括个人住房贷款、个人商业用房贷款、个人汽车贷款、个人消费贷款、个人经营贷款、个人助学贷款、农户贷款等）				
其中：法人贷款 （包括流动资金贷款、一般固定资产贷款、项目融资贷款、房地产贷款、并购贷款、打包贷款、银团贷款、汽车贷款、扶贫贷款等）				
其中：贸易融资 （包括进口押汇、出口押汇、买方融资、卖方融资、保理融资、福费廷等）				
其中：票据贴现				
投资（包括债券、股票、长期股权投资等）				
其他资产（包括固定资产、无形资产、抵债资产、长期待摊费用等）				
减：各项资产减值准备				
总资产				

2. 表内负债业务。

主要负债业务指标	本期余额	上期余额	借方发生额	贷方发生额
向中央银行借款				
吸收存款（包括单位存款和储蓄存款等）				
同业存放款项				
同业拆入				
卖出回购款项				
发行债券（含同业存单）				
其他负债（衍生金融负债等）				
应付利息				
应交税费				
其他应付款				
预计负债				

续表

主要负债业务指标	本期余额	上期余额	借方发生额	贷方发生额
其他负债 （包括应付职工薪酬、福利费、递延收益、递延所得税负债等）				
负债合计				

3. 表外业务。

表外主要业务指标	本期余额	上期余额	借方发生额	贷方发生额
（1）担保类表外业务				
承兑汇票				
信用证				
保函				
其他担保类业务				
（2）承诺类表外业务				
贷款承诺				
信用卡额度				
（3）金融资产服务类表外业务				
非保本理财				
委托贷款				
委托投资				
代销业务				
其他金融资产服务业务				
（4）金融衍生品				
表外资产合计				

4. 中间业务收入。

中间业务收入指标	本期收入	上期收入	本期支出	上期支出
支付结算类中间业务收入 （包括汇款、托收、信用证等）				
银行卡收入				

续表

中间业务收入指标	本期收入	上期收入	本期支出	上期支出
代理类中间业务收入 （包括代理央行、政策性银行、商业银行业务、代收代付、代理证券、保险等）				
担保类中间业务收入 （包括承兑汇票、保函等）				
承诺类中间业务收入 （包括贷款承诺等）				
交易类中间业务收入 （包括远期、期货、期权等）				
顾问咨询类业务收入 （包括财务顾问、现金管理等）				
托管业务收入				
其他业务收入				
中间业务收入合计				

（二）综合业务指标

综合业务指标是将各项业务指标按照不同维度进行分类汇总后得到的数据，可分为规模指标和结构指标。分析时主要采用结构分析法和因素分析法，判断商业银行的规模和结构特点。

1. 规模指标。

（1）存款规模。包括企业存款、私营及个体存款、事业单位存款、机关团体部队存款、居民储蓄存款、保险公司存放、邮政储蓄定期存放、住房公积金机构存款、保证金存款、应解汇款及临时存款等。

（2）信贷规模。表内贷款包括一般贷款、贸易融资、票据贴现、账户透支、非标准化债权投资、各项垫款等；表外信贷包括签发银行承兑汇票、信用证、贷款承诺、保函等传统业务，以及融资性理财等类信贷业务。

（3）同业往来规模。包括同业拆借、同业存款、同业借款、同业代付、买入返售（卖出回购）、同业存单等同业融资业务和同业投资业务。

（4）投资规模。包括债券投资、长期股权投资等，是商业银行信贷业务之外的利润来源，反映商业银行综合化经营成果和流动性状况。

2. 结构指标。

（1）信贷结构。一是贷款行业结构，将各项贷款借款人按照国标行业归属进行分类统计。二是跨区域经营商业银行贷款区域结构，将各项贷款按照行政区划、分行所属地区、借款人所属地区或地域板块分布进行分类统计，如按照长三角、珠三角、环渤海、东部、西部、中部进行分类。三是贷款期限结构，将各项贷款按照短期、中期、长期进行分类统计。四是贷款品种结构，将各项贷款按照流动资金贷款、固定资产贷款、项目融资、个人住房贷款、消费贷款等品种进行分类统计。五是贷款担保结构，将各项贷款按照信用、保证、抵押、质押、混合担保等方式进行分类统计。六是贷款利率结构，将各项贷款按照利率种类（固定利率、浮动利率）或浮动区间进行分类统计。七是贷款企业规模结构，将各项贷款按照大、中、小、微等企业规模进行分类统计。八是贷款客户集中度，将各项贷款按照借款人进行分类，分析大额授信客户对信贷资源的占用情况。九是客户经济性质结构，将各项贷款按照贷款企业的经济性质进行分类统计。

（2）存款结构。指将各项存款按照存款期限、存款利率或业务品种进行分类汇总，用以分析各项存款业务的开展情况，由于存款期限不同对商业银行资金来源稳定性的影响，以及高成本存款对商业银行资金来源成本以及利润的影响。

（3）资产质量结构。主要指资产质量五级分类情况，即将各项贷款按照正常、关注、次级、可疑、损失进行分类汇总。此外还可根据商业银行内部分类方法，辅助五级分类法进行分析。

（4）资产负债结构。主要指资产负债配比情况，包括：存贷比指标（存贷比＝贷款总额/存款总×100%），该指标反映商业银行信贷投放节奏以及流动性状况，存贷比越高表明商业银行信贷投放速度较快，流动性风险较大；同业资产负债结构指标，包括商业银行同业资产负债比例、同业融入与总负债比例等，反映商业银行同业业务开展情况和错配情况；非标准化资产占比指标，包括：商业银行非标资产比例＝非标资产余额/理财产品余额（或非标资产余额/上一年度审计报告披露总资产），反映商业银行类信贷业务开展情况，占比越高，说明银行主要依赖表外或类信贷渠道融资，应予以高度关注。其他指标，如杠杆率指标、流动资产比例、核心负债比例等详见风险指标。

三、财务状况指标

财务状况指标主要包括与盈利额相关的指标以及盈利比率相关指标，前者反映商业银行总体盈利能力，可采用趋势分析等方法评价商业银行的收入和利润来源、成本和支出情况，侧重于对同一家银行在不同时期的比较；后者反映商业银行的经营效率，可采用比较分析、结构分析等方法比较不同银行在投资回报、成本构成方面的差异。

（一）盈利额及变动情况指标

1. 利息净收入及增长率。

利息净收入＝利息收入－利息支出。其中利息收入包括贷款和投资利息收入，金融机构往来利息收入、其他利息收入等。利息支出包括存款利息支出、金融机构往来利息支出、其他借入资金利息支出等。

利息收入是商业银行最主要的收入来源，审计人员在分析利息收入变动的过程中，可按照公司、个人、同业等业务条线进行分类，区分高收益、低收益贷款品种，并通过分析利率周期、监管政策、定价水平等影响利息收入的各项因素，客观评价商业银行的盈利能力。

2. 手续费佣金净收入及增长率。

手续费佣金净收入＝手续费佣金收入－手续费佣金支出。主要包括支付结算类业务、担保承诺类业务、投资银行类业务等。可按照公司、个人、同业等业务条线进行分类，分析各类中间业务收入增幅和占比情况，综合评价商业银行在业务转型方面所取得的成效。

3. 投资收益及增长率。

投资收益包括债券投资利息收入、股权投资收益、其他投资收益等。商业银行投资收益水平受宏观经济环境、交易市场环境的影响较大。因此，应充分考虑利率、汇率等因素，对不同投资业务品种进行综合分析。

4. 营业支出及增长率。

营业支出包括业务及管理费支出、增值税等。分析时应关注增长过快或占比较大的费用支出及原因，并进一步细化至具体项目。

5. 资产减值准备及增长率。

资产减值准备包括贷款损失准备、坏账准备、短期投资跌价准备、长期投资减值准备、固定资产减值损失准备、在建工程减值准备、无形资产减值损失准备等。分析时应关注各项损失准备的计提情况，是否充足或存在较大波动，以及是否可能存在利用该项目人为调节利润的情况。

6.净利润及增长率。

净利润=（利息净收入+手续费佣金净收入+其他业务收入）－营业支出+（投资收益+营业外净收入）－资产减值损失－所得税。分析时应关注净利润的同比、环比增长情况，以及各组成部分对净利润造成的影响。

7.经济增加值。

经济增加值=税后营业利润－资本成本=税后净营业利润－资本占用－加权平均资本成本率。经济增加值考虑了所有者权益资本成本因素，将会计利润转化为经济利润，即只有会计营业利润大于资本成本，才有经济增加值。因此，该指标的增长表明企业价值的不断增加和所有者权益的持续增长。

（二）盈利比率指标

1.收益率指标。

（1）资产收益率=净利润/平均总资产×100%。该比率越高，表明资产获利能力越强，反映商业银行使用经济资源的效益和效率，是体现其经营效益的重要综合性指标。

（2）净资产收益率=净利润/平均净资产×100%。该指标反映商业银行净资产（股权资金）的收益水平，但并不能全面反映其资金运用能力。

（3）扣除非经常性损益后加权平均净资产收益率=扣除非经常性损益后的净利润/加权平均净资产×100%。该指标将影响商业银行利润的非经常性因素扣除，还原其在正常生产经营状态下的盈利能力。

（4）净利差与净息差。其中：净利差=生息资产平均收益率－生息负债平均成本率；净息差=净利息收入/平均生息资产×100%。净利差和净息差共同衡量商业银行在利差收入方面的盈利能力和经营效率，其中净利差反映银行的存贷利差水平，而净息差在通常情况下高于净利差，反映生息资产的综合运用水平。

（5）国有资本保值增值率=（年末国有资本 ± 客观增减因素影响额）/年初国有资本×100%。该指标反映国有银行资产保值增值情况

2.盈利结构指标。

（1）成本收入比率=业务及管理费/营业收入×100%。该指标反映商业银行的成本控制水平和经营效率，指标值较高说明银行成本控制水平较差，但指标过低可能意味着银行在人力、管理、信息系统方面的投入过少。

（2）净利息收入和手续费佣金净收入比率。其中：净利息收入占比=利息净收入/营业收入×100%；手续费佣金净收入占比=手续费佣金净收入/营业收入×100%。两个指标为此消彼长关系，共同反映商业银行的盈利结构

3.其他比率指标。

（1）人均利润率=税后利润总额/职工人数×100%。该指标反映不同规模的商业银行之间盈利能力的差别。

（2）风险调整收益率=风险调整收益/经济资本×100%。其中：风险调整收益=净收入－经营成本－预期损失－税项；预期损失=违约率 × 违约损失率违约风险暴露。该指标将未来可预计的风险损失量化为当期成本，对当期收益进行调整，衡量经过风险调整后的收益大小，使银行的收益与所承担的风险挂钩。

（3）息税前收益与资本之比=息税前收益/资本平均余额×100%。息税前收益与净利润的主要区别是：剔除了资本结构和所得税政策的影响。因此，该指标反映了扣除资本结构和所得税政策因素影响之后的商业银行盈利状况。

四、风险指标

（一）信用风险

信用风险是指借款人或交易对手不能按事先达成的协议履行其义务的潜在可能性。从交易对方类型来看，可分为公司风险、银行风险、国家风险、零售风险、股权风险等；从业务品种来看，除传统贷款业务外，各类投资组合、透支、衍生品以及外汇等业务中也存在信用风险。

在对信用风险进行管理的过程中，商业银行应建立完善的内部评级体系，明确董事会及其授权的专门委员会、监事会、高级管理层、相关部门的职责和内部评级体系的报告要求，以及应具备一整套管理信用风险的程序。因此，在对相关指标进行分析时，还应关注商业银行是否建立了完善的信用评级体系以及风险监控系统。

1.资产质量。资产质量及拨备计提状况反映了商业银行总体经营的稳健性。在对资产质量进行分析时，可将五级分类体系与商业银行内部评级体系相结合并建立对应关系。

（1）信贷资产质量。主要指标包括：

①不良贷款余额和不良贷款率。不良贷款余额=次级类贷款+可疑类贷款+损失类贷款；不良贷款率=（次级类贷款+可疑类贷款+损失类贷款）÷各项贷款余额×100%。不良额与不良率为反映商业银行信贷质量最常用的指标。分析时应关注不良贷款和不良贷款率的增减变动情况，判断银行总体风险水平，并通过业务种类细分，定位新增不良贷款的具体业务。

关注贷款率=关注类贷款余额÷各项贷款余额×100%。关注类贷款可能存在向不良贷款迁徙的风险，因此该指标过高反映商业银行存在潜在信用风险，应引起关注。

②贷款拨备率和拨备覆盖率。其中，贷款拨备率=贷款损失准备÷各项贷款余额×100%（参考值：不低于2.5%）；拨备覆盖率=贷款损失准备÷不良贷款余额×100%（参考值：不低于150%）。当贷款拨备率和拨备覆盖率不足时，会降低商业银行的财务稳健性和清偿能力。

③不良贷款损失率。估计贷款损失率=（正常类贷款×1%+关注类贷款×2%+次级类贷款×20%+可疑类贷款×40%+损失类贷款×100%）÷贷款余额。该指标反映不良贷款对商业银行利润和资本的侵蚀程度。

不良贷款核销率=核销不良贷款余额÷不良贷款额×100%。该指标反映不良贷款的核销程度，核销越多，信用风险越小，但对银行盈利能力的侵蚀作用越大。

贷款重组占比=贷款重组涉及金额÷各项贷款余额×100%。贷款重组是商业银行管理逾期贷款的一种操作手段，在一定程度上可以提高资金收回的可能性。对于贷款重组占比较高的银行，应进一步关注重组原因，以及银行在审批条件、操作流程和资产质量分类方面的合规性。

不良贷款收回额占比=不良贷款收回额÷不良贷款余额×100%。该指标反映银行控制损失的能力，指标越大，银行盈利能力越强。

逾期90天以上贷款与不良贷款比例=逾期90天以上贷款余额÷不良贷款余额×100%。该指标反映银行不良贷款划分的真实性，比例越高则代表商业银行存在掩盖资产质量的可能性越大。

到期贷款偿还率=已偿还的到期贷款÷已经到期的贷款×100%。一定程度上反映企业的偿债能力。

④行业不良贷款比例。将不良贷款按照行业进行分类，尤其关注贷款最多的行业不良贷款余额的占比情况。

⑤地区不良贷款比例。将不良贷款按照地区进行分类，尤其关注贷款最多的地区不良贷款余额的占比情况。

除上述指标外，还应关注商业银行对不良贷款的多种处置方式及其占比变动情况，包括清收、核销、批量转让、资产证券化、直接出售等。

（2）非信贷资产质量。包括不良非信贷资产比例和非信贷资产损失率。其中，不良非信贷资产比例＝不良非信贷资产÷非信贷资产×100%；非信贷资产损失率＝非信贷资产损失额÷非信贷资产余额×100%。

（3）不良贷款迁徙率。该指标能够动态地反映银行资产质量的变化趋势，迁徙率出现大幅变动时，审计应予以关注，判断是否存在资产质量持续恶化的情况。包括：

正常贷迁徙率＝（期初正常类贷款中转为不良贷款的金额＋期初关注类贷款中转为不良贷款的金额）÷（期初正常类贷款余额－期初正常类贷款期间减少金额＋期初关注类贷款余额－期初关注类贷款期间减少金额）×100%。

关注类贷迁徙率＝期初关注类贷款向下迁徙金额÷（期初关注类贷款余额－期初关注类贷款期间减少金额）×100%。

次级类贷款迁徙率＝期初次级类贷款向下迁徙金额÷（期初次级类贷款余额－期初次级类贷款期间减少金额）×100%。

可疑类贷款迁徙率＝期初可疑类贷款向下迁徙金额÷（期初可疑类贷款余额－期初可疑类贷款期间减少金额）×100%。

2. 大额风险暴露。风险暴露是指商业银行对单一客户或一组关联客户的信用风险暴露，包括银行账簿和交易账簿内各类信用风险暴露。商业银行应加强对大额风险暴露管理，有效防控客户集中度风险。分析时可以结合信贷结构指标，判断商业银行是否在某些行业、地区、客户授信过于集中，从而形成风险隐患。主要指标包括：

单一客户风险暴露：对非同业单一客户贷款余额÷资本净额×100%（参考值：应低于10%）；对非同业单一客户贷款余额÷一级资本净额×100%（参考值：应低于15%）。

关联客户风险暴露：对一组非同业关联客户的风险暴露÷一级资本净额×100%（参考值：应低于20%）。

同业客户风险暴露：对同业单一客户或集团客户的风险暴露÷一级资本净额（参考值应低于25%）；全球系统重要性银行对另一家全球系统重要性银行的风险暴露÷一级资本净额应低于15%。

3. 信用卡风险。除一般信贷业务外，审计人员还需关注信用卡消费增长率或违约率较高的商业银行，并进一步分析是否存在借款人恶意透支的情况。包括：

信用卡发卡增长率：新办理信用卡增加数额÷原有信用卡发行数额×100%。

信用卡消费增长率：信用卡消费增长金额÷期初余额×100%。

信用卡违约率：信用卡违约金额÷信用卡消费金额×100%。

此外，还可采用新增信用卡诈骗案件发生次数，涉案金额等指标。

（二）市场风险

市场风险是指因市场价格的不利变动而使商业银行表内和表外业务发生损失的风险，包括利率、汇率、股票价格和商品价格风险等。审计人员可利用商业银行内部模型，采用缺口分析、久期分析、外汇口分析、VAR计算、敏感性分析、情景分析、压力测试等方法，度量和评价商业银行面临的各类市场风险。

1. 利率风险。利率风险是指银行财务状况受到利率波动影响的可能性，是市场风险中最重要的一种。商业银行所有的资产、负债和表外工具，只要价格全部或者部分由利率决定，都将面临利率风险。利率风险可按类别划分为重新定价风险、收益率曲线风险、基差风险等。审计人员可利用利率敏感性缺口管理、久期缺口管理等方法获得以下指标：

利率敏感性缺口＝利率敏感性资产－利率敏感性负债。该指标主要衡量一定时期内由于期限错配对商业银行净息收入的影响，当利率处于上升通道时，正缺口对商业银行有正面影响，此时资产收益的增长速度高于资本成本的增长速度，当利率处于下降通道时，则为负面影响。负缺口的影响与正缺口相反。

银行账户利率风险敏感度＝利率每变动一个基点对银行净值影响÷资本净额×100%。计算方法为：在不同的时间段内，将利率敏感性资产减去利率敏感性负债，加上表外头寸得到重新定价缺口，对缺口进行加权汇总后，计算得到在给定的利率变动幅度下，银行经济价值的波动情况。

2. 外汇风险。外汇风险指未预料到的汇率变动对商业银行头寸价值造成负面影响的风险，主要出现在交易或贷款业务中。商业银行应对外汇风险头寸进行限额管理，以避免过度交易的风险。主要指标包括：

汇率风险散口头寸＝汇率敏感性外汇资产—汇率敏感性外汇负债，可进一步分为交易账户的汇率风险敞口和银行账户的汇率风险敞口。

累计外汇敞口头寸比例＝累计外汇敞口头寸÷资本净额×100%（参考值：不高于20%）。其中，单货币汇率风险敞口＝净即期头寸＋净远期头寸＋不可撤销担保＋外币计价的其他损益科目；外币组合风险敞口＝净空头寸之和或净多头寸之和两者较大者＋黄金的净头寸。

上述指标越大时意味着商业银行外汇风险暴露越大，审计人员应予以关注，并进一步考察商业银行在限额管理、风险对冲方面所采取的措施和成效。

（三）流动性风险

流动性风险是指在金融债务到期时无法履约的风险。主要评价指标包括：

1. 超额备付金率。

超额备付金率＝（在央行超额准备金存款＋库存现金）÷各项存款余额×100%（参考值：不低于2%）。

央行超额备付金率＝在央行超额准备金存款÷各项存款余额×100%。

现金备付率＝库存现金÷各项存款余额×100%。

超额备付金率过低，说明支付能力不足；过高则说明存在闲置资金，库存过大，从而影响资金使用效益。

2. 流动性比率。

流动性比率＝流动性资产余额÷流动性负余额×100%（参考值：不低于25%）。其中，流动性资产包括现金、在中央银行或其他银行的存款、政府债券、其他证券（如股票）及同业拆借、可出售的贷款组合等；流动性负债包括活期存款、短期内到期的定期存款、同业款项、中央银行借款、票据和债券、应付账款和其他短期内应支付的负债等。流动性比率越高，说明商业银行流动性风险越低。

流动性覆盖率＝优质流动性资产÷未来30天现金净流出量×100%（参考值：不低于100%），衡量商业银行是否具有充足的合格优质流动资产，满足未来至少30天的流动性需求。

净稳定资金比例＝可用的稳定资金÷所需的稳定资金×100%（参考值：不低于100%），衡量商业银行是否具有充足的稳定资金，满足各类资产和表外风险敞口的需求。

流动性匹配率＝加权资金来源÷加权资金运用×100%（参考值：不低于100%），衡量商业银行是否合理配置长期稳定负债、高流动性或短期资产，避免过度依赖短期资金支持长期业务发展。

3. 核心负债依存度。

核心负债比例＝核心负债÷负债总额×100%（参考值：不低于60%）。其中，核心负债包括：距到期日3个月及以上的定期存款，发行债券以及活期存款的核心部分。该指标反映商业银行资金来源的稳定性，核心负债依存度低于监管比率，说明资金来源的稳定性不足。

4. 流动性缺口。

流动性缺口率＝（流动性缺口＋未使用不可撤销承诺）÷90天内到期表内外流动性资产（参考值：不低于－10%）。其中，流动性缺=90天内到期的表内外资产－90天到期的表内外负债的差额。商业银行缺口率越低，越容易出现流动性不足的情况。

5. 核心存款与总资产比例。

核心存款与总资产比例＝核心存款余额÷总资产余额×100%。其中核心存款指银行存款长期稳定的部分，其余部分则为波动存款。商业银行核心存款越多，风险抵抗能力越强。

6. 存贷比率。

存贷比例＝各项贷款÷各项存款×100%（参考值：不高于75%）。该指标总体反映银行的支付能力和流动性水平。

7. 现金流错配净额。

现金流错配净额＝（以一定方法计算的）特定期间内表内外业务可能产生的未来现金流入－现金流出。该指标应涵盖商业银行表内外所有资产及负债，以短期为重点，通过监测现金流量和期限错配情况，可以发现融资缺口和防止过度依赖短期流动性供给。

（四）操作风险

操作风险是指由不完善或有问题的内部程序、员工和信息科技系统，以及外部事件造成损失的风险，包括法律风险，但不包括策略风险和声誉风险。商业银行可采用基本指标法、标准法或高级计量法衡量操作风险。

1. 内部欺诈事件。指故意骗取、盗用财产或违反监管规章、法律或公司政策导致的损失事件。主要风险指标：未经授权的活动、盗窃和欺诈、内部信息系统安全等事件的发生情况。

2. 外部欺诈事件。指第三方故意骗取、盗用、抢劫财产、伪造要件、攻击商业银行信息科技系统或逃避法律监管导致的损失事件。主要风险指标：盗窃和欺诈、系统安全等事件的发生情况。

3. 就业制度和工作场所安全事件。指违反就业、健康或安全方面的法律或协议，个人工伤赔付或者因歧视及差别待遇导致的损失事件。主要风险指标：员工流动性、场所安全性、歧视性事件等。

4. 客户、产品和业务活动事件。指因未按有关规定造成未对特定客户履行分内义务（如诚信责任和适当性要求）或产品性质或设计缺陷导致的损失事件。主要风险指标：客户投诉、不良的业务或市场行为、监管当局的处罚、警告等。

5. 实物资产的损坏。主要风险指标：灾害及其他事件。

6. 信息科技系统事件。指因信息科技系统生产运行、应用开发、安全管理以及由于软件产品、硬件设备、服务提供商等第三方因素，造成系统无法正常办理业务或系统速度异常所导致的损失事件。主要风险指标：系统停机或瘫痪等。

7. 执行、交割和流程管理事件。指因交易处理或流程管理失败，以及与交易对手方、外部供应商及销售商发生纠纷导致的损失事件。主要风险指标：失败的交易、结算错误、延迟等。

根据上述风险事件，审计人员可通过分析商业银行人员轮换情况，关键岗位人员流失情况，涉及银行工作人员的案件发生情况，被客户起诉情况，信息系统失灵或瘫痪情况，外部诈骗发生情况，案件损失情况，大案要案占比等指标，衡量操作风险。分析时可采用定量分析和定性分析相结合的方式，并对每一类指标设定参考值，该参考值即为触发水平或阈值，代表可以接受的水平，当超过参考值时，应及时予以关注。

（五）综合风险管理指标

1. 监管资本指标。资本监管是对商业银行实施审慎监管的核心内容之一。商业银行监管资本是监管部门要求银行持有以抵御潜在损失的资本，资本充足率即为监管要求达到的比率，目的是确保银行能够在持续经营的基础上弥补业务活动中产生的各种损失。分析时应关注银行资本充足率的变化情况，各类风险资产的占比情况，以判断商业银行抵御风险的能力。

主要指标包括：根据《商业银行资本管理办法（试行）》的相关规定，核心一级资本充足率=（核心一级资本—对应资本扣减项）÷风险加权资产×100%（参考值：不低于5%）；一级资本充足率=（一级资本—对应资本扣减项）÷风险加权资产×100%（参考值：不低于6%）；资本充足率不得低于8%，资本充足率=（总资本—对应资本扣减项）÷风险加权资产×100%（参考值：不低于8%）。

相关监管指标还包括：商业银行应当在最低资本要求的基础上计提储备资本，储备资本要求为风险加权资产的2.5%，由核心一级资本满足；特定情况下，商业银行应当在最低资本要求和储备资本要求之上计提逆周期资本，逆周期资本要求为风险加权资产的0～2.5%，由核心一级资本满足；国内系统重要性银行附加资本要求为风险加权资产的1%，由核心一级资本满足；正常条件下系统重要性银行和非系统重要性银行的资本充足率分别不低于11.5%和10.5%；若出现系统性的信贷过快增长，商业银行需计提逆周期超额资本等

2. 经济资本指标。经济资本是指在既定的期间和置信区间内根据银行经营过程中实际承担的风险计算的用以覆盖非预期损失所需要的资本。商业银行对经济资本的计量和管理有利于优化资产结构，降低总体风险，并通过对经济资本在不同的风险敞口类别和不同业务之间进行比较，确定在某一特定的时间范围内，哪种业务能够带来最高、最稳定的回报。

商业银行经济资本计算方法为：经济资本=信用风险的非预期损失＋市场风险的非预期损失＋操作风险的非预期损失。在具体计量方面，目前采用的方法有：标准法或系数法、内部模型法、压力测试法等高级计量方法。例如，在计量信用风险时，以监管风险权重为基础，对资产按风险状况进行分类，并根据各类资产确定相应的经济资本系数，以此计量、分配各类资产所占用的经济资本。分析时，可通过衡量商业银行各项业务的经济资本占用情况，结合经济资本回报率和经济增加值衡量商业银行的盈利能力以及抵御各项风险的能力。

3. 杠杆率指标。杠杆率指标反映商业银行的经营放大倍数，是对资本充足率指标的有效补充，即在资本充足率达到标准的前提下，如果杠杆率过大，仍可能削弱银行的风险抵御能力，加剧金融体系的脆弱性。

主要指标包括：财务杠杆率=总资产÷净资产×100%；商业银行杠杆率=（一级资本—一级资本扣减项）÷调整后的表内外资产余额×100%（参考值：不低于4%）。其中：调整后的表内外资产余额=调整后的表内资产余额＋调整后的表外项目余额—一级资本扣减项。

（六）其他风险

除上述几种主要的风险外，商业银行还面临政策风险、声誉风险、战略风险等，对于难以量化的风险指标，审计人员应结合经验判断以及外部经济、政策环境进行综合评价。

1. 商业银行业务创新风险。对创新业务的监管措施没有及时跟进或还不完善的情况下，往往会出现监管盲区，审计人员应根据创新业务的开展情况和潜在政策风险，综合评价创新业务对活跃金融市场、提升银行服务水平等方面的贡献。

2. 商业银行政策研判风险。商业银行对宏观政策的解读出现偏差，或对未来政策走向判断失误时，可能导致制定不恰当的发展战略和规划，造成风险积聚。如在保增长背景下，一些商业银行盲目扩大信贷规模，月末、季末"冲时点"，导致向社会投放大量信贷，造成

流动性过剩，信贷资金流入股市、楼市等投资过热行业，加剧通货膨胀的压力。因此，审计人员应关注商业银行短期、中长期发展规划同国家宏观经济政策的一致性。

3. 商业银行利率市场化改革风险。随着利率市场化进程的进一步加快，商业银行将面临更大的冲击。审计人员可以结合银行利息收入、中间业务收入结构、产品市场占有率等指标，综合评价利率市场化对银行业产生的业务转型和风险防控压力。

4. 商业银行综合经营风险。综合经营将商业银行的传统存贷、结算、汇兑等业务与证券、保险、信托等金融产品和服务进行组合，为客户提供全方位的服务，是商业银行的发展趋势。但在综合经营过程中，会产生关联交易、跨市场风险等问题。审计人员可通过分析各项表内、表外、中间业务涉及银信、银证、银保、银租合作产品的规模和发展趋势，判断商业银行在综合经营中是否存在风险隐患。

第三节 总体分析的程序和方法

一、总体分析程序

总体分析的程序是指通过研究各类定量或定性指标，结合审计目标与重点，对商业银行总体经营情况和风险状况做出评价的过程。主要包括：

1. 审计人员根据审计项目内容和重点确定总体分析框架和内容，对框架进行分解并细化至各专题板块。

2. 根据重要性和相关性原则，确定各专题板块的分析评价指标，并通过收集商业银行相关业务、财务数据和制度性文件，获取指标数据。

3. 通过对比分析、趋势分析等分析方法考察商业银行在各指标下的经营效果，并根据审计经验，对各指标赋予不同的权重以综合评价。

4. 对于经营管理情况的分析结果，可作为审计报告的初步评价和决策依据；对于总体分析中表现异常或较为突出的业务，应进一步细化并深入分析；对于各类风险指标的分析结果，应及时定位风险点，对疑点和重点问题进行延伸核查，发现并揭示风险隐患。

二、总体分析方法

（一）趋势分析法

1. 趋势分析法概述。趋势分析法是最常用、最简便的分析方法之一，在单个项目的趋势分析中，通过对同一业务指标或经营指标进行时间维度上的比较，以判断商业银行的财务状况和经营业绩的演变趋势以及在同行业地位的变化情况。趋势分析法可分为以下几类：一是长期趋势，表现为持续向上或向下的发展趋势；二是季节波动趋势，表现为季节性、波浪形变动；三是循环波动趋势，表现为循环、迂回变动；四是无规律变动的趋势分析时需要假定不同时间的数据或者比率具有相关性，如果需要对两组或两组以上的指标进行趋势分析，则需要运用回归分析法。

2. 趋势分析法应用。趋势分析法适用于各类单项业务指标、财务指标。可用于分析商业银行资产、负债规模的增长情况、盈利能力的增长情况、资产质量的持续改善情况等。例如，在存款分析中，通过分析定期存款与活期存款、对公存款与储蓄存款在一定时期内变化趋势，可以判断银行资金来源的稳定性。

（二）比较分析法

1. 比较分析法概述。比较分析法是指将相互联系的两个或多个指标进行对比，从而反映研究对象规模大小、水平高低、速度快慢等关系的方法。比较分析法分为绝对数比较与相对数比较，相对数比较还可进一步细分为结构相对数、比例相对数等。

2. 比较分析法应用。比较分析法适用于各类财务指标和风险指标。例如，在对银行各类风险指标进行分析时，将参考阈值（平均数据、同业指标、监管指标等）与实际数据进行比较，从而寻找差异和原因。

（三）因素分析法

1. 因素分析法概述。因素分析法是指利用审计事项各个经济指标存在的相关关系，多因素分析并测算各个指标变动对审计事项影响程度的方法。首先应对审计事项进行结构或比率分解，再进一步分析各因素变动所造成的影响，以此判断积极因素与消极因素、主观因素与客观因素、政策性因素与商业银行自身因素等，以便客观地反映指标变动的驱动因素。

2. 因素分析法应用。因素分析法适用于各类综合性业务指标和财务指标，分析时可将因素分析、比率分析与趋势分析相结合。例如，在对商业银行净利息收入变动进行分析时，首先找出净利息收入的影响因素，包括净利息差、信贷规模和增速、生息资产占比等。因此，造成净利息收入增减变动原因有：由于利率政策变动导致的净利息差变化，即利率上升造成的息差扩大，或利率下降造成的息差缩小；由于信贷投放增长加快或放缓导致利息收入变化；以及由于存款准备金政策变动等因素导致生息资产规模的变化等。

（四）比率分析法

1. 比率分析法概述。比率分析法是指利用审计事项一个指标对另一个指标的比例关系，进行比率数值分析的一种方法。比率分析法可以将不具有可比性的绝对数指标转化为相对数，进行横向或纵向比较。包括相关比率分析法、结构比率分析法和动态比率分析法等。其中，相关比率分析法是指将两个性质不同但相关的指标加以对比分析的方法，如利润率、资产收益率等指标；结构比率分析法是指通过计算各指标占总体指标的比重进行评价分析的方法，如信贷投向结构、资产质量结构等指标；动态比率分析法是指将不同时期同类指标的数值进行对比分析的方法，如环比增长率、同比增长率等指标。

2. 比率分析法应用。比率分析法适用于各类结构性指标和财务指标。例如，在信贷结构分析中，通过计算不同行业借款人的贷款余额占比，并结合行业发展现状、发展趋势、政策导向等因素，分析银行面临的行业集中度风险。

（五）统计分析法

统计分析法是指对于两个或多个业务指标之间的相互影响和关联关系，利用相关性分析、回归分析等统计方法进行分析。

1. 相关性分析法。相关性分析法是指对两个变量或指标的线性关系进行衡量，从而判断两者是正相关还是负相关，以及关系的强弱。分析时需注意，存在相关性的两个指标之间并不一定存在因果关系。该方法适用于在趋势分析中存在较为明显的同向或反向变动的两个指标，计算过程可表示为：

$$\rho = \frac{\sum\limits_{i=1}^{N}(x_i - \mu_x)(y_i - \mu_y)/N}{(\sigma_x \cdot \sigma_y)}$$

其中 ρ 代表相关系数，μ 代表均值，ρ 代表标准差。若两个变量/指标呈正相关，则 ρ 为正值，$\rho = 1$ 时为完全正相关；如两者呈负相关，则 ρ 为负值，$\rho = -1$ 时为完全负相关；$\rho = 0$ 表示两者无相关性。

例如，审计人员可利用该方法考察商业银行的信贷规模与经济增长之间是否存在正向的相关关系；不良贷款与利率之间是否存在正向相关关系等。

2. 回归分析法。回归分析法是指对两个或两个以上变量之间的关系进行度量的分析工具，不仅能够解释变量间的正相关或负相关关系，而且通过回归系数的形式定量描述变量间的影响程度，常用的是一元线性回归和多元线性回归，计算过程可表示为

$$y = b_0 + b_1x_1 + b_2x_2 + \cdots + b_px_p$$

其中 $b_0, \cdots, b_p$ 为回归系数，表示 $x_1, \cdots, x_p$ 的每单位变动引起的 y 的变化。

回归分析在信用评级以及各项风险计量方面都有较为广泛的应用。例如，审计人员可

对影响商业银行盈利能力的各项指标与收益率进行回归分析，找出影响最为显著的因素。

第四节　商业银行经营和风险状况评价体系

一、经营和风险状况评价体系的构建

审计人员在完成对各项业务、财务、风险指标的计量后，可以按照以下框架构建商业银行经营和风险状况评价体系。第一部分对商业银行业务发展状况、经营管理能力进行评价；第二部分对商业银行的稳健经营和风险状况进行评价；第三部分对商业银行在政策落实、业务创新、促进经济发展等方面进行综合评价。

二、经营和风险状况评价体系的内容

第一部分　商业银行业务发展状况、盈利能力分析框架

目录	分析内容	定量、定性指标	分析方法	分值/权重
业务发展情况	资产负债规模、增速情况	总资产、总负债、所有者权益余额和增长率	比较分析法（与上期数据相比）、趋势分析法	
	信贷投放规模、增速情况	法人贷款、个人贷款、票据贴现、贸易融资等各项贷款的余额、增量、新发放贷款额		
	表外授信规模、增速情况	承兑汇票、信用证等表外业务余额、增量、发生额		
	信贷投放结构是否合理	贷款行业结构	比率分析法、比较分析法（与上期数据、同行业数据相比）	
		贷款区域结构		
		贷款期限结构		
		贷款品种结构		
		贷款担保结构		
		贷款利率结构		
	存款结构及稳定性	存款期限结构	比率分析法、比较分析法（与上期数据、同行业数据相比）	
		存款品种结构		
		存款利率结构		
	资产质量是否改善	不良额、不良率	比率分析法、比较分析法	
	资产负债结构	存贷比、同业资产负债占比、非标资产占比等	比率分析法、比较分析法	
	中间业务发展情况	各项中间业务收入及增长率	比较分析法（与上期数据、同行业数据相比）、趋势分析法	

续表

目录	分析内容	定量、定性指标	分析方法	分值/权重
盈利能力	经营效益是否提升	净利润增长率	比较分析法（与上期数据、同行业数据相比）、趋势分析法、统计分析法	
		资产收益率		
		净资产收益率		
		扣除非经常性损益后加权平均净资产收益率		
		净利差（NIS)与净息差（NIM）		
		人均利润率		
		经济增加值增长率		
		经济资本回报率（RAROC)		
		国有资本保值增值率		
	盈利结构是否改善	利息净收入增长率及占比情况	比率分析法、因素分析法	
		手续费佣金净收入增长率及占比情况		
		投资收益增长率及占比情况	比率分析法	
	成本、费用支出是否得到有效控制	业务及管理费支出增长率	比较分析法、趋势分析法	
		资产减值损失增长额、增长率		
		成本收入比		
	调整后收益率情况	风险调整收益率	比较分析法、趋势分析法	
		息税前收益与资本之比		

第二部分 商业银行风险状况评价分析框架

目录		分析内容	定量、定性指标	分析方法	分值/权重
风险类别	信用风险	信贷资产质量	不良贷款余额	比率分析法、比较分析法（与上期、同业以及相关监管指标相比）、结构分析法	
			不良贷款率		
			关注贷款率		
			不良贷款损失率		
			贷款拨备率		
			拨备覆盖率		
			不良贷款核销率		
			贷款重组占比		
		信贷资产质量	逾期90天以上贷款与不良贷款比例	比率分析法、比较分析法（与上期、同业以及相关监管指标相比）、结构分析法	
			到期贷款偿还率		
			贷款收回额占比		
		非信贷资产质量	非信贷资产损失率		
			不良非信贷资产比例		
		资产质量迁徙情况	关注类贷款迁徙率	趋势分析法、比较分析法	
			正常贷款迁徙率		
			次级类贷款迁徙率		
			可疑类贷款迁徙率		
		大额风险暴露	单一客户风险暴露	结构分析法、比较分析法（与上期、同业以及相关监管指标相比）	
			关联客户风险暴露		
			同业客户风险暴露		
		信用卡风险	信用卡发卡增长率	趋势分析法、比率分析法	
			信用卡消费增长率		
			信用卡违约率		

续表

目录		分析内容	定量、定性指标	分析方法	分值/权重
风险类别	信用风险	定性指标	是否建立了较为专业、完善的评级体系、度量模型、风险监测系统来有效防控风险	趋势分析法、比率分析法	
	市场风险	利率变动产生的风险	利率敏感性缺口	趋势分析法、比率分析法、因素分析法、比较分析法（与上期以及相关监管指标相比）	
			银行账户利率风险敏感度		
		汇率变动产生的风险	汇率风险敞口头寸		
			累计汇率敞口头寸比例		
		其他市场风险因素	审计人员可结合商业银行的实际情况，分析股票价格、商品价格变动带来的风险暴露		
	流动性风险	超额备付情况	人民币超额备付金率	趋势分析法、比率分析法、比较分析法（与上期、同业以及相关监管指标相比）	
			外币超额备付金率		
			央行超额备付金率		
			现金备付率		
		流动性和支付能力衡量	流动性比例		
			流动性覆盖率		
			净稳定资金比例		
			流动性匹配率		
			流动性缺口率		
			存贷比例		
		资金来源的稳定性	核心负债依存度		
			核心存款与总资产比例		
		其他流动性风险衡量指标	现金流量分析、营运资金分析等		

目录		分析内容	定量、定性指标	分析方法	分值/权重
风险类别	操作风险	从内部欺诈、外部欺诈事件、信息科技系统事件等七类事件评价银行面临的操作风险，评价银行内部管控制度的立和执行是否有效。	可根据以下内容设置相应指标： （1）人员轮换频率 （2）关键岗位人员流失率 （3）涉及银行工作人员的案件 （4）被客户起诉事件 （5）信息系统失灵或瘫痪情况 （6）外部诈骗发生情况 （7）案件损失额 （8）大案要案古比 （9）其他	比较分析法、趋势分析法以及定性分析	
	综合风险管理	资本充足率水平	核心一级资本充足率	比较分析法（与上期及相关监管指标相比）、趋势分析法	
			一级资本充足率		
			资本充足率		
		经济资本占用	各项业务的经济资本占用情况	比率分析法、结构分析法	
		杠杆率是否符合风险管理和监管要求	财务杠杆率/监管杠杆率	比率分析法，比较分析法、因素分析法	
	其他风险	政策研判风险、市场化改革风险、综合经营风险等	（1）商业银行的短期、中长期发展战略是否与国家宏观调控政策、行业政策相一致，是否符合实际情况和发展需要 （2）商业银行在业务转型方面所做出的努力 （3）集团化经营环境下，商业银行与证券、租赁、保险等金融机构的业务往来及合作产品的规模和发展趋势 （4）其他风险指标	定性分析与定量分析相结合	

第三部分 商业银行政策落实和促进经济发展成效评价框架

目录		分析内容	定量、定性指标	分析方法	分值/权重
执行并贯彻各项宏观经济政策情况	重大政策措施落实情况	在贯彻新发展理念，促进经济转方式调结构，提升金融产品供给水平等方面采取的主要措施	信贷政策及其调整情况，尤其是客户、行业信贷准入政策及调整情况	定性分析与定量分析相结合	
	货币政策	商业银行在扩张、紧缩或稳健的货币政策下，信贷投放规模和速度是否合理	信贷投放增量和增速、新发放贷款额	趋势分析法	
			存贷比变动情况	比较分析法	
			贷款利率定价情况（根据业务品种进行细分）	比较分析法	
			法人贷款、个人贷款、票据贴现、同业投信、贸易融资等信贷业务的规模和增速	比率分析法、趋势分析法	
	产业政策	是否符合国家加大产业结构调整、加快转变发展方式的总体要求	鼓励类、控制类和压缩类行业的贷款余额、增速或退出情况；"僵尸企业"贷款化解情况；重大项目、现代服务业、高端制造业等重点领域信贷投放增长情况	趋势分析法、比较分析法	
		对高耗能、高污染和产能过剩行业的压缩力度	钢铁、水泥、有色金属开采等行业的贷款余额和新增贷款情况		
		对战略性新兴产业的信贷支持	节能环保、信息技术、生物、高端装备制造、新能源、新材料等行业的贷款余额和新增贷款情况		
		类平台或政府背景贷款是否符合国家相关要求	类平台或政府背景贷款余额，新增贷款情况及借款客户数量情况		
		对符合国家产业政策的小微企业信贷支持	小微企业贷款余额、增速和占比情况		
	区域政策	对农产品产、供、销环节的信贷支持	涉农贷款、"三农"贷款增量、增速情况	比率分析、比较分析法、定性分析方法	

续表

目录		分析内容	定量、定性指标	分析方法	分值/权重
执行并贯彻各项宏观经济政策情况	区域政策	是否符合房地产领域的信贷政策要求	房地产开发贷款（含并购贷款）、土地储备贷款、经营性物业抵押贷款、个人住房、商用房贷款等业务品种的增量、增速情况	比率分析、比较分析法、定性分析方法	
		信贷政策和发展规划是否符合国家区域发展战略	商业银行区域信贷政策和发展规划：对重大区域发展战略，如"一带一路"建设、京津冀协同发展、长江经济带发展等信贷投放增长情况		
		在信贷投放的品种和客户选择方面，是否因地制宜，充分发挥不同地区的比较优势	不同地区信贷业务品种、规模	比率分析法、比较分析法、定性分析方法	
		是否过度向大城市、大企业、大项目集中	信贷投放区域结构、产品结构和客户集中度		
	其他	对监管机构的"窗口指导"的执行效果	根据商业银行实际情况和审计考察的经营期间具体确定	主要采用定性分析法	
		发展目标和战略规划与国家政策的协调性和一致性			
促进实体经济发展和提升金融服务水平	促进实体经济发展	扩大内需	（1）消费贷款业务品种、增量和增速（2）信用卡交易量、发卡量、手续费收入情况（3）对农村城镇化、农业现代化、农户小额贷款的信贷投入和增速	趋势分析法、比较分析法、比率分析法等，结合定性分析法	
		保障民生领域	保障性安居工程、教育、医疗卫生事业贷款增量和增速		
			农田水利建设、基础设施建设贷款的规模和增速		
		对民营企业、个人助业发展的信贷支持	民营企业贷款增量和增速		
			个人经营贷款增量和增速		
		促进国际贸易发展	国际贸易融资规模、跨境并购贷款规模、外汇结算业务的增量和增速		

续表

目录		分析内容	定量、定性指标	分析方法	分值/权重
促进实体经济发展和提升金融服务水平	金融创新能力	表内业务创新	新存款品种（如结构性存款）及其增长情况	趋势分析法、比较分析法、比率分析法等，结合定性分析法	
			法人贷款新品种及增长情况，如非标债权投资、并购贷款、应收账款质押贷款的增量和增速		
			个人贷款新品种及增长情况，如个人综合授信贷款、房屋抵押贷款、循环贷款等业务品种的增量和增速		
			债券交易、外汇买卖、金融衍生品交易等领域的新增业务品种和规模；通过股票、金融债券等方式进行融资和补充资本充足率的新手段		
		中间业务创新	理财业务品种、销售额、管理余额、收入增长率		
			银信、银证、银保、银租合作产品销售量、收入增长率		
			投资银行业务收入情况、开展财务顾问、融资顾问等业务的新模式和收入增长情况		
			福费廷、保函等国际业务新品种和收入增长情况		
			资产托管业务新品种、业务量和收入增长情况		

第四章　政策跟踪审计

第一节　业务概述

一、概念

根据国务院有关文件要求，审计机关要持续组织对国家重大政策措施和宏观调控部署落实情况的跟踪审计，着力监督检查各地区、各部门落实稳增长、促改革、调结构、惠民生、防风险等政策措施的具体部署、执行进度、实际效果等情况，特别是重大项目落地、重点资金保障，以及简政放权推进情况，及时发现和纠正有令不行、有禁不止行为，反映好的做法、经验和新情况、新问题，促进政策落地生根和不断完善。按照国务院有关工作要求，审计署持续对部分重点商业银行开展重大经济金融政策措施落实情况跟踪审计。

二、政策跟踪审计的内容

政策涉及社会公共领域的方方面面，包括政治政策、经济政策、社会政策、文化政策等。商业银行跟踪审计的内容主要是商业银行贯彻落实国家经济金融方面的重大政策措施情况。具体包括以下几个方面。

（一）宏观经济政策

宏观经济政策包括财政政策、货币政策、收入政策、产业政策等。商业银行政策跟踪审计主要关注货币政策、产业政策等与商业银行业务直接相关的政策执行情况。

（二）微观经济政策

微观经济政策是指政府制定的从微观上调控经济的具体措施，其中涉及商业银行的主要包括信贷政策、金融监管政策、环保政策等。

三、政策跟踪审计的具体目标和内容

商业银行政策跟踪审计的具体目标，主要围绕商业银行在服务实体经济、防控金融风险、深化金融改革、维护金融市场秩序方面是否充分落实国家有关政策。其中，深化金融改革主要依靠金融监管部门根据党中央、国务院的有关要求制定相关改革措施，商业银行的任务是执行具体政策，本章不再单独论述。

（一）服务实体经济方面

1.审查商业银行服务重点领域情况。商业银行信贷投放直接关系到金融对实体经济的支持力度和效果。通过对其信贷投放及流向进行跟踪分析，揭示信贷资金闲置、空转、脱离实体经济等方面的突出问题，促进信贷资源高效利用。关注金融服务国家重大战略和重要领域，提升金融服务保障能力。

2.审查商业银行发展普惠金融情况。近年来，国家不断增强对民营企业、小微企业、"三农"等经济中薄弱环节的政策支持力度，要求商业银行加大对这些领域的金融支持。一些银行业积极响应国家政策的要求，通过设立普惠金融事业部等方式加快发展普惠金融。审计应关注商业银行在服务上述薄弱环节中出现的新情况、新问题，关注金融机构落实公平信贷原则、完善普惠金融服务体系情况，针对融资难、融资贵问题，督促银行落实信贷政策、创新金融产品和服务，促进将更多金融资源投向实体经济。

3.审查商业银行落实减税降费政策情况。商业银行在信贷等金融活动中，相对于企业和个人客户往往具有强势地位。个别银行为了自身经济利益，利用其优势地位向客户收取额外费用，增加了企业负担，提高了经济运行成本。审计应关注银行是否存在以财务顾问费等各种名义捆绑强制收费，是否存在巧立名目收费，是否存在将自身应承担的费用转嫁给企业承担等问题，推动金融机构切实降低企业融资成本。

4.审查货币政策传导情况。商业银行是信贷政策传导的关键环节，中央银行的货币投放主要通过商业银行信贷行为传导至企业。审计应反映货币政策和信用传导过程中存在的"肠梗阻"现象，揭示阻碍金融和实体经济良性循环的主要因素，以及金融资源配置结构不合理、通过影子银行拉长融资链条、隐匿真实投向、规避监管要求等问题，推动打通企业融资"最后一公里"，切实疏通货币信贷政策传导机制。

（二）防控金融风险方面

1.审查商业银行信用风险防控情况。信用风险是商业银行面临的最主要风险。审计应持续关注银行资产质量及变化情况，核实资产质量真实性和五级分类准确性，检查不良资产处置中风险转移的真实性，揭示通过自买自卖、风险兜底等方式虚假转让或资产非洁净出表等问题；综合分析贷款企业信用状况和还款资金来源等情况，及时揭露信贷管理方面的重大风险问题。

2.审查影子银行风险防控情况。近年来，商业银行表外业务以及由此衍生出的各种金融创新，无论是业务规模还是对经济的实际影响都迅速上升，已经成为金融风险聚集的重要领域。审计应关注表外理财、资产管理、同业投资等业务规模、资金投向和风险变化状况，分析影子银行发展中出现的新情况、新问题，反映不同类型金融机构进行监管套利、形成交叉风险等突出问题。

3.审查地方政府债务风险防控情况。商业银行是地方政府融资的重要渠道。国家对地

方政府举债做出了严格限制，但仍有一些地方政府通过各种方式规避政策限制，向银行和其他金融机构隐性举债。审计应分析信贷、类信贷资金投向，揭示银行在表内贷款渠道之外，通过投资或设立各类信托计划、资产管理产品、私募股权产品等新型融资方式，变相增加地方政府隐性债务的情况。

4.审查房地产风险防控情况。我国商业银行持有的资产与房地产业高度相关，房地产价格直接关系到银行资产的安全性。此外，我国对房地产业融资做出了比较严格的限制。审计应关注向房地产行业提供融资以及住房按揭贷款情况，揭示信贷资金通过各种违规方式用于投机性购房问题，推动规范房地产市场金融秩序；结合房地产交易市场走势，及时反映土地及住房供应、税收调整、信贷支持等方面的政策措施落实中存在的新情况、新问题。

5.审查跨境资金异常流动风险防控情况。近年来，我国不断放宽资本项目兑换限制，大大便利了资金跨境流动，但资金跨境流动也带来一些新的风险。审计应在分析银行外汇资产负债损益情况的基础上，关注外汇市场变化和跨境资本流动趋势，揭示和反映汇率形成机制改革、资本项目可自由兑换等措施推进中存在的突出问题；加大对违法违规外汇业务的揭示力度，对资金短期内大量、快速异常流动情况及时分析研判，提出相关建议，推动有效抵御外部冲击和干扰。

（三）维护金融市场秩序方面

1.审查金融市场运行情况。商业银行是金融市场的重要参与者，其金融活动和交易行为对金融市场运行有直接且重要的影响。同时，商业银行的市场行为能在一定程度上反映整个金融市场运行的普遍问题。审计应关注商业银行开展的银信合作、银保合作、银证合作等交叉金融业务，揭示其在投向管理、关联交易、风险隔离等方面存在的突出问题，及早发现、识别和预警各类风险跨市场、跨区域交叉传染，连锁叠加并导致金融市场出现异常波动和共振的现象，避免商业银行出现流动性风险，促进金融机构不断提高风险抵御能力。

2.审查金融资源配置权力规范运行情况。商业银行掌握大量金融资源，带来了权力寻租的空间。审计应关注权力集中、资金密集、资产聚集的关键部门和岗位，着力揭示商业银行管理人员在信贷资源配置、重大风险处置中严重失职渎职、内外勾结、利益输送和非法侵占等方面的腐败问题，着力查处破坏金融市场秩序的违法违规问题，在反映金融乱象问题的基础上，深化对违法违规问题发生机制的剖析研究，推动补齐监管短板，消除监管空白。

第二节　信贷政策跟踪审计

一、业务简介

信贷政策是指有关部门根据国家的宏观经济政策、产业政策、区域经济发展政策、投资政策和财政政策等，制定的指导金融机构贷款投放的政策。

我国的信贷政策可以分为三类：一是与货币信总量相关，对信贷投放总量进行调控，如人民银行的宏观审慎评估体系（MPA）；二是配合产业政策，引导信贷资金流向，如针对小微企业、涉农等领域出台的信贷鼓励政策等；三是引导、规范和促进金融创新，防范信贷风险，如针对信贷产品创新的相关政策。

（一）信贷调控是重要的宏观调控工具

信贷政策是重要的宏观调控工具，在过去的经济发展过程中，无论是在经济增长较快的时期，还是经济增长缓慢的阶段，监管部门都会根据经济发展状况，及时对信贷政策做出调整，以维护经济的健康稳定发展。如2008年受国际金融危机的影响出现经济下滑趋势时，监管部门不断出台措施，鼓励和引导银行加大信贷投放力度，服务经济发展。

我国金融体系以间接金融为主，商业银行是间接金融中的绝对主体。在缺乏信贷政策指引的情况下，商业银行的信贷投放会出现明显的顺周期特征，即在经济上行期由于乐观情绪过度投放贷款，而在经济下行期由于风险考虑惜贷或收贷，并不利于经济稳定发展。因此，对商业银行落实国家信贷政策情况进行审计，是服务宏观调控的重要内容。通过审计督促商业银行落实信贷政策，降低商业银行的顺周期波动，增强逆周期调节，促进商业银行成为我国经济发展的稳定器。

（二）信贷投放是货币政策的重要传导渠道

货币是经济运行不可或缺的重要因素，商业银行信贷投放是当前重要的货币投放渠道。货币供应量由基础货币和货币乘数共同决定，基础货币的投放由中央银行直接控制，而货币乘数则与商业银行的信贷投放行为息息相关，投放力度大则货币乘数上升，投放力度小则货币乘数下降

货币政策通过信贷渠道进行传导的过程可以表述为：人民银行根据宏观经济调控的需要或货币政策的最终目标要求，对有关货币政策工具进行操作，向金融中介或信贷市场传递货币政策意图。这首先会使金融中介的超额准备金、中央银行贴现窗口的借款和资产负债状况产生变化，继而影响信贷市场的信贷供给，以及克服借款者的逆向选择和道德风险而进行的信贷配给。信贷供给和信贷配给的改变一方面影响企业的投资需求，另一方面会通过消费信贷形式影响公众的消费需求，最终对就业、物价和产出产生影响。

因此，对商业银行落实国家信贷政策情况进行审计，能够及时评估当前货币投放情况及效果，促进货币政策的有效落实，维护经济发展和物价稳定。

（三）信贷结构调整促进经济结构调整

推进经济结构的调整，解决发展方式粗放、结构不合理问题，离不开资金的支持。在自有资金有限的情况下，信贷资金则发挥至关重要的作用。

信贷资金在经济结构调整中的作用和原则，是有扶有控。"扶"主要是通过加大对社会经济重点领域和薄弱环节的信贷支持力度，推动"三农"、小微企业、保障性住房、战略性新兴产业、中西部地区经济发展等领域和区域的发展；"控"主要是控制和收缩信贷规模，对"两高一资"、产能过剩等行业进行抑制，提高经济发展质量和效益。经济结构调整离不开信贷资金的支持，对商业银行落实国家信贷政策情况进行审计，能够督促相关信贷政策及时落实，或者根据发现的新问题、新现象，提醒对信贷政策进行及时调整，促进经济结构向良性方向发展。

二、审计目标和内容

（一）审查信贷政策落实情况

1.审查商业银行对政策支持领域是否给予相应支持。国家制定了相关信贷政策，引导信贷资金向小微等重点支持领域流动，重点关注商业银行是否给予了相应的信贷支持。

（1）小微企业融资。审计主要关注商业银行小微企业贷款投放的完成情况和完成质量，促进商业银行加大小微企业融资支持力度，降低小微企业融资费用。

（2）涉农贷款。审计主要关注商业银行的涉农贷款投放情况，促进信贷资金向现代农业、农村基础设施建设、农村城镇化建设、农业产业化和农村商品流通等领域投放。

（3）保障性住房。审计主要关注商业银行保障性住房方面的信贷支持力度，以及信贷投放过程中存在的障碍。

（4）战略性新兴产业。审计主要关注商业银行是否在有效防范风险的条件下，把支持战略性新兴产业的发展摆在突出位置上，重点关注是否给予产业发展相对成熟、信贷空间较大的新能源、节能环保、高端装备制造产业和新一代信息技术产业信贷支持。

（5）经济欠发达地区信贷支持。审计主要关注商业银行在经济欠发达地区的信贷支持情况，尤其关注对这些地区重点支持的铁路、主干线公路、石油等大中型交通、能源项目建设是否给予必要的信贷支持。

2.审查商业银行对政策限制领域是否进行限制。重点关注对政策明确限制的领域，商业银行是否为追求经济收益给予不必要的信贷支持。

（1）"两高一资"和环保违法企业。审计主要关注商业银行对高耗能、高排放、资源性行业和产能过剩行业、被处罚的环保违法企业的信贷投放情况，促进做到"有保有压"。

（2）房地产行业。审计主要关注土地储备贷款、房地产开发贷款，分析融资情况和风险变化情况；评价商业银行是否有效实行动态、差别化管理的个人住房贷款政策。

（二）审查信贷政策落实是否有效

1.审查信贷资金是否投向实体经济。对信贷资金支持实体经济方面，审计主要关注信贷资金是否在金融体系内"空转"，并未实际流向实体经济的情况，以及信贷资金变相进入房地产市场、证券市场等虚拟经济的情况。

2.审查信贷资金是否流向需要资金的区域。审计主要关注信贷资金在不同区域间的变化情况，并与存贷比相结合，分析信贷资金投放的区域性特点，发现并揭示各种变相从经济欠发达地区"抽血"，向经济发达地区投放的方式。

三、审计程序和方法

（一）收集文件资料和相关报表

1.政策文件。主要包括党中央、国务院制定的关于经济金融的重大方针政策，人民银行、银保监会制定的信贷政策指导文件、对商业银行的考核和评价文件、监管规定等；商业银行为落实上述政策文件所制定的内部规章制度、信贷政策文件、年度经营计划、考核指标等。

2.商业银行的报表等相关资料。主要包括商业银行会计报告和财务报表，贷款统计报表，各项贷款的总账、明细分类账及台账，上报监管部门的相关统计报表等，以及商业银行为落实经济金融政策投放各类信贷相关工作部署推动、资源配置、执行效果等总结报告。

（二）整理电子数据

1.数据采集。全面了解被审计单位的信息系统基本情况，重点了解被审计单位的信贷管理系统，做好落实经济金融政策投放各类信贷数据集转换工作。在保证数据完整性和准确性的基础上，将采集数据导入审计人员使用的数据库软件中。

2.数据整理。根据被审计单位信息管理系统后台数据库表，分析整理出审计所需要的法人贷款台账、对公存款账户分户账等审计所需数据。

3.数据分析。对关键因素进行数据筛选，按照规模、行业、地区等不同维度分析法人贷款规模、结构情况，掌握商业银行法人贷款的总体流向。在总体分析的基础上，根据确定的审计重点，利用审计分析模型方法进行具体的数据分析。如分析各项贷款业务流向特定行业的规模和比重，分析期末余额、期初余额的增减变动，找出变化异常的行业和地区等。

4.根据数据分析得出的初步结论，发现信贷资金流向的异常变动，并进一步核查、落实。

（三）审计方法

1.检查。审计人员对商业银行纸质、电子或者以其他介质形式存在的文件、资料进行审查，或者对有形资产进行审查。如调阅借款合同和信贷调查文件，审查借款人是否符合信贷政策规定的条件。重点关注贸易融资、融资性担保、小微企业贷款、涉农贷款等政策鼓励但增长乏力的银行业务，以及增速过快、政策明确限制的业务。

2.观察。审计人员深入了解商业银行信贷申请、发放、贷款管理等情况，延伸至借款人后，对借款人生产经营管理状况、信贷资金使用情况等进行直接观察，判断借款人是否按约定用途使用信贷资金。

3. 询问。审计人员通过与部分机构负责人、部门负责人或重要岗位的从业人员进行座谈，就他们各自负责的工作进行询问，寻找信贷政策执行中存在的弱点或问题。通过询问相关信贷政策、贷款业务操作程序等，审计人员可以对商业银行的贷款业务状况有基本的了解和评价。通过对商业银行信贷业务的异常变化，向相关人员进行询问，让其做出书面或口头解释，有助于判断商业银行信贷政策执行中存在的缺陷和不足。

4. 外部调查。审计人员延伸调查借款人，了解借款人生产经营情况，信贷资金的实际使用情况，项目建设情况等。

5. 重新计算。审计人员以手工方式或者使用信息技术对商业银行有关数据计算的正确性进行核对。如利用计算机将贷款类科目从明细账到总账再到会计报表分层核对；将信贷管理系统的贷款金额（包括期初余额、本年发生额和年末余额）与统计报表金额进行核对，实现业务数据和统计数据的比对。

6. 分析。审计人员研究审计事项间的关联关系，从而得出初步结论后发现线索。一般采用比较分析、结构分析、抽样分析或趋势分析的方法。如通过计算各类贷款余额占比，分析贷款品种结构、投向结构等指标，评价其趋势。获取商业银行法人贷款电子数据，整理法人贷款台账、对公存款账户分户账等审计所需数据，采用趋势分析法和结构分析法对数据进行分析整理，重点关注信贷资金闲置、信贷资金空转、资产质量恶化、薄弱领域支持不力、信贷效率下降等信贷投放中的问题。

第三节　信贷资产质量跟踪审计

一、业务简介

商业银行面临的主要风险有信用风险、市场风险、流动性风险、操作风险、战略风险、声誉风险等。由于商业银行的主要资产是信贷资产，信贷资产面临的信用风险是商业银行最主要的风险。

商业银行的信用风险集中体现为商业银行资产质量。资产质量对商业银行而言至关重要。一般来说，经济上升期资产质量会出现不良余额和不良率的双降，经济下行期会出现双升。在资产质量方面，由于指标敏感，同时监管部门会做出相关监管要求，各商业银行也将不良贷款比率等资产质量指标作为考核的重要内容，因此商业银行一般会采取相应措施，对指标进行管理。在这种情况下，商业银行为完成压缩不良贷款比例的任务，很有可能存在隐瞒不良贷款的行为，造成信贷资产质量不实。因此，商业银行跟踪审计中一项重要的内容是信贷资产质量审计。通过实时关注商业银行资产质量真实情况及其变化，揭示商业银行信用风险变化情况，并及时做出有效应对措施。

在资产质量方面，审计内容会根据相关情况发生变化。在资产质量较好时，重点关注商业银行是否存在利用各种方式不良资产，刻意降低不良资产的情况。在资产质量恶化时，重点关注不良资产的处置情况。

此外，由于融资结构等因素，一些行业可能会出现风险，影响信贷资金的安全。如近年来先后爆发的"光伏""钢贸"等行业性风险。行业性风险爆发后，风险会从实体企业向金融系统蔓延，影响商业银行信贷资产质量。在这种情况下，需要及时发现，尽早采取措施，避免风险的蔓延和放大。

由于商业银行贷款的户数和笔数都很多，所以审计抽查范围的确定成为审计的关键环节。通过对信贷资产质量认定法规的分析，明确不良贷款认定的具体条件，列出不良贷款的具体特征，并结合审计经验，列出银行隐瞒不良贷款可能的手段，然后将这些特征转化成计算机应用软件中可识别的计算机语言，通过对银行电子数据的查询、筛选，确定审计抽查的范围，增强审计抽查的针对性和有效性，大大提高审计效率。

二、审计目标和内容

（一）审查商业银行不良资产的现状和变化情况

关注商业银行报表数据反映出的不良资产余额和不良率情况，不良贷款按一级行业分类的分布情况，不良贷款按地区（本省、外省）分布情况等。

（二）审查商业银行掩盖不良资产的主要手段，以及真实的资产质量状况及变化情况

1. 逾期 90 天以上贷款未纳入不良贷款。审商业银行信贷资产五级分类变化情况、逾期 90 天以上贷款变化情况。关注是否存在逾期 90 天以上贷款在大幅增长的同时，不良贷款变化不大的情况。调取商业银行表内和表外的分月业务状况变动表，通过表内的"逾期贷款"科目（或"呆滞贷款"科目）、表外的"应收逾期贷款利息"等科目的借贷方发生额、余额变化情况，判断被审计单位提供资料的真实性。

2. 将不良资产转化为同业资产。审查商业银行转让不良资产情况、同业投资及存放同业情况。通过调取不良资产转让包清单、同业投资资产清单、不良资产转让交易结构等资料，结合交易金额和交易日期是否相近等情况，判断是否存在通过将不良资产转化为同业资产，掩盖不良的情况。

3. 通过资产管理公司等金融机构代持不良资产。审查商业银行将不良资产转让给资产管理公司等金融机构时是否有委托清收协议、回购协议及托底协议。关注代持机构对接收不良资产的各项收费情况。

4. 通过企业代持、不良贷款平移等方式降低不良率。审查商业银行是否将不良贷款的债权转让给企业，同时通过其他方式给予企业资金用于承接不良资产的情况；是否存在将不良贷款的贷款主体平移给担保方等其他主体的情况。

5. 商业银行实际不良率的变化情况。按照审计发现的问题进行审计调整，取得商业银行实际不良资产余额和不良率情况，以及按一级行业、地区分布的情况。对比经审计调整后的商业银行资产质量情况，计算不良贷款拨备率，以及贷款损失准备金应补提金额。

（三）审查商业银行实际不良资产增加的主要原因和相关责任情况

按照审计调整后的不良资产分布情况，关注不良资产增长快的行业、地区和企业，调查了解不良资产快速增长的真实原因。关注贷款审批和发放环节程序是否合规，贷前调查是否充分完整，是否提示贷款面临的各种风险，是否存在"垒大户"、忽视风险预警等顺周期特征较为明显的做法，贷后管理是否严格；重点关注贷款发放过程中是否存在地方政府通过行政命令等方式干预银行经营决策造成发放了风险过高的贷款，以及商业银行内部人员失职渎职或违规放贷等情况，合理确定相关责任。

三、审计程序和方法

（一）收集文件资料

收集人民银行以及商业银行关于信贷资产质量划分的相关规定，从中找出能够量化、能够与商业银行电子数据相联系的定量标准。

1. 贷款逾期的时间是衡量贷款质量的重要指标，逾期 90 天以上的贷款应当划分为次级以下的分类。

2. 企业现金流量是五级分类的重要参考指标，当现金流出现负值，不能保证还款，贷款应当划分为次级以下的分类。

3. 企业净利润是五级分类的重要参考指标，当净利润出现负值，不能保证还款，贷款应当划分为次级以下的分类。

4. 企业出现资不抵债情况，即净资产为负值，贷款应当划分为次级以下的分类。

5. 破产关停企业的贷款应当划分为可疑以下的分类。

（二）整理电子数据

1. 数据采集。全面了解被审计单位信息系统的基本情况，重点了解被审计单位的信贷管理系统，做好数据采集转换工作。在保证数据完整性和准确性的基础上，将采集数据导入审计人员使用的数据库软件中。

2. 数据整理。根据被审计单位信息管理系统后台数据库表，分析整理出审计所需要的法人贷款台账、对公存款账户分户账等审计所需数据。

3. 数据分析。对关键因素进行数据筛选，按照不同特征分析法人贷款真实资产质量。

（1）在借款凭证表中筛选出贷款逾期 90 天以上而贷款五级分类仍然为正常类和关注类的贷款，重点核实。

（2）在借款凭证表和现金流量表中筛选出企业现金流量为负值，而贷款五级分类仍然为正常类和关注类的贷款，重点核实。

（3）在借款凭证表和损益表中筛选出企业净利润为负值，而贷款五级分类仍然为正常类和关注类的贷款，重点核实。

（4）在借款凭证表和资产负债中筛选出企业资不抵债，而贷款五级分类仍然为正常类和关注类的贷款，重点核实。

（5）在借款凭证表和法人基本信息表中筛选出企业破产关停，而贷款五级分类仍然为正常类和关注类的贷款，重点核实。

（6）在借款凭证表中筛选出同时存在正常类、关注类和次级类以下分类款的企业，重点核实。

（7）在借款凭证表中筛选借新还旧后仍有欠息而贷款分类仍在正常类、关注类反映的贷款，重点核实。

（8）将上面生成的 7 个表剔除重复的记录，生成可疑贷款企业汇总表。

4. 在通过上述询生成的基础表中，筛选贷款金额大的重点检查。通过查阅贷款档案，延伸贷款单位等方式最终核实贷款质量。

（三）审计方法

1. 检查。审计人员对商业银行纸质、电子或者以其他介质形式存在的文件、资料进行审查，或者对有形资产进行审查。如调阅信贷调报告和贷后检查报告，审查借款人的生产经营状况是否正常。

2. 观察。审计人员深入了解商业银行信贷申请、发放、贷款管理等各项制度的执行情况，延伸至借款人后，对借款人生产经营状况等进行直接观察，从中发现借款人还款能力异常的证据。

3. 询问。审计人员通过与部分机构负责人、部门负责人或重要岗位的从业人员进行座谈，就他们各自负责的工作进行询问，寻找商业银行资产质量存在的弱点或问题。通过询问相关贷后管理操作程序等，审计人员可以对商业银行的贷后管理有基本的了解和评价。通过对商业银行信贷资产质量的异常变化，向相关人员进行询问，让其做出书面或口头解释，有助于判断商业银行信贷资产质量管理中存在的缺陷和不足。

4. 外部调查。审计人员延伸调查借款人，了解借款人生产经营情况，信贷资金的使用情况，项目建设情况，第一还款来源、第二还款来源的变化情况等，判断借款人实际还款能力。

5. 重新计算。审计人员以手工方式或者使用信息技术对商业银行有关数据计算的正确性进行核对。如利用计算机将贷款类科目中经审计调整后的不良贷款金额重新汇总计算实际不良贷款率。

6. 分析。审计人员研究审计事项间的关联关系，从而得出初步结论后发现线索。一般采用比较分析、结构分析、抽样分析或趋势分析的方法。如通过计算各类不良贷款余额占比，分析不良贷款品种结构、不良贷款行业集中度、客户集中度等指标，评价其趋势。

第五章　贷款业务审计

第一节　业务概述

一、概念

贷款是指金融机构将其所吸收的资金，按一定的利率放贷给客户并约定一定期限收回贷款本息的经济行为，是以偿还和计息为条件的价值运动的特殊形式。

贷款可按不同的标准划分为若干类型。如按贷款期限的长短划分，可分为短期贷款（期限在1年以内，含1年）、中期贷款（期限在1年至5年，含5年）和长期贷款（期限在5年以上）；按贷款性质和用途划分，可分为流动资金贷款、固定资产贷款、循环额度贷款、消费贷款、贴现、贸易融资贷款等；按贷款保障程度划分，可分为信用贷款、担保贷款（包括保证、抵押和质押方式）；按贷款的质量划分，可分为正常贷款、关注贷款次级贷款、可疑贷款和损失贷款，其中次级贷款、可疑贷款和损失贷款统称为不良贷款。

贷款是我国商业银行最主要的资产业务，其利息收入也是商业银行最主要的经营收入来源。贷款业务审计，就是指审计机关依据国家的有关法律法规，对商业银行贷款的真实性、合法性和效益性所实施的审计监督，是商业银行审计的一项重要内容。

二、款业务流程

（一）信贷关系的建立与贷款申请

借款人需要贷款时，应当与商业银行建立信贷关系并提出书面申请。借款人应符合法律法规要求的基本条件，并向商业银行提供法律法规要求的基本资料。商业银行信贷人员应对借款人的资格和条件进行审查，调查核实借款人提供的资料是否完整、真实、有效。

（二）风险评价

风险评价包括客户信用评级和项目评估。商业银行应当根据借款人的管理层素质、经济实力、资金结构、履约情况、经营效益和发展前景等因素，评定借款人的信用等级。评级可由商业银行独立进行，也可由有权部门批准的评估机构进行。另外，商业银行应对项目建设条件、市场因素、投资和筹资、偿债能力等进行项目评估。

（三）贷前调查

商业银行正式接受借款人借款申请后，由信贷业务部门进行贷前调查。如法人客户调查的主要内容包括：借款人的基本情况及主体资格，财务状况、经营效益及市场分析，担保情况和信贷风险评价，贷款的综合效益分析；自然人客户调查的主要内容包括：申请人的基本情况，申请贷款的用途，担保情况，收入来源，还款来源等。

（四）贷款审批与签订借款合同

贷前调查结束后，信贷人员应如实形成详细、完整的贷前调查报告，随同有关企业项目的调查资料报信贷管理部门进行审查。授信业务部门按照程序报授信管理部门和审贷委员会复审，并根据内部授权权限审批。贷款按规定程序经批准后，商业银行与借款人签订借款合同及保证、抵押、质押合同。

（五）贷款发放与支付

商业银行按照借款合同约定的提款条件发放贷款，将经过有权部门和领导签字（章）的借据送交会计部门，由会计部门进行账务处理，并按照合同约定通过商业银行受托支付或借款人自主支付的方式对贷款资金的支付进行管理与控制，监督贷款资金按约定用途使用。

（六）贷后管理

商业银行应加强贷款资金发放后的管理，针对借款人具体情况，通过定期与不定期现场检查与非现场监测，分析借款人经营、财务、信用、支付、担保及融资数量和渠道变化等状况，掌握各种影响借款人偿债能力的风险因素。

（七）贷款回收与贷款展期

信贷部门应按照合同规定的贷款期限收回借款人的借款本息。不能按期归还贷款的借款人，应于贷款到期日前向银行提交书面展期申请，保证贷款、抵押或质押贷款的展期申请由保证人、抵押人、出质人出具同意贷款展期的书面证明，已有约定的按照约定执行。办理贷款展期应符合有关法律法规的要求。

（八）不良贷款监管与资产保全

按照贷款五级分类标准，不良贷款是指贷款形态为次级类、可疑类和损失类的贷款。对不良贷款，商业银行应有专门的信贷人员或风险管理机构进行监控和管理，参与借款人的债务重组，落实贷款债务的偿还责任，通过法律程序实行资产保全等。对采取所有可能的措施和实施必要的程序之后，确实无法收回的不良贷款，贷款人应按照金融企业呆账核销相关规定，严格认定条件，确保证据确凿，并遵循逐级上报、审核和审批、对外保密、账销案存的原则对贷款呆账进行核销。贷款人还应建立呆账核销后的资产保全和追收制度。

三、贷款业务风险分析

贷款业务既会受到经济形势，行业、产业变化，宏观调控政策等外部因素的影响；也会受到贷款活动内部操作环节的影响。按照风险事件的不同，贷款风险一般分为信用风险、市场风险、操作风险、合规风险和声誉风险等，其中信用风险是贷款业务的主要风险。贷款业务主要的风险因素包括：

（一）信用风险

信用风险是指借款人因各种原因未能及时、足额偿还贷款而违约的可能性。信用风险高低取决于借款人经营状况、财务状况、信用状况以及贷款的担保状况、行业结构、贷款集中度等方面。

（二）市场风险

市场风险是指由于市场因素（如利率、汇率、价格）的不利波动而导致的贷款损失的可能性。市场风险一般包括利率风险、汇率风险和通货膨胀风险。

（三）操作风险

操作风险是指由于商业银行信贷管理控制缺失、管理失误、系统不完善、诈骗或其他人为错误及外部事件导致的贷款损失的可能性。如商业银行抵押担保管理控制不力，使贷款第二还款来源受到影响；信贷管理系统出现错误，引起授信过程失误；银行工作人员与借款人内外勾结骗取贷款等均产生操作风险。操作风险引起的损失可能非常巨大，因此是商业银行内部重点防控的风险之一。

（四）合规风险

合规风险是指商业银行在授信活动中因为违反国家有关法律法规和监管规则等而遭受法律制裁、监管处罚或重大损失的可能性。随着我国加快经济结构调整和经济发展方式的转变，商业银行的授信行为是否符合国家宏观政策要求成为贷款合规审计的重点之一。

（五）声誉风险

声誉风险是指由商业银行经营、管理及其他行为或外部事件导致利益相关方对商业银行授信行为负面评价的风险。贷款的声誉风险主要来自社会公众对有关商业银行信贷业务负面消息的关注与反应。商业银行信贷业务操作失误、违反监管规定、客户服务不尽职或银行人员参与违法案件等都会形成声誉风险，从而影响商业银行的竞争力和盈利能力。

四、贷款业务审计具体目标

（一）审查贷款业务会计处理的真实性

审查商业银行财务会计报告及有关账簿中所反映的各项贷款和利息收入是否真实存在。

商业银行特定会计期间内发生的各项贷款及利息收入均应按规定计入有关账簿，交易余额和贷款余额记录准确，应收未收贷款利息等按规定进行正确的会计处理。商业银行列示于财务会计报告中的各项贷款有足够的文件和证据证明确实为银行所有。

（二）审查贷款业务的合法性

1.审查商业银行各项贷款业务的发生与国家相关法律法规的符合情况。信贷审批是否审慎有效，贷款资金使用是否符合法律法规的规定及借款合同的约定用途，商业银行信贷风险是否得到有效控制，有无违规操作、越权审批、虚假交易并造成重大损失等情况。

2.审查商业银行建立贷款质量内部评价标准和评价体系情况，贷款风险分类是否真实，偏离度、迁徙率等指标与监管要求的符合情况，贷款分类是否正确地描述并反映在法定财务会计报告和信贷资产质量报告中。

（三）审查贷款业务的效益性

1.信贷结构是否优化。银行的信贷结构决定着银行信贷资产的特性，是评价和分析信贷资产质量的主要因素。贷款业务审计通过促进商业银行信贷业务的投向结构变化，实现信贷资源的优化配置与再配置，使信贷资源分布和信贷资产不断优化。

2.贷款收益情况。不同商业银行的贷款种类、行业分布，以及相应的利润水平能够反映各家银行经营的差异性和偏好。通过重点分析不同类型和不同行业的贷款收益和利率分布，把握市场供需关系和发展情况，促进商业银行落实国家货币政策和产业政策，以及信贷资源的合理配置。

3.促进宏观调控政策落实情况。通过贷款业务审计，促进商业银行更好地贯彻执行党中央和国务院制定的重大经济金融方针政策，在促进经济增长、服务实体经济及支持"三农"发展中发挥重要作用，使其信贷政策和投向结构符合国家加快转变经济发展方式和经济结构调整的宏观政策要求。

第二节　法人贷款审计

一、业务简介

法人贷款是商业银行按照国家及行业相关规定，对法人客户发放的贷款。法人贷款审计，是在审查商业银行法人贷款业务内部控制制度有效性的基础上，揭示商业银行信贷管理中的违规经营行为和管理薄弱环节，促使其更好地贯彻国家的货币信贷政策，加强信贷管理，提高信贷资产质量，增强防范和化解金融风险的能力。

法人贷款的审计重点包括总体风险状况审计、信贷资产质量审计、关联企业贷款审计、重要风险贷款品种审计（本节以固定资产投资贷款、房地产开发贷款、并购贷款等为例）。

二、审计目标和内容

（一）法人贷款总体风险状况审计

1.检查商业银行法人客户贷款总量、质量情况，以及按期限、余额、信用等级、担保、贷款品种等标准分类的结构分布情况。

2.调查商业银行法人贷款业务系统内排名和区域内同业市场竞争力情况。

3.分析法人贷款权重情况。分析近三年法人贷款占各项贷款的比重，其利息收入占各项贷款利息收入的比重，主要品种的平均利率水平等，评估商业银行各项业务的风险防范和控制情况。

4.关注不良贷款所属行业、品种、担保方式的结构情况。

5.关注单一客户、主要行业的贷款集中度情况。

（二）信贷资产质量审计

按照银监会《贷款风险分类指引》规定，贷款按照风险程度划分为正常、关注、次级、可疑和损失五类，前两类称为正常贷款，后三类合称为不良贷款。实践中，商业银行又将上述贷款质量五级分类中的每种类型细分为若干级别，形成更为细致的贷款质量分类标准。

1. 信贷资产质量反映是否真实准确。检查商业银行信贷资产质量形态划分与金融监管部门贷款风险分类的有关规定的符合情况。重点关注影响资产质量的风险隐患，有无人为调整、不真实反映等违规问题；核实不良贷款反映是否准确，特别是形成损失贷款的情况和原因是否查明；检查不良贷款双降是否真实，用于收回不良贷款的资金来源是否合规，有无通过借新还旧等手段，人为掩盖不良贷款的情况。

2. 信贷管理是否合规。重点检查贷款台账、结算资金真实合规情况，有无银行自身挤占挪用信贷资金，与企业勾结侵吞、转移、挤占、挪用信贷资金的问题，是否对相关违规人员进行了责任追究等。

3. 不良贷款的转让是否真实合规。检查商业银行对外转让不良资产情况，核实信贷资产转让行为是否符合国家的相关规定，资产接收方是否拥有不良资产收购资质；信贷资产是否真实完全转移，有无通过虚假转让信贷资产掩盖不良、调节财务报表但相关风险仍由商业银行承担的情况；检查转移的信贷资产中每笔贷款是否达到转让条件，是否存在将正常类贷款混入不良资产包出售，协助债务人逃废债务等问题。

4. 损失类贷款的核销、审批是否真实合规。检查商业银行对不良贷款核销的调查核实情况，有无利用损失贷款核销，掩盖违规放贷、企业逃废债务以及侵占信贷资产等违纪违法问题；关注抵债资产管理是否合规，抵债资产价值是否经有关部门评估认定，变现或出租收入是否全额纳入账内核算，有无隐瞒不报、长期挂账和掩盖不良资产等情况；关注贷款人按照相关规定对贷款进行核销后，是否继续向债务人追索或进行市场化处置。

5. 贷款风险防控措施和要求是否落实到位。检查商业银行建立动态的信贷风险分类和监测台账，定期对贷款风险进行分析的情况；严格执行贷款审批和管理程序，实行全面监管，落实风险防范措施和补偿资金来源情况；采取资产保全措施的情况，担保抵押物和质押物是否真实、有效，企业有无借改制之际逃废、悬空银行债务的情况。

（三）关联企业贷款审计

关联企业贷款审计中，应关注通过注册一连串公司，并以更具隐蔽性的关联企业交叉担保（不限于两个公司互为对方的贷款提供担保，而是多家公司连环交叉的间接担保），分别到不同商业银行申请贷款，回避单一银行机构对集团客户授信的风险控制的情况，以及是否存在授信分散、担保虚化、信贷资金挪用等情况。

1. 借款人主体是否合规。关注关联企业是否通过先直接注资设立一个母体公司，再通过该母体公司设立数家载体公司，而后通过这几家载体公司交叉参股设立若公司作为申请银行贷款的主体，有无通过交叉担保，借款企业和担保企业不同时在一家银行申请贷款的情形。

2. 申请借款资料是否真实。关注关联企业是否开展正常的生产经营活动，能否提供真实的申请贷款材料，有无伪造虚假申请贷款材料及提供虚假抵质押物、虚假销售合同等骗贷行为。

3. 贷款资金用途是否合规。审查关联企业在获得银行贷款后，借款企业有无通过关联企业账户资金往来方式将贷款资金转出，用于房地产开发或购买股票投资资本市场等违规行为。

三、审计程序和方法

（一）收集文件资料和会计账簿

1. 信贷管理档案等资料。

（1）企业法人营业执照、税务登记证、开户许可证及有权机构批准成立的文件。

（2）前调报告、贷后检查报告、项目分析报告。

（3）借款申请书，借款合同，借款借据，保证合同，抵押合同，出质书，财产产权证书，公证、保险与登记凭证，贷款审批资料，贷款展期申请，担保或抵押人的确认函等。

（4）企业经营活动情况资料，包括主要经济指标完成情况、资产负债与所有者权益情况、经营损益情况与主要商品进销存情况、市场前景与行情分析等。

（5）企业财务报表、会计报表、统计报表及其他报表资料

（6）企业重大变动事项，包括承包、租赁、股份制改造、合并（兼并）、合营（合作）、分立、倒闭、破产等有关情况与文件资料。

（7）对不良贷款进行清收处理的情况记录，包括催收通知单、回执、转账凭证。

（8）企业违约、违规情况处理以及依法收贷记录、有关诉讼材料与法律文书等。

（9）贴现贷款的有关档案资料，包括票据、商品交易合同、增值税专用发票和商品货运单据等复印件。

2.商业银行的报表、会计账簿等相关资料。主要包括：商业银行会计报告和财务报表；贷款统计报表以及不良贷款结构分类报表；各项贷款的总账、明细分类账及台账；计息清单，贷款利息收入、应收利息及表外应收未收利息总账、明细分类账及台账；呆账准备金的总账、明细分类账及呆账认定、核销的有关凭证；以资抵债或以物抵债资产的总账、明细分类账及台账；贴现贷款的总账、明细分类账、台账。

3.内部控制制度和信贷管理资料。主要包括：授权授信管理，贷款操作基本规程，审贷分离、分级审批制度，信贷员工作岗位制度，审贷委员会制度以及各类贷款的管理文件等。

（二）整理电子数据

1.数据采集。全面了解被审计单位的信息系统基本情况，重点了解被审计单位的信贷管理系统，做好数据采集转换工作。在保证数据完整性和准确性的基础上，将采集数据导入审计人员使用的数据库软件中。

2.数据整理。根据被审计单位信息管理系统后台数据库表，分析整理出审计所需要的法人贷款台账、对公存款账户分户账等审计所需数据。

3.数据分析。对关键因素进行数据筛选，分析法人贷款规模、结构、质量情况，掌握商业银行法人贷款的风险特征。在总体分析的基础上，根据确定的审计重点，利用审计分析模型方法进行具体的数据分析。如分析各项贷款业务占资产总额的比重，分析期末余额、期初余额的增减变动，找出变化异常的业务类型；对资产质量迁徙变动情况进行分析，关注有无资产质量隐患，根据短期内信贷风险分类异常变动的机构和时间点，发现问题线索，并进一步核查、落实。

（三）内部控制测评

1.了解内部控制。主要包括：

（1）商业银行授信岗位设置是否做到分工合理、职责明确、相互制约，贷审分离、业务经办和会计账务处理分离。

（2）商业银行是否建立有效的授信决策机制，是否设立独立的授信风险管理部门对授信进行统一管理。

（3）商业银行是否建立统一的授信操作规范和各类授信品种的管理办法。

（4）商业银行是否对借款人实施独立的尽职调查并严格执行授信审批程序，是否严格审查和监控借款用途。

（5）商业银行是否建立资产质量监测报告体系，严密监测资产质量的变化，并及时防范和化解风险。

（6）商业银行是否具备完善的授信管理信息系统和客户管理信息系统等。

2.内部控制测试。在对商业银行贷款业务内部控制调查的基础上，可以采用询问有关人员、观察及审查书面文档等方式对内部控制的执行效果进行符合性测试，正确评估商业银行贷款业务内部控制的有效性，确定实质性测试的范围和重点。测试内容主要包括：

（1）与商业银行信贷管理和风险管理部门负责人、相关业务人员和会计人员座谈，询问有关贷款内部控制执行情况，重点询问贷款"三查"（贷前调查、贷时审查、贷后检查）制度的执行程序、不良贷款的管理和有关对账程序。

（2）实地观察贷款业务不相容职务的职责分离情况，查看其实际执行效果。

（3）抽查保证、抵押、质押合同及抵质押物保管登记台账，检查抵押、质押物保管登记簿及台账是否清楚完整，质押物是否有专人保管、专人负责，对权利质押凭证是否登记造册，入库保管，测试贷款保证制度的执行情况。

（4）抽查贷后检查报告及记录，测试贷后检查制度的执行情况。

（四）审计取证

商业银行贷款业务审计取证的主要内容包括贷款余额、贷款质量的真实性，贷款业务的合规性和贷款利息收入等。贷款业务合规性审查中，应从以下方面取得审计证据：

1. 借款人是否具备贷款资格和规定的条件，贷款发放手续是否齐全，有无违反规定对不具备借款人资格的企业发放贷款，使贷款本息遭受损失的问题。

2. 贷款的投向是否符合国家产业政策和信贷政策，查阅借款人的存款分户账和延伸检查贷款资金的去向，审查贷款用途是否符合有关规定，有无将流动资金贷款用于购置固定资产，有无挪用贷款违规进入股市和期货市场。

3. 贷款的审批是否符合规定的审批程序，是否体现贷款审批环节之间的制约关系和贷审分离的原则，有无越级审批和未经信贷调查的审批，有无逆程序或变相逆程序审批信贷业务。

4. 有无规避权限管理的行为，如化整为零发放贷款、以短期贷款名义发放中长期贷款以及借名贷款、搭桥贷款现象。

5. 是否存在对关系人发放贷款情况，有无因对关系人发放贷款而放松申请贷款条件的情况，是否存在借款人无力偿还贷款时继续向其关联公司注入信贷资金情况。

6. 调阅借款合同、借款借据、利息收入明细账和手续费收入明细账，审查是否存在在借款合同中订有附加条款，通过向借款人加收手续费、咨询费等名义变相提高贷款利率的情况。

（五）贷款业务审计方法

1. 检查。审计人员对商业银行纸质、电子或者以其他介质形式存在的文件、资料进行审查，以及对有形资产进行审查。如调阅借款合同和借款借据，审查借款合同中注明的利率是否符合人民银行的规定，有无任意提高或降低贷款利率、自行制定利率或错用利率问题。

2. 观察。审计人员深入了解商业银行信贷申请、发放、贷款管理等各项制度的执行情况，延伸至借款人后，对借款人生产经营管理的状况、财产物资的保管和利用、内部控制制度的执行等进行直接观察，从中发现薄弱环节和存在的问题，借以收集书面资料以外的证据。

3. 询问。审计人员通过与部分机构负责人、部门负责人或重要岗位的从业人员进行座谈，对他们各自负责的工作进行询问，寻找商业银行贷款业务经营管理中存在的弱点或问题。通过询问相关信贷政策、贷款业务操作程序等，审计人员可以对商业银行的贷款业务状况有基本的了解和评价。通过对商业银行信贷业务的异常变化，向相关人员进行询问，让其做出书面或口头解释，有助于判断商业银行信贷业务中存在的缺陷和不足。

4. 外部调查。审计人员延伸调查借款人，了解借款人生产经营情况，信贷资金的使用情况，项目建设情况，第一还款来源、第二还款来源的变化情况等，延伸相关工商管理机关、税收征管机关或项目审批机关，了解借款人或关联方的工商登记情况、纳税情况或项目立项审批情况等。

5. 重新计算。审计人员以手工方式或者使用信息技术对商业银行有关数据计算的正确性进行核对。如利用计算机将贷款类科目从明细账到总账再到会计报表分层核对；将信贷管理系统的贷款金额（包括期初余额、本年发生额和年末余额）与会计报表金额进行核对，实现业务数据和会计数据的比对。

6. 重新操作。审计人员对有关业务程序或者控制活动独立进行重新操作验证。如审查以物抵贷资产质量时，通过类比法检查与抵贷资产类似资产的市场价值，判断以物抵贷资产价值是否由具有合法资格的评估机构评估确定，有无低值高估的现象。

7. 分析。审计人员研究审计事项间的关联关系，从而得出初步结论后发现线索。一般采用比较分析、结构分析、抽样分析或趋势分析的方法。如通过计算各类贷款余额占比，分析贷款品种结构、贷款行业集中度、客户集中度等指标，评价其趋势。获取商业银行法人贷款电子数据，整理法人贷款台账、对公存款账户分户账等审计所需数据，采用趋势分析法和结构分析法对数据进行分析整理，确定审计重点。

四、固定资产投资贷款审计

（一）审计内容

固定资产投资贷款是指银行机构向借款人发放的用于固定资产项目投资的本外币贷款，包括基本建设贷款和技术改造贷款。审计内容主要包括：

1. 借款人主体资格及项目是否合法合规。借款人是否符合贷款主体资格，建设项目与国家法律法规及产业政策的符合情况，是否获得有权部门的批准。项目建设所需资本金比例与国家规定的符合情况，是否按时足值到位。

2. 固定资产投资贷款风险管理是否有效。商业银行对借款人的偿债能力、项目的投资规模、盈利能力、现金流量、建设周期的评价是否恰当；商业银行是否及时监控了借款人偿债能力、担保情况、项目建设情况及国家相关政策法规的变化，并采取了相应措施防范风险。

3. 担保设立是否合法合规。检查保证人的担保资格与担保能力评估是否恰当，商业银行对关联担保、互保进行的特别审核情况；检查商业银行对抵押品、质物的价值与变现能力评估的合理性以及依法办理登记等相关手续情况。

4. 固定资产投资贷款程序是否合规。检查商业银行相关人员及机构尽职调查、审查、审批与贷后管理情况。经办机构及人员是否存在化整为零、超权限发放贷款的问题，是否根据项目的进度和进展情况发放贷款，并对其资金使用情况进行监控，审贷款资金是否被挪用或用于国家禁止生产、经营的领域和行业。

（二）审计方法

1. 查阅贷款档案等相关资料，审查贷款申请材料的真实性，关注银行授信调查人员是否认真核实有关申请材料的真实性，对报表中的重大资产项目与实物资产是否进行核对等。审查借款人主体资格是否合法，贷款用途、金额、期限、利率是否合法合规。审查项目总投资及构成的合理性，各项投资来源的落实情况及可靠性以及抵押担保落实情况。

2. 延伸了解借款人生产经营、财务状况、信誉状况、发展前景及内部管理等情况。关注贷款项目的工艺技术、装备的先进性和适用性。审查有无违反国家法律法规及宏观调控政策，向"两高一剩"行业违规提供信贷支持的情况。

3. 审查商业银行贷款监管情况，关注贷款项目运营后的经济效益、偿债能力、贷款项目综合效益、贷款风险规避措施；关注信贷资金的真实用途，审查商业银行贷后管理情况，检查贷款资金使用是否符合约定用途，有无挪用等。

五、房地产开发贷款审计

（一）审计内容

房地产开发贷款是银行机构向具有房地产开发资质的房地产开发企业发放的用于房地产项目开发建设的贷款。按照开发内容的不同，房地产开发贷款的类型有：住宅开发贷款，是向房地产开发企业发放的用于开发商品住宅项目的贷款，如单体住宅楼、住宅小区等项目，一般第一还款来源为住宅的预售、销售收入；商业用房开发贷款，是向房地产开发企业发放的用于开发商用商品房项目而非家庭居住用房的贷款。审计内容主要包括

1. 房地产开发贷款是否合法合规。商业银行是否存在向不具备开发资质的房地产开发企业发放贷款，贷款项目的"四证"手续是否齐全，项目资本金到位情况，抵押担保落实情况，项目建设的实际情况是否与主管部门的批复和国家有关宏观政策相符。

2. 房地产开发贷款是否真实。审核商业银行房地产开发贷款管理及风险防范情况。核实房地产企业是否存在利用已完工项目申请贷款，或利用同一项目在多家商业银行重复申请贷款导致贷款金额超过项目投资额，有无通过提供假可研报告等资料，向银行虚报投资额，套取银行贷款等。

3. 房地产开发贷款是否符合国家宏观调控政策。房地产企业有无违反国家土地和房地产开发政策，使用贷款资金违规占用土地、囤积土地用于建设其他违法项目，有无以棚户区改造、公租房、廉租房等保障性住房建设名义贷款用于高档商品房开发等问题。

（二）审计方法

1. 查阅贷款档案等相关资料，以及当地建设主管部门批复同意的资本金到位情况等证明材料，并与该项目在发展改革委备案登记的项目投资进行比对，判断该项目的资本金是否及时足额到位。审查借款人"四证"是否齐全，抵押担保是否合规并有效落实。

2. 实地查看使用贷款项目的建设情况，调阅工程建设、监理、计价、结算资料，审查工程建设的进度和资金需求，判断项目的真实性和贷款资金的合理使用。

3. 查阅资料或延伸相关部门，审借款人是否具有不符合贷款发放条件的不良记录；发放跨地区房地产开发贷款时，商业银行是否已落实相应风险控制措施，并在贷款发放前向监管部门报备。

4. 查阅商业银行会计资料，审查贷款核算合规情况。是否存在通过流动资金贷款或其他贷款科目发放房地产开发贷款情况。

5. 查阅借款人及其支付对象相关账户交易明细，审查贷款资金用途合规性，延伸调查借款人及借款人交易对手，查看相关合同及会计资料，调查贷款资金支付的经济活动是否真实，有无通过施工企业中转回流借款人账户的情况，有无将贷款资金挪用投入资本市场购买股票或其他投资项目。

六、并购贷款审计

（一）审计内容

并购贷款是商业银行向并购方企业或其专门设立的无其他业务经营活动的全资或控股子公司发放的，用于支付并购股权对价款项的本外币贷款。是针对企业有偿兼并、收购其他企业或者项目，以及进行资产、债务重组中产生的融资需求发放的贷款。

1. 并购贷款是否合法合规。关注商业银行开展并购贷款业务是否符合相关政策，各项监管指标是否满足监管要求；关注并购交易各方是否具备并购交易主体资格，并购贷款的期限和额度是否满足规定要求。

2. 商业银行是否具有相应的专业能力。核实商业银行是否制定并购贷款业务流程和内控制度，关注是否配备与并购贷款业务规模和复杂程度相适应的熟悉并购相关法律、财务、行业等知识的专业人员。

3. 并购事项是否真实合规。关注商业银行开展并购贷款业务的风险评估和管理情况，核实并购交易是否合法合规，涉及国家产业政策、行业准入、反垄断、国有资产转让等事项是否履行相关手续；关注贷款主体信誉是否良好，涉及并购事项是否真实合规，是否存在利用虚假股权交易或者关联企业交易套取银行贷款等问题。

4. 贷款程序是否合规。检查商业银行的业务受理、尽职调查、风险评估、合同签订、贷款发放、贷后管理等情况。关注商业银行是否核实并购交易的真实性以及并购交易价格的

合理性，是否存在超权限发放贷款、将超额度贷款分拆审批等问题，是否根据项目的进度和进展情况发放贷款，并对其资金使用情况进行监控。

（二）审计方法

1. 查阅贷款档案等相关资料。调阅有关并购贷款的相关档案，关注银行人员是否认真履行了调查职责，对档案中涉及标的资产的交易价格公允性、交易对手方适当性等内容是否进行核实。审查借款人主体资格是否合法，贷款额度、期限、利率是否合规，关注贷款主体自有资金的落实情况及可靠性，以及抵押担保落实情况。

2. 延伸调查借款人情况。了解借款人的生产经营、财务状况、内部管理、股东变化等情况。关注并购双方的产业相关度，核实并购交易是否符合国家的产业政策，涉及事项是否按照法律法规经过有权部门的审批，审查并购事项有无违反国家法律法规及宏观调控政策的情况。通过调阅相关合同及会计资料，核实贷款资金支付的经济活动是否真实有效。

3. 核实商业银行贷后监管情况。关注银行是否严格履行了贷后监管程序，监管报告记录是否真实完整；关注资金支付进度是否符合合同要求或者并购事项资金需求。检查贷款资金使用是否符合约定用途，借款人有无通过关联方账户回流资金，有无挪用贷款等问题。

第三节　个人贷款审计

一、业务简介

个人贷款是指贷款人向符合条件的自然人发放的用于个人消费、生产经营等用途的本外教。按照贷款用途的不同，个人贷款可以分为个人住房贷款、个人汽车消费贷款、个人综合消费贷款和个人生产经营贷款等。近年来，商业银行在个人贷款业务中金融创新产品较多，主要集中在消费贷款领域、个人线上信贷产品，如额度循环贷款、随借随还贷款、贷记卡分期付款等。个人贷款审计，是在审查商业银行个人贷款业务内部控制制度有效性的基础上，核实个人贷款业务的真实性、合规性和效益性，审计的重点内容包括信贷资产质量审计（同法人贷款信贷资产质量审计）、个人贷款总体风险状况审计、重要风险贷款品种审计（本节以个人住房按揭贷款、个人汽车消费贷款、个人生产经营贷款为例）。

二、审计目标和内容

审查商业银行个人贷款相关管理制度的建立、完善及执行情况。了解贷款发放是否符合国家宏观调控政策，关注信贷资金的真实使用情况和贷款质量。

1. 检查商业银行个人贷款总量、质量情况以及按期限、余额、信用等级、担保方式、贷款品种等标准分类的结构情况。

2. 了解贷款的发放是否符合国家有关政策的规定，审查借款人的资信状况和还款能力及其变化情况。

3. 审查个人贷款资金的真实用途，是否按规定使用贷款。贷款抵（质）押品是否落实到位。

4. 关注个人贷款不良贷款的品种、担保方式的结构情况。关注借款人的偿付能力及其变化情况。

三、审计程序和方法

（一）收集文件资料和会计账簿

1. 信贷管理档案等资料。主要包括收集个人贷款信贷档案，主要包括信贷申请，信贷审批，信贷合同的签订，抵（质）押品登记、入库，信贷发放和贷后管理等资料。

收集商业银行有关个人贷款的统计报表以及不良贷款结构分类报表；各项个人贷款的总账、明细分类账及台账；计息清单，贷款利息收入、应收利息及表外应收未收利息总账、明细分类账及台账；呆账准备金的总账、明细分类账及呆账认定、核销的有关凭证；以资抵债或以物抵债资产的总账、明细分类账及台账等相关资料。

2. 内部控制制度和信贷管理资料。主要包括授权授信管理，贷款操作基本规程，审贷分离、分级审批制度，信贷员工作岗位制度，审贷委员会制度以及各类贷款的管理文件等。

（二）整理电子数据

1. 数据采集。全面了解被审计单位的信息系统基本情况，重点了解被审计单位的信贷管理系统，做好数据采集转换工作。在保证数据完整性和准确性的基础上，将采集数据导入审计人员使用的数据库软件中。

2. 数据整理。根据被审计单位信息管理系统后台数据库表，分析整理出审计所需要的个人贷款台账、个人存款交易明细等审计所需数据。

3. 数据分析。对关键因素进行数据筛选，分析个人贷款规模、结构、质量情况，掌握商业银行个人贷款的风险特征。利用审计分析模型方法进行具体的数据分析，发现问题线索，并进一步核查、落实。

（三）审计方法

1. 查阅相关资料或约谈相关人员，全面了解商业银行个人贷款信贷政策及贯彻落实情况，详细了解个人贷款业务流程及重要风险控制点。

2. 查阅个人贷款档案等相关资料。审查贷款申请材料的真实性；审批程序、审批权限的合规性；贷款合同、担保合同是否合法有效，抵（质）押物是否足值并按规定办理了过户登记手续。

3. 审查信贷资金使用情况。调阅借款人及其交易支付对象账户交易明细等资料，了解贷款资金用途是否与申请用途一致，有无挪用等情况。

四、个人住房贷款审计

个人住房贷款是指贷款人向自然人发放的用于购买住房的贷款。

（一）审计内容

1. 审查个人住房贷款是否符合宏观调控政策。发放的个人住房贷款是否主要用于支持居民购买个人自用普通住房，发放用于购买高档住房、别墅的贷款是否符合宏观调控政策。

2. 审查个人住房贷款是否真实。重点检查开发商、企业或个人以虚假房屋交易套取银行贷款的行为，首付款的来源是否合规。审查商业银行是否建立了有效的甄别、防范监测和处置假按揭的机制，以及经办机构执行有关规定情况。

3. 审查个人住房贷款内控制度是否健全有效。

（1）检查商业银行制定借款人资信评估办法和个人授信办法情况。商业银行能否识别借款人是否具有足够的还款能力和良好的还款意愿。借款人购买商品房的价格是否与当时、当地、同类物业的市场价格水平相符。

（2）检查商业银行是否建立了有效的核保机制和事后监督检查机制，是否加强了对抵押物价值和登记情况的审查，防范超值抵押、重复抵押、售后再抵、抵后再售等骗贷行为。

（3）检查商业银行是否具有相互独立的贷款调查、审查、审批制度，在贷款发放中是否存在超权限、超授信额度、化整为零审批贷款的现象。

4. 审查个人住房贷款是否合规。检查商业银行关于贷款额度、期限、利率等贷款条件的规定是否符合相关监管要求。

（二）审计方法

1. 查阅商业银行相关个人按揭贷款规章制度，审查贷款与国家法律法规和相关政策符合情况；检查商业银行是否建立识别、防范、监测和处置假按揭贷款的制度并严格执行。

2. 查阅信贷档案，审查借款人提供资料的完整性，贷款资料信息是否合理、一致，购房行为是否真实，价格是否合理。

3. 分析电子数据，了解贷款业务的批量特征，分析、核实有无房地产公司通过虚假按揭骗取银行信贷资金的问题。

（1）关注借款人工作单位与合作单位是否存在一定的关联（是否为合作单位员工、亲属等），购房地址是否多为同一楼盘；借款人联系电话或单位地址一致；借款人身份证号码前六位数字相同等。

（2）关注是否存在同一柜员的连续交易；是否存在主还款账户批存金额，批量存款的对方账户来自同一账户（多为合作单位）。

（3）将发放日期集中的贷款作为重点，从借款人工作单位、姓名、地址、放款账号、还款账号、联系电话等多角度分析，确定审计重点。

4.查阅相关资料或延伸相关部门，审查借款人收入是否合法、充足，具备按时偿还贷款本息的能力；借款人收入是否与其职业、职务相匹配；贷款担保是否合法、有效和充足，保证人是否具备担保资格和担保能力；授信额度是否合理，贷款金额、用途、利率期限、还款方式与相关规定的符合情况。

5.审查贷款资金真实用途。一方面关注信贷资金真实用途，有无用或多人贷款资金最终转入一人或一家公司账户，被挪作他用的情况；另一方面关注借款人还本付息资金来源，有无多名借款人还本付息资金来自一个账户的情况。

五、个人汽车消费贷款审计

个人汽车贷款是指贷款人向申请购买汽车（含二手车）的自然人发放的人民币担保贷款。

（一）审计内容

1.审查个人汽车消费贷款是否真实。检查借款人个人信息是否准确、真实；借款人是否具有稳定的合法收入或足够偿还贷款本息的个人合法资产，购车行为及购车价格是否真实。

2.审查个人汽车消费贷款是否合规。检查担保资料是否真实、有效，抵（质）押物是否符合有关规定，担保人是否具有担保能力；审查贷款用途是否符合有关规定。

（二）审计方法

1.查阅信贷档案，审查借款人能否支付商业银行规定的首期付款，首付款凭证是否真实；贷款用于购买客运车辆的，有无与当地公路管理部门签订的营运证明；购买货运车辆的，有无提供营运协议；购买工程车辆的，有无提供与当地工程主管部门签订的有关工程承包协议；购车协议或合同是否与银行指定的汽车经销商签订。

2.延伸调查借款人购车行为及购车价格是否真实，其信用状况及还款意愿是否良好是否有足够的还款能力。

3.核实抵押物权属及抵押物价值的真实性，核查保证人的保证能力和保证意愿的真实性。

4.审查贷款资金真实用途。有无贷款资金回流借款人挪作他用，汽车销售公司利用个人汽车消费贷款套取贷款等问题。

六、个人生产经营贷款审计

个人生产经营贷款是指向自然人发放的用于合法经营活动中所需资金的人民币担保贷款。借款对象包括个体工商户、个人独资企业投资人、合伙企业合伙人等。

（一）审计内容

1.审查借款所提供的资料是否真实、合法和有效；借款人收入来源是否稳定，是否具备按时偿还贷款本息的能力；借款人在其经营领域是否有一定的从业经验与良好的从业记录。

2.审查贷款用途是否真实、合法、合规，贷款期限是否短于经营期限。贷款资金有无流入证券市场、期货市场和用于股本权益性投资、房地产项目开发，有无用于高利转贷或用于担保公司等民间融资收取高额利息等。

3.审查抵（质）押物是否真实、足额、有效，抵（质）押物评估报告真实性及评估价格合理性；检查担保人的担保资格和担保能力，担保意愿是否真实、有效。

4.审查经营实体资产和负债情况、对外担保情况，近一年经营状况是否良好、现金流是否稳定，有无严重财务问题或其他影响其正常经营的问题，资产质量有无风险隐患，商业银行对相应风险有无防范措施等。

（二）审计方法

1.查阅相关资料，审查个人生产经营贷款是否用于支持个体工商企业和私营经济发展，商业银行贷款投向是否合理，以及与国家产业政策和宏观调控政策的符合情况。

2.查阅信贷档案，了解抵（质）押物是否合法、充足，是否易于变现，担保人是否符合条件；贷款金额、利率、期限、还款方式与相关规定的符合情况，贷款金额是否在授信额度以内。

3.结合信贷资料，审借款人经营实体的经营状况、发展前景和信用状况。重点考察商业银行是否建立相应管理办法并按要求对借款人及其经营实体进行认真调查和审查，信用风险能否得到有效控制。

4.审查商业银行是否对贷款用途做出明确规定并进行有效控制和监督。重点检查借款人结算账户，从账户交易数据中核实贷款资金的真实用途，重点关注"摘要"中涉及"银证转账、基金、赎回、收息、还本"等字段，查实是否存在贷款资金流入股市等证券市场，违规用于股本权益性投资、房地产项目开发或用于民间借贷获取高息等行为。

第四节　贸易融资审计

一、业务简介

贸易融资是指商业银行向贸易双方提供的与贸易结算相关的短期融资或信用便利。一般可分为国内贸易融资和国际贸易融资。国内贸易融资方式包括国内信用证、国内信用证项下打包放款、国内信用证项下买（卖）方融资、商品融资、发票融资、国内保理、货权质押贷款等；国际贸易融资包括保理、进口开证、福费廷、打包放款、进（出）口押汇等。与传统的信贷业务不同，贸易融资具有高流动性、短期性和重复性的特点。在贸易融资业务审计中，应重点关注商业银行办理贸易融资业务的合规性、贸易背景的真实性以及贸易融资资金用途等问题。本节以进口信用证业务为例讲述贸易融资的审计内容及方法。

二、审计目标和内容

信用证是指银行有条件的付款承诺，即开证银行依照客户（开证申请人）的要求和指示，承诺在符合信用证条款情况下，凭规定的单据向第三者（受益人）或其指定人进行付款或承兑；或授权另一银行进行该项付款或承兑，或授权另一银行议付。进口开证业务审计主要内容有：

（一）内部控制是否健全有效

审查商业银行是否建立办理贸易融资业务的内部控制制度，并严格遵守。

1.检查商业银行根据进口信用证业务流程设置专门部门和配备专业人员情况，部门和岗位职责的确立情况，是否实现了内部审批流程和业务分工，信用证业务前、后台是否分开。

2.检查商业银行是否建立健全符合进口信用证融资特点的客户准入制度和评价标准，并实行授信额度管理。

3.检查商业银行是否设立了信用证开证前后的风险分析制度，对信用证全流程的操作过程和结果进行严格审查、控制操作风险，并通过对信用风险、市场风险、区域风险、国家风险、汇率风险等风险的分析，及时发现不利因素，并采取相应的防范措施等。

（二）贸易背景是否真实

审查开证申请人开证资格的合规性以及贸易背景的真实性。

1.检查开证申请人办理进口开证业务是否具备相应进出口经营权资质，贸易背景是否真实，以及与国际惯例（UCP500）和有关外汇管理规定的符合情况。开证申请人申请开证时，融资所需申请书、协议、合同、货运单据等相关资料应真实、有效，如进口商品涉及许可证管理，还须提供相应的进口许可文件。

2.根据进口信用证业务特点，检查商业银行在审查单据时，除了要求开证申请人提供合同等形式要件，有无调查了解开证申请人所处的行业和区域位置、财务状况、管理水平、市场竞争力、发展前景、信用记录，企业主要领导人和财务主管的管理水平、道德品质、业务素质，以及融资需求等方面，结合开证申请人历史交易记录、信用等级和企业财务数据分析等方面综合评价贸易背景的真实性。

3.检查商业银行有无对部分开证申请人在短期内大幅增加授信额度，授信额度增加是否经过了严格的审批；有无部分银行客户累计大量信用证未付余额，如有则应延伸审计开证申请人生产经营情况，验证开证业务的合法性、合规性。

（三）信用证技术条款是否规范适当

审计人员应审查商业银行对信用证条款的规范性和适当性的情况，审查单证对国际惯例的遵循情况及合理评估单证风险情况。开证申请书中所列的各项条款应前后一致，内容完整，明确合理，符合国际惯例，各条款间不能相互矛盾、模棱两可。关注商业银行是否严格执行了三层审单程序，即在单据审核过程中落实经办人员、审核人员和稽核人员的三重审查制度。

（四）审批环节是否合规

关注商业银行是否审开证申请人有无相应进出口经营权，开证申请人是否在当地外管局颁布的"对外付汇进口单位名录"内，或持有外管局核准的"进口付汇备案表"。商业银行是否根据业务类别从严控制融资的比例和期限，审核融资比例、期限设置的合理性；对贸易融资期限与企业生产周期不匹配现象，有无相应措施防止贸易融资被当作流动资金贷款使用；商业银行是否有规范的内部转授权文件，并在规定的权限内开证，人员分工是否能做到交叉控制。

（五）统一授信是否合规

1.审查银行开证业务的信用风险控制措施。商业银行是否在对开证申请人进行合理评价和授信限额测算的基础上，结合客户各种信贷需求，合理确定客户的总体授信额度，并将信用证融资在内的所有进出口贸易融资业务纳入总体授信额度内，实行总量控制。

2.审查商业银行审贷分离制度执行情况，对由信贷业务部门、国际业务部门等经营前台编制的总体授信额度、风险揭示及应对方案，是否经过了相应讨论审批。在授信存续期间，有无做好后续管理，当企业资信等授信条件发生变化时，有无及时进行分析，并提出切实可行的预防措施，确保信用证及其他各项授信业务的安全。

（六）开证保证措施是否有效

审查抵押担保的有效性。检查商业银行收取保证金情况，担保措施是否合法、有效。商业银行开立信用证，有权要求开证申请人交出一定数额的资金或以其财产的其他形式作为银行执行其指示的保证。审查开证申请人是否按规定缴存保证金，商业银行是否将保证金纳入专户管理；开证金额和保证金缺口部分是否办理相关担保手续，免担保开证是否符合商业银行的管理规定。

（七）贷后管理是否合规

审查商业银行贷后监管情况。商业银行应严格控制贷款的使用，并对生产过程进行监管；回收的货款应通过银行账户汇入并及时偿还银行贷款。重点关注资金流向的合规性，避免回收的货款无法监控，被挪用到房地产投资、股票、期货炒作或其他投资项目。商业银行是否在信用证开立后，将有关账户纳入事后监督管理，是否制定并有效执行了风险防控措施，防止发生信用证垫款或其他潜在的风险。

三、审计程序和方法

（一）审查开证申请资格

查阅信贷档案等相关资料，检查开证申请人进出口经营权证，是否在"对外付汇进口单位名录"内，是否符合商业银行准入条件，以及对开证申请人评级授信情况。开证申请人在商业银行是否信用良好，有无贷款逾期、欠息或垫款等不良记录。

（二）审查贸易背景

调阅贸易涉及的合同、协议、货运单据等资料，必要时延伸海关等主管部门调查贸易背景的真实性。查看开证申请人申请时提供的进口合同、货物运输单据等贸易背景材料，审查进口合同与开证内容是否吻合，开证商品种类和数量是否与申请人业务匹配，是否符合外汇管理的有关要求，是否需要特种商品进口的批准文件；信用证条款是否有异常。

（三）审查开证程序

调阅开证信贷档案，检查商业银行在开证过程中是否执行了信用证技术审查。即是否检查单证中对银行不利的条款，是否遵循"单单一致""单证一致"的原则审核单据，是否按国际惯例规定的期限办理付款、承担或拒付手续；商业银行是否将该业务纳入银行授信管理或表外业务管理，有无对授信额度进行动态监控和调整，表外业务余额是否与信用证未付汇余额相同；保证金的收取情况，缺口部分是否落实有效担保，免担保是否符合银行内部免担保的规定。

（四）审查开证内部控制

审查信用证办理的信息管理系统，检查开证业务流程实行前、中、后台的分离情况，授信和结算实行职能分离情况，执行统一授信管理情况，执行贷款的调查、审查、审批程序情况，是否存在越权审批。

（五）审查贷后管理

调阅贷后管理资料，审查商业银行开证后，对融资人的生产经营、销售和资信状况及偿付能力等进行动态跟踪和管理情况，检查商业银行对单据流、资金流、货物流的跟踪监测记录以及对不利于融资安全情况的防范措施，如追加保证金、补充担保等。对于发生信用证垫款或其他潜在的风险，商业银行是否有相应的风险处置机制和资产保全措施。

（六）审查资产质量

检查融资申请人在同一银行的其他授信情况，关注商业银行是否存在发放流动资金贷款归还信用证垫款，掩盖不良贷款情况，必要时延伸开证申请人企业，查看企业生产经营情况和财务状况。

（七）审查会计核算

调阅相关会计账务处理记录，检查账务核算的正确性。审查商业银行手续费核算真实性，有无定期核对表外科目余额，是否账账相符、账实相符。关注信用证垫款发生后，是否立即按照会计核算要求转入表内垫款科目核算。

第六章　资金业务审计

第一节　业务概述

一、概念

资金业务主要指现金管理、同业间存放和拆借、资金融通业务（如再贷款和再贴现、债券回购、代销等），以及其他衍生金融工具交易、流动性管理、利率管理等。该业务涉及的金融工具有债券、票据、存款证明、通知存款、银行间贷款等。随着金融市场的日益完善，资金业务已逐步成为商业银行利润增长渠道，主要包括现金业务、同业往来业务、同业存放业务、资金拆借业务以及再贷款、再贴现（贴现）、转贴现业务和证券回购业务、自营外汇买卖业务、信贷资产回购等。由于资金业务涉及的产品类别比较多，本章列举了相对常用的业务，并主要从审计角度进行分类。

二、资金业务流程

（一）现金业务的流程

现金业务流程涉及收款、付款、账户管理、投融资服务等，是商业银行财务管理的组成部分，通过对现金流入、流出及存量的统筹规划，在流动性、安全性和效益性之间寻求平衡。

（二）同业往来业务的流程

同业往来业务流程主要包括管理制度、业务核算和制度执行等，具体包括资格审查授信限额管理、授权管理以及经办与授权分离。

（三）融通业务的流程

资金融通业务流程分为决策、预算、授权、风险控制、资信评估、业务核算等环节。例如，决策机构确定或核准资金融通业务计划限额、管理制度等，资金融通部门根据流动性、分散风险、限额指标分配投资组合等。

三、资金业务风险分析

（一）信用风险

资金业务交易对手到期违约或无力履行合约的风险。如现金业务涉及收款、付款、账户管理、投融资服务等风险；同业往来业务由于业务审批和业务执行及会计记录分离制度失误形成的风险；资金融通业务存在个人欺诈风险，如利用资金融通业务盗取资金，在证券回购及自营外汇买卖等方面损公肥私等。

（二）市场风险

由于对利率、汇率或证券价格波动预期失误，导致价格反向变动带来损失的风险。现金业务、往来业务和融通业务都发生在银行之间、银行与客户之间，因经济环境的变化必然导致各种业务的客户对市场的判断和发展趋势产生影响。

（三）流动性风险

部分业务市场研究深度不够，对国际、国内经济和金融环境判断不准，以及当事人流动资金不足致使合约到期时无法支付的风险，或在市价剧烈波动时无法应付加缴保证金要求的风险。国家对利率的调整、对准备金比例的调整以及频繁采取正回购和逆回购操作引发客户对个人现金理财方式变化，上缴准备金与保持流动性的合理配置等都会引来风险。

（四）操作风险

内部控制与信息系统设计的缺失、执行的失效所带来的经营风险。如会计处理及业务操作方面的风险；超期限超利率拆入资金，超范围超限额拆出资金，贴现票据无真实贸易背景，资金用于放贷投资等违规行为所产生的风险。

（五）法律风险

因为资金业务的创新性强，更应关注其法律风险。如衍生产品交易人员对国家法律法规理解上的偏差产生的风险，以及法律法规的空白导致一些衍生产品交易合约无法履行带来的风险。国际业务中，政治稳定性、社会稳定程度、政府行政效率、国民待遇、市场自由度和开放度、外汇管制、资本管制、法制环境等产生的风险。

（六）声誉风险

包括商业银行经营、管理及其他行为或外部事件导致利益相关方对商业银行负面评价的风险。从外部情况看，法律法规不健全、金融监管缺位；从内部情况看，管理链条拉长、业务交叉、关联交易隐蔽、风险传递便捷，整体风险放大，对银行集团的整体形象带来不利影响，导致市场价值下降，危及银行集团持续经营。

四、资金业务审计具体目标

（一）审查资金业务的真实性

商业银行财务会计报告反映的资金业务是否完整，各项资金业务是否为银行所有，资金业务分类是否准确，资金业务是否真实公允，资金业务损益核算是否真实准确，后台交易台账记录所有承销和代理交易是否全面，手续费和佣金收入入账是否准确，是否与合同金额及会计记录一致。

（二）审查资金业务的合法性

审查资金业务是否符合国家法律法规，资金业务审批程序是否完备，信息披露是否合规；业务操作中执行监管规定，限额管理、授权控制、授信控制、不相容岗位职责分离等情况。

（三）审查资金业务的效益性

审查资金业务与经济金融形势和银行自身经营管理状况是否一致，资金业务的风险与效益是否匹配，开展业务与信用风险、市场风险、流动性风险和操作风险的设置是否适当。

第二节 现金业务审计

一、业务简介

商业银行现金业务指银行对拥有的保存在金库中的现钞和硬币的管理。库存现金是银行用来支付客户提现的流动性需要和银行本身的日常经营零星开支的资产，具有金额大、币种多样、核算环节多、内部控制依赖程度高和易于被盗用等特点，属于商业银行高风险审计领域。

二、审计目标和内容

（一）现金业务的审计目标

1.审查现金业务会计处理的真实性。审查商业银行财务会计报告反映的现金业务以及收益是否真实，现金业务是否已被准确地登记、汇总、计量并如实反映在财务会计报告中。

2.审查现金业务的合法性。审查商业银行现金业务的制度和操作是否符合国家法律法规的规定，业务经营是否合法合规。业务开展中的规范性制度执行情况以及业务制度制定与国家的宏观政策能否保持一致并及时调整。

3.审查现金管理的效益性。审查商业银行现金管理是否兼顾了安全性、流动性和效益性的原则。审查现金业务产品设计是否能增强产品竞争力，提高综合收益；管理成本的分配机制是否有助于产品创新。

（二）现金业务审计内容

1.资金业务是否符合宏观调控政策。审查商业银行是否认真执行国家法律、行政法规和监管规章。

2.资金业务风险管理是否有效。内部控制是否满足了现金业务风险控制的要求，现金业务策略与发展效果是否符合商业银行总体战略目标，考核制度和考核指标设置与公司业务发展策略、经营管理方式是否保持一致。

3.资金业务内部控制是否健全有效。激励和约束机制是否有效，能否有助于银行增强产品竞争力，提高综合收益；管理成本的分配机制是否有助于产品创新。

三、审计程序和方法

（一）收集文件资料和会计账簿

相关文件资料包括制度规章、授权资料、决策资料、审批资料、交易资料、风险监测资料、会计核算资料等。

1.制度规章。公司章程，股东大会及高管层的监督办法，董事会和高管层下设专业委员会的职责权限规定和工作规则，现金业务决策流程，现金业务风险识别和风险评估指引，现金业务决策效果评估制度，重大事项内部报告制度等。

2. 授权资料。各业务部门和各分支机构的授权文件，委派到被投资企业任职的高管任命文件等。

3. 决策资料。审议现金业务的会议记录，尽职调查报告和可行性研究报告，法律、审计等专业部门发表的独立意见等。

4. 审批资料。有权部门审批现金业务及重大关联交易的文件，相关审批部门的批准文件等。

5. 交易资料。包括付款凭证，资产转移凭证，关联交易合同，与关联交易相关的定价、授信、担保等相关资料。

6. 会计核算资料。包括资金业务入账、资金业务变动、资金业务收益等相关原始凭证，财务报表及其附注，合并财务报表抵消分录和生成底稿等。

（二）整理电子数据

下载、整理资金业务相关的电子数据，包括：银行法人财务报表，被投资企业财务报表，银行集团合并财务报表，上报监管部门的统计报表，资金业务台账，资金业务分户账和明细账，以及根据不同审计目标需要从银行相关业务系统中筛选、采集特定的关联交易数据等。

（三）内部控制测评

1. 内部控制调查。

（1）获取银行现金管理相关内控文件。重点审核相关内控规范制度是否符合相关法律法规的规定。

（2）实地观察柜面现金业务。关注"印押证"三分管制度的执行。

（3）实地观察商业银行日常现金调拨业务。关注现金调拨业务中，现金尾箱交接手续的完备合规以及相关授权人员的批准情况。

（4）实地观察商业银行日常金库的管理。关注正副钥匙（密码）保管的合规程度；正副钥匙（密码）使用授权的适当性。

2. 内部控制测试。

（1）获取银行的期末现金查库表、现金轧库表、钱箱明细表，查阅查库登记簿，核对是否与期末账面余额一致。

（2）核对运送中现金是否有接钞行的入账通知。

（3）选取营业网点样本进行现金的抽盘。

（四）审计取证

调阅现金管理部门产品销售的报告及相关资料，确认销售情况、业务增减情况、收入情况，审查现金业务收益是否真实、合规，是否实现良好的投资收益，相关风险是否得到有效防范，是否及时按照变化情况改进营销策略并获取相关证明材料，形成正确的审计结论。

（五）现金业务审计方法

1. 检查。检查现金业务决策相关的内部管理规定、留存资料和记录，以及现金业务中各种业务开展的尽职调查报告和可行性研究报告，审查现金业务决策的风险评估是否全面。检查内部控制制度执行情况以及内部复核、对账程序。

2. 观察。实地观察各种现金业务交易前台、中台、后台的履职情况，审查不相容岗位是否职责分离，查看实际执行效果。对财务报表的上报、保管情况现场核实，看是否及时上报有关主管部门，是否完善存放和保管等。

3. 询问。向有关人员询问或与有关人员座谈，调查了解银行整体发展战略，各种现金业务的管理情况，关联交易风险控制措施的执行情况，各种现金业务对账流程等。例如，询问中台风控人员所有质押债券信用等级是否经过适当评估，并及时备案和定期更新。

4. 外部调查。延伸调查各种现金业务交易对手的经营情况、财务状况和风险状况，审查各种现金业务的效果和风险；向交易对手调查各种现金业务交易情况，核实各种现金业务交易的真实性等。

5. 重新计算。汇总计算银行所属独立并表单位的报表数据，核对银行合并报表是否正确；重新计算银行并表后的实际资本，与原并表数据相对比，审查并表对资本复计的处理方法是否适当。尤其是商业银行的同业拆借、证券回购等业务，对收的完整性审计多采用这种方法。

6. 重新操作。验证各种现金业务的价格要素是否与相关机构发布的价格信息相符，检查现金业务风险管理中，有关价格验证的内部控制的有效性。通过现场清点，进行账款核对、账实核对、账据核对以及账表核对和内外账核对等。

7. 分析。研究现金业务财务数据之间、财务数据与非财务数据之间可能存在的合理关系，对相关信息做出评价及合理性分析；通过仔细核查业务合同内容，将相关表证与票据内容进行比对，关注异常波动和差异问题。

<h2>第三节 同业往来业务审计</h2>

<h3>一、业务简介</h3>

商业银行同业往来业务是指商业银行与商业银行之间、商业银行与人民银行之间、商业银行与非银行金融机构之间，由于办理资金划拨、资金拆借融资、结算、同业投资等业务而引起的资金账务往来。

（一）同业存放业务

同业存放业务指金融机构间为便于日常结算、资金划拨而临时存放于交易对手的类似备付金性质款项的业务，具有金额大、发生频繁、币种多样、利率灵活性大和交易对手范围固定等特点。

（二）央行往来业务

央行往来业务指商业银行向中央银行送存或提取现金，缴存存款，向中央银行借款，再贴现及通过央行汇划款项等。具有金额大、币种多样、期限较长、交易对手单一、利率相对固定和政策性较强等特点。

（三）资金拆借业务

资金拆借业务指商业银行因资金周转需要而在金融机构之间借入借出资金的行为。资金拆借业务具有拆借资金数额大，拆借期限短，在国家规定的幅度范围内拆借利率可自由浮动，拆借对象同为金融机构等特点

（四）同业投资业务

同业投资业务指金融机构购买或委托其他金融机构购买同业金融资产或特定目的载体的投资行为。投资范围主要包括商业银行理财产品、信托投资计划、证券投资基金、证券公司资产管理计划、基金管理公司资产管理计划、保险业资产管理产品等。具有金额大、品种多、交易对手广等特点。

<h3>二、审计目标和内容</h3>

（一）同业往来业务的审计目标

1. 审查同业往来业务会计处理的真实性。审查商业银行同业往来业务记录是否完整，收益是否真实，是否存在收入截留与虚列的情况，同业往来业务是否已被准确地登记汇总并如实反映在财务会计报告中。

2. 审查同业往来业务的合法性。审查商业银行同业往来业务是否符合国家法律法规，投资审批程序是否完备，关联交易是否合法合规，信息披露是否充分。

3. 审查同业往来业务的效益性。审商业银行同业往来业务的经济性、效率性和效果性；

是否在风险可控的情况下，对资金利息、期限进行了认真测算和审核；是否选取了最佳筹资方案，采取了获取最大收益的措施。

（二）同业往来业务审计内容

1. 同业往来业务是否符合宏观调控政策。审查交易对手是否有同业往来业务资格，交易过程是否符合国家金融管理政策和法规的有关规定。

2. 同业往来业务是否合法合规。有无未经集体决策、违反程序、超越授权和违反审批条件等违规决策行为。如拆借资金的计划性、集体讨论与会议材料的完备性和分离制度互相制约的有效程度和操作过程的规范等，关注交易双方是否通过开展相同或相似金额和收益率的同业业务虚增资产。

3. 同业往来业务财务核算是否真实、完整。商业银行各类报告反映的资金融资业务是否真实存在或发生，资金融资业务中各科目是否均已记录在相关账户，并反映在财务会计报告中。

（1）存放中央银行款项业务。一是存放央行款项业务内部控制是否健全有效。关注存放中央银行款项业务是否履行监管部门规定的审批或报备手续，是否符合相关金融管理法律法规，审批程序是否符合授权规定，审批决定是否符合相关会议的工作规则，有无未经集体决策、违反程序、超越授权和违反审批条件等违规决策行为。二是存放央行款项业务财务核算是否真实、完整。结合交易对手资信情况的审核，调阅原始放款凭证和收款凭证，确认交易的真实性和款项的可收回性。

（2）同业拆借业务。一是拆借业务是否合法合规。审查对拆出资金的未来收益和前景是否做了可行性分析和研究，拆出前有无集体讨论和相关会议材料，拆出前是否均有申请报告，是否由拆出管理部门提出申请报告，确定依据、所需资金、拆出时间、预计效益和回收期；对拆入单位是否进行信誉和经济实力调，重大拆出合同、协议的签订是否有财务部门参加并经主管行长批准等。二是拆借业务风险管理是否有效。重点关注从事拆出谈判签约人员是否与审批人员相分离，所有拆出是否坚持经办与授权分离，拆出资金与记录和管理资金、实物的职责是否分离，拆出的资金来源是否符合国家的有关规定等。三是拆借业务财务核算是否真实、完整。重点关注拆出资金是否及时、完整地记录在相关拆出资金账户内，是否有专人负责拆出资金的收益情况并及时确认拆出资金收益，各项拆出收益是否按合同、协议及时、准确入账，拆出资金的记账、对账及操作人员是否各自独立等。四是拆借业务内部控制是否健全有效。审查是否有专人妥善保管各种拆借合同、契约，有关拆借资料是否报财务部门备案，是否及时收集拆入单位的财务报表和相关资料，拆借业务的审批与业务执行、业务执行与会计记录等不相容职务是否分离，是否有专人对拆借资金偿还情况进行跟踪检查，确保不发生逾期还款及造成利息损失等。

（3）同业投资业务。一是同业投资业务是否合法合规。审查是否进行了可行性分析和研究，相关部门提出的申请是否对涉及的投资依据、资金额度、预计效益和回收期等进行详细说明，对交易对手是否进行行业、信誉和经济实力等方面的调查。相关审批程序是否符合制度规定，有无经过集体讨论并形成相应的会议材料，重大合同的签订是否经过审批等。二是同业投资业务内部控制和风险管理是否健全。关注涉及投资事项不同环节的人员职责落实情况，核实审批与业务执行、业务执行与会计记录等不相容职务是否分离；核实是否对投资资产信息进行及时收集，投资的标的资产是否实行穿透式管理，资产类型是否符合国家的有关规定。是否有专人对投资资产情况进行跟踪检查，确保投资资产的安全性。三是同业投资业务财务核算是否真实完整。主要关注投出资金是否及时、完整地记录在相应的会计科目中，是否有专人负责核算投资收益情况，对于发生的减值情况是否及时准确地计提相应的减值损失。投资收益是否按合同、协议约定及时、准确入账，记账、对账及操作人员是否各自独立等。

三、审计程序和方法

（一）收集文件资料和会计账簿

收集资金拆借业务相关文件资料，包括制度规章、授权资料、决策资料、审批资料、交易资料、风险监测资料、会计核算资料等。

1. 制度规章。包括：公司章程，股东大会及高管层的监督办法和下设战略委员会等专业委员会的职责权限规定和工作规则，资金拆借业务决策流程，资金拆借业务风险识别和风险评估指引以及集团并表等管理办法。

2. 授权资料。包括：股东大会对董事会的授权方案，董事会对行长的授权方案，行长对各业务部门和各分支机构的授权文件等。

3. 决策资料。审议资金拆借业务的会议记录，尽职调查报告，法律、审计等专业部门发表的独立意见等。

4. 审批资料。有权部门审批资金拆借业务投资的文件，关联交易控制委员会等部门审批重大关联交易的文件，以及相关审批部门的批准文件等。

5. 交易资料。与资金拆借业务有关的定价、授信、担保等相关资料。

6. 会计核算资料。资金拆借业务入账、变动、收益等相关原始凭证，财务报表及其附注等。

（二）整理电子数据

下载、整理资金拆借业务相关的电子数据，包括银行法人财务报表、上报监管部门的统计报表、资金拆借业务台账、资金拆借业务的业务数据、交易限额数据等。

（三）内部控制测评

1. 内部控制调查。

（1）询问同业往来业务相关人员内控实际执行状况。询问分管行长年度同业往来预算及预算调整的权限，重大交易最高授权部门；询问前台交易人员交易的授权情况。询问中台风控人员交易的风险程度是否均经适当评估，是否对交易对手进行资信评估并给予相应授信额度。询问后台复核人员是否存在实际结算金额与合同不一致的情况，是否定期同会计结算人员及时对账；结合穿行测试，确认询问结果是否符合实际状况。

（2）抽查前台交易书面交割单交易合同。检交割单合同内容是否完整，审批手续是否齐全，交割单前台、中台、后台人员签字是否完整，重大交易是否有决策层审批意见。

（3）抽查中台相关风险控制文件及报告。结合抽查前台交割单，关注是否存在超出授权范围的交易。检查交易对手的信用调查档案，重点关注银行内部对信托公司、证券公司、基金公司和中小农信社的资信评估报告。结合穿行测试，审查是否存在资信评估较低的交易对手，并对其交易进行检查。

（4）抽查后台结算人员复核记录。结合交易数据，检后台人员复核记录是否完整，是否准确记录所有同业往来交易，利息收支计算记录是否准确，是否同会计人员会计记录一致。

2. 内部控制测试。

（1）向交易对手发函，复核余额的真实性。

（2）结合交易对手资信情况的审核，关注对信托公司、证券公司、基金公司和中小农信社交易的可收回性；对于同一交易对手相同金额的连续拆出交易，追查至原始放款凭证和收款凭证，以确认交易的真实性和款项的可收回性。

（3）获取期末拆入资金、期间重要拆入资金的拆入协议，复核实际拆入资金是否与内部审批文件和会计处理一致。

（4）检查拆入资金是否设定资产抵押，查验抵押手续是否完备，是否真实完整。

（5）结合拆入合同交易数据和交易明细审核，复核利息收入支出的合理性，重点关注利率异常的业务。

（四）审计取证

审查资金拆借业务收益是否真实、合规，资金融资业务是否实现良好的投资收益，资金拆借业务相关风险是否得到有效防范。

在合规性检查方面，取得票据交换清单，相关传票的提出票据，审查是否存在压票、占用客户资金以及执行支付结算原则及退票处理原因是否签字；审查登记簿记录是否完整、准确，有无漏记、错记等情况。

在会计核算真实性检查方面，取得同业往来、存放中央银行款项、同业存放及存放同业、同业投资等有关科目的总账、分户账、余额表、日记账等会计资料，审查商业银行在"票据交换中心"的账户，确保一致，关注收入、亏损、投资等是否真实完整。

（五）同业往来业务审计方法

同业往来业务审计方法与资金业务审计方法相同。

1. 存放中央银行款项。一是获取存放中央银行款项对账单，向中国人民银行发函询证，复核缴存人民币存款准备金、外币存款准备金和财政性存款等明细科目余额的真实性。二是通过对相关缴存存款准备金余额和中国人民银行相关规定比率的分析核对，检查银行是否已足额缴存了相关准备金。获取大额借款的内部审批文件和借款合同，重点关注贷款原因和贷款用途，贷款实际使用用途同申请是否一致。抽查贷款到期后收还款记录，复核向中央银行借款利息收入和支出金额的准确性。

2. 拆出资金检查。一是拆出对象的合规性检查。调阅"拆放同业"等科目明细账，抽对应原始凭证与资金拆出合同或协议有关条款核对，审查是否存在向非银行金融机构的分支机构办理拆借业务的情况，是否存在通过拆借科目绕规模放贷行为。二是拆出期限和限额检。调阅"拆放金融性公司"等科目明细账及相应借款凭证并抽查部分还款凭证，并与资金拆出合同或协议上的规定日期核对，审查拆出期限和限额是否符合有关规定。三是资金划转程序检查。按照有关规定，资金划转必须通过中国人民银行办理，不得通过联行及其他渠道自行办理，会计部门对合同审核无误后填制记账凭证办理资金划转手续，计财部门不得自行填制记账凭证划转资金。调阅资金拆出合同或协议和"拆放同业"等明细账，并抽查部分大额原始凭证，检查是否存在违反上述规定的情况。四是拆出资金来源和比例管理检查。调阅向上级行和中国人民银行报送的拆借资金月报表、"存放中央银行款项"等明细账及相应原始凭证。审查拆出资金的来源，关注是否占用了中国人民银行的贷款和联行资金以及拆出资金是否实行转账结算，利息收入和手续费收入是否通过转账办理，核对是否按合同按期收取利息，有无隐瞒利息收入或拆入资金，或者有无通过签订补充合同或附加合同等方式在规定利息之外收取"好处费"或"回扣"行为。五是拆出资金会计核算检查。取得或编制同业拆出明细表，复核其加计数是否准确，并与台账、"拆放同业"等科目总账、明细账的余额核对相符。调阅"拆放同业"等明细账并抽查几笔大额凭证，审查拆出资金的会计核算和统计报告是否真实，有无通过"存放同业款项"等科目隐瞒拆出资金，有无拆出资金与拆入资金进行轧差反映。六是账外拆出资金行为检查。取得以前年度遗留的场外资金拆出合同或协议及相关档案资料，审查场外资金是否经过备案，是否逐步进行清理。

3. 拆入资金检查。一是拆入资金用途检查。根据有关规定，拆入资金只能用于弥补票据清算、联行汇差头寸的不足和解决临时性周转资金的需要，调阅上级行下达的资金拆入比例（额度）和单笔拆借合同、"同业拆入"等明细账及相应原始凭证，审查拆入资金的运用是否符合规定，是否存在用拆入资金发放固定资产贷款和经营或炒卖房地产及投资参股等问题。二是拆入资金期限和比例检。取得或编制同业拆入明细表，复核其加计数是否准确，并与"同业拆入"等科目总账、明细账的余额核对相符。调阅"同业拆入"等科目明细账，月末各项存款科目分户账，并将月末各项存款余额加总，审查拆借资金是否超过中国人民银行规定的期限和比例。三是拆入资金利息支出检查。调阅资金拆入台账、合同、

"同业拆"等明细账及相应原始凭证，并与拆借合同中的利率核对，审查拆利息的计算是否正确，是否按合同规定计算和支付利息，利息是否转账结算，有无采取多提少提应收、应付拆借利息的方式调节利润的行为。四是拆入资金会计核算检查。调阅向上级行和中国人民银行报送的拆借资金月报表、资金拆入合同、"同业拆入"等明细账及相应原始凭证，审查是否按借款性质、往来单位等设置明细；审查往来资金是否按实收资金列账核算；审查有偿占用的资金应付利息，是否预提并计入当期成本，科目运用是否正确；审查拆入资金的会计核算是否真实，有无通过"拆放同业"等科目隐瞒拆入资金或者将拆入资金与拆出资金轧差核算反映的现象。

4. 同业投资检查。一是投资对象的合规性检查。调阅涉及同业投资的科目明细账，抽查对应原始凭证，核对合同或协议有关条款，审查是否对投资的资产实行穿透式管理，投资的标的资产是否真实存在，是否符合国家的相关政策，是否存在通过同业投资形成资金空转，是否与同业之间通过投资业务进行资金对敲虚增资产，是否存在协助其他商业银行不良资产虚假出表等问题。核实商业银行是否通过同业投资借道其他主体违规为房地产企业提供融资，或者借助同业投资将理财资金投资本行信贷资产或其收益权等行为。二是同业投资程序检查。调阅同业投资的相关业务档案，核实该同业投资的可行性研究、市场分析、投资收益是否与实际情况存在偏差，对于资金额度、预计效益和回收期等是否进行详细说明，核实该业务与同期市场其他投资业务相比是否存在明显收益率偏低的情况。核实业务审批流程是否符合规定，是否经过集体研究决策，资金的划拨流转是否经过审核，相关文件是否都经过负责人签字。三是投资资金来源管理检查。调阅资金支付的明细账及相应原始凭证，核实资金来源是否符合规定；对于非标准化债权资产投资，核实是否比照自营贷款管理流程进行投前尽职调、风险审和投后风险管理，是否存在直接投资信贷资产等违规行为。四是同业投资会计核算检。取得或编制同业投资明细表，与台账、对应会计科目总账、明细账的余额是否相符。抽大额凭证，审查同业投资的会计核算和统计报告是否真实，投资收益反映是否及时准确，风险资产计提比例是否符合规定，对于出现价值贬损的同业投资，核实是否及时准确计提相应的减值损失。

第四节　主要融通业务审计

一、业务简介

（一）再贷款和再贴现（贴现）业务

再贷款是指当商业银行资金周转失灵，而从其他途径又难以取得资金时，向中央银行申请再贷款。再贴现是商业银行从中央银行取得资金的最主要途径，商业银行将已经贴现但尚未到期的票据向中央银行再贴现，提前取得资金。

（二）转贴现业务

转贴现是指持有票据的金融机构为了融通资金，在票据到期日之前将票据权利转让给其他金融机构，由其收取一定利息后，将约定金额支付给持票人的票据行为。转贴现业务包括买断式转贴现和回购式转贴现。

（三）证券回购业务

商业银行在全国银行间市场，以其拥有的证券为质押，同其他会员单位之间开展的短期资金融资业务，分为卖出回购证券和买入返售证券，即正回购和逆回购业务。

二、审计目标和内容

（一）融通业务审计目标

1. 审查融通业务的真实性。商业银行财务会计报告反映的资金融通业务是否完整，各项资金融通业务是否为银行所有，资金融通业务分类是否准确，是否真实公允，损益核算是否真实准确，后台交易台账记录所有承销和代理交易是否全面，手续费和佣金收入入账是否准确，是否与合同金额及会计记录一致。

2.审查融通业务的合法性。审查资金融通业务是否符合国家法律法规，资金融通业务审批程序是否完备，信息披露是否合规，业务操作中监管规定执行、限额管理、授权控制、授信控制、不相容岗位职责分离等情况。

3.审查融通业务的效益性。审查资金融通业务与经济金融形势和银行自身经营管理状况是否一致，资金融通业务的风险与效益是否匹配，开展业务与信用风险、市场风险流动性风险和操作风险的设置是否适当。

（二）融通业务审计内容

1.融通业务是否合法合规。审资金融通业务是否符合金融管理法律法规和产业政策的规定，投资决策是否经过有权审批部门的批准，资金融通业务交易是否符合制度规定和授权规定，有无超范围投资、违规决策、违规交易等行为。

2.融通业务风险管理是否有效。审查资金融通业务关于交易账户和银行账户的划分是否符合监管规定，限额管理、授权控制、授信控制、不相容岗位职责分离等风险控制措施是否得当并得到有效执行，风险计量、评估、监测技术是否满足风险管理需要，资金融通业务是否面临信用风险、市场风险、流动性风险和操作风险等。

3.融通业务的绩效情况。审查资金融通业务策略是否符合经济金融形势和银行自身经营管理状况，业务结构是否优化，是否实现良好的投资收益，债券投资风险是否控制在合适的水平，经风险调整的收益是否最大化。

4.融通业务核算是否真实、完整。审查资金融通业务核算是否符合会计准则，投资确认、后续计量、收益核算、减值计提是否准确，关于资金融通业务的信息披露是否符合规定，有无通过调整账户分类随意调节损益的情况。

（1）证券回购业务。一是证券回购业务风险管理是否有效。对回购证券的未来收益和前景是否做了可行性分析和研究，有无集体讨论和相关会议材料；是否由资金计划部门提出申请报告，确定证券回购依据、所需资金或资金盈余情况、回购时间、预计效益和回收期。对回购证券的信用等级是否进行调查和评估；重大证券回购合同、协议的签订是否有财务部门参加并经主管行长批准；证券回购是否经过上级行和本行有关部门核准等。证券回购业务操作中，从事证券回购的经办人员是否与审批人员相分离；所有证券回购是否坚持经办与授权分离；证券回购的记录和管理资金、实物的职责是否分离；证券回购资金来源和回购证券是否符合国家有关规定等。

二是证券回购业务财务核算是否真实、完整。关注证券回购是否及时、完整地记录在相关账户内；是否有专人负责证券回购的核算，并及时确认证券回购收益；各项证券回购收益是否及时、准确入账。审核证券回购的记账、对账及操作人员是否各自独立；对有价证券是否定期盘点，保证账实相符；有价证券产生的折、溢价是否在存续期内平均推销；是否对自有证券定期或年终进行全面检查，合理计量各项证券的实际价值等。

三是证券回购业务是否合法合规。审核开展业务是否有专人妥善保管各种证券回购合同、契约；有关证券回购资料是否报财务部门备案；是否及时收集发行证券单位的财务报表和相关资料；有价证券的保管与记账是否由不同的人负责等。关注对托管在外的有价证券是否定期检查，确保保存完好；回购的有价证券有无办理相关质押手续；是否由本行登记和保存等。

（2）再贴现（贴现）业务。一是贴现业务是否合法合规。审查是否存在利用贷款和贴现资金充作银行承兑汇票保证金，借此增加银行存贷款和票据业务规模，导致企业信用和银行信贷泡沫膨胀的问题。审查部分基层行是否存在为了逃避上级行对其授权限额的规定，采取拆分等违规手法，将一笔银行承兑汇票拆成几笔签发，或擅自放宽保证金的收取比例或放松抵押担保的条件，为一些资信度不符合规定的企业签发银行承兑汇票的问题。审查是否存在关联企业串通，套取银行信用的问题。主要表现在：集团公司申请签发银行承兑汇票后，由子公司或关联企业持票申请贴现，贴现资金直接或间接回流给出票人。此类票据业务大都缺乏真实的贸易背景，实际为集团公司融资，套取银行信用。审查是否存在企业虚构合同，伪造增值税发票，骗开银行承兑汇票和贴现的问题。主要表现为：贴现申请人（收款方）与前手（付款方）之间无真实贸易背景，虚签交易合同，伪造增值税发票，对增值税发票进行挖补、粘贴、复制，达到骗开银行承兑汇票和骗取贴现资金的目的。

二是贴现业务内部控制是否健全有效。审查部分银行员工审核不严和不规范操作的问题：为无效的承兑汇票办理贴现，如为未记载出票日期的汇票办理贴现和为背书不连续银行承兑汇票办理贴现；银行对商品交易合同审查不够严格，部分商品交易合同不够规范，如某银行为某公司开具银行承兑汇票，企业提供的购销合同存在涂改情况。审查部分银行与企业相互勾结，联手"包装"票据的问题。为了逃避监管和套取人民银行再贴现资金，银行与一些企业相互勾结，进行票据"包装"，即由银行将票据背书转让给与其有信贷关系、信用度较好的企业，由这些企业提供与该汇票无关的增值税发票、商品交易合同（复印件），到银行办理贴现后，再将资金转回到真正的贴现企业账户之内。审查部分银行是否存在为了承揽业务逆程序操作的问题：在办理贴现时仅进行电话查询就办理贴现，如某银行为某公司办理银行承兑汇票贴现，银行收到查复书的日期比办理贴现的日期晚；对部分企业自签自贴增值税发票、增值税发票与商品交易合同无法对应、增值税发票金额不足等情况办理贴现。审查是否存在部分商业银行与票据掮客内外勾结的问题。主要表现在：在办理贴现时为其提供贴现利率、资金划转等优惠条件，为其不法经营提供方便，从中收取回扣、好处费；有的银行采取降低贴现利率、压低账内贴现利息收入、账外收取好处费等方式，私设"小金库"；有的银行职工则利用工作之便，以自己或其亲属名义成立"票据皮包公司"，充当票据掮客，非法经营票据业务，从中牟取暴利。

（3）向中央银行再贷款业务。一是再贷款业务是否合法合规。所有再贷款是否事先有计划，是否经过上级行和有关部门批准，编制计划时是否考虑资金成本，是否选择最佳筹资方案。

二是再贷款审批和利息支付的真实性。关注在签订再贷款合同前是否对贷款的金额、利率、偿还条款等进行认真审核，并经主管行长批准，贷款利息的支付是否依据相应的合同执行，利息的计算是否经相应授权人员复核。

三是再贷款业务财务核算是否真实、完整。审查再贷款的贷入、偿还和利息支出是否及时在账内如实反映，是否设置再贷款登记簿，对有关再贷款进行登记，是否定期与人民银行核对再贷款，保证借入资金账面数与实际数相符，是否定期将再贷款明细账与总账借款合同核对。

四是再贷款业务内部控制是否健全有效。审核是否有专人保管再贷款合同，防止有关档案散失，是否有专人对再贷款的使用情况进行跟踪检查，以保证资金的使用符合再贷款限定条款，是否有专人对再贷款的偿还情况进行跟踪检查，确保不发生逾期还款造成利息损失，审批与业务执行、业务执行与会计记录等不相容职位是否分离等。

三、审计程序和方法

（一）收集文件资料和会计账簿

收集资金融通业务相关文件资料，包括制度规章、授权资料、决策资料、审批资料、交易资料、风险监测资料、会计核算资料、定期对账资料等。

1.制度规章。包括股东大会、董事会及高管层议事规则、监事会监督办法和下设专业委员会的职责权限规定和工作规则，资金融通业务决策流程，银行账户利率风险管理制度，市场风险识别、计量、监测、报告相关管理制度等。

2.授权资料。包括股东大会对董事会的授权方案、董事会对行长的授权方案、行长对各业务部门和各分支机构的授权文件、对交易人员的授权书等。

3. 决策资料。包括董事会或董事会授权的专业委员会、高级管理层或专门部门审议资金融通业务的会议记录，资金融通业务尽职调查报告和可行性研究报告，资金融通业务风险评估报告，市场经济形势分析报告，本外币债券投资计划等。

4. 审批资料。包括股东大会和董事会等有权部门审批资金融通业务的文件、对交易对手的授信审批书等。

5. 交易资料。包括资金融通业务成交通知单、成交合同、资金融通业务决策通知书、审批单、付款凭证等。

6. 风险监测资料。包括向董事会以及高级管理层递交的关于利率风险管理、市场风险管理的情况报告，有关资金融通业务的审计报告，资金融通业务分析报告，资金融通业务风险限额执行情况报告等。

7. 会计核算资料。包括资金融通业务入账、收益确认、减值计提等相关原始凭证，财务报表及其附注等。

8. 定期对账资料。包括业务部门与会计部门、清算部门之间的定期对账资料，会计部门与交易对手、机构间的定期对账资料等。

（二）整理电子数据

下载、整理资金融通业务相关的电子数据，包括：银行法人财务报表，上报监管部门的统计报表，资金融通业务台账，资金融通业务数据，资金融通业务限额数据，资金融通业务权限数据，资金融通业务审批数据，资金融通业务交易对手的授信限额数据，资金融通业务收益、减值准备分户账和明细账，风险监测数据等。

（三）内部控制测评

1. 内部控制调。

（1）了解资金融通业务具体资质，调阅融通业务资质证书，重点了解是否存在超越资质的业务。

（2）询问融通业务相关人员内控执行状况。询问分管行长年度融通业务预算编制、审核过程以及重大融通业务的最高授权部门。询问前台交易人员所有交易是否经过适当授权；询问中台风控人员所有融通业务资质、信用等级是否经过适当评估，并及时备案及定期更新。询问后台复核人员是否所有归档的成交单均经适当授权批准，是否定期同会计结算人员及时对账，是否建立详细的资金融通业务台账；结合穿行测试，确认询问结果是否符合实际状况。

（3）抽查银行资金融通业务的相关交易授权文件，检查所有交易是否在授权范围内进行。

（4）抽查融通业务合同，检查合同内容是否完整，各项手续是否齐备，交割单前台、中台和后台签字是否完整，重大承销项目是否有决策层审批意见，大额交易性金融资产交易和具有回购性质的融通业务（如自营业务）是否经过审批。

（5）抽查交易协议，审核每笔业务是否均签订了系统自行生成的交割协议，关注是否存在融通业务（如网下债券买卖）协议，尤其关注是否存在实际交割日期早于合同签署日期的融通业务（如网下债券）买卖协议。

（6）抽查中台相关风险控制文件及报告，关注是否存在超出授权范围的交易；抽查融通业务（如交易债券）的信用调查档案，关注企业债、ABS 债、次级债的信用评级情况。

（7）复核同一交易对手的钩稽关系。如采取现券交易与回购交易方式的，确定是否存在网下买断式回购交易。

（8）检查融通业务记录是否准确，如债券现券交易持有到期、可供出售债券实际利率和利息调整金额是否准确，是否同会计人员的会计记录一致。

（9）抽后台结算人员同中央国债登记结算有限公司对账单的对账记录，关注双方对账差异的记录。

2. 内部控制测试。

（1）获取并审管理当局对金融资产的认定明细表，重点关注期内是否存在重分类的情况。

（2）对交易明细进行审核分析，关注是否存在不符合金融资产交易的其他内容，如买断式回购交易等。

（3）获取并审查增减变动明细清单，抽查本期变动的交割单原始收付凭证，审核交易的真实性。

（4）将期末余额与中央国债登记结算有限公司对账单进行核对。

（5）结合现金盘点，对期末库存凭证式国债进行盘点。

（6）对交易性金融资产和可供出售金融资产期末余额进行公允价值分析，收集其公允价值的证据，并审核相关证据的合理性，关注本期出售上期留存债券的会计核算。

（7）结合买卖交割单的审核，复核交易类金融资产差价收入金额和会计处理的准确性。

（8）结合实际利率测试，对持有期内产生的利息收入和利息调整进行复核，并检有关会计处理的准确性，关注公司国债利息免税收入核算的准确性。

（9）向中央国债登记结算有限公司发函询证或进行延伸调查，复核商业银行自营债券等余额的真实性。

（四）审计取证

资金融通业务种类较多，但取证基本相同，重点关注三个方面。

1. 业务合法性。取得有权机关的批文，有无越权开展业务，调阅相关业务明细账关注额度和交易时间，审查清单和协议。

2. 授权管理。取得诸如交易金额权限、超敞口额度限制、超止损规定时限等书面材料，以及交易数据、确认书、文稿等原始凭证，审核执行制度情况。

3. 账务处理。调阅各种交割单和成交协议等与相关会计科目明细账核对，确保完整。

（五）融通业务审计方法

融通业务审计方法与资金业务审计方法相同。

1. 证券回购业务。

（1）证券回购授权的审核。取得人民银行批准文件和总行授权书，核实进行证券回购业务是否经过批准，调阅"买入返售证券""卖出回购证券"，审核交易额度是否控制在批准限额之内，交易外币品种是否经过批准；有无超过授权权限和范围交易的行为。重点审查没有成交交割单的证券回购业务，关注买卖双方是否直接签订协议进行回购，确定其是否为场外交易。

（2）证券回购交易账务处理的审计。向被审计商业银行索取其证券回购业务的全部成交交割单及回购协议，并与"买入返售证券""卖出回购证券"和银行存款明细账进行核对，以确定证券回购是否真实存在，账面记录是否准确完整。

（3）证券回购资金使用情况的审计。一是证券抵押检查。取得"买入返售证券"明细账和返售证券明细表，运用盘点法，抽查其中几笔返售证券的原件进行核对，检查是否有真实足额的有价证券作抵押。二是场外和场内交易检查。对于以前年度场外交易，审计人员重点审查卖出证券方是否有真实足额的证券，并确实交给买入证券方，有无虚开代保管有价证券凭证问题；对于场内交易，审计人员重点审查卖出证券方的有价证券是否确实属其所有，有无挪用客户证券的问题。三是以前年度未收回资金的检查。应重点关注以前年度未收回资金的真实合规性，通过审核有关资料及凭证，分析其原因，发现其他线索如有无通过证券回购业务搞账外经营、私设"小金库"等问题。证券回购的对象、利率、期限、资金来源和用途方面的规定与同业拆借业务相同，审计人员可比照同业拆借审查方法和内容进行审查。

2.再贴现（贴现）业务。在全面了解银行票据业务相关操作规程和制度规定的前提下，以银行承兑汇票的签发环节、贴现环节为主线，在进行内控测评的基础上，重点审查银行在办理业务中存在的违法违规问题，注重发现大案要案线索。

（1）了解票据业务操作流程，熟悉掌握有关票据业务的法律法规和银行内部票据业务管理、授权授信的规定。可采取以下方法：调阅银行有关票据业务内部制度规定，与信贷等部门相关人员座谈，全面了解其业务流程和有关授权授信、业务管理的规定；调阅近年来有关票据业务的外部检和内部稽核报告，了解该行存在问题的类型及其整改情况等。

（2）通过审阅相关政策、制度，如相关从事票据业务的申请和人民银行的批复文件有关业务办理的制度规定、相关业务流程图解说明、各岗位责任制度等，了解各项制度的建立健全情况。通过询问有关票据业务接受申请、记录、审查审批、检查等环节的工作人员以及有关银行领导，了解他们对控制票据业务重要性和相关法规制度的认识、对本岗位工作的认识和熟悉程度。注意各项制度与国家的有关法律法规等是否一致。

（3）抽查票据业务的整个流程及其有关表单记录，关注主要控制措施的贯彻执行。审票据验、批准、检查等职责是否分工明确、保证相互独立；有无按审批权限的要求得到有效的批准；业务的记录是否及时准确完整；银行空白票据、票据业务档案是否及时得到安全保管等。银行内部稽核检有无定期或不定期进行，有无对有关业务做出评价、提出意见。

（4）调阅相关企业贴现档案，审查银行是否对汇票真实性和汇票内容进行认真审核，是否出现越权审批的问题；办理贴现的申请人提供的商品交易合同及增值税发票等证明文件是否齐全、真实、有效，有无提供虚假证明文件和增值税发票（复印件）套取银行资金等问题。

（5）调阅银行贴现台账（电子数据），结合贴现利息收入明细账及相关凭证，审查台账数据与财务账表数据，有无为了逃避检查、人为修改台账数据的问题。审查是否存在贴现利率低于人民银行规定的最低贴现利率标准办理贴现业务问题。可在核对其电子数据真实性的基础上，利用计算机对全行贴现台账进行检索，对违规降低贴现利率办理贴现的部分数据进行分类汇总，在此基础上计算出由于降低贴现利率导致银行少计的贴现利息收入金额。

（6）调阅相关贴现、买入票据明细账及相关凭证，重点核实贴现资金的去向。可在贴现台账数据的基础上，结合相关凭证，对部分贴现量较大的企业或单笔贴现在一定金额以上的企业办理贴现后资金划转情况进行统计整理，进一步审查是否存在以下问题：首先，贴现资金转回签票企业账户，用于投资房地产等非生产经营领域、作为保证金继续签发银行承兑汇票、归还到期的银行承兑汇票款项和到期贷款、流入股票证券市场等问题。其次，银行与证券公司、票据掮客相互勾结，违规降低贴现利率、少计贴现收入、账外收取回扣、好处费，私设"小金库"问题。再次，在办理贴现业务时，是否存在违反结算纪律和账户管理规定的问题，有无为没有在该行开立存款账户的企业办理贴现，有无将贴现资金直接转入股市或个人储蓄账户的问题。最后，注意发现一些违法违纪案件线索。如银行与证券公司、券商相互勾结，为其非法融资问题；银行职工利用工作之便收取回扣、手续费问题等。

（7）延伸调查。与其他审计业务相比，票据业务审计需要进行大量的延伸审计调查工作，主要目的在于：核实签发或贴现的银行承兑汇票是否有真实的贸易背景，审查贴现资金的最终用途是否符合国家的有关规定，深刻揭示企业利用关联交易、皮包公司做掩护采用虚拟商品交易合同，虚开、涂改或套开增值税发票等手段骗取银行资金投入非生产经营领域问题。揭示银行与企业相互勾结、违规"包装"票据、套取银行资金的主要手法；揭示银行利用企业账户账外收取回扣、好处费等。延伸审计调查对象主要包括签发承兑汇票企业、贴现企业、有贴现资金转入的银行和证券公司，还可根据情况延伸调查对上述企业有管辖权的工商、税务部门等单位，了解企业的注册登记、年检、法人资料、纳税登记和缴纳税款情况，以及向银行提供的增值税发票（复印件）的真实性。

3.向中央银行再贷款业务。在全面了解再贷款业务相关操作规程和制度规定的前提下，在进行内控测评的基础上，重点审查银行在办理业务中存在的违法违规问题。

（1）再贷款申请。调阅再贷款申请书、贷款合同、资产负债表，审查再贷款的申请事项是否符合申请条件，信贷资金营运是否正常，还款资金是否有保障。关注短期再贷款的期限档次。例如，具有法人资格的商业银行为净拆出资金的和商业银行分支机构为向上级行净存放资金的，短期再贷款的期限应不超过 7 天。

（2）再贷款用途。调阅"向中央银行借款"等科目及银行存款日记账明细账，并抽查再贷款资金转出的凭证，审查再贷款资金是否用于解决借款人同城票据清算和联行汇差清算的临时头寸不足，其他短期流动性不足；有无违规用于放款和证券投资等问题。

（3）再贷款会计核算。取得或编制再贷款、再贷款利息支出明细表，复核其加计数与"向中央银行借款"等明细账是否相符，并与再贷款合同和台账核对，审查是否按期偿还再贷款和支付利息，有无拖欠现象；审查利息计算是否正确，有无多付、少付等问题。

第七章　投资业务审计
第一节　业务概述

一、概念

投资业务是商业银行根据国家有关财政、金融政策和法规，购买有价证券或者以现金、实物、无形资产向其他单位投资，获取一定的利润、债券利息、资本增值等收益的活动。商业银行投资业务按照投资形式不同可分为股权投资和债券投资。股权投资，指通过投资拥有被投资单位的股权，按照所持股份比例享有被投资单位的权益并承担相应责任。债权投资，广义上的债权投资既包括债券投资，也包括银行信贷、存放同业等。本章主要讨论债券投资。债券投资，指商业银行通过金融市场获取投资单位的债券，按约定的利率收取利息、到期收回本金，或在市场买卖中赚取差价。

二、投资业务流程

（一）长期股权投资业务流程

长期股权投资业务分为决策、执行、业务核算、管理等环节。

1.银行董事会及战略委员会等决策机构明确银行的投资战略。

2.投资部门根据投资战略寻找、筛选投资项目，提出立项申请。

3.项目预审通过后，正式开展项目尽职调查和可行性研究。

4.对项目进行评审，或委托专业机构对项目进行评估，通过后报有权决策机构审批。

5.制订投资实施方案，签署投资合同，按合同约定出资。

6.建立长期股权投资账表。

7.委派人员对被投资企业进行管理。

（二）债券投资业务流程

债券投资业务分为决策、交易实施、业务核算、管理等环节。

1.银行专业管理委员会等决策机构核准债券投资计划。

2.有关部门确定债券投资可接受的风险额度和分项额度。

3.将交易限额、风险限额、止损限额等债券投资限额指标分配至各投资组合和交易人员。

4.资金交易人员研究市场操作策略，决定债券买卖的品种、数量。

5.前台交易员经过询价确定交易价格，在交易授权范围或经过规定的交易审批程序后，在交易对手授信范围内与其成交。

6.中台风险控制人员根据核准的本外币债券投资计划和授权授信限额对债券投资交易进行监控。

7.后台结算人员签收成交单、审批单等业务资料，对债券投资事项确认、分类、记载、结算。

8.风险管理部门对债券投资风险进行持续监控。

三、投资业务风险分析

（一）长期股权投资风险

1.法律风险。一是跨境经营中对所在国的金融、环保、劳工、知识产权、竞争及垄断等方面法律知识准备不足或未形成良好的遵纪守法习惯，导致出现违法违规行为；二是法律法规缺位或滞后，导致相关金融交易或产品合法性不确定；三是分业监管体制下跨行业监管出现多头监管或监管盲区，导致监管套利行为发生；四是信息技术在支持综合经营的同时，增加了非法共享客户信息及滥用资源等法律风险。

2.国别风险。商业银行跨境经营面临的国别风险，与投资所在国的经济、社会、法律和政治环境紧密相关，如东道国制定或变更政策给被投资单位正常生产经营活动带来重大影响，导致投资发生损失。类似的风险因素还包括政治稳定性、社会稳定程度、政府行政效率、国民待遇、市场自由度和开放度、外汇管制、资本管制等。

3.操作风险。一是由于内部组织结构和管理架构趋于复杂化和多元化，银行控制力减弱甚至管理失控，导致出现操作不当事件；二是跨境经营中，由于文化理念差异、跨国管理人才缺乏，导致风险管控不到位，出现操作不当事件；三是信息系统集中程度不够和覆盖范围不够，对风险的识别、评估、统计和监测未能满足风险管理需要，导致出现操作不当事件；四是集团机构间防火墙制度建设不健全，伴随关联交易，带来风险传递、利益输送等问题；五是缺乏剔除资本重复计算的方法和机制，导致银行集团整体资本充足率虚高、资本杠杆效应成倍放大，影响银行集团整体财务安全。

4.声誉风险。银行跨境、跨业经营使得金融资本趋利性、虚拟性和脆弱性的本质更为突出，如果缺乏有效的风险监控，银行内部、附属机构、合作机构发生的一件严重声誉事件，可能对银行集团的整体形象带来不利影响，导致银行集团市场价值下降，甚至危及持续经营。

（二）债券投资风险

1.市场风险。债券投资面临的市场风险，是指由于利率、汇率等要素变化导致债券价格发生不利变动带来投资损失的风险。如在其他因素不变情况下，市场利率上升，债券市场价格将下降；对于剩余期限较长的长期债券，存在较大的利率风险；对于本息以外币计算或以外币偿还的债券，存在一定的汇率风险。实践中，商业银行通过设置债券组合久期指标、核定外币债券投资规模、设定固定利率债券占比等手段控制市场风险。同时，在操作策略方面，通过优化债券资产的币种和期限等结构、根据市场变化合理把握投资节奏，提高银行的抗风险能力和盈利能力。

2.信用风险。债券投资面临的信用风险，是指债券发行人不能履行合同条款规定的义务，无法按期支付利息或偿还本金的风险。衡量债券信用风险的通用指标是债券信用评级，该指标反映了债券违约的可能性。实践中，商业银行通过设置债券信用评级条件、核定企业授信额度、设定企业债券投资限额、设定债券投资集中度等手段控制信用风险。

3.流动性风险。债券投资面临的流动性风险，是指投资未能顺利地按照目前合理的市场价格出售，导致投资变现出现损失的风险。实践中，可以根据某种债券的买卖价差判断其流动性风险的大小，买卖价差越大，流动性风险就越高。商业银行作为债券做市商时，由于其承担维持债券市场流动性的义务，需要通过保持适当的债券头寸、采用对冲工具等规避做市风险，尤其在债市出现"一边倒买"或"一边倒卖"的情况下，需要调整好双向报价的节奏,避免出现"被动大幅增仓"或"卖空"等情况。

4.操作风险。债券投资面临的操作风险,是指由不完善或有问题的内部程序、员工和信息科技系统,以及外部事件所造成投资损失的风险。如债券做市报价出错,对冲工具选择不当,风险口超限额,交易员违规操作,信息系统中断等,都可能成为引发操作风险的事件。

四、投资业务审计具体目标

1.审查其真实性,即审查商业银行财务报告、会计报表、会计账簿反映的特定会计期间的投资业务是否真实存在,数量、计价、金额等记录是否准确,投资业务是否全部无遗漏地记录在有关账表中。

2.审查其合法性,即审查各项投资业务是否符合相关金融管理法律法规和产业政策的规定,财务核算和信息披露是否符合有关财会制度和金融管理规定。

3.审查其效益性,即审查各项投资业务是否达到经济性、效率性和效果性的统一;是否以合理的投资成本,在风险可控的情况下,实现较好的投资收益,并获取分散金融风险、促进产品融合和优化资源配置等投资效果,达到提升商业银行核心竞争力的投资目的。

第二节 长期股权投资审计

一、业务简介

长期股权投资包括对子公司投资,以及对被投资单位不具有共同控制或重大影响,并且在活跃市场中没有报价、公允价值不能可靠计量的权益性投资。

目前,我国商业银行以股权投资为纽带,推进综合化和国际化经营,其跨业、跨境运作模式以集团公司主体控股模式和银行主体控股模式为主。集团公司主体控股模式下,母公司是一家集团公司,全资或控股银行、信托、证券、保险以及各种实业公司。银行主体控股模式下,商业银行可在境内外通过独资或者与其他公司合资的方式成立附属机构,并通过附属机构从事银行和非银行金融业务,如村镇银行、基金、信托、金融租赁、投资银行、保险等。

二、审计目标和内容

(一)具体目标

1.真实性。审查商业银行财务会计报告反映的长期股权投资是否真实存在,投资资产是否确为银行所有并享有相应的权益份额,投资资产所采用的会计核算办法是否正确,投资计价是否公允,投资损益核算是否真实准确,投资交易金额和账户余额记录是否准确。

2.合法性。审查商业银行长期股权投资业务是否履行监管部门规定的审批或报备手续,投资事项是否符合我国和东道国相关金融管理法律法规和产业政策的规定,投资资金来源是否符合国家金融管理政策和法规的有关规定,关联交易是否合法合规,信息披露是否符合规定。

3.效益性。审查商业银行长期股权投资业务是否达到经济性、效率性和效果性的统一,是否以合理的投资成本,在风险可控的情况下,实现较好的投资收益,并获取扩大市场份额、节约交易成本、分散金融风险、促进产品融合和优化资源配置等投资效果,达到提高商业银行的金融创新能力和金融服务能力,提升商业银行核心竞争力的投资目的。

(二)审计内容

1.长期股权投资业务是否合法合规。审查长期股权投资是否符合金融管理法律法规和产业政策的规定,投资决策是否经过有权审批部门的批准,有无未经集体决策、违反程序、超越授权和违反审批条件等违规决策行为;长期股权投资的资金来源是否符合国家金融管理政策和法规的有关规定,交易对价支付是否符合规定。

2.长期股权投资业务的绩效情况。审投资方案选择是否科学，长期股权投资成本是否控制在合理的水平，针对特定投资风险所采取的风险缓释措施是否有效可行，长期股权投资相关风险是否可控；投资事项是否实现较好的投资收益，投资事项在市场价值、资产收益、股东回报、市场占有、成本控制、产品融合、风险分散等方面，是否有利于提升商业银行集团公司的整体价值。

3.长期股权投资业务风险管理是否有效。审查商业银行与被投资企业之间是否建立防火墙制度，集团公司不同机构间、不同业务间的风险是否有效隔离；母行和各附属机构间的关联交易是否符合市场公允原则，有无引发交叉风险传递、利益输送和监管套利等问题；商业银行集团层面是否建立统一的、全面的风险管理策略和风险控制制度，集团并表是否完整、正确，集团并表后资本充足率、流动性、杠杆比率、风险集中、大额风险暴露等是否符合监管规定。

4.长期股权投资财务核算是否真实、完整。审查长期股权投资会计核算是否真实、正确，集团合并财务报表的并表范围是否完整，集团合并财务报表生成是否准确，集团合并财务报表是否客观公允地披露了公司整体的经营、财务和风险状况，财务会计报告披露的关于长期股权投资的信息是否符合规定。

三、审计程序和方法

（一）收集文件资料和会计账簿

收集的资料包括制度规章、授权资料、决策资料、审批资料、交易资料、风险监测资料、会计核算资料等。

1.制度规章。包括公司章程，股东大会、董事会、监事会、高管层以及相关专业管理委员会的职责权限规定和工作规则，长期股权投资决策流程，长期股权投资风险识别和风险评估指引，关联交易控制办法，集团并表管理办法，重大事项内部报告制度等。

2.授权资料。包括股东大会对董事会的授权文件、董事会对行长的授权文件、行长对各业务部门和各分支机构的授权文件、委派到被投资企业任职的高管任命文件等。

3.决策资料。包括银行跨境、跨业经营的整体发展战略和投资战略，审议长期股权投资的会议记录，投资项目尽职调报告和可行性研究报告，法律、审计等专业部门发表的独立意见等。

4.审批资料。包括监管部门、股东大会和董事会等有权部门审批长期股权投资的文件，关联交易控制委员会等有权部门审批重大关联交易的文件，东道国相关审批部门的批准文件等。

5.交易资料。包括投资合同、协议，资产评估报告，付款凭证，资产转移凭证，关联交易合同，与关联交易相关的定价、授信、担保等相关资料。

6.风险监测资料。包括集团并表和被投资企业风险报告、被投资企业财务报表、被投资企业重大事项报告、关联方确认名单、关联交易统计数据和备案资料、关联交易状况专项报告、内部检查报告等。

7.会计核算资料。包括投资入账、投资变动、投资收益等相关原始凭证，财务报表及其附注，被投资企业的利润分配决议或公告，合并财务报表抵消分录和生成底稿等。

（二）整理电子数据

下载、整理长期股权投资业务相关的电子数据，包括：银行法人财务报表，被投资企业财务报表，银行集团合并财务报表，上报监管部门的统计报表，长期股权投资台账，长期股权投资、投资收益、投资减值准备分户账和明细账，关联交易业务数据，关联交易限额数据等。在审查长期股权投资涉及的关联交易时，由于关联交易事项涵盖授信、资产转移、提供服务等方面，需要从银行相关业务系统中筛选、采集特定的关联交易数据。

（三）内部控制测评

1. 内部控制调查。

（1）调阅银行集团财务会计报告以及对外披露的与长期股权投资业务相关的信息，了解银行集团的组织架构，长期股权投资及其变动情况，初步掌握银行长期股权投资业务的整体概况。

（2）与长期股权投资业务相关职能部门人员进行座谈，了解银行集团整体发展战略和投资战略，长期股权投资决策流程，长期股权投资业务执行、管理、会计核算、信息披露、内部监督相关的内部控制制度的建设情况，关联交易、风险隔离、集团并表风险等长期股权投资相关风险的控制情况，长期股权投资目标的实现情况，初步掌握银行长期股权投资业务的特点、针对长期股权投资业务的风险管理理念和策略，以及长期股权投资效益等总体情况，梳理银行长期股权投资业务的关键流程、关键控制点和主要风险。

（3）设计并发放长期股权投资业务内部控制调查表，调查长期股权投资业务相关内部控制是否健全、完善。包括：与长期股权投资业务相关的治理结构是否完善，与长期股权投资决策、执行、会计核算、管理、信息披露、内部监督相关的内部控制是否完善，以及与关联交易、风险隔离、集团并表风险管理相关的内部控制是否完善等。

2. 内部控制测试。调阅商业银行长期股权投资业务管理制度和业务操作流程，董事会、管理层和下设专业管理委员会与长期股权投资业务相关的会议记录以及上会报告材料，取得长期股权投资业务相关决策、执行、管理、会计核算等文件资料，对重要流程重要控制点、重要岗位进行抽样调查、穿行测试和实地观察，检查相关内部控制是否有效。

（1）与长期股权投资业务相关的治理结构是否有效。检查银行是否制定跨境、跨业经营的整体发展战略和投资战略；股东大会、董事会、监事会、高管层和相关专业管理委员会是否依据制度规定履行长期股权投资相关职责；关联交易控制委员会的负责人是否由独立董事担任；是否每年向股东大会提交关联交易专项报告。

（2）与长期股权投资决策、执行、管理、内部监督相关的内部控制是否有效。检查投资事项是否经过尽职调查和可行性研究，是否经过集体审议，审议决定是否合法有效，是否按照监管规定履行相应的审批或报备手续；支付对价涉及的固定资产、无形资产等，是否按规定进行资产评估；资产所有权转移、货币资金拨付的相关审批程序是否齐全，不相容岗位的职责是否分离；对被投资企业享有的经营管理权等权益，是否与投资份额匹配；委派的董事、监事和高管是否在授权范围内履行职责；长期股权投资业务是否纳入日常监督和专项监督的范围；内部审计部门是否每年均安排对关联交易进行专项审计。

（3）与长期股权投资业务会计核算、信息披露相关的内部控制是否有效。检查长期股权投资采用的会计核算办法是否符合会计准则要求；成本确认、收益确认是否符合规定；财务会计报告披露的长期股权投资相关信息是否规范。

（4）与关联交易和风险隔离相关的内部控制是否有效。检查关联方界定是否涵盖被投资企业；一般关联交易和重大关联交易的区分是否符合监管要求；关联交易是否控制在规定的限额内，重大关联交易的审批是否符合规定；关联交易计价是否符合市场公允原则；银行与被投资企业的人、财、物、信息系统是否相互独立。

（5）与集团并表风险管理相关的内部控制是否有效。检查集团并表范围是否涵盖被投资企业，是否定期对集团层面的各种风险进行评估，风险评估是否全面；相关决策机构是否根据风险评估报告，调整经营决策或采取措施控制风险；对集团内部资本投资以及集团对外资本投资的处理方法是否充分考虑资本重复计算风险；集团层面长期股权投资集中度是否控制在有关限额内。

（四）审计取证

1. 审查长期股权投资业务是否合法合规。一是投资决策是否合规。重大长期股权投资是否履行了监管部门规定的审批或报备手续，投资事项是否符合我国和东道国相关金融管理法律法规和产业政策的规定，投资事项的审批程序是否完备，投资事项的审批是否符合授权规定，审批决定是否符合相关会议的议事规则，有无未经集体决策、违反程序、超越授权和违反审批条件等违规决策行为。二是投资执行是否合规。投资单位是否具备对外投资的能力，长期股权投资的资金来源是否符合国家金融管理政策和法规的有关规定，交易对价涉及的固定资产、无形资产等，是否按规定进行资产评估，评估结果是否合理，投资单位取得的权益份额与交易对价是否匹配。主要审计方法如下：

（1）调取上报监管部门的报告和监管部门的批复，审查重大长期股权投资是否履行了监管部门规定的审批或报备手续。

（2）取得投资业务相关法规，审查投资事项是否符合国家和东道国相关金融管理法律法规和产业政策的规定，如商业银行入股的保险公司是否具备良好的公司治理结构、健全有效的风险管理和良好的业务发展前景，各项经营及风险管理指标是否符合保险业的监管要求。

（3）调取股东大会对董事会的授权文件、董事会对行长的授权文件，董事会下设战略委员会的职责权限规定和工作规则，长期股权投资相关议案、报告、汇报以及会议材料等决策材料，审查投资事项的审批程序是否完备，投资事项的审批是否符合授权规定，审批决定是否符合相关会议的议事规则，有无未经集体决策、违反程序、超越授权和违反审批条件等违规决策行为。

（4）调取投资单位的财务报表，分析了解投资单位的资本状况，审查投资单位是否具备对外投资的能力，如投资保险公司的商业银行的资本充足率，在扣除投资额后是否仍符合监管标准。

（5）调取投资单位的财务报表，分析了解投资单位长期股权投资的资金来源，审查资金来源是否符合国家金融管理政策和法规的有关规定，与股权投资持有期限是否匹配，有无过度扩张问题，如使用拆入资金进行长期股权投资。

（6）调取相关资产评估报告，审查长期股权投资支付对价涉及的固定资产、无形资产等，是否按规定进行资产评估，评估结果是否合理，参与资产评估的机构和人员是否具备相应资格，是否根据评估结果合理确定投资单位权益。

（7）调取长期股权投资合同和被投资企业章程，审查投资单位和被投资单位有关权利、义务关系在合同协议中是否明确，投资单位取得的权益份额以及管理控制权，是否与长期股权投资交易对价相匹配。

2. 审查长期股权投资业务的绩效情况。一是投资成本和投资风险。投资方案选择是否科学，针对特定投资风险所采取的风险缓释措施是否有效可行，长期股权投资成本是否控制在合理的水平，长期股权投资相关风险是否可控。二是投资的实施效果。投资事项是否实现较好的投资收益；投资事项在市场价值、资产收益、股东回报、市场占有、成本控制、产品融合、风险分散等方面，是否有利于提升商业银行集团公司的整体价值；有无存在可行性论证不充分，导致盲目扩张、多元化战略缺乏相匹配的管理人才、与主业未能发挥协同效应、银行集团不同机构之间利益冲突等决策失误问题，或存在管理不到位，导致投资亏损、投资出现重大风险隐患等问题。主要审计方法如下：

（1）调取银行集团关于跨境、跨业、跨市场经营的发展战略规划，投资事项的尽职调查报告和可行性研究报告，以及长期股权投资备选方案等决策相关资料，审查在特定的投资目标下，长期股权投资方案的选择是否兼顾经济性。

（2）调取投资事项的实际成本入账资料，审查长期股权投资成本是否控制在合理的水平。

（3）调取投资事项的尽职调查报告和可行性研究报告，对比投资事项的实际情况，分析针对特定投资风险所采取的风险缓释措施是否有效可行，从法律、财务、业务、技术等方面，审查长期股权投资相关风险是否可控。

（4）调取对投资事项的事后评价材料，获取被投资企业的经营、财务资料，对比长期股权投资的决策目标，对比可行性研究报告，分析长期股权投资预期目标的实现情况，审查长期股权投资是否实现较好的投资收益。

（5）调取银行集团关于跨境、跨业、跨市场经营的发展战略规划，获取被投资企业的经营、财务资料，了解被投资企业的公司治理、风险管理、业务管理以及发展前景等情况，分析投资事项的市值、资产收益、股东回报、市场占有、资本充足、成本控制、客户结构和资产质量，分析投资事项对银行集团的收益贡献、客户贡献、渠道贡献、地域贡献、规模贡献、产品贡献等，对比行业数据，审查投资事项是否发挥节约交易成本、分散金融风险和获取协同效应等优势，实现提升商业银行集团公司整体价值目标。

（6）对投资现状与初衷不符的，调查分析原因，审查有无盲目决策、违规决策、管理不到位等情况，相关部门是否采取有效措施予以补救。

3. 审查长期股权投资业务风险管理是否有效。一是风险隔离是否有效。母行和各附属机构间在经营决策、业务运行、人事管理、财务管理、管理信息系统及业务场所等方面，是否有效隔离风险，关注通过内部交易形成的风险转移，尤其非银行金融机构与银行之间的风险转移，审查母行和各附属机构间有无通过内部交易转嫁风险、输送利益、规避监管等情况。二是集团并表风险管理是否全面、完整。银行集团是否在集团层面对并表单位各方面的风险进行全面评估，纳入集团并表风险控制的机构是否包含境内机构与境外机构，是否包含分行与各类附属机构。三是集团并表后资本是否充足。关注银行集团各附属机构间的相互持股情况，审查集团并表过程是否考虑资本重复计算风险，集团并表后的资本是否充足，有无存在并表后杠杆比率过高、影响银行集团整体财务安全的情况。四是集团并表后风险是否可控。集团并表层面流动性风险是否符合监管要求，母行与境外分支机构、附属机构之间有无因资金流动障碍而存在流动性风险隐患；集团并表后是否存在风险过于集中的情况；对银行重大长期股权投资或对银行集团产生重要影响的长期股权投资，审查被投资企业有无存在重大违法违规问题和重大风险隐患。

主要审计方法如下：

（1）通过座谈询问、实地观察，调取人事任命文件、人员名单、信息系统技术文档关联交易清单、审计报告、重大事项报告和监管部门检查报告等资料，了解被投资企业及附属机构在经营决策、业务运行、人事管理、财务管理、管理信息系统及业务场所等方面的情况，审查母行和各附属机构间是否有效隔离风险。如人员是否交叉任职，信息系统是否未有效隔离，商业银行是否向其入股的保险公司出售自身次级债券，商业银行是否向其入股的保险公司及保险公司关联企业提供表内外授信。

（2）了解被投资企业及其附属机构在固定资产、信息系统、人员经费、管理费用等方面的开支情况，审查有无存在非独立核算、由商业银行承担部分费用，或代商业银行承担费用的情况。

（3）了解被投资企业及其附属机构与银行的业务合作情况，尤其对跨平台创新业务，了解交易结构和定价机制，审查关联交易是否合法、公允、透明，有无存在通过内部交易转嫁风险、规避监管、输送利益等情况。如附属机构是否在资金来源和业务渠道方面过度依赖母行的支持，从而导致市场竞争力不足；母行与附属机构间的业务，如叙做保理业务向附属机构提供资金，附属机构的经营风险是否传递至母行；母行是否利用信贷等资源优势，将客户购买附属机构产品作为银行提供服务的前置条件，或通过降低银行信贷等产品定价，达到交叉营销保险、基金、信托等附属机构产品的目的。

（4）调取关联交易相关业务资料，具体业务品种的操作管理办法，同期银行与独立第三方开展该具体业务品种的相关资料，获取同期该具体业务品种的市场公允价格，将关联交易与业务操作办法进行比较、与独立第三方业务进行比较、与市场公允价格进行比较，审查关联交易是否按照商业原则实行市场公允定价，交易价格、交易条件有无明显优于独立第三方的情况。如商业银行有无向关联方发放无担保贷款，或向关联方发放担保贷款的条件优于其他借款人同类贷款的条件；商业银行接受其入股的保险公司保单作为质押提供授信，有无优于其与非关联第三方的同类交易。

（5）对于缺乏市场公允价格，尤其双方进行协议定价的关联交易，测算双方分别从关联交易中获取的收益，对于收益差距过大、显失公允的，审查是否存在掩盖真实经营情况、进行利益输送的行为。

（6）调取商业银行关于关联交易限额的规定以及对特定关联方所核定的交易限额，按照关联方及所属集团统计关联交易规模，审查关联交易是否控制在限额范围内。如对一个关联方的授信敞口余额（扣除授信时关联方提供的保证金存款以及质押的银行存单和国债金额后的授信余额）是否不超过商业银行资本净额的10%，对一个关联方所属集团的授信敞口余额是否不超过商业银行资本净额的15%。

（7）关注商业银行集团内部各子公司之间的大额资金往来，调取收付款凭证、合同等资料，了解交易的真实背景和目的，审查有无通过关联企业进行账外经营、高风险投资隐瞒收入、规避监管等行为。如通过与被投资企业的银信合作、银租合作、代为推介、委托代理等业务，变相绕规模发放贷款；以对子公司借出款项为由，通过子公司违规经营高风险业务，如违规进行私募股权投资；通过与被投资企业的合作业务，掩盖信贷资产质量。

（8）调取银行集团风险管理报告以及与报告数据相关的明细资料，了解银行集团是否在集团层面对并表单位的各方面风险进行全面评估，审查纳入集团并表风险控制的机构是否包含境内外机构、分行和各类附属机构。如是否将所有附属机构纳入统一授信管理范围，保证银行集团层面不同类别的产品对同一交易对手的信用风险暴露得到有效控制，避免对同一客户超额授信的风险。

（9）调取银行并表管理办法，获取银行并表过程的相关资料，审查对集团内部的资本投资以及集团对外资本投资所采取的处理方法是否适当，关注银行集团各附属机构间的相互持股情况，尤其银行集团利用外部融资对附属机构注资，附属机构再对其关联公司投资，审查集团并表过程是否考虑资本重复计算风险而将资本重复计算部分予以剔除。如是否从资本中扣除商誉、对未并表金融机构的资本投资、对非自用不动产和企业的资本投资。对比监管部门的有关指标要求，审查集团并表后的资本是否充足，有无并表后杠杆比率过高、影响银行集团整体财务安全的情况。

（10）了解银行集团层面的总体流动性风险管理策略，流动性风险管理模式，有关流动性风险管理在多货币、跨境、跨机构及跨业务条线等特定事项下的具体政策，调取集团并表流动性风险报告，各并表单位的流动性风险报告，审查流动性风险管理模式是否既能够在集团并表层面，又能够在各分支机构、附属机构、各业务条线等层面，有效识别、计量、监测和控制流动性风险水平，审查集团并表层面以及分国家和地区、分机构等层面，流动性风险是否符合监管要求。尤其关注母行与境外分支机构、附属机构之间存在的法律差异和因资本管制、外汇管制等因素造成的资金流动障碍，审查有无存在流动性风险隐患。

（11）调取商业银行集中度限额管理制度，关于大额风险暴露的预警报告，了解商业银行针对表内外资产负债的品种、币种、期限、交易对手、风险缓释工具、行业、市场、地域等所设立的集中度限额，审查商业银行是否从集团层面有效控制来自不同行业、不同市场、不同国家和地区、不同交易对手等的风险。

（12）关注金融机构共用平台、相互代理销售金融产品等交叉性业务，如银行销售基金、保险、信托产品，银行通过理财等资产管理业务提供跨行业、跨市场的金融产品或金融服务，审查金融机构在拥有共同的交易对手、共同依赖重要的市场工具、使用通用的估值和风险测量方法、对特定资产的共同风险暴露时，是否存在风险过于集中的情况。

（13）对银行重大长期股权投资或对银行集团产生重要影响的长期股权投资，延伸调查被投资企业，审被投资企业是否具备良好的公司治理结构、健全有效的风险管理和良好的业务发展前景，各项经营及风险管理指标是否符合行业的监管要求，有无存在重大违法违规问题和重大风险隐患，包括未严格执行国家宏观调控政策、配合银行逃避信贷规模监管、利用跨平台优势开展不正当竞争、违规从事高风险业务、超范围经营、账外经营等。

4.审查长期股权投资财务核算是否真实、完整。一是长期股权投资会计核算是否真实。投资成本确认、后续计量和投资收益核算是否真实、准确，是否足额计提股权减值准备。二是集团合并财务报表是否真实、完整。银行集团合并财务报表的并表范围是否符合规定，并表范围确认是否正确、完整，并表单位是否采用统一的会计政策和会计期间，集团内部机构间的关联交易是否相互抵消。三是长期股权投资相关信息披露是否合规。与长期股权投资相关的信息是否完整且准确地披露，关于并表范围的特例情况、并表过程的特殊情况等是否根据规定予以披露，与长期股权投资相关的关联交易信息披露是否正确、完整。

主要审计方法如下：

（1）调取长期股权投资相关会计核算资料，长期股权投资合同，被投资企业的利润分配决议或公告，被投资企业的财务报表，核实投资交易对价的实际支付情况，了解被投资企业的分红和权益变动情况，审查投资成本的确认是否正确，成本法和权益法的选择是否符合会计准则，投资收益核算是否正确、完整，有无将投资收益转作账外收入、隐瞒投资亏损等行为。

（2）调取被投资企业重大事项报告、财务报表，分析被投资企业的经营和财务状况是否正常，对于经营出现重大不利因素、影响投资收回的情况，审查是否足额计提股权减值准备。

（3）调取银行集团合并财务报表、母行及附属机构的独立财务报表、并表过程底稿，被投资企业的章程和相关协议、董事会构成名单，审查银行集团合并财务报表的并表范围是否符合规定。如是否包括商业银行直接或间接拥有其过半数以上权益性资本、通过与其他投资者之间的协议持有其半数以上表决权、根据章程或协议有权决定其财务和经营政策、有权任免其董事会或类似机构的多数成员、在其董事会或类似权力机构有半数以上投票权等被投资企业。

（4）了解、调取银行集团持有的被投资企业的当期可转换公司债券、当期可执行的认股权证等潜在表决权情况，分析当期可以实现的潜在表决权，是否已计入母行对被投资企业的表决权，审查并表范围确认是否正确、完整。

（5）调取集团合并财务报表生成过程的相关资料，各并表单位的独立财务报表及附注，审查并表单位是否采用统一的会计政策和会计期间。

（6）调取集团合并财务报表生成过程的相关资料，集团内母行与附属机构、附属机构相互之间发生的内部交易清单，审查集团内部机构间的关联交易是否相互抵消。如母公司对子公司的长期股权投资、长期股权投资减值准备是否与母公司在子公司所有者权益中所享有的份额相互抵消；母公司与子公司、子公司相互之间的债权与债务项目是否相互抵消；母公司与子公司、子公司相互之间销售商品、提供劳务所产生的营业收入和营业成本是否相互抵消；母公司对子公司、子公司相互之间持有对方长期股权投资的投资收益是否相互抵消。

（7）调取合并财务报表附注，审查与长期股权投资相关的信息披露是否完整、准确。披露内容是否包括：子公司、合营企业和联营企业的企业名称、注册地、业务性质、投资企业的持股比例和表决权比例，合营企业和联营企业当期资产、负债、收入、费用总额等主要财务信息，当期及累计未确认的投资损失金额，与对子公司、合营企业及联营企业投资相关的或有负债。

（8）关注并表范围、并表过程的特例情况。如母公司直接或间接拥有被投资单位表决权不足半数但能对其形成控制，母公司直接或间接拥有被投资单位半数以上的表决权但未能对其形成控制，审查是否披露合并财务报表范围发生变化的有关情况及原因；母公司与子公司会计政策不一致、会计期间不一致，审查是否披露所采取的处理方法及其影响；子公司向母公司转移资金的能力受到严格限制时，审查是否对此进行披露。

（9）关注关联方和关联交易事项的披露情况，包括关联方与商业银行关系的性质、签署协议的主要内容、关联交易的类型、关联交易的金额及相应比例、关联交易未结算项目的金额及相应比例，以及关联交易的定价政策等，审查信息披露是否正确、完整，重大关联交易是否逐笔进行披露。

第三节　债券投资审计

一、业务简介

债券投资是商业银行拓宽资金运用渠道和改善资产结构的重要工具，品种主要有国债、央行票据、政策性金融债、金融机构次级债、地方政府债、企业债、公司债等人民币债券，以及境外发行的主权、政府机构债、公司债、资产证券化债券等外币债券。商业银行债券投资业务通常分为债券投资和债券交易两类。债券投资类业务是银行在满足日常经营活动的流动性管理目标的基础上，根据投资性资产的目标持有比例和结构要求，通过建立多元化的债券投资组合提高自营债券投资的投资收益率和降低收益波动性。债券交易类业务是为从价格短期波动中获利而买卖债券，交易部门在资产负债管理委员会或风险管理委员会批准的短期交易业务风险敞口、交易品种、亏损限额等风险控制范围内管理短期交易头寸，控制短期交易风险，实现短期交易业务目标。

二、审计目标和内容

（一）具体目标

1.真实性。审查商业银行财务会计报告反映的债券投资是否真实存在，各项投资资产是否确为银行所有，债券投资账户分类是否准确，投资计价是否真实公允，投资损益核算是否真实准确，投资交易金额和账户余额记录是否准确。

2.合法性。审查债券投资是否符合金融监管法律法规和产业政策的规定，投资审批程序是否完备，债券投资范围、品种和规模是否符合制度规定和授权规定，债券交易是否合规、公允，信息披露是否符合规定。

3.效益性。审查债券投资策略是否符合经济金融形势和银行自身经营管理状况，债券投资结构是否优化，债券投资是否实现良好的投资收益，成本与风险、效益是否匹配债券投资是否满足银行安全性、流动性和收益性管理的目标。

（二）审计内容

1.债券投资业务是否合法合规。审查债券投资是否符合金融管理法律法规和产业政策的规定，投资决策是否经过有权审批部门的批准，有无超范围投资、违规决策等行为；债券交易是否符合授权、授信、信用评级、集中度等制度规定，有无违规交易行为；债券交易价格是否符合市场公允原则，针对特定交易对手的债券交易有无严重偏离市场价格、高买低卖或高卖低买等利益输送现象，有无通过连续交易、自买自卖、合谋对敲等手法违规操纵债券市场。

2.债券投资业务的绩效情况。审查债券投资是否实现良好的投资收益，债券投资风险是否控制在合适的水平，经风险调整的收益是否最大化；债券投资策略是否符合经济金融形势和银行自身经营管理状况，债券投资结构是否优化，债券投资是否满足银行安全性、流动性和收益性管理的目标。

3. 债券投资业务风险管理是否有效。审债券投资关于交易账户和银行账户的划分是否符合监管规定，限额管理、授权控制、授信控制、不相容岗位职责分离等风险控制措施是否得当并得到有效执行，风险计量、评估、监测技术是否满足风险管理需要，债券投资面临的信用风险、市场风险、流动性风险和操作风险等，是否得到有效控制和防范。

4. 债券投资财务核算是否真实、完整。审查债券投资核算是否符合会计准则，投资确认、后续计量、收益核算、减值计提是否准确，是否根据持有意图或能力变化对债券投资进行重分类，关于债券投资的信息披露是否符合规定，有无通过调整账户分类人为调节损益、进行监管套利的情况。

三、审计程序和方法

（一）收集文件资料和会计账簿

收集的资料包括制度规章、授权资料、决策资料、审批资料、交易资料、风险监测资料、会计核算资料、定期对账资料等。

1. 制度规章。包括债券投资决策流程，市场风险识别、计量、监测、报告相关管理制度，市值评估办法，市场风险限额管理办法，银行账户和交易账户分类政策，重大市场风险应急管理办法等。

2. 授权资料。包括股东大会对董事会的授权文件，董事会对行长的授权文件，行长对各业务部门和各分支机构的授权文件，对交易人员的授权书等。

3. 决策资料。包括决策部门审议债券投资的会议记录，债券投资尽职调查报告和可行性研究报告，债券投资风险评估报告，市场经济形势分析报告，本外币债券投资计划，投资方案和具体的交易策略等。

4. 审批资料。包括股东大会和董事会等有权部门审批债券投资的文件，对交易对手的授信审批书等。

5. 交易资料。包括债券买卖成交通知单、成交合同、投资决策通知书、审批单、付款凭证、资产交割凭证等。

6. 风险监测资料。包括向董事会以及高级管理层递交的关于债券投资风险的报告，债券市场分析报告，债券交易、做市情况的书面报告，风险限额执行情况报告，有关债券投资的审计报告等。

7. 会计核算资料。包括债券入账、债券重分类、债券收益确认、债券减值计提、债券出售等相关原始凭证，财务报表及其附注等。

8. 定期对账资料。包括有价证券定期盘点资料，业务部门与会计部门、清算部门之间的定期对账资料，会计部门与交易对手、债券托管机构间的定期对账资料等。

（二）整理电子数据

下载、整理债券投资业务相关的电子数据，包括：银行法人财务报表，上报监管部门的统计报表，债券投资台账，债券交易数据，债券交易限额数据，债券交易员权限数据，债券投资审批数据，债券交易对手的授信限额数据，债券投资、投资收益、债券投资减值准备分户账和明细账，债券估价数据，债券风险监测数据等。

（三）内部控制测评

1. 内部控制调查。

（1）调阅银行集团财务会计报告以及对外披露的与债券投资业务相关的信息，了解银行集团资产构成，债券投资规模、债券资产分布及债券投资收益等，初步掌握银行债券投资业务的整体概况。

（2）与资产负债管理部、金融市场部等债券投资业务相关职能部门人员进行座谈，了解银行债券投资策略，债券投资决策流程，债券投资业务执行、管理、会计核算、信息披露、内部监督相关的内部控制制度的建设情况，债券投资相关风险的控制情况，债券投资计划和风险控制目标的实现情况，初步掌握银行债券投资业务的特点、针对债券投资业务的风险管理理念和策略，以及债券投资效益等总体情况，梳理银行债券投资业务的关键流程、关键控制点和主要风险。

（3）设计并发放债券投资业务内部控制调查表，调查债券投资业务相关内部控制是否健全、完善。包括与债券投资业务相关的治理结构是否完善，与债券投资决策、执行、管理、风险控制、会计核算、信息披露、内部监督相关的内部控制是否完善等。

2. 内部控制测试。调阅商业银行债券投资业务管理制度和业务操作流程，董事会管理层和下设专业管理委员会与债券投资业务相关的会议记录和会议决定，取得债券投资业务相关决策、执行、管理、会计核算等文件资料，对重要流程、重要控制点、重要岗位进行抽样调查、穿行测试和实地观察，检查相关内部控制是否有效。

（1）与债券投资决策、执行相关的内部控制是否有效。检查债券投资计划是否经过集体审议，审议决定是否合法有效；债券投资决策基于对产品属性、市场风险、宏观经济变化及国际经济动态的分析是否正确、全面；是否运用有效的金融工具，对债券投资的市场风险、信用风险等进行风险缓释；债券投资对象是否符合年度债券投资指引所规定的范围和条件；债券投资交易是否在核定的授权和授信限额内；债券交易前台、中台、后台是否严格分离。

（2）与债券投资业务管理、风险控制、内部监督相关的内部控制是否有效。检查银行账户和交易账户的划分是否符合监管规定；债券投资是否纳入统一授信管理；是否定期监测交易对手的经营情况和财务状况，并据以调整债券投资决策和授权授信限额；是否定期监测债券投资的风险情况和风险管理限额的执行情况；交易账户估值是否正确、审慎；是否定期验证内部计量模型和进行压力测试。

（3）与债券投资业务会计核算、信息披露相关的内部控制是否有效。检查债券投资的初始成本确认、后续计量、收益核算是否正确；债券投资分类改变是否涉及持有意图或能力发生变化等原因，是否履行规定的审批程序；减值测试的范围是否包括可供出售投资和持有至到期类债券投资；是否定期盘点有价证券，是否定期与债券投资业务部门、交易对手以及债券托管机构进行对账；债券投资相关信息披露是否规范。

（四）审计取证

1. 审查债券投资业务是否合法合规。一是投资决策是否合规。债券投资对象是否符合金融管理法律法规和产业政策的规定，对新债券产品的投资是否经过有权部门的审批，债券年度投资决策是否符合授权规定，有无未经集体决策、违反程序、超越授权和违反审批条件等违规决策行为。二是债券交易是否合规。债券投资范围和品种是否符合制度规定和授权规定，有无超范围投资的情况；债券交易是否控制在规定的规模、限额、权限内，有无未经审批、超权限、超限额投资的情况；债券交易价格是否符合市场公允原则，针对特定交易对手的债券交易有无严重偏离市场价格、高买低卖或高卖低买等利益输送现象，有无通过连续交易、自买自卖、合谋对敲等手法违规操纵债券市场。

主要审计方法如下：

（1）了解国家经济金融形势和产业政策、货币信贷政策，获取国家金融管理等部门关于债券投资对象和债券投资方向的规定，审查债券投资决策是否符合金融管理法律法规和产业政策的规定。

（2）调取债券投资计划，股东大会对董事会、董事会对行长的授权文件，董事会下设专业管理委员会的职责权限规定和工作规则，债券投资相关议案、报告、汇报以及会议材料等决策材料，审查券投资决策的审批是否符合授权规定，审批决定是否符合相关会议的议事规则，有无未经集体决策、违反程序、超越授权和违反审批条件等违规决策行为。

（3）调取新债券产品相关尽职调查报告、可行性研究报告和有权部门的审批文件，审查对新债券产品的投资是否合规，审批程序是否完备。

（4）调取债券投资计划、债券投资方案，审查债券投资方案是否符合债券年度投资策略，是否报经有权部门或有权人员审批。

（5）调取银行关于债券投资范围、债券投资条件的规定，包括信用等级条件、专项授信额度条件、行业准入条件、信誉条件等，调取债券交易数据，获取债券品种关于币种、发行人、信用等级、所属行业、发行人信誉度等信息，筛选有无超范围投资的情况。

（6）调取年度债券投资计划，债券交易审批数据和债券交易数据，获取银行核定的债券交易限额、交易员权限、债券投资专项授信额度、债券交易对手授信限额等数据，根据上述数据设定查询条件，筛选有无未经审批、超权限、超限额投资的情况。

（7）调取债券交易审批数据，对比债券交易授权规定，检有无超越权限违规审批的情况。

（8）调取债券买卖交易合同或债券买卖成交通知单，与债券买卖审批单、交易结算和款项收付相关凭证进行核对，审查债券交易是否合规，有无擅自改变决策变更债券品种修改交易价格等行为。

（9）下载债券交易电子数据，获取银行关联方名单，获取债券的市场价格信息，针对同品种债券的同期交易，将银行与关联方交易的价格和与独立第三方交易的价格、债券市场公允价格进行对比，分析是否存在较明显的价格差异，检查有无利用关联交易输送利益的情况。

（10）下载债券交易电子数据，获取债券的市场价格信息，汇总计算银行与各交易对手的债券交易情况，对交易量较大或与银行具有关联关系的交易对手，如银行理财产品、银行年金基金等，检查交易价格是否公允，有无存在利益输送的情况。

（11）下载债券交易电子数据，查询同一天与同一交易对手或同一关联交易对手集团，既有买入同一债券又有卖出同一债券的情况，分析有无通过高买低卖或高卖低买进行利益输送的行为。

（12）下载债券交易电子数据，获取债券的市场价格信息，查询债券交易价格明显偏离市场公允价格（如超过2%）的情况，审查有无利用不正当债券交易进行利益输送的行为。

（13）下载债券交易电子数据，汇总计算银行买卖同一债券以及与各交易对手的债券交易情况，分析一段时间内，银行利用资金和持有债券优势连续交易的情况，或银行大量自买自卖的情况，或银行与同一交易对手或同一关联交易对手集团发生频繁债券交易的情况，审查有无操纵债券市场非法牟利的行为。

2. 审查债券投资业务的绩效情况。一是债券投资的收益。债券投资成本是否合理，债券投资是否实现良好的投资收益，债券投资风险是否控制在合适的水平，经风险调整的收益是否最大化。二是债券投资的效果。债券投资策略是否符合经济金融形势和银行自身经营管理状况，债券投资结构是否优化，债券投资是否满足银行安全性、流动性和收益性管理的目标。

主要审计方法如下：

（1）调取部分债券投资业务资料，获取银行关于债券投资的估值数据，根据债券面值、票面利率、债券期限、利息支付方式、银行对该类债券要求的必要报酬率，对债券进行估值或估算债券投资收益率，与债券的发行价格或市场价格相比较，或与银行对该债券要求的必要报酬率进行比较，抽债券买卖交易是否经济可行。

（2）对于债券投资出现较大亏损的情况，调查分析原因，审有无盲目决策、违规决策、违规交易等情况，是否及时采取措施进行补救，防止风险扩大化。

（3）调取债券投资决策相关资料，将期初关于产品属性、市场风险、宏观经济变化及国际经济动态的判断与现实结果对比，分析债券投资决策的正确性。

（4）调取调整债券投资计划、调整债券投资方案的相关申报和审批资料，结合银行资金来源、利率结构以及市场经济走势，分析债券投资决策调整是否及时、科学。

（5）调取债券投资年度分析报告，流动性风险报告，银行财务报表，了解债券投资决策预期目标实现情况，对比投资决策目标，对比行业数据，审查债券收益是否处于行业较好水平，经风险调整的收益是否最大化，债券资产质量是否良好，债券投资结构是否与银行自身经营管理状况相匹配，是否实现安全性、流动性和收益性管理的目标。

3.审查债券投资业务风险管理是否有效。即债券投资相关风险控制措施是否得到切实执行，债券投资面临的信用风险、市场风险、流动性风险和操作风险是否得到有效控制和防范。

主要审计方法如下：

（1）从债券发行人或债券交易对手的投资限额、信用评级、行业集中度、地区集中度、市场集中度等角度，综合分析评价银行债券投资信用风险的集中情况，审查银行是否有效控制和防范信用风险。

（2）调取银行市场风险报告，银行核定的债券投资市场风险限额指标数据，获取银行关于债券投资的估值数据，查询、分析交易止损点、累计最大损失限额、缺口比率、久期、敏感度限额、风险价值限额等风险指标的实际执行情况，审查有无未严格执行风险控制措施，导致风险扩大的情况。

（3）调取债券投资计划、银行财务报表、流动性风险报告，审查债券资产结构分布是否满足资金流动性和效益性需要，债券投资期限是否与资金来源期限相匹配，结合银行对流动性进行压力测试的结果，分析债券资产结构分布是否存在较大的流动性风险隐患。

（4）了解银行与债券投资有关的操作风险事件，调取相关报告资料，分析事件发生原因，结合银行针对操作风险事件进行整改的情况，同时结合审计对债券投资业务的内部控制调查和测试情况，判断银行是否存在较大的操作风险隐患。

（5）调取债券投资计划、债券投资方案等决策资料，了解银行是否运用金融工具对债券投资的市场风险、信用风险等进行风险缓释，分析风险缓释手段是否有效。

4.审查债券投资财务核算是否真实、完整。一是关注债券投资会计核算是否真实正确。债券投资是否真实存在，债券投资是否完整地反映在相关会计资料中，债券投资的初始成本确认、后续计量、收益确认、减值准备计提等是否正确，债券投资分类是否正确，有无随意调整债券投资分类进行利润调节、监管套利的情况。二是关注债券投资相关信息披露是否合规，与债券投资相关的信息是否完整且准确地披露。主要审计方法如下：

（1）下载债券投资账户数据和债券交易电子数据，取得债券交易统计数据，分债券账户汇总计算债券交易的规模，与债券交易汇总数据、债券交易统计数据进行比对，检查债券投资账户数据的真实性和完整性。

（2）根据债券投资账户数据，调取债券买卖交易合同、债券买卖成交通知单，与债券买卖审批单、交易结算和款项收付相关凭证进行核对，审查债券交易是否真实，有无虚计债券投资的情况。

（3）获取与外部交易对手、债券托管机构的对账资料，获取有价证券盘点资料，核实债券投资是否账实相符。

（4）调取债券买卖交易合同、债券买卖成交通知单，债券买卖审批单，交易结算和款项收付相关凭证，获取资产负债表日债券资产的公允价值信息，获取发行人或债务人的重大经营信息，检查债券投资的初始成本确认、后续计量、收益确认、减值准备计提等是否正确。

（5）根据银行的流动性状况，结合债券资产的特性，分析银行持有债券的意图和能力，检查银行债券资产分类是否正确。

（6）了解债券投资发生分类改变的情况及原因，检查债券投资分类改变是否履行规定的审批程序，分析债券投资重分类是否涉及持有意图或能力的变化，审查有无随意调整债券投资分类进行利润调节、监管套利的情况。

（7）调取财务报表附注，审与债券投资相关的信息是否完整且准确地披露，主要包括债券分类的依据和条件，发生减值的客观依据，确定资产减值损失的具体方法，债券资产重分类的原因及详细信息，资产减值损失的详细信息，账面价值和公允价值，收入、费用、利得或损失，风险敞口及其形成原因，风险水平，风险计量方法，事后检验和压力测试情况，到期期限和敏感性分析信息，以及市场风险资本状况等。

第四节　外汇买卖业务审计

一、业务简介

（一）自营外汇买卖业务

商业银行根据国家外汇管理规定及自身外汇资金头寸保值增值的需要，以自有的外汇资金，通过境内外同业银行进行外汇头寸的转换，以赚取差价利润的业务。

（二）代客外汇买卖业务

银行接受客户的委托，利用国际金融市场的即期、远期、掉期、择期等金融工具，对客户在对外经济贸易活动中所产生的汇率风险进行规避和管理，通过各种到期日不同外汇币种间的兑换，锁定汇率风险，并灵活调整交割日期的外汇买卖业务。

二、审计目标和内容

（一）外买卖业务审计目标

1. 审查外汇买卖业务的真实性。商业银行财务会计报告反映的自营外汇买卖业务是否完整，外汇买卖业务分类是否准确，是否真实公允，损益核算是否真实准确，后台交易台账记录所有代客交易是否全面，手续费和佣金收入入账是否准确，是否与合同金额及会计记录一致

2. 审查外汇买卖业务的合法性。审查外汇买卖业务是否符合国家法律法规，外汇买卖业务审批程序是否完备，信息披露是否合规，业务操作中监管规定执行、限额管理、授权控制、授信控制、不相容岗位职责分离等情况。

3. 审外汇买卖业务的效益性。审查外汇买卖业务与经济金融形势和银行自身经营管理状况是否一致，外汇买卖业务的风险与效益是否匹配，开展业务与信用风险、市场风险、流动性风险和操作风险的设置是否适当。

（二）外汇买卖业务审计内容

1. 外汇买卖业务是否合法合规。审查外汇买卖业务是否符合金融管理法律法规和产业政策的规定，投资决策是否经过有权审批部门的批准，外汇买卖业务交易是否符合制度规定和授权规定，有无超范围投资、违规决策、违规交易等行为。

2. 外汇买卖业务风险管理是否有效。审查外汇买卖业务关于交易账户和银行账户的划分是否符合监管规定，限额管理、授权控制、授信控制、不相容岗位职责分离等风险控制措施是否得当并得到有效执行，风险计量、评估、监测技术是否满足风险管理需要，外汇买卖业务是否面临信用风险、市场风险、流动性风险和操作风险等。

3. 外汇买卖业务的绩效情况。审外汇买卖业务策略是否符合经济金融形势和银行自身经营管理状况，业务结构是否优化，是否实现良好的投资收益，风险是否控制在合适的水平，经风险调整的收益是否最大化。

4. 外汇买卖业务核算是否真实、完整。审查外汇买卖业务核算是否符合会计准则，投资确认、后续计量、收益核算、减值计提是否准确，关于外汇买卖业务的信息披露是否符合

规定，有无通过调整账户分类随意调节损益的情况。

（1）自营外汇买卖业务。一是自营外汇买卖是否合法合规。关注自营外汇买卖的总行授权书、转授权书是否在外管局核定范围操作；经授权办理自营外汇买卖业务的分行，是否严格按照总行批准的交易品种开展业务并通过总行办理交易，进行自营外汇买卖业务。审核是否于交易当天平盘，交易员是否熟悉外汇市场运行机制，并在整个交易过程中密切注视市场趋势，交易员每开一个自营盘，是否为其授权一个最大止损点；特殊情况下，经授权批准留有隔夜盘的交易员是否根据其所授权的止损点范围和自己的盈利目标，在交易行留下止损指令和止盈指令，并注明若其中任一指令被成交则同时取消另一指令。二是自营外汇买卖业务财务核算是否真实、完整。关注自营外汇买卖是否及时、完整地记录在相关账户内；是否有专人负责管理自营外汇买卖的收益情况，并及时确认投资收益；各项自营外汇买卖损益是否按合同、协议分配和及时、准确入账。自营外汇买卖的记账、对账及操作人员是否各自独立；对自有外汇是否定期盘点，保证账实相符；是否对自营外汇买卖定期或年终进行全面检查、合理计量各项外汇的实际价值等。

（2）代客外汇买卖业务。除关注代客外汇买卖的合法合规性和财务核算真实完整性以外，还应关注：一是代客衍生品业务是否符合客户的真实需求。审查客户提交的交易申请以及相关购销合同等业务文件，计算客户对于对冲风险的实际需求，是否与其委托银行办理的衍生品业务相一致，是否存在脱离风险对冲真实需求过度投机的情况。二是银行是否将代客外汇买卖形成的头寸及时平盘。银行作为客户的交易对手方会被动形成一定的外汇衍生品头寸，银行应及时进行反向操作，对冲代客交易形成的风险。三是客户保证金是否足额，由于市场价格变化造成保证金不足时是否及时追加保证金，是否存在由于保证金不足或客户违约造成银行垫付资金并形成损失的情况。

三、审计程序和方法

（一）收集文件资料和会计账簿

收集外汇买卖业务相关文件资料，包括制度规章、授权资料、决策资料、审批资料、交易资料、风险监测资料、会计核算资料、定期对账资料等。

1. 制度规章。包括外汇买卖业务决策流程，风险识别、计量、监测、报告相关管理制度等。

2. 授权资料。包括行长对各业务部门和各分支机构的授权文件，对交易人员的授权书等。

3. 决策资料。包括高级管理层或专门部门审议外汇买卖业务的会议记录，外汇买卖业务尽职调查报告和可行性研究报告，外汇买卖业务风险评估报告，市场经济形势分析报告，本外币债券投资计划等。

4. 审批资料。包括有权部门审批外汇买卖业务的文件，对交易对手的授信审批书等。

5. 交易资料。包括外汇买卖业务成交通知单、成交合同、外汇买卖业务决策通知书、审批单、付款凭证等。

6. 风险监测资料。包括向董事会以及高级管理层递交的关于汇率风险管理、市场风险管理的情况报告，有关外汇买卖业务的审计报告，外汇买卖业务分析报告，外汇买卖业务风险限额执行情况报告等。

7. 会计核算资料。包括外汇买卖业务入账、收益确认等相关原始凭证，财务报表及其附注等。

8. 定期对账资料。包括业务部门与会计部门、清算部门之间的定期对账资料，会计部门与交易对手、机构间的定期对账资料等。

（二）整理电子数据

下载、整理外汇买卖业务相关的电子数据，包括银行法人财务报表、上报监管部门的统计报表、外汇买卖业务台账、外汇买卖业务数据、外汇买卖业务限额数据、外汇买卖业务权限数据、外汇买卖业务审批数据、外汇买卖业务交易对手的授信限额数据、外汇买卖业务收益分户账和明细账、风险监测数据等。

（三）内部控制测评

1.内部控制调。

（1）了解外汇买卖业务具体资质，调阅金融监管部门对外汇买卖业务的批复，重点了解是否存在超越批复的业务。

（2）询问外汇买卖业务相关人员内控执行状况。询问分管行长外汇买卖业务年度计划和审核过程以及授权部门。

询问前台交易人员所有交易是否经过适当授权；询问中台风控人员所有外汇买卖业务风险、授信是否经过适当评估，并及时备案及定期更新。

询问后台复核人员是否所有归档的成交单均经适当授权批准，是否定期同会计结算人员及时对账，是否建立详细的外汇买卖业务台账；结合穿行测试，确认询问结果是否符合实际状况。

（3）抽查银行外汇买卖业务的相关交易授权文件，检查所有交易是否在授权范围内进行。

（4）抽查外汇买卖业务合同，检查合同内容是否完整，各项手续是否齐备，交割单前台、中台和后台签字是否完整，大额外汇买卖业务是否经过审批。

（5）抽查交易协议，审核是否每笔业务均签订了系统自行生成的交割协议。

（6）抽查中台相关风险控制文件及报告，关注是否存在超出授权范围内的交易；抽查外汇买卖业务的客户申请资料。

（7）检查外汇买卖业务记录是否准确。

（8）抽查后台结算人员结算单据，审核是否与前台业务相一致。

2.内部控制测试。

（1）获取并审查外汇持仓明细清单，抽查本期变动的交割单原始收付凭证，审核交易的真实性。

（2）结合买卖交割单的审核，复核自营外汇买卖损益金额和会计处理的准确性。

（3）对代客外汇买卖手续费收入进行复核，并检查有关会计处理的准确性。

（四）审计取证

重点关注三个方面。

1.业务合法性。取得有权机关的批文，有无越权开展业务，调阅相关业务明细账，关注额度和交易时间，审查清单和协议。

2.授权管理。取得诸如交易金额权限、超敞口额度限制、超止损规定时等书面材料以及交易数据、确认书、文稿等原始凭证，审核执行制度情况。

3.账务处理。调阅各种交割单和成交协议等与相关会计科目明细账核对确保完整。

（五）外汇买卖业务审计方法

1.自营外汇买卖业务。一是自营外汇买卖业务合规性的审计。取得外管局批准文件和总行授权书，核实进行自营外汇买卖业务是否经过批准，交易额度是否控制在批准限额之内，交易外币品种是否经过批准。关注分支行境外账户外汇买卖业务是否超过授权权限和范围交易的行为；审查商业银行办理自营外汇买卖业务是否报经国家外汇管理部门批准，是否以其自有外汇资金进行交易，有无私自买卖外汇或以其他形式进行套汇、逃汇行为。

二是自营外汇买卖完整性的审计。调阅外汇买卖成交水单、交易合同和外汇买卖明细账，审查商业银行进行自营外汇买卖的资金来源是否为其自有外汇资金，每天交易总量是否控制在其外汇资本金或外汇营运资金20%以内。调阅外汇买卖业务交易台账和外汇买卖明细账，审查自营外汇买卖是否违反规定保留隔夜头寸，遇特殊情况必须保留少量隔夜敞口头寸，是否经本单位最高主管批准，且不超过外汇资本金或外汇营运资金的1%。调阅外汇买卖业务交易台账和外汇买卖明细账，计算其交易利润（亏损），核实其办理自营外汇买卖的累计亏损额是否控制在其自有外汇资本金或外汇营运资金1%以内，有无隐瞒亏损问题；当亏损额超过其外汇资本金或外汇营运资金的1%时，是否停办此项业务等。取得年终决算报表、外汇买卖明细账、其他营业支出明细账和外汇买卖科目余额及损益计算表，审查年末是否及时将外汇买卖损益进行结转，将各币种账户的外币余额折算成人民币所采用的决算牌价是否为年终决算牌价，有无不进行正确结转以调节利润的问题。

2.代客外汇买卖。调阅银保监会、中国人民银行等有权部门的审批和批复，审核银行业务资质。调阅专业委员会、高管层对业务部门的授权、总行对分行的授权、业务部门对交易人员的授权、授信部门对客户的授信额度、风险控制部门对业务品种和交易对手的风险额度等文件，审查业务合规性。调阅客户向银行提供的声明、确认函等能够证明其真实套保需求背景的书面材料，审核客户真实需求，包括客户与外汇衍生产品交易直接相关的基础资产、基础负债或预期未来的现金流收支的真实性，进行外汇衍生产品交易的目的或目标，以及是否已经存在与该项需求相关的未结清的衍生产品交易敞口。调阅银行交易记录，审查是否及时执行反向操作以对冲风险。调阅客户保证金账户明细账，与客户交易记录比对，是否及时足额缴纳保证金。

第八章　存款业务审计

第一节　业务概述

一、概念

存款是指存款人在保留所有权的条件下，把资金或货币使用权暂时转让给银行的行为，是商业银行重要的资金来源。

商业银行存款业务通常划分为对公存款业务和储蓄存款业务。对公存款是指商业银行以信用方式吸收的企事业单位的存款，包括财政性存款及同业存款等，按期限可划分为活期存款、定期存款、通知存款和协定存款。储蓄存款主要包括活期储蓄存款、定期储蓄存款、定活两便储蓄存款和个人通知存款等。此外，商业银行面向非金融机构和个人发行的大额存单也属于存款。

二、业务流程

主要包括开户、存款、取款、结算、结息、对账及销户等环节。

（一）对公存款业务

对公存款账户按用途分为基本存款账户、一般存款账户、临时存款账户和专用存款账户。

对公存款账户开立时，须提交单位主管部门的有关证明、法人代码证、营业执照、法定代表人和经办人员身份证、预留印鉴卡等资料，经会计主管审核同意后，按单位性质编制账号，登记"存款账户开销户登记簿"。

申请开立基本存款账户的，银行按规定审核企业身份、开户意愿真实性以及基本存款账户唯一性后，为符合条件的企业开立基本存款账户，并报中国人民银行备案。银行建立开户资料档案（账户信息文件），同时在申请书及预留印鉴卡上注明账号。

单位外汇账户开立时，开户人提交申请报告、营业执照等批准成立的有效批件、外汇管理局要求提供的相应合同、协议或者其他有关材料等。商业银行接收申请，审查合格后报主管部门负责人批准后办理，并建立开户企业资料档案，同时在申请书及预留印鉴卡上注明账号、币种、最高限额和开户日期等。

（二）储蓄存款业务

储户在开立储蓄存款户时应提交开户人身份证明文件。人民币存款额度没有明确限制，但大额取现要提前预约，商业银行要对大额存、取现金进行关注并上报。外币现汇存入时，如不能提供有效的资金来源证明，每日现汇存入额有最高限制。

三、风险分析

（一）操作风险

操作风险会出现在存款业务的各个环节，包括未严格按照相关规定制度办理相关存款业务，内部控制不健全等。

主要表现在：对客户存入的款项不入账，挪用客户资金从事账外经营；银行内部对空白重要凭证和印鉴管理不严，导致内部员工盗用空白凭证或印鉴诈取客户资金；内部员工空存实取，盗取银行资金；员工擅自改动计算机系统的账户信息文件（如改动户名、账号等），从而达到盗窃银行资金的目的；擅自改变计算机系统的计息积数（如改变计息的起止日期、改变计息的范围）、利率等办法，通过多计或少计利息支出调节利润；或者内部专业人员通过修改程序，将多计的利息转入其个人账户等。

（二）信誉风险

存款业务是商业银行对外的窗口，存款业务办理的合规、有效直接影响其市场信誉。当前，随着洗钱等非法活动全球化，商业银行如缺乏对存款客户基本情况和资金来源的了解，可能导致不法分子利用其账户从事洗钱活动，除要面临监管部门处罚外，也会导致巨大的信誉风险。

（三）流动性风险

商业银行的存款业务经营情况直接影响商业银行的资金流动性，商业银行存款量不足或结构不合理，将导致到期不能支付客户的存款和清算款项，从而产生流动性风险。

四、审计具体目标

（一）审查存款业务会计处理的真实性

审查商业银行财务报表中相关存款业务数据的真实性，商业银行存款业务内容的真实性，以及存款业务核算的真实、完整和准确情况。如有无通过虚放贷款增加存款、利用同业存放款项调整一般性存款、利用企业存款调节储蓄存款等。

（二）审查存款业务的合法性

1. 商业银行在办理存款业务时遵守国家监管部门各项业务管理规定的情况。如是否违规开立企业存款账户、是否对储蓄存款严格执行实名制，是否存在账外吸储，利用储蓄存款账外放贷，虚开存款账户，利用客户存款账户私设"小金库"等问题。

2. 商业银行对大额资金异常流动及时上报情况。审计关注异常资金流动情况，揭示不法分子通过商业银行存款账户"洗钱"等扰乱金融秩序等违规违法活动线索。

（三）审查存款业务的效益性

关注商业银行存款业务的效益情况，包括存款结构的合理性、成本支出与相应收益配比的合理性，存款规模满足经营需要和要求情况，能否既满足流动性需要又发挥最大效益等。

第二节　对公存款审计

一、业务简介

对公存款是商业银行以信用方式吸收的法人存款。对公存款的概念是相对于储蓄存款而言的，在各项存款中除储蓄存款外均视为对公存款。与储蓄存款相比，对公存款具有数额大、成本低、流动性强等特点，在一定意义上说，对公存款既是银行发展的基础，也是商业银行竞争的重点。

二、审计目标和内容

（一）审计对公存款业务的内部控制是否健全有效

审计对公存款业务内部控制制度的健全情况、执行情况等。检查空白重要凭证和印鉴管理情况，重点关注内部员工盗用空白凭证或印鉴诈取客户资金等问题；检查多级复核的真实性、完整性、有效性，重点关注内部员工空存实取、盗取银行资金等问题。

（二）审计对公存款会计核算是否真实、完整

1. 审计利用贷款虚增对公存款问题。关注商业银行在期末不按规定根据进度发放贷款情况，是否提前将贷款资金转入对公存款户虚增存款，是否不签订借款合同虚放贷款以虚增存款等，是否利用无真实贸易背景的承兑汇票开立、贴现业务吸收保证金存款、贴现存款。

2. 审计利用同业存放项调整一般性存款问题。关注商业银行同业存放款项科目与一般性存款科目间发生额及余额的变动情况，变动的关联情况，重点检查通过两科目的相互划转来调整一般性存款余额的问题。

3. 审计人为调节对公存款与储蓄存款余额的问题。关注商业银行储蓄存款科目与对公存款科目发生额和余额的变化情况，重点检查为完成单项考核指标而人为调整两科目余额的问题，是否利用延迟支付、内部账户等方式虚增存款。

（三）审计对公存款业务是否合法合规

1. 审计虚列对公存款利息支出套取费用、虚列费用支付高息问题。关注商业银行对公存款利息提取与实际支付情况，检查利息支出的真实情况，已支出的利息与存款的对应情况，利息支出是否已支付至存款人等，重点检查员工或小团体为了个人利益或小团体利益，通过虚列存款利息支出套取费用、虚列费用支付高息等问题。

2. 虚开存款账户及利用客户存款账户私设"小金库"问题。检查长期"眠户"的激活程序的合规情况，依据的充分情况，银行持有客户存款账户相关印鉴的情况，存款账户印鉴留存的完整合规情况等，商业银行创新存款产品的合规性，关注商业银行虚开存款账户或利用客户存款账户从事私设"小金库"等违规违法活动的问题。

三、审计程序和方法

（一）收集文件资料

1. 对公存款业务的管理文件和操作规程。如账户管理办法、综合柜员管理办法、应付利息计提清单及计提办法的文件等。

2. 业务状况表、对公存款报表、重要空白凭证领用登记簿、开销户登记簿、大额取现登记簿，以及对应的信息系统电子数据。

3. 商业银行收发文登记本，核实其是否及时根据国家有关规定调整对公存款业务的管理办法和操作规程。

4. 商业银行有关纪检监察、审计稽核等部门以及外部检查单位的检查结果报告和相关材料。

5. 相关的会计记账凭证和原始凭证。

（二）整理电子数据

1. 会计核算和财务系统电子数据的下载和整理。了解会计核算和财务系统的数据来源和结构，确保数据的完整性、真实性和可用性。重点关注对公存款科目总账、分户明细账，利息支出科目总、分户账等数据。

2. 对公存款系统电子数据的下载和整理。下载相关数据，取得数据字典，重点了解数据库结构、字段含义、参数表等；对数据进行整理，确保数据的完整性、真实性和可用性。

（三）内部控制测评

1. 账户的开立和管理。测评开户审批制度的健全性；抽查部分对公存款账户开立的合规性；抽查部分对公外汇存款账户开立的合规性；销户、并户单位剩余的转账支票等空白凭证的管理有效性等；查看对公存款业务中主要控制事项设置的完备情况，记载的及时全面情况，查阅的方便程度等；了解商业银行自身在本行开立的存款账户的合规性等；了解商业银

行账户会计科目核算办法和相关规定，掌握各会计科目核算的内容，关注各科目核算内容对考核的影响，其可随意操作的可能性以及对会计报表的影响等。

2. 资金收付。测评对公存款业务系统中按资金性质和用途设定相应存款明细分类账户并分别核算的情况；测评对公存款户现金存取款业务的操作流程执行情况，按规定程序办理的情况，各级复核的严密程度，以及系统中反映复核内容和结果的完整性和可靠性等；测试单位大额现金取款操作的规范性、及时上报情况等；检查各类转账业务中相关转账凭证要素的齐全情况等。

3. 未达账项管理。关注银行与客户对账制度的完善情况；在规定的时间内同存款单位对账情况；对账双方账目不符时，是否及时主动明原因等。

4. 存款利息计算。测试对公存款业务信息系统中计息程序完善、正确、合规情况等；测试商业银行对公存款利率符合国家规定情况、在国家法定利率变动时及时调整利率情况等。

5. 对公电子银行业务。关注对公电子银行业务开办流程等相关制度的完善情况，制度的风险控制和完善情况；对公存款客户通过电子银行交易时密码和验证保护的严密性；网上银行客户的基本信息和交易信息防范网上黑客和病毒攻击的情况，"防火墙"措施的安全保护情况，以及应对网上突发事件所必备的软、硬件保障能力等；网上银行交易数据备份及时完整情况，异常资金交易的自动报警功能的完备情况等。

（四）审计取证

1. 基础数据核对取证。在业务系统中取得各类对公存款业务的电子数据，包括开户情况、交易数据、利率、计息基数等；在会计核算系统中取得对公存款类相关数据，包括账户信息文件、各类存款科目总账、分户明细账、全年的交易数据等。

（1）两类数据自身间的核对，如会计核算系统中从明细账到总账逐级核对，与资产负债表中各类对公存款的数额核对等，确定各数据间逻辑关系的一致性，如有不同则要查找原因。

（2）将两类数据进行分析对比，核对两系统同类业务数据的一致性，如业务系统中的利息支付总额与会计核算系统中的利息支出总额的一致性，各类对公存款利息支出与账面数的一致性等，如有差异应进一步查找原因。同时，对两系统中的重大调整项目和未达款项应查明原因。

2. 业务数据审计取证。

（1）将各类对公存款一定期间内的时点余额做成趋势图，分析出某类存款余额异常变化情况，尤其关注月末、季末及年末各类存款余额异常变动情况，重点查找原因。如在某月末，储蓄存款余额突增的同时单位存款余额锐减，应查明原因，并就对公存款调整为储蓄存款问题取得审计证据。

（2）将各分支机构完成对公存款指标情况进行分析，将指标及其完成数据做成分析图，分析各分支机构对比指标完成的异常情况，将分析结果作为选择重点延伸分支机构的依据。

（3）将各类对公存款日均余额与利息支出数进行匹配分析，分析利息支出的正常性，若利息支出超出正常范围，应查明是支付高息造成，还是隐瞒存款造成；若利息支出低于正常范围，应查明是应付利息未提足造成，还是虚增存款造成。

（4）对会计核算数据中涉及存款业务的重要科目进行分析。通过分析电子数据中年末、月末前后时间段内企业存款和"汇出汇入款""内部往来""同业往来""应收应付"等会计科目的明细账，重点关注大额资金的来源和去向，对有异常变化的，应进一步核实通过上述往来科目调整存款结构的问题。

（5）整理对公存款账户信息数据，通过分析账户信息文件，重点关注户名、地址、电话号码、开户时间、法定代表人等信息，通过户名、地址和电话号码检索出商业银行自身开立的账户，并与其提供的开户明细表进行比对，关注违规为自己开户、私设"小金库"等问题；对存款业务数据按开户名称和交易记录进行检索，找出可疑账户和异常交易进行详细检查。

如有可能将之与从工商部门取得某地区所有企业名单的电子数据进行对比分析来查找虚拟账户，核查商业银行虚拟或盗用企业账户从事账外经营的问题。根据发现的线索核对开户资料和印鉴，追踪资金去向，必要时延伸企业，核实企业银行存款账和开户情况。

（6）检索出对公存款数据库中大额现金取款的记录，包括通过交易数据的"摘要"字段检索代码为"现金支票"的记录，然后按账户进行分类对取款金额进行汇总排序，根据实际情况确定具体的账户进行详细审查。

（7）对当年销户和余额为零的账户进行抽查，主要检查大额资金的收付、销户原因和销户资金的去向。

（8）对临时存款和应解汇款大额资金收付数据进行筛选分析，对异常现象要重点抽查。

（9）整理分析账户文件与计息文件，将同类存款业务进行分析对比。查找同一类存款有无适用不同利率的记录，对不一致的记录进行抽查；检索出有"积数调整"的记录或对记账日期与计息日期不一致的记录进行详细检查，确认有无通过调整利率和计息积数调整利息支出。

（10）对数据库中的特殊业务交易，如冲账、补账业务记录进行筛选分析，检查其计息调整的正确性。结合检查特殊业务登记簿中确认记录的调整积数依据真实性。

（11）审查结息的正确性。主要审查结息账户与计息账户的一致性，将结息账户与计息账户不一致的记录筛选出来，除保证金存款的利息应转入其对应的结算户外，其他的结息账户应与计息账户一致。

（12）审查应付利息和利息支出明细账。审查应付利息贷方发生额与计提的利息支出数的一致性；关注实际利息支付存在不冲应付利息科目的问题，以及直接列利息支出科目导致重复列支利息的情况。

抽查利息支出冲减数，对大额的利息支出冲减数，年末"应付利息""利息支出"科目大笔整数的发生数和红字冲减数，调阅原始凭证，关注虚列、人为调节利润情况以及用利息收入直接冲减利息支出以偷逃税金问题。

（13）审查经常项目和资本项目外汇账户的收支范围符合外汇管理相关规定的情况，有无超限额保留外汇以及超期限使用外汇账户的现象。

（14）审国库经收业务中税款待解户的存款。其税款待解户每日余额应该为零，检查将国库存款划缴当地人民银行的及时足额情况，关注将国库存款作为一般性存款的问题。

（15）将定期存款业务数据与定期存款明细账数据进行比对分析，核对对公定期存款数据与明细账的一致情况，对异常情况要明原因。

对大额资金的定期存款，应抽查记账凭证，审计资金来源从企业账户转来情况，转入资金额与存单金额的一致情况；对存款金额有尾数的定期存款，应查明有尾数的原因；对到期未取（特别是长期未取）的定期存款，查明长期未取的原因，必要时延伸到存款单位进行调查。

（五）主要审计方法

1. 询问。询问分为一般性询问和针对性询问。

一般性询问是在前期调查时，对存款业务的整体情况进行的，主要了解对公存款业务在本行的基本情况，包括所执行的制度、各项指标等，有助于审计人员迅速掌握被审计银行存款业务的整体情况，一般是座谈式，不需要做正式的询问笔录及让对方签字。针对性询问是就某一具体事项对当事人进行谈话，针对性强，主要目的是取证，要做询问笔录，并要求被询问人签字确认。

2. 观察。对公存款业务审计中，审计人员通过观察相关人员对存款业务流程的操作等判断其合规性，如观察对公存款账户的开销情况、对公存款业务的办理情况、对公存款业务的核算处理情况、对公存款业务系统运行情况时，对照相关规定判断商业银行在办理对公存款相关业务的合规性、规范性以及相关内部控制制度的有效性。

3. 计算。审计人员对存款业务的相关数据进行重新计算并核对，以检验存款数据的真实性、完整性。计算分为两个层次：

（1）同类数据重新计算判断计算结果和实际结果的一致性。

（2）对不同事项但存在钩稽关系的数据进行计算并判断不同数据间的钩稽关系的合理性。如抽查部分业务数据和会计数据重新计算并相互核对，对利息支出按存款类别重新计算，以确认利息支出的准确性和合理性。

4. 重新操作。按对公存款业务流程进行重新操作，检查对公存款业务流程设计的合理性、内部控制的有效性；对对公存款业务信息系统按数据流向重新操作，测试对公存款业务数据在每一个控制点所留下的记录与期望结果的一致性、检查系统控制完整有效性另外，对重点风险环节要进行反向测试，对可能出现的风险进行模拟操作，测试系统本身的纠错避险能力等。

5. 检查。

（1）检查会计报表、账册、凭证记录的真实性、完整性，以及符合相关会计制度的情况等。

（2）整理下载的对公存款业务会计和业务电子数据，根据审计需求用计算机语言对数据进行分类、汇总、查询、计算等。

检查利息支出的计算和支付情况，针对对公存款的计息文件、每天的存款总账、利率表等数据，编制利息支出的计算程序，检查计提利息的正确性。

分别将同一法定利率，同一期限档次内的存款归类，用各类存款每天余额相加乘以同档次法定利率得到各类存款应付利息数，检查银行当年应付利息计提数的真实性、合规性。对计算机计算出的分户利息与计息文件中不相符的账户进行逐户审查。

（3）审计商业银行对公存款业务的计算机系统，检查对公存款业务信息系统模块运转的安全情况，与其他业务信息系统有效整合情况，以及与会计核算系统相互控制情况等。

6. 分析。

（1）比较分析。纵向比较分析，按对公存款业务类别将同种业务不同时间段的数据进行比较分析，关注异常变动的对公存款业务；标准比较分析，将对公存款按类别分组，利用已整理的可用数据建立分析模型，并分组设计期望值及确定可接受的偏差，比较实际对公存款业务情况与期望值，分析产生偏差的情况和原因。

（2）结构分析。对公存款业务种类较多，存款业务的结构直接影响商业银行的效益和流动性，分析存款业务结构的合理性和变化情况，判断由于对公存款业务结构不合理造成的影响，以及结构变化异常的真实原因。

（3）趋势分析。分析对公存款业务中各类指标的发展变化趋势是否符合宏观环境和内部控制要求，查找趋势变化中的异常情况。

（4）关联分析。分析对公存款业务数据与非利息费用支出、贷款等数据之间的关联是否异常，查找在其他费用中列支利息支出、利用发放贷款调剂对公存款等问题线索。

7. 外部调查。

（1）函证。为验证被审计银行对公存款业务中相关数据的真实性，如开户情况、资金交易情况等，可就某些重大事项进行函证。

（2）资金追踪。为查清对公存款业务中的异常资金来源和去向，审计人员可对资金进行追踪。追踪一般有两种途径：一种是追踪涉及的企业或单位，要求其提供相关账册资料，协助调查资金来源和去向；另一种是到资金转来或转出的对方交换行，通过交易对手的相关业务资料了解资金的真正来源和最终去向。

（3）延伸审计调查。为了核对存款业务中异常现象的真实情况，通常会延伸调查涉及的相关单位。一般来说，延伸调查工商管理、税务等政府部门，请其协助核实企业的真实情况；延伸相关企业取得相关证据，核实交易的真实性等。

（4）跨行业审计合作。在对公存款业务审计中，注意与其他行业审计的成果和信息共享，以形成合力，更有利于重大违法违纪问题线索的发现和取证。

第三节　储蓄存款审计

一、业务简介

储蓄存款指商业银行吸收居民个人积蓄的货币资产、按不同期限设定价格并支付利息的一种存款业务。基本上可分为活期储蓄存款和定期储蓄存款两种。活期储蓄存款可以随时支取，定期储蓄存款是以存单方式约定取款期限并计算利息。储蓄存款的凭证（如存折或借记卡）不能流通转让，也不能透支。

二、审计目标和内容

（一）储蓄存款业务内部控制是否健全有效

检查储蓄存款业务中的空白重要凭证和印鉴管理情况，重点关注内部员工盗用空白凭证或印鉴诈取客户资金等问题；检查多级复核的真实性、完整性、有效性，重点关注内部员工空存实取、盗取银行或客户资金等问题。

（二）储蓄存款会计核算是否真实、完整

1. 利用贷款虚增存款问题。关注商业银行在期末不按规定根据进度发放贷款情况，是否提前将贷款资金转入存款户虚增存款，是否不签订借款合同虚放贷款以虚增存款等。

2. 利用同业存放款项调整一般性存款问题。关注商业银行同业存放款项科目与一般性存款科目间发生额及余额的变动情况、变动的关联情况，重点检查通过两科目的相互划转来调整一般性存款余额的问题。

3. 将单位存款转为个人存款问题。关注商业银行储蓄存款科目与对公存款科目发生额和余额的变化情况，重点检查为完成单项考核指标而人为调整两科目余额的问题。

（三）储蓄存款业务是否合法合规

1. 虚列储蓄存款利息支出套取费用问题。关注储蓄存款利息提取与实际支付情况，检查利息支出的真实情况，已支出的利息与存款的对应情况，利息支出是否已支付至存款人等，重点检查员工或小团体通过虚列存款利息支出套取费用等问题。

2. 虚开储蓄存款账户及利用客户存款账户私设"小金库"问题。检查长期"眠户"激活程序的合规情况，依据的充分情况，银行持有客户存款账户相关印鉴的情况，存款账户印鉴留存的完整合规情况等，关注商业银行虚开储蓄账户或利用储蓄账户私设"小金库"等问题线索。

3. 储蓄存款开户违反账户实名制问题。检储蓄存款开户基本资料，关注账户实名制执行情况。

三、审计程序和方法

（一）收集文件资料

1. 储蓄存款业务的管理文件和操作规程。如账户管理办法、综合柜员制管理办法以及应付利息计提清单、计提办法的文件等。

2. 业务状况表、储蓄存款报表、重要空白凭证领用登记簿、开销户登记簿、大额取现登记簿，以及对应的信息系统电子数据。

3. 收发文登记本，核实其是否及时根据国家有关规定调整储蓄存款业务的管理办法和操作规程。

4. 有关纪检监察、审计稽核等部门以及外部检查单位的检查结果报告和相关材料。

5. 相关的会计记账凭证和原始凭证。

（二）整理电子数据

1. 会计核算和财务系统电子数据的下载和整理。了解储蓄存款业务会计核算和财务系统的数据来源和结构，确保数据的完整性、真实性和可用性。重点关注储蓄存款科目总账、明细账，利息支出科目总、分户账等数据。

2. 储蓄存款数据的下载和整理。下载相关数据，取得数据字典，重点了解数据库结构、字段含义、参数表等；对数据进行整理，确保数据的完整性、真实性和可用性。

（三）内部控制测评

1. 储蓄存款业务的测评。

（1）操作员管理方面。测评操作员管理的合规性，内部控制的完整性及有效性等，有效控制风险的能力和情况等。

（2）储蓄存款账户的开立和管理方面。储蓄账户开立的合规性、业务风险控制的有效性；重要空白凭证、业务印章管理的有效性；对于查询、冲账、补账、挂失、冻结、扣划等特殊业务交易处理及控制的合规有效性等。

（3）储蓄存款账户的资金收付。所有存取款业务的合规性，储蓄存款业务系统与会计核算系统数据的一致性；从单位存款账户转入储蓄存款账户等敏感交易的合规性等。

（4）事后监督管理。系统中对前台手工录入的数据及逐笔监督复核记录的完整性和风险的可控性；事后监督对各经营网点的业务监督的有效性和可查性；事后监督对发现的问题检查记录和整改记录的完整性等。

（5）储蓄存款利息计算。测试系统中计息程序完善、正确及合规；调整权限设定的合规性，控制的有效性以及会计核算的真实完整性等。

2. 储蓄存款电子银行业务的测评。

（1）电子银行业务开办流程等相关制度的完善情况，制度中的风险控制和控制有效性的情况。

（2）储户通过电子银行交易时密码和验证保护的严密性。

（3）网上银行储户的基本信息和交易信息防范网络黑客和病毒攻击的情况，"防火墙"措施的安全保护情况，以及应对网上突发事件所必备的软、硬件保障能力等。

（4）网上银行交易数据备份及时完整情况，异常资金交易的自动报警功能的完备情况等。

（四）审计取证

1. 基础数据核对取证。在业务系统中取得储蓄存款业务的电子数据，包括开户情况、交易数据、利率、计息基数等；在会计核算系统中取得储蓄存款类相关数据，包括账户信息文件、各类储蓄存款科目总账、分户明细账、全年的交易明细账等。

（1）两类数据自身间的核对，如会计核算系统中从明细账到总账逐级核对，与资产负债表中各类储蓄存款的数额核对等，确定各数据间逻辑关系的一致性，如有不同则要查找原因。

（2）将两类数据进行分析对比，核对两系统同类业务数据的一致性，如业务系统中的利息支付总额与会计核算系统中的利息支出总额的一致性，各类存款利息支出与账面数的一致性等，如有差异应进一步查找原因。同时，对两系统中的重大调整项目和未达款项应查明原因。

2.业务数据审计取证。

（1）将当年储蓄存款余额变化情况与以往年度余额变化情况进行对比，对当年储蓄存款各月的增减变动情况进行趋势分析，关注异常增减变动，查明原因并取证。

（2）取得商业银行对储蓄存款的考核目标和奖惩办法，以及具体分配方法，将各分支机构考核目标和完成情况进行分析比对，对异常变化进行关注，将变化较大的分支机构作为延伸审计重点。

（3）将业务数据中储蓄存款日均余额变化与会计核算系统中储蓄存款利息支出数据进行对比，观察其匹配情况。对于匹配异常的要查明原因，重点关注：支付高息或隐瞒储蓄存款造成的利息支出超出正常范围、应付利息未提足或虚增存款造成利息支出低于正常范围等问题。

（4）检索分析储蓄存款开户基本资料，检查实名制的执行情况。主要通过检索账户主档文件，查找户名大于4个字、无身份证号码或者身份证号码异常的账户，对筛选结果进行详细审查并取证。

（5）分析储蓄账户数据中异常进出的记录，重点关注疑似公款私存或利用账户洗钱的数据。

一是在转账存入、现金取款的记录中检索单笔存取款超过一定金额（具体金额可根据实际情况、风险水平以及审计人员的职业判断来定）的数据。

二是按全年的发生额数据汇总后，审查超过一定金额及笔数（具体由审计人员根据重要性水平决定）的数据记录。对这些异常记录进行检查，对资金来源可疑、频繁大额取现的情况重点审查，以排查"公款私存"或涉嫌洗钱的线索。

（五）储蓄存款业务审计方法

储蓄存款业务审计方法包括询问、观察、计算、重新操作、检、分析等方面，具体操作方式与对公存款相同。但在运用外部调查的审计方法对储蓄存款的相关线索进行资金追踪或延伸审计调查时，应充分考虑储户情况或个人隐私。审计中，按规定程序操作，对于资金进出可疑、确需追踪的，可通过交易对手的开户资料、银行对账单及凭证等相关情况了解资金的真正来源和最终去向，并严格控制相关情况的知悉范围。

第四节　资金异常流动审计

在存款业务审计中，除常规性的对公存款业务及储蓄存款业务审计外，还应发挥审计监督在维护金融市场健康运行和国家经济安全中的职能作用，注意揭示社会不法分子和团伙利用我国金融市场管理漏洞，通过商业银行的对公存款账户和储蓄存款账户等渠道，从事大额资金跨区域、跨机构异常流动以获取非法利益，严重影响国家经济运行安全的问题和问题线索，并有针对性地提出进一步完善相关法律法规、监督体制和治理协作机制等方面的审计建议。

审计中，首先要分析资金异常流动的动机、模式或流程。在对存款业务电子数据分析时，要充分利用计算机技术手段，在海量的交易数据中梳理出异常交易记录，并找到行之有效的方法加以验证。

一、查找洗钱线索

洗钱是指不法分子将非法所得通过一定的途径变成合法收入的行为，是国际社会和各国政府重点打击的违法犯罪行为。其主要特点：一是大额频繁存入现金，将非法所得的现金直接存入银行；二是通过一系列复杂而烦琐的交易，如银行转账、现金与证券的交易、跨国资金的转移等，掩盖金钱的真实来源，使其合法化；三是将资金以合法形式转回。

洗钱活动不仅破坏金融机构稳健经营的基础、加大金融机构的法律和运营风险，还削弱了国家的宏观经济调控效果，严重危害经济的健康发展。审计中注意以下方法：

1.关注企业账户中大额提现记录，并确定可疑交易。大额提现一直是反洗钱监控的重点。不法分子为不引起监管部门的注意，通常会化整为零，小额、频繁、分散地存款，针对这种情况，审计人员可通过数据分析发现相关疑点。

（1）对企业账户中提现数据进行整理，将企业账户交易明细进行常规的汇总、统计排序，对单笔提现金额大、提现金额合计数大或一定时期内提现笔数多的账户作为下一步检查重点。

（2）上述账户虽然交易金额大，但不足以认定为异常。在此基础上，计算出这些账户的日均存款余额，并将企业提现金额合计与企业日均存款余额相比，按比值大小排序。比值大即意味着在资金转入账户后一般当日就转出，资金交易额很大，但账户每日的存款余额却相对很小，应作为疑点继续核实。

（3）对上述疑点账户，调阅企业开户资料，并在贷款信息库中检索此企业是否为该银行借款客户，以便直接获取企业基本信息。结合企业的经济性质（重点关注私营、个体企业）、经济规模，确定其资金交易异常。

（4）对异常交易账户，将其明细账中资金来源记录进行整理，并对其可疑来源进行追踪和延伸。

2.关注账户中现金存款频繁，且金额较大现象。大额现金存款同样是反洗钱监控重点。审计中关注大额、分散且不合理的现金存款账户。

（1）对账户明细中涉及现金存款存入的记录进行整理，并将账户中现金存款的记录按户名进行分类，按发生额进行汇总、统计、排序，将现金存款笔数多、总量大的账户整理备查。

（2）通过企业开户资料等，进一步了解这些企业的性质和基本状况，判断其频繁存现是否符合自身经营业务特点、是否合理。

（3）对于业务发生金额大、笔数多的企业账户，跟踪资金去向，必要时进行延伸调查。

3.关注在多家银行开设多个账户，将资金在多个账户中流动的现象。

（1）在存款业务数据库中，整理出资金进出量较大且笔数较多的账户及其具体交易明细。

（2）对上述账户的交易对手进行统计、汇总、分析，从中找出有规律的交易账户，如一个或几个账户，对应数个甚至数十个固定的账户进行频繁的资金进出交易，交易资金稳定或者是单笔交易金额相似，将其定为可疑待查。

（3）对上述可疑账户进行详查。包括资金进出的原因是否合理，跟踪资金的来源和去向。

二、查找地下钱庄及其从事非法活动线索

地下钱庄是一种特殊的非法金融组织，游离于金融监管体系之外，利用或部分利用金融机构的资金结算网络，从事非法买卖外汇、跨国（境）资金转移等非法金融业务，甚至参与非法吸收公众存款、非法借贷拆借、非法高利转贷等严重扰乱我国金融秩序的非法活动，社会危害性极大。

作为金融服务的非法中介机构，地下钱庄的操作手法多样，利用自己对国内国际金融交易制度的熟悉和建立起的非法交易网络，多从事跨境洗钱、外汇买卖等非法活动。通常换汇人在境内将人民币交给地下钱庄，地下钱庄则通过境外合伙人将外汇打入换汇人所指定的境外账户；或境外存入外汇，在境内提取人民币。审计方法主要有：

1.与反洗钱机构、银监部门及商业银行相关业务部门座谈，了解地下钱庄主要从事非法业务的特点和做法，分析其在存款业务中的表现形式。

2.在存款开户数据中，按开户要素进行检索，筛选出开户资料中要素相同的企业名单。如多家公司开户资料中联系电话、地址、联系人等要素相同，判断多家公司是否为同人或关联的多人控制。

3. 关注资金交易异常账户。地下钱庄资金交易频繁且交易量巨大，而对于贸易公司等非实体企业，长期大额交易的存在是不正常的。审计应调查资金交易有无真实的贸易背景，追踪资金的来源和去向。

三、查找通过虚假贸易及"内保外贷"的方式获取暴利扰乱金融市场和影响宏观调控问题线索

企业利用虚假贸易，采取境内人民币存款质押、境外贷款，再通过贸易形式将境外贷款资金转境内并结汇，结汇人民币再质押等方式，赚取境内外存贷款利差。这种以资金交易为目的的进出口贸易，不仅不能带来国内税收、拉动经济，而且严重干扰了人民币市场和外汇市场，其虚增的进出口贸易额，也给国家宏观调控带来了不利影响。此类业务的主要操作手法为：

1. 保税加工企业在境外成立自己控制的外方委托企业，双方签订进料加工协议，加工企业采购委托企业价值高的原料（如黄金）经简单加工后（金条）的成品再销售给委托企业。

2. 加工企业采购原料时，在当地银行存入全额保证金，开出远期信用证，委托企业用远期信用证在境外抵押贷款等方式取得外汇，用以回购加工后的成品，加工企业根据销售和出口单据进行结售汇，以人民币再存入银行质押开始下一轮的进料加工业务，如此循环，使得同一批货物在短时间内多次出入境，第一笔存入的保证金存款被无限放大。企业获取了巨额利差和人民币升值带来的收益，商业银行增加了存款和手续费收入。

（1）在存款业务数据库中，整理出远期信用证保证金存款明细记录。

（2）对此类记录进行分析，检索一定期限内保证金余额成倍增加的企业，并结合远期信用证系统数据进行对比分析，确定信用证收款方单一且贸易品种单一的交易。

（3）对上述筛选结果中的企业，调阅信用证审批档案，关注商业银行对申请企业尽职调查是否充分、手续是否齐全、进料加工是否真实、企业加工能力能否达到贸易量的要求等，延伸海关、税务部门查看其贸易进出关的明细资料及纳税情况，必要时延伸加工企业调查其加工能力及资金去向。

四、查找民间非法集资和高息放贷问题线索

向出资人承诺高额利率，多以收取现金或指定账户转账形式，单笔资金量不大。资金集中后，再以更高利率贷给用款人，从而获取利差收入。审计方法有：

1. 整理储蓄存款数据，重点对资金进出频繁，小额多笔进账后集中转出的异常记录进行分析判断。

2. 结合非法集资和高息放贷问题的特征，通过对重点区域、敏感行业的企业账户交易数据进行综合分析判断，进而追踪资金提供方的资金性质和资金使用方的资金用途。

第九章　中间业务审计

第一节　业务概述

一、概念

中间业务是指不构成商业银行表内资产、表内负债，不运用或较少运用自身经营资金，并以中间人身份替客户办理收付和其他委托事项，提供各种金融服务并收取手续费的业务活动。中间业务主要包括支付结算类业务、信用卡业务、代理类业务、担保承诺类业务、交易类业务、投资银行业务、基金托管业务、咨询顾问类业务、理财业务、其他类业务等。本章将对支付结算、理财、结售汇、信用卡等中间业务审计进行重点介绍。

二、中间业务流程

（一）支付结算业务流程

支付结算业务主要分为汇兑业务、委托收款业务和托收承付业务。目前后两种业务已

不常见，这里仅就汇兑业务进行详细介绍。

汇兑业务流程，即汇款人委托汇款缴费给汇款人开户银行，汇款人银行受理汇款，并通过联行报单划转款项给收款人开户银行，收款人通知收妥入账或来行取现，收款人开户银行支付汇款。

（二）理财业务流程

银行根据客户需求和债券市场情况，制作产品设计方案；制订销售实施方案，通过各种媒体向社会公示和宣传，对外发售并与客户签订相关购买协议；募集期结束后，银行将资金从客户账户划拨至银行专门为该理财产品开设的资金专用账户，按照合同约定对理财资金进行投资运作和管理，定期披露资产变动、收入和费用及下一步投资计划等情况；具有提前赎回条款的理财产品发生部分或全部提前赎回，到期日理财产品自动终止，按不同付息方式，到期一次或定期将客户投资本息划入客户指定的银行账户。

（三）结售汇业务流程

1. 结汇业务流程。审核结汇申请人提交的有效凭证和商业单据，银行结汇或入账，在结汇水单或收账通知上注明相应的核销单编号，对境内机构要求申报外汇性质，出口项下汇入汇款和预收货款要求提供正本出口收汇核销单，超过等值1万美元的现钞结汇，银行审核结汇人的身份证明和外汇来源证明，并报外汇局备案，资本项目的结汇按规定向外汇局备案或经外汇局核准，银行将日期、客户名称、币种、金额、汇率、折合人民币金额等项目登记结汇业务台账。

2. 售汇业务流程。审核规定的有效凭证和商业单据后，向客户售汇或从其外汇账户中支付，为境内机构办理售付汇时，鉴别和二次核对进口货物报关单，对货到付款项下售付汇，审核其贸易真实性；境内机构先支后收贸易项下的购付汇，银行凭外汇局核发的进口付汇备案表、进出口合同、发票、买方开来的信用证，或者经银行核对密押的外方银行开具的付款保函规定的其他相应有效凭证和有效商业单据等为其办理售付汇。银行将日期、客户名称、币种、金额、汇率、折合人民币金额等项目登记售汇业务台账。

（四）信用卡业务流程

个人或单位向银行申领信用卡，填写信用卡申请表，提交有关证明文件，按照需要交存保证金或提供其他担保。银行对申领人进行资信调和评估，确定信用卡授信额度和授信条件。银行与信用卡领用人签订信用卡领用合约，确定卡的使用范围和使用方法，卡账户适用的利率，收费项目及标准，发卡银行、持卡人和其他有关当事人的权利和义务。银行为信用卡领用人开立存款账户，并发放信用卡。持卡人利用信用卡进行存款、取款、转账和消费。交易完毕，发卡银行收取信用卡交易单据，进行资金清算。

（五）其他中间业务流程

接受客户委托；审查客户资格、条件、提供的担保措施；与客户签订协议，明确双方的权利和义务；根据客户委托办理经济事务或出具担保承诺，或进行资金交易；资金清算、交易平盘；收取手续费；必要时根据协议规定履行相关担保或承诺等。

三、中间业务风险分析

（一）支付结算业务风险

1. 操作风险。银行岗位职责不分离、混权混岗，交易密码和权限管理不严，监控授权流于形式等。

2. 诈骗风险。不法分子伪造假票据、假印鉴、假身份证骗取银行资金，以及以虚假或者无效的凭证、合同、单据等向银行骗购外汇。

（二）理财业务风险

1. 市场风险。金融市场受各种因素影响，导致投资组合内的资产价格变化，投资计划资产收益减少甚至损失本金。

2.流动性风险。投资组合的有价证券资产不能迅速变现。

3.管理风险。因投资管理各方对经济形势和金融市场走势等判断有误，或对投资工具使用不当等影响资金收益水平和本金安全等。

4.合规风险。股权、债券投资的重大舞弊是近年来风险较为突出的领域，给商业银行带来巨大的经济损失和声誉影响。

（三）结售汇业务风险

1.操作风险。银行内部程序、人员、系统的不完善或失误，或由外部事件造成直接或间接损失的风险。

2.流动性风险。"热钱"流动和外资抽逃，结售汇资金来源合法性及在国家宏观政策下资金用途合规性等。

（四）信用卡业务风险

1.信用风险。信用卡持卡人不能按时足额归还透支款项和透支利息给银行带来损失。

2.诈骗风险。不法分子恶意透支，骗领、冒用、使用伪造、变造信用卡，收单客户进行套现，特约单位诈骗给银行造成经济损失。

（五）其他中间业务风险

1.信用风险。超额发行国债、卖空国债、挪用发行国债资金，转移、挪用被代理单位资金和利息，以代理委托放款名义发放贷款，为被代理单位垫支放款资金等。

2.道德风险。不同基金托管业务之间、基金托管业务与银行自身经营业务之间未严格分离，造成银行未能履行托管义务；银行内部人员挪用所托管基金的资产，进行账外经营及其他违规行为等。

3.操作风险。银行内控制度不健全或执行不到位等。

四、中间业务审计具体目标

中间业务审计的具体目标，是通过检查各项中间业务，包括支付结算、结售汇、信用卡、理财及其他业务，审查其真实性、合法性和效益性。一是审查中间业务和中间业务收入真实性，即审查商业银行资产负债表外台账、相关财务报表、会计账簿及资料反映的特定会计期间的各项中间业务是否真实存在，数量、计价、金额等记录是否准确，分类核算是否符合相关规定，各项中间业务及收入是否完整、真实地记录在有关账表中；二是审查其合法性，即审查各项中间业务的操作程序、处理方法是否符合相关法律法规和金融产业政策，授权审批、财务核算和信息披露是否符合相关财会制度和金融管理规定，收费是否符合有关规定；三是审查其效益性，即审查各项中间业务发展策略及效果是否符合商业银行经营战略与发展目标，是否实现经济性、效率性和效果性的统一，达到提升商业银行创新能力和服务能力的目的。

第二节　支付结算业务审计

一、业务简介

支付结算是指单位、个人在社会经济活动中使用票据、汇兑等结算方式进行货币给付及资金清算的行为。支付结算业务按手段方式不同，分为现金结算和转账结算；按地域不同，分为同城结算和异地结算；按支付工具不同，分为票据结算和非票据结算；按资金结算是否跨国境，分为国内结算和国际结算。

二、审计目标和内容

（一）审计目标

1.审查支付结算业务会计处理的真实性。审商业银行资产负债表外台账、相关账簿、报表资料所反映的支付结算业务是否发生、确实存在；支付结算业务操作程序、分类核算等是否符合规定条件；支付结算业务发生额、手续费收入等计量是否真实准确。

2. 审查支付结算业务的合法性。审查支付结算业务的操作程序、处理方法是否符合国家金融政策、法规和银行规章制度的要求；支付结算业务的授权、授信、审批等内部控制系统是否健全有效。

3. 审查支付结算业务的效益性。审查支付结算业务策略与发展效果是否符合商业银行总体发展目标与经营目标，通过开展支付结算业务，是否增加手续费收入，维护客户权益，提高商业银行的金融创新和金融服务能力。

（二）审计内容

1. 支付结算业务内部控制是否健全有效。检查银行根据客户提供的票据或结算凭证，办理资金结算业务情况；执行支付结算业务各项规定情况；执行支付结算有关收费标准情况。

2. 支付结算业务是否合法合规。检支票、本票、汇兑业务、结算业务收益情况，是否存在超权限违规办理结算业务，截留隐瞒业务收入，违规将单位资金转入储蓄账户等情况。

三、审计程序和方法

（一）支付结算业务审计程序

1. 收集文件资料。需要收集的文件资料包括各项支付结算业务的操作规程、现金管理制度、重要空白结算凭证管理制度、业务复核和授权制度、岗位责任制度、业务定期检查制度、编押核押制度、计算机系统的风险控制制度等。

2. 整理电子数据。需要整理的电子数据包括对公系统、国际业务系统、SWIFT系统、电子联行系统的相关电子数据，包括机构代码表、科目代码表、牌价表、交易代码表、业务明细账、余额表，相关机构代码表、科目代码表、交易代码表、客户信息文件、交易员权限表等。

3. 内部控制测评。

（1）询问取得支付结算业务操作规程，审查有关制度规定的完善、恰当和合法性。询问会计部门主管、相关业务人员及会计事后监督人员有关支付结算业务内部控制执行情况，询问结算部门有无发生重大责任事故或违反规定的行为及客户投诉情况。

（2）实地观察柜台办理支付结算事项情况、会计部门账务处理以及会计事后监督的有关检查情况，查看内控制度实际执行效果，重点观察岗位职责的分离情况。

（3）调阅业务有关凭证，审查不相容职务的分离情况；调阅业务登记簿，审查是否符合支付结算方式规定的范围、条件、金额起点及其他有关规定；抽查汇出款项的处理，审查汇款线路和清算渠道的选择是否正确；检查汇款人支付手续费或电子汇划费或邮电费与银行收入入账情况，审银行是否按规定收费，会计处理是否正确。

4. 审计取证。

（1）利用计算机核对汇出、汇入汇款科目报表、总账、明细账，审查账表、账账是否相符；核对汇出、汇入汇款登记簿与汇出、汇入汇款账户，审查银行汇款业务记载是否完整。

（2）收入审查。执行分析性复核，根据业务量、该项业务的收费标准，估算预期应达到的业务收入水平，并与实际业务收入相比较，判断差异是否重大。

（3）重大项目或可疑项目审查。一是抽查大额外汇汇出汇款，审核是否具备外汇局核准件或有无按规定向外汇局备案。二是利用计算机检索汇款解付中的大额提现，并调阅大额现金支付登记簿和有关会计凭证，审查大额现金支出是否合规。三是取得代收外汇托收款项明细账，利用计算机检索大额托收款项业务，调阅相关凭证和业务档案，审查托收业务办理是否合规。

（二）支付结算业务审计方法

1. 内部控制健全有效性审计方法。

（1）取得与结算业务相关的内部管理规定、业务资料及会计账簿，询问会计部门主管、相关业务人员及事后监督人员有关结算业务内部控制执行情况，有关结算原则制度执行情况及会计处理情况。

（2）实地观察柜台办理结算事项情况、会计部门账务处理以及会计事后监督对有关票据检查情况；实地观察抵押资产，看其是否足值以及是否安全存放和保管。

（3）抽查审计部分结算票据，审查有关票据的真伪；票据记载事项是否齐全，有无漏项；有无受理远期支票、空头支票及逾期汇票等不合规票据。

（4）抽查部分结算存款账户和保证金存款账户，审查需要收取保证金的项目，其收取的保证金是否足额，有无用保证金现象发生。

（5）调阅结算档案文件，审办理结算业务的各项手续是否齐备；对部分需要进行审批的项目，检查是否经过有相应审批权限的部门审批；审查有关统计台账是否设置，记录是否齐全。

（6）调阅有关结算科目会计账簿，抽查部分会计记录，审查记账是否准确，有无乱用会计科目现象；审查结算手续费收取情况。

2. 业务合法合规性审计方法

（1）支票审计。①审查受理支票的审核。通过调阅会计传票，主要审银行对支票各栏内容是否认真审查，各栏填写是否齐全、正确，手续是否完备；转账支票的收款人是否将转账支票连同填制的进账单送交银行；支票的印章与预留印鉴是否相符；支票的用途是否与填写的用途相符等。②审查支票付款期限。通过抽会计传票，审查支票付款期是否超过 10 天。③审查支票的资金情况。通过调阅存款账户余额表，审查有无签发空头支票。④审查对支票挂失的受理。通过查阅支票挂失登记簿，检查在支付现金前已签的现金支票遗失是否受理挂失申请等。⑤审查支票领用情况。通过检查出售支票的操作规程和会计传票及重要空白凭证领用单，检查出售支票的手续是否完善。

（2）本票审计。①调阅银行本票申请书等档案资料，审查申请手续的内容是否齐全，有无遗漏，有无明显不符合申请条件的事项。②调阅银行本票票样及银行本票进账单等有关资料，检查本票的真例，收款人或背书人的身份及付款期限、印章等内容是否齐全真实。③调阅银行本票和存放中央银行款项、开出本票等会计资料，审查签发行收到票据交换人的本票后，是否抽出本票第一联与之核对，经核对相符并确认是本行签发时，是否及时办理结清手续等。

（3）汇兑业务审计。①对汇出行的审查。调阅有关信汇、电汇凭证，审查汇出行是否认真审查了凭证各项内容，内容填写是否正确、齐全；通过调阅存款账号余额表，审查是否做到先收现金或先从账上划出，再办理汇款；审查汇款人是否在电汇凭证上加盖了预留印鉴等。②对汇入行的审查。通过调阅汇兑入账凭证，审查汇入行是否按规定和汇出行指明的用途监督支付；通过调阅客户对账单和汇兑入账凭证，审查对于开立账户的收款人的汇款，是否及时入账，有无积压凭证、占用客户资金；通过调阅"应解汇款"科目的发生额、汇兑入账凭证，审查转汇、退汇等业务合规办理情况。

（4）结算业务收益审计。①调阅银行办理每种结算业务记录台账，根据公布的结算收费标准，按规定计算出每笔结算业务应收手续费，再与手续费收入科目明细账进行核对，检查账面金额是否与计算数大致吻合，如果差别很大，表明银行可能存在隐瞒少计手续费收入问题。②调阅每种结算业务记录台账及营业外收入明细账，检查台账记录的收款情况与会计账记录是否吻合，审查有无冲账记录，是否存在先收后退的现象。

第三节　理财业务审计

一、业务简介

理财业务是指商业银行接受投资者委托，按照与投资者事先约定的投资策略、风险承担和收益分配方式，对受托的投资者财产进行投资和管理的金融服务。理财产品是指商业银行按照约定条件和实际投资收益情况向投资者支付收益、不保证本金支付和收益水平的非保本理财产品。根据募集方式的不同，将理财产品分为公募理财产品和私募理财产品。公募理财产品是指商业银行面向不特定社会公众公开发行的理财产品。私募理财产品是指商业银行面向合格投资者非公开发行的理财产品。

二、审计目标和内容

（一）审计目标

1. 审查理财业务会计处理的真实性。审查商业银行理财业务台账或相关登记簿、报表资料所反映业务是否发生、确实存在；理财业务操作程序、分类核算等是否符合规定条件；理财业务发生额、手续费收入等计量是否真实准确。

2. 审查理财业务的合法性。审查理财业务的操作程序、处理方法是否符合国家金融政策、法规和银行规章制度的要求；理财业务的授权、授信、审批等内部控制系统是否健全有效。

3. 审查理财业务的效益性。审查理财业务策略与发展效果是否符合商业银行整体战目标与经营目标，通过开展理财业务，提高商业银行的金融创新和金融服务能力，在获取效益的同时，经营风险可控，风险、成本与效益匹配。

（二）审计内容

1. 理财业务内部控制是否健全有效。审查商业银行理财业务内控制度建设情况。检查银行是否根据理财业务特点建立不同理财业务品种，并分别制定管理规章制度和操作办法；是否针对理财业务的研发、定价、销售、资金管理、账务处理等建立有关规章制度是否建立理财业务档案；是否建立健全理财业务定期检制度，保证理财业务合法规范；是否实行统一的授权管理制度和明确的岗位职责制度等；商业银行是否通过具有独立法人地位的子公司开展理财业务；暂不具备条件的，商业银行总行是否设立理财业务专营部门，对理财业务实行集中统一经营管理；商业银行是否选择具有托管业务资格的机构托管所发行的理财产品。

2. 理财业务是否合法合规。审查商业银行理财业务执行制度和法规情况。检查银行办理理财业务是否遵守法律法规和国家有关政策规定，是否发行投资范围超过监管部门许可的理财产品，是否考虑客户的风险承受能力并进行充分的风险提示；理财业务是否与其他业务相分离，理财产品是否与其代销的金融产品相分离，理财产品之间是否相分离，理财业务操作是否与其他业务操作相分离；是否存在不当销售或利用理财业务进行变相高息揽储等违规行为；是否存在利用银行贷款资金购买理财产品，委托贷款违反资金规定用途流入股市等问题；商业银行理财产品投资于非标准化债权类资产、银行间市场、信贷资产受（收）益权、资产管理产品、证券交易所市场等投资运作管理，是否符合监管要求，是否多重嵌套；关注异常或可疑理财产品发售合规性；是否存在未经上级行有效授权，擅自办理理财业务行为；是否存在利用特定理财产品为客户进行利益输送等问题。

3.理财业务风险管理是否有效。审查银行理财业务风险管理体系建设情况。检查银行是否根据本行理财计划的发展策略、资本实力和管理能力，确定理财业务所能承受的总体风险程度及每个理财品种所能承受的风险程度；是否开展具有滚动发行、集合运作、分离定价、期限错配特征的资金池理财业务；是否根据风险管理方式和理财业务特点，建立健全理财业务风险管理体系，并将理财业务风险纳入银行整体风险管理体系；是否建立有效的理财业务识别、计量、控制、处置的管理系统，制定有针对性的内部风险管理制度和风险管理措施；全面准确反映理财业务风险及其变动情况；商业银行是否及时、准确、完整地向理财产品投资者披露理财产品的信息和净值。

三、审计程序和方法

（一）理财业务审计程序

1.收集文件资料。需要收集的文件资料包括：有关支付理财业务操作流程、风险评估、会计核算等制度办法、关于理财业务审批权限的授权文件、理财业务发展战略规划、有权审批部门的审批文件、理财业务经营方案、尽职调查报告、可行性研究报告等。

2.整理电子数据。需要整理的电子数据包括：理财产品审批数据、各类理财产品交易数据、理财产品交易限额数据、相关个人和单位存款分户账和明细账、风险监测数据等，相关机构代码表、科目代码表、交易代码表、客户信息文件、交易员权限表等。

3.内部控制测评。

（1）取得与理财业务相关的内部管理规定，业务档案资料及会计账簿，取得从事理财业务人员的资料；询问相关业务部门主管有关从事理财业务所具备的相关能力；询问相关业务部门主管及会计部门主管有关理财业务的内部控制执行情况。

（2）实地观察相关业务部门办理理财业务情况、会计部门账务处理情况，查看其实际执行效果。

（3）调阅理财产品说明书和相关理财产品协议文本；抽查理财业务相关会计账簿和凭证；调阅理财业务人员相关资料，检查相关人员是否具备从事该项理财业务的条件；调阅理财业务档案或相关资料，检查银行是否按照协议规定和操作规程规定办理理财业务，向客户提供的理财产品信息是否真实、可靠；检查是否设登记簿登记每笔理财业务的具体情况；抽查理财业务相关会计账簿和凭证，检查理财业务相关收入是否及时足额入账。

4.审计取证。

（1）取得有关理财业务的统计资料，与理财业务登记簿或台账核对，审查银行是否完整记录理财业务。

（2）取得理财产品协议、理财业务台账，核对银行是否真实、完整、准确记载所发生的理财业务。

（3）对理财业务量执行分析性复核，取得理财业务的统计资料，检查理财业务量的变化是否正常，对异常变化寻找原因。

（4）对理财业务收入执行分析性复核，将理财业务收入按月或按季划分，结合理财业务的业务量变化，判断理财业务收入是否正常，对发生异常变动的月份或季度进一步调查原因。

（5）调阅理财协议、理财业务台账、相关收入账户和凭证，审查是否按照协议或有关规定收取理财业务收入，是否及时、足额计入相关的收入账户。

（6）抽查部分异常或可疑理财产品说明书，特别要关注为特定群体设计并销售的理财产品，分析特定群体构成，相应理财产品投资范围，购买理财产品资金来源，理财产品未来预期收益等要素内容，注意发现有无利用理财产品进行利益输送等违法违规行为。

（二）理财业务主要审计方法

1. 内部控制健全有效性审计方法。

（1）通过和银行管理层、业务部门和工作人员座谈，发放并填写内部控制制度调查表，调阅相关文件和会议记录，了解银行理财业务内部控制制度建设情况；对重要流程、重要业务、重要岗位进行抽样调查和穿行测试，观察内控制度是否健全有效；调阅理财业务规章制度、操作办法等资料，对理财业务操作流程中的主要控制环节和控制措施进行评价，观察内控制度设计是否健全、运行是否有效，有无违规操作行为。

（2）调阅上级行授权书、系统权限表，询问业务部门办理理财业务的资格权限，观察理财业务是否纳入统一授权管理，有无越权开展业务的情况；调阅银行理财业务档案资料，查阅银行分支机构自行销售、代理销售的理财产品是否报总行审批，并向当地相关部门报备；调阅业务岗位说明书，观察理财业务不相容职责分离是否到位、岗位职责是否明确等，理财产品的市场营销和投资前台、风险控制中台、资金清算后台是否职能分离和制衡，有无存在薄弱环节。

2. 业务合规性审计方法。

（1）调阅理财业务档案资料和各项检查报告，检查银行有无出现内部工作人员挪用、贪污理财客户资金或外部人员诈骗理财资金的情况，银行是否采取积极有效措施进行防范和整改；检查银行是否及时采取有效措施处理和应对理财产品设计缺陷或业务系统出现控制重大故障等意外情况，评价相关措施的效果，有无形成较大风险。

（2）调阅理财业务台账和档案资料，审查银行针对利率、汇率等变化造成市场行情剧烈波动或客户出现到期无力支付等违约事件，是否进行相应的风险控制，如设置止损限额、与交易对手进行平盘等，有无发生巨额亏损情况。

（3）利用计算机分析技术，将银行理财产品销售客户与个人贷款客户关联，并按理财产品客户开户时间与个人贷款客户贷款发放时间的相近程度，检索相关客户的存款明细账，检查是否存在利用银行贷款资金购买理财产品的客户。

（4）取得办理委托贷款的企业账户资料，在办理委托贷款企业的对公活期存款明细表中，检索对方账号为证券公司的企业客户记录，检查是否存在委托贷款资金违反规定用途流入股市的情况。

（5）对少数、特定群体设计并发售的存在异常或可疑的理财产品，调阅研究该项理财产品说明书，了解购买理财产品个人身份和机构关联关系，分析该项理财产品预期收益的合理性，调查是否存在通过设计并发售特定理财产品，进行利益输送的情况。

3. 风险管理有效性审计方法。

（1）调阅理财业务风险管理制度和办法、相关会议记录，与工作人员座谈，进行实地观察，检查商业银行是否根据理财计划及其所包含的投资产品的性质、销售规模和投资的复杂程度，针对理财计划面临的各类风险，制定清晰、全面的风险限额管理制度，建立相应的风险管理体系；理财业务是否纳入全行事后监督范围，统一进行风险监测。

（2）调阅理财业务档案等资料，检查银行在销售理财计划时，是否对拟销售的理财计划进行全面的风险评估，制定主要风险的管控措施并建立分级审核批准制度；是否认识到不同层次的客户、不同类型理财业务的不同渠道所面临的主要风险，采取具有可操作性的风险管理措施；调阅理财协议，检查是否向客户充分揭示产品特点和风险，是否获得客户的充分授权。

（3）调阅理财业务授权管理和风险管理资料，观察各项风险政策和措施执行情况及效果。检查银行是否按照风险管理权限，制定不同交易部门和交易人员的风险限额，并确定每一理财计划或产品的风险限额；调阅理财业务记录与合同，询问并观察是否具有专业知识、行业经验和管理能力的理财业务人，是否有错误销售和不当销售的情况，以及有无发生重大亏损和重大违反制度规定的行为。

第四节 结售汇业务审计

一、业务简介

结汇是指境内企事业单位、机关和社会团体按国家外汇管理政策的规定，将各种外汇收入按商业银行挂牌汇率卖给外汇指定商业银行，外汇指定商业银行付给相应的人民币。售汇是指境内企事业单位、机关和社会团体的正常对外支付外汇，持有关凭证用人民币到外汇指定商业银行办理兑付，外汇指定商业银行收进人民币，付给等值外汇。结售汇业务按业务性质不同，分为经常项目结售汇业务和资本项目结售汇业务。经常项目是指本国与外国进行经济交易而经常发生的项目，是国际收支平衡表中最主要的项目，包括对外贸易收支、非贸易往来和无偿转让三个项目。资本项目是指资本的输出输入，所反映的是本国和外国之间以货币表示的债权债务的变动。

二、审计目标和内容

（一）审计目标

1.审查结售汇业务会计处理的真实性。审查商业银行结售汇业务台账或登记簿、报表资料所反映业务是否发生、确实存在；结售汇业务操作程序、分类核算等是否符合规定条件；结售汇业务发生额、手续费收入等计量是否真实准确。

2.审查结售汇业务的合法性。审查结售汇业务的操作程序、处理方法，是否符合经济金融、外汇管理相关政策法规与银行规章制度要求；结售汇业务的授权审批等内部控制系统是否健全有效。

3.审查结售汇业务的效益性。审查结售汇业务是否符合商业银行整体战略目标与经营目标，通过开展结售汇业务，增加手续费收取，维护客户，提高商业银行的金融创新和金融服务能力，同时经营风险可控，成本与效益匹配。

（二）审计内容

1.结售汇业务内部控制是否健全有效。审查银行制定结售汇业务基本管理制度、业务操作流程和财务核算办法情况，是否建立结售汇业务档案，是否存在明显的制度缺陷等。

2.结售汇业务是否合法合规。审查银行结售汇业务纳入全行统一授权管理情况，分支机构是否在总行批准授权范围内办理结售汇业务；审查结售汇业务岗位职责分离情况，审查是否对结售汇业务采取适当的风险管理和风险控制措施，观察风险管理的效果；重点通过分析结售汇业务增长趋势、异常变动、结汇特征、结汇资金流向等，发现热钱流入或非法结售汇等问题线索。

三、审计程序和方法

（一）结售汇业务审计程序

1.收集文件资料。需要收集的资料包括有关结售汇业务岗位操作流程、风险评估、会计核算等制度办法，关于结售汇业务审批权限的授权文件，结售汇业务发展战略规划，有权审批部门的审批文件，结售汇业务经营方案、尽职调查报告、可行性研究报告等。

2.整理电子数据。需要整理的电子数据包括结售汇审批数据、结售汇交易数据、结售汇交易限额数据、相关单位存款分户账和明细账、风险监测数据等。还有相关机构代码表、科目代码表、交易代码表、客户信息文件、交易员权限表等。

3.内部控制测评。

（1）询问取得与结售汇业务相关的内部管理规定、业务档案资料及会计账簿；询问取得结售汇业务统计报表，询问会计部门主管、相关业务人员有关结售汇业务内部控制执行情况，重点询问有关结售汇业务审批情况。

（2）实地观察柜台办理结售汇业务情况、会计部门账务处理以及会计事后监督对业务的检查情况，查看其实际执行效果，重点观察岗位职责的分离情况。

（3）审查资本项目结售汇手续是否齐全，调阅结售汇业务有关账簿和凭证，检查结售汇所用牌价是否正确，资金划拨清算是否正确；调阅结售汇业务统计报表，结售汇业务有关账簿，审查结售汇头寸是否及时平仓，留有的敞口是否经有权部门和人员的批准。

4.审计取证。

（1）核对结售汇科目报表、总账、明细账，审查账表、账账是否相符；核对结汇售汇业务统计报表、结汇售汇业务台账或登记簿、结售汇账户，审查银行记载该项业务是否完整；取得有关交易系统办理结售汇的业务数据，与会计系统的结售汇数据相比较，核对是否相符，审查银行是否完整记载结售汇业务。

（2）业务处理合规性审查。一是调阅结售汇周转头寸报表、结汇售汇业务统计报表、结售汇账户和有关凭证，审结售汇头寸是否及时平仓，结售汇留有的敞口是否经有权部门和人员批准。二是调阅结售汇周转头寸报表、结汇售汇交易台账和有关确定结售汇周转金限额的文件，审查银行持有的结算周转外汇是否超过其最高限额或低于最低限额。三是调阅结汇售汇业务统计报表、结售汇账户、有关凭证和业务档案，抽查部分结售汇项目，办理结售汇的各项手续是否齐备，相关的有效凭证和商业单据或批文是否齐全。四是调阅结售汇、汇兑收益或汇兑损失账户及有关凭证，审查结售汇平盘已实现的收益或损失是否正确计算、记录和反映。

（二）结售汇业务审计方法

1.内控制度健全有效性审计方法。

（1）取得与结售汇业务相关的内部管理规定、业务档案资料及会计账簿；取得结售汇业务统计报表，询问会计部门主管、相关业务人员有关结售汇业务内部控制执行情况，重点询问有关结售汇业务审批情况。

（2）观察柜台办理结售汇业务情况、会计部门账务处理以及会计事后监督对业务的检查情况，查看其实际执行效果，重点观察岗位职责的分离情况。

（3）审查结售汇手续是否齐全；调阅结售汇业务有关账簿和凭证，检查结售汇所用牌价是否正确，资金划拨清算是否正确；调阅结售汇业务统计报表，结售汇业务有关账簿，审查结售汇头寸是否及时平仓，留有的敞口是否经有权部门和人员的批准。

2.业务合法合规性审计方法。

（1）结售汇业务趋势分析。趋势分析对查找重点审计地区、网点有重要意义。通过一家或多家银行的月结汇资金量的趋势分析可以了解资金的流入状况，通过对异动月份的细致分析，可以查找产生异动的支行乃至网点，进而根据该网点的主要结汇客户发现相应的线索，明确审计重点。具体审计方法：①抽取外汇买卖明细中的相关结售汇数据生成结售汇数据表，对结售汇数据表按照结汇和售汇进行拆分，再进一步拆分出个人和对公的结汇和售汇情况。②将个人、对公、结汇、售汇各表按照月份汇总生成一个总体趋势分析表，再将个人、对公、结汇、售汇各表按照支行和月份进行汇总，生成分行趋势分析表。③将总行和分行的趋势分析表导入 Excel，使用 Excel 的图表工具对总行的趋势图进行分析，查找异常月份，利用分行的趋势分析表进行分析，查找异常的分行，并对异常分行的当月结汇情况进行深入分析，查出异常的原因。

（2）结售汇业务偏离度分析。通过对银行网点结售汇业务的时间趋势分析，找出某网点在某个月份的异常变动，将范围进一步缩小到具体的某一笔或几笔结售汇业务。对于银行网点来说，由于其所处经济环境的限制，其结售汇业务的差额，特别是经常项目的结售汇业务的差额应该呈现一个相对平稳的发展趋势，如果某月其结售汇差额突然出现大的变化，则是审计关注的重点。从统计学的角度来讲，将各个网点每月的结售汇差额作为一组统计数据，计算各个数据与该组数据平均数的差额，再与该组数据平均离散程度进行比较，相差越大，则说明该月份的结售汇业务出现越大的异动，反映该组数据平均离散程度的参数即该组的标准方差。

具体审计方法：①按网点、月份统计对公结汇、售汇发生额，并分别生成对公结汇网点统计表和对公售汇网点统计表；以月份和网点号作为连接字段，生成对公结售汇网点统计表，并通过插入方式，保证主要字段如交易地区号、交易网点号、年份、月份、售汇金额等有效，并删除重复字段。②整理新生成的对公结售汇网点统计表，增加结售汇差额字段并计算。③按网点汇总各网点结售汇差额的标准方差；计算各个月份结售汇差额与平均结售汇差额的差异额，以及该差异额与标准方差的偏差率。④筛选出差异率超过1的情况，重点关注该网点、该月份的结售汇异动情况。

（3）非法结汇和异常资金流动审计。对违规结汇资金进行分析发现，有组织地将国外资金转移到国内，一般通过大量账户进行结汇，再将结汇资金进行划转，将非法资金通过"洗钱"变成合法资金。这种运作模式的特点是资金快进快出，在账户中基本没有留存。根据该特点可以对数据按特定条件进行分析。具体审计方法：①将结汇数据单独建立数据表，通过结汇账户出结汇资金的存账户，将结汇资金人民币账户同活期交易明细账关联，生成结汇交易明细账。②按照交易代码，将结汇资金进行按账户汇总，并将账户的支出资金进行汇总。③将汇总金额相除，得出结汇资金和汇出资金比率，观察数值近于1的账户。

（4）个人化整为零结汇审计。由于国内个人结售汇实行年度限额管理，总额为每人每年等值5万美元，因此可针对等值接近5万美元的个人结汇情况，按照柜员每日每人进行统计，若某柜员一天内办理上述金额的结汇交易较多，则可进一步检查其办理结汇的明细及结汇资金的来源，若上述结汇业务的交易序号比较连续，或结汇资金来源于一笔收汇，则可确定属于化整为零结汇。具体审计方法：①在结售汇明细表中筛选出个人结汇明细。②统计各个网点、柜员每个交易日的个人结汇情况，主要针对结汇金额等值5万美元的个人结汇情况。③计算每条记录的振幅，即选取最大结汇金额、最小结汇金额与平均结汇金额的最大差额作为振幅，振幅越小，说明该柜员在当天办理结汇交易的金额越集中，即出现化整为零结汇的可能性越大。④筛选出统计表中振幅较小或办理笔数较多的结售汇记录。⑤进一步分析化整为零的可疑结汇明细，检查其每组交易序号是否连续，并通过买入账号查询相关表明细，检查其结汇资金来源。

（5）对公化整为零结汇审计。目前国内对公结汇资本项下实行控制，每次用汇在指定额度下的仅在银行交付资金使用说明即可结汇，银行无审查真实性义务，而超过这一额度就需要经外管局同意后方可结汇。因此部分企业利用上述漏洞，化整为零多次结汇。具体审计方法：①提取所有的外币资本金账户交易数据。②对账户交易数据的所有借方数据按交易日期、美元折算金额进行排序。③提取结汇金额在10万美元至20万美元之间的所有记录，进行汇总，得出可疑化整为零对公结汇表。④进一步分析可疑化整为零对公结汇表中的结汇明细，检查其日期大致是否连续或同一天多次结汇，以此作为重点关注对象，同时结合其人民币账户，关注资金走向。

第五节　信用卡业务审计

一、业务简介

信用卡是指商业银行向个人和单位发行的，凭以向特约单位购物、消费和向银行存取现金，且具有消费信用的特制载体卡片。信用卡按是否向发卡商业银行交存备用金，分为贷记卡和准贷记卡。信用卡具有信用消费、预借现金和转账结算三大基本功能。

二、审计目标和内容

（一）审计目标

1. 审查信用卡业务会计处理的真实性。审查商业银行信用卡业务台账或相关登记簿、报表资料反映业务发生情况；信用卡业务操作程序、分类核算等是否符合规定条件；信用卡业务发生额、手续费收入等计量是否真实准确。

2. 审查信用卡业务的合法性。审查信用卡业务的操作程序、处理方法情况，是否符合国家金融政策、法规和银行规章制度的要求；信用卡业务的授权、授信、审批等内部控制系统情况。

3. 审查信用卡业务的效益性。审查信用卡业务策略与发展效果情况，是否符合商业银行整体战略目标与经营目标，提高商业银行的金融创新和金融服务能力以及风险、成本与效益匹配情况。

（二）审计内容

1. 信用卡业务内部控制是否健全有效。检查银行岗位责任制、业务操作规程和授权责任管理制度等内部管理制度建设情况，检查按照相关业务操作规程对信用卡申请人进行资信调查、审核、核保情况，信用卡调拨领取、存放、发放、回收、销毁等情况。

2. 信用卡业务是否合法合规。检查银行是否及时掌握透支情况，各项透支风险控制指标是否在规定比例之内，对恶意透支是否采取有效的防范措施，对逾期不还的是否采取有效措施进行追讨，对相应损失风险是否计提准备；重点对信用卡发卡、信用卡消费、特约商户等进行合法合规性审计。

三、审计程序和方法

（一）信用卡业务审计程序

1. 收集文件资料。需要收集的资料包括有关信用卡业务相关的岗位责任制、授权责任管理制度、操作流程、风险评估、会计核算等内部管理制度、重要空白信用卡的管理制度，信用卡发展战略规划、经营方案、尽职调报告、可行性研究报告等。

2. 整理电子数据。需要整理的电子数据包括信用卡信息文件、信用卡资料文件、收取管理文件、黑名单信息文件、商户信息文件、信用卡业务交易数据、信用卡透支清单等，相关机构代码表、科目代码表、交易代码表、交易员权限表等。

3. 内部控制测评。

（1）取得信用卡业务规定或章程、授权审批规定、授信与风险管理规定、计算机系统的风险控制制度等有关制度规定，审查其完善性、恰当性和合法性；取得有关交易监控报告或业务统计报表，询问信用卡业务部门执行有关规定的实际情况，有无发生重大诈骗案件、重大责任事故或违反规定的行为；询问有关业务监督部门的信用卡业务检查情况。

（2）实地观察信用卡业务不相容职务的职责分离情况，看相关内控制度的实际执行效果；实地观察重要空白凭证、有价单证、质押品、有价值品，看其是否安全存放和保管。

4. 审计取证。

（1）信用卡业务合规性审查。取得资产负债表、利润表，相关科目报表、总账、分户账，核对账表、账账是否相符；取得信用卡业务相关电子数据，利用计算机完成从明细账、分户账到总账的核对，并生成有关会计报表，与纸质报表相核对；审查信用卡部门会计报表是否真实、完整，有无人为调整账表的问题；取得信用卡业务系统数据、会计系统数据、有关信用卡业务的统计报表，核对单位卡存款余额、个人卡存款余额、透支余额、发卡数量、交易金额、交易笔数等内容是否一致，审查银行是否完整、准确记载该项业务。

（2）信用卡业务收支审查。一是对信用卡业务量执行分析性复核，取得信用卡业务统计报表、资产负债表、利润表，将单位卡存款余额、个人卡存款余额、透支余额与上年度比较、与本年度其他月份比较，判断变动是否正常，趋势是否合理。二是对信用卡利息支出执行分析性复核，取得信用卡业务资产负债表和利润表、卡存款科目明细报表，根据各卡种存款年平均余额、规定的计息范围、计息办法、利率，估算利息支出可以达到的预期水平，与实际利息支出比较，分析差异是否重大。三是取得应付利息计提明细表、利息支出账户、应付利息账户、卡存款明细账户、利息清单，审查信用卡存款利息的计提是否符合规定，使用利率是否正确，有无对贷记卡账户的存款计付利息。

（3）重大项目或可疑项目审查。一是取得信用卡透支月报表、信用卡透支余额表，调阅有关透支档案，了解恶意透支的具体情况，分析原因，判断损失的可能性和大小。二是取得有关收入和支出账户，对红字冲销分录和调整分录，调阅有关凭证和证明文件，审查有关处理的正确性。三是检查卡存款明细账户有无长期不动户、睡眠户，分析调查其原因。

（二）信用卡业务审计方法

1.内控制度健全有效性审计方法。

（1）取得信用卡业务相关规定或章程、授权审批规定、授信与风险管理规定、计算机系统的风险控制制度等有关制度规定，审查其完善性、恰当性和合法性；取得有关交易监控报告或业务统计报表，询问信用卡业务部门执行有关规定的实际情况，有无发生重大诈骗案件、重大责任事故或违反规定的行为；询问有关业务监督部门的信用卡业务检查情况。

（2）观察信用卡业务不相容职务的职责分离情况，查看相关内控制度的实际执行效果；观察重要空白凭证、有价证、质押品、有价值品，查看其是否安全存放和保管。

（3）审查信用卡申领、发放和销户情况和信用卡消费、存取款、转账情况；审查信用卡业务收支情况，调阅特约商户协议书、特约商户存款账户等；审查信用卡风险管理情况，调阅信用卡保证金账户和有关凭证；审查是否严格保证金管理；取得对持卡人和特约商户的评估报告，检查是否执行相关风险控制措施。

2.业务合法合规性审计方法。

（1）信用卡发卡审计。信用卡发卡环节审计，重点关注持卡人申请资料是否真实，是否存在虚假资料、一人多卡骗取信用额度的问题，是否存在银行为了市场份额大量发卡，导致大量信用卡成为睡眠卡或发卡后即注销的问题，以及信用卡未开卡或达到基本的免除年费消费次数后即销户的问题。具体审计方法：①对信用卡申请人资料进行综合分析，生成包括姓名、联系方式、证件号码、担保人等申请人核心资料的明细表。②以身份证号为关键字段，筛选是否存在姓名、联系方式、地址等关键要素不同而身份证号相同且办理信用卡的情况。③以电话或手机等联系方式为关键字段，筛选是否存在联系方式相同的多张信用卡。④筛选是否存在申请人与担保人联系方式相同的情况。⑤筛选发卡后从未启用成为睡眠卡，或启用日期与销卡日期非常接近的情况。⑥将上述筛选结果作为审计重点，通过调阅申请资料、外调等方法核实。

（2）信用卡消费审计。信用卡消费环节审计，重点关注持卡人以非法占有为目的，透支超过限额或限期，在收到银行催收通知后不按规定期限归还，或者逃避催收追查的恶意透支行为。

具体审计方法：①将信用卡历史交易明细按卡号分类汇总，生成信用卡使用明细表。②将形成的信用卡使用明细表与信用卡文件关联，判断信用卡额度是否基本用完，形成信用卡审计重点表。③将形成的信用卡审计重点表与信用卡逾期催收明细表关联，判断信用卡透支交易是否逾期，并经多次催收仍未还款，生成恶意透支线索表。③将形成的恶意透支线索表与客户信息文件关联，确定审计重点客户。

（3）特约商户审计。特约商户是指与银行签订受理卡业务协议并同意用信用卡进行商务结算的商户。一些不法商户利用信用卡具有的信用消费功能，虚构信用卡交易套取现金，套取银行信用，扰乱了正常的信用卡使用环境。

信用卡套现是指一些不法分子利用信用卡的透支额度和免息期，通过虚构 POS 机刷卡消费，骗取高额手续费后将剩余透支资金用现金支付给客户，以套取银行资金的行为。信用卡套现主要有四种方式：一是利用虚假消费套现，一些不法分子注册的虚假公司，虚构 POS机消费交易，在缴纳一定比例手续后套现；二是利用电子商务网站套现，利用互联网上某些具有电子商务功能的国内购物网，制造虚假交易，自买自卖，套取现金；三是通过刷卡购买手机充值卡再销号套现，在通信运营商刷卡购买话费充值卡，充进电话号码后再申请销号退款从而套现；四是通过刷卡买机票后退票套现，通过购买航空公司的头等舱，在起飞前24 小时申请退票，根据航空公司的规定，可以全额现金退票，从而实现套现。

具体审计方法：①将信用卡文件和信用卡历史明细按卡号关联。②筛选基本用完信用额度的信用卡消费记录，按账号或卡号汇总，找出多次发生这类交易的贷记卡持有人记入可疑记录。③在信用卡历史明细中筛选出 1 万元整数倍的消费记录，记入可疑记录。④对可疑记录进行分析，将可疑记录集中交易的商户作为审计重点。

第六节　其他中间业务审计

本节重点介绍委托代理、资产托管、咨询顾问等业务的审计。

一、业务简介

代理类业务是指商业银行接受客户委托，代为办理客户指定的经济事务，提供金融服务并收取一定费用的业务。包括代理政策性银行业务、代理央行业务、代理商业银行业务、代收代付业务，代理证券、保险业务等。

资产托管业务是指资产托管人对证券投资基金、保险资产、QFI、QDI、年金及信托资产等各类托管资产进行营销、营运和全流程管理业务等。

咨询顾问类业务是指商业银行依靠自身在信息、人、信誉等方面的优势，收集和整理有关信息，通过对这些信息以及银行和客户资金运动的记录和分析，形成系统的资料和方案，提供给客户，以满足其业务经营管理或发展需要的服务活动等。

二、审计目标和内容

（一）审计目标

1.审会计处理的真实性。商业银行在表外台账、相关账簿、报表资料所反映的其他中间业务情况；其他中间业务操作程序、分类核算等是否符合规定条件；其他中间业务发生额、余额和手续费收入等计量是否准确、真实。

2.审查业务办理的合法性。其他各类中间业务的操作程序、处理方法是否符合国家金融政策、法规和银行规章制度的要求；其他中间业务的授权、授信、审批等内部控制系统是否健全、有效。

3.审查业务的效益性。其他中间业务是否符合商业银行整体发展战略，提高商业银行的金融创新和金融服务能力，在获取效益的同时，经营风险可控，风险、成本与效益匹配。

（二）审计内容

1.其他中间业务内部控制是否健全有效。调阅制定的有关资产托管业务规章制度检查各项制度是否健全；审被审计单位是否取得资产托管资格，并经证监会和银保监会核准；是否建立健全岗位职责，不相容职务是否分离。

2. 其他中间业务风险管理是否有效。审查是否采取适当的风险管理和风险控制措施，观察风险管理的效果；是否对不同的托管资产分别设置账户，实行分账管理、独立核算；资金清算与管理是否及时准确，是否按协议规定及时划转银行结算账户，是否存在垫付资金现象，是否在确认所有交易有效并完成结算资金划拨后，与管理人核对当日可用头寸。

3. 其他中间业务财务核算是否真实完整。审查有关费用的提取是否符合托管协议和监管部分规定的条件和比例；是否按规定对托管资产进行估值，及时、准确计算、复核托管资产净值并与管理人进行核对；是否确保账账、账表、账实相符。

三、审计程序和方法

（一）其他中间业务审计程序

1. 收集文件资料。需要收集的资料包括其他中间业务的管理办法或操作规程、风险管理规定或程序、对风险管理程序定期评估制度、重要空白结算凭证管理制度、业务复核和授权制度、岗位责任制度、计算机系统的风险控制制度等。

2. 整理电子数据。需要整理的电子数据包括其他各类中间业务审批数据、交易数据限额数据、相关个人和单位存款分户账和明细账、风险监测数据等，相关机构代码表、科目代码表、交易代码表、客户信息文件、交易员权限表等。

3. 内部控制测评。

（1）查阅与其他中间业务相关的内部管理规定、业务档案资料，询问相关业务部门主管、业务人员及会计人员有关其他中间业务内部控制执行情况。

（2）实地观察相关业务部门办理其他中间业务事项情况、会计部门账务处理情况，查看其他中间业务实际操作执行情况。

（3）调阅其他中间业务档案资料，抽查复核相关会计账簿和凭证。

4. 审计取证。

（1）核对其他中间业务相关科目的报表、总账、分户账的一致性，相关登记簿与总账、分户账的一致性。

（2）对其他中间业务执行分析性复核，抽查其他中间业务协议，复核有关收入会计账簿和凭证，检查是否按照协议规定收取中间业务费用，其他中间业务收入是否全部计入相应收入账户。

（3）其他中间业务合规性审查。取得有关部门的审批文件，审查须经批准的其他中间业务是否经具备审批权限部门的审批；取得其他中间业务协议，相关账户及凭证，检查相关中间业务管理是否符合国家有关规定。

（二）其他中间业务审计方法

1. 委托代理业务审计方法。

（1）确定委托代理业务特征，包括业务采用的会计准则和相关监管部门的监管制度通过了解观察委托代理业务执行操作流程情况及对流程中主要环节的控制措施，关注委托代理业务内控制度执行效果。

（2）对同业间银行代理业务规模比例，银行代理业务在银行中间业务中比例规模，银行代理业务不同分类的占比情况，银行代理业务分机构、分客户占比情况等进行比例分析。

（3）对同业间银行代理业务规模变动趋势，银行代理业务在银行中间业务中比例规模变动趋势，银行代理业务不同分类的变动趋势，分机构、分客户银行代理业务变动趋势等进行分析。根据有关代理业务的业务量、相应的收费标准，估算预期应达到的收入水平判断实际收入是否正常，差异是否重大。

2. 资产托管业务审计方法。

（1）调阅被审计单位制定的有关资产托管业务规章制度，检查各项制度是否健全；调阅被审计单位是否申请取得资产托管资格，并经证监会和银保监会核准；是否建立健全岗位职责，不相容职务是否分离。

（2）审核账户开立是否符合制度要求，对不同的托管资产分别设置账户，实行分账管理、独立核算。资金清算与管理是否及时准确，是否按协议规定将管理人交易资金及时划入银行结算账户，是否存在垫付资金现象，是否在确认所有交易有效并完成结算资金划拨后，与管理人核对当日可用头寸。

（3）审核有关费用的提取是否符合托管协议和监管部门规定的条件和比例。是否按规定对托管资产进行估值，及时、准确计算、复核托管资产净值并与管理人进行核对，是否确保账账、账表、账实相符。

3.咨询顾问业务审计方法。

（1）检查咨询顾问业务的合规性。重点检查咨询顾问业务是否按照相关规定进行操作；是否制定书面的内控制度和操作程序，并定期对风险管理程序进行评估。

（2）检咨询顾问业务是否明确责权范围并做到职责分离等，咨询顾问业务是否具有真实交易背景，是否提供真实的咨询顾问服务

（3）检查咨询顾问业务形成的收入是否纳入表内相关业务科目核算和管理；咨询顾问业务收费是否合理，是否严格按照相关规定收取费用，有无违规扩大收费，增加企业成本的问题。

第十章　表外业务审计

第一节　业务概述

一、概念

商业银行表外业务是指商业银行从事的，按照现行会计准则不计入资产负债表内，不形成现实资产负债，但能够引起当期损益变动的业务。表外业务是有风险的经营活动，形成银行的或有资产和或有负债，一旦出现重大突发事件，其中一部分还有可能转变为银行的实有资产和实有负债，对银行的信用风险、流动性风险以及声誉风险造成巨大影响。商业银行应当依据会计准则、监管规定对表外业务情况进行信息披露，按照实质重于形式的原则，对担保承诺类以及实质承担信用风险的投融资服务类及中介服务类表外业务计提减值准备，并计算风险加权资产，计提资本。

一般根据表外业务特征和法律关系，表外业务包括：承诺类、担保类、代理投融资服务类、中介服务类及其他类等。一是承诺类业务，是指商业银行在未来某一日期按照事先约定的条件向客户提供约定的信用业务，包括贷款承诺等。二是担保类业务，是指商业银行对第三方承担偿还责任的业务，包括银行承兑汇票、保函、信用证、信用风险仍在银行的销售与购买协议等。三是代理投融资服务类业务，指商业银行根据客户委托，为客户提供投融资服务但不承担代偿责任、不承诺投资回报的表外业务，包括委托贷款、委托投资、代客非保本理财、代客交易、代理发行和承销债券等。四是中介服务类业务，指商业银行根据客户委托提供中介服务、收取手续费的业务，包括代理收付、财务顾问、资产托管、各类保管业务等。其他类表外业务是指上述业务种类之外的其他表外业务。

二、表外业务流程

商业银行开展表外业务，一般经过以下流程：客户向银行提出申请；银行对客户开展调查，审查客户资格、条件、提供的担保措施；银行接受客户委托与客户、合作金融机构等签订协议，明确各方参与主体的权利和义务；银行根据客户委托办理经济事务或出具担保承诺，或进行资金交易；资金清算、交易平盘；银行收取手续费；银行必要时根据协议规定履行相关担保或承诺。

三、表外业务风险分析

（一）信用风险

信用风险，即由于表外业务委托人不履行或无力履行到期义务，致使商业银行遭受资金损失的可能性。如开立承兑汇票业务，由于银行承诺按借款人的意愿购买票据，由此将产生借款人发行票据后银行面临借款人不能履行还款责任的风险。

（二）操作风险

操作风险，即由于商业银行内部管理制度不健全、工作人员失职、管理失控等原因造成表外业务资金损失的可能性。如在代客交易业务中，银行未实现有效的岗位分离或者交易人员越权操作，信息系统未能充分保护重要数据等都可能造成操作风险。

（三）市场风险

市场风险，即由于受利率和汇率等市场因素变化影响，造成商业银行在表外业务中遭受损失的可能性。例如，在贷款承诺协议期间，借款人可以按照约定利率获得一笔贷款，若市场利率变化，借款人会在有利的利率下最大限度地使用贷款，银行将遭受资金损失。

（四）流动性风险

流动性风险，即银行各项表外业务构成银行或有负债，一旦发生意外情况，银行难以以合理的成本增加负债或变现资产获得足够的资金，影响资产负债的流动而形成风险。

（五）法律风险

法律风险，即由于表外业务法律不健全或合约内容不完善，发生法律纠纷或合约无法履行而导致经济损失的可能性。包括使用不符合法律规范的合约，导致交易损失；合同条款未能恰当保护银行的利益，从而遭受客户起诉而形成损失等。

四、表外业务审计具体目标

（一）审查表外业务会计处理的真实性

审查商业银行各项表外业务的业务记录、财务信息和其他管理信息是否与实际情况相符，并得到及时、真实、完整的记载和反映。包括表外业务会计核算和信息披露真实完整情况等。

（二）审查表外业务的合法性

审查商业银行各项表外业务符合国家法律法规的规定，遵循国际惯例和执行银行内部规章制度情况。包括业务统一授信授权执行情况、申请人符合条件情况，交易背景真实情况，资金用途合规情况，异常情况监控和管理情况等。

（三）审查表外业务的效益性

审查商业银行各项表外业务发展的经济、效率和效果情况，包括经营目标实现情况，收益质量情况，业务风险管理和控制情况，投入和产出匹配情况，收益和风险匹配情况等。

第二节　承诺类业务审计

一、业务简介

承诺类业务是指商业银行在未来某一日期按照事前约定的条件向客户提供约定信用的业务，主要是贷款承诺等。贷款承诺是指商业银行承诺客户在未来一定时期内，按照双方事先约定的条件，应客户的要求随时提供不超过一定限额的贷款。一般而言，贷款承诺可分为可撤销贷款承诺和不可撤销贷款承诺。贷款承诺是具有期权性质的表外业务，通过贷款承诺业务，商业银行为客户提供了一种保证，使其在未来一段时期内可以获得所需要的贷款，商业银行则收取手续费作为提供这种保证的补偿，客户拥有是否选择履行贷款承诺的权利。对于商业银行而言，贷款承诺在为执行之前属于表外业务，执行之后就转化成了表内业务。

二、审计目标和内容

承诺类业务审计，以检查承诺类业务内部控制健全有效性为基础，审查承诺类业务的合法合规性为主线，通过反映承诺类业务财务核算和风险管理等方面的问题，对承诺类业务进行客观公正评价，促进商业银行依法经营，加强管理，提高效益。主要审计内容包括：

（一）承诺类业务内部控制是否健全有效

检查商业银行是否制定健全完善的承诺类业务基本管理制度和操作流程，关注承诺类业务授权授信管理和职责分离情况，观察并客观评价内部控制制度执行效果，注重发现内部控制制度不健全和执行不到位造成的薄弱环节，促进承诺类业务内部控制制度健全有效。审计内容包括：

1. 审查承诺类业务内部控制制度建设情况。检查银行制定承诺类业务基本管理制度、业务操作流程和财务核算办法情况；检查内部控制的评价制度建立情况，是否能对内部控制的制度建设、执行情况定期进行回顾和完善；检查承诺类业务纳入全行统一授权授信管理情况，分支机构是否在总行批准授权范围内办理业务，是否建立并明确承诺类业务岗位职责，进行了恰当的不相容职责分离；注意反映制度不健全形成的薄弱环节。

2. 审查承诺类业务内部控制制度执行及效果情况。检查内部控制制度是否具有可操作性，能否有效执行；检查承诺类业务发展战略和经营目标实现情况，是否实现发展速度和质量的统一；是否能对承诺类业务实行有效的风险管理和控制，避免或减少出现垫款；是否建立健全纠错机制和责任追究制度并严格落实，及时发现并纠正决策失误或违规行为。

（二）承诺类业务财务核算是否真实完整

审计内容包括：检查银行是否按规定进行财务核算和业务记录，在业务履行后及时纳入表内核算和管理，将手续费等各项收入纳入账内核算；是否定期核对有关账簿，确保会计处理的正确性，检各项表外业务信息披露及时、完整、准确情况。

（三）承诺类业务是否合法合规

检查承诺类业务遵循监管部门法律法规和银行内部规章制度情况，关注承诺类业务申请人是否符合条件、交易背景的真实性、资金用途的合法合规性，核实违规操作形成垫款和重大损失的行为，通过揭示业务办理过程中存在的突出问题，推动承诺类业务健康发展。审计内容包括：

1. 审查承诺类业务遵循法规和制度情况。检查承诺类业务是否遵循监管部门法律法规、银行相关制度和操作规程，关注遵循法律法规和银行业务规章的效果，观察有无违规操作、有章不循的行为。

2. 审查承诺类业务操作和管理情况。检查承诺类业务客户资信、判断申请人是否符合办理业务的条件，是否纳入统一授信管理，是否为不具备条件的客户办理承诺类业务，是否对承诺业务项目进行评估或可行性研究，注重发现客户以无贸易背景项目的名义套取银行资金的情况。

3. 审查异常或可疑承诺类业务情况。检查银行是否未经过上级行有效授权擅自办理承诺类业务，是否开展化整为零或直接超越上级行所授权限的业务；检查承诺类业务有无大幅增加或减少等异常变动，有无为同一企业或关联企业办理金额巨大的业务，客户有无将承诺类业务资金用或恶意逃废银行债务的行为等。

（四）承诺类业务风险管理是否有效

检查商业银行是否建立承诺类业务风险管理制度，能否对风险进行综合管理和分析，关注银行对各项业务风险评估、识别、防范和控制情况，评价承诺类业务风险控制措施及效果，发现可能存在的风险隐患，有效促进承诺类业务依法合规经营，防范风险。审计内容包括：

1. 审查承诺类业务风险评估和识别情况。检查银行是否设立履行风险管理职能的部门，制定并实施识别、计量、监测和管理承诺类业务风险的制度和方法；是否建立风险管理系统，对各项风险进行评估和持续监督，全面准确反映单个和总体业务风险及其变动情况；是否建立审计制度，定期对风险管理程序、内部控制进行再评估。

2.审查承诺类业务风险防范和控制情况。检查银行是否采取适当的风险管理和控制措施，及时掌握申请人基本情况，以及可能产生对银行资金形成风险的不利影响；能否采取收取保证金、物权抵押等方式控制风险，担保措施是否合法有效和充足，是否严格抵押、质押资产或权利的保全和保管；是否实行统一的授信管理等。

3.审查银行承诺类业务垫款管理情况。检查承诺类业务形成垫款和造成的损失情况，分析垫款形成的原因；检查银行对各项垫款清收情况，评价清收垫款的效果。

三、审计程序和方法

承诺类业务审计的一般程序包括收集文件资料和会计资料、整理电子数据、内部控制测评、审计取证等。承诺类业务审计的一般方法包括检、观察、询问、外部调查、重新操作、分析等。

（一）承诺类业务内部控制是否健全有效的审计程序和方法

1.与商业银行董事会、高级管理层和业务部门座谈，发放并填写内部控制制度调查表，查阅董事会和管理层的相关会议记录，了解内控制度建设情况；对重要流程、重要业务、重要岗位进行抽样调查和穿行测试，询问相关业务部门内部控制执行情况；了解风险评估和风险控制情况，观察内控制度是否健全有效，具有可操作性，注意观察内部控制执行效果，能否实现经营目标和风险管理目标。

2.调阅承诺类业务基本管理制度和业务操作流程，查阅业务档案资料，确认是否制定了相关管理制度，并按照有关规定进行操作；调阅上级行授权书、系统权限表，询问业务部门办理承诺类业务的资格权限，观察承诺类业务纳入全行统一授权情况，有无越权开展业务；询问和观察承诺类业务是否纳入全行统一授信管理；调阅业务岗位说明书，观察承诺类业务岗位职责和权限是否明确清晰，不相容职责分离是否到位。

（二）承诺类业务财务核算是否真实完整的审计程序和方法

1.调阅会计账表和凭证等相关资料，审查银行是否及时登记承诺类业务登记簿和表外科目，相关登记簿与总账、分户账、相关科目的报表是否一致；观察银行履行承诺类业务后是否及时转入表内核算管理；调阅对账记录，观察银行是否定期核对有关账簿。

2.调阅承诺类业务档案资料和会计资料，审查银行是否建立完整的会计、统计和业务档案并妥善保管，确保原始记录、合同契约和各种报表资料的真实完整；调阅会计报表等资料，审查财务会计报告及附注是否恰当地反映了承诺类业务账户余额或发生额，并披露了所有应该披露的其他具体信息。

3.调阅承诺类业务登记簿，根据业务量、相应的收费标准，估算预期应达到的收入水平，判断实际收入是否正常、差异是否重大，若有则核实原因；检查是否按照协议或有关规定收取手续费并及时足额入账，是否擅自降低收费标准，少收甚至免费办理业务。

4.调阅往来科目会计账簿，审查有无将与承诺业务有关的对外支付款项挂账以掩盖不良资产，如有则调阅业务档案资料进行核对，必要时向收款人和申请人进行函证或延伸审计，同时查明应收利息情况。

（三）承诺类业务是否合法合规的审计程序和方法

1.调阅与承诺类业务相关的银行内部管理规定、监管部门的法律法规和承诺类业务档案资料，实地观察业务开展情况，检查承诺类业务严格执行有关规章制度情况，有无违规操作造成重大风险和损失。

2.调阅承诺类业务台账和相关档案资料，审查各项业务是否有真实的贸易背景，即是否有真实的贸易、借贷、履约及投标行为；延伸审计大额和异常承诺类业务客户，了解客户经营状况和项目真实性情况。

3.取得承诺类业务档案资料，与相关部门工作人员座谈，检查银行办理业务时是否审查客户资信，有无为经营状况不理想、信用等级较低的客户办理承诺业务；观察对承诺项目的审查是否到位，有无未对项目进行评估或可行性研究就办理业务，有无客户办理不真实的承诺类业务套取银行资金的情况。

4.调阅承诺类业务登记簿及档案资料，对承诺类业务量进行分析性复核，检查业务余额有无突然大幅增加或减少等异常波动，按申请单位进行分类汇总，检查是否为同一客户连续开出贷款承诺业务，有无化大为小、化整为零以避开授权限额的情况，了解出现异常变化的原因，对相关的企业或项目进行实地延伸审计，追踪资金去向，观察有无突出的风险隐患。

（四）承诺类业务风险管理是否有效的审计程序和方法

1.调阅承诺类业务风险管理制度和办法，询问风险管理部门、相关业务部门和工作人员，了解承诺类业务风险管理制度建立和实施情况，以及银行对业务风险识别、评估和管理情况，银行是否定期对风险管理程序和内部控制等情况进行再评估，关注风险管理系统和制度实施效果。

2.调阅承诺类业务档案资料，审查银行是否采取担保措施降低业务风险，担保措施是否经统一授信管理部门确认；调阅抵质押评资料清单等，实地察看承诺业务有关抵押、质押资产或权利证明，检查其是否真实存在、安全存放和保管；调阅保证金账户和有关凭证，审查是否设立专户核算保证金，保证金来源是否合规，有无提前支取挪用保证金、保证金未专款专用等问题；调阅承诺类业务检报告，询问、观察银行是否定期掌握申请人的企业生产经营、财务状况等基本情况。

3.观察、询问银行对承诺类业务风险评估和风险控制效果，审查业务是否遵循法律规章，是否形成大量垫款，银行风险管理和经营目标是否实现。

4.取得承诺类业务垫款资料、相关检查报告和业务档案，分析发生垫款的原因，检查是由于内控制度设计不健全或执行不到位，还是由于客户违约及市场因素，查明存在的问题及风险，是否存在利用无贸易背景项目骗取银行资金的情况；调阅相关记录或报告并延伸相关单位，了解银行是否积极采取有效措施对垫款进行保全和清理，评价垫款清收工作质量和效果。

第三节 担保类业务审计

一、业务简介

担保类业务是指商业银行为客户债务清偿能力提供担保，承担客户违约风险，对第三方承担偿还责任的业务，包括银行承兑汇票、保函、信用证、信用风险仍在银行的销售与购买协议等。

二、审计目标和内容

担保类业务审计，以审查该行表外业务内部控制制度有效性为基础，以业务收入真实完整性审查为主线，以业务的合规性审计为主要内容，以重大问题或可疑项目审计为重点，关注表外业务信息披露情况等，对担保类业务进行客观公正评价，有效促进商业银行依法经营，加强管理，提高效益。具体审计目标和内容包括：

（一）担保类业务内部控制是否健全有效

检查商业银行担保类业务基本管理制度、操作流程等制度建设情况，观察各项内部控制制度执行效果，评价内部控制制度设计健全性和执行有效性，注重发现内部控制制度不健全造成的制度缺陷，执行不到位形成的风险隐患，促进担保类业务内部控制制度健全有效。审计内容包括：

1.审查担保类业务内部控制制度建设情况。检查银行制定担保类业务基本管理制度和操作流程等内控制度情况；建立担保类业务岗位职责制度和不相容职责分离情况；检查银行是否具备法定担保资格，担保类业务是否纳入全行统一授信授权管理，业务是否经过适当的批准和授权；观察内部控制制度设计是否健全完整，有无存在明显的制度缺陷。

2. 审查担保类业务内部控制制度执行及效果情况。检查各项内部控制制度是否具备可操作性，执行到位情况，必要时进行内部控制制度测试；观察内部控制制度执行效果，是否有违规操作形成垫款或损失，是否多次接受监管当局检查的情况，担保类业务经营目标能否实现。

（二）担保类业务财务核算是否真实完整

检查各项担保类业务是否有完整准确的会计记录，核实各项收入和各项垫款核算情况，关注信息披露真实完整情况，促进担保类业务财务核算和信息披露的真实完整。审计内容包括：

审查担保类业务纳入全行统一会计核算情况，是否及时登记、销记有关登记簿和表外科目并定期核对有关账簿；银行是否将各项垫款纳入表内核算和管理；各项收入是否记录在相关账户，并在恰当的会计期间反映；检查银行财务会计报告是否恰当地披露了担保类业务账户余额或发生额等相关信息。

（三）担保类业务是否合法合规

检查担保类业务遵循监管部门法律法规、国际通行惯例和银行内部规章制度情况，关注申请人是否符合担保条件、交易背景是否真实、资金用途是否合规，通过揭示担保类业务违规操作、有章不循的行为，促进担保类业务依法合规经营。审计内容包括：

1. 审查担保类业务遵循法律法规制度情况。检查银行担保类业务遵循监管部门法律法规和国际通行惯例，执行银行操作规程和管理办法情况，是否存在因违规操作、有章不循形成的突出问题和重大风险。

2. 审查担保类业务操作和管理情况。检查银行办理担保类业务时是否审查客户资信，申请人是否符合担保条件；是否对项目进行评估或可行性研究，各项业务是否有真实的贸易背景；资金用途是否合规，是否将资金挪用于其他用途。

3. 审查担保类业务异常变动和可疑情况。检查担保类业务余额有无突然大幅增加等异常波动情况，是否存在化大为小、化整为零以避开授权限额的情况，是否存在关联企业通过担保类业务套取银行信用的情况。

（四）担保类业务风险管理是否有效

检查商业银行对担保类业务风险管理体系建设和实施情况，观察业务风险控制措施及其效果，通过揭示突出问题和薄弱环节，促进加强防范和控制担保类业务风险。审计内容包括：

1. 审查担保类业务风险管理体系建设情况。检查银行是否设立履行担保类业务风险管理职能部门，建立相应的风险管理制度和办法，并对担保类业务风险持续评估和监控，观察有无突出问题和风险隐患。

2. 审查担保类业务风险管理制度实施及效果情况。检查银行是否采取收取保证金抵质押等方式控制风险；是否密切关注申请人生产经营、财务状况，业务是否具有真实的交易背景；是否出现由于制度不健全或者管理不到位造成重大风险和垫款，银行风险管理和经营目标是否实现。

3. 审查担保类业务垫款管理情况。检查有无担保类业务形成的垫款，分析垫款形成的原因，查明存在的问题及风险，弄清银行应承担的责任，检查银行对各项垫款清收的效果。

三、审计程序和方法

担保类业务审计的一般程序包括收集文件资料和会计资料、整理电子数据、内部控制测评、审计取证等。担保类业务审计的一般方法包括检查、观察、询问、外部调查、重新操作、重新计算、分析等。

（一）担保类业务内部控制是否健全有效的审计程序和方法

1. 通过与银行董事会、管理层和相关业务部门座谈，发放内部控制制度调查表，查阅相关会议记录，调阅银行担保类业务基本管理制度和业务操作流程，观察担保类业务内控制度建设和执行情况，评价内控制度是否健全有效。

2. 调阅担保类业务档案和会计账簿等资料，了解担保类业务开展情况，观察银行承兑汇票、信用证、保函等各项业务是否按照制度执行；调阅岗位说明书，核实担保类业务岗位职责是否明确，不相容职责分离是否到位，如资信审、业务授权或审批、记账、复核是否由不同人员承担；调阅银行检查部门对担保类业务的检查结果，有无发生违反制度规定和重大亏损的行为。

3. 观察担保类业务授权授信管理情况，调阅上级行授权书或转授权书，检担保类业务是否已纳入全行统一授权管理，银行是否具备开展担保类业务资格，有无越权开展业务的情况；询问和观察，确认担保类业务纳入全行统一授信管理，各项担保类业务有无超出客户的授信额度。

（二）担保类业务财务核算是否真实完整的审计程序和方法

1. 调阅会计账表、业务登记簿和档案资料，检查担保类业务会计处理是否正确，有无会计核算不真实的情况；是否及时登记有关登记簿和表外科目，业务登记簿与相关科目的报表、总账、分户账是否一致；调阅对账记录，检银行是否对担保类业务定期对账，确保其会计处理的准确性；检担保类业务垫款是否及时转入表内核算，银行有无以贷款掩盖垫款或垫款长期挂账。

2. 调阅担保类业务登记簿和会计账表、凭证，对业务收入执行分析性复核，根据有关担保类业务的业务量和收费标准，估算预期应达到的收入水平，判断收入是否正常、差异是否重大，进一步调查找出差异的原因；取得各项担保业务协议、收入会计账簿和凭证，检查是否按照协议规定收取相应业务收入，是否全部计入相应的收入账户，比较每月相应的业务收入，审查收入变动与业务量变动是否匹配，对变动异常的月份要进一步检查，是否有收入核算不实的问题。

3. 调阅银行会计账表等资料，检查银行会计报表附注是否恰当披露银行承兑汇票、对外担保、保函等项目的年末余额及其他具体情况。

（三）担保类业务是否合法合规的审计程序和方法

1. 调阅与担保类业务相关的银行内部管理规定和业务档案资料，观察各项业务是否按照银行规章制度严格执行。调阅国内监管部门法律法规规定和国际通行惯例，检查对外出具的保函、信用证等担保类业务是否符合上述要求。如信用证业务，检查开证申请人是否具开证资格；审核开证条款是否完整、明确，各条款之间是否一致，是否符合国际惯例；英文措辞是否正确，表达意思是否清楚；信用证装运期、交单期、有效期相距时间是否合理；申请书所要求的单据与运输方式、价格条款是否吻合；是否根据信用证条款对来单逐一审核，确定其单证、单单相符，并及时处理单据不符点；相关手续是否齐备，有无按规定到外汇局办理外债登记手续或报外汇局审批。

2. 调阅担保类业务档案资料，检查银行是否审查客户资信，申请人是否符合条件，是否进行项目评估或可行性研究；检查各项担保类业务是否具有真实的贸易背景，即担保是否有真实的贸易、借贷、履约及投标等行为，如银行承兑汇票业务，银行是否对出票人的资格、资信、购销合同、增值税专用发票和汇票记载的内容进行审查；延伸审计相关企业，了解资金使用情况，核实资金是否用于国家禁止或限制性行业，有无造成影响资金损失的风险。

3. 调阅担保类业务状况统计表及档案资料，对担保类业务量执行分析性复核，分析担保业务有无异常波动，对异常变化寻找原因。如检查银行承兑汇票等业务余额有无突然大幅增加等异常波动;按申请单位进行分类检索,检查有无为同一客户连续开出银行承兑汇票或滚动签发银行承兑汇票等担保类业务,有无化大为小、化整为零以避开授权限额的情况。延伸审计大额及连续办理业务的单位,将担保业务金额与客户的经营规模相比较核实交易背景的真实性和资金去向。

(四)担保类业务风险管理是否有效的审计程序和方法

1. 调阅担保类业务风险管理制度和办法,观察风险制度执行情况,检查银行建立计量、监控、报告担保类业务风险的管理体系运行是否有效,风险管理与控制措施是否到位,风险管理措施是否达到预期效果,是否多次被监管部门或上级检查,是否形成大量垫款,风险管理和经营目标是否实现。

2. 调阅担保类业务资料,关注银行采取有效措施降低业务风险情况,检查担保措施是否合法有效和充足,并经过授信部门审批同意;是否对非授信客户采用收取保证金、信用反担保及物权抵押等方式落实担保;调阅保证金账户资料,观察保证金的管理是否规范,保证金是否足额到位,有无挪用保证金和将贷款资金直接用作保证金等违规行为;实地观察抵质押资产管理是否到位,确认各项抵押、质押资产是否真实存在并妥善保管;调阅相关记录或报告,确认在担保有效期内,银行是否密切关注申请人生产经营、财务等重大经营变化,预防可能对各项担保形成的风险,发现问题及时解决。

3. 调阅担保项下垫款资料和检查报告,分析垫款是否因制度设计不健全或者银行违规操作有章不循,企业有无利用无贸易背景担保类业务骗取银行资金;延伸审计相关企业,检查银行是否通过担保类业务变相发放贷款或融资,逃避信贷管制,资金是否进入资本市场或房地产市场;延伸外部企业,了解债权落实、保全和处置等管理情况,观察银行是否积极采取措施对垫款进行保全和清理。

第四节 代理投融资服务类业务审计

一、业务简介

代理投融资服务类业务指商业银行根据客户委托,为客户提供投融资服务但不承担代偿责任、不承诺投资回报的表外业务,包括委托贷款、委托投资、代客非保本理财、代客交易、代理发行和承销债券等。

二、审计目标和内容

代理投融资服务类业务审计,以审查代理投融资服务类业务内部控制制度有效性为基础,审核代理投融资服务类业务的合规性为主要内容,审查重大问题或可疑项目,重点关注业务收入真实完整性和业务信息披露情况,有效促进商业银行依法经营,加强管理,提高效益。具体审计目标和内容包括:

(一)代理投融资服务类业务内部控制是否健全有效

检查商业银行代理投融资服务类业务基本管理制度、操作流程及相应的内控制度建设情况,观察代理投融资服务类业务内部控制措施及效果,评价代理投融资服务类业务内部控制制度健全有效性,促进代理投融资服务类业务内部控制制度健全有效。审计内容包括:

1. 审查代理投融资服务类业务内部控制制度建设情况。检查银行是否制定代理投融资服务类业务基本管理制度和业务操作办法;检查代理投融资服务类业务纳入全行统一管理情况;检查是否将表内业务与表外业务、自营业务与代客业务在资产、账务核算、人员等方面进行分离;检查是否按照参与主体的不同,建立相关主体合作标准、评价体系和审批流程;是否建立代理投融资服务类业务内部控制的评价制度等,注意反映有无存在制度性缺陷等方面的问题。

2. 审查代理投融资服务类业务内部控制执行及效果情况。检查代理投融资服务类业务是否经过上级行的批准和授权;观察业务开展是否遵循内部控制等相关制度,评价代理投融资服务类业务内部控制制度效果，是否有效管理操作风险、声誉风险等相关业务所包含的风险，有无被交易对手诉讼并造成损失；检查代理投融资服务类业务增长情况、收益质量情况，是否实现银行发展战略和经营目标等。

（二）代理投融资服务类业务财务核算是否真实完整

审计内容包括：审查银行对代理投融资服务类业务各项业务记录核算是否真实完整，各项收入确认是否准确，是否建立交易业务登记簿登记每笔交易；对于业务形成的垫款是否纳入表内相关业务科目进行核算和管理；是否完整有效披露代理投融资服务类业务计价方法、年末余额和风险。

（三）代理投融资服务类业务是否合法合规

审查商业银行代理投融资服务类业务执行有关制度和操作规程情况，重点关注交易各方信息是否对称，业务操作和管理是否到位，通过揭示代理投融资服务类业务存在的薄弱环节，促进银行代理投融资服务类业务依法合规经营。审计内容包括：

1. 审代理投融资服务类业务遵循规章制度情况。检查银行遵循监管部门法律法规，执行银行内部基本管理制度和业务操作流程情况，有无违规操作或有章不循造成重大亏损的行为，注意反映代理投融资服务类业务存在的突出问题；检查银行是否对自营业务和代客业务分别设置账户核算和管理，有无按照代理投融资服务类业务参与主体的不同，建立相关主体合作标准、评价体系和审批流程。

2. 审查代理投融资服务类业务操作和管理情况。是否通过签订书面合同，确定商业银行、客户、合作金融机构、资金使用方等各方参与主体权利、义务和应当承担的法律责任；是否对复杂交易结构业务承担的风险进行实质评估和审查；是否对代理投融资服务类业务的合作金融机构、产品实行总行统一管理，商业银行分支机构是否销售第三方产品。

3. 审代理投融资服务类业务应对市场波动和客户违约的处理情况。检查银行在市场行情出现较大波动和客户出现违约等异常情况时，能否采取积极有效控制措施，以避免损失；商业银行在开展代理投融资服务类业务时，是否以其他形式约定或者承诺承担信用风险。

（四）代理投融资服务类业务风险管理是否有效

审计内容包括：

1. 审查代理投融资服务类业务风险控制体系和制度建立情况。检查银行是否设立机构对业务风险进行综合分析与管理，并建立审慎的授权管理制度；检查管理层和相关部门是否评估、审查代理投融资服务类业务的重大风险管理政策和程序；检查银行是否建立计量、监控、报告代理投融资服务类业务风险的信息管理系统，全面准确反映单个和总体业务风险及其变动情况；是否制定代理投融资服务类业务内控制度和操作程序，并定期对风险管理程序进行评估，保证程序的合理性和完善性；对于应当由合作金融机构披露表外业务的规模、结构、风险状况等信息，商业银行是否及时掌握。

2. 审查代理投融资服务类业务风险制度实施和效果情况。检查银行是否定期评估交易对手和客户，并根据业务的风险状况采取收取保证金等方式覆盖风险；是否设定整体风险限额和单个业务的风险限额，对交易部门和交易人员采取限额授权管理；是否与客户合作金融机构签订协议，充分示有关交易的风险，明确参与各方的权利及义务；检查因违规操作形成垫款或损失的金额，发生重大违反制度规定行为的次数和内容，接受监管部门检查的次数和结果。

3. 审查代理投融资服务类业务风险敞口管理情况。风险口是指代理投融资服务类业务总的风险暴露情况，表明业务的潜在风险，检查银行是否长期留有敞口，并对风险敞口采取了有效控制措施。

三、审计程序和方法

代理投融资服务类业务审计的程序一般包括收集文件资料和会计资料、整理电子数据、内部控制测评、审计取证等。代理投融资服务类业务审计的一般方法包括检查、观察、询问、外部调查、重新操作、重新计算、分析等。

（一）代理投融资服务类业务内部控制是否健全有效的审计程序和方法

1. 通过和银行管理层、相关业务部门和工作人员座谈，发放并填写内部控制制度调查表，调阅代理投融资服务类业务内部控制制度文件等资料，了解业务内控制度建设情况；询问并观察代理投融资服务类业务内部控制执行效果，调阅监督检查部门检查报告，观察代理投融资服务类业务内控制度设计健全、执行到位情况，是否存在风险和薄弱环节；各经营机构是否按照总行相关政策开展业务。

2. 调阅代理投融资服务类业务基本管理制度和业务操作流程，确认银行是否按照有关规定执行和操作。调阅授权文件，审查银行是否核定业务部门和分支机构对代理投融资服务类业务的经营权限；调阅审批资料、授权书等，确认开展的业务是否经过上级行批准，并制定管理人员、交易人员、分析人员等明确的资格认定标准；建立并严格执行分级授权、敞口风险管理和止损制度情况；是否明确代理投融资服务类业务授权部门、执行部门和风险监控部门。

3. 调阅商业银行表外业务风险限额管理制度，审查表外业务整体规模控制、流动性管理等，审查是否存在突破信贷规模、存贷比的限制，突破资本约束的限制，表外授信，扩张整体资产规模；对各类"资金池""资产池""理财池"是否进行总体额度控制，是否建立完善的流动性备付准备，是否存在"期限错配""抽屉协议"引致的流动性紧张问题与操作风险；关注商业银行是否存在借道信托、证券、基金、保险等通道，通过表外业务等方式对接企业融资需求。

（二）代理投融资服务类业务财务核算是否真实完整的审计程序和方法

1. 调阅业务登记簿和相关会计账户、凭证，取得交易系统和会计系统的相关电子数据，将业务台账和分户账、总账、报表相核对，确认银行完整记录所发生的交易业务；将代理投融资服务类业务收入按月划分，结合业务的业务量变化，对发生异常变动的月份查明原因，判断代理投融资服务类业务收入完整性。

2. 调阅代理投融资服务类业务资料和档案，审查业务所用的利率、汇率、费率等是否正确，金融工具计价是否正确；商业银行是否建立业务相关信息管理系统，能够全面准确反映单个和各类代理投融资服务类业务的规模、结构、风险情况；调阅银行会计报表，审查银行财务会计报告披露业务的账户余额和发生额情况，商业银行是否按照会计准则监管规定，恰当地对表外业务情况进行信息披露；审查商业银行是否按照会计准则和监管规定，对实质承担信用风险的投融资服务类表外业务计提减值准备。

3. 调阅代理投融资服务类业务档案，抽查交易台账、交易委托书、交易确认书等资料，确认是否妥善保存所有交易记录和与交易相关的文件、账目和原始凭证等资料；检查是否建立交易登记簿，及时登记每笔交易。

（三）代理投融资服务类业务是否合法合规的审计程序和方法

1. 调阅银行代理投融资服务类业务档案、管理规定和操作规程等资料，通过和相关部门工作人员座谈，实地观察业务开展情况，确认银行是否按照监管部门和银行的规定开展业务，有无有章不循、违规操作的情况；商业银行是否未对代理投融资服务类表外业务的合作金融机构、产品实行总行统一管理；分支机构是否未经总行授权，销售任何第三方产品。

2. 调阅代理投融资服务类业务档案，确认是否对客户的交易需求及交易标的物进行真实性、合规性审核，如债务是否具备完整的外债登记手续、资产是否属于客户合法所有；调阅交易业务盈利分析报告或业务检测报告，检查对交易业务是否根据市场变动匡算收益。

3. 调阅代理投融资服务类业务有关账表和凭证，检查自营业务和代客业务是否分别设置账户核算，按照不同交易政策和交易限额进行管理；调阅交易委托书和交易确认书，检查交易员是否根据客户提交的交易委托书进行有关交易，交易确认书是否经交易双方认可并明确双方的权利及义务，是否根据交易确认书为客户办理有关交易资金收付，并向客户发送交易成交确认书，根据市场情况变化及时向客户提供最新交易报价。

4.调阅代理投融资服务类业务检报告和相关凭证，了解银行限额指标的全面性与适当性，是否包括交易限额、风险限额和止损限额，并通过限额监控对银行账户和交易账户的产品及业务进行风险监控；审查交易员执行有关交易、遵守交易权限和交易限额等情况，交易员是否在其交易权限、交易限额内执行交易，有无越权交易，有无超出银行的授权权限；审查交易员、分析员的交易权限和任职资格，相关工作人员是否有从事代理投融资服务类业务产品的经验或经历；观察并询问是否定期检查交易系统运行情况，实地观察交易场所和设备，是否具备开展业务的条件。

5.调阅代理投融资服务类业务台账和交易数据，通过计算机检索大宗交易，并观察当市场行情剧烈波动时，检查银行所进行的市场评估是否恰当，根据需要向客户要求追加交易保证金或强行平盘；检查当客户出现到期无力支付、不按时追加保证金或其他协议书约定的违约事件时，银行是否按当时的市场价格采取强行平仓等控制措施，有效规避风险；是否严格执行止损制度，有无发生巨额亏损情况。

（四）代理投融资服务类风险管理是否有效的审计程序和方法

1.调阅银行关于代理投融资服务类业务战略发展的规划文件，以及投资战略、风险管理政策和新产品政策，了解银行在开展代理投融资服务类业务时是否对业务发展有清晰的评估报告，是否不断完善银行的全面风险管理框架，定期对代理投融资服务类业务进行重新评估和修正。

2.调阅业务档案等资料，检查银行有无通过保证金、担保等措施控制交易对手风险，是否存在不收或少收保证金、提前支取挪用保证金、保证金未专款专用或者未办理足额抵押担保等情况；调阅业务分析和检查报告，检查市场波动价格幅度超过保证金所能承受范围时，是否按照协议规定追收交易保证金；调阅交易业务档案和协议，检查银行是否与客户签订协议，揭示有关交易风险，明确双方权利及义务，并确认交易需求及交易标的物真实性。

3.调阅代理投融资服务类业务授权和风险管理资料，检查银行是否定期对交易对手进行风险评估；观察银行是否建立健全控制法律风险的机制和制度，严格审查交易对手的法律地位和交易资格；实地观察代理投融资服务类业务交易和风险管理系统情况，是否具备完善的交易前台、中台、后台自动连接的业务处理系统和实时风险管理系统，检查前台交易与后台会计结算是否分开；询问并观察是否根据不同交易业务明确各部门和各交易人员的交易口头寸、期限及止损等权限，有无发生重大亏损和违反制度规定的行为。

4.调阅代理投融资服务类业务台账和有关账簿、凭证，检查代理投融资服务类业务是否长期留有风险敞口，银行是否及时进行反向对冲交易和平盘交易，对风险敞口采取控制措施并评价相关措施的效果，有无形成较大风险。

第十一章　财务管理审计

第一节　业务概述

一、概念

财务管理是对商业银行业务经营过程中所发生的各种财务收支活动和经营成果进行计划、决策和控制等一系列工作的总称。具体指通过筹资决策、资金运用决策和利润分配决策提高总体收益，降低经营风险，实现公司经营目标的管理工作。财务管理是商业银行经营管理的重要环节，其结果直接表现为商业银行资产、负债以及所有者权益的变化。为避免与其他具体业务章节重复，本章节主要从财务报告和财务核算两个方面介绍商业银行财务管理审计。

二、财务管理风险分析

商业银行财务管理面临的风险主要包括：人员因素引起的风险，包括操作失误、违法行为等；财务制度不完善引起的风险，包括内控制度不合理以及制度得不到有效执行等；系统因素引起的风险，包括财务信息系统失灵和系统存在漏洞等。具体分为财务报告的风险和财务核算的风险。

财务报告的风险主要来源于：人为或系统原因造成合并会计报表不完整，应该纳入合并报表范围的单位未并表；由于商业银行各分支机构或各账户记录截止期不一致，导致会计报表汇总数据不准确；为完成银行监管部门或上级下达任务或经济指标等，擅自改动计算机系统的账户数据，人为调节业务状况表或资产负债表等项目；存在应披露而未披露的重要事项，如重要会计政策变更、重大的贷款、投资项目或关联方交易；商业银行会计估计事项的真实性和准确性以及会计估计事项变更的合理性等。

财务核算的风险主要来源于：核算不正确，通过少计、多计各项收入支出或准备金提取计算不正确等方式人为调节利润；伪造或变造会计凭证、会计账目，改会计数据等。

三、财务管理审计具体目标

（一）审查财务核算的真实性

通过对商业银行财务会计报告、财务核算情况的审计，检查财务会计报告是否真实反映了银行发生的主要经济事项，主要是核对报告所反映的内容是否与相关账、证反映的内容一致，尤其要注意有无人为调节财务状况和经营成果的情况；各项收入、支出是否真实发生，各项资产、负债是否真实存在。

（二）审查财务核算的合法性

通过对商业银行财务会计报告、财务核算情况的审计，检查银行财务会计报告编制是否符合财务准则要求，各项收入、支出、成本核算是否符合国家法律法规规定，信息披露是否符合有关规定。查找商业银行内控制度存在的漏洞，促进其依法规范经营。

（三）审查财务管理的效益性

商业银行的财务管理策略是否符合经济金融形势和银行自身经营管理状况，风险与效益是否匹配，成本与收益是否匹配。

第二节   财务会计报告审计

一、业务简介

财务会计报告审计是利用财务会计报告中会计报表之间，会计报表与财务会计报告其他构成要素之间，以及财务会计报告与有关账簿、凭证和其他资料之间的各种钩稽、平衡关系，对财务会计报告所反映的各项指标、参数和其他信息进行审核、分析、评价。

二、审计目标和内容

（一）核实财务报表真实性和完整性

以资产负债表、损益表和现金流量表为基础，运用审计抽样、分析性复核等方法分析、测试总行及所属机构财务报表真实性和完整性。

（二）对总行及各分支机构财务指标进行分析和评价

运用流动性风险、信用风险、市场风险、操作风险、迁徙风险、抵补风险、经营风险等指标进行分析。

（三）审查合并会计报表的完整性

审查合并报表口径的完整性，确定人为减少或遗漏合并单位对会计报表真实性、公允性产生的影响；审计总行合并报表过程中抵消事项处理，发现重大抵消错误或遗漏。

三、审计程序和方法

财务报告审计的方法包括检查、询问、观察、重新计算和分析等。

（一）核实财务报表真实性和完整性

1. 在复核会计报表项目之前，应检查会计报表是否按照现行会计准则和财务会计制度规定的科目和格式编制。

2. 根据电子总账数据，利用计算机将二级总账科目按科目并表关系汇总得到一级总账科目，再归并得到一级并表科目，即会计报表的有关项目，与银行提供的会计报表相应项目核对，以审查会计报表的真实性。商业银行在利用报表生成系统生成决算报表的过程中，往往会对报表中一些项目进行调整。因此在做此项检查时，审计人员应与被审计单位充分沟通，询问和了解决算报表项目的调整情况，并确定其调整的合规性。

3. 如果银行本级存在并表单位，则可以利用计算机将审核后的本级会计报表与并表单位的报表进行合并，与被审计银行提供的合并报表相应项目进行核对，检查合并报表的正确性。同时，应审会计报表之间的钩稽关系，如资产负债表中未分配利润数字是否与利润及利润分配表相关数字一致，利润及利润分配表所列营业收入、营业支出等本年发生数，是否与相关明细报表或附表数字相一致。

4. 将系统内下属并表单位的电子报表与纸质报表进行核对。在业务状况表及损益明细表中，用抽样的方法选择对资产负债损益的真实性有重大影响的，与信贷资产质量有关的及财政部门、中央银行下达指标监管考核的项目，进行重点核对。

5. 根据年终折算汇率，用抽样的方法从以原币反映的业务状况表、损益明细表中选择部分科目折算成汇总人民币金额，与商业银行提供的汇总报表相应项目进行核对，若有差异，则应查明原因。

6. 用抽样的方法将银行提供的系统汇总电子报表与纸质报表进行核对，以确认汇总报表数据信息的真实性。

7. 审核从银行内部报表（业务状况表、损益明细表等）到对外报送报表（资产负债表、利润及利润分配表等）的科目归并关系，是否存在与国家规定会计制度有差异的情况，检查各科目数据归并、调整的合规性、合理性。

8. 审查有关附表、会计报表附注、决算说明书等内容的真实性和完整性。

（二）对商业银行总行及各分支机构财务指标进行分析和评价

商业银行财务比率分析可以从流动性、安全性和盈利性三方面考虑，审计人员应当根据实际需要，从中选取重要的财务指标计算并进行横向和纵向的比较分析。分析时可以进行同行业间的比较，评价被审计银行相对的财务状况；也可以进行不同时期的比较，了解该银行盈利能力的变化趋势；还可以进行经营业绩和盈利预测的比较，掌握该银行的管理能力。具体财务指标分析详见第三章商业银行总体分析中的相关部分。

1. 对商业银行财务会计报告进行分析评价时，实施的程序一般有：比较本期与前期的财务会计报告，发现当期数额变化异常的项目，分析产生的原因；比较实际与预期的财务状况和经营成果；分析会计报表结构及重要项目之间的关系；比较会计信息与相关非会计信息并分析它们之间的关系；计算重要财务指标，与前期相应指标或行业标准进行比较。

2. 资产质量分析。对其资产种类结构进行分析，以反映银行资产质量总体状况；重点对贷款质量进行评析，揭示商业银行的内在风险；进行历史数据的比较，同行业相关数据的比较和资产投向结构分析，以此预测银行资产质量的可能发展趋势，发现与同行业之间的差距，分析不良资产在行业、种类等方面的分布。

3. 资本结构分析。对资本结构的分析，应当从商业银行资金的来源，即负债与所有者权益两方面进行。

（1）负债结构分析。商业银行的负债按期限可以分为短期负债和长期负债，按种类大致可划分为单位存款、储蓄存款、同业存放、拆入资金、发行债券、各种应付款项等。审计人员可以通过不同期限、种类的负债相互间的比例关系，分析整个负债的成本及稳定性。一般来说，商业银行通过流动性管理、利率管理，应当在平均成本最低的基础上获得最为稳定的负债。从整体而言，短期负债的比重越大，整体稳定性就越差，但成本也越低；而定期存款、金融债券的比重越大，整体稳定性越高，成本也越高。

（2）所有者权益分析。通过所有者权益分析，评价商业银行资本的流动性、安全性和收益性。分析的指标有：资本固化率，即被固化的资产占所有者权益的比重，被固化的资产指固定资产净值、在建工程、无形资产及递延资产等项目；资本风险比率，即股东权益占风险资产总额的比率；资本利润率，即本期利润总额占期末资本总额的比率。

4. 利润结构及利润分配政策执行情况分析。通过分析商业银行利息收入、金融企业往来收入、手续费收入、投资收益等营业收入的构成情况，初步评价该行的经营风险和盈利能力。如果商业银行利息收入在全部营业收入中占比很大，反映出该行收入来源单一，市场风险较大；如果投资收益占营业收入的比重较大，说明该行的收入来源不稳定，经营风险比较大。同样，分析营业支出的构成情况，并针对当年变动较大的项目重点审查。审计人员应当根据具体情况具体分析，确定审查的重点。

5. 利润分配政策执行情况分析。主要是检查商业银行实现的利润在国家和其他各投资者之间的分配是否符合国家的方针政策和制度。商业银行的利润分配必须严格执行公司法的规定。

6. 项目配比情况分析。从报表中找出一些相关项目，分析其金额配比的合理性，在对具体业务循环实施审计时可以重点关注，同时为其经营状况的评价提供依据。具体到报表项目，贷款与利息收入、存款与利息支出之间，存放同业款项与金融企业往来利息收入、同业存放款项与金融企业往来利息支出之间，长期投资与投资收益之间也存在着因果配比关系，审计人员可以运用专业判断进行分析对比。

7. 调阅商业银行向人民银行和银保监会提交的有关监管指标和财务指标的报告，初步了解银行各项监控指标的完成情况，然后利用会计报表审计调整后的数据，计算各项财务指标，分析评价资产负债管理状况和经营业绩。

（三）合并会计报表审计

1. 合并内容的审计。审查合并方在商业银行报表合并中取得的资产和负债；审查合并方为进行商业银行报表合并发生的各项直接相关费用；审查商业银行报表合并发生当期期末，合并方是否在附注中按要求披露与商业银行合并有关的信息。

2. 合并范围的审计。按照有关规定审计集团内公司间的股权关系，审查合并主体范围的正确性。一是审计总行股权投资及变化情况，确定有控制权的子公司，确定合并报表口径；二是审计各子公司报总行报表与实际报表的一致性，发现上报报表与留存报表不一致的问题；三是适当延伸审计部分子公司，审计其合并报表口径是否完整。

3. 合并报表重大抵消事项的审计。审核总行合并报表过程中抵消事项处理，对重大抵消事项进行分析，发现抵消错误或遗漏（建议各子公司审计小组同步关注合并报表事项）。

4. 合并报表附注信息披露的审查。审查银行是否在附注中披露了下列信息：子公司的清单，包括公司名称、注册地、业务性质、母公司的持股比例和表决权比例；母公司直接或通过子公司间接拥有被投资单位表决权不足半数但能对其形成控制的原因；母公司直接或通过其他子公司间接拥有被投资单位半数以上的表决权但未能对其形成控制的原因；子公司所采用的与母公司不一致的会计政策，编制合并财务报表的处理方法及其影响；子公司与母公司不一致的会计期间，编制合并财务报表的处理方法及其影响；本期增加子公司，按照企业会计准则的规定进行披露；本期不再纳入合并范围的原子公司，说明原子公司的名称、注册地、业务性质、母公司的持股比例和表决权比例，本期不再成为子公司的原因，其在处置日和上一会计期间资产负债表日资产、负债和所有者权益的金额以及本期期初至处置日的收、费用和利润的金额；子公司向母公司转移资金的能力受到严格限制的情况；需要在附注中说明的其他事项。

第三节　财务收入审计

一、业务简介

收入项目审计包括利息收入审计、中间业务收入审计等。其中，利息收入是发放贷款、办理贴现取得的收入，是商业银行最主要的经营收入来源，表内利息收入核算的真实性是审计重点；中间业务是指不构成商业银行表内资产、表内负债，形成银行非资产性收入的业务。

二、审计目标和内容

（一）各项收入的真实性

检查各项收入是否真实存在，各项收入是否及时全部入账，对外投资和下属单位的收入是否并账，关注有无随意虚增收入、调整盈亏的问题，关注有无截留收入、隐瞒收入形成"小金库"的问题，关注有无通过修改计算机数据截留或增利息收入问题。

（二）各项收入的合法性

检各项收入是否严格按照权责发生制的核算原则和财务制度规定入账，各项收入项目是否合规、合法，会计核算是否正确。

三、审计程序和方法

财务收入审计的方法包括检查、询问、审查书面文档、分析等。

（一）利息收入审计

1. 取得计算机系统中利息收入的计息文件，审查计息文件的完整性和有效性。取得利息收入明细账、表内表外应收利息明细账和总账、各月贷款明细账，审查贷款利息收入的真实性和完整性。审计人员可根据获取电子数据的情况、自身的计算机水平分别采用分析性复核等审计方法。

2. 对贷款利息收入进行分析性复核。由于贷款种类和贷款期限不同，所采用的贷款利率不一致，因此在设计期望值时，一般可以按贷款种类分组设计期望值（若利息收入在各月之间波动较大，也可以按月或按季分组），具体方法是取得各月各类贷款的平均余额，根据法定利率计算出各组的期望值；对作为设计期望值的贷款平均余额进行检查，以保证设计的期望值是可信赖的；确定可接受的偏差；比较期望值与实际利息收入及应计利息，对超过可接受偏差的金额进行调查；对分析性复核结果进行评价。

3. 审查利息收入的确认和计量

（1）抽取原始凭证，与利息收入明细账核对，核实记入利息收入的资金，是否全部从借款人的账户中付出；检查计息清单与利息收入、应收利息（表内外）的数字是否相吻合。

（2）实施重大项目检查。查阅各利息收入明细账，从中抽取大额的利息收入，与贷款合同及计息清单进行核对；抽取贷款大户，检查其利息收入的入账时间和金额。

（3）将延伸调查贷款单位的利息支出数与银行收取的贷款利息进行核对，若有不相符的现象，则应查明借款人付息的去向。

（4）实施利息收入入账时间测试。审阅结账日前后的利息收入记录，与有关凭证相核对，检查其入账日期是否正确，是否存在跨年度入账，从而调节利润的情况。

（二）中间业务收入审计

1. 汇款业务收入审计。根据汇出汇款的业务量（包括笔数和金额）、该项业务的收费标准，估算预期应达到的业务收入水平（包括手续费和邮电费），并与实际业务收入相比较，判断差异是否重大；取得有关电子数据，利用计算机精确计算汇款业务收入，再与实际业务收入比较。

2. 委托收款收入审计。根据委托收款业务量（笔数）、规定的收费标准，估算预期应达到的业务收入水平，并与实际业务收入相比较，判断差异是否重大；取得有关电子数据，利用计算机精确计算托收业务收入，再与实际业务收入比较。

3. 结售汇收入审计。

（1）取得结售汇业务有关统计报表，将结售汇业务量与上年相比较，审查变动是否异常，有无通过掩盖结售汇业务量隐瞒收问题。

（2）根据结售汇业务有关统计报表或交易台账的业务量、银行实际执行的外汇买入价和卖出价的差价政策，估算预期应达到的业务收入水平，并与实际业务收入相比较，判断差异是否重大。

（3）取得有关电子数据，利用计算机审查结售汇所用牌价是否正确，是否根据人民银行公布的人民币汇率中间价和规定的买卖差价幅度确定对客户的外汇买卖价格。调阅"结售汇""汇兑收益"或"汇兑损失"账户及有关凭证，审查结售汇平盘已实现的收益或损失是否正确计算、记录和反映。

4. 信用证业务收入审计。

（1）取得信用证业务有关统计报表，将信用证业务量与上年相比较，审查变动是否异常，有无通过掩盖信用证业务量隐瞒收入问题。

（2）执行分析性复核，根据信用证业务有关统计报表或表外账户或登记簿的业务量（包括笔数和金额）、规定的收费项目、规定的收费标准，估算预期应达到的业务收入水平，并与实际业务收入相比较，判断差异是否重大。

（3）取得有关电子数据，利用计算机精确计算信用证业务主要收费项目的业务收入，再与实际业务收入比较。

5. 银行卡业务收支审计。

（1）对银行卡业务量执行分析性复核，取得统计报表、银行卡业务资产负债表、利润表，将单位卡存款余额、个人卡存款余额、透支余额与上年度、本年度其他月份比较，判断变动是否正常，趋势是否合理。

（2）对银行卡利息支出执行分析性复核，取得银行卡业务资产负债表和利润表、银行卡存款科目明细报表，根据各卡种存款月/年平均余额、规定的计息范围、计息办法、利率，估算利息支出可以达到的预期水平，与实际利息支出比较，分析差异是否重大。

（3）取得应付利息计提明细表、"利息支出"账户、"应付利息"账户、银行卡存款明细账户、利息清单，审查银行卡存款利息的计提是否符合规定，使用利率是否正确，有无对贷记卡账户的存款计付利息。

（4）取得与银行卡存款和计息有关的电子数据，利用计算机审查银行卡存款计息范围、计息办法、适用利率的正确性，重新计算利息支出水平，再与实际利息支出相比较。

（5）对银行卡透支利息收入执行分析性复核，取得银行卡业务资产负债表和利润表、银行卡透支月报表、透支科目明细报表，根据各卡种月均透支余额、规定的计息办法、利率，估算利息收入可以达到的预期水平，与实际利息收入比较，分析差异是否重大。

（6）取得透支科目/其他短期贷款明细账户、利息清单和有关凭证，审查银行卡透支利息的计算是否正确，透支利率是否符合规定，准贷记卡透支是否按月计收单利，贷记卡透支是否按月记收复利。

（7）取得与银行卡透支有关的电子数据，利用计算机重新计算利息收入水平，与实际利息收入（包含应收利息）相比较，审查透支利息的计算是否正确。

（8）对结算手续费收入执行分析性复核，取得银行卡业务统计报表，根据特约商户交易量、平均结算手续费率、约定分润比例（对跨行交易），估算手续费收入可以达到的预期水平，与实际收入比较，分析差异是否重大。

（9）调阅特约商户协议书、特约商户存款账户、有关汇总计单和签购单/交易单、有关凭证，审核相关单据的交易笔数、交易金额、回扣金额（结算手续费）等内容是否致，结算手续费的收取是否符合规定，资金划拨是否准确，会计处理是否正确。

6. 票据结算收入审计。

（1）根据支票结算的业务量、该项业务的收费标准，估算预期应达到的业务收入水平，并与实际业务收入相比较，判断差异是否重大。

（2）取得有关电子数据，利用计算机精确计算支票业务收入，再与实际业务收入比较。

7. 代理业务收入审计。

（1）对代理业务量执行分析性复核，取得中间业务基本情况统计表及有关各项代理中间业务的统计资料，检查代理业务量的变化是否正常，对异常变化寻找原因。

（2）对代理业务收入执行分析性复核，根据有关代理业务的业务量、相应的收费标准，估算预期应达到的收入水平，判断实际收入是否正常，差异是否重大。

（3）取得各项代理协议、有关代理收入会计账簿和凭证，检查是否按照协议规定收取代理业务收入，代理收入是否全部计入相应的收入账户。

（4）向部分委托单位询证手续费支付情况，审查银行是否及时、足额将手续费收入纳入当期损益。

（5）检查上年年末和下年年初的代理业务收入入账情况，审查代理业务收入确认是否正确，有无将应列入当年损益的代理业务收入列入其他会计年度。

8. 担保承诺类收入审计。

（1）对担保承诺业务量执行分析性复核，取得中间业务基本情况统计表及有关担保承诺类中间业务的统计资料，检查担保承诺业务量的变化是否正常，对异常变化寻找原因。

（2）对担保承诺中间业务收入执行分析性复核，根据有关担保承诺业务的业务量、相应的收费标准，估算预期应达到的收入水平，判断实际收入是否正常，差异是否重大。

（3）取得各项担保承诺协议、有关担保承诺收入会计账簿和凭证，检查是否按照协议规定收取中间业务收入，担保承诺收入是否全部计入相应的收入账户。

（4）检查上年年末和下年年初的担保承诺业务收入账情况，审查担保承诺业务收入确认是否正确，有无将应列入当年损益的担保承诺业务收入错误地列入其他会计年度。

9. 交易业务收入审计。

（1）对交易量执行分析性复核，取得中间业务基本情况统计表及有关交易类中间业务的统计资料，检查交易类业务量的变化是否正常，对异常变化寻找原因。

（2）对交易业务收入执行分析性复核，将交易类业务收按月或按季划分，结合交易类业务的业务量变化，判断交易类业务收入是否正常，对发生异常变动的月份或季度进一步调查原因。

（3）取得相关电子数据，利用计算机审查交易业务所用的汇率是否正确，衍生金融工具计价是否正确；调阅交易台账、相关会计账簿和凭证，审查交易类业务收入的确认是否正确，是否全部计入相关的收入账户。

（4）审查交易业务平盘实现的收益或损失是否正确计算、记录和反映。

10. 基金托管业务收入审计。

（1）取得基金托管协议和基金托管业务收入账户、凭证，检查基金托管业务收入的确认是否正确，是否全部计入相关的收入账户。

（2）向基金管理公司询证手续费支付情况，审查银行是否及时、足额将手续费收入纳入当期损益。

11.咨询业务收入审计。

（1）对咨询业务收入执行分析性复核，将咨询顾问类业务收入按月或按季划分，结合咨询顾问类业务的业务量变化，判断咨询顾问类业务收入是否正常，对发生异常变动的月份或季度进一步调查原因。

（2）调阅咨询顾问协议、咨询顾问业务台账、相关收入账户和凭证，审查是否按照协议或有关规定收取咨询顾问业务收入，是否及时足额计入相关的收入账户，有无转移截留业务收情况。

12.保管箱业务收入审计。

（1）对保管箱业务收入执行分析性复核，将保管箱业务收入按月或按季划分，结合保管箱业务量变化，判断保管箱业务收入是否正常；根据保管箱业务量、相关的收费标准估算预期应达到的中间业务收入，与实际业务收入水平比较，对存在的重大差异调查原因。

（2）调阅保管箱租用协议、保管箱业务台账、相关收入账户和凭证，审查是否按照协议或有关规定收取保管箱租金收入，是否及时足额计入相关的收入账户，有无转移截留收入情况，必要时直接到现场查看核实保管箱的租用情况。

（三）其他营业收入审计

1.了解被审计银行其他业务种类情况，所产生的收入是否全部计入其他营业收入。

2.将其他营业收入与以前年度比较，并根据业务开展情况，对重点项目采取详查法审查原始凭证，核查原因。

3.审查有关合同及收入凭证，结合其他科目，审查收入是否全额反映，是否有将收入挂在往来科目等情况。

4.审查其他营业收入是否在财务报表及财务报表说明中进行了恰当的分类和充分的揭示。

（四）营业外收入审计

1.核对营业外收入明细表（台账）、明细账、总账是否一致。

2.将本期营业外收入与以前年度相比较，若存在异常变动，则采取详查法，审查原始凭证，核查变动原因。

3.审查营业外收入科目中是否列入不属于该科目的营业收入。

4.审查营业外收入是否在财务报表及财务报表说明中进行了恰当的分类和充分的揭示。

（五）长期股权投资收益审计

1.查阅长期股权投资档案资料，了解公司在被投资企业的控制情况，包括股东投票权、董事会席位、合同约定等，检查以成本法、权益法核算的各类长期股权投资归类是否准确、核算是否正确。

2.检查长期股权投资股利或利润的核算是否正确。成本法下，股利是否按照股权比例确认为当期投资收益；权益法下，股利是否首先调整投资损益，超出后作为投资收益，超出投资账面净利润的作为投资成本收回。

3.对于存在长期股权投资处置情况的，检查是否将所得价款超过账面价值的部分确认为处置损益；权益法核算的长期股权投资，检查原计入资本公积中的金额是否计入当期损益。

（六）金融资产投资收益审计

1.对于交易性金融资产，检在持有期间获取的股息、利息，是否及时确认为投资收益，同时调整公允价值变动损益，是否有故意推迟入账的行为，可以抽查次年一季度入账的股息收益，是否在上年度已经宣布。检查处置资产时是否将处置时的公允价值与账面金额之间的差额确认为投资收益。

2. 对于持有待售金融资产，检查持有到期日资产是否按照实际利率法计算利息收入，计入投资收益，是否计算摊余价值，数据是否准确。检查处置资产时是否将取得价款和账面价值之间的差异确认为投资收益。

3. 对于其他债权和权益工具金融资产，对于已经宣布的现金股息或利息，是否按会计准则要求及时计为投资收益，是否有故意推迟入账的行为。可以抽查次年一季度入账的股息收益，是否在上年度已经宣布。检查处置资产时，取得价款和账面价值之差是否按会计准则要求计入投资收益。

（七）公允价值变动收益审计

查阅公允价值变动收益明细账和相关会计凭证，检查资产负债表日公允价值确定是否正确，公允价值变动收益的计算是否准确。

第四节　财务支出审计

一、业务简介

支出项目审计包括利息支出审计、费用管理审计等。其中，利息支出审计分为对公存款利息支出审计和储蓄存款利息支出审计；费用管理审计是对商业银行按照董事会计划使用费用指标，计算、提取减值准备和大型采购等项目的审计。

二、审计目标和内容

（一）各项支出的真实性

检查成本支出真实情况，尤其是各项利息支出真实性，有无人为多列支或少列支的问题。检查各项费用支出是否及时全部入账，关注有无故意延迟入账调整利润的情况。

（二）各项支出的合法性

关注成本费用会计核算是否符合规定。检查成本费用支出是否严格执行国家有关财务规章制度规定的开支范围和开支标准，关注职务消费、车辆配备、业务外包等方面有无违反规定发放钱物和动用规定外经费搞基本建设等违纪违规的问题，特别要注意审查年底费用支出变化较大的科目，检查有无突击花钱的问题。检查各项准备金的提取、使用和核销是否符合有关规定，有无人为调节利润的现象。

三、审计程序和方法

财务支出审计的方法包括检查、询问、审查书面文档、分析等。

（一）对公存款利息支出审计

1. 分析性复核法。一是分组设计期望值。具体方法是：取得各月各类存款的平均余额，根据法定利率计算出各组的期望值。二是对作为设计期望值的存款平均余额进行检查，以保证设计的期望值是可信赖的。三是确定可接受的偏差。四是比较期望值与实际利息支出。对超过可接受偏差的金额进行调查，查明产生偏差的原因和金额。五是对分析性复核结果进行评价。

2. 计算机编程法。根据取得完整的电子数据，可以直接运用计算机编程对利息支出进行精确复核。取得对公存款的计息文件、每天的存款总账、利率表，编制利息支出的计算程序，用计算机重新计算计提利息的正确性。分别将同一法定利率、同一期限档次内的存款归类，用各类存款每天余额相加乘以同档次法定利率得到各类存款应付利息数，与银行当年应付利息计提数核对。对计算机计算出的分户利息与计息文件中不相符的账户进行逐户审查。

3. 通过计算机对账户主档文件进行检索，检查同一类存款有无适用利率不一致的记录，关注是由于操作员输入有误所致，还是存在人为调整。

4. 通过计算机检查有无人为进行计息积数调整的记录。通过计算机调整积数，不同的计算机系统有不同的处理方法，有的是在计息文件中直接在"积数调整"字段录入数据；有的是通过调整交易记录的计息日期达到调整积数的目的。审计时，从电子数据中检索出有"积数调整"的记录进行详细检查；对记账日期与计息日期不一致的记录进行详细检查。

5. 对特殊业务交易的积数调整进行审查。通过计算机检索特殊业务交易，如冲账、补账业务记录，检查其计息是否进行正确调整；还可手工检查业务登记簿中记录的调整积数依据是否真实，是否人为调整计息积数、变相违反国家利率政策。

6. 审查结息的正确性。主要审结息账户与计息账户的一致性，通过计算机将结息账户与计息账户不一致的记录筛选出来，除保证金存款的利息应转入其对应的结算户外，其他的结息账户应与计息账户一致。

7. 审查应付利息和利息支出明细账。审应付利息贷方发生额，是否与计提的利息支出数一致；审查实际发生利息支出，是否存在不冲减应付利息科目，直接列利息支出科目导致重复列支利息的情况；抽查利息支出冲减数，对大额的利息支出冲销数，年末"应付利息""利息支出"科目大笔整数的发生数和红字冲减数；调阅原始凭证，审查有无虚列、人为调节利润情况；有无用利息收入直接冲减利息支出以偷逃税金问题。

8. 结合审计业务管理费等费用支出，检有无以其他名义支付高息的现象。

（二）储蓄存款利息支出审计

1. 分析性复核法。

（1）分组设计期望值。在对储蓄存款利息支出进行分析性复核时，由于储蓄存款种类和期限不同，所采用的存款利率也不一致，因此在设计期望值时，可以按存款种类分组（如定期、活期）、也可以按时间（如按月、季）分组设计期望值。具体方法是：取得各月各类存款的平均余额，根据法定利率计算出各组的期望值。

（2）对作为设计期望值的存款平均余额进行检查，以保证设计的期望值是可信赖的。

（3）确定可接受的偏差。

（4）比较期望值与实际利息支出。对超过可接受偏差的金额进行调查，查明产生偏差的原因和金额。

（5）对分析性复核结果进行评价。

2. 计算机编程法。取得储蓄计息文件、分科目每天的储蓄总账、利率表，运用计算机编程计算计提利息的正确性。分别将同一法定利率、同一期限档次内的储蓄存款归类，用各类存款每天余额相加乘以同档次法定利率得到各类存款应付利息数，与银行当年应付利息计提数核对。

3. 运用计算机对活期（定期）主档文件进行检索，检查同一类储蓄存款有无适用利率不一致的记录。

4. 运用计算机检查有无人为进行计息积数调整的记录。通过计算机调整积数，不同的计算机系统有不同的处理方法，有的是在计息文件中直接在"积数调整"字段录入数据；有的是通过调整交易记录的计息日期达到调整积数的目的。应针对不同的计算机系统采用不同的审计方法。

5. 应付利息和利息支出的审查方法参照对公存款，重点关注利息划转环节，核对上级行的利息列支数与下级行（所）的人入账数是否一致，有无虚列利息支出转存账外的现象。

（三）各项费用支出审计

1. 薪酬审计。

（1）调阅各项薪酬政策依据、相关董事会纪要，审核工资总额组成，核薪酬计提发放是否合规，以及财政部限薪令执行情况。

（2）审查应付工资和费用明细账，是否存在擅自扩大职工工资标准和范围，违规计提、发放和核算职工薪酬问题。

（3）审查职工福利费、工会经费、职工教育经费计提标准是否为计税工资总额，是否超过计税工资总额而按实发数提取。

2. 租赁费审计。

（1）将本期租赁费与以前年度相比较，若存在异常变动，则采取详查法，审查原始凭证，核变动原因。

（2）审查是否存在以租代购的问题，审查固定资产台账，查阅租合同及费用明细账，检查有无在其他费用中列支租赁物的有关费用，如汽车的购置附加费、保险费等，重点查处是否存在以租赁费的形式购建固定资产。

（3）检查对经营租赁方式租入固定资产，审查是否突破租赁费指标；以融资租赁方式租入的除不动产以外的其他固定资产的融资租赁费，是否严格按照规定作为长期应付款处理，是否存在将融资租赁费直接列入成本的问题。

3. 修理费审计。

（1）查阅有关固定资产的图纸和报告资料，了解固定资产发生修理费前后性能的变化，是否将改变固定资产原有形态、功能，增加补充设备，改良装置或在原有基础上进行改建、扩建而发生的支出，作为修理费支出。

（2）审查有无违反规定将已售住房的更新改造、修理费等在此科目列支。

（3）审查是否存在以修理费的名义购进固定资产，对大额的修理费进行重点审计，查阅有关合同，审查修理费发生的原始凭证，开具修理费的发票单位经营性质，并结合以前年度支出变动幅度分析确认，必要时延伸有关单位。取得原始凭证，审查是否据实列支，是否存在预提问题。

4. 业务招待费审计。

审查业务招待费是否控制在规定的限额内；审查业务招待费明细账，审阅摘要栏，重点审计大额整数的项目及年末发生项，审查原始凭证，审查是否据实列支，有无虚列、预提的问题；在审查其他费用时，注意关注是否存在为逃避业务招待费限额规定，将业务招待费在其他费用中列支。

5. 业务宣传费、会议费等审计。

（1）按费用金额大小对供应商进行排序，结合新闻媒体报道、缴税记录等，选择金额较大或有行贿等负面新闻报道、纳税与收入不匹配的供应商延伸调查。

（2）调查供应商股东或实际控制人情况，判断其与银行经办人、审批人存在的利益关系。

（3）通过税务系统核查、延伸开票单位确定发票真实性，并进一步审计回扣、提现等问题。

（4）审查业务宣传费、会议费是否控制在规定的限额内使用；审查业务宣传费、会议费明细账，是否据实列支，有无虚列、预提的问题；是否存在为逃脱限额规定，将业务宣传费、会议费在其他费用中列支等问题。

6. 住房公积金审计。

（1）审查住房改革有关财务衔接是否符合规定。原住房周转金账户清理后如有结余，是否按规定转入"营业外收入"。

（2）审查缴纳住房公积金的范围是否正确，按规定缴纳住房公积金的职工应是人事关系和工资关系均在银行的固定职工、劳动合同制职工。

（3）审查有无应由个人缴纳的住房公积金，而由银行负担的情况。

（4）审查职工住房的维修、管理以及国家规定用于住房改革方面的其他费用性支出、职工住房补贴和住房困难补贴，是否据实列入住房周转金，不得在费用中列支。

7.税金支出及相关科目审计。

（1）获取未缴纳增值税产品清单，检查是否已取得国家税务总局批复。

（2）检查企业所得税纳税调整表，检查调整的各项目是否完整、有关计算是否正确、扣除项目和免税项目是否依法合规等。检查会计政策是否正确，前后期是否一致。

（3）结合收入审计，检查银行是否存在少记收入逃避增值税和所得税的行为。

（4）结合成本支出审计，检查银行是否存在虚列成本费用，少缴纳所得税的行为。

（5）结合准备金计提审计，检查银行是否存在准备金计提不准确，导致所得税申报不真实的情况。

（6）抽查部分月份代扣代缴清单，检查代扣代缴员工个人所得税、代理人增值税及个人所得税是否正确。结合费用支出审计，检查是否存在对员工以票据报销方式列支个人费用，导致逃避个人所得税的情况。

（7）抽查房产税、城镇土地使用税、车船使用税、车辆购置税、契税等税费缴纳凭证，计算缴税金额是否正确。

（8）检查审计期间是否发生所得税税率变动，如发生税率变动，是否根据新税率对递延所得税资产和负债重新计量。

8.社会保险费用审计。审查银行职工各项社会保险（养老保险、医疗保险、生育保险、工伤保险、失业保险）的缴费基数和比例是否符合相关政策规定，有无隐瞒工资总额造成少缴、漏缴社会保险费问题；有无将个人缴纳的保险费在成本中重复列支的情况；特别关注有无虚列支出、截留转移资金和挤占挪用社会保险基金等违法违纪问题。

9.其他业务管理费审计。

（1）差旅费。审查标准是否符合规定，有无列支职工误餐补贴、业务招待费、业务宣传费等指标控制的费用。

（2）劳动保险费。审查有无违规将在职职工福利费在此科目列支。

（3）电子机具运转费。审查是否为保证计算机及其配套设备正常运转、维护所耗用的物品等发生的支出，有无将电子设备购置费在此科目列支。

（4）钞币运转费。审查是否属于为运转钞币所支付的运输费、包装费、养路费、押运人员差旅费等，有无将运钞车等购置费在此科目列支。

（5）其他费用。对于费用专用存款账户，通过调阅银行存款对账单及核对年末会计部门拨付备用金余额，查明费用账目资金来源与运用情况，年末是否全部并会计大账；审查各费用核算是否正确，有无乱列科目，擅自扩大支出；对重点费用科目及金额大的费用支出，应查阅原始记录，核对会计凭证与原始记录，判断原始记录的支出是否真实、合规；审查有无将应税收入冲减有关费用，偷逃税金的问题。

（四）其他营业支出审计

1.了解被审计银行其他业务种类情况，所产生的支出是否全部计入其他营业支出。

2.将其他营业支出与以前年度相比较，并根据业务开展情况，对重点项目采取详查法，审查原始凭证，核查原因。

3.审查有关合同及支出凭证，结合其他科目，审查支出是否全额反映，是否有将支出挂往来账等情况。

4.审查其他营业支出是否在财务报表及财务报表说明中进行了恰当的分类和充分的揭示。

（五）营业外支出审计

1.审查营业外支出的列支范围是否合规，有无将不属于营业外支出的项目列入。

2.审查列入营业外支出的项目是否经过审核批准，如自然灾害等原因造成的财产净损失（实际损失数额扣除保险赔款、残值收入等）是否报经有关部门审批后，据实列入营业外支出。

3.审查列入营业外支出的固定资产盘亏及固定资产报废损失是否合规、真实，报批手续是否齐全；是否存在为不突破固定资产计划指标数而擅自报废固定资产的问题。

4.审查营业外支出其他项目是否合规，有无与资本支出相混淆问题，其审批手续是否齐全，核算是否正确。对于罚款支出，查阅相应有关行政机关的处罚决定书，以及银行缴款凭证，对照检查有关罚款是否真实，同时应查明处罚原因，相关责任人是否有进一步处理的必要，是否存在替个人承担罚款支出等情况；对于捐赠支出，查阅有关审批记录，并查阅受捐赠对象是否存在免税资格，如未经民政部门认可的受捐赠者，则该支出不能在所得税税前扣除。

5.审查营业外支出是否在财务会计报告中进行了恰当的分类和充分的揭示。

（六）大型采购费用支出审计

1.招标投标过程合法性。检查银行大型采购项目的招标过程和招标标准是否符合"公开、公平、公正"的原则，关注在招标、开标、评标和定标过程中有无违反规定程序、私自与供货商串通、泄露招标信息、应该招标投标未招标而自行组织采购等情况；审查有关招标文书的内容是否完整、严密，有关条款规定是否得到切实遵守；检招标方式的选择是否合理。

2.采购合同签订的合规合法性。

（1）审查供货商的选择是否合理，是否具有签约资格；审查合同的签订程序是否合规。

（2）审查合同中包含的要素是否明确、具体，审查签约双方的权利和义务是否明确并具有对等性。

（3）审查合同条款规定是否为该银行争取到最大的财务利益，如充分考虑付款条件和资金优势，选择合理的货款支付方式等。

3.采购合同的执行结果。审查合同内容是否得到全面、严格地履行。审查有无合同违约、违约的原因及违约处理结果，如对方违约，是否及时组织索赔；如本方违约，责任人是否向分管领导提交书面报告，经审批后办理赔偿手续，并追究相关责任；协商不成的合同纠纷是否及时上报上级领导和法律部门，通过申请仲裁或向人民法院起诉解决合同纠纷。

4.审查合同的管理是否规范。

（1）审查组织有无设置专门的合同管理机构，合同管理人员是否具备相应资格，合同管理制度是否完善，有无重大合同变更的应对防范措施。

（2）审查合同的归档和保管是否完整，合同是否按序编号；台账登记是否清晰完整；支持性文件是否齐全，是否包括采购合同正本、合同补充协议、技术协议、采购订单、合同评审表及其他合同附件。

（七）各项减值准备审计

1.基本会计处理的审计。检查计提或转回减值准备的分录编制是否正确，对应账户的使用是否符合规定；检查会计分录的金额是否符合初次提取、补充提取或多提转回的相应要求；检贷款减值准备计提的标准和方法，关注银行在处理借款人的还款能力、抵押质押物的合理价值、担保人的情况等因素时是否过于依赖主观判断，判定贷款减值准备的计提是否准确充足；检查资产价值恢复时应转回的减值准备是否已办理转回的账务处理；处置投资、固定资产、无形资产以及实施债务重组的应收款项，按规定应同时转销相应的减值准备事项，审查其是否已按要求转销。

2.结合会计制度调整、贷款质量分类、风险资产评估等，核实计提口径、比例，确定各项计提的真实性、合规性。

第十二章　信息系统审计
第一节　业务概述

一、概念

信息系统是由计算机及其相关和配套的设备、设施（含网络）构成，并按照一定的应用目标和规则对信息进行采集、加工、存储、传输、检索等处理的人机系统。现代商业银行的经营管理已经与先进的计算机技术高度融合，成为金融与信息化相互结合、促进和共同发展的典范。商业银行信息系统通常是一个集成多个子系统的复合系统，其中重点的子系统包括核心（会计）系统、信贷管理系统、支付系统、总账系统等。

二、信息系统审计概述

信息系统审计是通过收集和评价审计证据，对信息系统是否能够保护资产的安全，维护数据的完整，使商业银行的目标得以有效实现，使组织的资源得到高效使用等方面做出判断的过程。对于国家审计来说，是指国家审计机关依法对商业银行信息系统的真实性、合法性、效益性和安全性进行检查监督的活动。由于信息系统已经成为商业银行乃至整个金融发展的核心竞争力，因此信息系统审计对商业银行审计具有重要意义。信息系统审计是信息化条件下商业银行审计的重要组成部分，具有特定的理论依据、工作过程和检查方法，其审计内容和方法将逐渐积累和凝聚成完整的体系。信息系统审计既是内控测试的一部分，解决内控风险评估和可依赖性的问题，也是对金融信息安全进行审计的重要组成部分，对于金融安全、国家安全和金融系统性风险防范具有重要意义。

三、审计目标

商业银行信息系统审计的主要目标是通过检查和评价商业银行信息系统的安全性、可靠性和经济性，揭示信息系统规划、建设和运行管理中存在的突出问题和重大风险隐患，提出审计意见建议，推动完善相关制度，促进商业银行提高信息系统运行稳定性、可靠性和安全性水平，促进提高资金使用绩效和实现经营管理目标；同时，通过检查和评价信息系统产生数据的真实性、完整性和正确性，防范和控制商业银行审计的总体风险。

（一）信息系统的安全性

审查商业银行信息系统及其相关和配套的设备、设施（含网络）和运行环境，包括信息安全保护、计算机功能的正常发挥、信息系统的安全运行保障等方面。

（二）信息系统的可靠性

审查商业银行信息系统的设计、研发、运行和维护是否符合法律法规、行业规章、技术规范和设计方案的要求，系统产生的信息的可信性、可靠性和可用性。当前商业银行审计项目对电子数据的依赖达到了前所未有的高度，因此通过信息系统审计掌握有关商业银行信息系统可靠性的情况，对于组织开展和有效推进商业银行审计具有非常重要的意义。

（三）信息系统的经济性

审查信息系统提供的信息服务和工作目标与商业银行的业务需求和业务目标的一致性，信息系统是否能够支持商业银行实现战略发展规划和目标。

四、审计内容

商业银行信息系统审计的内容包括对应用控制、一般控制和项目管理的审计。应用控制包括信息系统业务处理流程，金融数据输入、处理和输出的控制，业务信息共享和业务协同；一般控制包括信息系统总体控制、信息安全技术控制和信息安全管理控制；项目管理包括信息系统建设的经济性、信息系统建设管理和信息系统的绩效性。

在商业银行信息系统审计过程中，测评指标对于顺利完成审计中的各类测试具有重要意义，它既指出了信息系统审计和风险测试应关注的重要方面，同时也提供了一个借以评价信息系统安全性、可靠性和经济性的框架。信息系统审计的测评指标框架按照审计内容划分为应用控制审计、一般控制审计和项目管理审计三部分。

五、风险类型

商业银行信息系统的风险主要有设计风险、运维风险和变更风险三类。

（一）设计风险

商业银行购建硬件设施和软件系统中存在的风险，具体体现在健全制度规范、数据中心建设选址、服务器及其他关键设备选型、数据库及其他关键软件选型、软件系统架构和开发、核心技术和专利等方面。设计风险的影响和危害具有根本性和长期性的特点，直接决定了信息系统建设的成败以及信息系统的支持能力，对于商业银行竞争力的持续发展具有重要影响。

（二）运维风险

商业银行信息系统运行和维护中存在的风险，具体体现在业务可持续性计划和灾难备份、系统运行检查和监测、进入和接触控制、设备丢失和数据泄露、参数配置等方面。运维风险的影响和危害具有短期性和不确定性的特点，对于商业银行经济业务运行的安全性和可靠性将造成直接威胁，同时给商业银行带来商誉和经济方面的损失。

（三）变更风险

商业银行对信息系统的软、硬件进行修补、更换和升级时存在的风险，具体体现在变更流程和权限控制、变更评估与测试、分散和临时性变更、变更进度控制、变更后评价、变更失效和恢复等。变更风险的影响和危害主要在业务可持续性方面，导致商业银行的经济业务运行中断或无法满足技术标准和业务需求。

第二节　应用控制审计

一、信息系统应用控制的审计内容

（一）信息系统业务流程控制审计

信息系统业务流程控制审计的目的是通过检查商业银行信息系统承载的金融业务活动，如存款、贷款和收费等业务发生、处理、记录和报告的流程，评价系统业务流程控制的合理性和有效性，揭示系统业务流程设计缺陷、控制缺失等问题，形成审计结论，提出审计意见和建议；为防范和控制电子数据审计风险，以及审计项目对信息系统业务流程控制的审计评价提供支持。

（二）数据输入、处理和输出控制审计

数据输入、处理和输出控制审计的目的是通过检查商业银行信息系统数据输入、处理和输出控制的有效性，发现因系统控制缺失产生的数据风险，形成数据控制水平的审计评价和结论，提出审计意见和建议；为数据审计防范和控制审计风险，以及审计项目对信息系统数据风险控制的审计评价提供支持。审计人员应当在调查了解商业银行信息系统所承载的金融业务活动的业务流、资金流和信息流的基础上，按照不同金融业务活动的数据输入、处理和输出功能，分类建立风险测评指标，开展风险测评和审计分析。

（三）信息共享和业务协同审计

信息共享与业务协同审计的目的是通过检查商业银行信息系统内外部信息共享与业务协同，关注信息系统整合共享情况，检查是否存在重复建设、信息孤岛等问题，如向外资背景事务所提供信息的问题，揭示是否缺失共享与协同控制，分析并评价风险程度，形成商业银行信息共享与业务协同水平的审计评价和结论，提出审计意见和建议；为获取真实、完整和正确的审计数据，以及对商业银行信息共享与业务协同的审计评价提供支持。

二、信息系统应用控制审计测评指标

（一）信息系统业务流程控制审计事项测评指标

1. 业务流程设计测评。检查息费计算、报表生成、授信评级等业务流程设计的完备性，满足银行业务活动需求的程度，实施业务流程整合、还原或者再造的情况，是否避免了重复操作，关键环节、关键节点和关键岗位建立不相容职责分离等必要控制的情况。

2. 业务流程处理测评。检系业务处理的正确性和控制的有效性，如临时账户的使用和清零，各流程节点的操作反映银行业务活动的审批及处理过程要求的情况，对相同业务处理设置自动批量操作的情况，对重要的业务流程处理，特别是利用系统进行手动控制的流程节点，实施有效控制和校验的情况，接口处理的正确性，控制的有效性等。

3. 业务流程功能测评。检查商业银行系统业务流程实现功能的合理性，各类功能操作，特别是对于管理决策、审计监督和风险管理等中、后台功能的支持和实现，满足银行业务活动需要的情况，问题管理、应急处理、变更管理和系统控制等功能的有效性。

（二）数据输入、处理和输出控制审计事项测评指标

1. 数据输入控制审计事项测评指标。

（1）数据准备控制测评。检查数据准备流程体系的完整性，应具备收集、校验、清理、修正等环节；获取原始数据的相应授权；原始数据保存管理措施的完善性和合规性。

（2）数据录入和导入控制测评。检查商业银行系统设置不符合金融业或者银行规范的数据录入、导入接口等数据采集功能的情况，数据采集的身份与权限控制合理性和有效性。

（3）数据修改和删除控制测评。检查商业银行系统设置不符合金融业或者银行规范的数据修改或者删除功能的情况，用户数据修改和删除等身份与权限控制的合理性和有效性。

（4）数据校验控制测评。检查数据录入、导入接口等数据采集功能校验控制的合规性和有效性。

（5）数据入库控制测评。检查商业银行信息系统录入，导入接口等采集的数据，缓冲区数据与进入数据库的最终数据的一致性。

（6）数据共享与交换控制测评。检查商业银行信息系统设置不符合金融业或者银行的数据共享与交换功能的情况，用户或者系统的数据共享与交换的身份及权限控制的合理性和有效性。

（7）备份与恢复数据接收控制测评。检查商业银行信息系统数据备份与恢复的数据接收功能的身份与权限控制的合理性和有效性，接收数据与输出数据的一致性。

（8）数据边界控制测评。检查商业银行信息系统从外部渠道获得数据的真实性和完整性，以及在数据传输过程中对敏感数据进行保护的措施和方法。

2. 数据处理控制审计事项测评指标。

（1）数据转换控制测评。检查商业银行信息系统采集外部数据和转换过程中各项控制，符合金融业或者银行的数据转换标准和格式规范的情况。

（2）数据整理控制测评。检查商业银行信息系统采集数据的分类入库、数据库中相关数据的清洗、数据库间和数据表间的数据抽取与合并、数据库或者数据表的生成与废除等功能的控制，符合系统需求和设计要求的情况。

（3）数据计算控制测评。检查信息系统中商业银行业务活动的计息、计费、核算、分析，以及数据钩稽、数据平衡、断号重号等计算功能的控制，符合国家、行业或者单位相关规定和规范的情况。

（4）数据汇总控制测评。检查信息系统中商业银行业务活动的会计科目汇总、报表汇总和相关业务汇总等功能实现的控制，符合国家、行业或者单位相关规定和规范的情况。

3. 数据输出控制审计事项测评指标。

（1）数据外设输出控制测评。检计算机显示、打印和介质拷贝等数据输出功能的身份与权限控制。

（2）数据检索输出控制测评。检查利用单项检索、组合检索等检索工具对系统中部分数据或者全部数据的检索输出功能的身份与权限控制。

（3）数据共享输出控制测评。检查商业银行信息系统内部相关子系统之间、与外部系统之间信息交换或者信息共享功能的身份与权限控制，鉴于商业银行的中间业务系统和渠道系统是信息共享输出较多的系统，应成为检查的重点。

（4）备份与恢复输出控制测评。检查运行系统向备份系统、备份系统向恢复系统数据输出的身份及权限控制的合理性和有效性。

（三）信息共享和业务协同审计事项测评指标。

1. 信息共享与业务协同审计事项测评指标。

（1）信息资源目录体系测评。检查信息资源目录体系符合金融行业相关规范和较好地满足各类业务、管理需要的情况。

（2）信息资源交换体系测评。检查信息资源交换体系符合金融行业相关规范和较好地满足信息交换需要的情况。

（3）元数据和主数据测评。检查商业银行信息系统中的元数据和主数据符合金融业相关规范及较好地满足信息系统建设、应用和共享需要的情况。

（4）数据元素和数据库表测评。检商业银行信息系统中的数据元素（数据库表中的数据字段）和数据库表，符合金融业的相关规范及较好地满足信息系统建设、应用和共享需要的情况。

（5）内部数据和外部数据测评。检查商业银行信息系统内部产生的包括财务报表、会计核算和相关业务的明细数据，以及为履行职能或者实现银行业务活动需要从其他单位获取的外部数据的真实性、完整性和正确性，满足银行业务活动需要的情况。

（6）信息资源标准化测评。检查商业银行信息系统建立满足金融信息共享和业务协同的金融信息资源标准和规范，执行金融业的标准化要求，以及为推进商业银行业务活动的共享协同提供有效支撑的情况。

2. 共享信息建设审计事项测评指标。

（1）公共基础信息建设测评。检查商业银行为满足公共需要的公共基础信息的建设任务，如区域、产业、人口和贸易等，应按照金融业关于公共基础信息的标准规范组织建设，应建立公共基础信息共享的管理制度和机制，应具有较为完备的信息系统实现功能，以及支持公共基础信息的信息共享与业务协同等方面的情况。

（2）其他共享信息建设测评。检查商业银行按照金融业确定或者与其他行业部门协定的满足其他行业部门经济业务活动需要的共享信息的建设任务，应按照金融业或者协定的共享信息标准规范组织建设，应建立共享信息的管理制度和机制，应具有较为完备的信息系统实现功能，以及支持其他行业部门的信息共享与业务协同等方面的情况。

（3）信息共享平台建设测评。检查商业银行按照金融业确定的信息共享平台建设任务，应按照金融业关于共享平台建设的标准规范组织建设和运维，应建立信息共享和信息安全的技术控制和管理机制，应具有较为完备的信息系统实现功能，以及支持相关部门的信息共享和业务协同等方面的情况

3. 共享外部数据审计事项测评指标。

（1）共享外部数据测评。检查商业银行需要的公共基础信息和其他共享信息，以及与系统内部数据的业务关联度，应具有较为明确的共享外部数据信息目录和格式规范的

情况。

（2）共享外部数据有效性评估。检查商业银行建立获取外部数据的相关制度和机制，系统具备获取外部数据接口功能的情况，分析外部数据缺失对商业银行经营管理活动有效性的影响，分析研究缺失外部数据的原因和解决途径。

4.供给外部数据审计事项测评指标。

（1）供给外部数据测评。检查商业银行信息系统具有外部所需的公共基础信息和其他共享信息，建立供给外部数据和信息资源共建共享的相关制度和机制，满足外部行政、司法、三农和企业服务、消费者保护和社会保障管理等组织机构信息需求等方面的情况。

（2）供给外部数据有效性评估。检查商业银行建立供给外部数据的相关制度和机制，系统具备符合金融业数据接口标准的数据输出接口功能，按照国家或者行业相关规定实现有效信息交换与共享机制，以及较好地支持外部系统相关业务协同发展等方面的情况。

（四）信息系统开发审计事项测评指标

1.应用程序功能和控制审计事项测评指标。检查商业银行了解信息系统业务功能的流程和主要风险，如完整性、准确性、有效性和权限控制等；掌握关键控制点并将其包含在系统设计中，关键数据（利息、费用等）的计算准确并符合相关会计制度的规定，功能设计符合业务需求和相关法律法规的规定；所有重要控制点都已通过测试并在系统中实现，检查测试系统的所有接口并评估测试结果等方面的情况。

2.系统安全控制审计事项测评指标。检查商业银行在信息系统的计划和可行性分析阶段考虑系统安全因素，系统参数、安全配置、用户管理和权限设置符合安全要求，系统安全方面的功能通过全面测试，审核信息系统运行环境（操作系统、数据库及网络等）的安全性，审核回退和应急（灾备）机制的完整性等方面的情况。

3.软件生命周期和项目管理控制审计事项测评指标。检商业银行信息系统立项、项目方案等文档以确认其流程合规；审核项目设计、编码、开发等文档，确认工作流程符合法律、法规和银行的开发管理规定；审核测试、投产和变更文档确认其流程合规，确认测试案例和测试方法的适当性以及测试中发现的问题都已得到及时解决。

4.数据移行审计事项测评指标。检查商业银行的数据移行方案，确认数据移行方法的合理性和正确性；审核数据移行程序的开发符合相关的规定和制度；审核数据移行的测试过程和结果，确认测试环境的访问控制以及测试数据的安全性和保密性；审核数据移行的实施过程，确认所有发生的问题都得到了完整的记录和正确的解决。

第三节　一般控制审计

一、信息系统一般控制的审计内容

（一）信息系统总体控制审计

信息系统总体控制审计的目的是通过检查商业银行信息系统总体控制的战略规划、组织架构、制度机制、岗位职责、内外部监督等，分析信息系统在金融安全、内部环境、风险评估、控制活动、信息与沟通、内外部监督方面的有效性及其风险，重点关注网络安全制度建设情况，检是否存在制度不完善、职责不明确等问题，形成信息系统总体控制的审计评价和结论，提出审计意见和建议，促进信息系统总体控制的完善，并为审计项目对信息系统总体控制的审计评价提供支持。

（二）信息安全技术控制审计

信息安全技术控制审计的目的是通过检查商业银行信息系统的信息安全技术及其控制的整体方案，检查安全计算环境、区域和数据边界、通信网络等方面的安全策略和技术设计，检查信息系统的安全技术配置和防护措施，发现并揭示信息系统安全技术控制的缺失，分析并评价风险程度，重点关注信息系统安全等级保护制度执行情况，检查是否存在未按规定进行系统定级、备案、测评和整改等问题，形成信息安全技术控制的审计结论，提出审计意见和建议，促进信息系统安全技术及其相关控制的落实；为防范和控制审计风险，以及审计项目对信息安全技术控制的审计评价提供支持。

（三）信息安全管理控制审计

信息安全管理控制审计的目的是通过检查商业银行信息系统的信息安全管理，重点关注系统安全防护情况，检查是否存在防护措施不到位、应急处置不及时等问题；关注数据安全管理情况，检查是否存在管理不完善、数据泄露等问题；关注信息系统运行与维护情况，检查是否存在更新升级不及时、岗位权限管理不到位等问题。以数据中心安全管理为例，评价信息安全管理的完整性和有效性，揭示信息安全管理缺失的问题，形成信息安全管理控制的审计评价和结论，提出审计意见和建议，促进信息系统安全管理的有效性；为数据审计防范和控制审计风险，以及审计项目对系统安全管理的审计评价提供支持。

二、信息系统一般控制审计测评指标

（一）信息系统总体控制审计事项测评指标

1. 战略规划评价。检查商业银行建立信息系统战略发展规划，明确战略目标、整体规划、实现指标和相应的实施机制，以及规划的业务和管理的覆盖面，指导和推进信息化环境下金融业务活动战略发展等方面的情况。

2. 组织架构评价。检查商业银行建立与信息系统战略发展规划相匹配的决策与管理层领导机构、项目实施层工作机构，以及银行内部各层级的信息化工作机构，建立各类机构的权力责任和制约机制，以及各类机构有效发挥作用等方面的情况。

3. 制度体系评价。检查商业银行建立与信息系统战略规划和组织架构相匹配的项目管理制度、项目建设制度、质量检查制度和应急恢复制度等，建立重大问题决策机制，建立领导机构对项目实施机构和其他内部工作机构的统一领导机制，项目实施机构对项目建设进度、项目质量、投资效果和风险防范的有效控制等方面的情况。

4. 岗位职责评价。检查商业银行信息系统规划、建设、开发、运维等方面的岗位设置、人员配置、岗位职责，建立各类岗位职责的检查考核机制，建立信息系统建设和经营管理活动之间、信息系统建设的相关岗位之间有效的信息沟通与交互机制等方面的情况。

5. 内部监督评价。检查商业银行建立健全信息系统建设和运维全过程的内部审计机构和监督机制，建立对信息系统的风险评估、控制活动和信息交互等方面的有效控制和监督机制，较好地发挥促进信息系统健康运行监督保障作用等方面的情况。

（二）信息安全技术控制审计事项测评指标

1. 物理安全控制测评。检查商业银行数据中心、系统机房及其他重要工作房间的物理位置选择、物理访问控制、防盗窃和防破坏、防雷击、防火、防水和防潮、防静电、温湿度控制、电力供应、电磁防护等方面的安全策略和防护措施。

2. 网络安全控制测评。检查商业银行网络拓扑设计、网络结构安全、网络设备访问控制、网络设备安全审计、网络边界完整性、网络入侵防范、网络恶意代码防范、网络设备防护的安全策略和防护措施。

3. 主机安全控制测评。检查大机和开放平台服务器操作系统、重要终端操作系统和主要数据库管理系统的身份鉴别、访问控制、安全审计和剩余信息保护方面的安全策略和防护措施，检查主要服务器的入侵防范、恶意代码防范和资源控制措施。

4. 应用安全控制测评。检查主要应用系统，如核心系统、信贷管理系统、信用卡金融市场交易系统等的身份鉴别、访问控制、安全审计、剩余信息保护、通信完整性、通信保密性、抗抵赖、软件容错和资源控制等方面的安全策略和防护措施。

5.数据安全控制测评。检查应用系统、渠道系统和辅助生产系统等主要系统的管理数据、鉴别信息和重要业务数据的完整性、保密性、备份和恢复方面的安全策略和防护措施。

6.信息化装备自主可控测评。检查商业银行信息系统在网络、主机、安全、系统软件和应用软件等信息化装备的自主可控情况，如掌握核心技术和自主研发情况，检查是否能够促进信息系统内外结合的安全防护，保障信息系统运行安全。

（三）信息安全管理控制审计事项测评指标

1.安全管理机构评价。检查商业银行信息科技安全管理机构的健全性，检查岗位设置、人员配备、授权和审批、沟通和合作、审核和检查等情况。

2.安全管理制度评价。检查商业银行信息科技安全管理制度体系是否包含总体方针安全策略、管理制度、操作规程等文件，是否覆盖物理、网络、主机、应用和数据的建设及管理等内容，检安全管理制度的制定、评审、发布、修订和实施等情况。

3.人员安全管理评价。检查商业银行科技人员结构、人员录用、人员离岗、人员考核、安全意识教育和培训、外部人员访问管理等情况。

4.系统建设安全管理评价。检查商业银行信息系统的安全定级、安全方案设计、产品采购和使用、软件的自行开发与外包开发、工程实施、测试验收、系统交付、系统安全备案和安全服务商选择等情况。

5.系统运维安全管理评价。检查商业银行信息科技环境管理、资产管理、介质管理、设备管理、监控管理、网络安全管理、系统安全管理、恶意代码防范管理、密码管理、变更管理、备份与恢复管理、安全事件处置、应急预案管理等情况。系统运维采用第三方外包方式的，重点检查第三方运维管理是否有利于系统运维安全，评估存在信息泄露、意外停机等影响信息系统安全性方面问题的可能性。

第四节　项目管理审计

一、信息系统项目管理的审计内容

（一）信息系统建设经济性评价

信息系统建设经济性审计的目的是通过检查商业银行信息系统规划、建设、应用和运维的经济性，重点关注项目立项采购情况，检查是否存在资金来源不合理、招标投标程序不合规等问题；关注系统开发实施情况，检查是否存在功能目标未实现、进度管理不到位等问题；关注数据资源建设情况，检查是否存在数据质量低、数据中心布局不合理等问题；关注资金使用的真实、合法、效益情况，检查是否存在截留挪用、损失浪费等问题形成审计结论，提出审计意见和建议，促进信息化建设投资的有效性，并为审计项目对信息系统建设经济性的审计评价提供支持。

（二）信息系统建设管理评价

信息系统建设管理审计的目的是通过检查商业银行信息系统建设的立项申报、建设管理、资金管理、监督管理、验收管理、运行管理、等级保护管理和风险评估管理，注意关注项目立项采购情况，检查是否存在对数据和系统的管理控制能力弱、外包服务商资质不合规等问题，揭示系统建设管理控制缺失的问题，提出审计意见和建议，促进项目建设管理的规范性，为审计项目对信息系统建设管理的审计评价提供支持。

（三）信息系统绩效评价

信息系统绩效评价的目的是通过检查商业银行信息系统顶层设计及建设实现的管理决策支持能力、经济业务协同能力、系统建设发展能力和信息系统贡献能力的提升，以及经济业务活动的效率、效果和效能的改善，揭示信息系统顶层设计和建设方面的不足。重点关注信息系统实际使用情况，检查是否存在重建设轻应用、资源利用率低等问题，关注信息系统的作用发挥情况，检查是否存在系统与业务"两张皮"、支撑能力不足等问题；关注已停用信息系统情况，检查是否存在数据和资产处置不当等问题，提出审计意见和建议，进一步促进信息系统的实际效能提升，为审计项目对系统建设绩效的审计评价提供支持。

二、信息系统项目管理审计测评指标

（一）信息系统建设经济性评价

1. 信息系统规划经济性审计事项测评指标。

（1）总体规划经济性评价。检查商业银行信息系统建设的总体规划，按照业务职能需求实施总体目标、分期建设目标和考核指标的整体设计等方面的情况，顶层设计总体框架应具备业务发展的可扩展性、信息系统的可持续性、系统应用对金融服务实体经济的效益性等。重点检查信息系统及其各子系统的生命周期，评价总体规划的经济性。

（2）业务整合规划经济性评价。检查信息系统按照商业银行经营目标和现代金融业务特征要求进行业务和管理的流程再造、信息共享、系统功能整合与复用等方面的整合规划，避免"信息孤岛"和投资浪费等方面的情况。

（3）行业整合规划经济性评价。检查信息系统按照银行业和金融业信息化特征要求进行统一规划、统一建设、推广应用、信息共享和业务协同，有效避免同类金融业务的重复建设和重复投资等方面的情况。

（4）技术特征规划经济性评价。检查商业银行按照经营业务活动对信息系统运行的连续性、并发性和系统响应速度，以及数据存储量、传输量和处理量等方面的技术特征需求进行的主机、网络、安全、应用等技术架构和技术装备性能配置方面的规划设计，评价其合理性、经济性和有效性，避免技术装备性能过度冗余和投资浪费。

2. 信息系统建设经济性审计事项测评指标。

（1）建设规划经济性评价。商业银行信息系统规模较大，随着业务发展系统的连续开发、改造和变更较多，应检查分期建设的信息系统是否按照总体规划要求实施业务整合、管理整合及其应用整合的情况，评价技术架构和技术性能装备配置的合理性、经济性和有效性，以及系统建设投资的合理性。

（2）招标采购经济性评价。商业银行信息系统投资巨大，应检查其利用原有信息资产和新购技术装备的整体规划，较好地实施招标采购项目的业务需求和技术方案论证，招标采购的工程、设备和服务体现了满足业务需求、支持自主可控、技术先进适用和合理性价比的要求等方面的情况。

（3）应用开发经济性评价。检查商业银行业务系统开发结合业务功能和金融行业管理特征，采用适合的应用系统开发方法，采取功能复用、标准化、可扩展、可移植等设计与开发策略，增强应用系统效用性，延长应用系统生命周期，提高投资效果等方面的情况。

（4）应用推广经济性评价。检查结合金融业务和管理的信息化特征，采取相适应的业务应用系统推广和集约化部署策略，增强部门信息系统建设拉动金融行业应用经济性等方面的情况。

3. 信息系统应用经济性审计事项评价指标。

（1）业务管理对信息系统的依赖度评价。检查分析现有业务和管理尤其是核心业务，如存贷汇、授信、账户交易、收费、中间业务、报表生成和数据下传等对信息系统的依赖程度，评价信息系统建设投资的必要性。

（2）信息系统对业务管理的支持度评价。检查分析信息系统对现有商业银行业务和管理的运行，以及对业务和管理预期发展的技术支持等方面的作用，评价信息系统建设投资的必要性。

（3）系统应用对提升效能的贡献率评价。检查分析信息系统应用对提升商业银行业务

和管理的运行效率和效能，促进业务和管理的组织方式实现，促进信息化环境下金融服务能力的提高，从而促进实体经济发展和消费者服务的改变，以及对其他行业信息化建设和应用的影响等。

4. 信息系统运维经济性审计事项评价指标。

（1）信息系统运维经济性评价。检查分析商业银行信息系统运维总投资与信息系统建设总投资的占比，评价信息系统运维的经济性。

（2）信息资产运行经济性评价。检查分析系统建设形成的信息资产总价值与信息系统建设总投资的占比、在线运行信息资产价值与信息资产总价值的占比，评价信息资产运行的经济性。

（3）信息资产运维经济性评价。检查分析信息资产运维投资与信息资产总价值的占比，评价信息资产运维的经济性。

（二）信息系统建设管理评价

1. 项目审批管理审计事项评价指标。

（1）项目立项规划评价。检查商业银行信息系统立项申请符合国家有关部门或者金融业监管部门有关规定和规划要求的情况。

（2）项目建议书评价。检查商业银行信息系统项目建设单位编制的需求分析报告和项目建议书，通过有相应资质专业机构的评估，并获得审批和监管部门批复的情况。

（3）项目可行性研究报告评价。检查商业银行信息系统可行性研究报告招标选定或者委托具有相关资质的项目咨询机构或者设计单位编制，通过有相应资质机构的评估，并获得审批和监管部门批复的情况。

（4）项目初步设计评价。检商业银行信息系统初步设计方案和投资概算报告招标选定或者委托具有相关资质的设计单位编制，通过有相应资质机构的评估，并获得审批部门批复的情况。

（5）项目调整审查评价。检商业银行信息系统项目建设过程中的建设内容和投资概算有较大变动时，按照规定程序向项目审批和监管部门报送调整报告并经批准的情况；项目建设过程中出现工程严重逾期、投资重大损失等问题时，及时向项目审批和监管部门报告的情况。

2. 项目建设管理审计事项评价指标。

（1）项目管理评价。检查商业银行信息系统项目建设单位确定实施机构（或部门）和责任人，建立健全管理制度，按规定向项目审批和监管部门报告有关实施进度等方面的情况。

（2）项目招标采购评价。检查商业银行信息系统项目按国家规定组织招标投标和政府采购，项目设计、施工、研发、集成等企事业单位符合规定的资质，采购的各类软硬件、产品厂商和供应商符合相关规定，较好地实施自主可控信息化装备优先采购的策略，恰当解决招标纠纷等方面的情况。

（3）项目合同内容与执行情况评价。检查商业银行信息系统项目合同建设内容、合同价格、软件版权归属、不可抗力因素和法律纠纷对策等方面的合法性，项目建设内容的交付符合合同约定，资金支付进度、程序和方式符合合同约定和监管有关规定。

（4）项目建设方式评价。检查商业银行信息系统项目实行外包建设和自行建设等不同方式的合理性、有效性和经济性。

3. 项目资金管理审计事项评价指标。

（1）项目支出预算评价。检查商业银行信息系统项目建设单位是否按项目实施进度和相关规定向项目审批部门、财政部门和监管部门提出年度资金使用计划、政府采购预算等申请。

（2）项目支出核算评价。检查商业银行信息系统项目建设单位的资金使用、会计核算、项目决算等符合项目批复和国家有关规定的情况。

（3）项目审计情况评价。检查商业银行信息系统项目的审计情况，审计报告提出的问题得到有效整改的情况。

4. 项目监督管理审计事项评价指标。

（1）项目监督审查配合评价。检查商业银行信息系统项目建设单位在接受项目审批和监管部门及其财政、审计等有关部门的监督检查时如实提供建设项目有关资料的情况，确认其不存在拒绝、隐匿、瞒报等情况。

（2）项目监督审查整改评价。检商业银行信息系统项目建设单位对有关部门监督检查提出的问题和处理意见进行积极整改的情况，以及整改后的合规性情况。

5. 项目验收管理审计事项评价指标。

（1）项目单项验收和初步验收评价。检查商业银行信息系统项目建设单位按规定及时组织单项验收，在项目建设完成后的规定时间内组织初步验收，各项验收符合相关规定等方面的情况。

（2）项目投产验收评价。检查商业银行信息系统项目建设单位按照有关规定向项目审批和监管部门提出投产验收申请，未按期完成的提出延期投产验收申请，以及通过投产验收和批复等方面的情况。

（3）项目后评估整改评价。检查商业银行信息系统项目建设单位接受项目主管部门组织的后评估，对后评估中提出的系统运行效率、使用效果等问题进行及时有效整改等方面的情况，反映其拒不整改或者整改后仍不符合要求的情况。

6. 项目运行管理审计事项评价指标。

（1）项目运行管理评价。检查商业银行信息系统项目建设单位落实项目运行管理机构和管理人员，实行运行管理责任制，制定和完善管理制度等方面的情况。

（2）项目运维服务评价。检查商业银行信息系统项目建设单位建立有效的运维服务队伍和机制，落实运维服务资金，加强日常运行和维护管理，保障信息系统运行可靠性等方面的情况。

7. 涉密信息系统分级保护审计事项评价指标。

（1）涉密信息系统定级审批评价。检查商业银行涉密信息系统在建设前通过主管部门的分级保护定级审核批准的情况。

（2）涉密信息系统使用审批评价。检查商业银行涉密信息系统在建成后通过主管部门的安全保密测评和投入使用审核批准的情况。

（3）涉密信息系统整改与备案评价。检查已投入使用的商业银行信息系统完成系统整改后向主管部门备案的情况。

8. 非涉密信息系统等级保护审计事项评价指标。

（1）等级保护备案审批评价。检查商业银行非涉密信息系统在建设前向主管部门备案定级情况并得到审核批准的情况。

（2）等级保护测评情况评价。检查商业银行非涉密信息系统在建成后通过主管部门组织的等级保护测评的情况。

（3）等级保护自查整改评价。检查商业银行非涉密信息系统在投入使用后按规定组织自查，并依据主管部门检查意见进行整改的情况。

9. 信息安全风险评估审计事项评价指标。

（1）风险评估委托测评评价。检查商业银行信息系统项目按规定委托有资质的测评机构进行风险评估的情况。

（2）风险评估整改落实评价。检商业银行对信息安全风险评估报告提出的整改意见予以落实的情况。

（3）残余风险评估与防范评价。检查商业银行对残余风险采取的相应防范措施。

（三）信息系统绩效评价

1. 信息系统总体绩效评价。检查商业银行信息系统的规划目标、发展战略、创新策略、分期建设方案和考核指标等，评价总体规划和分期建设方案对信息系统实际建设和应用的指导性效能的影响程度。

2. 管理决策支持能力的绩效评价。检查商业银行信息系统对支持和提升组织管理、业务管理、行政管理等方面的情况，评价信息系统对提升管理决策能力，改善银行业务发展方面的效率、效果与效能的影响程度。

3. 信息资源共享能力的绩效评价。检查商业银行信息系统管理资源、业务资源、人力资源、财力资源、技术资源、市场资源等各类信息资源的共享程度和利用状况，评价信息系统的共享协同对改善银行业务发展的效率、效果与效能的影响程度。

4. 经济业务协同能力的绩效评价。检查商业银行信息系统对提升不同银行业务之间、银行内部不同部门之间、与外部相关金融业务之间的业务协同情况，评价信息系统对提升金融业务协同能力，改善金融业务发展的效率、效果与效能的影响程度。

5. 系统建设发展能力的绩效评价。检查商业银行信息系统的整体架构、技术路线、开发策略、应用模式和运维模式，以及应对金融业务发展、信息技术发展、环境风险防范等方面的适应能力，评价信息系统对金融业务发展可持续支持的影响程度。

6. 信息系统贡献能力的绩效评价。检查商业银行信息系统运行对单位经济业务活动和国家经济社会健康发展的经济效益、社会效益的影响，信息系统的规划模式、建设模式等对其他行业信息化的可借鉴性，评价信息系统对金融业务发展和行业、地区信息化发展的贡献度。

第五节 审计程序和方法

一、信息系统审计的组织方式

商业银行信息系统审计的组织方式应根据审计目标和要求的不同灵活设置，按照现行信息系统审计实践，组织方式可分为两种：结合式和独立式。

（一）结合式

结合式的信息系统审计是指在传统的商业银行审计项目中运用信息系统审计的手段开展审计，其目的是减少信息系统有关的风险，如通过对报表系统的审计，降低报表使用的风险。结合式审计的主要特点是：事先没有专门针对信息系统审计制订立项计划；审计范局限于部分业务或系统；审计完成后不形成独立的审计报告；审计过程与业务审计紧密结合并为之服务。

（二）独立式

独立式的信息系统审计是指以信息系统审计的形式单独立项、实施和报告的信息系统审计。在现有的国家审计业务体系中，独立式的信息系统审计可以专项审计调查的形式进行。独立式的商业银行信息系统审计的主要特点是：经过单独立项批准，不从属于其他审计项目，但目前只能以专项审计调查的方式进行立项；审计项目单独实施，不仅在人员、时间、经费等审计资源方面与其他审计分开，而且在审计的目标、内容、流程等方面亦有所不同；项目结束时，向商业银行单独出具审计调查报告。

（三）组织方式的选择

结合式和独立式信息系统审计的关注点有所不同，选择不同的信息系统的组织方式，有利于审计目标更好地实现。现阶段由于独立式的信息系统审计项目不多，结合式的信息系统审计是实践中最常见的组织方式。

1.结合式信息系统审计。在进行经济业务审计时，如果发生下列情况，可以考虑采用结合式的信息系统审计。

（1）在审计之前，审计人员通过各种途径发现商业银行可能存在信息系统方面的问题，为了减少审计风险，可先对信息系统进行审计，然后再针对信息系统薄弱环节，有针对性地进行经济业务审计。

（2）在经济业务审计过程中，发现一些规律性和倾向性的问题，经初步分析认为，属于信息系统所产生的问题，则应对相关的信息系统或者系统模块进行审计，分析问题背后的深层次原因，力图从根本上解决问题。

2.独立式信息系统审计。与结合式的信息系统审计有所不同，独立式的信息系统审计通常是在立项之前就已经做出选择。独立式信息系统审计的独立性较强，并不伴随着经济业务审计同时进行。采用独立式信息系统审计时应参考下列因素：

（1）审计人员为了对信息系统的安全性、可靠性、有效性和效率性以及信息系统是否符合组织目标进行全面的独立评价，可以进行独立式的信息系统审计，并根据所获的审计证据得出审计结论。

（2）商业银行信息系统的特点是系统复杂，业务集成度高，终端用户多，数据集中，信息化程度高，因此相应的信息化风险也比较高。这些信息系统耗费了国家和银行大量的人力、物力和财力建造而成，迫切需要对这些系统运行的安全、可靠、有效和效率等进行全面评价。

（3）在商业银行开展独立式信息系统审计具备很好的基础条件，如技术、人员和工具等，同时也是商业银行发展内在的需要。由于商业银行信息系统与其业务紧密联系，独立式的信息系统审计往往也具有较强的经济业务审计色彩。

二、信息系统审计程序

（一）审计准备阶段

审计准备阶段的主要工作是调查了解商业银行相关经济业务活动及其所依赖的信息系统，掌握商业银行信息系统的基本状况，对科技部门组织结构、科技人员、数据集中模式、数据中心、机房、网络、应用系统、主要硬件设备等情况进行调研。根据调查的结果，对审计项目进行初步评估和选择，编制审计工作方案。

（二）审计启动阶段

在掌握被审计商业银行信息系统总体情况的基础上，对信息系统进行风险初评，初步形成审计思路，并进一步深入调查了解，编制审计实施方案。

1.调查了解信息系统的需求与设计、研发与集成、使用与控制、运维与保障等，以及相关的组织架构、责任机制和控制制度。

2.调查了解系统承载业务的业务流、资金流和信息流，重点分析系统结构和数据结构，标识信息系统审计的关键控制环节和控制点，参考法律法规和制度标准，形成信息系统风险控制点列表。

3.研究并确定信息系统应用控制、一般控制和项目管理的审计内容、审计事项和审计指标。

（三）审计实施阶段

开展应用控制、一般控制和项目管理的审计测试和评价，收回前期向商业银行发放的各种问卷、调查表及要求其提供的其他材料，获取审计证据，记录相关指标的测评情况，分析系统控制水平、安全性以及数据风险，评价系统建设的经济性及信息化投资的有效性。

（四）审计报告阶段

编写信息系统审计报告。按照审计实施方案要求，依据审计记录和审计证据，评价信息系统的安全性、可靠性和经济性，分析信息系统的控制缺失程度、风险水平、成因和责任，形成审计结论，提出改进信息系统控制、防范系统控制缺失风险的审计意见和建议。鉴于信息系统审计的专业技术性较强，在审计报告形成过程中，应以审计工作底稿或取证记录为依托，与商业银行专业技术人员充分沟通并尽可能达成共识，这对于最终审计报告的可用性和权威性具有重要作用。

三、信息系统审计方法

（一）系统调查

依据审计实施方案确定的审计目标和审计事项，调查商业银行的相关业务活动及其所依赖的信息系统，调查信息系统的立项审批、系统建设、运行管理、运维服务、项目投资等情况，以及相关责任机构和管理制度等。需要掌握的情况包括系统名称、业务需求部门、系统开发级别、系统开发起止时间、参与部门、系统来源性质、系统开发方式、合作外部单位、项目组成员、项目预决算、项目类型、项目投产情况等。目前，大多数商业银行都具备自主开发和运维系统的能力，因此采用系统调查方法时，需要同时关注业务需求部门、系统管理部门和系统开发部门的情况，将取得的信息相互对照和补充。

（二）资料审查

为了确定信息系统的重要控制环节和重要控制点，审查信息系统的立项审批、系统设计、招标采购、项目实施、项目验收、系统运行、运维服务、项目投资，以及各类第三方测试或者评估等相关文档资料。重点审查应用控制、一般控制和项目管理中的重要事项资料。需要调阅审查的资料包括：

1.规章制度类，如项目开发管理制度、系统运维制度、变更管理制度、工作流程等。

2.报告总结类，如各种时间维度的安全报告、运行报告、日志、重大生产事项总结报告等。

3.统计报表类，如系统统计表、人员统计表、事故统计表、设备登记表、岗位职责表等。

4.方案文档类，如可行性分析报告、设计方案、应急（灾备）方案、系统开发文档、重大问题和事项解决方案。

5.辅助管理类，如各种单据、登记簿、合同、记录等。

（三）系统检查

系统检是对信息系统的应用控制和一般控制进行检查的方法。

1.对于应用控制来说，为了核定信息系统的重要控制环节和重要控制点，需要对应用控制的数据输入、处理、输出及其信息共享与业务协同的相关控制进行检查。常见的检查方法可以分为两大类：顺查法和逆查法。

（1）顺查法是从信息系统的控制设计出发，与业务工作制度相比较，检查控制设计的完整性、真实性和有效性。

（2）逆查法是从信息系统实际运行状况检查系统控制的情况，通过实地观察系统流程运行、检查系统输出和系统操作日志，分析系统控制中存在的问题。

2.对于一般控制来说，包括控制环境、区域、数据边界和网络通信，以及信息系统的物理环境、网络、主机、应用、数据和安全等各类系统控制进行实地检查。重点关注系统自动控制、半自动控制和人工控制的结合点，是否存在控制空白和灰色地带，结合风险评估方法，对控制弱点进行评级和评价。

（四）数据测试

数据测试可以分为重复运行、文档审查和经济业务结果核对三种。

1.重复运行。为验证数据输入、处理和输出控制的有效性，采用模拟数据对运行系统或者备份系统进行符合性测试，检查数据运行的中间结果和最终结果是否与预期一致。

2. 文档审查。对重要的计息、计费、清算等计算功能及其控制进行设计文档审查、系统设置检查和数据实质性测试的审查，必要时可以抽取关键功能模块的源程序进行审查。

3. 结果核对。对于商业银行审计来说，采取传统的报表核对、账表核对、表表核对等方法也是非常有效的数据测试方法，可以直接发现系统设计、运行中存在的弱点和问题，形成与业务审计项目的结合点。

（五）数据验证

1. 数据采集验证。利用直连式、旁路式、代理式等合适的数据采集方法和工具，采集信息系统监测日志或者相关业务数据，进行数据符合性验证。由于商业银行信息系统的复杂性和重要性，数据采集的具体工作应由银行内部的科技人员完成，而审计人员应提出数据需求并对采集方案进行评价和监督。

2. 数据转换验证。利用数据库数据转换、文本转换、网页信息转换等方法和工具，对异构数据库之间的数据转换、结构化数据和非结构化数据的转换、不同数据类型和格式之间数据转换的一致性和准确性进行检查验证。由于商业银行信息系统的数据量庞大，而数据转换又不可避免，通常在最终提交给审计人员的数据中都会出现数据失真的情况，对此，审计人员应设立合理的错误控制阈值。

3. 数据处理验证。通过对数据库 SQL 语句进行转换解析，实现对各类经济业务活动的计量、计费、核算、汇总等计算的符合性与准确性进行验证。在数据处理验证中，可以广泛借鉴和采用信息化条件下常规审计的方法。

（六）工具检测

1. 安全工具检测。利用入侵检测、漏洞扫描等工具直接探查目标系统，并对监测结果进行分析评价。

2. 审计工具检测。利用网络审计、主机审计、数据库审计等工具对信息系统的日志记录结果进行分析评价。

3. 测评工具检测。利用网络分析检测、系统配置检测、日志分析检测等工具，通过采集信息系统之间的通信数据包并进行逆向分析，还原系统间通信内容；检测主机操作系统、数据库、网络设备等重要系统是否满足配置标准和规范要求；采集操作系统、网络设备、安全设备、应用系统等生成的日志信息并进行检测分析。

4. 系统运行检测。调阅信息系统生产运行情况监测报告，对网络流量、应用进程 CPU 利用率、内存利用率等系统运行监测结果进行分析评价。

5. 系统维护检测。调阅信息系统升级、维护和变更情况报告，对应用、数据、主机、网络、机房环境设备设施等方面的系统运维记录进行分析评价。

（七）风险评估

风险评估是指用来识别和了解使商业银行信息资源和信息系统的安全性、可靠性和经济性受损的风险的过程。审计人员应根据不同的情况和需求，实行不同种类的风险评估。

1. 信息系统内外部风险评估。在对信息系统总体风险的评估中，要充分考虑商业银行信息系统及其经济业务活动所面临的国内外经济环境、政策影响、市场影响、技术影响、文化影响和组织架构影响等因素，以便做出客观的评价。

2. 信息系统控制缺失风险评估。对检查测评发现的系统各类控制缺失应当进行风险程度评估，区分可接受的风险和不可接受的风险，尤其要重视潜在风险的评估。

3. 控制缺失导致业务数据风险的评估。对检测评发现的控制缺失的风险，要对其导致经济业务活动相关数据的风险情况进行评估，指出具有风险的数据库和数据表，评估数据风险的程度。

4.信息系统风险责任界定评估。按照固有风险、控制风险和检查风险的审计风险理论，对信息系统的设计与建设、运行与维护、检与监督等环节的风险进行评估，对各部门的责任进行界定。

（八）专家评审

组织信息系统等相关方面的专家或者委托有资质的专业机构，对信息系统审计中的相关专业领域、关键技术等进行必要的评审。在聘请专家和专业机构时，应充分关注其独立性。

第十三章　商业银行大数据审计

金融业的信息化程度、业务关联程度、数据集中程度相对其他行业高。大数据环境下，金融业务的复杂性、隐蔽性和多样性增加了国家审计的技术难度，对审计技术方法提出了更高的要求，给国家审计开展技术方法变革带来机遇和挑战。多年来，审计机关在商业银行审计中不断开展信息化审计，从计算机审计、数据式审计到大数据审计，坚持探索新理念、不断创新新技术，推动和完善商业银行审计数据规划和数据标准，推进金融审计数据平台建设，进一步夯实审计数据基础，逐步构建商业银行审计方法体系，金融大数据审计快速发展，取得明显的成效。

第一节　业务概述

金融大数据审计主要是利用数据分析技术和分析工具对金融机构以及其他相关部门电据进行多维度的挖掘分析，发现金融行业运行以及金融机构经营管理中存在的各类风险和违规问题。商业银行大数据审计是金融大数据审计的一个重要组成部分，主要是以商业银行各类业务数据、财务数据以及部分非结构化文本为基础，通过多维分析、数据挖掘等数据分析技术方法，发现银行业和商业银行运行中出现的新情况、新趋势，反映商业银行经营管理中存在的各类违规问题和潜在风险。

商业银行信息化程度高，各家商业银行系统均是根据各自业务结构、机构布点和风险控制体系等因素独立设计并建设，系统异构、数据量大、业务创新多等特征明显。因此，各商业银行原始数据无法实现统一分析，极大影响了大数据审计的效率和效果。为破解跨机构采集、转换和分析商业银行数据的瓶颈，更好地发挥大数据审计的效能，审计署2007年开始在商业银行推广审计数据采集标准化，以业务要素为核心信息，将各商业银行原始电子数据转换为结构一致、标准统一的标准化电子表格。2017年，结合近十年的审计实践经验以及商业银行业务发展情况，审计署修订《商业银行审计数据规划》，在原数据标准基础上推出商业银行审计数据标准（2.0版），打造新的商业银行审计数据分析平台，扩展标准表涵盖的业务范畴和业务信息要素，各商业银行数据的统一性大幅提高，为商业银行大数据审计的进一步发展打下坚实的基础。

经过多年的信息化审计，审计机关按积累起较为丰富的审计经验和方法，探索完善并总结提炼出"总体分析、发现疑点、分散核查、系统研究"的大数据审计模式，从而形成上下有序联动、信息充分共享、分工各有侧重、资源有效整合的局面。总体分析是指根据审计方案及目标要求，将商业银行电子数据进行系统研究和分类比对分析，提出有针对性的审计分析思路，进一步提高审计监督全覆盖的"面"和全覆盖的"质量"；发现疑点是指通过集中综合分析商业银行电子数据，准确发现主要风险区域、风险机构、风险业务、风险客户，准确反映商业银行经营管理中存在的风险隐患，及时研判经济运行中存在的新情况、新问题和新趋势，准确揭示涉嫌违纪违法问题和重大违规问题线索；分散核查是指统筹安排金融审计力量，有针对性地对数据分析中发现的典型性、倾向性问题线，分别实施延伸核查，并及时报告相关结果；系统研究是指综合分析审计发现问题的核查结果，在各审计项目之间做好各项审计成果的综合利用和有机结合，深入揭示制约商业银行可持续发展的深层次问题，及时揭示社会经济运行中的风险隐患。

商业银行大数据审计经验表明，数据规划、数据标准、数据质量是大数据审计深入开展的基础，只有不断完善标准、提升质量，才能使大数据审计持续、深入地开展。根据《国家审计数据中心基本规划》的要求，审计机关结合当前商业银行业务种类和金融审计实践经验，对商业银行业务界定范围和数据元素进行规划，为推动不同商业银行的异构数据采集标准化定基础。经过对数据规划的不断研究和实践，制定了商业银行审计数据标准（2.0 版），使商业银行审计数据采集的接口更加标准化，也有力地支撑了跨银行的联合数据分析，提升了金融数据分析的宏观性、有效性和穿透性。

第二节　大数据审计的思路和方法

商业银行大数据审计涵盖商业银行审计的全部内容，其他章节已经对商业银行审计的主要内容、思路和方法进行了介绍，本节主要介绍商业银行大数据审计中多领域数据关联分析的情况以及部分典型审计事项的思路和方法。

一、加强与相关领域数据的关联分析

商业银行大数据审计是以商业银行审计数据为基础，但不能局限于商业银行审计数据，应充分利用相关领域数据进行关联分析，建立大数据审计视野，充分发挥大数据审计优势。审计机关积极开展跨领域、跨层级、跨系统的数据关联分析，具体是实现四个方面的关联。

（一）强化中央、部门与地方数据关联分析

目前在金融领域，中央与地方金融监管部门以及监管部门相互之间数据分析的互联互通相对薄弱，金融业的综合统计、综合监管工作需要进一步推进。全国各级审计机关都在开展大数据审计的相关探索实践，打通金融领域跨层级的数据壁垒，优化资源配置。审计通过对中央、部门与地方间的数据关联分析，把握当前的金融形势和突出风险，积极发挥治已病、防未病作用。

（二）强化与财政、企业关联分析

健康平稳运行的金融体系是离不开企业的发展以及财政的保障，金融与企业、财政密不可分。企业通过金融市场进行融资，财政为金融平稳运行提供保障。企业的资金链大规模断裂，风险往往在金融领域迅速传导。财政和金融的和谐发展则是经济社会发展的重要保障。通过加强财政、金融与企业"三位一体"的关联分析，能够提高金融风险和形势研判的精准度。

（三）强化多部门、多行业关联分析

审计涉及的数据包括财政、金融、企业、工商、社保等领域、部门、行业数据，进行大数据审计分析时，应进行不同领域数据的关联分析。通过整合数据资源，多部门、多行业数据相互印证，可有效查证国家宏观政策落实效果，以及金融机构相关业务的合规性和真实性，提高金融审计的效能。

（四）强化金融系统与宏观经济关联分析

金融作为经济的血液和重要的宏观调控手段，在保证宏观经济稳定发展、推动深化供给侧结构性改革方面作用越发重要。金融服务实体经济的能力和宏观经济密切联系，宏观调控的成效、经济指标的变化、经济增长的稳定，可以通过对金融体系运行情况的关联分析有所体现。

二、大数据审计的思路和方法

本节选取宏观经济运行、信用风险、流动性风险三个主题，简要介绍商业银行大数据

计的思路和方法。

（一）宏观经济运行情况分析思路和方法

运用重点商业银行审计数据，通过对信贷投放、企业资金流动、居民消费等方面进行分析，反映国家宏观政策落实效果和发展的新趋势，揭示宏观经济运行中存在的问题和不足。

1. 信贷供给方面的分析。通过分析重点商业银行等金融机构业务数据，关注货币传导路径是否畅通，特别是中国人民银行通过公开市场、再贷款、再贴现等货币工具提供的流动性供给是否有效传导至实体经济，及时发现传导路径中的瓶颈，切实疏通货币政策"最后一公里"。

一是银行经营情况和信贷投放能力方面。分析银行经营情况，围绕资产、负债、收入、成本等项目，分析贷款、同业、存款、净息差、拨备和表外等业务指标的变化趋势和结构性变动情况。分析资本约束类指标变化情况，以央行资金为主要来源的信贷投放扩张加大了资本消耗，个别银行是否存在因核心资本受限难以维系投放力度的情况。关注流动约束，跟踪分析重点商业银行流动性指标逐季度变化情况，重点跟踪前期已预警 LCR 等指标下滑较快的银行，判断是否存在被动负债与信贷资产增长不匹配，存在风险隐患的问题。

二是信贷投放结构方面。分析重点商业银行信贷投向，按照地区、行业、期限、担保方式、企业规模、经济性质等维度，从结构、趋势两个角度反映信贷投向结构失衡，对民营和中小微企业、制造业等重点行业和受疫情影响较大行业支持不足等问题。从行业维度，按照上中下游行业的层次，以重点产业链为脉络，分析贷款行业投向的分布和变化趋势情况，揭示贷款投向不均衡、对重点产业链或行业节点信贷投放不足等问题。关注信贷投放落实宏观政策的情况，分析银行落实提高逾期贷款容忍度、无还本续贷等政策情况是否存在抽贷、断贷、压贷和加重企业负担的问题。

三是信贷投放效果方面。分析信贷资金投放后的使用效率，通过分析信贷资金平均支出周期，比较不同企业群体的差异，评价信贷资金的使用效率。分析资金"僵"化问题，是否存在企业以贷还贷长期占用信贷资源，导致信贷资金沉淀淤积，影响货币政策传导效果。分析贷款投放效果情况，融合信贷投放结构和企业经营情况的分析结果，综合评价银行通过信贷投放支持地区、行业发展的情况。

2. 需求方面的分析。通过分析重点商业银行资金数据及消费信贷业务（含个贷和信用卡）数据，关注消费（内需）、出口（外需）等情况的变化，由此综合判断在各类刺激政策下有效提振消费能力和市场信心的梗阻点。

一是消费市场方面。分析消费贷款增长变化情况，关注消费贷款的品种、期限和客户群结构，反映消费贷款投放总体趋势和结构性问题；分析信用卡交易规模变化情况，从信用卡和 POS 收单数据分析商户类型、地区等，以及新的消费热点、增长点，结合信贷供给等方面的分析情况，反映部分行业供需对接不畅、金融资源配置不足等问题；分析企业跨境收支数据，对比历史数据，分析外贸企业出口变化情况，反映相关外贸企业持续生产经营的风险问题。

二是消费能力方面。关注部分地区、行业企业职工收入降幅大，影响有效消费的情况；分析个人信用风险变化情况，通过逾期、不良率等指标分析信用风险恶化的趋势和对扩大消费的影响。

（二）信用风险分析思路和方法

评价银行风险状况要从资产入手，即通过揭示银行尚未充分暴露的风险资产反映银行的风险状况。但考虑到监管部门对于银行非信贷资产的风险评判缺少明细标准，而对贷款的风险评判有《贷款风险分类指引》为标准，可操作性强，所开展的资产质量审计主要针对表内贷款的资产质量。

1. 显性特征分析。

一是非应计贷款，即贷款本金或利息逾期 90 天的贷款。应关注银行非应计科目余额情况，通过贷款明细数据，分析"正常类"和"关注类"贷款的逾期天数，筛查出本息到期日已经超过 90 天的贷款。随着监管部门对非应计贷款总量的限制，该类情况已明显减少，但在大数据审计中仍需持续予以关注。

二是重组类贷款，即因借款人财务状况恶化无力正常还款而进行重组的贷款。重组贷款 6 个月观察期内应至少归为次级，通过关注银行为掩盖风险而对风险资产承担主体、期限、价格的调整行为来界定重组行为，并按照观察期时限判断其风险分类。可以利用贷款明细数据，对客户贷款归还和发放情况进行分析，重点关注贷款提前归还后立即重新发放，贷款到期后立即重新发放并且贷款金额、贷款期限等要素进行调整的情况，结合贷款合同、审批资料综合判断是否为重组贷款。

三是还旧借新贷款。与部分重组类贷款相似，还旧借新也是银行以时间换空间的主要做法，部分商业银行明确要求将连续还旧借新 3 次及以上的贷款下迁至"次级类"，按照监管部门要求会对该类进行标识。

2. 隐性特征分析。

一是利用商业银行风险控制成果。各行均有贷款质量监控体系，并依靠该体系区分符合不良条件的贷款，上面提到的重组贷款名单、还旧借新标识都属于商业银行自身的风控成果，部分商业银行还会从客户还款能力进行识别。在大数据审计中可以结合商业银行风控资料，对审计数据进行分析，还可以在审计数据中对部分字段反映的各商业银行个性化信息进行筛查。

二是利用本行非结构化数据进行审计，商业银行在贷前调或贷后管理中会对具体债项的风险进行提示，可以获取贷前、贷后各类调查报告，使用非结构化数据分析软件，重点关注生产经营状态已经提示为停产、半停产的贷款客户，这种方法在多次审计中都起到作用并取得了良好成效。

三是利用他行风险控制成果以及外部信息。按照一定重要性水平，汇总其他商业银行不良贷款客户名单（或者风险客户名单、涉诉客户名单），与被审计商业银行客户进行比对，筛查尚未下迁至不良的贷款。但需要注意的是，要落实贷款客户在他行形成不良的原因。此外，还可以通过获取企业涉诉、处罚、行政许可等信息，监管部门掌握的债委会名单、担保圈名单及认定的风险客户。

（三）流动性风险分析思路和方法

流动性风险指银行有清偿能力，但无法及时获得充足资金或无法以合理成本及时获得充足资金以应对资产增长或支付到期债务的风险。极端情况下，流动性不足能导致银行倒闭，甚至引发风险扩散，造成整个金融系统出现流动性困难。进行数据分析时，以《商业银行流动性风险管理办法》《商业银行风险监管核心指标（试行）》等法律法规为依据，重点关注同业、理财等业务中存在的资产负债端合同期限错配问题，以及银行在季末年尾等时间节点集中爆发的流动性风险隐患。

1. 关注监管指标。监管部门对流动性风险指标调整较频繁，针对我国银行业发展状况先后启用多个监管指标，初步构建了流动性风险的检测体系。通过指标变化情况，关注隐藏其背后各类资产负债业务特点及整体风险策略，进而发现具体问题。进行分析时，可利用监管报表数据测算监管指标，同时根据审计实施情况可适当对相关资产、负债的真实性进行核实。例如，关于核心负债依存度，可对到期日 3 个月以上（含）的定期存款和发行债券，以及活期存款中的稳定部分汇总后，除以总负债的余额所得；关于流动性缺口率，可由监管报表中"90 日内累计到期期限缺口"和"90 日内到期资产"计算所得。

2. 关注期限结构。商业银行为增加经营收入，通过"短债长投"操作，产生资产与负债的期限错配，一旦期限错配规模过大容易引发流动性风险。数据分析中要关注表内外资产、负债的期限结构是否合理。例如，对理财业务资产负债错配情况的分析。重点关注年末资产负债合同平均剩余期限，分析资产负债的期差是否过大。可分别按照资产和负债端，计算"次日""2 日至 7 日""8 日至 30 日""31 日至 90 日""91 日至 1 年""1 年以上"等时段的到期资金，并计算累计至一定时段的资金缺口，其中重点关注 90 天内因短债长投形成的缺口。

3. 关注重要时点。商业银行流动性管理的目的在于保障头寸安全，需要在季末年尾等资金集中结算的时点备付充足资金，而这些时点市场资金往往需大于供，在无法及时融入资金时，可能会暴露出商业银行在流动性管理上的短板，甚至激化为债务危机。

第三节 大数据审计的技术方法和工具

审计机关在长期的信息化审计中不断探索和实践各种先进技术、总结各类成熟方法，逐步构建商业银行大数据审计的技术和方法体系。在过去近二十年的审计实践中，审计机关针对不同商业银行的不同数据库类型，应用结构化查询技术、多维分析技术等技术工具，在存款业务、款业务、中间业务、财务和会计报表等审计中总结和提炼了合法、合规性问题以及潜在风险等方面的审计技术和方法，形成了较为丰富的专家经验、审计方法等。

一、大数据分析技术方法的运用

随着信息技术的快速发展，审计机关努力探索和实践大数据环境下的新技术应用。人工智能、机器学习、图数据库等新技术的逐步探索，将进一步拓展审计机关对于商业银行海量审计数据的深入应用，从而积累新技术环境下的大数据审计方法，进而为构建系统、完备的商业银行审计方法体系，建立自动化、智能化、可视化的大数据审计架构奠定基础。目前，较多使用以下四类新的技术方法。

（一）多维分析

多维分析是数据仓库（集市等）的一个重要属性，指从多角度、多层次对以多维形式组织起来的数据进行统计分析，从而使用户深入了解包含在数据中的信息内涵。常用的方法有：切片和切块、维旋转、钻取。切片是指在多维数组的某一维上选定成员的动作；切块是指在多维数组的某一维上选定某一区间的动作。维旋转指把多维模型各个维度交换，从不同角度观察数据。钻取是把维的层次进行提升或降低来观察数据，包括上卷与下钻。上卷是在某一维上将低层次的细节数据概括到高层次的汇总数据，或者减少维数；下钻是从汇总数据深入到细节数据进行观察，或者增加新的维度。这两者都是改变维度的层次和变换分析的粒度操作。

进行单一部门"全景式"分析和多部门、多行业关联分析时，往往采用多维分析的技术方法。围绕中心目标的对象，通过多维度对跨部门数据进行统计分析，通过对切片、钻取等具体方法，能够更准确把握金融机构或金融行业整体的活跃度，对比在财政、税收、工商等维度反映的活跃水平是否存在偏差，分析是否存在潜在金融风险等。

（二）数据挖掘

数据挖掘是指通过系统分析从大量数据中提取规律，通过对各种数据的挖掘比对进而发现数据背后的规律，并运用这些规律预测未来或指导未来工作。从技术角度看，数据挖掘是从大量的、看似杂乱的实际数据中，提取隐含在其中的、高价值的信息和知识。数据挖掘不是数据查询或网页搜索，它融合了统计、数据库、人工智能、模式识别和机器学习理论中的思路，特别关注异常数据、高维数据、异构和异地数据的处理等挑战性问题。数据挖掘的对象通常有关系型数据库、数据仓库、空间数据、工程数据、文本和多媒体数据、时间相关的数据、万维网数据等。数据挖掘的工具和方法常用的有分类、聚类、关联、预测等。在分析大量金融数据中隐含的特征和关系，特别是一些模式性较强的违法违规问题时，如内幕交易、地下钱庄、电信诈骗等，以及利用互联网金融服务和支付手段实施的非法集资、金融诈骗等，往往采用数据挖掘技术。如通过分析历史存贷款及还款记录来聚焦客户的贷款风险，或基于数据挖掘技术关注证券的价格走势以及内幕交易。结合文本挖掘和语义分析技术，自动抓取互联网舆情信息，同步筛查相关股票行情是否存在异动，针对异常行为特征的群组深度挖掘，从而筛查出相关团伙非法操纵市场的行为。

（三）可视化分析

近年来，科学计算可视化成为十分活跃的研究领域，新的研究分支不断涌现，如出现了用于表示海量数据不同类型及其逻辑关系的信息可视化技术，以及将可视化与分析相结合的可视分析学研究方向。数据可视化主要旨在借助图形化手段，清晰有效地传达与沟通信息。数据可视化按照数据类型可以分为时空数据可视化、层次与网络结构数据可视化、文本和跨媒体数据可视化、多变量数据可视化。可视化绘图能够极大地激发智力和洞察力，通过数据的图形化展示能够让审计人员快速找到问题所在，进而有针对性地开展审计工作。近年来，审计机关在分析主题庞大、关系复杂、层级较多的资金、股权等关系，以及展现分析结果的时候，大量采用可视化分析技术。

（四）机器学

机器学习是一门多领域交叉学科，专门研究计算机怎么模拟或实现人类的学习行为，以获取新的知识或技能，重新组织已有的知识结构使之不断改善自身的性能。机器学习是人工智能的核心。机器学习具有庞大的分支体系，包括关联分析、聚类分析、判别分析决策树、集成学习、随机森林、支持向量机、神经网络等，随着大数据审计的不断探索，上述技术逐步成为审计防范金融风险的有效手段。如审计机关运用机器学习探索了自动化、智能化追踪信贷资金去向。数据分析中，以银行贷款发放的资金交易记录作为目标对象进行算法设计，对每一笔贷款资金流向轨迹进行跨行自动追踪；当去向信息不明确时采用机器学习算法分析概率最大的流向路径，打通堵点；将所有的追踪结果保存至标准格式中；资金追踪的具体算法主要考虑账户自有资金与追踪资金两个变量在不同条件下的增减变化。根据审计思路对结果数据进行批量跟踪、图形化分析等深层次分析应用。追踪贷款资金流向只是资金自动追踪模块的一个应用场景，随着国家审计应用范围不断扩大，其将在更多的应用场景下发挥关键作用。

二、审计大数据分析工具的应用

目前金融审计应用中没有固定的大数据分析工具和软件。审计中往往根据具体的项目、任务的特点、相关数据规模，综合使用多种大数据分析技术和工具。总的来说，经常使用的分析工具主要分为以下几类：

（一）数据库分析工具

金融审计使用的主流数据库还是传统关系型数据库。对传统关系型数据库的结构化查询、多维分析、数据挖掘主要是通过 Oracle、SQL Server、MySQL 等数据库分析工具进行的。使用时根据数据库底层存储的特点，结合审计数据分析的主要需求来选取的。 MySQL 由于定位在开源、多平台、关系型数据库，应用比较广泛。我国审计机关较早的数据分析主要是通过 SQL Server 开展。 Oracle 数据库在金融领域的应用比较广泛，数据存储量相对更高，对程序开发支持较好。目前，审计机关正逐步尝试使用国产数据库。近年来，金融行业和审计机关也开始探索使用图数据库。相对传统关系型数据库的信息存储和组织模式，图数据库能够立体化揭示更复杂的模式、关系。因此在对金融体系某些重点领域、关键环节的风险情况进行聚焦时，审计机关开始使用图数据库工具对资金规律、股权结构等聚焦分析。主要应用的图数据库工具有 Neo4j、NoSQL、ArangoDB、OrientDB 等。

（二）智能化工具

主要是 R 语言、Python、Weka、Mahout、Pajek、Tableau 等主流智能化工具。如收集互联网公开金融数据和信息时，通过编写 Python 脚本自动获取目标 HTML 页面信息、解析 HTML 文档、将解析的数据标准化并存储形成互联网数据采集模块，就能实现批量采集数据的功能。通过 Python 还可以对部分项目风险进行分析，并结合地图分布进行词云展示，金融风险的分布和程度清晰明了。又如在数据分析过程中，审计人员探索使用 R 语言和 Ne4j 结合进行各种关联关系的多维化分析。R 语言是属于 GNU 系统的一个自由、免费、开源的软件。R 语言可以被认为是当前最为流行的数据分析和统计制图的语言及操作环境之一。

（三）专业审计软件

专业审计软件主要功能包括项目管理、数据采集、数据分析等。如现场审计实施系统（AO 系统）作为金审工程的重要组成部分，经过不断实践已经连续更新换代了多个版本。随着金融审计应用数据库工具水平的提升，AO 系统较多用于对财务等领域的专项分析，业务领域较多侧重使用数据库工具开展。目前，审计机关正在探索建立和应用智能化、集成化程度更高的审计作业云平台。

（四）统计分析工具

较多使用的数据统计分析工具有 SPSS、SAS 等。主要功能包括数据分布分析、总体均值比较、非线性估计、数据挖掘等。对小规模的静态存量数据进行分析时，电子表格的使用也比较广泛。目前使用的电子表格其实是集数据库运算、字处理、数据通信、图形处理等功能集成的工具，主要使用的功能包括数据筛选、分类汇总、计算、数据透视表和数据透视图等。

此外，还有一些其他工具。如操作系统自带的关键字搜索以及文本识别、语义检索、文本挖掘等工具。

中国注册会计师协会关于印发《商业银行信贷业务预期信用损失审计指引》的通知

（中国注册会计师协会 2024 年 5 月 24 日印发）

各省、自治区、直辖市注册会计师协会：

为加强对审计商业银行信贷业务预期信用损失的技术指导，控制审计风险，提高审计质量，我会制定了《商业银行信贷业务预期信用损失审计指引》，现予印发，供实务参考。

使用中有何问题，请及时反馈我会。

附件：商业银行信贷业务预期信用损失审计指引

中国注册会计师协会

2024 年 5 月 14 日

附件

商业银行信贷业务预期信用损失审计指引

第一章　总　　则

一、制定目的与依据

为指导注册会计师开展商业银行信贷业务预期信用损失有关的会计估计及相关披露的审计工作，根据中国注册会计师执业准则，制定本指引。

二、相关定义

本指引所称商业银行（简称银行），是指依照《中华人民共和国公司法》和《中华人民共和国商业银行法》设立的从事吸收公众存款、发放贷款、办理结算等业务的企业法人。

本指引所称商业银行信贷业务，是指商业银行以摊余成本计量或以公允价值计量且其变动计入其他综合收益的对公、对私贷款，票据贴现，以及财务担保、贷款承诺等表外承担信用风险的项目。本指引中统称为信用风险敞口。

预期信用损失，是指以发生违约的风险为权重的金融工具信用损失的加权平均值。

三、使用说明

本指引用于指导注册会计师对商业银行信贷业务预期信用损失有关的会计估计和相关披露执行审计工作，侧重于阐述对尚未发生信用减值的信用风险敞口实施预期信用损失法进行审计时需要关注的一些关键要素，包括前瞻性信息及其预测、宏观经济情景及其权重、模型、信用风险显著增加以及相关披露等关键要素。本指引涵盖了风险识别、评估和应对环节。在审计商业银行其他按预期信用损失法计提减值的金融工具或者从事类似业务的金融机构时，注册会计师可以考虑在适当情况下参照使用。

中国注册会计师执业准则及其应用指南是衡量注册会计师执业质量的权威性标准，具有普遍适用性。本指引旨在指导注册会计师将这些标准具体运用于商业银行信贷业务预期信用损失审计中，并不替代这些标准，也未涵盖其全部要求，且可能不适用于其他业务的审计。注册会计师需要在全面掌握这些标准的基础上，根据被审计单位的具体情形，合理运用职业判断使用本指引。

第二章　保持职业怀疑

预期信用损失估计涉及高度估计不确定性，往往需要运用复杂的方法、假设和大量的数据，这需要运用判断，容易因错误或舞弊（包括管理层偏向）而导致重大错报。在此情形下，注册会计师需要在整个审计过程中保持职业怀疑，对管理层在预期信用损失估计中使用的方法、重大假设和数据提出有效质疑。

会计师事务所应当设计、实施和运行质量管理体系，以支持和鼓励项目组在整个审计过程中保持职业怀疑态度，营造有利于运用职业怀疑的环境。项目组在项目合伙人的领导下，在会计师事务所质量管理体系的框架下，在项目层面实施质量管理。包括但不限于以下方面：

1. 确保项目组整体具备专业胜任能力，熟悉会计、审计准则的要求，并在必要时利用专家的工作。

2. 确保项目组独立于审计客户。

3. 计划并实施有效的审计程序。

4. 分配足够的时间和资源，以对管理层作出预期信用损失估计相关的内部控制、采用的假设、作出的判断和解释，以及基础数据的完整性和准确性等进行评估。

审计工作底稿可以为注册会计师保持职业怀疑提供证据，可能包括：

1. 获取可靠的、具有说服力的审计证据，包括银行内部和外部的、多种来源的证据（参见"第五章　获取审计证据"部分）。

2. 获取审计证据的方式没有偏向于获取佐证性的审计证据，也没有排斥相矛盾的审计证据。

3. 在评估和质疑管理层的假设和结论时，恰当地利用专家的工作（参见"第六章　利用专家的工作"部分）。

4. 关注可能存在管理层偏向的迹象，评价可能存在管理层偏向的迹象对审计的影响。这些迹象可能包括：

（1）管理层针对多个不同假设确定了适当的区间，而在每一种情况下所使用的假设均位于区间的一端，从而产生最有利的估计结果；

（2）估计结果对管理层有利，但其假设或结论的依据明显不充分；

（3）为达到薪酬激励方案所设定的考核指标而采用不正当手段；

（4）管理层凌驾于控制之上。

5. 针对管理层有关预期信用损失的重大判断或假设，评估其是否与银行业务活动其他方面所使用的假设或判断存在矛盾。例如，某项贷款已经根据《商业银行金融资产风险分类办法》（中国银行保险监督管理委员会　中国人民银行令〔2023〕第1号）从正常类迁徙至关注类或不良类别，但未相应调整阶段划分，注册会计师需要调查差异原因。

6. 可以考虑将被审计银行在预期信用损失估计中使用的关键信息进行同行业比较。该类信息可能包括公开披露的银行如何评估信用风险是否显著增加，判断已发生信用减值时所选择的信用风险指标及其阈值，宏观情景分析时所选择的前瞻性信息等。

7. 测试特定信贷组合的预期信用损失估计受关键假设或变量变化的影响程度（例如，分析管理层如何选择前瞻性信息、如何设计宏观经济情景并确定其权重等），以识别管理层偏向和重大错报风险。

8. 在形成审计意见之前，根据已经实施的审计程序以及获取的审计证据进行总体评价，以确定经评估的重大错报风险以及注册会计师对这些重大错报风险的应对措施是否仍然适当。财务报表审计是一个累积和不断修正的过程。注册会计师应当在实施审计程序之后进行总体评价，例如：

（1）如果获取的审计证据与初始预期有明显矛盾，应当评估对审计计划和其他相关审计程序的影响；

（2）实施现有审计程序后，可能发现需要执行额外的审计工作，或者现有审计程序的结果可能与通过其他审计工作获取的审计证据不一致，需要继续跟进。

9. 在进行总体评价时，需要结合注册会计师的知识和预期来评价所获取的审计证据，综合评价控制测试和实质性程序的结果，在审计团队中配备经验丰富的资深成员并适当利用专家的工作，以确保有充分的专业技能、知识和经验进行评价。

第三章　识别和评估重大错报风险

第一节　总体考虑

对银行而言，预期信用损失往往是一项固有风险等级较高的复杂会计估计，容易导致重大错报风险。注册会计师应当针对评估的重大错报风险，设计和实施审计程序。评估的重大错报风险越高，需要获取越有说服力的审计证据。

在识别和评估预期信用损失相关的重大错报风险时，注册会计师需要重点关注：

1.银行信贷业务特征及风险情况，例如信贷类型、信贷政策、贷款期限、担保方式、业务条线、地理位臵以及监管环境等。

2.银行与预期信用损失估计相关的监督和治理、员工胜任能力、信息系统、流程和控制（因为预期信用损失估计通常涉及对多项数据来源、模型、假设作出选择和判断）。

3.除认定层次重大错报风险外，预期信用损失估计是否可能导致财务报表层次重大错报风险，包括评估相关的监管因素（例如，银行为满足资产质量、拨备覆盖率、拨贷比、资本充足率等监管指标，可能存在管理层偏向）。

《中国注册会计师审计准则第1211号——重大错报风险的识别和评估》要求对于识别的认定层次重大错报风险，分别评估固有风险和控制风险。本章主要针对如何考虑固有风险提供指引，对控制风险的考虑需要结合"第四章 了解和测试内部控制"部分。

注册会计师在识别和评估与预期信用损失估计相关的认定层次重大错报风险时，需要考虑固有风险因素的影响程度，包括：

1.估计不确定性，例如，由于涉及前瞻性因素，预期信用损失估计通常面临高度估计不确定性。

2.主观性，例如，由于涉及管理层的假设和判断，预期信用损失估计具有较高的主观性。

3.复杂性，例如，由于需要使用大量数据而且通常需要建模，预期信用损失估计具有较高的复杂性。

4.变化，例如，相关财务报表项目的性质或情况发生的变化、适用的财务报告编制基础发生的变化。

5.管理层偏向和其他舞弊风险因素。

注册会计师需要寻找可能导致重大错报风险的原因。注册会计师可以针对特定信用风险敞口以及这些信用风险敞口的要素，评估作出预期信用损失估计所使用的方法、假设和数据是否可能导致重大错报风险。本指引列举了预期信用损失的五项关键要素，包括：前瞻性信息及其预测、宏观经济情景及其权重、模型、信用风险显著增加、相关披露。

注册会计师通常会识别一个或多个与预期信用损失估计及其披露相关的重大错报风险。

预期信用损失估计容易存在舞弊或错误导致的重大错报风险，且其固有风险很可能达到或接近固有风险等级的最高级，从而导致特别风险。注册会计师应当识别应对特别风险的控制，评价这些控制的设计是否有效并确定其是否得到执行（参见"第四章 了解和测试内部控制"部分）。

注册会计师需要向治理层沟通预期信用损失估计相关的特别风险，并考虑按照《中国注册会计师审计准则第1504号——在审计报告中沟通关键审计事项》的要求是否需要将其作为关键审计事项。

第二节 对预期信用损失关键要素的考虑——聚焦固有风险

预期信用损失的不同要素可能受到不同类型的固有风险因素的影响。注册会计师至少需要考虑预期信用损失的关键要素，以确定固有风险的来源和水平，并执行进一步的风险评估程序以识别是否存在其他可能导致重大错报的潜在风险因素。

一、前瞻性信息及其预测

管理层作出预期信用损失估计需要考虑前瞻性信息。前瞻性信息通常可选取宏观变量的预测值，既包括国内信息，也包括与信用风险相关的其他国家和地区的信息。由于这些前瞻性信息可能相互关联且具有主观性，在预测时面临不确定性和复杂性，如果管理层没有适当选取前瞻性信息并对其进行预测，可能导致未能恰当反映前瞻性信息对预期信用损失的影响。

与前瞻性信息相关的固有风险因素包括：

1. 在银行作出预期信用损失估计时，需要纳入的前瞻性信息的预测期间越长，前瞻性信息的不确定性和主观性越高。

2. 进行宏观情景分析时，管理层选择或生成的前瞻性信息面临主观性影响。其中，由于不同类型的信贷组合对不同驱动因素的敏感性不同，管理层应当选择适用于特定信贷组合的前瞻性信息。例如，经营贷款组合通常对国内生产总值增长率较为敏感，而住房抵押贷款组合通常对房价指数较为敏感。

3. 预测信贷组合存续期内的未来经济状况可能受到主观性影响，因为管理层需要考虑哪些信息属于合理且有依据的信息。

银行可能针对信贷组合存续期内的不同的预测期间选择不同精细度的估计方法和参数，并对较近期间的宏观经济变量进行更为详细的预测。在此情况下，管理层的主观判断包括：

（1）详细预测期间的长度，如果详细预测期间太短可能不足以获取所有相关的前瞻性信息，相反，如果详细预测期间太长所采用的前瞻性信息可能不合理或缺乏依据；

（2）发生短期宏观经济趋势（无论经济上行或下行）的期间，该期间构成详细预测期间的一部分，但管理层可能没有考虑所有与该期间相关的信息；

（3）自详细预测期间进行外推的方法，该方法可能存在前瞻性信息不合理或缺乏依据的风险。

某些信贷产品的合同条款要求对计量预期信用损失的相关期间作出重大判断，该类信贷产品可能具备某些特征，例如，没有固定的合同期限，债务人有权提前还款，面临的信用风险可能超过最长合同期限（如信用卡等循环授信额度）。

4. 宏观经济指标变化对银行信用风险的影响具有复杂性。

5. 前瞻性信息的确定和更换具有主观性。例如，对于未来经济复苏的路径，如果历史信息对预测未来没有帮助，管理层需要对可能的情景作出更加主观的判断；又如，当某前瞻性信息指标与信用风险的相关性发生显著变化，管理层需要更换或调整前瞻性信息指标时，管理层确定何时以及如何对前瞻性信息进行更换或调整可能涉及主观性。

6. 将已识别的非线性损失模式纳入预期信用损失估计的计算涉及主观性。

7. 管理层使用的专业技能或知识可能表明，生成前瞻性信息并将其纳入预期信用损失估计的过程存在较高的复杂性。

例1：本示例举例说明了注册会计师对预期信用损失估计关键要素的重大错报风险评估。

某银行经营房地产抵押贷款业务，当地经济高度依赖于采矿业和采掘业的繁荣。在采矿业和采掘业商品价格下跌后，行业失业率也因此上升，这些因素导致该地区住房需求低迷。银行在该地区的贷款组合抵押率(贷款金额与抵押物价值的比值)一直稳定在65%左右，然而，去年这一比率已上升到75%左右。由于贷款需求受到抑制，新发放贷款金额下降，且抵押率升高。

注册会计师认为宏观经济变量可能对该银行预期信用损失估计具有重大影响，为识别和评估宏观经济变量相关的重大错报风险，注册会计师：

• 在公开信息中寻找额外证据，这些信息来自互联网或本地监管刊物等资源，用以独立地了解可能影响抵押贷款组合的普遍经济状况，如失业率增加、该地区房地产价格出现下降迹象等。

• 评估用于识别相关宏观经济变量的分析、选择情景及其概率权重的源数据或历史数据的完整性和准确性。

• 查询相关法律法规，识别其可能影响此抵押贷款组合中的客户住房的变化情况。

• 查询外部的权威经济预测机构关于未来的经济预期值，并形成注册会计师的独立预期。

注册会计师确定，采矿业和采掘业低迷可能影响多个宏观经济变量，包括房价、失业率等，这些变量之间表现出很强的关联性。基于敏感性，注册会计师确定，对于该地区从事该行业的借款人而言，影响贷款信用风险的未来宏观经济前景可能受到重大影响，进而影响预期信用损失的估计。注册会计师得出结论认为，宏观经济变量的识别和使用为特别风险。

二、宏观经济情景及其权重

预期信用损失估计反映了无偏的概率加权平均金额，需要考虑一系列可能发生的结果，故一般通过设计和加权宏观经济情景来纳入有关未来宏观经济状况的假设。如果管理层没有适当校准宏观经济情景的设计和权重，可能导致未能恰当评估不同经济状况对信用风险的影响。设计宏观经济情景并确定其权重本身较为复杂性，涉及前瞻性的考虑，并可能运用多个宏观经济指标，因此存在高度估计不确定性、主观性和复杂性。宏观经济情景及其权重应反映一系列可能的结果及其发生概率，用以计算无偏的估计结果。如何让这些情景代表可能的结果以及如何对这些结果分配概率，涉及高度主观性。

与宏观经济情景及其权重相关的固有风险因素包括：

1. 宏观经济情景及其权重在预测现实生活中的经济现象时可能非常复杂。在复杂的情况下，宏观经济情景中的参数可能不完整、不准确或相互矛盾。

2. 在设计宏观经济情景时涉及主观性。例如：

（1）宏观经济情景及其权重受其固有复杂性的限制，无法反映现实经济环境中所有的经济变量，以及变量之间的关联性和敏感性；

（2）为宏观经济情景选择经济变量也存在风险，因为管理层可能没有完整地识别出与信用风险变化最相关的各类驱动因素以及各因素之间的联系。即使银行从外部获取宏观经济情景，也无法排除此类风险。

3. 在确定宏观经济情景的范围（即情景的数量，以及不同情景在信用风险程度上的差异）和发生概率时涉及主观性。例如：

（1）如果宏观经济情景的选择范围过窄，将导致无法全面反映经济剧烈波动的信用损失风险，尤其是信用损失可能随经济变化而出现非线性变化；

（2）如果为宏观经济情景分配的概率不适当，将导致无法恰当估计预期信用损失；

（3）如果不同阶段（如经济衰退或增长）的持续时间长度不适当，可能导致无法恰当估计预期信用损失；

（4）虽然短期预测表明经济下行只是暂时性的，但管理层没有考虑其将回归长期趋势的可能性。

三、模型

管理层通常在估计预期信用损失时使用模型。模型通常很复杂且一般依赖多项数据来源。同时，模型因涉及大量相互关联的假设而较为主观。有时为弥补数据不足或其他模型限制，可能需要对模型输出结果进行调整，确定何时调整以及如何调整存在主观性。

与模型相关的固有风险因素包括建模涉及的复杂性、主观性等。

建模涉及复杂性，例如：

1. 银行通常就不同信贷组合（包括但不限于对公贷款、个人住房抵押贷款、个人消费贷款、信用卡贷款等）分别估计预期信用损失，然后将其汇总得出预期信用损失总额。由于这些信贷组合可能具有不同的风险特征、受到经济环境的影响不同，银行可能需要使用不同模型，以恰当反映各类组合的不同风险敞口。

2. 预期信用损失估计可能需要对不同要素单独建模（如宏观经济预测、违约概率、违约风险敞口和违约损失率等），这些模型中的通用假设和数据需要保持一贯性。

3. 模型可能涉及大量不同类型的数据和假设，并且数据和假设之间的关系可能较为复杂。

4. 模型中的计算方法可能涉及复杂的建模技术，银行通常运用数学和统计学知识来开发并使用模型。银行常见的预期信用损失模型包括违约概率/违约损失率模型法和损失率模型法。其中，违约概率/违约损失率模型法是指通过对单项或组合信用风险敞口在多情景下的违约风险暴露、违约概率、违约损失率、存续期等模型参数进行估计并加权平均计算预期信用损失的方法。银行实施违约概率 / 违约损失率模型法有困难的，也有可能采用损失率模型法，损失率模型法下违约概率、违约损失率两个模型参数合并为损失率一个模型参数进行估计。

5. 预期信用损失模型可能是依据其他模型构建的，尤其是用于压力测试等监管用途的模型（统称"审慎监管模型"）。需要注意的是，审慎监管模型的计量目标和参数设定可能不同于企业会计准则的要求。例如，某些审慎监管模型要求采用整个周期的违约概率，而不是某一时间点的违约概率。如果管理层没有对审慎监管模型参数作出必要调整，那么所作出的预期信用损失估计很可能不符合企业会计准则的要求。

建模涉及主观性，例如：

1. 模型无法精确模拟未来的状况。在建模过程中，管理层必然会作出假设，部分假设是对复杂经济现象的简化处理，这些假设使模型存在固有的主观性。

2. 由于数据或其他原因，管理层可能需要作出模型调整（即管理层叠加），以克服模型的局限性。模型调整通常具有主观性，因为管理层需要基于经验作出判断，以确定模型调整是否必要以及具体调整金额。为了应对模型调整带来的错误和管理层偏向的风险，模型调整应当受到相应的监督和控制。例如，银行针对管理层调整模型制定相关制度和流程，银行在相关数据的积累和使用等方面采取措施以进一步完善模型、逐渐减少或消除该类调整。另外，由于管理层可能将这些调整纳入模型以减少模型局限性，随着时间推移和数据积累，相关风险也随之发生变化。

3. 模型可能存在某些数据或其他方面的局限性，可能历史上并不明显，但在特定环境下会暴露（例如，由于经济异常衰退，管理层必须进行模型调整或寻求替代数据源）。此类情形下，原模型中经济变量之间的关系可能不再成立，或新建立的关系缺乏相关历史数据支持。由于经济变量之间关系的复杂性，以及经济变量的变化是暂时性的还是永久性的具有不确定性，识别环境变化何时足以令模型或参数失效，并决定如何适当应对，可能具有主观性。

4. 模型的支持性数据可能增加建模的复杂性和主观性。例如：

（1）管理层可能需要从多个数据来源中选取最为相关和可靠的数据，但出于保密或专利等原因，某些外部信息来源没有披露可能与其所提供数据的可靠性相关的信息（如基础数据来源、如何累积和处理数据），管理层需要基于经验作出判断；

（2）如果数据涉及复杂的信贷合同条款，理解此类条款需要具备特定经验或胜任能力；

（3）企业会计准则不一定对作出预期信用损失估计使用的所有概念、方法和技术等予以明确，因此，管理层在选取、生成模型需要的支持性数据时，需要充分理解企业会计准则的相关要求，并进行合理判断。

5. 管理层需要就最适合当前信贷组合风险特征的数据作出判断。

6. 管理层需要从多项来源获取和选择数据，包括外部来源（如从经济研究机构、数据供应商获取宏观经济指标预测值），以及传统会计系统之外的内部来源（如从风险管理部门获取违约概率数据）。

7. 管理层需要运用判断来确定收集数据的历史期间长度，对历史期间的选择和确定基于管理层对不同信用风险敞口性质、历史发生违约和产生损失的判断。

8. 如果无法获取数据，可能需要进行假设或估计。例如，虽然某一信贷组合从未发生过损失，但不排除未来发生损失的可能性，管理层可能假设其损失数据与其他风险特征类似的信贷组合相同。

9. 由于某些信贷组合、历史期间或信息系统内数据有所缺失，管理层可能不得不在数据完备性方面作出让步，包括使用替代性数据来源。

四、信用风险显著增加

估计预期信用损失时，要求银行评估信用风险是否自初始确认后显著增加，以判断信用风险敞口应当处于第一阶段（预期信用损失为未来 12 个月内预期信用损失）或者是第二阶段（预期信用损失为整个存续期预期信用损失）。因此，评估信用风险是否显著增加时所使用的信用风险指标及其阈值尤为重要。实务中，常用的信用风险信息可能包括：信用主体在银行的内部信用等级、信用风险敞口的风险分类、逾期状态以及合同条款等，信用主体授信策略或信用风险管理方法的变动，信用主体的征信、外部评级、债务和权益价格变动、信用违约互换价格、信用利差、舆情等，信用主体及其股东、关联企业的经营和财务信息，可能对信用主体还款能力产生潜在影响的宏观经济、行业发展、技术革新、气候变化、自然灾害、社会经济金融政策、政府支持或救助措施等信息，贷款逾期天数超过 30 日等。如果管理层评估信用风险变化的指标不够全面或缺乏前瞻性，或确定信用风险何时显著增加所用的阈值对风险变动不够敏感，那么相关估计可能无法按照企业会计准则要求准确反映信用风险变动程度。

由于企业会计准则没有明确规定信用风险显著增加的阈值，故对信用风险是否显著增加的评估具有高度主观性。按照《企业会计准则第 22 号——金融工具确认和计量》第四十八条的要求，管理层对信用风险是否显著增加的评估应考虑纳入所有合理且有依据的信息（包括前瞻性信息）。会计实务中，对信用风险是否显著增加的评估将同时考虑定性和定量指标，管理层需要运用判断对各类指标进行权衡。信用风险显著增加的阈值可能包括多项因素且非常复杂。

与信用风险显著增加相关的固有风险因素包括主观性、复杂性等。

确定信用风险是否显著增加的阈值涉及主观性。例如，如果信用风险指标对信用风险的驱动因素不够敏感且阈值过高，可能导致确认信用损失过少、过迟；相反，如果信用风险指标对短期影响过于敏感且阈值过低，也不能准确反映信用风险的变化。对于使用违约概率 / 违约损失率模型的银行，使用模型来确定信贷发放日和资产负债表日的违约概率，包括违约概率变动的绝对水平和相对水平，以判断信用风险是否显著增加。其中，注册会计师尤其需要关注银行过于依赖滞后性指标的风险（如银行将本息逾期天数作为唯一标准），由于该阈值缺乏前瞻性，很可能导致相关信用风险敞口不能及时迁徙至第二阶段。

计量信用风险时涉及主观性和复杂性。例如：

1. 当银行使用 12 个月内违约概率作为整个存续期违约概率的近似值来进行评估时，如果信用风险敞口中绝大部分现金流量的归还日长于 12 个月或临近信贷到期日（如到期一次还本付息贷款），可能无法准确反映整个存续期信用风险的变化，并导致较高的错报风险。

2. 管理层就企业会计准则中判断信用风险是否显著增加的可推翻假设（如逾期超过 30 日通常表明信用风险显著增加）作出判断。

3. 管理层如何选取并整合定性和定量信用风险指标，以及管理层将其纳入模型所使用的方法：

（1）可能存在未能恰当计量信用风险、无法识别信用风险增加以及低估预期信用损失的风险；

（2）可能存在未能在信用风险显著增加测试期间将重大风险因素纳入模型的风险；

（3）不应机械使用阶段划分标准确定信用风险是否显著增加，而应采用实质性风险判断原则，根据对信用主体信用状况和还款能力的分析，判断信用风险是否显著增加。例如，虽然银行通常将逾期或拖欠作为信用风险增加的指标，但某些逾期或拖欠可能是与借款人还款能力无关的事件导致的（如支付系统故障）；又如，针对银行修改或重新议定合同条款的信用风险敞口，阶段划分的调整不能仅依据合同条款的修改或重新议定，而要基于对信用主体信用状况和还款能力的分析。

例2：本示例举例说明了注册会计师对关键要素的固有风险评估。

某银行向旅游业及物流业提供对公贷款，贷款的合同期限为5年，还款方式为按季付息，到期一次还本。该行采用内部信用评级流程，为所有贷款确定"信用评级"。然后，银行将信用评级输入定量模型，利用多种概率加权的经济情景，为每笔贷款确定12个月内的违约概率和整个存续期的违约概率。

注册会计师在对前述贷款的预期信用损失进行审计时，就贷款的信用评级能否及时有效反映信用风险显著增加进行评估。该银行在对借款人进行信用评级时会综合考虑相关信息，如与宏观经济相关的信息、借款人所处的行业、地理区域以及其他符合银行风险管理实务的信息。

针对该银行旅游业及物流业的对公贷款与信用风险显著增加有关的固有风险因素，注册会计师进行了如下考虑：

• 由于评估信用风险显著增加是以信用评级和其他因素为基础的，而这些因素往往很复杂，因此存在评级不准确、不及时更新的风险。

• 信用风险显著增加的评估在很大程度上依赖于每笔贷款的数据，如逾期天数及信用评级等。由于这些数据大多不是传统的财务报告信息，因此在选择适当的数据时需要作出重大判断，并存在数据不完整、不准确的风险。

• 考虑到在确定阈值时需要运用大量判断，因此信用风险显著增加是容易出现管理层偏向的领域。

将前瞻性信息纳入信用风险显著增加标准具有主观性。

在一些重大突发事件影响下，如果银行无法针对单项贷款判断信用风险是否显著增加，可能基于组合特征和历史经验，在信用风险敞口的组合层面上评估宏观经济指标变化对信用风险显著增加的影响，相应将一定比例的第一阶段信用风险敞口迁徙至第二阶段，这可能产生复杂性。

注册会计师可能需要特别关注银行对某些特定信用主体（如银行可能在房地产行业的信贷占比较高）的风险评估情况（如公司治理情况、是否存在流动性紧张等），审慎评价其偿债能力，评估信用风险是否显著增加。

五、相关披露

预期信用损失估计具有重大估计不确定性，并涉及高度主观的判断和复杂的计算。根据《企业会计准则第37号——金融工具列报》，管理层需要向财务报表使用者披露预期信用损失估计相关信息，主要包括信用风险敞口、影响信用风险变化的驱动因素、信用风险阶段划分、如何管理信用风险，以及预期信用损失估计对相关假设、判断的敏感性等。预期信用损失相关披露可能存在不准确、不完整、不透明或不合理等问题。

与预期信用损失披露相关的固有风险因素包括主观性、复杂性等。

确定需要披露的信息及其详细程度以及最佳列报方式涉及主观性。例如，就经营范围较广、产品种类较多的银行而言，如果所披露信息的精细化程度不高，可能无法向财务报表使用者传递决策有用的信息；如果银行披露的信息过多，则可能无法突出财务报表使用者关心的重要信息。

编制预期信用损失相关披露涉及复杂性。由于披露预期信用损失时需要收集并评估多种来源的数据，相关披露可能不完整、不准确。同时，管理层可能无法及时确定合理的披露方式。

第四章 了解和测试内部控制

第一节 总 体 考 虑

作为一项复杂的会计估计，预期信用损失通常涉及银行多地点、多业务相互关联的流程，数据收集、存储和分析涉及复杂的信息系统和模型，银行往往就实施预期信用损失法建立相关内部控制，包括但不限于部门职责分工、系统开发、基础数据管理、信息收集、风险分组、阶段划分、模型搭建、前瞻性调整、管理层叠加、参数确定、模型验证、实施评估、信用风险损失准备计提、信息披露等。

对于注册会计师来说，实施实质性程序（包括对模型执行细节测试）一般无法涵盖预期信用损失估计的所有要素，仅实施实质性程序可能无法提供充分、适当的审计证据。因此，注册会计师需要识别相关内部控制，评价这些控制的设计是否有效，并确定其是否得到有效执行。特别是注册会计师认为预期信用损失估计存在特别风险时（参见"第三章 识别和评估重大错报风险"），尤应如此。例如，对预期信用损失估计中的所有单个数据点进行实质性测试往往不切实可行，但针对生成或处理这些数据点的信息系统的控制进行测试则相对可行有效。

注册会计师应当按照《中国注册会计师审计准则第1152号——向治理层和管理层通报内部控制缺陷》的要求，识别和确定值得关注的内部控制缺陷，以恰当的形式及时向治理层和相应层级的管理层通报相关内部控制缺陷。

例3：本示例举例说明了注册会计师在风险评估过程中对控制风险的考虑。

接例2，基于对固有风险的评估，注册会计师认为信用风险显著增加受估计不确定性影响的程度很高，同时考虑到当前旅游业及运输业的表现，确定相关行业贷款的违约概率的复杂性很高。

此外，注册会计师确定总体预期信用损失估计对信用风险显著增加是敏感的（即，如果对信用风险显著增加的评估不当，总体预期信用损失的估计可能会发生重大偏差）。因此，基于针对相关行业贷款组合的信用风险显著增加的上述考虑，注册会计师确定，预期信用损失估计的固有风险等级很高。

在此基础上，作为风险评估流程的一部分，注册会计师认为，仅实施实质性程序可能无法提供充分、适当的审计证据，因此，注册会计师同时计划评估与预期信用损失估计相关的控制风险，识别银行为应对预期信用损失估计特别是信用风险显著增加评估相关的重大错报风险而设计和实施的控制，并对其进行测试。

法律法规可能要求注册会计师执行与内部控制相关的额外程序，或者对内部控制发表意见。在这些情况下，注册会计师可以考虑将在实施此类程序时获取的信息用作审计证据。在将这些信息作为审计证据时，注册会计师需要确定这些信息与审计业务的相关性，以及后续变化是否可能影响这些信息与审计的相关性。

注册会计师评价预期信用损失相关控制的设计和运行有效性时，重要的考虑事项包括：

1. 关注针对治理和监督、信息系统以及预期信用损失的关键要素的控制，例如，实施预期信用损失法的相关管理制度、重要政策、重要模型、关键参数等是否经董事会或其下设的专门委员会审批。

2. 评价相关业务流程和地点的控制环境，相关部门职责分工及报告路径，是否配备充足的信息技术、人力等资源，是否已搭建管理信息系统。

3. 评价与预期信用损失估计和披露相关的内部控制要素，确定其是否存在，并得到恰当设计和有效运行。

4. 识别控制的设计或运行有效性方面是否存在缺陷（如果控制设计不恰当，可能没有必要测试其运行有效性）。

5. 考虑已识别的内部控制缺陷对进一步审计程序的影响，包括确定与前述内部控制缺陷有关的重大错报风险，从而识别和测试潜在补偿性控制，或变更实质性程序的性质、时间安排和范围等。

6. 向治理层和管理层通报值得关注的内部控制缺陷。

注册会计师需要尽早评估内部控制的设计有效性以及测试运行有效性，以便预留充足的时间来重新审视其风险评估结果，并对进一步审计程序作出适当调整（例如，测试补偿性控制、执行进一步的实质性程序等）。同时，尽早识别内部控制缺陷也可以为管理层纠正这些缺陷预留充足的时间，从而使得注册会计师能够重新测试，并在控制运行有效期间信赖这些控制。

银行很可能不断改进其流程和控制（例如，获取更多、更丰富的可用数据，或者将以往的人工流程自动化）。如果注册会计师计划信赖这些控制，需要针对财务报表涵盖期间新实施或修改的控制测试其设计和运行有效性。

第二节　对预期信用损失关键要素的考虑——聚焦控制风险

鉴于预期信用损失估计及其披露的性质和复杂性，评估预期信用损失关键要素的内部控制的设计和运行有效性通常是重要的审计程序。对于预期信用损失估计的关键要素，注册会计师在了解及测试相关内部控制时，重要的考虑事项包括：针对与预期信用损失相关的财务报告过程的监督和治理措施，针对选择和验证估计方法和假设的控制，针对信息系统和数据的控制，针对人工流程的控制，针对管理层叠加的控制，针对预期信用损失最终结果的控制，针对外部第三方提供的服务的控制，针对识别是否有必要借助特定专业技能或知识的控制，针对模型的设计、实施和验证的控制等。

一、针对与预期信用损失相关的财务报告过程的监督和治理措施

针对与预期信用损失相关的财务报告过程的监督和治理措施，包括但不限于：审计委员会或相关监督治理机构负责对预期信用损失法实施内部审计有效性、信息披露透明度等进行审查，监事会负责监督董事会和高级管理层在预期信用损失法管理方面的履职尽责情况，内部审计部门负责对管理层组织实施预期信用损失法的情况进行监督等。

有效的治理和监督有助于应对判断的主观性，有利于提高会计估计和相关披露的准确性和完整性，减少管理层偏向的影响。

二、针对选择和验证估计方法和假设的控制

针对选择和验证估计方法和假设的控制，包括但不限于：对选择前瞻性信息及其预测的控制，对选择宏观经济情景及其权重的控制，对选择、定期复核、调整及校正信用风险显著增加标准的控制等。例如，对信用风险显著增加标准的控制可能考虑这些标准是否具有足够的敏感性和前瞻性，包括使用定期监测的关键绩效指标、对违约概率的更新流程进行复核等。

三、针对信息系统和数据的控制

预期信用损失估计和披露涉及大量数据，这些数据的获取、存储和分析往往依赖复杂的信息系统，因此评价信息系统的内部控制通常是预期信用损失审计不可或缺的一部分。有关信息系统的重要考虑事项包括：确定需要测试的信息系统的总体、对已识别的信息系统及其控制进行测试、对信息系统之间的接口进行测试。

鉴于信息系统和相关控制的数量和复杂性，及其对数据分析技术和其他计算机辅助审计技术的需求，注册会计师需要考虑使用信息技术专家。

注册会计师需要了解、识别与预期信用损失估计相关的流程，从流程开始直至预期信用损失被记录于总账中，从而识别对审计有影响的信息系统。此外，注册会计师还可能需要识别银行在编制相关披露时使用的信息系统。

信息系统存在于信息技术环境中，依赖企业层面的控制（如对逻辑访问和程序变更管理的信息技术一般控制）。因此，注册会计师需要首先测试信息技术一般控制是否有效。

注册会计师用于测试预期信用损失估计相关应用程序的信息技术一般控制的方法，虽

然与测试其他应用程序的信息技术一般控制的方法并无本质不同，但考虑预期信用损失估计的特点，需要将测试扩展至模型验证和后续变更相关的信息系统。

注册会计师需要测试针对预期信用损失估计相关应用程序的信息处理控制，尤其是对于模型中所采用的关键信息的控制，如贷款到期日、抵质押物信息的录入、维护等。

如果数据是自动传输的，注册会计师通常邀请信息技术专家协助测试信息系统之间接口相关控制的设计和运行有效性；如果数据是人工传输的（例如，对数据源的控制可能采取对账的形式），注册会计师需要测试这些控制的设计和运行有效性，以确保数据传输的完整性和准确性。如果注册会计师无法依赖自动化控制或人工控制来确保数据传输的完整性和准确性，需要设计并实施实质性程序来测试数据传输。

注册会计师需要了解并测试与管理层的重大判断（如对宏观经济情景及其权重的选择）相关的内部控制的设计和运行有效性。

银行可能会设计和实施补偿性控制来应对现有信息系统的缺陷。例如，由于信息系统之间未能完全打通，银行只有依赖人工控制来确保完整性和准确性，在这种情况下，注册会计师需要对已识别的补偿性控制进行测试，并评价其设计和运行的有效性。

信息系统的缺陷可能对审计方法产生较大影响。如果无法依赖银行的控制，注册会计师需要考虑是否有可能针对预期信用损失设计并实施实质性程序。如果存在此类情况，需要及时与治理层沟通。

注册会计师需要评估是否有迹象表明，其针对信息系统的工作可能存在管理层偏向，此类迹象可能包括管理层越权干预信息系统的内部控制。

四、针对人工流程的控制

注册会计师需要评估人工流程是否遵循管理层制定的政策和程序，并受到复核和监督。

五、针对管理层叠加的控制

针对管理层叠加的治理和复核的控制，包括但不限于管理层叠加是否经董事会审批。模型调整通常旨在克服模型局限性（如缺乏数据），因此可能是高度主观的，当模型调整金额重大时尤其如此。注册会计师需要评估银行有关模型调整的治理和监督措施，这些措施应当确保模型调整是恰当、合理且有依据的，经过充分的论证和规范的审批。

六、针对预期信用损失估计最终结果的控制

管理层和治理层对预期信用损失估计最终结果的复核不仅包括结果本身的合理性（例如，是否符合经济环境的变化、是否与同行业可比、是否与监管政策相矛盾），也包括由此回溯到的相关方法、假设和数据的合理性。

七、针对外部第三方向银行提供的服务的控制

当预期信用损失估计过程涉及由第三方提供的服务时，注册会计师可能需要考虑对外部第三方提供的服务的控制（如对模型设计和实施、数据提供等进行验证）进行了解、评估和测试，以确保相关模型或数据的相关性、准确性和完整性。

例4：本示例举例说明了注册会计师在风险评估流程中识别的相关控制。

作为风险评估流程的一部分，注册会计师了解并评估银行在计算预期信用损失的过程中设计和实施的控制，可能确定以下控制活动与判断信用风险显著增加相关：

· 信用风险显著增加相关模型由独立于模型设计部门的职能部门进行复核，并由该部门的高级主管以及外部专家进行验证。

· 风险管理部门对评估期末信用风险显著增加时运用的关键假设进行复核和质疑，包括对未来宏观经济状况的预测、不同可能结果的概率、建模结果的调整等。

· 关于信用风险显著增加评估的治理流程（包括治理层），如审计委员会对关键判断的多层复核。

例5：本示例举例说明了注册会计师识别并测试在信用风险管理系统中存在的相关自动

化控制及人工控制。

注册会计师识别到，被审计银行的信用风险管理系统可以实时从其他不同的系统中获取信用风险显著增加评估流程中使用的数据。因此，注册会计师计划对此项系统的自动化功能实施控制测试。

另一方面，该银行还并不完全依靠信息系统判断贷款从第一阶段到第二阶段的转换，而是设置了识别这类贷款的人工控制，例如对大额企业贷款开展信用文档审阅等。根据内部制度要求，信贷员每季度对对公贷款进行一次信用文档审阅，并由部门负责人复核审阅结果并留痕。注册会计师需要了解并评估管理层设计和实施的此类人工控制并测试其运行有效性。

第五章　获取审计证据
第一节　总体考虑

预期信用损失是银行财务报表中重大的会计估计，而且往往存在特别风险（参见"第三章　识别和评估重大错报风险"部分），因此注册会计师需要获取有说服力的审计证据，以就预期信用损失的估计和相关披露不存在重大错报获取合理保证。

注册会计师应当获取充分、适当的审计证据，判断是否存在重大错报。其中，"充分"是对审计证据数量的衡量，"适当"是对审计证据质量（即是否相关和可靠）的衡量。考虑以下因素有助于注册会计师获取充分、适当的审计证据：

1. 从银行外部来源获取相关证据。

2. 使用多种证据来源。

3. 既考虑佐证性的证据，也考虑相矛盾的证据。

4. 注册会计师自主分析，形成独立预期。

5. 利用专家的工作（参见"第六章　利用专家的工作"部分）。

6. 使用实际观察，对预期信用损失估计进行总体评价，或者对其要素进行评价。

审计证据的可靠性受其来源和性质的影响，并取决于获取审计证据的具体环境。例如，来自银行外部的证据（如第三方确认函、行业基准数据等）通常比管理层提供的证据（如会计记录、会议纪要和管理层声明）更可靠，原因是此类证据是在银行之外独立产生的，但注册会计师也需要评估其相关性。类似地，与预期信用损失估计相独立的职能部门生成和控制的信息可能更可靠。预期信用损失估计的要素通常源于银行内部数据（如历史违约率或违约损失率数据）。注册会计师对这些内部数据执行审计程序以测试其相关性、完整性和准确性，反映银行的信用风险特征。注册会计师可以将银行内部数据与源自第三方的外部数据进行比较。例如，如果注册会计师对银行内部数据存在疑问，可以将内部信用违约相关数据与外部评级及其对应的违约概率进行比较。

通过不同来源获取的、相互印证的审计证据，往往比通过单一来源获取的审计证据更有说服力。例如，注册会计师在测试管理层针对未来国内生产总值增长率作出的预测时，将其与独立第三方基于相同目标而作出的预测进行比较，比仅评估管理层在预测时所依据的理由是否合理，可能可以得到更有说服力的审计证据。又如，在识别出舞弊迹象或怀疑存在管理层偏向时，注册会计师可能需要考虑实地走访贷款户的经营场所，观察并核对实际经营情况和押品的状态与信贷档案中的记录是否相符。如果注册会计师获取的证据彼此不符，注册会计师应当综合考虑所有证据（即使证据是彼此矛盾而不是相互印证的），并评估其对证据质量的影响。

通过执行实质性程序获取审计证据的方法包括询问、重新计算和检查等。在执行实质性程序时，注册会计师可以利用专家的工作，以增加证据的可靠性。例如，注册会计师可能通过重新计算来测试预期信用损失估计的输入值（如违约概率、违约风险敞口、违约损失率），引入对计算使用的方法和数据有深刻理解的信用风险专家可能可以协助注册会计师确定是否存在错误或不一致。

就预期信用损失估计而言，如果能够观察到实际结果，可能会提供更有说服力的证据。例如，模型预测未来信用损失将处于某一水平，如果实际损失明显高于该模型的预测，则可能表明该模型中使用的假设不再合理，需要考虑更新。然而，实际结果与过往期间财务报表中确认的估计金额之间存在差异，不一定表明过往期间财务报表存在重大错报，例如，该差异可能是期后新发生的、不可预见的重大事项或交易所导致的。另外，由于预期信用损失估计是基于一系列情景的加权平均值，实际结果往往与估计结果不同，故难以针对估计结果执行回溯测试。不过，注册会计师可以对预期信用损失估计模型的重要参数进行回溯测试。例如，注册会计师可以通过回溯测试等来评估银行模型所使用假设的合理性。

注册会计师可以对预期信用损失估计的要素（有时也可以针对总体估计结果）进行分析并形成独立预期。该预期有助于建立比较基准，方便注册会计师判断所获取的证据是否充分、适当。注册会计师在形成预期时，应当考虑企业会计准则的要求、信贷组合的风险特征、市场惯例和同行业实践、过往期间的经验（如适用）以及外部经济环境如何影响银行的信用风险和预期信用损失估计。注册会计师需要了解和评估管理层的估计与注册会计师的预期之间的差异。

注册会计师可以考虑进行同行业比较，虽然同行业比较通常不能产生有说服力的证据，但可以帮助注册会计师识别需要进一步关注的领域。被比较银行之间越类似，分析就越有意义。

注册会计师对审计证据是否充分、适当的评估，可能受到银行的内部控制缺陷、管理层先前作出的估计与实际情况存在重大偏离、注册会计师执行审计程序时发现的错误等影响。在这种情况下，注册会计师可能需要扩大审计程序的范围并获取更有说服力的审计证据。

如果无法获取充分、适当的审计证据，注册会计师需要按照《中国注册会计师审计准则第1502号——在审计报告中发表非无保留意见》的规定，评价这一情况对审计意见的影响。

财务报表审计是一个累积和不断修正的过程。注册会计师需要按照《中国注册会计师审计准则第1321号——会计估计和相关披露的审计》中与实施审计程序之后的总体评价相关的要求，及时进行总体评价，以确保有足够的时间进一步获取证据。评价的方面包括：

1. 认定层次重大错报风险的评估结果是否仍然适当（包括识别出可能存在管理层偏向的迹象时）。

2. 管理层对于财务报表中预期信用损失估计的确认、计量和列报（包括披露）作出的决策，是否符合适用的财务报告编制基础的规定。

3. 是否已经获取充分、适当的审计证据。

第二节　对预期信用损失关键要素的考虑——聚焦进一步审计程序

注册会计师通过设计和实施恰当的应对措施，获取充分、适当的审计证据。针对评估的财务报表层次重大错报风险，注册会计师应当设计和实施总体应对措施；针对评估的认定层次重大错报风险，注册会计师应当设计和实施进一步审计程序（包括控制测试和实质性程序）。

对内部控制的评估和测试结果会影响实质性程序的性质和范围。对预期信用损失估计的各项要素执行审计程序和获取审计证据时，注册会计师需要结合所获取的信息，考虑是否需要修改对重大错报风险的评估以及计划的审计程序（例如，当所获取信息前后矛盾或者与注册会计师的预期相反时）。

通过控制测试获取的证据可能包括：

1.评价管理层在情景中使用的前瞻性信息的合理性。

2.评价管理层是否存在近因偏好（即前瞻性信息的估计受到近期情况的过度影响，未能充分考虑未来发展前景）。

通过实质性程序获取的证据可能包括：

1.就前瞻性信息与外部可获取信息进行比较，并就实际结果与预期之间的差异分析原因，了解管理层在众多可能相关的前瞻性信息中选取特定前瞻性信息的原因，评估其选取的合理性。

2.如果管理层在其他报告场合（如管理层分析）也使用过同类前瞻性信息（如国内生产总值等），检查其与为财务报告目的所使用的前瞻性信息是否一致，并进一步调查差异（如有）。

3.比较过往期间的估计与实际结果，了解差异的原因，并评估该差异对本期前瞻性信息及其预测的影响。

4.从独立第三方获取管理层用于前瞻性预测的信息（如信用评级、损失数据、资产估值、经济预测等），将其与管理层使用的数据比较，并针对差异（如有）进行进一步调查。

5.获取独立第三方发布的宏观经济报告，并与管理层为计量预期信用损失所使用的前瞻性信息相比较。

一、前瞻性信息及其预测

由于银行通常需要使用与其信用风险敞口的风险特征及所处环境相匹配的预期信用损失模型（即匹配性原则），因此，即使银行使用的前瞻性信息及其预测与从独立第三方获取的信息存在差异，也不一定说明管理层使用的信息不适当。注册会计师需要了解银行的依据以及与其他信息存在差异的原因，从而评估管理层使用的前瞻性信息及其预测是否合理且有依据，是否有迹象表明可能存在管理层偏向。

二、宏观经济情景及其权重

针对宏观经济情景及其权重，注册会计师可能通过执行控制测试来评估管理层是否采用了经审批的方法、假设（即预期信用损失估计的主观成分）和数据。通过控制测试获取的证据可能包括：

1.已批准或已实施的政策性文件。文件内容包括但不限于下列方面：

（1）管理层用于生成、选择和更新情景的范围及其权重的信息；

（2）管理层使用的情景设计方法的固有局限性；

（3）管理层用于识别所使用方法不足以反映信用风险驱动因素或经济不确定性的指标，以及相应采取的措施；

（4）管理层如何确保情景中考虑了反映资产负债表日信用状况的所有合理且有依据的信息。

2.管理层对情景范围和权重以及模型输出结果的合理性进行有效复核的证据。例如：

（1）管理层执行敏感性分析，以确保宏观经济情景及其权重恰当反映了预期信用损失的关键驱动因素，以及输入值和输出值之间的关系；

（2）管理层执行回溯测试，以评估模型输入值和输出值的合理性。

3.管理层对情景的合理性进行有效复核的证据。例如：

（1）管理层如何确定使用的情景符合企业会计准则的要求；

（2）管理层如何确定所选情景充分反映了信用损失的非线性影响，例如，因宏观经济指标下降一定百分比而增加的信用损失，可能远高于其增加同等比例而减少的信用损失；

（3）当经济不确定性增加时，管理层使用的情景如何充分体现该不确定性。

在实质性程序方面，注册会计师通常可以获取独立第三方（如经济研究机构）的经济预测，该预测能为管理层选择的情景提供独立和客观的观点，包括情景的性质（如经济衰退或增长）、时间跨度、经济指标（如国内生产总值）、发生概率等。注册会计师可能获取外部行业预测并与管理层的基准情景预测进行比较。除了考虑这些预测的可靠性，注册会计师可以测试其相关性，以确保这些预测贴近银行的实际情况。

注册会计师可以将管理层设计的宏观经济情景与相关来源的信息进行比较。银行会在会计以外的业务领域使用预测（如信用风险管理、业务计划和预算等），这些预测通常基于相同的业务和风险，原则上需要保持一致。

常见的实质性程序还可能包括：运用统计学方法（如回归公式）计算和评价前瞻性信息与信贷业务风险的相关性；复核管理层经济指标选取、宏观经济情景及其权重设路的恰当性，以及年度间的一致性及变化的合理性；测算经济指标输入值变化与减值计提情况变化的合理性等。

三、模型

注册会计师可以对模型执行控制测试，通过控制测试获取的证据可能包括：

1. 管理层在模型的设计、实施、变更和运行环节对其进行复核、测试以及验证的情况。

2. 由独立人员来负责定期模型验证工作，向董事会、监事会和高级管理层汇报模型验证结果，并跟进对模型缺陷采取整改措施的情况。

3. 当开展新业务、遇国内外重大事件以及其他情况下发现模型存在重大缺陷时，对模型有效性进行验证的情况。

4. 管理层对模型实施变更时所采取的控制措施及执行情况。

5. 针对管理层叠加制定的政策及其执行和监督情况。包括：

（1）关于如何使用管理层叠加的管理规定，包括负责复核和批准管理层叠加的人员及其权限；

（2）支持管理层叠加的恰当性和完整性的控制程序，如对某一风险因素运用管理层叠加的审批文件（可能包括管理层叠加的目的、计算方式以及模型局限性）；

（3）针对模型优化和治理的规定，如进一步完善数据的积累和使用、优化模型以逐步减少或消除管理层调整。

注册会计师实施的实质性程序可能包括复核模型的设计（如模型涉及的公式、代码），重新执行或重新计算模型要素，检查模型的运行情况是否符合预期。在获取审计证据的过程中，重点关注：

1. 模型是否已经充分覆盖适用范围内承担信用风险的表内资产和表外项目。

2. 模型是否充分考虑了所有获取的内外部信息对信用风险的预期影响，包括国内外重大事件及其他前瞻性信息的影响。

3. 模型对未来宏观经济多情景指标预测值及其权重的设定是否过于乐观或过度悲观。

4. 已计提的信用风险损失准备是否能够有效覆盖预期信用损失。

5. 关键参数的设计和取值是否合理，如违约概率、违约损失率、信贷业务存续期、折现率、信贷承诺等表外业务的信用转换系数等的选取与计算。

四、信用风险显著增加

注册会计师可以对信用风险显著增加进行控制测试，通过控制测试获取的证据可能包括：

1. 管理层复核信用风险显著增加的阈值是否符合信贷组合的信用风险特征，以及信用风险特征相似的信贷组合是否具有类似的阈值的证据。

2. 管理层复核信用风险显著增加标准的证据，包括对指标和阈值进行验证以确保其有效性。

3. 了解并测试信息系统对信用风险显著增加阈值的自动评级控制。

4. 了解并测试人工控制对信用风险显著增加标准的应用。

注册会计师通过实施实质性程序获取的证据可能包括：

1. 检查管理层是否越权干预信用风险显著增加的指标及阈值，并评估管理层越权的影响。例如，为干预阶段划分结果，管理层未遵守信用风险显著增加的阈值。

2. 对信用风险显著增加的阈值进行敏感性分析，对信用风险敞口的历史数据和当前风险状况进行分析，识别出与信用风险变化最相关的各类驱动因素，以确保相关信用风险敞口及时从第一阶段迁徙至第二阶段，即从 12 个月内预期信用损失转为整个存续期内预期信用损失。

3. 对信用风险显著增加的阈值进行回溯测试，以评估：

（1）相关信用风险敞口从第一阶段向第二阶段迁徙的及时性（过高的阈值将造成向第二阶段迁徙不及时）；

（2）特定因素（如逾期天数）和信用风险之间的关系。

4. 选取样本，通过测试单项贷款，评估信用风险显著增加标准的完整性和准确性，以及该标准的实际应用是否符合银行的会计政策。

5. 基于对宏观经济变量、各阶段业务占比以及阶段迁徙情况的分析，注册会计师形成对信用风险显著增加标准的独立预期。注册会计师还会对第二阶段的构成形成预期，例如，由于违约概率增加，逾期或纳入观察名单的比例分别是多少。信用风险专家可以协助注册会计师执行上述分析。

例 6：本示例举例说明了注册会计师在实质性测试阶段，对预期信用损失结果所执行的分析程序。注册会计师就某银行对公贷款的预期信用损失估计执行了分析程序，以评估管理层对总体阶段的划分比例是否与注册会计师的预期一致，包括但不限于：

• 分析不良率、拨贷比、拨备覆盖率与前一年相比的变化及原因。

• 分析各阶段风险敞口比例的变化及原因。

• 分析各阶段之间迁徙的风险敞口的比例变化及原因。

• 分析与监管数据及同业数据的差异及原因。

• 分析预期信用损失与前一年相比的变化及原因。

五、相关披露

针对预期信用损失相关披露的准确性、完整性和合理性，注册会计师可能获取的证据包括：

1. 相关披露是否符合企业会计准则要求，是否充分描述了信用风险的性质和程度，包括阶段划分主要依据、信用风险管理方法、宏观经济多情景指标预测值及其权重、管理层叠加，以及预期信用损失估计的性质、范围和计量不确定性。

2. 关键假设的披露是否足够透明，例如，各宏观经济情景的影响及其发生概率。

3. 是否将披露中的金额与风险或财务系统中的数据进行过核对，以确保披露信息的相关性、完整性和准确性。

注册会计师需要进行总体评价以评估披露的充分性和合理性，评估预期信用损失估计的列报是否符合企业会计准则要求，足以使得财务报表整体实现公允反映。过多的信息披露可能会掩盖重要信息，管理层和注册会计师需要考虑在披露不足和披露过度之间取得平衡。注册会计师将在总体评价中考虑已获取的所有相关审计证据，无论这些审计证据是佐证性的，还是相矛盾的。

第六章 利用专家的工作

第一节 总体考虑

鉴于银行信贷组合的特点、估计所用的假设和建模技术以及计算和管理相关数据和信息流的业务流程和信息系统，预期信用损失估计需要高度专业化的技能、知识和经验，因此，管理层可能使用会计领域之外的专家（即管理层的专家）协助。相应地，注册会计师也需要获取专家的协助，这些专家既可以是会计师事务所内部专家，也可以是会计师事务所外部专家。本指引中的"专家"如无特殊说明，指注册会计师的专家。

注册会计师需要专家协助的领域可能包括评估贷款可回收金额（含抵质押物估值）、宏观经济预测和建模、信用风险建模以及信息系统等。某些情况下，注册会计师还可能需要利用其他类型专家的工作。例如，如果信贷合同或担保安排较为复杂，或者可能涉及破产重整或复杂诉讼以回收贷款，则可能需要法律专家。

预期信用损失审计的每个阶段均可能利用专家的工作，包括协助注册会计师了解被审计单位及其环境，识别和评估重大错报风险，设计和执行控制测试，以及评价审计证据是否充分、适当。恰当地利用专家的工作有助于注册会计师在整个审计过程中有效保持职业怀疑，当注册会计师认为预期信用损失估计存在特别风险时尤其如此。专家由于在相关领域（如可回收金额评估、宏观经济预测、建模和信息系统等）具有丰富的技能、知识和经验，且了解当前市场的最佳实践，可以协助注册会计师更好地评估管理层所使用方法的合理性，并提供替代性观点以有效质疑管理层及管理层的专家。

虽然利用专家协助审计工作，注册会计师仍应对所发表的审计意见独立承担责任，这种责任并不因利用专家的工作而减轻。

当利用专家的工作时，注册会计师需要确定专家工作的性质、时间安排和范围，并对其工作进行评价：

1. 注册会计师应当评价专家的胜任能力、专业素质和客观性。

2. 注册会计师应当充分了解专家的专业知识领域，获取充分、适当的审计证据，以确定专家的工作可以满足审计的需要。例如，有些专家精通零售客户的信用风险，但不一定熟悉对公客户的信用风险。

3. 注册会计师应当就专家工作的性质、范围和目标与专家达成一致意见，并评价专家的工作是否足以实现审计目的，包括评价专家的结论（如估值专家对抵押品可回收金额的评估结论）是否相关和合理，专家的重大假设或方法是否相关和合理，以及专家使用的数据是否足够相关、完整和准确。

第二节　对预期信用损失关键要素的考虑

一、前瞻性信息及其预测

前瞻性信息会影响宏观经济情景及其权重，具有较强的专业性。经济学、信用风险或估值领域的专家可以为注册会计师提供以下协助：

1. 评估管理层所预测的经济变量以及详细预测期间的合理性。例如，注册会计师可以引入经济学专家，经济学专家可以识别银行没有明确考虑的、被广泛引用的相关经济预测，而该预测可能与银行的预测相矛盾。注册会计师应与银行讨论这些潜在相互矛盾的信息，了解银行为什么没有考虑这些信息或如何考虑这些信息，并进一步咨询专家，协助评估银行的应对措施。如果银行没有适当考虑潜在的矛盾信息，注册会计师应评估矛盾信息对银行预期信用损失估计的影响。

2. 通过对比银行用于预期信用损失估计的前瞻性信息和用于其他内外部报告目的（如经营预算、资本规划等）的前瞻性信息，评估两者之间是否协调一致。

3. 通过提供独立的专家意见，协助注册会计师评估管理层对前瞻性信息所作关键假设的合理性。例如，评估管理层在作出回收性假设时是否考虑到了所有合理且有依据的信息以及替代性回收策略。

4. 评估管理层对抵押品（如土地及其他不动产）的预期可回收金额的估计是否合理。

二、宏观经济情景及其权重

财务报表中的预期信用损失通常是将多个宏观经济情景下预测的信用损失按其发生概率加权平均后得到的无偏估计。经济学、计量经济建模或信用风险领域的专家可以为注册会计师提供以下协助：

1. 当银行使用离散的宏观经济情景时，协助注册会计师评估各类宏观经济情景的合理性及可能性。例如：

（1）综合考虑有关未来经济不确定性的各种观点后，专家可以协助注册会计师评估管理层设计的宏观经济情景范围以及分配给各情景的权重是否合理；

（2）专家可以协助注册会计师将用于计算预期信用损失的情景和用于压力测试的情景进行对比，以评估前者是否可能过于悲观或乐观，并分析其原因。

2. 评估宏观经济建模技术及其假设是否恰当，以及经济变量之间的联系是否恰当。

3. 评估管理层设计宏观经济情景及其权重时，是否恰当考虑了信用风险的主要驱动因素。例如，塑料和化工行业可能对石油价格波动较为敏感，即石油价格为塑料和化工行业信用风险的主要驱动因素；而房地产行业可能对房屋价格波动较为敏感，即房屋价格为房地产行业的主要驱动因素。

三、模型

专家可以协助注册会计师评估并应对模型的复杂性和主观性导致的重大错报风险。

预期信用损失法的信用风险建模专家可以协助注册会计师评估管理层的模型设计，以及模型中所使用方法、假设、参数的恰当性。例如，从切实可行性或成本效益原则出发，管理层通常不可能在模型中纳入所有信用风险驱动因素，专家可以协助识别预期信用损失估计对哪些关键参数最为敏感，以便注册会计师着重关注这些关键参数是否以及如何被纳入模型。

专家可以协助注册会计师审计模型中的关键要素。例如：

1. 协助注册会计师复核管理层的模型设计和实施情况，并评估模型在一段时期内的表现。

2. 协助注册会计师评估模型是否满足企业会计准则的要求，特别是当会计用途模型是由审慎监管模型转化而来时，管理层是否考虑了企业会计准则和监管规则之间的差异，并对原模型作出适当的调整。

3. 当银行使用不同子模型时，协助注册会计师确定这些子模型是否能够相互配合以实现总体计量目标。

4. 当管理层为弥补模型的局限性基于其经验和判断引入管理层叠加时，协助注册会计师评估此类模型调整的合理性。

银行可能基于市场最佳实践对模型不断改进完善。例如，通过改进模型假设和技术以更好地反映信用风险因素，或者当银行信贷组合发生变化时对模型作出相应的调整。因此，注册会计师需要持续利用专家的工作，以评估银行改进后的建模方法是否仍然适当、是否适应银行的信贷组合或经济环境的变化，并测试有关模型变更的控制。

专家可以协助注册会计师处理与数据相关的风险。例如，专家可以协助注册会计师测试系统的物理安全性，并测试有关信息系统是否有能力准确和完整地处理数据。数据相关的风险可能包括：

1. 当模型所使用的数据来源于多种渠道或流经多个信息系统时，数据的完整性可能受到损害。

2. 相关数据可能存储于风险或监管系统，而非财务报告系统，可能存在数据质量方面的问题。

3. 相关数据在信息系统内流转时，有可能受到各种人为操纵，存在不准确或不完整的风险。

专家可以协助注册会计师评估数据的相关性、完整性和准确性。当预期信用损失估计十分依赖数据，或者历史数据或经验不足时，这尤为重要。例如，在某些情形下，现有的历史损失数据可能仅仅反映了经济环境相对稳定时的状况，或者银行自身积累的历史数据无法满足预期信用损失法实施要求，那么管理层需要考虑引入新的数据、收集和维护外部数据，或者进行管理层叠加。

四、信用风险显著增加

信用风险专家可以协助注册会计师评估信用风险显著增加标准（包括阈值）的合理性：

1. 结合特定信贷组合的信用风险计量方法，就管理层使用的信用风险显著增加标准是否恰当提供建议。如果管理层使用模型，则信用风险显著增加标准的校准和使用的指标也可能取决于纳入模型的因素，专家也可以协助评估这些因素。

2. 协助注册会计师对银行外部或内部的信息（如信用风险部门提供的资料）进行解读和评估，以识别其是否与信用风险显著增加阈值存在差异或矛盾，如果存在差异或矛盾，注册会计师应当调查其原因。

3. 专家可以协助注册会计师评估管理层在确定信用风险显著增加标准时是否全面考虑了相关定量或定性信息。例如，专家可能已经注意到市场上出现了一些新的情况（如某些信贷组合陷入困境），专家将结合这方面的知识和经验，协助注册会计师确定管理层是否恰当地选择和校准了信用风险显著增加标准。

4. 专家可以协助注册会计师评估管理层在判断信用风险是否显著增加时，是否考虑了所有无须付出不必要的额外成本或努力即可获得的、合理且有依据的信息（包括前瞻性信息）。

信用风险的性质和计量方法可能受到信用风险敞口类型（如抵押贷款、无担保信用贷款和信用卡等）、产品类型（如个人贷款、对公贷款等）、行业（如房地产贷款、石油和天然气贷款等）或地理区域（如位于不同的国家或地区）等因素的影响。因此，注册会计师可能需要多个信用风险专家提供协助。

例7：本示例举例说明了注册会计师为了解和测试不同关键要素，可能利用专家的工作的情形。

信用风险显著增加标准基于整个存续期违约概率进行确定，注册会计师识别出需要使用以下领域的专家的工作：

• 信息技术专家：需要信息技术技能和知识来了解和测试与预期信用损失模型相关的信息系统，并针对系统内信用风险显著增加阈值的设定、复核、修改相关的控制实施测试程序，包括信息技术一般控制和信息处理控制。

• 信用风险专家：就信用风险显著增加标准、违约概率与信用风险之间的驱动关系进行复核、评价。

• 建模专家：对12个月违约概率与整个存续期违约概率之间的转化关系进行复核、评价。

五、相关披露

专家可以协助注册会计师评估预期信用损失披露的相关数据。例如，信用风险或经济学领域的专家可以为注册会计师提供以下协助：

1. 利用信用风险相关知识，协助注册会计师评估管理层是否通过披露，向财务报表使用者传递了重要的信息（如与前瞻性信息或其他重大判断有关的信息）。

2. 利用对银行业务其他方面的了解（如与同行业的披露进行比较、与监管部门推荐的最佳市场实践进行比较等），协助注册会计师评估有关信用风险的披露是否与其他信息协调一致。

例8：本示例举例说明了在披露方面专家提供的协助，以及注册会计师如何评价专家工作。

在信用风险专家的协助下，注册会计师对某银行信用风险披露进行了相关评估，识别了可能需要进一步提示管理层关注的领域，包括：

- 对纳入预期信用损失估计中的宏观经济变量的披露不够清晰。
- 与同业相比，宏观经济预测的权重不一致。
- 与宏观经济预测相关的财务报表披露不够细化，相关披露与同业披露相比不够充分等。

中国保险监督管理委员会关于贯彻实施《保险公司董事及高级管理人员审计管理办法》有关事项的通知

（保监发〔2012〕102号，2012年11月2日）

各保险公司：

为进一步规范高管人员审计，更好地贯彻落实《保险公司董事及高级管理人员审计管理办法》（保监发〔2010〕78号，以下简称《办法》），现就《办法》施行中的有关事项通知如下，请遵照执行。

一、关于审计内容

（一）对于各类审计对象的审计内容应当符合《保险公司董事及高管人员审计指南》（以下简称《指南》，见附件）的规定。

（二）审计对象的职责范围与《指南》规定不一致的，可以在《指南》相关规定的基础上，根据实际情况选择使用，对审计内容进行适当的调整和补充。在高管审计报告中，应当明确说明该名高管人员的职责范围、适用的《指南》内容以及调整补充的内容。

（三）对于《指南》暂未覆盖的高管人员的审计内容，应当依照公司对于该名高管人员的职责定位文件，参照《指南》相关规定予以确定。在高管审计报告中，应当明确说明该名高管人员审计内容的确定方式。

二、关于审计程序和审计报告

（一）外部审计机构开展《办法》规定的高管审计工作，应当依据中国注册会计师执业准则和《指南》的有关规定执行审计程序，并就审计发现出具报告。

（二）高管审计报告应当按照《保险高管审计指南第2号——高管审计报告》要求的格式和内容编制，并按照《办法》规定的程序和时限报送监管部门。

三、关于责任认定和责任追究

（一）保险公司应当按照《办法》要求，结合自身实际制定责任认定制度，明确区分主管、分管、协管高管人员的职权和责任，清晰界定直接责任和管理责任的认定标准。

（二）保险公司应当按照《办法》要求，结合自身实际制定责任追究制度，明确高管审计发现问题的责任追究程序、方式和处理措施等。

（三）对于高管审计中发现的重大问题，保险公司应当依照上述制度进行责任认定和责任追究。责任认定和责任追究的有关情况应当作为高管审计报告附件，一并报送监管部门。

四、其他事项

（一）高管人员应当每间隔三年进行一次任中审计。从取得高管任职资格之日起，截至 2012 年 1 月 1 日任职已满三年的高管人员，其任中审计应当在 2012 年内完成，审计覆盖年限应当不低于三年。如近三年内已经开展过离任审计或专项审计的，其任中审计可以在上次审计期限结束起算的三年后开展。

（二）高管人员因工作调动或升职等原因离开原工作单位的，公司应当对其进行离任审计。高管人员工作分工或分管业务领域发生调整，但职级不变的，可以由公司自行决定是否进行离任审计。

（三）保险公司未设立董事会的，应当由总经理室或类似机构行使董事会关于高管审计的职责。

（四）执行董事的审计内容以其担任的高管职责为重点。

附件：保险公司董事及高管人员审计指南

中国保监会

2012 年 11 月 2 日

附件

保险公司董事及高管人员审计指南

目　录

保险高管审计指南第 1 号——总则

第一条　为加强保险公司董事及高级管理人员的监督管理，促进保险公司建立健全风险防范机制，规范相关审计工作，保监会根据《保险法》和相关法律法规，制定了《保险公司董事及高级管理人员审计管理办法》。为进一步规范和指导各保险公司开展高管审计，更好地落实《办法》，特发布本审计指南。

第二条　保险公司董事及高级管理人员审计主要根据审计对象在任职期间所进行的经营管理活动，就其工作职责的履行情况及所应承担的责任进行客观评价。审计内容主要包括审计对象在特定期间及职权范围内对经营成果真实性、经营行为合规性以及内部控制有效性等事项所承担的责任。

第三条 保险公司应当根据有关法律法规要求，对董事及高级管理人员的工作职责进行明确的界定与描述。审计应当关注董事及高级管理人员的任职资格是否符合监管机构的要求，是否取得监管机构的核准。

第四条 保险公司应当根据董事及高级管理人员的工作职责确定审计方案。本审计指南以保险公司高级管理人员的主要管理职能为基础，列举了部分高级管理人员的主要工作职责和相应的审计方法供各公司参考。各公司在计划、组织和实施董事及高级管理人员审计时，应当结合本公司实际情况确定具体的审计方案。

第五条 确定董事及高级管理人员审计范围应当充分考虑审计风险和遵循重要性原则。应当以审计对象所负责的本级单位为审计重点，对于所分管负责的下属分支公司，应当选取不少于两家单位进行审计。

第六条 董事及高级管理人员的审计应当根据实际情况和工作需要，合理使用抽样方法，综合运用分析性复核、询问、检查、查看等审计方法，同时借助保险公司的信息系统和使用计算机辅助审计技术进行数据提取和分析。

第七条 董事及高级管理人员的审计应当充分利用审计对象任职期间或近期内外部审计与检查成果，尤其应当特别关注近期接受监管机构或上级单位检查所发现问题、整改和处罚情况。对于其他审计项目与履行职责相关的内容，原则上可以借鉴审计结果，不再重复审计。

第八条 保险公司聘请外部审计机构开展高管审计相关工作的，应当由董事会负责选聘外部审计机构。保险公司应当按照有关要求，与外部审计机构明确审计的程序与内容。

第九条 外部审计机构接受保险公司委托后，应当依据中国注册会计师执业准则和本审计指南开展审计工作，出具报告，向董事会报告审计结果。董事会应当对外部审计机构的审计结果进行最终认定。

第十条 保险公司应当建立健全董事及高级管理人员的问责体系。问责体系应当包括董事及高级管理人员的责任认定标准、监督检查以及责任追究等内容。问责体系应当坚持实事求是、权责对应的原则。对董事及高级管理人员的审计结果应当作为责任追究的重要依据。

保险高管审计指南第2号——高管审计报告

审计机构在审计工作结束后应当按照《保险公司董事及高级管理人员审计管理办法》的有关规定，基于工作结果，出具董事及高级管理人员审计报告。

审计机构出具审计报告之前，应当征求审计对象的意见。审计对象的反馈意见应作为审计报告的附件。审计机构应当对审计报告的真实性、合规性和客观性负责。

高管审计结果应当与公司问责制度紧密结合。针对发现的问题，公司应对审计对象进行责任认定和责任追究。外部审计机构接受委托执行高管审计工作的，应由公司董事会根据高管审计发现的问题（如有）进行最终责任认定。

高管审计报告应当包括以下内容：标题、收件人、正文、签章、报告日期、附件及其他。其中，正文是高管审计报告的核心内容，一般应当包括以下项目。

（一）总体情况：应包含被审计对象的职务、任职期间、高管审计性质（任中审计、离任审计和专项审计）。外部审计机构接受委托执行高管审计程序的，应当包含接受委托的情况。

（二）审计依据：遵循中国注册会计师执业准则、《保险公司董事及高级管理人员审计管理办法》及《保险公司董事及高管人员审计指南》的声明。外部审计机构接受委托执行高管审计程序的，应当说明委托方与被委托方各自的责任。

（三）审计工作范围：包括审计对象职责范围和审计工作范围两部分内容。

其中，审计对象职责范围包括审计对象在任职期间的主要工作职责介绍，主要履职情况和所受主要奖惩情况（如有）。

审计工作范围包括审计工作涉及的业务单元、业务板块和流程。如有借鉴前期审计成果的，应当说明前期审计的相关情况以及借鉴部分的内容和结果。

对于被审计对象的职责范围与《指南》规定不一致的，应当说明被审计对象适用《指南》的内容以及调整补充的内容。

（四）审计程序：应当按照本指南的规定，按照"三性"（经营成果真实性、经营行为合规性、内部控制有效性）逐项列示所执行的主要工作程序，采用具体工作方法，取得的证据和测试的结果等。对于与指南规定不一致的内容，应当予以说明。

（五）报告结果与建议：汇总介绍高管审计工作发现的主要问题和整改建议（如有）。就所发现的问题应明确所违反的具体法律法规或规章制度，对于涉及财务、业务数据的，应说明发现问题对财务报表的影响。

附件：高管审计报告范本

附件

（高管审计报告范本）

×× 保险公司

〔　〕同志任中〔离任 / 专项〕审计报告

2012 年 × 月 × 日

（注：本报告供会计师事务所开展外部审计使用，内部审计报告参照该报告编制）

目　　录

附件 2：审计发现、改进建议以及管理层反馈意见详述

一、审计工作总体情况

根据 × × 会计师事务所（以下简称"我们"或"× ×"）与 × × 保险股份有限公司（以下简称为"贵公司"）签订的审计业务约定书，我们为贵公司的〔姓名〕〔职务〕（以下简称为"审计对象"）于 × × 年 × 月 × 日至 × × 年 × 月 × 日（以下称"任职期间"）进行任中〔离任 / 专项〕审计。

我们审计工作的内容主要为审计对象在特定期间及职权范围内对经营成果真实性、经营行为合规性和内部控制有效性等事项承担的责任。本报告中列示了执行审计工作过程中所注意到的上述三方面的审计发现、相应的改进建议以及管理层反馈。

二、审计依据

根据审计业务约定书，我们按照中国注册会计师执业准则、《保险公司董事及高级管理人员审计管理办法》及《保险公司董事及高管人员审计指南》等相关规定执行审计程序。

在本次审计工作中，委托方（贵公司）的责任是…

被委托方（"我们"或"××"）的责任是…

三、审计工作范围

（一）审计对象职责范围

1. 审计对象〔姓名〕任职期间的主要工作职责介绍：

2. 审计对象〔姓名〕任职期间的主要履职情况：

3. 审计对象〔姓名〕任职期间的主要奖惩情况：

〔由保险公司提供其职责说明内容，可以对其作适当归纳简化〕

（二）审计工作范围

本报告涉及的审计工作范围包括〔× × 保险公司上海分公司、北京分公司……〕等〔×〕个业务单位，涵盖〔财务、销售……〕等〔×〕个业务板块和流程。

〔如果审计对象的职责范围与《指南》规定不一致的，在审计工作范围部分，应当明确说明该高管人员的职责范围、适用的《指南》内容以及调整补充的内容。〕

四、审计程序

针对上述工作范围，我们执行了如下审计程序：

（一）经营成果真实性

1. 经营成果真实性的主要内容

2. 所采用的审计方法

3. 取得的重大证据和主要测试结果

4. 与《指南》相关规定的区别

（二）经营行为合规性

1. 经营行为合规性的主要内容

2. 所采用的审计方法

3. 取得的重大证据和主要测试结果

4. 与《指南》相关规定的区别

（三）内部控制有效性

1. 内部控制有效性的主要内容

2. 所采用的审计方法

3. 取得的重大证据和主要测试结果

4. 与《指南》相关规定的区别

五、报告结果与建议

我们就贵公司在审计对象任职期间的经营成果真实性、经营行为合规性、内部控制有效性三方面的审计发现进行了汇总如下，并提出了相应的改进建议。具体内容请参见本报告附件2《审计发现、改进建议以及管理层反馈意见详述》。

机构 / 业务单元	经营成果真实类	经营行为合规类	内部控制有效类	小计
×× 分公司				
……				
×× 业务板块				
……				
合计				

六、其他注意事项

〔在该部分说明有关注意事项〕

×× 会计师事务所

2012 年 × 月 × 日

附件 1

×××〔先生 / 女士〕对于本报告的声明

一、被审计人员基本情况

被审计人员：××

被审计原因：〔任中审计 / 离任审计 / 专项审计〕

离任原因：××

任职单位及职务：×× 公司 ×× 部门，×× 职务

任职期间：20×× 年 ×× 月 ×× 日至 20×× 年 ×× 月 ×× 日

二、被审计人员声明

（一）对于经营成果真实性的声明

本人已将获悉的可能对本人任职期间所负责的主要机构 / 业务单元的经营成果真实性造成重大影响的事件向我们管理层和审计人员进行披露。除此以外，本人并未知晓任何可能对其造成重大影响的事件。

（二）对于经营行为合规性的声明

本人已将获悉的可能对本人任职期间所负责的主要机构 / 业务单元的经营行为合规性造成重大影响的事件向我们管理层和审计人员进行披露。除此以外，本人并未知晓任何可能对其造成重大影响的事件。

本人于任职期间，未有在职责范围内发生重大经济、刑事案件或重大违法违规情况；

也无因重大违法违规事件被外部监管部门检查、处罚的情况。

〔或者〕〔本人于任职期间，除以下事项外，未有在职责范围内发生重大经济、刑事案件或重大违法违规情况；也无因重大违法违规事件被外部监管部门检查、处罚的情况。〕

时间	涉及单位或业务板块	主要情况简介

（三）对于内部控制有效性的声明

本人已将获悉的可能对本人任职期间所负责的主要机构／业务单元的内部控制有效性造成重大影响的事件向我们管理层和审计人员进行披露。除此以外，本人并未知晓任何可能对其造成重大影响的事件。

本人于任职期间，在职责范围内的各项业务流程的内部控制整体上是有效的。

〔或者〕〔本人于任职期间，在职责范围内的各业务流程相关的内部控制，除以下事项外，整体上是有效的。〕

时间	涉及单位或业务板块	主要情况简介

三、对于审计报告的反馈意见

本人已充分阅读了本审计报告，对于其中附件 2 中提及的审计发现，审计人员已就此与本人和管理层进行沟通，并且管理层已在"管理层反馈"栏中反馈意见。

附件 2

审计发现、改进建议以及管理层反馈意见详述

一、各类审计发现概要

经营成果真实类审计发现汇总

经营成果真实类审计发现汇总

编号	审计发现描述	机构/业务单元	违反的具体法律法规/规章制度	索引页码
〔××方面〕				
1.1	略			
1.2	略			

经营行为合规类审计发现汇总

编号	审计发现描述	机构/业务单元	违反的具体法律法规/规章制度	索引页码
〔××方面〕				
1.1	略			
〔××方面〕				
2.1	略			
2.2	略			

内部控制有效类审计发现汇总

编号	审计发现描述	机构/业务单元	违反的具体法律法规/规章制度	索引页码
〔××方面〕				
1.1	略			
1.2	略			

二、改进建议和管理层反馈

经营成果真实类

编号	审计发现描述	原因分析	改进建议	由哪个业务单元/层面协调改进	管理层反馈
1.1	略				
1.2	略				

经营行为合规类

编号	审计发现描述	原因分析	改进建议	由哪个业务单元/层面协调改进	管理层反馈
1.1	略				
1.2	略				

内部控制有效类

编号	审计发现描述	原因分析	改进建议	由哪个业务单元/层面协调改进	管理层反馈
1.1	略				
1.2	略				

保险高管审计指南第 3 号——董事长、总经理和审计责任人审计

各保险公司董事长、总公司及分支机构总经理和审计责任人的职责范围应当根据国家有关法律法规、保监会有关规定、各公司章程以及公司内部制度与规章确定。由于不同公司上述人员职责范围不尽统一，因此围绕经营成果真实性、经营行为合规性、内部控制有效性所进行的经营管理活动不尽相同。

为了制定适合审计对象的审计计划，各保险公司应当首先明确审计对象的职责范围，根据审计对象履职的情况制定相应的审计计划。考虑到财险公司和寿险公司的上述高管人员的绝大部分职责存在一致性，因此除非有特别说明，本指南内容将不再区分财险公司和寿险公司。

下文列举了上述高级管理人员经营成果真实性、经营行为合规性、内部控制有效性相关的岗位职责以及相应的审计内容，供各公司执行高管审计工作参考。

第一节　董事长审计

审计内容	审计要点及方法
一、工作职责基本情况	
基本职责范围	1. 查看保监会对审计对象的任职批复，检查审计对象任职资格是否经过保监会的批准。 2. 查看审计对象任职期间内接受保监会或其他监管机构检查及考核的情况。 3. 获取公司内部确定董事长工作职责的相关规章制度或董事会、股东大会决议，了解董事长任职期间行使相应职权的情况的同时，对董事长行使相应职权是否得到董事会授权进行检查。包括但不限于： • 主持股东大会会议 • 召集和主持董事会会议 • 督促、检查董事会决议的执行 • 签署公司股票、债券及其他有价证券 • 签署董事会重要文件和其他应由公司法定代表人签署的文件 • 行使法定代表人的职权 • 根据公司需要，在董事会闭会期间，在董事会的授权范围内，行使董事会的部分职权 • 指导公司的重大业务活动，持续关注公司业务经营管理状况，保证有足够的时间履行职责 • 提名公司总经理人选 • 董事会授予的其他职权 4. 获取审计对象任职期间公司各年度报送董事会、股东大会的工作总结。将各年度工作总结与查看到的任职期间董事长职位工作职责相比较，以判断工作总结与董事会、股东大会授权的工作职责是否存在明显不一致。 5. 检查审计对象任职期间向股东大会汇报工作的有关情况。 6. 检查公司重大决策、重大事项、重大人事任免、大额资金使用相关制度中对审计对象的相关职责的规定及其履行情况。 7. 询问董事长薪酬（包括工资、奖金、各项福利费以及补充养老计划等）发放审批程序，查看审计对象任职期间董事长薪酬（包括工资、奖金、各项福利费以及补充养老计划等）的审批文件并核对发放金额。 8. 对于离任审计，应当询问公司董事长离职的具体程序和办法，检查审计对象的离职程序是否符合公司的有关规定以及审计对象与公司之间的劳务合同规定。

续表

审计内容	审计要点及方法
二、经营成果真实性	
	1. 获取并查看审计对象任职期间监管机构对公司经营的检查报告，检查是否存在与经营成果真实性相关的重大缺陷或问题。 2. 询问并查看审计对象在任职期间，董事会是否收到与经营成果真实性相关的重大缺陷和问题报告，对此，审计对象采取的补救措施（若有）和处理结果。 3. 查看审计对象任职期间的年度审计报告，检查审计意见是否为无保留意见。如果审计意见为非标准意见，应针对出具非标准意见的情况，如重大的财务错报和漏报事项、审计范围受限事项等向审计对象进一步了解原因，判断公司是否存在经营问题或舞弊行为，以及公司是否进行适当整改。 4. 查看审计对象任职期间各财务年度的公司法定财务报告，与相关人员进行访谈及分析历年财务报表，询问审计对象任职期间公司盈利能力、资产质量状况、债务风险状况和经营增长状况等整体财务状况和经济指标。包括但不限于以下内容： • 任职期间公司净资产和净利润的变动情况，净/总资产收益率情况 • 任职期间公司保费收入增长，保费收入结构变动情况 • 任职期间重大的会计政策和会计估计变更，及相应的审批情况 • 任职期间重大资产减值计提及相应的审批情况 • 任职期间偿付能力比率情况 • 任职期间重大诉讼和或有负债计提情况 • 任职期间重大关联交易情况 • 任职期间是否存在影响经营成果真实性的事项（若有）及后续处理方法
三、经营行为合规性	
	1. 询问审计对象任职期间是否为审计委员会、风险管理委员会、战略与投资委员会、薪酬委员会等董事会下设委员会履行职责提供了充分条件和听取各委员会的汇报；查看上述报告并检查针对报告中提到的违规违法行为（若有）的后续处理或整改措施。 2. 查看由审计对象签发的各项决议，了解并查看审计对象任职期间是否有违反中国法律和公司章程的行为。 3. 查看审计对象是否出现逾越公司合法授权以个人名义代表公司的行为，例如未经公司章程规定或者董事会的合法授权，以个人名义代表公司或者董事会行事。董事长以其个人名义行事时，在第三方可能合理地认为该董事长在代表公司或者董事会行事的情况下，该董事长应当事先声明其立场和身份。
四、内部控制有效性	
	1. 获取并查看审计对象任职期间公司呈交有关监管机构的内部控制自我评估工作报告，查看董事会的审批流程，检查是否有内部控制重大缺陷。 2. 查看审计对象任职期间是否定期听取审计责任人、审计委员会等相关人员和部门汇报审计和内控评估工作的计划与结果，以及跟进各年度公司内控评估发现的重大缺陷及重要缺陷（若有）及后续整改情况。 3. 查看审计对象任职期间外部审计师的管理建议书或内控鉴证意见情况，检查是否存在重大内部控制缺陷，以及公司对其中重大问题（若有）的后续跟进情况。

第二节　总公司及分支机构总经理审计

一、总公司层面审计内容及方法

审计内容	审计要点及方法
一、工作职责基本情况	
基本职责范围	1.查看保监会对审计对象的任职批复,检查审计对象任职是否经过保监会的批准。 2.查看审计对象任职期间接受保监会检查及考核情况。 3.获取公司内部关于确定管理层工作职责以及范围的相关规章制度或董事会、股东大会决议,查看审计对象任职期间经相关授权的工作职责及其变化情况。 4.获取审计对象任职期间公司各年度报送董事会、股东大会的工作总结。将各年度上述总结内容与查看到的任职期间总经理工作职责相比较,以判断工作总结与董事会、股东大会授权的工作职责是否存在明显不一致。工作职责应包括但不限于: ・主持公司的生产经营管理工作,并向董事会汇报 ・组织实施董事会决议、公司年度经营计划和投资方案 ・审批公司内部管理机构设置方案和基本管理制度 ・审批公司的具体规章 ・提请董事会聘任或者解聘公司副总经理、财务负责人、首席精算师等管理人员,并按保监会关于任职资格的规定报保监会审核批准 ・聘任或者解聘除应由董事会聘任或者解聘以外的管理人员,并按保监会对于任职资格的规定报保监会审核批准 ・决定公司职工的聘用、解聘、工资、福利、奖惩办法 ・公司章程或董事会授予的其他职权 5.对离任审计,查看审计对象离职的具体程序和办法,检查审计对象的离职程序是否符合公司的有关规定,以及审计对象与公司之间的劳务合同规定。
二、经营成果真实性	
经营决策与预算考核	1.查看公司经营决策相关文件,检查需要董事会或股东大会审批的重要决策是否经过董事会或股东大会批准,或者是否与经董事会或股东大会批准的相关文件相一致。 2.了解审计对象任职期间内是否定期审阅公司各项财务报告、年度预算、精算报告。
财务信息真实性	1.查看审计对象任职期间是否审核财务负责人提交的各类与财务管理相关的制度(包括准备金精算制度)并报董事会审议后执行。 2.询问审计对象任职期间是否定期审阅公司各项财务报告、年度预算及其他与财务相关的向内外报送资料的重要报告,并抽样检查其审阅情况。 3.查看审计对象任职期间各财务年度的公司法定财务报告,与相关人员访谈及分析历年财务报表,查看审计对象任职期间公司盈利能力状况、资产质量状况、债务风险状况和经营增长状况等整体财务状况和经济指标。包括但不限于以下内容: ・任职期间公司净资产和净利润的变动情况,净/总资产收益率情况 ・任职期间公司保费收入增长,保费收入结构变动情况 ・任职期间重大会计政策和会计估计变更,及相应的审批情况 ・任职期间重大资产减值计提及相应的审批情况 ・任职期间偿付能力比率情况 ・任职期间重大诉讼和或有负债计提情况 ・任职期间重大关联交易情况 ・任职期间是否存在影响经营成果真实性的事项(若有)及后续处理方法

续表

审计内容	审计要点及方法
财务信息真实性	4. 查看审计对象任职期间的年度审计报告，检查审计意见是否为无保留意见。如果审计意见为非标准意见，应针对出具非标准意见的情况，如重大的财务错报和漏报事项、审计范围受限事项等向审计对象进一步了解原因，判断公司是否存在经营问题或舞弊行为，以及公司是否进行适当整改。 5. 查看并获取审计对象任职期间接受内外部监督、检查和处分的相关资料。检查是否存在与经营成果真实性相关的问题。包括但不限于： • 银行存款、现金、固定资产、低值易耗品等资产是否账实一致 • 应收、应付及往来科目是否真实存在 • 是否存在截留、虚增保费或人为调整保费收入入账时间等违反权责发生制、影响考核结果及保费收入准确性的行为 • 是否存在虚提、虚列及跨期列支各项费用、佣金、手续费支出的行为 • 是否存在编制虚假赔案及人为调节短险未决赔款准备金的行为 如存在上述问题，通过访谈及查看相关支持材料确认这些问题是由审计对象直接参与决策而产生的还是由下级管理层或员工未遵循公司规定而产生的。 6. 查看审计对象任职期间对公司所发现的与经营成果真实性相关的重大不妥事项所采取的汇报流程、补救措施及对违规责任人的追究情况。
三、经营行为合规性	
	1. 查看公司合规管理基本制度及合规管理组织架构中有关审计对象职责的规定。 2. 查看审计对象是否向董事会或监管机构提名合规负责人，并对其适当授权及为其履行职责提供充分条件。 3. 查看审计对象是否审核合规负责人提交的公司合规制度并报董事会审议和监管机构报备后执行。 4. 查看审计对象任职期间是否定期组织对公司合规风险的识别和评估工作，并审核下年度公司合规风险管理计划。 5. 查看审计对象任职期间是否审核并向董事会或监管机构提交公司年度合规报告。 6. 查看审计对象任职期间对公司所发现的不合规的经营管理行为所采取的汇报流程、补救措施及对违规责任人的追究情况。 7. 查看审计对象任职期间监管机构对公司的常规及专项检查，了解并查看监管机构检查所发现问题及后续整改情况，如存在问题，通过访谈及查看相关支持材料确认这些问题是由审计对象直接参与决策而产生的还是由下级管理层或员工未遵循公司规定而产生的。 8. 查看审计对象任职期间公司与监管机构的往来函件，查看公司是否有受处罚的情况，以及了解并查看后续整改情况。 9. 了解审计对象任职期间公司是否有重大诉讼。
四、内部控制有效性	
	1. 查看公司重要规章制度，如财务、承保、理赔的建设情况，总经理是否对重要规章制度的建立或重大更新进行了审批。 2. 查看审计对象任职期间是否定期审核内控合规负责人提交的公司重大内部控制制度并报董事会或监管机构审议后执行。 3. 查看审计对象任职期间是否定期听取并批准内控合规负责人对内部控制的统筹规划、组织推动、实时监控和定期排查等各类工作的汇报。 4. 查看审计对象任职期间是否定期听取审计责任人对公司内审工作的汇报。

续表

审计内容	审计要点及方法
	5. 查看审计对象任职期间对公司内审及其他内部检查中发现的内部控制缺陷和经营管理中发现的风险问题（若有）所采取的汇报流程、整改措施及对相关内控违规人员的追究情况。 6. 查看审计对象任职期间是否向董事会或监管机构审核并提交了年度合规报告。 7. 查看审计对象是否向董事会或监管机构提名审计责任人，并为其履行职责提供充分条件。 8. 访谈并调阅相关资料，检查分支机构的设立、撤销及证照管理（主要包括工商营业执照、保险经营许可证、企业代码证、土地房产证和税务登记证等重要证照）是否符合监管规定。 9. 查看审计对象任职期间外部审计师的管理建议书或内控鉴证意见，检查是否存在重大内部控制缺陷，以及公司对其中重大问题（若有）的后续跟进情况。

二、分公司层面审计内容及方法

分支机构总经理所承担的行政职能与总公司总经理基本一致，同时，分支机构总经理也承担分管部分业务 / 财务方面的职能。在对分支机构总经理进行审计时，应当首先确定承担的具体职责，同时参考总公司总经理、分管业务 / 财务职责高级管理人员的相关审计内容，制定审计计划，确定相应的审计内容和方法。

第三节　审计责任人审计

审计内容	审计要点及方法
一、工作职责基本情况	
基本职责范围	1. 查看审计责任人的任命是否经总经理和董事会审批，聘任是否向保监会报告，审计对象是否符合《保险公司内部审计指引（试行）》第九条的要求。 2. 获取审计责任人的职责范围说明，比较是否符合《保险公司内部审计指引（试行）》第十六条的要求。 3. 获取审计责任人向审计委员会和管理层提交的内部控制评估报告和审计工作报告。 4. 获取被审计期间一至两年的年度审计工作计划，查看审计工作计划是否包含了常规审计项目安排、专项审计计划，检查审计工作安排是否关注对经营和财务的真实性、合规性，内控和风险管理的健全性、合理性及有效性的监督、检查和评价。
二、经营成果真实性	
审计工作应关注管理活动和财务活动的真实性及合规性	1. 抽查被审期间的审计项目，查看审计项目是否包含立项、审计方案、审计组组成。审计组应由能够胜任工作并具有充分工作经验和专业知识的人员组成，审计方案应包含审计内容和重点，应对经营和财务活动的真实性及合规性进行特别关注。 2. 抽查审计对象任职期间的审计项目，对其中关于经营和财务活动的真实性及合规性的审计过程和结论进行审阅，评价是否执行了充分的审计工作以及审计结论是否正确。 3. 询问被审期间是否安排经营或财务活动真实性及合规性专项检查，审阅项目要求，查看报告，重点关注发现的问题及其整改建议。 4. 查看审计对象任职期间监管机构关于经营和财务活动的真实性及合规性的检查要求，询问内部审计相关的配合情况以及检查结果，检查是否及时根据监管机构要求调整和安排审计工作。

续表

审计内容	审计要点及方法
三、经营行为合规性	
审计工作应当关注公司业务和财务工作的合规性	1. 查看公司的审计制度以及审计要求等规范性文件，是否对经营和财务活动的真实性及合规性有明确的审计要求。 2. 查看公司是否有内部审计制度，审计责任人是否监督该制度的执行。
四、内部控制有效性	
审计制度的健全性及有效性	1. 询问公司的审计制度建设情况，重点关注是否有关于审计流程、审计结果汇报流程、审计人员独立性、被审计单位整改和后续审计要求、经济责任审计要求等方面规定。 2. 抽查部分审计项目的执行情况，查看审计流程是否符合相关规定，审计组成员尤其是审计组长和主审是否符合公司规定；查看审计责任人的参与情况，重点关注审计对象是否按公司规定充分参与项目立项以及项目报告。 3. 查看审计对象任职期间一至两年的审计项目完成清单，关注经济责任审计等常规审计是否按规定完成。
对内部控制执行适当审计	1. 询问了解审计是否关注公司内部控制的执行情况，是否对内部控制的执行情况进行专项审计。 2. 抽查部分内部控制专项审计，查看审计是否对内部控制执行情况进行关注和检查，发现的内部控制问题是否形成整改建议和汇报。

保险高管审计指南第 4 号——负责销售职能的高级管理人员审计

在对分管职能高级管理人员执行审计时，应首先关注基本情况以及基本职责的履行情况，主要包括：

- 查看审计对象的任职资格是否符合相关要求，并经保监会、董事会或上级公司批准
- 查看审计对象任职期间分管工作接受保监会等监管机构检查的情况
- 获取总经理或上级公司确定的审计对象的工作职责
- 获取审计对象任职期间的工作汇报或本公司工作汇报中关于审计对象负责部分内容，了解分管工作的完成情况
- 获取并查看审计对象所负责职能部分的规章制度是否健全，审计对象所在本级公司的规章制度的建立和审批流程是否符合要求

对负责销售职能高级管理人员的审计，应紧紧围绕其岗位职责开展，重点对销售预算及策略的制定，销售收入、费用的真实合规，销售队伍的管理等经营活动进行审计。

一、总公司层面审计内容及方法

审计内容	审计要点及方法
一、经营成果真实性	
销售渠道中长期发展规划、年度工作计划和销售策略的制定	1. 查看任职期间本公司中长期发展规划、年度计划及销售策略是否与公司发展战略一致。 2. 查看任职期间年度销售经营计划以及实际完成情况。 3. 对照公司的定期业务经营分析要求，查看经营分析报告的编制是否及时，发现问题是否及时报请相关领导和部门协商解决，检查审计对象对经营情况的熟悉程度。

续表

审计内容	审计要点及方法
预算管理指标设定	1. 询问公司保费收入预算指标的确定方法，了解保费收入计划是否与公司发展战略一致。 2. 比较历年保费预算指标的变化情况以及完成情况，如果预算指标有大幅变化了解变化的原因以及决策过程；如果预算指标持续不能完成向审计对象了解原因以及采取的相应措施。 3. 了解总公司将预算指标向下级公司分配的程序和流程。 4. 了解公司保费收入预算是否综合考虑产品类型、缴费类型、渠道等因素。 5. 通过访谈，了解定期预算的调整流程及频率，判断预算管理的科学性与严谨性。
保费收入真实性	1. 询问审计对象对公司保费收入的管控情况，公司是否有定期的保费收入分析报告，针对分析报告中提到的不利情况，了解公司是否制定相应的整改办法。 2. 询问公司是否有明确的保费收入真实性检查要求，抽查部分检查报告，并了解公司是否针对其中发现的问题进行了相应的处理。 3. 如果公司全面应用业务系统，了解是否建立业务数据与财务数据的核对机制，查看相关制度。 4. 对公司保费收入数据按产品、渠道、缴费期限等进行趋势分析，对于异常变动数据询问审计对象是否了解原因并评价原因是否合理。 5. 了解审计对象任职期间公司接受保监会等监管机构检查的情况，是否存在关于保费收入真实性的重大问题，询问公司的处理办法以及整改措施。 6. 了解公司承保业务的权限规定，抽查需要总公司审批的大额承保的审批流程是否符合有关规定。
二、经营行为合规性	
销售管理	1. 查看公司营业执照以及保监会批准文件，了解公司是否在保监会批准的范围内开展业务。 2. 了解公司对于中介机构及代理人资质的检查情况；了解公司是否对中介及个人代理营销费用有范围和比例予以明确规定，检查相关规定是否符合监管机构或行业协会的要求；了解公司附加佣金的范围及审批规定，检查该范围是否符合监管要求。 3. 询问公司对于中介资质以及代理人员资格的要求是否有明确的规定，查看公司对于中介资质以及代理人员资格的相关制度，了解相关规定是否与监管要求一致。 4. 查看公司代理人管理办法，了解是否严格禁止公司正式员工领取佣金和手续费。 5. 了解审计对象任职期间公司接受保监会等监管机构检查的情况，是否存在销售违规的重大问题，如代理人资质、中介机构资质、虚假宣传等。如有，询问公司的处理办法以及整改措施。
三、内部控制有效性	
建立健全销售制度体系	1. 查看公司是否有完善的销售制度体系，对代理人、中介资格及展业要求有明确规定。 2. 了解公司是否有业务监督体系，建立明确的回访制度，明确回访时间和范围。 3. 了解公司是否制定了统一的业务推动制度，是否符合监管要求，了解业务是否按不同特点进行拆分，并针对不同的业务制定不同的推动标准。 4. 了解公司是否有明确的业务检查制度，对于分公司的业务质量是否有明确的检查要求。 5. 查看公司的权限管理制度，并询问各级公司以及各级管理人员之间是否被授予不同的业务权限；抽查超越本级公司权限的业务是否经过了适当的授权审批。 6. 了解公司针对销售人员的培训情况，包括审计对象在培训方案的制定、分解与执行过程中的角色和参与方式；查看公司是否进行定期持续的培训计划并检查培训记录等支持性文档。查看针对销售人员培训管理的内容，检查新入司人员培训及后续教育培训是否按照监管机构和公司规定执行。

二、分公司层面审计内容及方法

审计内容	审计要点及方法
一、经营成果真实性	
预算执行情况	1. 查看总公司下发的保费收入及考核文件，了解并查看保费预算管理指标的执行情况。 2. 获取销售预算分配的程序与方法，检查预算指标的分配是否与分支机构销售能力相背离，关注是否存在人为调整指标的情况。 3. 访谈相关销售渠道部门人员，了解并查看未完成预算指标（如有）的具体原因。
保费收入真实性	1. 获取财务报表，并对保费收入、退保金、赔款支出、业务给付等数据进行趋势分析，检查是否存在异常。 2. 审核保费收入与现金流入是否匹配，检查是否存在保费收入提前计提或延期确认。 3. 查看业务系统相关数据，分析整体退保情况，重点分析承保后短期内集中退保的行为，检查是否存在贴费弥补退保损失的情况。 4. 抽查中介代理机构与公司业务往来的真实性、合规性，结合保费资金的流向，检查是否存在虚增保费及坐扣保费等情况。 5. 抽查保单追溯保险业务，检查相应的承保档案，通过现场审计，进一步检查保单追溯的原因、合规性，结合理赔情况，与承保清单核对，确定是否存在坐扣保费现象。 6. 对其他应付款科目挂账情况进行查看、分析，检查是否存在保费收入挂账情况，对所挂保费收入相关保单信息情况可以通过进入业务综合查询系统进行查询、整理、记录，抽调承保档案及现场访谈等方式，检查、确定保费挂账的真实性、合规性，检查是否存在截留、调整当期保费现象。 7. 利用财务系统查看任职期间业务类手工录入记账凭证，抽查手工类记账凭证中的保费收入类凭证，判断真实性。
销售渠道费用支出真实性	1. 从财务系统抽取手续费及佣金支出科目的记账凭证，关注银保手续费及佣金的支付对象、费用支出的真实性及对应资金去向和支付方式，筛选、分析上述科目费用列支情况。对手续费支出情况进行分析，查看金额较大的支出凭证。 2. 根据凭证所附业绩统计表的保单号等相关信息，在业务综合查询系统中进行抽样，检查是否存在重复计提、虚列手续费的情况；检查直接销售成本手续费率是否在代理合同规定费率范围内、支付对象是否具有代理资质；通过奖励情况查看保费业绩的真实性，检查有无编造虚假业绩套取奖励的现象。 3. 抽取业务及管理费各个科目进行分类汇总，对各个科目做趋势性以及横向对比分析，关注费用支出异常或金额较大的科目，对经营管理费用中的"会议费""宣传费""防预费""业务招待费""车船使用费""咨询费""办公用品""印刷费"等大额支付凭证进行抽样检查。 4. 检查提取的财务凭证，重点关注上述科目列支及发票的真实性、合规性及对应资金的支付去向；对有疑义的支付资金，访谈经办人员，检查是否存在通过列支上述科目虚列、套取资金等现象，如：通过访谈销售渠道车辆使用情况来比照车船使用费支出，通过查看会议记录、参会人员名单等来判断会议费支出是否合理。 5. 获取业务推动方案、销售人员名单，检查业务推动奖励费用的真实性，以及是否存在虚假及变相列支业务推动奖励的情形。 6. 通过核对销售人员名单、销售人员报酬明细及银行卡转账明细，查看是否存在编造虚拟人力或利用离司人员套取奖励现象。

续表

审计内容	审计要点及方法
销售渠道中长期发展规划及年度工作计划和销售策略的制定	1. 查看任职期间本公司中长期发展规划、年度计划及销售策略是否与总公司发展战略一致。 2. 查看任职期间年度销售经营计划以及实际完成情况。 3. 对照公司的定期业务经营分析要求，查看经营分析报告的编制是否及时，发现问题是否及时报请相关领导和部门协商解决，了解审计对象对经营情况的熟悉程度。
二、经营行为合规性	
销售人员管理	1. 访谈销售管理负责人，了解销售组织体系和人员设置情况并获取部门组织架构图、人员配备名单等资料，获取销售管理相关制度文件。 2. 对照公司制度文件，核实部门、岗位设置是否符合要求，配备人员的资质是否达标，日常工作履职是否符合规定。 3. 通过核实相关财务业务记录，检查公司对销售人员的考核是否遵循内控制度，重点关注考核的例外情况。 4. 查看已签订和发布的保险营销员、业务员增员广告，检查增员广告合同内容是否符合监管规定。 5. 查看公司销售人员名单，抽查员工入职资料和与公司签署的代理（或劳动）合同是否符合公司和监管机构规定。 6. 询问公司对于销售人员资格的要求是否有明确的规定，检查公司关于销售人员资格的相关规定／制度是否与保监会要求一致。 7. 抽查销售人员资格证和展业证，检查是否符合监管部门规定的"两证"要求。 8. 检查是否存在截留、挪用、拖欠营销员佣金的情况。 9. 访谈经办销售人员离职事项的人员，了解离职销售人员资格证书管理情况，查看公司有无扣押资格证书情况。
中介机构管理	1. 查看中介机构代理协议签署情况，检查代理合同格式、内容是否符合总公司和监管机构的规定，是否包含了单证管理、反洗钱等相关事项，明确代理机构对单证、反洗钱的职责。 2. 在保监会和保监局网站上核查中介代理机构的代理资格是否合规，或者由被审计单位提供中介代理机构的有效代理资格证明，检查是否符合要求。 3. 询问公司对于中介机构资格的要求是否有明确的规定，查看公司关于中介机构资格的相关制度，检查相关规定／制度是否与保监会要求一致。 4. 查看公司是否按规定对中介代理机构履行代理合作协议情况进行监督检查。如进行了监督检查，查看团险渠道对中介代理机构履行合作协议情况进行监督检查的季度和年度报告。 5. 检查所辖分支机构与中介代理机构业务往来及手续费支出的真实性、合规性，支付的手续费率是否在代理合同规定费率范围内，是否存在利用中介机构套取资金支付内部人员待遇及福利的情况。 6. 抽查单证管理系统中代理机构领用数据，审查单证的领用、核销、回库等管理流程的合理性。 7. 实地查看代理机构在出单、客户咨询、收集承保资料过程中，执行公司政策的情况。 8. 了解公司针对代理机构的培训情况，包括被审计对象在培训方案的制定、分解与执行过程中的角色和参与方式；查看公司是否进行定期持续的培训计划并检查培训记录等支持性文档。

续表

审计内容	审计要点及方法
销售行为	1. 查阅公司定期与不定期的销售政策，判断是否符合监管要求及上级公司的规定；查阅公司档案，验证政策的制定、审核、下发、调整等流程的控制情况。 2. 查看公司营业执照以及保监会批准文件，查看公司是否在保监会批准的范围内开展业务。 3. 询问业务经办人员，并查看各类业务宣传资料、媒体宣传材料，检查是否存在夸大产品的保险责任，与其他公司产品、银行产品片面比较的行为。 4. 访谈相关销售部门负责人，查看相关企划方案，检查是否存在在保单条款规定的保证收益以外向客户承诺固定或最低保单分红率、投资收益率等行为。 5. 查看客户回访及客户投诉资料，检查是否存在销售误导、代签名及挪用客户资金等情况。 6. 访谈并查看业务资料，检查是否存在擅自变更条款、超权限调整费率、扩大保险责任等行为。 7. 抽查电话销售录音资料，检查是否经过投保人同意，是否向投保人详细全面客观介绍公司产品，是否完整记录销售过程。 8. 检查销售人员单证领用及核销情况，是否存在销售人员挪用、侵占客户资金的情况。 9. 通过访谈或查阅相关资料，检查销售人员在销售环节是否履行客户身份识别、可疑交易识别等义务。
销售费用支付	1. 询问公司是否对中介及个人代理营销费用有明确的范围和比例规定，是否符合监管机构或行业协会要求；询问是否对附加佣金的使用范围和审批有严格规定，检查范围是否符合保监会要求。 2. 抽查销售费用发放表并与公司员工名单进行核对，检查是否向公司员工支付佣金或手续费。 3. 访谈并抽查部分销售费用支付的会计凭证，检查是否存在向投保单位、不具代理资格的单位、个人支付手续费的情况。 4. 访谈并抽查部分销售费用支付的会计凭证，检查是否存在超出协议规定比例支付销售费用的情况。 5. 对寿险公司，检查是否存在通过向长期无业绩人员支付续期佣金的方式套取费用的情况，如通过保险营销员管理系统中查询一年以上无业绩人员的续期佣金数据。
三、内部控制有效性	
保单销售相关内部控制体制的建立及执行，并确保内部控制的长期有效	1. 查阅公司内部控制制度，访谈了解公司销售方式和渠道组成，核实销售流程制度的完整性及内部控制制度执行的有效性。 2. 查看公司的权限管理制度，评价各级公司、管理人员的业务权限是否合理；检查超越本级公司权限的业务是否经过了适当的授权审批。 3. 询问公司是否有定期或不定期的业务检查，查看公司接受监管机构检查的报告，了解是否存在与保单销售相关的重大问题和金额巨大或性质严重的处罚情况；针对业务检查和监管机构检查发现的重大问题，了解并查看公司的整改措施和整改报告。 4. 了解公司针对销售人员的培训情况，包括被审计对象在培训方案的制定、分解与执行过程中的角色和参与方式；查看公司是否进行定期持续的培训计划并检查培训记录等支持性文档。查看销售人员培训管理的内容，检查新入司人员培训及后续教育培训是否按照监管机构和公司规定执行。 5. 检查是否对销售人员的销售行为实施监督检查。询问是否对违规销售人员进行处理、处罚，并检查相关支持性文档。

保险高管审计指南第 5 号——负责运营职能的高级管理人员审计

对负责运营高级管理人员的审计主要包括产品开发、承保管理、理赔管理、保全管理、收付费管理、客户服务、再保险业务 7 个方面。因在总公司、分公司层面负责运营的高级管理人员职责存在一定差异，为方便审计工作的开展，对其中部分内容分总公司层面、分公司层面分别进行描述。在总公司层面重点审计以下内容：公司运营管理相关制度规定建设情况，需由总公司运营管理高管人员审计审批的业务处理情况，总公司对分支机构运营管理工作的督导情况；在分支机构层面重点审计组织执行总公司相关运营管理制度情况及制定相关管理细则、内控措施的情况。

考虑到各保险公司在经营管理模式上存在较大差异，对总公司、分公司层面职责内容的划分不一定符合各家公司的实际情况。因此，在执行具体的审计程序时，可结合公司的实际情况，参考总公司、分公司层面内容实施审计。

第一节 产品开发

一、总公司层面审计内容及方法

审计内容	审计要点及方法
一、经营成果真实性	
精算声明书及精算报告	1. 访谈了解并查看相关资料，查看审计对象是否复核了任职期间的所有新开发产品的开发报告，并对每个产品签署产品开发意见书。 2. 检查审计对象是否签署了相关的精算报告、费率浮动管理办法或者产品参数调整办法。 3. 检查精算责任人出具的相关精算声明书、精算报告相关内容是否真实。
产品说明书	抽查部分产品说明书，核对相关内容是否真实，是否与产品条款内容保持一致。
二、经营行为合规性	
产品开发	1. 访谈相关人员，检查产品设计定价是否遵循相关精算规定及管理办法。 2. 抽查相关产品资料，检查是否按照监管机构和公司规定设定产品保险责任，如在疾病保险中死亡给付金额高于疾病最高给付金额，医疗保险产品和疾病保险产品包含生存给付责任，意外包括疾病死亡责任，含有保证续保条款的健康保险产品约定在续保时保险公司有调整保险责任和责任免除范围的权利，未成年人死亡保额的设定等。 3. 抽查相关产品资料，检查产品犹豫期设定是否按照监管机构要求。
产品审批报备	1. 访谈了解并查看相关资料，检查审计对象是否组织按照相关规定向保监会审批报备有关保险产品。 2. 访谈了解对已经保监会审批报备的保险产品进行变更，且改变保险责任、险种类别或者定价方法的，是否按照规定将保险条款和保险费率重新报送保监会审批或者备案。
产品上市及停售	1. 访谈了解并查看相关资料，检查是否按照相关规定执行产品的包装及支持工作。 2. 检查是否按照监管规定及市场需要做出停售相关保险产品的决定。

续表

审计内容	审计要点及方法
三、内部控制有效性	
产品开发制度建设	1. 访谈相关人员并查看产品开发制度规定，检查是否建立产品开发的相关制度；检查该制度是否符合监管机构的相关要求。 2. 查看公司的产品开发指引，查看审计对象是否审核并批准了公司的产品开发指引，查看产品开发指引中是否包括了公司的定价流程、利润控制指标及各类风险控制方法。
产品开发程序	1. 了解并抽查产品开发流程，检查其是否遵循了相关程序。 2. 查看审计对象是否建立和维护公司的产品资料库，是否跟踪新产品的备案及销售情况。 3. 查看审计对象是否复核了公司的定期产品价值分析报告，是否提出了有关产品结构调整及新产品开发的建议。

二、分公司层面审计内容及方法

审计内容	审计要点及方法
一、经营成果真实性	
（分公司层面不涉及此项内容）	
二、经营行为合规性	
产品开发	1. 访谈相关人员，检查所属机构是否擅自开发新产品，或违反上级公司规定擅自设计保险卡单。 2. 抽取部分在售保单或产品宣传材料，抽查是否存在变更总公司产品的主要内容（如：变更保险产品的条款，扩大或缩减保险责任范围等）进行产品销售。
产品上市及退市	1. 抽查部分产品的销售和停售时间是否符合上级公司规定。 2. 查看相关发文及有关销售记录，检查是否按照上级公司要求销售和停售有关产品。
产品报备	访谈了解并查看相关资料，检查审计对象是否按照规定向监管机构进行产品备案及报送在售产品数据。
三、内部控制有效性	
市场及产品分析	检查审计对象是否按照上级公司要求组织对产品进行经验分析和费用分析，是否对同业产品、客户需求等情况进行分析，为总公司开发产品提供相应支持。

第二节　承保管理

一、总公司层面审计内容及方法

审计内容	审计要点及方法
一、经营成果真实性	
承保（核保）管理相关费用真实性	查看总公司承保（核保）管理费用数据，对相关承保（核保）费用支出的真实性进行抽查。

续表

审计内容	审计要点及方法
承保（核保）业务处理真实性	抽查总公司处理的部分承保（核保）业务［包括：超分公司处理权限的承保（核保）件审批、疑难问题件等］数据，检查承保（核保）业务处理的真实性。
二、经营行为合规性	
承保（核保）制度的合规性	查看公司相关承保（核保）管理制度、核保规则及实务规定，检查相关内容是否符合外部监管规定，是否包含了反洗钱的相关内容。
承保（核保）业务管理	抽查部分分公司上报的超权限承保（核保）业务审批情况，检查其业务处理是否符合权限管理规定，是否存在越权审批或其他违反监管规定处理业务的情况。
三、内部控制有效性	
承保（核保）制度建设	1.访谈并查看相关资料，检查总公司是否建立完善的承保（核保）制度、核保规则、体检制度、生调制度及实务处理手册，并及时传达至各分公司。 2.访谈并查看相关制度，检查是否组织制定承保（核保）权限管理规定，对承保（核保）处理权限进行规定。 3.访谈并查看相关制度，检查是否建立承保岗位员工的工作考核制度。
承保（核保）业务系统建设	1.访谈并查看是否协调信息、财务等部门建立公司承保（核保）业务处理系统，并保证承保（核保）业务能得到及时、有效处理。 2.检查在业务系统中是否对承保（核保）用户及权限进行相应的设置。
承保（核保）岗位设置与岗位权限管理	1.访谈并查看有关承保（核保）岗位及权限设置的文件资料，检查岗位设置是否遵循不相容岗位相分离的原则，权限设置是否超出授权范围。 2.观察并访谈承保（核保）人员，检查其岗位及权限设置是否合理。
信用评级管理	访谈并查看相关资料，检查是否针对业务员及客户建立"黑名单"制度，对其进行信用评级管理，降低承保风险。
承保（核保）监督管理	1.检查审计对象是否在分公司督导落实总公司承保（核保）管理制度规定。 2.访谈并查看相关资料，检查是否对分公司承保（核保）业务质量进行检查，对承保（核保）业务进行风险预警、跟踪。 3.查看公司接受监管机构检查的报告，是否存在与承保（核保）业务管理相关的重大问题、金额巨大或性质严重的处罚情况；针对业务检查和监管机构检查发现的重大问题，了解并查看公司的整改措施和整改报告。 4.获取反映核保人员核保质量的相关报表或资料，了解承保管理绩效考核的结果以及责任追究制度的实际执行情况。
承保（核保）人员培训	了解公司针对承保（核保）人员的培训情况，包括被审计对象在培训方案的制定、分解与执行过程中的角色和参与方式；查看公司是否进行定期持续的培训计划并检查培训记录等支持性文档。

二、分公司层面审计内容及方法

审计内容	审计要点及方法
一、经营成果真实性	
考核指标的达成情况	1.了解公司承保管理及 KPI 指标的制定流程，获取分公司年度承保管理考核指标。 2.了解为保证年度考核指标达成而执行的指标分解过程。 3.了解任职期间承保 KPI 的达成情况，分析存在的问题及其对公司经营绩效的影响。
承保（核保）管理相关费用真实性	查看承保（核保）管理费用数据，对相关费用支出真实性、合理性进行抽查。

续表

审计内容	审计要点及方法
承保（核保）业务处理真实性	抽查分公司本级及所辖机构处理的部分承保（核保）业务数据，检查承保（核保）业务的真实性。
二、经营行为合规性	
承保（核保）业务管理	1.查看分公司承保（核保）业务操作权限，并抽取部分超分公司权限样本，检查是否经过适当审批，检查档案资料的合规性与完整性。 2.抽取部分承保（核保）件样本，检查其处理的合规性以及是否存在超权限承保（核保）的情况。 3.抽取部分承保（核保）件样本，检查是否存在违背条款及实务规定、擅自扩大保险范围、扩大保险责任、降低保险费率、附加特别约定、个单团做、拆单、阴阳单、擅自批改等违规承保行为。 4.抽查部分团体业务，检查是否存在虚拟投保人和被保险人、虚增保费以及坐扣、截留保费的情况。 5.抽取部分高额核保件、体检件、生调件，检查其业务处理是否符合公司相关规定。 6.抽取部分承保件，检查承保业务处理是否按照相关规定执行客户身份识别、可疑交易识别、客户身份资料检查和保存完整交易记录的流程。
承保录单管理	1.获取公司现行录单的相关规则和标准流程。 2.访谈、实地察看了解在保单录入环节确保信息系统内保单信息的真实性、准确性、完整性、及时性与规范性的管控措施。 3.通过流程测试，抽查承保档案、各岗位员工代码、单证台账和理赔资料等辅助检查，核实是否执行险位拆分规定并正确录单；检查保单录入的及时性、保单保费录入的完整性，并检查是否有埋单、阴阳保单和为截留保费拆分保单等情况。
远程出单管理	1.询问审计对象所在分公司的上级业务和中介管理部门，了解分公司中介远程出单点设置情况及管控措施和规定，评价中介远程出单的管控是否存在漏洞或风险。 2.查看中介远程出单机构档案，评价对出单人员、单证、财务、档案管理是否规范；通过现场查看、盘点等方式检查单证保管、领用、核销等关键环节的控制是否健全。
客户数据平台管理	1.审阅业务承保的实施细则，包括业务系统中"组织机构代码"录入规则、"黑灰"名单制度执行细则等。确认被审单位是否已经建立了"黑灰"名单制度和提高客户数据真实性的操作规范。 2.通过IT随机抽查列入"黑灰"名单的投保客户，对其前、后期的承保条件进行复核性测试，对比其差异程度，并评价其控制执行情况。
产品使用情况	1.通过询问、访谈获取使用非报备条款、费率承保的线索。 2.审阅业务承保保单、批单、超权限承保报批申请及批复等业务档案资料，通过比对，检查是否存在条款费率报行不一的情况。
自律公约的执行情况	1.获取当地的自律公约，包括适用的业务和险种范围、条款费用使用规定、各签约公司须遵守的最低费率或免赔条件、代理手续费支付标准等。 2.抽查保险单、保险协议、保单批单等，以代理人业务为筛选条件，按业务总量和抽样规则，抽查代理人业务，检查是否遵守自律公约。
特殊风险管控情况	1.通过系统以特殊风险承保作为筛选条件，对特殊风险的承保项目进行筛选。 2.在筛选出的数据清单中按抽样规则，抽取承保档案资料并对比，确认投保信息是否真实，协议承保是否合规，是否存在放宽承保条件承保、打折销售、坐扣保费等情况存在。
分保安排情况	1.获取分保后才能承保的业务种类和相应的核保流程，了解分保业务的操作流程和所需资料、危险单位的划分标准和原则。 2.筛选分出业务并导出数据，并对自留额数据进行分析判断，确认是否存在超自留额分保。
共保管理	1.获取现行的共保规则及规定。 2.从业务系统筛选出联共保业务，按业务总量和抽样规则进行抽样测试，检查共保业务是否合规。

续表

审计内容	审计要点及方法
三、内部控制有效性	
承保（核保）管理制度建设	1. 检查是否及时传达贯彻总公司承保（核保）管理相关规定，是否依据总公司规定制定相关实施细则。 2. 访谈并查看相关资料，检查是否制定承保（核保）业务品质及风险管理的相关措施。
承保（核保）岗位设置与岗位权限管理	1. 访谈并查看有关承保（核保）岗位及权限设置的文件，检查岗位设置是否遵循不相容岗位相分离的原则，是否配备核保、生调人员。 2. 观察并访谈承保（核保）人员，检查其岗位、账号及权限设置是否合理，是否存在"一号多用"问题；抽查部分离司、调岗人员，核查系统内是否还存在用其工号处理业务的情况。 3. 测试核保员的权限申请、级别调整和离岗人员的权限取消的流程。
承保（核保）监督管理	1. 检查审计对象是否在分公司督导落实执行总公司承保（核保）管理制度规定。 2. 访谈并查看相关资料，检查是否对分公司承保（核保）业务质量进行检查，是否对承保（核保）业务进行风险预警、跟踪。 3. 查看公司接受监管机构检查的报告，是否与承保（核保）业务管理相关的重大问题和金额巨大或性质严重的处罚情况；针对业务检查和监管机构检查发现的重大问题，了解并查看公司的整改措施和整改报告。
承保（核保）人员培训	1. 了解公司针对承保（核保）人员的培训情况，包括被审计对象在培训方案的制定、分解与执行过程中的角色和参与方式；查看公司是否进行定期持续的培训计划并检查培训记录等支持性文档。 2. 获取核保岗位资格考试的相关规定并核查在岗核保人员的持证率情况。

第三节　理 赔 管 理

一、总公司层面审计内容及方法

审计内容	审计要点及方法
一、经营成果真实性	
理赔管理相关费用真实性	查看总公司理赔管理费用数据，对相关理赔条线费用支出真实性进行抽查。
理赔业务处理真实性	抽查总公司本级处理的部分理赔业务（包括：超分公司处理权限的案件审批，重大及疑难案件、理赔投诉案件等的指导、支持等）数据，检查理赔业务的真实性。
二、经营行为合规性	
理赔制度的合规性	查看公司相关理赔管理制度及实务规定，检查相关内容是否符合相关监管规定，是否包含了反洗钱的相关内容。
理赔业务管理	抽查部分分公司上报的超权限理赔业务，检查其业务处理是否符合权限管理规定，是否存在越权审批及违反监管规定处理业务的情况。
三、内部控制有效性	
理赔制度建设	1. 访谈并查看相关资料，检查总公司是否建立了完善的理赔制度及实务处理手册，并及时传达至各分公司。 2. 访谈并查看相关制度，检查是否制定理赔权限管理规定。
理赔业务系统建设	1. 访谈并查看是否协调信息、财务等部门建立公司理赔业务处理系统，并保证理赔业务能得到及时、有效处理。 2. 检查在业务系统中是否对理赔用户及权限进行相应的控制。

续表

审计内容	审计要点及方法
理赔岗位设置与岗位权限管理	1. 访谈并查看有关理赔处理岗位及权限设置的文件资料，检查岗位设置是否遵循不相容岗位相分离的原则，权限设置是否超出授权范围。 2. 观察并访谈理赔人员，检查其岗位及权限设置是否合理。
理赔监督管理	1. 检查审计对象是否在分公司督导落实总公司理赔管理制度规定。 2. 访谈并查看相关资料，检查是否对分公司理赔业务质量进行检查，是否对理赔业务进行风险预警、跟踪。 3. 查看公司接受监管机构检查的报告，是否有与理赔业务管理相关的重大问题和金额巨大或性质严重处罚情况；针对业务检查和监管机构检查发现的重大问题，了解并查看公司的整改措施和整改报告。
理赔人员培训	了解公司针对理赔人员的培训情况，包括被审计对象在培训方案的制定、分解与执行过程中的角色和参与方式；查看公司是否进行定期持续的培训计划并检查培训记录等支持性文档。

二、分公司层面审计内容及方法

审计内容	审计要点及方法
一、经营成果真实性	
理赔工作计划及考核指标完成情况	1. 了解上级公司下发的有关理赔 KPI 经营指标及相关指标实际达成情况。 2. 审阅年度经营指标的分解下达过程及审批情况。 3. 分析计提未决赔款准备金相关数据的真实性，重点关注估损偏差率、注销复立案率、零估损案件数、理赔时效等指标核查原因，是否存在控制不当或人为调节因素。 4. 结合理赔各环节审计核查，扩大问题数据抽查范围（可要求分公司自查），评价对理赔质量、经营情况的影响。
理赔管理相关费用真实性	获取理赔管理费用数据，对相关费用支出真实性、合理性进行抽查。
理赔业务处理真实性	抽查分公司本级及所辖机构处理的部分理赔业务数据，检查理赔业务处理的真实性。
二、经营行为合规性	
理赔业务管理	1. 获取分公司理赔业务操作权限，抽取部分超分公司权限样本，检查是否经过适当审批、档案资料是否合规、完整。 2. 抽取部分理赔件样本，检查其处理的合规性以及是否存在超权限进行理赔处理现象。
赔款给付	1. 访谈并抽查部分理赔业务会计资料，检查赔款支付方式、支付对象等是否符合监管规定及公司制度要求。 2. 抽取部分理赔件，检查理赔业务处理是否按相关规定执行客户身份识别、可疑交易识别、客户身份资料检查和保存完整交易记录等流程。
理赔服务供应链管理	1. 获取公司对公估公司、修理厂的相关要求。 2. 对合作供应商相关管理流程进行穿行测试，核实被审计机构的流程操作，在此基础上评价流程控制的合理性，重点关注：与公估人合作的方式，工号、代码是否集中统一授权管控，如何有效的跟踪监控。
三、内部控制有效性	
理赔管理制度建设	1. 查看相关资料，检查是否及时传达贯彻总公司理赔管理相关规定，是否依据总公司规定制定相关实施细则，并评价其在理赔管理的各方面制度的健全性。 2. 访谈并查看相关资料，检查是否制定理赔业务品质及风险管理的相关举措。 3. 评价未决管理流程，能否合理保证未决估损数据的准确性。

续表

审计内容	审计要点及方法
理赔岗位设置与岗位权限管理	1. 访谈并查看有关理赔处理岗位及设置的文件资料，检查岗位设置是否坚持不相容岗位相分离，权限设置是否超出授权范围。 2. 观察并访谈理赔人员，检查其岗位及权限设置是否合理。
理赔监督管理	1. 检查审计对象是否组织对分公司执行总公司理赔管理制度规定进行督导落实，促进相关制度规定有效执行落实。 2. 访谈并查看相关资料，检查是否组织对分公司理赔业务质量进行检查，对理赔业务进行风险预警、跟踪。 3. 查看公司接受监管机构检查的报告，是否有与理赔业务管理相关的重大问题和金额巨大或性质严重的处罚情况；针对业务检查和监管机构检查发现的重大问题，了解并查看公司的整改措施和整改报告。
理赔人员培训	了解公司针对理赔人员的培训情况，包括被审计对象在培训方案的制定、分解与执行过程中的角色和参与方式；查看公司是否进行定期持续的培训计划并检查培训记录等支持性文档。
理赔业务标准和流程的制定及优化	1. 访谈被审计机构理赔管理负责人，了解其理赔组织体系和人员的设置情况，包括理赔管理部门的名称、职能、科室设置、岗位资格要求等情况，并获取理赔管理相关制度文件。 2. 从被审计机构人事部门获取理赔管理部门组织架构图、人员配备名单和相关资格证明。 3. 对照公司制度文件，核实被审计机构部门、岗位设置是否符合要求，配备人员的资质是否达标，日常工作履职是否符合规定。 4. 了解理赔信息录入的及时性和准确性的控制情况。 5. 了解被审计机构的立案、查勘、定损、核赔的实际操作流程，并对上述流程进行穿行测试，核查被审计机构的流程操作，在此基础上评价流程控制的合理性。 重点关注： • 立案、查勘、定损环节 • 核（价）损环节 • 核赔环节 • 理赔费用环节 • 特殊案件控制环节
理赔风险管控情况	1. 了解理赔风险监控工作的开展情况，了解防范理赔欺诈风险相关控制措施。 2. 获取公司下发重大、突发事项应急预案及定期风险检测的结果记录文档。 3. 核查实际执行情况及效果，结合其他方面检查情况评价相关风险揭示是否全面覆盖。 4. 核查防范理赔欺诈如减损奖励采取的方式方法，奖励措施是否合理，关注现金等物质奖励的账务处理是否规范。
内部的信息与沟通机制的建立	1. 评估被审计机构是否建立严格规范的文件及记录控制以及信息系统，保证重要信息的及时传递。 2. 核实被审计机构是否明确了对下属机构资源配置及指导支持上等工作职责及责任人，同时还要关注与承保部、财务部等相关联条线是否建立了常态化的信息沟通机制。

第四节 保全管理

一、总公司层面审计内容及方法

审计内容	审计要点及方法
一、经营成果真实性	
保全管理相关费用真实性	获取总公司保全管理费用数据，对相关费用支出真实性进行抽查。
保全业务处理真实性	抽查总公司本级处理的部分保全业务数据，检查保全业务处理的真实性。

续表

审计内容	审计要点及方法
二、经营行为合规性	
保全制度的合规性	查看公司相关保全管理制度及实务规定〔如：合同给付管理、合同解除管理、合同变更管理、保单借（还）款及银行质押贷款管理〕，检查相关内容是否符合外部监管规定，是否包含了反洗钱相关的内容。
保全业务管理	抽查部分分公司上报的超权限保全业务，检查其业务处理是否符合权限管理规定，是否存在越权审批及违反监管规定处理业务的情况。
三、内部控制有效性	
保全制度建设	1. 访谈并查看相关资料，检查总公司是否建有完善的保全制度及实务处理手册，并及时传达至各分公司。 2. 访谈并查看相关制度，检查是否组织制定保全权限管理规定，对保全处理权限进行规定和要求。
保全业务系统建设	1. 访谈并查看是否协调信息、财务等部门建立公司保全业务处理系统，并保证保全业务能得到及时、有效处理。 2. 检查在业务系统中是否对保全业务用户及权限进行相应的控制。
保全岗位设置与岗位权限管理	1. 访谈并查看有关保全处理岗位及设置的文件资料，检查岗位设置是否坚持不相容岗位相分离，权限设置是否超出授权范围。 2. 观察并访谈保全人员，检查其岗位及权限设置是否合理。
保全监督管理	1. 检查审计对象是否组织对分公司执行总公司保全管理制度规定进行督导落实，促进相关制度规定有效执行落实。 2. 访谈并查看相关资料，检查是否组织对分公司保全业务质量进行检查，对保全业务进行风险预警、跟踪。 3. 查看公司接受监管机构检查的报告，是否有与保全业务管理相关的重大问题和金额巨大或性质严重处罚情况；针对业务检查和监管机构检查发现的重大问题，了解并查看公司的整改措施和整改报告。
保全人员培训	了解公司针对保全人员的培训情况，包括被审计对象在培训方案的制定、分解与执行过程中的角色和参与方式；查看公司是否进行定期持续的培训计划并检查培训记录等支持性文档。

二、分公司层面审计内容及方法

审计内容	审计要点及方法
一、经营成果真实性	
保全管理相关费用真实性	获取保全管理费用数据，对相关费用支出真实性、合理性进行抽查。
保全业务处理真实性	抽查分公司本级及所辖机构处理的部分保全业务（如：退保、撤单、生存金及红利给付、保单借款等）数据，检查保全业务处理的真实性。
二、经营行为合规性	
保全业务管理	1. 查看分公司保全业务操作权限，并抽取部分超分公司权限样本，检查是否经过适当审批、检查档案资料的合规性与完整性。 2. 抽取部分保全件（如：退保、撤单、生存金及红利给付、保单借款、保单失效及复效处理等）及保全特殊件（强制复效、公司解约、强制撤单等非正常退保）样本，检查其处理的合规性以及是否存在超权限审批现象。 3. 抽取部分保全件，检查保全业务处理是否按照相关规定执行客户身份识别、可疑交易识别、客户身份资料检查和保存完整交易记录的流程。 4. 走访产品开发、理赔、信访等部门获取违规批改、注销保险单的审计线索。

续表

审计内容	审计要点及方法
保全业务管理	5.提取注销保单数据，以被保险人、注销日期等为筛选条件，通过与纸质保险单比对，审阅注销日期等，检查是否存在手续不全、违反正常程序的注销情况，是否存在以转移年度保费为目的年底注销、年初承保的情况，是否存在以批减应收保费为目的的集中注销情况。 6.提取保单批改数据并筛选，同时抽取承保业务档案，重点检查批改信息是否真实、完整、准确，是否是保险合同当事人真实意愿的表达，批改手续是否齐全、完备、规范。检查是否存在通过批改套取资金，是否存在超过保险责任期批改（倒批改），是否存在通过批改承保条件，变相降低承保费率等违规行为。
保险金给付	访谈并查看部分保全业务会计资料，检查退保金、生存金、红利支付（包括：支付方式、支付对象等）是否符合监管规定及公司制度要求。
三、内部控制有效性	
保全管理制度建设	1.查看相关资料，检查及时传达贯彻总公司保全管理相关规定，是否依据总公司规定制定相关实施细则。 2.访谈并查看相关资料，检查是否制定保全业务品质及风险管理的相关举措。
保全岗位设置与岗位权限管理	1.访谈并查看有关保全处理岗位及设置的文件资料，检查岗位设置是否坚持不相容岗位相分离，权限设置是否超出授权范围。 2.观察并访谈保全人员，检查其岗位及权限设置是否合理。
保全监督管理	1.检查审计对象是否组织对分公司执行总公司保全管理制度规定进行督导落实，促进相关制度规定有效执行落实。 2.访谈并查看相关资料，检查是否组织对分公司保全业务质量进行检查，对保全业务进行风险预警、跟踪。 3.查看公司接受监管机构检查的报告，是否有与保全业务管理相关的重大问题和金额巨大或性质严重处罚情况；针对业务检查和监管机构检查发现的重大问题，了解并查看公司的整改措施和整改报告。
保全人员培训	了解公司针对保全人员的培训情况，包括被审计对象在培训方案的制定、分解与执行过程中的角色和参与方式；查看公司是否进行定期持续的培训计划并检查培训记录等支持性文档。

第五节 收付费及单证、印章管理

一、总公司层面审计内容及方法

审计内容	审计要点及方法
一、经营成果真实性	
收付费数据的真实性	1.访谈了解是否建立收付费数据核对机制，定期对收付费信息进行检查核对。 2.抽取部分收付费信息，检查对内、对外报送的收付费统计信息的真实性、准确性。
二、经营行为合规性	
收付费管理	1.审查公司收付费管理制度是否符合外部监管要求，即：对寿险公司业务规定，不允许在保险公司或委托代理机构营业场所外收取保险合同单次金额超过1 000元人民币以上的业务，不允许保险代理机构及人员、保险营销员接受投保人委托代缴保险费、代领退保金，不得接受被保险人或受益人委托带领保险金。

续表

审计内容	审计要点及方法
收付费管理	2. 审查财产险公司收付费管理制度是否符合业内自律公约要求，即：对车险业务要求"见费出单"，严格管控代领保险赔款风险；严格加强应收保费管理。 3. 审查收付费管理制度中，是否包含有关可疑交易识别、报告的相关内容。
保险单证管理	1. 审查公司单证管理制度是否符合外部监管要求，即：对寿险公司投保单、保单、收据等由总公司统一设计、印制或授权省级公司印制，建立和完善单证管理信息系统，对分支机构单证管理情况进行监控。 2. 审查财产险公司重要单证是否符合行业监管部门及本公司单证设计规则，防伪措施是否齐全等。如：交强险单证要求全国统一，须按照保监会规定的印刷技术要求印刷，保险单上不得印制其他商业性保险的内容等。
印章管理	审查公司印章管理制度是否符合外部监管要求，即：对各级分支机构使用的印章由总公司统一设计，经总公司批准后刻制；审查是否建立严格的印章使用审批登记制度等。
收付费相关重大案件情况	1. 访谈了解审计期间，公司发生的与收付费管理、单证、印章管理相关的重大案件情况。 2. 查看相关重大案件资料，审阅并分析相关重大案件产生的原因，分析是否与审计对象职责相关。
三、内部控制有效性	
收付费制度建设	访谈并查看相关资料，审查是否依据外部监管规定及公司风险管控要求建立了加强收付费管理的相关制度规定及程序，确保收付费环节资金安全，非现金收付费流程中资金不受保险公司员工、保险营销员、保险代理业务人员等个人控制。
保险单证管理制度建设	访谈并查看相关资料，审查是否依据外部监管规定及公司风险管控要求建立了加强单证管理的相关制度规定及相应控制措施。
印章管理制度建设	访谈并查看相关资料，审查是否依据外部监管规定及公司风险管控要求建立了加强与收付费相关的印章管理的相关制度规定及相应控制措施。
收付费相关环节监督管理	检查审计对象是否组织对分公司执行总公司收付费相关环节的制度规定进行督导落实，促进相关制度规定有效执行。

二、分公司层面审计内容及方法

审计内容	审计要点及方法
一、经营成果真实性	
收付费数据的真实性	1. 访谈并查看是否定期对收付费信息进行检查核对。 2. 抽取部分收付费信息，检查对内、对外报送的收付费统计信息的真实性。 3. 抽取部分收付费信息数据及会计凭证，对柜面进行实地观察，检查是否有弄虚作假，篡改收付费信息的情况。

续表

审计内容	审计要点及方法
二、经营行为合规性	
收付费管理	1. 审查寿险公司是否存有在保险公司或委托代理机构营业场所外收取保险合同单次金额超过 1 000 元人民币以上的业务；是否存在保险代理机构及人员、保险营销员接受投保人委托代缴保险费、代领退保金、代领保险金的业务。 2. 审查财产险公司是否遵循收付费管理的相关制度要求，即：对要求"见费出单"，严格管控代领保险赔款风险；严格加强应收保费管理。 3. 审查收付费过程中，是否借助信息系统对可疑交易行为进行识别和报告工作。
保险单证管理	1. 访谈并盘查单证管理库，审查分公司是否严格执行总公司单证管理制度，是否存在擅自设计、印制、使用重要业务单证的情况。 2. 审查单证领用记录，检查是否对单证领用数量和有效期进行控制，实行定期核销、定期盘点。 3. 审查公司是否有明确的相关部门及岗位进行单证管理，单证库房是否符合消防安全的要求。
印章管理	1. 访谈并盘查印章管理人员使用印章，审查是否执行总公司印章管理规定，是否存在擅自刻制、使用印章的情况，印章使用是否执行审批登记制度等。 2. 审查对省级以下机构行政印章、合同专用章是否实施上收一级管理，指定专门部门和岗位保管。
收付费相关重大案件情况	1. 访谈了解审计期间内公司发生的与收付费管理、单证、印章管理相关的重大案件。 2. 查看相关重大案件资料，分析相关重大案件产生的原因，评价是否与审计对象职责相关。
三、内部控制有效性	
收付费制度建设	1. 访谈并查看相关资料，审查是否依据外部监管规定及总公司收付费制度制定了实施细则。 2. 审查寿险公司是否采取措施推进非现金收付费工作。
收付费相关环节监督管理	检查审计对象是否对分公司执行总公司收付费制度实施督导，促进相关制度有效执行落实。

第六节　客户服务管理

一、总公司层面审计内容及方法

审计内容	审计要点及方法
一、经营成果真实性	
客户服务相关费用真实性	1. 查看客户服务费用的预算及执行情况。 2. 抽取部分客户服务费用数据，对相关费用支出的真实性、合理性进行检查。
客户投诉情况	访谈并查看客户投诉相关记录、报表，检查是否如实反映客户投诉情况，客户投诉处理报告是否真实、完整。
二、经营行为合规性	
客户回访制度	访谈并查看相关制度，检查公司是否建立客户回访制度，客户回访制度是否符合监管规定。

续表

审计内容	审计要点及方法
客户投诉处理	1. 查看相关制度，检查公司是否建立客户投诉处理制度，客户投诉处理制度是否符合监管规定。 2. 抽查总公司直接受理的部分客户投诉案件，检查投诉处理是否符合外部监管及公司规定。
客户咨询投诉处理	1. 查看相关咨询投诉处理制度，检查相关制度是否符合监管规定。 2. 访谈并查看相关资料，检查是否制定了公司咨询投诉处理应急预案，相关预案是否符合监管规定。
客户服务承诺	1. 查看公司服务承诺资料，检查承诺内容是否客观、真实、清晰，是否符合外部监管规定。 2. 检查公司服务承诺资料和报告资料，检查向监管机构报告时间是否在服务承诺实施时间的 10 天内。
三、内部控制有效性	
客户服务制度建设	1. 访谈并查看相关制度，检查审计对象是否组织建立健全公司的客户回访及客户投诉处理制度，是否完善客户投诉处理相关流程。 2. 访谈并查看相关资料，检查是否组织制定了咨询投诉处理应急预案，相关预案是否完备。 3. 访谈并查看相关资料，检查是否制定呼入、呼出、代理业务话务质量标准。
客户服务督导及质量考核	1. 访谈并查看相关资料，检查是否对分公司客户服务运行情况进行跟踪、监控。 2. 访谈并查看相关资料，检查是否对分公司客户服务工作质量进行考核，督促分公司执行相关客户服务制度。

二、分公司层面审计内容及方法

审计内容	审计要点及方法
一、经营成果真实性	
客户服务相关费用真实性	1. 查看客户服务费用的预算及执行情况。 2. 抽取部分客户服务费用数据，对相关费用支出的真实性、合理性进行检查。
客户投诉情况	访谈并查看客户投诉相关记录、报表，检查是否如实反映并向上报告客户投诉情况，是否存在故意瞒报、漏报等情况。
二、经营行为合规性	
服务支持销售和防范风险情况	访谈分公司相关人员，查看被审计对象如何对全辖客户服务品质进行监控、如何协调处理重大疑难及对公司产生重大影响的客户投诉案件，并要求提供支持性资料。
客户回访情况	1. 访谈并抽取部分回访记录，检查是否按照监管机构和总公司的规定开展客户回访，如新单是否全部回访、回访话述是否合规、客户权益是否及时准确告知等。 2. 抽查部分客户回访问题件，检查是否按照监管机构和公司规定对客户回访问题件进行处理。 3. 访谈并查看客户信息管理制度，检查是否按照监管机构和总公司规定执行客户信息管理，如客户信息是否实行接触控制、客户信息是否分级管理，客户信息管理权限是否清晰、是否存在员工私自保存或泄漏客户信息等。 4. 调阅客户记录和客户提出的问题跟踪反馈记录及定期分析报告。 5. 核实客户回访工作人员配备和工作职责、工作流程。

续表

审计内容	审计要点及方法
客户投诉咨询处理	1. 访谈并查看相关资料，检查是否按照监管机构和总公司规定建立咨询投诉通道，并及时处理客户投诉及咨询。 2. 测试咨询投诉的处理流程，核实处理咨询投诉案件应遵循的原则，包括受理渠道、处理时限、进展告知、办理进程跟踪和承诺兑现情况。 3. 抽查外部转来投诉的处理档案，核实与当地行业协会投诉职能部门日常合作沟通机制。 4. 了解公司针对客服人员的培训情况，包括被审计对象在培训方案的制定、分解与执行过程中的角色和参与方式；查看公司是否进行定期持续的培训计划并检查培训记录等支持性文档。 5. 检查是否按照监管机构和总公司规定制定了咨询投诉处理应急预案，并在重大事故发生时启动应急预案。
客户满意度调查	1. 获取客户满意度调查相关制度、工具和评价满意度的基本标准。 2. 获取一次完整客户服务满意度调查形成的档案材料，查看如调查问卷、调查数据的处理、满意度指标计算、满意度调查报告等资料，从中核实关注重点、原因分析、问题解决方案、整改落实、报送路径等事项是否合规。
三、内部控制有效性	
客户服务制度建设情况	1. 查看公文流转记录，检查是否及时传达贯彻总公司有关客户服务的制度规定。 2. 访谈并查看相关资料，检查是否制定有关客户服务方面的实务及实施细则。
客户服务督导及质量考核	1. 检查客服中心是否定期组织、开展针对辖区内的客户服务品质检查。 2. 检查分公司是否按照总公司要求开展客户服务考核工作，考核指标是否全面。

第七节　再保险管理

审计内容	审计要点及方法
一、经营成果真实性	
再保险相关数据、报告真实性	1. 访谈并复核再保险分保业务数据，审查业务统计与报送数据是否真实。 2. 审阅分保账单（保费账、准备金账、现金赔款账等），检查是否真实、完整、准确、及时的记录再保业务账单信息。 3. 审查是否如实向保监会上报再保险业务情况报告，如实反映有关再保险业务的各类准备金提取办法和金额。
二、经营行为合规性	
再保合同及再保策略管理	1. 查看公司的再保险策略报告，查看审计对象是否定期参与公司再保险策略的拟定、再保险计划的制定以及组织监控计划的实施。 2. 查看审计对象是否定期复核公司自留额、自动接收限额、分保方式、分保比例等关键指标，并提出更新意见。 3. 查看审计对象是否参与或关注新再保合同的谈判。 4. 查看审计对象是否定期复核公司已有再保合同的管理、再保系统日常维护以及再保账单的结算。
再保业务处理及账单管理	1. 访谈并查看相关资料，检查公司办理合约分保或者临时分保时是否符合相关规定：以比例再保险方式分出财产险直接保险业务时，每一危险单位分给同一家再保险接受人的比例，不得超过该业务直接保险合同部分的保险金额或者责任限额的80%；每一临时分保合同分给投保人关联企业的保险金额或者责任限额，不得超过直接保险业务保险金额或者责任限额的20%。

审计内容	审计要点及方法
再保业务处理及账单管理	2. 从财务系统中导出账单明细，随机抽取审计样本，核对再保险分出人发出的纸质分保账单，检查账单数据，包括保费、手续费、赔款金额录入的准确性，以及是否存在恰当的录入与复核的职责分离。
危险单位划分	检查公司对危险单位的划分是否符合保监会的相关规定，是否在规定时间将危险单位的划分方法报保监会备案。
三、内部控制有效性	
再保制度建设情况	访谈并查看相关资料，检查审计对象是否依据外部监管规定，组织制定公司的再保业务制度、再保实务及再保业务流程，并适时组织进行优化。
再保执行督导	访谈并查看相关资料，检查审计对象是否对分公司执行总公司再保制度情况进行督导。

保险高管审计指南第 6 号——负责投资职能的高级管理人员审计

对负责投资业务高级管理人员的审计，应紧紧围绕其岗位职责开展，重点对投资计划的制定、投资资产的管理、投资业绩的考核以及投资风险的评估等经营活动进行审计。

审计内容	审计要点及方法
一、经营成果真实性	
拟定公司投资管理政策、制度、流程	1. 查看任职期间公司颁布和运行的投资管理政策、制度、流程。 2. 询问并查看投资管理组织架构基本情况（包括投资研究、交易管理、委托资产投资、权益投资、固定收益投资、国际业务投资、风险评估分析、信息披露等）。 3. 询问投资管理政策、制度及流程的制定、执行过程以及审计对象的参与情况，并检查相关支持性文档。 4. 询问审计对象任职期间是否定期审核提交各类投资管理制度并报董事会审议后执行，并检查相关支持性文档。
制定年度投资指引方案，负责投资指引执行跟踪分析并修订完善	1. 查看任职期间董事会批准的委托资产和自有资产投资指引。 2. 询问委托资产和自有资产投资指引的制定、分解、执行、修订过程以及审计对象的参与情况，并检查相关支持性文档。
建立投资授权管理体制，参与投资决策	1. 查看审计对象任职期间的投资授权管理政策。 2. 查看审计对象任职期间参与的投资决策委员会会议决议，检查审计对象的参与情况。 3. 询问审计对象是否参与任命各账户投资经理，并按照投资指引对其适当授权，检查相关支持性文档。
制定和完善分账户、分类别资产绩效评估规则，负责定期考核	1. 询问并查看审计对象任职期间制定的分账户、分类别资产配置、绩效评估规则。 2. 查看审计对象任职期间向董事会提交各账户、各类别资产定期投资业绩评估报告，检查审计对象是否进行审核。
负责投资业务信用风险和市场风险的评估研究和管理	1. 询问相关人员审计对象任职期间如何组织对投资信用风险、市场风险的识别和评估工作。 2. 查看审计对象任职期间向董事会提交各账户、各类别资产信用风险和市场风险的评估报告，检查审计对象是否进行审核。

审计内容	审计要点及方法
负责研究并制定金融工具估值方法，负责公司投资业务风险管理信息披露	1. 询问相关人员公司是否颁布了金融工具估值方法及投资风险管理信息披露制度、流程。 2. 检查公司的投资风险管理信息披露规定是否符合相关法律法规的要求。 3. 查看任职期间公司财务报告中风险管理信息披露的内容，检查其是否符合公司的投资风险管理信息披露规定的要求。
负责投资管理人、托管人的选择、协调和考核管理	1. 查看审计对象任职期间颁布和运行的投资管理人、托管人管理制度（包括选择、协调和评价考核等）。 2. 询问投资管理人、托管人选择的标准、评估流程，以及审计对象的参与情况。 3. 检查审计对象对投资管理人、托管人评估报告的审批情况。 4. 询问委托投资协议、托管协议的谈判、审批流程，以及审计对象的参与情况。 5. 检查审计对象对委托投资协议、托管协议的审批情况。
协助进行资产负债管理	1. 查看审计对象任职期间颁布的与投连产品业务支持、流动性管理、资产负债管理相关的制度。 2. 查看审计对象任职期间为投连产品、偿付能力管理提供的投资报告，检查审计对象的审批情况。

二、经营行为合规性

监督各组合资产配置、投资范围是否符合法律法规、投资指引的要求，监督投资管理业务各环节是否符合法律法规的要求	1. 询问并检查公司对于各组合资产配置、投资范围符合法律法规、投资指引中投资限制的控制方法。 2. 查看审计对象任职期间是否定期组织对投资合规风险的识别和评估工作。 3. 查看任职期间公司财务报告及其他投资报告，检查各组合的资产配置、投资范围是否符合法律法规及投资指引的投资限制。 4. 查看任职期间公司向监管机构报送的所有相关报告（包括但不限于年度合规工作报告），检查是否存在投资方面的违规行为，检查所采取的补救措施、按规定的报告行为以及对违规责任人的追究情况。 5. 查看审计对象任职期间监管机构对公司的常规或专项检查的回复，了解并查看监管机构检查是否发现投资管理方面问题（如有）及后续整改情况。 6. 查看审计对象任职期间公司与监管机构的往来函件，检查公司是否有因投资管理方面受处罚的情况。

三、内部控制有效性

投资管理业务内部控制体制建立与执行，以确保内控控制的长期有效	1. 查看公司对审计对象任职的相关任命文件。 2. 查看公司总经理室（或公司党委）对审计对象职责分工的文件或会议记录。 3. 查看审计对象任职期间报送给总经理和/或治理层的工作总结和报告，以及公司对审计对象的考核结果。 4. 查看审计对象任职期间所接受内外部监督、检查、处分的相关资料。 5. 将各年度工作总结内容与询问到的任职期间审计对象的工作职责相比较，以判断工作内容与经授权的工作职责是否存在明显不一致。 6. 查看审计对象任职期间是否定期审核各投资业务部门所制定的重大内部控制制度并报董事会审议后执行。 7. 查看审计对象任职期间是否定期听取并批准投资管理部门对内部控制的统筹规划、组织推动、实时监控和定期排查等各类工作的汇报。 8. 查看审计对象任职期间内部审计部门的内审报告中提出投资管理相关的重大发现。 9. 查看审计对象任职期间外部审计师的管理建议书或内控鉴证意见中提出的投资管理相关的管理建议或重大缺陷发现。

保险高管审计指南第 7 号——负责精算职能的高级管理人员审计

对负责精算职能高级管理人员的审计，应紧紧围绕其岗位职责开展，重点对经验分析和假设制定、负债评估、价值评估以及资产负债管理等经营活动进行审计。

审计内容	审计要点及方法
一、经营成果真实性	
经验分析和假设制定	1. 查看公司年度经验分析结果文档，查看审计对象是否定期复核公司的死亡率、疾病发生率、退保率、费用率、 折现率及非寿险相关假设的经验分析过程。 2. 对于准备金计量涉及的重大会计政策和会计估计，查看公司是否在精算责任人和财务负责人同意后，提交公司董事会或总经理办公会审批。 3. 查看审计对象是否定期根据公司的经验分析结果，提出相关假设的建议，例如死亡率、疾病发生率、退保率、费用率、折现率以及非寿险相关假设等。 4. 查看审计对象是否合理考虑相关假设在负债评估、内含价值、资产负债管理等不同场合的应用。 5. 查看公司销售渠道的基本法，查看审计对象是否参与了公司基本法的制定和修改。
负债评估	1. 查看审计对象是否复核新产品的法定准备金建模。 2. 查看审计对象是否复核新产品的会计准备金建模。 3. 查看审计对象是否组织和完成会计准备金评估工作，并对最终结果进行审核和签字确认。
价值评估（仅适用寿险）	1. 查看审计对象是否复核新产品的内含价值建模。 2. 查看审计对象是否组织和完成内含价值评估工作，并对最终结果进行审核和签字确认。 3. 查看审计对象是否完成内含价值变动分析，为公司规划计划编制工作提供支持。 4. 查看审计对象是否向管理层提交年度内含价值分析报告，从利润、价值、资本需求等多角度分析公司年度经营结果和价值管理工作。 5. 查看审计对象是否定时跟踪和分析公司现有业务价值和新业务价值，为公司价值管理指标的设定和考核提供必需数据。
财务核算和预测	1. 查看审计对象是否根据监管要求完成分红账户的损益核算和分红特储的计提。 2. 查看审计对象是否定期组织分析公司利润构成和来源，并向管理层提出参考意见。 3. 查看公司的分红政策文档，查看审计对象是否参与公司分红政策的制定。 4. 查看审计对象是否组织人员配合公司进行未来几年的财务预测，并分析未来几年的利润来源，并对未来业务发展方向等关键假设做出建议。 5. 查看审计对象是否审阅并批准公司的动态偿付能力报告，并对报告使用的重要假设和预测结果进行审阅。

审计内容	审计要点及方法
资产负债管理	1. 查看审计对象是否组织制定公司中长期资产负债管理规划，并提出战略规划中的资产负债管理需求。 2. 查看公司投资指引，查看审计对象是否参与公司投资指引制定工作。 3. 查看审计对象是否定期参与制定公司战略资产配置规划，并根据负债情况提出调整建议。 4. 查看审计对象是否跟踪公司资产的配置和收益情况，和公司投资收益率假设比较，并提出建议。
二、经营行为合规性	
	1. 查看公司的经验分析制度文档，查看审计对象是否参与制订了公司经验分析制度、流程和方法。 2. 查看审计对象是否定期组织人员对公司基本法应用情况进行评估和审阅，并根据有关问题提出修改建议。 3. 查看审计对象是否组织和完成月度、年度法定准备金及会计准备金评估工作，并对最终结果进行审核和签字确认。 4. 查看审计对象是否组织和完成年度精算报告编制工作，包括偿付能力报告以及动态偿付能力报告的制定。 5. 查看审计对象是否定期与财务人员沟通，适时跟进会计政策的变动，确保公司的会计准备金评估方法符合最近的监管法规要求。 6. 查看审计对象是否定期与承保、理赔及再保人员进行沟通，及时跟进公司经营流程的变化，确保公司的负债评估考虑以上经营变化。 7. 查看审计对象是否组织和完成年度内含价值监管报告编制工作。 8. 查看审计对象是否定期复核公司资产负债管理模型的建设、研究和维护，复核公司资产负债匹配情况，审阅公司资产负债管理报告并提出意见。 9. 查看审计对象是否复核各类评估文件资料的归档。
三、内部控制有效性	
	1. 查看董事会或者总经理对审计对象的任职批复，检查审计对象任职资质是否经过适当级别审批。 2. 查看审计对象任职期间接受公司治理层检查及考核情况。 3. 查看公司内部确定审计对象的工作职责以及范围的相关规章制度或董事会、总经理办公会等决策机构会议决议，检查其任职期间经相关授权的管理工作职责变化情况。 4. 查看审计对象任职期间报送给总经理和治理层的工作总结和报告。 5. 查看公司法定准备金评估流程文档，查看审计对象是否建立并定期完善法定准备金评估流程和内部控制体系。 6. 查看公司会计准备金评估流程文档，查看审计对象是否建立并定期完善会计准备金评估流程和内部控制体系。 7. 查看审计对象是否就准备金相关的会计政策和评估结果向董事会和管理层进行有效沟通。 8. 查看公司内含价值评估流程文档，查看审计对象是否建立并定期完善内含价值评估流程和内部控制体系。

保险高管审计指南第 8 号——负责财务职能的高级管理人员审计

对负责财务工作的高级管理人员的审计，应紧紧围绕其岗位职责开展，重点对财务制度管理、预算管理、资产负债管理、税务管理以及会计核算等经营活动进行审计。

审计内容	审计要点及方法
一、经营成果真实性	
1. 财务预算指标的制定及执行情况 2. 年度 / 半年财务报告、年度纳税申报表、年度 / 季度偿付能力报告等相关信息真实性、完整性	1. 访谈了解审计对象是否组织制定了公司的财务预算，是否通过盈利预测将其量化分解。 2. 获取经上级公司批准的年度经营预算，查看年度财务预算是否经董事会或经营管理委员会（总经理）批准。 3. 通过对预算指标完成情况对比分析，评价经营决策是否得到有效的贯彻实施，是否存在传达不及时，贯彻不到位的情况。 4. 查看审计对象任职期间年度 / 半年财务报表、年度纳税申报表、年度 / 季度偿付能力报告等，查看是否经审计对象审签，并对关键经营指标及其相关基础数据进行抽查复核，评价关键经营指标是否真实。 （1）资产负债真实性。查看审计对象所在公司银行存款调节表、固定资产、低值易耗品等的对账单及资产账簿，抽查盘点固定资产、低值易耗品等实物资产，验证账账、账实是否相符；核查应收、应付等过渡性科目核算的真实性。 （2）损益真实性。查看相关业务、财务报表，核对相关数据，鉴证财务、业务关联数据的一致性，揭示是否存在违反权责发生制原则人为调整业务收入与支出、虚提、虚列各项准备金、费用、佣金及手续费等影响审计期间审计对象所在公司经营结果的事项。 5. 搜集经董事会或经营管理层审批的各项财务预算指标以及实际达成情况，核查是否与审计对象上报的述职报告或工作总结反映的数据一致。
二、经营行为合规性	
1. 建立和完善财务管理体系 2. 有关规章制度和操作流程的构建 3. 建立财务条线督导管理制度 4. 对内外部检查发现的问题及时进行整改 5. 财务管理、会计核算信息系统建设及运用情况	1. 访谈了解审计对象任职期间相关财务管理制度和操作流程建设和完善情况，核查是否及时修订完善相关财务规章制度，审阅建立和完善的各项规章和操作流程是否符合国家法律法规及监管要求，是否符合公司经营发展的管控需求。 （1）预算管理。访谈了解审计对象是否了解所在公司的经营发展策略以及对所在公司制定年度预算的参与程度，查看预算考核文件以及所在公司年度经营计划制定、分解流程；检查预算编制程序是否符合规定的程序，检查年度财务预算的编制是否通过盈利预测将其量化、分解落实；预算指标设置是否合理；是否组织建立了预算管理制度，是否建立了对所辖分支机构预算执行考核的制度。 查看公司年度和季度财务预算规划，评估其是否明确了相关参与人员的职责、权限、完成时间、质量要求以及奖惩措施，并检查其执行情况；查看年度财务整体预算是否经董事会或经营管理委员会（总经理）批准。 查看年度、季度预算执行情况分析报告，检查预算执行是否存在较大偏差，是否对预算执行情况进行跟踪，并根据实际情况调整预算。 （2）会计核算。访谈并查看有关会计资料（制度、报表、账簿），查看公司会计核算是否遵循会计准则、会计制度及相关规定要求开展；是否制定相关核算规则。 访谈了解公司费用核算规则，查看公司费用核算规则，抽样检查应付手续费计提、手续费及佣金、业务及管理费列支及分摊的规范性。 访谈了解公司固定资产、流动资产核算规则及坏账核销管理规程，查看其是否符合相关监管规定，是否切合公司管控需要，并对其执行情况进行抽查，关注是否存在固定资产费用化、跨期列支费用的现象。

审计内容	审计要点及方法
1. 建立和完善财务管理体系 2. 有关规章制度和操作流程的构建 3. 建立财务条线督导管理制度 4. 对内外部检查发现的问题及时进行整改 5. 财务管理、会计核算信息系统建设及运用情况	（3）资金管理。查看是否建立完善资金管理规程，查看相关资金管理规程是否符合国家法律法规，是否符合监管要求。 抽查银行账户清单及账户开设相关资料，检查账户开设是否合规。 访谈并核对银行对账单，检查是否存在舞弊情况。 （4）固定资产管理。访谈了解审计对象所在公司固定资产管理规程，查看固定资产购建、处置文件，检查是否存在违规购建固定资产，大宗采购固定资产是否符合管控要求，对在建工程项目进行检查。 （5）税务管理。访谈了解公司税务管理情况，检查审计对象及相关人员是否熟悉与公司经营有关的税务法规。 审查公司税款缴纳资料，检查是否按规定缴纳营业税、所得税等各项税款。 查看当地税务部门对公司税务检查的相关报告及处罚决定。 2. 访谈了解审计对象日常管理及授权情况是否合规，所在公司是否建立了财务管理督导机制。查看财务检查报告，访谈了解检查频率、检查内容以及督导效果。查看相关管理建议和整改工作方案，检查审计对象是否就审计发现及时安排了整改工作，整改工作的成效如何。 3. 查看公司按保监会、财政部等监管机构要求报送的各财务报告是否经过审计对象的恰当审核；需要报送董事会批准的，是否及时报送并得到了董事会的批准。 4. 检查审计对象是否安排和审阅了定期的业绩分析，是否组织会议讨论了业绩分析结果，并根据结果制定相关的管理方案。 5. 查看审计对象任职期间的年度审计报告，检查审计意见是否为无保留意见。如果审计意见为非标准意见，应针对出具非标准意见的情况，如重大的财务错报和漏报事项、审计范围受限事项等向审计对象进一步了解原因，判断公司是否存在经营问题或舞弊行为，以及公司是否进行了适当整改。 6. 了解公司是否建立符合业务发展和管理需要的财务信息系统，是否制定了财务信息系统的管理制度，系统开发和改造是否由总公司统一负责。 7. 查看公司按保监会、财政部等监管机构要求报送的各财务报告是否经过审计对象的恰当审核；需要报送董事会批准的，是否及时报送并得到了董事会的批准。 8. 检查公司偿付能力报告的编制是否符合相关监管规定。 9. 查看公司在审计对象任期内的偿付能力充足率，评估其是否根据公司业务进展 / 变化对相关资产、负债结构进行了调整，有效地保证了偿付能力的充足性。

三、内部控制有效性

1. 内部控制传导机制建立和维护 2. 财务督导及财务质量考核 3. 内部控制检查和测试 4. 组织对管控流程及标准的修订 5. 队伍建设与人才培养 6. 会计档案管理	1. 访谈了解审计对象所在机构是否建立内部控制传导机制，查看公文流转记录，检查是否及时贯彻落实监管机构及上级公司相关财务管理规程。 2. 审查是否开展财务管理考核工作，考核指标是否全面，是否定期组织、开展针对辖区内分支机构的财务管理工作的质量检查。 3. 检查审计对象是否安排和审阅了定期的业绩分析，是否组织会议讨论了业绩分析结果，并根据结果制定相关的管理方案，访谈并查看相关资料。 4. 检查审计对象是否定期组织对公司流程及标准的修订和完善，核查系统设置是否符合监管和公司内部控制的要求。 5. 获取任职期间所辖部门的人员任职、聘用、培训及会议相关资料；检查审计对象是否定期组织了对财会人员的专业资质的审查以及定期培训。 6. 检查总公司和分公司会计档案管理制度是否符合相关监管规定。 7. 检查审计对象是否按规定审批了会计核算、预算管理、资金管理、收付费平台等系统建设的需求。

保险高管审计指南第9号——负责信息技术职能的高级管理人员审计

对负责信息技术高级管理人员的审计，应紧紧围绕其岗位职责开展，重点对系统自动化控制、信息系统规划、灾备管理等经营活动进行审计。

一、总公司层面审计内容及方法

审计内容	审计要点及方法
一、经营成果真实性	
信息化工作战略、规划及年度工作计划的制定	1. 查看经董事会批准的公司信息化规划，查看信息战略到信息化工作规划的制定、分解、执行过程以及各相关职能高管的参与情况。 2. 访谈了解审计对象在制定信息化工作规划时，如何判断信息化基础设施，信息系统功能、性能和安全保障需求的合理性与优先级，查看其判断的依据和标准。 3. 检查公司对信息化基础设施和信息系统功能、性能、安全保障等方面做出的规定，评估该标准的实施执行情况。 4. 查看本年度信息技术部门的工作计划，检查信息技术部门年度工作计划制定、执行和监督的过程，以及审计对象在其中参与的角色和职责，查看审计对象任职期间的业务档案，对计划的完成情况进行抽查复核。
系统自动化控制情况	1. 访谈审计对象，查看内部控制与合规管理信息化的实施、升级或成果，并获取相关文档进行检查。 2. 查看审计对象任期初始与任期结束时的系统清单和系统化内部控制的功能点清单，分析判断其任职期间在促进内部控制流程与信息系统有机结合方面的工作效果。 3. 访谈主要业务部门相关员工，如承保、理赔、再保、精算等，查看其部门提出的但尚未实现的系统化内部控制申请，对超过半年未能落实的申请进行跟进检查。
二、经营行为合规性	
信息化规划定期审查、评估和修订机制	1. 查看任职期间信息化规划的审查、评估和修订记录，审阅具体的工作流程及其实施频率、方式。 2. 查看信息化规划修订的审批程序和审批权限。 3. 查看任职期间信息化规划完成的基本情况以及对未完成部分效益效果的跟进情况，抽样检查信息化规划的修订手续是否完备。 4. 查看信息化规划外项目的审批与评估程序，抽样检查任职期间重大规划外项目的审批手续是否完备。
系统开发与改造	1. 查看公司系统开发或重大改造的流程，检查上述流程是否包含功能与性能测试以及安全测评流程，该流程是否清晰可操作，且满足系统开发生命周期的常规要求。 2. 抽查任职期间系统开发或上线活动的相关文档，检查系统测试及签批的合规性。
信息化工作制度、标准和操作流程的制定	1. 获取信息化工作制度、标准和操作流程，查看其发布与更新的流程，检查是否存在定期评估的机制及执行情况。 2. 查看公司信息化工作的技术标准，检查是否存在数据标准、安全基线标准、程序验收标准以及数据修改程序标准，并评估是否存在缺陷。针对上述标准，访谈了解标准建立的依据和过程，以及可能存在的合规风险。 3. 收集整理检查期间内外部发现的合规问题，访谈了解问题产生原因，检查其处罚及整改情况。

续表

审计内容	审计要点及方法
灾备管理情况	1. 查看公司信息系统安全管理规范以及灾备计划，结合访谈对比相关技术规范标准和监管要求，检查是否存在合规问题。 2. 询问重要数据的备份制度和策略制定及其实施情况，公司是否建立了同城或异地灾备中心，且灾备中心是否能够实现对应急处理机制和灾难恢复预案的支持。 3. 检查信息系统重大突发事件的应急处理机制及应急预案，检查应急预案是否明确启动机制、责任人员、处置流程、具体方案和外部资源，并评估其可操作性。
三、内部控制有效性	
信息技术部门组织构架的建立	1. 查看信息技术部门组织结构图、岗位职责说明书及实际人员岗位对应表是否存在，并且与实际一致。 2. 检查信息技术部门人员配备及重要岗位职责分离的情况。 3. 访谈了解检查期间信息技术部门组织结构和职责的变动情况及决策过程，抽查询问变动主要涉及的部门员工，检查该变动的利弊。
人员考核及培养情况	1. 获取信息技术部门人员能力规划及培训方案的相关资料，检查审计对象在方案的制定、分解与执行过程中的角色和参与方式。 2. 查看相关人员能力规划以及培训方案的执行情况。 3. 查看信息技术部门考核标准的制定与执行程序，检查该考核体系是否能针对公司在信息化工作投入产出的效率效果进行评价，是否存在合理的信息化创新激励机制，并能对相应部门和人员进行合理的激励。 4. 获取信息技术部门及其关键岗位的绩效考核规则以及最近一次完成的考核结果的相关文件，检查二者是否一致。

二、分公司层面审计内容及方法

审计内容	审计要点及方法
一、经营成果真实性	
信息管理工作的年度工作计划及中长期发展规划的制定	1. 查看任职期间本公司中长期发展规划、年度计划，检查是否与上级公司发展战略一致。 2. 获取审计对象任职期间信息管理绩效考核的相关指标文件，查看考核指标完成情况，访谈并查看相关资料，检查有关考核指标完成的真实性。
IT 财产管理	1. 获取涉及 IT 设备采购项目的采购申请审批文档，检查是否有申请人和审批人签字，以确定采购是否经过恰当的审批流程；获取IT 设备的入库、领用、发放、盘点、报废等审批或记录文档，检查 IT 设备管理是否严格按照制度执行。 2. 访谈设备管理员和软件管理员，获取设备和软件正式入库时填写的《入库单》，检查是否有经办人和验收人的签字，检查在设备管理系统中是否有登记，检查发生变化的设备信息在设备档案卡片和设备管理系统中的登记记录是否一致。 3. 对于 IT 设备进行抽盘，检查 IT 财产数据的真实性。
二、经营行为合规性	
信息安全策略的制定	1. 访谈了解审计对象任职期间公司信息安全策略的工作流程及相关规定，并获取相关制度，检查是否符合公司内外部监管要求。 2. 获取主要应用系统的运行维护日志，抽查信息系统漏洞处理运维记录文档，查看系统发现和处理的时间，以确定系统维护处理是否合规。 3. 访谈并查看相关制度、数据修改资料，审阅数据修改是否都经过恰当的审批和授权，检查是否存在人为故意或错误修改数据的情况。

审计内容	审计要点及方法
信息安全策略的制定	4. 访谈了解服务器等关键信息设备的管理情况，询问关键信息设备存放是否安全，检查是否建立出入机房登记制度，是否安排专人监控机房，是否存在未经授权接触服务器等设备的情况。 5. 查看防病毒服务器设置，是否在服务器端开启了病毒实时防护，并设定了病毒库定义自动下载。 6. 检查防火墙配置，是否通过控制台或远程的方式对防火墙更新，并有安全验证。 7. 获取 VPN 访问流程和制度，检查是否规定了访问权限的开通必须经过相关部门的审批。从人力资源部获取在职人员清单，询问VPN 使用人员是否均为公司在职员工。 8. 通过现场访谈、观察，查看是否存在擅自开发或自行安装并使用未经审批的外挂系统、软件的情况，对外挂系统功能进行了解，分析是否可能对应用系统运行带来负面影响。
数据备份与应急预案	1. 访谈了解系统数据备份机制，是否明确了备份范围、频度、方法、责任人、存放地点、有效性检查等内容。 2. 检查所有关键系统设置，备份日志功能是否已开启，获得对备份日志的检查记录（包括数据库/生产数据），针对操作系统及应用程序检查是否根据制定的备份策略定期进行备份，是否保留完整备份记录。 3. 检查备份操作手册，是否规定了对所有关键系统进行异地备份；获得异地备份介质的存放记录，检查是否记录了存放介质、日期、时限和地点。 4. 现场检查备份介质的保存情况，是否具有防火、防水、防盗功能。
运用系统的实施	获取数据的检查和校验规则、校验结果及后台操作的记录，核查校验规则是否可行，校验结果的处理是否能保证数据的准确、完整，后台操作流程是否合规，对后台操作的管理和监控是否有效。
系统用户和权限管理	1. 访谈了解审计对象任职期间公司信息系统权限管理的相关规定，并获取相关制度，检查是否符合公司内外部监管要求。 2. 获取系统用户及对应的权限列表，与员工岗位明细核对，检查其权限是否与岗位一致，是否存在员工拥有不相容系统权限情况。 3. 从信息系统现有用户账户列表中选取新增及变更用户账户，检查是否有对应的用户账户维护表格及授权审批记录，权限设置是否与审批记录一致。 4. 获取人力资源部员工离职记录，信息系统现有用户账户列表、权限设置及账户维护历史记录，检查账户删除或重置是否符合相关管理流程的要求，是否存在顶替冒用的情况。 5. 查看主管人员对系统用户的审阅记录，以确定主管人员是否定期对信息系统的用户账户和权限设置进行审阅。 6. 获取信息系统中当前用户账户的口令策略设置，检查是否与相关管理制度的要求一致，以确定信息系统账户和口令策略是否得到了有效实施。
三、内部控制有效性	
信息系统运行政策、制度和操作流程的制定	1. 获取和审阅信息系统运行政策、制度和操作流程等资料，对照主要风险点，对信息技术管理的各环节的控制措施进行分析，判断规定是否健全和合理，并检查其是否定时更新，更新是否经过恰当的审批。 2. 访谈信息技术部负责人，查看是否建立并执行用户管理制度、定期备份制度、信息系统安全保密和泄密责任追究制度等。 3. 访谈了解相关岗位人员对本岗位涉及制度的熟悉程度。
负责领域的队伍建设与部门管理工作	获取任职期间所辖部门的人员聘用、任职、培训及日常会议资料，询问检查对于负责领域的日常管理及授权情况是否合规。

保险高管审计指南第 10 号——负责人力资源与行政职能的高级管理人员审计

第一节　人力资源管理

对负责人力资源高级管理人员的审计，应紧紧围绕其岗位职责开展，重点对用工管理、员工培训、绩效考核、人工成本及薪酬福利机制建立等经营活动进行审计。

审计内容	审计要点及方法
一、经营成果真实性	
绩效考核	1. 获取审计对象任职期间制定的，或者上级公司下达的有关人力资源管理绩效考核的相关指标及考核文件，了解考核指标完成情况。 2. 访谈并查阅相关资料，审阅考核指标（如工资总额等）完成的真实性。 3. 取得年度人力资源管理方面工作计划和工作总结，了解计划完成情况。
公司组织结构和职位体系的建立	1. 访谈了解公司本部及下辖机构的部门和岗位设置情况。 2. 获取各部门职责，判断各部门职责是否存在交叉、重复或真空。 3. 获取各岗位说明书，判断是否明确各岗位的职责、权限、具体工作范围等。 4. 判断部门和岗位设置是否符合业务规模、经营管理的需要，是否合理、精简、高效，能否体现相互监督、相互制约、协调合作的原则，核实是否单独设立风险合规、内部控制等部门和岗位。
其他	查看监管机构或者内部检查报告，了解其中提及与经营成果真实性有关的违规人员的追究情况，并查看报告中是否提及由于人力资源管理的违规行为导致经营成果真实性违规行为及后续整改措施和报告。
二、经营行为合规性	
制度建设	1. 查看员工聘用、管理、解聘、违规人员追究情况相关的制度和流程；检查相关制度和流程是否符合法律法规，监管机构或者上级公司的要求。 2. 检查是否按照公司整体规划或者上级公司规定编制人员发展规划。 3. 了解公司培训工作开展情况，查看员工培训需求分析报告，并询问是否有针对性开展培训以满足员工的培训需求；查看公司员工培训工作总结，检查是否有针对合规性及内部控制等相关领域开展培训。 4. 查看监管机构或者内部检查报告，了解其中提及的违规人员的追究情况，并查看报告中是否提及人力资源管理范围内是否存在违法违规行为及后续整改措施和报告。

续表

审计内容	审计要点及方法
用工管理	1. 获取最近一期的人力资源需求计划，检查是否按照上级公司规定及本公司实际编制人员发展规划，并与实际执行情况进行比较。 2. 获取招聘方面的管理制度和操作流程，并对近期招聘档案、员工个人所得税、社保缴纳资料进行审阅，检查其是否符合程序要求。 3. 了解公司解聘员工、员工辞职的流程及审批权限，获取当年公司解聘员工的清单，核查相关流程是否合规，是否与离司员工签订保密协议及是否存在劳动争议等情况。
三、内部控制有效性	
岗位设计及管理	1. 询问公司组织架构设置情况及岗位管理流程。 2. 获取各部门职责，判断各部门职责是否存在交叉、重复、真空或者不兼容。 3. 查看组织架构图及岗位设计计划，查看是否单独设立风险合规、内部控制岗位。 4. 查看外部咨询机构咨询报告（如有），询问针对咨询报告的发展建设建议是否做出相应的改进。 5. 访谈并查阅有关制度资料，检查是否实施各级管理人员及关键岗位员工定期轮岗、强制休假、回避制度。 6. 关键岗位人员离职前，是否进行工作交接或离任审计。 7. 访谈并调阅员工合同资料，检查是否与离司员工签订保密协议。
薪酬管理	1. 查看人力薪酬计划，并查看是否经董事会、薪酬委员会或者上级公司批准。 2. 查看任期内历年人力成本管理预算及年度总结，查看其预算执行情况。 3. 检查是否按规定代扣代缴员工个人所得税款；检查是否按规定为员工办理社会统筹养老保险、失业保险、医疗保险，缴纳住房公积金等。
绩效管理	1. 查看公司绩效管理办法，以及绩效管理、薪酬激励、福利保障等计划和措施，并查看是否得到董事会或者薪酬委员会的批准。 2. 查看监管机构检查报告中是否存在与绩效管理、薪酬激励等措施相关的违反有关规定的情况及后续整改措施和报告。
人力资源信息系统	1. 了解公司人力资源信息系统建设情况。 2. 查看公司人力资源信息系统建设计划（如有），查看信息系统验收报告。
员工培训	1. 了解公司培训工作开展情况，查看员工培训需求分析报告，核实是否有针对性开展培训以满足员工的培训需求。 2. 获取公司最近一年的培训记录和培训档案，检查培训内容是否与员工岗位紧密结合，是否达到预期效果。

第二节　行政管理

对负责行政高级管理人员的审计，应紧紧围绕其岗位职责开展，重点对固定资产、采购、印章、公文、品宣、机构管理等经营活动进行审计。

审计内容	审计要点及方法
一、经营成果真实性	
行政工作战略规划及年度工作计划的制定	1. 查看经董事会批准的公司行政工作战略规划，检查行政工作规划的制定、分解、执行过程以及各相关职能高管的参与情况。 2. 查看工作计划，访谈了解部门年度工作计划制定、执行和监督的过程，检查其是否符合公司的战略规划，以及审计对象在其中参与的角色和工作职责。 3. 获取审计对象任职期间有关行政管理绩效考核的相关指标文件，查看考核指标完成情况。 4. 查看任职期间业务档案，对年度工作计划完成情况进行抽查复核。
行政部门费用支出情况	1. 查看行政部门明细费用预算及执行情况。 2. 抽查行政部门明细费用支出，检查支出的真实性、合理性，检查有无虚列行政办公费用套取资金情况，特别关注接受和使用虚假发票问题。
二、经营行为合规性	
固定资产管理	1. 访谈了解审计对象任职期间公司对资产实物的管理流程及管理方式，包括固定资产、低值易耗品等。 2. 获取固定资产预算、购置清单等，核查预算是否经有效审批并严格执行，购置流程是否符合有关规定。 3. 检查零星固定资产、低值易耗品管理是否符合规定，低值易耗品是否办理出入库和登记手续。 4. 获取固定资产盘点记录，核查是否定期盘点固定资产，盘点记录是否经有效复核及审签，盘盈盘亏的账务处理是否及时、准确。 5. 获取固定资产总账、明细账，盘点固定资产实物，核查是否账账相符、账实相符，检查房产、土地、车辆等大宗资产产权归属情况，关注有无账外资产。 6. 询问固定资产管理情况，检查有无因管理不当造成固定资产长期闲置、浪费，甚至导致提前报废、毁损的情况。 7. 获取固定资产处置资料，核查固定资产处置流程是否规范，是否存在擅自处置、变卖固定资产的现象。
采购管理	1. 访谈了解审计对象任职期间公司集中采购的方式、程序及主要的采购事项并获取相关资料，核查相关预算是否经有效审批并严格执行，购置、装修、租赁流程是否符合规定。 2. 调取并审查集中采购会议记录、招投标资料、评标记录和评标结果，检查采购项目是否按照制度要求进行招投标处理。 3. 调取集中采购档案资料，检查中标结果的报批流程是否符合制度规定。
公文管理及重大事件上报情况	1. 获取公司公文收发记录，检查有无相应审批记录，收发文是否及时。 2. 检查重大事项有无及时上报、审批是否符合权限分级机制。
机构管理情况	1. 查看机构设立、撤并的相关文件，审查是否存在未经批准私自设立、撤销分支机构及营业场所的行为。 2. 查看有关机构证照的办理及年检情况，审查是否按规定办理工商营业执照、税务登记证、组织机构代码证以及保险业务许可证等证照的新设登记、年检、变更、注销以及相关文件的盖章、负责人签字等事宜。
品牌宣传情况	1. 访谈了解公司品牌策略及标识管理相关要求，并获取相关宣传材料检查其实施情况。 2. 获取公司广告投放、行销辅助品开发的相关资料，审核其合规性。 3. 访谈了解审计对象任职期间媒体危机事件的处理情况并评估其对于公司品牌的影响。

续表

审计内容	审计要点及方法
三、内部控制有效性	
行政制度建设情况	访谈并查看公司行政管理方面的相关制度,检查公司制度建设情况,是否符合监管机构的要求及公司的实际情况。
行政部门组织构架的建立	1. 查看行政部门组织结构图、人员岗位职责说明书及实际人员岗位对应表是否存在,并且与实际一致。 2. 访谈了解行政序列权限分级管理机制并查看相关资料,评估其合理性。
人员考核及培养情况	1. 获取行政部门人员能力规划及培训方案的相关资料,查看审计对象在方案的制定、分解与执行过程中的角色和参与方式。 2. 查看相关人员能力规划以及培训方案的执行情况。 3. 查看考核标准的制定与执行程序,检查该考核体系是否能对公司在行政工作投入产出的效率效果进行评价,是否存在合理的创新激励机制,并能对相应的部门和人员实施合理的激励。 4. 获取部门人员的绩效考核规则以及最近一次完成的考核结果的相关文件,检查二者是否一致。

保险高管审计指南第 11 号——负责风险管控职能的高级管理人员审计

第一节 风险管理

对负责风险管理高级管理人员的审计,应紧紧围绕其岗位职责开展,重点对风险评估及应对工作、重大风险事件的上报等经营活动进行审计。

审计内容	审计要点及方法
一、经营成果真实性	
风险管理工作的年度工作计划及中长期发展规划的制定	1. 查看经董事会批准的公司风控工作规划,检查风控工作规划的制定、分解、执行过程以及各相关职能高管的参与情况。 2. 查看年度工作计划,检查年度工作计划制定、执行和监督的过程,检查其是否符合公司的战略规划,以及审计对象在其中参与的角色和工作职责。 3. 获取审计对象任职期间有关风险管理绩效考核的相关指标文件,查看考核指标完成情况。 4. 查看任职期间业务档案,对年度工作计划完成情况进行抽查复核。
风险管理制度建设情况	访谈并查看相关制度,检查公司是否制定风险管理相关的制度,是否符合监管机构的要求及公司的实际情况。
二、经营行为合规性	
风险评估及应对工作	1. 访谈了解公司的风险管理流程,获取公司的风险识别、风险分析、风险预警和报告相关的制度。 2. 获取任期内风险控制矩阵,检查是否所有风险点均有相应控制点对应,查看公司是否对风险点和控制点进行了风险评级,并识别了重要风险和控制。

续表

审计内容	审计要点及方法
重大风险事件的上报	1. 获取上报的风险评估报告，检查其上报时间、频率是否符合公司要求。 2. 检查风险管理部门是否及时上报重大风险事件，管理层对于高风险事件的处理情况是否符合权限分级机制。
风险管理工作流程的制定	1. 获取风险评估及报告工作流程的有关资料，对各环节的控制措施进行分析，判断其是否健全和合理，并检查其是否定时更新，更新是否经过管理层审批。 2. 访谈风险管理部门员工，询问其对于相关工作流程等相关规定的了解情况，并抽取工作档案进行复核。
三、内部控制有效性	
风险管理部门组织构架的建立	1. 查看风险管理部门组织结构图、人员岗位职责说明书及实际人员岗位对应表是否存在，并且与实际一致。 2. 查看公司风险管理整体人员数字以及公司人员数字，参照保监会相关规定，检查人力资源配备比例是否充足。 3. 访谈了解检查期间风险管理部门组织结构和职责的变动情况及决策过程，抽查询问变动主要涉及的部门员工，检查该变动的利弊。
人员考核及培养情况	1. 获取风险管理部门人员能力规划及培训方案的相关资料，查看审计对象在方案的制定、分解与执行过程中的角色和参与方式。 2. 查看相关人员能力规划以及培训方案的执行情况。 3. 查看考核标准的制定与执行程序，检查该考核体系是否能够对于公司在风险管理工作投入产出的效率效果进行评价，是否存在合理的创新激励机制，并能对相应的部门和人员实施合理的激励。 4. 获取部门人员的绩效考核规则以及最近一次完成的考核结果的相关文件，检查二者是否一致。

第二节　法律合规

对负责法律合规高级管理人员的审计，应紧紧围绕其岗位职责开展，重点对合规检查、法律纠纷案件、文件审核、后续整改等经营活动进行审计。

审计内容	审计要点及方法
一、经营成果真实性	
法律合规工作的年度工作计划及中长期发展规划的制定	1. 查看经董事会批准的公司法律合规工作规划，检查法律合规工作规划的制定、分解、执行过程及其各相关职能高管的参与情况。 2. 查看年度工作计划，检查年度工作计划制定、执行和监督的过程，检查其是否符合公司的战略规划，以及审计对象在其中参与的角色和工作职责。 3. 获取审计对象任职期间有关法律合规绩效考核的相关指标文件，查看考核指标完成情况。 4. 查看任职期间业务档案，对年度工作计划完成情况进行抽查复核。
制度建设情况	1. 访谈并查看相关制度，检查公司制度建设情况，是否符合监管机构的要求及公司的实际情况。 2. 访谈了解各项制度是否有效地传达至各级机构并被有效执行。

续表

审计内容	审计要点及方法
二、经营行为合规性	
合规检查情况	1. 获取合规检查工作档案、记录及报告等资料，审查相关检查是否按照公司规定的流程及要求开展。 2. 获取检查文件流转记录，检查是否按照规定及时、如实地上报。 3. 查看任职期间的合规报告，评估改进建议的合规性及可操作性。
法律纠纷案件的处理	访谈了解任期内发生的法律纠纷案件及其诉讼情况，并获取相关资料进行检查，检查案件的处理是否及时、合规。
文件的审核	获取公司合同、协议登记表，检查重大合同及协议的合规审核情况，检查其是否符合权限分级机制。
内外部检查的整改情况	访谈了解内外部监督检查及处罚情况，取得有关资料，检查是否及时上报发现的问题、组织整改并上报整改报告。
三、内部控制有效性	
法律合规部门组织构架的建立	1. 查看法律合规部门组织结构图、人员岗位职责说明书及实际人员岗位对应表是否存在，并且与实际一致。 2. 查看公司法律合规部门整体人员数字以及公司人员数字，参照保监会相关规定，检查人力资源配备比例是否充足。 3. 访谈了解检查期间法律合规部门组织结构和职责的变动情况及决策过程，抽查询问变动主要涉及部门的员工，检查该变动的利弊。
人员考核及培养情况	1. 获取法律合规部门人员能力规划及培训方案的相关资料，查看审计对象在方案的制定、分解与执行过程中的角色和参与方式。 2. 查看相关人员能力规划以及培训方案的执行情况。 3. 查看考核标准的制定与执行程序，检查该考核体系是否能对公司在法律合规工作投入产出的效率效果进行评价，是否存在合理的创新激励机制，并能对相应的部门和人员实施合理的激励。 4. 获取部门人员的绩效考核规则以及最近一次完成的考核结果的相关文件，检查二者是否一致。

第三节 内部控制

对负责内部控制高级管理人员的审计，应紧紧围绕其岗位职责开展，重点对内控检查、内控体系设计及实施、内控自我评估等经营活动进行审计。

审计内容	审计要点及方法
一、经营成果真实性	
内控工作的年度工作计划及中长期发展规划的制定	1. 查看经董事会批准的公司内控工作规划，检查内控工作规划的制定、分解、执行过程以及各相关职能高管的参与情况。 2. 查看年度工作计划，检查年度工作计划制定、执行和监督的过程，检查其是否符合公司的战略规划，以及审计对象在其中参与的角色及工作职责。 3. 获取审计对象任职期间有关内控管理绩效考核的相关指标文件，检查考核指标完成情况。 4. 查看任职期间业务档案，对年度工作计划完成情况进行抽查复核。

续表

审计内容	审计要点及方法
内控制度的制定与完善	1. 访谈了解公司是否存在完善的内控风险管理体系，并查看公司相关制度，评估是能够覆盖主要的监管要求。 2. 访谈了解公司对于相关制度的培训、学习情况，取得相关资料，检查各项制度是否有效地传达至各级机构并被执行，访谈公司相关管理人员，询问其对于有关制度的认识情况。
二、经营行为合规性	
内控检查情况	1. 访谈并查看工作计划、工作总结及有关报告等资料，审查是否按照公司相关规定及要求认真组织开展内控检查及内控评估等工作。 2. 查看相关工作档案、记录，检查内控工作是否符合工作程序要求。 3. 获取文件流转记录，检查是否按照规定及时、如实地上报检查报告。
内控检查情况	4. 访谈并查看有关文件，检查是否及时下发相关检查结论和意见，是否督促被检查单位及时落实整改发现的问题。
反洗钱情况	1. 访谈并查阅相关文件、会议记录，检查是否成立反洗钱相关机构并设置相应岗位。 2. 调阅相关资料，检查是否建立反洗钱的相关制度规定。 3. 访谈并查阅相关资料，检查是否组织反洗钱自查自纠工作并按规定向监管部门报送反洗钱信息及相关报告。 4. 检查是否组织反洗钱相关培训工作。
内控体系的设计及实施	1. 询问公司的内部控制流程、风险点和控制点识别过程，询问公司控制点更新的流程和频率，取得相关资料，检查公司内部控制评估的有效性。 2. 查看审计对象任期初始与任期结束时的内部控制功能点清单，分析判断其任职期间在促进内部控制工作方面的工作效果。
三、内部控制有效性	
内部控制部门组织构架的建立	1. 查看内部控制部门组织结构图、人员岗位职责说明书及实际人员岗位对应表是否存在，并且与实际一致。 2. 查看公司内部控制部门整体人员数字以及公司人员数字，参照保监会相关规定，检查人力资源配备比例是否充足。 3. 访谈了解检查期间内部控制部门组织结构和职责的变动情况及其决策过程，抽查询问变动主要涉及的部门员工，检查该变动的利弊。
人员考核及培养情况	1. 获取内部控制部门人员能力规划及培训方案的相关资料，查看审计对象在方案的制定、分解与执行过程中的角色和参与方式。 2. 查看相关人员能力规划以及培训方案的执行情况。 3. 查看考核标准的制定与执行程序，检查该考核体系是否能对公司在内部控制工作投入产出的效率效果进行评价，是否存在合理的创新激励机制，并能对相应的部门、人员实施合理的激励。 4. 获取部门人员的绩效考核规则以及最近一次完成的考核结果的相关文件，检查二者是否一致。

续表

审计内容	审计要点及方法
内部控制自我评估情况	1. 检查公司内部控制自我评价的频率、范围、程序，询问内控评估工作是否围绕内部环境、风险评估、控制活动、信息与沟通、内部监督进行。 2. 询问公司的管理层测试计划，查看测试频率、测试范围等内容，评估公司的管理层测试是否覆盖到公司各级机构、各个重要的控制点。 3. 查看执行管理层测试的人员是否具有独立性。 4. 查看管理层测试发现的问题清单以及公司的评估文档，查看公司的评估文档是否客观反映了所发现的问题，询问公司对于测试发现的缺陷，是否有整改计划以及整改计划的落实情况。 5. 查看公司是否向董事会、监事会或管理层汇报了内控缺陷，重大缺陷是否经董事会最终认定。 6. 查看内部控制评价报告是否包含以下内容： • 董事会声明 • 内部控制评价工作的总体情况及评价依据 • 内部控制的评价范围、程序和方法 • 内部控制缺陷、认定以及整改情况 • 内部控制有效性的结论 7. 查看内控评估报告以及其他内部控制相关的披露，判断内控评估报告是否符合《企业内部控制评价指引》或其他相关规定的要求，查看公司内部控制缺陷的认定是否考虑了定性和定量的要求，根据以上了解，判断内控评估报告是否有明显不合理之处。

第四节　内部审计

对负责内部审计高级管理人员的审计，应紧紧围绕其岗位职责开展，重点对内审检查、后续整改追踪等经营活动进行审计。

审计内容	审计要点及方法
一、经营成果真实性	
内部审计工作的年度工作计划及中长期发展规划的制定	1. 查看经董事会批准的公司内部审计工作规划，检查内审工作规划的制定、分解、执行过程以及各相关职能高管的参与情况。 2. 查看年度工作计划，检查年度工作计划制定、执行和监督的过程，检查其是否符合公司的战略规划，以及审计对象在其中参与的角色和工作职责。 3. 获取审计对象任职期间有关内审绩效考核的相关指标文件，检查考核指标完成情况。 4. 查看任职期间业务档案，对年度工作计划完成情况进行抽查复核。
内部审计制度建设情况	获取审计对象任职期间公司内部审计基本制度、审计工作制度和审计实务操作指南，检查其是否符合相关监管要求，并抽取工作档案进行复核。

续表

审计内容	审计要点及方法
二、经营行为合规性	
内审检查情况	1. 访谈并查看工作计划、工作总结及有关报告等资料，审查是否按照公司内外部相关规定及要求认真组织开展高管审计、专项审计、反洗钱审计等内部审计工作。 2. 查看相关工作档案、记录，审阅工作是否符合工作程序要求。 3. 查看文件流转记录，检查是否按照规定及时、如实地上报检查报告。 4. 访谈并查看有关文件，检查是否及时下发相关检查结论和意见，是否督促被检查单位及时落实整改发现的问题。
内外部检查的整改情况	询问内外部监督检查及处罚情况，并取得有关资料，检查是否对于发现的问题及时上报、组织整改并上报整改报告。
三、内部控制有效性	
内部审计部门组织构架的建立	1. 查看内部审计部门组织结构图、人员岗位职责说明书及实际人员岗位对应表是否存在，并且与实际一致。 2. 查看公司内部审计部门整体人员数字以及公司人员数字，参照保监会相关规定，检查人力资源配备比例是否充足。 3. 访谈了解检查期间内部审计部门组织结构和职责的变动情况及决策过程，抽查询问变动主要涉及的部门员工，检查该变动的利弊。
人员考核及培养情况	1. 获取内部审计部门人员能力规划及培训方案的相关资料，查看审计对象在方案的制定、分解与执行过程中的角色和参与方式。 2. 查看相关人员能力规划以及培训方案的执行情况。 3. 查看考核标准的制定与执行程序，检查该考核体系是否能对公司在内部审计工作投入产出的效率效果进行评价，是否存在合理的创新激励机制，并能对相应部门和人员实施合理的激励。 4. 获取部门人员的绩效考核规则以及最近一次完成的考核结果的相关文件，检查二者是否一致。

水利部直属预算单位政府采购审计办法

（水审计〔2006〕311号）

第一章　总　　则

第一条　为了加强部直属预算单位政府采购的审计监督，规范审计行为，保障政府采购活动公开、公平、公正，提高政府采购资金使用效益，加强廉政建设，根据《中华人民共和国政府采购法》《中央单位政府采购管理实施办法》《水利部直属预算单位政府采购管理实施办法》及有关规定，制定本办法。

第二条　本办法所称政府采购审计，是指部直属预算单位审计机构（以下简称"审计机构"）在本单位主要负责人领导下，依法对本级及其所属单位政府采购预算、计划的编制和执行情况进行的审计和审计调查。

第三条　本办法适用于与中央预算有直接经费领拨款关系的水利部本级、部直属行政事业单位和社会团体的政府采购审计工作。

第四条　政府采购审计包括：政府采购预算、计划的编制和审批，政府集中采购、部门集中采购、单位分散采购的范围和工作程序，政府采购事项的审批、备案与合同管理，政府采购资金的审计等。

第五条　上级审计机构对下级审计机构的政府采购审计工作进行指导和监督。

第六条　政府采购审计工作由审计机构负责组织实施，也可由审计机构委托具有专业资质的社会审计机构承担。

审计机构应当依照本办法及《水利部委托社会审计业务管理办法》的有关规定，对被委托的社会审计机构的政府采购审计工作进行指导和监督。

第七条　政府采购审计的主要内容：

（一）政府采购有关法规、制度和政策的执行情况；

（二）政府采购预算和实施计划的编制和执行情况；

（三）政府采购目录及标准的执行情况；

（四）政府采购备案或审批事项的落实情况；

（五）政府采购信息在财政部指定媒体上和水利部指定媒体上的发布情况；

（六）政府采购合同的订立、履行、验收和资金支付情况；

（七）政府采购内部控制制度建设情况；

（八）对供应商询问和质疑的处理情况；

（九）政府采购的招投标及其他采购方式情况；

（十）其他需要审计的内容。

第二章　政府采购预算和计划执行审计

第八条　政府采购预算及执行审计

（一）政府采购项目是否编制政府采购预算；

（二）政府采购项目及采购资金预算是否在政府采购预算表中单列，有无应列而未列的问题；

（三）政府采购预算编制是否进行调查研究、有无弄虚作假问题；

（四）年中因追加预算、政府采购目录及标准调整或不可预见的原因而需要补报的政府采购项目，是否在政府采购活动开始前补报政府采购预算；

（五）是否存在未列入政府采购预算、未办理预算调整或补报手续的政府采购、突破预算实施的采购项目；

（六）纳入政府采购预算的项目是否正确、完整。

第九条　政府采购计划执行审计

（一）政府采购计划是否按照本单位经批复的政府采购预算编制；

（二）政府采购计划是否按照规定进行报送；

（三）政府采购计划的变更是否依照程序进行，有无随意变更采购计划的情况和计划外私自采购的行为，有无任意追加突破限额的情况；

（四）因特殊情况，政府采购计划需要调整项目技术指标或需求数量的，是否在该项目实施前向有关部门提出变更要求；属于政府集中采购的项目是否报送水利部、集中采购机构调整后再组织采购。

第三章　政府采购审批与备案执行情况审计

第十条　下列事项是否报经财政部审批后实施：

（一）政府（部门）集中采购项目达到公开招标数额标准，因特殊情况需要采用其他采购方式；

（二）因特殊情况需要采购非本国货物、工程或服务；

（三）法律、行政法规规定其他需要审批的事项。

第十一条　分散采购项目达到公开招标数额标准的，因特殊情况需要采用公开招标以外的其他采购方式，是否经水利部主管部门审批。

第十二条　下列事项是否备案：

（一）部门预算追加应当补报的政府采购预算、已经批复政府采购预算的变更；

（二）政府集中采购计划和部门集中采购计划；

（三）达到公开招标数额标准、经批准采用公开招标以外采购方式进行采购项目的执行情况；

（四）限额标准以上，公开招标数额以下的政府采购项目，采用单一来源采购方式进行采购项目的情况；

（五）限额标准以上政府采购项目的合同副本；

（六）法律、法规规定的其他需要备案的事项。

第四章　政府采购形式和方式审计

第十三条　政府采购组织形式的审计

（一）列入政府集中采购和部门集中采购目录的项目，是否按规定办理集中采购，有无采用化整为零、分解整体项目、增加采购批次等手段规避集中采购控制的情况；

（二）集中采购和分散采购是否按规定程序和权限进行，有无随意采购，擅自扩大范围、提高标准，有无规避政府采购监管的问题。

第十四条　政府采购方式的审计

（一）政府采购方式的选择是否符合法律规定，是否贯彻了以公开招标作为政府采购的主要方式，采用非公开招标方式的理由是否真实、充分；

（二）是否将应以公开招标方式采购的货物、工程或服务化整为零，有无以其他方式规避公开招标采购或擅自采用其他采购方式；

（三）是否严格按照已确定的采购方式和要求进行采购，有无在执行过程中自行改变采购方式等。

第五章　政府采购程序审计

第十五条　公开招投标程序的审计

（一）招标审计

1. 自行招标是否符合有关条件，委托代理招标是否签订委托协议，明确委托代理的事项；

2. 是否在财政部指定的政府采购信息媒体上发布招标公告；

3.自招标文件开始发出之日起至投标人提交投标文件截止之日止的时间是否符合规定的时间;

4.招标文件的内容是否符合法律规定,是否完整,有无以不合理的要求限制或排斥潜在投标供应商,对潜在供应商实行差别待遇或歧视待遇,招标文件指定特定的供应商,是否含有倾向性或排斥潜在供应商的其他内容的;

5.是否存在招标机构、采购单位和供应商相互恶意串通,虚假招标行为;

6.已发出的招标文件进行必要澄清或者修改的,是否在招标文件要求提交投标文件截止日期规定的时间前,是否以书面形式通知所有投标人,招标过程中是否存在擅自修改招标文件和投标文件的违法行为等。

(二)投标审计

1.投标人是否具备政府采购项目所需的资质(资格),是否具备招标文件中列举的要求;

2.投标文件的编写、密封、撤回、更正、补充、替代方案等是否符合有关规定及招标文件的要求;

3.两个或两个以上单位联合投标的,其资质是否符合法律规定和采购人规定的特定条件;

4.投标人在递交投标文件的同时,是否递交了投标保证金;

5.投标人是否向招标采购单位、评标委员会成员提供不正当利益手段谋取中标。

(三)开标、评标与定标审计

1.参加开标会议的人员、开标时间、开标记录及开标程序是否符合规定,无效标的处理是否符合规定,开标是否在有关监督机关监督下进行,是否公正、公开;

2.评标是否符合法定程序,评标委员会是否由招标人的代表和技术、经济等方面的专家组成,评标专家是否按规定抽取,与投标人有利害关系的人员是否按规定回避,评标标准和方法是否在招标文件中载明,在评标时是否另行制定或修改、补充任何评标标准和方法,评标标准和方法是否对所有投标人都相同,评标的指标、标准是否科学合理,标底的编制和确定是否合规、合理、科学,评标委员会是否按规定进行评标,是否执行了评标纪律或受单位非法干预、影响,评标过程是否在有关监督机关监督下进行;

3.评标委员会完成评标后,是否向招标人提供书面评标报告,并推荐合格中标候选人,中标候选人的基本条件是否符合规定的条件,是否按规定进行了排序,采购人是否按照评标报告中推荐的中标候选供应商顺序确定中标供应商或事先授权评标委员会直接确定中标供应商;

4.中标供应商确定后,中标结果是否在财政部指定的政府采购信息媒体上发布公告,并向中标供应商发出中标通知书;

5.投标供应商对中标公告是否有异议,招标采购单位是否在规定时间内对质疑内容作出答复。

(四)中标审计

1.采购人或采购代理机构是否在规定期限内与中标供应商签订书面合同,所签订的合同是否对招标文件和中标供应商投标文件作实质性修改,采购单位有无提出不合理的要求作为签订合同的条件,是否与中标供应商私下订立背离合同实质性内容的协议,是否存在中标书发出后无正当理由不与中标人签订采购合同的行为;

2.对中标人放弃中标、拒签合同的,将中标项目转让给他人的,在投标文件中没有说明且未经采购招标机构同意,将中标项目分包给他人的,拒绝履行合同义务的,是否按规定处理。

第十六条 邀请招标及其他采购方式程序的审计

（一）邀请招标程序的审计

主要审查采购项目是否符合邀请招标方式的条件，供应商是否根据资信和业绩进行选择，供应商是否在三家以上。

（二）竞争性谈判程序的审计

主要审查采购单位是否按照规定成立谈判小组，谈判小组人数和组成是否符合规定，被邀请的供应商是否符合相应资格条件，是否不少于三家，谈判文件是否符合要求。

（三）询价采购程序的审计

主要审查采购单位是否按照规定成立询价小组，询价小组人数和组成是否符合规定，被询价的供应商是否符合相应资格条件，是否不少于三家，询价方案是否符合要求，报价方式是否符合规定，是否按照符合采购需求、质量和服务相等且报价最低的原则确定成交供应商等。

（四）单一来源采购程序的审计

主要审查其采购行为是否符合该采购方式条件，采购项目质量是否符合要求，采购价格是否合理等。

第十七条 政府采购文件完整性审计

主要审查政府采购文件，包括采购活动记录、采购预算、招标文件、投标文件、评标标准、评标报告、定标文件、合同文本、验收证明、质疑答复、投诉处理决定及其他有关文件、资料等是否齐全并得到妥善保存。

第六章 政府采购合同审计

第十八条 政府采购合同签订审计

（一）政府采购合同的合法性、合规性

1. 政府采购合同的主体、内容、形式、程序等是否符合国家法律、法规和政策的规定；

2. 政府采购合同的签订是否符合政府采购预算、采购计划的要求，合同的主要条款是否符合招标文件的要求等；

3. 有关经济合同是否按照《水利经济合同审计签证和备案暂行办法》进行了审计签证；

4. 采购代理机构以采购单位名义与供应商签订的政府采购合同，是否取得采购单位的授权委托；

5. 采购单位追加与合同标的相同的货物或服务，与供应商签订补充合同，原采购合同其他条款是否变更，所有补充合同的采购金额是否超过原采购合同金额的百分之十。

（二）政府采购合同条款和内容是否完整、明确、具体，意思表达是否清楚准确

1. 商品或服务的名称是否规范；

2. 数量、规格、质量、性能表述是否正确；

3. 价款和酬金是否明确合理；

4. 合同履行的期限、地点和方式是否明确合理；

5. 违反合同的责任是否明确。

第十九条 政府采购合同履行审计

（一）采购单位或其政府采购代理机构是否按照合同约定，对合同履约情况进行验收；

（二）政府采购合同的验收是否由专业人员来进行，验收记录、验收证明书是否齐全、完整等。重大采购项目是否委托国家认可的专业检测机构办理验收事项，验收方成员是否在验收书上签字；

（三）政府采购合同的双方当事人是否擅自变更、中止或终止合同，如合同双方当事人协商一致需要变更合同，或者合同继续履行将损害国家利益和社会公共利益必须变更、中止、终止的合同，审查合同变更、中止、终止是否经过政府采购管理部门审批，相关法律手续是否完备；

（四）合同纠纷、合同违约责任是否按法律规定或者合同约定的条款进行及时、合理、合法的处理；

（五）采购人或采购代理机构是否将应当备案的文件资料提交财政部门备案。

第七章 政府采购资金审计

第二十条 政府采购资金审计

政府采购资金的来源是否合法、合规并及时足额到位，有无挤占、挪用其他专项资金的情况。

第二十一条 采购资金支付审计

（一）采购资金的申请和划拨是否根据批准的年度采购预算，科学编制用款计划，按照规定的程序进行资金支付；

（二）预付款是否符合采购合同所约定的条件（工程采购还应审查是否符合招标文件的要求和工程进度）；

（三）支付资金是否符合采购预算、采购计划、采购合同的要求；

（四）预付和结算是否由财务部门直接向供应商、劳务提供者或施工企业支付，有无采购部门或采购机构违规支付的情况；

（五）结算时是否扣除了预付款，是否预留了质量保证金，有无提前支付的情况。

第八章 责任追究

第二十二条 预算单位有下列行为之一的，审计机构视情节轻重进行责任追究。责令改正，给以通报批评；责令退还或者追回政府采购预算资金；根据违规金额建议预算主管部门核减下年度政府采购预算；建议有关部门、单位对其直接负责的主管人员和其他直接责任人员，给予行政处分或纪律处分；构成犯罪的，移交司法机关追究刑事责任。

（一）拒绝、拖延审计机构要求提供的与政府采购预算及其有关的财务情况和会计资料的；

（二）拒绝、阻碍审计机构执行政府采购审计的；

（三）编制虚假政府采购预算，骗取政府采购预算资金的；

（四）擅自变更政府采购预算，改变政府采购预算用款方向或性质，造成政府采购预算资金损失浪费的；

（五）政府采购预算执行中相互挤占、挪用、转移、虚列支出的；

（六）造成政府采购的国有资产流失的。

第二十三条 被审计单位（部门）有关责任人员干扰、阻挠、破坏政府采购审计，审计机构应当向有关部门提出处理、处罚的建议。对审计人员进行打击报复的有关责任人，由所在单位或者上级水行政主管部门追究责任。

第二十四条　审计机构和审计人员进行政府采购审计时，应当严格执行审计程序，做到客观公正、廉洁奉公、保守秘密。对滥用职权、徇私舞弊、玩忽职守的，由所在单位或上级主管部门依照有关规定追究责任。构成犯罪的，由司法机关依法追究刑事责任。

第九章　附　　则

第二十五条　水利部直属预算单位可依据本办法，结合本单位实际，制定实施细则。

第二十六条　本办法由水利部负责解释。

第二十七条　本办法自印发之日起施行。

涉外企业联合税务审计工作规程

（国税发〔2007〕35号）

第一章　总　　则

第一条　为规范和加强外商投资企业和外国企业（以下简称涉外企业）联合税务审计工作，根据《中华人民共和国税收征收管理法》及其实施细则、《涉外税务审计规程》（以下简称《规程》）和《涉外企业联合税务审计暂行办法》（以下简称《办法》），制定本规程。

第二条　涉外企业联合税务审计工作由各级税务机关国际（涉外）税务管理部门负责实施或组织实施。

第三条　对于跨区域联合税务审计，总机构或负责合并申报缴纳企业所得税的营业机构（以下简称汇缴机构）所在地主管税务机关负责前期的纳税评估初评和疑点的提供，与所属分支机构或营业机构（以下简称营业机构）所在地主管税务机关的联络和承办协调会以及资料和数据的汇总工作。营业机构所在地主管税务机关应按照汇缴机构所在地主管税务机关的统一步骤和时间安排开展工作。

第四条　对于国地税联合税务审计，国税局、地税局应成立联合税务审计领导小组，制定联席会议制度，组织、指导和监督联合税务审计工作的开展。国税局、地税局在开展联合税务审计时，应在履行好各自职责的基础上，加强配合，协调一致地开展工作。

第二章　审计对象的选择与确定

第五条　跨区域联合税务审计的对象，按照以下程序确定：

（一）跨省（含自治区、直辖市和计划单列市，下同）联合税务审计的对象，由国家税务总局国际税务司从各地上报的跨省经营的涉外企业中确定。

（二）跨市（含州、盟，下同）和县（含县级市、区和旗，下同）联合税务审计的对象，分别由省级和市级税务局根据所辖涉外企业的实际情况选择确定。

第六条　国地税联合税务审计的对象，按照以下程序确定：

（一）对涉外企业所得税和其主体业务适用的流转税均由同一税务局主管的涉外企业，由该主管税务局提出备选纳税人名单，与其他适用税种的主管税务机关共同研究确定审计对象。

（二）对涉外企业所得税和其主体业务适用的流转税由国税局、地税局分别主管的涉外企业，由主管国税局和地税局分别提出备选纳税人名单，双方共同研究确定审计对象。

（三）国地税联合税务审计对象的确定，应报经联合税务审计领导小组批准。

第三章　案头准备

第七条　跨省联合税务审计对象确定后，按照以下程序进行案头准备：

（一）汇缴机构所在地省级税务局应在一个月内组织完成以下工作：对汇缴机构的纳税评估初评；《规程》所规定的纳税人信息资料的收集整理、审计项目分析与评价、会计制度及内部控制的分析与评价；起草被审计纳税人基本情况的报告并上报总局，报告应包括纳税人投资和生产经营情况、纳税和享受税收优惠情况、案头准备情况、可能存在的问题以及联合税务审计要点提示等内容。

（二）总局在接到报告后10个工作日内，向汇缴机构和营业机构所在地省级税务局下文部署联合税务审计的具体工作和进度安排。

（三）各营业机构所在地省级税务局在收到总局文件后，应在规定时限内组织完成对营业机构的案头准备和相关报告工作。

在案头准备阶段，应注意结合联合税务审计要点提示，按照《规程》要求采用分析性复核、会计制度和内部控制评价等方法，提高案头分析的质量。

案头准备阶段结束后，应分别向总局和汇缴机构所在地省级税务局报送案头分析报告。报告内容应包括：纳税人基本情况（注册资本、核算方式、经营范围等）、财务管理及内控水平分析（包括收支内控、发票管理、资金运转和流向等）、税务登记和纳税情况、审计所属期经营状况、案头分析情况（主要为财务报表重要指标分析）、案头分析发现的可能存在问题的领域以及联系人姓名、联系电话等。

（四）汇缴机构所在地省级税务局应在收到各地案头分析报告后15个工作日内汇总完毕案头分析情况，拟定重点审计项目，并向总局报告。

（五）总局通过下文或召开工作协调会等形式，确定重点审计项目，部署现场实施阶段的工作。

（六）汇缴机构和营业机构所在地省级税务局接到总局现场实施阶段的部署后，应根据确定的重点审计项目，组织编制审计计划。

（七）汇缴机构所在地主管税务机关向汇缴机构发出《税务审计通知书》，并抄送各营业机构所在地主管税务机关。在《税务审计通知书》中，应注明委托营业机构所在地主管税务机关同期进行税务审计事项。各营业机构所在地主管税务机关按照授权分别向营业机构下发《税务审计通知书》。

第八条　国地税联合税务审计对象确定后，按照以下程序进行案头准备：

（一）国税局、地税局应根据需要收集资料，做到信息共享，并充分使用现有的税收征管信息资料。需要纳税人额外提供资料的，国税局、地税局应共同商定后以书面形式告知纳税人，不得重复收集资料。

（二）国税局、地税局应根据职责范围合理分工，按照《规程》要求采用分析性复核、会计制度和内部控制评价等方法，寻找可能存在问题的领域。

（三）国税局、地税局根据各自情况编制会计制度和内部控制调查问卷，经双方汇总整理后，共同向纳税人发放和回收。根据回收的调查问卷，由国、地税双方共同对纳税人会计制度及内部控制的有效性、完整性和准确性进行初步分析评价。

（四）国税局、地税局应共同研究确定重点审计项目，并按照《规程》的要求制定统一的审计计划，保证现场实施阶段的进度协调一致。

（五）国税局、地税局应分别填制《税务审计通知书》，同时送达纳税人。

第四章　现场实施

第九条　对于跨省联合税务审计，按照以下程序组织现场实施：

（一）汇缴机构和营业机构所在地主管税务机关应按照《规程》的要求，分别完成对所属汇缴机构和营业机构会计制度及内部控制的遵行性测试、确定性审计等程序。

（二）各营业机构所在地主管税务机关应根据审计中发现的问题形成《税务审计报告》，在规定时限内层报总局，并抄送汇缴机构所在地主管税务机关。

（三）汇缴机构所在地主管税务机关对各营业机构所在地主管税务机关的《税务审计报告》进行汇总，确定需进一步审计的问题，形成总的《税务审计报告》，并结合审计终结的需要编制《联合税务审计汇总表》（见附件），一并层报总局。

（四）总局根据现场审计结果，通过下文或召开工作协调会等形式，确定税务审计结论，部署审计终结阶段的工作。

第十条　对于国地税联合税务审计，按照以下程序组织现场实施：

（一）国、地税双方应共同派员调取或现场查阅纳税人账簿资料。

（二）在确定性审计中，国、地税双方应在规定的时间内优先完成共同需要的审计项目工作底稿。所形成的工作底稿应一式两份，一份留存，一份传递给另一方。

（三）现场实施阶段结束后，国、地税双方应及时汇总情况、交换意见、核实结果，确保相关数据口径一致，问题定性公正、准确。双方按分工对所辖税种进行汇总整理，按照《规程》要求编制《审计汇总表》，并形成《税务审计报告》。

第五章　审计终结

第十一条　对于跨省联合税务审计，按照以下程序进行审计终结：

（一）对于现场实施阶段遗漏或需进一步确认的问题，汇缴机构和营业机构所在地主管税务机关应向纳税人进一步核实。

（二）根据总局部署，各营业机构所在地主管税务机关应就发现的问题形成《初审意见通知书》，送交各营业机构确认。

（三）各营业机构所在地主管税务机关应及时将《税务审计报告》、纳税人确认的《初审意见通知书》和已填制好的《联合税务审计汇总表》及相关工作底稿报汇缴机构所在地主管税务机关汇总。

（四）汇缴机构所在地主管税务机关应在汇总各地《初审意见通知书》和整理相应工作底稿的基础上，编制总体的《初审意见通知书》，送交汇缴机构确认。

（五）汇缴机构所在地主管税务机关应根据总体的《初审意见通知书》和汇缴机构回复意见，研究下发《税务处理决定书》，同时抄送各营业机构所在地主管税务机关，并按入库级次办理税款退补、滞纳金和罚款入库事宜。

（六）审计终结阶段结束后，汇缴机构所在地省级税务局应在15个工作日内向总局上报联合税务审计工作情况报告。该报告应包括纳税人基本情况、汇缴机构和各营业机构案头准备情况、现场实施情况、审计结论和处理结果以及对此次联合税务审计的体会、存在的问题和改进建议等。

第十二条 对于国地税联合税务审计，按照以下程序进行审计终结：

（一）国税局、地税局应分别制作《初审意见通知书》，并共同派员送达纳税人确认。

（二）根据《初审意见通知书》和纳税人回复意见，国税局、地税局应共同研究，分别制作《税务处理决定书》，同时送达纳税人，并按入库级次办理税款退补、滞纳金和罚款入库事宜。

（三）审计终结阶段结束后，国税局、地税局应在年度终了后15个工作日内联合向总局上报联合税务审计工作情况报告。该报告应包括纳税人基本情况、案头准备情况、现场实施情况、审计结论和处理结果以及对此次联合税务审计的体会、存在的问题和改进建议等。

第六章　后续管理

第十三条 联合税务审计中发现纳税人有避税嫌疑的，应在联合税务审计结束后，将相关案头分析疑点、税务审计相关案卷副本移交国际税务管理部门实施反避税调查。必要时，联合税务审计和反避税调查可结合进行。

第十四条 联合税务审计中发现纳税人有重大偷、逃、骗税嫌疑的，应在联合税务审计结束后10个工作日内，将相关案头分析疑点、税务审计相关案卷副本移交税务稽查部门处理。

第十五条 联合税务审计结束后，汇缴机构和营业机构所在地主管税务机关或国、地税双方应按照《规程》要求按户归档，并加强跟踪管理。

第七章　附　　则

第十六条 跨市、县的联合税务审计，由省级局或市级局主办，比照跨省联合税务审计的有关程序办理。

第十七条 根据需要，跨区域联合税务审计和国地税联合税务审计可合并进行。

第十八条 本规程由国家税务总局负责解释。各省、自治区、直辖市和计划单列市税务机关可根据本规程制定具体实施方案，并报总局备案。

第十九条 本规程自下发之日起执行。

附件：联合税务审计汇总表（略）

水利工程建设项目招标投标审计办法

（水审计〔2007〕560号）

第一章　总　　则

第一条　为了加强对水利工程建设项目招标投标的审计监督，规范水利招标投标行为，提高投资效益，根据《中华人民共和国审计法》《中华人民共和国招标投标法》《中华人民共和国政府采购法》等法律、法规，结合水利工作实际，制定本办法。

第二条　各级水利审计部门（以下简称"审计部门"）在本单位负责人领导下，依法对本单位及其所属单位水利工程建设项目的招标投标进行审计监督。

上级水利审计部门对下级单位的招标投标审计工作进行指导和监督。

第三条　本办法适用于《水利工程建设项目招标投标管理规定》所规定的水利工程建设项目的勘察设计、施工、监理以及与水利工程建设项目有关的重要设备、材料采购等的招标投标的审计监督。

第四条　审计部门根据工作需要，对水利工程建设项目的招标投标进行事前、事中、事后的审计监督，对重点水利建设项目的招标投标进行全过程跟踪审计，对有关招标投标的重要事项进行专项审计或审计调查。

第二章　审 计 职 责

第五条　在招标投标审计中，审计部门具有以下职责：

（一）对招标人、招标代理机构及有关人员执行招标投标有关法律、法规和行业制度的情况进行审计监督；

（二）对招标项目评标委员会成员执行招标投标有关法律、法规和行业制度的情况进行审计监督；

（三）对属于审计监督对象的投标人及有关人员遵守招标投标有关法律、法规和行业制度的情况进行审计监督；

（四）对与招标投标项目有关的投资管理和资金运行情况进行审计监督；

（五）协同行政监督部门、行政监察部门查处招标投标中的违法违纪行为。

第三章　审 计 权 限

第六条　在招标投标审计中，审计部门具有以下权限：

（一）有权参加招标人或其代理机构组织的开标、评标、定标等活动，招标人或其代理机构应当通知同级审计部门参加。

（二）有权要求招标人或其代理机构提供与招标投标活动有关的文件、资料，招标人或其代理机构应当按照审计部门的要求提供相关文件、资料；

（三）对招标人或其代理机构正在进行的违反国家法律、法规规定的招标投标行为，有权予以纠正或制止；

（四）有权向招标人、投标人、招标代理机构等调查了解与招标投标有关的情况；

（五）监督检查招标投标结果执行情况。

第四章　审　计　内　容

第七条　审计部门对水利工程建设项目招标投标中的下列事项进行审计监督：

（一）招标项目前期工作是否符合水利工程建设项目管理规定，是否履行规定的审批程序；

（二）招标项目资金计划是否落实，资金来源是否符合规定；

（三）招标文件确定的水利工程建设项目的标准、建设内容和投资是否符合批准的设计文件；

（四）与招标投标有关的取费是否符合规定；

（五）招标人与中标人是否签订书面合同，所签合同是否真实、合法；

（六）与水利工程建设项目招标投标有关的其他经济事项。

第八条　审计部门会同行政监督部门、行政监察部门对招标投标中的下列事项进行审计监督：

（一）招标项目的招标方式、招标范围是否符合规定；

（二）招标人是否符合规定的招标条件，招标代理机构是否具有相应资质，招标代理合同是否真实、合法；

（三）招标项目的招标、投标、开标、评标和中标程序是否合法；

（四）招标项目评标委员会、评标专家的产生及人员组成、评标标准和评标方法是否符合规定；

（五）对招投标过程中泄露保密资料、泄露标底、串通招标、串通投标、规避招标、歧视排斥投标等违法行为进行审计监督；

（六）对勘察、设计、施工单位转包、违法分包和监理单位违法转让监理业务，以及无证或借用资质承接工程业务等违法违规行为进行审计监督。

第九条　审计部门和审计人员对招标投标工作中涉及保密的事项负有保密责任。

第五章　审　计　程　序

第十条　招标人编制的年度招标工作计划，以及重大水利工程建设项目的招投标文件，应当报送同级审计部门备案。

第十一条　审计部门根据年度审计工作计划、招标人年度招标计划和招标项目具体情况，确定招标投标项目审计计划，经单位主管审计工作负责人批准后实施审计。

第十二条　审计部门根据审计项目计划确定的审计事项组成审计组，并应在实施审计三日前，向被审计单位送达审计通知书。

被审计单位以及与招标投标活动有关的单位、部门，应当配合审计部门的工作，并提供必要的工作条件。

第十三条　审计人员通过审查招标投标文件、合同、会计资料，以及向有关单位和个人进行调查等方式实施审计，并取得证明材料。

第十四条 审计组对招标投标事项实施审计后，应当向派出的审计部门提出审计报告。审计报告应当征求被审计单位的意见。被审计单位应当自接到审计报告之日起十日内，将其书面意见送交审计组或者审计部门。

第十五条 审计部门审定审计报告，对审计事项作出评价，出具审计意见书；对违反国家规定的招标投标行为，需要依法给予处理、处罚的，在职权范围内作出审计决定或者向有关主管部门提出处理、处罚意见。

被审计单位应当执行审计决定并将结果反馈审计部门；有关主管部门对审计部门提出的处理、处罚意见应及时进行研究，并将结果反馈审计部门。

第六章 罚 则

第十六条 被审计单位违反本办法，拒绝或者拖延提供与审计事项有关的资料，或者拒绝、阻碍审计的，审计部门责令改正；拒不改正的，可以通报批评，对负有直接责任的主管人员和其他直接责任人员提出给予行政处分的建议，被审计单位或者其主管单位、监察部门应当及时作出处理，并将结果抄送审计部门。

第十七条 被审计单位拒不执行审计决定的，对负有直接责任的主管人员和其他直接责任人员提出给予行政处分的建议，被审计单位或者其主管单位、监察部门应当及时作出处理，并将结果抄送审计部门。

第十八条 招标人、招标代理机构及其有关人员违反国家招标投标的法律、法规的，依照《中华人民共和国招标投标法》予以处理。

第十九条 审计人员滥用职权、徇私舞弊、玩忽职守，涉嫌犯罪的，依法移送司法机关处理；不构成犯罪的，给予行政处分。

第七章 附 则

第二十条 各省、自治区、直辖市水行政主管部门、流域机构、新疆生产建设兵团，可以根据本办法制定实施细则并报部备案。

第二十一条 本办法由水利部负责解释。

第二十二条 本办法自 2008 年 4 月 1 日起执行。

农村集体经济组织审计规定

（农办经〔2008〕1 号）

第一章 总 则

第一条 为了加强农村集体经济组织的审计监督，严肃财经法纪，提高经济效益，保护农村集体经济组织的合法权益，促进农村经济的发展，根据《中华人民共和国审计法》《农民承担费用和劳务管理条例》《审计署关于内部审计工作的规定》和有关法律、法规、政策，结合农村集体经济组织发展的具体情况，制定本规定。

第二条 农业部负责全国农村集体经济组织的审计工作。

审计业务接受国家审计机关和上级主管部门内审机构的指导。

第三条 县级以上地方人民政府农村经营管理部门负责指导农村集体经济组织的审计工作，乡级农村经营管理部门负责农村集体经济组织的审计工作。

第四条 凡建立农村集体经济组织审计机构的，都应配备相应的审计人员。

审计人员应当经过考核，发给审计证，凭证开展审计工作。

第五条 农村集体经济组织审计机构工作人员应当依法审计，忠于职守，坚持原则，客观公正，廉洁奉公，保守秘密。

第二章 审计范围和任务

第六条 农村集体经济组织审计机构的审计监督范围为村、组集体经济组织。

第七条 农村集体经济组织审计机构对前条所列单位的下列事项进行审计监督：

（一）资金、财产的验证和使用管理情况；

（二）财务收支和有关的经济活动及其经济效益；

（三）财务管理制度的制定和执行情况；

（四）承包合同的签订和履行情况；

（五）收益（利润）分配情况；

（六）承包费等集体专项资金的预算、提取和使用情况；

（七）村集体公益事业建设筹资筹劳情况；

（八）村集体经济组织负责人任期目标和离任经济责任；

（九）侵占集体财产等损害农村集体经济组织利益的行为；

（十）乡经营管理站代管的集体资金管理情况；

（十一）当地人民政府、国家审计机关和上级业务主管部门等委托的其他审计事项。

第三章 审计职权

第八条 农村集体经济组织审计机构在审计过程中有下列职权：

（一）要求被审计单位报送和提供财务计划、会计报表及有关资料；

（二）检查被审计单位的有关账目、资产，查阅有关文件资料，参加被审计单位的有关会议；

（三）向有关单位和人员进行调查，被调查的单位和人员应当如实提供有关资料及证明材料；

（四）对正在进行的损害农村集体经济组织利益、违反财经法纪的行为，有权制止；

（五）对阻挠、破坏审计工作的被审计单位，有权采取封存有关账册、资产等临时措施。

第九条 农村集体经济组织审计工作人员依法行使职权，受法律保护，任何人不得打击报复。

第四章 审计程序

第十条 农村集体经济组织审计机构根据同级人民政府和上级业务主管部门的要求，

结合本地实际,确定审计工作的重点,编制审计项目计划和工作方案。

农村集体经济组织审计机构确定审计事项后,应当通知被审计单位。

第十一条 农村集体经济组织审计人员根据审计项目,审查凭证、账表,查阅文件、资料,检查现金、实物,向有关单位和人员进行调查,并取得证明材料。

证明人提供的书面证明材料应当由提供者签名或盖章。

第十二条 农村集体经济组织审计人员,在审计过程中,应当主动听取农民群众和民主理财组织的意见。

第十三条 农村集体经济组织审计人员对审计事项进行审计后,向委派其进行审计的农村集体经济组织审计机构提出审计报告。重大审计事项的审计报告,应当分别报送同级人民政府、上级农村集体经济组织审计机构和有关主管部门。

审计报告在报送之前,应当征求被审计单位的意见。被审计单位应当在收到审计报告之日起十日内提出书面意见。

第十四条 农村集体经济组织审计机构审定审计报告,作出审计结论和决定,通知被审计单位和有关单位执行,并向农民群众公布。

第十五条 被审计单位对农村集体经济组织审计机构作出的审计结论和决定如有异议,可在收到审计结论和决定之日起十五日内,向上一级农村集体经济组织审计机构申请复审。上一级农村集体经济组织审计机构应当在收到复审申请之日起三十日内,作出复审结论和决定。特殊情况下,作出复审结论和决定的期限,可适当延长。

复审期间,不停止原审计结论和决定的执行。

第十六条 农村集体经济组织审计机构应当检查审计结论和决定的执行情况。

第十七条 农村集体经济组织审计机构对办理的审计事项必须建立审计档案,加强档案管理。

第十八条 农村集体经济组织审计机构应当对农村集体经济组织财务收支按月或按季进行经常、全面的审计监督。

第五章 奖 惩

第十九条 对遵守和维护财经法纪成绩显著的单位和个人,提出通报表扬和奖励。

第二十条 农村集体经济组织审计机构对被审计单位违反规定的收支、用工和非法所得的收入,应当在审计结论和决定中明确,分别按规定上缴国家,或退还农村集体经济组织和农户。

第二十一条 违反本规定,有下列行为之一的单位负责人、直接责任人员及其他有关人员,应当给予行政处分的,由农村集体经济组织审计机构建议当地人民政府或有关主管部门处理:

(一)拒绝提供账簿、凭证、会计报表、资料和证明材料的;

(二)阻挠审计工作人员依法行使审计职权,抗拒、破坏监督检查的;

(三)弄虚作假,隐瞒事实真相的;

(四)拒不执行审计结论和决定的;

(五)打击报复审计工作人员和检举人的。

第二十二条 违反本规定,有下列行为之一的农村集体经济组织审计人员,可由农村集体经济组织审计机构给予处分,或向同级人民政府和有关部门提出给予行政处分的建议:

（一）利用职权，谋取私利的；

（二）弄虚作假，徇私舞弊的；

（三）玩忽职守，给被审计单位和个人造成损失的；

（四）泄露秘密的。

第二十三条 对经济处理决定不服的单位和个人，可向作出处理决定机构的上一级机构提出申诉。

第二十四条 对有本规定第二十一条、第二十二条所列行为，情节严重，构成犯罪的，提请司法机关依法追究刑事责任。

第六章 附 则

第二十五条 农村集体经济组织审计机构可接受委托向农村集体经济组织以外的单位提供审计服务，其收费标准，由省、自治区、直辖市农业行政主管部门会同同级财政、物价主管部门制定。

第二十六条 各省、自治区、直辖市可根据本规定制定实施办法。

第二十七条 本规定由农业部负责解释。

第二十八条 本规定自发布之日起施行。

救捞系统建设项目委托审计管理办法（试行）

（交通运输部救捞局 2008 年 10 月 28 日发布）

第一条 为了规范救捞系统建设项目委托审计管理工作，提高委托审计质量，防范审计风险，根据《中华人民共和国审计法》《中华人民共和国招标投标法》《交通建设项目委托审计管理办法》（中华人民共和国交通部令 2007 年第 4 号），结合救捞系统建设项目实际情况，制定本办法。

第二条 部救捞局及各救助局、打捞局、飞行队列入救捞系统固定资产投资计划的建设项目和自筹资金投资的建设项目办理委托审计事项，适用本办法。

本办法所称建设项目委托审计，是指部救捞局及各救助局、打捞局、飞行队根据审计工作需要，将建设项目审计业务委托给包括会计师事务所、工程造价咨询企业等在内的社会审计组织实施的行为。

第三条 建设项目委托审计的业务范围包括建设项目前期审计、期间审计、竣工决算审计以及全过程跟踪审计。

第四条 建设项目委托审计管理工作由项目建设单位的审计部门或其他办理委托事项的部门归口管理（以下统称"委托审计管理部门"）。

部救捞局审计处负责监督管理部救捞局及所属各单位的建设项目委托审计工作，指导系统内的建设项目委托审计管理工作。

各所属单位的委托审计管理部门负责本单位的建设项目委托审计管理工作。

第五条 建设项目委托审计管理工作主要包括提出委托审计项目建议、审核受托人资质、审核审计费用、监督委托过程、检查审计质量、协调处理有关问题等。

第六条 部救捞局审计处将定期、不定期地检查各救助局、打捞局、飞行队的建设项目委托审计工作,并对检查发现的问题要求有关部门和单位进行整改。

第七条 委托审计归口管理部门及其工作人员办理委托审计管理工作,应严格遵守有关法律、法规和审计纪律,遵循公开、公平、公正的原则。

第八条 部救捞局根据《交通建设项目委托审计管理办法》(中华人民共和国交通部令2007年第4号)要求,建立《救捞系统建设项目社会审计组织备选库》(以下简称《备选库》),对委托审计的社会审计组织实行统一管理。

部救捞局对《备选库》中登记备案的社会审计组织的资质进行跟踪,对资质不符的社会审计组织取消其《备选库》资格,每5年对《备选库》更新一次。

第九条 救捞系统委托社会审计组织参与建设项目审计,实行分级负责、归口管理。

救捞系统建设项目委托审计,对全部自筹资金投资和列入固定资产投资计划、概算投资额在3 000万元以下(含3 000万元)的建设项目,项目法人单位在《备选库》登记备案的社会审计组织中综合考虑报价和审计质量后确定受托人。

对列入固定资产投资计划、概算投资额在3 000万元以上,5 000万元以下(不含5 000万元)的建设项目,项目法人单位提出委托审计申请,部救捞局在《备选库》登记备案的社会审计组织中综合考虑报价和审计质量后确定受托人。

对列入固定资产投资计划、概算投资额在5 000万元以上或根据国家收费标准估算审计基本费用在20万元以上以及其他依法需要实行招投标委托的建设项目,项目法人单位提出委托审计申请,部救捞局在《备选库》登记备案的社会审计组织中通过竞争性谈判方式确定受托人。

第十条 为明确职责,提高办事效率,规范建设项目委托审计工作,拟实施委托审计的建设项目,应按照以下程序办理:

(一)对全部自筹资金投资和列入固定资产投资计划概算、投资额在3 000万元以下(含3 000万元)的建设项目,实施委托审计的程序为:建设项目法人单位委托审计管理部门确定社会审计组织后,填写《救捞系统建设项目委托审计管理审批表》,报经本单位负责人批准后实施。建设项目法人单位应将审计(审核)报告报部救捞局审计处备案,并负责对审计(审核)报告中指出的问题进行落实整改。

(二)对列入固定资产投资计划概算、投资额在3 000万元以上5 000万元以下(不含5000万元)的建设项目,实施委托审计的程序为:建设项目法人单位向部救捞局提交书面申请和《救捞系统建设项目委托审计管理审批表》,部救捞局审计处在接到书面申请后15个工作日内确定社会审计组织,报主管局领导、局长审批后向建设项目法人单位下达委托审计通知书,协调跟踪审计全过程。项目法人单位负责对审计(审核)报告中指出的问题进行落实整改,并将整改情况报部救捞局。

(三)对列入固定资产投资计划、概算投资额在5 000万元以上(含5 000万元)或根据国家收费标准估算审计基本费用在20万元以上的建设项目,实施委托审计的程序为:建设项目法人单位向部救捞局提交书面申请、《救捞系统建设项目委托审计管理审批表》及项目从设立至竣工决算期间相关文件。部救捞局审计处在接到书面申请后15个工作日内提出建设项目委托审计竞争性谈判的申请,经主管局领导、局长审批后组织在《备选库》中登记备案的社会审计组织范围内实施竞争性谈判。确定受托人后,向建设项目法人单位下达委托审计通知书，协调跟踪审计全过程。项目法人单位负责按部局下达的审计决定进行整改，将整改情况报部救捞局。

对于部救捞局组织实施的委托审计项目，建设项目法人单位应积极配合部救捞局做好委托审计工作，部救捞局审计处应将审计（审核）报告报上级委托审计归口管理部门备案。

第十一条 委托人应当向受托人及时提供真实、完整的相关资料。

第十二条 委托审计费用在国家规定的收费标准范围内，由委托人与受托人协商确定。委托审计费用按照国家有关规定列支。

由建设项目法人单位与社会审计组织签订《审计业务约定书》的，建设项目法人单位直接支付审计费用；由部救捞局与社会审计组织签订《审计业务约定书》的，社会审计组织以书面形式向部救捞局提出支付审计费的申请，部救捞局审计处审核后报主管局领导、局长审批后，部救捞局向建设项目法人单位开具付款通知书，建设项目法人单位在收到付款通知书10个工作日内支付审计费用。

第十三条 委托人应在《审计业务约定书》中要求受托人在出具审计（审核）报告时，对审计（审核）的会计报表是否符合国家有关基本建设财务管理规定和会计制度做出明确表述。

第十四条 委托审计归口管理部门应及时审核并合理使用审计（审核）报告。必要时可组织力量对受托人的审计情况进行质量检查或复审。

第十五条 建设项目委托审计工作完成后，委托人应建立建设项目委托审计档案。档案主要包括《救捞系统建设项目委托审计管理审批表》、委托审计招投标资料、《社会审计组织资质备案表》《审计业务约定书》、审计（审核）报告及相关资料等。

第十六条 受托人未按《审计业务约定书》实施审计或提供审计（审核）报告时，委托人应要求其补充相关资料或者重新审计。

第十七条 受托人提供的审计（审核）报告严重失实、审计结论意见不准确，且拒绝进行重新审计或纠正的，委托人应终止委托审计业务，停止支付审计费用。

第十八条 对存在以下问题的社会审计组织，部救捞局及所属单位应按以下要求进行处理，并在系统内部予以通报：

（一）未按《审计业务约定书》的要求实施审计或提供审计（审核）报告、审计工作不规范、审计结论避重就轻，且拒绝纠正的，一年内不得委托其从事审计业务；

（二）提供的审计（审核）报告存在严重失实、结论意见不准确，且拒绝进行重新审计或纠正的，两年内不得委托其从事审计业务；

（三）存在未披露应当披露的重大财务事项等重大错漏的，三年内不得委托其从事审计业务；

（四）有关部门在事后检查中发现审计（审核）报告未真实、客观反映情况或揭露问题，给救捞系统或交通运输行业造成损失和不良影响的，五年内不得委托其从事审计业务；

（五）有弄虚作假、串通作弊、泄露秘密等重大违法行为，以及通过不正当手段取得委托审计业务的，不得再次委托其从事审计业务。

凡有以上情况的社会审计组织，在其不得从事救捞系统委托审计业务期间，取消其《备选库》资格。

第十九条 委托人不按本办法规定实施委托审计的，上级委托审计归口管理部门应责令其改正，并责成重新实施审计。

第二十条　参与救捞系统建设项目委托审计管理工作的人员滥用职权、徇私舞弊、玩忽职守或泄露国家秘密、商业秘密的，依法给予处分；构成犯罪的，依法追究刑事责任。

第二十一条　建设项目法人单位有内审部门的，应在其职责范围内适当安排对建设项目的内部审计。

第二十二条　国家审计机关、上级审计机构和各单位审计部门已纳入审计计划并进行审计的建设项目，原则上不再委托社会审计组织审计。

第二十三条　本办法由部救捞局负责解释。

第二十四条　本办法自 2009 年 1 月 1 日起施行。

扫描二维码下载电子附录